Alex. Rahn

Schülerduden Rechtschreibung und Wortkunde

Alle Schülerduden im Überblick:

Rechtschreibung
Grammatik
Fremdwörterbuch
Lateinisch–Deutsch
Literatur
Kunst
Musik
Religion und Ethik

Philosophie
Mathematik I
Mathematik II
Physik
Chemie
Biologie
Politik und Gesellschaft
Geschichte

Schülerduden

Rechtschreibung und Wortkunde

11., überarbeitete und erweiterte Auflage
Herausgegeben und bearbeitet von der Dudenredaktion

Dudenverlag
Berlin

Redaktionelle Bearbeitung
Dr. Ralf Osterwinter (Projektleitung),
Dr. Anja Steinhauer

Typografische Gestaltung Horst Bachmann
Herstellung Ursula Fürst

Die **Duden-Sprachberatung** beantwortet Ihre
Fragen zu Rechtschreibung, Zeichensetzung, Grammatik u. Ä.
montags bis freitags zwischen 09:00 und 17:00 Uhr.
Aus Deutschland: **09001 870098** (1,99 € pro Minute aus dem Festnetz)
Aus Österreich: **0900 844144** (1,80 € pro Minute aus dem Festnetz)
Aus der Schweiz: **0900 383360** (3,13 CHF pro Minute aus dem Festnetz)
Die Tarife für Anrufe aus den Mobilfunknetzen können davon abweichen.
Den kostenlosen Newsletter der Duden-Sprachberatung können Sie
unter www.duden.de/newsletter abonnieren.

Bibliografische Information der Deutschen Nationalbibliothek
Die Deutsche Nationalbibliothek verzeichnet diese Publikation in der Deutschen
Nationalbibliografie; detaillierte bibliografische Daten sind im Internet über
http://dnd.ddb.de abrufbar.

Das Wort **Duden** ist für den Verlag Bibliographisches Institut GmbH
als Marke geschützt.

Alle Rechte vorbehalten. Nachdruck, auch auszugsweise, vorbehaltlich der Rechte,
die sich aus den Schranken des UrhG ergeben, nicht gestattet.

© 2014 Duden   D C B
Bibliographisches Institut GmbH
Mecklenburgische Straße 53, 14197 Berlin

Umschlaggestaltung Sauerhöfer Design, Neustadt
Umschlagabbildungen iStockphoto/tuja66
Satz Dörr + Schiller, Stuttgart
Druck und Bindearbeit GGP Media GmbH
Karl-Marx-Straße 24, 07381 Pößneck
Printed in Germany
ISBN 978-3-411-05162-5 (geb.)
ISBN 978-3-411-05185-4 (kart.)

Vorwort

Der „Schülerduden – Rechtschreibung und Wortkunde", das 1969 erstmals erschienene Orthografiewörterbuch für Lernende aller Schulformen der Sekundarstufe I, liegt nun bereits in der 11. Auflage vor und kann seit Langem als Standardwerk gelten, das sowohl in fachlicher als auch didaktischer Hinsicht hohen Ansprüchen genügt.

Gegenüber der Vorgängerauflage wurde der A–Z-Teil gründlich überarbeitet und um rund 3000 Stichwörter erweitert. Zahlreiche Neueinträge gewährleisten, dass der zum Schulalltag oder zur Lebenswelt der Schülerinnen und Schüler gehörende Wortschatz auf dem aktuellen Stand ist. Zu den Wörtern, die sich im Lauf der letzten Jahre fest im Gebrauchswortschatz der deutschen Standardsprache etablieren konnten, zählen beispielsweise *App, posten* oder *Inklusion*.

Der Anhangsteil zur Wortkunde wurde von zwei erfahrenen Sprachdidaktikern – Prof. Dr. Thomas Lindauer und Prof. Dr. Afra Sturm, die beide am *Zentrum Lesen* der Pädagogischen Hochschule der Fachhochschule Nordwestschweiz forschen und lehren – erarbeitet und deckt die für den Deutschunterricht der Jahrgangsstufen 5 bis 8 verbindlichen Unterrichtsinhalte *Wortbildung, Wortfamilien* und *Wortfelder* ab. Besonderes Gewicht liegt auf zahlreichen motivierenden Anregungen zur selbstständigen Arbeit mit dem Wortschatz der Muttersprache, die auch das Internet als zeitgemäßes Medium der Informationsrecherche gebührend berücksichtigen.

Auch in unserer modernen Informations- und Wissensgesellschaft wird die Fähigkeit, korrekt zu schreiben, ihren hohen Stellenwert behaupten. Mit dieser neuen Auflage des „Schülerdudens – Rechtschreibung und Wortkunde" liegt wiederum ein zuverlässiges Lern- und Arbeitsmittel vor, das den Deutschunterricht in seiner Zielsetzung unterstützt, die Schülerinnen und Schüler zur sicheren Beherrschung und Anwendung der geltenden Sprachnormen zu führen.

Alle interessierten Deutschlehrerinnen und Deutschlehrer finden im Internet (unter www.duden.de) eine kostenlos herunterladbare Unterrichtseinheit, mit deren Hilfe sie Schülerinnen und Schüler der Klassen 5 bis 7 systematisch an die praktische Arbeit mit einem für Lernende konzipierten Rechtschreibwörterbuch heranführen können.

Die Dudenredaktion dankt allen Benutzerinnen und Benutzern, die durch ihre Rückmeldungen und Anregungen zur weiteren Optimierung des Werkes beigetragen haben.

Mannheim, im Januar 2014
Die Dudenredaktion

Inhalt

Hinweise zur Benutzung	**9**
Wörterverzeichnis A–Z	**13**
Regeln zur deutschen Rechtschreibung	**569**
A Buchstabenregeln	**569**
1 Die Wortstammregeln	**569**
2 Ergänzende Regeln für die Schreibung der Konsonanten (Mitlaute)	**572**
3 Ergänzende Regeln für die Schreibung der Vokale (Selbstlaute)	**575**
B Regeln zur Getrennt- und Zusammenschreibung	**578**
1 Verbindungen mit Verben (Tätigkeitswörtern, Zeitwörtern)	**578**
2 Verbindungen mit Adjektiven (Eigenschaftswörtern) und Partizipien (Mittelwörtern)	**580**
3 Zusammensetzungen mit Nomen (Substantiven, Hauptwörtern)	**582**
C Regeln zur Schreibung mit Bindestrich	**584**
1 Der Bindestrich bei Ziffern, Einzelbuchstaben und Abkürzungen	**584**
2 Der Bindestrich bei unübersichtlichen Zusammensetzungen	**585**
3 Der Bindestrich bei Zusammensetzungen mit Eigennamen	**587**
D Regeln zur Groß- und Kleinschreibung	**588**
1 Satzanfänge und Überschriften	**588**
2 Die Großschreibung der Nomen (Substantive, Hauptwörter)	**590**
3 Die Großschreibung der Eigennamen	**599**
4 Die höfliche Anrede *Sie*	**601**
E Regeln zur Zeichensetzung	**601**
1 Die Satzschlusszeichen	**602**
2 Der Doppelpunkt	**603**
3 Der Strichpunkt (das Semikolon)	**603**

4	Das Komma	603
5	Der Gedankenstrich	608
6	Die Klammern	609
7	Die Anführungszeichen	609
8	Die Auslassungspunkte	611
9	Der Apostroph (das Auslassungszeichen)	611
10	Der Ergänzungsstrich	612
11	Der Abkürzungspunkt	613
12	Der Punkt bei Ordnungszahlen	614

F Regeln zur Silbentrennung (Worttrennung am Zeilenende) 614

1	Einfache und abgeleitete Wörter	614
2	Zusammensetzungen und Wörter mit Präfixen (Vorsilben)	615

Grammatische Fachbegriffe 617

Wortkunde 621

A Wortbildung 621

Bausteine von Wörtern – Silben und Morpheme	622
Verfahren der Wortbildung	626
Zusammensetzungen	628
Ableitungen	634
Die Wortfamilie	641
Das Wortfeld – Wörter mit einer (ähnlichen) Bedeutung	642
Gleichlautende Wörter mit unterschiedlicher Bedeutung	644

B Wortgeschichten 647
C Wortschatz – Wie viele Wörter gibt es im Deutschen? 657

Zur Wortgeschichte 661

Verzeichnis gebräuchlicher Abkürzungen und Kurzwörter 665

111 im Deutschen besonders häufig falsch geschriebene Wörter 668

Hinweise zur Benutzung

A Die Anordnung und Behandlung der Stichwörter

Die Stichwörter in diesem Wörterbuch sind grundsätzlich **halbfett** gedruckt und in alphabetischer Reihenfolge angeordnet. In der Regel beginnt jeder Stichwortartikel am Anfang einer neuen Zeile:

die **Blind|schlei|che**
blin|ken; du blinkst; er blinkte; er hat mit der Taschenlampe geblinkt
der **Blin|ker;** des Blinkers; die Blinker

Die Umlaute ä, ö, ü, äu werden im Alphabet wie a, o, u, au behandelt:

der **Kum|mer;** des Kummers
küm|mer|lich
sich **küm|mern;** du kümmerst dich …

Für manche Wörter gibt es zwei oder mehr richtige Schreibweisen. Um dir eine einheitliche Rechtschreibung zu erleichtern, findest du in diesen Fällen jeweils die Schreibung gelb markiert, die von der Dudenredaktion empfohlen wird:

auf|wen|dig *oder* **auf|wän|dig**
das **Bett|tuch** *oder* Bett-Tuch
in|fra|ge *oder* in Fra|ge …
die **Schuh|creme** *oder* Schuh|crème

Wenn diese Schreibvarianten an verschiedenen Stellen des Alphabets stehen, findest du manchmal Verweisartikel, die zum Hauptstichwort führen. Dort sind dann alle möglichen Wortschreibungen einschließlich der von uns empfohlenen gezeigt:

braun; eine **braun gebrannte** oder braungebrannte Frau …
der **Braun|bär**
bräu|nen …
braun|ge|brannt *vergleiche:* **braun**

Auch innerhalb der Beugungsformen und in den Beispielen zum typischen Gebrauch eines Stichworts werden Doppelschreibungen angegeben:

an|stel|le *oder* **an Stel|le;** **anstelle** *oder* an Stelle des Vaters
der **Del|fin** *oder* **Del|phin;** des **Delfins** *oder* Delphins; die **Del|fi|ne** *oder* Del|phi|ne

Hinweise zur Benutzung

die Kar|te; ... die Gelbe *oder* gelbe Karte, die Rote *oder* rote Karte *(Sport)*
plan|schen *oder* plant|schen; du planschst *oder* plantschst;
er planschte *oder* plantschte; er hat in der Badewanne geplanscht *oder*
geplantscht; plansch[e] *oder* plantsch[e] nicht so!

Rechtschreiblich besonders schwierige Wörter und Schreibweisen, beispielsweise **deutsch/Deutsch** oder **recht/Recht,** werden in farbig unter-
legten Infokästchen besonders übersichtlich und ausführlich dargestellt.

Sprachliche »Stolpersteine«, wie zum Beispiel leicht verwechselbare
Wörter **(Lid ↔ Lied),** findest du in kurzen Hinweisartikeln erklärt, die mit
einem Ausrufezeichen gekennzeichnet sind.

Wenn du ein zusammengesetztes Wort nicht im Wörterverzeichnis findest, dann zerlege es in seine Bestandteile und schlage das Grundwort
nach, wenn nötig auch die anderen Teilwörter:

Siegerpokal ↑ **Sieger** und **Pokal**
Fuchspelzmütze ↑ **Fuchs** und **Pelz** und **Mütze**
hinüberschwimmen ↑ **hinüber** und **schwimmen**

B Die Darstellung der Worttrennung

Wie du weißt, können Wörter am Zeilenende getrennt werden. Auf den
Seiten 614–616 dieses Buches findest du die Regeln der Worttrennung erklärt.

An welchen Stellen du ein Wort trennen kannst, wird im Stichwort
durch senkrechte Striche (|) angezeigt. Ein Beispiel:

das Ca|b|ri|o|let (Pkw mit zurückklappbarem Verdeck); ...

An den Trennstrichen kannst du ablesen, dass man das Wort **Cabriolet**
folgendermaßen trennen kann:

Ca-briolet *oder* Cab-riolet *oder* Cabri-olet *oder* Cabrio-let

Für das Wort **Apostroph** sind nach den gültigen Regeln folgende Trennun-
gen erlaubt:

Apo-stroph *oder* Apos-troph *oder* Apost-roph

Alle diese Möglichkeiten sind korrekt und werden deshalb im Schülerduden gezeigt.

In manchen Wörtern kannst du andere Wörter ziemlich klar erkennen.

Hinweise zur Benutzung

Dann wird die Worttrennung nur zwischen den Bestandteilen, aus denen sich das ganze Wort zusammensetzt, angezeigt. Ein Beispiel hierfür ist:

Pro|gramm

In den wenigen Fällen, in denen durch eine Trennung der Sinn eines Wortes verzerrt würde, fehlt der entsprechende Strich: **ab|erken|nen** (nicht: aber-kennen), **Frus|tra|ti|on** (nicht: Frust-ration).

C Die Darstellung der Aussprache

Der Punkt unter einem Vokal

(Selbstlaut) gibt betonte Kürze an, z. B. das **Damwild**.

Der Strich unter einem Vokal

(Selbstlaut) gibt betonte Länge an, z. B. die **Anekdote**.

Die Lautschrift

steht bei schwer auszusprechenden Wörtern hinter dem Stichwort in eckigen Klammern. Dabei folgt die verwendete Lautschrift dem Zeichensystem der International Phonetic Association (IPA). Ein Doppelpunkt nach dem Vokal bedeutet dessen Länge, z. B. Plateau [pla'to:]. Der Hauptakzent steht vor der betonten Silbe, z. B. Baseball ['be:sbɔ:l]. Die Ausspracheangaben bei Fremdwörtern beziehen sich auf die in der deutschen Standardsprache übliche Lautung, die manchmal nicht genau mit derjenigen der fremden Sprache übereinstimmt.

Zeichen der Lautschrift, Beispiele und Umschreibung

[a]	Rushhour ['raʃ...]	[ɛ̃:]	Teint [tɛ̃:]
[a:]	Chaos ['ka:ɔs]	[ə]	Bronze ['brõ:sə]
[ɐ]	Bulldozer [...do:zɐ]	[i]	Chirurg [çi'...]
[ɐ̯]	Friseur [fri'zø:ɐ̯]	[i̯]	Ingenieur [...ni̯ø:ɐ̯]
[ã]	Ensemble [ã'sã:bl]	[i:]	Chemie [çe'mi:]
[ã:]	Engagement [...'mã:]	[ɪ]	City ['sɪti]
[ai̯]	live [lai̯f]	[l̩]	Shuttle [...tl̩]
[au̯]	Rushhour [...lau̯ɐ]	[n̩]	jetten [...tn̩]
[ç]	Chirurg [çi'...]	[ŋ]	Meeting ['mi:tɪŋ]
[dʒ]	Gin [dʒɪn]	[o]	logieren [lo'ʒi:rən]
[e]	Regie [re'ʒi:]	[o:]	Plateau [pla'to:]
[e:]	Baby ['be:bi]	[ɔ]	online ['ɔnlai̯n]
[ɛ]	Handicap ['hɛndikɛp]	[ɔ:]	Baseball ['be:sbɔ:l]
[ɛ:]	fair [fɛ:ɐ̯]	[õ]	Montblanc [mõ'blã:]
[ɛ̃]	Mannequin ['manəkɛ̃]	[õ:]	Ballon [ba'lõ:]

11

Hinweise zur Benutzung

Zeichen der Lautschrift, Beispiele und Umschreibung (Fortsetzung)

[ø]	pasteurisieren [...tøri...]	[u:]	Route [ˈru:...]
[ø:]	Fritteuse [...ˈtøːzə]	[ɥ]	Silhouette [ziˈlɥɛtə]
[œ]	Feuilleton [fœjaˈtõ:]	[ʊ]	Bouillon [bʊlˈjõ:]
[œ:]	Parfum [parˈfœ:]	[v]	Cover [ˈkavɐ]
[ɔa]	loyal [lɔaˈjaːl]	[w]	Wales [weɪlz]
[ɔy]	Cowboy [ˈkaubɔy]	[x]	Rochade [rɔˈxaːdə]
[s]	City [ˈsɪti]	[y]	Budget [byˈdʒeː]
[ʃ]	Chiffre [ˈʃifrə]	[y:]	Fondue [fõˈdy:]
[ts]	Zeremonie [tsere...]	[ỹ]	Etui [eˈtỹi:]
[tʃ]	Match [mɛtʃ]	[ʏ]	synchron [zʏnˈkroːn]
[θ]	Thriller [ˈθrɪlɐ]	[z]	Bulldozer [...doːzɐ]
[u]	Routine [ru...]	[ʒ]	Genie [ʒe...]

D Erklärung einiger weiterer Zeichen

Eckige Klammern [ ]
bedeuten, dass die zwischen ihnen stehenden Buchstaben [e] oder Zeichen [,] auch weggelassen werden können; die **Ein|kom|men[s]|steu|er.**

Runde Klammern ( )
umschließen Worterklärungen und Angaben zu dem Fachgebiet, in dem ein Wort vorkommt: der **Be|fund** (*Medizin:* Untersuchungsergebnis)...

Der Pfeil ↑
sagt aus: Schlage das Wort hinter dem Pfeil nach. Dort findest du weitere Angaben, z. B. der **Montag** ↑.Dienstag.

Drei Punkte ...
deuten an, dass ein Satzteil weggelassen ist, z. B. es sei denn, dass...

A

das **A** (Buchstabe); des A; die A; ABER: das a in Land; das A-Dur, ABER: das a-Moll (Tonart); von A bis Z (*umgangssprachlich für:* alles, von Anfang bis Ende) @ [ɛt] (Gliederungszeichen in der E-Mail-Adresse)

das **Aa** (*Kindersprache:* Kot); des Aa *oder* Aas; Aa machen

der **Aal**; des Aals *oder* Aalles; die Aalle; *Verkleinerungsform:* das Ällchen

sich **aallen** (sich behaglich strecken, ausruhen); du aalst dich; sie aalt sich; sie aalte sich; sie hat sich auf dem Sofa geaalt

aallglatt

a. a. O. = am angeführten, angegebenen Ort (Hinweis auf eine Buchseite o. Ä.)

das **Aas**; des Aalses; die Aalse *und* (als Schimpfwort) die Äser

aallsen (*umgangssprachlich für:* verschwenderisch umgehen); du aast; er aasste; er hat mit dem Geld geaast

ab; ab und zu; Jugendliche ab zwölf Jahren, *auch:* Jahre; ab morgen; ab sein; der Knopf ist, war ab; der Knopf ist ab gewesen; ... weil der Knopf ab ist, ab war

der **AB** = Anrufbeantworter

Abb. = Abbildung

der **Abbau**
abbaulen; er baut das Gerüst ab; er hat es abgebaut; Vorurteile abbauen
abbeilßen; sie biss ein Stück Brot ab; sie hat es abgebissen; beiß *oder* beiße ab!
abbekommmen; sie bekam ihr[en] Teil ab
abbestelllen; er hat diese Zeitschrift abbestellt
abbiegen; sie bog ab; sie hat das Blech abgebogen; das Auto ist abgebogen

das **Abbild**; des Abbilds *oder* Abbildes; die Abbilder
abbilden; wie oben abgebildet

die **Abbildung** (*Abkürzung:* Abb.)
abbinden; er band das Bein ab; der Gips hat abgebunden (ist fest geworden)

die **Abbitte**; Abbitte leisten (um Verzeihung bitten)
abblenden; du blendest ab; sie blendete ab; sie hat abgeblendet

das **Abblendllicht**
abblitzen (*umgangssprachlich für:* abgewiesen werden); du blitzt ab; er blitzte bei ihr ab; er ist bei ihr abgeblitzt
abbrechen; du brichst ab; sie brach ab; sie hat abgebrochen; brich nichts ab!
abbringen; ich habe ihn von seinem Vorhaben abgebracht

der **Abbruch**; des Abbruchs *oder* Abbruches; die Abbrülche
abbruchreif; abbruchreife Häuser
abbuchen; du buchst ab; sie buchte ab; die Bank hat den Betrag abgebucht

das **Abc** *oder* **Abelce**; des Abc *oder* Abece; die Abc *oder* Abece
abchecken (*umgangssprachlich für:* überprüfen); er hat die Busverbindungen abgecheckt

der **Abc-Schütlze** *oder* **Abelcelschütlze**

die **Abc-Schütlzin** *oder* **Abelcelschütlzin**
abdanken; sie hat abgedankt

die **Abdankung**
abdecken; sie hat den Tisch abgedeckt; deck *oder* decke den Tisch ab!
abdrehen; er dreht ab; das Flugzeug hat abgedreht
abdriften; du driftest ab; das Boot driftete ab; das Boot ist abgedriftet

der **Abdruck**; die Abdrülcke (in Gips, Lehm u. a.); ABER: die Abdrulcke (von Bildern, Zeitschriften u. a.)
abdrucken; die Zeitung druckt das Interview ab; sie hat es abgedruckt
abdrücken; sie zielte und drückte ab; die Spur hat sich im Boden abgedrückt

der **Abend, abends**

Das Nomen »Abend« schreibt man groß:

– eines Abends
– gegen Abend, am Abend
– zu Abend essen
– Guten Abend *oder* guten Abend sagen
– gestern, heute, morgen Abend
– der Dienstagabend; an einem Dienstagabend

Das Adverb »abends« schreibt man klein:

– von morgens bis abends
– [um] 8 Uhr abends
– dienstagabends *oder* dienstags abends
– spätabends; ABER: abends spät

a
Abe

Abendbrot – abgebrannt

das **A̲bend|brot**
das **A̲bend|es|sen**
   a̲bend|fül|lend
das **A̲bend|kleid**
das **A̲bend|land**
   a̲bend|lich
das **A̲bend|mahl;** die Abend|mah|le
das **A̲bend|rot** *oder* die **A̲bend|rö|te**
das **A̲ben|teu|er**
die **A̲ben|teu|er|ge|schich|te**
die **A̲ben|teu|e|rin** *oder* **A̲ben|teu|re|rin;** die
   Abenteuerinnen *oder* Abenteurerinnen
   a̲ben|teu|er|lich
   a̲ben|teu|er|lus|tig
der **A̲ben|teu|rer**
die **A̲ben|teu|re|rin, A̲ben|teu|e|rin;** die
   Abenteurerinnen *oder* Abenteuerinnen
   a̲ber; wir waren nicht reich, aber glück-
   lich
das **A̲ber;** es ist ein Aber dabei; er brachte
   viele Wenn und Aber vor
der **A̲ber|glau|be**
   a̲ber|gläu|bisch
   a̲ber|hun|dert; hundert und aberhun-
   dert *oder* Hundert und <mark>Aberhundert</mark>
   Stechmücken; hunderte und aberhun-
   derte *oder* Hunderte und <mark>Aberhunderte</mark>
   kleiner Vögel; ↑ hundert
   a̲ber|kennen; ich erkenne ab, *selten:* ich
   aberkenne; du erkennst ab, *selten:* du
   aberkennst; das Gericht erkannte ihm
   die bürgerlichen Ehrenrechte ab
   a̲ber|mals
   a̲ber|tau|send ↑ aberhundert
   a̲ber|wit|zig (wahnwitzig); ein aberwit-
   ziger Plan
   a̲b|fah|ren; der Zug fährt ab; der Zug ist
   abgefahren
die **A̲b|fahrt;** die Ab|fahr|ten
der **A̲b|fahrts|lauf** (Skilauf)
der **A̲b|fall;** des Abfalls *oder* Ab|fal|les; die
   Ab|fäl|le
der **A̲b|fall|ei|mer**
   a̲b|fal|len; die Blätter fallen ab; ein gan-
   zer Ast fiel ab; die verwelkten Blüten
   sind abgefallen; er ist vom Glauben
   abgefallen (er hat sich von ihm losge-
   sagt); für sie war nichts abgefallen (sie
   bekam nichts)
   a̲b|fäl|lig; abfällige Bemerkungen
   a̲b|fäl|schen; der Ball wurde von dem
   Spieler gekonnt abgefälscht

   a̲b|fan|gen; die Nachricht wurde abge-
   fangen
   a̲b|fär|ben; die Hose färbt beim
   Waschen ab; der Lack hat abgefärbt
   a̲b|fe|dern (federnd abfangen); soziale
   Härten abfedern
   a̲b|fer|ti|gen; du fertigst das Paket ab;
   sie hat es abgefertigt
die **A̲b|fer|ti|gung**
der **A̲b|fer|ti|gungs|schal|ter**
   a̲b|fin|den; sie haben ihn abgefunden;
   sich mit etwas abfinden müssen
die **A̲b|fin|dung**
   a̲b|flau|en (schwächer werden); der
   Wind flaut ab; der Wind flaute ab; der
   Wind ist abgeflaut
   a̲b|flie|gen; sie fliegt ab; sie ist abgeflo-
   gen
   a̲b|flie|ßen; das Wasser fließt ab; es
   floss ab; das Wasser ist abgeflossen
der **A̲b|flug**
der **A̲b|fluss**
das **A̲b|fluss|rohr**
die **A̲b|fol|ge** (Reihenfolge); die Abfolge der
   Ereignisse
die **A̲b|fra|ge** (Ermittlung bestimmter Infor-
   mationen; Gewinnung von Daten aus
   einem Datenspeicher)
   a̲b|fra|gen; sie fragt ab; sie hat mich
   oder mir die Vokabeln abgefragt
die **A̲b|fuhr;** die Ab|fuh|ren; man hat ihm
   eine Abfuhr erteilt
   a̲b|füh|ren; dieser Weg führt vom Ziel
   ab; die Gefangenen wurden abgeführt
das **A̲b|führ|mit|tel**
   a̲b|fül|len; die Milch wird in Flaschen
   abgefüllt
die **A̲b|ga|be**
der **A̲b|ga|be|ter|min**
der **A̲b|gang;** des Abgangs *oder* Ab|gan|ges;
   die Ab|gän|ge
das **A̲b|gangs|zeug|nis**
das **A̲b|gas;** die Ab|ga|se
   a̲b|gas|arm
die **A̲b|gas|un|ter|su|chung** (Messung des
   Kohlenmonoxidgehalts im Abgas bei
   Leerlauf des Motors; *Abkürzung:* AU)
   a̲b|ge|ar|bei|tet
   a̲b|ge|ben; du gibst ab; sie hat den Auf-
   satz abgegeben
   a̲b|ge|brannt (*umgangssprachlich auch*
   für: ohne Geldmittel)

abgebrüht – abhören

ạb|ge|brüht (unempfindlich)
ạb|ge|dro|schen (zu oft gebraucht); eine
abgedroschene Redensart
ạb|ge|fah|ren (*umgangssprachlich auch
für:* begeisternd, toll)
ạb|ge|hackt; abgehackt sprechen
ạb|ge|hen; der Schüler ging von der
Schule ab; ein Knopf ist abgegangen
ạb|ge|hetzt
ạb|ge|kämpft
ạb|ge|kar|tet; ein abgekartetes Spiel
ạb|ge|klärt
ạb|ge|lau|fen; abgelaufene Schuhe; ein
abgelaufenes Verfallsdatum
ạb|ge|le|gen
ạb|gel|ten (eine Schuld begleichen)
ạb|ge|macht!
ạb|ge|neigt
ạb|ge|nutzt
der Ạb|ge|ord|ne|te; ein Abgeordneter; die
Abgeordneten; zwei Abgeordnete
die Ạb|ge|ord|ne|te; eine Abgeordnete
das Ạb|ge|ord|ne|ten|haus
die Ạb|ge|sand|te; eine Abgesandte
der Ạb|ge|sand|te; ein Abgesandter; die
Abgesandten; zwei Abgesandte
ạb|ge|schie|den (*gehoben für:* einsam
[gelegen]); ein abgeschiedenes Dorf
ạb|ge|schlafft (*umgangssprachlich für:*
müde, erschöpft)
ạb|ge|schla|gen
ạb|ge|schlos|sen; eine abgeschlossene
Wohnung; eine abgeschlossene
Geschichte
ạb|ge|schmackt (geschmacklos, platt)
ạb|ge|schnit|ten
ạb|ge|se|hen; abgesehen davon, dass …
ạb|ge|spannt
ạb|ge|stan|den; abgestandene Limonade
ạb|ge|stumpft
ạb|ge|tö|tet; abgetötete Viren
ạb|ge|tra|gen; ein abgetragenes Kleid
ạb|ge|win|nen; wir konnten dem Vor-
schlag nichts abgewinnen
ạb|ge|wöh|nen; sie gewöhnt es sich ab;
sie hat ihm das Rauchen abgewöhnt
ạb|gie|ßen; sie goss das Wasser ab
der Ạb|gott; des Abgotts *oder* Ab|got|tes;
die Ab|göt|ter
ạb|göt|tisch
ạb|gren|zen (sich unterscheiden; sich
distanzieren); die Teile des Referats sind

genau abgegrenzt; sich von Terror und
Gewalt abgrenzen
die Ạb|gren|zung
der Ạb|grund; des Abgrunds *oder* Ab|grun-
des; die Ab|grün|de
ạb|grün|dig
ạb|grund|tief
ạb|gu|cken *oder* ạb|ku|cken (*umgangs-
sprachlich);* er guckt *oder* kuckt ab; er
hat abgeguckt *oder* abgekuckt
der Ạb|guss; des Ab|gus|ses; die Ab|güs|se
ạb|ha|cken; sie hat den toten Zweig
abgehackt
ạb|ha|ken; sie hat den Posten in der
Liste abgehakt
ạb|hal|ten; du hältst ab; die Regierung
hat Wahlen abgehalten
ạb|han|deln; sie hat das Thema abge-
handelt
ạb|han|den|kom|men; das Buch kam
uns abhanden; der Schlüssel ist mir
abhandengekommen
die Ạb|hand|lung (wissenschaftliche Unter-
suchung); die Ab|hand|lun|gen
der Ạb|hang; die Ab|hän|ge
ạb|hän|gen; es hing vom Wetter ab; es
hat von ihr abgehangen
ạb|hän|gen (*umgangssprachlich auch
für:* abschütteln); er hängte das Bild ab;
sie hat alle Konkurrenten abgehängt;
↑ hängen
ạb|hän|gig
die Ạb|hän|gig|keit
sich ạb|här|ten; er härtet sich ab; er hat sich
abgehärtet
ạb|hau|en (*umgangssprachlich auch für:*
davonlaufen); er hieb den Ast ab; er hat
den Ast abgehauen; wir hauten ab; wir
sind abgehauen
ạb|he|ben; sie hob den Hörer ab; sie hat
Geld [vom Konto] abgehoben
ạb|hef|ten; sie heftet das Blatt ab; sie
hat es abgeheftet; hefte es ab!
die Ạb|hil|fe
ạb|ho|len; sie hat ihn am Bahnhof abge-
holt
ạb|hol|zen; die Wälder wurden abgeholzt
ạb|hor|chen; die Ärztin horchte seine
Brust ab
ạb|hö|ren; das Telefongespräch wurde
abgehört; sie hat mir *oder* mich die
Vokabeln abgehört

15

Abitur – abmühen

das **Ab|i|tur** (Reifeprüfung); des Abiturs; die
Ab|i|tu|re

der **Ab|i|tu|ri|ent** (jemand, der das Abitur
macht oder gemacht hat); des/dem/den
Ab|i|tu|ri|en|ten; die Ab|i|tu|ri|en|ten

die **Ab|i|tu|ri|en|tin;** die Abiturientinnen

Abk. = Abkürzung

ab|kan|zeln (scharf tadeln); er hat den
Schüler abgekanzelt

sich **ab|kap|seln** (verschließen); sie hat sich
von der Umwelt abgekapselt; kaps[e]le
dich nicht ab!

ab|kas|sie|ren *(umgangssprachlich);* ich
kassiere ab; du kassierst ab; die Bürger
wurden abkassiert

ab|kau|fen; das kauft dir keiner ab
(*umgangssprachlich:* glaubt dir niemand)

die **Ab|kehr;** der Abkehr

ab|klä|ren; das sollte dringend abgeklärt
werden

der **Ab|klatsch** (wertlose Nachahmung); die
Ab|klat|sche

ab|knut|schen (*umgangssprachlich für:*
heftig küssen); du knutschst mich ab; sie
knutschte ihn ab; sie haben sich abge-
knutscht; knutsch *oder* knutsche mich
nicht immer ab!

ab|ko|chen; er kochte das Wasser ab

ab|kom|men; sie ist vom Weg abgekom-
men

das **Ab|kom|men** (Vertrag); ein Abkommen
treffen, schließen

der **Ab|kömm|ling** (Nachkomme)

ab|kop|peln; du koppelst ab; sie kop-
pelte ab; er hat abgekoppelt; kopple *oder*
koppele den Anhänger ab!

ab|ku|cken *vergleiche:* **ab|gu|cken**

ab|küh|len; der Tee ist noch nicht abge-
kühlt

ab|kür|zen; sie kürzt ab; er hat abgekürzt

die **Ab|kür|zung** (*Abkürzung:* Abk.)

ab|la|den; sie luden das Gerüst vor dem
Haus ab

die **Ab|la|ge**

die **Ab|la|ge|rung**

der **Ab|lass** (Nachlass von Sündenstrafen);
des Ab|las|ses; die Ab|läs|se

ab|las|sen; sie ließ ab; sie hat Dampf
abgelassen

der **Ab|la|tiv** (Woherfall, 5. Fall); des Abla-
tivs; die Ab|la|ti|ve

der **Ab|lauf**

ab|lau|fen; es ist alles nach Plan abge-
laufen

ab|le|cken; du leckst ab; sie leckte ab;
sie hat den Deckel abgeleckt; der Hund
hat mich abgeleckt; leck *oder* lecke die
Gabel ab!

ab|le|gen; er legt den Mantel ab; leg
oder lege bitte ab!; das Schiff hat abge-
legt

der **Ab|le|ger** (Pflanzentrieb); des Ablegers;
die Ableger

ab|leh|nen; sie lehnt den Vorschlag ab;
sie hat es abgelehnt; lehn *oder* lehne das
Angebot lieber ab!

die **Ab|leh|nung**

ab|lei|ten; sie leitete das Wasser ab; ein
abgeleitetes Wort

die **Ab|lei|tung**

ab|len|ken; er lenkt ihn ab; er hat ihn
abgelenkt; lenk *oder* lenke ihn nicht ab!

die **Ab|len|kung**

das **Ab|len|kungs|ma|nö|ver**

ab|le|sen; alle zwei Monate wird der
Stromzähler abgelesen

ab|lie|fern; wo wurde das Paket abgelie-
fert?

die **Ab|lö|se** (Ablösesumme); der Ablöse; die
Ablösen; der Verein zahlt eine hohe
Ablöse

ab|lö|sen; sie löste den Verband vorsich-
tig ab; sie hat ihn bei der Arbeit abgelöst

die **Ab|lö|se|sum|me** (Geldsumme, für die
ein Verein einen Sportler freigibt)

die **Ab|lö|sung**

ab|luch|sen (*umgangssprachlich für:*
jemandem auf listige Weise wegneh-
men); du luchst mir das Messer ab; sie
hat es mir abgeluchst

die **ABM** = Arbeitsbeschaffungsmaßnahme

ab|ma|chen; sie macht ab; wir haben
nichts abgemacht (vereinbart)

die **Ab|ma|chung**

ab|ma|gern; du magerst ab; er ist abge-
magert

ab|ma|len; er hat das Bild abgemalt

ab|mel|den; das Kind wurde von der
Schule abgemeldet

ab|mil|dern; du milderst ab; sie hat die
Kritik abgemildert; mildere sie ab!

die **ABM-Stel|le** ↑ABM

ab|mü|hen; er müht sich ab; sie hat sich
mit der Arbeit abgemüht

abmurksen – Abschied

ab|murk|sen (*umgangssprachlich für:* umbringen); man hat ihn abgemurkst

die Ab|nah|me

ab|neh|men; sie nimmt ab; sie hat mir den Weg abgenommen

der Ab|neh|mer; des Abnehmers; die Abnehmer; Person, die eine Ware kauft; jemand, der etwas von einem anderen annimmt

die Ab|neh|me|rin; die Abnehmerinnen

die Ab|nei|gung

ab|norm (vom Normalen abweichend)

ab|nut|zen *oder* ab|nüt|zen; der Stoff hat sich schnell abgenutzt *oder* abgenützt; ↑ *auch:* benutzen

das Abo (*Kurzwort für:* Abonnement)

das Abon|ne|ment [abɔnə'mãː] (Dauerbezug von Zeitungen u. Ä.; Dauermiete für Theater u. Ä.); die Abonnements

der Abon|nent (Inhaber eines Abonnements); des/dem/den Abon|nen|ten; die Abon|nen|ten

die Abon|nen|tin; die Abonnentinnen

abon|nie|ren (regelmäßig erhalten); sie hat eine Tageszeitung abonniert

die Ab|ord|nung

der Ab|ort (*veraltend für:* Toilette); die Ab|or|te

ab|pfei|fen; die Schiedsrichterin pfiff das Spiel ab

der Ab|pfiff

ab|pral|len; das prallt von ihm ab; das ist von ihm abgeprallt

sich ab|ra|ckern (sich abarbeiten); sie rackert sich ab; sie hat sich abgerackert; rackere dich doch nicht so ab!

Ab|ra|ham (Stammvater Israels)

ab|ra|ten; sie riet ihm davon ab; er hat ihr abgeraten

ab|räu|men; er räumt ab; er hat den Tisch abgeräumt

ab|re|agie|ren; er hat sich, seinen Ärger an den Kindern abreagiert

ab|rech|nen; er hat mit ihm abgerechnet

die Ab|rech|nung

ab|rei|ben; sie hat das Silber mit einem Tuch abgerieben

die Ab|rei|bung

die Ab|rei|se

ab|rei|sen; du reist ab; sie reist ab; sie ist abgereist

ab|rei|ßen; du reißt das Blatt ab; sie reißt das Blatt ab; sie riss das Blatt ab;

sie hat das Blatt abgerissen; reiß[e] das Blatt ab!

der Ab|reiß|ka|len|der

ab|rich|ten; er richtet seinen Hund ab

ab|rie|geln; sie riegelte ab; er hat abgeriegelt

der Ab|riss; des Ab|ris|ses; die Ab|ris|se

der Ab|ruf; auf Abruf bereitstehen

ab|ruf|bar; die Vokabeln sind jederzeit abrufbar

ab|ru|fen (sich etwas Bereitstehendes geben lassen); du rufst ab; sie rief ab; er hat abgerufen; ruf *oder* rufe ab; Informationen, Daten abrufen

ab|run|den; sie hat die Summe abgerundet; runde die Summe ab!

ab|rupt (plötzlich)

ab|rüs|ten

die Ab|rüs|tung

ab|rut|schen; du rutschst ab; sie rutscht ab; sie ist abgerutscht

das ABS = Antiblockiersystem

Abs. = Absatz; Absender[in]

ab|sa|cken (*umgangssprachlich für:* [ab]sinken; nachlassen); das Flugzeug sackt ab; er ist in seinen Leistungen abgesackt

die Ab|sa|ge; eine Absage erhalten

ab|sa|gen; sie sagte das Treffen ab; das Treffen ist abgesagt

der Ab|satz; die Ab|sät|ze

ab|schaf|fen; man schaffte die Todesstrafe ab; sie hat das Auto abgeschafft

ab|schal|ten; sie schaltete den Strom ab; sie hat abgeschaltet (hört nicht mehr zu)

ab|schät|zen; du schätzt ab; sie hat den Wert abgeschätzt

der Ab|scheu; des Abscheus *oder* Ab|scheues; Abscheu erregen; ein Abscheu erregender *oder* abscheuerregender Anblick; ABER NUR: ein großen Abscheu erregender Anblick; ein äußerst abscheuerregender, noch abscheuerregenderer Anblick

ab|scheu|lich

die Ab|schie|be|haft

ab|schie|ben; sie schoben ihn ab; er hat die Schuld auf ihn abgeschoben

die Ab|schie|bung (Abgeschobenwerden); den Flüchtlingen droht die Abschiebung in ihr Heimatland

der Ab|schied; des Abschieds *oder* Ab|schiedes; Abschied nehmen

Abschiedsfeier – absolvieren

die **Ab|schieds|fei|er**
ab|schie|ßen; sie hat den Vogel abge-
schossen (alle übertroffen)
ab|schir|men; sie schirmte ab; er hat
abgeschirmt
der **Ab|schlag** (Teilzahlung); des Abschlags
oder Ab|schla|ges; die Ab|schlä|ge
ab|schla|gen; sie schlug den Ast ab; sie
hat mir die Bitte abgeschlagen
ab|schlä|gig; der Antrag wurde abschlä-
gig beschieden (abgelehnt)
der **Ab|schlepp|dienst**
ab|schlep|pen; sie schleppt ab; sie hat
den Wagen abgeschleppt
der **Ab|schlepp|wa|gen**
ab|schlie|ßen; du schließt ab; sie schließt
ab; sie schloss ab; sie hat abgeschlossen;
schließ *oder* schließe die Tür ab!
ab|schlie|ßend (zum Schluss); ein
abschließendes Urteil; eine abschlie-
ßende Bemerkung; ..., sagte er abschlie-
ßend
der **Ab|schluss;** des Ab|schlus|ses; die Ab-
schlüs|se
ab|schme|cken; er schmeckte die Suppe
mit Salz und Pfeffer ab
ab|schnei|den; sie schneidet den Faden
ab; sie hat gut abgeschnitten
der **Ab|schnitt**
ab|schnitts|wei|se
ab|schot|ten (gegen äußere Einflüsse
abschließen); du schottest dich ab; sie
schottete sich ab; er hat sich abgeschot-
tet; schotte dich nicht immer ab!
ab|schre|cken; du schreckst ab; der
Preis hat die Käufer abgeschreckt
ab|schre|ckend; das ab|schre|ckends|te
Beispiel
die **Ab|schre|ckung**
ab|schrei|ben; er schreibt ab; er hat
abgeschrieben; schreib *oder* schreibe
nicht ab!
die **Ab|schrift**
ab|schrub|ben; er schrubbt ab; er hat
den Tisch abgeschrubbt
der **Ab|schuss;** des Ab|schus|ses; die Ab-
schüs|se
ab|schüs|sig
die **Ab|schuss|lis|te**
ab|schüt|teln; ich schütt[e]le die Verfol-
ger ab; wir haben sie abgeschüttelt;
schüttle *oder* schüttele sie ab!

ab|schwä|chen; er schwächt seine
Behauptung ab; er hat seine Behauptung
abgeschwächt
die **Ab|schwä|chung**
ab|schwei|fen; wir schweiften ab; wir
sind vom Thema abgeschweift; schweif
oder schweife nicht ab!
der **Ab|schwung**
ab|seg|nen (*umgangssprachlich für:* ge-
nehmigen); ich segne das ab; sie segnet
die Idee ab; er hat den Text abgesegnet;
das hat meine Lehrerin so abgesegnet
ab|seh|bar; in absehbarer Zeit (bald)
ab|se|hen; wir haben von einer Anzeige
abgesehen (darauf verzichtet)
ab|seits; abseits des Weges; der Stürmer
war abseits *(Sport)*
das **Ab|seits;** der Schiedsrichter pfiff Abseits
ab|seits|ste|hen; die abseitsstehenden
Kinder; der Stürmer stand abseits
(Sport); die Stürmerin hat abseitsgestan-
den; ABER: sie stand im Abseits
ab|sen|den; sie sendet ab; sie sandte,
seltener: sendete ab; sie hat einen Brief
abgesandt, *seltener:* abgesendet; sende
den Brief bald ab!
der **Ab|sen|der** (*Abkürzung:* Abs.); des
Absenders; die Absender
die **Ab|sen|de|rin;** die Absenderinnen
ab|set|zen; du setzt die Tasse ab; sie
setzte den Koffer ab; man hat den Direktor abgesetzt
die **Ab|set|zung**
ab|si|chern; er sicherte sich lieber ab;
möchten Sie das mit einem Joker absi-
chern?
die **Ab|sicht;** die Ab|sich|ten
ab|sicht|lich
ab|so|lut; das ist absolut (völlig) unmög-
lich; ein absoluter (unbeschränkter) Herr-
scher; der absolute Nullpunkt *(Physik)*
die **Ab|so|lu|ti|on** (Lossprechung, insbeson-
dere von den Sünden); die Ab|so|lu|ti|o-
nen
der **Ab|so|lu|tis|mus** (unbeschränkte Herr-
schaft eines Monarchen)
ab|so|lu|tis|tisch
der **Ab|sol|vent** (Schulabgänger mit
Abschlussprüfung); des/dem/den Ab-
sol|ven|ten; die Ab|sol|ven|ten
die **Ab|sol|ven|tin;** die Absolventinnen
ab|sol|vie|ren (durchlaufen, [erfolg-

absonderlich – abtasten

reich] beenden; ableisten); wir haben einen Lehrgang absolviert

ab|son|der|lich (seltsam)

ạb|son|dern; der Baum sondert Harz ab; sie hat sich von der Gruppe abgesondert

die **Ạb|son|de|rung**

ab|sor|bie|ren (aufsaugen); der Filter absorbiert Schadstoffe

die **Ạb|sorp|ti|on**

der **Ạb|spann** (eines Films oder einer Fernsehsendung); des Abspanns oder Abspan|nes; die Ab|span|ne oder Ab|spän|ne

ab|spe|cken (umgangssprachlich für: [gezielt] abnehmen); er hat drei Kilo abgespeckt

ạb|spei|chern; speichere öfter ab!; speichern Sie die Daten bitte jetzt ab!

ạb|spei|sen; sie hat uns mit leeren Versprechungen abgespeist

ạb|spens|tig; jemandem einen Freund abspenstig machen

ạb|sper|ren; sperr oder sperre die Tür ab!

die **Ạb|sper|rung**

ạb|spie|len; was hat sich abgespielt?; sie spielte die Bänder ab; spiel den Ball ab!

die **Ạb|spra|che**

ạb|spre|chen; sie haben den Plan miteinander abgesprochen

ạb|sprin|gen; sie springt ab; sie ist abgesprungen

der **Ạb|sprung**

ạb|stam|men; er stammt von einer alten Familie ab

die **Ạb|stam|mung**

der **Ạb|stand;** des Abstands oder Ab|standes; die Ab|stän|de

ạb|stat|ten; sie stattete uns gestern einen Besuch ab

ạb|stau|ben (umgangssprachlich auch für: unbemerkt mitnehmen); sie staubt die Möbel ab; er hat ein Handy abgestaubt

der **Ạb|ste|cher;** des Abstechers; die Abstecher; einen Abstecher zum See machen

ạb|ste|hend; abstehende Ohren

ạb|stei|gen; sie stieg vom Rad ab; der Verein ist abgestiegen

der **Ạb|stei|ger;** des Absteigers; die Absteiger

ạb|stel|len; stell oder stelle bitte das Radio ab!

das **Ạb|stell|gleis**

ạb|ster|ben; mir stirbt der Arm ab; der Arm starb ab; abgestorbene Äste

der **Ạb|stieg;** des Abstiegs oder Ab|stie|ges; die Ab|stie|ge

der **Ạb|stiegs|kampf** (Sport: Bemühung, einen Abstieg abzuwenden)

ạb|stim|men; sie stimmt ab; sie hat sich mit ihm abgestimmt

die **Ạb|stim|mung**

ab|s|ti|nent (enthaltsam)

die **Ạb|s|ti|nenz**

der **Ạb|stoß;** des Ab|sto|ßes; die Ab|stö|ße

ạb|sto|ßen; du stößt ab; sie stieß ab; sie hat das Boot vom Ufer abgestoßen

ạb|sto|ßend

der **Ạb|s|tract** [ˈɛpstrɛkt] (kurze Inhaltsangabe eines Artikels oder Buches); des Abstracts; die Abstracts

ạb|stra|fen; sie wurde abgestraft

ab|s|tra|hie|ren (verallgemeinern); wir haben aus den Daten ein Grundmuster abstrahiert

ab|s|trakt (unwirklich, begrifflich, nur gedacht); ab|s|trak|ter; am ab|s|trak|testen; abstrakte Kunst

die **Ạb|s|trak|ti|on;** die Ab|s|trak|ti|o|nen

ạb|strei|ten; er streitet ab; er hat alles abgestritten; streite das nicht ab!

der **Ạb|strich;** Abstriche machen

ab|s|t|rus (verworren, schwer verständlich)

ạb|stump|fen; du stumpfst ab; er ist abgestumpft

der **Ạb|sturz;** des Ab|stur|zes; die Ab|stür|ze

ạb|stür|zen; du stürzt ab; mein PC ist abgestürzt (die laufende Anwendung reagiert nicht mehr)

ạb|su|chen; du suchst alles ab; sie hat alles abgesucht; such oder suche die Gegend ab!

ab|surd (unvernünftig, sinnwidrig, sinnlos); ab|sur|der; am ab|sur|des|ten; absurdes Drama

die **Ạb|sur|di|tät** (etwas Absurdes); der Absurdität; die Ab|sur|di|tä|ten

der **Ạb|s|zess** (eitrige Geschwulst); des Ab|szes|ses; die Ab|szes|se

die **Ạb|s|zis|se** (x-Achse)

der **Ạbt** (Klostervorsteher); des Abts oder Ab|tes; die Äb|te

Abt. = Abteilung

ạb|tas|ten; die Ärztin tastete das Gelenk vorsichtig ab; sie hat es abgetastet

Abtei – abwiegeln

die **Ab|tei** (Kloster, dem ein Abt oder eine Äbtissin vorsteht); die Ab|tei|en

das **Ab|teil**; des Abteils *oder* Ab|tei|les; die Ab|tei|le

die **Ab|tei|lung** (Abtrennung)

die **Ab|tei|lung** (Teil eines Unternehmens oder einer Behörde; *Abkürzung:* Abt.)

der **Ab|tei|lungs|lei|ter**

die **Ab|tei|lungs|lei|te|rin**; die Abteilungsleiterinnen

die **Äb|tis|sin** (Klostervorsteherin); die Äbtis|sin|nen

ab|tö|ten; alle Keime werden abgetötet

ab|tra|gen; er trug ab; er hat die Schulden abgetragen

ab|träg|lich (*gehoben für:* schädlich); Rauchen ist der Gesundheit abträglich

ab|trei|ben; das Boot treibt ab; es ist abgetrieben; sie hat abgetrieben (eine Schwangerschaft abgebrochen)

die **Ab|trei|bung**

ab|tren|nen; sie trennte die Kapuze vom Mantel ab

ab|tre|ten; sie trat vom Podium ab (verließ es); er hat mir seinen Platz abgetreten (überlassen)

ab|trock|nen; er trocknete [das Geschirr] ab; trockne dir die Hände ab!; ich habe mich abgetrocknet

ab|trün|nig (treulos)

ab|tun; sie hat den Vorschlag als unsinnig abgetan

Abu Dha|bi (Scheichtum der Vereinigten Arabischen Emirate; deren Hauptstadt)

Abu|ja [aˈbuːdʒa] (Hauptstadt Nigerias)

ab|ver|lan|gen; du verlangst dir oft zu viel ab; ihr Verhalten verlangt uns Respekt ab

ab|wä|gen; sie wägt ab; sie hat alles gegeneinander abgewogen *oder* abgewägt

ab|wäh|len; die Regierung wurde abgewählt

die **Ab|wan|de|rung**

die **Ab|wär|me** (nicht genutzte Wärmeenergie)

ab|war|ten (auf jemanden, etwas warten); den Briefträger abwarten; sie wartete einen günstigen Augenblick ab; wir haben das Ende des Spiels nicht abgewartet

ab|wärts; der Fluss ist abwärts dahingeflossen; sich abwärts entwickeln;

abwärts ging es besser als aufwärts; ↑ aufwärts

ab|wärts|ge|hen; sie geht den Hügel abwärts; seit Jahren ging es abwärts; sie ist diesen Weg abwärtsgegangen; mit seinen Leistungen ist es abwärtsgegangen (sie sind schlechter geworden); ↑ aufwärts

der **Ab|wärts|trend** (Trend zum Schlechteren hin)

ab|wasch|bar

ab|wa|schen; du wäschst ab; er wusch das Geschirr ab; er hat abgewaschen; wasch *oder* wasche ab!

das **Ab|was|ser**; die Abwässer

ab|wech|seln; sie wechseln [sich] ab; sie haben [sich] abgewechselt

ab|wech|selnd

die **Ab|wechs|lung**

ab|wechs|lungs|reich

ab|we|gig

die **Ab|wehr**

ab|weh|ren; sie wehrte den Matchball ab; sie hat ihn abgewehrt

der **Ab|wehr|spie|ler** (*Sport*)

die **Ab|wehr|spie|le|rin**; die Abwehrspielerinnen

ab|wei|chen; er ist vom Plan abgewichen; sie hat das Etikett abgeweicht

die **Ab|wei|chung**

ab|wei|sen; er weist ihn ab; er hat ihn abgewiesen; weise ihn nicht ab!

ab|wen|den; sich abwenden; sie wendet sich ab; sie wandte *oder* wendete sich ab; sie hat sich abgewandt *oder* abgewendet

ab|wer|ben; die Firma hat sie abgeworben; wirb sie ab!

ab|wer|fen; sie wirft Ballast ab; die Hochspringerin warf die Latte ab; der Torwart hat abgeworfen; wirf (leg die Karte) ab!

ab|wer|ten; die Regierung hat das Geld abgewertet

die **Ab|wer|tung**

ab|we|send

der **Ab|we|sen|de**; ein Abwesender; die Abwesenden; zwei Abwesende

die **Ab|we|sen|de**; eine Abwesende

die **Ab|we|sen|heit**

ab|wi|ckeln; sie wickelt das Garn ab; das Verfahren wurde abgewickelt

die **Ab|wick|lung**

ab|wie|geln; ich wieg[e]le ab

abwiegen – acht

ạb|wie|gen; sie wog ein halbes Pfund Zucker ab

ạb|wim|meln ([mit Ausreden] abweisen); sie hat uns abgewimmelt; wimmle *oder* wimmele die Leute nicht so ab!

ạb|wi|schen; du wischst ab; ich wischte mir den Schweiß ab; er hat den Tisch abgewischt; wisch *oder* wische den Tisch ab!

ạb|wra|cken; das alte Schiff wurde abgewrackt

der **Ạb|wurf;** die Ab|wür|fe

ạb|zah|len; sie zahlt ab; sie hat ihre Schulden abgezahlt

ạb|zäh|len; sie zählt ab; sie hat abgezählt

der **Ạb|zähl|reim**

die **Ạb|zah|lung**

die **Ạb|zäh|lung**

das **Ạb|zei|chen**

ạb|zeich|nen (sich abzeichnen; etwas abzeichnen); das hat sich abgezeichnet; er zeichnet die Figur ab

das **Ạb|zieh|bild**

ạb|zie|hen; sie zieht ab; sie zog ab; sie hat den Ring abgezogen; ᴀʙᴇʀ: der Feind ist abgezogen; zieh *oder* ziehe ab!

ạb|zie|len; sie zielt auf das Mitgefühl der Zuhörenden ab

ạb|zo|cken (*umgangssprachlich für:* jemanden [auf betrügerische Art] um sein Geld bringen); sie zockt ihn ab; er hat mich abgezockt

der **Ạb|zug**

ạb|züg|lich

! Nach der Präposition *abzüglich,* die besonders in der Kaufmannssprache gebraucht wird, steht der Genitiv (abzüglich des gewährten Rabatts, abzüglich der Gebühren). Im Plural ist der Dativ korrekt, wenn der Genitiv nicht erkennbar ist: »Abzüglich Getränken kostet das Essen 10 Euro.« Ein allein stehendes, stark gebeugtes Nomen im Singular bleibt gewöhnlich ungebeugt: »abzüglich Porto«.

ạb|zwei|gen; der Weg zweigt ab; der Weg ist abgezweigt; sie hat ein paar Euro für Süßigkeiten abgezweigt

die **Ạb|zwei|gung**

das **Ac|ces|soire** [akseˈsọaːɐ̯] (modisches Zubehör, z. B. Gürtel, Schmuck); des Accessoires, die Accessoires

der *oder* das **Ac|count** [əˈkaunt] (*EDV:* Zugangsberechtigung z. B. zum Internet); des Accounts; die Accounts; einen *oder* ein Account einrichten

Ac|cra (Hauptstadt Ghanas)

das **Ace|tạt** *vergleiche:* **Aze|tạt**

ạch!; ach so!

das **Ạch;** des Achs; die Ach *oder* Achs; mit Ach und Krach

der **Achạt** (ein Halbedelstein); des Achats *oder* Acha|tes; die Acha|te

die **Achịl|les|fer|se** (verwundbare Stelle)

die **Achịl|les|seh|ne** (Sehne zwischen Ferse und Wadenmuskel)

die **Ạch|se;** die Achsen

die **Ạch|sel;** die Achseln; er zuckte die Achseln

das **Ạch|sel|zu|cken**

ạch|sel|zu|ckend (sie wandte sich achselzuckend ab)

ạcht, Ạcht

Das Zahlwort »acht« schreibt man klein:

– wir sind acht *oder* wir sind zu acht
– die ersten acht, die letzten acht
– acht und eins ist neun
– die Zahlen von acht bis zwölf
– acht Millionen Mal
– sie haben acht zu vier (8 : 4) gespielt
– ein Kind von acht Jahren
– er ist über acht
– es ist acht Uhr
– es schlägt eben acht
– es ist ein Viertel vor acht, halb acht, gegen acht
– wir essen immer Punkt acht
– im Jahre acht
– die Linie acht

Groß schreibt man die Ziffer oder Zahl, wenn sie als Nomen gebraucht wird:

– die Zahl Acht, die Ziffer Acht
– die Achten
– eine Acht schreiben
– eine arabische Acht, eine römische Acht
– eine Acht beim Eislauf fahren
– wir sind mit der Acht (mit der Linie 8) nach Hause gefahren

21

Acht – Action

die **Acht** (Aufmerksamkeit); auf das Kind
Acht geben *oder* achtgeben; gib Acht!
oder gib acht!; ABER NUR: sehr, gut,
besonders achtgeben; gib gut acht!; auf
etwas Acht haben *oder* achthaben; sich
in Acht nehmen; etwas [völlig] außer
Acht lassen; außer aller Acht lassen;
ABER: das Außerachtlassen, die Außer-
achtlassung

die **Acht** (Ächtung); in Acht und Bann tun

acht|bar

ạch|te; der achte Mai; ABER: am Ach-
ten (des Monats); er war der Achte
beim Wettlauf; sie ist die Achte in der
Klasse; jeder Achte; Heinrich der
Achte

das **Ạcht|eck**

ạcht|eckig

ạch|tel; ein achtel Zentner; ein achtel
Liter; ABER *(wenn das Maß gemeint ist):*
ein Achtelliter

das **Ạch|tel**; des Achtels; die Achtel; ein
Achtel vom Zentner; ein Achtel des
Weges; ein Achtel Rotwein; drei Achtel
des Ganzen; ABER: im Dreiachteltakt
(mit Ziffern: im $^3/_8$-Takt)

das **Ạch|tel|fi|na|le**

die **Ạch|tel|no|te**

ạch|ten; du achtest; sie achtet; sie ach-
tete; sie hat geachtet; achte darauf!

ạch|ten; du ächtest; sie ächtet; sie äch-
tete; sie hat ihn geächtet

ạch|tens

der **Ạch|ter** (Ziffer 8; Form einer 8; ein Boot
für acht Ruderer); des Achters; die Ach-
ter

die **Ạch|ter|bahn**

ạch|tern *(Seemannssprache:* hinten);
nach achtern

ạcht|fach *(mit Ziffer:* 8-fach *oder* 8fach);
die achtfache *oder* 8-fache *oder* 8fache
Menge

das **Ạcht|fa|che** *(mit Ziffer:* 8-Fache *oder*
8fache); um das Achtfache *oder* 8-Fache
oder 8fache steigen

ạcht|ge|ben, ạcht|ha|ben *vergleiche:*
Acht

ạcht|hun|dert

ạcht|jäh|rig *(mit Ziffer:* 8-jährig)

der **Ạcht|jäh|ri|ge** *(mit Ziffer:* 8-Jährige); ein
Achtjähriger; die Achtjährigen; zwei
Achtjährige

die **Ạcht|jäh|ri|ge** *(mit Ziffer:* 8-Jährige); eine
Achtjährige

ạcht|los

ạcht|mal *(mit Ziffer:* 8-mal); achtmal so
groß wie …; acht- bis neunmal; ABER:
acht mal zwei *(in Ziffern:* 8 mal 2) ist
sechzehn; ↑ *auch:* Mal

ạcht|tau|send

ạcht|und|zwan|zig

die **Ạch|tung**; Achtung!

die **Ạch|tung**

ạcht|zehn; mit achtzehn (im Alter von
achtzehn Jahren) kann man den Führer-
schein machen

ạcht|zig; sie ist achtzig Jahre alt; mit
achtzig kannst du das nicht mehr; sie
fährt Tempo achtzig; der Mensch über
achtzig; Mitte achtzig; in die achtzig
kommen

die **Ạcht|zig** (Zahl)

ạcht|zi|ger *(mit Ziffern:* 80er); ein achtzi-
ger Jahrgang (aus dem Jahre achtzig); in
den achtziger Jahren *oder* Achtzigerjah-
ren (eines bestimmten Jahrhunderts); in
den achtziger Jahren *oder* Achtzigerjah-
ren (über achtzig Jahre alt); Mitte der
Achtziger; in den Achtzigern (über achtzig Jahre alt) sein

der **Ạcht|zi|ger** (Mann, der über 80 Jahre alt
ist; Wein aus dem Jahre achtzig eines
Jahrhunderts); des Achtzigers; die Achtziger

die **Ạcht|zi|ge|rin** (Frau, die über 80 Jahre alt
ist); die Achtzigerinnen

der **Ạcht|zy|lin|der|mo|tor**

ạch|zen; du ächzt; sie ächzt; sie ächzte;
sie hat geächzt; ächze nicht so laut!

der **Ạcker**; des Ackers; die Äcker

der **Ạcker|bau**; des Ackerbaus *oder* Acker-
baules

ạckern; sie ackert; sie ackerte; sie hat
geackert; ackre *oder* ackere doch nicht
so!

das **Ạc|ryl** (eine Chemiefaser)

das **Ac|ryl|amid** (krebserregende Substanz,
die beim Erhitzen von Stärke entsteht);
des Acrylamids *oder* Ac|ryl|ami|des

der **Act** [ɛkt] (Popgruppe; Auftritt;
umgangssprachlich auch für: großer Aufwand); des Acts; die Acts; mein Zimmer
zu streichen war vielleicht ein Act!

die **Ac|tion** [ˈɛkʃn̩] (turbulente, oft von

Actionfilm – Aerodynamik

Kämpfen, Verfolgungsjagden, Katastrophen und Ähnlichem geprägte Handlung in Filmen, Romanen, Comics)

der **Ac|tion|film**

a. D. = außer Dienst

A. D. = Anno Domini (im Jahre des Herrn)

der **ADAC** = Allgemeiner Deutscher Automobil-Club

ada|gio [a'da:dʒo] (sanft, langsam)

das **Ada|gio** (Musikstück in langsamem Tempo); des Adagios; die Adagios

Adam (männlicher Vorname in der Bibel: der erste Mensch)

der **Ad|ap|ter** (Verbindungsstück zum Anschluss von [Zusatz]geräten); des Adapters; die Adapter

ad|äquat (angemessen); dein Verhalten war nicht adäquat; einen adäquaten Praktikumsplatz suchen

ad|den ['ɛdn̩] (*EDV:* als Kontakt in einem sozialen Netzwerk hinzufügen); du addest (*seltener:* addst); sie addete; er hat geaddet; add *oder* adde ihn!

ad|die|ren (zusammenzählen); sie hat addiert; addiere die Zahlenreihe!

Ad|dis Abe|ba [*auch:* … a'be:ba] (Hauptstadt Äthiopiens)

die **Ad|di|ti|on** (das Zusammenzählen); die Ad|di|ti|o|nen

ade! (veraltend)

das **Ade;** des Ades; die Ades; Ade *oder* ade sagen

der **Adel;** des Adels

adeln; du adelst; sie adelt; sie adelte; sie hat ihn geadelt

Ade|nau|er (erster deutscher Bundeskanzler)

die **Ader;** *Verkleinerungsform:* das Äderchen

der **ADFC** = Allgemeiner Deutscher Fahrrad-Club

die **Ad|hä|si|on** (das Aneinanderhaften zweier Stoffe oder Körper)

das **ADHS** = Aufmerksamkeitsdefizit-Hyperaktivitätsstörung

adieu! (lebe [lebt] wohl!)

das **Ad|jek|tiv** (Eigenschaftswort); des Adjektivs; die Ad|jek|ti|ve

der **Ad|ju|tant** (beigeordneter Offizier); des/dem/den Ad|ju|tan|ten; die Ad|ju|tan|ten

der **Ad|ler;** des Adlers; die Adler

die **Ad|ler|fe|der**

ad|lig

die **Ad|li|ge;** eine Adlige

der **Ad|li|ge;** ein Adliger; die Adligen; zwei Adlige

die **Ad|mi|nis|t|ra|ti|on** (Verwaltung; verwaltende Behörde; Regierung der USA); der Administration; die Ad|mi|nis|t|ra|ti|o|nen; die neue Administration in Washington

ad|mi|nis|t|ra|tiv (zur Verwaltung gehörend); administrative Maßnahmen

der **Ad|mi|ral** (ranghoher Offizier der Marine); des Admirals; die Ad|mi|ra|le, *auch:* Ad|mi|rä|le

ad|op|tie|ren (als Kind annehmen); sie hat den Jungen adoptiert

die **Ad|op|ti|on;** die Ad|op|ti|o|nen

das **Ad|op|tiv|kind**

die **Ad|op|tiv|mut|ter**

der **Ad|op|tiv|sohn**

die **Ad|op|tiv|toch|ter**

der **Ad|op|tiv|va|ter**

Adr. = Adresse

das **Ad|re|na|lin** (ein Hormon); des Adrenalins

der **Ad|res|sat** (Empfänger); des/dem/den Ad|res|sa|ten; die Ad|res|sa|ten

die **Ad|res|sa|tin;** die Adressatinnen

das **Ad|ress|buch**

die **Ad|res|se**

ad|res|sie|ren; sie hat adressiert; adressiere den Brief!

die **Ad|ria** (das Adriatische Meer)

das **ADS** = Aufmerksamkeitsdefizitsyndrom

der **Ad|vent;** des Advents *oder* Ad|ven|tes

der **Ad|vents|ka|len|der**

der **Ad|vents|kranz**

das **Ad|verb** (Umstandswort); des Adverbs; die Ad|ver|bi|en

ad|ver|bi|al; eine adverbiale Bestimmung (Umstandsbestimmung)

der **Ad|vo|kat** (Rechtsanwalt); des/dem/den Ad|vo|ka|ten; die Ad|vo|ka|ten

die **Ad|vo|ka|tin** (Rechtsanwältin); die Advokatinnen

das *oder* die **Ae|ro|bic** [ɛ'ro:bɪk] (tänzerische Gymnastik); des Aerobics *oder* der Aerobic; sie macht Aerobic

die **Ae|ro|dy|na|mik** (Wissenschaft von den strömenden Gasen, besonders von der strömenden Luft)

Affäre – ähnlich

die **Af|fä|re** (Angelegenheit, Vorfall, Streitsache); die Affären

der **Af|fe**; des/dem/den Affen; die Affen; *Verkleinerungsform:* das Äff|chen

der **Af|fekt** (Gemütsbewegung); des Affekts *oder* Af|fek|tes; die Af|fek|te
af|fek|tiert (geziert, gekünstelt)
af|fen|ar|tig

die **Af|fen|hit|ze** (*umgangssprachlich für:* sehr große Hitze)
af|fig (eitel)

die **Äf|fin**; die Äffinnen

die **Af|fi|ni|tät** (Verwandtschaft, Ähnlichkeit und dadurch bedingte Anziehung); zu jemandem oder etwas Affinität fühlen

der **Af|front** [aˈfrõ:] (Beleidigung); des Affronts; die Affronts

der **Af|gha|ne** (Einwohner von Afghanistan); des/dem/den Afghanen; die Afghanen

die **Af|gha|nin**; die Afghaninnen
af|gha|nisch
Af|gha|ni|s|tan (Staat in Vorderasien)
Af|ri|ka [ˈa:frika *oder* ˈaf...]

der **Af|ri|ka|ner**; des Afrikaners; die Afrikaner

die **Af|ri|ka|ne|rin**; die Afrikanerinnen
af|ri|ka|nisch

der **Af|ro|ame|ri|ka|ner** (Amerikaner schwarzafrikanischer Abstammung)

die **Af|ro|ame|ri|ka|ne|rin**

der **Af|ro|deut|sche** (Deutscher schwarzafrikanischer Abstammung)

die **Af|ro|deut|sche**

der **Af|ter**

das **Af|ter|shave** [ˈa:ftʊ∫e:f] (*kurz für:* Aftershavelotion)

die **Af|ter|shave-Lo|ti|on** [*auch:* ...lo:∫n] *oder* **Af|ter|shave|lo|ti|on** (Rasierwasser zum Gebrauch nach der Rasur)

der **A-Füh|rer|schein** (Fahrerlaubnis für Motorräder)

die **AG** = Aktiengesellschaft; Arbeitsgemeinschaft

die **Ägä|is** (das Ägäische Meer)

der *oder* das **Agar-Agar** (Gallerte aus ostasiatischen Algen); des Agar-Agars

die **Aga|ve** ([sub]tropische Pflanze); die Agaven

die **Agen|da** (Dinge, die zu tun sind; Merkbuch; Liste von Gesprächspunkten); der Agenda; die Agenden; das steht ganz oben auf der Agenda; die Politiker beschlossen die Agenda 21

der **Agent** (Vermittler; Spion); des/dem/den Agen|ten; die Agen|ten

die **Agen|tin**; die Agentinnen

die **Agen|tur** (Vertretung; Vermittlungsbüro); die Agen|tu|ren

das **Ag|gre|gat** (Vereinigung zusammenwirkender Maschinen, Teile); die Ag|gre|ga|te

der **Ag|gre|gat|zu|stand** (eine Erscheinungsform eines Stoffes)

die **Ag|gres|si|on** (Angriff, feindseliges Verhalten); die Ag|gres|si|o|nen
ag|gres|siv (angriffslustig)

die **Ag|gres|si|vi|tät**

die **Ägi|de** (Schutz, Obhut); der Ägide; unter der Ägide von ...
agie|ren (handeln; als Schauspieler auftreten); sie agierte selbstständig; 50 Figuren haben in dieser Szene agiert
agil (flink, wendig, beweglich)

die **Agi|ta|ti|on** (politische Hetze; intensive politische Aufklärungstätigkeit)

der **Agi|ta|tor** (jemand, der Agitation betreibt); des Agitators; die Agi|ta|to|ren
agi|tie|ren; sie hat agitiert

der **Ag|ra|ri|er** (Großgrundbesitzer); des Agrariers; die Agrarier

die **Ag|rar|po|li|tik** (Politik, die die Landwirtschaft betrifft)

das **Ag|ree|ment** (Abmachung); des Agreements; die Agreements; ein Agreement treffen
Ägyp|ten (Staat in Nordostafrika)

der **Ägyp|ter**; des Ägypters; die Ägypter

die **Ägyp|te|rin**; die Ägypterinnen
ägyp|tisch
ah! ah so!
aha! [*auch:* aˈha:]

die **Ah|le** (Werkzeug)

der **Ahn** (Stammvater, Vorfahr); des Ahns *oder* Ah|nes *oder* Ah|nen; die Ah|nen
ahn|den (bestrafen); das Verbrechen wurde geahndet
äh|neln; du ähnelst ihr; er ähnelt ihr; er ähnelte ihr; er hat ihr geähnelt
ah|nen; du ahnst es schon; ich ahnte nichts Böses; sie hat etwas geahnt

der **Ah|nen|kult**

die **Ah|nin**; die Ahninnen
ähn|lich; ähnliche Gedanken; sie sehen

24

Ähnlichkeit – Aktienkurs

einander ähnlich; das Ähnliche; Ähnliches und Verschiedenes; etwas, nichts Ähnliches; oder Ähnliche[s] (*Abkürzung:* o. Ä.); und Ähnliche[s] (*Abkürzung:* u. Ä.)

die **Ähn|lich|keit**

ähn|lich|se|hen (von jemandem nicht anders zu erwarten sein); es sieht ihm ähnlich, uns nichts davon zu erzählen; das hat ihr mal wieder ähnlichgesehen!; ABER: einander ähnlich sehen

die **Ah|nung**

ah|nungs|los

ahoi! (*Seemannssprache:* Anruf [eines Schiffes]); Boot ahoi!

der **Ahorn** (ein Laubbaum); des Ahorns; die Ahor|ne

die **Äh|re**

das **Ai** (Faultier); des Ais; die Ais

Ai|da (eine Oper)

Aids [eɪts] (eine gefährliche Infektionskrankheit)

aids|krank

die **Aids|kran|ke**

der **Aids|kran|ke**

der **Air|bag** [ˈɛːɐ̯bɛk] (Luftkissen im Auto, das sich zum Schutz der Insassen bei einem Aufprall automatisch aufbläst); des Airbags; die Airbags

der **Air|bus** [ˈɛːɐ̯...] (*Markenbezeichnung:* Großraumflugzeug des gleichnamigen europäischen Herstellers); des Airbus *oder* des Airbusses; die Airbusse; wir sind mit den neuen Airbus geflogen

die **Air|con|di|tion** [ˈɛːɐ̯kɔndɪʃn̩] *oder* **Air-Con|di|tion** (Klimaanlage)

die **Air|line** [ˈɛːɐ̯laɪn] (Fluglinie, Fluggesellschaft); der Airline; die Airlines

der **Air|port** [ˈɛːɐ̯pɔːɐ̯t] (Flughafen); des Airports; die Airports

der **Aja|tol|lah** (Ehrentitel im iranischen Islam); des Ajatollah *oder* Ajatollahs; die Ajatollahs

die **Aka|de|mie** (gelehrte Gesellschaft; Hochschule); die Aka|de|mi|en

der **Aka|de|mi|ker** (jemand, der eine Universität erfolgreich besucht hat); des Akademikers; die Akademiker

die **Aka|de|mi|ke|rin**; die Akademikerinnen

aka|de|misch; akademischer Grad (Rang)

die **Aka|zie** (ein tropischer Laubbaum oder Strauch); die Aka|zi|en

die **Ake|lei** (eine Zier- und Wiesenpflanze); die Akeleien

sich **ak|kli|ma|ti|sie|ren** (sich an ein verändertes Klima, an veränderte Verhältnisse anpassen); sie hat sich akklimatisiert

der **Ak|kord** (Zusammenklang; Stücklohn); des Akkords *oder* Ak|kor|des; die Ak|kor|de

die **Ak|kord|ar|beit**

das **Ak|kor|de|on** (Handharmonika); des Akkordeons; die Akkordeons

die **Ak|kre|di|tie|rung**

der **Ak|ku** (*Kurzwort für:* Akkumulator); des Akkus; die Akkus

der **Ak|ku|mu|la|tor** (ein Stromspeicher); des Akkumulators; die Ak|ku|mu|la|to|ren

ak|ku|rat (sorgfältig, ordentlich; genau); ak|ku|ra|ter; am ak|ku|ra|tes|ten

der **Ak|ku|sa|tiv** (Wenfall, 4. Fall); des Akkusativs; die Ak|ku|sa|ti|ve

die **Ak|ne** (Hautausschlag)

ak|qui|rie|ren (Kunden werben; Spenden herbeischaffen); du akquirierst; sie akquirierte; er hat akquiriert; akquirier *oder* akquiriere mehr Spenden

die **Ak|qui|si|ti|on** (Gewinnung von Kunden, Aufträgen oder Fördergeldern); der Akquisition, die Ak|qui|si|ti|o|nen

ak|ri|bisch (ganz genau, höchst sorgfältig)

der **Ak|ro|bat** (ein Turnkünstler); des/dem/den Ak|ro|ba|ten; die Ak|ro|ba|ten

die **Ak|ro|ba|tik** (große körperliche Gewandtheit, Körperbeherrschung)

die **Ak|ro|ba|tin;** die Akrobatinnen

der **Akt** (Aufzug eines Theaterstückes; Handlung, Vorgang); des Akts *oder* Aktes; die Ak|te

die **Ak|te** (Schriftstück; Urkunde); die Akten

die **Ak|ten|ta|sche**

der **Ak|teur** [akˈtøːɐ̯] (Handelnder; Spieler; Schauspieler); des Akteurs; die Ak|teu|re; die Hauptakteure der Fußballmannschaft

die **Ak|teu|rin;** der Akteurin; die Ak|teu|rin|nen

die **Ak|tie** (Anteilschein); die Ak|ti|en

die **Ak|ti|en|ge|sell|schaft** (*Abkürzung:* AG)

der **Ak|ti|en|in|dex** (Kennziffer für die Kursentwicklung am Aktienmarkt)

der **Ak|ti|en|kurs** (an der Börse festgestellter Preis von Wertpapieren); die Aktien-

Aktion – Algorithmus

kurse steigen, fallen, erholen sich, ziehen an

die **Ak|ti|on** (Unternehmung; Handlung); die Ak|ti|o|nen

der **Ak|ti|o|när** (Besitzer von Aktien); des Aktionärs; die Ak|ti|o|nä|re

die **Ak|ti|o|nä|rin;** die Aktionärinnen

der **Ak|ti|o|nis|mus** (übertriebener Tätigkeitsdrang); blinder Aktionismus

ak|tiv (tätig, wirksam)

das **Ak|tiv** (in der Grammatik: die Tatform, Tätigkeitsform)

ak|ti|vie|ren (zu einer Tätigkeit bewegen); ich aktiviere meinen Kreislauf; die Trainerin aktivierte ihre Mannschaft; jemanden, etwas aktivieren; die Jugend politisch aktivieren; das Immunsystem wird aktiviert

die **Ak|ti|vi|tät** (Tätigkeit)

ak|tu|a|li|sie|ren (auf den neuesten Stand bringen); sie aktualisiert die Daten; das Lehrbuch wurde aktualisiert; ich muss meine Software aktualisieren

die **Ak|tu|a|li|sie|rung**

die **Ak|tu|a|li|tät** (Wichtigkeit für die Gegenwart)

ak|tu|ell (zeitgemäß)

die **Aku|punk|tur** (Heilbehandlung durch Nadelstiche)

die **Akus|tik** (Lehre vom Schall, von den Tönen; Klangwirkung)

akus|tisch

akut (dringlich, brennend); aku|ter; am aku|tes|ten

das **AKW** = Atomkraftwerk

der **AKW-Geg|ner**

die **AKW-Geg|ne|rin**

der **Ak|zent** (Betonung; Tonfall); des Akzents *oder* Ak|zen|tes; die Ak|zen|te

ak|zep|ta|bel (annehmbar); akzeptabler, am akzeptabelsten; akzeptable Bedingungen

die **Ak|zep|tanz** (Bereitschaft, etwas zu akzeptieren); der Akzeptanz; die Akzeptanzen *Plural selten;* eine hohe, geringe Akzeptanz in der Bevölkerung finden

ak|zep|tie|ren (annehmen, billigen); sie hat den Vorschlag akzeptiert

der **Ala|bas|ter** (eine Gipsart); des Alabasters

der **Alarm;** des Alarms *oder* Alar|mes; die Alar|me

alar|mie|ren; sie hat die Polizei alarmiert; alarmiere die Feuerwehr!

das **Alarm|si|g|nal**

Alas|ka (Teil Nordamerikas; Staat der USA)

alas|kisch; die alaskische Tierwelt

die **Alb** (Gebirge); die Schwäbische Alb

der **Al|ba|ner;** des Albaners; die Albaner

die **Al|ba|ne|rin;** die Albanerinnen

Al|ba|ni|en (Balkanstaat)

al|ba|nisch

der **Al|ba|t|ros** (ein Sturmvogel); des Albatros; die Albatrosse

das **Alb|drü|cken** *oder* Alp|drü|cken

al|bern; du alberst; er alberte; er hat gealbert; albere nicht!

al|bern (dumm, kindisch); albernes Geschwätz

die **Al|bern|heit**

der **Al|bi|no** (Mensch, Tier, dessen Haut, Haare, Augen keinen Farbstoff bilden; Pflanze ohne Farbstoffbildung); des Albinos; die Albinos

der **Alb|traum** *oder* Alp|traum

das **Al|bum** (Erinnerungs- oder Sammelbuch; *auch für:* Tonträger mit mehreren Musikstücken); des Albums; die Alben

das **Äl|chen** (kleiner Aal)

der *oder* das **Al|co|pop** *oder* Al|ko|pop (*umgangssprachlich für:* alkoholhaltiges Mischgetränk mit Limonade); des Alcopop[s] *oder* Alkopop[s]; die Alcopops *oder* Alkopops

der **Ale|man|ne** (Angehöriger eines germanischen Volksstammes); des/dem/den Alemannen; die Alemannen

die **Ale|man|nin;** die Alemanninnen

ale|man|nisch

Ale|x|an|der (männlicher Vorname; altgriechischer König)

die **Al|ge** (eine Wasserpflanze); die Algen

die **Al|ge|b|ra** (Lehre von den mathematischen Gleichungen)

al|ge|b|ra|isch

Al|ge|ri|en (Staat in Nordafrika)

der **Al|ge|ri|er;** des Algeriers; die Algerier

die **Al|ge|ri|e|rin;** die Algerierinnen

al|ge|risch

Al|gier ['alʒiɐ] (Hauptstadt Algeriens)

der **Al|go|rith|mus** (Schema, nach dem ein Rechenvorgang abläuft); des Algorithmus; die Algorithmen

alias – allerwenigste

a|li|as (anders; sonst, auch … genannt); Horst Schlämmer alias Hape Kerkeling; der Beschuldigte Meier alias Müller

das A|li|bi (Nachweis der Abwesenheit vom Tatort); des Alibis; die Alibis

der, auch: das Ali|en ['ɛɪli̯ən] (außerirdisches Lebewesen; Ausländer, Fremder); des Aliens; die Aliens

Al Kai|da [auch: - 'ka:ida] vergleiche: El Kai|da

das Al|ka|li (laugenhafte chemische Verbindung); des Alkalis; die Al|ka|li|en

al|ka|lisch (laugenhaft)

der Al|ko|hol; des Alkohols; die Al|ko|ho|le

al|ko|hol|frei; alkoholfreie Getränke

der Al|ko|ho|li|ker; des Alkoholikers; die Alkoholiker

die Al|ko|ho|li|ke|rin; die Alkoholikerinnen

al|ko|ho|lisch

der Al|ko|hol|miss|brauch

der oder das Al|ko|pop vergleiche: Al|co|pop

all, al|le, al|les; alle beide; vor allem; allen Ernstes; alle ehrlichen Menschen; alle vier Jahre; alle neun[e] (beim Kegeln); alles und jedes; wer alles; all das Schöne; alles Gute, Schöne; alles Mögliche; alles Übrige; alles Beliebige; mein Ein und [mein] Alles

das All (das Weltall)

all|abend|lich (jeden Abend)

Al|lah (der Name Gottes im Islam)

die Al|lee (mit Bäumen eingefasste Straße); die Al|le|en

die Al|le|go|rie (Sinnbild, Gleichnis); die Al|le|go|ri|en

al|le|g|ro (lebhaft, schnell)

das Al|le|g|ro (Musikstück in lebhaftem Tempo); des Allegros; die Allegros oder Allegri

al|lein; allein sein, bleiben; darf ich Sie kurz allein (ohne Gesellschaft) lassen?; ABER: er hat seinen Partner alleingelassen (im Stich gelassen); das Kind kann allein stehen; ABER: er will im Alter nicht alleinstehen; eine allein erziehende oder alleinerziehende Mutter; die allein Erziehende oder Alleinerziehende

der Al|lein|er|zie|hen|de oder al|lein Er|zie|hen|de; ein Alleinerziehender oder allein Erziehender; die Alleinerziehen|den oder allein Erziehenden; zwei Allein|erziehende oder allein Erziehende

die Al|lein|er|zie|hen|de oder al|lein Er|zie|hen|de; eine Alleinerziehende oder allein Erziehende

der Al|lein|gang (etwas allein ohne die Hilfe oder Zustimmung anderer unternehmen); sie machte das im Alleingang; der Spieler startete zu einem Alleingang

al|lei|nig (ausschließlich, einzig; uneingeschränkt); sie ist die alleinige Erbin; er ist der alleinige Vertreter

das Al|lein|sein

al|lein|ste|hen vergleiche: al|lein

al|lein|ste|hend; ein alleinstehender Mann

die Al|lein|ste|hen|de; eine Alleinstehende

der Al|lein|ste|hen|de; ein Alleinstehender; die Alleinstehenden; mehrere Alleinstehende

al|le|mal (umgangssprachlich für: natürlich, in jedem Fall); das kann sie allemal besser, ABER: ein für alle Mal; ein für alle Male

al|len|falls

al|lent|hal|ben (gehoben für: überall)

al|ler|bes|te; es ist am allerbesten; es ist das Allerbeste, wenn er schweigt; es ist das Allerbeste, was sie tun kann

al|ler|dings

al|l|er|gen (Allergien auslösend); allergene Stoffe

die Al|l|er|gie (krankhafte Überempfindlichkeit); die Al|l|er|gi|en

al|l|er|gisch (überempfindlich)

al|ler|hand; allerhand Neues; das ist ja allerhand

Al|ler|hei|li|gen (katholisches Fest zu Ehren aller Heiligen)

das Al|ler|hei|ligs|te; des Allerheiligsten

al|ler|lei; allerlei Wichtiges

das Al|ler|lei; die Allerlei; Leipziger Allerlei

al|ler|letzt; im allerletzten Moment; ABER: das ist ja das Allerletzte!; zuallerletzt

al|ler|meis|te; die allermeisten oder Allermeisten waren einverstanden; ABER NUR: das freut mich am allermeisten

al|ler|or|ten (gehoben für: überall)

Al|ler|see|len (katholischer Gedächtnistag zu Ehren aller Verstorbenen)

al|ler|seits oder all|seits

al|ler|we|nigs|te; das ist das allerwe-

alles – alsbald

nigste *oder* Allerwenigste, was ich tun kann; ABER NUR: das hatte ich am allerwenigsten erwartet

al|les *vergleiche:* **all**

al|le|samt (*umgangssprachlich für:* alle zusammen, alle miteinander, alle ohne Ausnahme); wir standen allesamt auf

der **Al|les|fres|ser**

al|le|zeit *oder* **all|zeit** (*veraltend für:* immer); ich werde allezeit *oder* allzeit an dich denken; ABER: du hast alle Zeit der Welt

das **Ạll|gäu** (süddeutsche Landschaft)

der **Ạll|gäu|er;** des Allgäuers; die Allgäuer

die **Ạll|gäu|e|rin;** die Allgäuerinnen

all|ge|gen|wär|tig (überall und immer gegenwärtig); die allgegenwärtige Technik

all|ge|mein; die allgemeine Schulpflicht; die allgemeine Hochschulreife; allgemein gültige *oder* allgemeingültige Regeln; eine allgemein verständliche *oder* allgemeinverständliche Anleitung; die allgemein bildenden *oder* allgemeinbildenden Schulen; im Allgemeinen (gewöhnlich); er bewegt sich stets nur im Allgemeinen (beachtet nicht das Besondere); Allgemeine Ortskrankenkasse (*Abkürzung:* AOK); Allgemeiner Deutscher Automobil-Club (*Abkürzung:* ADAC)

das **Ạll|ge|mein|be|fin|den**

all|ge|mein|bil|dend *vergleiche:* **all|ge|mein**

die **Ạll|ge|mein|bil|dung**

all|ge|mein|gül|tig *vergleiche:* **all|ge|mein**

die **Ạll|ge|mein|heit**

all|ge|mein|ver|ständ|lich *vergleiche:* **all|ge|mein**

das **Ạll|ge|mein|wohl**

das **Ạll|heil|mit|tel**

die **Al|li|ạnz** (Bündnis); die Al|li|an|zen; die Heilige Allianz (ein Bündnis zwischen Preußen, Russland und Österreich 1815)

der **Al|li|ga|tor** (eine Panzerechse); des Alligators; die Al|li|ga|to|ren

die **Al|li|ier|ten** (die gegen Deutschland verbündeten Länder im 1. und 2. Weltkrieg) *Plural*

all|jähr|lich

die **Ạll|macht**

all|mäch|tig

der **All|mäch|ti|ge** (Gott)

all|mäh|lich

das **Al|lo|t|ria** (Unfug); des Allotria *oder* Al-lo|t|ri|as

der **Ạll|rad|an|trieb**

all|seits *oder* **al|ler|seits**

der **Ạll|tag**

all|täg|lich

all|tags; alltags wie sonntags

all|um|fas|send

die **Al|lü|ren** (auffallendes Benehmen) *Plural*

all|wis|send

die **Ạll|wis|sen|heit**

all|zeit *vergleiche:* **al|le|zeit**

all|zu; allzu früh; allzu gern; allzu lang *oder* allzu lange; allzu oft; allzu sehr; allzu selten; allzu viel; allzu weit

die **Ạlm** (Bergweide); die Al|men

der **Ạl|ma|nach** (Kalender, Jahrbuch); des Almanachs; die Al|ma|na|che

das **Ạl|mo|sen** ([milde] Gabe, kleine Spende); des Almosens; die Almosen

die **Aloe** (Pflanze mit Wasser speichernden dicken Blättern); die Alo|en; Aloe vera

das **Ạl|pa|ka** (langhaariges, schwarzbraunes Lama in den Anden); des Alpakas; die Alpakas

das **Ạlp|drü|cken** *oder* **Ạlb|drü|cken**

die **Ạl|pen** (ein Gebirge) *Plural*

die **Ạl|pen|ro|se**

das **Ạl|pen|veil|chen**

das **Ạl|pen|vor|land**

das **Ạl|pha|bet** (Abc); des Alphabets *oder* Al-pha|be|tes; die Al|pha|be|te

al|pha|be|tisch; in al|pha|be|ti|scher Ordnung

das **Ạlp|horn;** des Alphorns *oder* Alp|hor-nes; die Alp|hör|ner

al|pin (in den Alpen, im Hochgebirge vorkommend); der alpine Skilauf

der **Al|pi|nist** (sportlicher Bergsteiger im Hochgebirge); des/dem/den Al|pi|nis-ten; die Al|pi|nis|ten

die **Al|pi|nis|tin;** die Alpinistinnen

der **Ạlp|traum** *oder* **Ạlb|traum**

al-Qai|da; *vergleiche* El Kaida

ạls; sie ist größer als ihre Schwester; sie ist größer, als ihre Schwester im gleichen Alter war; als ob; als dass; es ist besser, er fährt langsam, als dass er einen Unfall verursacht

als|bald

alsdann – ambulant

als|dann
al|so

alt
äl|ter; am äl|tes|ten
– alt werden; sie ist alt geworden
– alt aussehen

Klein schreibt man das Adjektiv »alt«:
– alte Sprachen (Griechisch, Latein)
– die alten Bundesländer

Groß schreibt man die Nominalisierung:
– der Alte, die Alte
– er ist immer der Alte (derselbe)
– es bleibt alles beim Alten
– das ist etwas Altes
– ein Fest für Alt und Jung (jedermann)
– der Streit zwischen Alt und Jung (alten und jungen Menschen)
– aus Alt mach Neu *oder* aus alt mach neu
– Altes und Neues
– meine Älteste (meine älteste Tochter)

Groß schreibt man auch in Namen und in bestimmten namenähnlichen Verbindungen:
– das Alte Testament (in der Bibel)
– der Alte Fritz (Friedrich der Große)

der **Alt** (tiefe Frauen- oder Knabenstimme; Sängerin mit dieser Stimme)
der **Al|tar;** des Altars *oder* Al|ta|res; die Al|tä|re
der **Alt|bau;** die Alt|bau|ten
  alt|be|kannt
  alt|ehr|wür|dig *(gehoben);* ein altehrwürdiger Name
  alt|ein|ge|ses|sen (seit Langem an einem Ort wohnend); eine alteingesessene Familie
das **Al|ten|heim**
das **Al|ter;** des Alters; im Alter von 30 Jahren
  al|tern; er alterte; er ist gealtert
  al|ter|na|tiv (wahlweise; eine andere, menschlichere und umweltfreundlichere Lebensweise vertretend)
die **Al|ter|na|ti|ve** (andere Möglichkeit)
  al|ters; seit alters; vor alters; von alters her

der **Al|ters|di|a|be|tes**
das **Al|ters|heim**
das **Al|ter|tum;** das klassische Altertum
  al|ter|tüm|lich
das **Alt|glas**
der **Alt|glas|con|tai|ner**
  alt|her|ge|bracht
  alt|klug
die **Alt|last** (aus der Vergangenheit stammende, noch nicht beseitigte Belastung, Schädigung [besonders der Umwelt])
  alt|mo|disch
das **Alt|pa|pier**
die **Alt|stadt;** die Tübinger Altstadt
die **Alt|stadt|sa|nie|rung**
das **Alu** (*umgangssprachlich für:* Aluminium); des Alus
die **Alu|fo|lie**
das **Alu|mi|ni|um** (ein chemisches Element, Leichtmetall; *Zeichen:* Al)
der **Alz|hei|mer** (Kurzform von Alzheimerkrankheit)
die **Alz|hei|mer|krank|heit** *oder* **Alz|heimer-Krank|heit** (Krankheit, bei der die Erkrankten das Gedächtnis verlieren)
  am (an dem); am nächsten Sonntag, dem *oder* am 27. März; am besten
die **Ama|ryl|lis** (Pflanze mit großen Blüten auf hohem Stiel); der Amaryllis; die Amaryllen
der **Ama|teur** [ama'tøːɐ̯] (jemand, der eine Tätigkeit aus Liebhaberei, aber nicht berufsmäßig ausübt); des Amateurs; die Ama|teu|re
die **Ama|teu|rin;** die Amateurinnen
der **Ama|zo|nas** (Fluss in Südamerika); des Amazonas
das **Am|bi|en|te** (Umgebung, Milieu, Atmosphäre); des Ambiente
die **Am|bi|ti|on** (der Ehrgeiz); die Am|bi|ti|onen
  am|bi|ti|o|niert (ehrgeizig)
  am|bi|va|lent (in sich widersprüchlich; zwiespältig)
die **Am|bi|va|lenz** (Doppelwertigkeit; Zwiespältigkeit); die Am|bi|va|len|zen
der **Am|boss;** des Am|bos|ses; die Am|bosse
  am|bu|lant (wandernd; ohne festen Sitz); ambulante Behandlung (Behandlung, bei der man nicht im Krankenhaus bleiben muss)

Ambulanz – amüsieren

die **Am|bu|lanz** (Krankentransportwagen; Klinikabteilung für ambulante Behandlung); die Am|bu|lan|zen

die **Amei|se**

der **Amei|sen|bär** (Säugetier, das sich von Termiten und Ameisen ernährt)

der **Amei|sen|hau|fen**

amen; in Ewigkeit, amen!

das **Amen** (feierliche Bekräftigung); des Amens; die Amen; er sagte zu allem Ja und Amen *oder* ja und amen

Ame|ri|ka

der **Ame|ri|ka|ner**; des Amerikaners; die Amerikaner

die **Ame|ri|ka|ne|rin**; die Amerikanerinnen

ame|ri|ka|nisch; amerikanische Musik

der **Ame|thyst** (violetter Halbedelstein); des Amethysts *oder* Ame|thys|tes; die Ame|thys|te

der **Ami** (*umgangssprachlich für:* Amerikaner)

die **Ami|no|säu|re** (bestimmte organische Säure; Eiweißbaustein)

Am|man (Hauptstadt Jordaniens)

die **Am|me** (*früher für:* Frau, die ein fremdes Kind stillt und betreut); die Ammen

die, *auch:* der **Am|mer** (ein Singvogel); der Ammer, *auch:* des Ammers; die Ammern

das **Am|mo|ni|ak** (gasförmige Verbindung aus Stickstoff und Wasserstoff); des Ammoniaks

der **Am|mo|nit** (ausgestorbener Kopffüßer oder dessen Versteinerung); des/dem/den Am|mo|ni|ten; die Am|mo|ni|ten

die **Am|ne|sie** (Gedächtnisverlust)

die **Am|nes|tie** (Begnadigung, Straferlass); die Am|nes|ti|en

am|nes|tie|ren; man amnestierte sie; man hat sie amnestiert

die **Amö|be** (ein Einzeller); die Amöben

der **Amok** [*auch:* aˈmɔk]; Amok laufen (blindwütig [umherlaufen und] töten); er läuft Amok; er ist Amok gelaufen

der **Amok|lauf**

der **Amok|läu|fer**

die **Amok|läu|fe|rin**

Amor (römischer Liebesgott); Amors Pfeile

die **Amor|ti|sa|ti|on** (allmähliche Tilgung einer Schuld; Deckung der Anschaffungskosten)

amor|ti|sie|ren; er hat seine Schulden amortisiert; die Investition hat sich amortisiert

die **Am|pel;** die Ampeln

das **Am|pere** [amˈpeːɐ̯] (Einheit der elektrischen Stromstärke); des Ampere *oder* Amperes; die Ampere

die **Am|phi|bie** (Tier, das im Wasser und auf dem Land lebt); die Am|phi|bi|en

das **Am|phi|bi|en|fahr|zeug** (Land-Wasser-Fahrzeug)

das **Am|phi|the|a|ter** (meist dachloses Theatergebäude der Antike in Form einer Ellipse mit stufenweise aufsteigenden Sitzreihen)

die **Am|pli|tu|de** (größter Ausschlag einer Schwingung)

die **Am|pul|le** (Glasröhrchen mit Flüssigkeit [besonders für Injektionsspritzen]); die Ampullen

die **Am|pu|ta|ti|on** (Abtrennung eines Körperteils)

am|pu|tie|ren; das Bein musste amputiert werden

Am|rum (eine Nordseeinsel)

die **Am|sel** (ein Singvogel); die Amseln

Ams|ter|dam [*auch:* ˈamstɐdam] (Hauptstadt der Niederlande)

das **Amt;** des Amts *oder* Am|tes; die Äm|ter

die **Amt|frau**

amt|lich

der **Amt|mann;** die Amt|män|ner *oder* Amt-leu|te

der **Amts|an|tritt** (Antritt eines Amtes); seit ihrem Amtsantritt

das **Amts|ge|richt**

der **Amts|rich|ter**

die **Amts|rich|te|rin**

der **Amts|schim|mel** (*umgangssprachlich für:* bürokratisches Verhalten einer Behörde)

die **Amts|zeit** (Zeitspanne, in der jemand ein Amt innehat); während seiner Amtszeit konnte er viel verändern

das **Amu|lett** (Glücksbringer, Zaubermittel); des Amuletts *oder* Amu|let|tes; die Amu-let|te

der **Amur** (Fluss in Asien); des Amur *oder* Amurs

amü|sant (unterhaltend; vergnüglich); amü|san|ter; am amü|san|tes|ten

amü|sie|ren; es hat ihn amüsiert; sich amüsieren; du hast dich köstlich amüsiert; amüsier *oder* amüsiere dich gut!

an – andante

an; er stand an dem Zaun; sie stellte sich an den Zaun; an [und für] sich; an sein; das Licht soll an sein; das Licht ist an; das Licht war an; das Licht ist an gewesen; wenn das Licht an ist; wäre doch das Licht an!

das **Ana|bo|li|kum** (muskelbildendes Dopingpräparat); des Anabolikums; die Anabolika

ana|chro|nis|tisch (nicht zeitgemäß, veraltet)

ana|log (ähnlich, entsprechend); ein analoger Fall

die **Ana|lo|gie** (Entsprechung); die Ana|lo|gi|en

der **An|alpha|bet** ['an...] (jemand, der nicht lesen und schreiben kann); des/dem/den An|alpha|be|ten; die An|alpha|be|ten

die **An|alpha|be|tin;** die Analphabetinnen

der **An|alpha|be|tis|mus** (Unfähigkeit, zu lesen und zu schreiben)

die **Ana|ly|se** (Zergliederung)

ana|ly|sie|ren; sie hat analysiert; analysiere diese Lösung!

ana|ly|tisch (zergliedernd, zerlegend); analytische Geometrie

die **Ana|nas** (eine tropische Frucht); *Plural:* die Ananas *oder* Ananasse

die **An|ar|chie** (herrschaftsloser oder gesetzloser Zustand); die An|ar|chi|en

an|ar|chisch (herrschaftslos, ohne feste Ordnung)

der **An|ar|chist;** des/dem/den An|ar|chis|ten; die An|ar|chis|ten

die **An|ar|chis|tin;** die Anarchistinnen

an|ar|chis|tisch; anarchistische Zustände

die **Ana|to|mie** ([Lehre von] Form und Körperbau der Lebewesen); die Ana|to|mi|en

ana|to|misch; anatomische Besonderheiten

an|bag|gern (*umgangssprachlich für:* jemanden ansprechen); er hat sie angebaggert; baggere mich nicht an!

an|bän|deln (eine Liebesbeziehung anknüpfen; *auch für:* einen Streit anfangen); du bändelst mit ihr an; er bändelte mit ihr an; er hat mit ihr angebändelt; bändle *oder* bändele nicht mit ihr an!

der **An|bau** (das Anbauen; angebauter Gebäudeteil); des Anbaus; die Anbauten; der Anbau eines Stalles war nötig geworden; ein Hauptgebäude und zwei Anbauten

an|bei (*Amtssprache:* als Anlage); anbei übersenden wir die Bescheinigung

an|bei|ßen; du beißt an; er beißt an; beiß an!; er biss das Stück Kuchen an; der Fisch hat angebissen; A B E R : zum Anbeißen (*umgangssprachlich für:* reizend) aussehen

an|be|lan|gen; was jemanden, etwas anbelangt

an|be|rau|men (einen Termin bestimmen); du beraumst an; sie beraumte an; er hat anberaumt; beraum *oder* beraume die Klassenbesprechung morgen an!

an|be|ten; du betest an; er betete an; er hat sie angebetet; bete ihn nicht so an!

sich **an|bie|dern;** du biederst dich an; er biederte sich an; er hat sich angebiedert; biedere dich nicht so an!

an|bie|ten; du bietest an; sie bietet an; er bot an; an ihrer Schule wird Spanisch angeboten; biete ihm auch einen Kaugummi an!

der **An|bie|ter;** die Konkurrenz zwischen öffentlichen und privaten Anbietern

an|bin|den; du bindest den Hund an; sie bindet ihn an; sie band ihn an; sie hat ihn angebunden; bind *oder* binde ihn an!

die **An|bin|dung;** die Anbindung an das öffentliche Verkehrssystem

der **An|blick;** des Anblicks *oder* An|bli|ckes; die An|bli|cke

an|bli|cken; du blickst ihn an; er hat den Jungen angeblickt

an|bre|chen; du brichst an; sie bricht an; brich an!; sie hat eine neue Packung angebrochen; der Tag brach an; der Tag ist angebrochen

an|bren|nen; das Gemüse brennt an; brannte an; ist angebrannt

an|brin|gen (befestigen; vorbringen); ich bringe an, sie brachte an, er hat angebracht; eine Lampe anbringen; eine Kritik anbringen; in einem Text Verbesserungen anbringen

der **An|bruch** (Beginn); bei Anbruch des Tages

die **An|dacht;** die Andachten

an|däch|tig

an|dachts|voll

an|dan|te (mäßig langsam)

Andante – aneinandergeraten

das **An|dan|te** (Musikstück in gemessenem Tempo); des Andante *oder* Andantes; die Andantes
an|dau|ernd

die **An|den** (Gebirge in Südamerika) *Plural*

das **An|den|ken**; des Andenkens

an|de|re *oder* **and|re**

Im Allgemeinen wird »andere, andre« kleingeschrieben – auch nach einem Begleiter:

- der/die/das and[e]re
- alles and[e]re
- kein and[e]rer, keine and[e]re
- das ist etwas and[e]res, nichts and[e]res
- wir sprachen von etwas and[e]rem
- ich bin and[e]rer Meinung
- und and[e]res mehr
- unter and[e]rem
- sich eines and[e]ren, andern besinnen
- and[e]re ähnliche Fälle

Wenn »and[e]re« nicht Zahladjektiv ist, sondern als Nomen verwendet wird, kann es auch großgeschrieben werden:

- der, die, das and[e]re *oder* And[e]re (Andersartige)
- sie suchte nach dem and[e]ren *oder* And[e]ren (nach einer neuen Welt)

an|der|mal; ein andermal; ABER: ein and[e]res Mal
än|dern; du änderst; sie änderte; sie hat ihren Plan geändert; ändere deinen Plan!; sich ändern; sie hat sich sehr geändert
an|dern|falls, *auch:* **an|de|ren|falls**
an|ders; jemand, niemand anders; wo anders (wo sonst) soll ich suchen?; ABER: sie lebt jetzt woanders (irgendwo sonst); er ist anders als ich; anders denken; ein anders Denkender *oder* ↑ Andersdenkender; anders geartete *oder* andersgeartete Fehler; anders lautende *oder* anderslautende Texte
an|ders|ar|tig; andersartige Werke

der **An|ders|den|ken|de** *oder* **an|ders Den|ken|de**; ein Andersdenker *oder* anders Denkender; die Andersdenkenden *oder* anders Denkenden;

zwei Andersdenkende *oder* anders Denkende

die **An|ders|den|ken|de** *oder* **an|ders Den|ken|de**; eine Andersdenkende *oder* anders Denkende
an|der|seits, an|de|rer|seits, an|der|seits
an|ders|ge|ar|tet *vergleiche:* **an|ders**
an|ders|gläu|big

der **An|ders|gläu|bi|ge**; ein Andersgläubiger; die Andersgläubigen; zwei Andersgläubige

die **An|ders|gläu|bi|ge**; eine Andersgläubige
an|ders|he|r|um
an|ders|lau|tend *vergleiche:* **an|ders**
an|ders|wo (*umgangssprachlich für:* woanders); hier ist es schöner als anderswo
an|dert|halb; in anderthalb Stunden; anderthalb Pfund

die **Än|de|rung**
an|deu|ten; du deutest an; sie deutete an; sie hat ihre Absicht angedeutet; deute kurz an, was du meinst!

die **An|deu|tung**
an|do|cken (ein Raumfahrzeug an ein anderes ankoppeln); das Raumschiff hat an der Raumstation angedockt
An|dor|ra (Staat in den Pyrenäen)

der **An|dor|ra|ner**; des Andorraners; die Andorraner

die **An|dor|ra|ne|rin**; die Andorranerinnen
an|dor|ra|nisch

der **An|drang**; des Andrangs *oder* An|dranges

das **An|d|re|as|kreuz** (Verkehrszeichen an Bahnübergängen)
an|dre|hen; du drehst an; sie drehte an; sie hat das Licht angedreht
an|ecken (Missfallen erregen); mit diesem Benehmen ist er bei allen angeeckt

sich **an|eig|nen**; sie eignet sich an; sie hat sich dieses Buch angeeignet
an|ei|n|an|der; wir werden aneinander denken; ihr sollt aneinander vorbeigehen; ↑ aufeinander
an|ei|n|an|der|fü|gen; sie fügen die Teile aneinander; sie haben die Teile aneinandergefügt
an|ei|n|an|der|ge|ra|ten; sie gerieten heftig aneinander; sie sind aneinandergeraten

32

aneinandergrenzen – angenommen

an|ei|n|an|der|gren|zen; aneinander-
grenzende Gärten; die Grundstücke
grenzen aneinander

die An|ek|do|te (eine kurze Geschichte); die
Anekdoten

die Ane|mo|ne (Windröschen)

an|er|kannt (allgemein geschätzt, ange-
sehen; unbestritten); eine international
anerkannte Wissenschaftlerin

an|er|ken|nen; sie erkennt an, *seltener:*
anerkennt; sie erkannte an, *seltener:*
anerkannte; sie hat anerkannt; erkenne
ihn an!, *seltener:* anerkenne ihn!

die An|er|ken|nung

an|fah|ren; du fährst an; sie fährt an; sie
fuhr mit ihrem Auto an; sie ist mit ihrem
Auto angefahren; ABER: er hat eine alte
Frau angefahren; er hat ihn kräftig angefahren (zurechtgewiesen); fahre vorsichtig an!

der An|fall; des Anfalls *oder* An|fal|les; die
An|fäl|le

an|fal|len (plötzlich angreifen; sich erge-
ben); der Hund fiel das Kind an; es ist
viel Arbeit angefallen

an|fäl|lig

der An|fang; des Anfangs *oder* An|fan|ges;
die An|fän|ge

an|fan|gen; sie fängt an; sie hat endlich
angefangen

der An|fän|ger; des Anfängers; die Anfänger

die An|fän|ge|rin; die Anfängerinnen

an|fäng|lich

an|fangs

der An|fangs|buch|sta|be

die An|fangs|pha|se

an|fas|sen; du fasst an; sie hat das Pro-
blem geschickt angefasst; fass *oder* fasse
mich nicht an!

an|fech|ten (gegen etwas Einspruch
erheben; beunruhigen); du fichst an; sie
focht an; er hat angefochten; ficht diese
Note an!; das ficht mich nicht an

an|fer|ti|gen; du fertigst an; sie fertigte
an; sie hat angefertigt; fertige bitte das
Protokoll an!

an|feu|ern; ich feuere an; sie hat ihre
Mannschaft angefeuert; feure *oder*
feuere uns an!

an|for|dern; die Firma fordert die
Bewerbungsunterlagen an; die Polizei
hat Hilfe angefordert

die An|for|de|rung; die Anforderungen

die An|fra|ge

an|fra|gen; sie fragt an; sie hat angefragt

sich an|freun|den; ich freunde mich an; er
freundete sich mit dem Nachbarn an; ihr
habt euch mit dem Plan angefreundet

an|füh|ren; sie führt an; sie hat diese
Bande angeführt

der An|füh|rer

die An|füh|re|rin

das An|füh|rungs|zei|chen

die An|ga|be (*umgangssprachlich auch für:*
Prahlerei, Übertreibung)

an|ge|ben; er gibt mir die Adresse an; er
hat gewaltig angegeben (geprahlt)

der An|ge|ber; des Angebers; die Angeber

die An|ge|be|rin; die Angeberinnen

an|ge|be|risch; angeberische Typen

an|ge|blich

an|ge|bo|ren; angeborene Muttermale

das An|ge|bot; des Angebots *oder* An|ge|bo-
tes; die An|ge|bo|te

an|ge|bracht

an|ge|hen; das geht mich nichts an; er
ging ihn um Geld an; er ist, *auch:* hat ihn
um Geld angegangen

an|ge|hend (künftig); eine angehende
Praktikantin

der An|ge|hö|ri|ge; ein Angehöriger; die
Angehörigen; mehrere Angehörige

die An|ge|hö|ri|ge; eine Angehörige

der An|ge|klag|te; ein Angeklagter; die
Angeklagten; viele Angeklagte

die An|ge|klag|te; eine Angeklagte

die An|gel; die Angeln

die An|ge|le|gen|heit

der An|gel|ha|ken

an|geln; du angelst; er angelte; er hat
geangelt

der An|gel|punkt (Hauptsache)

der An|gel|sach|se (Angehöriger westger-
manischer Stämme in England; Person
englischer Abstammung und Muttersprache)

die An|gel|säch|sin

an|gel|säch|sisch

an|ge|mes|sen; etwas für angemessen
halten; etwas in angemessener Weise
tun

die An|ge|mes|sen|heit

an|ge|nehm

an|ge|nom|men; angenommen[,] dass

angepasst – Anhörung

a

an|ge|passt; er ist sehr angepasst

an|ge|sagt (*umgangssprachlich für:* in Mode, sehr gefragt); solche Hosen sind angesagt; angesagte Musik machen

an|ge|schla|gen (erschöpft; beschädigt); eine angeschlagene Gesundheit

an|ge|se|hen (geachtet)

das An|ge|sicht; die An|ge|sich|ter *oder* An|ge|sich|te

an|ge|sichts; angesichts des Todes

an|ge|spannt; die angespannte Lage

an|ge|stammt (durch Erbschaft oder Tradition erworben); angestammte Rechte

der An|ge|stell|te; ein Angestellter; die Angestellten; zwei Angestellte

die An|ge|stell|te; eine Angestellte

an|ge|strebt; die angestrebte Position

an|ge|tan; sie war sehr angetan (begeistert) von der Reise

an|ge|trun|ken (leicht betrunken)

an|ge|wandt; angewandte Mathematik

an|ge|wie|sen; wir sind darauf angewiesen

sich an|ge|wöh|nen; er gewöhnt sich dies an; er hat sich dies angewöhnt

die An|ge|wohn|heit

an|ge|wur|zelt; er stand da wie angewurzelt

die An|gi|na (Mandelentzündung); die Anginen

an|glei|chen; du gleichst an; sie glich an; er hat angeglichen; gleich *oder* gleiche das an!; das Taschengeld den Preisen/an die Preise angleichen

der Ang|ler; des Anglers; die Angler

die Ang|le|rin; die Anglerinnen

An|go|la (Staat in Afrika)

der An|go|la|ner; des Angolaners; die Angolaner

die An|go|la|ne|rin; die Angolanerinnen

an|go|la|nisch

die An|go|ra|wol|le (feine, seidige Wolle)

an|grei|fen; er greift an; er hat angegriffen; greif *oder* greife ihn nicht an!

der An|grei|fer; des Angreifers; die Angreifer

die An|grei|fe|rin; die Angreiferinnen

der An|griff

an|griffs|lus|tig

die Angst; die Ängs|te; in Angst sein; Angst haben; einem Menschen Angst machen;

ABER:mir ist, mir wird angst [und bange]

angst|er|füllt

der Angst|ha|se; des/dem/den Angsthasen; die Angsthasen

ängs|ti|gen; er ängstigt sie; er hat sie geängstigt; sich ängstigen; er hat sich geängstigt

ängst|lich; ängstliche Fragen

an|ha|ben (*umgangssprachlich:* ein Kleidungsstück tragen; *nur im Infinitiv in Verbindung mit Modalverben:* jemandem, einer Sache Schaden zufügen); der Sturm konnte dem Boot nichts anhaben

an|hal|ten; du hältst die Luft an; das schöne Wetter hält an; er hielt den Wagen an; er hat angehalten; halt an!

an|hal|tend (andauernd, ununterbrochen); anhaltender Regen

der An|hal|ter; des Anhalters; die Anhalter; per Anhalter fahren

die An|hal|te|rin; die Anhalterinnen

der An|halts|punkt; es gab keine Anhaltspunkte für seine Behauptung

an|hand; anhand des Buches; anhand von Unterlagen

der An|hang; des Anhangs *oder* An|han|ges; die An|hän|ge

der An|hän|ger; des Anhängers; die Anhänger

an|häng|lich (treu)

an|hau|en (*umgangssprachlich für:* um etwas bitten); einen Freund um einen Zehner anhauen

an|heim|fal|len (*gehoben für:* zufallen, zum Opfer fallen); das Erbe fiel der Kirche anheim; es ist der Kirche anheimgefallen

an|heim|stel|len (*gehoben für:* überlassen); ich stelle das Ihnen anheim; es blieb ihr anheimgestellt, die Aufgabe anzunehmen oder nicht

an|heu|ern (auf einem Schiff in Dienst stellen oder in Dienst treten); er heuert auf einem Frachter an

An|hieb; auf Anhieb (sofort)

an|him|meln; ich himmle *oder* himmele ihn an!; er hat sie angehimmelt

an|hö|ren; du hörst ihn an; ich habe mir alles angehört; hör *oder* höre mich an!

die An|hö|rung

34

animalisch – Anmeldung

ani|ma|lisch (tierisch); animalische Triebe

der **Ani|ma|teur** [anima'tøːɐ̯] (jemand, der bei Freizeitveranstaltungen und Reisen die Gäste mit Spielen u. Ä. unterhält); des Animateurs; die Ani|ma|teu|re

die **Ani|ma|teu|rin**; die Animateurinnen

die **Ani|ma|ti|on** (organisierte Sport- und Freizeitaktivitäten für Urlauber; Bewegung der Figuren im Trickfilm); die Ani|ma|ti|o|nen

ani|mie|ren (anregen, ermuntern); du animierst; er animierte mich; er hat mich zum Malen animiert

das **An|ion** (negativ geladenes elektrisches Teilchen); des Anions; die An|io|nen

der **Anis** (eine Gewürzpflanze); des Anis *oder* Ani|ses; die Ani|se

An|ka|ra (Hauptstadt der Türkei)

der **An|ker**; des Ankers; die Anker; vor Anker gehen; vor Anker liegen

die **An|kla|ge**

an|kla|gen; er klagt an; sie hat ihn angeklagt

der **An|klä|ger**

die **An|klä|ge|rin**

der **An|klang** (Ähnlichkeit); Anklänge von Stolz empfinden; Anklang finden (mit Zustimmung aufgenommen werden)

an|kli|cken; du klickst an; sie klickte an; sie hat das Programm zweimal angeklickt; klick *oder* klicke an!

an|klop|fen; du klopfst an; er hat angeklopft; klopf *oder* klopfe gefälligst an!

an|knip|sen; sie knipst das Licht an

an|knüp|fen; du knüpfst an; sie knüpfte an; er hat angeknüpft; knüpf *oder* knüpfe daran an; an einen Gedanken anknüpfen; ein Gespräch anknüpfen

an|kom|men; sie kam in Frankfurt an; sie ist gut angekommen; darauf kommt es mir nicht an (das ist nicht wichtig)

der **An|kreis** (Kreis, der ein Dreieck von außen und zwei verlängerte Seiten von innen berührt)

an|kreu|zen; du kreuzt an; er kreuzt an; er hat das Feld angekreuzt; kreuz *oder* kreuze an!

an|kün|di|gen; er kündigt an; er hat angekündigt; kündige es an!

die **An|kün|di|gung**

die **An|kunft**

an|kur|beln (in Gang bringen, in Schwung bringen); die Wirtschaft ankurbeln, den Tourismus ankurbeln

die **An|la|ge**

der **An|lass**; des An|las|ses; die An|läs|se

der **An|las|ser**; des Anlassers; die Anlasser

an|läss|lich; anlässlich des Festes

> **!** Nach der Präposition *anlässlich* steht in der Schriftsprache der Genitiv: »Sie besuchte ihn anlässlich seines Geburtstages.« Außerhalb der Amts- und Verwaltungssprache sollten aber Formulierungen bevorzugt werden, die weniger förmlich wirken: »Sie besuchte ihn zum Geburtstag.«

der **An|lauf**

der **An|laut** (erster Laut eines Wortes oder einer Silbe)

an|le|gen; das Schiff legt an; sie hat ihr Geld sicher angelegt; er hat sich mit uns angelegt (er hat mit uns Streit gesucht)

der **An|le|ger** (jemand, der Geld anlegt); des Anlegers; die Anleger

die **An|lei|tung**

an|lie|gen (sich der Körperform anpassen; *umgangssprachlich für:* zu erledigen sein); ein Surfanzug muss eng anliegen; was liegt heute an?

das **An|lie|gen** (Wunsch); des Anliegens; die Anliegen

der **An|lie|ger** (Anwohner einer Straße u. Ä.); des Anliegers; die Anlieger

die **An|lie|ge|rin**; die Anliegerinnen

an|lo|cken; sie lockt die Katze an; sie lockten die Kunden mit günstigen Angeboten an; der Lärm hatte uns angelockt; lock *oder* locke mal das Schäfchen an

Anm. = Anmerkung

an|ma|chen; du machst das Licht an; er hat sie angemacht (*umgangssprachlich für:* er hat sie angesprochen oder belästigt); mach mich nicht an!

an|ma|len; du hast dich angemalt; mal *oder* male dich nicht so an!

sich **an|ma|ßen**; du maßt dir an; er maßte sich an; er hat sich ein Urteil angemaßt; maß *oder* maße dir kein Urteil an!

an|ma|ßend (überheblich)

an|mel|den; er meldet sich an; sie hat ihren Besuch angemeldet

die **An|mel|dung**

35

anmerken – Anruf

an|mer|ken; ich lasse mir nichts anmerken

die **An|mer|kung**

an|mot|zen (beschimpfen, tadeln); du motzt ihn an; sie hat ihn angemotzt; motz *oder* motze mich nicht an!

die **An|mut**

an|mu|tig

an|nä|hen; du nähst den Knopf an; er hat ihn angenäht; näh *oder* nähe den Knopf an!

an|nä|hernd; annähernd gleich groß

die **An|nä|he|rung** (das Herankommen, das Sich-näher-Kommen); die Annäherung feindlicher Flugzeuge; die Annäherung der beiden geschah ganz heimlich

die **An|nah|me**

an|neh|men; er nimmt an; er hat dies angenommen

die **An|nehm|lich|keit**

an|nek|tie|ren (sich gewaltsam aneignen); er hat fremdes Land annektiert

die **An|ne|xi|on** ([gewaltsame] Aneignung)

an|no (*gehoben für:* im Jahre); anno elf; anno dazumal

An|no Do|mi|ni (im Jahre des Herrn)

die **An|non|ce** [aˈnõ:sə] (Zeitungsanzeige); die Annoncen

an|non|cie|ren; er hat in der Zeitung annonciert; annoncier *oder* annonciere!

an|nul|lie|ren (für ungültig erklären); er hat den Vertrag annulliert

die **Ano|de** (positive Elektrode; Pluspol); die Anoden

an|öden (*umgangssprachlich für:* langweilen); sein dummes Gerede ödet mich an; es hat mich angeödet

ano|mal (unregelmäßig, regelwidrig)

ano|nym (ungenannt)

die **Ano|ny|mi|tät** (die Unbekanntheit des Namens)

der **Ano|rak** (Kapuzenjacke aus windundurchlässigem, wasserabweisendem Material); des Anoraks; die Anoraks

an|ord|nen; sie hat die Untersuchung des Falls angeordnet

die **An|ord|nung**

an|or|ga|nisch (zur unbelebten Natur gehörend); die anorganische Chemie

an|pa|cken (in Angriff nehmen; mit jmdm. umgehen); wir packen die Sache

jetzt an; der Lehrer hat die Schüler hart angepackt; pack *oder* packe mal mit an

an|pas|sen; du passt an; er hat sein Verhalten den Anforderungen angepasst; pass *oder* passe dich an!

die **An|pas|sung**

der **An|pfiff** (Pfiff des Schiedsrichters als Zeichen für den Beginn oder die Fortsetzung eines Spiels)

an|pflau|men (unhöflich anreden); sie hat ihn angepflaumt

an|pran|gern (öffentlich tadeln); du prangerst an; sie prangerte an; er hat angeprangert; prangere ihn nicht an!

an|prei|sen; etwas wie sauer Bier anpreisen (für etwas werben, was niemand haben will)

das **An|ra|ten;** auf Anraten des Arztes

an|rech|nen (in etwas einbeziehen; in einer bestimmten Weise werten); du rechnest an, sie rechnete an, er hat angerechnet; rechne alles an!; die Gutschrift wurde auf die Handygebühren angerechnet; das rechne ich dir hoch an; etwas als strafmildernd anrechnen

das **An|recht** (Anspruch); die Klasse hat ein Anrecht auf Unterricht

die **An|re|de**

an|re|den; du redest sie an; er hat ihn mit »Sie« angeredet

an|re|gen; du regst an; er regte an; er hat angeregt; reg *oder* rege das doch einmal an!

an|re|gend; eine anregende Unterhaltung

die **An|re|gung;** Anregungen geben

das **An|re|gungs|mit|tel**

an|rei|chern; du reicherst an; sie reicherte an; er hat angereichert; reichere das an!; Lebensmittel mit Vitaminen anreichern

an|rei|sen; ich reise morgen an; sie reiste gestern an; er ist extra angereist; reis *oder* reise frühzeitig an!

der **An|reiz**

an|rem|peln; ich remp[e]le ihn an; sie hat ihren Bruder angerempelt; remple *oder* rempele mich nicht an!

an|rich|ten; er richtet Verwirrung an; er hat das Essen angerichtet

an|rü|chig; eine anrüchige Kneipe

der **An|ruf;** des Anrufs *oder* An|ru|fes; die An|ru|fe

Anrufbeantworter – anstandslos

der **An|ruf|be|ant|wor|ter**
an|ru|fen; er rief mich an; er hat nicht
angerufen; ruf *oder* rufe mich morgen
an!
an|rüh|ren (anfassen; *gehoben auch:*
jemanden innerlich berühren); das Leid
der Flüchtlinge rührte ihn an; eine
anrührende Geschichte
die **An|sa|ge**
der **An|sa|ger;** des Ansagers; die Ansager
die **An|sa|ge|rin;** die Ansagerinnen
an|säs|sig; sie ist in München ansässig
der **An|satz|punkt;** ein Ansatzpunkt zur
Kritik
an|satz|wei|se (in Ansätzen zu erken-
nen)
die **An|schaf|fung**
an|schau|en; er schaute uns an; ich
habe mir alles angeschaut
an|schau|lich; eine anschauliche Dar-
stellung
die **An|schau|ung;** aus eigener Anschauung
der **An|schein;** allem Anschein nach
an|schei|nend; er hört anscheinend auf-
merksam zu; ↑ABER: scheinbar
an|schie|ben; er schiebt an; er schob
an; sie haben das Auto angeschoben;
schieb *oder* schiebe es an!
der **An|schlag;** des An|schlags *oder* An-
schla|ges; die An|schlä|ge
das **An|schlag|brett**
an|schla|gen; er schlägt an; sie schlug
an; er hat ein Plakat angeschlagen; sich
anschlagen; sie hat sich das Knie angeschlagen
an|schlie|ßen; du schließt den Herd an;
er schließt ihn an; sie hat sich uns angeschlossen
an|schlie|ßend (folgend)
der **An|schluss;** die An|schlüs|se
der **An|schluss|tref|fer** (Treffer, der den
Abstand zur gegnerischen Mannschaft
[auf 1] verkürzt)
an|schme|cken (probieren; am
Geschmack bemerken); man schmeckt
dem Getränk den Süßstoff an
an|schmie|ren (*umgangssprachlich auch
für:* betrügen); er hat dich angeschmiert
an|schnal|len; er schnallt sein Kind an;
ich habe mich angeschnallt; schnall *oder*
schnalle dich an!
die **An|schrift**

die **An|schul|di|gung**
an|schwel|len; der Fluss schwillt an; er
ist angeschwollen
an|se|hen; du siehst dir das an; er sah
sie an; er hat sie angesehen; sieh an!
das **An|se|hen;** des Ansehens; ohne Ansehen
der Person
an|sehn|lich; eine ansehnliche (große)
Menge
die **An|sicht;** meiner Ansicht nach
die **An|sichts|kar|te**
das **An|sin|nen** ([unannehmbare] Forde-
rung); des Ansinnens; die Ansinnen; ein
seltsames Ansinnen
an|sons|ten (*umgangssprachlich für:* im
Übrigen, anderenfalls)
an|span|nen; er spannt an; er hat die
Pferde angespannt
die **An|span|nung**
das **An|spiel**
an|spie|len; einen Stürmer anspielen;
auf etwas anspielen (versteckt hinweisen)
die **An|spie|lung** (versteckter Hinweis)
der **An|sporn** (Anreiz); des Ansporns *oder*
An|spor|nes; die An|spor|ne
an|spor|nen; sie spornt an; der Trainer
hat ihn angespornt
die **An|spra|che**
an|spre|chen; sie spricht ihn an; sie
sprach ihn an; sie hat ihn angesprochen
an|spre|chend; ein ansprechendes
Äußeres
der **An|sprech|part|ner**
die **An|sprech|part|ne|rin;** Ansprechpartne-
rin ist die Vertrauenslehrerin
an|sprin|gen; der Hund hat sie ange-
sprungen; der Motor ist nicht ange-
sprungen
der **An|spruch;** des Anspruchs *oder* An-
spru|ches; die An|sprü|che
an|spruchs|los
an|spruchs|voll
an|sta|cheln; ich stach[e]le an; er hat sie
zur Tat angestachelt; stachle *oder* sta-
chele ihn nicht dazu an!
die **An|stalt**
der **An|stand**
an|stän|dig
die **An|stän|dig|keit**
an|stands|hal|ber
an|stands|los

a
ans

b
c
d
e
f
g
h
i
j
k
l
m
n
o
p
q
r
s
t
u
v
w
x
y
z

anstatt – antiquarisch

an|statt; anstatt dass; anstatt dessen

an|ste|cken; er steckt die Blume an; er hat die Blume angesteckt; sich anstecken; er hat sich bei mir angesteckt

an|ste|ckend

die An|ste|ckung

die An|ste|ckungs|ge|fahr

an|stei|gen (aufwärtsführen; zunehmen, wachsen); die Straße steigt an; die Preise stiegen an; die Besucherzahlen sind stark angestiegen

an|stel|le oder an Stel|le; anstelle oder an Stelle des Vaters

an|stel|len; er stellt an; er hat ihn angestellt; sich anstellen; stell dich nicht so an!

an|stel|lig (geschickt)

der An|stieg; des Anstiegs oder An|stie|ges; die Anstiege

an|stif|ten; wer hat euch dazu angestiftet?

der An|stif|ter; des Anstifters; die Anstifter

die An|stif|te|rin; die Anstifterinnen

an|stim|men; sie stimmte an; er hat angestimmt; ein Lied anstimmen

der An|stoß; des An|sto|ßes; die An|stö|ße

an|sto|ßen; er stößt überall an; wir haben miteinander angestoßen (uns zugetrunken)

an|stö|ßig; anstößige Witze

an|stre|ben; alle streben die Versetzung an; er strebte den Posten des Klassensprechers an; streb oder strebe etwas an im Leben!

der An|strei|cher; des Anstreichers; die Anstreicher

die An|strei|che|rin; die Anstreicherinnen

sich an|stren|gen; sie strengt sich an; sie hat sich angestrengt; streng oder strenge dich an!

an|stren|gend

die An|stren|gung

der An|sturm; des Ansturms oder An|stur|mes; die An|stür|me Plural selten; ein Ansturm von Autogrammjägern

An|ta|na|na|ri|vo (Hauptstadt Madagaskars)

die Ant|ark|tis (Südpolgebiet)

ant|ark|tisch

der An|teil; des Anteils oder An|tei|les; an etwas Anteil nehmen

an|tei|lig; der anteilige Gewinn

die An|teil|nah|me

die An|ten|ne

die An|tho|lo|gie (Sammlung [z. B. von Gedichten]; Auswahl); der Anthologie; die Anthologien

der An|th|ra|zit (glänzende Steinkohle)

an|th|ra|zit|far|ben

die An|th|ro|po|lo|gie (Wissenschaft vom Menschen)

die An|th|ro|po|so|phie (Lehre, nach der der Mensch höhere seelische Fähigkeiten entwickeln und dadurch übersinnliche Erkenntnisse erlangen kann)

an|ti... (gegen...)

der An|ti|al|ko|ho|li|ker (Alkoholgegner)

die An|ti|al|ko|ho|li|ke|rin

die An|ti|ba|by|pil|le [...'be:bi...] (ein Empfängnisverhütungsmittel)

das An|ti|bio|ti|kum (Wirkstoff gegen Krankheitserreger); des Antibiotikums; die Antibiotika

das An|ti|blo|ckier|sys|tem (Abkürzung: ABS)

der An|ti|christ (Gegner des Christentums); des/dem/den An|ti|chris|ten; die An|ti|chris|ten

der An|ti|fa|schis|mus (Ablehnung von Faschismus und Nationalsozialismus)

an|ti|fa|schis|tisch; eine antifaschistische Grundhaltung

an|tik (altertümlich)

die An|ti|ke (das klassische Altertum und seine Kultur)

der An|ti|kör|per (Medizin: Abwehrstoff im Blut gegen artfremde Eiweiße)

die An|ti|lo|pe (ein Huftier)

die An|ti|pa|thie (Abneigung, der Widerwille); die An|ti|pa|thi|en

der An|ti|po|de (jemand, der auf der gegenüberliegenden Seite der Erdkugel wohnt); des/dem/den Antipoden; die Antipoden

die An|ti|po|din; die Antipodinnen

der An|ti|quar (Händler mit Altertümern oder mit alten Büchern); des Antiquars; die An|ti|qua|re

das An|ti|qua|ri|at (Geschäft, in dem alte Bücher ge- und verkauft werden); des Antiquariats oder An|ti|qua|ri|a|tes; die An|ti|qua|ri|a|te

die An|ti|qua|rin; die Antiquarinnen

an|ti|qua|risch

38

Antiquität – Apartheid

die **An|ti|qui|tät** (altes Möbelstück, alter Kunstgegenstand); die An|ti|qui|tä|ten

der **An|ti|qui|tä|ten|händ|ler**

die **An|ti|qui|tä|ten|händ|le|rin**

der **An|ti|se|mi|tis|mus** (ablehnende Haltung gegenüber Juden)

das **Ant|litz**; des Ant|lit|zes; die Ant|lit|ze

an|tör|nen (*umgangssprachlich für:* erregen; berauschen); die Musik törnt mich an; sie hat mich angetörnt

der **An|trag**; des Antrags *oder* An|tra|ges; die An|trä|ge; einen Antrag stellen

der **An|trag|stel|ler**; des Antragstellers, die Antragsteller

die **An|trag|stel|le|rin**

an|trei|ben; du treibst an; er trieb ihn zur Eile an; sie hat mich angetrieben; treib *oder* treibe mich nicht an!

an|tre|ten; er tritt eine Reise an; sie trat das Amt an; er ist angetreten

der **An|trieb**; des Antriebs *oder* An|trie|bes; die An|trie|be

der **An|tritt**; des Antritts; die An|trit|te

die **Ant|wort**; der Ant|wor|ten; gib Antwort!

ant|wor|ten; du antwortest; er antwortete; er hat geantwortet; antworte!

! annullieren

Das aus dem Lateinischen stammende Verb *annullieren* bedeutet »etwas [amtlich] für ungültig erklären« und wird mit zwei *n* und zwei *l* geschrieben.

---

an|ver|trau|en; ich vertraue es dir an; er vertraute ihr sein Geheimnis an; sie hat ihm ihre Katze anvertraut; vertrau *oder* vertraue mir das doch an!

der **An|walt**; des Anwalts *oder* An|wal|tes; die An|wäl|te

die **An|wäl|tin**; die Anwältinnen

der **An|wär|ter**

die **An|wär|te|rin**

die **An|wart|schaft**

an|wei|sen; du weist an; sie wies ihn an; er hat ihn angewiesen[,] uns zu helfen

die **An|wei|sung**

an|wen|den; er wendet an; sie wendete *oder* wandte an; er hat alle Mittel angewendet *oder* angewandt

der **An|wen|der**; des Anwenders, die Anwender

die **An|wen|de|rin**; die Anwenderinnen

die **An|wen|dung**

das **An|we|sen** (Grundstück)

an|we|send; die anwesenden Gäste

der **An|we|sen|de**; ein Anwesender; die Anwesenden; mehrere Anwesende

die **An|we|sen|de**; eine Anwesende

die **An|we|sen|heit**

an|wi|dern; es widert mich an; es hat mich angewidert

an|win|keln; du winkelst die Arme an; er hat die Arme angewinkelt

der **An|woh|ner**; des Anwohners, die Anwohner

die **An|woh|ne|rin**; die Anwohnerinnen

die **An|zahl**

die **An|zah|lung**

an|zap|fen (eine Flüssigkeit zapfend entnehmen; *umgangssprachlich:* heimlich abhören *und* von jemandem Geld leihen); ein Fass anzapfen; das Telefon anzapfen; zapf *oder* zapfe mich nicht an!

das **An|zei|chen**

die **An|zei|ge**

an|zei|gen; sie zeigt ihn an; sie hat ihn angezeigt

an|zet|teln (*umgangssprachlich für:* vorbereiten und in die Wege leiten); einen Aufstand anzetteln

an|zie|hen; du ziehst dich an; sie zog das Kleid an; sie hat sich angezogen

an|zie|hend (reizvoll)

die **An|zie|hungs|kraft**

der **An|zug**; des Anzugs *oder* An|zu|ges; die An|zü|ge

an|züg|lich (zweideutig; anstößig); anzügliche Bemerkungen

an|zün|den; er zündet an; er hat das Streichholz angezündet

die **AOK** = Allgemeine Ortskrankenkasse

die **Aor|ta** (Hauptschlagader); die Aorten

der **Apa|che** [aˈpatʃə, *auch:* aˈpaxə] (Angehöriger eines Indianerstammes); des Apachen; die Apachen

die **Apa|chin**; die Apachinnen

apart (reizvoll, schön); apar|ter; am apar|tes|ten; sie trug ein apartes Kleid

die **Apart|heid** (völlige Trennung zwischen Weißen und Farbigen in einem Staat)

! Das Wort *Apartheid* stammt aus dem Afrikaans, der Sprache, die in Südafrika gesprochen wird. Deshalb endet es mit einem *d*.

Apartment – arbeiten

das **Apart|ment** (kleinere Wohnung); des
Apartments; die Apartments; ↑ A B E R :
Appartement
apa|thisch (teilnahmslos)

der **Ape|ri|tif** (appetitanregendes alkoholisches Getränk); des Aperitifs; die Aperitifs *oder* Ape|ri|ti|fe

der **Ap|fel;** des Apfels; die Äpfel

der **Ap|fel|baum**

die **Ap|fel|saft|schor|le** (Getränk aus Apfelsaft und Mineralwasser)

die **Ap|fel|si|ne**

die **Apo|ka|lyp|se** (schreckliches Weltende)
apo|ka|lyp|tisch (auf das Weltende hinweisend; Unheil bringend)
Apol|lo (ein griechisch-römischer Gott;
Name eines amerikanischen Raumfahrtprogramms)

der **Apo|s|tel;** des Apostels; die Apostel

die **Apo|s|tel|ge|schich|te**
apo|s|to|lisch (nach Art der Apostel);
A B E R : das Apostolische Glaubensbekenntnis; der Apostolische Nuntius,
Stuhl

der **Apo|s|t|roph** (Auslassungszeichen, zum
Beispiel in »so 'n Blödsinn!« für »so ein
Blödsinn!«); des Apostrophs; die Apo|s-
t|ro|phe

die **Apo|the|ke**

der **Apo|the|ker;** des Apothekers; die Apotheker

die **Apo|the|ke|rin;** die Apothekerinnen

die *oder* das **App** [ɛp] (zusätzliches Anwendungsprogramm für Smartphones); der
App *oder* des Apps; die Apps

der **Ap|pa|rat** (technisches Gerät); des Apparats *oder* Ap|pa|ra|tes; die Ap|pa|ra|te

das **Ap|par|te|ment** [apart(ə)'mã:] (einige
zusammenhängende Räume in einem
Hotel); des Appartements; die Appartements; ↑ A B E R : Apartment

der **Ap|pell** (Aufruf, Mahnruf; *beim Militär:*
Befehlsempfang); des Appells; die Appelle
ap|pel|lie|ren (sich wenden an); er hat
appelliert; appelliere an sein Gewissen!

der **Ap|pe|tit;** des Appetits *oder* Ap|pe|ti|tes;
die Ap|pe|ti|te
ap|pe|tit|an|re|gend; appetitanregende
Mittel; A B E R : den Appetit anregende
Mittel
ap|pe|tit|lich

die **Ap|pe|tit|lo|sig|keit**
ap|plau|die|ren (Beifall klatschen); sie
hat applaudiert; applaudier *oder* applaudiere doch!

der **Ap|plaus** (Beifall); des Ap|plau|ses

das **App|let** ['ɛplət] (*EDV:* kleineres Anwendungsprogramm); des Applets; die Applets

die **Ap|pli|ka|ti|on** (Anwendung); die Ap|pli-
ka|ti|o|nen

die **Ap|po|si|ti|on** (hauptwörtliche Beifügung; meist im gleichen Fall wie das
Bezugswort)

die **Ap|pre|tur** (Glanz, Festigkeit eines Gewebes); der Appretur; die Ap|pre|tu|ren

die **Ap|ri|ko|se;** die Aprikosen

die **Ap|ri|ko|sen|mar|me|la|de**

der **Ap|ril;** des April *oder* Aprils

der **Ap|ril|scherz**
ap|ro|pos (nebenbei bemerkt; übrigens)

die **Ap|sis** (halbrunde Nische als Abschluss
eines Kirchenraums); die Ap|si|den

der, *auch:* das **Aquä|dukt** (über eine Brücke
geführte antike Wasserleitung); des
Aquädukts *oder* Aquä|duk|tes; die Aquä-
duk|te

das **Aqua|rell** (ein mit Wasserfarben gemaltes Bild); des Aquarells; die Aqua|rel|le

das **Aqua|ri|um** (Behälter zur Haltung kleiner Wassertiere und -pflanzen); des
Aquariums; die Aqua|ri|en

der **Äqua|tor** (größter Breitenkreis); des
Äquators
äqui|va|lent (gleichwertig)

das **Äqui|va|lent** (gleichwertiger Ersatz,
Gegenwert); des Äquivalents *oder* Äquivalentes; die Äquivalente

das, *auch:* der **Ar** (ein Flächenmaß); die Are

die **Ära** (Zeitalter); die Ära der Raumfahrt

der **Ara|ber** [*auch:* a'ra:bɐ] (Bewohner Arabiens; Pferd einer edlen Rasse); des Arabers; die Araber

die **Ara|be|rin;** die Araberinnen
ara|bisch; ara|bi|sches Vollblut

der **Aral|see** (See in Mittelasien)

die **Ar|beit;** Arbeit suchen; <mark>Arbeit suchend</mark>
oder arbeitsuchend; ein <mark>Arbeit suchen-</mark>
<mark>der</mark> *oder* arbeitsuchender Maurer; die
Arbeit Suchenden *oder* ↑ <mark>Arbeitsuchen-</mark>
<mark>den;</mark> ↑ A B E R : arbeitsuchend
ar|bei|ten; du arbeitest; er arbeitete; er
hat gearbeitet; arbeite!

Arbeiter – ärgerlich

der **Ar|bei|ter;** des Arbeiters; die Arbeiter
die **Ar|bei|te|rin;** die Arbeiterinnen
der **Ar|beit|ge|ber;** des Arbeitgebers; die Arbeitgeber
die **Ar|beit|ge|be|rin;** die Arbeitgeberinnen
der **Ar|beit|neh|mer;** des Arbeitnehmers; die Arbeitnehmer
die **Ar|beit|neh|me|rin;** die Arbeitnehmerinnen
die **Ar|beits|agen|tur** (*amtlich:* Agentur für Arbeit)
das **Ar|beits|amt** (*früher für:* Arbeitsagentur)
die **Ar|beits|be|schaf|fungs|maß|nah|me** (*Abkürzung:* ABM)
ar|beits|fä|hig
die **Ar|beits|ge|mein|schaft**
das **Ar|beits|le|ben**
der **Ar|beits|lohn**
ar|beits|los
der **Ar|beits|lo|se;** ein Arbeitsloser; die Arbeitslosen; zwei Arbeitslose
die **Ar|beits|lo|se;** eine Arbeitslose
das **Ar|beits|lo|sen|geld**
die **Ar|beits|lo|sen|quo|te**
die **Ar|beits|lo|sen|ver|si|che|rung**
die **Ar|beits|lo|sig|keit**
der **Ar|beits|markt**
der **Ar|beits|platz**
die **Ar|beits|stel|le**
ar|beits|su|chend; die arbeitssuchende Lehrerin; ABER: die Arbeit suchende *oder* arbeitsuchende Lehrerin; ↑ *auch:* Arbeitsuchende

! Das erste s in *arbeitssuchend* kennzeichnet die Verbindungsstelle der Zusammensetzung. Deshalb dürfen Wörter mit einem solchen Fugen-s nie getrennt geschrieben werden.

ar|beit|su|chend *vergleiche:* **Ar|beit**
der **Ar|beit|su|chen|de** *oder* **Ar|beit Su|chen|de;** ein Arbeitsuchender *oder* Arbeit Suchender; die Arbeitsuchenden *oder* Arbeit Suchenden; zwei Arbeitsuchende *oder* Arbeit Suchende
die **Ar|beit|su|chen|de** *oder* **Ar|beit Su|chen|de;** die Arbeitsuchende *oder* Arbeit Suchende
die **Ar|beits|wei|se**
die **Ar|beits|zeit**
ar|cha|isch (aus sehr früher Zeit [stammend], altertümlich)

der **Ar|chäo|lo|ge** (Altertumsforscher); des/dem/den Archäologen; die Archäologen
die **Ar|chäo|lo|gie** (Altertumskunde)
die **Ar|chäo|lo|gin** (Altertumsforscherin); die Archäologinnen
ar|chäo|lo|gisch
der **Ar|chä|o|p|te|ryx** (Urvogel) des Archäopteryx; die Ar|chä|o|p|te|ry|xe *oder* Ar|chä|o|p|te|ry|ges
die **Ar|che** (kastenartiges Schiff); die Arche Noah
Ar|chi|me|des (altgriechischer Mathematiker)
ar|chi|me|disch; archimedisches Prinzip *(Physik);* archimedischer Punkt
der **Ar|chi|tekt;** des/dem/den Ar|chi|tek|ten; die Ar|chi|tek|ten
die **Ar|chi|tek|tin;** die Architektinnen
ar|chi|tek|to|nisch (baulich; baukünstlerisch); die architektonische Schönheit eines Gebäudes; ein architektonisches Meisterstück
die **Ar|chi|tek|tur** (Baukunst; Baustil)
das **Ar|chiv** (Urkundensammlung); des Archivs; die Ar|chi|ve
der **Ar|chi|var** (Archivbeamter); des Archivars; die Ar|chi|va|re
die **Ar|chi|va|rin;** die Archivarinnen
ar|chi|vie|ren (in ein Archiv aufnehmen; speichern); du archivierst; sie archivierte; er hat archiviert; archivier *oder* archiviere diese Daten!
die **ARD** = Arbeitsgemeinschaft der öffentlich-rechtlichen Rundfunkanstalten der Bundesrepublik Deutschland
das **Are|al** (Fläche, Gelände); die Areale; das Areal der Schule ist von Bäumen umgeben
die **Are|na** (Kampfplatz, Manege im Zirkus); die Arenen
arg; är|ger; am ärgs|ten; im Argen liegen; zum Ärgsten kommen; vor dem Ärgsten bewahren; das Ärgste verhüten; nichts Arges denken
Ar|gen|ti|ni|en (Staat in Südamerika)
der **Ar|gen|ti|ni|er;** des Argentiniers; die Argentinier
die **Ar|gen|ti|ni|e|rin;** die Argentinierinnen
ar|gen|ti|nisch; argentinische Rinder
der **Är|ger;** des Ärgers
är|ger|lich

41

ärgern – Arthrose

är|gern; er hat ihn geärgert; ärgere ihn nicht!; sich ärgern; er hat sich geärgert

das **Är|ger|nis;** des Är|ger|nis|ses; die Är|ger|nis|se

> **!** Nomen auf -*nis* werden im Nominativ Singular nur mit einem *s* geschrieben, obwohl der Genitiv Singular und die Pluralformen mit Doppel-s gebildet werden.

arg|los; arg|lo|ser; am arg|lo|ses|ten

das **Ar|gu|ment** (Beweis, Begründung); des Arguments *oder* Ar|gu|men|tes; die Ar|gu|men|te

die **Ar|gu|men|ta|ti|on** (Beweisführung); die Ar|gu|men|ta|ti|o|nen; ihre Argumentation ist schlüssig

ar|gu|men|tie|ren; er hat gut argumentiert

der **Arg|wohn;** des Argwohns *oder* Arg|woh|nes

arg|wöh|nen; du argwöhnst; er argwöhnt; er argwöhnte; er hat geargwöhnt

arg|wöh|nisch

die **Arie** (ein Sologesangsstück mit Instrumentalbegleitung); die Ari|en

der **Aris|to|krat** (Angehöriger des Adels; vornehmer Mensch); des/dem/den Aris|to|kra|ten; die Aris|to|kra|ten

die **Aris|to|kra|tie**

die **Aris|to|kra|tin;** die Aristokratinnen

aris|to|kra|tisch

Aris|to|te|les (altgriechischer Philosoph)

die **Arith|me|tik** (Zahlenlehre)

arith|me|tisch (auf die Arithmetik bezogen); das arithmetische Mittel (*Mathematik:* Durchschnittswert aus mehreren Zahlen)

die **Ar|ka|de** (Bogen auf zwei Pfeilern oder Säulen; *meist Plural:* Bogenreihe)

die **Ark|tis** (Gebiet um den Nordpol)

ark|tisch; ark|ti|sche Kälte

arm; är|mer; am ärms|ten; <mark>arme</mark> *oder* Arme Ritter (eine Süßspeise); Arm und Reich (*veraltet für:* jedermann); Arme und Reiche; bei Armen und Reichen; der Arme und der Reiche; wir Armen

der **Arm;** des Arms *oder* Ar|mes; die Ar|me; ein, zwei Arm voll *oder* <mark>Armvoll</mark> Reisig

die **Ar|ma|tur** (Bedienungs- und Messgerät an technischen Anlagen); die Armaturen

das **Ar|ma|tu|ren|brett**

das **Arm|band**

die **Arm|band|uhr**

die **Arm|brust** (eine alte Schusswaffe); die Arm|brüs|te, *auch:* Arm|brus|te

die **Ar|mee** (Heer; Heeresabteilung); die Ar|me|en

der **Är|mel;** des Ärmels; die Ärmel

das **Ar|me|leu|te|vier|tel**

Ar|me|ni|en (Staat in Vorderasien)

der **Ar|me|ni|er;** des Armeniers; die Armenier

die **Ar|me|ni|e|rin;** die Armenierinnen

ar|me|nisch

arm|lang; ein armlanger Stiel; ᴀʙᴇʀ: der Stiel ist einen Arm lang

ärm|lich

arm|se|lig

die **Ar|mut**

das **Ar|muts|zeug|nis;** damit hat er sich selbst ein Armutszeugnis ausgestellt (seine eigene Unfähigkeit bewiesen)

der **Arm|voll** *vergleiche:* **Arm**

die **Ar|ni|ka** (eine Heilpflanze); die Arnikas

das **Aro|ma** (Duft, Geruch); des Aromas; die Aromen *oder* Aromas *oder* Aromata

aro|ma|tisch; aromatischer Kaffee

das **Ar|ran|ge|ment** [arãʒəˈmã:] (Übereinkunft); des Arrangements; die Arrangements; ein Arrangement treffen

ar|ran|gie|ren [arãˈʒi:rən] (einrichten, zustande bringen); er hat das geschickt arrangiert

der **Ar|rest** (Haft[strafe]); des Arrests *oder* Ar|res|tes; die Ar|res|te

ar|ro|gant (anmaßend); ar|ro|gan|ter; am ar|ro|gan|tes|ten

die **Ar|ro|ganz**

der **Arsch** (*derb für:* Gesäß; derbes Schimpfwort); des Ar|sches; die Är|sche

das **Arsch|loch** (*derb*)

das **Ar|sen** (ein Gift); des Arsens

das **Ar|se|nal** (Geräte-, Waffenlager); des Arsenals; die Ar|se|na|le

die **Art;** die Ar|ten

die **Ar|ten|viel|falt**

die **Ar|te|rie** (Schlagader); die Ar|te|ri|en

die **Ar|te|rio|skle|ro|se** (Arterienverkalkung)

der **Art|ge|nos|se**

art|ge|recht; artgerechte Tierhaltung

die **Ar|th|ro|se** (chronische Gelenkerkrankung)

artig – astrein

ar|tig (sich gut benehmend); artige Kinder

der **Ar|ti|kel** [*auch:* ar'tɪkl] (Geschlechtswort; Abschnitt eines Gesetzes); des Artikels; die Artikel

ar|ti|ku|lie|ren ([deutlich] aussprechen); du artikulierst; sie artikulierte; er hat artikuliert; artikulier *oder* artikuliere deutlicher!

die **Ar|til|le|rie** (eine Waffengattung); die Ar|til|le|ri|en

die **Ar|ti|scho|cke** (eine Zier- und Gemüsepflanze)

der **Ar|tist** (Zirkuskünstler); des/dem/den Ar|tis|ten; die Ar|tis|ten

die **Ar|tis|tin;** die Artistinnen
ar|tis|tisch; artistische Vorführungen

die **Arz|nei;** die Arzneien

das **Arz|nei|mit|tel** (Medikament)

der **Arzt;** des Arz|tes; die Ärz|te

die **Ärz|tin;** die Ärztinnen
ärzt|lich; ein ärztliches Attest

die **A-Sai|te** (z. B. auf der Geige)

der *oder* das **As|best** (ein hitzefestes Mineral); des Asbests *oder* As|bes|tes

die **Asche**

die **Äsche** (ein Fisch)

die **Aschen|bahn**

der **Aschen|be|cher**

das **Aschen|brö|del** *oder* **Aschen|put|tel** (eine Märchengestalt); des Aschenbrödels *oder* Aschenputtels

der **Ascher|mitt|woch** (Mittwoch nach Fastnacht); am Aschermittwoch ist alles vorbei

asch|grau; ABER: bis ins Aschgraue (bis zum Überdruss)

äsen; das Reh äst; das Reh hat geäst

Aser|bai|d|schan (Staat am Kaspischen Meer)

der **Aser|bai|d|scha|ner;** des Aserbaidschaners; die Aserbaidschaner

die **Aser|bai|d|scha|ne|rin;** die Aserbaidschanerinnen
aser|bai|d|scha|nisch

der **Asi|at;** des/dem/den Asi|a|ten; die Asi|a|ten

die **Asi|a|tin;** die Asiatinnen
asi|a|tisch
Asi|en

die **As|ke|se** (enthaltsame Lebensweise)

der **As|ket** (enthaltsam lebender Mensch); des/dem/den As|ke|ten; die As|ke|ten
as|ke|tisch
aso|zi|al (unfähig zum Leben in der Gemeinschaft; am Rand der Gesellschaft lebend)

der **As|pekt** (Gesichtspunkt); des Aspekts *oder* As|pek|tes; die As|pek|te

der **As|phalt** (ein Straßenbelag); des Asphalts *oder* As|phal|tes; die As|phal|te
as|phal|tie|ren; er hat die Straße asphaltiert

das **Ass** (eine Spielkarte; Spitzenkönner[in]; *Tennis:* unerreichbarer Aufschlagball); des As|ses; die As|se

die **As|sel** (ein Krebstier); die Asseln

der **As|ses|sor** (Anwärter der höheren Beamtenlaufbahn); des Assessors; die As|ses|so|ren

die **As|ses|so|rin;** die Assessorinnen

die **As|si|mi|la|ti|on** (Angleichung)

der **As|sis|tent** (Gehilfe, Mitarbeiter); des/dem/den As|sis|ten|ten; die As|sis|ten|ten

die **As|sis|ten|tin;** die Assistentinnen

der **As|sis|tenz|arzt**

die **As|sis|tenz|ärz|tin**
as|sis|tie|ren (zur Hand gehen); er hat ihr assistiert; assistier *oder* assistiere mir bitte!

die **As|so|zi|a|ti|on** (Vereinigung; Vorstellungsverknüpfung)
as|so|zi|a|tiv (durch Gedankenverbindung entstehend); assoziatives Denken
as|so|zi|ie|ren (verknüpfen); du assoziierst; sie assoziierte; er hat assoziiert; ich assoziiere damit schöne Erinnerungen

der **Ast;** des Asts *oder* As|tes; die Äs|te

die **As|ter** (eine Zierpflanze); die Astern

die **Äs|the|tik** (Wissenschaft vom Schönen)
äs|the|tisch (die Ästhetik betreffend; ausgewogen, schön)

das **Asth|ma** (Kurzatmigkeit durch eine Erkrankung der Bronchien oder des Herzens)

der **Asth|ma|ti|ker;** des Asthmatikers; die Asthmatiker

die **Asth|ma|ti|ke|rin;** die Asthmatikerinnen
asth|ma|tisch
ast|rein (*umgangssprachlich für:* sehr gut); eine astreine Party

Astrologe – Attentat

der **As|t|ro|lo|ge** (Sterndeuter); des/dem/
den Astrologen; die Astrologen
die **As|t|ro|lo|gie** (Sterndeutung)
die **As|t|ro|lo|gin;** die Astrologinnen
der **As|t|ro|naut** (Weltraumfahrer); des/dem/
den As|t|ro|nau|ten; die As|t|ro|nau|ten
die **As|t|ro|nau|tin;** die Astronautinnen
der **As|t|ro|nom** (Stern-, Himmelsforscher);
des/dem/den As|t|ro|no|men; die As|t-
ro|no|men
die **As|t|ro|no|mie** (Stern-, Himmelskunde)
die **As|t|ro|no|min;** die Astronominnen
as|t|ro|no|misch (die Astronomie
betreffend; *auch für:* riesenhaft, sehr
hoch); astronomische Preise
Asun|ci|ón [asunˈsi̯ɔn] (Hauptstadt
Paraguays)
das **Asyl** (Zufluchtsort, Heim); des Asyls; die
Asyle; jemandem Asyl gewähren
der **Asyl|an|trag**
der **Asyl|be|wer|ber** (jemand, der sich um
politisches Asyl bewirbt)
die **Asyl|be|wer|be|rin**
<mark>**Asyl su|chend**</mark> *oder* **asyl|su|chend**
asym|me|t|risch (nicht symmetrisch)
die **Asym|p|to|te** (*Mathematik:* Gerade, der
sich eine ins Unendliche verlaufende
Kurve beliebig nähert, ohne sie zu erreichen)
das **A. T.** = Altes Testament
das **Ate|li|er** [ateˈli̯e:] (Arbeitsraum eines
Künstlers oder Fotografen; Raum für
Filmaufnahmen; Modegeschäft); des
Ateliers; die Ateliers
der **Atem;** Atem holen; außer Atem sein
atem|be|rau|bend; atemberaubende
Spannung
das **Atem|ho|len**
atem|los
die **Atem|not**
der **Atem|zug;** bis zum letzten Atemzug (bis
zuletzt); im selben Atemzug (gleichzei-
tig)
der **Athe|ist** (jemand, der die Existenz eines
Gottes leugnet); des/dem/den Athe|is-
ten; die Athe|is|ten
die **Athe|is|tin;** die Atheistinnen
athe|is|tisch; atheistische Strömungen
Athen (Hauptstadt Griechenlands)
der **Äther,** *fachsprachlich:* **Ether** (ein Betäu-
bungsmittel); des Äthers, *fachsprachlich:*
Ethers; die Äther, *fachsprachlich:* Ether

Äthi|o|pi|en (Staat in Ostafrika)
der **Äthi|o|pi|er;** des Äthiopiers; die Äthio-
pier
die **Äthi|o|pi|e|rin;** die Äthiopierinnen
äthi|o|pisch
der **Ath|let** (ein Kraftmensch, ein Wett-
kämpfer); des/dem/den Ath|le|ten; die
Ath|le|ten
die **Ath|le|tin;** die Athletinnen
ath|le|tisch; eine athletische Figur
der **At|lan|tik** (der Atlantische Ozean)
At|lan|tis (sagenhaftes, im Meer versun-
kenes Inselreich)
at|lan|tisch; ein atlantisches Tief; ABER:
der Atlantische Ozean
der **At|las** (ein Kartenwerk); des Atlas *oder*
At|las|ses; die At|las|se *oder* At|lan|ten
at|men; du atmest; er atmete; er hat
geatmet; atme durch die Nase!
die **At|mo|sphä|re** (Lufthülle; Druckmaß;
Stimmung)
at|mo|sphä|risch
die **At|mung**
der **Ät|na** [*auch:* ˈɛtna] (Vulkan auf Sizilien);
des Ätna *oder* Ätnas
das **Atoll** (ringförmige Koralleninsel); des
Atolls; die Atol|le
das **Atom** (kleinste Einheit eines chemi-
schen Elements); des Atoms; die Ato|me
ato|mar (das Atom, die Atomenergie
betreffend; mit Atomwaffen versehen);
atomare Waffen
der **Atom|aus|stieg** (Ausstieg aus der zivilen
Nutzung der Kernenergie)
die **Atom|bom|be**
die **Atom|ener|gie**
der **Atom|kern**
die **Atom|kraft** (Kernenergie); der Atom-
kraft
das **Atom|kraft|werk** (*Abkürzung:* AKW)
der **Atom|müll**
das **At|ri|um** (Innenhof); des Atriums; die
Atrien
At|tac = Association pour une Taxation
des Transactions pour l'Aide aux Citoy-
ens (internationale globalisierungskriti-
sche Bewegung)
die **At|ta|cke** (Angriff; *Medizin:* Anfall); die
Attacken
at|ta|ckie|ren (angreifen); er hat ihn mit
Fäusten attackiert
das **At|ten|tat** (Anschlag auf einen politi-

Attentäter – aufbrechen

schen Gegner); des Attentats *oder* Atten|ta|tes; die At|ten|ta|te

der **At|ten|tä|ter**

die **At|ten|tä|te|rin;** die Attentäterinnen

das **At|test** (ärztliche Bescheinigung); des Attests *oder* At|tes|tes; die At|tes|te
at|tes|tie|ren (bescheinigen, bestätigen); ich attestiere dir gutes Benehmen; er attestierte die gute Qualität der Ware; sie hat mir eine rasche Auffassungsgabe attestiert; attestier *oder* attestiere ihm das bitte

die **At|ti|tü|de** ([innere] Einstellung; affektiert wirkende Geste); der Attitüde; die Attitüden

die **At|trak|ti|on** (Anziehungskraft; Glanznummer)
at|trak|tiv (anziehend, reizvoll); ein attraktives Angebot

die **At|trak|ti|vi|tät** (Anziehungskraft); der Attraktivität; die Sache gewinnt an Attraktivität; von ihm geht eine gewisse Attraktivität aus

die **At|trap|pe** (täuschend ähnliche Nachbildung)

das **At|tri|but** (Beifügung); des Attributs *oder* At|tri|bu|tes; die At|tri|bu|te
at|tri|bu|tiv *(Sprachwissenschaft);* ein attributives Adjektiv

ät|zen (zerfressend, zersetzend auf etwas wirken); die Säure ätzt; sie hat geätzt
ät|zend; ätzende Chemikalien; ätzender (beißender, verletzender) Spott; Hausaufgaben sind ätzend *(umgangssprachlich für:* schrecklich)

au!; auweh!; au Backe!

die **Au** *oder* **Aue** (eine feuchte Niederung); die Au|en

die **AU** = Abgasuntersuchung

die **Au|ber|gi|ne** [oˈbɛrˈʒiːnə] (Pflanze mit gurkenähnlichen violetten Früchten); die Auberginen
auch; wenn auch; auch wenn

die **Au|di|enz** (Empfang, Unterhaltung); die Au|di|en|zen

das **Au|dio** *(umgangssprachlich für:* akustisches Element, Programm); des Au|di|os, die Au|di|os; sich ein Audio aus dem Internet herunterladen

das **Au|dio|book** (Kassette oder CD mit gesprochenem Text; Hörbuch); des Audiobooks; die Audiobooks

die **Au|dio|da|tei** *(EDV:* Datei zur Speicherung von Musik, gesprochenem Text, Geräuschen u. Ä.)
au|dio|vi|su|ell (Hören und Sehen ansprechend); audiovisuelle Medien

das **Au|di|to|ri|um** (ein Hörsaal [der Hochschule]; Zuhörerschaft); des Auditoriums; die Auditorien

der **Au|er|hahn**

der **Au|er|och|se**
auf *siehe Kasten Seite 47*

die **Auf|ar|bei|tung;** die Aufarbeitung des Konflikts ging schneller als erwartet

der **Auf|bau** (das Errichten; der Wiedererrichtung); des Aufbaus *oder* Aufbaues; die Aufbauten; der Aufbau der Tribünen; der Aufbau der zerstörten Stadt
auf|bau|en; sie baute auf; sie hat das Zelt aufgebaut; bau *oder* baue das Zelt auf!

das **Auf|bau|stu|di|um**
auf|be|geh|ren (sich wehren); du begehrst auf; sie begehrte auf; er hat aufbegehrt; begehr *oder* begehre nicht auf!
auf|be|kom|men; er bekommt auf; er bekam auf; er hat viele Hausaufgaben aufbekommen
auf|be|rei|ten; du bereitest auf; sie bereitete auf; er hat aufbereitet; bereite *oder* bereit das auf!; einen Roman fürs Fernsehen aufbereiten; Trinkwasser aufbereiten (reinigen, klären)

die **Auf|be|rei|tung;** die Aufbereitung des Atommülls
auf|be|wah|ren; er bewahrte auf; er hat meinen Koffer aufbewahrt
auf|bie|ten; du bietest auf; sie bot auf; er hat aufgeboten; biet *oder* biete etwas mehr auf!; alle Kräfte aufbieten (einsetzen)
auf|bin|den; sie band ihre Schnürsenkel auf; man hat dir einen Bären aufgebunden *(umgangssprachlich)*
auf|blei|ben; er bleibt noch auf; sie blieb gestern lange auf; er ist bis spät in die Nacht aufgeblieben; bleib *oder* bleibe nicht zu lange auf!
auf|brau|chen (bis auf den letzten Rest verbrauchen); du brauchst auf; sie brauchte auf; er hat aufgebraucht; brauch *oder* brauche das erst auf!
auf|bre|chen; er brach die Tür auf; wir

45

Aufbruch – aufgrund

sind früh aufgebrochen (fortgegangen); brich auf!

der **Auf|bruch;** des Aufbruchs *oder* Auf|bruches; zum Aufbruch drängen

auf|brum|men (*umgangssprachlich für:* zu etwas verpflichten); er brummt dem Schüler viele Hausaufgaben auf; sie hat ihm eine Strafe aufgebrummt

auf|bür|den (jemanden mit etwas belasten); du bürdest auf; sie bürdete auf; er hat aufgebürdet; bürde dir nicht zu viel auf!

auf|drän|gen; du drängst dich ihm auf; er hat mir das Geld aufgedrängt; dräng *oder* dränge dich nicht auf!

auf|dre|hen; sie dreht den Hahn auf; sie hat die Musik aufgedreht (lauter gestellt)

auf|dring|lich

---

auf|ei|n|an|der

Man schreibt »aufeinander« vom folgenden Verb getrennt, wenn beide Bestandteile, »aufeinander« und das folgende Verb, betont werden:

– aufeinander ạchten; aufeinander ạuffahren; aufeinander wạrten
– aufeinander wạrtende Freunde

Liegt die Betonung nur auf »aufeinander«, schreibt man es mit dem folgenden Verb zusammen:

– aufeinạnderlegen; aufeinạnderprallen
– aufeinạndergelegte Papiere

Im Zweifelsfall kann getrennt oder zusammengeschrieben werden:

– aufeinạnder fọlgen *oder* aufeinạnderfolgen
– an zwei aufeinạnder fọlgenden *oder* aufeinạnderfolgenden Tagen

---

auf|ei|n|an|der|le|gen; sie legt die Kissen aufeinander; sie hat die Kissen aufeinandergelegt

auf|ei|n|an|der|tref|fen; die Sieger treffen im Halbfinale aufeinander; sie sind aufeinandergetroffen

der **Auf|ent|halt;** des Aufenthalts *oder* Auf|ent|hal|tes; die Auf|ent|hal|te; bei ihrem Aufenthalt in Heidelberg

der **Auf|ent|halts|ort**

die **Auf|er|ste|hung**

auf|es|sen; du isst auf; er isst auf; er aß auf; sie hat alles aufgegessen; iss auf!

der **Auf|fahr|un|fall**

auf|fal|len; er fällt auf; sie ist aufgefallen

auf|fal|lend

auf|fäl|lig

die **Auf|fäl|lig|keit**

auf|fas|sen; etwas als Vorwurf auffassen (verstehen)

die **Auf|fas|sung**

die **Auf|fas|sungs|ga|be**

auf|flie|gen (*umgangssprachlich auch für:* entdeckt werden); der Betrug ist aufgeflogen

auf|for|dern; er fordert ihn auf; er hat ihn aufgefordert

die **Auf|for|de|rung**

auf|fres|sen; du frisst alles auf; er frisst alles auf; er fraß alles auf; der Esel hat das Futter aufgefressen; friss auf!

die **Auf|füh|rung**

die **Auf|ga|be;** die Aufgaben

auf|ge|ben; sie gibt das Spiel auf; sie hat ein Telegramm aufgegeben

das **Auf|ge|bot;** ein starkes Aufgebot von Polizeikräften

auf|ge|bracht (*auch für:* erzürnt, voller Wut)

auf|ge|dreht (*umgangssprachlich für:* überaus angeregt, in Stimmung)

auf|ge|hen; die Sonne geht auf; sie ist aufgegangen

auf|ge|klärt (frei von Aberglauben und Vorurteilen)

auf|ge|kratzt (in guter Stimmung)

auf|ge|legt; gut aufgelegt sein (gut gelaunt sein); zum Spaziergehen aufgelegt (bereit) sein

auf|ge|löst (*auch für* außer Fassung)

auf|ge|passt!

auf|ge|räumt (*auch für:* gut gelaunt); in aufgeräumter Stimmung sein

auf|ge|raut; ein aufgerauter Stoff

auf|ge|regt; auf|ge|reg|ter; am auf|ge|reg|tes|ten

auf|ge|schmis|sen; aufgeschmissen (*umgangssprachlich für* hilflos) sein

auf|ge|ta|kelt (übertrieben zurechtgemacht)

auf|ge|weckt (klug)

auf|grund *oder* **auf Grund;** **aufgrund**

46

aufhaben – Auflösung

auf

1. Rechtschreibung:	**2. Grammatik:**
Kleinschreibung:	*Die Präposition »auf« kann mit Dativ oder Akkusativ stehen:*
– auf einmal	
– auf und ab	– das Buch liegt (wo?) auf dem Tisch
– auf und nieder	– ich lege das Buch (wohin?) auf den Tisch
– auf und davon gehen	
– aufs (auf das)	*Getrenntschreibung in Verbindung mit »sein«:*
– aufs, auf das Beste *oder* beste (sehr gut) informiert sein; ABER: aufs, auf das Beste hoffen	– auf sein (geöffnet sein)
– es aufs Neue (wieder) versuchen; aufs *oder* auf das Neue (die Neuigkeit) gespannt sein	– der Kranke ist auf (er liegt nicht mehr im Bett); er war auf; er ist auf gewesen
	– ... weil er auf ist; ... weil er auf war
Großschreibung der Nominalisierung:	*Zusammen- oder Getrenntschreibung ist möglich bei:*
– das Auf und Ab	– aufgrund *oder* auf Grund
– das Auf und Nieder	– aufseiten *oder* auf Seiten

oder auf Grund einer Anzeige; aufgrund *oder* auf Grund von Zeugenaussagen

auf|ha|ben; er hat einen Hut auf; er hat einen Hut aufgehabt; wir haben für die Schule viel aufgehabt *(umgangssprachlich)*

auf|hän|gen; er hängt den Mantel auf; er hat ihn aufgehängt; häng *oder* hänge die Jacke auf!

der **Auf|hän|ger;** des Aufhängers; die Aufhänger

auf|he|beln; ich heb[e]le auf; er hebelte die Tür auf; er hat die Tür aufgehebelt

auf|he|ben; sie hebt den Stein auf; er hob ihn auf; man hat die Strafe aufgehoben

die **Auf|he|bung** (das Außerkraftsetzen)

auf|het|zen; er hetzt ihn auf; er hat ihn aufgehetzt

die **Auf|hol|jagd**

auf|hö|ren; sie hörte auf; er hat damit aufgehört; hör *oder* höre auf zu schimpfen!

auf|klä|ren (Klarheit in etwas Ungeklärtes bringen; jemanden genau informieren); sie klärte das Missverständnis auf; sie hat ihn über das Risiko aufgeklärt

die **Auf|klä|rung**

der **Auf|kle|ber;** des Aufklebers; die Aufkleber

auf|kom|men (entstehen; einstehen); Wind kommt auf; für den Schaden kam er selbst auf; sie ist für ihn aufgekommen

das **Auf|kom|men** (Summe der Einnahmen; Entstehung eines Phänomens); das Aufkommen an Steuern; das Aufkommen des Militarismus

auf|la|den; du lädst auf; er lädt auf; er lud die Säcke auf; lad *oder* lade die Säcke auf!

die **Auf|la|ge** (Polster, Schicht; Anzahl an gedruckten Exemplaren; Verpflichtung); der Auflage, die Auflagen; der Stuhl hat eine weiche Auflage; die erste Auflage des Schulbuchs ist vergriffen; er hat die Auflage, 500 Euro zu bezahlen

der **Auf|lauf** (Ansammlung; überbackene [Mehl]speise); des Auflaufs *oder* Auflaufes; die Aufläufe

auf|le|ben (neue Lebenskraft bekommen); er lebte pötzlich wieder auf

auf|le|gen; sie legt auf; er hat eine CD aufgelegt

sich **auf|leh|nen;** die Bauern haben sich gegen den Adel aufgelehnt

auf|lö|sen; sie löste auf; sie hat die Brause aufgelöst; lös *oder* löse die Tablette auf!

die **Auf|lö|sung**

47

aufmachen – Aufschrift

auf|ma|chen; sie macht auf; sie hat die Tür aufgemacht

der **Auf|marsch;** des Aufmarschs *oder* Aufmar|sches; die Auf|mär|sche; der Aufmarsch der Polizei

auf|merk|sam; sie war die aufmerksamste seiner Schülerinnen; er machte ihn auf den Unfall aufmerksam

die **Auf|merk|sam|keit**

auf|mö|beln (*umgangssprachlich für:* aufmuntern; erneuern); ich möb[e]le den alten Kahn wieder auf; sie hat ihn wieder aufgemöbelt; möble *oder* möbele ihn auf!

auf|mun|tern; sie hat ihn aufgemuntert; muntere ihn ein wenig auf!

auf|müp|fig (*landschaftlich für:* aufsässig, trotzig)

die **Auf|nah|me**

die **Auf|nah|me|prü|fung**

auf|neh|men; er nahm uns auf; sie hat es auf Tonband aufgenommen

auf|pas|sen; sie passt auf; sie hat aufgepasst; pass *oder* passe besser auf!

der **Auf|prall;** des Aufpralls *oder* Aufpralles; die Aufpralle *Plural selten*

der **Auf|preis** (Mehrpreis)

auf|rau|en; du raust den Stoff auf; er raute auf; sie hat die Oberfläche aufgeraut

auf|räu|men; er räumt auf; sie hat aufgeräumt

auf|recht; aufrecht sitzen, stehen, stellen; er kann sich nicht aufrecht halten; ↑ABER: aufrechterhalten

auf|recht|er|hal|ten (weiterhin bestehen lassen); sie erhält aufrecht; er erhielt aufrecht; sie hat ihre Behauptung aufrechterhalten

sich **auf|re|gen;** er regt sich auf; sie hat sich aufgeregt; reg *oder* rege dich bloß nicht auf!

auf|re|gend

die **Auf|re|gung**

auf|rei|ßen; du reißt auf; sie reißt auf; er riss die Verpackung auf; er hat wieder jemanden aufgerissen (*umgangssprachlich für:* er hat wieder eine Beziehung angefangen)

auf|rei|zend; ein aufreizender Gang

auf|rich|ten; du richtest den Mast auf; sie hat uns aufgerichtet (getröstet)

auf|rich|tig (ehrlich, offen)

der **Auf|riss** (Vorder- oder Seitenansicht); des Auf|ris|ses; die Auf|ris|se

auf|rü|cken; sie rückte auf; sie ist zur Klassenbesten aufgerückt; rück *oder* rücke auf!

der **Auf|ruf;** des Aufrufs *oder* Auf|ru|fes; die Auf|ru|fe

auf|ru|fen; die Lehrerin rief den Schüler auf; er hat sie aufgerufen

der **Auf|ruhr;** des Aufruhrs; die Auf|ruh|re

auf|rüh|re|risch

die **Auf|rüs|tung**

auf|sa|gen; er sagt auf; sie hat das Gedicht aufgesagt

auf|säs|sig

der **Auf|satz;** des Auf|sat|zes; die Auf|sät|ze

auf|schie|ben; sie schiebt auf; er schob auf; er hat den Plan aufgeschoben

der **Auf|schlag** (*Sport:* Schlag, der das Spiel eröffnet oder fortsetzt); des Aufschlags *oder* Auf|schla|ges; die Auf|schlä|ge

auf|schla|gen; er schlägt auf; sie schlug das Buch auf; wir haben das Zelt aufgeschlagen; du schlägst auf (*Sport:* du führst den Aufschlag aus)

der **Auf|schluss;** des Auf|schlus|ses; die Aufschlüs|se; Aufschluss erhalten, geben

auf|schluss|reich (informativ)

auf|schnei|den; er schneidet die Wurst auf; schneid *oder* schneide nicht so auf! (*umgangssprachlich für:* prahle nicht so!)

der **Auf|schnei|der;** des Aufschneiders; die Aufschneider

die **Auf|schnei|de|rin;** die Aufschneiderinnen

der **Auf|schnitt;** kalter Aufschnitt

auf|schre|cken (vor Schreck hochfahren); du schreckst auf; sie schrak *oder* schreckte auf; er war aufgeschreckt

auf|schre|cken (jemanden erschrecken); er schreckte ihn auf; sie hatte ihn aufgeschreckt; schreck *oder* schrecke die anderen nicht auf!

der **Auf|schrei**

auf|schrei|ben; sie schreibt auf; er schrieb auf; ich habe mir die Nummer aufgeschrieben; schreib *oder* schreibe auf!

die **Auf|schrift** (kurzer Text als Hinweis); der Aufschrift, die Aufschriften; das Schild, die Flasche trägt die Aufschrift

Aufschub – Auftrieb

der **Auf|schub**; des Aufschubs *oder* Aufschu|bes; die Auf|schü|be

der **Auf|schwung**; des Aufschwungs *oder* Aufschwun|ges; die Auf|schwün|ge

auf|se|hen (aufblicken; bewundernd verehren); du siehst zu ihr auf; sie sah von ihrer Arbeit auf; er hat kurz aufgesehen; sieh zu mir auf!; zu jemanden aufsehen

das **Auf|se|hen**; des Aufsehens; [großes] Aufsehen erregen; Aufsehen erregend *oder* aufsehenerregend; ein Aufsehen erregender *oder* aufsehenerregender Fall; ABER NUR: ein großes Aufsehen erregender Fall; ein äußerst aufsehenerregender, noch aufsehenerregenderer Fall

auf|se|hen|er|re|gend *vergleiche:* **Auf|se|hen**

der **Auf|se|her**; des Aufsehers; die Aufseher

auf|sei|ten *oder* **auf Sei|ten**; **aufseiten** *oder* auf Seiten der Regierung

auf|set|zen; du setzt dir eine Mütze auf; er hat einen Brief aufgesetzt

die **Auf|sicht**; Aufsicht haben, führen; der Aufsicht führende *oder* aufsichtführende Lehrer; ↑ *auch:* Aufsichtführende

auf|sicht|füh|rend *vergleiche:* **Auf|sicht**

der **Auf|sicht|füh|ren|de** *oder* **Auf|sicht Füh|ren|de**; ein Aufsichtführender *oder* Aufsicht Führender; die Aufsichtführenden *oder* Aufsicht Führenden; zwei Aufsichtführende *oder* Aufsicht Führende

die **Auf|sicht|füh|ren|de** *oder* **Auf|sicht Füh|ren|de**; eine Aufsichtführende *oder* Aufsicht Führende

die **Auf|sichts|pflicht**

der **Auf|sichts|rat** (Kontrollorgan einer Aktiengesellschaft); die Auf|sichts|rä|te

auf|spie|len; er spielt sich auf (macht sich wichtig); die Kapelle hat zum Tanz aufgespielt

der **Auf|stand**; des Aufstands *oder* Auf|standes; die Auf|stän|de

auf|stän|disch

auf|ste|hen; er steht auf; sie stand auf; sie ist aufgestanden

auf|stei|gen; du steigst auf; er steigt auf; er stieg auf; der Verein ist aufgestiegen

der **Auf|stei|ger**; des Aufsteigers; die Aufsteiger

die **Auf|stei|ge|rin**; die Aufsteigerinnen

auf|stel|len; du stellst dich auf; sie hat einen Rekord aufgestellt

die **Auf|stel|lung**; der Aufstellung; die Aufstellungen; die Aufstellung der Mannschaft; Aufstellung nehmen

der **Auf|stieg**; des Aufstiegs *oder* Auf|stieges; die Auf|stie|ge

auf|stö|bern; der Hund stöbert auf; er hat den Hasen aufgestöbert

auf|sto|cken; du stockst auf; sie stockte auf; er hat aufgestockt; stock *oder* stocke bitte mein Taschengeld auf; das Haus wird aufgestockt; ich stocke dein Taschengeld um den folgenden Betrag auf

auf|su|chen (sich zu jemandem begeben); du suchst ihn auf; er suchte sie auf; sie hat ihn aufgesucht; such *oder* suche endlich den Arzt auf!

der **Auf|takt** (Beginn; unvollständiger Anfangstakt); des Auftakts *oder* Auf|taktes; die Auf|tak|te

auf|tan|ken; sie tankt auf; das Flugzeug hat aufgetankt; der Wagen steht aufgetankt in der Einfahrt; tank *oder* tanke ihn auf!

auf|tau|chen (an die Wasseroberfläche kommen; erscheinen); du tauchst auf; es tauchte auf; wir sind aufgetaucht; tauch *oder* tauche endlich wieder auf!; das U-Boot taucht wieder auf; in der Ferne tauchten Berge auf

auf|tei|len; du teilst auf; sie teilte auf; hat aufgeteilt; teil *oder* teile den Kuchen auf!

auf|ti|schen (zum Essen auf den Tisch bringen; *umgangssprachlich für:* erzählen); sie hat uns Lügen aufgetischt; tisch *oder* tische nicht immer die alten Geschichten auf!

der **Auf|trag**; des Auftrags *oder* Auf|tra|ges; die Auf|trä|ge; im Auftrag (*Abkürzung:* i. A.)

der **Auf|trag|ge|ber**; des Auftraggebers; die Auftraggeber

die **Auf|trag|ge|be|rin**

auf|trei|ben (*umgangssprachlich auch für:* finden); etwas zu essen auftreiben

auf|tre|ten; du trittst auf, sie trat auf, er ist aufgetreten; tritt leise auf!

das **Auf|tre|ten** (Benehmen, Verhalten; Vorführung); des Auftretens; *kein Plural*

der **Auf|trieb**; des Auftriebs *oder* Auf|trie|bes; die Auf|trie|be

49

Auftritt – au pair

a

der **Auf|tritt;** des Auftritts *oder* Auf|trit|tes; die Auf|trit|te

auf|trump|fen; du trumpfst auf; er trumpft auf; er hat aufgetrumpft; trumpf *oder* trumpfe bitte damit nicht auf!

auf|wa|chen; du wachst auf; er wacht auf; sie ist aufgewacht; wach *oder* wache auf!

auf|wach|sen; du wächst auf, sie wuchs auf, er ist aufgewachsen

der **Auf|wand;** des Aufwands *oder* Auf|wan|des

auf|wän|dig *vergleiche:* **auf|wen|dig**

auf|wär|men; er wärmt das Essen auf; der Sportler hat sich aufgewärmt

auf|war|ten (*gehoben für:* anbieten, zu bieten haben); mit großen Neuigkeiten aufwarten können; mit einem fünfgängigen Menü aufwarten

auf|wärts

auf- und abwärts

Man schreibt »aufwärts« mit dem folgenden Verb zusammen, wenn »aufwärts« den Hauptakzent trägt:

– aufwärtsfahren
– glaubst du, dass es nach der Biegung immer noch aufwärtsgeht?; ABER: aufwärts geht es langsamer als abwärts
– mit seiner Gesundheit ist es aufwärtsgegangen (besser geworden)

der **Auf|wasch;** des Aufwaschs *oder* Auf|wasches; das machen wir in einem Aufwasch (*umgangssprachlich für:* das lässt sich alles zusammen erledigen)

auf|wei|sen (durch etwas gekennzeichnet sein); du weist auf, sie wies auf, er hat aufgewiesen; Parallelen zu etwas aufweisen, einen Mangel aufweisen

auf|wen|den; sie wendet viel Zeit auf; er wandte *oder* wendete viel Zeit auf; sie hat viel Zeit aufgewandt *oder* aufgewendet

auf|wen|dig *oder* **auf|wän|dig;** aufwendige *oder* aufwändige Werbung

auf|wer|fen; er wirft eine Frage auf (bringt sie zur Sprache); sie hat die Tür aufgeworfen (mit Wucht geöffnet)

auf|wer|ten; eine Währung aufwerten

die **Auf|wer|tung**

auf|wie|geln; ich wieg[e]le niemanden gegen dich auf; er hat die Bevölkerung aufgewiegelt; wiegel *oder* wiegele sie nicht auf!

der **Auf|wind** (aufsteigender Wind); des Aufwinds *oder* Auf|win|des; die Auf|win|de

die **Auf|zäh|lung**

auf|zeich|nen; er zeichnet den Grundriss auf; sie hat die Rede aufgezeichnet (mitgeschnitten)

die **Auf|zeich|nung** (Festhalten durch Schrift, Bild, Ton); das war eine Aufzeichnung und keine Livesendung

der **Auf|zug;** des Aufzugs *oder* Auf|zu|ges; die Auf|zü|ge

der **Aug|ap|fel;** des Augapfels; die Augäpfel; sie behütet die Puppe wie ihren Augapfel (besonders sorgsam)

das **Au|ge;** des Auges; die Augen

der **Au|gen|arzt**

die **Au|gen|ärz|tin**

der **Au|gen|blick**

au|gen|blick|lich (sofort)

die **Au|gen|braue**

au|gen|fäl|lig (nicht zu übersehen)

die **Au|gen|hö|he;** auf Augenhöhe (gleichberechtigt) diskutieren

das **Au|gen|lid** ↑ Lid

das **Au|gen|maß;** des Augenmaßes; mit Augenmaß (Besonnenheit)

das **Au|gen|merk;** des Augenmerks; *kein Plural;* sein Augenmerk auf etwas richten

der **Au|gen|schein;** sie wollte das Bild in Augenschein nehmen (genau betrachten)

au|gen|schein|lich (offenbar)

der **Au|gen|zeu|ge;** des Augenzeugen; die Augenzeugen

die **Au|gen|zeu|gin;** die Augenzeuginnen

au|gen|zwin|kernd

der **Au|gust;** des August *oder* Augusts *oder* Au|gus|tes; die Au|gus|te

die **Auk|ti|on** (Versteigerung); die Auk|ti|o|nen

das **Auk|ti|ons|haus** (Unternehmen, das Dinge versteigert)

die **Au|la** (der Fest-, Versammlungssaal); die Aulen *oder* Aulas

au pair [o ˈpɛːɐ̯] (ohne Bezahlung, nur gegen Unterkunft und Verpflegung)

Au-pair-Mädchen – Ausflug

das **Au-pair-Mäd|chen** (junge Frau, die gegen Unterkunft und Verpflegung im Ausland arbeitet, um die Sprache des betreffenden Landes zu lernen)

die **Au|ra** (besondere Ausstrahlung); die Auren

aus; aus dem Haus; aus und ein gehen (verkehren); ABER: aus- und eingehende Waren; weder aus noch ein wissen; das Spiel ist aus (*umgangssprachlich für:* ist zu Ende); das Handy ist aus (*umgangssprachlich für:* ist ausgeschaltet)

das **Aus** (der Raum außerhalb des Spielfeldes); der Ball ist im Aus

aus|ar|bei|ten; sie arbeitet aus; sie hat ein Konzept ausgearbeitet

die **Aus|ar|bei|tung;** der Lehrer verlangte die Ausarbeitung des Referats

aus|bal|do|wern (*umgangssprachlich für:* herausbekommen); ich baldowere die Sache aus; er hat es ausbaldowert

der **Aus|bau** (des Ausbaus *oder* Ausbaues) *Plural selten;* ein zügiger Ausbau des Straßennetzes; sie planen den Ausbau des Hauses

aus|bau|en (herausnehmen; erweitern); ein Türschloss ausbauen; den Flughafen ausbauen

aus|bes|sern; ich bessre *oder* bessere aus; du besserst aus; er besserte aus; sie hat den Schaden ausgebessert; bessre *oder* bessere es aus!

die **Aus|beu|te** (Ertrag; Gewinn)

aus|beu|ten; sie beutet aus; er hat die Arbeiter ausgebeutet

der **Aus|beu|ter;** des Ausbeuters; die Ausbeuter

die **Aus|beu|te|rin;** die Ausbeuterinnen

die **Aus|beu|tung**

aus|bil|den; sie hat ihn zum Facharbeiter ausgebildet

der **Aus|bil|der;** des Ausbilders; die Ausbilder

die **Aus|bil|de|rin;** die Ausbilderinnen

die **Aus|bil|dung**

der **Aus|bil|dungs|platz**

der **Aus|bil|dungs|ver|trag**

aus|blei|ben (nicht eintreten; fernbleiben); die erhoffte Wirkung bleibt aus; die Gäste blieben aus; sie ist die ganze Nacht ausgeblieben

der **Aus|blick;** des Ausblicks *oder* Aus|blickes; die Aus|bli|cke

aus|bre|chen; er bricht aus; ein Krieg brach aus; der Häftling ist ausgebrochen

aus|brei|ten; sie breitet aus; er hat das Tuch ausgebreitet; breite das Tuch aus!; sich ausbreiten; die Krankheit hat sich rasch ausgebreitet

der **Aus|bruch;** des Ausbruchs *oder* Aus|bru|ches; die Aus|brü|che

Ausch|witz (im 2. Weltkrieg Vernichtungslager der Nationalsozialisten in Polen)

die **Aus|dau|er**

aus|dau|ernd; ausdauernde Läufer

aus|den|ken; du denkst dir das aus; sie dachte sich eine Geschichte aus; er hat sich das Ganze ausgedacht

der **Aus|druck;** des Ausdrucks *oder* Aus|dru|ckes; die Aus|drü|cke *und (vom Computer:)* Aus|dru|cke

aus|drü|cken; du drückst dich gut aus; er drückte den Pickel aus; sie hat sich falsch ausgedrückt; drück *oder* drücke den Schwamm aus

aus|drück|lich

aus|ei|n|an|der; auseinander sein; ↑ auf|einander

aus|ei|n|an|der|ge|hen; sie gingen wortlos auseinander; sie sind als Freunde auseinandergegangen; in letzter Zeit ist er sehr auseinandergegangen (*umgangssprachlich für:* dick geworden)

aus|ei|n|an|der|set|zen; der Lehrer wird euch auseinandersetzen; sie hat sich mit dem Problem auseinandergesetzt (beschäftigt)

die **Aus|ei|n|an|der|set|zung**

aus|er|wählt (für etwas bestimmt)

die **Aus|fahrt;** die Aus|fahr|ten

aus|fal|len (sich lösen; nicht stattfinden); der Unterricht fällt aus; seine Haare fielen aus; die Schule ist ausgefallen

aus|fin|dig; jemanden oder etwas ausfindig machen (finden)

aus|flip|pen (*umgangssprachlich für:* sich aus der Realität zurückziehen, zum Beispiel durch Drogenkonsum; außer sich geraten); du flippst aus; er ist total ausgeflippt; flipp *oder* flippe doch nicht gleich aus!

die **Aus|flucht;** die Aus|flüch|te

der **Aus|flug;** des Ausflugs *oder* Aus|flu|ges; die Aus|flü|ge

51

Ausfuhr – aushelfen

die **Aus|fuhr**; die Aus|fuh|ren
aus|füh|ren (exportieren; verwirklichen; jemanden spazieren führen; erläutern); die Firma führt Waren aus; sie führte den Plan aus; er hat seine Oma ausgeführt; führ *oder* führe das mal genauer aus
aus|führ|lich

die **Aus|führ|lich|keit**

die **Aus|füh|rung** (das Verwirklichen; die Darlegung); die Ausführung der Arbeit war sehr gelungen; ihre Ausführungen waren hochinteressant
aus|fül|len; sie füllt das Formular aus; füll *oder* fülle das bitte aus!; die Arbeit hat ihn immer ausgefüllt (zufrieden gemacht)

die **Aus|ga|be**; seine Ausgaben aufschreiben

der **Aus|gang**; des Ausgangs *oder* Aus|gan|ges; die Aus|gän|ge

der **Aus|gangs|punkt** (Ursprung; Stelle, wo etwas beginnt)
aus|ge|ben (austeilen; spendieren; Geld verbrauchen; *EDV:* anzeigen); Essen wird in der Mensa ausgegeben; ich gebe dir ein Eis aus; wie viel hast du ausgegeben?; einen Text auf dem Bildschirm ausgeben
aus|ge|bucht; ein ausgebuchtes Hotel, Flugzeug
aus|ge|fal|len; ausgefallene Ideen
aus|ge|feilt (bis ins Einzelne ausgearbeitet); aus|ge|feill|ter; am aus|ge|feill|tes|ten
aus|ge|fuchst (*umgangssprachlich für:* durchtrieben)
aus|ge|gli|chen; ein ausgeglichener Mensch; eine ausgeglichene Bilanz
aus|ge|hen; sie geht aus; er ist ausgegangen
aus|ge|klü|gelt; ein ausgeklügeltes System
aus|ge|las|sen (besonders fröhlich und wild); in ausgelassener Stimmung sein; ausgelassen tanzen

die **Aus|ge|las|sen|heit**
aus|ge|nom|men
aus|ge|prägt (deutlich; nicht zu übersehen)
aus|ge|rech|net (eben, gerade); ausgerechnet mir muss das passieren!
aus|ge|reift; aus|ge|reiff|ter; am aus|ge|reiff|tes|ten

aus|ge|schlos|sen; das ist ganz ausgeschlossen
aus|ge|spro|chen (sehr, besonders)
aus|ge|stor|ben; abends ist die Innenstadt völlig ausgestorben
aus|ge|sucht; aus|ge|such|ter; am aus|ge|such|tes|ten; ausgesuchte (erlesene) Früchte
aus|ge|wach|sen (zur vollen Größe herangewachsen); ein ausgewachsener (großer) Skandal
aus|ge|wählt (nach besonderer Auswahl zusammengestellt); wir brauchen heute nur ausgewählte Bücher
aus|ge|wie|sen (nachweislich); ein ausgewiesener Fachmann
aus|ge|wo|gen; eine ausgewogene Ernährung
aus|ge|zeich|net
aus|gie|big (reichlich); wir haben ausgiebig gefrühstückt

der **Aus|gleich**; des Ausgleichs *oder* Ausgleich|ches
aus|glei|chen; du gleichst aus; sie glich aus; er hat ausgeglichen; gleich *oder* gleiche das aus!; kurz vor dem Schlusspfiff konnten wir noch ausgleichen

der **Aus|gleichs|sport**
aus|gra|ben; du gräbst den Strauch aus; sie gräbt den Strauch aus; er grub einen Graben aus; sie haben die Kiste ausgegraben; grab *oder* grabe das Loch aus!

die **Aus|gra|bung**
aus|gren|zen; sie fühlt sich ausgegrenzt

der **Aus|guss**; des Aus|gus|ses; die Aus|güsse
aus|hal|ten; du hältst die Schmerzen aus; er hält die Schmerzen aus; sie hielt die Schmerzen aus; sie hat das ausgehalten; halt *oder* halte die Schmerzen aus!
aus|han|deln; ich handle *oder* handele das aus; sie hat die Sache geschickt ausgehandelt
aus|hän|di|gen; du händigst aus; sie händigte aus; er hat ausgehändigt; händige ihm das aus!

das **Aus|hän|ge|schild**
aus|har|ren (geduldig weiter warten); du harrst aus; sie harrte aus; er hat ausgeharrt; harr *oder* harre so lange hier aus!
aus|hel|fen; du hilfst aus; er half aus; sie hat bei uns ausgeholfen; hilf bitte aus!

Aushilfe – Ausreise

die **Aus|hil|fe**
aus|höh|len; du höhlst aus; sie höhlte aus; er hat ausgehöhlt; höhl *oder* höhle den Kürbis aus!

sich **aus|ken|nen**
aus|klam|mern; eine heikle Frage ausklammern (ausschließen)
aus|kom|men; er kam mit dem Geld nicht aus

das **Aus|kom|men;** sein Auskommen haben

die **Aus|kunft;** die Aus|künf|te
aus|la|chen; er lacht ihn aus; sie hat ihn ausgelacht; lach *oder* lache ihn nicht aus!
aus|la|dend (weit ausgreifend)

das **Aus|land**

der **Aus|län|der;** des Ausländers; die Ausländer
aus|län|der|feind|lich

die **Aus|län|de|rin;** die Ausländerinnen
aus|län|disch
aus|las|sen; er lässt keine Gelegenheit aus; sie hat einen Buchstaben ausgelassen; lass *oder* lasse das aus!

die **Aus|las|sungs|punk|te** *Plural*

der **Aus|lauf;** des Auslaufs *oder* Aus|lau|fes; die Aus|läu|fe
aus|lau|fen (herausfließen; in See stechen; zu Ende gehen); die Farbe läuft aus; die Gorch Fock lief gestern aus; diese Serie ist schon ausgelaufen

die **Aus|lei|he**
aus|lei|hen; ich habe mein Fahrrad ausgeliehen; wir leihen uns Bücher aus; leih *oder* leihe dir nichts aus!

sich **aus|log|gen** (*EDV:* die Verbindung zu einer Datenverarbeitungsanlage beenden); du loggst dich aus; er loggte sich aus; sie hat sich ausgeloggt; logg *oder* logge dich bitte aus!
aus|lö|schen; du löschst aus; sie löschte aus; er hat ausgelöscht; lösche *oder* lösche das Licht aus!
aus|lo|sen; er lost aus; sie hat den Gewinner ausgelost; los *oder* lose aus!
aus|lö|sen (in Gang setzen); sie löst aus; er hat den Mechanismus ausgelöst; lös *oder* löse aus!

der **Aus|lö|ser** (auslösender Mechanismus; Geschehen, das etwas auslöst); des Auslösers; die Auslöser

die **Aus|lo|sung** (durch das Los getroffene [Aus]wahl)

aus|lo|ten (ermitteln); sie lotete aus; er hat ausgelotet; die Bedingungen ausloten
aus|ma|chen; sie machte das Licht aus; sie hat das Licht ausgemacht; mach *oder* mache das Licht aus!
aus|ma|len; er malte das Bild aus; sie hat sich die Ferien so schön ausgemalt (sie hat sich die Ferien so schön vorgestellt)

das **Aus|maß;** des Aus|ma|ßes, die Aus|ma|ße; ein Skandal großen Ausmaßes
aus|mer|zen (radikal beseitigen); du merzt aus; er merzte aus; sie hat den Fehler ausgemerzt; merz *oder* merze den Fehler aus!

die **Aus|nah|me**

der **Aus|nah|me|zu|stand** (kritische Situation, in der der Staat besondere Vollmachten erhält)
aus|nahms|los
aus|nahms|wei|se
aus|nut|zen *oder* **aus|nüt|zen;** du nutzt *oder* nützt ihn aus; du hast seine Schwächen ausgenutzt *oder* ausgenützt; nutz[e] *oder* nütz[e] sie nicht aus!; ↑ *auch:* benutzen
aus|pa|cken; sie hat ausgepackt; pack *oder* packe aus!
aus|pfei|fen; das Publikum hat ihn ausgepfiffen
aus|plün|dern; er hat die Urlauber ausgeplündert
aus|po|sau|nen (*umgangssprachlich für:* [etwas, was nicht bekannt werden sollte] überall erzählen); du posaunst aus; sie hat alles gleich ausposaunt

die **Aus|prä|gung**

der **Aus|puff;** des Auspuffs *oder* Aus|puf|fes; die Aus|puf|fe
aus|rech|nen; du rechnest aus; sie hat die Entfernung ausgerechnet

die **Aus|re|de**
aus|re|den; sie hat endlich ausgeredet; sie hat ihn ausreden lassen; sie hat ihm den Plan ausgeredet (sie hat ihn von seinem Plan abgebracht)
aus|rei|chen; für das Verfassen des Referats wird eine Woche ausreichen
aus|rei|chend; er bekam die Note »ausreichend«; sie hat den Test mit »ausreichend« bestanden; ABER: sie hat nur ein [knappes] Ausreichend bekommen

die **Aus|rei|se**

53

ausreisen – Außenstehende

aus|rei|sen; sie reist aus; er ist damals aus der DDR ausgereist

aus|rei|ßen; du reißt aus; er reißt aus; sie riss das Unkraut aus; sie hat das Unkraut ausgerissen; ABER: er ist zu Hause ausgerissen; reiß *oder* reiße nie wieder aus!

der Aus|rei|ßer; des Ausreißers; die Ausreißer

die Aus|rei|ße|rin; die Ausreißerinnen

aus|ren|ken; er renkte den Arm aus; er hat den Arm ausgerenkt; sich den Arm ausrenken; sie hat sich den Arm ausgerenkt; renk *oder* renke ihr den Arm nicht aus!

aus|rich|ten; unser Verein richtet das Turnier aus; sie hat einiges ausrichten können; richt *oder* richte deinen Eltern schöne Grüße aus

aus|rot|ten; du rottest aus; sie rottete aus; er hat das Unkraut ausgerottet

aus|rü|cken (*umgangssprachlich auch für:* fliehen, sich heimlich davonmachen); er ist schon dreimal ausgerückt

der Aus|ruf; des Ausrufs *oder* Aus|ru|fes; die Aus|ru|fe

das Aus|ru|fe|zei|chen

sich aus|ru|hen; sie ruht sich aus; sie hat sich ausgeruht; ruh *oder* ruhe dich ein wenig aus!

die Aus|rüs|tung; die perfekte Ausrüstung für die Radtour

aus|rut|schen; du rutschst aus; mir ist das Messer ausgerutscht

die Aus|saat

aus|sä|en; du säst Getreide aus; sie säte Getreide aus; sä *oder* säe aus!

die Aus|sa|ge

die Aus|sa|ge|kraft

aus|sa|ge|kräf|tig; aussagekräftige Statistiken

aus|sa|gen (ausdrücken; eine Aussage machen); dieses Verhalten sagt etwas über ihre Einstellung aus; sie hat vor der Polizei ausgesagt

der Aus|satz (eine Krankheit); des Aus|sat|zes

aus|sät|zig

aus|schal|ten; du schaltest aus; er hat das Licht ausgeschaltet; schalt *oder* schalte aus!

die Aus|schau; nach jemandem oder etwas Ausschau halten

aus|schau|en; er schaute nach dem Schiff aus; *(süddeutsch, österreichisch:)* die Sache schaut gut aus; sie hat schlecht ausgeschaut

aus|schei|den; das Insekt scheidet einen Duftstoff aus; der Verein schied aus dem Wettbewerb aus

die Aus|schei|dung

der Aus|schei|dungs|kampf

aus|schimp|fen; du schimpfst ihn aus; er hat mich ausgeschimpft; schimpfe sie nicht aus!

der Aus|schlag; des Ausschlags *oder* Aus|schla|ges; die Aus|schlä|ge; der Ausschlag des Pendels; ein juckender Ausschlag

aus|schlag|ge|bend; ihre Stimme war bei der Wahl ausschlaggebend; ABER: die den Ausschlag gebende Stimme

aus|schlie|ßen; man schloss ihn aus dem Verein aus; ein Versehen ist ausgeschlossen; schließ *oder* schließe sie nicht aus!

aus|schließ|lich; das ist ausschließlich ihr Verdienst; die Kosten ausschließlich des genannten Betrages

der Aus|schluss; des Aus|schlus|ses; die Aus|schlüs|se

der Aus|schnitt; des Ausschnitts *oder* Ausschnittes, die Ausschnitte

der Aus|schuss; des Aus|schus|ses; die Aus|schüs|se

aus|schwei|fend (maßlos; sittenlos); ein ausschweifendes Leben führen

aus|se|hen; es sieht nach Regen aus; sie sah krank aus; mit ihm hat es schlimm ausgesehen

das Aus|se|hen

au|ßen; von außen [her]; nach innen und außen; außen spielen *(Sport)*; die ==außen liegenden== *oder* außenliegenden Kabinen; ein außen Stehender *oder* ↑ ==Au|ßenstehender==

der Au|ßen (*Sport:* Außenspieler)

au|ßen|lie|gend *vergleiche:* au|ßen

der Au|ßen|mi|nis|ter

die Au|ßen|mi|nis|te|rin

die Au|ßen|po|li|tik

au|ßen|po|li|tisch; die außenpolitische Lage ist entspannt

der Au|ßen|sei|ter; des Außenseiters; die Außenseiter

die Au|ßen|sei|te|rin; die Außenseiterinnen

der ==Au|ßen|ste|hen|de== *oder* au|ßen Ste-

54

Außenstehende – Ausstattung

hen|de; ein **Außenstehender** *oder* außen
Stehender; die **Außenstehenden** *oder*
außen Stehenden; zwei **Außenstehende**
oder außen Stehende
die **Au|ßen|ste|hen|de** *oder* au|ßen Ste-
hen|de; eine **Außenstehende** *oder* außen
Stehende

au|ßer

Konjunktion:

– wir fahren mit dem Fahrrad, außer
[wenn] es regnet
– niemand kann seine Schrift lesen außer
er selbst

Präposition:

– niemand kann seine Schrift lesen außer
ihm selbst
– ich bin außer mir
– ich gerate außer mir vor Freude
– etwas außer Acht lassen
– außer Haus
– außer allem Zweifel
– er ist außer Rand und Band
– außer Landes gehen

*Zusammen- oder Getrenntschreibung ist
möglich bei:*

– **außerstande** *oder* außer Stande sein
– sich **außerstande** *oder* außer Stande
sehen
– **außerstand** *oder* außer Stand setzen

au|ßer|dem
äu|ße|re; die äußere Tür
das **Äu|ße|re;** ihr Äußeres
au|ßer|ge|wöhn|lich
au|ßer|halb; außerhalb Münchens;
außerhalb des Campingplatzes
au|ßer|ir|disch
äu|ßer|lich
die **Äu|ßer|lich|keit**
äu|ßern; du äußerst; er hat diesen Ver-
dacht geäußert; äußere doch etwas!; sie
hat sich schlecht darüber geäußert
au|ßer|or|dent|lich
au|ßer|par|la|men|ta|risch; die außer-
parlamentarische Opposition
äu|ßerst; auf das, aufs äußerste *oder*
Äußerste (sehr) erschrocken sein; ABER
NUR: auf das, aufs Äußerste gefasst sein;
das Äußerste befürchten; es zum

Äußersten kommen lassen; bis zum
Äußersten gehen
au|ßer|stan|de *oder* au|ßer Stan|de *ver-*
gleiche: au|ßer
die **Äu|ße|rung**
aus|set|zen; sie setzt eine Belohnung
aus; sie setzte ein Spiel aus; er hat seinen
Hund ausgesetzt; sie hat daran nichts
auszusetzen (nichts zu kritisieren)
die **Aus|sicht**
aus|sichts|los; aus|sichts|lo|ser; am aus-
sichts|lo|ses|ten; ein aussichtsloser Fall
die **Aus|sichts|lo|sig|keit**
der **Aus|sied|ler;** des Aussiedlers; die Aus-
siedler
die **Aus|sied|le|rin;** die Aussiedlerinnen
sich **aus|söh|nen;** sie hat sich mit ihrem
Freund ausgesöhnt; söhn *oder* söhne
dich mit ihm aus!
die **Aus|söh|nung**
aus|son|dern; du sonderst aus; er son-
derte aus; sie hat ausgesondert; sondere
die schlechten Exemplare aus!
die **Aus|son|de|rung**
aus|span|nen; du spannst die Pferde
aus; sie hat ihr den Freund ausgespannt
(abspenstig gemacht); er versucht, am
Sonntag auszuspannen (er versucht, sich
am Sonntag zu erholen)
aus|sper|ren; er hat sie (durch Ver-
schließen der Tür) ausgesperrt; man versucht, die Arbeiter auszusperren (von
der Arbeit auszuschließen)
die **Aus|sper|rung** (Maßnahme, durch die
die Arbeitnehmer von der Arbeit ausge-
schlossen werden)
die **Aus|spra|che**
aus|spre|chen; du sprichst den Laut
undeutlich aus; sie sprach [ihm] ihr Mit-
gefühl aus; sie haben sich [darüber] ausgesprochen; sprich dich aus! (äußere
dich unbefangen!)
der **Aus|spruch;** des Ausspruchs *oder* Aus-
spru|ches; die Aus|sprü|che
aus|staf|fie|ren (herausputzen); er staf-
fierte ihn als Indianer aus (er verkleidete
ihn als Indianer)
der **Aus|stand** (Streik); des Ausstands *oder*
Aus|stan|des; die Aus|stän|de
aus|stat|ten; viele Autos sind mit Air-
bags ausgestattet
die **Aus|stat|tung**

ausstehen – auszahlen

aus|ste|hen; jemanden nicht ausstehen
können

aus|stei|gen; sie steigt aus; sie ist aus-
gestiegen; steig *oder* steige schnell aus!

aus|stel|len; er stellte mir einen Pass
aus; er hat seine Bilder ausgestellt

der **Aus|stel|ler**

die **Aus|stel|lung**

aus|ster|ben; diese Pflanzenart stirbt
aus; die Dinosaurier starben aus; die
Dinosaurier sind ausgestorben

die **Aus|steu|er** (Brautausstattung)

der **Aus|stieg;** des Ausstiegs *oder* Aus|stie-
ges; die Aus|stielge

aus|strah|len; die Lehrerin strahlte Ruhe
aus; Nachrichten in alle Welt ausstrahlen

die **Aus|strah|lung;** die Ausstrahlung des
Fußballspiels war gesichert

aus|su|chen; sie suchte drei Bilder aus;
ich habe mir etwas ausgesucht; such
oder suche dir etwas Schönes aus!

der **Aus|tausch;** des Austauschs *oder* Aus-
tau|sches; die Aus|tau|sche *oder* Aus-
täu|sche *Plural selten*

aus|tau|schen; er tauschte das Teil aus;
tausch *oder* tausche die Batterien aus!

der **Aus|tausch|schü|ler**

die **Aus|tausch|schü|le|rin**

die **Aus|ter** (essbare Meeresmuschel); die
Austern

Aus|t|ra̠|li|en

der **Aus|t|ra̠|li|er;** des Australiers; die Aust-
ralier

die **Aus|t|ra̠|li|e|rin;** die Australierinnen

aus|t|ra̠|lisch

aus|trick|sen; er trickst dich aus; sie hat
die Abwehrspielerin ausgetrickst

aus|trin|ken; ich trinke aus; er trank das
Bier aus; er hat sein Glas ausgetrunken;
trink *oder* trinke aus!

aus|üben; ich übe drei Sportarten aus;
meine Schwester übt ihr Wahlrecht aus;
üb *oder* übe mal Einfluss auf ihn aus!

aus|ufern (über die Ufer treten; das
Maß überschreiten); der See ufert aus;
die Diskussion ist ausgeufert

der **Aus|ver|kauf;** des Ausverkaufs *oder*
Aus|ver|kau|fes; die Aus|ver|käu|fe

aus|ver|kau|fen; die Eintrittskarten
sind ausverkauft; wir haben alle Sonnen-
schirme ausverkauft

die **Aus|wahl;** der Auswahl; die Aus|wah|len

aus|wäh|len; er wählt aus; sie hat die
Bewerberinnen ausgewählt

der **Aus|wan|de|rer**

die **Aus|wan|de|rin**

aus|wan|dern; ich wandere demnächst
aus; er wandert aus; er ist ausgewandert

aus|wär|tig; auswärtiger Dienst; ABER:
das Auswärtige Amt; der Minister des
Auswärtigen

aus|wärts; auswärts (in einer Gaststätte)
essen; von auswärts kommen; nach auswärts gehen; ↑ auswärtsgehen, aufwärts

aus|wärts|ge|hen (mit auswärtsgerich-
teten Füßen gehen); sie ging auswärts; er
ist auswärtsgegangen

das **Aus|wärts|spiel** *(Sport)*

aus|wa|schen; sie wusch die Flecken
aus; sie hat die Flecken ausgewaschen;
wasch *oder* wasche das mal aus!

aus|wech|seln; ich wechs[e]le das Teil
aus; der Trainer hat den Torwart ausge-
wechselt; wechsle *oder* wechsele die
Daten aus!

die **Aus|wech|se|lung** *oder* **Aus|wechs|lung**

der **Aus|weg;** des Auswegs *oder* Ausweges,
die Auswege; wegzuschauen ist kein
Ausweg

aus|wei|chen; sie wich aus; sie ist mei-
ner Frage ausgewichen; weich *oder* weiche bitte nicht dauernd aus!

der **Aus|weis;** des Aus|wei|ses; die Aus|wei-
se

aus|wei|sen; sie weist ihn aus; er wies
sie aus; er hat ihn ausgewiesen; weis
oder weise ihn aus!; sich ausweisen; sie
hat sich ausgewiesen

aus|wei|ten; die Unruhen weiten sich
zum Bürgerkrieg aus

aus|wen|dig; etwas auswendig lernen

aus|wer|ten; sie wertet aus; sie hat die
Zahlen ausgewertet; wert *oder* werte das
Ergebnis aus!; sie hat die Zahlen ausge-
wertet; wert[e] das Ergebnis aus!

die **Aus|wer|tung**

die **Aus|wir|kung;** der Auswirkung; die Aus-
wir|kun|gen

aus|wi|schen; du wischst aus; sie hat
mir eins ausgewischt; wisch *oder* wische
das bitte aus!

der **Aus|wuchs** (Übertreibung); Auswüchse
der Fantasie

aus|zah|len; das zahlt sich nicht aus

auszeichnen – Azubine

(*umgangssprachlich für:* das lohnt sich nicht)

aus|zeich|nen; er zeichnete sich durch Schnelligkeit aus; man hat sie mit einem Preis ausgezeichnet

die **Aus|zeich|nung**

die **Aus|zeit** (*Sport:* Spielunterbrechung); die Aus|zei|ten

aus|zie|hen; du ziehst die Schuhe aus; er zog den Mantel aus; er ist aus der Wohnung ausgezogen; zieh *oder* ziehe endlich aus!; sich ausziehen; sie hat sich ausgezogen

der **Aus|zu|bil|den|de;** ein Auszubildender; die Auszubildenden; zwei Auszubildende

die **Aus|zu|bil|den|de;** eine Auszubildende

der **Aus|zug;** des Auszugs *oder* Aus|zu|ges; die Aus|zü|ge

au|t|ark ([wirtschaftlich] unabhängig, selbstständig)

die **Au|t|ar|kie** (wirtschaftliche Unabhängigkeit [vom Ausland])

au|then|tisch (echt, den Tatsachen entsprechend); eine authentische Darstellung

die **Au|then|ti|zi|tät** (Echtheit; Glaubwürdigkeit)

das **Au|to;** des Autos; die Autos; Auto fahren; ich bin Auto gefahren; Auto und Rad fahren; Rad und Auto fahren

die **Au|to|bahn** (*Zeichen:* A, z. B. A 14)

die **Au|to|bio|gra|fie** *oder* **Au|to|bio|gra|phie** (Beschreibung des eigenen Lebens); die Au|to|bio|gra|fi|en *oder* Au|to|bio|gra|phi|en

der **Au|to|di|dakt** (jemand, der etwas im Selbstunterricht lernt); des/dem/den Au|to|di|dak|ten; die Au|to|di|dak|ten

die **Au|to|di|dak|tin;** die Autodidaktinnen

au|to|di|dak|tisch

das **Au|to|fah|ren;** ABER: er kann Auto fahren

der **Au|to|fah|rer**

die **Au|to|fah|re|rin**

au|to|frei; autofreier Sonntag

das **Au|to|gramm** (eigenhändig geschriebener Name); des Autogramms; die Au|to|gram|me

der **Au|to|mat;** des/dem/den Au|to|ma|ten; die Au|to|ma|ten

die **Au|to|ma|tik** (Vorrichtung, die einen technischen Vorgang steuert)

au|to|ma|tisch (selbsttätig; zwangsläufig); automatische Bewässerung; der Vertrag verlängert sich automatisch

au|to|ma|ti|sie|ren (auf vollautomatische Fabrikation umstellen)

das **Au|to|mo|bil;** des Automobils; die Au|to|mo|bi|le

au|to|nom (selbstständig)

die **Au|to|no|mie** (Selbstständigkeit, Unabhängigkeit); die Au|to|no|mi|en

der **Au|tor** (Verfasser); des Autors; dem/den Autor; die Au|to|ren

das **Au|to|ra|dio**

die **Au|to|rin;** die Autorinnen

au|to|ri|tär (unbedingten Gehorsam fordernd); autoritäre Erziehung

die **Au|to|ri|tät** (Ansehen; bedeutende[r] Fachgelehrte[r]); die Au|to|ri|tä|ten

der **Au|to|schlos|ser**

die **Au|to|schlos|se|rin**

autsch!

au|weh!

avant|gar|dis|tisch [avãgard'ıstıʃ] (vorkämpferisch; eine fortschrittliche Haltung einnehmend)

das **Ave-Ma|ria** (Gebet an die Muttergottes); des Ave-Maria *oder* Ave-Marias; die Ave-Maria *oder* Ave-Marias

die **Avo|ca|do** (südamerikanische Baumfrucht); die Avocados

das **Axi|om** (nicht ableitbarer Grundsatz); des Axioms; die Axi|o|me

die **Axt;** die Äx|te

die **Aza|lee** [atsa'le:ə] (eine Zierpflanze); die Aza|le|en

das **Aze|tat,** *fachsprachlich:* **Ace|tat** (Salz der Essigsäure; eine Chemiefaser); des Azetats, *fachsprachlich:* Acetats; die Aze|ta|te, *fachsprachlich:* Ace|ta|te

die **Azo|ren** (Inselgruppe im Atlantischen Ozean) *Plural*

der **Az|te|ke** (Angehöriger eines Indianerstamms in Mexiko); des/dem/den Azteken; die Azteken

die **Az|te|kin;** die Aztekinnen

der **Azu|bi** (*kurz für:* Auszubildender); des Azubis; die Azubis

die **Azu|bi** (*kurz für:* Auszubildende); die Azubis

die **Azu|bi|ne** (*umgangssprachlich scherzhaft für:* Auszubildende); die Azubinen

57

B – Bahnsteig

B

b

das **B** (Buchstabe); des B; die B; ᴀʙᴇʀ: das b
in Abend; das B-Dur, ᴀʙᴇʀ: das b-Moll
(Tonarten)

ba|beln (*landschaftlich für:* schwat-
zen); ich babble *oder* babbele; sie bab-
belte; er hat gebabbelt; babble *oder* babbele nicht so viel!

Ba|bel (die Stadt Babylon)

das **Ba|by** [ˈbeːbi] (Säugling, Kleinkind); des
Babys; die Babys

Ba|by|lon (Ruinenstadt am Euphrat)

ba|by|lo|nisch

die **Ba|by|pau|se** (*umgangssprachlich für:*
Unterbrechung der Berufstätigkeit durch
die Geburt eines Kindes)

der **Ba|by|sit|ter** (jemand, der Kleinkinder
bei Abwesenheit der Eltern beaufsich-
tigt); des Babysitters; die Babysitter

die **Ba|by|sit|te|rin;** die Babysitterinnen

der **Bach;** des Bachs; die Bä|che

der **Ba|che|lor** [ˈbɛtʃələ] (Hochschulab-
schluss, besonders in englischsprachigen
Ländern); des Bachelors *oder* Bachelor,
die Bachelor

das **Ba|che|lor|stu|di|um**

das **Back|bord** (die linke Schiffsseite [von
hinten gesehen]); des Backbords *oder*
Back|bor|des; die Back|bor|de

die **Ba|cke;** *Verkleinerungsform:* das Bäck-
chen

ba|cken; du bäckst *oder* backst; der
Bäcker bäckt *oder* backt; die Bäckerin
backte, *älter:* buk; der Bäcker hat das Brot
gebacken; back *oder* backe den Kuchen!

der **Ba|cken|zahn**

der **Bä|cker;** des Bäckers; die Bäcker

die **Bä|cke|rei**

die **Bä|cke|rin;** die Bäckerinnen

der **Back|fisch** (*veraltet auch für:* junges
Mädchen)

das **Back|obst**

der **Back|ofen**

der **Back|pa|cker** [ˈbɛkpɛkɐ] (Rucksacktou-
rist); des Backpackers; die Backpacker

die **Back|pa|cke|rin;** die Backpackerinnen

die **Back|pfei|fe** (*landschaftlich für:* Ohr-
feige)

das **Back|pul|ver**

der **Back|stein**

der **Ba|con** [ˈbeɪk(ə)n] (Frühstücksspeck);
des Bacons; Eier mit Bacon

das **Bad;** des Bads *oder* Ba|des; die Bä|der

der **Ba|de|an|zug**

die **Ba|de|ho|se**

der **Ba|de|meis|ter**

die **Ba|de|meis|te|rin**

ba|den; du badest; sie hat gebadet; bade
jetzt!; baden gehen

Ba|den-Würt|tem|berg

ba|den-würt|tem|ber|gisch

die **Ba|de|wan|ne**

das **Ba|de|zim|mer**

ba|disch (aus Baden stammend); die
badische Küche

das **Bad|min|ton** [ˈbɛtmɪntn̩] (ein Federball-
spiel); des Badminton

baff (*umgangssprachlich für:* verblüfft);
sie ist ganz baff

das **BAföG** *oder* **Ba|fög** (= Bundesausbil-
dungsförderungsgesetz; Stipendium);
des BAföG *oder* BAföGs, *auch:* des Bafög
oder Bafögs

die **Ba|ga|ge** [baˈɡaːʒə] (*umgangssprachlich
für:* Gruppe von Menschen, über die sich
jemand ärgert)

die **Ba|ga|tel|le** (eine unbedeutende Kleinig-
keit); die Bagatellen

Bag|dad (Hauptstadt Iraks)

der **Bag|ger;** des Baggers; die Bagger

bag|gern; ich baggere; er hat gebaggert

der **Bag|ger|see**

die, *auch:* das **Ba|guette** [baˈɡɛt] (französi-
sches Stangenweißbrot); der Baguette,
auch: des Baguettes; die Ba|guet|ten,
auch: die Baguettes

der **Ba|ha|ma|er;** des Bahamaers; die Baha-
maer

die **Ba|ha|ma|e|rin;** die Bahamaerinnen

ba|ha|ma|isch

die **Ba|ha|mas** (Inselgruppe und Staat im
Karibischen Meer) *Plural*

die **Bahn;** die Bah|nen

bahn|bre|chend; die bahnbrechende
Erfindung; ᴀʙᴇʀ: eine sich Bahn bre-
chende Entwicklung

bah|nen; ich bahne mir einen Weg; sie
hat sich einen Weg gebahnt; bahn *oder*
bahne dir einen Weg!

der **Bahn|hof** (*Abkürzungen:* Bf., Bhf.)

der **Bahn|steig**

58

Bahnübergang – Banause

der **Bahn|über|gang**

die **Bah|re**

die **Bai** (die Bucht); die Bai|en

das **Bai|ser** [bɛˈzeː] (Schaumgebäck); des Baisers; die Baisers

die **Ba|ke** (festes Orientierungszeichen im Verkehr); die Baken

die **Bak|te|rie** (einzelliges Kleinstlebewesen); die Bak|te|ri|en

  bak|te|ri|ell (durch Bakterien hervorgerufen, die Bakterien betreffend); bakterielle Erkrankungen

die **Ba|la|lai|ka** (russisches Saiteninstrument); die Balalaikas *oder* Balalaiken

die **Ba|lan|ce** [baˈlãːs(ə)] (Gleichgewicht); Balance halten

  ba|lan|cie|ren [balãˈsiːrən] (das Gleichgewicht halten); du balancierst; sie balancierte; er ist auf dem Seil balanciert; sie hat ein Ei auf dem Kopf balanciert

  bald; eher; am ehes|ten; möglichst bald; so bald als *oder* wie möglich

der **Bal|da|chin** (Traghimmel; Betthimmel); des Baldachins; die Bal|da|chi|ne

  bal|dig; er freut sich auf ein baldiges Wiedersehen

  bal|digst (schnellstens)

der **Bal|d|ri|an** (eine Heilpflanze); des Baldrians; die Bal|d|ri|a|ne

der **Bal|d|ri|an|tee**

der **Balg** (die Tierhaut); des Balgs *oder* Balges; die Bäl|ge

der *oder* das **Balg** (ein unartiges Kind); des Balgs *oder* Ballges; die Bäl|ger

sich **bal|gen** (raufen); du balgst dich; er hat sich mit ihm gebalgt; balge dich nicht!

die **Bal|ge|rei**

der **Bal|kan** (Gebirge in Südosteuropa)

die **Bal|kan|halb|in|sel** *oder* Bal|kan-Halbin|sel

der **Bal|ken;** des Balkens; die Balken

der **Bal|kon** [balˈkõ:, *auch:* balˈkoːn]; des Balkons; die Balkons *oder* Bal|ko|ne

der **Ball;** des Balls *oder* Bal|les; die Bäl|le; Ball spielen; ABER: das Ballspielen

die **Bal|la|de** (episch-dramatisches Gedicht)

der **Bal|last** [*auch:* baˈlast] (tote Last; Bürde); des Ballasts *oder* Bal|las|tes; die Bal|las|te *Plural selten*

der **Bal|last|stoff** (Nahrungsbestandteil, den der Körper nicht verwertet) *meist Plural;* reich an Ballaststoffen

  bal|len; sie ballte die Faust; die Wolken haben sich geballt

der **Bal|len** (Muskelpolster an Hand und Fuß; Packen); des Ballens; die Ballen; zwei Ballen Baumwolle

die **Bal|le|ri|na** (Balletttänzerin); die Ballerinen

das **Bal|lett** (der Bühnentanz; die Tanzgruppe); des Balletts *oder* Bal|let|tes; die Bal|let|te

der **Bal|lett|tän|zer** *oder* Bal|lett-Tän|zer

die **Bal|lett|tän|ze|rin** *oder* Bal|lett-Tän|zerin

die **Bal|lett|trup|pe** *oder* Bal|lett-Trup|pe

die **Bal|lis|tik** (Lehre von der Bewegung geschleuderter oder geschossener Körper)

  bal|lis|tisch

der **Bal|lon** [baˈlõ:, *auch:* baˈlɔŋ]; des Ballons; die Ballons *oder* Bal|lo|ne

das **Bal|lungs|ge|biet** (Gebiet mit dichter Besiedlung und Industrie)

der **Bal|lungs|raum**

das **Bal|sa|holz** (eine sehr leichte Holzart)

der **Bal|sam** ([lindernde] Salbe); des Balsams; die Bal|sa|me

die **Ba|lus|t|ra|de** (Brüstung, Geländer); die Balustraden

die **Balz** (Paarungszeit bestimmter Vögel); die Bal|zen

  bal|zen (um ein Weibchen werben [von bestimmten Vögeln]); der Auerhahn balzt; er hat gebalzt

der **Bam|bi** (ein Filmpreis in Form eines kleinen Rehs [nach W. Disneys 1941 entstandenem Zeichentrickfilm »Bambi«]); des Bambis; die Bambis

der **Bam|bus** (ein Riesengras); des Bambus *oder* Bambusses; die Bambusse

der **Bam|mel** (*umgangssprachlich für:* Angst); des Bammels; Bammel haben

  ba|nal (geistlos; alltäglich)

  ba|na|li|sie|ren; du banalisierst; sie banalisierte; er hat die Sache banalisiert; banalisier *oder* banalisiere das Geschehen nicht!

die **Ba|na|li|tät;** Banalitäten sagen

die **Ba|na|ne**

der **Ba|nau|se** (Mensch ohne Kunstverständnis); des Banausen; die Banausen

Band – bar

b

das **Band** ([Gewebe]streifen; Magnetband, Tonband); des Bands *oder* Ban|des; die Bän|der

das **Band** (Fessel); des Bands *oder* Ban|des; die Ban|de *meist Plural;* sie ist außer Rand und Band (ausgelassen)

der **Band** (einzelnes Buch [einer Reihe]); des Bands *oder* Ban|des; die Bän|de; eine Goetheausgabe in zehn Bänden

die **Band** [bɛnt] (eine Gruppe von Musikern, besonders eine Jazzband); die Bands

die **Ban|da|ge** [banˈdaːʒə] (stützender oder schützender Verband); die Bandagen

ban|da|gie|ren [bandaˈʒiːrən]; sie bandagierte den Knöchel; bandagier *oder* bandagiere das Knie!

die **Band|brei|te** (Bereich, Umfang, Spannweite); der Bandbreite; die Bandbreiten

die **Ban|de** (organisierte Gruppe von Verbrechern; *abwertend oder scherzhaft für:* Gruppe von Jugendlichen)

die **Bande** (Einfassung, z. B. Billardbande); der Bande; die Banden; wir bowlen mit Bande

der *oder* das **Bän|del** ([schmales] Band, Schnur); des Bändels; die Bändel

der **Ban|den|chef**

die **Ban|den|che|fin**

die **Ban|de|ro|le** (Papierstreifen, mit dem eine Ware versehen und verschlossen wird); die Banderolen

der **Bän|der|riss** *(Medizin)*

bän|di|gen; du bändigst; sie hat das Pferd gebändigt; bändige das Pferd!

der **Ban|dit** (Räuber); des/dem/den Ban|di|ten; die Ban|di|ten

die **Ban|di|tin;** die Banditinnen

der **Band|lea|der** [ˈbɛntliːdə] (Leiter einer Jazz- oder Rockgruppe); des Bandleaders; die Bandleader

die **Band|lea|de|rin;** die Bandleaderinnen

das **Band|maß**

die **Band|schei|be** (knorpelige Scheibe zwischen je zwei Wirbeln der Wirbelsäule)

der **Band|wurm**

bang *oder* **ban|ge;** ban|ger *oder* bän|ger; am bangs|ten *oder* am bängs|ten; mir ist angst und bang[e]; mir wird ganz bang; Bange machen; sie hat mir ganz schön Bange gemacht; das Bangemachen

ban|gen (*gehoben für:* fürchten; in Sorge sein); du bangst; sie bangte; er hat

gebangt; ihnen bangt vor der Zukunft; er hat um sein Praktikum gebangt

Bang|kok (Hauptstadt Thailands)

Ban|g|la|desch (Staat in Südasien)

der **Ban|g|la|de|scher;** des/dem/den Bangladescher; die Bangladescher

die **Ban|g|la|de|sche|rin;** die Bangladescherinnen

ban|g|la|de|schisch

das **Ban|jo** [*auch:* ˈbɛndʒo] (Musikinstrument); des Banjos; die Banjos

die **Bank** (Sitzgelegenheit); die Bän|ke

die **Bank** (Geldinstitut); die Ban|ken

der **Bän|kel|sän|ger** (fahrender Sänger)

die **Bän|kel|sän|ge|rin**

das **Ban|kett** (Festmahl); des Banketts *oder* Ban|ket|tes; die Ban|ket|te

das **Bank|ge|heim|nis**

der **Ban|ki|er** [banˈkje:] (Inhaber eines Bankhauses); des Bankiers; die Bankiers

das **Bank|kon|to**

der **Bank|kun|de**

die **Bank|kun|din;** die Bankkundinnen

die **Bank|leit|zahl** (*Abkürzung:* BLZ)

die **Bank|no|te**

der **Bank|raub**

bank|rott (zahlungsunfähig; *auch übertragen für:* am Ende, erledigt); bankrott sein, werden

der **Ban|k|rott** (Zahlungsunfähigkeit); des Bankrotts *oder* Ban|k|rot|tes; die Ban|krot|te; Bankrott machen

ban|k|rott|ge|hen (zahlungsunfähig werden); du gehst bankrott; sie ist bankrottgegangen

der **Bann** (Ausschluss [aus einer Gemeinschaft]); des Banns *oder* Ban|nes; die Ban|ne

die **Bann|bul|le** (Bannurkunde des Papstes)

ban|nen; du bannst; sie hat die Gefahr gebannt; die Gefahr ist jetzt gebannt

das **Ban|ner** (Fahne); des Banners; die Banner

die **Bann|mei|le** (Bezirk, in dem Versammlungsverbot herrscht)

der **Bap|tist** (Anhänger einer evangelischen Lehre, die nur die Erwachsenentaufe zulässt); des/dem/den Bap|tis|ten; die Bap|tis|ten

die **Bap|tis|tin;** die Baptistinnen

bar (bloß); bar aller Vernunft; sie hat viel bares Geld; ABER: sie hat viel Bargeld;

60

Bar – Basilikum

bar bezahlen; in bar geben; gegen bar verkaufen; das ist barer Unsinn

die **Bar** (kleines [Nacht]lokal; Theke); die Bars

der **Bär** (ein Raubtier); des/dem/den Bä|ren; die Bä|ren; der Große, der Kleine Bär (Sternbilder); sie hat ihm einen Bären aufgebunden (sie hat ihm glaubhaft etwas Unwahres erzählt)

die **Ba|ra|cke** (einfacher, flacher [Holz]bau, der meist als Ersatzwohnung dient); die Baracken

der **Bar|ba|di|er** (Bewohner von Barbados); des Barbadiers; die Barbadier

die **Bar|ba|di|e|rin;** die Barbadierinnen

bar|ba|disch

Bar|ba|dos (Inselstaat in der Karibik)

der **Bar|bar** (roher Mensch); des/dem/den Bar|ba|ren; die Bar|ba|ren

die **Bar|ba|rei** (Rohheit, Unmenschlichkeit, Grausamkeit)

die **Bar|ba|rin;** die Barbarinnen

bar|ba|risch

die **Bar|be** (ein Fisch)

das **Bar|be|cue** [ˈbaːɐ̯bɪkjuː] (Grillfest im Garten); des Barbecue *oder* Barbecues; die Barbecues

bär|bei|ßig (grimmig; verdrießlich)

der **Bä|ren|dienst;** jemandem einen Bärendienst (einen schlechten Dienst) erweisen

bä|ren|stark (*umgangssprachlich für:* sehr stark; hervorragend); eine bärenstarke Leistung

das **Ba|rett** (eine Mütze); des Baretts *oder* Ba|ret|tes; die Ba|ret|te

bar|fuß; barfuß gehen

bar|fü|ßig

das **Bar|geld;** des Bargelds *oder* Bar|gel|des

bar|geld|los; bargeldloser Zahlungsverkehr

bar|häup|tig

der **Ba|ri|ton** (mittlere Männerstimme; *auch:* Sänger mit dieser Stimme); des Baritons; die Ba|ri|to|ne

das **Ba|ri|um** (chemisches Element, Leichtmetall; *Zeichen:* Ba); des Bariums

die **Bar|kas|se** (ein Motorboot)

die **Bar|ke** (kleines Boot)

der **Bar|kee|per** [ˈbaːɐ̯kiːpɐ] (jemand, der in einer Bar [alkoholische] Getränke mixt und ausschenkt); des Barkeepers; die Barkeeper

die **Bar|kee|pe|rin;** die Barkeeperinnen

barm|her|zig; barmherzige Leute; ABER: Barmherzige Brüder, Barmherzige Schwestern (religiöse Genossenschaften für Krankenpflege)

die **Barm|her|zig|keit**

ba|rock (im Stil des Barocks; verschnörkelt, überladen); ein barocker Bau; einen barocken Geschmack haben

das *oder* der **Ba|rock** (ein Kunststil); des Barocks

das **Ba|ro|me|ter** (Luftdruckmesser)

der **Ba|ron** (ein Adelstitel); des Barons; die Ba|ro|ne

die **Ba|ro|nin;** die Baroninnen

das **Bar|rel** [ˈbɛrəl] (in Großbritannien und den USA verwendetes Hohlmaß); des Barrels; die Barrels; ABER: 3 Barrel Öl

der **Bar|ren** (ein Turngerät); des Barrens; die Barren

der **Bar|ren** ([Stangen]form, in der Edelmetalle gehandelt werden); des Barrens; die Barren; zwei Barren Gold

die **Bar|ri|e|re** (Schranke; Sperre); die Barrieren

die **Bar|ri|ka|de** (Hindernis); die Barrikaden

barsch (unfreundlich, rau); bar|scher; am bar|sches|ten

der **Barsch** (ein Raubfisch); des Barschs *oder* Bar|sches; die Bar|sche

die **Bar|schaft**

der **Bar|scheck** (in bar einzulösender Scheck)

der **Bart;** des Barts *oder* Bar|tes; die Bär|te

bär|tig; bärtige Männer

bart|los

die **Bar|zah|lung**

der **Ba|salt** (ein Gestein); des Basalts *oder* Ba|sal|tes; die Ba|sal|te

der **Ba|sar** *oder* **Ba|zar** (orientalisches Händlerviertel; Wohltätigkeitsverkauf); des Basars *oder* Bazars; die Ba|sa|re *oder* Ba|za|re

die **Ba|se** (chemische Verbindung; Cousine); die Basen

der **Base|ball** [ˈbeːsbɔːl] (amerikanisches Schlagballspiel); des Baseballs

ba|sie|ren (beruhen); die Meldung basiert auf Tatsachen

die **Ba|si|li|ka** (altrömische Halle; Kirche mit überhöhtem Mittelschiff); die Basiliken

das **Ba|si|li|kum** (eine Gewürzpflanze); des Basilikums; die Basiliken *oder* Basiliken

Basis – bauschig

die **Ba|sis** (Grundlage, Unterbau); die Basen
das **Ba|sis|wis|sen** (Grundwissen)
der **Bas|ket|ball** (Korbball[spiel])
der **Bass** (tiefe Männerstimme; Sänger; Streichinstrument; Bassgitarre); des Basses; die Bäs|se
das **Bas|sin** [ba'sɛ̃:] (künstliches Wasserbecken); des Bassins; die Bassins
der **Bas|sist** (Basssänger; Kontrabassspieler)
die **Bas|sis|tin**
der **Bass|sän|ger** oder Bass-Sän|ger
der **Bass|schlüs|sel** oder Bass-Schlüs|sel (ein Notenschlüssel)
der **Bast** (eine Pflanzenfaser); des Basts oder Bas|tes; die Bas|te
bas|ta (umgangssprachlich für: genug!); [und] damit basta!
der **Bas|tard** (ein Mischling); des Bastards; die Bas|tar|de
bas|teln; ich bast[e]le; du bastelst; er bastelt; er bastelte; er hat gebastelt; bastle oder bastele doch mal!
die **Bas|til|le** [bas'ti:jə] (befestigtes Schloss, besonders das 1789 erstürmte Staatsgefängnis in Paris)
die **Bas|ti|on** (Bollwerk); die Bas|ti|o|nen
der **Bast|ler;** des Bastlers; die Bastler
die **Bast|le|rin;** die Bastlerinnen
die, seltener: der **Ba|tik** (Textilfärbeverfahren unter Verwendung von Wachs); des Batiks, seltener: der Batik; die Ba|ti|ken
ba|ti|ken; du batikst; sie batikte; sie hat gebatikt; batike!
der **Ba|tist** (ein feines Gewebe); des Batists oder Ba|tis|tes; die Ba|tis|te
die **Bat|te|rie** (eine Stromquelle; eine Artillerieeinheit); die Bat|te|ri|en
bat|te|rie|be|trie|ben; batteriebetriebene Uhren; die Uhr ist batteriebetrieben; ABER: die Uhr wird mit einer Batterie betrieben
der **Bat|zen** (eine frühere Münze; der Klumpen); des Batzens; die Batzen; das kostet einen Batzen (eine Menge) Geld
der **Bau;** des Baus oder Baues; Plural (für Gebäude:) die Bauten, (für Tierwohnungen:) die Baue
der **Bau|ar|bei|ter**
die **Bau|ar|bei|te|rin**
der **Bauch;** des Bauchs oder Bau|ches; die Bäu|che; Verkleinerungsform: das Bäuchlein

bau|chig
die **Bauch|lan|dung**
der **Bauch|na|bel**
bauch|re|den; sie kann bauchreden; er hat bauchgeredet
der **Bauch|red|ner**
die **Bauch|red|ne|rin**
der **Bauch|schmerz** meist Plural
die **Bauch|spei|chel|drü|se**
der **Bauch|tanz**
die **Bauch|tän|ze|rin**
das **Bauch|weh** (umgangssprachlich für: Bauchschmerzen)
bau|en; ich baue; du baust; sie baute; er hat gebaut; bau oder baue ein Vogelhaus!
das, auch: der **Bau|er** (Vogelkäfig); des Bauers; die Bauer
der **Bau|er** (Landwirt; eine Schachfigur; eine Spielkarte); des Bauern, selten: Bauers; die Bauern
die **Bäu|e|rin;** die Bäuerinnen
bäu|er|lich; sie leben alle ganz bäuerlich
der **Bau|ern|hof**
der **Bau|ern|krieg**
bau|ern|schlau (pfiffig, gerissen)
die **Bau|ern|schläue**
bau|fäl|lig
der **Bau|herr**
die **Bau|her|rin**
das **Bau|jahr;** unser Auto ist Baujahr 2012
der **Bau|kas|ten**
das **Bau|kas|ten|sys|tem**
die **Bau|kunst**
bau|lich; bauliche Veränderungen
der **Baum;** des Baums oder Bau|mes; die Bäu|me
der **Bau|markt**
der **Bau|meis|ter**
die **Bau|meis|te|rin**
bau|meln; ich baum[e]le; sie baumelt; sie baumelte; sie hat mit den Beinen gebaumelt; baumle oder baumele nicht so!
die **Baum|gren|ze**
die **Baum|schu|le**
der **Baum|stamm**
die **Baum|wol|le**
baum|wol|len; baumwollene Hemden
der **Bau|plan**
der **Bau|platz**
der **Bausch;** die Bau|sche oder Bäu|sche; in Bausch und Bogen (alles in allem)
bau|schig

62

bausparen – bebauen

bau|spa|ren

❗ Das Verb sollte nur im Infinitiv gebraucht werden: »Sie will unbedingt *bausparen*.« Wenn das Verb wie ein Nomen gebraucht wird, muss man es großschreiben: »*Das Bausparen* hat viele Vorteile.«

der **Bau|spa|rer**
die **Bau|spa|re|rin**
die **Bau|spar|kas|se**
der **Bau|spar|ver|trag**
der **Bau|stein;** des Bausteins oder Bausteines; die Bausteine
die **Bau|stel|le**
die **Bau|stof|fe** *Plural*
das **Bau|werk**
der **Bau|xit** (ein Mineral); des Bauxits; die Bau|xi|te
der **Bay|er;** des/dem/den Bayern; die Bayern
die **Bay|e|rin** oder **Bay|rin;** die Bayerinnen oder Bayrinnen
bay|e|risch oder **bay|risch;** die bay[e]rischen Seen; ABER: der Bayerische Wald
Bay|ern (deutsches Bundesland)
Bay|reuth (Stadt im deutschen Bundesland Bayern); die Richard-Wagner-Festspiele von Bayreuth
der **Ba|zar** *vergleiche:* Ba|sar
der **Ba|zil|len|trä|ger**
der **Ba|zil|lus** (ein Krankheitserreger); des Bazillus; die Bazillen
die **BBC** [biːbiːˈsiː] = British Broadcasting Corporation (britische Rundfunkgesellschaft)
Bd. = Band (bei Büchern)
Bde. = Bände
be|ab|sich|ti|gen (vorhaben); du beabsichtigst; sie beabsichtigte; er hat beabsichtigt
be|ach|ten; du beachtest; er beachtete; sie hat ihn nicht beachtet; beachte es!
be|ach|tens|wert
be|acht|lich
die **Be|ach|tung**
der, *auch:* das **Beach|vol|ley|ball** [ˈbiːtʃvɔlibal] *oder* **Beach-Vol|ley|ball** (auf Sand gespielte Variante des Volleyballspiels)
bea|men [ˈbiːmən] (*EDV:* Daten auf eine Leinwand projizieren)
der **Bea|mer** [ˈbiːmɐ] (*EDV:* Gerät zur Pro-

jektion von Daten auf eine Leinwand); des Beamers; die Beamer
der **Be|am|te;** ein Beamter; die Beamten; zwei Beamte
die **Be|am|tin;** die Beamtinnen
be|ängs|ti|gend; beängstigende Stille
be|an|spru|chen; du beanspruchst; sie beanspruchte; sie hat meine Zeit beansprucht; beanspruch *oder* beanspruche Schadenersatz!
die **Be|an|spru|chung**
be|an|stan|den (bemängeln); du beanstandest; er beanstandete die Rechnung; er hat ihre Schrift beanstandet
die **Be|an|stan|dung**
be|an|tra|gen; du beantragst; sie hat beantragt; beantrag *oder* beantrage eine Ermäßigung!
be|ant|wor|ten; du beantwortest; sie beantwortete; er hat beantwortet; beantworte mir meine Frage!
die **Be|ant|wor|tung;** ich warte auf die Beantwortung meiner Fragen
be|ar|bei|ten; du bearbeitest; du hast das Holz bearbeitet; bearbeit *oder* bearbeite das bitte!
die **Be|ar|bei|tung**
der **Beat** [biːt] (*Musik:* Schlagrhythmus; betonter Taktteil; *kurz für* Beatmusik); des Beat *oder* Beats
bea|ten [ˈbiːtn̩] (nach Beatmusik tanzen)
be|at|men (*Medizin:* jemandem Luft in die Atemwege blasen); du beatmest; er beatmete; er hat den Patienten beatmet
die **Be|at|mung**
die **Beat|mu|sik** ([Tanz]musik mit betontem Schlagrhythmus)
die **Be|au|fort|ska|la** [boˈfoːɐ̯...] (Skala für Windstärken)
be|auf|sich|ti|gen; du beaufsichtigst; sie hat ihn beaufsichtigt; beaufsichtige sie!
die **Be|auf|sich|ti|gung**
be|auf|tra|gen; du beauftragst; sie beauftragte; sie hat ihn beauftragt; beauftrage ihn!
be|äu|gen; du beäugst; sie beäugte; er hat beäugt; beäug *oder* beäuge das nicht so kritisch!
be|bau|en; du bebaust; er bebaute; er hat sein Grundstück bebaut; bebau *oder* bebaue das Land!

63

Bebauung – beeinträchtigen

b

die **Be|bau|ung**

be|ben; du bebst; er bebte vor Angst; die Erde hat gebebt

das **Be|ben** (Erdbeben); des Bebens; die Beben

der **Be|cher;** des Bechers; die Becher

das **Be|cken;** des Beckens; die Becken

das **Bec|que|rel** [bɛkəˈrɛl] (Einheit der Radioaktivität); des Becquerel *oder* Becquerels; die Becquerel; 1 000 Becquerel

be|dacht; auf eine Sache bedacht sein

der **Be|dacht;** mit Bedacht

be|däch|tig

sich **be|dan|ken;** du bedankst dich; sie hat sich bedankt; bedank *oder* bedanke dich bei ihr!

der **Be|darf;** des Bedarfs *oder* Be|dar|fes; nach Bedarf; sie hat Bedarf daran

be|dau|er|lich

be|dau|ern; ich bedau[e]re; du bedauerst; er bedauerte; er hat sie bedauert; bedaure *oder* bedauere dich nicht dauernd selbst!

das **Be|dau|ern**

be|de|cken; du bedeckst ihn; sie bedeckt ihn; sie bedeckte ihn; sie hat ihn bedeckt; bedeck *oder* bedecke ihn mit deinem Mantel!; sich bedecken; sie hat sich mit einem Mantel bedeckt

be|deckt; bedeckter Himmel

be|den|ken; du bedenkst ihn; sie bedenkt; sie bedachte; sie hat bedacht; bedenk *oder* bedenke ihn mit einem kleinen Geschenk!; bedenk[e] die Folgen!; sich bedenken; sie hat sich kurz bedacht

das **Be|den|ken;** des Bedenkens; die Bedenken *meist Plural;* ich habe keine Bedenken

be|denk|lich

die **Be|denk|zeit**

be|deu|ten; das bedeutet nichts; das hat ihr viel bedeutet

be|deu|tend; be|deu|ten|der; am be|deu|tends|ten; um ein Bedeutendes zunehmen; das Bedeutendste; etwas, nichts Bedeutendes

be|deut|sam

die **Be|deu|tung**

be|deu|tungs|los

be|die|nen; du bedienst ihn; er hat ihn bedient; bedien *oder* bediene dich!;

bedien *oder* bediene die Gäste!; sich einer Sache bedienen

be|diens|tet (angestellt); bei jemandem bedienstet sein

die **Be|die|nung**

die **Be|die|nungs|an|lei|tung**

be|din|gen (voraussetzen; zur Folge haben); das eine bedingt das andere; das eine hat das andere bedingt

be|dingt (eingeschränkt); dies gilt nur bedingt

die **Be|din|gung**

be|din|gungs|los; bedingungslose Kapitulation

der **Be|din|gungs|satz** (*Sprachwissenschaft:* Konditionalsatz)

be|drän|gen; du bedrängst ihn; er hat ihn bedrängt; bedräng *oder* bedränge sie nicht!

die **Be|dräng|nis;** die Bedrängnisse; sie hat ihn in Bedrängnis (in eine schwierige Lage) gebracht

be|dro|hen; du bedrohst sie; er hat sie bedroht; bedroh *oder* bedrohe sie nicht!

be|droh|lich

die **Be|dro|hung**

der **Be|du|i|ne** (arabischer Nomade); des/dem/den Beduinen; die Beduinen

die **Be|du|i|nin;** die Beduininnen

be|dür|fen; du bedarfst ihrer; er bedarf ihrer; sie bedurfte seiner; er hat ihrer Hilfe bedurft

das **Be|dürf|nis;** des Bedürfnisses; die Bedürfnisse

be|dürf|tig; einer Sache bedürftig sein

die **Be|dürf|tig|keit** (Armut)

das **Beef|steak** [ˈbiːfsteːk] (gebratenes Rindsstück); des Beefsteaks; die Beefsteaks

sich **be|ei|len;** du beeilst dich; sie beeilte sich; sie hat sich beeilt; beeil *oder* beeile dich!

be|ein|dru|cken; du beeindruckst mich; er beeindruckte mich; sie hat mich beeindruckt; ich bin beeindruckt

be|ein|fluss|bar

be|ein|flus|sen; du beeinflusst ihn; sie beeinflusst ihn; sie hat ihn beeinflusst; beeinfluss *oder* beeinflusse ihn nicht!

die **Be|ein|flus|sung**

be|ein|träch|ti|gen; du beeinträchtigst mich; er beeinträchtigte mich; der Regen hat das Konzert beeinträchtigt

64

Beeinträchtigung – befristet

die **Be|ein|träch|ti|gung**

der **Beel|ze|bub** (oberster Teufel im Neuen Testament); des Beelzebub

be|en|den; du beendest; sie beendete; er hat beendet; beend *oder* beende das!

die **Be|en|di|gung** *Plural selten*

be|er|ben; er beerbte seinen Vater; sie hat ihn beerbt

be|er|di|gen; man beerdigt sie; man hat sie beerdigt

die **Be|er|di|gung**

die **Bee|re**

das **Bee|ren|obst**

das **Beet;** des Beets *oder* Bee|tes; die Bee|te

Beet|ho|ven (deutscher Komponist)

be|fä|hi|gen; eine sehr befähigte (begabte) Lehrerin; seine Lesekompetenz befähigte ihn, den Text schnell zu verstehen

be|fahr|bar

be|fah|ren; sie befährt; er befuhr; sie hat die Straße befahren

be|fal|len; hohes Fieber befiel ihn; von einer Krankheit befallen sein

be|fan|gen (schüchtern); sie ist befangen

die **Be|fan|gen|heit**

sich **be|fas|sen** (sich beschäftigen); du befasst dich damit; sie hat sich damit befasst; befass *oder* befasse dich damit!; sich mit einer Frage, mit einer Angelegenheit befassen

der **Be|fehl;** des Befehls *oder* Be|feh|les; die Be|feh|le

be|feh|len; du befiehlst; er befiehlt; er befahl; sie hat befohlen; befiehl es ihm!

be|feh|li|gen (das Kommando haben); ich befehlige; du befehligst; er befehligte; er hat eine Division befehligt

der **Be|fehls|ha|ber;** des Befehlshabers; die Befehlshaber

die **Be|fehls|ha|be|rin;** die Befehlshaberinnen

be|fes|ti|gen; du befestigst; sie befestigte; er hat befestigt; befestige die Skier auf dem Wagendach!

die **Be|fes|ti|gung**

sich **be|fin|den;** du befindest dich; sie befindet sich; er befand sich; die Brille hat sich auf dem Tisch befunden

das **Be|fin|den** (Gesundheitszustand); des Befindens; ihr Befinden ist gut

be|find|lich (vorhanden)

> **!** Das Adjektiv *befindlich* darf nicht mit *sich* verbunden werden. Es heißt also nicht »der sich im Kasten befindliche Schmuck«, sondern entweder »der im Kasten befindliche Schmuck« oder »der sich im Kasten befindende Schmuck«.

die **Be|find|lich|keit** (Zustand, in dem sich jemand befindet)

be|flis|sen (eifrig bemüht)

die **Be|flis|sen|heit**

be|flü|geln (*gehoben für:* anregen, anspornen); das Buch beflügelt seine Fantasie; das Lob der Lehrerin beflügelte sie

be|fol|gen; du befolgst; sie hat meinen Rat befolgt; befolg *oder* befolge meinen Rat!

be|för|dern; ich befördere; du beförderst; sie befördert; er hat ihn befördert

die **Be|för|de|rung**

be|fra|gen; ich befrage; du befragst; sie befragt; sie befragte ihn; er hat die Zeugen befragt; befrag *oder* befrage sie!

die **Be|fra|gung**

be|frei|en; du befreist ihn; sie befreite ihn; sie hat ihn befreit; befrei *oder* befreie ihn!; sich befreien; er hat sich daraus befreit

die **Be|frei|ung**

der **Be|frei|ungs|schlag** (*beim Eishockey und Fußball*)

be|frem|den; ihr Brief befremdet mich (erstaunt mich, ist mir unverständlich)

das **Be|frem|den;** des Befremdens; er reagierte mit Befremden (mit Erstaunen)

be|fremd|lich

sich **be|freun|den;** du befreundest dich mit ihr; sie hat sich mit ihr befreundet; befreunde dich doch mit ihr!

be|freun|det; die beiden sind eng befreundet; befreundete Schüler

be|frie|di|gen (zufriedenstellen); ich befriedige meine Neugier; er befriedigte seine Rachsucht; seine Arbeit hat ihn befriedigt

be|frie|di|gend; sie hat die Note »befriedigend« erhalten; er hat mit [der Note] »befriedigend« bestanden

die **Be|frie|di|gung**

be|fris|tet; ein befristetes Praktikum

65

befruchten – begnügen

be|fruch|ten; sie befruchteten; die Bienen haben die Blüten befruchtet

die **Be|fruch|tung**

die **Be|fug|nis;** die Befugnisse

be|fugt; befugt sein; sie ist zum Betreten des Raumes befugt

der **Be|fund** (*Medizin:* Untersuchungsergebnis); des Befunds *oder* Be|fun|des; die Be|fun|de; der Befund ist negativ, positiv; ohne Befund (ohne erkennbare Krankheit)

be|fürch|ten; du befürchtest gleich das Schlimmste; er hat das befürchtet; befürcht *oder* befürchte nichts von mir!

die **Be|fürch|tung** (Erwartung einer unangenehmen Sache)

be|für|wor|ten (empfehlen, unterstützen); du befürwortest; sie befürwortete; sie hat den Antrag befürwortet

der **Be|für|wor|ter;** des Befürworters; die Befürworter

die **Be|für|wor|te|rin;** die Befürworterinnen

be|gabt; be|gab|ter; am be|gab|tes|ten; ein begabtes Mädchen

die **Be|ga|bung**

die **Be|gat|tung**

sich **be|ge|ben** (irgendwohin gehen; sich ereignen); du begibst dich; sie begibt sich; sie begab sich nach Hause; es hat sich etwas Erstaunliches begeben

die **Be|ge|ben|heit** (Ereignis)

be|geg|nen; du begegnest ihm; sie begegnet ihm; er begegnete ihr; sie ist ihm begegnet; sie sind sich gestern begegnet

die **Be|geg|nung**

be|ge|hen (als Fußgänger benutzen; etwas Schlechtes tun; *gehoben für:* feiern); du begehst; sie beging; er hat begangen; begeh *oder* begehe keinen Fehler!; der Bürgersteig ist nicht zu begehen; ein Unrecht begehen; sie beging ihren Geburtstag sehr fröhlich

be|geh|ren; ich begehre; du begehrst; sie hat Einlass begehrt

das **Be|geh|ren** (*gehoben für:* Verlangen; Wunsch); des Begehrens; die Begehren *Plural selten;* sein leidenschaftliches Begehren; was ist dein Begehren? (was willst du?)

die **Be|gehr|lich|keit** (Verlangen, Wunsch); etwas weckt Begehrlichkeiten

be|gehrt (gefragt, beliebt); be|gehr|ter; am be|gehr|tes|ten; eine begehrte Praktikumsstelle

be|geis|tern; ich begeistere; du begeisterst; sie begeisterte; sie hat die Zuschauer begeistert; ich war begeistert; begeisterte Zustimmung

die **Be|geis|te|rung**

be|geis|te|rungs|fä|hig

die **Be|gier**

die **Be|gier|de;** die Begierden

be|gie|rig

be|gie|ßen; sie hat die Pflanzen begossen

der **Be|ginn;** des Beginns *oder* Be|gin|nes; von Beginn an; zu Beginn

be|gin|nen; du beginnst; sie beginnt; sie begann; er hat begonnen; beginn *oder* beginne mit der Arbeit!

be|glau|bi|gen; ich beglaubige; du beglaubigst; sie hat die Kopie beglaubigt

die **Be|glau|bi|gung**

be|glei|chen (bezahlen); du begleichst; er beglich; er hat seine Schulden beglichen; sie hat eine Rechnung zu begleichen

be|glei|ten (mitgehen); du begleitest; sie begleitet; sie begleitete; sie hat ihn begleitet; begleit *oder* begleite ihn!

der **Be|glei|ter;** des Begleiters; die Begleiter

die **Be|glei|te|rin;** die Begleiterinnen

die **Be|gleit|er|schei|nung**

die **Be|glei|tung**

be|glü|cken; du beglückst mich; sie beglückte uns; *ironisch:* er hat uns mit seinem Besuch beglückt

be|glü|ckend

be|glück|wün|schen; ich beglückwünsche ihn; du beglückwünschst ihn; sie hat ihn beglückwünscht; beglückwünsche ihn!

be|gna|det (hochbegabt); eine begnadete Künstlerin

be|gna|di|gen (jemandem seine Strafe erlassen); ich begnadige; du begnadigst; sie begnadigte den Verurteilten; das Gericht hat ihn begnadigt

die **Be|gna|di|gung**

sich **be|gnü|gen;** du begnügst dich; sie begnügte sich; sie hat sich damit begnügt; begnüg *oder* begnüge dich damit!

Begonie – Behinderte

die **Be|go|nie** (eine Zierpflanze); die Be|go-
nilen
be|gra|ben; du begräbst; sie begräbt; sie
begrub; begrab *oder* begrabe den toten
Hund!; sie hat ihre Hoffnung begraben
(aufgegeben)

das **Be|gräb|nis;** des Begräbnisses; die
Begräbnisse
be|grei|fen; du begreifst; sie begreift; sie
begriff; er hat begriffen; begreif *oder*
begreife das doch endlich!
be|greif|lich
be|greif|li|cher|wei|se
be|gren|zen; du begrenzt; ein Zaun hat
die Wiese begrenzt
be|grenzt; begrenzte Möglichkeiten

die **Be|gren|zung**

der **Be|griff;** des Begriffs *oder* Be|grif|fes; die
Be|grif|fe; im Begriff[e] sein[,] mit dem
Auto wegzufahren
be|griff|lich
be|griffs|stut|zig (schwer begreifend)
be|grün|den; du begründest; sie begrün-
dete ihren Vorschlag; sie hat die Firma
begründet (gegründet)

der **Be|grün|der;** des Begründers; die
Begründer

die **Be|grün|de|rin;** die Begründerinnen

die **Be|grün|dung**
be|grü|ßen; du begrüßt; sie begrüßt; sie
begrüßte; sie hat die Gäste begrüßt;
begrüß *oder* begrüße die Gäste!

die **Be|grü|ßung**
be|güns|ti|gen; du begünstigst; sie
begünstigte; der Schiedsrichter hat die
Heimmannschaft begünstigt

die **Be|güns|ti|gung**
be|gut|ach|ten; sie begutachtete; er hat
die Arbeit begutachtet

die **Be|gut|ach|tung**
be|hä|big

die **Be|hä|big|keit**
be|ha|gen; es behagt ihr; es behagte ihr;
es hat ihm behagt

das **Be|ha|gen;** des Behagens
be|hag|lich
be|hal|ten; du behältst; sie behält; sie
behielt; er hat etwas behalten; behalt
oder behalte es!

der **Be|häl|ter;** des Behälters; die Behälter

das **Be|hält|nis;** des Behältnisses; die
Behältnisse

be|hän|de (flink, gewandt); mit behän-
den Schritten
be|han|deln; du behandelst; er behan-
delte; sie hat ihn schlecht behandelt;
behandle *oder* behandele ihn gut!

die **Be|hän|dig|keit**

die **Be|hand|lung**
be|har|ren; du beharrst; sie beharrte; sie
hat auf ihrer Meinung beharrt; beharre
nicht auf deiner Meinung!
be|harr|lich

die **Be|harr|lich|keit**
be|haup|ten; du behauptest; sie behaup-
tete; er hat dies behauptet; behaupte
nichts Falsches!; sich behaupten (sich
durchsetzen)

die **Be|haup|tung**

die **Be|hau|sung**
be|he|ben (wieder in Ordnung bringen;
beseitigen); sie hat den Schaden behoben
be|hei|ma|tet; er ist in Berlin beheimatet

der **Be|helf** (Notlösung); des Behelfs *oder*
Be|hel|fes; die Be|hel|fe

sich **be|hel|fen;** sie hat sich mit einer Decke
beholfen
be|helfs|mä|ßig
be|hel|li|gen (belästigen); er behelligt
ihn; er behelligte ihn; sie hat ihn behel-
ligt; behellige ihn nicht länger damit!
be|her|ber|gen; du beherbergst; sie be-
herbergt; sie hat die Fremde beherbergt
be|herr|schen; du beherrschst; sie
beherrschte drei Sprachen; sich beherr-
schen (sich zusammennehmen); sie hat
sich beherrscht; beherrsch *oder* beherr-
sche dich!
be|herrscht (in sich gefestigt, gezügelt);
eine beherrschte Miene aufsetzen;
beherrscht auftreten

die **Be|herr|schung**
be|her|zi|gen; du beherzigst; sie beher-
zigt; sie beherzigte; sie hat deine Worte
beherzigt; beherzige diese Warnung!
be|herzt (entschlossen); beherz|ter; am
beherz|tes|ten
be|hilf|lich
be|hin|dern; du behinderst; er behin-
dert; sie hat ihn behindert; behindere
mich nicht immer!
be|hin|dert; ein behindertes Kind

der **Be|hin|der|te;** ein Behinderter; die
Behinderten; zwei Behinderte

67

Behinderte – beinhalten

die **Be|hin|der|te**; eine Behinderte
be|hin|der|ten|ge|recht

die **Be|hin|de|rung** (Beeinträchtigung); der Behinderung, die Be|hin|de|run|gen

die **Be|hör|de**
be|hü|ten; du behütest; sie behütete; er hat ihn behütet; behüt *oder* behüte ihn gut!; behüt' dich Gott!
be|hut|sam

die **Be|hut|sam|keit**
bei; bei Weitem *oder* weitem; bei all[e]dem; bei dem allem/allen; bei diesem allem/allen; bei der Hand sein
bei|be|hal|ten; er behält bei; sie hat die Methode beibehalten

die **Bei|be|hal|tung** *Plural selten;* unter Beibehaltung der Klassenregeln
bei|brin|gen; sie bringt ihm etwas bei; sie hat ihm das Kochen beigebracht

die **Beich|te**
beich|ten; du beichtest; sie beichtete; er hat gebeichtet; beicht *oder* beichte deine Sünden!

das **Beicht|ge|heim|nis**

der **Beicht|stuhl**
bei|de, bei|des; alles beides; beide jungen Leute; alle beide; wir beide, *seltener:* wir beiden; ihr beiden, *auch:* ihr beide; wir beiden jungen Leute; sie beide; diese beiden; dieses beides; einer von beiden; die beiden; für uns beide; beide Mal; beide Male
bei|der|lei; beiderlei Geschlecht[e]s
bei|der|sei|tig (von beiden Seiten ausgehend); in beiderseitigem Einverständnis
bei|der|seits; beiderseits des Flusses
bei|des ↑ beide
bei|ei|n|an|der; beieinander (zusammen) sein; gut beieinander sein (gesund sein); er ist noch gut beieinander; ↑ aufeinander
bei|ei|n|an|der|ha|ben; wir müssen alle Unterlagen beieinanderhaben; wir haben tatsächlich alles beieinandergehabt
bei|ei|n|an|der|sit|zen; wir saßen beieinander; wir haben beieinandergesessen
bei|ei|n|an|der|ste|hen; wir standen beieinander; wir haben beieinandergestanden

der **Bei|fah|rer**; des Beifahrers; die Beifahrer

die **Bei|fah|re|rin**; die Beifahrerinnen

der **Bei|fah|rer|sitz**

der **Bei|fall**; des Beifalls *oder* Bei|fal|les

bei|fäl|lig; beifällig klatschen
bei|fü|gen; du fügst etwas bei; er fügte etwas bei; sie hat etwas beigefügt; füg *oder* füg[e] das bei!

die **Bei|fü|gung** (Attribut)
beige [beːʃ] (sandfarben); ein beige Kleid; ↑ blau

> **!** Achtung: Einige aus fremden Sprachen stammenden Farbadjektive wie *beige* können nicht gesteigert werden. Werden sie als Attribute zu Nomen gebraucht, sollte man die gebeugten Formen (ein beiges Kleid, die beigen Schuhe) vermeiden, da sie als umgangssprachlich gelten. Standardsprachlich korrekt sind entweder die nicht flektierten Formen (ein beige Kleid, die beige Schuhe) oder Zusammensetzungen mit *-farben* oder *-farbig:* ein beigefarbenes Kleid, beigefarbige Schuhe.

das **Beige** (ein Farbton)
beige|far|ben *oder* **beige|far|big**

die **Bei|hil|fe**; der Beihilfe; die Beihilfen; Beihilfe (Geld) vom Staat beantragen; jemanden wegen Beihilfe zum Mord verurteilen
bei|kom|men; ihm ist nicht beizukommen (er ist nicht zu fassen, zu besiegen)

das **Beil**; des Beils *oder* Bei|les; die Bei|le

die **Bei|la|ge**
bei|läu|fig (nebensächlich, nebenher)
bei|le|gen; du legst ein Foto bei; sie legte ein Foto bei; sie haben ihren Streit beigelegt (geschlichtet); ihr Streit ist beigelegt
bei|lei|be (bestimmt); beileibe nicht

das **Bei|leid**; des Beileids *oder* Bei|lei|des
bei|lie|gen; der Sendung liegt die Rechnung bei; die beiliegenden Unterlagen
bei|mes|sen (zuschreiben); du misst bei; sie maß bei; er hat beigemessen; miss dem nicht zu viel Bedeutung bei!

das **Bein**; des Beins *oder* Bei|nes; die Bei|ne
bein|nah *oder* **bei|na|he**

der **Bei|na|he|zu|sam|men|stoß** (besonders bei Flugzeugen)
bein|am|pu|tiert; ein beinamputierter Mann

die **Bein|ar|beit** *(Sport)*

der **Bein|bruch**
be|in|hal|ten (enthalten, bedeuten); es beinhaltete; beinhaltet

68

Beipackzettel – bekannt

der **Bei|pack|zet|tel** ([einem Medikament] beiliegender Zettel mit Angaben zur Zusammensetzung und Verwendung)

der **Bei|rat;** des Beirats *oder* Bei|ra|tes; die Bei|rä|te

be|ir|ren; sich nicht beirren lassen

Bei|rut [baiˈruːt, *auch:* ˈbeiruːt] (Hauptstadt Libanons)

bei|sam|men; beisammen sein (zusammen sein; *auch für:* in guter Verfassung sein); wir sind lange beisammen gewesen; für sein Alter ist er noch gut beisammen

bei|sam|men|blei|ben; wir sind noch lange beisammengeblieben

das **Bei|sam|men|sein;** des Beisammenseins

bei|sam|men|sit|zen; wir saßen beisammen; wir haben beisammengesessen

bei|sam|men|ste|hen; wir standen beisammen, haben beisammengestanden

der **Bei|schlaf** (*gehoben für:* Geschlechtsverkehr)

das **Bei|sein;** des Beiseins; im Beisein der Klassenlehrerin

bei|sei|te; Spaß beiseite!

bei|sei|te|le|gen (weglegen; sparen); sie legt das Buch beiseite; sie hat Geld beiseitegelegt

bei|sei|te|schaf|fen (beseitigen, verstecken); er schaffte das Geld heimlich beiseite; er hat es heimlich beiseitegeschafft

bei|set|zen (begraben); sie ist gestern beigesetzt worden; die Angehörigen haben die Verstorbene beigesetzt

die **Bei|set|zung**

das **Bei|spiel;** des Beispiels *oder* Bei|spie|les; die Bei|spie|le; zum Beispiel

bei|spiel|haft

bei|spiel|los; eine beispiellose Frechheit

bei|spiels|wei|se

bei|ßen; du beißt; er beißt; er biss; er hat gebissen; beiß *oder* beiße ihn nicht!; der Hund beißt ihn (*auch:* ihm) ins Bein

die **Beiß|zan|ge**

der **Bei|stand;** des Beistands *oder* Bei|stan|des; die Bei|stän|de; Beistand leisten

bei|ste|hen; du stehst ihr bei; sie steht ihr bei; sie stand ihr bei; er hat ihr beigestanden; steh *oder* stehe ihr bei!

bei|steu|ern (beitragen); sie hat gute Ideen zur Diskussion beigesteuert

der **Bei|strich** (Komma); des Beistrichs *oder* Bei|stri|ches; die Bei|stri|che

der **Bei|trag;** des Beitrags *oder* Bei|tra|ges; die Bei|trä|ge

bei|tra|gen; du trägst zur Unterhaltung bei; sie hat ihr Teil dazu beigetragen

der **Bei|trags|zah|ler**

die **Bei|trags|zah|le|rin;** die Beitragszahlerinnen

bei|tre|ten; du trittst der Partei bei; sie trat dem Verein bei; er ist beigetreten; tritt bei!

der **Bei|tritt;** des Beitritts *oder* Bei|trit|tes; die Bei|trit|te

die **Bei|tritts|er|klä|rung**

das **Bei|tritts|land** *(Politik);* des Beitrittslands *oder* Beitrittslandes; die Beitrittsländer

die **Bei|tritts|ver|hand|lung** *meist Plural*

bei|zei|ten (rechtzeitig)

bei|zen; du beizt; sie beizt; sie beizte; sie hat gebeizt; beiz *oder* beize die Tür!

be|ja|hen; ich bejahe; du bejahst; sie hat dies bejaht

be|jam|mern; du bejammerst; sie hat den Verlust bejammert

be|ju|beln; du bejubelst; sie hat den Sieg bejubelt

be|kämp|fen; du bekämpfst; er hat den Gegner bekämpft; bekämpf *oder* bekämpfe dieses Vorurteil!

die **Be|kämp|fung;** der Bekämpfung; die Be|kämp|fun|gen *Plural selten*

be|kannt

be|kann|ter; am be|kann|tes|ten

Mit Ausnahme von »bekannt sein« können Verbindungen aus »bekannt« und einem Verb getrennt oder zusammengeschrieben werden:

– wir werden die Entscheidung bekannt geben *oder* bekanntgeben (verkünden)

– das Gesetz wurde bekannt gemacht *oder* bekanntgemacht (veröffentlicht); ich habe meine Schwester mit ihr bekannt gemacht *oder* bekanntgemacht (sie ihr vorgestellt)

– der Brief ist bekannt geworden *oder* bekanntgeworden (veröffentlicht worden, in die Öffentlichkeit gedrungen); ich bin mit ihr bekannt geworden *oder* bekanntgeworden (ich habe sie kennengelernt)

– ABER: bekannt sein

69

Bekannte – belaufen

der **Be|kạnn|te;** ein Bekannter; die Bekannten; zwei Bekannte

die **Be|kạnn|te;** eine Bekannte

be|kạnn|ter|ma|ßen (wie bekannt ist)

die **Be|kạnnt|ga|be**

be|kạnnt|ge|ben *vergleiche:* **be|kạnnt**

der **Be|kạnnt|heits|grad** *Plural selten;* sein Bekanntheitsgrad stieg immer mehr

be|kạnnt|lich

be|kạnnt|ma|chen *vergleiche:* **be|kạnnt**

die **Be|kạnnt|ma|chung**

die **Be|kạnnt|schaft**

be|kạnnt|wer|den *vergleiche:* **be|kạnnt**

be|kẹh|ren; du bekehrst ihn; sie bekehrte ihn; er hat ihn bekehrt; bekehr *oder* bekehre ihn!

die **Be|kẹh|rung**

be|kẹn|nen; du bekennst; sie bekennt; sie bekannte; er hat es bekannt; bekenn *oder* bekenne dich zu ihr!; bekennende Christen; A B E R: die Bekennende Kirche

das **Be|kẹnnt|nis;** des Bekenntnisses; die Bekenntnisse

be|klạ|gen; du beklagst; er hat den Tod seines Freundes beklagt; sich beklagen; sie hat sich darüber beklagt; beklag *oder* beklage dich nicht!

der **Be|klạg|te** (Angeklagte); ein Beklagter; die Beklagten; zwei Beklagte

die **Be|klạg|te;** eine Beklagte

be|klẹ|ckern *(umgangssprachlich);* sie hat ihre Hose mit Ketchup bekleckert; sich bekleckern

be|kleị|den; du bekleidest; sie war nur mit einem T-Shirt bekleidet; sie hat ein wichtiges Amt bekleidet

die **Be|kleị|dung**

be|klẹm|mend (bedrückend); ein beklemmendes Gefühl

die **Be|klẹm|mung**

be|klọm|men (ängstlich, bedrückt)

die **Be|klọm|men|heit**

be|kọm|men; du bekommst; er bekommt; er bekam; er hat Arbeit bekommen; das Essen ist mir gut bekommen

be|kọmm|lich; leicht bekömmliches *oder* leichtbekömmliches Essen; A B E R N U R: ein besonders leicht bekömmliches Essen

be|kräf|ti|gen (mit Nachdruck bestätigen); du bekräftigst, sie bekräftigte, er hat bekräftigt; bekräftig *oder* bekräftige mir das!

be|krän|zen; du bekränzt; sie bekränzte; sie hat ihm die Stirn mit Lorbeer bekränzt

sich **be|kreu|zi|gen;** du bekreuzigst dich; sie bekreuzigte sich; er hat sich bekreuzigt

be|kụm|mert (traurig)

be|kụn|den *(gehoben für:* zum Ausdruck bringen); du bekundest deine Freude; sie bekundete ihr Interesse; er hat seine Solidarität bekundet

be|lä|cheln; du belächelst; sie belächelte; er hat belächelt; beläche *oder* belächele das ruhig!

be|la|den; du belädst; sie belädt; sie belud; er hat den Wagen beladen; belad *oder* belade den Wagen!

der **Be|lạg;** des Belags *oder* Bellages; die Beläge

der **Be|la|ge|rer;** des Belagerers; die Belagerer *meist Plural*

be|la|gern; du belagerst; er belagert; er belagerte; die Armee hat die Stadt belagert

die **Be|la|ge|rung**

be|läm|mert *(umgangssprachlich für:* niedergedrückt; scheußlich)

der **Be|lạng** (Bedeutung); des Belangs *oder* Bellanges; [nicht] von Belang sein

be|lạn|gen (verantwortlich machen); du belangst ihn; man hat ihn wegen Diebstahls belangt

be|lạng|los (unwichtig)

be|lạs|sen; du belässt; sie beließ; er hat belassen; belass *oder* belasse es dabei!; jemanden in dem Glauben belassen, dass ...; wir haben es dabei belassen (bewenden lassen)

be|lạst|bar; belastbare (zuverlässige) Daten

be|lạs|ten; du belastest; sie hat ihn belastet; belaste die Umwelt nicht!

be|lạs|tend

be|läs|ti|gen; du belästigst; er hat ihn belästigt; belästige ihn nicht!

die **Be|läs|ti|gung**

die **Be|lạs|tung**

die **Be|lạs|tungs|gren|ze**

sich **be|lau|fen** (ausmachen, betragen, ergeben); die Summe beläuft sich auf

belauschen – benachbart

500 Euro; die Kosten haben sich auf 50 Euro belaufen

be|lau|schen; du belauschst ihn; er belauschte uns; sie hat uns belauscht

be|le|ben (anregen; lebendiger gestalten); du belebst; sie belebte; er hat belebt; einen Text mit Bildern beleben; der Gedanke belebte sie

be|lebt; be|leb|ter; am be|leb|tes|ten; eine belebte Fußgängerzone

die **Be|le|bung**

der **Be|leg;** des Belegs *oder* Be|le|ges; die Be|le|ge

be|le|gen; du belegst; sie hat den Platz belegt; beleg *oder* belege einen Platz!

das **Be|leg|ex|em|p|lar** (Exemplar eines Buches oder Artikels, das dem Autor oder der Autorin und anderen Stellen als Nachweis der Veröffentlichung zugeschickt wird)

die **Be|leg|schaft** (die Gesamtheit der Beschäftigten in einem Betrieb)

be|legt (besetzt; ein wenig heiser; mit etwas ausgestattet); das Zimmer ist belegt; meine Stimme ist belegt; belegte Brötchen

be|leh|ren; du belehrst ihn; er belehrte ihn; sie hat ihn belehrt; belehr *oder* belehre ihn eines and[e]ren *oder* andern; ABER: sie belehrte ihn eines Besser[e]n *oder* Bessren

die **Be|leh|rung**

be|lei|di|gen; du beleidigst ihn; er hat ihn beleidigt; beleidige ihn nicht!

be|lei|digt; er ist beleidigt

die **Be|lei|di|gung**

be|leuch|ten; du beleuchtest; sie beleuchtete; sie hat den Saal beleuchtet

die **Be|leuch|tung**

Bel|gi|en

der **Bel|gi|er;** des Belgiers, die Belgier

die **Bel|gi|e|rin;** die Belgierinnen

bel|gisch

Bel|grad (Hauptstadt Serbiens)

be|lie|ben (*gehoben für:* Lust haben, etwas zu tun); es beliebte ihr; es hat ihr beliebt, lange zu schlafen

das **Be|lie|ben;** nach Belieben; es steht in ihrem Belieben

be|lie|big; x-beliebig; ein beliebiges Bei-

spiel; alles Beliebige; etwas Beliebiges; jeder Beliebige

be|liebt; be|lieb|ter; am be|lieb|tes|ten

die **Be|liebt|heit**

be|lie|fern; du belieferst; sie belieferte; er hat beliefert; beliefere den Laden!; der Bäcker beliefert uns mit Brötchen

bel|len; der Hund bellte; der Hund hat gebellt

die **Bel|le|t|ris|tik** (Unterhaltungsliteratur)

bel|le|t|ris|tisch

be|lo|bi|gen (loben, auszeichnen); du belobigst ihn; er belobigte sie; er hat sie belobigt; belobige sie!

die **Be|lo|bi|gung**

be|loh|nen; du belohnst ihn; sie belohnte ihn; er hat sie belohnt; belohn *oder* belohne ihn!

die **Be|loh|nung**

be|lü|gen; du belügst sie; er belügt sie; er belog sie; sie hat ihn belogen; belüg *oder* belüge sie nicht!

sich be|mäch|ti|gen; du bemächtigst dich des Geldes; er bemächtigte sich des Geldes; sie hat sich des Geldes bemächtigt

be|ma|len; du bemalst; er hat die Wand bemalt

die **Be|ma|lung**

be|män|geln (tadeln); ich bemängele; du bemängelst; sie bemängelte; sie hat die Ausführung bemängelt

be|män|teln (beschönigen); du bemäntelst; er bemäntelte; er hat seine Fehler bemäntelt

be|merk|bar; sich bemerkbar machen

be|mer|ken; du bemerkst; sie bemerkte; er hat den Diebstahl bemerkt

be|mer|kens|wert (beachtlich); eine bemerkenswerte Leistung

die **Be|mer|kung**

be|mes|sen; du bemisst; sie bemaß; es hat sich bemessen; knapp bemessene Zeit; das Taschengeld bemisst sich nach dem Alter

sich be|mü|hen; du bemühst dich; sie bemühte sich; er hat sich bemüht; bemüh *oder* bemühe dich!

be|müht (angestrengt, eifrig); be|müh|ter; am be|müh|tes|ten; er wirkt nicht sehr bemüht; ein allzu bemühtes Referat

die **Be|mü|hung**

be|nach|bart; eine benachbarte Familie

71

benachrichtigen – beraten

be|nach|rich|ti|gen; du benachrichtigst ihn; sie benachrichtigte ihn; sie hat ihn benachrichtigt; benachrichtige ihn!

die Be|nach|rich|ti|gung

be|nach|tei|li|gen; du benachteiligst sie; er benachteiligte sie; er hat sie benachteiligt; benachteilige sie nicht!

die Be|nach|tei|li|gung

der oder das **Bench|mark** [ˈbɛntʃmark] (Maßstab für Leistungsvergleiche); der Benchmark *oder* des Benchmarks; die Benchmarks; wer setzt hier die Benchmark?

der Be|ne|dik|ti|ner (Angehöriger eines katholischen Ordens); des Benediktiners; die Benediktiner

das Be|ne|fiz|kon|zert (Wohltätigkeitskonzert)

sich be|neh|men; du benimmst dich; sie benimmt sich; sie benahm sich; sie hat sich gut benommen; benimm dich!

das Be|neh|men

be|nei|den; du beneidest sie; er beneidet sie; er hat sie beneidet; beneid *oder* beneide sie nicht!

be|nei|dens|wert

die Be|ne|lux|staa|ten *oder* Be|ne|lux-Staaten [*auch:* beneˈlʊks...] (die in einer Wirtschaftsunion vereinigten Länder Belgien, Niederlande und Luxemburg) *Plural*

be|nen|nen; du benennst; sie benannte; er hat benannt; benenn *oder* benenne das richtig!

be|net|zen; du benetzt; sie benetzte die Lippen; Tränen haben ihre Wangen benetzt

der Ben|ga|le (Einwohner von Bengalen); des/dem/den Bengalen; die Bengalen
Ben|ga|len (Provinz in Indien)

die Ben|ga|lin; die Bengalinnen
ben|ga|lisch; bengalisches Feuer (Buntfeuer)

der Ben|gel (*umgangssprachlich für:* [frecher] Junge); des Bengels; die Bengel
Be|nin (Staat in Afrika)

der Be|ni|ner (Einwohner von Benin); des Beniners; die Beniner

die Be|ni|ne|rin; die Beninerinnen
be|ni|nisch
be|no|ten; sie hat die Klassenarbeit benotet
be|nö|ti|gen (nötig haben; brauchen); du

benötigst; sie benötigte; er hat benötigt; ich benötige ein Smartphone

die Be|no|tung
be|nutz|bar
be|nut|zen, *landschaftlich auch:* be|nüt|zen; sie benutzte, *auch:* benützte ein Taschentuch; sie hat die Gelegenheit dazu benutzt, *auch:* benützt

! Während das Verb *benutzen* mit *u* geschrieben wird, schreibt man die landschaftliche Variante *benützen* mit Umlaut: du *benutzt oder benützt* eine Unterlage; *benutz[e] oder benütz[e]* dieses Wörterbuch. Das Gleiche gilt für alle abgeleiteten Formen: *benutzbar, benützbar; Benutzer, Benützer; Benutzerin, Benützerin; benutzerfreundlich, benützerfreundlich.*

der Be|nut|zer; des Benutzers; die Benutzer

die Be|nut|ze|rin; die Benutzerinnen

die Be|nut|zer|ober|flä|che (*EDV:* auf einem Computerbildschirm sichtbare Darstellung eines Programms)

die Be|nut|zung *Plural selten*

das Ben|zin; des Benzins; die Ben|zi|ne

der Ben|zin|preis

das Ben|zol (*Chemie:* als Lösungsmittel verwendeter Kohlenwasserstoff); des Benzols; die Ben|zo|lle

be|ob|ach|ten; du beobachtest; sie beobachtet; sie beobachtete; er hat gut beobachtet; beobachte ihn genau!

der Be|ob|ach|ter; des Beobachters; die Beobachter

die Be|ob|ach|te|rin; die Beobachterinnen

die Be|ob|ach|tung

die Be|ob|ach|tungs|ga|be

sich be|ölen (*Jugendsprache:* sich sehr amüsieren)

be|quem

sich be|que|men; du bequemst dich; er bequemte sich; sie hat sich bequemt; bequem *oder* bequeme dich doch dazu!

die Be|quem|lich|keit

be|rap|pen (*umgangssprachlich für:* bezahlen); du berappst; sie berappte; er hat berappt

be|ra|ten; du berätst; sie berät; sie beriet; er hat sie beraten; berat *oder* berate ihn!; sich beraten; sie hat sich mit ihr beraten; eine beratende Ärztin

Berater – Bergsteiger

der **Be|ra|ter;** des Beraters; die Berater
die **Be|ra|te|rin;** die Beraterinnen
die **Be|ra|tung**
der **Be|ra|tungs|aus|schuss**
die **Be|ra|tungs|stel|le**
  be|rau|ben; du beraubst sie; er beraubte sie; er hat sie beraubt
  be|rau|schend (faszinierend, begeisternd); ein berauschendes Erlebnis
die **Ber|be|rit|ze** (Sauerdorn, ein Zierstrauch); die Berberitzen
  be|re|chen|bar (voraussehbar, sich einschätzen lassend); unser Deutschlehrer ist so berechenbar
  be|rech|nen; du berechnest; sie hat die Kosten berechnet; berechne die Fläche!
die **Be|rech|nung**
  be|rech|ti|gen; der Ausweis berechtigt dich zu verbilligtem Eintritt
  be|rech|tigt (begründet); ein berechtigter Vorwurf
die **Be|rech|ti|gung**
  be|red|sam (redegewandt); ein beredsamer Verkäufer
die **Be|red|sam|keit**
  be|redt (redegewandt); beredtes (vielsagendes) Schweigen; ↑ ABER: beredsam
  be|reg|nen; sie beregnet den Rasen; sie hat den Rasen beregnet
die **Be|reg|nung**
der, *selten:* das **Be|reich;** des Bereichs *oder* Be|rei|ches; die Be|rei|che
  be|rei|chern; du bereicherst; er hat seine Sammlung bereichert; bereichere dich nicht!
die **Be|rei|che|rung**
  be|rei|fen (mit Reifen ausstatten); du bereifst das Auto; sie hat ihr Auto neu bereift
  be|reift (mit Reif bedeckt); die Bäume sind bereift
die **Be|rei|fung**
  be|rei|ni|gen (klären); du bereinigst; sie bereinigte; er hat bereinigt; bereinig *oder* bereinige das mit ihm!; einen Streit, ein Missverständnis bereinigen
  be|rei|sen; du bereist; sie bereiste; er hat bereist; bereis *oder* bereise mal Norditalien!; ein Land bereisen
  be|reit; zu etwas bereit sein; sich zu etwas bereit erklären *oder* bereiterklären; ich habe alles bereit gemacht *oder*

bereitgemacht; sich zu etwas bereit machen *oder* bereitmachen; ABER: bereitfinden usw.
  be|rei|ten (vorbereiten; verursachen; zubereiten); du bereitest ein Bad; sie hat mir Freude bereitet; bereit *oder* bereite das Essen!
  be|reit|er|klä|ren *vergleiche:* be|reit
sich **be|reit|fin|den;** sie fand sich bereit; sie hat sich bereitgefunden
  be|reit|hal|ten; sie hielt das Geld bereit; er hat es bereitgehalten; wir haben uns bereitgehalten
  be|reit|le|gen; sie legte die Bücher bereit; er hat die Bücher bereitgelegt
  be|reit|lie|gen; das Buch liegt bereit; es lag bereit; es hat bereitgelegen
  be|reit|ma|chen *vergleiche:* be|reit
  be|reits
die **Be|reit|schaft**
der **Be|reit|schafts|dienst**
  be|reit|ste|hen; das Essen hat bereitgestanden
  be|reit|stel|len; ich habe die Kisten bereitgestellt
  be|reit|wil|lig
  be|reu|en; du bereust; er bereute; sie hat es bereut; bereu *oder* bereue deine Tat!
der **Berg;** des Bergs *oder* Ber|ges; die Ber|ge
  berg|ab
  berg|an
  berg|auf
der **Berg|bau;** des Bergbaus *oder* Berg|bau|es
  ber|gen; du birgst; sie birgt; sie barg; sie hat den Verschütteten geborgen; birg die Verschütteten!
die **Berg|fahrt** (Fahrt den Strom, den Berg hinauf)
der **Berg|fried** (Hauptturm von Burgen, Wehrturm); des Bergfrieds *oder* Berg|frie|des; die Berg|frie|de
der **Berg|füh|rer**
die **Berg|füh|re|rin**
  ber|gig
der **Berg|kris|tall** (ein Mineral); des Bergkristalls; die Berg|kris|tal|le
der **Berg|mann;** die Bergleute
die **Berg|pre|digt** (auf einem Berg gehaltene bedeutungsvolle Predigt Christi)
  berg|stei|gen ↑ bergwandern
der **Berg|stei|ger;** des Bergsteigers; die Bergsteiger

Bergsteigerin – Beruhigung

die **Berg|stei|ge|rin;** die Bergsteigerinnen
die **Berg-und-Tal-Fahrt**
die **Ber|gung**
die **Ber|gungs|mann|schaft**
die **Berg|wacht**
   berg|wan|dern

> **!** Das Wort sollte nur im Infinitiv gebraucht werden: »In den Alpen kann man sehr gut *bergwandern*.« Wenn das Verb wie ein Nomen gebraucht wird, muss man es großschreiben: »Hier findest du einige Tipps für sicheres *Bergwandern*.«

das **Berg|werk;** des Bergwerks *oder* Bergwer|kes; die Berg|wer|ke
der **Be|richt;** des Berichts *oder* Be|rich|tes; die Be|rich|te; Bericht erstatten
   be|rich|ten; du berichtest; sie berichtete; sie hat berichtet; bericht *oder* berichte darüber!
der **Be|richt|er|stat|ter;** des Berichterstatters; die Berichterstatter
die **Be|richt|er|stat|te|rin;** die Berichterstatterinnen
die **Be|richt|er|stat|tung**
   be|rich|ti|gen; du berichtigst; sie berichtigte; sie hat ihn berichtigt; berichtige ihn!; sich berichtigen; er hat sich berichtigt
die **Be|rich|ti|gung**
   be|rie|chen; der Hund beriecht ihn; der Hund beroch ihn; er hat sie berochen
   be|rie|seln; ich beries[e]le das Feld; sie berieselte das Feld; sie hat es berieselt
die **Be|rie|se|lung, Be|ries|lung**
das **Be|ring|meer** *oder* Be|ring-Meer (nördlichstes Randmeer des Pazifiks)
die **Be|ring|stra|ße** *oder* Be|ring-Stra|ße
   Ber|lin (Hauptstadt und Land der Bundesrepublik Deutschland)
die **Ber|li|na|le** (*Bezeichnung für:* die Filmfestspiele in Berlin)
der **Ber|li|ner;** des Berliners; die Berliner
die **Ber|li|ne|rin;** die Berlinerinnen
   ber|li|ne|risch *oder* **ber|li|nisch**
   ber|li|nern (berlinerisch sprechen); du berlinerst; sie berlinerte; er hat berlinert
die **Ber|mu|da|shorts** [...ʃoːɐ̯ts] (fast knielange Shorts) *Plural*
der **Bern|stein** (fossiles Harz, das als Schmuck[stein] verarbeitet wird)

der **Ber|ser|ker** (wilder Krieger; *auch für:* blindwütig tobender Mensch); des Berserkers; die Berserker
   bers|ten; das Eis birst; das Eis barst; das Eis ist geborsten
   be|rüch|tigt; ein berüchtigter Betrüger; die Gegend ist berüchtigt
   be|rück|sich|ti|gen; du berücksichtigst; sie hat ihn berücksichtigt; berücksichtige ihn!
die **Be|rück|sich|ti|gung**
der **Be|ruf;** des Berufs *oder* Be|ru|fes; die Be|ru|fe
   be|ru|fen; er beruft ihn; er berief ihn zum Vorsitzenden; er hat sich auf sie als Zeugin berufen
   be|ru|fen (befähigt, geeignet); er fühlt sich berufen, die Partei zu führen
   be|ruf|lich
die **Be|rufs|aka|de|mie** (*Abkürzung:* BA)
der **Be|rufs|an|fän|ger**
die **Be|rufs|an|fän|ge|rin**
die **Be|rufs|aus|bil|dung**
die **Be|rufs|aus|sich|ten** *Plural*
   be|rufs|be|glei|tend; berufsbegleitendes Studium
die **Be|rufs|be|ra|tung**
das **Be|rufs|bild**
   be|rufs|bil|dend; berufsbildende Schulen
die **Be|rufs|er|fah|rung**
die **Be|rufs|ge|nos|sen|schaft**
das **Be|rufs|le|ben;** bald stehst du im Berufsleben
das **Be|rufs|prak|ti|kum**
die **Be|rufs|schu|le**
   be|rufs|tä|tig; berufstätige Mütter
der **Be|rufs|tä|ti|ge;** ein Berufstätiger; die Berufstätigen; zwei Berufstätige
die **Be|rufs|tä|ti|ge;** eine Berufstätige
die **Be|rufs|wahl**
die **Be|ru|fung**
das **Be|ru|fungs|ge|richt** (*Rechtssprache:* Gericht, das über die Berufung zu entscheiden hat)
   be|ru|hen; auf einem Irrtum beruhen; die Sache auf sich beruhen lassen (nicht weiterverfolgen)
   be|ru|hi|gen; du beruhigst ihn; sie beruhigt ihn; sie hat ihn beruhigt; beruhige ihn!; sich beruhigen; er hat sich beruhigt
die **Be|ru|hi|gung**

berühmt – beschließen

be|rühmt; be|rühm|ter; am be|rühm|tes|ten

die Be|rühmt|heit

be|rüh|ren; du berührst; er hat ihn berührt; berühr *oder* berühre ihn nicht!

die Be|rüh|rung

die Be|rüh|rungs|angst; sie kennen keine Berührungsängste

bes. = besonders

be|sa|gen (ausdrücken; bedeuten); der Abschnitt besagt Folgendes; das besagte nichts

be|sagt (erwähnt); da steht die besagte Person

be|sänf|ti|gen; er besänftigt; sie hat besänftigt

der Be|satz; des Be|sat|zes; die Be|sät|ze

der Be|sat|zer (*umgangssprachlich abwertend für:* Angehöriger einer Besatzungsmacht)

die Be|sat|ze|rin; die Besatzerinnen

die Be|sat|zung

die Be|sat|zungs|macht (Staat, der fremdes Staatsgebiet besetzt hält); nach dem Zweiten Weltkrieg gab es vier Besatzungsmächte in Deutschland

---

> **!** **beige**
>
> Viele Fremdwörter werden ganz anders geschrieben, als sie gesprochen werden. Dazu gehört auch das aus dem Französischen übernommene Farbadjektiv »beige«, dessen Aussprache *besch* lautet.

---

be|schä|di|gen; du beschädigst; er hat das Auto beschädigt; beschädige es nicht!

die Be|schä|di|gung

be|schaf|fen; du beschaffst; sie beschaffte; er hat beschafft; beschaff *oder* beschaffe mir die Bücher!

die Be|schaf|fen|heit (wie eine Sache beschaffen ist); die Beschaffenheit des Materials überprüfen

be|schäf|ti|gen; du beschäftigst ihn; sie beschäftigte ihn; sie hat ihn beschäftigt; beschäftige ihn!

die Be|schäf|ti|gung

das Be|schäf|ti|gungs|ver|hält|nis; in einem Beschäftigungsverhältnis stehen

be|schä|men; du beschämst ihn; sie beschämte ihn; er hat ihn beschämt;

beschäm *oder* beschäme ihn nicht!; er ist von ihrer Güte beschämt

be|schä|mend; ein beschämender Auftritt

be|schau|lich (idyllisch); ein beschaulicher, kleiner Ort

der Be|scheid; des Bescheids *oder* Be|schei|des; die Be|schei|de; Bescheid geben, sagen, wissen

be|schei|den; er ist bescheiden

die Be|schei|den|heit

be|schei|ni|gen; du bescheinigst; sie bescheinigte; er hat bescheinigt; der Arzt bescheinigte ihm, dass er bei der Klassenarbeit krank war

die Be|schei|ni|gung

be|schei|ßen (*derb für:* betrügen); du bescheißt; er bescheißt; er bescheiss; sie hat mich um zehn Euro beschissen

be|sche|ren ([be]schenken); du bescherst; sie beschert; das Schicksal hat ihr Glück beschert; bescher *oder* beschere die Kinder!

die Be|sche|rung

be|scheu|ert (*derb für:* dumm, schwer von Begriff)

be|schimp|fen; du beschimpfst ihn; er beschimpfte ihn; sie hat ihn beschimpft; beschimpf *oder* beschimpfe ihn nicht!

der Be|schlag; des Beschlags *oder* Be|schla|ges; die Be|schlä|ge; etwas in Beschlag nehmen

be|schla|gen; du beschlägst; sie beschlägt; sie beschlug; sie hat das Pferd beschlagen; beschlag *oder* beschlage es!

be|schla|gen (kenntnisreich); ein beschlagener Fachmann

die Be|schlag|nah|me

be|schlag|nah|men (im amtlichen Auftrag wegnehmen; für sich in Anspruch nehmen); du beschlagnahmst; sie beschlagnahmte; er hat beschlagnahmt; beschlagnahm *oder* beschlagnahme nicht die ganze Familie!; die Polizei beschlagnahmte das Diebesgut; du beschlagnahmst meine Zeit

be|schleu|ni|gen; du beschleunigst; sie beschleunigte; sie hat den Wagen beschleunigt; beschleunige das Tempo!

die Be|schleu|ni|gung

be|schlie|ßen; du beschließt; sie

beschlossen – besoffen

beschließt; sie beschloss; sie hat
beschlossen

be|schlos|sen; das ist beschlossene
Sache

der **Be|schluss;** des Be|schlus|ses; die Be-
schlüs|se; einen Beschluss fassen

be|schluss|fä|hig; eine beschlussfähige
Versammlung

be|schmie|ren; du beschmierst; er hat
die Wand beschmiert; beschmier *oder*
beschmiere sie nicht!; sich beschmieren;
sie hat sich die Hände beschmiert

be|schmut|zen; du beschmutzt; sie
beschmutzte; er hat seine Jacke
beschmutzt; beschmutz *oder*
beschmutze deine Finger nicht!; sich
beschmutzen; er hat sich die Finger
beschmutzt

die **Be|schnei|dung**

be|schrän|ken (einschränken, begren-
zen); du beschränkst; sie beschränkte; er
hat beschränkt; beschränk *oder*
beschränke dich!; für das Referat ist die
Redezeit beschränkt

be|schränkt (dumm, engstirnig)

die **Be|schrän|kung;** die Beschränkung der
Geschwindigkeit

be|schrei|ben; du beschreibst; sie
beschreibt; sie beschrieb; sie hat es gut
beschrieben; beschreib *oder* beschreibe
diesen Vorgang!

die **Be|schrei|bung**

be|schrei|ten (*gehoben für:* einschla-
gen); neue Wege beschreiten

be|schul|di|gen; du beschuldigst; er
beschuldigte; er hat mich beschuldigt;
beschuldige mich nicht!

die **Be|schul|di|gung**

be|schum|meln (*umgangssprachlich für:*
ein wenig betrügen)

der **Be|schuss;** des Beschusses; unter
Beschuss geraten (öffentlich kritisiert
werden)

be|schüt|zen; du beschützt ihn; sie
beschützte ihn; er hat ihn beschützt;
beschütz *oder* beschütze ihn!

die **Be|schwer|de**

sich **be|schwe|ren;** du beschwerst dich; sie
beschwerte sich; er hat sich beschwert;
beschwer *oder* beschwere dich doch!

be|schwer|lich

be|schwich|ti|gen; du beschwichtigst;

er beschwichtigt; er hat beschwichtigt;
beschwichtige ihn!

be|schwingt (heiter, schwungvoll)

be|schwipst (*umgangssprachlich für:*
leicht betrunken)

be|schwö|ren; du beschwörst ihn; er
beschwor ihn; er hat Geister beschwo-
ren; beschwör *oder* beschwöre die Vergangenheit nicht!

die **Be|schwö|rung**

be|seelt (innerlich erfüllt)

be|sei|ti|gen; du beseitigst; er hat das
Unkraut beseitigt; beseitige es!

die **Be|sei|ti|gung**

der **Be|sen;** des Besens; die Besen

der **Be|sen|stiel**

be|ses|sen; vom Teufel besessen sein

be|set|zen; du besetzt; sie besetzt; er hat
besetzt; besetz *oder* besetze den Platz!

be|setzt; die Praktikumsstelle ist schon
besetzt

das **Be|setzt|zei|chen**

die **Be|set|zung**

be|sich|ti|gen; du besichtigst; sie
besichtigte; sie hat den Dom besichtigt;
besichtige den Dom!

die **Be|sich|ti|gung**

be|sie|deln; sie besiedelten das Land

die **Be|sie|de|lung** *oder* **Be|sied|lung**

be|sie|geln; du besiegelst; er besiegelte;
sie hat den Vertrag besiegelt

be|sie|gen; du besiegst die Krankheit;
sie hat die Krankheit besiegt; besieg *oder*
besiege sie!

be|sin|gen; du besingst; sie besang; er
hat besungen; besing *oder* besinge!; der
Rhein ist oft besungen worden; eine CD
mit Liedern besingen

sich **be|sin|nen;** du besinnst dich; sie besinnt
sich; sie besann sich; sie hat sich beson-
nen; besinn *oder* besinne dich!

be|sinn|lich (nachdenklich)

die **Be|sin|nung**

be|sin|nungs|los

der **Be|sitz;** des Be|sit|zes; die Be|sit|ze

be|sit|zen; du besitzt; sie besitzt; sie
besaß; sie hat ein Auto besessen

der **Be|sit|zer;** des Besitzers; die Besitzer

be|sitz|er|grei|fend; sie hat ein besitz-
ergreifendes Wesen

die **Be|sit|ze|rin;** die Besitzerinnen

be|sof|fen (*derb für:* betrunken)

76

besondere – Bestechung

be|son|de|re; zur besonderen Verwendung; insbesond[e]re; das Besond[e]re (Außergewöhnliche); etwas, nichts Besond[e]res; im Besonder[e]n, im Besondren

die **Be|son|der|heit**
be|son|ders (*Abkürzung:* bes.)
be|son|nen (überlegt, umsichtig); ein besonnener Schulsprecher
be|sor|gen; du besorgst; sie besorgte; er hat ein Geschenk besorgt; besorg *oder* besorge eine Kleinigkeit!

die **Be|sorg|nis;** die Besorgnisse; Besorgnis erregen; Besorgnis erregend *oder* besorgniserregend; ein Besorgnis erregender *oder* besorgniserregender Zustand; A B E R N U R: ein große Besorgnis erregender Zustand; ein äußerst besorgniserregender, noch besorgniserregenderer Zustand
be|sorgt; be|sorg|ter, am be|sorg|tes|ten
be|spre|chen; sie bespricht es; sie besprach es; er hat es mit mir besprochen; besprich es mit ihr!

die **Be|spre|chung**

das **Be|spre|chungs|zim|mer**

bes|ser

Kleinschreibung:

– er hat die besseren Argumente
– es ist besser, wenn du gleich kommst

Großschreibung der Nominalisierung:

– jemanden eines Besser[e]n, *auch:* Bessren belehren
– sich eines Besser[e]n, *auch:* Bessren besinnen
– sich zum Besser[e]n, *auch:* Bessren wenden
– du hast wohl nichts Besseres, *auch:* Bessres zu tun?

Getrennt- oder Zusammenschreibung:

– musst du immer alles besser wissen?
– mit diesen Schuhen kann ich besser gehen als mit den alten; dem Kranken wird es bald besser gehen *oder* bessergehen
– sie gehört zu den besser verdienenden *oder* besserverdienenden Angestellten
– die besser Verdienenden *oder* Besserverdienenden

bes|ser|ge|hen *vergleiche:* bes|ser
sich **bes|sern;** ich bessere, *auch* bessre mich; deine Leistungen haben sich gebessert

die **Bes|se|rung,** *auch:* Bess|rung
bes|ser|ver|die|nend *vergleiche:* bes|ser

der **Bes|ser|wis|ser;** des Besserwissers; die Besserwisser

die **Bes|ser|wis|se|rin;** die Besserwisserinnen

der **Be|stand;** des Bestands *oder* Be|standes; die Be|stän|de
be|stan|den; mit Wald bestanden (bewachsen)
be|stän|dig; beständige Leistungen

die **Be|stands|auf|nah|me** (Erfassen dessen, was vorhanden ist); eine Bestandsaufnahme machen

der **Be|stand|teil**
be|stär|ken; du bestärkst sie; sie bestärkte ihn; er hat uns bestärkt; bestärk *oder* bestärke sie darin!
be|stä|ti|gen; du bestätigst; sie bestätigte; sie hat diese Nachricht bestätigt; bestätige diese Aussage!

die **Be|stä|ti|gung**
be|stat|ten (beerdigen); du bestattest sie; er bestattete sie; man hat sie gestern bestattet

die **Be|stat|tung**
be|stäu|ben; Bienen haben die Blüten bestäubt

die **Be|stäu|bung**
be|stau|nen; du bestaunst; sie bestaunte; er hat bestaunt; er bestaunte ihre großen Kenntnisse
bes|te; bestens; bestenfalls; wir fangen am besten gleich an; wir arbeiten aufs, auf das beste *oder* Beste zusammen; A B E R: es ist wohl das Beste, wenn …; er ist der Beste in der Klasse; er hat sein Bestes getan; mit ihrer Gesundheit steht es nicht zum Besten; er hat/hält ihn zum Besten (zum Narren); es ist nur zu deinem Besten; sie nimmt das erste Beste
be|ste|chen; du bestichst ihn; er besticht ihn; er bestach ihn; er hat ihn mit Geld bestochen; bestich ihn nicht!
be|ste|chend (hervorragend); eine bestechende Leistung
be|stech|lich

die **Be|stech|lich|keit**

die **Be|ste|chung**

77

Besteck – Beton

das **Be|steck;** des Bestecks *oder* Be|ste|ckes; die Be|ste|cke

be|ste|hen; du bestehst; sie besteht; die Tür bestand aus Holz; sie hat den Test bestanden; besteh *oder* bestehe auf deinem Recht!

das **Be|ste|hen;** des Bestehens; seit Bestehen dieser Schule

be|stei|gen; du besteigst dein Pferd; sie bestieg das Fahrrad; er hat sein Mofa bestiegen

be|stel|len; du bestellst; sie hat ein Buch bestellt; bestell *oder* bestelle es!

die **Be|stell|lis|te** *oder* Be|stell-Lis|te

die **Be|stell|num|mer**

die **Be|stel|lung**

bes|ten|falls

bes|tens; auf die Arbeit bin ich bestens vorbereitet

be|steu|ern (mit Steuern belegen); das Einkommen wird besteuert

bes|ti|a|lisch (unmenschlich, grausam)

die **Bes|tie** (ein wildes Tier; Unmensch); die Bes|ti|en

be|stim|men; du bestimmst; er bestimmte; sie hat dies bestimmt; bestimm *oder* bestimme!

be|stimmt; der bestimmte Artikel

die **Be|stimmt|heit**

die **Be|stim|mung**

das **Be|stim|mungs|wort** (erster Bestandteil einer Zusammensetzung, der das Grundwort näher bestimmt); die Be|stim|mungs|wör|ter

die **Best|leis|tung**

die **Best|mar|ke** (*Sport:* Rekord)

best|mög|lich; *falsch:* bestmöglichst

be|stra|fen; du bestrafst; sie bestrafte; er hat ihn bestraft; bestraf *oder* bestrafe ihn nicht!

die **Be|stra|fung**

das **Be|stre|ben** (das Bemühen, Trachten); des Bestrebens; das Bestreben, frei zu sein

be|strei|ten; du bestreitest es; sie bestritt es; er hat es bestritten; bestreite das nicht!

der **Best|sel|ler** (Buch o. Ä., das sehr gut verkauft wird); des Bestsellers; die Bestseller

die **Best|sel|ler|lis|te**

be|stü|cken (ausstatten, ausrüsten); du bestückst; sie bestückte; er hat bestückt; eine gut bestückte Wursttheke

be|stürzt (fassungslos, ratlos)

die **Be|stürzt|heit**

die **Best|zeit** (*Sport:* beste, kürzeste erzielte Zeit); das war seine persönliche Bestzeit

der **Be|such;** des Besuchs *oder* Be|su|ches; die Be|su|che

be|su|chen; du besuchst sie; sie besuchte ihn; sie hat ihn besucht; besuch *oder* besuche ihn!

der **Be|su|cher;** des Besuchers; die Besucher

die **Be|su|che|rin;** die Besucherinnen

die **Be|su|cher|zahl;** die Besucherzahlen des Festivals steigen jedes Jahr

be|tagt (*gehoben für:* alt); be|tag|ter, am be|tag|tes|ten

be|tä|ti|gen; du betätigst dich; sie betätigte den Hebel; er hat sich sportlich betätigt; betätige dich doch mal künstlerisch!

die **Be|tä|ti|gung**

be|täu|ben; du betäubst; sie betäubte; sie hat ihn betäubt; betäub *oder* betäube ihn nicht!

die **Be|täu|bung**

das **Be|täu|bungs|mit|tel**

be|tei|li|gen; du beteiligst ihn; sie beteiligte ihn; sie hat ihn beteiligt; beteilige ihn!; sich beteiligen; sie hat sich an diesem Wettbewerb beteiligt

die **Be|tei|li|gung**

be|ten; du betest; sie betete; er hat gebetet; bet *oder* bete zu Gott!

> **!** Das Partizip II des Verbs »beten« heißt *gebetet;* die Form *gebeten* ist das zweite Partizip des Verbs »bitten«.

der **Be|ter;** des Beters; die Beter

die **Be|te|rin;** die Beterinnen

be|teu|ern; du beteuerst; er beteuerte; er hat seine Unschuld beteuert; beteure *oder* beteuere nicht dauernd deine Unschuld!

die **Be|teu|e|rung**

Beth|le|hem, *ökumenisch:* Bet|le|hem (Geburtsort Jesu südlich von Jerusalem)

be|ti|teln (mit einem Titel versehen oder anreden; *umgangssprachlich für:* nennen, beschimpfen); ein Buch betiteln; sie hat ihn mit Idiot betitelt

der **Be|ton** [beˈtõ:, *auch:* beˈtɔŋ] (Baustoff

betonen – betrunken

aus Zement, Wasser, Sand usw.); des
Betons; die Betons *oder* Be|to|ne
be|to|nen; du betonst; sie betont; sie
betonte; sie hat dies besonders betont;
beton *oder* betone das Wort richtig!
be|to|nie|ren (mit Beton [aus]bauen); du
betonierst; er betonierte; er hat den Hof
betoniert; betonier *oder* betoniere die
Einfahrt!

die **Be|ton|misch|ma|schi|ne**
be|tont (ausdrücklich, bewusst); sich
betont lässig anziehen

die **Be|to|nung**
be|tö|rend (*gehoben für:* bezaubernd,
faszinierend); eine betörende Stimme
betr. = betreffend
Betr. = Betreff

der **Be|tracht;** in Betracht kommen, ziehen;
außer Betracht bleiben
be|trach|ten; du betrachtest; sie
betrachtete; sie hat das Bild betrachtet;
betracht *oder* betrachte es genau!

der **Be|trach|ter;** des Betrachters; die
Betrachter

die **Be|trach|te|rin;** die Betrachterinnen
be|trächt|lich; eine beträchtliche
Summe; um ein Beträchtliches höher

die **Be|trach|tung**

die **Be|trach|tungs|wei|se** (Art und Weise,
wie man etwas betrachtet); das ist eben
meine Betrachtungsweise

der **Be|trag;** des Betrags *oder* Be|tra|ges; die
Be|trä|ge

sich **be|tra|gen;** du beträgst dich; er beträgt
sich; er betrug sich; er hat sich schlecht
betragen

das **Be|tra|gen**
be|trau|en; ich betraue dich damit; sie
wurde mit dieser Aufgabe betraut; mit
etwas betraut sein

der **Be|treff** (*Amtssprache:* Angelegenheit,
um die es geht; Thema eines
[Geschäfts]briefs oder einer E-Mail;
Abkürzung: Betr.); des Betreffs *oder* Be-
tref|fes; die Betreffs; was steht im
Betreff?
be|tref|fen; dies betrifft mich; dies
betraf mich; dies hat mich betroffen
be|tref|fend; der betreffende Verein; die
Schule betreffend
be|treffs (*Amtssprache*); betreffs des
Neubaus (*besser:* wegen des Neubaus)

be|trei|ben; ich betreibe; er betrieb sein
Geschäft erfolgreich; sie hat den Umbau
energisch betrieben

der **Be|trei|ber;** des Betreibers; die Betrei-
ber; der Betreiber der Schulkantine

die **Be|trei|be|rin;** die Betreiberinnen
be|tre|ten; du betrittst; sie betritt; sie
betrat; sie hat das Zimmer betreten;
betritt bitte nicht diesen Raum!
be|tre|ten (verlegen); ein betretenes
Schweigen; ein betretenes Lächeln
be|treu|en; du betreust; er betreute
dich; er hat die Kinder betreut

der **Be|treu|er;** des Betreuers; die Betreuer

die **Be|treu|e|rin;** die Betreuerinnen

die **Be|treu|ung**

der **Be|trieb;** des Betriebs *oder* Be|trie|bes;
die Be|trie|be; eine Maschinenanlage in
Betrieb setzen; die Anlage ist in *oder* im
Betrieb; der Fahrstuhl ist außer Betrieb
be|trieb|lich; betriebliche Altersvor-
sorge
be|trieb|sam (sehr beschäftigt)

die **Be|triebs|an|lei|tung**

der **Be|triebs|aus|flug**
be|triebs|be|reit

die **Be|triebs|fe|ri|en** *Plural*
be|triebs|fer|tig

der **Be|triebs|rat**

das **Be|triebs|sys|tem** (*EDV*)

der **Be|triebs|un|fall**

die **Be|triebs|ver|samm|lung** (Versamm-
lung der Arbeitnehmer und Arbeitneh-
merinnen eines Betriebes)

die **Be|triebs|wirt|schaft**
be|triebs|wirt|schaft|lich; betriebswirt-
schaftliche Maßnahmen
be|trin|ken; ich betrinke mich; er
betrank sich; sie hat sich betrunkken
be|trof|fen

der *und* die **Be|trof|fe|ne**

die **Be|trof|fen|heit**
be|trübt; sie ist darüber sehr betrübt

der **Be|trug;** des Betrugs *oder* Be|tru|ges
be|trü|gen; du betrügst; er betrog; er hat
sie betrogen; betrüg *oder* betrüge sie
nicht!; sich betrügen; er hat sich damit
selbst betrogen

der **Be|trü|ger;** des Betrügers; die Betrüger

die **Be|trü|ge|rin;** die Betrügerinnen
be|trü|ge|risch
be|trun|ken

Bett – bewegen

b

das **Bẹtt;** des Betts *oder* Bet|tes; zu Bett
gehen

die **Bẹtt|de|cke**

bẹt|teln; du bettelst; er bettelte; er hat
gebettelt; bettle *oder* bettele nicht!

der **Bẹt|tel|or|den**

bẹt|ten; du bettest dich gut; er bettete
sich; das Kind wurde gebettet; sich
weich betten (sich ein angenehmes
Leben verschaffen)

bẹtt|lä|ge|rig; bettlägerig sein

der **Bẹtt|ler;** des Bettlers; die Bettler

die **Bẹtt|le|rin;** die Bettlerinnen

das **Bẹtt|tuch** *oder* Bẹtt-Tuch (Bettlaken)

der **Bẹtt|vor|le|ger**

die **Bẹtt|wä|sche**

be|tucht (*umgangssprachlich für:* vermö-
gend, wohlhabend)

be|tu|lich (in umständlicher Weise
freundlich und geschäftig; gemächlich)

beu|gen (*auch für:* flektieren, deklinie-
ren, konjugieren); du beugst; sie beugte;
sie hat ihren Arm gebeugt; beug *oder*
beuge das Nomen!

die **Beu|gung** (*auch für:* Flexion, Deklina-
tion, Konjugation)

die **Beu|le**

be|un|ru|hi|gen; du beunruhigst dich;
sie beunruhigte mich; das hat mich
beunruhigt; beunruhige dich nicht!

be|un|ru|hi|gend

be|ur|lau|ben; sie beurlaubte ihn; sie hat
ihn beurlaubt; beurlaub *oder* beurlaube
ihn!

be|ur|tei|len; sie beurteilte es; sie hat
ihn beurteilt; beurteil *oder* beurteile sie!

die **Be|ur|tei|lung;** der Beurteilung, die
Beurteilungen

die **Beu|te** (etwas, was jemand erbeutet
hat)

der **Beu|tel;** des Beutels; die Beutel

das **Beu|tel|tier**

be|völ|kern

die **Be|völ|ke|rung**

die **Be|völ|ke|rungs|dich|te**

die **Be|völ|ke|rungs|grup|pe** (größere
Gruppe innerhalb der Bevölkerung)

die **Be|völ|ke|rungs|py|ra|mi|de** (grafisch
dargestellte Zusammensetzung der
Bevölkerung nach Alter und Geschlecht)

das **Be|völ|ke|rungs|wachs|tum**

be|voll|mäch|ti|gen; ich bevollmächtige;

du bevollmächtigst; sie bevollmächtigte
ihn; sie hat ihn bevollmächtigt

be|vor

be|vor|ste|hen; es steht bevor; es stand
bevor; es hat bevorgestanden; die bevor-
stehenden Klassensprecherwahlen

be|vor|zu|gen; du bevorzugst; sie bevor-
zugte; sie hat ihn bevorzugt; bevorzug
oder bevorzuge niemanden!

die **Be|vor|zu|gung;** das ist eine Bevorzu-
gung der Jungen

be|wa|chen; sie bewachte; sie hat den
Schatz bewacht; bewach *oder* bewache
ihn!

be|waff|nen (mit Waffen ausstatten); du
bewaffnest dich; sie bewaffneten sich; er
hat sie bewaffnet

be|wah|ren (behüten, schützen; aufbe-
wahren; erhalten); du bewahrst; sie
bewahrte; sie hat ihn vor Schaden
bewahrt; bewahr *oder* bewahre Ruhe!;
ABER NUR: Gott bewahre dich!

sich **be|wäh|ren;** du bewährst dich; sie
bewährte sich; sie hat sich bewährt;
bewähr *oder* bewähre dich!

sich **be|wahr|hei|ten** (sich als wahr oder
richtig erweisen); es bewahrheitet sich;
es hat sich bewahrheitet; das Gerücht
bewahrheitete sich

die **Be|wäh|rung** (Erprobung)

die **Be|wäh|rungs|frist**

der **Be|wäh|rungs|hel|fer** (Betreuer wäh-
rend der Bewährungsfrist)

die **Be|wäh|rungs|hel|fe|rin**

die **Be|wäh|rungs|pro|be**

die **Be|wäh|rungs|stra|fe** (zur Bewährung
ausgesetzte Freiheitsstrafe); sie erhielt
eine Bewährungsstrafe von einem Jahr

be|wäl|ti|gen; sie bewältigte; sie hat alle
Schwierigkeiten bewältigt

die **Be|wäl|ti|gung;** der Bewältigung; die
Bewältigungen

be|wan|dert (erfahren); be|wan|der|ter,
am be|wan|derts|ten

die **Be|wandt|nis;** die Bewandtnisse

be|wäs|sern

die **Be|wäs|se|rung**

be|we|gen (die Lage ändern); du
bewegst den Stuhl; sie bewegte den
Stuhl; sie hat den Stuhl bewegt; beweg
oder bewege den Stuhl!

be|we|gen (veranlassen); du bewegst

80

bewegend – bezeichnen

ihn; sie bewegt ihn; sie bewog ihn; sie
hat ihn bewogen[,] ihr zu verzeihen;
beweg *oder* bewege sie dazu!
be|we|gend (ergreifend); ein bewegen-
des Schauspiel

der **Be|weg|grund** (Motiv); er hat seine
Beweggründe
be|weg|lich

die **Be|weg|lich|keit**
be|wegt (ergriffen); bewegt sein

die **Be|we|gung**

der **Be|we|gungs|ap|pa|rat** (Knochen,
Gelenke, Bänder und Skelettmuskeln)

die **Be|we|gungs|frei|heit** (Möglichkeit,
sich frei zu bewegen); ein Hund braucht
Bewegungsfreiheit
be|we|gungs|los
be|we|gungs|un|fä|hig

der **Be|weis;** des Be|wei|ses; die Be|wei|se
be|weis|bar
be|wei|sen; du beweist; sie beweist; sie
bewies ihr Können; sie hat es bewiesen;
beweis *oder* beweise es!

die **Be|weis|füh|rung**
be|weis|kräf|tig

das **Be|weis|mit|tel** *(Rechtssprache);* die
Polizei hat noch keine Beweismittel

sich **be|wer|ben;** du bewirbst dich; sie
bewirbt sich; sie bewarb sich; sie hat sich
beworben; bewirb dich um diese Stelle!

der **Be|wer|ber;** des Bewerbers; die Bewer-
ber

die **Be|wer|be|rin;** die Bewerberinnen

die **Be|wer|bung**

das **Be|wer|bungs|ge|spräch**

das **Be|wer|bungs|schrei|ben**

die **Be|wer|bungs|un|ter|la|ge** *meist Plural*
be|wer|fen; du bewirfst ihn; er wurde
beworfen; bewirf sie nicht noch einmal!;
jemanden mit Dreck bewerfen
be|werk|stel|li|gen (zustande bringen);
du bewerkstelligst; sie bewerkstelligte
den Verkauf; sie hat das bewerkstelligt
be|wer|ten; du bewertest; er bewertete;
er hat seine Leistung bewertet

die **Be|wer|tung**
be|wil|li|gen (genehmigen); du bewil-
ligst; sie bewilligte; sie hat mir den
Urlaub bewilligt

die **Be|wil|li|gung**
be|wir|ken (hervorrufen, herbeiführen);
du bewirkst; sie bewirkte; er hat bewirkt;

der Biologieunterricht bewirkte ein
Umdenken
be|wir|ten; du bewirtest; er bewirtete;
sie hat bewirtet; bewirt *oder* bewirte
doch die Gäste!
be|wirt|schaf|ten (wirtschaftend leiten,
betreiben; landwirtschaftlich bearbeiten); du bewirtschaftest; sie bewirtschaf-
tete; er hat bewirtschaftet; bewirtschafte
das Feld!; eine Gaststätte bewirtschaften

die **Be|wirt|schaf|tung**

die **Be|wir|tung**
be|woh|nen; du bewohnst; sie bewohnte;
sie hat ein großes Haus bewohnt

der **Be|woh|ner;** des Bewohners; die Bewoh-
ner

die **Be|woh|ne|rin;** die Bewohnerinnen
be|wölkt; der bewölkte Himmel

die **Be|wöl|kung**

der **Be|wun|de|rer** *oder* **Be|wund|rer;** des
Bewunderers *oder* Bewundrers; die
Bewunderer *oder* Bewundrer; sie hat
viele Bewunderer *oder* Bewundrer

die **Be|wun|de|rin** *oder* **Be|wund|re|rin;** die
Bewunderinnen oder Bewundrerinnen
be|wun|dern
be|wun|derns|wert

die **Be|wun|de|rung**

der **Be|wund|rer** *vergleiche:* **Be|wun|de|rer**

die **Be|wund|re|rin** *vergleiche:* **Be|wun|de|rin**
be|wusst; ich bin mir keines Vergehens
bewusst; er hat den Fehler bewusst (mit
Absicht) gemacht; sie hat mir den Grund
bewusst gemacht *oder* bewusstgemacht
(klargemacht)
be|wusst|los

die **Be|wusst|lo|sig|keit**
be|wusst|ma|chen *vergleiche:* **be|wusst**

das **Be|wusst|sein**
Bez. = Bezeichnung; Bezirk
be|zahl|bar (nicht zu teuer); die Hose ist
für mich bezahlbar
be|zah|len; du bezahlst; sie bezahlte; sie
hat dafür bezahlt; bezahl *oder* bezahle die
Rechnung!; jemanden gut bezahlen; eine
gut bezahlte *oder* gutbezahlte Arbeit

die **Be|zah|lung**
be|zau|bern; du bezauberst; er bezau-
berte; er hat sie bezaubert
be|zau|bernd; ein bezauberndes Lächeln
be|zeich|nen; du bezeichnest; sie
bezeichnete; sie hat es als gut bezeichnet

81

bezeichnend – Biest

be|zeich|nend; es ist bezeichnend für ihn
be|zeich|nen|der|wei|se (wie es für
jemanden oder etwas typisch ist)
die **Be|zeich|nung**
be|zeu|gen (bestätigen; nachweisen); sie
bezeugt; sie hat ihre Aussage bezeugt;
bezeug *oder* bezeuge die Wahrheit!
be|zich|ti|gen (beschuldigen); du bezichtigst ihn; sie bezichtigte ihn; sie hat ihn
der Tat bezichtigt; bezichtige ihn nicht!
be|zie|hen; du beziehst; sie bezieht; sie
bezog; sie hat die neue Wohnung bezogen; er hat das Bett frisch bezogen; sich
auf eine Sache beziehen
die **Be|zie|hung;** in Beziehung setzen
be|zie|hungs|wei|se (*Abkürzung:* bzw.)
be|zif|fern; du bezifferst; sie bezifferte;
er hat beziffert; der Schaden bezifferte
sich auf 100 Euro
der **Be|zirk** (abgegrenztes Gebiet); des
Bezirks *oder* Be|zir|kes; die Be|zir|ke
die **Be|zirks|li|ga** *(Sport);* wir spielen jetzt
Bezirksliga
der **Be|zug;** des Bezugs *oder* Be|zu|ges; die
Be|zü|ge; in Bezug auf [Ihren Brief]; mit
Bezug auf; auf etwas Bezug nehmen
(*dafür besser:* sich auf etwas beziehen);
<mark>Bezug nehmend</mark> *oder* bezugnehmend auf
(*dafür besser:* mit Bezug auf)
be|züg|lich; *mit Genitiv:* bezüglich
(wegen) des Briefes; bezügliches Fürwort
(Relativpronomen)
die **Be|zugs|per|son** (Person, zu der jemand
eine persönliche Beziehung hat, die ihm
Halt und Orientierung gibt)
be|zu|schus|sen *(Amtssprache);* du
bezuschusst; sie bezuschusste; er hat
bezuschusst; bezuschusst die Schule das
Vorhaben der SV?
be|zwei|feln; ich bezweif[e]le das
be|zwin|gen (besiegen; überwinden); du
bezwingst; sie bezwang; er hat bezwungen; die gegnerische Mannschaft
bezwingen; seine Neugier bezwingen
Bf., Bhf. = Bahnhof
der **B-Füh|rer|schein** (Fahrerlaubnis für Personenkraftwagen)
das **BGB** = Bürgerliches Gesetzbuch
der **BGH** = Bundesgerichtshof
der **BH** = Büstenhalter; des BHs *oder* BH;
die BHs *oder* BH
der *oder* das **Bi|ath|lon** (Kombination aus

Skilanglauf und Scheibenschießen); des
Biathlons; die Biathlons
bib|bern (*umgangssprachlich für:* vor
Kälte zittern); ich bibbere; du bibberst;
er bibberte; er hat gebibbert
die **Bi|bel;** die Bibeln

> ❗ In einer Reihe von Wörtern wird der
> lang gesprochene i-Laut ohne anschlie
> ßendes -e oder Dehnungs-h geschrie
> ben. Dazu gehören sowohl die *Eibel* als
> auch der *Biber.*

der **Bi|ber** (ein Nagetier); des Bibers; die Biber
bibl. = biblisch
die **Bi|b|lio|thek** (die Bücherei); die Bi|b|liothe|ken; die Deutsche Bibliothek (in
Frankfurt)
der **Bi|b|lio|the|kar** (Angestellter einer
Bücherei); des Bibliothekars; die Bi|b|liothe|ka|re
die **Bi|b|lio|the|ka|rin;** die Bibliothekarinnen
bi|b|lisch; eine biblische Geschichte
(eine Erzählung aus der Bibel). ABER:
die Biblische Geschichte (das Lehrfach)
die **Bick|bee|re** (*norddeutsch für:* Heidelbeere)
bie|der
der **Bie|der|mann;** die Biedermänner
das **Bie|der|mei|er** (Kunststil vor 1848)
bie|der|mei|er|lich
bie|gen; du biegst; sie biegt; sie bog; sie
hat den Stab gebogen; bieg *oder* biege
den Stab!; sich biegen; der Stab hat sich
gebogen; ABER: es geht auf Biegen oder
Brechen
bieg|sam
die **Bie|gung**
die **Bie|ne**
die **Bie|nen|kö|ni|gin**
der **Bie|nen|korb**
das **Bie|nen|wachs**
die **Bi|en|na|le** (zweijährliche Veranstaltung,
besonders in der bildenden Kunst und
im Film); der Biennale; die Biennalen
das **Bier;** des Biers *oder* Bie|res; die Bie|re;
ABER: 3 [Glas] Bier
der **Bier|de|ckel**
der **Bier|gar|ten** (Lokal im Freien mit
Selbstbedienung)
das **Biest** (Schimpfwort); des Biests *oder*
Bies|tes; die Bies|ter

82

bieten – Bio

bie|ten; du bietest; sie bietet; sie bot; sie hat geboten; biete mehr!

der **Bie|ter;** des Bieters; die Bieter

die **Bie|te|rin;** die Bieterinnen

die **Big Band** *oder* **Big|band** [ˈbɪkbɛnt] (großes Jazz- oder Tanzorchester); die **Big Bands** *oder* Bigbands

der **Big Bro|ther** [bɪkˈbraðɐ] ([heimlicher] Beobachter, Überwacher); des Big Brothers; die Big Brothers

der **Bi|ki|ni** (zweiteiliger Damenbadeanzug); des Bikinis; die Bikinis

die **Bi|lanz** (die Gegenüberstellung von Vermögen und Kapital für ein Geschäftsjahr; Ergebnis); die Bi|lan|zen

bi|la|te|ral (zweiseitig, von zwei Seiten ausgehend); bilaterale Verträge

das **Bild;** des Bilds *oder* Bil|des; im Bilde sein

der **Bild|band** (vorwiegend Bilder enthaltendes Buch); des Bildbands *oder* Bildbandes; die Bildbände

die **Bild|be|ar|bei|tung** *(EDV)*

bil|den; du bildest; sie bildete; sie hat einen Satz gebildet; bilde ein Wort aus 3 Buchstaben!; die bildende Kunst

der **Bil|der|bo|gen**

das **Bil|der|buch**

die **Bil|der|buch|ehe** (sehr gute Ehe)

die **Bil|der|ge|schich|te**

das **Bil|der|rät|sel**

die **Bild|flä|che;** auf der Bildfläche erscheinen (plötzlich auftauchen); von der Bildfläche verschwinden (sich rasch entfernen)

der **Bild|hau|er;** des Bildhauers; die Bildhauer

die **Bild|hau|e|rin;** die Bildhauerinnen

bild|lich

das **Bild|nis;** des Bildnisses; die Bildnisse

die **Bild|qua|li|tät**

der **Bild|schirm**

die **Bil|dung**

die **Bil|dungs|ein|rich|tung**

bil|dungs|fern

die **Bil|dungs|po|li|tik**

das **Bil|dungs|sys|tem** (System, in dem das Bildungswesen organisiert ist)

die **Bild|un|ter|schrift** (erläuternder Text unter einem Bild)

das **Bil|lard** [ˈbɪljart] (ein Kugelspiel); dazugehöriger Tisch); des Billards; die Bil|lar|de

die **Bil|li|ar|de** (tausend Billionen); die Billiarden

bil|lig; das ist nur recht und billig

bil|li|gen (für gut halten); du billigst; sie billigte meinen Entschluss; sie hat meinen Entschluss gebilligt

der **Bil|lig|flie|ger** *(umgangssprachlich für:* Billigfluglinie)

die **Bil|li|gung**

die **Bil|li|on** (eine Million Millionen); die Bil|li|o|nen

bim|meln; du bimmelst; sie bimmelte; sie hat gebimmelt; bimmle nicht unentwegt mit dieser Glocke!

der **Bims|stein**

bi|när (aus zwei Einheiten bestehend); binäre Ziffern

die **Bin|de**

das **Bin|de|ge|we|be** (umhüllendes und verbindendes Gewebe)

die **Bin|de|haut** (die durchsichtige Schleimhaut des Auges)

bin|den; du bindest; er bindet; er band; er hat gebunden; bind *oder* binde eine Schleife!

der **Bin|de|strich**

der **Bind|fa|den**

die **Bin|dung**

bin|nen; *mit Dativ:* binnen Kurzem *oder* kurzem; binnen einem Jahr *(gehoben auch mit Genitiv:* binnen eines Jahres); binnen drei Tagen *(gehoben auch:* binnen dreier Tage); binnen Jahr und Tag

der **Bin|nen|ha|fen**

das **Bin|nen|land**

der **Bin|nen|markt** *(Wirtschaft:* Markt innerhalb der Grenzen eines Staates)

der **Bin|nen|schif|fer**

die **Bin|nen|schif|fe|rin**

die **Bin|nen|schiff|fahrt**

das **Bi|nom** *(Mathematik:* Summe aus zwei Gliedern); des Binoms; die Bi|no|me

bi|no|misch (zweigliedrig); binomischer Ausdruck; binomischer Lehrsatz

die **Bin|se;** in die Binsen gehen (verloren gehen)

die **Bin|sen|wahr|heit** (allgemein bekannte Wahrheit)

die **Bin|sen|weis|heit** (allgemein bekannte Tatsache)

die **Bio** *(Schülersprache:* Biologieunterricht); *meist ohne Artikel*

Biobauer – Blackout

der **Bio|bau|er**
die **Bio|che|mie** (Lehre von den chemischen Vorgängen in Lebewesen)
der **Bio|che|mi|ker**
die **Bio|che|mi|ke|rin**
bio|che|misch
der **Bio|die|sel** (aus nachwachsenden Rohstoffen hergestellter Dieselkraftstoff)
das **Bio|gas** (Faulgas als Energiequelle)
der **Bio|graf** *oder* **Bio|graph** (Verfasser einer Biografie); des/dem/den Bio|gra|fen *oder* Bio|gra|phen; die Bio|gra|fen *oder* Bio|gra|phen
die **Bio|gra|fie** *oder* **Bio|gra|phie** (Lebensbeschreibung); die Bio|gra|fi|en *oder* Bio|gra|phi|en
die **Bio|gra|fin** *oder* **Bio|gra|phin**
bio|gra|fisch *oder* **bio|gra|phisch**
die **Bio|kost**
der **Bio|la|den**
der **Bio|lo|ge**; des/dem/den Biologen; die Biologen
die **Bio|lo|gie** (Lehre von der belebten Natur)
die **Bio|lo|gin**; die Biologinnen
bio|lo|gisch
der **Bio|müll** (organische Abfälle)
die **Bio|tech|no|lo|gie** (Verfahren, biologische Vorgänge nutzbar zu machen)
der *oder* das **Bio|top** (durch bestimmte Pflanzen- und Tiergesellschaften gekennzeichneter Lebensraum); des Biotops; die Bio|to|pe
das **BIP** = Bruttoinlandsprodukt (Wert aller Waren und Dienstleistungen, die in einem Jahr innerhalb eines Landes produziert werden)
die **Bir|ke** (ein Laubbaum)
der **Birk|hahn**
das **Birk|huhn**
Bir|ma (*früherer Name von* ↑ Myanmar)
der **Bir|ma|ne**; des/dem/den Birmanen; die Birmanen
die **Bir|ma|nin**; die Birmaninnen
bir|ma|nisch
der **Birn|baum**
die **Bir|ne**
bis; bis hierher; bis jetzt; bis [nach] München; bis auf Weiteres *oder* weiteres
die **Bi|sam|rat|te**
der **Bi|schof** (ranghoher Geistlicher in christlichen Kirchen); des Bischofs; die Bi|schö|fe

die **Bi|schö|fin**; die Bischöfinnen
bi|schöf|lich
bis|her (bis jetzt)
bis|he|rig; der bisherige Direktor; im Bisherigen (weiter oben); das Bisherige
das, *auch:* der **Bis|kuit** [bɪsˈkviːt, *auch:* bɪsˈkvɪt] (feines Gebäck aus Eierschaum); des Biskuits *oder* Bis|kui|tes; die Biskuits *oder* Bis|kui|te
der **Bis|kuit|teig**
bis|lang (bis jetzt)
Bis|marck (Gründer und erster Kanzler des Deutschen Reiches)
der **Bi|son** (nordamerikanischer Büffel); des Bisons; die Bisons
der **Biss**; des Bis|ses; die Bis|se
biss|chen; das bisschen; ein bisschen (ein wenig); ein klein bisschen; mit ein bisschen Geduld
der **Bis|sen**; des Bissens; die Bissen
bis|sig
das **Bis|t|ro** (kleines Lokal); des Bistros; die Bistros
das **Bis|tum** (Amtsbezirk eines katholischen Bischofs); des Bistums; die Bis|tümer
bis|wei|len
das **Bit** (Informationseinheit); des Bit *oder* Bits; die Bit *oder* Bits; ABER: 30 Bit
bit|te!; du musst bitte *oder* Bitte sagen
die **Bit|te**
bit|ten; du bittest; er bittet; er bat; er hat ihn um [einen] Rat gebeten; bitte ihn um Nachsicht!; ↑ *auch:* beten
bit|ter; eine bittere Medizin
bit|ter|bö|se
bit|ter|ernst
bit|ter|kalt; es ist bitterkalt; ein bitterkalter Wintertag
die **Bit|ter|keit**
bit|ter|lich
das **Bi|wak** (Feldlager); des Biwaks; die Biwaks *oder* Bi|wa|ke
bi|zarr (seltsam); bizarre Formen
der **Bi|zeps** (Oberarmmuskel); des Bizeps *oder* Bi|zep|ses; die Bi|zep|se
das **BKA** = Bundeskriminalamt; des BKA
die **Black|box** [ˈblɛkbɔks] *oder* **Black Box** [blɛkˈbɔks] (Teil eines kybernetischen Systems; Flugschreiber); die Black|bo|xes *oder* Black Bo|xes
der *oder* das **Black|out** [blɛkˈlaut] *oder*

blähen – Bleibe

Black-out (Erinnerungslücke); des Blackout[s] oder Black-out[s]; die Black-outs oder Black-outs

blä|hen; der Wind bläht die Segel; der Wind hat die Segel gebläht; sich blähen; der Vorhang hat sich im Wind gebläht

die **Blä|hung**

bla|ma|bel (beschämend); bla|ma|bler; am bla|ma|bels|ten; eine blamable Niederlage

die **Bla|ma|ge** [blaˈmaːʒə] (Schande, Bloßstellung); die Blamagen

sich **bla|mie|ren;** du blamierst dich; er blamierte sich; er hat sich blamiert; blamiere dich nicht!

blank; etwas blank reiben oder blankreiben, blank polieren oder blankpolieren; die blank polierte oder blankpolierte Tasse; er hat die Tasse [ganz] blank poliert; seine Nerven liegen blank (er ist sehr angespannt); A B E R : der Blanke Hans (die stürmische Nordsee)

der oder das **Blank** [blɛŋk] (EDV: [Wort]zwischenraum, Leerstelle); des Blanks; die Blanks

blank|po|liert vergleiche: blank

blank|rei|ben vergleiche: blank

die **Bla|se**

der **Bla|se|balg;** die Bla|se|bäl|ge

bla|sen; du bläst; er bläst; er blies; er hat die Trompete geblasen

der **Blä|ser** (Musik: jemand, der ein Blasinstrument spielt); des Bläsers; die Bläser

die **Blä|se|rin;** die Bläserinnen

bla|siert (hochnäsig)

das **Blas|in|s|t|ru|ment**

die **Blas|ka|pel|le**

die **Blas|phe|mie** (Gotteslästerung, verletzende Äußerung über Heiliges)

blass; blas|ser, auch: bläs|ser; am blas|ses|ten, auch: bläs|ses|ten; blass sein; blass werden

die **Bläs|se** (Blassheit)

! Nicht verwechseln: Obwohl beide Wörter gleich ausgesprochen werden, schreibt man die ein bleiches Aussehen bezeichnende Blässe anders als die Blesse mit der Bedeutung »weißer Fleck oder Streifen auf der Stirn oder dem Nasenrücken bestimmter [Haus]tiere«.

das **Bläss|huhn** oder **Bless|huhn**

das **Blatt** (Abkürzung: Bl. [Papier]); des Blatts oder Blat|tes; die Blät|ter; A B E R : 5 Blatt Papier

blät|te|rig oder **blätt|rig**

blät|tern; du blätterst; er blätterte; er hat im Buch geblättert; blättere nicht dauernd in diesem Buch!

blat|ter|nar|big (älter für: pockennarbig)

der **Blät|ter|teig**

das **Blatt|gold**

das **Blatt|grün**

die **Blatt|laus**

blau siehe Kasten Seite 86

das **Blau** (die blaue Farbe); des Blaus; die Blau, umgangssprachlich: Blaus; das Blau des Himmels; er ist in Blau gekleidet; das ist mit Blau bemalt

blau|äu|gig (arglos, naiv); eine sehr blauäugige Darstellung

die **Blau|bee|re** (Heidelbeere)

bläu|en (veraltend für: schlagen); sein Vater hat ihn gebläut

bläu|en (blau machen, färben); sie bläute das Kleid

blau|fär|ben vergleiche: blau

blau|ge|streift vergleiche: blau

bläu|lich; bläulich grün; bläulich rot

das **Blau|licht;** die Blau|lich|ter

blau|ma|chen (umgangssprachlich für: ohne zwingenden Grund nicht zur Arbeit, Schule o. Ä. gehen); er macht heute blau; er hat einen Tag blaugemacht; ↑A B E R : blau

die **Blau|mei|se**

die **Blau|pau|se** (Lichtpause auf bläulichem Papier)

die **Blau|säu|re**

die **Blau|tan|ne**

der **Blau|wal**

der **Bla|zer** [ˈbleːzɐ] (sportlich-elegante Jacke); des Blazers; die Blazer

das **Blech;** des Blechs oder Ble|ches; die Ble|che

ble|chen (umgangssprachlich für: zahlen); du blechst; er blechte; er hat geblecht

ble|chern (aus Blech)

der **Blech|scha|den**

das **Blei** (ein Metall); des Bleis oder Blei|es

die **Blei|be** (Unterkunft); eine Bleibe suchen

85

bleiben – Blinddarm

b

blau

bla̱u|er; am blaus|ten *oder* blau|es|ten

1. Groß- und Kleinschreibung:

Kleinschreibung:

– das blaue Kleid
– blauer Fleck (Bluterguss)
– sein blaues Wunder erleben (*umgangs-sprachlich für:* staunen)
– ein blauer *oder* Blauer Brief (ein Mahn-schreiben)
– Augen: blau (*in Pässen o. Ä.*)
– blau sein (*umgangssprachlich auch für:* betrunken sein)

Groß schreibt man das Farbadjektiv »blau«, wenn es als Nomen gebraucht wird. Die Nominalisierung erkennt man meist daran, dass dem Adjektiv »blau« ein Begleiter vorangeht, ohne dass ein Nomen direkt folgt:

– das Blau des Himmels
– etwas ins Blaue reden
– eine Fahrt ins Blaue
– die Farbe Blau

Auch in Namen schreibt man »blau« groß:

– die Blaue Grotte (von Capri)
– der Blaue Engel (Siegel für umweltscho-nende Produkte)
– der Blaue Planet (die Erde)

2. Getrennt- oder Zusammenschreibung:

Bezeichnet »blau« das Ergebnis des vom fol-genden Verb beschriebenen Vorgangs, kann getrennt oder zusammengeschrieben wer-den:

– den Pullover blau färben *oder* blaufär-ben; *aber bei mehrteiligen Adjektiven:* etwas dunkelblau färben
Vergleiche auch: blaumachen
– ein blau gestreifter *oder* blaugestreifter Stoff

In zusammengesetzten Farbbezeichnungen sollte ein Bindestrich gesetzt werden, um das Nebeneinander zweier Farben von einer Mischfarbe abzugrenzen:

– ein blaurotes Kleid (die Farbe des Kleids ist ein bläuliches Rot)
– ein blau-rotes Kleid (das Kleid hat die Farben Blau und Rot)

---

blei̱|ben; du bleibst; er bleibt; er blieb; er ist noch länger geblieben; bleib *oder* bleibe hier!; er hat es bleiben lassen *oder* bleibenlassen (unterlassen), *seltener:* bleiben gelassen *oder* bleibengelassen

das **Blei̱|be|recht** (*Rechtssprache:* Aufent-haltsrecht von Ausländern im Inland)

blei̱ch (sehr blass)

blei̱|chen (bleich machen); die Wäsche bleicht; die Wäsche hat gebleicht; bleich *oder* bleiche die Wäsche!

das **Blei̱ch|ge|sicht**

blei̱|frei; bleifreies Benzin

der **Blei̱|stift**

die **Bleṉ|de** (*Optik:* Vorrichtung, die einfal-lende Lichtstrahlen abschirmt)

bleṉ|den; du blendest; er blendete; das Licht hat geblendet; blend *oder* blende ihn nicht!

bleṉ|dend; ein blendend weißes Kleid; der Schnee war blendend weiß; sie amü-siert sich blendend (ausgezeichnet)

die **Ble̱s|se** (weißer Stirnfleck; *auch für:* Tier mit weißem Fleck); ↑ ABER: Blässe

das **Ble̱ss|huhn** *oder* **Bläss|huhn**

der **Bli̱ck;** des Blicks *oder* Bli|ckes; die Bli-cke

bli̱|cken; du blickst; er blickte; er hat geblickt; blick *oder* blicke nicht so böse!

das **Bli̱ck|feld;** etwas ins Blickfeld rücken (die allgemeine Aufmerksamkeit auf etwas lenken)

der **Bli̱ck|punkt;** des Blickpunkts oder Blick-punktes; die Blickpunkte

der **Bli̱ck|win|kel;** des Blickwinkels; die Blickwinkel

bli̱nd; blind sein; blind werden

der **Bli̱nd|darm**

86

Blinde – Blut

der **Blin|de**; ein Blinder; die Blinden; mehrere Blinde
die **Blin|de**; eine Blinde
Blin|de|kuh; Blindekuh spielen
die **Blin|den|schrift**
der **Blind|flug**
die **Blind|heit**
blind|lings; blindlings losrennen
die **Blind|schlei|che**
blind|wü|tig; blindwütiger Hass
blin|ken; du blinkst; er blinkte; er hat mit der Taschenlampe geblinkt
der **Blin|ker**; des Blinkers; die Blinker
das **Blink|feu|er** (ein Seezeichen)
das **Blink|licht**; die Blink|lich|ter
blin|zeln; du blinzelst; er blinzelte; er hat geblinzelt; blinzle *oder* blinzele nicht!
der **Blitz**; des Blit|zes; die Blit|ze
der **Blitz|ab|lei|ter**
blitz|blank
blit|zen; es blitzte; es hat geblitzt
blitz|ge|scheit
das **Blitz|licht**; die Blitz|lich|ter
blitz|schnell
der **Bliz|zard** ['blɪzɐt] (schwerer Schneesturm in Nordamerika); des Blizzards; die Blizzards
der **Block**; des Blocks *oder* Blo|ckes; die Blö|cke *und* (für Abreißblocks, Häuserblocks u. a.:) die Blocks
die **Blo|cka|de** (Sperrung eines Durchgangs oder einer Zufahrt)
der **Block|bus|ter** ['blɔkbastɐ] (erfolgreicher Kinofilm); des Blockbusters; die Blockbuster
die **Block|flö|te**
das **Block|haus**; die Block|häu|ser
blo|ckie|ren ([ab]sperren; aufhalten, unterbrechen); er blockierte die Straße; er hat die Straße blockiert; blockier *oder* blockiere nicht den Verkehr!
die **Block|schrift**
blöd *oder* **blö|de** (*umgangssprachlich für:* dumm); sich blöd stellen; ABER: so etwas Blödes!
blö|deln (Unsinn reden); du blödelst; er blödelte; er hat geblödelt; blöd[e]le nicht so!
der **Blöd|sinn**
blöd|sin|nig (blöd)
das *oder* der **Blog** (tagebuchartig geführte, öffentlich zugängliche Webseite); des Blogs, die Blogs
blog|gen (an einem Blog [mit]schreiben); sie bloggt; er hat gebloggt
der **Blog|ger** (jemand, der an einem Blog [mit]schreibt)
die **Blog|ge|rin**; die Bloggerinnen
blö|ken; das Schaf blökte; es hat geblökt
blond; blonde Haare; sie hat blond gefärbtes *oder* blondgefärbtes Haar; sie hat ihr Haar [ganz] blond gefärbt
blond|ge|färbt *vergleiche:* **blond**
die **Blon|di|ne** (Frau mit blondem Haar)
bloß; er fing die Schlange mit der bloßen (nackten) Hand; was ist bloß (nur) los mit ihr?; wenn die Nerven bloß liegen *oder* bloßliegen
die **Blö|ße**
bloß|lie|gen *vergleiche:* **bloß**
bloß|stel|len (blamieren); du stellst ihn bloß; er hat ihn bloßgestellt
die **Blue|jeans** ['bluːdʒiːns] (blaue Hose aus festem Baumwollgewebe) *Plural*
der **Blues** [bluːs] (Musik der Afroamerikaner; ein Tanz); des Blues; die Blues
der *oder* das **Blue|tooth** ['bluːtuːθ] (*Markenbezeichnung:* Datenschnittstelle mit Funkübertragung für Kurzstrecken); des Bluetooth *oder* Bluetooths; Daten per Bluetooth drahtlos mit dem PC tauschen
der **Bluff** (Täuschung); des Bluffs; die Bluffs
bluf|fen; du bluffst; er bluffte; er hat gebluftt; bluffe nicht!
blü|hen; die Blume blüht; sie hat lange geblüht
die **Blu|me**
der **Blu|men|kohl**
der **Blu|men|strauß**
der **Blu|men|topf**
die **Blu|men|va|se**
die *oder* das **Blu-Ray** *oder* **Blu-ray** ['bluːreɪ] (*Markenbezeichnung:* ein Aufzeichnungs- und Wiedergabeverfahren bei Datenträgern); des Blu-Ray, Blu-ray *oder* Blu-Rays, Blu-rays; die Blu-Rays *oder* Blu-rays
die **Blu|se**
das **Blut**; des Bluts *oder* Blu|tes; Blut spenden; Blut saugen; Blut saugende *oder* blutsaugende Insekten; ein Blut stillender *oder* blutstillender Verband; ABER NUR: der Verband wirkte blutstillend

blutarm – Bogotá

blut|arm (zu wenig rote Blutkörperchen besitzend)

die **Blut|bank** (Sammelstelle für Blutkonserven); die Blut|ban|ken

blut|be|schmiert; ein blutbeschmiertes Hemd; ABER: ein mit Blut beschmiertes Hemd

der **Blut|druck**

die **Blü|te**

blu|ten; du blutest; er blutete; er hat geblutet

der **Blü|ten|stand** (Vereinigung mehrerer Blüten)

der **Blü|ten|staub**

der **Blu|ter** (jemand, der zu schwer stillbaren Blutungen neigt); des Bluters; die Bluter

der **Blut|er|guss**

die **Blu|te|rin**; die Bluterinnen

die **Blü|te|zeit**; die Blütezeit des antiken Athen

das **Blut|ge|fäß**

die **Blut|ge|rin|nung**

die **Blut|grup|pe**

blu|tig

blut|jung (sehr jung)

die **Blut|kon|ser|ve** (haltbar gelagertes, für Bluttransfusionen verwendetes Blut)

das **Blut|kör|per|chen**; die roten, weißen Blutkörperchen

der **Blut|kreis|lauf**

das **Blut|plas|ma**

das **Blut|plätt|chen**

die **Blut|pro|be**; eine Blutprobe entnehmen

die **Blut|ra|che**

blut|rot

blut|sau|gend vergleiche: **Blut**

die **Blut|spen|de**

blut|stil|lend vergleiche: **Blut**

bluts|ver|wandt

die **Blut|trans|fu|si|on**

die **Blu|tung**

die **Blut|ver|gif|tung**

die **Blut|zu|fuhr**

die **BLZ** = Bankleitzahl

der **BMI** = Body-Mass-Index

der **BMW** (deutsche Kraftfahrzeugmarke nach dem Unternehmen Bayerische Motoren Werke AG, *Markenbezeichnung*)

das **BMX-Rad** (geländegängiges Fahrrad)

die **Bö** oder **Böe** (heftiger Windstoß); die Böen

die **Boa** (Riesenschlange); die Boas

das oder der **Board** [boːɐ̯t] (*kurz für:* Kickboard, Skateboard, Snowboard und Ähnliches); des Boards, die Boards

der **Bob** (Rennschlitten); des Bobs; die Bobs

die **Bob|bahn**

der **Bob|by** (*umgangssprachlich für:* englischer Polizist); des Bobbys; die Bobbys

das oder der **Boc|cia** [ˈbɔtʃa] (ein Kugelspiel); des Boccia oder der Boccia; die Boccias

der **Bock** (männliches Säugetier; Turngerät); des Bocks oder Bo|ckes; die Bö|cke; Bock springen, ABER: das Bockspringen; keinen, null Bock auf etwas haben (*umgangssprachlich für:* keine Lust zu etwas haben)

bock|bei|nig (*umgangssprachlich für:* trotzig, widerspenstig); ein bockbeiniges Kind

das **Bock|bier**

bo|ckig (trotzig, störrisch)

die **Bock|wurst**

der **Bo|den**; des Bodens; die Böden

die **Bo|den|schät|ze** *Plural*

der **Bo|den|see**

bo|den|stän|dig (lange ansässig; fest an einem Ort verwurzelt)

das **Bo|den|tur|nen**

der **Bo|dy** [ˈbɔdi] (eng anliegende, einteilige Unterkleidung); des Bodys; die Bodys

das **Bo|dy|buil|ding** [ˈbɔdibɪldɪŋ] (Training zur besonderen Ausbildung der Körpermuskulatur); des Bodybuilding oder Bodybuildings

der **Bo|dy|guard** [ˈbɔdigaːɐ̯t] (Leibwächter); des Bodyguards; die Bodyguards

die **Bo|dy|lo|ti|on** [ˈbɔdiloʊʃn] (Körperlotion); die Bodylotions

der **Bo|dy-Mass-In|dex** (Formel zur Bestimmung des normalen Körpergewichts; *Abkürzung:* BMI)

die **Böe** vergleiche: **Bö**

die **Boe|ing** [ˈboːɪŋ] (*Markenbezeichnung:* Flugzeugtyp des gleichnamigen amerikanischen Herstellers); der Boeing; die Boeings

der **Bo|gen**; des Bogens; die Bogen, *landschaftlich auch:* Bögen; in Bausch und Bogen (ganz und gar)

das **Bo|gen|schie|ßen**

Bo|go|tá (Hauptstadt Kolumbiens)

Bohle – borgen

die **Boh|le** (dickes Brett)

! Nicht verwechseln: Obwohl beide Wörter gleich ausgesprochen werden, schreibt man die meist als Bauholz verwendete *Bohle* anders als das bekannte Getränk aus Wein, Sekt und Früchten (die *Bowle*).

Böh|men (Landschaft in der Tschechischen Republik)

der **Böh|mer|wald** (ein Gebirge)

die **Boh|ne**

der **Boh|nen|kaf|fee**

das **Boh|nen|kraut**

die **Boh|nen|stan|ge**

boh|nern; ich bohnere; du bohnerst; er bohnerte; er hat den Boden gebohnert

das **Boh|ner|wachs**

boh|ren; du bohrst; er bohrte; er hat ein Loch gebohrt; bohr *oder* bohre nicht in der Nase!

der **Boh|rer;** des Bohrers; die Bohrer

die **Bohr|in|sel** (ins Meer gebaute Plattform für Öl- und Erdgasförderung)

bö|ig; böiger Wind

der **Boi|ler** (Warmwasserbereiter); des Boilers; die Boiler

die **Bo|je** (schwimmendes Seezeichen)

der **Bo|le|ro** (spanischer Tanz; kurze Jacke); des Boleros; die Boleros

der **Bo|li|vi|a|ner;** des Bolivianers; die Bolivianer

die **Bo|li|vi|a|ne|rin;** die Bolivianerinnen

bo|li|vi|a|nisch

Bo|li|vi|en (Staat in Südamerika)

das **Boll|werk**

bol|zen (derb Fußball spielen); du bolzt; er bolzte; er hat gebolzt; bolz *oder* bolze nicht so!

der **Bol|zen;** des Bolzens; die Bolzen

der **Bolz|platz**

bom|bar|die|ren; du bombardierst; er bombardierte; er hat ihn ständig mit Fragen bombardiert

die **Bom|be** (mit Sprengstoff angefüllter Hohlkörper; *umgangssprachlich für:* wuchtiger Schuss aufs [Fußball]tor)

der **Bom|ben|an|schlag**

der **Bom|ben|er|folg** (*umgangssprachlich für:* großer Erfolg)

das **Bom|ben|ge|schäft** (*umgangssprachlich für:* sehr gutes Geschäft)

bom|ben|si|cher; ein bombensicherer Keller; ABER *(mit Doppelbetonung):* **bom|ben|si|cher** (*umgangssprachlich für:* sehr sicher); ein bombensicheres Geschäft

der **Bom|ber;** des Bombers; die Bomber

die **Bom|mel** (*norddeutsch für:* Quaste)

die **Bom|mel|müt|ze**

der **Bon** [bõ:] (Gutschein); des Bons; die Bons

der *oder* das **Bon|bon** [bõˈbõ:] (Süßigkeit zum Lutschen); des Bonbons; die Bonbons

die **Bo|ni|tät** (*Kaufmannssprache:* guter Ruf einer Person oder Firma in Bezug auf ihre Zahlungsfähigkeit); der Bonität

Bonn (Stadt am Rhein)

der **Bon|sai** (japanischer Zwergbaum); des Bonsai *oder* Bonsais; die Bonsais

der **Bo|nus** (Vergütung; Rabatt); des Bonus *oder* Bonusses; die Bonusse *oder* Boni

der **Bon|ze** (sturer [Partei]funktionär); des/dem/den Bonzen; die Bonzen

der **Boom** [bu:m] (Hochkonjunktur); des Booms; die Booms

boo|men [ˈbuːmən] (*umgangssprachlich für:* einen Aufschwung erleben); es boomt, es boomte, es hat geboomt; die Castingshows boomen

das **Boot;** des Boots *oder* Boo|tes; die Boo|te; *Verkleinerungsform:* das Bötchen

der **Boot** [buːt] (hoher [Wildleder]schuh); des Boots; die Boots *meist Plural*

boo|ten [ˈbuːtn̩] (*EDV:* einen Computer neu starten); du bootest; sie bootete; er hat gebootet; boot *oder* boote den Computer!

das **Bord** (Bücherbord); des Bords *oder* Bordes; die Bor|de

der **Bord** (Schiffsrand, Schiffsdeck); des Bords *oder* Bor|des; die Bor|de; an, von Bord gehen; Mann über Bord!

die **Bör|de** (fruchtbare Ebene); die Magdeburger Börde

der **Bor|deaux** [bɔrˈdoː] (ein Wein nach der gleichnamigen französischen Stadt); des Bordeaux; die Bordeaux

das **Bor|dell** (Haus, in dem Prostituierte ihr Gewerbe ausüben); des Bordells; die Bordelle

der **Bord|stein** (am Bürgersteig)

bor|gen; du borgst ihm Geld; er borgte

89

Borke – boykottieren

b

ihm Geld; er hat ihm Geld geborgt; borg *oder* borge kein Geld!

die **Bor|ke** (Rinde); die Borken

der **Bor|ken|kä|fer**

der **Born** (*dichterisch für:* Quelle, Brunnen); des Borns *oder* Bor|nes; die Bor|ne

Bor|neo (Insel in Südostasien)

bor|niert (geistig beschränkt)

die **Bör|se** (*Wirtschaft:* Markt für Wertpapiere; *veraltend für:* Portemonnaie)

der **Bör|sen|gang** (erstmalige Zulassung zum Handel an der Börse); der geplante Börsengang des Fußballklubs wurde verschoben

der **Bör|sen|kurs** (an der Börse ermittelter Kurs eines Wertpapiers)

börsennotiert (*Wirtschaft:* durch einen an der Börse festgelegten Kurs bewertet); ein börsennotierter Fußballverein

der **Bör|si|a|ner** (*umgangssprachlich für:* jemand, der an der Börse spekuliert, Börsenmakler); des Börsianers; die Börsianer

die **Bors|te** (starkes Haar); eine Bürste aus reinen Borsten

bors|tig

die **Bor|te** ([gemustertes] Band, das zur Verzierung auf Stoff genäht wird); die Borten

bös ↑ böse

bös|ar|tig

die **Bö|schung**

bö|se; ein böser Blick; jenseits von Gut und Böse; das Gute und das Böse; im Guten wie im Bösen

der **Bö|se|wicht**; die Bö|se|wich|te

bos|haft

die **Bos|heit**

Bos|ni|en (Gebiet im Norden von Bosnien und Herzegowina)

Bos|ni|en und Her|ze|go|wi|na (Staat in Südosteuropa)

der **Bos|ni|er**; des Bosniers; die Bosnier

die **Bos|ni|e|rin**; die Bosnierinnen

bos|nisch

der **Boss** (Chef); des Bos|ses; die Bos|se

bös|wil|lig

die **Bo|ta|nik** (Pflanzenkunde)

bo|ta|nisch; botanische Gärten; ABER: der Botanische Garten in München

das **Böt|chen** (kleines Boot)

der **Bo|te**; des/dem/den Boten; die Boten

die **Bo|tin;** die Botinnen

die **Bot|schaft** (wichtige Nachricht; diplomatische Vertretung eines Staates im Ausland)

der **Bot|schaf|ter;** des Botschafters; die Botschafter

die **Bot|schaf|te|rin;** die Botschafterinnen

der **Bött|cher** (Bottichmacher); des Böttchers; die Böttcher

die **Bött|che|rin;** die Böttcherinnen

der **Bot|tich** (große Holzwanne); des Bottichs *oder* Bot|ti|ches; die Bot|ti|che

die **Bouil|lon** [bʊlˈjõ:] (Fleischbrühe); die Bouillons

der **Bou|le|vard** [bʊlˈvaːɐ̯] (breite, oft prächtige Straße); des Boulevards; die Boulevards; wir schlenderten die Boulevards entlang

die **Bou|le|vard|zei|tung** (sensationell aufgemachte Zeitung, die besonders viel Gesellschaftsklatsch enthält)

das **Bou|quet** [buˈke:] *vergleiche:* **Bu|kett**

die **Bou|tique** [buˈtɪk] (kleiner Laden für modische Artikel); die Boutiquen

die **Bow|le** [ˈboːlə] (Getränk aus Wein, Sekt und Früchten); die Bowlen; ↑ ABER: Bohle

bow|len [ˈboʊlən] (Bowling spielen); du bowlst; sie bowlte; er hat gebowlt; wir gehen bowlen

das **Bow|ling** [ˈboʊlɪŋ] (amerikanische Art des Kegelspiels); des Bowlings; die Bowlings

die **Box** (abgeteilter Raum; einfache Kamera); die Bo|xen

bo|xen; ich boxe; du boxt; er boxte; er hat geboxt; box *oder* boxe mit ihm!

der **Bo|xer** (Faustkämpfer; eine Hunderasse); des Boxers; die Boxer

die **Bo|xe|rin;** die Boxerinnen

der **Box|hand|schuh**

der **Box|kampf**

der **Boy** (Junge; [Hotel]diener); des Boys; die Boys

die **Boy|group** [ˈbɔygruːp] (Popgruppe aus jungen attraktiven Männern); die Boygroups

der **Boy|kott** (Verweigerung; Ausschluss); des Boykotts; die Boy|kot|te

boy|kot|tie|ren; ich boykottiere; du boykottierst; sie boykottierte; sie hat dieses Geschäft boykottiert; boykottier *oder* boykottiere den neuen Mitschüler nicht!

BR – Braut

BR = Bayerischer Rundfunk; des BR
brach (unbestellt, unbebaut)

die **Bra|che** (Brachfeld); die Brachen

das **Brach|feld**

bra|chi|al (mit roher Körperkraft); brachiale Gewalt

brach|lie|gen (nicht genutzt werden); ihr Talent lag brach; es hat brachgelegen

bra|ckig (schwach salzig und daher ungenießbar)

das **Brack|was|ser** (Gemisch aus Süß- und Salzwasser in den Flussmündungen); die Brackwasser

Brahms (deutscher Komponist)

die **Bran|che** ['brãːʃə] (Wirtschaftszweig); die Branchen

der **Bran|chen|füh|rer** (führendes Unternehmen einer Branche)

der **Bran|chen|ken|ner** (jemand, der sich in einer Branche gut auskennt)

die **Bran|chen|ken|ne|rin;** die Branchenkennerinnen

das **Bran|chen|ver|zeich|nis**

der **Brand;** des Brands *oder* Bran|des; die Brän|de; in Brand stecken

der **Brand|an|schlag** (Anschlag, bei dem Feuer gelegt wird)

die **Brand|bla|se**

brand|ei|lig (*umgangssprachlich für:* sehr eilig)

bran|den (schäumend hochschlagen); es brandete; es hat gebrandet; das Meer brandet gegen die Felsen

Bran|den|burg (Stadt und deutsches Bundesland)

der **Bran|den|bur|ger;** des Brandenburgers; die Brandenburger

die **Bran|den|bur|ge|rin;** die Brandenburgerinnen

das **Bran|den|bur|ger Tor** (in Berlin)

bran|den|bur|gisch

brand|mar|ken (öffentlich bloßstellen); du brandmarkst; man brandmarkte ihn; man hat ihn gebrandmarkt

brand|neu (*umgangssprachlich*)

die **Brand|stät|te**

der **Brand|stif|ter;** des Brandstifters; die Brandstifter

die **Brand|stif|te|rin;** die Brandstifterinnen

die **Brand|stif|tung**

die **Bran|dung**

die **Brand|wun|de**

der **Brannt|wein**

Bra|si|lia (Hauptstadt Brasiliens)

der **Bra|si|li|a|ner;** des Brasilianers; die Brasilianer

die **Bra|si|li|a|ne|rin;** die Brasilianerinnen

bra|si|li|a|nisch

Bra|si|li|en (Staat in Südamerika)

bra|ten; du brätst; sie brät; sie briet; sie hat den Fisch gebraten; brat *oder* brate das Fleisch!

der **Bra|ten;** des Bratens; die Braten

die **Brat|kar|tof|fel**

der **Brät|ling** (*Kochkunst:* gebratener Kloß aus Gemüse oder Getreide)

die **Brat|sche** (ein Streichinstrument)

der **Brat|scher** *oder* **Brat|schist** (Bratschenspieler); des Bratschers *oder* Bratschis|ten; die Bratscher *oder* Brat|schisten

die **Brat|sche|rin** *oder* **Brat|schis|tin;** die Bratscherinnen oder Bratschistinnen

die **Brat|wurst**

der **Brauch;** des Brauchs *oder* Brau|ches; die Bräu|che

brauch|bar

brau|chen; du brauchst einen neuen Mantel; er hat einen neuen Hut gebraucht; ᴀʙᴇʀ: er hat es nicht zu tun brauchen (nicht tun müssen)

das **Brauch|tum;** des Brauchtums; die Brauch|tü|mer

das **Brauch|was|ser** (für Gewerbe und Industrie)

brau|en; ich braue; du braust; er braute; er hat Bier gebraut

die **Brau|e|rei**

braun; eine braun gebrannte *oder* braungebrannte Frau; ↑blau

der **Braun|bär**

bräu|nen; die Sonne bräunte ihn, hat ihn gebräunt; sich bräunen lassen

braun|ge|brannt *vergleiche:* **braun**

die **Braun|koh|le**

bräun|lich

die **Brau|se**

brau|sen; das Wasser brauste; es hat gebraust; sich brausen; er hat sich gebraust

das **Brau|sen;** des Brausens; das Brausen des Meeres

die **Brau|se|ta|b|let|te**

die **Braut;** die Bräu|te

91

Bräutigam – brieflich

der **Bräu|ti|gam;** des Bräutigams; die Bräu-
tigalme

das **Braut|kleid**
bräut|lich
brav (gehorsam, artig); ein braver Junge
bra|vo! (gut!); ↑ *auch:* Bravo

das **Bra|vo** (Beifallsruf); des Bravos; die Bra-
vos; Bravo *oder* bravo rufen
Braz|za|ville [braza'vil] (Hauptstadt der
Republik Kongo)

die **BRD** = Bundesrepublik Deutschland

das *oder* der **Break** [bre:k] (*Tennis:* Durch-
brechen des gegnerischen Aufschlags);
des Breaks; die Breaks

der **Break|dance** ['bre:kda:ns] (akroba-
tischer Tanz zu Popmusik); des Break-
dance *oder* Break|dan|ces

der **Break|dan|cer;** des Breakdancers; die
Breakdancer

die **Break|dan|ce|rin;** die Breakdancerinnen
bre|chen; der Ast bricht; der Ast brach;
der Ast ist gebrochen; brich nicht den
Stab über ihn!

der **Bre|cher** (Sturzwelle); des Brechers; die
Brecher

die **Brech|stan|ge**

der **Brei;** des Breis *oder* Brei|es; die Breie
brei|ig
breit; brei|ter; am brei|tes|ten; eine
breite Straße; weit und breit ist niemand
zu sehen; er hat die Geschichte des Langen und Breiten (umständlich) erzählt;
ins Breite gehen, fließen; die Straße
breit, breiter machen; die Straße
breit, breiter machen (*umgangssprachlich für:* viel
[Platz] in Anspruch nehmen, sich immer
weiter ausbreiten); die Schuhe breit treten *oder* breittreten; ↑ ABER: breittreten;
ein breit gefächertes *oder* breitgefächer-
tes Angebot

die **Brei|te;** die Breiten; nördliche, südliche
Breite
brei|ten; du breitest; sie breitete; er hat
gebreitet; breit *oder* breite die Decke
aus!; ein Tuch über den Tisch breiten

der **Brei|ten|grad**

der **Brei|ten|kreis**
breit|ge|fä|chert *vergleiche:* **breit**

sich **breit|ma|chen** (*umgangssprachlich für:*
viel [Platz] in Anspruch nehmen, sich
immer weiter ausbreiten); sie hat sich
auf dem Sofa breitgemacht

breit|tre|ten (etwas unnötigerweise wei-
terverbreiten); er hat diese Geschichte
überall breitgetreten; ↑ *auch:* breit
Bre|men (Hafenstadt an der Weser)

der **Bre|mer;** des Bremers; die Bremer
Bre|mer|ha|ven (Hafenstadt an der
Wesermündung)

die **Bre|me|rin;** die Bremerinnen
bre|misch

die **Brem|se** (Hemmvorrichtung; Stech-
fliege)
brem|sen; du bremst; er bremste; er hat
gebremst; brems *oder* bremse nicht so
spät!

die **Brems|spur**

das **Brenn|ele|ment** (*Kernphysik:* aus zahlrei-
chen, gebündelten, gasdicht abgeschlos-
senen Brennstäben bestehende Einheit)
bren|nen; die Kerze brennt; sie brannte;
es hat gebrannt; er hat eine CD gebrannt

der **Bren|ner;** des Brenners; die Brenner

das **Brenn|glas**

die **Brenn|nes|sel** *oder* **Brenn-Nes|sel;** die
Brennnesseln *oder* Brenn-Nesseln

der **Brenn|punkt** (*Optik, Geometrie*)

der **Brenn|stab** (von einer stabförmigen
Hülse umgebener Kernbrennstoff, der in
den Kernreaktor eingebracht wird)

der **Brenn|stoff;** die Brenn|stof|fe *meist Plu-*
ral

die **Brenn|stoff|zel|le** (*Chemie, Technik:*
einer Batterie ähnliche Stromquelle)

die **Brenn|wei|te**
brenz|lig (*umgangssprachlich für:*
gefährlich); eine brenzlige Situation

die **Bre|sche** (*veraltend für:* große Lücke);
eine Bresche schlagen

das **Brett;** des Bretts *oder* Bret|tes; die Bret-
ter; das Schwarze *oder* schwarze Brett
(Anschlagtafel)

das **Bre|vier** (ein Gebetbuch); des Breviers;
die Bre|vie|re

die **Bre|zel** (salziges oder süßes Gebäck); die
Brezeln

das **Bridge** [brɪtʃ] (ein Kartenspiel); des
Bridge; Bridge spielen

der **Brief;** des Briefs *oder* Brie|fes; die Brie|fe

der **Brief|freund**

die **Brief|freun|din**

das **Brief|ge|heim|nis**

der **Brief|kas|ten**
brief|lich

Briefmarke – brüderlich

die **Brief|mar|ke**
die **Brief|tau|be**
der **Brief|trä|ger**
die **Brief|trä|ge|rin**
der **Brief|um|schlag**
der **Brief|wech|sel**
die **Bri|ga|de** (Truppenabteilung; Arbeitsgruppe in der DDR)
das **Bri|kett** (in Form gepresste Braun- oder Steinkohle); des Briketts; die Briketts *oder* Bri|ket|te
bril|lant [brɪl'jant] (glänzend, fein); brillan|ter; am bril|lan|tes|ten
der **Bril|lant** (geschliffener Diamant); des Bril|lan|ten; die Bril|lan|ten
die **Bril|le**
die **Bril|len|schlan|ge** (*umgangssprachlich scherzhaft auch für:* Brillenträger[in])
bril|lie|ren (glänzen; sich hervortun); du brillierst; sie brillierte; er hat brilliert; er brillierte durch seine Aufsätze
brin|gen; ich bringe; du bringst; er bringt; er brachte; er hat den Korb gebracht; bring *oder* bringe ihm das Essen!
bri|sant (sehr aktuell; heikel); bri|santer; am bri|san|tes|ten; eine brisante Nachricht
die **Bri|sanz** (Sprengkraft; *nur Singular:* brennende Aktualität); die Brisanz seiner Aussage
die **Bri|se** (ein gleichmäßiger Segelwind)
der **Bri|te** (Einwohner von Großbritannien); des Briten
die **Bri|tin;** die Britinnen
bri|tisch
Broad|way ['brɔ:dweɪ] (Hauptstraße in New York); des Broadways
brö|cke|lig *oder* **bröck|lig**
brö|ckeln; der Putz bröckelte; der Putz ist von der Wand gebröckelt; er hat das Brot in die Suppe gebröckelt
der **Bro|cken** (größeres, unregelmäßig geformtes Stück [das von etwas abgebrochen ist]); des Brockens; die Brocken
der **Bro|cken** (Berg im Harz); des Brockens
bröck|lig *oder* **brö|cke|lig**
bro|deln ([beim Kochen] Blasen bilden und in starker Bewegung sein); das Wasser brodelt; es brodelte; es hat gebrodelt
der **Bro|ker** (*englische Bezeichnung für:* Börsenmakler); des Brokers; die Broker

die **Bro|ke|rin;** die Brokerinnen
der **Brok|ko|li** *oder* **Broc|co|li** (Spargelkohl); des Brokkoli *oder* Brokkolis, die Brokkoli *oder* Brokkolis
die **Brom|bee|re**
die **Bron|chie** (Luftröhrenast); die Bron|chien
die **Bron|chi|tis** (Entzündung der Bronchien)
der **Bron|to|sau|ri|er** *oder* **Bron|to|sau|rus** (eine ausgestorbene Riesenechse); des Brontosauriers *oder* Brontosaurus; die Brontosaurier
die **Bron|ze** ['brõ:sə] (eine Metallmischung)
die **Bron|ze|me|dail|le**
bron|zen (aus Bronze)
die **Bron|ze|zeit** (vorgeschichtliche Epoche)
die **Bro|sche**
die **Bro|schü|re** (leicht geheftete Druckschrift); die Broschüren
das **Brot;** des Brots *oder* Bro|tes; die Bro|te
das **Bröt|chen**
die **Brot|krus|te**
die **Brot|schnei|de|ma|schi|ne**
die **Brot|zeit** (*süddeutsch für:* Zwischenmahlzeit); die Brot|zei|ten
der **Brow|ser** ['braʊzɐ] (*EDV:* Software zum Verwalten, Finden und Ansehen von Dateien); des Browsers; die Browser
der **Bruch** (*umgangssprachlich auch für:* Einbruch); des Bruchs *oder* Bru|ches; die Brü|che; zu Bruch gehen; in die Brüche gehen
der *oder* das **Bruch** (Sumpfland); des Bruchs *oder* Bru|ches; die Brü|che, *landschaftlich auch:* Brü|cher
brü|chig
die **Bruch|lan|dung**
bruch|rech|nen

> **!** Das Verb sollte nur im Infinitiv gebraucht werden: »Er kann gut *bruchrechnen*.« Wenn das Verb wie ein Nomen gebraucht wird, muss man es großschreiben: »Ihr fällt *das Bruchrechnen* leicht.«

der **Bruch|teil**
die **Bruch|zahl**
die **Brü|cke**
der **Bru|der;** des Bruders; die Brüder; die Brüder Grimm
brü|der|lich

93

Brüderlichkeit – buckelig

die **Brü|der|lich|keit**

die **Brü|der|schaft** (religiöse Vereinigung)

die **Brü|der|schaft** (brüderliches Verhältnis); Brüderschaft trinken

die **Brü|he**

brü|hen; du brühst; er brühte; er hat die Tomaten gebrüht

brüh|warm

brül|len; du brüllst; er brüllte; er hat gebrüllt; brüll *oder* brülle nicht!

brum|men; du brummst; er brummte; er hat gebrummt; brumm *oder* brumme nicht!

brum|mig

der **Brunch** [brantʃ] (reichhaltiges, das Mittagessen ersetzendes Frühstück); des Brunchs *oder* Brun|ches; die Brunchs *oder* Brun|ches *oder* Brun|che

brü|nett (braunhaarig, braunhäutig)

die **Brunft** (Brunst beim Wild); die Brünf|te

der **Brun|nen**

die **Brunst** (Paarungszeit bei einigen Tierarten); die Bruns|te

bründs|tig

brüsk (barsch; schroff)

Brüs|sel (Hauptstadt Belgiens)

die **Brust;** die Brüs|te

das **Brust|bein**

sich **brüs|ten;** du brüstest dich; er brüstete sich; er hat sich mit seinem Mut gebrüstet; brüste dich nicht so!

der **Brust|korb**

der **Brust|krebs**

brust|schwim|men *oder* **Brust schwimmen;** er kann gut brustschwimmen *oder* Brust schwimmen; ABER NUR: er schwimmt Brust; ABER: das **Brustschwim|men**

die **Brüs|tung** (Geländer)

die **Brut;** die Bru|ten

bru|tal (roh; gewalttätig)

die **Bru|ta|li|tät**

brü|ten; das Huhn brütete; es hat gebrütet

der **Brü|ter** (Kernreaktor, der mehr spaltbares Material erzeugt, als er verbraucht); schneller Brüter

die **Brut|pfle|ge** *(Zoologie)*

brut|to (mit Verpackung; ohne Abzüge)

das **Brut|to|ge|wicht**

das **Brut|to|in|lands|pro|dukt** (*Wirtschaft:* Gesamtwert aller Dienstleistungen und Produkte, die innerhalb eines Jahres in einem Land erwirtschaftet werden)

der **Brut|to|lohn**

das **Brut|to|so|zi|al|pro|dukt** (*Wirtschaft:* das gesamte Ergebnis des Wirtschaftsprozesses in einem Staat während eines Jahres; *Abkürzung:* BSP)

brut|zeln (in zischendem Fett braten); das Schnitzel brutzelte; es hat gebrutzelt; sich etwas brutzeln

BSE = bovine spongiforme Enzephalopathie (Rinderwahnsinn)

der **Bub** (*süddeutsch, österreichisch, schweizerisch für:* Junge); des Bu|ben; die Bu|ben

der **Bu|be** (eine Spielkarte); des Buben; die Buben

das **Buch;** des Buchs *oder* Bu|ches; die Bücher; Buch führen; die Buch führende *oder* buchführende Geschäftsstelle

die **Bu|che** (ein Laubbaum)

die **Buch|ecker;** die Bucheckern

bu|chen (eintragen; im Voraus bestellen); ich buche; er buchte den Betrag auf sein Konto; er hat gestern die Reise gebucht

die **Bü|che|rei;** die Büchereien

der **Buch|fink**

buch|füh|rend *vergleiche:* **Buch**

die **Buch|füh|rung**

die **Buch|hal|tung**

der **Buch|han|del**

der **Buch|händ|ler**

die **Buch|händ|le|rin**

die **Buch|hand|lung**

die **Buch|mes|se**

die **Buch|se** (runde Öffnung, in die ein Stecker gesteckt werden kann); die Buchsen

die **Büch|se** ([Konserven]dose; Jagdgewehr)

der **Buch|sta|be;** des Buchstabens; die Buchstaben

buch|sta|bie|ren; du buchstabierst; sie buchstabierte; sie hat buchstabiert; buchstabier *oder* buchstabiere!

buch|stäb|lich (genau nach dem Wortlaut; tatsächlich); sie waren buchstäblich erfroren

die **Bucht;** die Buch|ten

die **Bu|chung;** der Buchung; die Bu|chungen; die Buchung des Urlaubs wurde bestätigt

der **Bu|ckel** (Höcker, Rücken); des Buckels; die Buckel

bu|cke|lig *oder* **buck|lig**

bücken – bums!

sich **bü|cken;** du bückst dich; er bückte sich; er hat sich gebückt; bück *oder* bücke dich!
der **Bück|ling** (geräucherter Hering)
Bu|da|pest (Hauptstadt Ungarns)
bud|deln (*umgangssprachlich für:* [im Sand] graben); ich budd[e]le; du buddelst; er buddelte; sie hat im Sand gebuddelt; buddle *oder* buddele ein Loch in den Sand!
Bud|dha (indischer Religionsstifter)
der **Bud|dha** (Bild, Verkörperung von Buddha); die Buddhas
der **Bud|dhis|mus** (nach Buddha benannte Weltreligion)
der **Bud|dhist;** des/dem/den Bud|dhis|ten; die Bud|dhis|ten
bud|dhis|tisch
die **Bu|de**
das **Bud|get** [byˈdʒeː] (Haushaltsplan); des Budgets; die Budgets
das **Bu|do** (Sammelbezeichnung für Judo, Karate u. Ä.); des Budos
Bu|e|nos Ai|res (Hauptstadt Argentiniens)
das **Bü|fett** *oder* **Buf|fet** [byˈfeː] (Geschirrschrank mit einer Fläche zum Bereitstellen von Speisen; Theke); des Büfetts *oder* Bü|fet|tes *und* des Buffets; die Büfetts *oder* Bü|fet|te *und* die Buffets; ein kaltes, warmes Büfett (angerichtete Speisen zur Selbstbedienung)
der **Büf|fel** (wild lebende Rinderart); des Büffels; die Büffel
das **Büf|fel|le|der**
büf|feln (*umgangssprachlich für:* angestrengt lernen); ich büff[e]le; du büffelst; sie büffelte; er hat für den Test gebüffelt; büffle *oder* büffele nicht zu viel!
das **Buf|fet** [byˈfeː] *vergleiche:* **Bü|fett**
der **Bug** (Schulterstück, z. B. des Pferdes oder Rindes; Schiffsvorderteil); des Bugs *oder* Bu|ges; die Bu|ge *oder* Bü|ge
der **Bug** [bag] (*EDV:* Fehler in Hardware oder Software; Programmierfehler); des Bugs; die Bugs
der **Bü|gel;** des Bügels; die Bügel
das **Bü|gel|ei|sen**
bü|geln; ich büg[e]le; du bügelst; er bügelte; er hat die Hose gebügelt; bügle *oder* bügele die Bluse!
der **Bug|gy** [ˈbagi] (zusammenklappbarer Kinderwagen); des Buggys; die Buggys

bug|sie|ren (ins Schlepptau nehmen; mühsam an einen Ort befördern); ich bugsiere; du bugsierst; er bugsierte den Dampfer; er hat mich ins Vorzimmer bugsiert
buh! (Ausruf als Ausdruck des Missfallens)
buh|len (*veraltet für:* sich um etwas bemühen); um jemandes Gunst buhlen
der **Buh|mann** (böser Mann; Prügelknabe); die Buhmänner
die **Buh|ne** (Damm zum Uferschutz)
die **Büh|ne** (erhöhte Fläche, auf der Schauspieler oder Musiker vor einem Publikum spielen)
das **Büh|nen|bild**
Bu|ka|rest (Hauptstadt Rumäniens)
das **Bu|kett** *oder* **Bou|quet** [buˈkeː] (Blumenstrauß; Duft des Weines); des Buketts *oder* Bu|ket|tes *oder* Bouquets; die Buketts *oder* Bu|ket|te *oder* Bouquets
die **Bu|let|te** (gebratenes Fleischklößchen); die Buletten
der **Bul|ga|re;** des/dem/den Bulgaren; die Bulgaren
Bul|ga|ri|en
die **Bul|ga|rin;** die Bulgarinnen
bul|ga|risch
das **Bull|au|ge** (rundes Schiffsfenster)
die **Bull|dog|ge** (eine Hunderasse)
der **Bull|do|zer** [ˈbʊldoːzɐ] (Planierraupe)
der **Bul|le** (Stier, männliches Zuchtrind; *umgangssprachlich oft abwertend für:* Polizist); des/dem/den Bullen; die Bullen
die **Bul|le** (päpstlicher Erlass)
die **Bul|len|hit|ze** (*umgangssprachlich für:* sehr große Hitze)
bul|lig
der **Bu|me|rang** (ein gekrümmtes Wurfholz); des Bumerangs; die Bumerangs *oder* Bu|me|ran|ge
der **Bum|mel** (*umgangssprachlich für:* Spaziergang); des Bummels; die Bummel; einen Bummel machen
bum|meln; ich bumm[e]le; du bummelst; sie bummelte; sie hat gebummelt (gefaulenzt); ABER: er ist durch die Straßen gebummelt (geschlendert)
der **Bumm|ler;** des Bummlers; die Bummler
die **Bumm|le|rin;** die Bummlerinnen
bums!

bumsen – Bürge

bụm|sen (*umgangssprachlich für:* dumpf dröhnen, dumpf dröhnend [auf]schlagen; Geschlechtsverkehr haben); du bumst; er bumste; er ist mit dem Wagen gegen den Baum gebumst; es hat gebumst

BUND = Bund für Umwelt und Naturschutz Deutschland; des BUND *oder* BUNDs

das **Bụnd** (Gebinde); des Bunds *oder* Bundes; die Bun|de; ABER: 5 Bund Stroh

der **Bụnd** (Vereinigung; Gurtband eines Rockes, einer Hose); des Bunds *oder* Bun|des; die Bün|de

das **Bün|del**; des Bündels; die Bündel

bün|deln; ich bünd[e]le; du bündelst; er bündelte; er hat die Zeitungen gebündelt

das **Bụn|des|aus|bil|dungs|för|de|rungs|ge|setz** (*Abkürzung:* BAföG, *auch:* Bafög)

die **Bụn|des|bank**

der **Bụn|des|bür|ger**

die **Bụn|des|bür|ge|rin**

bụn|des|deutsch

das **Bụn|des|ge|biet**

das **Bụn|des|ge|richt**

der **Bụn|des|ge|richts|hof;** des Bundesgerichtshofs *oder* Bun|des|ge|richts|ho|fes

die **Bụn|des|haupt|stadt**

die **Bụn|des|ju|gend|spie|le** *Plural*

der **Bụn|des|kanz|ler**

die **Bụn|des|kanz|le|rin**

das **Bụn|des|kar|tell|amt;** des Bundeskartellamts *oder* Bun|des|kar|tell|am|tes

das **Bụn|des|kri|mi|nal|amt;** des Bundeskriminalamts *oder* Bun|des|kri|mi|nal|amtes

die **Bụn|des|la|de** (im Alten Testament)

das **Bụn|des|land;** die neuen Bundesländer

die **Bụn|des|li|ga** (höchste deutsche Spielklasse in verschiedenen Sportarten); die Erste, Zweite Bundesliga

das **Bụn|des|li|ga|spiel**

der **Bụn|des|li|gist** (Verein, der in der Bundesliga spielt); des Bun|des|li|gis|ten; die Bun|des|li|gis|ten

der **Bụn|des|mi|nis|ter**

die **Bụn|des|mi|nis|te|rin**

das **Bụn|des|mi|nis|te|ri|um**

der **Bụn|des|prä|si|dent**

die **Bụn|des|prä|si|den|tin**

der **Bụn|des|rat**

die **Bụn|des|re|gie|rung**

die **Bụn|des|re|pu|b|lik Deutsch||and** (*nicht amtliche Abkürzung:* BRD)

der **Bụn|des|staat**

die **Bụn|des|stra|ße** (*Zeichen:* B, z. B. B 38)

der **Bụn|des|tag**

die **Bụn|des|tags|frak|ti|on**

die **Bụn|des|tags|wahl**

der **Bụn|des|trai|ner**

die **Bụn|des|trai|ne|rin**

das **Bụn|des|ver|dienst|kreuz**

das **Bụn|des|ver|fas|sungs|ge|richt;** des Bundesverfassungsgerichts *oder* Bundes|ver|fas|sungs|ge|rich|tes

die **Bụn|des|wehr**

bụn|des|weit; bundesweite Verbreitung

bün|dig (überzeugend, schlüssig); etwas kurz und bündig beantworten

das **Bünd|nis;** des Bündnisses; die Bündnisse

der **Bünd|nis|part|ner**

der **Bun|ga|low** [ˈbʊŋgalo] (eingeschossiges Haus); des Bungalows; die Bungalows

das **Bun|gee-Jum|ping** [ˈbandʒidʒampɪŋ] *oder* **Bun|gee|jum|ping** (Springen aus großen Höhen, wobei der Springer durch ein starkes Gummiseil gesichert ist); des Bungee-Jumpings *oder* Bungeejumpings

der **Bụn|ker** ([meist unterirdische] Anlage zum Schutz gegen militärische Angriffe; Großbehälter zum Lagern von Massengütern, z. B. Kohle, Erz, Getreide); des Bunkers; die Bunker

der **Bụn|sen|bren|ner** (Gasbrenner)

bụnt; bun|ter; am bun|tes|ten; ein bunter Abend; bunt bemalen; bunt schillernde *oder* buntschillernde Fische; ein bunt gemischtes *oder* buntgemischtes Programm; ↑ ABER: buntscheckig

das **Bụnt|pa|pier**

der **Bụnt|sand|stein** (überwiegend roter Sandstein)

bụnt|sche|ckig (bunt gefleckt); buntscheckige Kühe

bụnt|schil|lernd *vergleiche:* bụnt

der **Bụnt|stift**

die **Bür|de**

der **Bu|re** (Nachkomme der niederländischen und deutschen Ansiedler in Südafrika); des/dem/den Buren; die Buren

die **Burg**

der **Bür|ge;** des/dem/den Bürgen; die Bürgen

bürgen – Bütte

bür|gen; ich bürge; du bürgst; er bürgte;
er hat für dich gebürgt

der **Bur|ger** [ˈbøːɐ̯gɐ] (nach Art des Ham-
burgers belegtes Brötchen); des Burgers;
die Burger

der **Bür|ger;** des Bürgers; die Bürger

das **Bür|ger|be|geh|ren** (Forderung nach der
Entscheidung einer wichtigen Sache
durch die Bürgerinnen und Bürger); des
Bürgerbegehrens; die Bürgerbegehren

der **Bür|ger|ent|scheid** (Entscheidung einer
wichtigen Sache durch die Bürgerinnen
und Bürger); des Bürgerentscheids oder
Bürgerentscheides; die Bürgerentscheide

das **Bür|ger|haus**

die **Bür|ge|rin;** die Bürgerinnen

die **Bür|ger|in|i|ti|a|ti|ve**

der **Bür|ger|krieg**

bür|ger|lich; bürgerliche (einfache)
Küche; ABER: das Bürgerliche Gesetzbuch (*Abkürzung:* BGB)

der **Bür|ger|meis|ter**

die **Bür|ger|meis|te|rin**

das **Bür|ger|recht;** die Bür|ger|rech|te

der **Bür|ger|recht|ler** (jemand, der für die
Verwirklichung der Bürger- und Men-
schenrechte kämpft); des Bürgerrecht-
lers; die Bürgerrechtler

die **Bür|ger|recht|le|rin;** die Bürgerrechtle-
rinnen

die **Bür|ger|rechts|be|we|gung**

die **Bür|ger|schaft** (alle Bürger und Bürge-
rinnen eines Gemeinwesens; Parlament
oder Stadtrat); der Bürgerschaft; die Bür-
ger|schaf|ten *Plural selten;* die komplette
Bürgerschaft ist dagegen; sie ist in die
Hamburger Bürgerschaft gewählt worden

der **Bür|ger|steig**

das **Bür|ger|tum** (Gesellschaftsschicht der
Bürger); des Bürgertums; das besser
gestellte Bürgertum

die **Bür|gin**

die **Bürg|schaft**

der **Bur|ki|ni** (islamischen Vorschriften ent-
sprechender, den ganzen Körper bede-
ckender Badeanzug für Frauen); des Burkinis; die Burkinis

die **Bur|les|ke** (Posse); die Burlesken

das **Burn-out** [bəːnˈlaʊt] *oder* **Burn|out**
(*kurz für:* Burn-out-Syndrom; Syndrom
der völligen seelischen und körperlichen

Erschöpfung); des **Burn-outs** *oder*
Burnouts; die **Burn-outs** *oder* Burnouts

das **Bü|ro;** des Büros; die Büros

der **Bü|ro|krat** (jemand, der sich ohne Rück-
sicht auf besondere Umstände nur
pedantisch an seine Vorschriften hält);
des Bürokraten; die Bürokraten

die **Bü|ro|kra|tie**

die **Bü|ro|kra|tin;** die Bürokratinnen
bü|ro|kra|tisch

der **Bursch** *oder* **Bur|sche;** des/dem/den
Bur|schen; die Bur|schen; *Verkleine-
rungsform:* das Bürsch|chen

der **Bur|sche** (Junge, junger Mann)

die **Bürs|te**
bürs|ten; du bürstest; er bürstete; er hat
die Schuhe gebürstet; bürste deine
Schuhe!

der **Bus;** des Busses; die Busse

> **!** *Bus* wird im Nominativ Singular nur mit
> einem *s* geschrieben, obwohl Genitiv
> Singular und Pluralformen mit Dop-
> pel-s gebildet werden.

der **Busch;** des Buschs *oder* Bu|sches; die
Bü|sche

das **Bü|schel;** des Büschels; die Büschel
bu|schig

der **Bu|sen;** des Busens; die Busen

der **Bus|fah|rer**

die **Bus|fah|re|rin**

die **Bus|hal|te|stel|le**

das **Busi|ness** [ˈbɪznɪs] (Geschäft[sleben]);
des Business

der **Bus|sard** (ein Greifvogel); des Bussards;
die Bus|sar|de

die **Bu|ße** (Reue mit dem Willen zur Besse-
rung; Geldstrafe)
bü|ßen; du büßt; sie büßte; sie hat die
Tat gebüßt; büße für deine Sünden!

das **Buß|geld**

der **Buß|tag**

der **Buß- und Bet|tag**

die **Büs|te**

der **Büs|ten|hal|ter** (*Abkürzung:* BH); des
Büstenhalters; die Büstenhalter

der **But|ler** [ˈbatlɐ] (Diener in vornehmen
[englischen] Häusern); des Butlers; die
Butler

der **Butt** (Scholle); des Butts *oder* But|tes;
die But|te

die **Büt|te** (ein Gefäß)

Büttenrede – Carving

die **Büt|ten|re|de**
die **But|ter**
die **But|ter|blu|me**
das **But|ter|brot**
die **But|ter|milch**
    but|tern (Butter herstellen); ich buttere; du butterst; er butterte; er hat gebuttert
    but|ter|weich
der **But|ton** ['batn] (Ansteckplakette); des Buttons; die Buttons
    b. w. = bitte wenden!
das **Byte** [bait] (*EDV:* Einheit von acht Bits); des Byte *oder* Bytes; die Byte *oder* Bytes
    bzw. = beziehungsweise

C = Celsius
das **C** (Buchstabe); des C; die C; ABER: das c in Licht; das C-Dur, ABER: das c-Moll (Tonarten)
    ca. = circa *oder* zirka
das **Ca|brio** (*Kurzform von:* Cabriolet); des Cabrio[s]; die Cabrios
das **Ca|b|ri|o|let** [kabrio'le:] (Pkw mit zurückklappbarem Verdeck); des Cabriolets; die Cabriolets
das **Cad|mi|um** *vergleiche:* **Kad|mi|um**
das **Ca|fé** (Kaffeehaus, Kaffeestube); des Cafés; die Cafés; ↑ ABER: Kaffee
die **Ca|fe|te|ria** (Café oder Restaurant mit Selbstbedienung); die Ca|fe|te|ri|as *oder* Ca|fe|te|ri|en
    Cal|ci|um *vergleiche:* **Kal|zi|um**
das **Call|cen|ter** *oder* **Call-Cen|ter** ['kɔːlsɛntɐ] (Stelle, in der die für ein Unternehmen eingehenden Anrufe von besonders geschultem Personal entgegengenommen und bearbeitet werden); des Callcenters *oder* Call-Centers; die Callcenter *oder* Call-Center
    Cal|vin (Genfer Reformator)
der **Ca|mem|bert** ['kaməmbeːɐ, *auch:* kamã-'beːɐ] (ein Weichkäse); des Camemberts; die Camemberts
das **Camp** [kɛmp] (Zeltlager, Ferienlager; Gefangenenlager); des Camps; die Camps; seine Ferien in einem Camp verbringen

die **Cam|pa|g|ne** [kam'panjə] *vergleiche:* **Kam|pa|g|ne**
    cam|pen ['kɛmpn̩] (im Zelt oder Wohnwagen leben); ich campe; du campst; sie campte; sie hat in den Ferien gecampt
der **Cam|per** ['kɛmpɐ]
die **Cam|pe|rin**
das **Cam|ping** ['kɛmpɪŋ] (das Wohnen im Zelt oder Wohnwagen während der Ferien); des Campings
die **Cam|ping|aus|rüs|tung**
der **Cam|ping|platz**
der **Cam|pus** (Gelände einer Universität); des Campus; die Campus *oder* Campusse; die Teilnehmer der Kinderuni treffen sich auf dem Campus
    Can|ber|ra ['kɛnbərə] (Hauptstadt Australiens)
der *oder* das **Can|na|bis** (Hanf; Haschisch); des Cannabis
der **Ca|ñon** ['kanjɔn *oder* 'kɛnjən] (steilwandiges Tal); des Cañons; die Cañons
der **Ca|nos|sa|gang** *oder* **Ka|nos|sa|gang** (*gehoben für:* demütigender Bußgang)
die, *der oder* das **Cap** [kɛp] (Schirmmütze); der Cap *und* des Caps; die Caps
das **Cape** [keːp] (ärmelloser Umhang); des Capes; die Capes
der **Cap|puc|ci|no** [kapʊ'tʃiːno] (ein Kaffeegetränk); des Cappuccino *oder* Cappuccinos; die Cappuccino *oder* Cappuccinos *oder* Cappuccini; zwei Cappuccino bestellen
der **Cap|tain** ['kɛptn̩] (Mannschaftsführer, -sprecher); des Captains; die Captains
    Ca|ra|cas (Hauptstadt Venezuelas)
der **Ca|ra|van** [*auch:* kara'vaːn] (Wohnwagen); des Caravans; die Caravans
das **Car|bid** *vergleiche:* **Kar|bid**
das **Car|bo|nat** *vergleiche:* **Kar|bo|nat**
    CARE [kɛːɐ] = Cooperative for American Remittances to Europe (Hilfsorganisation nach dem 2. Weltkrieg)
die **Ca|ri|tas** (der Deutsche Caritasverband); ↑ Karitas
der *oder* das **Car|toon** [kar'tuːn] (Karikatur, Witzzeichnung; kurzer Comicstrip); des Cartoon *oder* Cartoons; die Cartoons
    car|ven (mit Skiern oder dem Snowboard auf der Kante fahren); ich carve; du carvst; sie carvte; sie ist gecarvt
das **Car|ving** ([beim Ski- und Snowboardfah-

Carvingski – Chancengleichheit

ren] das schwungvolle Fahren auf der Kante, ohne zu rutschen); des Carving *oder* Carvings

der **Car|ving|ski** *oder* **Car|ving-Ski** ↑ Ski

der **Ca|sa|no|va** (*umgangssprachlich für:* Frauenheld, -verführer); des Casanova *oder* Casanovas; die Casanovas

Ca|sa|no|va (italienischer Abenteurer, Schriftsteller und Frauenheld)

Cä|sar (römischer Feldherr und Staatsmann)

cash [kɛʃ] (bar); cash bezahlen

das **Cash** (Kasse, Bargeld; Barzahlung); des Cash

cas|ten ([von jemandem] Probeaufnahmen machen); ich caste; er castet; sie hat die Band gecastet

das **Cas|ting** (Rollenbesetzung); des Casting *oder* Castings; die Castings

cat|chen [ˈkɛtʃn]; ich catche; du catchst; er catchte; er hat gecatcht

der **Cat|cher** [ˈkɛtʃɐ] (Berufsringer); des Catchers; die Catcher

der **Ca|te|rer** [ˈkeːtərɐ] (Bewirtungsservice); des Caterers; die Caterer

CB = Citizen-Band (für den privaten Funkverkehr freigegebener Wellenbereich)

der **CB-Funk**

die **CD** = Compact Disc; die CDs

der **CD-Bren|ner** (Gerät zum Beschreiben von CDs)

das **CD-Lauf|werk** (für CDs *oder* CD-ROMs)

der **CD-Play|er** [...pleːɐ] (Abspielgerät für CDs); des CD-Players; die CD-Player

die **CD-ROM** (CD, die nicht überschrieben oder gelöscht werden kann); die CD-ROM *oder* CD-ROMs

die **CDU** = Christlich Demokratische Union

die **C-Dur-Ton|lei|ter**

der **Cel|list** [tʃɛˈlɪst] (Cellospieler); des/dem/den Cel|lis|ten; die Cel|lis|ten

die **Cel|lis|tin**; die Cellistinnen

das **Cel|lo** [ˈtʃɛlo] (ein Streichinstrument); des Cellos; die Cellos *oder* Celli

das **Cel|lo|phan** *vergleiche:* Zel|lo|phan

das **Cel|lu|loid** *vergleiche:* Zel|lu|loid

die **Cel|lu|lo|se** *vergleiche:* Zel|lu|lo|se

das **Cel|si|us** (Temperaturgrad auf der Celsiusskala; *Zeichen:* C); die Wassertemperatur beträgt 5°C (*fachsprachlich:* 5°C)

die **Cel|si|us|ska|la**

das **Cem|ba|lo** [ˈtʃɛmbalo] (ein altes, dem Klavier ähnliches Tasteninstrument); des Cembalos; die Cembalos *oder* Cembali

der **Cent** [tsɛnt, *auch:* sɛnt] (Untereinheit von Dollar und Euro; *Abkürzung:* c *oder* ct); des Cent *oder* Cents; die Cent *oder* Cents; das kostet 80 Cent

das **Cen|ter** [ˈsɛntɐ] (Einkaufszentrum); des Centers; die Center

der **Cen|tre-Court** [ˈsɛntɐkoːɐt] *oder* **Cen|tre|court** (Hauptplatz großer Tennisanlagen); des Centre-Courts *oder* Centrecourts; die Centre-Courts *oder* Centrecourts

die **Ce|vap|ci|ci** *oder* **Če|vap|či|ći** [tʃeˈvaptʃitʃi] (gegrillte Hackfleischröllchen) *Plural*

Cey|lon [ˈtsailon] (*früherer Name von* ↑ Sri Lanka)

der **C-Füh|rer|schein** (Fahrerlaubnis für Lastkraftwagen)

der **Cha-Cha-Cha** [ˈtʃatʃatʃa] (ein Tanz); des Cha-Cha-Cha *oder* Cha-Cha-Chas; die Cha-Cha-Chas

das **Cha|mä|le|on** [kaˈmɛːleon] (Echse, die ihre Farbe ändert); des Chamäleons; die Chamäleons

---

! Bei Fremdwörtern hängt die Aussprache des »ch« am Wortanfang von der Herkunftssprache ab: In Wörtern aus dem Griechischen wird es wie »k« ausgesprochen (zum Beispiel in *Charakter, Chlor, chronisch*), in französischen Ausdrücken wie »sch« *(charmant, Chefin, Chiffre)* und in Wörtern aus der englischen Sprache wie »tsch« *(chatten, checken, Chip).*

---

der **Cham|pa|g|ner** [ʃamˈpanjɐ] (ein Schaumwein); des Champagners; die Champagner

der **Cham|pi|g|non** [ˈʃampɪnjõ] (ein Edelpilz); des Champignons; die Champignons

der **Cham|pi|on** [ˈtʃɛmpjən] (Meister in einer Sportart); des Champions; die Champions

die **Cham|pi|ons League** *oder* **Cham|pi|ons-league** [ˈtʃɛmpjəns ˈliːk] (*Sport:* wichtigster Pokalwettbewerb im europäischen Vereinsfußball)

die **Chan|ce** [ˈʃãːsə, ʃãːs, *auch:* ˈʃaŋsə] (günstige Gelegenheit); die Chancen

die **Chan|cen|gleich|heit**

chancenlos – Chefärztin

chan|cen|los

der **Chan|nel** [ˈtʃɛnl] (*EDV:* Gesprächsgruppe beim Chat im Internet); des Channels; die Channels

das **Chan|son** [ʃãˈsõː] (meist aus Frankreich stammendes populäres Lied mit poetischem Text); des Chansons; die Chansons

das **Cha|os** [ˈkaːɔs] (Durcheinander); des Chaos

der **Cha|ot** (unordentlicher, verwirrter Mensch; gewalttätiger Demonstrant); des/dem/den Cha|o|ten; die Cha|o|ten

die **Cha|o|tin**; die Chaotinnen
cha|o|tisch; chaotische Zustände

der **Cha|rak|ter** [kaˈraktɐ]; des Charakters; die Cha|rak|te|re

die **Cha|rak|ter|ei|gen|schaft**

der **Cha|rak|ter|feh|ler**
cha|rak|ter|fest
cha|rak|te|ri|sie|ren (treffend beschreiben; für etwas kennzeichnend sein); er charakterisiert; sie hat charakterisiert

die **Cha|rak|te|ris|tik** (treffende Schilderung); die Cha|rak|te|ris|ti|ken
cha|rak|te|ris|tisch
cha|rak|ter|lich
cha|rak|ter|los

das **Cha|ris|ma** [ˈça(ː)rɪsma *oder* ˈka(ː)...] (besondere Ausstrahlung); des Charismas; die Charismen; er besaß kein Charisma
cha|ris|ma|tisch

char|mant [ʃarˈmant] (liebenswürdig, bezaubernd); char|man|ter; am char|man|tes|ten

der **Charme** [ʃarm] (liebenswürdige Art); des Charmes

die **Char|ta** [ˈkarta] ([Verfassungs]urkunde); der Charta; die Chartas

der **Char|ter|flug** [ˈtʃartɐ...]

die **Char|ter|ge|sell|schaft**

die **Char|ter|ma|schi|ne**
char|tern [ˈtʃartɐn] (ein Schiff oder Flugzeug mieten); ich chartere; du charterst; sie charterte; sie hat ein Flugzeug gechartert

die **Charts** [tʃarts] (Hitliste[n]) *Plural*

der **Chat** [tʃɛt] ([zwanglose] Kommunikation im Internet); des Chats; die Chats

die **Chat|group** [ˈtʃɛtgruːp] *oder* **Chat-Group** (Gruppe von Personen, die chatten); die Chatgroups *oder* Chat-Groups

die **Cha|ti|quet|te** [tʃɛtiˈkɛtə] (Umgangsformen beim Chatten); die Chatiquette, die Chatiquetten

der **Chat|room** [ˈtʃɛtruːm] *oder* **Chat-Room** (Internetdienst, der das Chatten ermöglicht); des Chatrooms *oder* Chat-Rooms; die Chatrooms *oder* Chat-Rooms
chat|ten [ˈtʃɛtn̩] (sich über Tastatur und Bildschirm im Internet unterhalten); du chattest; er chattete; er hat gechattet; chatte nicht wieder stundenlang!

der **Chauf|feur** [ʃɔˈføːɐ̯] (jemand, der berufsmäßig andere Personen im Auto fährt); des Chauffeurs; die Chauff|feu|re

die **Chauf|feu|rin**; die Chauffeurinnen
chauf|fie|ren (als Chauffeur arbeiten); ich chauffiere; du chauffierst; er chauffierte; er hat ihn jahrelang chauffiert

die **Chaus|see** [ʃɔˈseː] (ausgebaute Landstraße); die Chaus|se|en

der **Chau|vi** [ˈʃɔvi] (*umgangssprachlich für:* Mann, der sich Frauen überlegen fühlt); des Chauvis; die Chauvis

der **Chau|vi|nis|mus** (übersteigertes Nationalbewusstsein; übertriebenes männliches Selbstwertgefühl); des Chauvinismus

der **Check** [ʃɛk] *vergleiche:* **Scheck**

der **Check** (Prüfung, Kontrolle; *Eishockey:* Behinderung, Rempeln); des Checks; die Checks
che|cken [ˈtʃɛkn̩] (prüfen; *umgangssprachlich auch für:* begreifen); ich checke; du checkst; er checkte die Anlage; er hat das noch immer nicht gecheckt; check *oder* checke das Gerät!

die **Check|lis|te** (Kontrollliste)

der **Check|point** (Kontrollpunkt an Grenzübergängen); des Checkpoints; die Checkpoints

das **Cheer|lea|ding** [ˈtʃiːɐ̯liːdɪŋ] (turnerischtänzerische Anfeuerung bei Sportwettkämpfen); des Cheerleading *oder* Cheerleadings

der **Cheese|bur|ger** [ˈtʃiːsbøːɐ̯gɐ] (mit Käse überbackener Hamburger); des Cheeseburgers; die Cheeseburger

der **Chef** [ʃɛf]; des Chefs; die Chefs

der **Chef|arzt**

die **Chef|ärz|tin**

Chefin – Choreografie

die **Che̱|fin;** die Chefinnen
der **Chef|re|dak|teur** (Leiter einer Redaktion); des Chefredakteurs; die Chefredakteure
die **Chef|re|dak|teu|rin;** die Chefredakteurinnen
der **Chef|trai|ner;** des Cheftrainers; die Cheftrainer
die **Chef|trai|ne|rin;** die Cheftrainerinnen
die **Che|mie** [çe'mi:]
die **Che|mi|ka̱|lie** (industriell hergestellter chemischer Stoff); die Che|mi|ka|li|en
der **Che̱|mi|ker;** des Chemikers; die Chemiker
die **Che̱|mi|ke|rin;** die Chemikerinnen
che̱|misch; die chemische Reinigung; chemisches Element; chemische Waffen
die **Che|mo|the̱|ra|pie** (Heilbehandlung mit chemischen Mitteln, besonders bei Krebskrankheiten)
chic [ʃik] *oder* **schick** (modisch, elegant); der Mantel ist chic *oder* schick

> **!** In den gebeugten Formen wird nur die eingedeutschte Schreibung gebraucht: »Sie trägt ein schickes Kleid.«

der **Chic** *oder* **Schick** ([modische] Feinheit); diese Dame hat Chic *oder* Schick
Chi|ca̱|go [ʃi'ka:go], *deutsch auch:* **Chi|ka̱|go** (Stadt in den USA)
der *oder* die **Chi|co|ré̱e** (ein Gemüse); des Chicorées *und* der Chicorée
der **Chi̱em|see** ['ki:mze:]
die **Chif|f|re** ['ʃifrə, *auch:* 'ʃifɐ] (Ziffer, Geheimzeichen; Kennwort); die Chiffren
chif|f|rie̱|ren (verschlüsseln, in Geheimschrift umsetzen); ich chiffriere; du chiffrierst; sie chiffrierte; sie hat den Text chiffriert
Chi|ka̱|go *vergleiche:* **Chi|ca̱|go**
Chi̱|le ['tʃi:le, *auch:* 'çi:le] (Staat in Südamerika)
der **Chi|le̱|ne;** des/dem/den Chilenen; die Chilenen
die **Chi|le̱|nin;** die Chileninnen
chi|le̱|nisch
chil|len ['tʃilən] (*umgangssprachlich für:* sich entspannen); du chillst; er chillte; sie hat gechillt; chill *oder* chille nicht so lange!
die **Chi|mä̱|re** *vergleiche:* **Schi|mä̱|re**

der **Chim|bo|ras|so** [tʃimbo'raso] (Berg in Ecuador)
Chi|na ['çi:na]
der **Chi|ne̱|se;** des/dem/den Chinesen; die Chinesen
die **Chi|ne̱|sin;** die Chinesinnen
chi|ne̱|sisch
das **Chi|ni̱n** (ein Fiebermittel); des Chinins
der **Chip** [tʃip] (Spielmarke; Plättchen mit elektronischen Schaltelementen; *meist Plural:* gebackene Kartoffelscheibe); des Chips; die Chips
die **Chip|kar|te** (Karte mit einem elektronischen Chip, die als Ausweis, Zahlungsmittel o. Ä. verwendet wird)
der **Chi̱r|urg** [çi'rʊrk] (Facharzt, der operiert); des/dem/den Chi|r|ur|gen; die Chi|r|ur|gen
die **Chi|r|ur|gie̱** (Heilung durch Operation)
die **Chi|r|u̱r|gin;** die Chirurginnen
chi|r|u̱r|gisch; chirurgische Instrumente
der **Chi|tin|pan|zer** [çi'ti:n...] (stabile Körperhülle von Insekten, Krebsen u. a.)
das **Chlor** [klo:ɐ] (ein chemisches Element); des Chlors
das **Chlo|ro|fo̱rm** (ein Betäubungsmittel); des Chloroforms
chlo|ro|for|mie̱|ren (betäuben); ich chloroformiere; du chloroformierst; er chloroformierte; der Arzt hat ihn chloroformiert
das **Chlo|ro|phy̱ll** (Blattgrün); des Chlorophylls
die **Cho|le̱|ra** ['ko:lera] (eine Infektionskrankheit)
der **Cho|le̱|ri|ker** [ko'le:rikɐ] (jähzorniger Mensch); des Cholerikers; die Choleriker
die **Cho|le̱|ri|ke|rin;** die Cholerikerinnen
cho|le̱|risch; ein cholerischer Typ
das **Cho|les|te̱|rin** [kɔlɛstə'ri:n, *auch:* çɔlɛste'ri:n] (fettähnlicher Stoff im menschlichen und tierischen Körper); des Cholesterins
der **Cho|les|te|ri̱n|spie|gel** (Anteil des Cholesterins im Blut)
der **Chor** [ko:ɐ] (Singgruppe; Kirchenraum mit Altar); des Chors *oder* Cho|res; die Chö̱|re
der **Cho|ra̱l** [ko'ra:l] (Kirchengesang, -lied); des Chorals; die Cho|rä̱|le
die **Cho|reo|gra|fie̱** [koreogra'fi:] *oder* **Cho|reo|gra|phie̱** (künstlerische Gestaltung,

101

Einstudierung eines Balletts); die **Cho|reo|gra|fi|en** *oder* Cho|reo|gra|phi|en

Koryphäe

! Viele Fremdwörter werden anders geschrieben, als sie ausgesprochen werden, oder ganz anders als vergleichbare Fremdwörter. Dazu gehört das Nomen *Koryphäe,* dessen Anfang mit *k* und nicht mit *ch* geschrieben wird.

die **Cho|se** [ˈʃoːzə] (*umgangssprachlich für:* Sache, Angelegenheit); die Chosen

der **Christ** [krɪst] (Anhänger des Christentums); des/dem/den Chris|ten; die Chris|ten

der **Christ|baum** (*landschaftlich für:* Weihnachtsbaum)

der **Christ|de|mo|krat** (Anhänger einer christlich-demokratischen Partei)

die **Christ|de|mo|kra|tin**

die **Chris|ten|heit**

das **Chris|ten|tum**

die **Chris|ten|ver|fol|gung**

die **Chris|tin;** die Christinnen

das **Christ|kind;** des Christkinds *oder* Christ|kin|des

christ|lich; die christliche Seefahrt; ABER: die Christlich Demokratische Union (*Abkürzung:* CDU); die Christlich-Soziale Union (*Abkürzung:* CSU)

Chris|tus (Jesus Christus); vor/nach Christo *oder* Christus; vor/nach Christi Geburt; Christi Himmelfahrt

das **Chris|tus|mo|no|gramm**

das **Chrom** [kroːm] (ein Metall); des Chroms

das **Chro|mo|som** [kromoˈzoːm] (Kernschleife im Zellkern); des Chromosoms; die Chro|mo|so|men *meist Plural*

die **Chro|mo|so|men|zahl**

die **Chro|nik** [ˈkroːnɪk] (Aufzeichnung geschichtlicher Ereignisse nach ihrer Zeitfolge); die Chro|ni|ken

chro|nisch (langsam verlaufend, langwierig); eine chronische Krankheit

der **Chro|nist** (Verfasser einer Chronik); des/dem/den Chro|nis|ten; die Chro|nis|ten

die **Chro|nis|tin;** die Chronistinnen

die **Chro|no|lo|gie** (Zeitrechnung; zeitliche Folge); die Chro|nol|lo|gi|en

chro|no|lo|gisch (zeitlich geordnet)

die **Chry|san|the|me** [kryzanˈteːmə] (eine Zierpflanze); die Chrysanthemen

die *oder* der **CIA** [siːaɪˈeɪ] = Central Intelligence Agency (US-amerikanischer Geheimdienst); der *oder* des CIA

ciao! [tʃau] *vergleiche:* **tschau!**

der **Ci|d|re** [ˈsiːdrə, *auch:* ˈsiːdɐ] (französischer Apfelwein); des Cidres

cir|ca *oder* **zir|ka** (ungefähr, etwa; *Abkürzung:* ca.); das kostet circa *oder* zirka 15 Euro

der **Cir|cus** *vergleiche:* **Zir|kus**

die **Ci|ty** [ˈsɪti] (Innenstadt); die Citys

die **Ci|ty|maut** (Gebühr, die beim Befahren der Innenstadt bezahlt werden muss)

der *oder* das **Claim** [kleɪm] (Anspruch; Werbeslogan); des Claims; die Claims

clean [kliːn] (*umgangssprachlich für:* nicht mehr [drogen]abhängig)

die **Cle|men|ti|ne** *oder* **Kle|men|ti|ne** (kernlose Mandarine); die Clementinen *oder* Klementinen

cle|ver [ˈklɛvɐ] (klug, gewitzt); ein cleveres Kerlchen

die **Cle|ver|ness**

der **Cli|ent** [ˈklaɪənt] (*EDV:* Rechner, der vom Server Dienste abruft); des Clients; die Clients

der **Clinch** [klɪntʃ, *auch:* klɪnʃ] (Umklammerung beim Boxen); sie liegt mit seinen Eltern im Clinch (*umgangssprachlich für:* sie hat Streit mit seinen Eltern)

der **Clip** *oder* **Klipp** (Klemme, Schmuckstück [am Ohr]); des Clips *oder* Klipps; die Clips *oder* Klipps; ↑ *auch:* ˈVideoclip

die **Cli|que** [ˈklɪkə, *auch:* ˈkliːkə] (Freundeskreis; Klüngel); die Cliquen

der **Clo|chard** [klɔˈʃaːɐ̯] (Landstreicher); des Clochard *oder* Clochards; die Clochards

der **Clog** (Holzpantoffel); des Clogs; die Clogs *meist Plural*

der **Clou** [kluː] (Höhepunkt, Kernpunkt); des Clous; die Clous

die **Cloud** [klaʊd] (*EDV:* Netzwerk des Cloud-Computings); der Cloud; die Clouds

der **Clown** [klaʊn, *auch:* kloːn] (Spaßmacher [im Zirkus oder Varieté]); des Clowns; die Clowns

der **Club** *vergleiche:* **Klub**

cm = Zentimeter

der **Coach** [koːtʃ] (Trainer; beratender

coachen – Container

Betreuer); des Coach *oder* Coachs; die
Coachs

coa|chen [ˈkoːtʃn̩] (trainieren,
betreuen); du coachst; er coachte; er hat
den Torwart gecoacht

die **Coa|chin;** die Coachinnen

das **Coa|ching** (das Coachen, besonders
während des Wettkampfs); des Coaching
oder Coachings; die Coachings

das **Co|balt** *vergleiche:* **Ko|balt**

das *oder* die **Co|ca** (*umgangssprachlich kurz
für:* Coca-Cola); des Coca *oder* Cocas
oder der Coca; die Cocas

das *oder* die **Co|ca-Co|la** (*Markenbezeichnung:* eine koffeinhaltige Limonade); des
Coca-Cola *oder* Coca-Colas *oder* der
Coca-Cola; 5 [Flaschen] Coca-Cola

das **Cock|pit** (Pilotenkabine; Fahrersitz im
Rennsport); des Cockpits; die Cockpits

der **Cock|tail** [ˈkɔkteːl] (alkoholisches
Mischgetränk); des Cocktails; die Cocktails

der **Code** *oder* Kode [koːt] (System verabredeter Zeichen); des **Codes** *oder* Kodes;
die Codes *oder* Kodes

die **Code|num|mer** *oder* Kode|num|mer
(Geheimnummer)

co|die|ren, ko|die|ren (durch einen
Code verschlüsseln); du codierst *oder*
kodierst; er codierte *oder* kodierte; er
hat die Mitteilung codiert *oder* kodiert

die **Co|die|rung** *oder* Ko|die|rung

das **Cof|fe|in** *vergleiche:* **Kof|fe|in**

der **Co|g|nac** [ˈkɔnjak] (*Markenbezeichnung:*
ein französischer Weinbrand); des
Cognacs; die Cognacs; ↑ ABER: Kognak

der **Co|li|tus** *vergleiche:* **Ko|li|tus**

das *oder* die **Co|la** (*umgangssprachlich kurz
für:* koffeinhaltiges Erfrischungsgetränk); des Cola *oder* Colas *oder* der
Cola; die Colas

die **Col|la|ge** [kɔˈlaːʒə] (durch Zusammenfügen verschiedener Materialien hergestelltes Kunstwerk); die Collagen

das **Col|lege** [ˈkɔlɪdʒ] (Schule in England
oder den USA); des College *oder* Col|leges; die Col|le|ges; sie geht aufs College

der **Colt** (*Markenbezeichnung:* ein Revolver);
des Colts; die Colts

die **Com|bo** (kleines Jazz- oder Tanzmusikensemble); die Combos

das **Come|back** [kamˈbɛk] *oder* Come-back

(erfolgreiches Wiederauftreten eines
bekannten Künstlers, Sportlers, Politikers nach längerer Pause); des
Comeback[s] *oder* Come-back[s]; die
Comeback[s] *oder* Come-back[s]

der **Co|me|di|an** [kɔˈmiːdjən] (humoristischer Unterhaltungskünstler); des
Comedians; die Comedians

die **Co|me|di|an** (humoristischer Unterhaltungskünstlerin); der Comedian; die
Comedians

die **Co|me|dy** [ˈkɔmədi] (humoristische Sendung); der Comedy; die Comedys; er mag
Comedys mehr als Talkshows

der, *auch:* das **Co|mic** [ˈkɔmɪk] (*kurz für:*
Comicstrip); des Comics; die Comics

das **Co|mic|heft**

der **Co|mic|strip** [ˈkɔmɪkstrɪp] (Bildgeschichte [mit Sprechblasentext]); des
Comicstrips; die Comicstrips

die **Com|mu|ni|ty** [kɔˈmjuːniti] (Gruppe von
Menschen mit gleichen Interessen;
Internetplattform zur Kommunikation);
der Community; die Communitys

die **Com|pact Disc** [ˈkɔmpɛkt ˈdɪsk] *oder*
Com|pact Disk (durch Laserstrahl
abtastbare Speicherplatte; *Abkürzung:*
CD); die Compact Discs *oder* Compact
Disks

der **Com|pu|ter** [kɔmˈpjuːtɐ] (elektronische
Rechenanlage; Rechner); des Computers;
die Computer; Computer spielen; er
spielt Computer; er hat stundenlang
Computer gespielt; er nutzt jede Gelegenheit, um Computer zu spielen; ABER:
das Computerspielen

die **Com|pu|ter|ani|ma|ti|on** (durch Computer erzeugte bewegte Bilder)

com|pu|ter|ge|steu|ert; ein computergesteuertes Trainingsprogramm

das **Com|pu|ter|spiel**

der, *auch:* das **Com|pu|ter|vi|rus** (Computerprogramm, das unbemerkt in einen
Rechner eingeschleust wird mit der
Absicht, die vorhandene Software zu
manipulieren oder zu zerstören)

die **Con|nec|tion** [kɔˈnɛkʃn̩] (*umgangssprachlich für:* Beziehung, Verbindung);
der Connection; die Connections; ich
habe da gute Connections

der **Con|tai|ner** [kɔnˈteːnɐ] (Großbehälter);
des Containers; die Container

103

Contest – crescendo

der **Con|test** (Wettbewerb); des Contest *oder* Contests; die Contests; er hat den Contest gewonnen

con|t|ra *vergleiche:* **kon|t|ra**

cool [ku:l] (überlegen, gelassen; hervorragend); cool bleiben; ein cooler Typ

der **Cop** (*amerikanische umgangssprachliche Bezeichnung für:* Polizist); des Cops; die Cops

das **Co|py|right** ['kɔpiraɪt] (Urheberrecht; *Zeichen:* ©); des Copyrights; die Copyrights

der **Cord** *oder* **Kord** (geripptes Gewebe); des Cord[e]s *oder* Kord[e]s; die Cor|de *oder* Kor|de *und* die **Cords** *oder* Kords

die **Cord|ho|se** *oder* **Kord|ho|se**

die **Corn|flakes** ['kɔ:nfleɪks] (geröstete Maisflocken) *Plural*

cos = Kosinus

Cos|ta Ri|ca (Staat in Mittelamerika)

der **Cos|ta Ri|ca|ner** *oder* **Cos|ta-Ri|ca|ner**

die **Cos|ta Ri|ca|ne|rin** *oder* **Cos|ta-Ri|ca|ne|rin**

cos|ta-ri|ca|nisch

die **Côte d'Azur** ['ko:t da'zy:ɐ̯] (französische Riviera)

der *oder* das **Cot|ton** ['kɔtn̩] (*englische Bezeichnung für:* Baumwolle); des Cottons

die **Couch** [kautʃ] (Liegesofa); die Cou|ches, *auch:* Cou|chen

die **Cou|leur** [ku'lø:ɐ̯] (bestimmte Eigenart, Prägung); der Couleur; es kamen Politiker verschiedener Couleur

der, *selten:* das **Count|down** ['kaunt'daun] *oder* **Count-down** (das Rückwärtszählen bis zum Startzeitpunkt; letzte Kontrollen und Vorbereitungen); des Countdown[s] *oder* Count-down[s]; die **Countdowns** *oder* Count-downs

die **Coun|t|ry|mu|sic** ['kantrimju:zɪk] (Volksmusik in den Südstaaten der USA)

der **Coup** [ku:] (kühnes, erfolgreiches Unternehmen); des Coups; die Coups

das **Cou|pé** [ku'pe:] (Auto mit sportlicher Karosserie); des Coupés, die Coupés

der **Cou|pon** [ku'põ:] *oder* **Ku|pon** (abtrennbarer Zettel; Zinsschein); des **Coupons** *oder* Kupons; die **Coupons** *oder* Kupons

die **Cou|ra|ge** [ku'ra:ʒə] (Mut); Courage zeigen

cou|ra|giert (beherzt); cou|ra|gier|ter; am cou|ra|gier|tes|ten

der **Court** [kɔ:t] (Tennisplatz); des Courts; die Courts

der **Cou|sin** [ku'zɛ̃:] (Vetter); des Cousins; die Cousins

die **Cou|si|ne** [ku'zi:nə] *oder* **Ku|si|ne** (Tochter des Bruders oder der Schwester eines Elternteils); die **Cousinen** *oder* Kusinen

das **Co|ver** ['kavɐ] (Titelbild; Hülle von CDs, Büchern u. a.); des Covers; die Cover *oder* Covers

der **Cow|boy** ['kaubɔy] (berittener amerikanischer Rinderhirt); des Cowboys; die Cowboys

das **Cow|girl** ['kaugə:l]; des Cowgirls; die Cowgirls

CO₂ = *chemische Formel für* Kohlendioxid

der **CO₂-Aus|stoß**

der **Crack** [krɛk] (*Sport:* aussichtsreicher Spitzensportler); des Cracks; die Cracks

das **Crack** (Kokain enthaltendes synthetisches Rauschgift); des Cracks

der **Cra|cker** ['krɛkɐ] (Kleingebäck); des Crackers; die Cracker *oder* Crackers

der **Crash** [krɛʃ] (Zusammenstoß; Zusammenbruch); des Crashs; die Crashs

der **Crash|kurs** (Lehrgang, in dem der Unterrichtsstoff besonders konzentriert und in kurzer Zeit vermittelt wird)

der **Crash|test** (Test, mit dem das Unfallverhalten von Fahrzeugen ermittelt wird)

das **Crawl** *vergleiche:* **Kraul**

craw|len *vergleiche:* **krau|len**

das **Cre|do** *oder* **Kre|do** (Glaubensbekenntnis); des **Credos** *oder* Kredos; die **Credos** *oder* Kredos

die **Creme** [kre:m] *oder* **Crème** [krɛm] (Salbe zur Hautpflege; Süßspeise; Tortenfüllung); die **Cremes** *oder* Crèmes

creme|far|ben *oder* **crème|far|ben**

creme|far|big *oder* **crème|far|big**

cre|men; du cremst; er cremte; er hat die Hände gecremt

cre|mig; eine cremige Masse

der **Crêpe** *vergleiche:* **Krepp**

die **Crêpe** [krɛp], **Krepp** (dünner Eierkuchen); die **Crêpes** *oder* Krepps

cre|scen|do [krɛ'ʃɛndo] (*Musik:* anschwellend)

Crew – dafürsprechen

die **Crew** [kru:] (Mannschaft [eines Schiffes, eines Flugzeugs]); die Crews

das **Crois|sant** [kroaˈsãː] (Blätterteighörnchen); des Croissants; die Croissants

das **Cross|dres|sing** (das Tragen von Kleidung, Schmuck u. Ä. des anderen Geschlechts); des Crossdressings

der **Crou|pi|er** [kruˈpi̯eː] (Bankhalter beim Glücksspiel in einem Spielkasino); des Croupiers; die Croupiers

die **Crou|pi|è|re** [kruˈpi̯eːrə]; die Croupièren

das **Crys|tal Meth** (synthetische Droge)

die **CSU** = Christlich-Soziale Union

der **Cup** [kap] (Pokal); des Cups; die Cups

der *oder* das **Cur|ry** [ˈkœri] (ein indisches Gewürz); des Currys

die **Cur|ry|wurst**

der **Cur|sor** [ˈkøːɐ̯zɐ] (*EDV:* Zeichen auf dem Bildschirm, das die Eingabestelle anzeigt); des Cursors, die Cursors

der **Cut|ter** [ˈkatɐ] (Schnittmeister bei Film und Funk); des Cutters; die Cutter

die **Cut|te|rin**; die Cutterinnen

der **Cy|ber|space** [ˈsaɪbɐspeɪs] (*EDV:* virtueller Raum); des Cyberspace; die Cy|ber|spa|ces

---

D

das **D** (Buchstabe); des D; die D; A B E R: das d in Wild; der Buchstabe D; das D-Dur, A B E R: das d-Moll (Tonarten)

da; hier und da; da und dort; da (weil) sie krank war, fehlte sie; da sein (dort sein); er will um 5 Uhr da (an jener Ecke) sein; ich bin schon oft da (an dieser Stelle) gewesen; da sein (anwesend sein); wir sind alle rechtzeitig da gewesen; etwas noch nie da Gewesenes *oder* Dagewesenes (Vorgekommenes); ↑ A B E R: das Dasein; dableiben, dalassen usw.

da|bei; ohne sich etwas dabei zu denken; dabei sein; er wollte dabei sein; er ist dabei gewesen; alle dabei Gewesenen *oder* Dabeigewesenen; ↑ A B E R: dableiben, dabeisitzen, dabeistehen

da|bei|blei|ben (bei einer Gesellschaft); er ist an diesem Abend dabeigeblieben; A B E R: **da|bei blei|ben** (bei seiner Mei-

nung bleiben); trotz aller Einwände will er dabei bleiben

da|bei|sit|zen; er hat während der Unterhaltung dabeigesessen; A B E R: **dabei sit|zen** (nicht stehen); er muss dabei (bei dieser Arbeit) sitzen

da|bei|ste|hen (stehend zugegen sein); er hat bei dem Unfall dabeigestanden; A B E R: **da|bei ste|hen**; er musste dabei (bei dieser Arbeit) stehen

da|blei|ben (nicht weggehen); er ist noch eine Weile dageblieben; A B E R: **da blei|ben**; er ist da (dort) geblieben, wo er war

da ca|po (*Musik:* noch einmal von Anfang an)

das **Da|ca|po**; des Dacapo *oder* Dacapos; die Dacapos

das **Dach**; des Dachs *oder* Daches; die Dächer

der **Dach|bo|den**

der **Dach|de|cker**; des Dachdeckers; die Dachdecker

die **Dach|de|cke|rin**; die Dachdeckerinnen

das **Dach|ge|schoss** (*Abkürzung:* DG)

die **Dach|rin|ne**

der **Dachs**; des Dach|ses; die Dach|se

! Nicht verwechseln: Obwohl beide Wörter gleich ausgesprochen werden, schreibt man das Säugetier *(Dachs)* anders als die Abkürzung aus dem Börsenwesen *(DAX)*.

---

der **Dach|ver|band** (übergeordneter Verband, in dem mehrere Verbände zusammengeschlossen sind)

der **Dach|zie|gel**

der **Da|ckel** (eine Hunderasse); des Dackels; die Dackel

der **Dad|dy** [ˈdɛdi] (*englisch für:* Papa); des Daddys; die Daddys

da|durch

da|für; das Auto ist gebraucht, dafür aber billig; ich kann nicht dafür sein (kann nicht zustimmen)

da|für|kön|nen; er behauptet, dass er nichts dafürkann *oder* dafür kann; A B E R N U R: dafür konnte er nichts

da|für|spre|chen *oder* **da|für spre|chen**; weil vieles dafürspricht *oder* dafür spricht; A B E R N U R: dafür spricht ihre lange Erfahrung

105

dagegen – Dampfkessel

da|ge|gen; dagegen sein; wenn Sie nichts dagegen haben; es spricht nichts dagegen

da|ge|gen|spre|chen *oder* da|ge|gen spre|chen; weil nichts dagegenspricht *oder* dagegen spricht; ABER NUR: dagegen spricht überhaupt nichts

da|heim; daheim sein; von daheim kommen; ABER: das Da|heim; unser Daheim

da|heim|blei|ben; sie ist daheimgeblieben

da|heim|sit|zen; er hat den ganzen Abend daheimgesessen

da|her; daher (von da) ist er; daher, dass; daher, weil

da|her|kom|men; sieh nur, wie er daherkommt (herbeikommt)!; ABER: da|her kom|men; ihre Krankheit ist daher gekommen (ist darin begründet)

da|her|re|den; er hat dumm dahergeredet

da|hin; wie weit ist es bis dahin?; dahin (an ein bestimmtes Ziel) fahren, gehen, kommen; ↑ ABER: dahingehen, dahinsiechen

da|hi|n|ab

da|hi|n|auf

da|hi|n|aus

da|hi|n|ein

da|hin|ge|hen; wie schnell sind die Tage dahingegangen (vergangen); ABER: da-hin ge|hen; du sollst dahin (und nicht dorthin) gehen

da|hin ge|hend *oder* da|hin|ge|hend; sie äußerte sich dahin gehend *oder* dahingehend

da|hin|ge|stellt; es ist, bleibt dahingestellt (fraglich), ob sie gelogen hat

da|hin|sie|chen (lange sehr krank und dem Tod nahe sein); er ist dahingesiecht

da|hin|ten; dahinten steht mein Bruder

da|hin|ter|kom|men (*umgangssprachlich für:* herausfinden); wir werden bald dahinterkommen, wer der Dieb ist; ABER: dahinter [hinter dem Bauernhof] kommen Wiesen

da|hin|ter|ste|cken (*umgangssprachlich*); was mag dahinterstecken (was mag das bedeuten)?; ABER: der Zettel, der dahinter [hinter dem Scheibenwischer] steckt

da|hin|ter|ste|hen (*umgangssprachlich*

für: unterstützen); es geht nur, wenn alle dahinterstehen; ABER: der Stuhl sollte dahinter [hinter dem Tisch] stehen

die Dah|lie (eine Zierpflanze); die Dah|li|en

die Dai|ly Soap ['deɪlɪ 'soʊp] (werktäglich ausgestrahlte triviale Hörspiel- oder Fernsehserie); der Daily Soap; die Daily Soaps

Da|kar (Hauptstadt Senegals)

da|las|sen; sie lässt mir etwas Geld da; sie hat ihren Mantel dagelassen (zurückgelassen); ABER: da las|sen; du kannst deinen Mantel da (an dieser Stelle) lassen, wo er jetzt hängt

der Dal|ma|ti|ner (Hund, dessen weißes Fell kleine dunkle Flecken hat); des Dalmatiners; die Dalmatiner

da|ma|lig; der damalige Rektor

da|mals

Da|mas|kus (Hauptstadt Syriens)

der Da|mast (ein Gewebe); des Damasts *oder* Da|mas|tes; die Da|mas|te

die Da|me (*ohne Artikel kurz für:* Damespiel); wir haben gestern Dame gespielt

da|men|haft; damenhaftes Benehmen

der Dam|hirsch

da|mit; sie sprach langsam, damit es alle verstanden

däm|lich (*umgangssprachlich für:* dumm)

der Damm; des Damms *oder* Dam|mes; die Däm|me

däm|men (abschwächen, isolieren); das Material dämmt den Schall; es hat den Schall gedämmt

däm|mern; es dämmerte; der Abend hat gedämmert

die Däm|me|rung

der Dä|mon (Teufel, böser Geist); des Dämons; die Dä|mo|nen

dä|mo|nisch (teuflisch, unheimlich)

der Dampf; des Dampfs *oder* Damp|fes; die Dämp|fe

damp|fen; es dampfte; die Suppe hat gedampft

dämp|fen; du dämpfst; sie dämpfte; sie hat das Gemüse gedämpft

der Damp|fer; des Dampfers; die Dampfer

der Dämp|fer; des Dämpfers; die Dämpfer; sie hat einen Dämpfer bekommen (eine Rüge einstecken müssen)

der Dampf|kes|sel

Dampfmaschine – Darmkatarrh

die **Dampf|ma|schi|ne**
die **Dampf|nu|del**
die **Dampf|wal|ze**
das **Dam|wild**
da|nach; sich danach richten
der **Dä|ne** (Bewohner von Dänemark); des/
dem/den Dänen; die Dänen
da|ne|ben; daneben steht ein Regal; die
Rechnung liegt direkt daneben; sein
Benehmen war völlig daneben
(*umgangssprachlich für:* unpassend,
unangebracht)
da|ne|ben|fal|len; die Äpfel sind dane-
bengefallen (neben den Korb gefallen)
da|ne|ben|ge|hen (*umgangssprachlich
für:* misslingen); die Prüfung ist dane-
bengegangen
da|ne|ben|hau|en; er hat mit dem Ham-
mer danebengehauen; er hat mit seiner
Antwort wieder danebengehauen
(*umgangssprachlich für:* er hat sich wieder geirrt)
da|ne|ben|lie|gen (*umgangssprachlich
auch für:* sich irren); er hat mit seiner
Vermutung völlig danebengelegen
Dä|ne|mark
die **Dä|nin;** die Däninnen
dä|nisch
dank

> **!** Nach *dank* kann im Singular der Dativ
> oder Genitiv stehen: »dank deinem
> guten Willen« oder »dank deines guten
> Willens«. Im Plural wird *dank* meist mit
> dem Genitiv verbunden (»dank seiner
> Hinweise«); der Dativ (»dank seinen
> Hinweisen«) gilt als umgangssprach-
> lich. Wenn auf *dank* jedoch ein allein
> stehendes, stark gebeugtes Nomen im
> Plural folgt, wird der Dativ auch im
> geschriebenen Deutsch gebraucht, weil
> durch den Genitiv der Kasus nicht
> deutlich würde: »dank Fortschritten
> der Medizin«.

der **Dank;** Gott sei Dank!; vielen Dank!; tausend Dank!; habt Dank!; er schuldet,
sagt ihm Dank; ↑ *auch:* danksagen
dank|bar
die **Dank|bar|keit**
dan|ke!; du musst danke *oder* Danke
sagen; danke schön!; ich möchte ihr
danke schön *oder* Danke schön sagen;

sie sagte: »Danke schön!«; ↑ ABER: Dankeschön
dan|ken; du dankst; sie dankte; sie hat
ihm herzlich gedankt; danke ihm dafür!
das **Dan|ke|schön;** sie sagte ein herzliches
Dankeschön
dank|sa|gen *oder* **Dank sa|gen;** er
danksagte *oder* er sagte Dank; er hat
dankgesagt *oder* er hat Dank gesagt;
ABER NUR: ich sage vielen Dank
dann; dann und wann; von dannen
da|r|an, *umgangssprachlich:* **dran;** daran
denken, teilnehmen, zweifeln; daran
sein; es wird schon etwas daran sein; du
wirst gut daran tun, dir das zu merken;
↑ ABER: darangehen, daransetzen
da|r|an|ge|hen (mit etwas beginnen); er
ist endlich darangegangen, sein Zimmer
aufzuräumen
da|r|an|set|zen (einsetzen); sie hat alles
darangesetzt, Erfolg zu haben; ABER:
da|r|an set|zen; du kannst dich auch
daran (an diesen Tisch) setzen
da|r|auf, *umgangssprachlich:* **drauf;**
darauf vertrauen, dass ...; darauf (auf das
Ziel) losgehen; darauf folgen; am darauf
folgenden *oder* darauffolgenden Tag;
↑ ABER: draufgehen, drauflosreden
da|r|auf|hin (aus diesem Grund; danach);
daraufhin wurde er verhaftet; ABER:
darauf hindeuten; alles deutet darauf hin
da|r|aus, *umgangssprachlich:* **draus;** dar-
aus trinken; es wird wohl nichts daraus
dar|ben (*gehoben für:* Not, Hunger lei-
den); du darbst; er darbte; er hat zeitle-
bens gedarbt
dar|bie|ten (*gehoben für:* in einer Vorfüh-
rung zeigen; anbieten); du bietest dar; sie
bot dar; er hat dargeboten; biet *oder* biete
doch etwas dar!; den Gästen wurden
erfrischende Getränke dargeboten
die **Dar|bie|tung** (Auf-, Vorführung)
da|r|in, *umgangssprachlich:* **drin;** darin
sitzen, wohnen
da|r|in|nen, *umgangssprachlich:* **drin|nen**
dar|le|gen; sie hat ihm ihre Gründe dar-
gelegt
das **Dar|le|hen** (geliehenes Geld); des Darle-
hens; die Darlehen
der **Darm;** des Darms *oder* Dar|mes; die
Där|me
der **Darm|ka|tarr**

107

Darß – Datenschutz

das/dass

Mit nur einem »s« schreibt man das Relativpronomen »das«. In diesem Fall bezieht sich »das« auf ein Nomen im vorangegangenen (Haupt)satz und lässt sich durch »welches« ersetzen:

– Er betrachtete das Bild, das an der Wand hing.

Ebenfalls mit nur einem »s« schreibt man das Demonstrativpronomen »das« (hier lässt sich »das« meist durch »dies[es]« ersetzen):

– Das habe ich nicht gewollt.

Schließlich wird auch der sächliche Artikel mit nur einem »s« geschrieben:

– Sie hoffte, das Krankenhaus bald verlassen zu können.

In allen anderen Fällen handelt es sich um die mit zwei »s« zu schreibende Konjunktion »dass«. Sie leitet meistens Nebensätze ein, die sich auf Verben wie »denken«, »meinen«, »sagen«, »glauben«, »hoffen« usw. beziehen:

– Ich weiß, dass es heute schon ziemlich spät ist.

---

der **Darß** (eine Halbinsel an der Ostseeküste); des Dar|ßes

dar|stel|len; sie hat es sehr anschaulich dargestellt; die darstellende Kunst (Schauspiel- und Tanzkunst)

der **Dar|stel|ler** (Schauspieler); des Darstellers; die Darsteller

die **Dar|stel|le|rin**; die Darstellerinnen

die **Dar|stel|lung**

das **Darts** (Wurfspiel); des Darts

da|r|ü|ber, *umgangssprachlich:* **drü|ber;** sie ist darüber sehr böse; wir haben uns darüber gestritten; darüber hinaus (außerdem) habe ich keine Fragen; ↑ ABER: darüberfahren, darüberlegen

da|r|ü|ber|fah|ren (über etwas streichen); sie ist mit der Hand darübergefahren

da|r|ü|ber|le|gen; er hat ein Brett darübergelegt; ABER: er sollte das Brett darüber (nicht hierüber) legen

da|r|um, *umgangssprachlich:* **drum;** sie lässt darum bitten; nicht darum herumkommen; darum, dass ...; darum, weil ...

da|r|um|kom|men (etwas verpassen, nicht bekommen); er ist darumgekommen; ABER: **da|r|um kom|men;** darum (aus diesem Grund) ist er gekommen

da|r|un|ter, *umgangssprachlich:* **drun|ter;** sie hat sehr darunter (unter dieser Sache) gelitten

da|r|un|ter|le|gen; er legte eine Decke darunter; die Zeitung hat daruntergelegen

Dar|win (englischer Naturforscher)

das; das Schiff, das (welches) heute kommt; ich glaube, das (dieses) Schiff kommt heute; ABER: ich glaube, dass das Schiff heute kommt; alles das, was ich gesagt habe

das/dass *siehe Kasten*

das **Da|sein** (Existenz); des Daseins; ABER: ich werde da sein; ↑ da

der **Da|seins|kampf**

das|je|ni|ge; *Genitiv:* desjenigen; *Plural:* diejenigen

dass; auf dass; so dass *oder* sodass; ohne dass; ich glaube, dass ...; ↑ das

das|sel|be; *Genitiv:* desselben; *Plural:* dieselben; es ist ein und dasselbe

da|ste|hen (sich in einer bestimmten Lage befinden); du stehst da; sie stand da; er hat dagestanden; nach einem Erfolg großartig dastehen; ABER: er soll da (dort) stehen, nicht hier

das **Date** (*umgangssprachlich für:* Verabredung, Treffen); des Dates; die Dates; ich habe heute ein Date

die **Da|tei** (gespeicherte Datensammlung); die Da|tei|en

die **Da|ten** (*Plural von* Datum; Zahlenwerte; Angaben); Daten verarbeitende *oder* datenverarbeitende Maschinen

die **Da|ten|au|to|bahn** (*EDV:* Einrichtung zur schnellen Übertragung großer Datenmengen)

die **Da|ten|bank** (technische Anlage, in der Daten zentral gespeichert sind); die Da|ten|ban|ken

der **Da|ten|schutz** (gesetzlicher Schutz vor

Datenschützer – dazwischenrufen

unbefugter Erhebung, Speicherung und Weitergabe persönlicher Daten)

der **Da|ten|schüt|zer** (Datenschutzbeauftragter); des Datenschützers; die Datenschützer

die **Da|ten|schüt|ze|rin;** die Datenschützerinnen

der **Da|ten|trä|ger** (Speichermedium wie CD, DVD oder USB-Stick)

die **Da|ten|über|tra|gung**

da|ten|ver|ar|bei|tend *vergleiche:* Da|ten

die **Da|ten|ver|ar|bei|tung;** elektronische Datenverarbeitung (*Abkürzung:* EDV)

die **Da|ten|ver|ar|bei|tungs|an|la|ge**

da|tie|ren (mit einem Datum versehen); du datierst; sie datierte; sie hat den Brief falsch datiert

der **Da|tiv** (Wemfall, 3. Fall); des Dativs; die Da|ti|ve

das **Da|tiv|ob|jekt**

die **Dat|scha** (Wochenendhaus); die Datschas *oder* Datschen

die **Dat|sche** (Grundstück mit Wochenendhaus); die Datschen

die **Dat|tel;** die Datteln

das **Da|tum;** des Datums; die Daten

die **Da|tums|an|ga|be**

die **Dau|er**

der **Dau|er|frost**

dau|er|haft

der **Dau|er|lauf**

dau|ern; die Versammlung hat zwei Stunden gedauert

dau|ernd; dauernde Störungen

die **Dau|er|wel|le**

der **Dau|men;** des Daumens; die Daumen; *Verkleinerungsform:* das Däum|chen; am Daumen lutschen; Däumchen drehen (unbeschäftigt sein)

der **Däum|ling** (Daumenschutzkappe; *nur im Singular:* eine Märchengestalt); des Däumlings; die Däum|lin|ge

die **Dau|ne** (Flaumfeder der Gans oder Ente [als Füllung von Kissen und Decken])

die **Dau|nen|de|cke**

der **Da|vis|cup** [ˈdeɪvɪskap] *oder* Da|vis-Cup *und* Da|vis|po|kal *oder* Da|vis-Po|kal (internationaler Tenniswanderpreis); des Daviscups *oder* Davis-Cups *und* des Davispokals *oder* Davis-Pokals

da|von; es ist viel, nichts davon übrig; davon, dass …

da|von|blei|ben (etwas nicht anfassen); sie blieb davon; sie ist davongeblieben; ABER: es ist nichts davon (von dieser Sache) geblieben

da|von|ge|hen (weggehen); er ist davongegangen; ABER: auf und davon gehen

da|von|kom|men (Glück haben); sie ist noch einmal davongekommen; ABER: **da|von kom|men;** davon (daher) kommt dein Husten

da|von|lau|fen (weglaufen); er ist davongelaufen; ABER: auf und davon laufen

da|von|tra|gen (wegbringen; erlangen); du trägst die Tasche davon; sie trug Verletzungen davon; weil er den Sack davontrug; er hat den Sieg davongetragen (errungen)

da|vor; ich fürchte mich davor; davor war alles gut

da|vor|ste|hen; sie hat schweigend davorgestanden; ABER: davor (vor dem Haus) stehen viele Blumen

der **DAX** (*Markenbezeichnung:* Aufstellung der durchschnittlichen Kurswerte der 30 wichtigsten deutschen Aktien); des DAX; ↑ ABER: Dachs

da|zu

da|zu|ge|hö|ren; sie hat immer dazugehört; ABER: **da|zu ge|hö|ren;** dazu gehören immer zwei

da|zu|ge|hö|rig

da|zu|kom|men (hinzukommen); einige Gäste sind noch dazugekommen; ABER: **da|zu kom|men;** sie ist nicht dazu gekommen (hat keine Zeit gefunden), ihren Wagen zu waschen; dazu kommt, dass …

da|zu|tun (hinzufügen); sie hat viele Äpfel dazugetan; ABER: **da|zu tun;** was kann ich dazu (in dieser Sache) tun?

das **Da|zu|tun** (Hilfe, Unterstützung); ohne mein Dazutun

da|zwi|schen; drei Tage liegen dazwischen; dazwischen befand sich das Heft

da|zwi|schen|kom|men; es ist etwas dazwischengekommen (es kam zu einer unerwarteten Störung, Unterbrechung); ABER: **da|zwi|schen kom|men;** dazwischen (zwischen diesen Vorträgen) kommt eine Pause

da|zwi|schen|ru|fen; er hat ständig dazwischengerufen; ABER: **da|zwi-**

109

dazwischentreten – dein

schen ru|fen; dazwischen rufen immer wieder Kinder nach mir

da|zwi|schen|tre|ten; bei dem Streit ist sie mutig dazwischengetreten (hat sie schlichtend eingegriffen)

dB = Dezibel

die **DB** = Deutsche Bahn *(Markenbezeichnung)*

die **DDR** = Deutsche Demokratische Republik (1949–1990)

der **DDR-Bür|ger**

die **DDR-Bür|ge|rin**

der **Deal** (*umgangssprachlich für:* Handel, Geschäft); des Deals; die Deals; wir haben einen guten Deal ausgehandelt

dea|len ['diːlən] (illegal mit Drogen handeln); er hat gedealt

der **Dea|ler** ['diːlɐ] (Drogenhändler); des Dealers; die Dealer

die **Dea|le|rin**

das **De|ba|kel** (Zusammenbruch; Niederlage); des Debakels; die Debakel

die **De|bat|te** (Diskussion; Streitgespräch); die Debatten

de|bat|tie|ren (erörtern, diskutieren); sie haben stundenlang debattiert

das **De|büt** [de'byː] (erstes öffentliches Auftreten); des Debüts; die Debüts

de|chif|f|rie|ren (entschlüsseln); er hat die Geheimschrift dechiffriert

das **Deck**; des Decks *oder* De|ckes; die Decks

das **Deck|blatt**

die **De|cke**

der **De|ckel**; des Deckels; die Deckel

de|cken; ich decke; du deckst; er deckte; er hat das Dach gedeckt; deck *oder* decke den Tisch!

die **De|ckung**; in Deckung gehen

das **Deck|weiß**

der **De|co|der** (*Elektronik:* Datenentschlüssler); des Decoders; die Decoder

de|cre|scen|do [dekre'ʃɛndo] (*Musik:* schwächer, leiser werdend)

de|fekt (schadhaft)

der **De|fekt** (der Schaden); des Defekts *oder* De|fek|tes; die De|fek|te

de|fen|siv (verteidigend); defensives (rücksichtsvolles) Fahren

die **De|fen|si|ve** (Verteidigung); die Defensiven

de|fi|lie|ren (parademäßig oder feierlich vorbeiziehen); die Soldaten sind *oder* haben vor dem Präsidenten defiliert

de|fi|nie|ren (einen Begriff bestimmen); sie hat den Begriff genau definiert

die **De|fi|ni|ti|on**; die De|fi|ni|ti|o|nen

de|fi|ni|tiv (endgültig)

das **De|fi|zit** (fehlende Geldsumme); des Defizits; die De|fi|zi|te

die **De|fla|ti|on** (*Wirtschaft:* allgemeiner Rückgang des Preisniveaus)

de|for|mie|ren (verformen; entstellen); bei dem Unfall wurde das Fahrzeug völlig deformiert; ein deformiertes Gesicht

def|tig (kräftig); ein deftiges Essen

der **De|gen** (eine Stichwaffe); des Degens; die Degen

de|gra|die|ren (im Rang herabsetzen); man hat ihn zum Gefreiten degradiert

dehn|bar

deh|nen; du dehnst; sie dehnte; sie hat das Gummi gedehnt; dehn *oder* dehne es nicht zu stark!; sich dehnen

die **Dehn|übung**

die **Deh|nung**

das **Deh|nungs-h**

der **Deich** (aufgeschütteter Damm an einer Meeresküste oder einem Flussufer); des Deichs *oder* Dei|ches; die Dei|che

die **Deich|sel** (aus einer oder zwei Stangen bestehender Teil des Wagens, an den die Zugtiere gespannt werden); die Deichseln

deich|seln (*umgangssprachlich für:* geschickt bewerkstelligen); das hast du prima gedeichselt

dein

– dein Tisch, deine Brille, dein Haus
– Wessen Buch ist das? Ist es dein[e]s?

In Briefen kann »dein« klein- oder großgeschrieben werden:

– Liebe Petra, vielen Dank für deinen *oder* <mark>Deinen</mark> Brief

Wird »dein« als Nomen gebraucht, schreibt man es groß:

– Mein und Dein verwechseln

Klein- oder Großschreibung ist möglich in Fällen wie:

– Denkst du oft an die deinen *oder* die <mark>Deinen</mark> (deine Angehörigen)?
– du musst das deine *oder* das <mark>Deine</mark> tun

deinesgleichen – dementieren

dei|nes|glei|chen

dei|net|we|gen

die **De|ka|de** (zehn Stück; Zeitraum von zehn Tagen, Wochen, Monaten oder Jahren); der Dekade; die Dekaden

de|ka|dent (im Verfall begriffen)

die **De|ka|denz** ([kultureller] Verfall, Niedergang)

der **De|kan** (der Vorsteher der Fakultät einer Universität; eine Amtsbezeichnung für Geistliche); des Dekans; die De|ka|ne

das **De|ka|nat** (Amt des Dekans); des Dekanats oder De|ka|na|tes; die De|ka|na|te

die **De|ka|nin;** die Dekaninnen

die **De|kla|ma|ti|on** (der kunstgerechte Vortrag)

de|kla|mie|ren; du deklamierst; sie deklamierte; sie hat ein Gedicht deklamiert

de|kla|rie|ren (eine Erklärung abgeben; als etwas bezeichnen); du deklarierst; sie deklarierte; er hat deklariert; deklarier oder deklariere das als Schulveranstaltung!

de|klas|sie|ren (herunterstufen; Sport: in überlegener Weise besiegen); das Team hat den Gegner deklassiert

die **De|kli|na|ti|on** (die Beugung der Nomen, Adjektive, Pronomen und Zahlwörter; Abweichung der Magnetnadel von der Nordrichtung)

de|kli|nie|ren ([Substantive, Adjektive, Pronomen und Numeralien] beugen); ich dekliniere; du deklinierst; er deklinierte; er hat das Adjektiv dekliniert; deklinier oder dekliniere das Pronomen!

das **De|kol|le|té** oder **De|kol|le|tee** [dekɔlˈteː] (tiefer Ausschnitt an Damenkleidern o. Ä., der Schultern, Brustansatz oder Rücken frei lässt); des Dekolletés oder Dekolletees; die Dekolletés oder Dekolletees

der oder das **De|kor** (Verzierung, Muster; Ausschmückung, Dekoration); des Dekors; die Dekors oder De|ko|re

der **De|ko|ra|teur** [dekoraˈtøːɐ̯]; des Dekorateurs; die De|ko|ra|teu|re

die **De|ko|ra|teu|rin;** die Dekorateurinnen

die **De|ko|ra|ti|on** (Schmuck)

de|ko|ra|tiv; ein dekorativer Blumenstrauß

de|ko|rie|ren (ausschmücken); ich deko-

riere; du dekorierst; sie dekorierte; sie hat dekoriert; dekorier oder dekoriere den Raum!

das **De|kret** (Beschluss; Verordnung; behördliche oder richterliche Verfügung); des Dekrets oder De|kre|tes; die De|kre|te

die **De|le|ga|ti|on** (Abordnung von Bevollmächtigten)

de|le|gie|ren (abordnen; auf einen anderen übertragen); du delegierst; sie delegierte; er hat delegiert; delegier oder delegier das besser an den Klassensprecher!

die **De|le|gier|te** (Abgesandte, Mitglied einer Delegation); eine Delegierte

der **De|le|gier|te;** ein Delegierter; die Delegierten; mehrere Delegierte

der **Del|fin** oder **Del|phin** (ein Meeressäugetier); des Delfins oder Delphins; die Del|fi|ne oder Del|phi|ne

das **Del|fin|schwim|men** oder **Del|phin|schwim|men**

De|lhi (Hauptstadt der Republik Indien)

de|li|kat (lecker; auch für: heikel); delika|ter; am de|li|ka|tes|ten; delikates Gebäck; die Angelegenheit war delikat

die **De|li|ka|tes|se** (Leckerbissen); die Delikatessen

das **De|likt** (Vergehen, Verbrechen); des Delikts oder De|lik|tes; die De|lik|te

die **Del|le** (eine Vertiefung, Beule)

Del|phi (altgriechische Orakelstätte)

der **Del|phin** vergleiche: **Del|fin**

das **Del|ta** (Schwemmland an mehrarmigen Flussmündungen); des Deltas; die Deltas oder Delten

dem

der **De|m|a|go|ge** (jemand, der andere aufhetzt; Volksverführer); des/dem/den Demagogen; die Demagogen

die **De|m|a|go|gin;** die Demagoginnen

de|m|a|go|gisch; demagogische Reden

de|mas|kie|ren (entlarven); sie hat den Heuchler demaskiert

das **De|men|ti** (offizieller Widerruf; Berichtigung); des Dementis; die Dementis; es kam sofort ein Dementi

de|men|tie|ren (etwas offiziell als unrichtig bezeichnen, zurückweisen); du dementierst; er dementierte; die Regierung hat die Meldung dementiert

111

dementsprechend – deponieren

dem|ent|spre|chend; sie war müde und dementsprechend ungehalten; ABER: ein dem (vorher Gesagten) entsprechender Bescheid

die **De|menz** (krankheitsbedingter Abbau der Leistungsfähigkeit des Gehirns); der Demenz; die Demenzen; an einer Demenz leiden

dem|ge|gen|über (andererseits)

dem|ge|mäß

dem|nach

dem|nächst

die **De|mo** (*kurz für:* Demonstration); die Demos

der **De|mo|krat;** des/dem/den De|mo|kraten; die De|mo|kra|ten

die **De|mo|kra|tie** (Staatsform, in der die vom Volk gewählten Vertreter die Herrschaft ausüben); die De|mo|kra|ti|en; parlamentarische, repräsentative Demokratie

die **De|mo|kra|tin;** die Demokratinnen

de|mo|kra|tisch

die **De|mo|kra|ti|sie|rung**

de|mo|lie|ren (zerstören); du demolierst; er demolierte; er hat alles demoliert

der **De|mons|t|rant;** des/dem/den De|mons-t|ran|ten; die De|mons|t|ran|ten

die **De|mons|t|ran|tin;** die Demonstrantinnen

die **De|mons|t|ra|ti|on** (Protestkundgebung; Veranschaulichung); die De|mons|t|ra|tio|nen

de|mons|t|ra|tiv (betont auffällig); demonstrative Gelassenheit

das **De|mons|t|ra|tiv|pro|no|men** (hinweisendes Fürwort)

de|mons|t|rie|ren (beweisen, vorführen); eine Demonstration veranstalten, daran teilnehmen); die Jugend demonstrierte; sie hat für den Tierschutz demonstriert

die **De|mon|ta|ge** (Abbau, Abbruch [besonders von Industrieanlagen]); der Demontage; die Demontagen; die Klasse hat an der Demontage ihres Lehreres (an der Zerstörung seines Ansehens; an seiner Entmachtung) kräftig mitgewirkt

de|mo|ra|li|sie|ren (jemandes Moral schwächen); der Misserfolg hat ihn demoralisiert

die **De|mut;** christliche Demut

de|mü|tig

de|mü|ti|gen; du demütigst; er demütigte ihn; er hat ihn gedemütigt; demütige ihn nicht!

die **De|mü|ti|gung**

dem|zu|fol|ge (demnach); demzufolge ist die Angelegenheit geklärt; ABER: das Vertragswerk, dem zufolge die Staaten sich zur Abrüstung verpflichtet haben

denk|bar; denkbare Folgen

den|ken; ich denke; du denkst; sie denkt; sie dachte; sie hat an alles gedacht; denk *oder* denke daran!

das **Den|ken**

das **Denk|mal;** des Denkmals *oder* Denk|males; die Denk|mäl|er *oder* Denk|ma|le

denk|mal|ge|schützt

der **Denk|mal[s]|schutz**

denk|wür|dig (so bedeutungsvoll, dass man sich daran erinnern sollte); ein denkwürdiger Tag

der **Denk|zet|tel;** einen Denkzettel geben

denn; es sei denn, dass ...; wir liebten ihn, denn er war besonders freundlich

den|noch; billig und dennoch gut

der **De|nun|zi|ant** (jemand, der andere aus persönlichen, niedrigen Beweggründen anzeigt oder verrät); des/dem/den De|nun|zi|an|ten; die De|nun|zi|an|ten

die **De|nun|zi|an|tin;** die Denunziantinnen

de|nun|zie|ren (anzeigen; brandmarken); er hat ihn bei der Polizei denunziert

das **Deo** (*Kurzwort für:* Deodorant); des De-os; die De|os

das **De|o|do|rant** (Mittel gegen Körpergeruch); des Deodorants; die Deodorants *oder* De|o|do|ran|te

de|o|do|rie|ren (schlechten [Körper]geruch hemmen); das Spray hat deodoriert

der **Deo|rol|ler** (ein Deodorantstift)

das **De|par|te|ment** [departəmãː] (Verwaltungsbezirk in Frankreich); des Departements; die Departements

die **De|pen|dance** [depãˈdãːs] (Zweigstelle; Nebengebäude [eines Hotels]); der Dependance; die De|pen|dan|cen

de|plat|ziert (fehl am Platz, unpassend); eine deplatzierte Bemerkung

die **De|po|nie** (zentraler Müll-, Schuttabladeplatz); die De|po|ni|en

de|po|nie|ren (hinterlegen; legen, ablegen); sie hat den Schlüssel auf der Fensterbank deponiert

Deportation – designiert

die **De|por|ta|ti|on** (Zwangsverschickung, Verschleppung, Verbannung)
de|por|tie|ren; man hat ihn deportiert

das **De|pot** [deˈpoː] (Aufbewahrungsort; Sammelstelle); des Depots; die Depots

der **Depp** (*umgangssprachlich für:* dummer, ungeschickter Mensch); des Deppen *oder* Depps; die Dep|pen *oder* Deppe

die **De|pres|si|on** (Niedergeschlagenheit; wirtschaftlicher Rückgang); die De|pressi|o|nen
de|pres|siv (niedergeschlagen); das schlechte Wetter macht mich ganz depressiv
de|pri|miert (bedrückt)

die **De|pu|ta|ti|on** (Abordnung); die De|puta|ti|o|nen

der **De|pu|tier|te** (Mitglied einer Abordnung; Abgeordneter); ein Deputierter; zwei Deputierte; die Deputierten

die **De|pu|tier|te;** eine Deputierte
der; der Junge, der mich ansah
der|art (so)
der|ar|tig; etwas derartig Schönes; wir haben Derartiges, etwas Derartiges noch nie erlebt
derb; derbes Leder; derbe Witze

das **Der|by** [ˈdɛrbi] (Pferderennen; Fußballspiel zwischen Mannschaften aus derselben Region); des Derbys; die Derbys
der|einst (*gehoben für:* künftig)
de|ren; ihre Nachbarin und deren kleine Tochter; die Menschen, deren ich mich erinnere; die Regeln, aufgrund deren entschieden wurde

> ! Die Formen *deren* und *derer* werden oft verwechselt: Während sich *deren* immer auf etwas im Satz Vorangegangenes bezieht, kann *derer* auf etwas im Satz noch Folgendes oder bereits Vorangegangenes verweisen. Korrekt ist also: »Die Umzäunungen, innerhalb deren *oder* derer gespielt werden darf« (*deren* bzw. *derer* verweist auf etwas im Satz Vorangegangenes, nämlich »die Umzäunungen«), aber nur: »Es wächst die Zahl derer, die nicht rauchen« (*derer* bezieht sich auf den zweiten Teil des Satzes, nämlich »die nicht rauchen«).

de|rent|wil|len
de|rer; die Zahl derer, die verletzt wurden; die Regeln, aufgrund derer entschieden wurde; ↑ derer
der|ge|stalt (so); dergestalt, dass ...
der|glei|chen (*Abkürzung:* dgl.)
der|je|ni|ge; *Genitiv:* desjenigen; *Plural:* diejenigen
der|lei (dergleichen); derlei Worte hört man häufiger
der|ma|ßen (so)
der|sel|be; *Genitiv:* desselben; *Plural:* dieselben; ein und derselbe; mit ein[em] und demselben; ein[en] und denselben
der|weil (unterdessen)
der|weil (währenddessen); ich gehe derweil schon mal in die Pause

der **Der|wisch** (Mitglied eines islamischen religiösen Ordens); des Derwischs *oder* Der|wi|sches; die Der|wi|sche
der|zeit (augenblicklich, gegenwärtig, im Moment); dazu bin ich derzeit nicht in der Lage
der|zei|tig (gegenwärtig); unser derzeitiger Klassenlehrer
des; das Büro des Chefs

das **De|sas|ter** (schweres Unglück; Zusammenbruch); des Desasters; die Desaster
de|sas|t|rös (verhängnisvoll, katastrophal); de|sas|t|rö|ser; am de|sas|t|rö|sesten; die Ausstattung der Schule ist desaströs

der **De|ser|teur** [dezɛrˈtøːɐ̯] (Fahnenflüchtiger, Überläufer); des Deserteurs; die Deser|teu|re

die **De|ser|teu|rin;** die Deserteurinnen
de|ser|tie|ren; er ist desertiert
des|glei|chen
des|halb

das **De|sign** [diˈzaɪn] (Formgebung, Entwurf, Muster); des Designs; die Designs
de|si|g|nen (das Design von etwas entwerfen); du designst; sie designte; er hat designt; design bitte meinen neuen Schreibtisch!

der **De|si|g|ner** (Formgestalter für Gebrauchs- und Verbrauchsgüter); des Designers; die Designer

die **De|si|g|ne|rin;** die Designerinnen

das **De|si|g|ner|mö|bel**
de|si|g|niert (für ein Amt vorgesehen); die designierte Ministerin

Desinfektion – Dezimalsystem

die **Des|in|fek|ti|on** (Entkeimung, Entseu-
chung)

die **Des|in|fek|ti|ons|lö|sung**

des|in|fi|zie|ren; er hat den Raum desin-
fiziert

das **Des|in|te|r|es|se** (Gleichgültigkeit,
Uninteressiertheit); des Desinteresses

des|in|te|r|es|siert; ein desinteressierter
Mitschüler

der **Desk|top** (*EDV:* sichtbarer Hintergrund
der Bildschirmoberfläche); des Desktops; die Desktops

de|so|lat (trostlos, traurig); eine deso-
late Situation

der **Des|pot** (Gewaltherrscher; herrische
Person); des/dem/den Des|po|ten; die
Des|po|ten

die **Des|po|tin;** die Despotinnen

des|po|tisch

des|sen; der Schüler, dessen Fahrrad
gestohlen wurde ...; das Gutachten, aufgrund dessen sie befördert wurde ...; wir
haben uns dessen ungeachtet (trotzdem)
für etwas anderes entschieden

des|sent|we|gen

des|sent|wil|len; um dessentwillen

das **Des|sert** [dɛˈseːɐ̯] (Nachtisch); des Des-
serts; die Desserts

de|s|til|lie|ren; du destillierst; sie hat
destilliert; destilliertes (chemisch reines)
Wasser

des|to; desto besser; desto größer; desto
mehr; desto weniger; ABER *(in einem
Wort):* nichtsdestoweniger

de|s|t|ruk|tiv (zersetzend, zerstörend);
destruktive Kritik

des|we|gen; dessentwegen

das **De|tail** [deˈtaɪ̯] (Einzelheit, Einzelteil);
des Details; die Details

de|tail|ge|treu

de|tail|liert [detaˈjiːɐ̯t] (in allen Einzel-
heiten)

die **De|tek|tei** (Detektivbüro); die De|tek-
tei|en

der **De|tek|tiv;** des Detektivs; die De|tek|ti-
ve

die **De|tek|ti|vin;** die Detektivinnen

die **De|to|na|ti|on** (Knall, Explosion)

de|to|nie|ren (explodieren); die Bombe
detonierte; sie ist auf dem Parkplatz
detoniert

deu|ten; du deutest; sie deutet; sie hat

auf ihn gedeutet; deut *oder* deute nicht
auf ihn!

deut|lich; auf das, aufs deutlichste *oder*
Deutlichste; etwas deutlich machen

die **Deut|lich|keit;** in aller Deutlichkeit sagen

deutsch, Deutsch *siehe Kasten Seite 115*

das **Deut|sche** (die deutsche Sprache allge-
mein); sie hat aus dem Deutschen ins
Englische übersetzt

der **Deut|sche;** des/dem/den Deutschen; die
Deutschen; ein Deutscher; mehrere
Deutsche; wir Deutschen, *auch:* wir
Deutsche; alle [berufstätigen] Deut-
schen

die **Deut|sche;** eine Deutsche

Deutsch|land

deutsch|land|weit

deutsch|spra|chig (die deutsche Spra-
che sprechend, in ihr abgefasst, vorgetra-
gen); die deutschsprachige Bevölkerung;
deutschsprachige Texte

deutsch|spre|chend *vergleiche:* **deutsch**

der **Deutsch|tür|ke** (Deutscher mit türki-
scher Abstammung; in Deutschland
lebender Türke)

die **Deutsch|tür|kin**

der **Deutsch|un|ter|richt**

die **Deu|tung** (Versuch, den tieferen Sinn
von etwas zu erfassen)

die **De|vi|se** (Wahlspruch); die Devisen

die **De|vi|sen** (Zahlungsmittel in ausländi-
scher Währung) *Plural*

de|vot (unterwürfig)

der **De|zem|ber;** des Dezember *oder* Dezem-
bers

de|zent (taktvoll; unaufdringlich)

de|zen|t|ral (auf verschiedene Stellen
verteilt; vom Mittelpunkt entfernt)

das **De|zer|nat** (Geschäftsbereich; Sachge-
biet in Behörden); des Dezernats *oder*
De|zer|na|tes; die De|zer|na|te

das **De|zi|bel** [ˈdeːtsibɛl] (Maß der relativen
Lautstärke); des Dezibels; die Dezibel

der *oder* das **De|zi|li|ter**

de|zi|mal (auf die Grundzahl 10 bezogen)

der **De|zi|mal|bruch** (ein Bruch, dessen Nen-
ner mit 10, 100, 1 000 usw. gebildet wird)

die **De|zi|ma|le** (eine der Stellen hinter dem
Komma einer Dezimalzahl); die Dezima-
len

das **De|zi|mal|sys|tem** (Zahlensystem mit
der Grundzahl 10)

Dezimalzahl – Diadem

deutsch, Deutsch

1. Kleinschreibung:

Da das Adjektiv »deutsch« nur in echten Namen und Nominalisierungen großgeschrieben wird, gilt in den folgenden Fällen Kleinschreibung:

– das deutsche Volk
– die deutsche Sprache
– die deutsche Einheit
– die deutschen Meisterschaften [im Eiskunstlauf]

Klein schreibt man das Wort »deutsch« auch, wenn es in Verbindung mit Verben mit »wie?« erfragt werden kann:

– der Redner hat deutsch (nicht englisch) gesprochen
– der Brief ist deutsch (in deutscher Sprache oder Schreibschrift) geschrieben
– neben uns saß ein (gerade jetzt, bei dieser Gelegenheit) deutsch sprechendes *oder* deutschsprechendes Paar
– sich deutsch unterhalten; ABER: *mit Präposition:* sie haben sich auf Deutsch unterhalten; *vergleiche* 2.
– deutsch mit jemandem reden (*umgangssprachlich auch für:* jemandem unverblümt die Wahrheit sagen)

2. Großschreibung:

Großgeschrieben wird das Wort »deutsch«, wenn ihm eine Präposition vorangeht oder wenn es im Sinne von »deutsche Sprache« verwendet wird:

– etwas auf Deutsch sagen
– das heißt auf gut Deutsch ...

– zu Deutsch heißt das ...
– der Brief ist in Deutsch abgefasst
Vergleiche auch: das Deutsch

Auch in Namen und Titeln wird »deutsch« großgeschrieben:

– die Deutsche Bahn AG
– die Deutsche Bundesbank
– der Deutsche Fußball-Bund (*Abkürzung:* DFB)
– Deutsche Demokratische Republik (1949–1990)
– die Deutsche Mark (frühere Währung)
– der Deutsche Schäferhund
– der Tag der Deutschen Einheit (3. Oktober)
– Anita Müller, Deutsche Meisterin (als Titel); ABER: sie ist deutsche Meisterin [im Eiskunstlauf]

das Deutsch

(die deutsche Sprache, besonders als Sprache eines Einzelnen oder einer Gruppe)
– des Deutschs *oder* Deutsch
– mein, dein, sein Deutsch ist gut
– sie kann, lernt, schreibt, spricht, versteht (kein, nicht, gut, schlecht) Deutsch
– das ist gutes Deutsch
– eine Deutsch sprechende *oder* deutschsprechende Ausländerin
– sie kann kein Wort Deutsch
– sie hat eine Eins in Deutsch

---

die **De|zi|mal|zahl**
der **De|zi|me|ter**
   de|zi|mie|ren (stark verringern); der Brand hat die Bestände dezimiert
der **DFB** = Deutscher Fußball-Bund (*Markenbezeichnung*)
der **D-Füh|rer|schein** (Fahrerlaubnis für Busse)
der **DGB** = Deutscher Gewerkschaftsbund
   dgl. = dergleichen
   d. Gr. = der *oder* die Große; Karl d. Gr.; Katharina d. Gr.

d. h. = das heißt
Dha|ka (Hauptstadt Bangladeschs)
d. i. = das ist
das **Dia** (Diapositiv); des Dias; die Dias
der **Di|a|be|tes** (Zuckerkrankheit); des Diabetes
der **Di|a|be|ti|ker;** des Diabetikers; die Diabetiker
die **Di|a|be|ti|ke|rin;** die Diabetikerinnen
   di|a|bo|lisch (teuflisch)
das **Di|a|dem** (kostbarer [Stirn]reif, Kopfschmuck); des Diadems; die Di|a|de|me

115

Diagnose – diebisch

die **Di|a|g|no|se** (Krankheitserkennung); die Diagnosen

die **Di|a|g|nos|tik** (*Medizin:* Fähigkeit und Lehre, Krankheiten usw. zu erkennen); der Diagnostik; die Di|a|g|nos|ti|ken **di|a|g|nos|ti|zie|ren** (einen Befund ermitteln); sie diagnostizierte; die Ärztin hat Scharlach diagnostiziert **dia|go|nal** (schräg laufend; eine Diagonale bildend)

die **Dia|go|na|le** (eine Gerade, die zwei nicht benachbarte Ecken eines Vielecks miteinander verbindet); die Diagonalen

das **Dia|gramm** (zeichnerische Darstellung von Zahlenwerten); des Diagramms; die Dia|gram|me

der **Di|a|kon** (in der katholischen Kirche: Geistlicher, der um einen Weihegrad unter dem Priester steht; in der evangelischen Kirche: ein Pfarrhelfer); des Diakons *oder* Di|a|ko|nen; die Di|a|ko|ne *oder* Di|a|ko|nen

die **Di|a|ko|nie** (*Markenbezeichnung:* Pflegedienst, Gemeindedienst [in der evangelischen Kirche])

die **Di|a|ko|nin**; die Diakoninnen

die **Di|a|ko|nis|se** (eine evangelische Krankenschwester); der Diakonisse; die Diakonissen

die **Di|a|ko|nis|sin**; die Diakonissinnen

der **Di|a|lekt** (die Mundart); des Dialekts *oder* Di|a|lek|tes; die Di|a|lek|te

die **Di|a|lek|tik** (Gegensätzlichkeit; Erforschung der Wahrheit durch Zeigen und Überwinden von Widersprüchen); der Dialektik; die Di|a|lek|ti|ken

der **Di|a|ler** [ˈdaɪələ] (Computerprogramm, das eine Telefonverbindung [zum Internet] herstellt)

der **Di|a|log** (Zwiegespräch); die Di|a|lo|ge

die **Dia|ly|se** (*Medizin:* Blutwäsche)

der **Di|a|mant** (ein Edelstein); des/dem/den Di|a|man|ten; die Di|a|man|ten

der **Di|a|mant|schliff**

das **Dia|po|si|tiv** (durchscheinendes fotografisches Bild); die Dia|po|si|ti|ve; *Kurzform:* Dia

die **Di|a|s|po|ra** (religiöse oder nationale Minderheit; Gebiet, in dem eine solche Minderheit lebt)

die **Di|ät** (Schonkost; spezielle Ernährungsweise); Diät halten; Diät leben

die **Di|ä|ten** (Bezüge der Abgeordneten eines Parlaments) *Plural*

der **Dia|vor|trag**

dich *(kann in Briefen groß- oder kleingeschrieben werden)*

dicht; dich|ter; am dich|tes|ten; seine <mark>dicht behaarte</mark> *oder* dichtbehaarte Brust; Indien ist ein <mark>dicht bevölkerter</mark> *oder* dichtbevölkerter Staat; der Verschluss wird dicht halten; ↑ A B E R: dichthalten

die **Dich|te** (dichte Folge, dichte Verteilung, Verhältnis von Masse zu Volumen)

dich|ten (dicht machen); du dichtest; sie dichtete; sie hat die Leitung gedichtet

dich|ten (Verse machen); du dichtest; sie dichtete; sie hat ein Sonett gedichtet

der **Dich|ter**

die **Dich|te|rin**; die Dichterinnen

dicht|hal|ten *(umgangssprachlich für:* nichts verraten); sie hat dichtgehalten; ↑ *auch:* dicht

dicht|ma|chen *(umgangssprachlich für:* schließen); sie haben die Fabrik dichtgemacht

die **Dich|tung** ([Gummi]schicht, die das Auslaufen von Flüssigkeit verhindert)

dick; durch dick und dünn; A B E R: der Dicke und der Dünne; er ist der Dickste in der Klasse

di|cke; *nur in umgangssprachlich:* jemanden, eine Sache dicke haben (jemandes, einer Sache überdrüssig sein)

die **Di|cke;** der Dicke; die Dicken; Bretter von 2 mm Dicke, von verschiedenen Dicken

das **Di|ckicht**

der **Dick|kopf**

dick|köp|fig

dick|tun, di|cke|tun *(umgangssprachlich für:* sich wichtigmachen); er tut sich dick *oder* dicke; er hat sich dickgetan *oder* dickegetan

di|dak|tisch (die Vermittlung von Lehrstoff betreffend); didaktische Überlegungen; diese Methode ist didaktisch falsch (für Unterrichtszwecke nicht geeignet)

die; die Frau, die (welche) heute hier war; die Frauen, die Männer, die Kinder

der **Dieb**

die **Die|bin**; die Diebinnen

die|bisch; die diebische Elster; er hat sich diebisch gefreut

Diebstahl – Diktatur

der **Dieb|stahl;** des Diebstahls *oder* Dieb-
stah|les; die Dieb|stäh|le

die|je|ni|ge; *Genitiv:* derjenigen; *Plural:*
diejenigen

die **Die|le** (Fußbodenbrett; Flur)

die|nen; du dienst; er hat gedient

der **Die|ner;** des Dieners; die Diener

die **Die|ne|rin;** die Dienerinnen

der **Dienst;** des Diensts *oder* Diens|tes;
die Diens|te; im Dienst sein; außer
Dienst (*Abkürzung:* a. D.); der Dienst
habende *oder* <mark>diensthabende</mark>
Beamte

---

der **Diens|tag, diens|tags**

*Das Nomen »Dienstag« schreibt man
groß:*

– des Dienstags; es geschah eines Dienstags

– wir treffen uns am [nächsten] Dienstag

*Das Adverb »dienstags« schreibt man
dagegen klein:*

– sie kommt [immer] dienstags

– dienstags habe ich keine Zeit

*Verbindungen aus Wochentag und Tages-
zeitangabe:*

– [am] Dienstag abends um neun Uhr
treffen wir uns wieder; ABER: am
[nächsten] Dienstagabend spielen wir
Schach

– seit Dienstagmorgen demonstrieren
die Studenten; bis Dienstagnacht ist
der Internetanschluss gestört

– dienstagabends *oder* dienstags abends
spielen wir Skat

---

der **Diens|tag|abend;** meine Dienstag-
abende sind alle belegt; am Dienstagabend hat sie frei

der **Diens|tag|mor|gen**

der **Diens|tag|nach|mit|tag**

der **Dienst|grad**

dienst|ha|bend *vergleiche:* **Dienst**

der **Dienst|leis|ter;** des Dienstleisters; die
Dienstleister

die **Dienst|leis|tung**

dienst|lich

die **Dienst|rei|se**

dies, die|ses

dies|be|züg|lich (zu diesem Punkt);
diesbezüglich stelle ich fest, …

der **Die|sel** (*kurz für:* Dieselmotor oder Auto
mit Dieselmotor)

die|sel|be; ein und dieselbe

der **Die|sel|mo|tor**

die|ser; in diesem selben Augenblick;
im August dieses Jahres

die|sig (neblig)

dies|jäh|rig

dies|mal; ABER: dieses Mal; dieses *oder*
dies eine, letzte Mal

dies|seits; diesseits des Flusses

das **Dies|seits** (die Welt; das irdische
Leben); im Diesseits

der **Diet|rich** (Nachschlüssel); des Dietrichs;
die Diet|ri|che

dif|fa|mie|ren (verleumden); er hat ihn
als Betrüger diffamiert

das **Dif|fe|ren|ti|al** *vergleiche:* **Dif|fe|ren|zi|al**

die **Dif|fe|renz** (der Unterschied); die Dif|fe-
ren|zen

das <mark>**Dif|fe|ren|zi|al**</mark> *oder* **Dif|fe|ren|ti|al**
(*Mathematik:* unendlich kleine Diffe-
renz); des <mark>Differenzials</mark> *oder* Differentials;
die <mark>Dif|fe|ren|zi|a|le</mark> *oder* Dif|fe|ren|ti|a|le

dif|fe|ren|zie|ren (genauer unterschei-
den)

die **Dif|fe|ren|zie|rung** (bis ins Einzelne
gehende Unterscheidung)

die **Dif|fe|renz|men|ge** (Menge, die sich
ergibt, wenn man aus einer Menge die
Elemente wegnimmt, die zu einer zweiten Menge gehören)

dif|fus (durcheinander; zerstreut); dif-
fu|ser; dif|fu|ser; seine Pläne sind ziem-
lich diffus; diffuses Licht

di|gi|tal (*Technik:* in Ziffern dargestellt,
verschlüsselt); digitale Daten

das **Di|gi|tal|fern|se|hen**

das **Di|gi|tal|fo|to**

die **Di|gi|ta|li|sie|rung** (*EDV*)

die **Di|gi|tal|ka|me|ra**

die **Di|gi|tal|uhr** (Uhr, die die Zeit nur mit
Ziffern angibt)

das **Dik|tat;** des Diktats *oder* Dik|ta|tes; die
Dik|ta|te

der **Dik|ta|tor;** des Diktators; die Dik|ta|to-
ren

die **Dik|ta|to|rin;** die Diktatorinnen

die **Dik|ta|tur** (Allein-, Gewaltherrschaft);
die Dik|ta|tu|ren

diktieren – Diskofox

dik|tie|ren (einen Text zum wörtlichen Aufschreiben vorsprechen; aufzwingen); du diktierst; sie hat diktiert; diktier *oder* diktiere mir bitte den Einkaufszettel!

das **Di|lem|ma** (Zwangslage); des Dilemmas; die Dilemmas *oder* Dilemmata

der **Di|let|tant** (Nichtfachmann; Stümper); des/dem/den Di|let|tan|ten; die Di|let|tan|ten

die **Di|let|tan|tin**; die Dilettantinnen
di|let|tan|tisch; ein dilettantisches Vorgehen

der **Dill** (eine Gewürzpflanze); des Dills

die **Di|men|si|on** (Ausdehnung; Bereich); die Di|men|si|o|nen
DIN = Deutsche Industrie-Norm[en] *(Markenbezeichnung)*

das **Ding** (Sache); des Dings *oder* Din|ges; die Din|ge, *umgangssprachlich:* die Din|ger; guter Dinge (froh, optimistisch) sein

das **Din|gi** (kleines Beiboot; kleines Segelboot); des Dingis; die Dingis

der **Din|go** (australischer Wildhund); des Dingos; die Dingos

das **Din|ner** (Hauptmahlzeit in England [abends eingenommen]); des Dinners; die Dinner *oder* Dinners

der **Di|no** (*umgangssprachlich kurz für:* Dinosaurier); des Dinos; die Dinos

der **Di|no|sau|ri|er** (ausgestorbene Riesenechse); des Dinosauriers; die Dinosaurier

die **Di|op|t|rie** (Maßeinheit für die Brechkraft von Linsen); die Di|op|t|ri|en

das **Di|oxin** (hochgiftige Verbindung von Chlor und Kohlenwasserstoff); des Dioxins; die Di|oxi|ne

die **Di|ö|ze|se** (Amtsgebiet des Bischofs); die Diözesen

die **Diph|the|rie** (eine Infektionskrankheit); die Diph|the|ri|en

der **Di|ph|thong** (Doppellaut, z. B. ei); die Di|ph|thon|ge

das **Di|p|lom** (Urkunde); des Diploms *oder* Di|p|lo|mes; die Di|p|lo|me

der **Di|p|lo|mat** (der beglaubigte Vertreter eines Landes bei einem anderen Land); des/dem/den Di|p|lo|ma|ten; die Di|p|lo|ma|ten

die **Di|p|lo|ma|tie** (politische Kunst des Verhandelns mit fremden Mächten; verbindliches, taktisch kluges Verhalten)

die **Di|p|lo|ma|tin;** die Diplomatinnen
di|p|lo|ma|tisch (staatsmännisch; verbindlich und taktisch klug)

dir *(kann in Briefen groß- oder kleingeschrieben werden)*
di|rekt; direkte Rede (wörtliche Rede)

die **Di|rek|ti|on** (die leitenden Personen eines Unternehmens; Geschäftsleitung)

das **Di|rekt|man|dat** (Mandat, das der Kandidat einer Partei bei einer Wahl persönlich erringt)

der **Di|rek|tor** (Leiter einer öffentlichen Institution, einer Behörde oder eines Unternehmens); des Direktors; die Di|rek|to|ren

die **Di|rek|to|rin;** die Direktorinnen

der **Di|rex** (*Schülersprache:* Direktor); des Direx; die Di|re|xe

der **Di|ri|gent;** des/dem/den Di|ri|gen|ten; die Di|ri|gen|ten

die **Di|ri|gen|tin;** die Dirigentinnen
di|ri|gie|ren ([ein Orchester] leiten; lenken); du dirigierst; sie hat den Chor dirigiert

das **Dirndl** (junges Mädchen; Dirndlkleid); des Dirndls; die Dirndl

der **Disc|jo|ckey** *oder* **Disk|jo|ckey** [ˈdɪskdʒɔke] (jemand, der Musiktitel ansagt); des Discjockeys *oder* Diskjockeys; die Discjockeys *oder* Diskjockeys

der **Disc|man** [ˈdɪskmɛn] (*Markenbezeichnung:* kleiner, tragbarer CD-Player mit Kopfhörern); des Discmans; die Dicsmans *oder* Discmen [...mən]

die **Dis|co** *oder* **Dis|ko** (Tanzlokal, in dem ein Discjockey Musiktitel präsentiert); die Discos *oder* Diskos

der **Dis|co|fox** *oder* **Dis|ko|fox** (ein Tanz); des Discofox[es] *oder* Diskofox[es]

der **Dis|coun|ter** [dɪsˈkauntɐ] (Geschäft, in dem Waren besonders preisgünstig verkauft werden); des Discounters; die Discounter

das **Dis|count|ge|schäft** [dɪsˈkaunt...] (Geschäft, das Waren zu sehr niedrigen Preisen verkauft)

die **Dis|ket|te** (als Datenträger dienende Magnetplatte); die Disketten

der **Disk|jo|ckey** [ˈdɪskdʒɔke] *vergleiche:* **Disc|jo|ckey**

die **Dis|ko** *vergleiche:* **Dis|co**

der **Dis|ko|fox** *vergleiche:* **Dis|co|fox**

Diskont – Divisor

der **Dis|kont** (Zinsvergütung bei vorzeitiger Zahlung); des Diskonts; die Dis|kon|te

die **Dis|ko|thek** (Disko; Schallplattensammlung); die Dis|ko|the|ken

die **Dis|kre|panz** (Missverhältnis); die Dis|kre|pan|zen

dis|kret (taktvoll; vertraulich; *Physik, Mathematik:* abgegrenzt, getrennt); eine diskrete Andeutung

die **Dis|kre|ti|on** (Verschwiegenheit, taktvolle Zurückhaltung)

dis|kri|mi|nie|ren (herabsetzen und benachteiligen); er wurde wegen seiner Hautfarbe diskriminiert

dis|kri|mi|nie|rend; diskriminierende Äußerungen

die **Dis|kri|mi|nie|rung** (benachteiligende Ungleichbehandlung bestimmter Personen[gruppen])

der **Dis|kus** (Wurfscheibe); des Diskus; die Dis|ken *oder* Dis|kus|se

die **Dis|kus|si|on** (Erörterung; Meinungsaustausch); die Dis|kus|si|o|nen

der **Dis|kus|si|ons|bei|trag**

dis|ku|ta|bel (erwägenswert, strittig); ein diskutabler Vorschlag

dis|ku|tie|ren; du diskutierst; sie diskutierte; sie hat gern diskutiert; diskutier *oder* diskutiere mit ihm!

Dis|ney (amerikanischer Trickfilmzeichner und Filmproduzent)

das **Dis|ney|land** ['dɪznɪlænd] (*Markenbezeichnung:* ein Vergnügungspark); des Disneylands; die Disneylands

die **Di|s|per|si|on** (feinste Verteilung schwebender Teilchen)

die **Di|s|per|si|ons|far|be**

das **Dis|play** ['dɪspleɪ, *auch:* dɪs'pleɪ] (Gerät, Vorrichtung zur Anzeige von Daten, Signalen usw.); des Displays; die Displays

dis|po|nie|ren (verfügen, planen); sie hat gut disponiert

die **Dis|po|si|ti|on** (Gliederung, Plan; Veranlagung, Empfänglichkeit; freie Verwendung)

der **Dis|put** (Streitgespräch); des Disputs *oder* Dis|pu|tes; die Dis|pu|te

die **Dis|qua|li|fi|ka|ti|on**

dis|qua|li|fi|zie|ren (aus einem Wettbewerb ausschließen); die Jury hat ihn disqualifiziert

dis|sen (*besonders in der Sprache der Rapper:* beleidigen, herabsetzen); du disst; sie hat gedisst

die **Dis|ser|ta|ti|on** (wissenschaftliche Arbeit zur Erlangung der Doktorwürde; *Abkürzung:* Diss.); der Dissertation; die Dissertationen

der **Dis|si|dent** (Mensch, der sich zu einer abweichenden Religion oder politischen Meinung bekennt); des/dem/den Dis|si|den|ten; die Dis|si|den|ten

die **Dis|si|den|tin;** die Dissidentinnen

die **Dis|so|nanz** (Missklang); die Dis|so|nan|zen

die **Di|s|tanz** (Abstand, Entfernung; *Sport:* Strecke); die Di|s|tan|zen

sich **di|s|tan|zie|ren** (von jemandem oder etwas abrücken); du distanzierst dich; sie distanzierte sich; er hat sich distanziert; distanzier *oder* distanziere dich von ihm!; sie distanzierte sich von ihren früheren Aussagen

di|s|tan|ziert (zurückhaltend; auf Abstand bedacht); di|s|tan|zier|ter; am di|s|tan|zier|tes|ten; sie ist plötzlich so distanziert

die **Dis|tel;** die Disteln

der **Dis|tel|fink** (ein Vogel); des/dem/den Dis|tel|fin|ken; die Dis|tel|fin|ken

der **Di|s|t|rikt** (Bereich, Bezirk); des Distrikts *oder* Di|s|t|rik|tes; die Di|s|t|rik|te

die **Dis|zi|p|lin** (Fach einer Wissenschaft; Teilbereich des Sports; *nur im Singular:* Zucht, Ordnung); die Dis|zi|p|li|nen

dis|zi|p|li|nie|ren (zur Ordnung erziehen; maßregeln); schwer zu disziplinierende Schüler

die **Di|va** (gefeierte Sängerin oder Schauspielerin); die Divas *oder* Diven

di|vers (verschieden); diverse Sorten

der **Di|vi|dend** (Zähler eines Bruchs); des/dem/den Di|vi|den|den; die Di|vi|den|den

die **Di|vi|den|de** (der auf eine Aktie entfallende Gewinn); die Dividenden

di|vi|die|ren (teilen); du dividierst; sie hat durch 3 dividiert; dividiere!; zehn dividiert durch fünf ist, macht, gibt zwei

die **Di|vi|si|on** (die Teilung; die Heeresabteilung); die Di|vi|si|o|nen

der **Di|vi|sor** (Nenner eines Bruchs); des Divisors; die Di|vi|so|ren

DJ – Domäne

der **DJ** ['diːdʒeɪ] = Discjockey; des DJ *oder* DJs; die DJs

Dja|kar|ta [dʒaˈkarta] (*ältere Schreibung für* Jakarta)

die **DJane** [diˈdʒeɪn] (weiblicher DJ); die DJanes

das **DJH** = Deutsches Jugendherbergswerk

die **DLRG** = Deutsche Lebens-Rettungs-Gesellschaft

DM = Deutsche Mark (frühere deutsche Währung)

die **d-Moll-Ton|lei|ter**

die **DNA** = deoxyribonucleic acid (Desoxyribonukleinsäure) (*englisch für:* DNS)

der **Dnjepr** (osteuropäischer Fluss)

die **DNS** = Desoxyribonukleinsäure

der **Do|ber|mann** (eine Hunderasse); die Dober|män|ner

doch; ja doch; nicht doch!

der **Docht;** des Dochts *oder* Doch|tes; die Doch|te

das **Dock** (Anlage zum Ausbessern von Schiffen); des Docks; die Docks

Do|cu|men|ta (Ausstellung zeitgenössischer Kunst in Kassel); der Documenta

die **Dog|ge** (eine Hunderasse); die Doggen

das **Dog|ma** (Glaubenssatz); des Dogmas; die Dog|men

dog|ma|tisch (die [Glaubens]lehre betreffend; lehrhaft; streng [an Lehrsätze] gebunden)

der **Dog|ma|tis|mus** (starres Festhalten an einer Anschauung, Lehrmeinung)

die **Doh|le** (ein Vogel)

der **Dok|tor;** des Doktors; die Dok|to|ren; *Abkürzung:* Dr.; *z. B.* Dr. phil. = Doktor der Philosophie; Dr. med. = Doktor der Medizin; Dr.-Ing. = Doktoringenieur; Dr. eh., Dr. e. h., Dr. h. c. = Doktor ehrenhalber (honoris causa)

der **Dok|to|rand** (Student, der sich auf die Doktorprüfung vorbereitet); des Dok|toran|den; die Dok|to|ran|den

die **Dok|to|rin;** die Doktorinnen

die **Dok|tor|mut|ter** (Universitätsprofessorin, die Doktoranden und ihre Arbeit betreut)

der **Dok|tor|va|ter** (Universitätsprofessor, der Doktoranden und ihre Arbeit betreut)

die **Dok|t|rin** (Lehrmeinung; politischer Grundsatz); die Dok|t|ri|nen

die **Do|ku** (*kurz für:* Dokumentation); der Doku; die Dokus; hast du gestern die Doku über Löwen gesehen?

das **Do|ku|ment** (Urkunde, Schriftstück; Beweis); des Dokuments *oder* Do|kumen|tes; die Do|ku|men|te

der **Do|ku|men|tar|film**

do|ku|men|ta|risch

die **Do|ku|men|ta|ti|on** (Zusammenstellung von Dokumenten und Materialien jeder Art); die Do|ku|men|ta|ti|o|nen

do|ku|men|tie|ren (beurkunden; belegen; bekunden); diese Entscheidung hat seinen Friedenswillen dokumentiert

die **Do|ku|soap** *oder* **Do|ku-Soap** [...suːp] (Dokumentarserie mit teilweise inszeniertem Ablauf); der Dokusoap *oder* Doku-Soap; die Dokusoaps *oder* Doku-Soaps

das **Dol|by-Sys|tem** (*Markenbezeichnung:* Verfahren zur Rauschunterdrückung bei Tonaufnahmen)

der **Dolch;** des Dolchs *oder* Dol|ches; die Dol|che

die **Dol|de** (einem Büschel oder Schirm ähnlicher Teil einer Pflanze, der die Blüten trägt); die Dolden

doll (*umgangssprachlich für:* toll)

der **Dol|lar** (Währungseinheit in den USA, in Kanada und anderen Staaten; *Zeichen:* $); des Dollars; die Dollars; ABER: 30 Dollar

dol|met|schen (Gesprochenes übersetzen); du dolmetschst; sie dolmetschte; sie hat bei dem Gespräch gedolmetscht; dolmetsch *oder* dolmetsche bitte für uns!; sie hat bei dem Gespräch gedolmetscht; dolmetsch[e] bitte für uns!

der **Dol|met|scher** (jemand, der Äußerungen in einer fremden Sprache übersetzt); des Dolmetschers; die Dolmetscher

die **Dol|met|sche|rin;** die Dolmetscherinnen

die **Do|lo|mi|ten** (Teil der Südalpen) *Plural*

der **Dom** (große Kirche [eines Bischofs]); des Doms *oder* Do|mes; die Do|me

die **Do|main** [doˈmeɪn] (*EDV:* Internetadresse); der Domain; die Domains; wir haben eine eigene Domain

die **Do|mä|ne** (Staatsgut; besonderes Arbeitsgebiet); die Domänen

dominant – Dose

do|mi|nạnt; do|mi|nan|ter; am do|mi-nan|tes|ten; ein dominanter Vater

die **Do|mi|nạn|te** (*Musik:* die Quinte vom Grundton aus); die Dominanten

die **Do|mi|nạnz** (Vorherrschaft); der Dominanz; die Do|mi|nan|zen; unser Kunstlehrer liebt die Dominanz der Blautöne

do|mi|nie|ren (vorherrschen; beherrschen); helle Farben dominierten; sie hat die politische Szene dominiert; dominierendes Verhalten

der **Do|mi|ni|ka̲|ner** (Angehöriger eines Mönchsordens); des Dominikaners; die Dominikaner

die **Do|mi|ni|ka̲|ne|rin** (Angehörige eines Nonnenordens); die Dominikanerinnen

die **Do|mi|ni|ka̲|ni|sche Re|pu|b|lik** (Staat in Mittelamerika)

das **Do̲|mi|no** (Spiel, bei dem rechteckige Spielsteine aneinandergelegt werden); des Dominos; die Dominos

der **Do̲|mi|no|stein**

das **Do|mi|zịl** (Wohnsitz, Wohnung); des Domizils; die Do|mi|zi|le

der **Dọm|pfaff** (ein Vogel); des Dom|pfaf|fen *oder* Dompfaffs; die Dom|pfaf|fen

der **Dompt|teur** [dɔmp'tøːɐ̯] (Tierbändiger); des Dompteurs; die Dompt|teu|re

die **Dompt|teu|rin** [dɔmp'tøːrɪn] *oder* **Dompt-teu|se**; die Dompteurinnen *oder* Dompt-teusen

der **Dọn** (russischer Fluss)

die **Do̲|nau** (europäischer Strom)

der **Dö̲|ner** (*kurz für:* Döner Kebab); des Döners; die Döner

der **Dö̲|ner Ke̲|bab** *oder* **Dö̲|ner Ke̲|bap** *und* **Dö̲|ner|ke|bab** *oder* **Dö̲|ner|ke|bap** (eine türkische Fleischspezialität); des Döner Kebab[s] *oder* Döner Kebap[s] *und* des Dönerkebab[s] *oder* Dönerke-bap[s]; die Döner Kebabs *oder* Döner Kebaps *und* die Dönerkebabs *oder* Dönerkebaps

der **Dọn|ner**; des Donners; die Donner

dọn|nern; es hat gedonnert

der **Dọn|ners|tag** ↑ Dienstag

der **Dọn|ners|tag|abend** ↑ Dienstagabend

der **Dọn|ners|tag|mor|gen**

der **Dọn|ners|tag|nach|mit|tag**

dọn|ners|tags ↑ Dienstag

der **Do̲|nut** ['doːnat] *oder* **Dough|nut** ['doʊ-nat] (ein ringförmiges Gebäckstück aus

Hefeteig); des **Donuts** *oder* Doughnuts; die **Donuts** *oder* Doughnuts

do̲of (*umgangssprachlich für:* dumm; einfältig); eine doofe Nuss

do̲|pen (durch [verbotene] Anregungsmittel zu sportlicher Höchstleistung bringen); du dopst; er dopte; er hat das Pferd gedopt; er ist gedopt

das **Do̲|ping**; des Dopings; die Dopings

die **Do̲|ping|kon|t|rol|le**

das **Dọp|pel** (zweite Ausfertigung; Spiel zweier Spieler gegen zwei andere beim [Tisch]tennis oder Badminton)

das **Dọp|pel|bett**

dọp|pel|deu|tig

der **Dọp|pel|gän|ger**; des Doppelgängers; die Doppelgänger

die **Dọp|pel|gän|ge|rin**; die Doppelgänge-rinnen

der **Dọp|pel|pass** (*Fußball*)

der **Dọp|pel|punkt**

die **Dọp|pel|stun|de** (Unterrichtsstunde, die doppelt so lange dauert wie eine einfache)

dọp|pelt; die doppelte Buchführung; doppelt so groß; doppelt so viel; sie ist doppelt so reich wie ich; sie ist doppelt so reich, wie ich es bin

das **Dọp|pel|te**; des Doppelten; um das Doppelte, ums Doppelte größer sein

der **Dọp|pel|zent|ner** (100 kg)

das **Do̲|ra|do** *vergleiche:* El|do|ra|do

das **Dọrf**; des Dorfs *oder* Dor|fes; die Dör|fer

dörf|lich

der **Dọrn**; des Dorns *oder* Dor|nes; die Dor-nen, *in der Technik:* die Dor|ne

die **Dọr|nen|kro|ne**

dọr|nig

das **Dorn|rös|chen** (eine Märchengestalt); des Dornröschens

dọr|ren (dürr machen, austrocknen); er dörrte; er hat das Obst gedörrt

das **Dọrr|obst**

der **Dọrsch** (ein Fisch); des Dorschs *oder* Dor|sches; die Dor|sche

dọrt; dort drüben; von dort aus

dọrt|her [*auch:* 'dɔrt...]

dọrt|hin [*auch:* 'dɔrt...]; da- und dorthin

dọr|tig; die dortigen Verhältnisse

Dọrt|mund (Stadt im Ruhrgebiet)

die **Do̲|se** (kleine Büchse); *Verkleinerungs-form:* das Dös|chen

121

dösen – drängen

dö|sen (wachend träumen); du döst; sie döst; sie hat gedöst; döse nicht!

der **Do|sen|öff|ner**

das **Do|sen|pfand**

do|sie|ren (eine bestimmte Menge abmessen); sie hat das Medikament richtig dosiert

die **Do|sie|rung;** ein Medikament in der richtigen Dosierung geben

die **Do|sis** (zugemessene Menge); die Do|sen

das **Dos|si|er** [dɔ'sie:] (Zusammenstellung von Akten, Dokumenten zu einem Thema oder Fall); des Dossiers; die Dossiers

do|tie|ren (mit einer bestimmten Geldsumme ausstatten; bezahlen); du dotierst; sie dotierte; er hat dotiert; ein mit 50 Euro für die Klassenkasse dotierter Vorlesewettbewerb

der *oder* das **Dot|ter** (Eigelb); des Dotters; die Dotter

das **Dou|b|le** ['du:bl] (*Film:* Ersatzspieler *oder* Ersatzspielerin [ähnlichen Aussehens]); des Doubles; die Doubles

der **Dough|nut** ['doʊnat] *vergleiche:* **Do|nut**
down [daʊn] (*umgangssprachlich für:* bedrückt; niedergeschlagen); down sein

der *oder* das **Down|load** ['daʊnloʊd] (*EDV:* das Herunterladen von Daten, Programmen); des Downloads; die Downloads
down|loa|den ['daʊnloʊdn̩] (*EDV:* Daten von einem Computer, aus dem Internet herunterladen); ich habe mir das Spiel downgeloadet

> **!** Die gebeugten Formen von *downloaden* klingen für viele Menschen merkwürdig oder unschön, weil hier ein englisches Wort nach deutschem Muster gebeugt wird. Deshalb verwendet man besser das deutsche Verb *herunterladen.*

das **Down|syn|drom** *oder* **Down-Syn|drom** ['daʊn...] (genetisch bedingte Entwicklungshemmungen und Veränderungen des Erscheinungsbildes eines Menschen); des **Downsyndroms** *oder* Down-Syndroms

der **Do|zent** (Lehrer [an einer Hochschule]); des/dem/den Do|zen|ten; die Do|zen|ten

die **Do|zen|tin;** die Dozentinnen

die **dpa** = Deutsche Presse-Agentur
Dr. = Doktor; ↑ Doktor

der **Dra|che** (ein Fabeltier); des/dem/den Drachen; die Drachen

der **Dra|chen** (ein Fluggerät); des Drachens; die Drachen

das **Dra|chen|flie|gen**
Dra|cu|la (Titelfigur eines Vampirromans)

das **Dra|gee** [dra'ʒe:] *oder* **Dra|gée** (mit Zucker überzogene Süßigkeit oder Tablette); des **Dragees** *oder* Dragées; die **Dragees** *oder* Dragées

der **Dra|go|ner** (*Geschichte für:* Reiter einer Reitertruppe); des Dragoners; die Dragoner

der **Draht;** des Drahts *oder* Drah|tes; die Dräh|te; auf Draht (wachsam) sein
drah|tig (sehnig, schlank)
draht|los; drahtlose Fernbedienungen

der **Draht|zie|her** (Auftraggeber)

die **Draht|zie|he|rin;** die Drahtzieherinnen
dra|ko|nisch (sehr streng); drakonische Strafen
drall (derb, stramm)

das **Dra|ma** (Bühnenstück, Schauspiel); erregendes oder trauriges Geschehen); des Dramas; die Dramen

die **Dra|ma|tik** (dramatische Dichtkunst; erregende Spannung); der Dramatik; die Dramatik eines sportlichen Wettkampfs

der **Dra|ma|ti|ker** (Dramendichter); des Dramatikers; die Dramatiker

die **Dra|ma|ti|ke|rin;** die Dramatikerinnen
dra|ma|tisch (erregend, spannend); dramatische Entwicklungen
dran (*umgangssprachlich für:* daran); du bist dran; ᴀʙᴇʀ: das Drum und Dran; des Drum und Dran
dran|blei|ben (*umgangssprachlich für:* an jemandem, etwas bleiben); sie blieb dran; sie ist an der Sache drangeblieben; bleib *oder* bleibe dran!

der **Drang;** des Drangs *oder* Dran|ges
dran|ge|hen (*umgangssprachlich*); er geht zu nah dran; sie ging dran (fing an), die Koffer zu packen; es ist keiner drangegangen (keiner ist ans Telefon gegangen)
drän|geln; ich dräng[e]le; du drängelst; er hat gedrängelt; drängle *oder* drängele nicht!
drän|gen; du drängst; sie drängte; sie hat auf eine Änderung gedrängt; dränge

drangsalieren – dreiteilig

nicht!; sich drängen; sie haben sich um das Feuer gedrängt

drang|sa|lie|ren (quälen); er hat ihn mit seinen Fragen drangsaliert

dran|kom|men (*umgangssprachlich für:* an die Reihe kommen, aufgerufen werden); er ist endlich drangekommen

dran|neh|men (*umgangssprachlich für:* abfertigen; aufrufen); sie hat diesen Schüler häufig drangenommen

dras|tisch (sehr deutlich; wirksam); drastische Maßnahmen

drauf (*umgangssprachlich für:* darauf); drauf und dran (nahe daran) sein; drauf sein (*umgangssprachlich auch für:* [gut/schlecht] gelaunt sein)

drauf|ge|hen (*umgangssprachlich auch für:* verbraucht werden; sterben); sein ganzes Geld geht dabei drauf; sie ist dabei draufgegangen

drauf|los|re|den; (*umgangssprachlich für:* ohne Überlegung reden); er redet einfach drauflos; sie hat drauflosgeredet

drauf|set|zen; er hat durch diese Bemerkung noch eins *oder* einen draufgesetzt (*umgangssprachlich für:* er hat die Situation weiter verschärft)

draus (*umgangssprachlich für:* daraus); mach dir nichts draus (ärgere dich nicht darüber)

drau|ßen

das **Dream-Team** [ˈdriːmtiːm] *oder* **Dreamteam** (*besonders Sport:* ideal besetzte Mannschaft); des **Dream-Teams** *oder* Dreamteams; die **Dream-Teams** *oder* Dreamteams

drech|seln; ich drechs[e]le; du drechselst; sie drechselte; sie hat die Figur gedrechselt; drechsel *oder* drechsele sie!

der **Drechs|ler;** des Drechslers; die Drechsler

die **Drechs|le|rin;** die Drechslerinnen

der **Dreck**

dre|ckig; dreckige Schuhe

die **Dreh|ar|beit;** der Dreharbeit; die Dreharbeiten *meist Plural;* die Dreharbeiten zu unserem Video waren aufwendig

die **Dreh|bank**

das **Dreh|buch** (Textbuch eines Films)

dre|hen; sie hat gedreht; drehe!; sich drehen; der Schlüssel hat sich gedreht

der **Dre|her;** des Drehers; die Dreher

die **Dre|he|rin;** die Dreherinnen

das **Dreh|mo|ment** (*Physik*)

die **Dreh|or|gel**

die **Dre|hung**

die **Dreh|zahl** (Anzahl der Umdrehungen pro Zeiteinheit)

drei; wir sind zu dreien *oder* zu dritt; herzliche Glückwünsche von uns dreien; er kann nicht bis drei zählen (er ist sehr dumm); er ist schon drei [Jahre alt]; aller guten Dinge sind drei; der Saal war erst drei viertel voll; es ist jetzt drei viertel acht; ↑ *auch:* acht, dritte

die **Drei** (Ziffer, Zahl); die Dreien; eine Drei würfeln; er schrieb in Deutsch eine Drei; die Acht

drei|di|men|si|o|nal (mit drei Dimensionen [Höhe, Breite und Tiefe] versehen); ein dreidimensionaler Film *oder* Drei-D-Film (*mit Ziffer:* 3-D-Film *oder* 3D-Film)

das **Drei|eck;** des Dreiecks; die Dreiecke

drei|eckig

die **Drei|ei|nig|keit**

drei|fach

die **Drei|fal|tig|keit** (Dreieinigkeit)

drei|jäh|rig ↑ achtjährig

der **Drei|klang** (*Musik*)

drei|köp|fig; ein dreiköpfiger Vorstand

drei|mal ↑ achtmal

drei|ma|lig

die **Drei|mei|len|zo|ne**

das **Drei|me|ter|brett**

drein (*umgangssprachlich für:* darein)

drein|bli|cken (einen bestimmten Gesichtsausdruck machen); sie hat finster dreingeblickt

der **Drei|punkt|gurt**

der **Drei|satz** (*Mathematik*)

der **Drei|sprung** (*Sport*)

drei|ßig ↑ achtzig

drei|ßig|jäh|rig; eine dreißigjährige Frau; ABER: der Dreißigjährige Krieg

dreist; dreis|ter; am dreis|tes|ten

drei|stel|lig; dreistellige Zahl

die **Dreis|tig|keit**

drei|tä|gig (drei Tage dauernd)

drei|tei|len; das Land wurde dreigeteilt; ein dreigeteiltes Bild; ABER: die durch drei geteilte Zahl

drei|tei|lig

123

Dreivierteltakt – drollig

der **Drei|vier|tel|takt** ($^3/_4$-Takt)
der **Drei|we|ge|ka|ta|ly|sa|tor**
drei|zehn; die verhängnisvolle Dreizehn; ↑ *auch:* acht
die **Dre|sche** (*umgangssprachlich für:* Prügel); Dresche bekommen
dre|schen; du drischst; sie drischt; sie drosch; sie hat das Korn gedroschen
der **Dresch|fle|gel**
die **Dresch|ma|schi|ne**
Dres|den (Hauptstadt von Sachsen); die Dresdner Frauenkirche
der **Dres|de|ner** *oder* **Dresd|ner;** des Dresdeners *oder* Dresdners; die Dresdener *oder* Dresdner
die **Dres|de|ne|rin** *oder* **Dresd|ne|rin;** die Dresdenerinnen *oder* Dresdnerinnen
der **Dress** ([Sport]kleidung); des Dress *oder* Dres|ses; die Dres|se
der **Dress|code** (Kleiderordnung)
dres|sie|ren; du dressierst; sie hat den Affen dressiert; dressiere ihn!
die **Dres|sur;** die Dres|su|ren
das **Dres|sur|rei|ten**
drib|beln (*Sport:* den Ball durch kurze Stöße vortreiben); du dribbelst; sie dribbelte in den Strafraum; sie hat zu viel gedribbelt
die **Drift** (durch Wind erzeugte Strömung an der Meeresoberfläche); die Drif|ten
der **Drill** (harte [militärische] Ausbildung); des Drills
dril|len (hart schulen); du drillst ihn; er drillte ihn; er hat ihn gedrillt; drille ihn!
der **Dril|lich** (ein Gewebe); des Drillichs; die Dril|li|che
drin (*umgangssprachlich für:* darin); drin sein (*umgangssprachlich auch für:* möglich sein); heute war nicht mehr drin
Dr.-Ing. = Doktoringenieur, Doktoringenieurin; ↑ Doktor
drin|gen; du dringst; sie drang; die Sonne ist durch die Wolken gedrungen; dring *oder* dringe auf eine Lösung!
drin|gend; auf das, aufs drin|gends|te *oder* Drin|gends|te bitten
die **Dring|lich|keit**
der **Drink** (alkoholisches Getränk; Mischgetränk); des Drinks; die Drinks
drin|nen; ich möchte lieber drinnen spielen

dritt ↑ drei

drit|te

Kleinschreibung:

– das dritte Kapitel
– der dritte Stand (Bürgerstand)

Großgeschrieben wird »dritte« in der Nominalisierung:

– er ist der Dritte im Bunde
– sie ist die Dritte in der Reihe
– der Dritte von dreien
– jeder Dritte
– zum Dritten

Groß schreibt man »dritte« auch, wenn es Bestandteil eines Namens oder Titels ist:

– der Dritte Oktober (Tag der Deutschen Einheit); ABER: der dritte November
– das Dritte Reich (Deutschland während des Nationalsozialismus)
– die Dritte Welt (die Entwicklungsländer)
– Friedrich der Dritte (Friedrich III.)

das **Drit|tel;** des Drittels; die Drittel
drit|tens
der **Dritte-Welt-La|den** (Laden, in dem Produkte aus Entwicklungsländern verkauft werden)
dritt|letz|te; die drittletzte Seite; der/die/das Drittletzte
das **DRK** = Deutsches Rotes Kreuz
dro|ben (da oben)
die **Dro|ge** (Rohstoff für Heilmittel; *auch für:* Rauschgift); die Drogen
dro|gen|ab|hän|gig
der **Dro|gen|han|del**
der **Dro|gen|kon|sum**
der **Dro|gen|miss|brauch**
dro|gen|süch|tig
die **Dro|ge|rie;** die Dro|ge|ri|en
der **Dro|gist;** des/dem/den Drogisten; die Dro|gis|ten
die **Dro|gis|tin;** die Drogistinnen
dro|hen; er hat ihm gedroht; drohe nicht!
die **Droh|ne** (männliche Biene; Nichtstuer)
dröh|nen; es dröhnt; die Musik hat aus dem Lautsprecher gedröhnt
die **Dro|hung**
drol|lig; ein drolliges Kerlchen

124

Dromedar – Dufflecoat

das **Dro|me|dar** [*auch:* 'dro:meda:ɐ̯] (das einhöckerige Kamel); des Dromedars; die Dro|me|da|re

der, *auch:* das **Drops** (Fruchtbonbon); des Drops; die Drops *meist Plural*

die **Dros|sel** (ein Singvogel); die Drosseln
dros|seln; du drosselst; sie drosselte; sie hat den Motor gedrosselt; drossele *oder* drossle den Motor!

drü|ben (auf der anderen Seite)

drü|ber (*umgangssprachlich für:* darüber); ↑ *auch:* drunter

der **Druck;** des Drucks *oder* Dru|ckes; *(in der Technik:)* die Drü|cke *und (für Bücher, Bilder u. Ä.:)* die Dru|cke; die Drücke im Sterninnern sind sehr hoch; in der Bibliothek liegen viele alte Drucke

der **Drü|cke|ber|ger;** des Drückebergers; die Drückeberger

die **Drü|cke|ber|ge|rin;** die Drückebergerinnen
dru|cken; du druckst; sie druckt; sie hat das Buch gedruckt; drucke es!
drü|cken; du drückst; sie drückt; sie hat gegen die Tür gedrückt; drück *oder* drücke den Knopf!

der **Dru|cker;** des Druckers; die Drucker

die **Dru|cke|rei**

die **Dru|cke|rin;** die Druckerinnen
druck|frisch; druckfrische Zeitungen
druck|sen (*umgangssprachlich für:* zögerlich antworten); du druckst; er hat gedruckst

drum (*umgangssprachlich für:* darum); es ist schade drum; ᴀʙᴇʀ: das [ganze] Drum und Dran; des Drum und Dran

das **Drum|he|r|um** (*umgangssprachlich*); des Drumherums

der **Drum|mer** ['dramɐ] (Schlagzeuger in einer Band); des Drummers; die Drummer

drun|ten (da unten)

drun|ter (*umgangssprachlich für:* darunter); es geht drunter und drüber; ᴀʙᴇʀ: das Drunter und Drüber; des Drunter und Drüber

drun|ter|stel|len; sie stellt eine Stütze drunter; er hat etwas druntergestellt

die **Drü|se**

der **Dschi|had** (heiliger Krieg der Muslime zur Verteidigung und Ausbreitung des Islams); des Dschihad

der **Dschun|gel** (undurchdringlicher, sumpfiger Wald in den Tropen); des Dschungels; die Dschungel

das **Dschun|gel|camp**

die **Dschun|ke** (chinesisches Segelschiff); die Dschunken
Dtzd. = Dutzend

---

du

– du bist im Recht
– Leute wie du und ich

In Briefen kann »du« klein- oder großgeschrieben werden:

– Liebe Petra, wie du *oder* Du bestimmt bemerkt hast ...

Groß schreibt man die Nominalisierung:

– jemandem das Du anbieten
– jemanden mit Du anreden
– mit jemandem auf Du und Du stehen
– Du *oder* du zueinander sagen
– mit jemandem per Du *oder* per du sein

---

du|al (eine Zweiheit bildend; auf zwei Dingen beruhend)

das **Du|al|sys|tem** (Zahlensystem mit nur zwei Zahlzeichen und der Zahl 2 als Basis)

der **Dü|bel** (Pflock, Zapfen, worin Schrauben, Haken usw. verankert werden); des Dübels; die Dübel
dü|beln; ich düb[e]le; sie dübelte; sie hat das Regal an die Wand gedübelt

du|bi|os (zweifelhaft, zwielichtig); eine dubiose Firma

Dub|lin ['dablɪn] (Hauptstadt der Republik Irland)

sich **du|cken;** du duckst dich; sie hat sich geduckt; duck *oder* ducke dich!

der **Duck|mäu|ser** (verängstigter, feiger Mensch); des Duckmäusers; die Duckmäuser

der **Du|del|sack** (ein Blasinstrument); die Du|del|sä|cke

das **Du|ell** (Zweikampf); des Duells; die Duel|le

das **Du|ett** (Zwiegesang); des Duetts *oder* Du|et|tes; die Du|et|te

der **Duf|f|le|coat** ['dafl̩ko:t] (dreiviertellan-

125

Duft – Durchblutung

ger Sportmantel); des Dufflecoats; die
Dufflecoats

der **Duft;** des Dufts *oder* Duf|tes; die Düf|te
duf|te (*umgangssprachlich für:* ausge-
zeichnet)
duf|ten; die Blume duftet; die Blume
duftete; die Blume hat geduftet
duf|tig; duftige Stoffe
Duis|burg [ˈdyːsbʊrk] (Stadt im Ruhrge-
biet)
dul|den; du duldest; er duldet; er dul-
dete; er hat still geduldet; dulde das
nicht!

der **Dul|der;** des Dulders; die Dulder

die **Dul|de|rin;** die Dulderinnen
duld|sam

die **Dul|dung**
dumm; düm|mer; am dümms|ten;
ᴀʙᴇʀ: er ist der Dümmste unter uns
dumm|dreist; dummdreiste Antworten
dum|mer|wei|se

die **Dumm|heit**

der **Dumm|kopf**
dumpf; ein dumpfer Klang

der **Dum|ping|preis** [ˈdampɪŋpraɪs] (Preis,
der deutlich unter dem Warenwert liegt)

die **Dü|ne;** die Dünen

der **Dung** (als Dünger verwendeter Mist);
des Dungs *oder* Dun|ges
dün|gen; du düngst; sie düngt; sie
düngte; sie hat gedüngt; dünge den
Boden!

der **Dün|ger;** des Düngers
dun|kel; dunk|ler; am dun|kels|ten;
etwas dunkel färben *oder* dunkelfärben;
jemanden im Dunkeln (im Ungewissen)
lassen; im Dunkeln ist gut munkeln; im
Dunkeln tappen; ein Sprung ins Dunkle

das **Dun|kel;** des Dunkels; im Dunkel des
Waldes

der **Dün|kel** (Eingebildetheit); des Dünkels
dun|kel|blau
dun|kel|fär|ben *vergleiche:* **dun|kel**
dun|kel|haa|rig; dunkelhaariges Fell
dün|kel|haft; dün|kel|haf|ter; am dün-
kel|haf|tes|ten

die **Dun|kel|heit**
dun|kel|rot

die **Dun|kel|zif|fer** (offiziell nicht bekannte
Anzahl von bestimmten Erscheinungen
oder Ähnlichem); die Dunkelziffer bei
Drogenmissbrauch

dün|ken; mich *oder* mir dünkte; mich
oder mir hat gedünkt
dünn; durch dick und dünn; diese dünn
besiedelte *oder* dünnbesiedelte Gegend;
das dünn bevölkerte *oder* dünnbevölkerte
Land; gute Freunde sind dünn gesät *oder*
dünngesät (selten, spärlich vorhanden);
ihr sollt euch dünn machen (*umgangssprachlich für:* weniger Platz in Anspruch
nehmen); sie soll den Teig ganz dünn
machen; ↑ ᴀʙᴇʀ: sich dünnmachen

der **Dünn|darm**
dünn|flüs|sig; dünnflüssiger Brei

sich **dünn|ma|chen** (*umgangssprachlich für:*
weglaufen); er machte sich dünn; sie hat
sich dünngemacht

der **Dunst;** des Dunsts *oder* Duns|tes; die
Düns|te
düns|ten (durch Dampf gar machen); du
dünstest; sie dünstete; sie hat das
Fleisch gedünstet; dünste es!

die **Dunst|glo|cke** (Ansammlung verunrei-
nigter Luft über Industriegebieten und
Städten)
duns|tig; ein dunstiger Herbstmorgen

die **Dü|nung** (durch Wind hervorgerufener
Seegang); die Dü|nun|gen

das **Duo** (Musikstück für zwei Instrumente;
auch für: die zwei Ausführenden); des
Du|os; die Du|os

das **Du|pli|kat** (Abschrift); des Duplikats
oder Du|pli|ka|tes; die Du|pli|ka|te

das **Dur** (Tongeschlecht mit großer Terz);
des Dur; in Dur; A-Dur; die A-Dur-Tonleiter; ↑ Moll
durch; durch ihn; durch und durch; nach
diesem Streit wird er bei allen Freunden
unten durch sein (sich unbeliebt gemacht
haben); das Fleisch muss durch sein;
durch Planen zum Ziel kommen
durch|ar|bei|ten (pausenlos arbeiten;
sorgsam bearbeiten); sie hat die ganze
Nacht durchgearbeitet; der Teig ist tüch-
tig durchgearbeitet; ᴀʙᴇʀ: **durch|ar|bei-
ten;** eine durcharbeitete Nacht
durch|aus
durch|blät|tern, durch|blät|tern; er hat
das Buch durchgeblättert *oder* durch-
blättert

der **Durch|blick**
durch|bli|cken; sie hat durchgeblickt

die **Durch|blu|tung**

126

durchbrechen – durchschneiden

durch|bre|chen; er bricht die Tafel Schokolade durch; sie hat den Stock durchgebrochen; ABER: **durch|bre|chen;** der Demonstrant durchbricht die Absperrung; das Flugzeug hat die Schallmauer durchbrochen

der **Durch|bruch;** die Durch|brü|che

durch|drin|gen; die Sonne ist kaum durchgedrungen; ABER: **durch|drin|gen;** er hat den Urwald durchdrungen; sie war von der Idee ganz durchdrungen (erfüllt)

durch|ei|n|an|der; durcheinander (verwirrt) sein

das **Durch|ei|n|an|der**

durch|ei|n|an|der|brin|gen (in Unordnung bringen); er hat alles durcheinandergebracht

durch|ei|n|an|der|es|sen; alles durcheinanderessen und -trinken

durch|ei|n|an|der|re|den (zugleich reden); sie haben alle durcheinandergeredet

durch|ei|n|an|der|trin|ken

durch|ei|n|an|der|wer|fen (verwechseln); sie hat alles durcheinandergeworfen

durch|fah|ren; wir sind auf dem Rückweg die ganze Nacht durchgefahren; ABER: **durch|fah|ren;** er hat das ganze Land durchfahren; ein Schreck durchfuhr sie

die **Durch|fahrt**

der **Durch|fall;** des Durchfalls oder Durchfal|les; die Durch|fäl|le

durch|fors|ten (etwas kritisch durchsehen; den Wald ausholzen); du durchforstest; sie durchforstete; er hat durchforstet

durch|füh|ren; du führst durch; sie führte durch; er hat durchgeführt; führ oder führe das ordentlich durch!; er hat die Aufgabe durchgeführt

die **Durch|füh|rung**

der **Durch|gang**

durch|gän|gig (von Anfang bis Ende durchgehend; ständig); diese Meinung wird durchgängig vertreten

die **Durch|gangs|stra|ße**

der **Durch|gangs|ver|kehr**

durch|ge|hend; das Geschäft ist durchgehend geöffnet

durch|grei|fen; er greift durch; sie griff durch das Gitter durch; der Lehrer hat streng durchgegriffen

durch|hal|ten; du hältst durch; er hält durch; sie hielt durch; er hat durchgehalten; halt oder halte durch!

durch|kom|men (umgangssprachlich auch für: eine Prüfung bestehen; überleben); sie ist durchs Abi durchgekommen; der Patient ist durchgekommen

durch|kreu|zen; sie hat seine Pläne durchkreuzt (zum Scheitern gebracht)

durch|las|sen; du lässt ihn durch; er ließ mich durch; sie hat ihn nicht durchgelassen; lasse oder lass mich durch!

durch|läs|sig; durchlässige Schuhe

durch|lau|fen; du läufst durch; sie lief durch; er ist die ganze Nacht durchgelaufen; lauf oder laufe nicht durch!; ABER: **durch|lau|fen;** du durchläufst; sie durchlief; er hat das alles durchlaufen; unser Referat hat viele Stadien durchlaufen

der **Durch|lauf|er|hit|zer** (ein Gas- oder Elektrogerät); des Durchlauferhitzers; die Durchlauferhitzer

durch|le|ben; wir haben die Tage froh durchlebt

durch|leuch|ten (mit Licht, mit Röntgenstrahlen durchdringen); der Arzt durchleuchtete die Lunge; er hat sie durchleuchtet

durch|ma|chen (umgangssprachlich für: Schwieriges durchleben); die Familie hat viel durchgemacht

der **Durch|mes|ser;** des Durchmessers; die Durchmesser

durch|num|me|rie|ren; er nummerierte das Heft durch; die Seiten waren durchnummeriert

durch|que|ren; sie hat das Land zu Fuß durchquert

durch|rin|gen; sie hat sich zu dieser Überzeugung durchgerungen

die **Durch|sa|ge**

durch|schau|en; sie hat durch das Fernrohr durchgeschaut; ABER: **durch-schau|en;** sie durchschaut ihn (erkennt seine Absichten); sie hat ihn durchschaut

durch|schla|gen; sie haben sich bis zur Grenze durchgeschlagen; ABER: **durch-schla|gen;** der Stein hat das Fenster durchschlagen

die **Durch|schlags|kraft**

durch|schnei|den; er schneidet das

127

durchschneiden – Dynastie

Blatt durch; er hat das Blatt durchgeschnitten; ABER: **durch|schnei|den;** der Fluss durchschneidet die Wiesen; die Landschaft ist von Kanälen durchschnitten

der **Durch|schnitt;** im Durchschnitt

durch|schnitt|lich (alltäglich; dem Mittelwert entsprechend); ihre Leistung ist nur durchschnittlich; die durchschnittliche Note war 2,7

das **Durch|schnitts|al|ter**

die **Durch|schrift**

durch|set|zen (erreichen); sie setzt es durch; sie hat sich durchgesetzt (Erfolg gehabt); ABER: **durch|set|zen** (in etwas verteilen); der Lehm ist mit Steinen durchsetzt

durch|sich|tig

durch|spie|len; du spielst durch; er spielte durch; spiel *oder* spiele bitte das ganze Match durch!

durch|ste|hen; du stehst durch; sie stand durch; steh *oder* stehe das durch!; sie hat viel durchgestanden; er hat den Skisprung durchgestanden

durch|strei|chen; sie strich die Nummer durch; das Wort ist durchgestrichen

durch|su|chen; er durchsuchte die Wohnung; er hat sie durchsucht

durch|su|chen; du suchst durch; sie suchte durch; er hat durchgesucht; such *oder* suche das für mich durch!; sie hat schon das ganze Adressbuch durchgesucht

die **Durch|su|chung**

der **Durch|su|chungs|be|fehl**

die **Durch|wahl**

durch|wäh|len ([einen Nebenstellenanschluss] direkt wählen); er wählte durch; er hat nach Japan durchgewählt

durch|weg; ein durchweg guter Schüler

durch|zie|hen; du ziehst durch; sie zog durch; er hat den Faden durchgezogen; zieh *oder* ziehe den Faden durch!; der Plan wird jetzt durchgezogen

der **Durch|zug**

dür|fen; du darfst; sie darf; sie durfte; sie hat gedurft; sie hat [es] nicht gedurft; ABER: das hätte sie nicht tun dürfen

dürf|tig (ärmlich; kümmerlich)

dürr; dürres Land

die **Dür|re**

der **Durst;** des Dursts *oder* Durs|tes

dürs|ten; du dürstest; sie dürstete; sie hat gedürstet; mich dürstet nach Rache

durs|tig

die **Durst|stre|cke** (Zeit der Entbehrung); eine lange Durststrecke bis zu den nächsten Ferien

die **Dur|ton|lei|ter** *(Musik)*

die **Du|sche**

du|schen; du duschst; sie duschte; sie hat geduscht; sich duschen; sie hat sich geduscht

die **Dü|se**

der **Du|sel** (unverdientes Glück); Dusel haben

du|seln (träumen); du duselst; sie duselte; sie hat geduselt

das **Dü|sen|flug|zeug**

Düs|sel|dorf (Hauptstadt von Nordrhein-Westfalen)

düs|ter; düst|rer *oder* düs|te|rer; am düs|ters|ten

der **Dutt** (*landschaftlich für:* Haarknoten); des Dutts *oder* Dut|tes; die Dut|te *oder* Dutts

der **Du|ty-free-Shop** [ˈdjuːtɪˈfriːʃɔp] (Laden, in dem zollfreie Waren verkauft werden)

das **Dut|zend;** des Dutzends; die Dut|zen|de; zwei Dutzend Eier; *bei Angabe unbestimmter Mengen auch kleingeschrieben:* es gab <mark>Dutzende</mark> *oder* dutzende von Fehlern; [viele] <mark>Dutzend[e]</mark> *oder* dutzend[e] Mal[e]; ein halbes Dutzend Mal, zwei Dutzend Male

dut|zend|fach

dut|zend|wei|se

du|zen; du duzt ihn; sie duzte ihn; sie hat ihn geduzt; duz *oder* duze ihn ruhig!

die **DVD** = digital versatile disc (einer CD ähnlicher, vielseitig verwendbarer Datenträger); die DVDs

das **DVD-Lauf|werk**

der **DVD-Play|er** ↑ CD-Player

die **Dy|na|mik** (Kräftelehre; Schwung)

dy|na|misch (schwungvoll; tatkräftig); ein dynamischer Typ

das **Dy|na|mit** (ein Sprengstoff)

der **Dy|na|mo** [*auch:* ˈdyːnamo] (*Kurzwort für:* Dynamomaschine; ein Stromerzeuger); des Dynamos; die Dynamos

die **Dy|nas|tie** (Herrschergeschlecht); die Dy|nas|ti|en

Dyskalkulie – Ecuadorianer

die **Dys|kal|ku|lie** (Rechenschwäche)
dz = Doppelzentner
der **D-Zug** (*Markenbezeichnung:* Schnellzug)

E

das **E** (Buchstabe); des E; die E; ABER: das e
in Berg; das E-Dur, ABER: das e-Moll
(Tonarten)
ea|sy [ˈiːzi] (*umgangssprachlich für:*
leicht); das ist doch easy!
eBay *oder* **E-Bay** [ˈiːbeɪ] (*Markenbe-*
zeichnung: ein Auktionshaus im Internet)
die **Eb|be**
ebd. = ebenda
eben; ebenes (flaches) Land; eine ebene
Fläche; eben sein; eben (soeben) kam sie
an; das ist nun eben (einmal) so
das **Eben|bild**
eben|bür|tig; ein ebenbürtiger Gegner
eben|da (genau, gerade dort)
eben|der
die **Ebe|ne**
eben|falls
das **Eben|holz**
das **Eben|maß**
eben|mä|ßig; ebenmäßige Strukturen

eben|so

ebenso wie

Man schreibt »ebenso« immer getrennt
vom folgenden Adjektiv oder Adverb:

– sie hätte ebenso gut zu Hause bleiben
können; sie spielte ebenso gut Klavier
wie ich; ebenso gute Leute
– das dauert ebenso lang[e] wie gestern;
er hat ebenso lange Beine wie ich
– ich habe den Film ebenso oft gesehen
wie du
– ebenso viel *oder* viele sonnige Tage; er
hat zwei Autos, sie hat ebenso viele
– wir laufen ebenso weit; eine ebenso
weite Entfernung
– ebenso wenig *oder* ebenso wenige reife
Birnen

der **Eber** (männliches Schwein); des Ebers;
die Eber
die **Eber|esche** (ein Laubbaum)
das **E-Bike** [ˈiːbaɪk] (Elektrofahrrad); des
E-Bikes; die E-Bikes
eb|nen; sie ebnet den Weg; sie ebnete
ihn; sie hat ihn geebnet; ebne ihn!
das **E-Book** [ˈiːbʊk] (Inhalt eines Buches in
digitaler Form, der mithilfe eines Lesege-
rätes gelesen werden kann); des
E-Books; die E-Books
der **E-Book-Rea|der** [ˈiːbʊkriːdɐ] (digitales
Lesegerät [in Buchformat], mit dem
E-Books gelesen werden können); des
E-Book-Readers; die E-Book-Reader
der **Eb|ro** (Fluss in Spanien)
EC = Eurocity[zug] (*Markenbezeich-*
nung)
das **Echo** (Widerhall); des Echos; die Echos
das **Echo|lot** (Gerät zur Tiefen- oder
Höhenmessung mithilfe von Schallwel-
len)
die **Ech|se** (ein Kriechtier)
echt
echt|gol|den *oder* **echt gol|den;** ein
echtgoldener *oder* echt goldener Becher;
der Becher ist echtgolden *oder* echt golden
die **Echt|heit**
echt|sil|bern *oder* **echt sil|bern;** ↑ echt-
golden
die **Echt|zeit** (gleichzeitig zur Realität
ablaufende Zeit); ein Fußballspiel in
Echtzeit übertragen
die **EC-Kar|te** *oder* **ec-Kar|te** (Eurocheque-
karte)
der **Eck|ball**
die **Eck|da|ten** (Richtwerte) *Plural*
die **Ecke**
eckig; eine eckige Form
der **Eck|punkt**
der **Eck|zahn**
der **E-Com|merce** [ˈiːˈkɔmɐːs] (Verkauf von
Waren oder Dienstleistungen über das
Internet); des E-Commerce
die **Eco|no|my** [iˈkɔnəmi] (preisgünstigster
Tarif im Flugverkehr); Economy fliegen
die **Ec|s|ta|sy** [ˈɛkstəzi] (eine Droge); die
Ecstasys; Ecstasy nehmen
Ecu|a|dor (Staat in Südamerika)
der **Ecu|a|do|ri|a|ner;** des Ecuadorianers;
die Ecuadorianer

129

Ecuadorianerin – Ehrfurcht

die **Ecu|a|do|ri|a|ne|rin**; die Ecuadoriane-
rinnen
ecu|a|do|ri|a|nisch
Eda|mer (aus Edam); Edamer Käse
edel; ed|ler; am edels|ten
das **Edel|gas**
das **Edel|me|tall**
der **Edel|mut**
der **Edel|stein**
das **Edel|weiß** (eine Gebirgspflanze); die
Edel|wei|ße
das **Eden** (Paradies [im Alten Testament]);
der Garten Eden
das **Edikt** (Verordnung); des Edikts *oder*
Edik|tes; die Edik|te
edi|tie|ren (*EDV:* Daten eingeben,
löschen, verändern)
die **Edi|ti|on** (Ausgabe *zum Beispiel einer
Buchreihe*); der Edition; die Edi|ti|o-
nen; eine neue Edition der Deutschlek-
türe
das **Edi|to|ri|al** [*auch:* ɛdɪˈtɔːrɪəl] (Vorwort
des Herausgebers einer Zeitschrift oder
Zeitung); des Editorials *oder* Editorial;
die Editorials
die **EDV** = elektronische Datenverarbeitung
das **EDV-Pro|gramm**
der *oder* das **Efeu** (ein Kletterstrauch); des
Efeus
Eff|eff; etwas aus dem Effeff (*umgangs-
sprachlich für:* hervorragend) können
der **Ef|fekt** (Wirkung); des Effekts *oder* Ef-
fek|tes; die Ef|fek|te
die **Ef|fek|ten** (Wertpapiere) *Plural*
ef|fek|tiv (tatsächlich; wirksam); effek-
tive Maßnahmen
die **Ef|fek|ti|vi|tät** (Wirksamkeit)
ef|fekt|voll (wirkungsvoll); er sprach mit
effektvollen Pausen
ef|fi|zi|ent (wirksam; wirtschaftlich);
effizient arbeiten
die **Ef|fi|zi|enz** (*bildungssprachlich für:*
Wirksamkeit; Wirtschaftlichkeit); der
Effizienz; die Ef|fi|zi|en|zen; die Effi-
zienz deiner Lernweise bezweifle ich
das **EG** = Erdgeschoss
egal (gleichgültig); das ist mir egal
die **Eg|ge** (ein Ackergerät)
eg|gen; du eggst; sie eggte; sie hat den
Acker geeggt; egge das Feld!
das **Ego** (*Philosophie:* das Ich); des Egos *oder*
Ego; die Egos

der **Ego|is|mus** (Selbstsucht); des Egoismus;
die Egoismen
der **Ego|ist** (selbstsüchtiger Mensch); des/
dem/den Ego|is|ten; die Ego|is|ten
die **Ego|is|tin**; die Egoistinnen
ego|is|tisch
eh., e. h. = ehrenhalber; ↑ Doktor
eh (sowieso); das weiß ich eh
eh! (Ausruf)
ehe; ehedem; ehe denn; seit eh und je
die **Ehe**
ehe|bre|chen; *fast nur im Infinitiv
gebräuchlich:* du sollst nicht ehebrechen;
sonst: sie brach die Ehe; er hat die Ehe
gebrochen
der **Ehe|bruch**
ehe|dem (*gehoben für:* vormals)
die **Ehe|frau**
der **Ehe|gat|te**
die **Ehe|gat|tin**
die **Ehe|leu|te** *Plural*
ehe|lich; eheliches Güterrecht
ehe|ma|lig; seine ehemalige Wohnung
ehe|mals; ein ehemals guter Sportler
der **Ehe|mann**
das **Ehe|paar**
eher; je eher, je lieber; je eher, desto besser; er wird es umso eher (lieber) tun,
als …
ehern (aus Erz); eherne Rüstungen
ehes|tens (frühestens); ehestens in
einer Stunde
ehr|bar; ehrbare Leute
die **Eh|re**
eh|ren; du ehrst ihn; er hat ihn geehrt;
ehre ihn!
das **Eh|ren|amt**
eh|ren|amt|lich
der **Eh|ren|bür|ger**
die **Eh|ren|bür|ge|rin**
das **Eh|ren|mal**; die Eh|ren|ma|le *oder* Eh-
ren|mä|ler
eh|ren|voll
eh|ren|wert; eh|ren|wer|ter; am eh|ren-
wer|tes|ten; ein ehrenwerter Beruf
das **Eh|ren|wort**; die Eh|ren|wor|te
ehr|er|bie|tig
die **Ehr|furcht**; Ehrfurcht gebieten; ==Ehr-
furcht gebietend== *oder* ehrfurchtgebie-
tend; ein ==Ehrfurcht gebietendes== *oder*
ehrfurchtgebietendes Schauspiel; ABER
NUR: ein große Ehrfurcht gebietendes

ehrfürchtig – ein

Schauspiel; ein äußerst ehrfurchtgebietendes Schauspiel

ehr|fürch|tig

der **Ehr|geiz**; des Ehr|gei|zes

ehr|gei|zig

ehr|lich; eine ehrliche Antwort

die **Ehr|lich|keit**

die **Eh|rung**

ehr|wür|dig

das **Ei**; des Eis *oder* Ei|es; die Ei|er

die **Ei|be** (ein Nadelbaum); die Eiben

die **Ei|che** (ein großer Laubbaum)

die **Ei|chel**; die Eicheln

der **Ei|chel|hä|her** (ein Vogel)

ei|chen (das gesetzliche Maß geben; prüfen); du eichst die Waage; sie hat die Waage geeicht

das **Eich|hörn|chen**

der **Eid**; des Eids *oder* Ei|des; die Ei|de; einen Eid leisten; an Eides statt [erklären]

die **Ei|dech|se**

ei|des|statt|lich (an Eides statt); eine eidesstattliche Versicherung

der **Eid|ge|nos|se** (Schweizer Bürger); des Eidgenossen; die Eidgenossen

Eid|ge|nos|sen|schaft; Schweizerische Eidgenossenschaft (amtlicher Name der Schweiz)

die **Eid|ge|nos|sin**; die Eidgenossinnen

eid|ge|nös|sisch

der *oder* das **Ei|dot|ter** (das Gelbe im Ei)

der **Ei|er|stock** (Geschlechtsorgan, das die weiblichen Keimzellen bildet); die Ei|er|stö|cke *meist Plural*

der **Ei|fer**; des Eifers

die **Ei|fer|sucht**; der Eifersucht; die Eifersüchte *Plural selten;* rasende Eifersucht empfinden

ei|fer|süch|tig

der **Eif|fel|turm** (in Paris)

eif|rig; eifrige Bemühungen

das **Ei|gelb**; die Ei|gel|be; ABER: 3 Eigelb

ei|gen; meine eigne *oder* eigene Tochter; sich etwas zu eigen machen (sich etwas aneignen); das ist ihr eigen (für sie typisch); ABER: das ist mein, sein Eigen (*gehoben für:* Besitz); etwas Eigenes besitzen

die **Ei|gen|art**; die Ei|gen|ar|ten

ei|gen|ar|tig; eine eigenartige Mischung

der **Ei|gen|bröt|ler** (sonderbarer Mensch); des Eigenbrötlers; die Eigenbrötler

die **Ei|gen|bröt|le|rin**; die Eigenbrötlerinnen

ei|gen|hän|dig (selbst ausgeführt)

die **Ei|gen|heit**

die **Ei|gen|in|i|ti|a|ti|ve**; etwas in Eigeninitiative machen

ei|gen|mäch|tig (auf eigene Faust)

der **Ei|gen|na|me**

der **Ei|gen|nutz**

ei|gen|nüt|zig

die **Ei|gen|re|gie** (ohne fremde Hilfe); etwas in Eigenregie organisieren

ei|gens (besonders); ich habe es eigens erwähnt

die **Ei|gen|schaft**

ei|gen|stän|dig; eine eigenständige Leistung erbringen

die **Ei|gen|stän|dig|keit**

ei|gent|lich

das **Ei|gen|tor** (*Sport*)

das **Ei|gen|tum**; des Eigentums

der **Ei|gen|tü|mer**; des Eigentümers; die Eigentümer

die **Ei|gen|tü|me|rin**; die Eigentümerinnen

ei|gen|tüm|lich; eigentümliche Gerüche

die **Ei|gen|tums|woh|nung**

ei|gen|ver|ant|wort|lich; eine eigenverantwortliche Tätigkeit

die **Ei|gen|ver|ant|wor|tung**

ei|gen|wil|lig

der **Ei|ger** (Berg in den Berner Alpen)

sich **eig|nen**; es eignet sich; sie hat sich dazu geeignet

der **Eig|ner** (Eigentümer; Schiffseigentümer); des Eigner; die Eigner

die **Eig|ne|rin**; die Eignerinnen

die **Eig|nung** (Befähigung, Qualifikation)

das **Ei|land** (*gehoben für:* Insel); des Eilands *oder* Ei|lan|des; die Ei|lan|de

die **Ei|le**

ei|len; du eilst; sie eilte; sie ist geeilt; eile mit Weile!

ei|lends (schleunigst); eilends kommen

ei|lig; etwas Eiliges (Wichtiges) besorgen; nichts Eiligeres zu tun haben, als …

ei|ligst; sich eiligst davonmachen

der **Ei|mer**; des Eimers; die Eimer

ei|mer|wei|se

ein *siehe Kasten Seite 132*

ein; nicht ein noch aus wissen (ratlos sein); wer bei dir ein und aus geht (ver-

131

einander – einblenden

ein

1. »ein« ist unbestimmter Artikel (unbetont; als Beifügung zu einem Nomen oder Pronomen):

– es ist ein Kind und kein Erwachsener
– es war ein Mann, nicht eine Frau

2. »ein« ist unbestimmtes Pronomen:

– wenn einer (irgendeiner) das nicht versteht, dann soll er nachfragen
– da kann einer *(umgangssprachlich statt: man)* doch verrückt werden
– eins *oder* eines (etwas) fehlt ihm: Geduld
– das tut einem (mir) wirklich leid
– sie sollen einen (mich) in Ruhe lassen
– eins kommt nach dem and[e]ren
– sie ist eine von uns
– da hat eine ihre Tasche vergessen
– die einen [diese Zuschauer] klatschten, die and[e]ren [jene Zuschauer] pfiffen

Wenn bei [hinweisender] Gegenüberstellung das unbestimmte Pronomen als Nomen aufgefasst wird, ist auch Großschreibung möglich:

– der/die/das eine *oder* Eine
– vom einen *oder* Einen zum and[e]ren *oder* And[e]ren

3. »ein« ist Zahladjektiv (betont; allein stehend oder als Beifügung):

– wenn auch nur einer (ein Einziger) davon erfährt
– einer für alle, alle für einen
– einer von vielen
– das ist nur eine von vielen Möglichkeiten
– eins *oder* eines der beiden Pferde
– einer nach dem anderen
– zum einen …, zum anderen
– zwei Pfund Wurst in einem [Stück]
– ein und dieselbe Sache
– ein für alle Mal[e]
– ein bis zwei Tage
– sie ist sein Ein und [sein] Alles
– ᴀʙᴇʀ: der Eine (Gott)
– in einem fort
– in ein[em] und einem halben Jahr
– es läuft auf eins (ein und dasselbe) hinaus

---

kehrt); ᴀʙᴇʀ: ein- und aussteigen (einsteigen und aussteigen)
ei|n|an|der; sie lieben einander; einander in die Augen blicken
ein|äschern; er äscherte die Tote ein; der Leichnam wurde eingeäschert
ein|at|men; sie atmete ein; er hat eingeatmet
die **Ein|bahn|stra|ße**
der **Ein|band** (der Bucheinband); des Einbands *oder* Ein|ban|des; die Ein|bän|de
ein|bän|dig; einbändige Wörterbücher
der **Ein|bau;** des Einbaus *oder* Einbaues; die Einbauten
ein|bau|en; du baust ein; sie baute ein; er hat eingebaut; bau *oder* baue mir das ein!
der **Ein|baum** (Boot aus einem ausgehöhlten Baumstamm)
ein|be|ru|fen; eine Sitzung einberufen; mein Vater wurde noch zum Wehrdienst einberufen

die **Ein|be|ru|fung**
der **Ein|be|ru|fungs|be|fehl**
ein|be|zie|hen; diesen Umstand hat sie in ihre Überlegungen [mit] einbezogen
die **Ein|be|zie|hung;** unter Einbeziehung aller Argumente …
ein|bie|gen; sie ist in eine Seitenstraße eingebogen; bieg *oder* biege dort ein!
sich **ein|bil|den;** er bildet sich viel ein; er hat sich viel eingebildet; bild *oder* bilde dir bloß nichts ein!
die **Ein|bil|dung**
ein|bin|den; alle Schulbücher müssen eingebunden werden
die **Ein|bin|dung**
ein|bläu|en (*umgangssprachlich für:* mit Nachdruck einschärfen); sie hat ihm die neuen Vokabeln eingebläut
ein|blen|den (in eine Sendung, in einen Film einschalten); sie blendete ein Interview in die Reportage ein; sie hat ein Interview eingeblendet

132

Einblick – einfrieren

der **Ein|blick;** des Einblicks *oder* Einblickes; die Einblicke; Einblick in eine Sache bekommen

ein|bre|chen; der Dieb brach in ihr(em) Haus ein; er ist auf dem Eis eingebrochen

der **Ein|bre|cher;** des Einbrechers; die Einbrecher

die **Ein|bre|che|rin;** die Einbrecherinnen

ein|brin|gen; du bringst dich ein; sie brachte ihre Erfahrungen ein; der Bauer hat das Heu eingebracht; sich in die Diskussion einbringen

der **Ein|bruch;** die Ein|brü|che

ein|bruch[s]|si|cher

ein|bür|gern; sie wurde in die/in der Schweiz eingebürgert; bürgere ein!

die **Ein|bür|ge|rung**

der **Ein|bür|ge|rungs|test** (behördliche Prüfung, die bestehen muss, wer eingebürgert werden möchte)

die **Ein|bu|ße** (Verlust); der Einbuße; die Einbußen

ein|bü|ßen; du büßt ein; er büßt ein; er hat seinen guten Ruf eingebüßt

das **Ein|cent|stück** *oder* **Ein-Cent-Stück** (*mit Ziffer:* 1-Cent-Stück)

ein|däm|men (an der Ausbreitung hindern); du dämmst ein; sie dämmte ein; er hat eingedämmt; das Hochwasser, die Gewalt eindämmen

die **Ein|däm|mung**

eindecken; die deckte sich mit Obst ein; er hat sich mit Obst eingedeckt

ein|deu|tig; eine eindeutige Aussage

ein|drin|gen; du dringst ein; sie drang ein; sie ist eingedrungen; dring *oder* dringe nicht dort ein!

ein|dring|lich; er bat sie auf das, aufs eindringlichste *oder* Eindringlichste

der **Ein|dring|ling;** des Eindringlings; die Eindringlinge; ein nächtlicher Eindringling

der **Ein|druck;** des Eindrucks *oder* Ein|dru|ckes; die Ein|drü|cke

ein|drucks|voll

ein|ein|halb, ein[|und]|ein|halb; eineinhalb Tage; ABER: ein und ein halber Tag; ein[und]einhalbmal so viel

ei|ner ↑ein

der **Ei|ner** (letzte Stelle einer mehrstelligen Zahl; einsitziges Sportruder-

oder -paddelboot); des Einers; die Einer

ei|ner|lei

ei|ner|seits

ei|nes|teils; ABER: der Verlust eines Teils seiner Macht

das **Ein|eu|ro|stück** *oder* **Ein-Eu|ro-Stück** (*mit Ziffer:* 1-Euro-Stück)

ein|fach; ein einfacher Bruch; es ist am einfachsten, wenn du früher kommst; ABER: das Einfachste ist, wenn du gehst; sich etwas Einfaches wünschen

die **Ein|fach|heit;** der Einfachheit halber

ein|fach|heits|hal|ber; einfachheitshalber duzen wir uns alle

ein|fä|deln; sie fädelte das Garn ein; sie hat es eingefädelt

ein|fah|ren; du fährst ein; sie fuhr ein; er hat das Garagentor eingefahren; der Zug ist eingefahren; fahr *oder* fahre die Ernte ein!; ein Lob, Gewinne einfahren (*umgangssprachlich*)

die **Ein|fahrt;** die Ein|fahr|ten

der **Ein|fall;** die Ein|fäl|le

ein|fal|len; was fällt dir ein?; das Haus ist eingefallen

ein|falls|reich

der **Ein|falls|win|kel** *oder* **Ein|fall|win|kel** (*Optik*)

die **Ein|falt**

ein|fäl|tig

der **Ein|falts|pin|sel** (Dummkopf)

das **Ein|fa|mi|li|en|haus**

ein|fan|gen; er fängt das Tier ein; er fing es ein; er hat es eingefangen; fang *oder* fange das Tier ein!

ein|flie|ßen; neue Erkenntnisse fließen ein; in den Keller war Wasser eingeflossen; sie ließ in ihr Referat ein paar Anspielungen einfließen

ein|flö|ßen; du flößt ein; sie flößt ein; sie hat mir Vertrauen eingeflößt; flöß *oder* flöße ihm die Tropfen langsam ein!

die **Ein|flug|schnei|se** (*Flugwesen*)

der **Ein|fluss;** die Ein|flüs|se

ein|fluss|reich; einflussreiche Aktionäre

ein|for|dern; du forderst ein; sie forderte ein; er hat eingefordert; die Schülervertretung forderte ihre Rechte ein

ein|frie|ren; du frierst ein; er fror ein;

133

einfügen – einigermaßen

die Wasserleitung ist eingefroren; er hat
das Gemüse eingefroren; frier *oder* friere
das Fleisch doch ein!

ein|fü|gen; du fügst ein; sie fügte ein; er
hat eingefügt; füg *oder* füge das noch
ein; ein Zitat ins Referat einfügen; sich
in die Klassengemeinschaft einfügen

ein|fühl|sam; einfühlsame Worte

die **Ein|fuhr;** die Ein|fuh|ren

ein|füh|ren; wir führen Erdöl (aus dem
Ausland) ein; sie hat neue Lehrbücher
eingeführt

die **Ein|füh|rung**

die **Ein|ga|be** (Gesuch; das Eingeben von
Daten usw. in einen Computer)

der **Ein|gang;** die Ein|gän|ge; Ein- und Aus-
gang

ein|gän|gig (sich leicht einprägend;
unkompliziert)

ein|gangs *(Amtssprache);* die eingangs
gestellte Frage; eingangs der Kurve

ein|ge|baut; mit eingebauter Kamera

ein|ge|ben; sie hat die Daten [in den
Rechner] eingegeben; gib die Daten ein!

ein|ge|bil|det

ein|ge|bo|ren (einzig); der eingeborene
Sohn Gottes

ein|ge|bo|ren (ansässig); die eingebo-
rene Bevölkerung

der **Ein|ge|bo|re|ne;** ein Eingeborener; die
Eingeborenen; zwei Eingeborene

die **Ein|ge|bo|re|ne;** eine Eingeborene

> **!** Manche Menschen empfinden diese
> Bezeichnungen heute als diskriminie-
> rend. Deshalb ist es besser, die Wörter
> *Ureinwohner/Ureinwohnerin* oder
> *Urbevölkerung* zu verwenden.

die **Ein|ge|bung** (plötzlicher Einfall)

ein|ge|fleischt (nicht mehr änderbar);
ein|ge|fleisch|ter; am ein|ge|fleisch|tes-
ten; eingefleischte Gewohnheiten

ein|ge|hen; du gehst auf ihn ein; die
Blume ging ein; sie sind die Ehe eingegangen; geh *oder* gehe das Risiko ein!

ein|ge|hend; auf das, aufs eingehendste
oder Eingehendste untersuchen

das **Ein|ge|mach|te;** des/dem Eingemach-
ten; Eingemachtes; mit Eingemachtem

ein|ge|mein|den; man gemeindete den
Vorort in die Stadt ein; der Ort ist 1996
eingemeindet worden

ein|ge|schnappt *(umgangssprachlich
für:* beleidigt)

das **Ein|ge|ständ|nis**

ein|ge|ste|hen; du gestand[e]st deine
Schuld ein; er gestand es ein; er hat es
eingestanden; gesteh *oder* gestehe den
Fehler ein!

das **Ein|ge|wei|de;** des Eingeweides; die Ein-
geweide *meist Plural*

ein|grei|fen; sie griff in den Streit ein;
die Polizei hat eingegriffen; greif *oder*
greife ein!

der **Ein|griff** (das Eingreifen; Operation)

der **Ein|halt;** des Einhalts *oder* Einhaltes;
jemandem Einhalt gebieten (dazu veran-
lassen, etwas nicht weiterzuführen)

ein|hal|ten; du hältst ein; sie hat die
Vorschriften eingehalten; halt *oder* halte
ein!

die **Ein|hal|tung**

ein|han|deln; sich Ärger einhandeln

ein|häu|sig *(Botanik:* mit männlichen
und weiblichen Blüten zugleich)

ein|hei|misch; die einheimische Bevöl-
kerung

die **Ein|hei|mi|sche;** eine Einheimische

der **Ein|hei|mi|sche;** ein Einheimischer; die
Einheimischen; mehrere Einheimische

die **Ein|heit;** die Ein|hei|ten; die deutsche
Einheit; ABER: der Tag der Deutschen
Einheit (3. Oktober)

ein|heit|lich; einheitliches Vorgehen

ein|hel|lig (einstimmig)

ein|her|ge|hen; die Grippe war mit Fie-
ber einhergegangen

ein|ho|len; du holst den Rückstand ein;
sie holte ihn ein; er hat eingeholt; hol
oder hole die Segel ein!

das **Ein|horn** (ein Fabeltier); die Ein|hör|ner

ei|nig; [sich] einig sein; einig werden

ei|ni|ge; einige Stunden später; einige
Mal, einige Male; einige Hundert *oder*
hundert Schüler; da fehlt noch einiges;
einige Beamte; mit einigen Beamten; bei
einigem guten Willen; die Taten einiger
guter *(seltener:* guten) Menschen

sich **ein|igeln;** ich ig[e]le mich ein; er hat sich
eingeigelt; igle *oder* igele dich nicht so
ein!

sich **ei|ni|gen;** sie einigen sich; sie haben sich
geeinigt; einigt euch!

ei|ni|ger|ma|ßen

einiges – einreden

ei|ni|ges ↑ einige
ei|nig|ge|hen (der gleichen Meinung sein); wir gehen darin einig, dass unsere Lehrerin sehr nett ist
die **Ei|nig|keit**
die **Ei|ni|gung**
ein|jäh|rig; einjährige Pflanzen
ein|kal|ku|lie|ren (einplanen)
der **Ein|kauf;** die Ein|käu|fe
ein|kau|fen; du kaufst ein; sie hat ein paar Lebensmittel eingekauft
die **Ein|kaufs|ta|sche**
das **Ein|kaufs|zen|t|rum**
ein|keh|ren; sie kehrte ein; sie ist eingekehrt; kehr *oder* kehre ein!
der **Ein|klang** (*gehoben für:* Übereinstimmung, Harmonie); des Einklangs *oder* Einklanges; die Einklänge *Plural selten;* mit etwas im *oder* in Einklang stehen
das **Ein|kom|men**
die **Ein|kom|men[s]|steu|er**
die **Ein|künf|te** *Plural*
ein|la|den; sie lädt mich ein; sie hat mich eingeladen; lad *oder* lade dieses Kind auch ein!
ein|la|den (einpacken); du lädst das Auto ein; sie lud alles ein; er hat die Tüten eingeladen
ein|la|dend; ein einladender Anblick
die **Ein|la|dung**
die **Ein|la|ge**
der **Ein|lass;** des Ein|las|ses; die Ein|läs|se; Einlass [ist] um 15 Uhr
ein|las|sen; sie lässt die Kinder ein; sie ließ das Badewasser ein; sie hat sich auf nichts eingelassen; lass *oder* lasse dich nicht mit ihm ein!
der **Ein|lauf;** die Ein|läu|fe
ein|le|gen; du legst ein; sie legte ein; er hat eingelegt; leg *oder* lege mal ein gutes Wort für mich ein!; eine Pause einlegen; Protest einlegen
ein|lei|ten; du leitest ein; sie leitete ein; er hat eingeleitet; leit *oder* leite eine Befragung ein!
die **Ein|lei|tung**
ein|len|ken; er lenkt ein; er hat bei den Verhandlungen eingelenkt; lenk *oder* lenke doch endlich ein!
ein|le|sen; sich in ein Thema einlesen
ein|leuch|ten; das leuchtet mir ein; das hat mir eingeleuchtet

ein|leuch|tend (nachvollziehbar; verständlich)
sich **ein|log|gen** (*EDV:* eine Verbindung zu einer Datenverarbeitungsanlage herstellen); du loggst dich ein; sie loggte sich in das Netz ein; sie hat sich eingeloggt; logg *oder* logge dich mit meinem Passwort ein!
ein|lö|sen; du löst ein; sie löste ein; er hat eingelöst; lös *oder* löse deinen Gutschein ein!
ein|ma|chen; er macht Obst ein; er hat es eingemacht
ein|mal; auf einmal; noch einmal; ein- bis zweimal (*mit Ziffern:* 1- bis 2-mal); ↑ mal, Mal
das **Ein|mal|eins;** des Einmaleins
ein|ma|lig; eine einmalige Gelegenheit
ein|mi|schen; du mischst dich ein; sie mischte sich ein; er hat sich eingemischt; misch *oder* mische dich nicht ein!
ein|mü|tig
die **Ein|nah|me**
die **Ein|nah|me|quel|le**
ein|neh|men; er nimmt Tabletten ein; sie hat viel Geld eingenommen; nimm die Tropfen öfter ein!
ein|ni|cken (*umgangssprachlich für:* einschlafen); sie nickte ein; er ist eingenickt
die **Ein|öde;** die Einöden
der **Ein|öd|hof**
ein|ord|nen; du ordnest ein; sie ordnete ein; er hat eingeordnet; ordne die Blätter ein!; sich in die Klassengemeinschaft einordnen; sich links, rechts einordnen
ein|pla|nen; du planst ein; sie plante ein; er hat eingeplant; plan *oder* plane das mit ein!; das war nicht eingeplant
ein|prä|gen; das musst du dir einprägen; sie hat mir eingeprägt, dass ...; präg *oder* präge dir das ein!
ein|präg|sam; einprägsame Verse
ein|rah|men; sie rahmt ein; sie hat das Bild eingerahmt; rahm *oder* rahme das Foto ein!
ein|räu|men; du räumst ein; sie räumte ein; er hat eingeräumt; räum *oder* räume das Regal ein!; seine Schuld einräumen (gestehen); jemandem etwas einräumen (gewähren)
ein|re|den; das hast du dir nur eingeredet (das stimmt gar nicht)

135

einreichen – einschüchtern

ein|rei|chen (vorlegen); du reichst ein;
sie reichte ein; er hat eingereicht; reich
oder reiche dein Attest ein
die **Ein|rei|se**
die **Ein|rei|se|er|laub|nis**
ein|rei|sen; er reist nach Spanien ein; er
ist in die USA eingereist; reis *oder* reise
über Frankreich ein!
ein|rei|ßen; du reißt die Mauer ein; sie
riss das Blatt ein; sie hat es eingerissen;
reiß *oder* reiße die Wand ein!
ein|rich|ten; sie hat das Zimmer neu
eingerichtet
die **Ein|rich|tung**

eins, Eins

Das Zahlwort »eins« schreibt man klein:

– es ist, schlägt eins (ein Uhr)
– [ein] Viertel vor eins; halb eins; gegen
  eins
– eins und zwei macht, ist drei
– eins (einig) sein; es ist mir alles eins
  (gleichgültig)

*Groß schreibt man die Ziffer oder Zahl,
wenn sie als Nomen gebraucht wird:*

– die Einsen

– sie hat die Prüfung mit [der Note]
  »Eins« bestanden
– sie hat in Musik eine Eins geschrieben
– er würfelt drei Einsen
Vergleiche auch: acht, Acht

ein|sal|zen; du salzt ein; wir haben die
Heringe eingesalzen
ein|sam; einsame Herzen
die **Ein|sam|keit**
ein|sam|meln; du sammelst ein; sie
sammelte ein; er hat eingesammelt;
sammle *oder* sammele das Geld für die
Klassenkasse ein!
der **Ein|satz;** des Ein|sat|zes; die Ein|sät|ze
der **Ein|satz|be|fehl**
ein|satz|be|reit
ein|schal|ten; du schaltest ein; er hat
das Radio eingeschaltet; schalt *oder*
schalte es ein!
die **Ein|schalt|quo|te** (bei Fernsehsendun-
gen)
ein|schät|zen; du schätzt ein; sie

schätzte ein; er hat eingeschätzt; schätz
oder schätze dich selbst ein!; das ist
schwer einzuschätzen
die **Ein|schät|zung**
ein|schen|ken; sie schenkt ein; sie hat
mir eingeschenkt; schenk *oder* schenke
bitte ein!
ein|schla|fen; sie schläft ein; sie schlief
ein; sie ist eingeschlafen; schlaf *oder*
schlafe ein!
ein|schla|gen; er schlägt die Scheibe
ein; er schlug sie ein; der Blitz hat einge-
schlagen; schlag *oder* schlage das Fenster nicht ein!
ein|schlä|gig (zu etwas gehörend); ein-
schlägige Erfahrungen haben; einschlä-
gig vorbestraft sein
ein|schlie|ßen; du schließt ein; sie
schloss ein; er hat eingeschlossen;
schließ *oder* schließe den Vogel ein!;
jemanden in sein Gebet mit einschließen
ein|schließ|lich; einschließlich des
Kaufpreises; einschließlich Porto;
↑ abzüglich
sich **ein|schmei|cheln;** ich schmeich[e]le
mich ein; du schmeichelst dich ein; er
hat sich bei ihr eingeschmeichelt;
schmeichle *oder* schmeichele dich nicht
ein!
ein|schnap|pen; die Tür schnappte
nicht ein (ist nicht ins Schloss gefallen);
sie ist immer gleich eingeschnappt
(*umgangssprachlich für:* beleidigt)
der **Ein|schnitt;** des Einschnitts *oder* Ein-
schnittes; die Einschnitte; das Abitur ist
ein Einschnitt im Leben
sich **ein|schrän|ken;** du schränkst dich ein;
er hat sich eingeschränkt; schränk *oder*
schränke dich ein!
die **Ein|schrän|kung**
der **Ein|schreib|brief** *oder* **Ein|schrei|be-
brief**
sich **ein|schrei|ben;** sie hat sich an einer Uni-
versität eingeschrieben (angemeldet)
das **Ein|schrei|ben** (Postsendung, deren
Erhalt der Empfänger bestätigt)
ein|schrei|ten (gegen jemanden *oder*
etwas energisch vorgehen); sie schritt
ein; er ist eingeschritten
ein|schüch|tern; ich schüchtere sie ein;
sie hat ihn eingeschüchtert; schüchtere
die Kinder nicht ein!

136

Einschüchterung – einträglich

die **Ein|schüch|te|rung**
ein|schwei|ßen; [in Folie] einge-
schweißte Bücher; schweiß *oder*
schweiße sie in Folie ein!
ein|seg|nen (konfirmieren; weihen); der
Pfarrer segnete sie ein; er hat sie einge-
segnet
die **Ein|seg|nung**
ein|se|hen; er sieht seinen Fehler ein;
sieh es doch endlich ein!
das **Ein|se|hen;** des Einsehens; ein Einsehen
haben
ein|sei|tig; ein|sei|ti|ger; am ein|sei|tigs-
ten; eine einseitige Beurteilung
ein|sen|den; sie sendet ein; sie sandte,
auch: sendete ein; sie hat die Papiere ein-
gesandt, *auch:* eingesendet; sende sie ein
der **Ein|sen|de|schluss**
ein|set|zen; er setzt den Flicken ein; sie
hat sich für die Kinder eingesetzt; setz
oder setze dich für ein Ziel ein!
die **Ein|sicht;** die Ein|sich|ten; in etwas Ein-
sicht nehmen
ein|sich|tig; einsichtige Eltern
der **Ein|sied|ler**
ein|span|nen (arbeiten lassen); die
ganze Familie einspannen
ein|spa|ren; du sparst ein; sie sparte ein;
er hat eingespart; Energie einsparen
die **Ein|spa|rung**
ein|sper|ren; er sperrt ihn ein; er hat ihn
eingesperrt; sperr *oder* sperre ihn nicht
ein!
ein|spie|len; du spielst dich ein; die
Mannschaft spielte sich ein; das Interview wurde eingespielt; die neue Rege-
lung hat sich gut eingespielt
ein|sprin|gen; sie ist als Ersatzspielerin
eingesprungen
der **Ein|spruch;** die Ein|sprü|che; Einspruch
erheben
ein|spu|rig; eine einspurige Straße
einst (vor langer Zeit; später einmal)
der **Ein|stand** (Diensttritt; *Tennis:* Gleich-
stand); die Ein|stän|de
ein|ste|cken; du steckst ein; sie steckte
ein; er hat eingesteckt; steck *oder* stecke
ein Taschentuch ein!; eine Niederlage
einstecken (hinnehmen); alle Konkurrenten einstecken (übertreffen)
ein|ste|hen; für jemanden oder etwas
einstehen

ein|stei|gen; sie stieg in den Bus ein;
steig *oder* steige endlich ein!; sie ist in
die Politik eingestiegen *(umgangssprachlich)*
der **Ein|stei|ger** *(umgangssprachlich für:*
jemand, der irgendetwas neu beginnt);
des Einsteigers; die Einsteiger
die **Ein|stei|ge|rin;** die Einsteigerinnen
ein|stel|len; die Firma stellt niemanden
ein; sie haben die Suche eingestellt (sie
haben mit der Suche aufgehört); stell
oder stelle die Suche ein!
ein|stel|lig; einstellige Zahlen
die **Ein|stel|lung**
der **Ein|stieg;** des Einstiegs *oder* Ein|stie-
ges; die Ein|stie|ge
die **Ein|stiegs|dro|ge** (Droge, deren ständi-
ger Genuss meist zur Einnahme stär-
kerer Drogen führt)
eins|tig (ehemalig, früher); von der eins-
tigen Turnhalle stehen nur noch Reste
ein|stim|mig; ein einstimmiges Lied
einst|mals (einst)
ein|strei|chen *(umgangssprachlich für:*
an sich nehmen); er strich das Taschen-
geld ein
ein|stu|fen; du stufst ein; sie stufte ein;
er hat eingestuft; stuf *oder* stufe dich
selbst ein!
der **Ein|sturz;** die Ein|stür|ze
ein|stür|zen; das Haus stürzt ein; das
Haus ist eingestürzt
die **Ein|sturz|ge|fahr**
einst|wei|len (vorläufig; inzwischen)
einst|wei|lig *(Amtssprache:* vorüberge-
hend); einstweilige Verfügung
ein|tau|send; eintausend Jahre
ein|tei|len; du teilst ein; sie teilte ein; er
hat eingeteilt; teil *oder* teile dir das ein!
ein|tö|nig; eine eintönige Arbeit
die **Ein|tö|nig|keit**
der **Ein|topf;** die Ein|töp|fe
das **Ein|topf|ge|richt**
die **Ein|tracht**
ein|träch|tig
der **Ein|trag;** des Eintrags *oder* Ein|tra|ges;
die Ein|trä|ge
ein|tra|gen; du trägst dich in die Liste
ein; er trug den Namen ein; sie hat ihren
Namen eingetragen
ein|träg|lich (lohnend); ein einträgliches
Geschäft

Eintragung – Eisberg

die **Ein|tra|gung**

eintreffen (ankommen; eintreten); du
triffst ein; es traf ein; sie ist eingetroffen

ein|tre|ten; sie tritt ein; sie ist in das
Zimmer eingetreten; tritt bitte ein!; er
hat die Tür eingetreten

der **Ein|tritt**

das **Ein|tritts|geld**

die **Ein|tritts|kar|te**

ein|und|ein|halb *vergleiche:* **ein|ein|halb**

einverleiben; sie verleibte sich den
Kuchen ein; er hat sich den Kuchen ein-
verleibt

das **Ein|ver|neh|men** (*gehoben für:* Einig-
keit); sie standen in gutem Einverneh-
men

ein|ver|nehm|lich (in Übereinstimmung
miteinander); einvernehmlich handeln

ein|ver|stan|den

das **Ein|ver|ständ|nis;** die Einverständnisse

die **Ein|waa|ge** (Gewicht des Inhalts einer
Konservendose, Packung usw.)

der **Ein|wand;** die Ein|wän|de

der **Ein|wan|de|rer**

die **Ein|wan|de|rin**

ein|wan|dern; ich wandere ein; du wan-
derst ein; sie ist eingewandert

ein|wand|frei; in einwandfreiem
Zustand

ein|wärts (nach innen); die Füße ein-
wärts aufsetzen

ein|wärts|ge|hen (mit nach innen
gerichteten Füßen gehen)

die **Ein|weg|fla|sche** (Flasche, in die nur
einmal etwas abgefüllt wird)

ein|wei|hen; er weihte das neue Stadion
ein; sie hat ihn in ihre Pläne eingeweiht
(hat ihn darüber informiert)

ein|wen|den; du wendest ein; sie
wandte ein, *auch:* wendete ein; sie hat einge-
wandt, *auch:* eingewendet

die **Ein|wil|li|gung** (Einverständnis)

ein|wö|chig (eine Woche dauernd); eine
einwöchige Klassenfahrt

der **Ein|woh|ner;** des Einwohners; die Ein-
wohner

die **Ein|woh|ne|rin;** die Einwohnerinnen

das **Ein|woh|ner|mel|de|amt**

die **Ein|woh|ner|zahl**

der **Ein|wurf** (das Einwerfen; eingeworfene
Bemerkung; *Sport:* das Einwerfen des
Balls, Pucks); die Ein|wür|fe

die **Ein|zahl** (Singular)

ein|zah|len; sie zahlt den Betrag ein;
zahl *oder* zahle den Betrag auf das Konto
ein!

die **Ein|zah|lung**

ein|zei|lig (*mit Ziffer:* 1-zeilig); ein ein-
zeiliger Text

das **Ein|zel** (*Sport:* Einzelspiel)

der **Ein|zel|fall;** des Einzelfalls oder Ein|zel-
fal|les; die Ein|zel|fäl|le

der **Ein|zel|gän|ger** (jemand, der keinen
Kontakt zu anderen Menschen sucht
oder findet); des Einzelgängers; die Ein-
zelgänger

die **Ein|zel|gän|ge|rin;** Einzelgängerinnen

der **Ein|zel|han|del**

der **Ein|zel|händ|ler**

die **Ein|zel|händ|le|rin**

die **Ein|zel|heit**

der **Ein|zel|kämp|fer** (jemand, der allein
gegen jemanden oder etwas ankämpft)

die **Ein|zel|kämp|fe|rin;** die Einzelkämpfe-
rinnen

der **Ein|zel|ler** (einzelliges Lebewesen); des
Einzellers; die Einzeller

ein|zel|lig

ein|zeln; jeder einzelne Baum; bitte ein-
zeln eintreten; der/die/das Einzelne; ich
als Einzelne[r]; jeder Einzelne ; die Dinge
müssen im Einzelnen noch geklärt werden; vom Einzelnen zum Allgemeinen

das **Ein|zel|teil**

das **Ein|zel|zim|mer**

ein|zie|hen; sie hat den Kopf eingezo-
gen; sie ist in das neue Haus eingezogen;
zieh *oder* ziehe den Kopf ein!

ein|zig; wir waren die einzigen Gäste;
das ist einzig und allein deine Schuld;
der/die/das Einzige; kein Einziger; er als
Einziger; sie als Einzige

ein|zig|ar|tig; das Einzigartige ist,
dass ...

der **Ein|zug;** des Einzugs *oder* Einzuges; die
Einzüge; der Einzug in die neue Woh-
nung; der Computer hat im Kinderzim-
mer Einzug gehalten

das **Eis;** des Ei|ses; Eis essen; ich habe drei
Eis gegessen

die **Eis|bahn**

der **Eis|bär**

das **Eis|bein** (eine Speise)

der **Eis|berg**

Eisen – elektrisieren

das **Ei|sen** (chemisches Element, Metall; *Zeichen:* Fe); des Eisens

die **Ei|sen|bahn;** die Ei|sen|bah|nen

die **Ei|sen|zeit** (letzte Epoche der Vor- und Frühgeschichte)

ei|sern; eiserner Wille; die eiserne Hochzeit (65. Hochzeitstag); der eiserne Vorhang (der feuersichere Abschluss der Theaterbühne gegen den Zuschauerraum); ABER: der Eiserne Vorhang (die frühere undurchlässige Grenze zwischen Ost und West während des Kalten Krieges); das Eiserne Kreuz (ein Orden)

die **Eis|hei|li|gen** (bestimmte Tage im Mai mit erhöhter Frostgefahr) *Plural*

das **Eis|ho|ckey**

ei|sig; ein eisiger Blick; eisig kalte Tage; die Tage waren eisig kalt

eis|kalt

der **Eis|kunst|lauf**

eis|lau|fen; sie läuft eis; sie ist eisgelaufen; es ist zu dunkel, um eiszulaufen

der **Ei|sprung** (Ausstoßung des reifen Eis aus dem Eierstock)

der **Eis|schnell|lauf**

die **Eis|schol|le**

der **Eis|stock** (Gerät zum Eis[stock]schießen)

das **Eis|stock|schie|ßen** (Eisschießen; ein Sport)

der **Eis|tanz**

der **Eis|tee** (ein Erfrischungsgetränk)

der **Eis|vo|gel**

der **Eis|zap|fen**

die **Eis|zeit**

ei|tel; eit|ler; am ei|tels|ten; ein eitler Mensch

eitel (nur, nichts als); eitel Sonnenschein

die **Ei|tel|keit**

der **Ei|ter;** des Eiters

ei|tern; der Finger eiterte; der Finger hat geeitert

eit|rig *oder* **ei|te|rig**

das **Ei|weiß;** des Ei|wei|ßes; die Ei|wei|ße; ABER: 2 Eiweiß dazugeben

ei|weiß|arm; eiweißarme Nahrung

die **Ei|zel|le**

die **Eja|ku|la|ti|on** (Samenerguss); die Eja|ku|la|ti|o|nen

die **EKD** = Evangelische Kirche in Deutschland

das **Ekel** (unverträglicher, unsympathischer Mensch); des Ekels; die Ekel

der **Ekel;** des Ekels; Ekel erregen; Ekel erregend *oder* ==ekelerregend==; eine Ekel erregende *oder* ==ekelerregende== Brühe; ABER NUR: eine großen Ekel erregende Brühe; eine äußerst ekelerregende, noch ekelerregendere Brühe

ekel|er|re|gend *vergleiche:* **Ekel**

ekel|haft; ekel|haf|ter; am ekel|haf|testen

sich **ekeln;** du ekelst dich; er ekelt sich; er hat sich geekelt; es ekelt mich *oder* mir sehr

das **EKG** = Elektrokardiogramm

der **Ek|lat** [e'kla(:)] (Skandal); des Eklats; die Eklats

ek|la|tant (offensichtlich, auffällig); eklatante Mängel

ek|lig *oder* **eke|lig;** eine ek|li|ge *oder* eke|li|ge Brühe

die **Ek|s|ta|se** (rauschhafte Begeisterung)

ek|s|ta|tisch

Ekua|dor ↑ Ecuador

das **Ek|zem** (eine Entzündung der Haut); des Ekzems; die Ek|ze|me

der **Elan** (Schwung); des Elans

elas|tisch (dehnbar); elas|ti|sche Bänder

die **Elas|ti|zi|tät** (Spannkraft)

die **El|be** (europäischer Strom)

der **Elch** (eine Hirschart); des Elchs *oder* Elches; die El|che

das **El|do|ra|do, Do|ra|do** (Traumland); des Eldorados *oder* Dorados; die Eldorados *oder* Dorados; ein Eldorado *oder* Dorado für Taucher

das **E-Lear|ning** ['i:lə:nɪŋ] (elektronisch unterstütztes Lernen); des E-Learnings

der **Ele|fant;** des/dem/den Ele|fan|ten; die Ele|fan|ten

ele|gant (geschmackvoll; vornehm); ele|gan|ter; am ele|gan|tes|ten

die **Ele|ganz**

elek|t|ri|fi|zie|ren (auf elektrischen Betrieb umstellen); die Deutsche Bahn hat die Strecke elektrifiziert

der **Elek|t|ri|ker;** des Elektrikers; die Elektriker

die **Elek|t|ri|ke|rin;** die Elektrikerinnen

elek|t|risch; ein elektrischer Zaun

sich **elek|t|ri|sie|ren;** sie elektrisierte sich; sie hat sich elektrisiert

139

Elektrizität – Email

die **Elek|t|ri|zi|tät**
das **Elek|t|ri|zi|täts|werk**
die **Elek|t|ro|de** (den Stromübergang vermittelnder Leiter); die Elektroden
die **Elek|t|ro|gi|tar|re**
der **Elek|t|ro|herd**
das **Elek|t|ro|kar|dio|gramm** (*Medizin:* grafische Darstellung elektrischer Erscheinungen, die die Herztätigkeit begleiten; *Abkürzung:* EKG)
der **Elek|t|ro|ma|g|net**
    elek|t|ro|ma|g|ne|tisch; elektromagnetisches Feld
der **Elek|t|ro|mo|tor**
das **Elek|t|ron** [*auch:* eˈlɛktrɔn *oder* elɛkˈtroːn] (negativ geladenes Elementarteilchen); des Elektrons; die Elek|t|ro|nen
das **Elek|t|ro|nen|mi|k|ro|s|kop** (sehr starkes Mikroskop, das mit Elektronenstrahlen arbeitet)
die **Elek|t|ro|nen|röh|re**
die **Elek|t|ro|nik** (Zweig der Elektrotechnik; elektronische Ausstattung)
    elek|t|ro|nisch; elektronische Datenverarbeitung (*Abkürzung:* EDV)
der **Elek|t|ro|schock** (durch Stromstöße erzeugter Schock)
die **Elek|t|ro|tech|nik**
das **Ele|ment** (Urstoff, Grundbestandteil; chemischer Grundstoff; Naturgewalt); des Elements *oder* Ele|men|tes; die Ele|men|te; er fühlt sich in seinem Element
    ele|men|tar (naturhaft; einfach); eine elementare Gewalt; elementare Kenntnisse
das **Ele|men|tar|teil|chen** (Atombaustein)
    elend; elen|der; am elends|ten *oder* elen|des|ten
das **Elend;** des Elends *oder* Elen|des
    elen|dig
das **Elends|vier|tel**
der **Ele|ve** (Nachwuchs; Schüler); des Eleven; die Eleven
    elf; wir sind zu elfen *oder* zu elft; ↑ *auch:* acht
der **Elf** (männlicher Naturgeist); des El|fen; die El|fen
die **Elf** (Zahl; [Fußball]mannschaft); die Elfen
die **El|fe** (ein Naturgeist); die Elfen
das **El|fen|bein;** des Elfenbeins *oder* El|fen|bei|nes

El|fen|bein|küs|te (Staat in Westafrika; Côte d'Ivoire)
die **El|fen|bein|küs|te** (Staat in Westafrika)
    elf|jäh|rig; elfjährige Schülerinnen
    elf|mal ↑ achtmal
der **Elf|me|ter** (Strafstoß vom Elfmeterpunkt beim Fußball); die Elfmeter
der **Elf|me|ter|punkt**
das **Elf|me|ter|schie|ßen**
das **Elf|tel;** die Elftel
    elf|tens
    eli|mi|nie|ren (beseitigen); sie hat alle Fehler eliminiert
    eli|tär (einer Elite angehörend); eine elitäre Minderheit
die **Eli|te** (Auslese der Besten); die Eliten
die **Eli|te|uni|ver|si|tät**
    El Kai|da *oder* **Al Kai|da** [*auch:* - ˈkaːida] (*meist ohne Artikel; kein Plural:* eine Terrororganisation)
der **Ell|bo|gen** *oder* **El|len|bo|gen;** des Ellbogens *oder* Ellenbogens; die Ellbogen *oder* Ellenbogen *und* Ellbögen *oder* Ellenbögen
die **El|le** (ein Unterarmknochen; alte Längeneinheit); der Elle; die Ellen
    el|len|lang (*umgangssprachlich für:* übermäßig lang); ellenlange Gespräche
die **El|lip|se** (ein Kegelschnitt); die Ellipsen
    el|lip|tisch (in Form einer Ellipse; unvollständig)
    El Sal|va|dor (Staat in Mittelamerika)
das **El|sass;** des Elsass *oder* El|sas|ses
die **Els|ter** (ein schwarz-weißer Rabenvogel); die Elstern
    el|ter|lich; die elterliche Fürsorge
die **El|tern** *Plural*
das **El|tern|haus**
der **El|tern|sprech|tag**
der **El|tern|ver|tre|ter** (Vertreter der Elternschaft einer Schulklasse, eines Kindergartens o. Ä.)
die **El|tern|ver|tre|te|rin;** die Elternvertreterinnen
die **El|tern|zeit** (berufliche Freistellung nach der Geburt eines Kindes)
die **EM** = Europameisterschaft
das **Email** [eˈmaj] *oder* die **Email|le** [eˈmaljə], *auch:* eˈmaj] (Schmelzüberzug); des Emails; die Emails *oder* der Emaille; die Emaillen

E-Mail – enden

die, *auch:* das **E-Mail** ['i:meɪl] (elektronische Post); die E-Mails

die **E-Mail-Ad|res|se**

e-mai|len *oder* **emai|len** ['i:meɪlən]; du **e-mailst**, emailst; sie **e-mailte**, e-mailte; er hat geemailt

email|lie|ren [ema'ji:rən *oder* emal-'ji:rən]; emailliertes Geschirr

die **Eman|ze** (*umgangssprachlich abwertend für:* emanzipierte Frau); die Emanzen

die **Eman|zi|pa|ti|on** (das Erreichen von Unabhängigkeit und Gleichberechtigung, besonders der Frauen)

sich **eman|zi|pie|ren** (sich von etwas frei machen)

eman|zi|piert (mündig; gleichberechtigt)

das **Em|bar|go** (staatliches Verbot, mit einem bestimmten Staat Handel zu treiben); des Embargos; die Embargos

das **Em|b|lem** (Symbol; Hoheitszeichen); des Emblems; die Em|b|le|me

die **Em|bo|lie** (Verstopfung eines Blutgefäßes); die Em|bo|li|en

der **Em|b|ryo** (noch nicht geborenes Lebewesen); des Em|b|ryos; die Em|b|ryos *oder* Em|b|ry|o|nen

em|b|ry|o|nal (im Anfangsstadium der Entwicklung)

der **Emi|g|rant** (Auswanderer); des/dem/den Emi|g|ran|ten; die Emi|g|ran|ten

die **Emi|g|ran|tin**; die Emigrantinnen

die **Emi|g|ra|ti|on** (Auswanderung)

emi|g|rie|ren; sie emigriert; sie emigrierte; sie ist emigriert; emigriere!

der **Emir** [*auch:* e'mi:ɐ] (arabischer Fürst); des Emirs; die Emi|re

das **Emi|rat** (arabisches Fürstentum); Vereinigte Arabische Emirate

die **Emis|si|on** (das Ausströmen luftverunreinigender Stoffe); die Emis|si|o|nen

der **Emis|si|ons|grenz|wert**

Em|men|ta|ler; Emmentaler Käse

der **Em|men|ta|ler** (ein Käse); des Emmentalers; die Emmentaler

die **Emo|ti|on** (Gemütsbewegung); die Emo|ti|o|nen

emo|ti|o|nal (gefühlsmäßig); emotionale Intelligenz

der **Emp|fang**; des Empfangs *oder* Emp|fan-ges; die Emp|fän|ge

emp|fan|gen; ich empfange; du emp-

fängst; er empfängt; er empfing; er hat sie empfangen; empfang *oder* empfange die Gäste!

der **Emp|fän|ger**; des Empfängers; die Empfänger

die **Emp|fän|ge|rin**; die Empfängerinnen

emp|fäng|lich

die **Emp|fäng|nis**

emp|fäng|nis|ver|hü|tend

die **Emp|fäng|nis|ver|hü|tung**

emp|feh|len; du empfiehlst; sie empfiehlt; sie empfahl; sie hat empfohlen; empfiehl ihm dies doch!

emp|feh|lens|wert

die **Emp|feh|lung**

emp|fin|den; ich empfinde; du empfindest; sie empfand; sie hat Reue empfunden

das **Emp|fin|den**; des Empfindens; für mein Empfinden (meinem Gefühl, Eindruck, meiner Meinung nach)

emp|find|lich

die **Emp|find|lich|keit**; seine Empfindlichkeit nervt

die **Emp|fin|dung**

em|pi|risch (*bildungssprachlich für:* aus der Erfahrung, Beobachtung gewonnen); empirische Tatsachen; etwas empirisch herausfinden

em|por

die **Em|po|re** (erhöhter Sitzraum [in der Kirche]); die Emporen

em|pö|ren; es empört ihn; es hat ihn empört

em|por|stei|gen; der Rauch steigt empor; er stieg empor; er ist emporgestiegen

em|pört (aufgebracht, wütend); ich bin empört

die **Em|pö|rung**

der **Em|pö|rungs|schrei**

die **Ems** (Fluss in Nordwestdeutschland)

em|sig (sehr eifrig, fleißig)

der **Emu** (australischer Laufvogel); die Emus

die **Emul|si|on** (Flüssigkeitsgemisch); die Emul|si|o|nen

die **E-Mu|sik** (*kurz für:* ernste Musik)

das **En|de**; die Enden; am Ende sein; zu Ende sein, gehen, kommen; Ende Januar; letzten Endes

en|den; du endest; sie endete; der Streit hat geendet; nicht enden wollende Hitze

141

en détail – entbehren

en dé|tail [ã de'tai] (im Kleinen; einzeln; im Einzelverkauf)
end|gül|tig; die endgültige Fassung

> **!** Nicht verwechseln: Obwohl beide Wortbestandteile gleich ausgesprochen werden, schreibt man die Zusammensetzungen und die Ableitungen vom Wort *Ende* mit *d,* den Wortbestandteil *ent-,* der einen Gegensatz oder eine Trennung bezeichnet, dagegen mit *t.*

die **En|di|vie** [ɛn'di:vjə] (eine Salatpflanze); die En|di|vi|en
der **En|di|vi|en|sa|lat**
der **End|kampf** *(Sport)*
das **End|la|ger** (Endlagerstätte); des Endlagers; die Endlager; es gibt kein Endlager für den Atommüll
die **End|la|ge|rung** (endgültige Lagerung, besonders von radioaktivem Abfall)
der **End|lauf** *(Sport)*
end|lich
end|los; ein endloses Band; ABER: bis ins Endlose
die **End|mo|rä|ne**
die **End|run|de**
das **End|spiel;** des Endspiels *oder* End|spie|les; die End|spie|le
der **End|spurt**
der **End|stand;** des Endstands oder Endstan|des; die End|stän|de; die Endstände der einzelnen Spiele wurden notiert
die **End|sta|ti|on**
die **En|dung**
die **Ener|gie** (die Tatkraft; die Fähigkeit, Arbeit zu leisten); die Ener|gi|en
der **Ener|gie|be|darf**
der **Ener|gie|kon|zern**
der **Ener|gie|pass** (Dokumentation über den Energieverbrauch eines Gebäudes)
die **Ener|gie|po|li|tik**
die **Ener|gie|quel|le**
der **Ener|gie|ver|sor|ger** (Unternehmen, das andere mit Energie versorgt)
die **Ener|gie|ver|sor|gung**
die **Ener|gie|wen|de**
ener|gisch
der **Ener|gy|drink** ['ɛnədʒi...] *oder* **Ener-gy-Drink** (Energie spendendes, alkoholfreies Mischgetränk); des **Energydrinks**

oder Energy-Drinks; die **Energydrinks** *oder* Energy-Drinks
eng; ein **eng anliegendes** *oder* enganliegendes Kleid; **eng befreundete** *oder* engbefreundete Familien; wir sind auf das, aufs engste *oder* **Engste** befreundet
das **En|ga|ge|ment** [ãɡaʒə'mãː] (persönlicher Einsatz; [An]stellung); des Engagements; die Engagements
en|ga|gie|ren [ãɡa'ʒiːrən] (verpflichten, binden); die Schauspielerin wurde nach München engagiert; du hast dich politisch engagiert (eingesetzt)
en|ga|giert [ãɡa'ʒiːrt] (entschieden für etwas eintretend); en|ga|gier|ter; am enga|gier|tes|ten; eine engagierte Klassensprecherin
eng|an|lie|gend, eng|be|freun|det *vergleiche:* **eng**
die **En|ge;** die Engen
der **En|gel;** des Engels; die Engel
die **En|gels|zun|gen** *Plural; nur in:* mit Engelszungen (so eindringlich wie möglich) reden
der **En|ger|ling** (die Maikäferlarve); die Enger|lin|ge
Eng|land; die Geschichte Englands
der **Eng|län|der;** des Engländers; die Engländer
die **Eng|län|de|rin;** die Engländerinnen
eng|lisch ↑ deutsch
der **Eng|pass;** des Eng|pas|ses; die Eng|pässe
en gros [ã 'gro:] (im Großen)
eng|stir|nig (sehr einseitig denkend)
der **En|kel** (Kind eines Sohnes oder einer Tochter); des Enkels; die Enkel
die **En|ke|lin;** die Enkelinnen
das **En|kel|kind**
der **En|kel|trick**
die **En|kla|ve** (vom eigenen Staatsgebiet eingeschlossener Teil eines fremden Staatsgebiets); der Enklave; die Enklaven
enorm (außerordentlich; ungeheuer); enorme Ausmaße
das **En|sem|b|le** [ã'sãːbl] (feste Gruppe von Musikern, Schauspielern usw., die bei Aufführungen gemeinsam auftreten); des Ensembles; die Ensembles
ent|beh|ren; du entbehrst; sie entbehrte; sie hat das Buch entbehrt

142

entbehrlich – Entgelt

ent|behr|lich (überflüssig)

die **Ent|beh|rung**

ent|bin|den; sie ist von einem Mädchen entbunden worden (sie hat ein Mädchen geboren)

die **Ent|bin|dung**

ent|blö|ßen; du entblößt; er entblößte den Arm; er hat den Arm entblößt; entblöße deinen Arm!

ent|de|cken; du entdeckst; sie entdeckt; sie hat es entdeckt; entdeck *oder* entdecke deine Umgebung!

der **Ent|de|cker;** des Entdeckers; die Entdecker

die **Ent|de|cke|rin;** die Entdeckerinnen

die **Ent|de|ckung**

die **En|te** (*umgangssprachlich auch für:* falsche [Presse]meldung)

ent|eig|nen; du enteignest; sie wurde enteignet

die **Ent|eig|nung**

ent|ei|sen (von Eis befreien); du enteist; er enteiste; die Tragflächen wurden enteist; enteiste Scheiben

ent|ei|se|nen (von Eisen befreien); enteisentes Mineralwasser

ent|er|ben; ich enterbe dich; seine Eltern haben ihn enterbt

der **En|te|rich** (männliche Ente); des Enterichs; die En|te|ri|che

en|tern (auf etwas klettern); die Piraten enterten das Schiff (nahmen es gewaltsam in Besitz); sie haben das Schiff geentert

der **En|ter|tai|ner** [ˈɛntɐtɐɪnɐ] ([berufsmäßiger] Unterhalter); des Entertainers; die Entertainer

die **En|ter|tai|ne|rin;** die Entertainerinnen

das **En|ter|tain|ment** [ɛntɐˈtɛɪnmənt] (meist berufsmäßig gebotene leichte Unterhaltung); des Entertainments

ent|fa|chen (zum Brennen bringen; entfesseln); du entfachst; sie entfachte; er hat entfacht; entfach *oder* entfache das Feuer!; eine Diskussion entfachen; der Anblick entfachte seine Leidenschaft

ent|fal|len; der letzte Abschnitt entfiel; mir ist das Datum entfallen (ich habe es vergessen)

ent|fal|ten; du entfaltest; sie entfaltete; er hat entfaltet; entfalt *oder* entfalte die Landkarte; sich, seine Fantasie entfalten

ent|fer|nen; du entfernst; er entfernte; er hat das Etikett von der Flasche entfernt; entferne vorher das Preisschild!; sich entfernen; sie hat sich heimlich entfernt

ent|fernt; ent|fern|ter; am ent|fern|testen; eine entfernte Verwandte; sich entfernt an etwas erinnern; nicht im Entferntesten

die **Ent|fer|nung**

ent|fes|seln (auslösen; verursachen); einen Krieg entfesseln

ent|füh|ren; er hat das Kind entführt

der **Ent|füh|rer**

die **Ent|füh|re|rin**

die **Ent|füh|rung**

ent|ge|gen; entgegen meinem Vorschlag

ent|ge|gen|brin|gen; das entgegengebrachte Vertrauen

ent|ge|gen|ge|setzt

ent|ge|gen|kom|men; sie kommt mir entgegen; sie ist mir entgegengekommen; ABER: wir danken Ihnen für Ihr Entgegenkommen

das **Ent|ge|gen|kom|men** (Zugeständnis); des Entgegenkommens; zu einem Entgegenkommen bereit sein

ent|ge|gen|kom|mend; er war uns gegenüber immer sehr entgegenkommend

ent|ge|gen|neh|men (annehmen; im Empfang nehmen); du nimmst entgegen; sie nahm entgegen; er hat entgegengenommen; nimm das entgegen!; einen Anruf; eine Auszeichnung entgegennehmen

ent|ge|gen|set|zen; du setzt entgegen; sie setzte entgegen; er hat entgegengesetzt; setz *oder* setze ihm etwas entgegen!; ich konnte dem nichts entgegensetzen

ent|geg|nen (antworten); du entgegnest; sie entgegnet; sie entgegnete; sie hat ihm entgegnet, dass …

die **Ent|geg|nung**

ent|ge|hen; er entging seinen Verfolgern; das ist mir entgangen (ich habe es nicht bemerkt); sie hat sich nichts entgehen lassen

das **Ent|gelt** (Bezahlung, Vergütung); des

143

entgelten – entschädigen

Entgelts *oder* Ent|gel|tes; die Ent|gel|te; gegen, ohne Entgelt arbeiten

! Das Nomen *Entgelt* gehört nicht zu »Geld«, sondern zum Verb *entgelten*. Es endet deshalb mit einem *t*.

ent|gel|ten; du entgiltst; sie entgilt; sie entgalt; sie hat mir meine Mühe entgolten (sie hat sie belohnt)

ent|glei|sen; der Zug entgleist; der Zug ist entgleist

die Ent|glei|sung

ent|hal|ten; das Wasser enthält Mineralien; es enthielt Bakterien; das Wasser hat Sauerstoff enthalten; sich enthalten; sie hat sich der Stimme enthalten

ent|halt|sam; ein enthaltsames Leben

die Ent|halt|sam|keit

die Ent|hal|tung

ent|he|ben (*gehoben für:* absetzen, von etwas befreien); jemanden seines Amtes entheben

ent|hül|len; sie enthüllte das Denkmal; sie hat mir ihre Pläne enthüllt

die Ent|hül|lung

der En|thu|si|as|mus (Begeisterung)

en|thu|si|as|tisch

ent|kal|ken; du entkalkst; er entkalkte; er hat das Gerät entkalkt

ent|kof|fe|i|nie|ren (von Koffein befreien); entkoffeinierter Kaffee

ent|kom|men; du entkommst; sie entkam; sie ist ihm entkommen

das Ent|kom|men; des Entkommens; es gab kein Entkommen

ent|kor|ken; du entkorkst die Flasche; du hast sie entkorkt

ent|kräf|ten (widerlegen); du entkräftest; sie entkräftete; er hat entkräftet; entkräfte mein Argument!

ent|lang; entlang des Flusses (*seltener:* dem Fluss); an der Mauer, am Ufer entlang; am Ufer *oder* das Ufer entlang laufen (nicht fahren); ABER: **ent|lang|laufen;** am, das Ufer entlanglaufen

ent|lar|ven; du entlarvst den Betrüger; sie entlarvte ihn; wir haben ihn entlarvt; entlarv *oder* entlarve die Lüge!

ent|las|sen; du entlässt die Belegschaft; er entlässt sie; er entließ sie; er hat sie fristlos entlassen

die Ent|las|sung

ent|las|ten; du entlastest sie; sie entlastete ihn; er hat mich entlastet; entlaste deinen Freund!; sein Gewissen entlasten

die Ent|las|tung (Erleichterung)

ent|lau|fen; der Hund ist entlaufen

sich ent|le|di|gen; sie hat sich ihres Gegners entledigt (ist ihn losgeworden)

ent|le|gen (weit weg, abgelegen); die entlegenen Gebirgsdörfer

ent|lei|hen (für sich leihen); du entleihst; sie entleiht; sie entlieh; sie hat das Buch entliehen; entleih *oder* entleihe das Buch diese Woche!

ent|lo|cken; du entlockst; sie entlockte; er hat entlockt; entlock *oder* entlocke ihm ein Lächeln

ent|loh|nen (bezahlen); du entlohnst; sie entlohnt; er hat entlohnt; entlohn *oder* entlohne die Kinder!; wir wurden fürs Unkrautzupfen entlohnt

ent|mach|ten; der Diktator wurde entmachtet

ent|mu|ti|gen; der Rückschlag hat uns nicht entmutigt

ent|neh|men; du entnimmst eine Probe; die Ärztin hat eine Probe entnommen; ich entnehme deinen Worten, dass ...

ent|pa|cken (*EDV:* komprimierte Dateien wieder in die Ausgangsform bringen); ich entpacke; du entpackst; sie hat die Dateien entpackt

sich ent|pup|pen; sie entpuppte sich als Betrügerin

ent|rah|men; entrahmte Milch

ent|rich|ten; sie hat eine Gebühr entrichtet; entrichte die Gebühr pünktlich!

ent|rin|nen (*gehoben für:* gerade noch entgehen); du entrinnst; sie entrann; er ist entronnen; jemandem oder einer Sache entrinnen

das Ent|rin|nen; des Entrinnens; es gab kein Entrinnen (kein Entkommen)

ent|rüm|peln; ich entrümp[e]le; du entrümpelst; sie hat den Keller entrümpelt; entrümple *oder* entrümpele dein Zimmer!

sich ent|rüs|ten; du entrüstest dich; er hat sich entrüstet; entrüste dich nicht so!

die Ent|rüs|tung

ent|schä|di|gen; du entschädigst ihn; sie hat ihn entschädigt; entschädige ihn für seinen Verlust!

144

Entschädigung – entweichen

die **Ent|schä|di|gung**
ent|schär|fen; man hat die Mine entschärft
ent|schei|den; du entscheidest; sie entscheidet; sie entschied; sie hat den Streit entschieden; entscheide bald!; sich entscheiden; er hat sich für sie entschieden
die **Ent|schei|dung**
ent|schie|den; auf das, aufs entschiedenste *oder* Entschiedenste protestieren
die **Ent|schie|den|heit**
sich **ent|schlie|ßen;** du entschließt dich; sie entschließt sich; sie entschloss sich; sie hat sich schnell entschlossen; entschließ *oder* entschließe dich endlich!
die **Ent|schlie|ßung**
ent|schlos|sen; sie ist zu dieser Tat entschlossen
die **Ent|schlos|sen|heit**
der **Ent|schluss;** des Ent|schlus|ses; die Ent|schlüs|se
ent|schlüs|seln; ich entschlüss[e]le; entschlüssle *oder* entschlüssele den Code!; sie hat die Nachricht entschlüsselt
ent|schul|di|gen; du entschuldigst; sie entschuldigte unsere Verspätung; sie hat ihren Sohn entschuldigt; sich entschuldigen; er hat sich wegen seines Fehlens entschuldigt; entschuldige dich gefälligst dafür!
die **Ent|schul|di|gung**
ent|sen|den (schicken); du entsendest; sie entsandte, *auch:* entsendete; er hat entsandt, *auch:* entsendet
ent|set|zen; dieser Anblick hat ihn entsetzt; du entsetzt dich; sie entsetzt sich; sie hat sich entsetzt; entsetz *oder* entsetze dich doch nicht so!
das **Ent|set|zen**
ent|setz|lich; ein entsetzliches Unglück
ent|setzt
ent|si|chern; ich entsichere das Gewehr; ich habe es entsichert
sich **ent|sin|nen;** du entsinnst dich; sie entsann sich; sie hat sich entsonnen; entsinn *oder* entsinne dich doch!
ent|sor|gen (von Abfall[stoffen] befreien; beseitigen); du entsorgst; sie entsorgte ihr Altöl; sie hat es entsorgt
die **Ent|sor|gung** (Beseitigung von Müll u. Ä.)

ent|span|nen; du entspannst; sie hat den Körper entspannt; sich entspannen; sie hat sich entspannt; entspann *oder* entspanne dich!
ent|spannt; ent|spann|ter; am entspann|tes|ten; etwas ganz entspannt sehen; er ist sehr entspannt
die **Ent|span|nung**
die **Ent|span|nungs|po|li|tik**
ent|spin|nen (gehoben); es entspann sich ein Streit; es hat sich eine Freundschaft entsponnen
ent|spre|chend; entsprechend seinem Vorschlag *oder* seinem Vorschlag entsprechend; ABER: Entsprechendes, das Entsprechende gilt für ihn
ent|sprin|gen; die Quelle entspringt; sie entsprang; sie ist entsprungen; diese Geschichte ist deiner Fantasie entsprungen; ein entsprungener Häftling
ent|ste|hen; etwas entsteht; etwas entstand; etwas ist entstanden
die **Ent|ste|hung**
ent|stel|len (verunstalten); Narben entstellten sein Gesicht
ent|stö|ren; das Telefon wurde entstört
die **Ent|stö|rung**
ent|täu|schen; du enttäuschst ihn; er hat sie enttäuscht; enttäusch *oder* enttäusche sie nicht!
ent|täu|schend; eine enttäuschende Erfahrung machen
ent|täuscht
die **Ent|täu|schung**
ent|thro|nen; sie hat die Meisterin des Vorjahres entthront
ent|waff|nen (die Waffe[n] wegnehmen); sie haben die Soldaten entwaffnet
die **Ent|war|nung**
ent|wäs|sern; sie entwässerten das Sumpfgebiet
die **Ent|wäs|se|rung**
der **Ent|wäs|se|rungs|gra|ben**
ent|we|der ... oder; du musst dich entweder für [uns] oder gegen uns entscheiden; entweder du kommst mit[,] oder du bleibst zu Hause
das **Ent|we|der-oder;** des Entweder-oder; die Entweder-oder
ent|wei|chen; es entwich Gas; der Dieb ist entwichen

145

entwenden – erachten

ent|wen|den; sie entwendete ihm die Brieftasche; sie hat Geld entwendet

ent|wer|fen; du entwirfst; sie entwirft; sie entwarf; sie hat Pläne entworfen; entwirf einen Plan!

ent|wer|ten; sie entwertete das Ticket; sie hat es entwertet; entwerte das Ticket am Automaten!

ent|wi|ckeln; ich entwick[e]le; du entwickelst; sie hat den Film entwickelt; entwickle *oder* entwickele den Film!

der Ent|wick|ler; des Entwicklers; die Entwickler

die Ent|wick|le|rin; die Entwicklerinnen; die Entwicklerinnen der Software

die Ent|wick|lung

der Ent|wick|lungs|hel|fer

die Ent|wick|lungs|hel|fe|rin

die Ent|wick|lungs|hil|fe

das Ent|wick|lungs|land (Land mit vergleichsweise unterentwickelter Wirtschaft); die Ent|wick|lungs|län|der

ent|win|den; sie entwand dem Angreifer das Messer

ent|wi|schen (*umgangssprachlich für:* weglaufen, entkommen); du entwischst; sie ist mir entwischt

der Ent|wurf; die Ent|wür|fe

ent|zie|hen; er entzog ihm das Vertrauen

die Ent|zie|hung

die Ent|zie|hungs|kur

ent|zif|fern; ich entziffere; du entzifferst; sie hat das Schreiben entziffert; entziffre *oder* entziffere es!

das Ent|zü|cken (*gehoben für:* Begeisterung); des Entzückens

ent|zü|ckend; ein entzückendes Kind

der Ent|zug

ent|zün|den; du entzündest; er hat das Feuer entzündet; entzünd *oder* entzünde das Feuer!

die Ent|zün|dung

ent|zün|dungs|hem|mend; entzündungshemmende Medikamente

ent|zwei; entzwei sein

ent|zwei|bre|chen; der Spiegel bricht entzwei; der Spiegel brach entzwei; der Spiegel ist entzweigebrochen

ent|zwei|en; du entzweist sie; er hat sie entzweit; entzwei *oder* entzweie sie nicht!

der En|zi|an (eine Alpenpflanze; ein Schnaps); des Enzians; die En|zi|a|ne

en|zi|an|blau

die En|zy|k|li|ka (päpstliches Rundschreiben); die Enzykliken

die En|zy|k|lo|pä|die (umfassendes Nachschlagewerk); die En|zy|k|lo|päldi|en

en|zy|k|lo|pä|disch (umfassend)

das En|zym (vom Körper gebildetes Eiweiß, das den Stoffwechsel steuert); des Enzyms; die En|zy|me

die Epen ↑ Epos

die Epi|de|mie (Seuche, Massenerkrankung); die Epi|de|mi|en

epi|de|misch (seuchenartig)

die Epik (erzählende Dichtkunst)

die Epi|lep|sie (Krankheit, bei der plötzliche Krämpfe auftreten)

der Epi|lep|ti|ker; des Epileptikers; die Epileptiker

die Epi|lep|ti|ke|rin; die Epileptikerinnen

epi|lep|tisch

episch (erzählend; das Epos betreffend); in epischer Breite; das epische Theater

die Epi|so|de (vorübergehendes, nebensächliches Ereignis; einzelne Folge einer Fernsehserie); die Episoden

die Epi|s|tel (Apostelbrief im Neuen Testament; Strafpredigt); die Episteln

das Epi|zen|t|rum (Punkt der Erdoberfläche, der senkrecht über dem Erdbebenherd liegt); die Epizentren

das Epo (*umgangssprachlich für:* Erythropoietin [ein Dopingmittel]); des Epo

die Epo|che (Zeitabschnitt); eine Epoche machende *oder* epochemachende Erfindung

das Epos (erzählende Versdichtung; Heldengedicht); des Epos; die Epen

der Equa|li|zer ['iːkvəlaɪzɐ] (Zusatzgerät an Hi-Fi-Anlagen zur Klangverbesserung); des Equalizers; die Equalizer

die Equipe [eˈkiːp, *auch:* eˈkɪp] ([Reiter]mannschaft); die Equi|pen

das Equip|ment [ɪˈkwɪpmənt] (Ausrüstung; Ausstattung); des Equipments; die Equipments

er; er kommt ABER: es war ein Er

er|ach|ten; du erachtest die Lösung als falsch; ABER: meinem Erachten nach *oder* meines Erachtens ist die Lösung falsch

erarbeiten – Erfahrung

er|ar|bei|ten; du erarbeitest es dir; sie erarbeitete es sich; er hat sich das erarbeitet; den Unterrichtsstoff gemeinsam erarbeiten

die Erb|an|la|ge

sich er|bar|men; du erbarmst dich; er hat sich erbarmt; erbarm *oder* erbarme dich meiner!

das Er|bar|men; des Erbarmens; zum Erbarmen; habt Erbarmen!
    er|bärm|lich; eine erbärmliche Lüge
    er|bar|mungs|los
    er|bau|en; sie hat den Turm erbaut; sie war wenig erbaut (erfreut) davon

das Er|be; das kulturelle Erbe

der Er|be; des/dem/den Erben; die Erben; der gesetzliche Erbe
    er|ben; du erbst; sie erbt; sie erbte; sie hat ein Vermögen geerbt
    er|beu|ten; du erbeutest einen Schatz; er hat einen Schatz erbeutet

die Erb|fol|ge

das Erb|gut

die Er|bin; die Erbinnen
    er|bit|ten; du erbittest; er erbittet; er erbat; er hat eine Auskunft erbeten
    er|bit|tern (in Wut versetzen); es erbittert mich; erbitterter Widerstand
    er|bit|tert; ein erbitterter Streit

die Er|bit|te|rung
    er|blas|sen (*gehoben für:* bleich werden); du erblasst; er erblasste; er ist vor Neid erblasst
    er|blei|chen (sehr blass werden); du erbleichst; er erbleichte; er ist erbleicht
    erb|lich; eine erbliche Krankheit
    er|bli|cken; sie erblickte ihn; sie hat ihn erblickt
    er|blin|den; sie erblindete; sie ist im Alter erblindet
    er|bre|chen; er erbricht; er erbrach; das Kind hat seinen Brei wieder erbrochen; sich erbrechen; ich musste mich erbrechen

das Er|bre|chen
    er|brin|gen; du erbringst; sie erbrachte; er hat erbracht; erbring *oder* erbringe den Beweis!; eine Leistung erbringen; die Nachforschungen haben nichts erbracht

die Erb|schaft

die Erb|se

die Erb|sen|sup|pe

das Erb|stück

die Erb|sün|de (*christliche Religion:* angeborene Sündhaftigkeit)

das *oder* der Erb|teil

die Erd|an|zie|hung

das Erd|be|ben

die Erd|bee|re

der Erd|bo|den; die Erdböden

die Erd|dre|hung

die Er|de
    er|denk|lich; alles erdenklich *oder* erdenkliche Gute wünschen

das Erd|gas

die Erd|ge|schich|te

das Erd|ge|schoss (*Abkürzung:* EG)
    er|dig; ein erdiger Boden

die Erd|kun|de

die Erd|nuss

die Erd|ober|flä|che

das Erd|öl; die Erdöl fördernden *oder* erdölfördernden Länder

das Erd|reich; der Regen versickert im Erdreich
    er|dros|seln; ich erdross[e]le ihn; er erdrosselte ihn; er hat ihn erdrosselt; erdrossle *oder* erdrossele ihn nicht!
    er|drü|cken; der Bär hat ihn erdrückt; erdrück *oder* erdrücke das Kind nicht!
    er|drü|ckend; eine erdrückende (sehr große) Übermacht

der Erd|rutsch

der Erd|teil
    er|dul|den; du erduldest viel Leid; er erduldete es; er hat es erduldet; erdulde es!

das Erd|zeit|al|ter

sich er|eig|nen; etwas ereignet sich; etwas hat sich ereignet

das Er|eig|nis; des Er|eig|nis|ses; die Er|eig|nis|se
    er|ei|len (*gehoben*); das Schicksal ereilte ihn; das Schicksal hat ihn ereilt

die Erek|ti|on (Anschwellung und Aufrichtung [des Penis]); die Erek|ti|o|nen

der Ere|mit (Einsiedler); des/dem/den Ere|mi|ten; die Ere|mi|ten

die Ere|mi|tin; die Eremitinnen
    er|fah|ren; du erfährst; sie erfährt; sie erfuhr etwas Wichtiges; sie hat etwas Wichtiges erfahren; eine erfahrene Frau

die Er|fah|rung

147

erfahrungsgemäß – erhalten

er|fah|rungs|ge|mäß
er|fas|sen; er erfasste die Daten; er hat sie erfasst; erfasse *oder* erfass die Daten!
er|fin|den; du erfindest; sie erfindet; sie erfand; sie hat eine neue Maschine erfunden; erfinde neue Wörter!

der Er|fin|der; des Erfinders; die Erfinder
die Er|fin|de|rin; die Erfinderinnen
er|fin|de|risch
die Er|fin|dung
der Er|folg; des Erfolgs *oder* Er|fol|ges; die Er|fol|ge; Erfolg haben; Maßnahmen, die Erfolg versprechen; Erfolg versprechende *oder* erfolgversprechende Maßnahmen; ABER NUR: großen Erfolg versprechende Maßnahmen; höchst erfolgversprechende, noch erfolgversprechendere Maßnahmen
er|fol|gen; es ist keine Reaktion erfolgt
er|folg|los; erfolglose Versuche
er|folg|reich
die Er|folgs|aus|sich|ten *Plural*
die Er|folgs|ge|schich|te
das Er|folgs|re|zept (Verfahrensweise, die immer wieder zum Erfolg führt)
er|folgs|ver|wöhnt; das erfolgsverwöhnte Fußballteam
er|folg|ver|spre|chend *vergleiche:* Er|folg
er|for|der|lich; die erforderlichen Voraussetzungen
er|for|dern; das hat viel Mut erfordert
das Er|for|der|nis (Voraussetzung); des Erfordernisses; die Erfordernisse; ein wichtiges Erfordernis für etwas sein
er|for|schen; du erforschst; sie hat das Gebiet erforscht; erforsche den Wald!
die Er|for|schung
er|freu|en; du erfreust sie; er hat sie damit erfreut; sich an etwas erfreuen; sie hat sich bester Gesundheit erfreut; erfreu *oder* erfreue dich deines Lebens!
er|freu|lich; erfreuliche Ergebnisse; ABER: manches Erfreuliche
er|freu|li|cher|wei|se
er|frie|ren; du erfrierst; sie erfror; sie ist erfroren; sie hat sich die Füße erfroren; erfrier *oder* erfriere dir nicht die Füße!
er|fri|schen; du erfrischst; ich habe mich erfrischt
er|fri|schend; erfrischende Offenheit
die Er|fri|schung

er|fül|len; du erfüllst dein Versprechen; sie erfüllte es; sie hat es erfüllt; erfüll *oder* erfülle dein Versprechen!
die Er|fül|lung
Er|furt (Hauptstadt von Thüringen)
er|gän|zen; du ergänzt; sie ergänzte; sie hat das Lager ergänzt; ergänze den Satz!
die Er|gän|zung
er|gat|tern (*umgangssprachlich für:* sich durch Geschick verschaffen); ich ergattere; sie hat noch eine Karte ergattert
er|ge|ben; die Zählung ergibt einen Verlust; sie ergab einen Verlust; sie hat einen Verlust ergeben; sich ergeben; er hat sich ins Unvermeidliche ergeben
er|ge|ben (demütig zugeneigt; hingebungsvoll; untertänig); ein ergebener Diener; er ist ihr blind ergeben
das Er|geb|nis; des Ergebnisses; die Ergebnisse
er|geb|nis|los
er|ge|hen; es erging ihm schlecht; wie ist es dir ergangen?
er|gie|big
die Er|gie|big|keit
er|go (folglich, also); du hast es getan, ergo musst du dafür geradestehen
er|göt|zen; du ergötzt mich; sie hat alle ergötzt
er|grei|fen; du ergreifst; sie ergreift; sie ergriff; sie hat den Stock ergriffen
er|grei|fend; eine ergreifende Rede
er|grif|fen; sie war tief ergriffen (bewegt)
die Er|grif|fen|heit
er|grün|den (in allen Einzelheiten, bis zum Ursprung erforschen); ein schwer zu ergründendes Geheimnis
der Er|guss; des Er|gus|ses; die Er|güs|se
das Er|guss|ge|stein (vulkanisches Gestein)
er|ha|ben (erhöht); erhabene Stellen einer Druckplatte; erhabene (große) Gedanken; sie ist über jeden Verdacht erhaben (sie steht darüber)
der Er|halt (*Amtssprache:* Empfang; Bewahrung); des Erhalts *oder* Erhaltes; den Erhalt der Ware bestätigen; den Erhalt der Privatschule sichern
er|hal|ten; du erhältst; sie erhält; sie erhielt; sie hat einen Brief erhalten; erhalten bleiben; etwas frisch erhalten; sich gesund erhalten

erhältlich – erledigen

er|hält|lich; Tickets sind jetzt erhältlich

die Er|hal|tung

sich er|hän|gen; er hat sich beim Turnen beinahe erhängt

er|här|ten (bekräftigen, bekräftigt werden); der Verdacht hat sich erhärtet

er|he|ben; sie erhebt das Glas; er hat sich von seinem Platz erhoben

er|he|bend (feierlich); ein erhebender Augenblick

er|heb|lich; erhebliche Einbußen

die Er|he|bung

er|hei|tern; das hat ihn erheitert; erheit[e]re sie mal ein bisschen!

die Er|hei|te|rung

er|hit|zen; du erhitzt das Wasser; er hat es erhitzt; erhitze das Wasser!

er|hof|fen; ich erhoffe mir Vorteile; der erhoffte Aufschwung

er|hö|hen; die Firma erhöht die Preise; sie hat die Preise erhöht

die Er|hö|hung; die Erhöhung der Absperrung; eine Erhöhung der Preise

sich er|ho|len; du erholst dich; er erholte sich; er hat sich erholt; erhol *oder* erhole dich gut!

die Er|ho|lung

er|hö|ren; du erhörst ihn; sie hat ihn erhört; erhöre ihn!

die Eri|ka (Heidekraut); die Eriken

er|in|nern; du erinnerst ihn; sie erinnert ihn; sie erinnerte ihn; sie hat ihn an sein Versprechen erinnert; erinnre *oder* erinnere ihn daran!; sich erinnern; er hat sich erinnert

die Er|in|ne|rung

Eri|t|rea (Staat in Afrika)

sich er|käl|ten; du erkältest dich; sie erkältete sich; sie hat sich erkältet; erkälte dich nicht!

die Er|käl|tung

er|kenn|bar

er|ken|nen; du erkennst ihn; sie erkennt ihn; sie erkannte ihn; sie hat ihn erkannt; sich zu erkennen geben

er|kennt|lich; sich erkenntlich zeigen (seinen Dank ausdrücken)

die Er|kennt|nis (Einsicht); der Erkenntnis; die Erkenntnisse

der Er|ker; des Erkers; die Erker

er|klä|ren; du erklärst; sie hat es

erklärt; erkläre es ihm!; ein erklärter Gegner von Tierversuchen

er|klärt (entschieden); ein erklärter Nichtraucher, der erklärte Publikumsliebling

die Er|klä|rung

er|kleck|lich (beträchtlich)

er|klim|men (*gehoben für:* mühsam ersteigen); sie hat den Berg erklommen

er|klin|gen; ein Lied erklang; die Glocken sind erklungen

er|kran|ken; sie ist erkrankt

die Er|kran|kung

er|kun|den; du erkundest; sie hat den Weg erkundet; erkunde das Gelände!

sich er|kun|di|gen; du erkundigst dich; sie erkundigte sich; sie hat sich nach dem Weg erkundigt; erkundige dich doch!

die Er|kun|di|gung; Erkundigungen einholen, einziehen

er|lah|men; du erlahmst; er ist in seinen Bemühungen erlahmt; erlahme nicht!

er|lan|gen (erreichen); du erlangst; sie erlangte; er hat erlangt; die absolute Mehrheit erlangen

der Er|lass; des Erlas|ses; die Erlas|se

er|las|sen; du erlässt; sie erlässt; sie erließ; sie hat ihm die Strafe erlassen; erlass *oder* erlasse ihm die Strafe!

er|lau|ben; du erlaubst es; sie hat es erlaubt; erlaube es ihr!

die Er|laub|nis

er|läu|tern; du erläuterst; sie hat diesen Plan erläutert; erläutere den Hergang!

die Er|läu|te|rung

die Er|le (ein Laubbaum); die Erlen

er|le|ben; ich erlebe; du erlebst; sie erlebte; sie hat etwas erlebt

das Er|leb|nis; des Erlebnisses; die Erlebnisse

! Nomen auf *-nis* werden im Nominativ Singular nur mit einem s geschrieben, obwohl der Genitiv Singular und die Pluralformen mit Doppel-s gebildet werden.

er|le|di|gen; du erledigst; sie hat etwas erledigt; erledige diese Arbeit!

149

erleichtern – Eröffnung

er|leich|tern; du erleichterst; er hat sein
Gewissen erleichtert; erleichtere dich!

er|leich|tert (von Angst und Sorge
befreit); er|leich|ter|ter; am er|leich-
terts|ten; erleichtert aufatmen

die Er|leich|te|rung

er|lei|den; du erleidest es; er erlitt eine
Niederlage; sie haben den Tod erlitten

er|ler|nen; sie hat ein Handwerk
erlernt

er|le|sen (ausgesucht); erlesene Weine

die Er|leuch|tung

er|lie|gen; sie erlag der Krankheit; sie
ist ihr erlegen

der Er|lös (eingenommener Geldbetrag);
des Er|lö|ses; die Er|lö|se

er|lö|schen; die Flamme erlischt; die
Flamme erlosch; sie ist erloschen;
ABER: das Erlöschen der Flamme

er|lö|sen; du erlöst; sie erlöste; sie hat
ihn erlöst; erlös *oder* erlöse sie!

der Er|lö|ser; des Erlösers; die Erlöser

die Er|lö|se|rin; die Erlöserinnen

die Er|lö|sung

er|mäch|ti|gen (mit einer Vollmacht
ausstatten); das Parlament hat ihn
ermächtigt[,] Gesetze zu erlassen

er|mah|nen; du ermahnst; er hat ihn
ermahnt; ermahne ihn[,] künftig
pünktlich zu sein!

die Er|mah|nung

er|mä|ßi|gen; die Beiträge wurden
ermäßigt; Eintritt zu ermäßigtem
Preis

die Er|mä|ßi|gung

er|mes|sen (einschätzen); du ermisst;
sie ermaß; er hat ermessen; das lässt
sich leicht ermessen

das Er|mes|sen; nach meinem Ermessen

er|mit|teln; ich ermitt[e]le; du ermit-
telst; sie ermittelte; sie hat den Täter
ermittelt; ermittle *oder* ermittele die
Hintergründe!

der Er|mitt|ler; des Ermittlers; die Ermitt-
ler

die Ermittlerin; die Ermittlerinnen

die Er|mitt|lung

das Er|mitt|lungs|ver|fah|ren

er|mög|li|chen; du ermöglichst; sie
ermöglichte ihm das Studium; sie hat
es ihm ermöglicht; ermögliche es ihm!

er|mor|den; er hat ihn ermordet

die Er|mor|dung

er|mü|den; du ermüdest; sie ermü-
dete; sie ist ermüdet (müde geworden);
die Arbeit hat sie ermüdet (müde
gemacht)

die Er|mü|dung

die Er|mü|dungs|er|schei|nung

er|mun|tern; sie hat ihn dazu ermun-
tert

er|mu|ti|gen; du ermutigst ihn; sie
ermutigte ihn; sie hat ihn dazu ermu-
tigt[,] sich zu wehren; ermutige ihn!

die Er|mu|ti|gung

er|näh|ren; ich ernähre dich; du
ernährst ihn; sie ernährte ihn; sie hat
ihn ernährt; ernähre dich gesund!

die Er|näh|rung

er|nen|nen; der Bundespräsident
ernannte den Kanzler; er hat ihn
ernannt

die Er|nen|nung

er|neu|er|bar; erneuerbare Energien

er|neu|ern; ich erneuere; du erneuerst
deinen Eid; sie hat die Tapete erneuert

die Er|neu|e|rung

er|neut (wiederholt, abermals)

er|nied|ri|gen; er hat sie erniedrigt

die Er|nied|ri|gung

ernst; erns|ter; am erns|tes|ten; ernst
sein, werden, nehmen; ein ==ernst
gemeinter== *oder* ernstgemeinter Vorschlag

der Ernst; des Erns|tes; jetzt machen wir
Ernst; im Ernst; allen Ernstes

der Ernst|fall

ernst|ge|meint *vergleiche:* ernst

ernst|haft

die Ernst|haf|tig|keit; mit großer Ernst-
haftigkeit

ernst|lich

die Ern|te

das Ern|te|dank|fest

ern|ten; du erntest; sie erntete; sie hat
geerntet; ernte die Tomaten!

die Er|nüch|te|rung

er|obern; ich erobere; du eroberst; er
hat die Stadt erobert

die Er|obe|rung

er|öff|nen; sie hat ein Geschäft eröff-
net; glänzende Aussichten eröffnen
sich ihr

die Er|öff|nung

erörtern – erschrecken

er|ör|tern; ich erörtere das Thema; sie erörterte das Thema; sie hat es erörtert; erörtere die Hintergründe!

die **Er|ör|te|rung** (eingehende Diskussion)

die **Ero|si|on** (Erdabtragung durch Wasser oder Wind); die Ero|si|o|nen

die **Ero|tik** (sinnliche Liebe, Sexualität) **ero|tisch** (sexuell)

der **Er|pel** (männliche Ente; Enterich); des Erpels; die Erpel

er|picht; auf etwas erpicht (begierig, versessen) sein

er|pres|sen; du erpresst ihn; er erpresste ihn; er hat ihn damit erpresst; erpress *oder* erpresse ihn nicht!

der **Er|pres|ser;** des Erpressers; die Erpresser

der **Er|pres|ser|brief**

die **Er|pres|se|rin;** die Erpresserinnen

die **Er|pres|sung**

er|pro|ben; man hat es erprobt; erprobe verschiedene Möglichkeiten!

die **Er|pro|bung**

er|qui|cken (*gehoben für:* erfrischen); du erquickst den Durstigen; das kühle Getränk hat ihn erquickt

die **Er|qui|ckung**

er|ra|ten; du errätst es; sie errät es; sie erriet es; sie hat es erraten; errate es!

er|rech|nen; du errechnest; sie errechnete; er hat errechnet; errechne das schnell!

er|re|gen; du erregst Aufsehen; sie hat Aufsehen erregt; sich erregen; er erregt sich wegen jeder Kleinigkeit

der **Er|re|ger** (Krankheitserreger); des Erregers; die Erreger

die **Er|re|gung**

er|reich|bar; immer erreichbar sein

die **Er|reich|bar|keit**

er|rei|chen; du erreichst etwas; sie hat erreicht, was sie wollte

er|ret|ten; du errettest ihn; sie errettete ihn; sie hat ihn errettet; jemanden von *oder* vor etwas erretten

er|rich|ten; du errichtest; sie hat das Haus errichtet; errichtet eine Barrikade!

die **Er|rich|tung**

er|rin|gen; sie errang eine Medaille; sie hat sie errungen

er|rö|ten; du errötest; er ist errötet

die **Er|run|gen|schaft;** die Er|run|gen|schaf|ten

der **Er|satz;** des Er|sat|zes

die **Er|satz|bank** *(Sport);* die Er|satz|bän|ke

der **Er|satz|dienst** (Zivildienst)

er|satz|los; ersatzlos gestrichen

der **Er|satz|mann;** die Er|satz|män|ner *oder* Ersatzleute

der **Er|satz|spie|ler** *(Sport)*

die **Er|satz|spie|le|rin**

das, *seltener:* der **Er|satz|teil**

er|sau|fen (*umgangssprachlich für:* ertrinken); er ersäuft; er ersoff; er ist ersoffen

er|schaf|fen; Gott erschuf den Menschen; Gott hat die Welt erschaffen

er|schei|nen; du erscheinst; sie erschien; sie ist erschienen; erschein *oder* erscheine pünktlich!

die **Er|schei|nung**

das **Er|schei|nungs|bild**

er|schie|ßen; du erschießt; er erschießt; er erschoss; er hat ihn erschossen; erschieß *oder* erschieße ihn nicht!

er|schla|gen; du erschlägst; er erschlägt; er erschlug; er hat ihn erschlagen

er|schlie|ßen; du erschließt; man erschloss die reichen Bodenschätze; die Gemeinde hat Bauland erschlossen (für die Bebauung vorbereitet)

er|schöp|fen; meine Geduld erschöpft sich langsam; ein Thema erschöpfend behandeln

er|schöpft; alle Mittel sind erschöpft (verbraucht); er war erschöpft (kraftlos)

die **Er|schöp|fung**

er|schre|cken (in Schrecken versetzen); du erschreckst; er erschreckte sie; er hat sie erschreckt; erschreck *oder* erschrecke sie nicht!

! Nicht verwechseln: Das Verb *erschrecken* wird – je nach Bedeutung und Verwendung – entweder regelmäßig (»schwach«) oder unregelmäßig (»stark«) gebeugt.

151

erschrecken – Erstgeborene

er|schre|cken (einen Schreck bekommen); du erschrickst; er erschrickt; er erschrak; er ist erschrocken; erschrick nicht bei jedem Geräusch!

sich **er|schre|cken** (*umgangssprachlich für:* einen Schreck bekommen); du erschreckst dich; sie hat sich erschreckt/erschrocken; erschreck *oder* erschrecke dich nicht!

er|schüt|tern; ich erschüttere; das Erdbeben erschütterte die Häuser; das Erdbeben hat die Häuser erschüttert

er|schüt|ternd; erschütternde Bilder

die **Er|schüt|te|rung**

er|schwe|ren; das hat [mir] die Arbeit sehr erschwert; erschwer *oder* erschwere mir die Arbeit nicht!; das kommt erschwerend hinzu

die **Er|schwer|nis**; die Erschwernisse

er|schwing|lich (finanziell zu bewältigen); die Bluse ist noch erschwinglich

er|set|zen; du ersetzt mir das; er hat es uns ersetzt; ersetz *oder* ersetze den Schaden!

er|sicht|lich; es geschah ohne ersichtlichen Grund

er|spä|hen; du erspähst ihn; sie erspäht ihn; sie erspähte ihn; sie hat ihn erspäht

er|spa|ren; er hat sich ein Häuschen erspart; es ist ihm nichts erspart geblieben; erspar *oder* erspare dir diesen Ärger!

die **Er|spar|nis**; die Ersparnisse

er|sprieß|lich (*gehoben für:* fruchtbar)

erst; erst recht; erst einmal (zuerst)

er|star|ren; er erstarrte vor Entsetzen; die Lava ist erstarrt

er|stat|ten; die Firma erstattete [ihr] das Fahrgeld; sie hat Meldung erstattet; erstatte das Geld!

die **Er|stat|tung**

er|stau|nen; du erstaunst; sie ist erstaunt (in Staunen geraten); sie hat mich erstaunt (in Staunen versetzt)

das **Er|stau|nen**; des Erstaunens; jemanden in Erstaunen versetzen

er|staun|lich; eine erstaunliche Leistung

er|staun|li|cher|wei|se; ABER: in erstaunlicher Weise

erst|bes|te; die erstbeste Gelegenheit; ABER: wir nehmen nicht gleich den Erstbesten, den ersten Besten

---

ers|te

1. Kleinschreibung:

– der erste Schnee; das erste Kind
– das erste Mal; beim, zum ersten Mal
– erster Klasse fahren

2. Großschreibung:

Groß schreibt man die Nominalisierung und in bestimmten festen Verbindungen:

– sie kam als Erste (zuerst) ins Ziel
– er war der Erste, der das erwähnte
– vom nächsten Ersten an
– der Erste des Monats
– die Ersten werden die Letzten sein
– die beiden Ersten; ABER: die ersten beiden
– die Erste *oder* erste Hilfe (bei Unglücksfällen)

Großgeschrieben wird »erste« auch als Bestandteil von Namen und Titeln:

– Otto der Erste (Otto I.)
– der Erste Weltkrieg
– die Erste Bundesliga
– der Erste Bürgermeister
– der Erste Mai (Feiertag); ABER: der erste Januar

er|ste|hen (kaufen); ich habe eine neue Hose erstanden

der **Ers|te-Hil|fe-Kurs**

er|stei|gen; sie hat den Berg erstiegen

er|stei|gern (bei einer Versteigerung erwerben); ich ersteigere; sie ersteigerte das Gemälde; sie hat es ersteigert

er|stel|len; du erstellst; sie erstellte; er hat erstellt; erstell *oder* erstelle eine Präsentation!

die **Er|stel|lung**

ers|tens; erstens, zweitens, drittens

das **Ers|te[r]-Klas|se-Ab|teil**

der **Erst|ge|bo|re|ne** *oder* **Erst|ge|born|ne**; ein Erstgeborener *oder* Erstgeborne; die Erstgeborenen *oder* Erstgeborenen; mehrere Erstgeborene *oder* Erstgeborne

die **Erst|ge|bo|re|ne** *oder* **Erst|ge|born|ne**; eine Erstgeborene *oder* Erstgeborne

152

Ersthelfer – Erweiterung

der **Erst|hel|fer** (jemand, der am Unfallort als Erster Hilfe leistet)

die **Erst|hel|fe|rin**

er|sti|cken; du erstickst; er erstickte; er ist erstickt (an Luftmangel gestorben); er hat ihn erstickt (getötet)

die **Er|sti|ckungs|ge|fahr**

erst|klas|sig; eine erstklassige Leistung

der **Erst|kläss|ler** (Schüler der ersten Klasse); des Erstklässlers; die Erstklässler

die **Erst|kläss|le|rin;** die Erstklässlerinnen

der **Erst|kom|mu|ni|kant** (*katholische Kirche:* jemand, der erstmals die Kommunion empfängt); des/dem/den Erst|kom|mu|ni|kan|ten; die Erst|kom|mu|ni|kan|ten

die **Erst|kom|mu|ni|kan|tin;** die Erstkommunikantinnen

die **Erst|kom|mu|ni|on**

der **Erst|li|gist** (*Sport:* Verein in der ersten Liga); des Erstligisten; die Erstligisten

erst mal *oder* **erst|mal** (*umgangssprachlich für:* erst einmal); wir sollten erst mal *oder* erstmal Pause machen

erst|ma|lig

! Nicht verwechseln: Das Adjektiv *erstmalig* sollte nur als Attribut bei einem Nomen stehen (die erstmalige Aufführung); das Adverb *erstmals* wird hingegen in Verbindung mit einer Verbform gebraucht: Das Stück wurde erstmals aufgeführt.

---

erst|mals

er|strah|len; der Raum erstrahlte; er ist im Licht vieler Kerzen erstrahlt

er|stre|ben; er hat etwas erstrebt

er|stre|bens|wert

sich **er|stre|cken;** die Unterrichtsreihe erstreckt sich über ein paar Wochen; die alte Schulordnung erstreckte sich auch auf die Nachbarn

der **Erst|tags|stem|pel** (besonderer Poststempel)

er|su|chen; ich ersuche Sie[,] zu gehen

er|tap|pen; du ertappst ihn; sie ertappte ihn; sie hat ihn ertappt

er|tei|len; sie erteilte Unterricht; er hat

mir den Befehl erteilt; erteil *oder* erteile einen Rat!

der **Er|trag;** des Ertrags *oder* Er|tra|ges; die Er|trä|ge

er|tra|gen; du erträgst; sie erträgt; sie ertrug das Leid; wir haben ihn jahrelang ertragen; ertrag *oder* ertrage dein Schicksal!

er|träg|lich

er|trän|ken; er hat den Hund ertränkt

er|trin|ken; du ertrinkst; er ertrank; er ist ertrunken; ertrink *oder* ertrinke bloß nicht!

er|üb|ri|gen (nicht mehr nötig sein); es erübrigt sich; es hat sich erübrigt

die **Erup|ti|on** (vulkanischer Ausbruch); die Erup|ti|o|nen

er|wa|chen; sie ist erwacht; erwache!; ABER: es gab ein böses Erwachen

er|wach|sen; er ist erwachsen; erwachsene Menschen

die **Er|wach|se|ne;** eine Erwachsene

der **Er|wach|se|ne;** ein Erwachsener; die Erwachsenen; mehrere Erwachsene

er|wä|gen; du erwägst; sie erwägt; sie erwog; sie hat den Plan erwogen

er|wä|gens|wert

die **Er|wä|gung**

er|wäh|nen; du erwähnst es; sie hat es erwähnt; erwähn *oder* erwähne den Vorfall nicht!

er|wäh|nens|wert

die **Er|wäh|nung**

er|wär|men (warm machen); du erwärmst das Badewasser; sie hat es erwärmt; erwärme das Wasser!

die **Er|wär|mung**

er|war|ten; du erwartest ihn; er hat ihn erwartet; erwarte ihn nicht mehr!

die **Er|war|tung**

er|war|tungs|ge|mäß

er|war|tungs|voll

er|wei|sen; du erweist ihr eine Gefälligkeit; sie erwies ihre Unschuld; sie hat es erwiesen; seine Schuld ist erwiesen

er|wei|tern; er hat sein Haus erweitert; erweitere dein Wissen!; einen Bruch erweitern (*Mathematik:* Zähler und Nenner mit derselben Zahl multiplizieren)

die **Er|wei|te|rung**

153

Erwerb – Espenlaub

der **Er|werb**; des Erwerbs oder Er|wer|bes; die Er|wer|be
er|wer|ben; du erwirbst etwas; er erwirbt etwas; er erwarb etwas; er hat etwas erworben; erwirb dir Wissen!
er|werbs|los
er|werbs|tä|tig
der **Er|werbs|tä|ti|ge**; ein Erwerbstätiger; die Erwerbstätigen; mehrere Erwerbstätige
die **Er|werbs|tä|ti|ge**; eine Erwerbstätige
er|werbs|un|fä|hig (invalide)
die **Er|wer|bung**
er|wi|dern; du erwiderst; er erwiderte; er hat erwidert; erwidere nichts!
die **Er|wi|de|rung**
er|wir|ken (erreichen); du erwirkst; sie erwirkte; er hat erwirkt; bei jemandem eine Erlaubnis erwirken
er|wirt|schaf|ten; Gewinn erwirtschaften
er|wi|schen (ertappen; fassen, ergreifen); du erwischst ihn; er hat ihn beim Schwarzfahren erwischt; erwisch oder erwische ihn auf frischer Tat!
er|wünscht; die erwünschte Wirkung
er|wür|gen; er hat sein Opfer erwürgt
das **Erz**; des Er|zes; die Er|ze
er|zäh|len; du erzählst; sie erzählte, was sie erlebt hatte; sie hat eine Geschichte erzählt; erzähl oder erzähle mir etwas!
der **Er|zäh|ler**; des Erzählers; die Erzähler
die **Er|zäh|le|rin**; die Erzählerinnen
er|zäh|le|risch; der Aufsatz war eine erzählerische Meisterleistung
die **Er|zäh|lung**
der **Erz|bi|schof**
er|zeu|gen; der Film hat Spannung erzeugt; erzeug oder erzeuge keinen Stress!
der **Er|zeu|ger**; des Erzeugers; die Erzeuger
die **Er|zeu|ge|rin**; die Erzeugerinnen
das **Er|zeug|nis**; des Erzeugnisses; die Erzeugnisse
der **Erz|feind** (schlimmster Feind)
das **Erz|ge|bir|ge** (Gebirge zwischen Deutschland und Tschechien)
er|zie|hen; du erziehst ihn; sie erzog ihn; sie hat ihn erzogen; erzieh oder

erziehe ihn zu einem selbstbewussten Menschen!
der **Er|zie|her**; des Erziehers; die Erzieher
die **Er|zie|he|rin**; die Erzieherinnen
er|zie|he|risch; erzieherischer Rat
die **Er|zie|hung**
der **Er|zie|hungs|be|rech|tig|te**; ein Erziehungsberechtigter; die Erziehungsberechtigten; zwei Erziehungsberechtigte
die **Er|zie|hungs|be|rech|tig|te**; eine Erziehungsberechtigte
er|zie|len; du erzielst; er erzielte ein Tor; sie hat hohe Gewinne erzielt
er|zür|nen; er ist erzürnt (zornig geworden); er hat ihn erzürnt (zornig gemacht); erzürn oder erzürne ihn nicht!
er|zwin|gen; du erzwingst; sie erzwang ein Geständnis; sie hat es erzwungen; erzwinge nichts!
es; es sei denn, dass …; er ists oder ist's; sie sprachs oder sprach's; ABER: das unbekannte Es
die **Es|cape|tas|te** [ɪsˈkeɪp…] (auf der Computertastatur)
die **Esche** (ein Laubbaum); die Eschen
der **Esel**; des Esels; die Esel
die **Ese|lei**; die Eseleien
die **Esels|brü|cke**
das **Esels|ohr**
die **Es|ka|la|ti|on** (stufenweise Verschärfung der Situation)
es|ka|lie|ren (sich stufenweise steigern); der Streit eskaliert gleich; die Demonstration ist eskaliert
der **Es|ki|mo** (Angehöriger eines arktischen Volkes); des Eskimo oder Eskimos; die Eskimo oder Eskimos; ↑ Inuk

> **!** Die Benennung *Eskimo* wird inzwischen gelegentlich als diskriminierend empfunden. Die alternative Selbstbezeichnung *Inuk* bezieht sich allerdings nur auf einen Teil der Völkergruppe.

die **Es|kor|te** (begleitende Schutzwache; Geleit); die Eskorten
die **Eso|te|rik** (rationalem Denken nicht zugängliche Lehren und Ideologien)
eso|te|risch; esoterische Lehren
die **Es|pe** (Zitterpappel); die Espen
das **Es|pen|laub**; zittern wie Espenlaub

154

Esperanto – Eucharistie

das **Es|pe|ran|to** (eine künstliche Weltsprache)

der **Es|pres|so** (ein Kaffeegetränk); des Espresso *oder* Espressos; die Espressos *oder* Espressi

der **Es|p|rit** [ɛs'pri:] (Geist, Witz); des Esprits; ein Schauspieler mit viel Esprit

der *oder* das **Es|say** [ˈɛsɛ, *auch:* ɛˈse:] (kürzere Abhandlung); des Essays; die Essays; wir müssen in Englisch ein Essay *oder* einen Essay schreiben

ẹss|bar; essbare Pilze

das **Ẹss|be|steck**

die **Ẹs|se** (der Schornstein); die Essen
ẹs|sen; du isst; er isst; er aß; er hat gegessen; iss!; zu Mittag essen

das **Ẹs|sen**
Ẹs|sen (Stadt im Ruhrgebiet)
es|sen|ti|ẹll *vergleiche:* **es|sen|zi|ẹll**

die **Es|sẹnz** (Auszug aus pflanzlichen oder tierischen Stoffen); die Es|sen|zen
es|sen|zi|ẹll *oder* **es|sen|ti|ẹll** (wesentlich; lebensnotwendig); **essenzielle** *oder* essentielle Fettsäuren

der **Ẹs|ser;** des Essers; die Esser

die **Ẹs|se|rin;** die Esserinnen

der **Ẹs|sig;** des Essigs; die Es|si|ge

die **Ẹs|sig|es|senz**

der **Ẹss|löf|fel**

der **Ẹss|tisch**

die **Ẹss|wa|ren** *Plural*

das **Ẹss|zim|mer**

das **Es|ta|b|lish|ment** (Schicht der politisch, wirtschaftlich oder gesellschaftlich einflussreichen Personen); des Establishments; die Establishments

der **Ẹs|te** [*auch:* ˈɛstə] (Einwohner von Estland); des Esten; die Esten

die **Ẹs|tin** (Estländerin); die Estinnen
Ẹst|land (nordosteuropäische Republik)

der **Ẹst|län|der**

die **Ẹst|län|de|rin;** die Estländerinnen
ẹst|län|disch
ẹst|nisch

der **Ẹst|rich** (fugenloser Steinfußboden); des Estrichs; die Est|ri|che

das **Es|zẹtt** (der Buchstabe ß); des Eszett; die Eszett

sich **eta|b|lie|ren** (sich fest niederlassen; einen sicheren Platz gewinnen); du etablierst dich; sie etablierte sich; er hat sich schnell etabliert; etabliert sein

eta|b|liert (fest gegründet; namhaft); etab|lier|ter; am etab|lier|tes|ten; ein etabliertes Verfahren; die etablierten Parteien

die **Eta|ge** [eˈtaːʒə] (Stockwerk, Obergeschoss); die Etagen

das **Eta|gen|bett**

die **Eta|gen|woh|nung**

die **Etạp|pe** (Teilstrecke); die Etappen

der **Etạp|pen|sieg**

der **Etạt** [eˈtaː] (Haushaltsplan; Geldmittel); des Etats; die Etats
etc. = et cetera
et ce|te|ra [ɛt ˈtseːtera] (und so weiter)
ete|pe|te|te (geziert; zimperlich)

der **Ether** *vergleiche:* **Ạ̈ther**

die **Ẹthik** (Sittenlehre)
ẹthisch (sittlich, moralisch); ethische Werte
ẹth|nisch (die Lebensgemeinschaft einer Volksgruppe betreffend); ethnische Konflikte

das **Eti|kẹtt** (Zettel mit Preisaufschrift, Schildchen); die Eti|ket|te *oder* Eti|ket|ten, *auch:* Etiketts

die **Eti|kẹt|te** (Gesamtheit der gesellschaftlichen Umgangsformen); die Etiketten
ẹt|li|che; etliche Tage; ich weiß etliches (manches); die Taten etlicher guter (*selten:* guten) Menschen; etliche Mal, Male

die **Etü|de** (*Musik:* Übungsstück)

das **Etui** [eˈtɥiː] (die Schutzhülle); des Etuis; die Etuis
ẹt|wa; in etwa (ungefähr)
ẹt|wa|ig; etwaige (möglicherweise auftretende) Einwände
ẹt|was; etwas Auffälliges, Derartiges, Passendes; ABER: etwas anderes *oder* Anderes

das **Ẹt|was;** sie hat ein gewisses Etwas

die **EU** = Europäische Union
euch (kann in Briefen groß- oder kleingeschrieben werden)

die **Eu|cha|ris|tie** (Abendmahl in der katholischen Kirche); die Eu|cha|ris|ti|en

euer – ewig

eu|er

euere *oder* eure Gedanken
– ich gedenke euer

*In Briefen kann »euer/eure« klein- oder
großgeschrieben werden:*

– viele Grüße sendet eure *oder* Eure Jessica

*Klein- oder großgeschrieben werden kann
auch, wenn »euer/eure« als Nomen
gebraucht wird:*

– die euern, euren *oder* die Euern, Euren
(eure Angehörigen)
– das eu[e]re *oder* das Eu[e]re (euer
Besitz)
– ihr müsst das eu[e]re *oder* das Eu[e]re
tun

In Titeln wird »euer/eure« großgeschrieben:

– Euer, Eurer Hochwürden

eu|er|seits, eu|rer|seits
eu|ert|we|gen, eu|ret|we|gen
der **EU-Gip|fel** (europäisches Gipfeltreffen)
der **Eu|ka|lyp|tus** (in Australien heimischer
Baum); des Eukalyptus; die Eukalyptus
oder Eukalypten
die **Eu|le**
der **Eu|len|spie|gel** (Titelgestalt eines deutschen Volksbuches); des Eulenspiegel
oder Eulenspiegels
die **Eu|pho|rie** (gesteigertes Hochgefühl)
eu|pho|risch; euphorischer Jubel
der **Eu|ph|rat** (Fluss in Vorderasien)
Eu|ra|si|en (Europa und Asien umfassende Landmasse)
der **Eu|ro** (europäische Währungseinheit;
Zeichen: €; *Währungscode:* EUR); des
Euro *oder* Euros; die Euros; ᴀ ʙ ᴇ ʀ : das
kostet zehn Euro
das **Eu|ro|land** (an der Europäischen Währungsunion teilnehmende Staatengruppe, *auch:* einer dieser Staaten); des
Eurolands *oder* Eurolandes; die Euroländer
Eu|ro|pa
der **Eu|ro|pä|er;** des Europäers; die Europäer
die **Eu|ro|pä|e|rin;** die Europäerinnen

eu|ro|pä|isch; das europäische Gleichgewicht; ᴀ ʙ ᴇ ʀ : die Europäische Union
die **Eu|ro|pa League** [ɔyˈroːpa ˈliːk] *oder* **Euro|pa|league** (*Sport:* ein Pokalwettbewerb im europäischen Vereinsfußball)
der **Eu|ro|pa|meis|ter**
die **Eu|ro|pa|meis|ter|schaft**
das **Eu|ro|pa|par|la|ment**
der **Eu|ro|pa|po|kal** (Siegestrophäe eines
europäischen Pokalwettbewerbs in einer
bestimmten Sportart)
eu|ro|pa|weit; eine europaweite Regelung
eu|ro|skep|tisch (gegenüber der Europäischen Union eher zurückhaltend eingestellt)
die **Eu|ro|vi|si|on** (europäische Organisation
zur gemeinsamen Veranstaltung von
Fernsehsendungen)
die **Eu|ro|vi|si|ons|sen|dung**
das **Eu|ter;** des Euters; die Euter
EU-weit
ev. = evangelisch
e. V., *in Vereinsnamen auch groß:* **E. V.**
= eingetragener *oder* Eingetragener Verein

eva|ku|ie|ren (vorübergehend aussiedeln); sie haben die Einwohner evakuiert
die **Eva|ku|ie|rung**
die **Eva|lu|a|ti|on** (Bewertung; Beurteilung);
der Evaluation; die Eva|lu|a|ti|o|nen;
eine Evaluation des Unterrichts
evan|ge|lisch (das Evangelium betreffend; protestantisch); die evangelische
Kirche; ᴀ ʙ ᴇ ʀ : die Evangelische Kirche in
Deutschland
evan|ge|lisch-lu|the|risch (*Abkürzung:*
ev.-luth.)
der **Evan|ge|list** (Verfasser eines der vier
Evangelien); des/dem/den Evan|ge|listen; die vier Evan|ge|lis|ten
das **Evan|ge|li|um** (Heilsbotschaft Christi);
die Evan|ge|li|en
der *oder* das **Event** [iˈvɛnt] (Veranstaltung);
des Events; die Events
even|tu|ell (vielleicht; gegebenenfalls;
unter Umständen); *Abkürzung:* evtl.
evi|dent (offensichtlich)
die **Evo|lu|ti|on** (fortschreitende Entwicklung); die Evo|lu|ti|o|nen
evtl. = eventuell
ewig; auf ewig; für immer und ewig; ein

156

Ewigkeit – exponiert

ewiges Einerlei; das ewige Leben; ewiger Schnee; ABER: die Ewige Stadt (Rom)

die **Ewig|keit**

ex|akt (genau; sorgfältig; pünktlich); exak|ter; am ex|ak|tes|ten; die exakten Wissenschaften (Naturwissenschaften und Mathematik)

das **Ex|a|men** (Prüfung); die Examen *oder* Ex|a|mi|na

die **Ex|e|ku|ti|on** (Vollstreckung eines Urteils; Hinrichtung)

die **Ex|e|ku|ti|ve** (vollziehende Gewalt im Staat)

das **Ex|em|pel** ([warnendes] Beispiel); des Exempels; die Exempel

das **Ex|em|p|lar** (Einzelstück; *Abkürzung:* Expl.); des Exemplars; die Ex|em|p|la|re

ex|em|p|la|risch (musterhaft; warnend)

ex|er|zie|ren (militärische Übungen machen; *auch umgangssprachlich für:* einüben); du exerzierst; er hat exerziert

der **Ex|er|zier|platz**

das **Exil** (Verbannung); des Exils; die Exi|le

exis|tent (wirklich, vorhanden)

exis|ten|ti|ell *vergleiche:* **exis|ten|zi|ell**

die **Exis|tenz** (Dasein; Auskommen); die Exis|ten|zen

exis|ten|zi|ell *oder* **exis|ten|ti|ell** (das Dasein wesentlich betreffend; lebenswichtig); eine Frage von existenzieller *oder* existentieller Bedeutung

das **Exis|tenz|mi|ni|mum** (zum Leben unbedingt nötiges Mindesteinkommen); am Rande des Existenzminimums leben

exis|tie|ren (vorhanden sein, leben); du existierst; die Gefahr existierte; sie hat für mich nicht mehr existiert

ex|klu|siv (ausschließlich einem bestimmten Personenkreis vorbehalten)

ex|klu|si|ve (ausschließlich); exklusive aller Versandkosten; exklusive Porto

die **Ex|kom|mu|ni|ka|ti|on** (*katholische Kirche:* Ausschluss aus der kirchlichen Gemeinschaft)

ex|kom|mu|ni|zie|ren; er wurde exkommuniziert

die **Ex|kre|men|te** (Ausscheidung, Kot) *Plural*

die **Ex|kur|si|on** (Ausflug zu Bildungszwecken)

der **Ex|o|dus** (das Aufgeben und Verlassen); des Exodus; die Exodusse

ex|or|bi|tant (übertrieben; gewaltig); ex|or|bi|tan|ter; am ex|or|bi|tan|testen; seine Leistungen exorbitant steigern

der **Ex|or|zist** (Geisterbeschwörer); des/dem/den Ex|or|zis|ten; die Ex|or|zis|ten

die **Ex|or|zis|tin;** die Exorzistinnen

exo|tisch (fremdländisch, fremdartig); exotische Speisen

der **Ex|pan|der** (Trainingsgerät zur Stärkung der Arm- und Oberkörpermuskulatur); des Expanders; die Expander

ex|pan|die|ren (sich ausdehnen); das Gas ist expandiert; die Wirtschaft hat expandiert

die **Ex|pan|si|on** (Ausdehnung); die Ex|pansi|o|nen

ex|pan|siv ([sich] ausdehnend)

die **Ex|pe|di|ti|on** (Forschungsreise; Versandabteilung, Abfertigungsabteilung); die Ex|pe|di|ti|o|nen

das **Ex|pe|ri|ment** (Versuch); des Experiments *oder* Ex|pe|ri|men|tes; die Ex|peri|men|te

ex|pe|ri|men|tell (auf Experimenten beruhend); experimentelle Methoden; ein experimentelles Foto

ex|pe|ri|men|tie|ren; du experimentierst; sie hat experimentiert; experimentier *oder* experimentiere nicht damit!

der **Ex|per|te** (Fachmann); des/dem/den Experten; die Experten

die **Ex|per|tin** (Fachfrau); die Expertinnen

Expl. = Exemplar

ex|pli|zit (deutlich; ausführlich dargestellt); etwas explizit sagen

ex|plo|die|ren (mit einem Knall zerplatzen); die Bombe explodierte; sie ist explodiert

die **Ex|plo|si|on;** die Ex|plo|si|o|nen

ex|plo|siv (leicht explodierend)

die **Ex|po** (*kurz für:* Exposition, Ausstellung); der Expo; die Expos

das **Ex|po|nat** (Ausstellungsstück); des Exponats *oder* Ex|po|na|tes; die Ex|pona|te; nach der Projektwoche haben wir unsere Exponate gezeigt

der **Ex|po|nent** (Hochzahl); des/dem/den Ex|po|nen|ten; die Ex|po|nen|ten

ex|po|niert (Angriffen oder bestimmten Wirkungen ausgesetzt)

157

Export – Facharzt

der **Ex|port** (Ausfuhr); die Ex|por|te; Ex- und Import
ex|por|tie|ren; du exportierst; sie exportierte; die Firma hat Autos exportiert
ex|press (eilig); einen Brief express zustellen
der **Ex|press;** ein Paket per Express zustellen
das **Ex|press|gut**
der **Ex|pres|si|o|nis|mus** (Kunstrichtung im frühen 20. Jahrhundert)
ex|pres|siv (ausdrucksvoll)
ex|qui|sit (ausgesucht, vorzüglich)

> **!** **Ekstase**
> Viele Fremdwörter werden ganz anders geschrieben, als sie ausgesprochen werden, oder ganz anders als vergleichbare Fremdwörter. Dazu gehört das Nomen *Ekstase,* das mit *x* ausgesprochen, aber mit *ks* geschrieben wird.

ex|tern (draußen befindlich; auswärtig)
ex|t|ra (außerdem, besonders, eigens)
das **Ex|t|ra** (Sonderleistung, zusätzliches Zubehör); des Extras; die Extras
der, *auch:* das **Ex|trakt** (Auszug aus Büchern; Auszug aus tierischen oder pflanzlichen Stoffen); des Extrakts *oder* Ex|trak|tes; die Ex|trak|te
ex|t|ra|ter|res|t|risch (außerirdisch)
ex|t|ra|va|gant (ausgefallen, übertrieben); ex|t|ra|va|gan|ter; am ex|t|ra|va|gan|tes|ten; ein extravaganter Stil; extravagante Kleidung
die **Ex|t|ra|wurst;** *meist in der Wendung:* jemandem eine Extrawurst braten (*umgangssprachlich für:* jemanden bevorzugt behandeln)
ex|t|rem (übertrieben)
das **Ex|t|rem** (Übertreibung, Äußerstes); des Extrems; die Ex|t|re|me; von einem Extrem ins andere fallen
der **Ex|t|re|mis|mus** (radikale [politische] Einstellung oder Richtung)
der **Ex|t|re|mist** (Radikaler); des/dem/den Ex|t|re|mis|ten; die Ex|t|re|mis|ten
die **Ex|t|re|mis|tin;** die Extremistinnen
ex|t|re|mis|tisch
die **Ex|t|re|mi|tä|ten** (Gliedmaßen) *Plural*
ex|zel|lent (hervorragend)

ex|zen|t|risch (außerhalb des Mittelpunktes liegend; überspannt)
der **Ex|zess** (Ausschreitung); des Ex|zes|ses; die Ex|zes|se
ex|zes|siv (übermäßig; ausschweifend); exzessiv feiern
der **Eye|li|ner** ['ailainɐ] (Flüssigkeit, mit der der Lidstrich aufgetragen wird)
die **EZB** = Europäische Zentralbank

F

f = forte
das **F** (Buchstabe); des F; die F; ABER: das f in Schaf; das F-Dur, ABER: das f-Moll (Tonarten)
die **Fa|bel** (Tiererzählung); die Fabeln
fa|bel|haft
das **Fa|bel|tier**
die **Fa|b|rik;** die Fa|b|ri|ken
der **Fa|b|ri|kant** (Hersteller); des/dem/den Fa|b|ri|kan|ten; die Fa|b|ri|kan|ten
die **Fa|b|ri|kan|tin;** die Fabrikantinnen
das **Fa|b|ri|kat** (fabrikmäßig hergestelltes Erzeugnis); des Fabrikats *oder* Fa|b|ri|ka|tes; die Fa|b|ri|ka|te
fa|b|rik|neu
fa|b|ri|zie|ren (herstellen); du fabrizierst; fabrizier *oder* fabriziere keinen Schrott!
fa|bu|lie|ren (Geschichten erfinden); sie hat gern fabuliert; fabulier *oder* fabuliere nicht!
Face|book ['feɪsbʊk] (*Markenbezeichnung:* Website eines internationalen sozialen Netzwerks); *ohne Artikel gebraucht*
die **Fa|cet|te** [fa'sɛtə] (eckig geschliffene Fläche; Teilaspekt); die Facetten
das **Fa|cet|ten|au|ge** (*Zoologie:* Netzauge bei Insekten)
fa|cet|ten|reich (viele Teilaspekte aufweisend); facettenreiche Themen
das **Fach;** des Fachs *oder* Fa|ches; die Fächer
das **Fach|ab|i|tur** (Fachhochschulreife)
der **Fach|ar|bei|ter**
die **Fach|ar|bei|te|rin**
der **Fach|arzt**

158

Fachärztin – Fahrprüfung

die **Fach|ärz|tin**
der **Fach|aus|druck**
das **Fach|buch**
  fä|cheln; ich fäch[e]le; du fächelst; er fächelte; er hat sich Kühlung gefächelt
der **Fä|cher;** des Fächers; die Fächer
  fä|cher|über|grei|fend
die **Fach|frau**
das **Fach|ge|biet**
  fach|ge|recht; fachgerechte Montage
das **Fach|ge|schäft**
die **Fach|hoch|schu|le** (*Abkürzung:* FH)
die **Fach|kraft** (jemand, der über bestimmte Kenntnisse verfügt); der Fachkraft; die Fach|kräf|te; es herrscht ein Mangel an Fachkräften
die **Fach|kun|de** (in der Berufsschule)
  fach|kun|dig (Fachkenntnisse habend); fachkundiger Rat
der **Fach|leh|rer**
die **Fach|leh|re|rin**
die **Fach|leu|te** *Plural*
  fach|lich
der **Fach|mann;** die Fach|män|ner *oder* Fach|leu|te
  fach|män|nisch
die **Fach|schu|le**
  fach|sim|peln (sich über fachliche Dinge unterhalten); ich fachsimp[e]le; du fachsimpelst; sie fachsimpelte; sie haben stundenlang gefachsimpelt
die **Fach|spra|che**
das **Fach|werk|haus**
das **Fach|wis|sen** (Wissen auf einem bestimmten Gebiet)
die **Fach|zeit|schrift**
die **Fa|ckel;** die Fackeln
  fa|ckeln; du fackelst; er fackelte; er hat nicht lange gefackelt; fackle *oder* fackele nicht lange!
der **Fa|ckel|zug**
der **Fact** [fɛkt] (Tatsache; Fakt); des Facts; die Facts *meist Plural;* Facts sammeln
  fad *oder* **fa|de** (geschmacklos; langweilig); fa|der; am fa|des|ten
der **Fa|den;** die Fäden, *aber für das Längenmaß:* die Faden; 4 Faden tief; *Verkleinerungsform:* das Fäd|chen
das **Fa|den|kreuz**
  fa|den|schei|nig (nicht sehr glaubhaft)
das **Fa|gott** (ein Holzblasinstrument); des Fagotts *oder* Fa|got|tes; die Fa|got|te

  fä|hig; er ist keines Betruges fähig; er ist zu allem fähig
die **Fä|hig|keit**
  fahl (von blasser Farbe)
  fahn|den (polizeilich suchen); du fahndest; sie fahndete; man hat nach dem Mörder gefahndet; fahnde nach ihm!
der **Fahn|der;** des Fahnders; die Fahnder
die **Fahn|de|rin;** die Fahnderinnen
die **Fahn|dung**
die **Fah|ne;** *Verkleinerungsform:* das Fähnchen
die **Fah|nen|flucht** (unerlaubtes Sichentfernen oder Fernbleiben von der Truppe)
die **Fah|nen|stan|ge**
der **Fähn|rich** (Offiziersanwärter)
der **Fahr|aus|weis** (Fahrkarte, Fahrschein)
die **Fahr|bahn;** die Fahr|bah|nen
die **Fäh|re**
  fah|ren; du fährst; sie fährt; sie fuhr; sie hat diesen Wagen gefahren; sie ist über den Bürgersteig gefahren; fahr *oder* fahre vorsichtig!; Auto fahren; ich fahre Auto; Rad fahren; ich fahre Rad; ABER: das Autofahren; beim Radfahren; er hat seine Pläne <mark>fahren lassen</mark> *oder* fahrenlassen (aufgegeben); sie hat ihn mit ihrem Auto fahren lassen
das **Fah|ren|heit;** Grad Fahrenheit (Temperaturgrad auf der 180-teiligen Skala; *Zeichen:* °F); 32 Grad Fahrenheit (32 °F)
  fah|ren|las|sen *vergleiche:* **fah|ren**
der **Fah|rer;** des Fahrers; die Fahrer
die **Fah|rer|flucht**
die **Fah|re|rin;** die Fahrerinnen
der **Fahr|gast;** die Fahr|gäs|te
das **Fahr|geld**
  fah|rig (unkontrolliert; unkonzentriert); fahrige Bewegungen
die **Fahr|kar|te**
der **Fahr|kar|ten|au|to|mat**
die **Fahr|kos|ten** *oder* **Fahrt|kos|ten** *Plural*
  fahr|läs|sig; fahrlässige Tötung
der **Fahr|leh|rer**
die **Fahr|leh|re|rin**
der **Fähr|mann;** die Fähr|män|ner *oder* Fähr|leu|te
der **Fahr|plan**
  fahr|plan|mä|ßig; die fahrplanmäßige Ankunft
der **Fahr|preis**
die **Fahr|prü|fung**

159

Fahrrad – Falz

das **Fahr|rad; Fahrrad fahren; ABER: beim Fahrradfahren**
der **Fahr|rad|helm**
der **Fahr|rad|weg**
der **Fahr|schein**
die **Fahr|schu|le**
der **Fahr|stuhl**
die **Fahrt; die Fahr|ten; eine Fahrt ins Blaue**
die **Fähr|te** (Spur)
die **Fahrt|kos|ten** oder **Fahr|kos|ten**
die **Fahrt|rich|tung**
die **Fahr|tüch|tig|keit**
das **Fahr|was|ser**
das **Fahr|werk** (eines Flugzeugs)
das **Fahr|zeug; des Fahrzeugs** oder **Fahr|zeu-ges; die Fahr|zeu|ge**
das **Fai|b|le** ['fɛːbl̩] (Schwäche; Neigung, Vorliebe); des Faibles; die Faibles; ein Faible für etwas haben
fair [fɛːɐ̯] (einwandfrei; anständig); ein faires Spiel
die **Fair|ness** ['fɛːɐ̯nɛs]
das **Fair Play** ['fɛːɐ̯ 'pleɪ] oder **Fair|play** ['fɛːɐ̯pleɪ] (anständiges Spiel); des Fair Play[s] oder Fairplay[s]
die **Fä|ka|li|en** (Kot) Plural
der **Fa|kir** (Asket; Zauberer); des Fakirs; die Fa|ki|re
der, auch: das **Fakt** (Tatsache); des Fakts oder Fak|tes; die Fak|ten, auch: Fakts; das ist [der] Fakt
fak|tisch (tatsächlich)
der **Fak|tor** (Vervielfältigungszahl; Grund, Umstand); des Faktors; die Fak|to|ren
das **Fak|tum** (Tatsache); des Faktums; die Fak|ten
die **Fa|kul|tät** (Abteilung einer Hochschule); die Fa|kul|tä|ten
der **Fal|ke; des Falken; die Falken**
die **Falk|land|in|seln** (Inseln östlich der Südspitze Südamerikas) Plural
der **Falk|ner** (jemand, der Greifvögel abrichtet); des Falkners; die Falkner
die **Falk|ne|rin; die Falknerinnen**
der **Fall; des Falls** oder **Fal|les; die Fäl|le; für den Fall, dass …; gesetzt (angenommen) den Fall, dass …; im Fall[,] dass … oder im Falle[,] dass …; von Fall zu Fall; zu Fall bringen; erster Fall (Nominativ); ABER: bestenfalls, jedenfalls, keinesfalls u. a.**
die **Fall|brü|cke**

die **Fal|le**
fal|len; du fällst; sie fällt; sie fiel; sie ist gefallen; fall oder **falle nicht!; sie hat den Plan** fallen lassen (seltener: fallen gelassen) oder fallenlassen (seltener: fallengelassen)
fäl|len; du fällst; er fällte; er hat den Baum gefällt; fäll oder **fälle die Tanne!; ein Urteil fällen**
fal|len|las|sen vergleiche: **fal|len**
die **Fall|gru|be** (Jägersprache)
fäl|lig; eine fällige Rechnung; fällig sein
das **Fall|obst**
das **Fall|reep** (Leiter, die an der Bordwand herabgelassen wird); des Fallreeps oder Fall|ree|pes; die Fall|ree|pe
der **Fall|rück|zie|her** (Fußball)
falls; kommen Sie bitte, falls möglich, etwas früher
der **Fall|schirm**
der **Fall|schirm|sprin|ger**
die **Fall|schirm|sprin|ge|rin**
falsch; fal|scher; am fal|sches|ten; Falsch und Richtig unterscheiden können; falsche Zähne; falscher oder Falscher Hase (Hackbraten)
fäl|schen; du fälschst; er fälschte; er hat den Scheck gefälscht; fälsch oder **fälsche nie!**
der **Fäl|scher; des Fälschers; die Fälscher**
die **Fäl|sche|rin; die Fälscherinnen**
das **Falsch|geld**
fälsch|lich; eine fälschliche Behauptung
die **Falsch|mel|dung**
falsch|spie|len (beim Spiel betrügen); du spielst falsch; er hat falschgespielt; spiel oder spiele nicht falsch!
die **Fäl|schung**
fäl|schungs|si|cher; fälschungssichere Personalausweise
das **Fall|sett** (Musik: Kopfstimme); des Falsetts oder Fall|set|tes; die Fall|set|te
das **Falt|boot** (zerlegbares Paddelboot)
die **Fal|te; Verkleinerungsform: das Fält-chen**
fal|ten; du faltest; sie faltete; sie hat das Blatt gefaltet; falt oder **falte das Blatt zweimal!**
der **Fal|ter** (Schmetterling); des Falters; die Falter
fal|tig (Falten habend); faltige Haut
der **Falz; des Fal|zes; die Fal|ze**

160

falzen – Faschingskostüm

fal|zen; du falzt; sie falzte; sie hat den Bogen gefalzt; falz *oder* falze das Blatt!

fa|mi|li|är (vertraut, eng verbunden); eine familiäre Atmosphäre

die **Fa|mi|lie;** die Fa|mi|li|en

die **Fa|mi|li|en|ban|de** (*gehoben für:* besonderer Zusammenhalt von Familienmitgliedern) *Plural*

fa|mi|li|en|freund|lich; familienfreundliche Politik

das **Fa|mi|li|en|mit|glied**

der **Fa|mi|li|en|na|me**

das **Fa|mi|li|en|un|ter|neh|men**

der **Fa|mi|li|en|va|ter**

fa|mos (ausgezeichnet, prächtig)

der **Fan** [fɛn] (begeisterter Anhänger, begeisterte Anhängerin); des Fans; die Fans

der **Fan|ar|ti|kel** (für Fans produzierter Gegenstand, der einen Bezug zum verehrten Idol herstellt)

der **Fa|na|ti|ker** (Eiferer); des Fanatikers; die Fanatiker

die **Fa|na|ti|ke|rin;** die Fanatikerinnen

fa|na|tisch (sich unbedingt, rücksichtslos einsetzend)

der **Fa|na|tis|mus;** des Fanatismus; die Fanatismen

der **Fan|club,** *vergleiche:* **Fan|klub**

die **Fan|fa|re** (Trompetengeschmetter; ein Blasinstrument)

der **Fang;** des Fangs *oder* Fan|ges; die Fän|ge

der **Fang|arm**

fan|gen; du fängst; sie fängt; sie fing; sie hat den Ball gefangen; fang *oder* fange den Ball!; ABER: wir wollen Fangen spielen

die **Fang|fra|ge**

der **Fan|klub, Fan|club** [ˈfɛnklʊb]

die **Fan|ta|sie** *oder* **Phan|ta|sie** (Wunschbild, Vorstellungskraft); die Fan|ta|si|en *oder* Phan|ta|si|en

fan|ta|sie|ren *oder* **phan|ta|sie|ren** (sich in der Fantasie ausmalen; verwirrt reden); du fantasierst *oder* phantasierst; er fantasiert *oder* phantasiert; fantasier[e] *oder* phantasier[e] nicht!

fan|ta|sie|voll *oder* **phan|ta|sie|voll**

fan|tas|tisch *oder* **phan|tas|tisch** (nur in der Fantasie bestehend; *umgangssprachlich für:* großartig)

die **Fan|ta|sy** [ˈfɛntəzi] (Roman- und Filmgattung, die märchenhafte, mythische Fantasiewelten darstellt)

die **Fan|ta|sy|fi|gur**

der **Fan|ta|sy|ro|man**

fa|ra|day|scher Kä|fig [ˈfaradeːʃɐ ...] *oder* **Fa|ra|day'scher Kä|fig** (*Physik*)

die **Far|be;** eine blaue Farbe; die Farbe Blau

farb|echt

fär|ben; du färbst; er hat den Stoff gefärbt; färb *oder* färbe den Stoff!

far|ben|blind

far|ben|froh

die **Fär|be|rei**

das **Farb|fern|se|hen**

der **Farb|fern|se|her**

der **Farb|film**

far|big

der **Far|bi|ge;** ein Farbiger; die Farbigen; zwei Farbige

die **Far|bi|ge;** eine Farbige

der **Farb|kas|ten** *oder* **Far|ben|kas|ten**

farb|lich

farb|los; farb|lo|ser; am farb|lo|ses|ten

der **Farb|stift**

der **Farb|stoff**

der **Farb|ton**

die **Fär|bung**

die **Far|ce** [ˈfars] (Posse; Verhöhnung, Karikatur eines Geschehens); der Farce; die Farcen

die **Farm;** die Far|men

der **Far|mer;** des Farmers; die Farmer

die **Far|me|rin;** die Farmerinnen

der **Farn** (eine Sporenpflanze); des Farns *oder* Far|nes; die Far|ne

das **Farn|kraut**

die **Fär|se** (Kuh, die noch nicht gekalbt hat); die Färsen

> **!** Nicht verwechseln: Obwohl beide Wörter gleich ausgesprochen werden, schreibt man die Bezeichnung für das weibliche Rind mit *ä*, während der Name des hinteren Fußteils mit *e* geschrieben wird.

der **Fa|san;** des Fasans; die Fa|sa|ne *oder* Fa|sa|nen

der **Fa|sching;** die Fa|schin|ge *oder* Faschings

das **Fa|schings|kos|tüm**

161

Faschismus – Faxanschluss

der **Fa|schis|mus** (eine antidemokratische Staatsauffassung)

der **Fa|schist;** des/dem/den Fa|schis|ten; die Fa|schis|ten

die **Fa|schis|tin;** die Faschistinnen

fa|schis|tisch

fa|seln (*umgangssprachlich abwertend für:* unüberlegt daherreden); du faselst; er faselte; er hat von einer neuen Idee gefaselt; fasle *oder* fasele nicht!

die **Fa|ser;** die Fasern

fa|se|rig; eine faserige Struktur

die **Fa|shion** ['fɛʃn] (Mode; feine Lebensart); der Fashion

das **Fass;** des Fas|ses; die Fäs|ser; zwei Fass Bier

die **Fas|sa|de** (Vorderseite, Schauseite)

fas|sen; du fasst; er fasste; er hat den Dieb gefasst; fasse *oder* fass ihn!; sich fassen; er hat sich jetzt wieder gefasst

fass|lich (verständlich); leicht fasslich

die **Fas|son** [fa'sõ:] (Form, Muster, Art); die Fassons; aus der Fasson geraten

die **Fas|sung**

fas|sungs|los

fast (beinahe)

fas|ten; du fastest; sie fastete; sie hat gefastet; faste endlich!

die **Fas|ten|zeit**

das **Fast Food** *oder* **Fast|food** ['fa:stfu:t] (schnell zubereitete und verzehrte billige Gerichte); des **Fast Food[s]** *oder* Fastfood[s]

die **Fast|nacht**

der **Fast|nachts|diens|tag**

der **Fast|tag**

die **Fas|zi|na|ti|on** (bezaubernde Wirkung, Anziehungskraft)

fas|zi|nie|ren (fesselnd, bezaubernd wirken); du faszinierst ihn; er hat mich fasziniert; ein faszinierendes Lächeln

fa|tal (verhängnisvoll; peinlich); ein fataler Fehler

die **Fa|ta Mor|ga|na** (Luftspiegelung, Trugbild); die Fata Morganen *oder* Fata Morganas

der **Fatz|ke** (*umgangssprachlich für:* eitler Mann); des Fatzken *oder* Fatzkes; die Fatzken *oder* Fatzkes

fau|chen; die Katze faucht; sie fauchte; sie hat gefaucht; fauch *oder* fauche nicht!

faul; faule Ausreden; ein fauler Zauber; auf der faulen Haut liegen

> **!** Viele Fremdwörter werden ganz anders geschrieben, als sie gesprochen werden. Dazu gehören auch die aus dem Englischen übernommenen Ausdrücke für regelwidriges Verhalten beim Sport: *foul,* das *Foul* und *foulen* schreibt man nicht mit *au,* sondern mit *ou.*

fau|len; das Holz faulte; das Obst ist, *auch:* war faul

fau|len|zen; du faulenzt; sie faulenzte; sie hat gefaulenzt; faulenz *oder* faulenze nicht!

der **Fau|len|zer;** des Faulenzers; die Faulenzer

die **Fau|len|ze|rin;** die Faulenzerinnen

die **Faul|heit**

die **Fäul|nis**

der **Faul|pelz** (*umgangssprachlich für:* fauler Mensch)

der **Faul|schlamm** (Bodenschlamm in stehenden Gewässern)

das **Faul|tier**

der **Faun** (Waldgeist; lüsterner Mensch); des Fauns *oder* Fau|nes; die Fau|ne

die **Fau|na** (Tierwelt)

die **Faust;** die Fäus|te

der **Faust|ball**

faust|dick; eine faustdicke (dreiste) Lüge

faus|ten; du faustest; sie faustete; sie hat den Ball über die Latte gefaustet

der **Fäust|ling** (Fausthandschuh); des Fäustlings; die Fäust|lin|ge

das **Faust|pfand** (Machtmittel, um Forderungen durchzusetzen)

das **Faust|recht** (Selbsthilfe durch Gewalt)

die **Faust|re|gel**

der **Faust|schlag**

fa|vo|ri|sie|ren (bevorzugen; als Sieger erwarten); du favorisierst; er favorisierte eine schnelle Lösung; sie gehört zu den favorisierten Teilnehmerinnen

der **Fa|vo|rit** (Günstling; erwarteter Sieger im Wettkampf); des/dem/den Fa|vo|ri|ten; die Fa|vo|ri|ten

die **Fa|vo|ri|tin;** die Favoritinnen

das **Fax** (*kurz für:* Telefax); des Fax; die Fa|xe

der **Fax|an|schluss**

162

faxen – fein

fa|xen (ein Fax, als Fax schicken); du
faxt; sie faxte; sie hat die Nachricht ge-
faxt

die Fa|xen (Grimassen; Albernheiten) *Plural*

das Fax|ge|rät

das Fa|zit (Ergebnis; Schlussfolgerung); des
Fazits; die Fa|zi|te *oder* Fazits

das *oder* der FBI [ɛfbiːˈ|ai̯] = Federal Bureau
of Investigation (Kriminalpolizei der
USA)

das FCKW = Fluorchlorkohlenwasserstoff

die FDP = Freie Demokratische Partei

das, *auch:* die Fea|ture [ˈfiːtʃɐ] (Dokumen-
tarsendung; *Technik, EDV:* typisches
Merkmal); des Features, *auch:* Feature;
die Features; ein Feature über die Tour
de France; die neue Software hat interes-
sante zusätzliche Features

der Fe|b|ru|ar; des Februar *oder* Februars

fech|ten; du fichtst; sie ficht; sie focht;
sie hat gefochten; ficht gegen ihn!

der Fech|ter; des Fechters; die Fechter

die Fech|te|rin; die Fechterinnen

die Fecht|mas|ke

die Fel|der

der Fel|der|ball

das Fel|der|ball|spiel

das Fel|der|bett

fel|der|füh|rend (die wichtigste Rolle
spielend)

das Fel|der|ge|wicht (Körpergewichtsklasse
in der Schwerathletik)

der Fel|der|hal|ter

fel|der|leicht

fel|dern; etwas federte; das Brett hat
gefedert

die Fel|de|rung

der Fel|der|wei|ße (junger, noch gärender
Wein); des Federweißen; die Federweißen

die Fel|der|zeich|nung

die Fee (eine weibliche Märchengestalt); die
Felen

das **Feed|back** *oder* **Feed-back** [ˈfiːdbɛk]
(Rückmeldung; Reaktion); des **Feed-
backs** *oder* Feed-backs; die **Feedbacks**
oder Feed-backs

das Fee|ling [ˈfiːlɪŋ] (Gefühl); des Feelings;
die Feelings

fel|en|haft

das Fel|ge|feu|er *Plural selten*

fel|gen; du fegst; er fegt; er hat

die Straße gefegt; der Sturm ist übers
Land gefegt; feg *oder* fege den Hof!

die Feh|de (mittelalterlicher Kampf oder
Privatkrieg); die Fehden

der Feh|de|hand|schuh

fehl; fehl am Platz sein

die Fehl|an|zei|ge

der Fehl|be|trag

die Fehl|bil|dung (fehlerhafte Ausbildung
eines Organs oder Körperteils)

feh|len; du fehlst; er fehlte; er hat in der
Schule gefehlt; fehl *oder* fehle nicht so
oft!

der Feh|ler; des Fehlers; die Fehler

feh|ler|frei

feh|ler|haft

feh|ler|los

die Feh|ler|quel|le

die Fehl|ge|burt

fehl|grei|fen; er greift fehl; er hat fehlge-
griffen

der Fehl|griff

der Fehl|pass *(Sport)*

der Fehl|schlag; die Fehl|schlä|ge

fehl|schla|gen; der Versuch schlug fehl;
er ist fehlgeschlagen

der Fehl|start *(Sport)*

das Fehl|ver|hal|ten

die Fei|er

der Fei|er|abend

fei|er|lich; die feierliche Eröffnung

fei|ern; du feierst; sie hat ihren Geburts-
tag gefeiert

der Fei|er|tag; des Feiertags; ABER: fei|er-
tags; sonn- und feiertags geschlossen

feig *oder* fei|ge

die Fei|ge (Frucht des Feigenbaumes)

der Fei|gen|kak|tus

die Feig|heit

der Feig|ling

feil|bie|ten; er bietet feil; er hat seine
Ware feilgeboten

die Fei|le

fei|len; du feilst; sie hat gefeilt; feil *oder*
feile noch etwas an deinem Aufsatz!

feil|schen; ich feilsche; du feilschst; sie
feilschte; sie hat gefeilscht; feilsch *oder*
feilsche nicht!

fein; fein gemahlenes *oder* feingemahle-
nes Mehl; das Mehl ist ganz fein gemah-
len; sich für das Fest fein machen *oder*
feinmachen

feind – fermentieren

feind *(veraltend);* jemandem feind sein, bleiben, werden

der **Feind;** des Fein|des; die Fein|de; jemandes Feind sein, bleiben, werden

das **Feind|bild**

die **Fein|din;** die Feindinnen
feind|lich

die **Feind|schaft**
feind|se|lig
fein|füh|lig

das **Fein|ge|fühl**
fein|ge|mah|len *vergleiche:* **fein**

die **Fein|heit;** die Fein|hei|ten

sich **fein|ma|chen** *vergleiche:* **fein**

der **Fein|me|cha|ni|ker**

die **Fein|me|cha|ni|ke|rin**

der **Fein|schme|cker;** des Feinschmeckers; die Feinschmecker

die **Fein|schme|cke|rin;** die Feinschmeckerinnen

der **Fein|staub**

die **Fein|staub|pla|ket|te** (Aufkleber, der den [geringen] Ausstoß von Feinstaub eines Autos kennzeichnet)
feist (wohlgenährt, fett); feis|ter; am feis|tes|ten
fei|xen (grinsend lachen); du feixt; er feixte; er hat gefeixt; feix *oder* feixe nicht so!

der **Fel|chen** (ein Fisch); des Felchens; die Felchen

das **Feld;** des Felds *oder* Fel|des; die Fel|der; ein elektrisches Feld

die **Feld|ar|beit**

der **Feld|berg** (Berg im Schwarzwald)

die **Feld|fla|sche**

die **Feld|frucht** *meist Plural*

der **Feld|herr**

der **Feld|jä|ger** (Angehöriger der Bundeswehr mit polizeilichen Aufgaben)

die **Feld|maus**

der **Feld|spat** (ein Mineral); des Feldspats *oder* Feld|spa|tes; die Feld|spa|te *oder* Feld|spä|te

der **Feld|spie|ler** *(Sport)*

die **Feld|spie|le|rin**

der **Feld|ste|cher** (Fernglas)

der **Feld|ver|weis** *(Sport)*

der **Feld|we|bel** (militärischer Dienstgrad); des Feldwebels; die Feldwebel

der **Feld|weg**

der **Feld|zug** (Kampfhandlungen; groß angelegte Aktion); einen Feldzug gegen das Rauchen starten

der **Feld|auf|schwung** (Turnübung)

die **Fel|ge** (Teil des Rades; Turnübung); die Felgen

die **Fel|gen|brem|se**

das **Fell;** des Fells *oder* Fel|les; die Fel|le; ein dickes Fell haben (unempfindlich sein)

der **Fels** (hartes Gestein); des Fel|ses; die Bohrungen sind auf Fels gestoßen

der **Fels** *(gehoben für:* Felsen); des Fel|sens; die Fel|sen; ein Fels in der Brandung

der **Fels|block;** die Fels|blö|cke

der **Fel|sen** (Felsblock); des Felsens; die Felsen
fel|sen|fest
fel|sig; ein felsiges Gelände

die **Fels|wand**

die **Fe|me** (heimliches Gericht); die Femen

der **Fe|me|mord**

das **Fem|ge|richt**
fe|mi|nin (weiblich)

das **Fe|mi|ni|num** (weibliches Nomen)

der **Fe|mi|nis|mus** (Richtung der Frauenbewegung, die ein neues Selbstverständnis der Frau und die Aufhebung der traditionellen Rollenverteilung anstrebt)

der **Fe|mi|nist** (Vertreter einer vollen Gleichstellung von Mann und Frau); des/dem/den Fe|mi|nis|ten; die Fe|mi|nis|ten

die **Fe|mi|nis|tin;** die Feministinnen
fe|mi|nis|tisch

der **Fen|chel** (eine Heil- und Gemüsepflanze); des Fenchels

das **Fens|ter;** des Fensters; die Fenster

die **Fens|ter|bank;** die Fens|ter|bän|ke

der **Fens|ter|la|den;** die Fensterläden, *selten:* Fensterladen

der **Fens|ter|platz**

der **Fens|ter|rah|men**

die **Fens|ter|schei|be**

die **Fe|ri|en** *Plural;* die großen Ferien

das **Fe|ri|en|la|ger**

das **Fer|kel;** des Ferkels; die Ferkel

die **Fer|ma|te** *(Musik:* Haltezeichen)

das **Fer|ment** (eine organische Verbindung); des Ferments; die Fer|men|te
fer|men|tie|ren (durch Fermente veredeln); er hat den Tabak fermentiert

fern – fertigmachen

fern

Kleinschreibung:

- ferne Länder
- in der fernen Umgebung
- von [nah und] fern

Großschreibung der Nominalisierung und in Namen:

- das Ferne suchen
- der Ferne Osten

Schreibung in Verbindung mit Verben:

Vergleiche: fernbleiben, fernhalten, fernliegen, fernsehen

fern|ab (weit entfernt)

die **Fern|be|die|nung**

die **Fern|be|zie|hung** (Liebesbeziehung zwischen Menschen, die an verschiedenen Orten wohnen)

fern|blei|ben; er ist dem Unterricht ferngeblieben; fernzubleiben; bleib *oder* bleibe diesem Ort fern!

fer|ne *(gehoben);* von ferne [her]

die **Fer|ne;** die Fernen

fer|ner (in Zukunft; außerdem)

der **Fern|fah|rer**

die **Fern|fah|re|rin**

das **Fern|ge|spräch**

fern|ge|steu|ert; ein ferngesteuertes Auto

das **Fern|glas;** die Fern|glä|ser

fern|hal|ten; sie hat uns ferngehalten; halt *oder* halte ihn fern!

die **Fern|hei|zung**

der **Fern|last|zug**

fern|len|ken (fernsteuern)

fern|lie|gen; Gedanken, die mir fernliegen

fern|münd|lich (telefonisch)

fern|öst|lich (zum Fernen Osten gehörend)

das **Fern|rohr**

das **Fern|schrei|ben**

der **Fern|schrei|ber**

fern|schrift|lich

der **Fern|seh|ap|pa|rat**

fern|se|hen; sie sieht fern; sie hat ferngesehen; sieh nicht so viel fern!

das **Fern|se|hen;** Fernsehen gucken (*umgangssprachlich für:* fernsehen)

der **Fern|se|her** (*umgangssprachlich für:* Fernsehgerät; Fernsehzuschauer); des Fernsehers; die Fernseher

das **Fern|seh|ge|rät**

die **Fern|seh|ka|me|ra**

das **Fern|seh|quiz**

der **Fern|seh|sen|der**

die **Fern|seh|sen|dung**

der **Fern|seh|zu|schau|er**

die **Fern|seh|zu|schau|e|rin**

der **Fern|spre|cher** (Telefon)

fern|steu|ern; er steuert das Flugzeug fern; er hat es ferngesteuert

die **Fern|stra|ße**

der **Fern|ver|kehr** *Plural selten*

die **Fern|wär|me** (aus der Fernheizung)

das **Fern|weh**

die **Fer|se** (hinterer Teil des Fußes); ↑ ABER: Färse

das **Fer|sen|geld;** Fersengeld geben (*umgangssprachlich für:* fliehen)

fer|tig

- mit der Arbeit fertig sein

Getrennt- und Zusammenschreibung:

- kannst du das Päckchen <mark>fertig machen</mark> *oder* fertigmachen?; ABER: so eine Hitze würde mich völlig ↑ fertigmachen (mich erschöpfen)
- sie setzten alles daran, den Bau rechtzeitig fertig zu stellen *oder* <mark>fertigzustellen</mark> (zu beenden)
- mit den Hausaufgaben <mark>fertig werden</mark> *oder* fertigwerden; ABER: du wirst mit dem Gegner schon ↑ fertigwerden (ihn besiegen)

Vergleiche auch: fertigbringen

fer|tig|brin|gen (zustande bringen); ich habe es nicht fertiggebracht, ihm die Wahrheit zu sagen

fer|ti|gen (herstellen); du fertigst; sie fertigte; er hat gefertigt; maschinell gefertigte Waren

das **Fer|tig|ge|richt**

das **Fer|tig|haus**

die **Fer|tig|keit**

fer|tig|ma|chen (zermürben); die Hitze

165

fertigstellen – feudal

hat mich völlig fertiggemacht; ↑ *auch* fertig

fer|tig|stel|len *vergleiche:* **fer|tig**

die **Fer|tig|stel|lung**

die **Fer|ti|gung** (Herstellung)

fer|tig|wer|den; mit einem Gegner, einem Verlust fertigwerden (zurechtkommen); ↑ *auch* fertig

fesch (schick, flott); ein fescher Hut

die **Fes|sel** (Band, Seil; Teil des Beins zwischen Wade und Fuß); die Fesseln

fes|seln; du fesselst ihn; er fesselte ihn; er hat ihn gefesselt; fessele *oder* fessle ihn!

fes|selnd (aufregend, mitreißend); ein fesselndes Buch

fest; fes|ter; am fes|tes|ten; ein fester (ständiger) Wohnsitz; die fest angestellten *oder* festangestellten Mitarbeiter

das **Fest;** des Fests *oder* Fes|tes; die Fes|te

der **Fest|akt**

fest|an|ge|stellt *vergleiche:* **fest**

fest|bin|den (anbinden); er bindet die Kuh fest; er hat die Kuh festgebunden; ABER: **fest bin|den;** du sollst die Schleife ganz fest binden

fest|blei|ben (nicht nachgeben); sie ist in ihrem Entschluss festgeblieben

fest|hal|ten; sie hält ihn fest; sie hat ihn festgehalten; halt *oder* halte ihn fest!

fes|ti|gen; du festigst; sie festigte; sie hat ihren Ruf gefestigt; festige deinen Ruf!

das **Fes|ti|val** [ˈfɛstivl̩, ˈfɛstival] (künstlerische Großveranstaltung); des Festivals; die Festivals

das **Fest|land**

der **Fest|land[s]|so|ckel**

fest|le|gen; sie hat die Hausordnung festgelegt (angeordnet); sich festlegen (sich verpflichten); mit dieser Äußerung hast du dich festgelegt; leg *oder* lege dich bitte fest!

die **Fest|le|gung**

fest|lich; festliche Kleidung

fest|ma|chen (befestigen; vereinbaren); ich habe nichts mit ihm festgemacht; um den Termin festzumachen; mach *oder* mache das Bild an der Wand fest!

die **Fest|nah|me;** die Festnahmen

fest|neh|men (verhaften); die Polizei

nahm ihn fest; sie hat ihn vorläufig festgenommen

das **Fest|netz** (fest verlegte Telefonleitungen)

die **Fest|plat|te**

fest|set|zen (bestimmen, anordnen; gefangen setzen); man hat ihn festgesetzt; setz *oder* setze eine Tagesordnung fest!

das **Fest|spiel;** die Salzburger Festspiele

fest|ste|hen (festgelegt sein; sicher, gewiss sein); fest steht, dass ...; es hat festgestanden, dass ...

fest|stel|len (herausfinden); sie stellte fest, dass ...; sie hat festgestellt, dass ...; stell *oder* stelle fest, wer fehlt!

die **Fest|stel|lung**

der **Fest|tag;** des Festtags; ABER: **fest|tags;** sonn- und festtags

die **Fes|tung**

die **Fe|te** (*umgangssprachlich für:* Fest); die Feten

der **Fe|tisch** (magischer Gegenstand, Götzenbild); des Fetischs *oder* Fe|ti|sches; die Fe|ti|sche

fett; fet|ter; am fet|tes|ten; fette Kost; ein Wort fett drucken; eine fett gedruckte *oder* fettgedruckte Schlagzeile

das **Fett;** des Fetts *oder* Fet|tes; die Fet|te

fett|ge|druckt *vergleiche:* **fett**

fet|tig; fettige Haare

das **Fett|näpf|chen;** ins Fettnäpfchen treten (*umgangssprachlich für:* durch eine unbedachte Äußerung Unwillen erregen)

die **Fett|säu|re** (*Chemie*)

die **Fett|sucht**

fett|trie|fend; fetttriefende Reibekuchen; ABER: von Fett triefende Reibekuchen

fet|zen; sie fetzten sich; er hat sich mit ihr gefetzt; sich fetzen (sich heftig streiten)

der **Fet|zen;** des Fetzens; die Fetzen

fet|zig (*umgangssprachlich für:* toll, mitreißend); fetzige Musik

feucht; feuch|ter; am feuch|tes|ten

das **Feucht|bio|top** (an das Vorhandensein von Wasser gebundenes Biotop)

die **Feuch|tig|keit**

feucht|warm; feuchtwarmes Klima

feu|dal (vornehm; reaktionär)

Feudalismus – filtern

der **Feu|da|lis|mus** (Gesellschaftsform des Mittelalters)

das **Feu|er;** des Feuers; die Feuer; ein offenes Feuer; ein Feuer speiender *oder* feuerspeiender Vulkan

die **Feu|er|be|stat|tung** (Einäscherung)

feu|er|fest; feuerfestes Glas

feu|er|ge|fähr|lich

Feu|er|land (Insel an der Südspitze Südamerikas)

der **Feu|er|lö|scher** (Gerät)

der **Feu|er|mel|der** (Anlage für Feueralarm)

feu|ern (*umgangssprachlich auch für:* heftig werfen; entlassen); ich feuere; du feuerst; sie feuerte; sie haben ihn gefeuert

die **Feu|er|qual|le**

die **Feu|ers|brunst** (großer Brand); die Feuers|brüns|te

feu|er|spei|end *vergleiche:* **Feu|er**

der **Feu|er|stein**

die **Feu|er|wa|che** (Gebäude der Feuerwehr)

die **Feu|er|wehr;** die Feu|er|weh|ren

das **Feu|er|wehr|au|to**

die **Feu|er|wehr|frau**

der **Feu|er|wehr|mann;** die Feu|er|wehrmän|ner *oder* Feu|er|wehr|leu|te

das **Feu|er|werk**

der **Feu|er|werks|kör|per**

das **Feu|er|zeug;** die Feu|er|zeu|ge

das **Feuil|le|ton** [fœjə'tõ:, *auch:* 'fœjətõ] (Kulturteil der Zeitung); des Feuilletons; die Feuilletons

feu|rig; ein feuriger (anregender) Wein

der **Fez** (*umgangssprachlich für:* Spaß, Unsinn); des Fezes; Fez machen

ff = sehr fein; fortissimo

ff. = folgende (Seiten)

das **Fi|as|ko** (Misserfolg); des Fiaskos; die Fiaskos

die **Fi|bel** (Abc-Buch); die Fibeln

die **Fi|ber** (Faser, Kunstfaser); die Fibern

die **Fich|te** (ein Nadelbaum)

das **Fich|tel|ge|bir|ge** (Gebirge in Bayern)

fi|del (lustig, heiter)

Fi|d|schi (Inselstaat im Südpazifik)

der **Fi|d|schi|a|ner;** des Fidschianers; die Fidschianer

die **Fi|d|schi|a|ne|rin;** die Fidschianerinnen

fi|d|schi|a|nisch

die **Fi|d|schi|in|seln** *Plural*

das **Fie|ber;** des Fiebers; ↑ ABER: Fiber

fie|ber|haft; eine fieberhafte Erkältung

fie|bern; ich fiebere; du fieberst; er hat gefiebert

das **Fie|ber|ther|mo|me|ter**

fieb|rig *oder* **fie|be|rig;** eine fiebrige *oder* fieberige Erkältung

die **Fie|del** (Geige); die Fiedeln

fie|deln; ich fied[e]le; du fiedelst; sie fiedelte; sie hat den ganzen Tag gefiedelt; fiedle *oder* fiedele nicht stundenlang!

fies (*umgangssprachlich für:* ekelhaft, widerwärtig); ein fieser Kerl

die **FIFA** *oder* **Fi|fa** = Fédération Internationale de Football Association ⟨französisch⟩ (Internationaler Fußballverband); der **FIFA** *oder* Fifa

fif|ty-fif|ty ['fɪfti'fɪfti] (zu gleichen Teilen)

der **Fi|ga|ro** (Opernfigur; *auch scherzhaft für:* Friseur); des Figaros; die Figaros

die **Fi|gur;** die Fi|gu|ren

fi|gür|lich

die **Fik|ti|on** (etwas Vorgestelltes); die Fik|ti|o|nen

fik|tiv (nur angenommen; frei erfunden); eine fiktive Erzählung

das **Fi|let** [fi'le:] (Netzstoff; Lendenstück; entgrätetes Stück vom Fisch; entbeinte Hähnchenbrust); des Filets; die Filets

fi|le|tie|ren (Filets herausschneiden); der Kellner filetierte die Forelle; er hat sie filetiert

die **Fi|li|a|le** (Zweigstelle); die Filialen

fi|li|g|ran (sehr feingliedrig); ein filigranes Schmuckstück

der **Film;** des Films *oder* Fil|mes; die Fil|me

der **Fil|me|ma|cher** (*umgangssprachlich*); des Filmemachers; die Filmemacher

die **Fil|me|ma|che|rin;** die Filmemacherinnen

fil|men; du filmst; sie filmte; sie hat das Ereignis gefilmt; film *oder* filme diese Rede!

fil|misch (mit den Mitteln des Films); etwas filmisch darstellen

die **Film|ka|me|ra**

der **Film|star**

der, *fachsprachlich auch:* das **Fil|ter;** des Filters, die Filter

fil|tern; ich filtere; du filterst; er hat den Kaffee gefiltert; filtre *oder* filtere den Kaffee!

167

Filterpapier – Firn

das **Fil|ter|pa|pier**

der **Filz** (dicker Stoff aus gepressten Fasern); des Fil|zes; die Fil|ze
   fil|zen (*umgangssprachlich auch für:* durchsuchen); du filzt ihn; sie filzte ihn; man hat ihn an der Grenze gefilzt; filz *oder* filze ihn!
   fil|zig; filzige Wolle

der **Filz|stift**

der **Fim|mel** (*umgangssprachlich für:* übertriebene Vorliebe; Tick); des Fimmels; die Fimmel
   fi|nal (den Schluss bildend); die finale Phase des Klassenarbeit

das **Fi|nal** ['faːnl̩] (Finale, Endspiel); des Finals; die Finals

das **Fi|na|le** (glanzvoller Abschluss; *Musik:* Schlusssatz; *Sport:* Endkampf; Endspurt); des Finales; die Finale, *im Sport auch:* Finals

der **Fi|na|list** (Endrundenteilnehmer); des Finalisten; die Finalisten

die **Fi|na|lis|tin;** die Finalistinnen

das **Fi|nanz|amt**

der **Fi|nanz|dienst|leis|ter** (Unternehmen, das Dienstleistungen in finanziellen Angelegenheiten anbietet)

die **Fi|nan|zen** (die Geldmittel) *Plural*
   fi|nan|zi|ell; finanzielle Probleme
   fi|nan|zie|ren (das für etwas nötige Geld zur Verfügung stellen); du finanzierst; sie finanzierte; sie hat dieses Unternehmen finanziert; finanzier *oder* finanziere das selbst!

die **Fi|nan|zie|rung** (Maßnahmen zur Beschaffung von Geld)

der **Fi|nanz|markt**

die **Fi|nanz|po|li|tik**

das **Fin|del|kind**
   fin|den; du findest; sie findet; sie fand; sie hat es gefunden; find *oder* finde den Fehler!

der **Fin|der|lohn**
   fin|dig; findige (einfallsreiche) Köpfe

der **Find|ling;** des Findlings; die Find|lin|ge

die **Fi|nes|se** (Feinheit; Kniff)

der **Fin|ger;** des Fingers; die Finger; der kleine Finger; jemanden um den kleinen Finger wickeln; etwas mit spitzen Fingern (vorsichtig) anfassen; lange Finger machen (stehlen)

der **Fin|ger|ab|druck**

fin|ger|breit; ein fingerbreiter Spalt;
   ᴀʙᴇʀ: der Spalt ist keinen Finger breit, drei Finger breit

das **Fin|ger|food** ['fɪŋɡɐfuːt] *oder* **Finger-Food** (Speisen, die man ohne Besteck essen kann); des Fingerfood[s] *oder* Finger-Food[s]

der **Fin|ger|hut**

die **Fin|ger|kup|pe** (Fingerspitze)

der **Fin|ger|na|gel**

die **Fin|ger|spit|ze**

das **Fin|ger|spit|zen|ge|fühl** (Feingefühl); des Fingerspitzengefühls
   fin|gie|ren (vortäuschen, erdichten); du fingierst den Überfall; sie fingierte den Überfall; sie hat den Überfall fingiert

das **Fi|nish** ['fɪnɪʃ] (Endkampf, Endspurt); des Finishs; die Finishs

der **Fink** (ein Singvogel); des/dem/den Finken; die Fin|ken

der **Fin|ne** (Einwohner von Finnland); des/dem/den Finnen; die Finnen

die **Fin|nin;** die Finninnen
   fin|nisch
   Finn|land
   fins|ter; finst|rer *oder* fins|te|rer; am fins|ters|ten; eine finstere Nacht; im Finstern tappen (nicht Bescheid wissen)

die **Fins|ter|nis;** die Fins|ter|nis|se

die **Fin|te** (Täuschungsmanöver); die Fin|ten

die **Fire|wall** ['faɪɐwɔːl] (*EDV:* Programmsystem, das [Computer]netzwerke vor ungewolltem Zugriff schützt); der Firewall; die Firewalls

der **Fir|le|fanz** (Flitterkram; Unsinn); des Fir|le|fan|zes; die Fir|le|fan|ze
   firm; in etwas firm (erfahren, sicher) sein

die **Fir|ma;** die Fir|men

das **Fir|ma|ment** (Himmelsgewölbe); des Firmaments *oder* Fir|ma|men|tes
   fir|men (die Firmung erteilen); du firmst sie; er firmte sie; er hat sie gefirmt
   fir|mie|ren (einen bestimmten Namen führen); er firmierte als Redakteur

der **Firm|ling** (*katholische Kirche:* jemand, der gefirmt wird); des Firmlings; die Firm|lin|ge

die **Fir|mung** (ein katholisches Sakrament)

der **Firn** (Altschnee; Gletscher); des Firns *oder* Fir|nes; die Fir|ne

168

Firnis – flankieren

der **Fir|nis** (ein Schutzanstrich); des Fir|nis-
ses; die Fir|nis|se
fir|nis|sen; du firnisst; sie firnisst; sie
firnisste; sie hat das Gemälde gefirnisst;
firniss *oder* firnisse die Tür!

der **First;** die Firs|te

der **Fisch;** frische Fische; faule Fische (Ausreden); kleine Fische (Kleinigkeiten); die
Fisch verarbeitende *oder* fischverarbei-
tende Industrie
fi|schen; du fischst; sie fischte; sie hat
gefischt

der **Fi|scher;** des Fischers; die Fischer

die **Fi|sche|rin;** die Fischerinnen

der **Fisch|ot|ter;** die Fischotter
fisch|ver|ar|bei|tend *vergleiche:* **Fisch**

die **Fi|si|ma|ten|ten** (Ausflüchte) *Plural*

der **Fis|kus** (Finanzamt); des Fiskus

die **Fis|tel|stim|me** (Kopfstimme)
fit (leistungsfähig); fit|ter; am fit|tes|ten;
sich fit halten, machen; ein fitter Bur-
sche

die **Fit|ness** (gute körperliche Verfassung)

das **Fit|ness|cen|ter**

das **Fit|ness|stu|dio** *oder* Fit|ness-Stu|dio

der **Fit|tich** (*gehoben für:* Flügel); des Fit-
tichs *oder* Fit|ti|ches; die Fit|ti|che

das **Fit|zel|chen** (*umgangssprachlich für:*
kleines Stückchen, kleines Endchen von
etwas); ein Fitzelchen Stoff
fix (fest, sicher; schnell; gewandt); fi-
xer; am fi|xes|ten; eine fixe Idee (eine
Zwangsvorstellung, eine törichte Ein-
bildung); ein fixer (fester) Preis; ein
fixes Gehalt; fixe Kosten; er ist fix und
fertig
fi|xen (*umgangssprachlich für:* sich Dro-
gen spritzen); ich fixe; du fixt; sie fixte;
sie hat gefixt

der **Fi|xer** (*umgangssprachlich für:* jemand,
der sich Drogen spritzt); des Fixers; die
Fixer

die **Fi|xe|rin;** die Fixerinnen
fi|xie|ren (festlegen, haltbar machen;
scharf ansehen); du fixierst ihn; sie
fixierte ihn; sie hat ihn fixiert

die **Fi|xie|rung**

der **Fix|stern** (scheinbar unbeweglicher
Stern)

der **Fjord** (schmale Meeresbucht mit Steil-
küsten); des Fjords *oder* Fjor|des; die
Fjor|de

flach; ein flaches Dach; flaches Wasser

das **Flach|band|ka|bel**

der **Flach|bild|schirm**

die **Flä|che**
flä|chen|de|ckend; eine flächende-
ckende Versorgung mit Grundnahrungs-
mitteln

der **Flä|chen|in|halt**
flach|fal|len (*umgangssprachlich für:*
ausfallen); die Feier fällt flach; der Ausflug ist wegen des Regens flachgefallen

das **Flach|land** (ebenes Land)

der **Flachs** (Faserpflanze); des Flach|ses
flach|sen (*umgangssprachlich für:* spot-
ten, scherzen); du flachst; sie flachst; sie
flachste; sie hat geflachst; flachs *oder*
flachse nicht!

die **Flach|zan|ge**
fla|ckern; die Kerze flackerte; das Licht
hat geflackert

der **Fla|den** (flacher Kuchen; Kot); des Fla-
dens; die Fladen

das **Fla|den|brot**

die **Flag|ge**
flag|gen; du flaggst; sie flaggt; sie
flaggte; sie hat geflaggt; flagg *oder*
flagge!

das **Flagg|schiff**

das **Flair** [flɛːɐ̯] (Atmosphäre, Stimmung);
des Flairs; das Flair der Großstadt

die **Flak** (*Kurzwort für:* Flugzeugabwehrka-
none, Flugabwehrartillerie); die Flak,
auch: Flaks
flam|bie|ren (Speisen mit Alkohol über-
gießen, den man anzündet); er hat das
Steak flambiert; flambier *oder* flambiere
das Eis!

der **Fla|men|co** (ein Tanz); des Flamenco
oder Flamencos

der **Fla|min|go** (ein Wasservogel); des Fla-
mingos; die Flamingos

die **Flam|me;** *Verkleinerungsform:* das
Flämm|chen

der **Fla|nell** (ein Gewebe); des Flanells; die
Fla|nel|le
fla|nie|ren (spazieren gehen)

die **Flan|ke**
flan|ken *(Sport);* sie flankte; sie hat [den
Ball vor das Tor] geflankt
flan|kie|ren (zu beiden Seiten stehen;
[schützend] begleiten); Bäume flankie-
ren die Straße; sie haben die Straße flan-

Flansch – Fliege

kiert; flankierende (unterstützende)
Maßnahmen

der **Flạnsch** (Verbindungsstück an Rohren);
des Flanschs *oder* Flan|sches; die Flan-
sche

flạp|sig (flegelhaft, keine guten Manie-
ren zeigend); eine flapsige Bemerkung

die **Flạ|sche** (*umgangssprachlich auch für:*
Versager); *Verkleinerungsform:* das
Fläschchen

der **Flạ|schen|öff|ner**

der **Flạ|schen|zug** (Vorrichtung zum Heben
von Lasten); die Fla|schen|zü|ge

der **Flash|mob** ['flɛʃmɔp] (spontane Aktion
vieler Menschen, die sich mithilfe der
Telekommunikation dazu verabredet
haben); des Flashmobs; die Flashmobs

die **Flat|rate** *oder* **Flat Rate** ['flɛtrɛɪt] (nied-
rige Gebühr für die Nutzung des Inter-
nets und/oder Telefons); die **Flatrates**
oder Flat Rates

flạt|ter|haft (unbeständig); ein flatter-
hafter Mensch

flạt|tern; ich flattere; der Vogel flat-
terte; der Vogel ist durch die Luft geflattert; der Vogel hat noch lange geflattert

flau (schlecht, übel); flau|er; am flaus-
ten *oder* flau|es|ten

der **Flaum** (weiche Federn); des Flaums *oder*
Flau|mes

die **Flaum|fe|der**

der **Flausch** (ein weiches Wollgewebe); des
Flauschs *oder* Flau|sches; die Flau|sche

flau|schig; ein flauschiges Handtuch

die **Flau|se** (törichter Einfall); die Flausen
meist Plural; Flausen im Kopf haben

die **Flau|te** (Windstille; Zeit schlechter
Geschäfte); die Flauten

die **Flẹch|te** (eine Pflanze; ein Hautaus-
schlag; ein Zopf)

flẹch|ten; du flichtst; er flicht; er flocht;
er hat einen Kranz geflochten; flicht mir
die Zöpfe!

der **Flẹck;** des Flecks *oder* Fle|ckes; die Fle-
cke *oder* Fle|cken; einen Fleck haben; sie
hat blaue Flecke *oder* Flecken

der **Flẹ|cken** (Fleck; Dorf); des Fleckens; die
Flecken

flẹ|ckig; fleckige Kleidung

die **Flẹ|der|maus;** die Fle|der|mäu|se

das **Fleece** [fliːs] (Flausch); des Fleece

der **Fleece|pul|l|o|ver**

der **Flẹ|gel;** des Flegels; die Flegel

flẹ|gel|haft; fle|gel|haf|ter; am fle|gel-
haf|tes|ten

die **Flẹ|gel|jah|re** *Plural*

flẹ|hen; du flehst; er flehte; er hat um
Gnade gefleht; fleh *oder* flehe nicht um
Gnade!

flẹ|hent|lich; flehentliches Bitten

das **Fleisch;** des Fleischs *oder* Flei|sches;
Fleisch fressende *oder* **fleischfressende**
Pflanzen

der **Flei|scher;** des Fleischers; die Fleischer

die **Flei|sche|rin;** die Fleischerinnen

der **Fleisch|es|ser** (jemand, der [gerne]
Fleisch isst)

die **Fleisch|es|se|rin**

fleisch|fres|send *vergleiche:* **Fleisch**

flei|schig; fleischige Hände

der **Fleiß;** des Flei|ßes

die **Fleiß|ar|beit**

flei|ßig; sie ist fleißig; fleißige Bienen;
ᴀʙᴇʀ: das Fleißige Lieschen (eine
Blume)

flek|tie|ren (ein Wort beugen); du flek-
tierst; er flektierte; er hat das Verb
flektiert; flektier *oder* flektiere das
Wort!

flẹn|nen (weinen); du flennst; er
flennte; er hat geflennt; flenn *oder*
flenne nicht!

flẹt|schen ([einem Gegner] die Zähne
zeigen); du fletschst die Zähne; er
fletschte die Zähne; er hat die Zähne
gefletscht; fletsch *oder* fletsche nicht die
Zähne!

fle|xi|bel (biegsam); ein flexibler Ein-
band

die **Fle|xi|bi|li|sie|rung**

die **Fle|xi|bi|li|tät** (Biegsamkeit; Anpas-
sungsfähigkeit)

die **Fle|xi|on** (Deklination und Konjugation)

fli|cken; du flickst; sie flickte; sie hat
den Reifen geflickt; flick *oder* flicke den
Reifen!

der **Fli|cken;** des Flickens; die Flicken

der **Flick|flack** (in schneller Folge geturnter
Handstandüberschlag rückwärts); des
Flickflacks; die Flickflacks

der **Flie|der** (ein Zierstrauch); des Flieders;
die Flieder

der **Flie|der|strauch**

die **Flie|ge**

fliegen – flott machen

flie|gen; du fliegst; sie fliegt; sie flog; sie ist geflogen; flieg *oder* fliege!; die fliegende Untertasse; ABER: Fliegende Fische (eine Tiergattung); der Fliegende Holländer (eine Sagengestalt; eine Oper)

das **Flie|gen|ge|wicht** (leichteste Körpergewichtsklasse in der Schwerathletik)

der **Flie|ger** (*umgangssprachlich auch für:* Flugzeug); des Fliegers; die Flieger

die **Flie|ge|rin;** die Fliegerinnen

flie|hen; du fliehst; sie flieht; sie floh; sie ist geflohen; flieh[e]!

die **Flieh|kraft** (Zentrifugalkraft)

die **Flie|se** (eine Wand- oder Bodenplatte)

der **Flie|sen|le|ger;** des Fliesenlegers; die Fliesenleger

die **Flie|sen|le|ge|rin;** die Fliesenlegerinnen

das **Fließ|band**

flie|ßen; das Wasser fließt; der Sekt floss in Strömen; Tränen sind geflossen

flie|ßend (ohne Stocken); fließend Englisch sprechen

das **Fließ|heck** (schräg abfallendes Heck eines Pkw)

flim|mern; etwas flimmert; etwas flimmerte; etwas hat geflimmert

flink

die **Flin|te** (Jagdgewehr)

das *oder* der *oder* die **Flip|chart** [ˈflɪptʃaːɐ̯t] *oder* **Flip-Chart** (Gestell mit einem darauf befestigten großen Papierblock); des Flipcharts *oder* Flip-Charts *und* der Flipchart *oder* Flip-Chart; die Flipcharts *oder* Flip-Charts

der **Flip|per** (ein Spielautomat); des Flippers; die Flipper

flip|pern (am Flipper spielen); du flipperst; sie flipperte; sie hat geflippert; flippere nicht so viel!

der **Flirt** [fløːɐ̯t, *auch:* flɪrt] (Liebelei); des Flirts; die Flirts

flir|ten [ˈfløːɐ̯tn̩, *auch:* ˈflɪrtn̩]; du flirtest; sie flirtete; sie hat mit ihm geflirtet; flirt *oder* flirte nicht mit jedem!

der **Flit|ter;** des Flitters; die Flitter

die **Flit|ter|wo|chen** *Plural*

flit|zen (*umgangssprachlich für:* eilen); du flitzt; sie ist geflitzt; flitz *oder* flitze mal schnell zum Bäcker!

die **Flo|cke**

flo|ckig; eine flockige Füllung

der **Floh;** des Flohs *oder* Flohhes; die Flöhhe

der **Floh|markt** (Trödelmarkt)

der **Flop** (Hochsprung in Rückenlage; [geschäftlicher] Misserfolg); des Flops; die Flops

die **Flop|py Disk** *oder* **Flop|py Disc** (Diskette); die Floppy Disks *oder* Floppy Discs

der **Flor** (Blumenfülle; dünnes Gewebe); des Flors *oder* Flolres; die Flolre

die **Flo|ra** (die Pflanzenwelt); die Flolren

Flo|renz (Stadt in Italien)

das **Flo|rett** (leichte Stoßwaffe); des Floretts; die Flolrette

das **Flo|rett|fech|ten**

Flo|ri|da (Halbinsel und Staat in den USA)

flo|rie|ren (blühen, gedeihen); das Geschäft florierte; der Handel hat floriert

der **Flo|rist** (Blumenbinder); des/dem/den Flolristen; die Flolristen

die **Flo|ris|tin;** die Floristinnen

die **Flos|kel** (leere Redensart); die Floskeln

flos|kel|haft

das **Floß;** des Flolßes; die Flölße

die **Flos|se;** die Flossen

flö|ßen; du flößt; er flößt; er flößte; er hat Baumstämme geflößt; flöß *oder* flöße die Stämme!

die **Flö|te;** Flöte spielen; ABER: er ist beim Flötespielen

flö|ten (Flöte spielen); du flötest; er flötete; er hat geflötet; flöten gehen (*umgangssprachlich für:* verloren gehen); mein ganzes Geld geht flöten; alles ist flöten gegangen

der **Flö|tist** (Flötenspieler); des/dem/den Flöltisten; die Flöltisten

die **Flö|tis|tin;** die Flötistinnen

flott (*umgangssprachlich für:* schnell); flotter; am flottesten; ein flottes Tempo

die **Flo|te**

flott|ma|chen (*Seemannssprache:* schwimmfähig machen; *umgangssprachlich auch für:* fahrbereit machen); sie haben das Schiff, das Auto wieder flottgemacht; ABER: **flott ma|chen** (sich beeilen); wenn wir flott machen, schaffen wir es noch

Flöz – folgen

das, *auch:* der **Flöz** (abbaubare Nutzschicht im Gestein, vor allem Kohle); des Flö|zes; die Flö|ze

der **Fluch;** des Fluchs *oder* Flu|ches; die Flü-che
flu|chen; du fluchst; sie hat geflucht; fluch *oder* fluche nicht!

die **Flucht;** die Fluch|ten
flüch|ten; du flüchtest; sie flüchtete; sie ist geflüchtet; flüchte!
flüch|tig; ein flüchtiger Täter

der **Flüch|tig|keits|feh|ler**

der **Flücht|ling;** des Flüchtlings; die Flücht-linge

der **Flug;** des Flugs *oder* Flu|ges; die Flü|ge

das **Flug|blatt**

der **Flü|gel;** des Flügels; die Flügel
flüg|ge (das Fliegen gelernt habend); flügge werden

die **Flug|ge|sell|schaft**

der **Flug|ha|fen**

der **Flug|lot|se**

die **Flug|lot|sin**

der **Flug|platz**
flugs (schnell)

der **Flug|sand**

der **Flug|schrei|ber** (ein Gerät)

das **Flug|zeug**

der **Flug|zeug|trä|ger**

die **Flu|ke** (Schwanzflosse des Wals)

die **Fluk|tu|a|ti|on** (Schwanken, Wechsel)

die **Flun|der** (ein Fisch); die Flundern
flun|kern; du flunkerst; er flunkerte; er hat geflunkert; flunkere nicht!

das **Flu|or** (ein Gas, ein chemisches Element); des Fluors

die **Flu|o|res|zenz** (Aufleuchten unter Strahleneinwirkung)
flu|o|res|zie|ren; das Mineral hat fluoresziert

der **Flur** (Hausflur); des Flurs *oder* Flu|res; die Flu|re

die **Flur** (nutzbare Landfläche; Feldflur); die Flu|ren

der **Fluss;** des Flus|ses; die Flüs|se

das **Fluss|bett**
flüs|sig; flüssige Kristalle; flüssig (ohne zu stocken) schreiben, sprechen; Wachs flüssig machen (verflüssigen); ᴀʙᴇʀ: Geld ↑ flüssigmachen

die **Flüs|sig|keit**

die **Flüs|sig|kris|tall|an|zei|ge** (Ziffern-,

Datenanzeige mithilfe flüssiger Kristalle)
flüs|sig|ma|chen ([Geld] verfügbar machen, bereitstellen); kannst du 1 000 Euro flüssigmachen?; ↑ *auch:* flüssig

das **Fluss|pferd**

die **Fluss|re|gu|lie|rung**
flüs|tern; du flüsterst; sie flüsterte; sie hat geflüstert; flüstere nicht!

die **Flüs|ter|pro|pa|gan|da**

die **Flut**
flu|ten; das Wasser flutete in die Keller; das Wasser ist in die Keller geflutet; das U-Boot hat die Tanks geflutet

das **Flut|licht**
flut|schen (*umgangssprachlich für:* rutschen, [ent]gleiten); die Seife flutschte aus der Hand; sie ist mir aus der Hand geflutscht; die Arbeit hat nur so geflutscht (ist schnell vorangegangen)

die **Flut|wel|le**

der **Fly|er** [ˈflaɪɐ] (Informationszettel); des Flyers; die Flyer
fö|de|ral

der **Fö|de|ra|lis|mus** (Selbstständigkeit der Länder innerhalb eines Staatsganzen); des Föderalismus
fö|de|ra|lis|tisch; eine föderalistische Struktur

die **Fö|de|ra|ti|on** (Bund; Staatenbund; Bundesstaat)

das **Foh|len** (ein junges Pferd); des Fohlens; die Fohlen

der **Föhn** (warmer, trockener Fallwind; elektrischer Haartrockner); des Föhns *oder* Föh|nes; die Föh|ne
föh|nen (mit dem Föhn trocknen); du föhnst; sie föhnte; sie hat ihre Haare geföhnt; föhn *oder* föhne deine Haare!

die **Föh|re** (Kiefer)

der **Fo|kus** (*Optik:* Brennpunkt); des Fokus; die Fokusse
fo|kus|sie|ren (scharf stellen; bündeln)

die **Fo|kus|sie|rung**

die **Fol|ge;** Folge leisten; etwas zur Folge haben; in der Folge; demzufolge; infolge; zufolge; infolgedessen
fol|gen; du folgst; er folgte; er ist mir gefolgt (nachgekommen); er hat mir

folgend – Formation

gefolgt (Gehorsam geleistet); folg *oder* folge ihm!

fol|gend

– die folgende Seite
– folgende lange (*seltener:* langen) Ausführungen

Groß schreibt man die Nominalisierung:

– der Folgende (der einem anderen Nachfolgende)
– alle Folgenden (anderen)
– das Folgende (das später Erwähnte, Geschehende)
– im Folgenden (weiter unten)
– durch das Folgende
– aus, in, mit, nach, von dem Folgenden (den folgenden Ausführungen)

fol|gen|der|ma|ßen
fol|gen|schwer; eine folgenschwere Tat
fol|ge|rich|tig
fol|gern; ich folgere; du folgerst; er folgerte; er hat daraus gefolgert, dass …

die **Fol|ge|rung**
folg|lich
folg|sam; folgsame Kinder

der **Fol|li|ant** (ein großes Buch); des/dem/den Fol|li|an|ten; die Fol|li|an|ten

die **Fo|lie** (dünnes [Metall]blatt); die Fo|li|en

das **Fo|li|en|schweiß|ge|rät**

das **Fo|lio** (hohes Buchformat); in Folio

der **Folk** [fovk] (an englischsprachige Volksmusik anknüpfende Popmusik); des Folks

die **Fol|k|lo|re** (Volksüberlieferungen; Volksmusik)

fol|k|lo|ris|tisch

die **Fol|ter**
fol|tern; du folterst; er folterte; er hat ihn gefoltert; foltere ihn nicht!

die **Fol|te|rung**

das **Fon** *vergleiche:* <mark>Phon</mark>

der **Fön** (*Markenbezeichnung:* elektrischer Haartrockner); ↑ ABER: Föhn

der **Fond** [fõ:] (Rücksitz; konzentrierter Fleisch- oder Gemüsesaft für Soßen); des Fonds; die Fonds

der **Fonds** [fõ:] (Geldvorrat); des Fonds; die Fonds

das **Fon|due** [fõˈdyː] (bei Tisch in einem

Topf mit heißem Fett gegartes Fleischgericht; schweizerisches Käsegericht); des Fondues; die Fondues

die **Fo|ne|tik** *vergleiche:* <mark>Pho|ne|tik</mark>
fo|ne|tisch *oder* <mark>pho|ne|tisch</mark>

die **Fo|no|thek** *vergleiche:* <mark>Pho|no|thek</mark>

die **Fon|tä|ne** (Springbrunnen)

der **Foot|ball** [ˈfʊtbɔːl] (amerikanisches Mannschaftsspiel); des Footballs
fop|pen; du foppst ihn; sie foppte ihn; sie hat ihn gefoppt; fopp *oder* foppe ihn nicht!

die **Fop|pe|rei**
for|cie|ren [fɔrˈsiːrən] (verstärken, erzwingen); du forcierst; er forcierte; er hat das Tempo forciert

die **För|de** (Meeresbucht); die Förden

der **För|der|kurs** (Schulwesen)
för|der|lich (nützlich)
for|dern; du forderst; er forderte; er hat Respekt gefordert; fordere nicht zu viel!
för|dern; du förderst; sie förderte; sie hat ihn gefördert; fördere sie!; Kohle fördern

die **För|der|stu|fe** (Schulwesen)

die **For|de|rung**

die **För|de|rung**

der **För|der|ver|ein**

das **Fore|che|cking** [ˈfoːɐ̯tʃɛkɪŋ] (*Sport:* frühes Angreifen und Stören des Gegners); des Forecheckings; die Forecheckings

die **Fo|rel|le** (ein Fisch)

die **For|ke** (*norddeutsch für:* Heu-, Mistgabel)

die **Form;** die For|men; [gut] in Form sein
for|mal (auf die Form bezüglich; nur der Form nach); formale Logik

der *oder* das **Form|al|de|hyd** (ein Gas mit desinfizierender Wirkung); des Formaldehyds; die Form|al|de|hy|de

die **For|ma|lie** (Formalität); die For|ma|li|en

die **For|ma|li|tät** (Formsache; formale Vorschrift); die For|ma|li|tä|ten

das **For|mat** (Papiergröße; ausgeprägte Persönlichkeit); des Formats *oder* For|ma|tes; die For|ma|te; das Format des Buches; Format (Persönlichkeit) haben
for|ma|tie|ren (*EDV:* Daten anordnen und zusammenstellen); sie hat den Text formatiert

die **For|ma|ti|on** (Anordnung, Aufstellung; Gruppe, Verband; Folge von Gesteins-

173

Formblatt – Fotografin

schichten; geologischer Zeitabschnitt);
die For|ma|ti|o|nen
das **Form|blatt**
die **For|mel;** die Formeln
for|mell (offiziell; förmlich; der Form
nach, äußerlich)
for|men; du formst die Schale; er formte
sie; er hat sie geformt; form *oder* forme
die Schale!
for|mie|ren; sie formierten sich; er hat
die Mannschaft formiert; der Festzug
formierte sich; eine Partei neu formieren
förm|lich; ein förmlicher Antrag
die **Förm|lich|keit**
das **For|mu|lar** (Formblatt, Vordruck); des
Formulars, die For|mu|la|re
for|mu|lie|ren (in Worte fassen); du for-
mulierst; sie formulierte; sie hat den
Text formuliert; formulier *oder* formu-
liere das neu!
die **For|mu|lie|rung**
forsch (schneidig, kühn; kräftig); for-
scher; am for|sches|ten; forsch sein
for|schen; du forschst; sie forschte; sie
hat geforscht; forsch *oder* forsche genau!
der **For|scher;** des Forschers; die Forscher
die **For|sche|rin;** die Forscherinnen
die **For|schung**
der **Forst;** des Forsts *oder* Fors|tes; die Fors-
te *oder* Fors|ten
der **Förs|ter;** des Försters; die Förster
die **Förs|te|rei**
die **Förs|te|rin;** die Försterinnen
die **Forst|wirt|schaft**
die **For|sy|thie** [fɔrˈzyːtsjə, *auch:* fɔrˈzyːtjə]
(ein Zierstrauch); die For|sy|thi|en
fort; fort sein; fort mit dir!; und so fort;
in einem fort; weiter fort; immerfort
das **Fort** [foːɐ̯] (Festungswerk); die Forts
fort|an; sie lebte fortan vegetarisch
fort|be|we|gen; er bewegt den Stein
fort; sich fortbewegen; er hat sich fortbe-
wegt; beweg *oder* bewege dich fort!
die **Fort|be|we|gung**
die **Fort|bil|dung**
for|te (stark, laut)
fort|fah|ren; sie fährt morgen fort; sie
hat *oder* ist in ihrer Rede fortgefahren
fort|flie|gen; der Vogel ist fortgeflogen
fort|füh|ren; sie führte das Geschäft fort
fort|ge|hen; er ist fortgegangen; geh
oder gehe fort!

fort|ge|schrit|ten; fortgeschrittene Ler-
ner; ABER: Latein für Fortgeschrittene
fort|ge|setzt (immer wieder vorkom-
mend); fortgesetzt den Unterricht stö-
ren; eine fortgesetzte Arbeitsverweige-
rung
for|tis|si|mo (sehr laut)
fort|ja|gen; er jagt den Hund fort; er hat
den Hund fortgejagt
fort|lau|fen; sie ist fortgelaufen; lauf
oder laufe fort!
fort|lau|fend; fortlaufend nummeriert
sich **fort|pflan|zen;** der Schall pflanzt sich
fort; die Kaninchen haben sich fortge-
pflanzt (Junge bekommen)
die **Fort|pflan|zung**
Forts. = Fortsetzung; Forts. folgt
fort|schrei|tend; die fortschreitende
Erderwärmung
der **Fort|schritt**
fort|schritt|lich; fortschrittliches Den-
ken
fort|set|zen; er setzt die Arbeit fort; er
hat die Arbeit fortgesetzt; setz *oder*
setze die Fahrt fort!
die **Fort|set|zung** (*Abkürzung:* Forts.)
die **For|tune** [fɔrˈtyːn] (Glück, Erfolg); der
Fortune
fort|wäh|rend (andauernd)
das **Fo|rum** (öffentlicher Kreis von Sachver-
ständigen); des Forums; die Foren
der **Fos|bu|ry|flop** [ˈfɔsbəriflɔp] *oder* **Fos-
bu|ry-Flop** (Hochsprung, bei dem man
die Latte in Rückenlage überquert); des
Fosburyflops *oder* Fosbury-Flops; die
Fosburyflops *oder* Fosbury-Flops
fos|sil (urzeitlich versteinert); fossile
Brennstoffe (Kohle, Erdöl, Erdgas)
das **Fos|sil** (versteinerter Pflanzen- oder
Tierrest); des Fossils; die Fos|si|li|en
das **Fo|to** (*kurz für:* Fotografie); des Fotos;
die Fotos
der **Fo|to|graf** *oder* **Pho|to|graph;** des/dem/
den Fo|to|gra|fen *oder* Pho|to|gra|phen;
die Fo|to|gra|fen *oder* Pho|to|gra|phen
die **Fo|to|gra|fie** *oder* **Pho|to|gra|phie;** die
Fo|to|gra|fi|en *oder* Pho|to|gra|phi|en
fo|to|gra|fie|ren; du fotografierst; er
fotografierte; er hat fotografiert; fotogra-
fier *oder* fotografiere die Kirche!
die **Fo|to|gra|fin** *oder* **Pho|to|gra|phin;** die
Fotografinnen *oder* Photographinnen

Fotokopie – Fräulein

die **Fo|to|ko|pie** (fotografisch hergestellte Kopie eines Schriftstücks oder eines Bildes); die Fo|to|ko|pi|en
fo|to|ko|pie|ren; er hat die Urkunde fotokopiert

die **Fo|to|vol|ta|ik** oder **Pho|to|vol|ta|ik** (Teilgebiet der Elektronik)
foul [faul] (Sport: unfair); foul spielen; ↑ABER: faul

das **Foul** [faul] (Regelverstoß); des Fouls; die Fouls
fou|len [ˈfaulən] (regelwidrig spielen); du foulst; er foulte; er hat den Gegner gefoult

das **Foul|spiel** Plural selten

der **Fox|ter|ri|er** (eine Hunderasse); des Foxterriers; die Foxterrier

der **Fox|trott** (ein Tanz); des Foxtrotts oder Fox|trot|tes; die Fox|trot|te oder Foxtrotts

das **Fo|y|er** [foaˈjeː] (Wandelgang im Theater); des Foyers; die Foyers

die **Fracht;** die Frach|ten

der **Fracht|brief**

der **Frach|ter** (Frachtdampfer); des Frachters; die Frachter

der **Frack;** des Fracks oder Fra|ckes; die Fräcke oder Fracks

die **Fra|ge;** das kommt nicht in Frage oder infrage; etwas in Frage oder infrage stellen; ABER: das Infragestellen

der **Fra|ge|bo|gen;** die Fragebogen oder Fragebögen
fra|gen; du fragst; er fragte; er hat sie gefragt; frag oder frage sie doch!

der **Fra|ge|satz**

das **Fra|ge|zei|chen**
fra|gil (zerbrechlich; zart)
frag|lich (unsicher; zweifelhaft)

das **Frag|ment** (Bruchstück); des Fragments oder Frag|men|tes; die Frag|men|te
frag|men|ta|risch (bruchstückhaft)
frag|wür|dig

die **Frak|ti|on** (Vereinigung von Parteivertretern im Parlament); die Frak|ti|o|nen

die **Frak|tur** (Knochenbruch; deutsche Druckschrift); die Frak|tu|ren
frank (frei, offen); frank und frei

der **Fran|ke** (Angehöriger eines germanischen Volksstammes; Einwohner von Franken); des/dem/den Franken; die Franken

Fran|ken (Land)

der **Fran|ken** (schweizerische Währungseinheit); des Frankens; die Franken
Frank|furt am Main (Stadt in Hessen)
Frank|furt (Oder) (Stadt in Brandenburg)
fran|kie|ren (eine Postsendung freimachen); du frankierst den Brief; er hat den Brief frankiert; frankier oder frankiere den Brief!

die **Frän|kin;** die Fränkinnen
frän|kisch
Frank|reich

die **Fran|se**
fran|sig

der **Fran|zis|ka|ner** (Angehöriger eines Mönchsordens); des Franziskaners; die Franziskaner

die **Fran|zis|ka|ne|rin** (Angehörige eines Nonnenordens); die Franziskanerinnen

der **Fran|zo|se;** des/dem/den Franzosen; die Franzosen

die **Fran|zö|sin;** die Französinnen
fran|zö|sisch; die französische Schweiz; ABER: die Französische Republik; die Französische Revolution (1789); ↑deutsch, Deutsch
frap|pant (auffallend); eine frappante Ähnlichkeit
frap|pie|ren (überraschen, verblüffen); ihre Schlagfertigkeit frappiert mich immer wieder; ein frappierendes Beispiel
frä|sen; du fräst; er fräste; er hat Gewinde gefräst; fräs oder fräse!

der **Fraß;** des Fra|ßes; die Fra|ße

die **Frat|ze** (verzerrtes Gesicht; Grimasse); eine Fratze schneiden

die **Frau**

die **Frau|en|be|auf|trag|te**

die **Frau|en|be|we|gung**

das **Frau|en|haus** (für Frauen, die von Männern misshandelt werden)

die **Frau|en|recht|le|rin** (Kämpferin für die Gleichberechtigung der Frau)

das **Fräu|lein;** die Fräulein

! Früher war es üblich, junge, unverheiratete Frauen mit *Fräulein* anzureden. Heute wird grundsätzlich nur noch die Anrede *Frau* benutzt.

175

Freak – freimachen

frei

frei|er; am freis|ten *oder* frei|es|ten

1. Klein- und Großschreibung

Kleinschreibung:

– der freie Mitarbeiter
– die freie (nicht staatlich gelenkte) Marktwirtschaft
– freie Hand haben (tun können, was man will)
– einen Gefangenen auf freien Fuß setzen (freilassen)
– etwas frei Haus (ohne Zusatzkosten) liefern

Großschreibung der Nominalisierung und in Eigennamen:

– das Freie, im Freien, ins Freie
– Freie Demokratische Partei (*Abkürzung:* FDP); Freie und Hansestadt Hamburg; Freie Hansestadt Bremen; ABER: Frankfurt war lange eine freie Reichsstadt

2. Getrennt- und Zusammenschreibung

Schreibung in Verbindung mit Verben und Partizipien:

– frei sein; frei werden; frei bleiben
– wisst ihr, ob wir am Montag frei haben *oder* freihaben?
– eine Rede frei (ohne Manuskript) halten; bitte die Ausfahrt frei halten
– die nächste Zeile musst du frei lassen; ABER: die Gefangenen frei lassen *oder* freilassen
– frei laufende *oder* freilaufende Hühner
– frei lebende *oder* freilebende Tiere
– sich von Vorurteilen frei machen *oder* freimachen; den Oberkörper frei machen *oder* freimachen; einen Tag frei machen *oder* freimachen (Urlaub nehmen); ABER: den Brief ↑ freimachen (mit einer Briefmarke versehen)
– frei [ohne Manuskript] sprechen; ABER: den Angeklagten ↑ freisprechen
Vergleiche auch: freischwimmen

---

der **Freak** [fri:k] (jemand, der sich [in übertriebener Weise] für etwas begeistert); des Freaks; die Freaks
frech; er ist frech

der **Frech|dachs** (*umgangssprachlich scherzhaft für:* freches Kind); des Frech|dachses, die Frech|dach|se

die **Frech|heit**

das **Free|clim|bing** *oder* **Free Clim|bing** [ˈfriːklaɪmɪŋ] (Bergsteigen ohne Hilfsmittel); des **Freeclimbings** *oder* Free Climbings

die **Free|sie** (eine Zierpflanze); die Free|si|en

die **Fre|gat|te** (Kriegsschiff für den Geleitschutz); die Fregatten
frei *siehe Kasten*

das **Frei|bad**

der **Frei|bal|lon**
frei|be|ruf|lich; freiberuflich (nicht angestellt) arbeiten

der **Frei|beu|ter** (Seeräuber); des Freibeuters; die Freibeuter
frei|en (*veraltet für:* heiraten; um eine Frau werben); er freite sie; er hat um sie gefreit

der **Frei|er;** des Freiers; die Freier

die **Frei|ga|be;** der Fußballspieler bekam keine Freigabe seines Vereins
frei|ge|big *oder* **frei|gie|big** (großzügig); ABER NUR: die **Frei|ge|bigkeit**
frei|ha|ben *vergleiche:* **frei**
frei|hän|dig

die **Frei|heit**
frei|heit|lich; eine freiheitliche Demokratie

die **Frei|heits|stra|fe**

der **Frei|herr** (ein Adelstitel); des Freiherrn; die Frei|her|ren
frei|las|sen *vergleiche:* **frei**

die **Frei|las|sung;** die Freilassung der Gefangenen

der **Frei|lauf;** die Frei|läu|fe
frei|lau|fend, frei|le|bend ↑ frei
frei|le|gen (eine deckende Schicht entfernen)
frei|lich

die **Frei|licht|büh|ne**
frei|ma|chen; sie hat den Brief freigemacht (frankiert); ↑ *auch:* frei

Freimaurer – frevelhaft

der **Frei|mau|rer** (Mitglied eines Männerbundes); des Freimaurers; die Freimaurer
frei|mü|tig
der **Frei|raum** (Möglichkeit zur eigenen Entfaltung); er sagt, er brauche seinen Freiraum
frei|set|zen; Kräfte freisetzen
frei|sin|nig
die **Frei|sprech|an|la|ge** (technische Einrichtung, mit der freihändig telefoniert werden kann)
frei|spre|chen (für unschuldig erklären); sie wurde von aller Schuld freigesprochen; ↑ ABER: frei
der **Frei|spruch**
der **Frei|staat** (Teil der amtlichen Bezeichnung der Bundesländer Bayern, Sachsen und Thüringen); des Freistaats *oder* Freistaa|tes; die Frei|staa|ten
frei|stel|len (erlauben)
der **Frei|stil** *(Sport)*
der **Frei|stoß** (beim Fußball); [in]direkter Freistoß
der **Frei|tag** ↑ Dienstag
der **Frei|tag|abend** ↑ Dienstagabend
der **Frei|tag|mor|gen**
der **Frei|tag|nach|mit|tag**
frei|tags ↑ dienstags
der **Frei|tod** (Selbstmord)
die **Frei|übung;** Freiübungen machen
frei|wil|lig; freiwillig teilen; freiwilliger Wehrdienst; ein freiwilliges soziales Jahr; die freiwillige Feuerwehr; ABER: die Freiwillige Feuerwehr Nassau
das **Frei|zei|chen** (Ton, der anzeigt, dass die gewählte Telefonnummer frei ist)
die **Frei|zeit**
das **Frei|zeit|an|ge|bot**
das **Frei|zeit|hemd**
der **Frei|zeit|park**
frei|zü|gig; freizügige (viel Freiheit lassende) Erziehung
die **Frei|zü|gig|keit**
fremd
der **Frem|de;** des/dem/den Fremden; die Fremden
die **Frem|de** *(auch für* das Ausland); eine Fremde; in der Fremde leben
frem|den|feind|lich; fremdenfeindliches Verhalten
die **Frem|den|le|gi|on**

der **Frem|den|ver|kehr**
fremd|ge|hen *(umgangssprachlich für:* untreu sein); sie geht fremd; er ist fremdgegangen
der **Fremd|kör|per**
die **Fremd|spra|che**
fremd|spra|chig; fremdsprachiger (in einer Fremdsprache gehaltener) Unterricht
das **Fremd|wort;** die Fremd|wör|ter
fre|ne|tisch (rasend, begeistert); frenetischer Beifall
die **Fre|quenz** (Schwingungszahl); die Frequen|zen
die **Fres|ke** *oder* das **Fres|ko** (Wandmalerei); der Freske *oder* des Freskos; die Fresken
die **Fres|sa|li|en** (Esswaren) *Plural*
fres|sen; die Kuh frisst; sie fraß; sie hat gefressen; friss endlich!
das **Fres|sen;** des Fressens
der **Fres|ser;** des Fressers; die Fresser
die **Fres|se|rei**
die **Fres|se|rin;** die Fresserinnen
das **Frett|chen** (halbzahmer Iltis); des Frettchens; die Frettchen
die **Freu|de;** in Freud und Leid zusammenhalten
freu|de|strah|lend; freudestrahlende Augen; ABER: vor Freude strahlende Augen
freu|dig; ein freudiges Ereignis
freud|los
sich **freu|en;** du freust dich; er freute sich; er hat sich gefreut; freu *oder* freue dich doch!
der **Freund;** des Freunds *oder* Freun|des; die Freun|de; jemandes Freund sein, bleiben, werden; mit jemandem gut Freund sein; das Freund-Feind-Schema
der **Freun|des|kreis**
die **Freun|din;** die Freundinnen
freund|lich; freundliche Grüße; freundlich gesinnte Menschen
die **Freund|schaft**
freund|schaft|lich
der **Fre|vel** *(gehoben für:* [sündhafter] Verstoß gegen Gebote oder Gesetze); des Frevels; die Frevel
fre|vel|haft; fre|vel|haf|ter; am fre|vel|haf|tes|ten

177

Frevler – Front

der **Frev|ler;** des Frevlers; die Frevler
der **Frie|de;** des Friedens; die Frieden; in Fried und Freud zusammen sein
der **Frie|den;** des Friedens; die Frieden

! Beide Wortformen können in den Bedeutungen »Nicht-Kriegszustand« und »Harmonie, Ruhe« gebraucht werden. Allerdings setzt sich die Form *Frieden* immer mehr durch.

---

die **Frie|dens|be|we|gung**
die **Frie|dens|pfei|fe**
der **Frie|dens|pro|zess**
der **Frie|dens|ver|trag**
    fried|fer|tig
der **Fried|hof;** des Friedhofs *oder* Fried|ho|fes; die Fried|hö|fe
    fried|lich
    frie|ren; du frierst; sie fror; sie hat gefroren (Kälte empfunden); das Wasser ist gefroren (vor Kälte erstarrt); ich friere an den Füßen; mich friert an den Füßen
der **Fries** (der Gesimsstreifen); des Frie|ses; die Frie|se
der **Frie|se** (Angehöriger eines germanischen Stammes an der Nordseeküste); des/dem/den Friesen; die Friesen
die **Frie|sin;** die Friesinnen
    frie|sisch
die **Fri|ka|del|le;** die Frikadellen
das **Fri|kas|see** (Gericht aus klein geschnittenem Fleisch); des Frikassees; die Frikassees
das **Fris|bee** ['frɪsbi] (*Markenbezeichnung:* Wurfscheibe aus Plastik); des Frisbee; die Frisbees
    frisch; fri|scher; am fri|sches|ten; etwas frisch halten; sich <mark>frisch machen</mark> *oder* frischmachen; die <mark>frisch gestrichene</mark> *oder* frischgestrichene Wand; <mark>frisch gebackener</mark> *oder* frischgebackener Kuchen; ABER: die Frische Nehrung; das Frische Haff
die **Fri|sche;** in alter Frische
    frisch|ge|stri|chen *vergleiche:* **frisch**
der **Frisch|ling** (das Junge vom Wildschwein); des Frischlings; die Frisch|lin|ge
    frisch|ma|chen *vergleiche:* **frisch**
    frisch|weg (munter; ohne Hemmungen)
der **<mark>Fri|seur</mark>** [fri'zøːɐ̯] *oder* **Fri|sör;** des Fri-<mark>seurs</mark> *oder* Frisörs; die <mark>Fri|seu|re</mark> *oder* Fri|sö|re

die **<mark>Fri|seu|rin</mark>** [fri'zøːrɪn] *oder* **Fri|sö|rin;** die <mark>Friseurinnen</mark> *oder* Frisörinnen
die **Fri|seu|se** [fri'zøːzə] (*älter für:* Friseurin); der Friseuse; die Friseusen
    fri|sie|ren (*umgangssprachlich auch für:* unerlaubt verändern); du frisierst; er frisierte; er hat ihr Haar frisiert; frisier *oder* frisiere dein Mofa nicht!; sich frisieren; er hat sich frisiert
der **Fri|sör** *vergleiche:* **<mark>Fri|seur</mark>**
die **Fri|sö|rin** *vergleiche:* **<mark>Fri|seu|rin</mark>**
die **Frist;** die Fris|ten
    fris|ten (über die Zeit retten); sein Leben fristen
    frist|ge|recht; fristgerecht kündigen
    frist|los; die fristlose Kündigung
die **Fri|sur;** die Fri|su|ren
die **Frit|te;** die Frit|ten (*umgangssprachlich für:* Pommes frites)
die **Frit|ten|bu|de** (*umgangssprachlich für:* Imbissstube)
die **Frit|teu|se** [fri'tøːzə] (elektrisches Gerät zum Frittieren)
    frit|tie|ren (in schwimmendem Fett braten); er hat den Fisch frittiert
    fri|vol (leichtfertig; schlüpfrig)
die **Fri|vo|li|tät;** die Fri|vo|li|tä|ten
    froh; ein frohes Ereignis; ABER: die Frohe Botschaft (das Evangelium)
    fröh|lich
    froh|lo|cken (*gehoben für:* jubeln; Schadenfreude empfinden); du frohlockst; er frohlockte; er hat zu früh frohlockt
der **Froh|sinn;** des Frohsinns *oder* Froh|sin|nes
    fromm; from|mer *oder* fröm|mer; am fromms|ten *oder* frömms|ten
die **Fröm|mig|keit**
die **Fron** (*früher für:* dem Lehnsherrn zu leistende Arbeit); die Fro|nen
der **Fron|dienst** (der Dienst für den Grundherrn)
    frö|nen (*gehoben für:* sich einer Leidenschaft hingeben); du frönst; er frönte; er hat seinem Hobby gefrönt
der **Fron|leich|nam** (ein katholisches Fest)
die **Front** (Vorderseite; *Militär:* vorderste Kampflinie); die Fron|ten; Front machen gegen etwas (sich einer Sache widersetzen)

178

frontal – fügen

fron|tal ([von] vorn); ein frontaler Zusammenstoß

der **Front|an|trieb** (Vorderradantrieb)

der **Frosch;** des Froschs *oder* Fro|sches; die Frö|sche

der **Frosch|laich**

der **Frosch|mann** (Taucher); die Froschmän|ner

der **Frost;** des Frosts *oder* Fros|tes; die Frös|te

frös|teln; ich fröst[e]le; du frös|telst; er frös|telte; er hat gefröstelt; mich fröstelt

frost|frei; eine frostfreie Nacht

fros|tig; frostige (unfreundliche) Blicke

das *oder* der **Frot|tee** *oder* **Frot|té** (ein Gewebe mit gekräuselter Oberfläche); des **Frottee[s]** *oder* Frotté[s]; die **Frottees** *oder* Frottés

das **Frot|tee|hand|tuch** *oder* **Frot|té|hand-tuch**

frot|tie|ren (abreiben); ich frottiere; du frottierst; er frottierte; er hat seine schmerzenden Beine frottiert

das **Frot|tier|tuch**

die **Frot|ze|lei** (spöttische Bemerkung)

frot|zeln (necken, aufziehen); du frotzelst; sie frotzelte; sie hat mich nur gefrotzelt; frotzle *oder* frotzele nicht!

die **Frucht;** die Früch|te; Frucht bringend *oder* **fruchtbringend** (nützlich); eine Frucht bringende *oder* **fruchtbringende** Beschäftigung

frucht|bar

die **Frucht|bar|keit**

die **Frucht|bla|se** (Hülle des Embryos)

frucht|brin|gend *vergleiche:* **Frucht**

das **Frucht|fleisch**

der *oder* das **Frucht|jo|ghurt** *oder* **Frucht|jo-gurt**

der **Frucht|kno|ten** (Teil der Blüte)

frucht|los (nutzlos); fruchtlose Versuche

der **Frucht|saft**

das **Frucht|was|ser** (Flüssigkeit in der Fruchtblase)

der **Frucht|zu|cker**

früh; frü|her; am frühs|ten *oder* frü|hes-ten; von [morgens] früh bis [abends] spät; morgen früh, *besonders österrei-chisch auch:* morgen Früh; allzufrüh; von früh auf

der **Früh|auf|ste|her**

die **Früh|auf|ste|he|rin**

die **Frü|he;** in der Frühe; in aller Frühe; bis in die Frühe

die **Früh|er|ken|nung**

frü|hes|tens *oder* **frühs|tens;** sie kommt frühestens *oder* frühstens am Dienstag

die **Früh|ge|burt**

das **Früh|jahr;** die Früh|jah|re

der **Früh|ling;** die Früh|lin|ge

früh|mor|gens, ABER: morgens früh

der **Früh|schop|pen**

der **Früh|sport**

frühs|tens *vergleiche:* **frü|hes|tens**

das **Früh|stück;** die Früh|stü|cke

früh|stü|cken; ich frühstücke; du früh-stückst; er frühstückte; er hat erst spät gefrühstückt

früh|zei|tig

der **Frust** (*umgangssprachlich für:* Frustra-tion); des Frusts *oder* Frus|tes

die **Frus|tra|ti|on** (anhaltende Enttäu-schung); die Frus|t|ra|ti|o|nen

frus|t|rie|ren (enttäuschen); er ist frus-triert; das Erlebnis hat sie frustriert

frus|t|riert; frustrierte Schüler

die **FSK** = Freiwillige Selbstkontrolle (der Filmwirtschaft)

der **Fuchs;** des Fuch|ses; die Füch|se

der **Fuchs|bau;** die Fuchsbaue

fuch|sen (*umgangssprachlich für:* [sich] ärgern); es fuchst dich; die Sache fuchste ihn; es hat ihn gefuchst; sich fuchsen (sich ärgern); er hat sich gefuchst

die **Fuch|sie** [ˈfʊksjə] (eine Zierpflanze); die Fuch|si|en

fuch|sig (fuchsrot; *umgangssprachlich für:* wütend); fuchsig werden

der **Fuchs|schwanz** (*auch:* eine Säge)

fuchs|teu|fels|wild

fuch|teln (etwas in der Luft hin und her bewegen); du fuchtelst; er fuchtelte; er hat mit den Armen gefuchtelt; fuchtle *oder* fuchtele nicht mit den Händen!

das **Fu|der** (ein Hohlmaß für Wein); des Fuders; die Fuder

der **Fu|d|schi|ja|ma** (Berg in Japan)

der **Fug;** *nur noch in:* mit Fug und Recht (mit vollem Recht)

die **Fu|ge** (Zwischenraum); die Fugen

die **Fu|ge** (ein mehrstimmiges Musikstück); die Fugen

fü|gen; ich füge; du fügst; er fügte; er

179

fügsam – Fünfzigeuroschein

hat Stein auf Stein gefügt; füge Stein auf Stein; sich fügen (sich unterordnen); er hat sich seinem Willen gefügt

füg|sam (gehorsam); fügsame Kinder

die **Fü|gung** (schicksalhaftes Ereignis)

füh|len; ich fühle; du fühlst; er fühlte; er hat es gefühlt; er hat das Fieber kommen fühlen *oder* gefühlt; fühl *oder* fühle ihren Puls!; sich fühlen; er hat sich sicher gefühlt

der **Füh|ler;** des Fühlers; die Fühler

die **Fuh|re**

füh|ren; ich führe; du führst; er führte; er hat ihn geführt; führ *oder* führe ihn!; Buch führen

füh|rend (bestimmend; maßgebend); ein führender Politiker

der **Füh|rer|schein;** Führerschein auf Probe

der **Fuhr|mann;** die Fuhr|män|ner *oder* Fuhr|leu|te

der **Fuhr|park**

die **Füh|rung**

die **Füh|rungs|kraft**

das **Füh|rungs|zeug|nis**

das **Fuhr|werk;** die Fuhr|wer|ke

die **Ful|da** (Quellfluss der Weser)

die **Fül|le**

fül|len; ich fülle; du füllst; sie füllte; sie hat das Glas gefüllt; füll *oder* fülle den Eimer!

das **Fül|len** (*gehoben für:* Fohlen); des Füllens; die Füllen

der **Fül|ler** (Füllfederhalter); des Füllers; die Füller

der **Füll|fe|der|hal|ter**

fül|lig (rundlich; üppig); fülliges Haar

der **Full|time-Job** [ˈfʊltaɪmdʒɔp] *oder* **Full-time|job** (Ganztagsarbeit)

die **Fül|lung**

ful|mi|nant (glänzend, prächtig)

die **Fum|me|lei**

fum|meln (*umgangssprachlich für:* sich [unsachgemäß] an etwas zu schaffen machen); ich fumm[e]le; du fummelst; sie fummelte; sie hat daran gefummelt; fummle *oder* fummele nicht an der Waffe!

der **Fun** [fan] (Vergnügen); des Funs; Fun haben

der **Fund;** des Funds *oder* Fun|des; die Fun|de

das **Fun|da|ment** (Grundlage; Unterbau);

des Fundaments *oder* Fun|da|men|tes; die Fun|da|men|te

fun|da|men|tal (eine fundamentale Frage)

der **Fun|da|men|ta|lis|mus**

der **Fun|da|men|ta|list** (jemand, der kompromisslos an seinen Grundsätzen festhält); des/dem/den Fun|da|men|ta|lis|ten; die Fun|da|men|ta|lis|ten

die **Fun|da|men|ta|lis|tin;** die Fundamentalistinnen

das **Fund|bü|ro**

die **Fund|gru|be**

fun|diert (gefestigt, gesichert)

fün|dig (ergiebig, reich); *meist in:* fündig werden (etwas entdecken)

der **Fund|ort**

die **Fund|stel|le**

das **Fund|stück**

der **Fun|dus** (Grundlage; Bestand [an Ausstattungsmitteln]); des Fundus; die Fundus

fünf; die fünf Sinne beisammenhaben; wir sind heute zu fünfen *oder* zu fünft; fünf gerade sein lassen (etwas nicht so genau nehmen); ↑ *auch:* acht

die **Fünf** (Zahl); die Fün|fen; eine Fünf würfeln, eine Fünf schreiben; die Note Fünf bekommen; ↑ *auch:* Acht

das **Fünf|cent|stück** *oder* **Fünf-Cent-Stück** (*mit Ziffer:* 5-Cent-Stück)

der **Fünf|eu|ro|schein** *oder* **Fünf-Eu-ro-Schein** (*mit Ziffer:* 5-Euro-Schein)

fünf|fach

der **Fünf|hun|dert|eu|ro|schein** *oder* **Fünf-hun|dert-Eu|ro-Schein** (*mit Ziffern:* 500-Euro-Schein)

der **Fünf|kampf**

fünf|mal ↑ achtmal

fünf|stel|lig; eine fünfstellige Zahl

fünf|te ↑ achte

das **Fünf|tel** ↑ Achtel

fünf|tens

fünf|zehn ↑ acht

fünf|zig ↑ achtzig

das **Fünf|zig|cent|stück** *oder* **Fünf-zig-Cent-Stück** (*mit Ziffern:* 50-Cent-Stück)

der **Fünf|zi|ger** (*umgangssprachlich auch für:* Münze oder Schein mit dem Wert 50); des Fünfzigers; die Fünfziger

der **Fünf|zig|eu|ro|schein** *oder* **Fünf-**

180

fungieren – Fuß

zig-**Eu**ro-Schein (*mit Ziffern:* 50-Euro-Schein)

fun|**gie**|**ren** (eine bestimmte Funktion ausüben); er hat als Zeuge fungiert

der **Funk** (Funkgerät; Rundfunk); des Funks; über Funk; Funk und Fernsehen

der **Funk** [faŋk] (Popmusik als Mischung aus Rock und Jazz); des Funks

der **Funk**|**ama**|**teur**

die **Funk**|**ama**|**teu**|**rin**

der **Fun**|**ke** *oder* **Fun**|**ken**; des Funkens; die Funken; eine Funken sprühende *oder* funkensprühende Lokomotive

fun|**keln**; es funkelte; es hat gefunkelt

fun|**kel**|**na**|**gel**|**neu**

fun|**ken** (durch Funk übermitteln); ich funke; du funkst; er funkte; er hat Messdaten gefunkt; funk *oder* funke SOS!

der **Fun**|**ken**

fun|**ken**|**sprü**|**hend** *vergleiche:* **Fun**|**ke**

der **Fun**|**ker**; des Funkers; die Funker

die **Fun**|**ke**|**rin**; die Funkerinnen

das **Funk**|**si**|**g**|**nal**

das **Funk**|**sprech**|**ge**|**rät**

der **Funk**|**spruch**

die **Funk**|**strei**|**fe**

der **Funk**|**strei**|**fen**|**wa**|**gen**

das **Funk**|**ta**|**xi**

die **Funk**|**ti**|**on** (Tätigkeit, Aufgabe; *Mathematik:* eindeutige Zuordnung); in, außer Funktion (in, außer Betrieb) sein; algebraische Funktionen

funk|**ti**|**o**|**nal** (funktionell)

der **Funk**|**ti**|**o**|**när** (Beauftragter einer Partei u. Ä.); des Funktionärs; die Funk|ti|o|nä|re

die **Funk**|**ti**|**o**|**nä**|**rin**; die Funktionärinnen

funk|**ti**|**o**|**nell** (eine Funktion erfüllend)

funk|**ti**|**o**|**nie**|**ren**; es funktionierte; es hat nicht funktioniert

funk|**ti**|**ons**|**fä**|**hig**

die **Funk**|**ti**|**ons**|**glei**|**chung**

die **Funk**|**ti**|**ons**|**stö**|**rung**

der **Funk**|**turm**

die **Fun**|**zel** (*umgangssprachlich für:* schlecht brennende Lampe); die Funzeln

für; ein für alle Mal; fürs Erste; für und wider; ABER: das Für und [das] Wider

die **Für**|**bit**|**te**

die **Fur**|**che**

die **Furcht**; Furcht verbreiten; Furcht erregen; Furcht erregend *oder* furchterre-

gend; ein Furcht erregender *oder* furchterregender Anblick; ABER NUR: ein große Furcht erregender Anblick; ein äußerst furchterregender, noch furchterregenderer Anblick

furcht|**bar**

fürch|**ten**; du fürchtest; er fürchtete; er hat ihn gefürchtet; fürchte niemanden!; sich fürchten; er hat sich gefürchtet

fürch|**ter**|**lich**

furcht|**er**|**re**|**gend** *vergleiche:* **Furcht**

furcht|**los**; furcht|lo|ser; am furcht|lo|ses|ten

furcht|**sam**; furchtsame Rehe

für|**ei**|**n**|**an**|**der**; füreinander da sein

die **Fu**|**rie** (Rachegöttin; wütende Frau); die Fu|ri|en

fu|**ri**|**os** (hitzig, leidenschaftlich; mitreißend); fu|ri|o|ser; am fu|ri|o|ses|ten

das **Fur**|**nier** (Holzauflage); des Furniers; die Fur|nie|re

die **Fu**|**ro**|**re**; der Furore; Furore machen ([durch Erfolg] Aufsehen erregen)

die **Für**|**sor**|**ge** (*früher auch für:* Sozialhilfe)

für|**sorg**|**lich** (pfleglich, liebevoll)

die **Für**|**spra**|**che**

der **Für**|**spre**|**cher**

die **Für**|**spre**|**che**|**rin**

der **Fürst**; des/dem/den Fürs|ten; die Fürs|ten

das **Fürs**|**ten**|**tum**; die Fürs|ten|tü|mer

die **Fürs**|**tin**; die Fürstinnen

fürst|**lich**; eine fürstliche (großzügige) Belohnung

das **Fürst-Pück**|**ler-Eis** (Speiseeis in drei Schichten)

die **Furt**; die Fur|ten

der, *auch:* das **Fu**|**run**|**kel** (Geschwür); des Furunkels; die Furunkel

das **Für**|**wort** (Pronomen); die Für|wör|ter

der **Fu**|**sel** (*umgangssprachlich für:* schlechter Branntwein); des Fusels; die Fusel

die **Fu**|**si**|**on** (Zusammenschluss)

fu|**si**|**o**|**nie**|**ren** (verschmelzen); die beiden Unternehmen haben fusioniert

der **Fuß**; des Fu|ßes; die Fü|ße *oder (als Längenmaß:)* Fuß; drei Fuß lang; zu Fuß gehen; jemandem zu Füßen fallen; Fuß fassen; das Regal ist einen Fuß breit; ABER: keinen Fuß breit *oder* Fußbreit weichen; der Weg ist kaum fußbreit; der Schnee ist fußhoch, fußtief

181

Fußball – galvanisieren

der **Fuß|ball;** Fußball spielen
der **Fuß|bal|ler** *(umgangssprachlich);* des Fußballers; die Fußballer
die **Fuß|bal|le|rin;** die Fußballerinnen
fuß|bal|le|risch
der **Fuß|ball|platz**
das **Fuß|ball|spiel**
die **Fuß|ball|welt|meis|ter|schaft**
der **Fuß|bo|den**
fuß|breit; eine fußbreite Rinne; ABER: die Rinne ist einen Fuß breit
der **Fuß|breit** *vergleiche:* Fuß
fu|ßen; das fußte, hat gefußt auf einem Vertrag
der **Fuß|gän|ger**
die **Fuß|gän|ge|rin**
der **Fuß|gän|ger|über|weg**
die **Fuß|gän|ger|zo|ne**
fuß|hoch; das Wasser steht fußhoch; ABER: das Wasser steht drei Fuß hoch
die **Fuß|mat|te**
die **Fuß|no|te**
der **Fuß|pilz**
die **Fuß|stap|fe** *oder* der **Fuß|stap|fen;** die Fußstapfen
fuß|tief; ein fußtiefes Loch; ABER: der Teich ist nur zwei Fuß tief
der **Fuß|weg**
das **Fut|ter** (Nahrung [der Tiere]); des Futters; die Futter *Plural selten*
das **Fut|ter** (innere Stoffschicht); des Futters; die Futter
das **Fut|te|ral** (Schutzhülle, Überzug; Behälter); des Futterals; die Fut|te|ra|le
fut|tern *(umgangssprachlich für:* essen); ich futtere; du futterst; er futterte; er hat Schokolade gefuttert; futtere tüchtig!
füt|tern; ich füttere; du fütterst; er fütterte; er hat gefüttert; füttere den Hund!
das **Fu|tur** (Zeitform: Zukunft); des Futurs; die Fu|tu|re; Futur I und II
fu|tu|ris|tisch

G

g = Gramm
das **G** (Buchstabe); des G; die G; ABER: das g in Lage; das G-Dur; ABER: das g-Moll (Tonarten)

die **Ga|be**
die **Ga|bel;** die Gabeln
sich **ga|beln;** der Weg gabelte sich; der Weg hat sich gegabelt
der **Ga|bel|stap|ler;** des Gabelstaplers; die Gabelstapler
Ga|b|ri|el (ein Erzengel)
Ga|bun (Staat in Afrika)
der **Ga|bu|ner;** des Gabuners; die Gabuner
die **Ga|bu|ne|rin;** die Gabunerinnen
ga|bu|nisch
ga|ckern; das Huhn gackerte; es hat gegackert
gaf|fen *(abwertend für:* neugierig anstarren); du gaffst; er gaffte; er hat gegafft; gaff *oder* gaffe nicht so!
der **Gag** [gεk] (Witz; witziger Einfall); des Gags; die Gags
ga|ga (nicht recht bei Verstand); der ist doch gaga!
die **Ga|ge** [ˈgaːʒə] (Bezahlung, Gehalt von Künstlern); die Gagen
gäh|nen; ich gähne; du gähnst; sie gähnte; sie hat dauernd gegähnt
die **Ga|la** (festliche Kleidung; festliche Veranstaltung); der Gala; die Galas; sich in Gala werfen
ga|lant (betont höflich); ga|lan|ter; am ga|lan|tes|ten
die **Ga|lá|pa|gos|in|seln** (ecuadorianische Inselgruppe im Pazifik) *Plural*
die **Ga|la|vor|stel|lung** (Festvorstellung)
die **Ga|la|xie** *(Astronomie);* der Galaxie; die Galaxien
die **Ga|la|xis** (Milchstraße; Sternsystem); die Ga|la|xi|en
die **Ga|lee|re** (ein mittelalterliches Ruderkriegsschiff); die Galeeren
die **Ga|le|rie** (umlaufender Gang [in Kirchen, Bibliotheken o. Ä.]; Empore; Kunsthandlung); die Ga|le|ri|en
der **Gal|gen;** des Galgens; die Galgen
Ga|li|lä|a (Gebirgsland westlich des Jordans)
die **Gal|le** *(kurz für:* Gallenblase)
die **Gal|len|bla|se** (ein Organ)
der **Ga|lopp;** die Galopps *oder* Gallop|pe
ga|lop|pie|ren; das Pferd galoppiert; der Hengst ist, *seltener:* hat galoppiert
gal|va|nisch; ein galvanisches Element
gal|va|ni|sie|ren (durch ein chemisches Verfahren mit Metall überzie-

Gamasche – Garantie

hen); ich galvanisiere; du galvanisierst; er galvanisierte; er hat das Eisen galvanisiert

die **Ga|ma|sche** (über den Schuh gezogener Strumpf); die Gamaschen

Gam|bia (Staat in Afrika)

der **Gam|bi|er;** des Gambiers; die Gambier

die **Gam|bi|e|rin;** die Gambierinnen

gam|bisch

der **Game|boy** [ˈgeːmbɔy] (*Markenbezeichnung:* ein elektronisches Spielgerät); des Gameboy *oder* Gameboys; die Gameboys

gam|me|lig *oder* **gamm|lig** (*umgangssprachlich für:* verkommen; verdorben, faulig)

gam|meln (*umgangssprachlich für:* durch langes Aufbewahren ungenießbar werden; die Zeit mit Nichtstun verbringen); ich gamm[e]le; du gammelst; das Brot gammelte; sie hat drei Monate gegammelt; gammle *oder* gammele nicht!

die **Gäm|se** (ein ziegenähnliches Säugetier)

Gan|dhi, Ma|hat|ma (indischer Staatsmann)

gang; *nur noch in:* gang und gäbe sein (allgemein üblich sein)

der **Gang;** des Gangs *oder* Gan|ges; die Gän|ge; im Gang[e] sein; etwas in Gang bringen, halten; ABER: das Ingangbringen

die **Gang** [gɛŋ] (Bande, Verbrecherbande)

die **Gang|art**

gang|bar; ein gangbarer Weg

das **Gän|gel|band**

gän|geln; du gängelst; er hat ihn gegängelt; gängele ihn nicht!

der **Gan|ges** (Fluss in Vorderindien)

gän|gig; eine gängige (übliche, gebräuchliche) Methode

die **Gang|schal|tung**

der **Gangs|ter** [ˈgɛŋstɐ] (Schwerverbrecher); des Gangsters; die Gangster

der **Gangs|ter|boss**

gang und gä|be (üblich)

die **Gang|way** [ˈgɛŋveː] (Laufsteg oder Treppe zum Schiff oder Flugzeug); die Gangways

der **Ga|no|ve** (*umgangssprachlich für:* Gauner, Betrüger); des/dem/den Ganoven; die Ganoven

die **Gans;** die Gän|se

das **Gän|se|blüm|chen**

die **Gän|se|füß|chen** (*umgangssprachlich für:* Anführungsstriche) *Plural*

die **Gän|se|haut**

der **Gän|se|marsch**

der **Gän|se|rich;** die Gän|se|ri|che

---

ganz

Kleinschreibung:

– in ganz Europa
– ganze Zahlen
– die ganze Wahrheit
– ganz und gar
– etwas wieder <mark>ganz machen</mark> *oder* ganzmachen (reparieren)

Großschreibung der Nominalisierung:

– im [Großen und] Ganzen
– das Ganze
– aufs Ganze gehen; ums Ganze
– das große Ganze; ein großes Ganzes
– als Ganzes

---

ganz|heit|lich (über einzelne Fächer o. Ä. hinausgehend); ganzheitlicher Unterricht

ganz|jäh|rig; ganzjährig geöffnet

ganz|le|dern (aus reinem Leder); ganzlederne Halbschuhe

ganz|lei|nen (aus reinem Leinen); ein ganzleinener Einband

gänz|lich

ganz|ma|chen *vergleiche:* **ganz**

ganz|tä|gig

die **Ganz|tags|schu|le**

ganz|wol|len (aus reiner Wolle)

gar (fertig gekocht); es ist erst halb gar; etwas <mark>gar kochen</mark> *oder* garkochen; er hat das Fleisch <mark>gar gekocht</mark> *oder* gargekocht; <mark>gar gekochtes</mark> *oder* gargekochtes Fleisch

gar (ganz, sehr, sogar); ganz und gar; gar kein; gar nichts; gar sehr

die **Ga|ra|ge** [gaˈraːʒə]; die Garagen

der **Ga|rant** (Person, Institution o. Ä., die für etwas garantiert); des Ga|ran|ten; die Ga|ran|ten; ein Garant für gute Stimmung

die **Ga|ran|tie** (Bürgschaft, Gewähr); die Ga|ran|ti|en

garantieren – Gaul

ga|ran|tie|ren (bürgen); du garantierst; sie hat für Qualität garantiert; garantier *oder* garantiere dafür!

ga|ran|tiert (*umgangssprachlich für:* mit Sicherheit); die Klassenfahrt wird garantiert schön

der **Ga|r|aus; *nur in:*** jemandem den Garaus machen (jemanden umbringen)

die **Gar|be** (Getreidebündel); die Garben

die **Gar|de** (Elitetruppe; Regiment für den persönlichen Schutz eines Monarchen); die Garden

die **Gar|de|ro|be** (Kleidung; Ablage für Mäntel und Hüte; Umkleideraum für Künstler)

die **Gar|di|ne;** die Gardinen

ga|ren (gar kochen; gar werden); er hat das Fleisch gegart; er hat das Fleisch garen lassen; gare das Fleisch!

gä|ren; etwas gärt; der Wein gor; er hat gegoren; *in übertragener Bedeutung:* die Wut gärte; sie hat gegärt

gar|ko|chen *vergleiche:* **gar**

das **Garn;** des Garns *oder* Gar|nes; die Garne

die **Gar|ne|le** (Krebstier); die Garnelen

gar|nie|ren (schmücken, verzieren); du garnierst; er hat die Torte garniert; garnier *oder* garniere sie!

die **Gar|ni|son** (Standort für Truppen); die Gar|ni|so|nen

die **Gar|ni|tur** (Verzierung; mehrere zusammengehörende Gegenstände); die Gar|ni|tu|ren

der *oder* das **Garn|knäu|el**

gars|tig (ungezogen; hässlich und böse)

der **Gar|ten;** des Gartens; die Gärten

die **Gar|ten|bank**

der **Gar|ten|bau;** des Gartenbaus *oder* Gartenbaues

das **Gar|ten|beet**

das **Gar|ten|fest**

die **Gar|ten|schau**

der **Gar|ten|schlauch**

der **Gärt|ner;** des Gärtners; die Gärtner

die **Gärt|ne|rei**

die **Gärt|ne|rin;** die Gärtnerinnen

die **Gä|rung**

das **Gas;** des Ga|ses; die Ga|se; Gas geben

die **Gas|mas|ke**

der **Ga|so|me|ter** (Gasbehälter); die Gasometer

das **Gas|pe|dal**

die **Gas|se** (enge, schmale Straße); *Verkleinerungsform:* das Gäss|chen

der **Gast;** des Gasts *oder* Gas|tes; die Gäs|te; zu Gast sein

der **Gast|ar|bei|ter** (*veraltend*)

die **Gast|ar|bei|te|rin**

das **Gäs|te-WC** (Toilette für Gäste)

das **Gäs|te|zim|mer**

gast|freund|lich

die **Gast|freund|schaft**

der **Gast|ge|ber;** des Gastgebers; die Gastgeber

die **Gast|ge|be|rin;** die Gastgeberinnen

das **Gast|haus**

der **Gast|hof**

gas|tie|ren (auftreten); du gastierst; sie gastierte; er hat gastiert; der Zirkus gastiert in unserer Stadt

gast|lich; ein gastliches Haus

das **Gast|mahl;** die Gast|mäh|ler *oder* Gastmah|le

der **Gas|t|ro|nom** (Gastwirt); des Gas|t|ro|no|men; die Gas|t|ro|no|men

die **Gas|t|ro|no|mie** (Gaststättengewerbe)

gas|t|ro|no|misch

das **Gast|spiel**

die **Gast|stät|te**

der **Gast|wirt**

die **Gast|wir|tin**

das **Gate** [ge̯it] (Flugsteig auf Flughäfen); des Gates; die Gates

der **Gat|te;** des Gatten; die Gatten

das **Gat|ter** (Lattenzaun; Gittertor); des Gatters; die Gatter

die **Gat|tin;** die Gattinnen

die **Gat|tung;** die Gat|tun|gen

der **GAU** (= größter anzunehmender Unfall [in Kernkraftwerken]); des GAUs; die GAUs

der **Gau|cho** ['gaʊtʃo] (südamerikanischer Viehhirt); des Gauchos; die Gauchos

die *oder* das **Gau|di** (*umgangssprachlich für:* Freude, Spaß); der Gaudi *oder* des Gaudis

gau|keln; der Schmetterling gaukelte; der Schmetterling ist durch die Luft gegaukelt; gaukle *oder* gaukele nicht!

der **Gauk|ler;** des Gauklers; die Gaukler

der **Gaul;** des Gauls *oder* Gau|les; die Gäu|le

184

Gaumen – gebühren

der **Gau|men;** des Gaumens; die Gaumen

der **Gau|ner;** des Gauners; die Gauner

die **Gau|ne|rei**

die **Gau|ne|rin;** die Gaunerinnen

Ga|za [ˈgaːza] (Stadt im östlichen Mittelmeerraum)

der **Ga|za|strei|fen**

die **Ga|ze** [ˈgaːzə] (durchsichtiges Gewebe); die Gazen

die **Ga|zel|le** (eine Antilopenart)

geb. = geboren

das **Ge|bäck;** des Gebäcks *oder* Ge|bä|ckes; die Ge|bä|cke

das **Ge|bälk;** des Gebälks *oder* Ge|bäl|kes

die **Ge|bär|de**

sich **ge|bär|den** (auffällig verhalten); du gebärdest dich; er gebärdet sich; er gebärdete sich; er hat sich wie ein Kleinkind gebärdet; gebärde dich nicht so auffällig!

! Nicht verwechseln: Obwohl beide Verben ähnlich ausgesprochen werden, hat *[sich] gebärden* eine ganz andere Bedeutung als *gebären.*

ge|bär|den (die Gebärdensprache verwenden)

die **Ge|bär|den|spra|che** (aus Gebärden bestehende Sprache gehörloser Menschen)

ge|bä|ren; sie gebiert; sie gebar; sie hat ein Kind geboren; ↑ABER: [sich] gebären

das **Ge|ba|ren** (das Benehmen); des Gebarens; ein seltsames Gebaren

die **Ge|bär|mut|ter** (Hohlorgan des weiblichen Körpers, in dem sich das befruchtete Ei fortentwickelt)

ge|bauch|pin|selt (*umgangssprachlich für:* geehrt, geschmeichelt); unser Lehrer fühlte sich gebauchpinselt

das **Ge|bäu|de;** des Gebäudes; die Gebäude

der **Ge|bäu|de|kom|plex**

das **Ge|bein;** des Gebeins *oder* Ge|bei|nes; die Ge|bei|ne

ge|ben; du gibst; sie gibt; sie gab; sie hat ihm einen Brief gegeben; gib es ihm!; geben *oder* Geben ist seliger denn nehmen *oder* Nehmen

das **Ge|bet;** des Gebets *oder* Ge|be|tes; die Ge|be|te

der **Ge|bets|tep|pich**

das **Ge|biet;** des Gebiets *oder* Ge|bie|tes; die Ge|bie|te

ge|bie|ten; du gebietest; sie gebietet; sie gebot; sie hat Ruhe geboten; gebiet *oder* gebiete Ruhe!

der **Ge|bie|ter;** des Gebieters; die Gebieter

die **Ge|bie|te|rin;** die Gebieterinnen

ge|bie|te|risch; in gebieterischem Ton

das **Ge|bil|de;** des Gebildes; die Gebilde

ge|bil|det; sie ist sehr gebildet

das **Ge|bin|de;** des Gebindes; die Gebinde

das **Ge|bir|ge;** des Gebirges; die Gebirge

ge|bir|gig; eine gebirgige Gegend

das **Ge|biss;** des Ge|bis|ses; die Ge|bis|se

das **Ge|blä|se;** des Gebläses; die Gebläse

ge|blümt (mit Blumenmuster); ein geblümtes Kleid

ge|bo|ren (*Abkürzung:* geb.); sie ist eine geborene Maier; Ingo Müller[,] geborener Schulz

ge|bor|gen (gut aufgehoben); sich geborgen fühlen

die **Ge|bor|gen|heit**

das **Ge|bot;** des Gebots *oder* Ge|bo|tes; die Ge|bo|te; zu Gebot[e] (zur Verfügung) stehen; die Zehn Gebote

das **Ge|bots|schild**

Gebr. = Gebrüder

der **Ge|brauch;** des Gebrauchs *oder* Ge|brau|ches; die Ge|bräu|che

ge|brau|chen (benutzen); du gebrauchst; sie gebrauchte; sie hat das Werkzeug gebraucht; gebrauch *oder* gebrauche deinen Verstand!

ge|bräuch|lich; gebräuchliche Wörter

die **Ge|brauchs|an|wei|sung**

ge|braucht; ein gebrauchtes Auto; das habe ich gebraucht gekauft

der **Ge|braucht|wa|gen**

das **Ge|bre|chen** (*gehoben für:* dauerhafter körperlicher, gesundheitlicher Schaden); des Gebrechens; die Gebrechen

ge|brech|lich; meine gebrechliche Oma

die **Ge|brü|der** *Plural*

das **Ge|brüll;** des Gebrülls *oder* Ge|brüll|les

die **Ge|bühr;** nach Gebühr (angemessen); über Gebühr (mehr als nötig, übertrieben)

ge|büh|ren (zukommen, zustehen); ihr

185

gebührend – gefällig

gebührt Dank; ihr gebührte der Lohn; es
hat ihr Dank gebührt; sich gebühren
(sich gehören); es gebührt sich nicht, so
etwas zu tun
ge|büh|rend (angemessen); er hält
gebührenden Abstand
ge|büh|ren|frei
ge|büh|ren|pflich|tig; gebührenpflichti-
ges Parken
die **Ge|burt;** die Ge|bur|ten
die **Ge|bur|ten|kon|t|rol|le**
die **Ge|bur|ten|ra|te**
die **Ge|bur|ten|re|ge|lung**
ge|bür|tig; er ist gebürtiger Schweizer
(er ist in der Schweiz geboren)
der **Ge|burts|ort**
der **Ge|burts|tag;** des Geburtstags oder Ge-
burts|ta|ges; die Ge|burts|ta|ge
die **Ge|burts|tags|fei|er**
das **Ge|burts|tags|kind**
die **Ge|burts|tags|par|ty**
das **Ge|büsch;** des Gebüschs oder Ge|bü-
sches; die Ge|bü|sche
der **Geck** (ein eitler Mensch); des/dem/den
Ge|cken; die Ge|cken
ge|cken|haft
der **Ge|cko** (eine tropische Eidechse); des
Geckos; die Geckos oder Ge|cko|nen
das **Ge|dächt|nis;** des Gedächtnisses; die
Gedächtnisse
der **Ge|dan|ke;** des Gedankens; die Gedan-
ken
das **Ge|dan|ken|gut**
ge|dan|ken|los
die **Ge|dan|ken|lo|sig|keit**
der **Ge|dan|ken|strich**
ge|dan|ken|voll
ge|dank|lich
das **Ge|deck** (Teller und Besteck); des
Gedecks oder Ge|de|ckes; die Ge|de-
cke
ge|dei|hen; etwas gedeiht; etwas
gedieh; etwas ist gut gediehen
das **Ge|dei|hen;** des Gedeihens; jemandem,
einer Sache gutes Gedeihen (alles Gute,
viel Erfolg) wünschen
ge|den|ken (an jemanden oder etwas
zurückdenken; beabsichtigen); du
gedenkst der Opfer; sie gedenkt[,] etwas
zu tun; sie gedachte der Opfer; sie hat
unser gedacht; gedenk oder gedenke
unser!

das **Ge|den|ken;** des Gedenkens; zum
Gedenken an die Opfer
die **Ge|denk|fei|er**
die **Ge|denk|stät|te**
der **Ge|denk|tag**
das **Ge|dicht;** des Gedichts oder Ge|dich|tes;
die Ge|dich|te
ge|die|gen; gediegenes (reines) Gold;
ein gediegener (zuverlässiger) Charakter; gediegene (solide) Kenntnisse
haben
das **Ge|drän|ge;** des Gedränges
ge|drun|gen; eine gedrungene Gestalt
die **Ge|duld**
sich **ge|dul|den;** du geduldest dich; er gedul-
dete sich; er hat sich lange geduldet;
geduld oder gedulde dich noch ein
wenig!
ge|dul|dig; geduldiges Zuhören
das **Ge|dulds|spiel**
ge|eig|net; der geeignete Raum
die **Geest** (hoch gelegenes, sandiges Land
im Küstengebiet); die Geesten
die **Ge|fahr;** Gefahr laufen; jemanden in
Gefahr bringen; <mark>Gefahr bringend</mark> oder
gefahrbringend; ein <mark>Gefahr bringendes</mark>
oder gefahrbringendes Handeln; ABER
NUR: ein große Gefahr bringendes,
äußerst gefahrbringendes Handeln
ge|fähr|den; du gefährdest; er gefähr-
dete; er hat ihn gefährdet; gefährd oder
gefährde den Verkehr nicht!
ge|fähr|det; gefährdete Tierarten
die **Ge|fähr|dung**
ge|fähr|lich; ein gefährlicher Aufstieg
die **Ge|fähr|lich|keit**
das **Ge|fährt** (der Wagen); des Gefährts oder
Ge|fähr|tes; die Ge|fähr|te
der **Ge|fähr|te** (der Begleiter); des/dem/den
Gefährten; die Gefährten
die **Ge|fähr|tin;** die Gefährtinnen
ge|fahr|voll; eine gefahrvolle Situation
das **Ge|fäl|le;** des Gefälles
ge|fal|len; etwas gefällt; etwas gefiel;
etwas hat gefallen; es hat ihr gut gefallen; sich etwas gefallen lassen
ge|fal|len; die gefallenen Soldaten
das **Gefallen;** des Gefallens; Gefallen an
etwas finden
der **Ge|fal|len;** er hat ihr den Gefallen getan
ge|fäl|lig (so, dass es jemandem gefällt);
ein gefälliges Benehmen

Gefälligkeit – Gegenteil

die **Ge|fäl|lig|keit**
ge|fäl|ligst; sei gefälligst still!

die **Ge|fäll|stre|cke**
ge|fan|gen; der gefangene Dieb; gefangen nehmen; er nahm ihn gefangen; er hat ihn gefangen genommen; gefangen halten; um sie gefangen zu halten

der **Ge|fan|ge|ne;** ein Gefangener; die Gefangenen; mehrere Gefangene

die **Ge|fan|ge|ne;** eine Gefangene

die **Ge|fan|gen|schaft**

das **Ge|fäng|nis;** des Gefängnisses; die Gefängnisse

die **Ge|fäng|nis|stra|fe**

das **Ge|fäß;** des Gefäßes; die Gefäße
ge|fasst; gefasster, am gefasstesten; auf alles gefasst sein

das **Ge|fecht;** des Gefechts *oder* Gefechtes; die Gefechte
ge|feit (sicher, geschützt); gegen Vorwürfe gefeit sein

das **Ge|fie|der;** des Gefieders

das **Ge|fil|de** (Landschaft); des Gefildes; die Gefilde

das **Ge|flecht;** des Geflechts *oder* Geflechtes
ge|flis|sent|lich (aufmerksam)

das **Ge|flü|gel;** des Geflügels
ge|flü|gelt; geflügelte Worte (häufig gebrauchte Zitate)

das **Ge|fol|ge;** des Gefolges

die **Ge|folg|schaft**

die **Ge|folgs|leu|te** *Plural*
ge|frä|ßig; ein gefräßiger Kerl

die **Ge|frä|ßig|keit**

die **Ge|frei|te;** eine Gefreite; zwei Gefreite

der **Ge|frei|te;** ein Gefreiter; die Gefreiten
ge|frie|ren; das Wasser gefriert; es gefror; es ist gefroren

das **Ge|frier|fleisch**

die **Ge|frier|tru|he**
ge|frus|tet (*umgangssprachlich für:* sehr enttäuscht)

das **Ge|fü|ge;** des Gefüges; die Gefüge
ge|fü|gig (sich gehorsam fügend); jemanden gefügig machen

das **Ge|fühl;** des Gefühls *oder* Gefühles; die Gefühle
ge|fühl|los; gefühlloser; am gefühllosesten

die **Ge|fühls|sa|che;** das ist Gefühlssache
ge|fühlt (nach dem Gefühl geschätzt;

gefühlsmäßig); eine gefühlte Temperatur von 30 Grad; gefühlte Ungerechtigkeit
ge|ge|ben; aus gegebenem Anlass; sich in das Gegebene fügen
ge|ge|be|nen|falls (eventuell; *Abkürzung:* ggf.); gegebenenfalls komme ich darauf zurück

die **Ge|ge|ben|heit** *meist Plural;* sich auf neue Gegebenheiten einstellen
ge|gelt (mit Gel behandelt); gegelte Haare
ge|gen; er rannte gegen das Tor; gegen (ungefähr) zwanzig Leute standen da

die **Ge|gend;** die Gegenden
ge|gen|ei|n|an|der; gegeneinander sein; gegeneinander kämpfen, antreten; vier Mannschaften sind gegeneinander angetreten, haben gegeneinander gekämpft; ↑ aufeinander
ge|gen|ei|n|an|der|drü|cken; die Handflächen gegeneinanderdrücken
ge|gen|ei|n|an|der|pral|len; die Kugeln sind mit großer Wucht gegeneinandergeprallt
ge|gen|ei|n|an|der|stel|len; ich habe die Fahrräder gegeneinandergestellt
ge|gen|ei|n|an|der|sto|ßen; sie stießen mit den Köpfen gegeneinander; sie sind mit den Ellenbogen gegeneinandergestoßen

die **Ge|gen|fahr|bahn**

das **Ge|gen|ge|wicht**

die **Ge|gen|leis|tung**
ge|gen|len|ken (beim Autofahren); sie hat in der Kurve gegengelenkt

die **Ge|gen|maß|nah|me**

der **Ge|gen|satz;** die Gegensätze
ge|gen|sätz|lich

die **Ge|gen|sei|te**
ge|gen|sei|tig; gegenseitige Achtung

der **Ge|gen|spie|ler**

die **Ge|gen|spie|le|rin**

der **Ge|gen|stand;** des Gegenstands *oder* Gegenstandes; die Gegenstände
ge|gen|steu|ern; er hat gegengesteuert; einer bedrohlichen Entwicklung gegensteuern

die **Ge|gen|stim|me**

das **Ge|gen|stück**

das **Ge|gen|teil;** im Gegenteil; ins Gegenteil umschlagen

gegenteilig – gehorchen

ge|gen|tei|lig; er war gegenteiliger Auffassung

das **Ge|gen|tor** *(Sport)*

ge|gen|über; die Schule steht gegenüber dem Rathaus, *auch:* dem Rathaus gegenüber; ABER: das **Gegen|über** (Person, die jemandem gegenübersitzt oder -steht); mein Gegenüber bei Tisch war äußerst langweilig

ge|gen|über|lie|gen; die feindlichen Truppen haben sich gegenübergelegen; ABER: die beiden Äpfel, die gegenüber (dort) liegen

ge|gen|über|ste|hen; sie haben sich feindlich gegenübergestanden; ABER: die beiden Häuser, die gegenüber (dort) stehen

ge|gen|über|stel|len; sie wurden einander gegenübergestellt

die **Ge|gen|über|stel|lung**

ge|gen|über|tre|ten; er wusste nicht, wie er ihm nach diesem Vorfall gegenübertreten sollte

der **Ge|gen|ver|kehr**

die **Ge|gen|wart**

ge|gen|wär|tig; der gegenwärtige Zustand

die **Ge|gen|wehr** *Plural selten*

der **Ge|gen|wind**

der **Ge|gen|zug;** ein geschickter Gegenzug

der **Geg|ner;** des Gegners; die Gegner

die **Geg|ne|rin;** die Gegnerinnen

geg|ne|risch; das gegnerische Team

gegr. = gegründet

das **Ge|hack|te** (Hackfleisch); des/dem Gehackten; ein halbes Pfund Gehacktes

das **Ge|halt** (Lohn); des Gehalts *oder* Ge|hal|tes; die Ge|häl|ter

der **Ge|halt** (Inhalt, Wert); des Gehalts *oder* Ge|hal|tes; die Ge|hal|te

ge|hal|ten; die Teilnehmer sind gehalten (verpflichtet) …

ge|halt|voll (inhaltsreich); gehaltvolle Bücher

ge|han|di|capt *oder* ge|han|di|kapt [gəˈhɛndɪkɛpt] (behindert, benachteiligt)

ge|häs|sig; eine gehässige Bemerkung

die **Ge|häs|sig|keit**

das **Ge|häu|se;** des Gehäuses

geh|be|hin|dert

das **Ge|he|ge;** des Geheges; die Gehege

ge|heim; das muss geheim bleiben!; etwas geheim erledigen; er will es geheim halten; sie hat die Angelegenheit geheim gehalten; im Geheimen; ABER: insgeheim; Geheimer Regierungsrat

der **Ge|heim|dienst**

die **Ge|heim|hal|tung**

das **Ge|heim|nis;** des Geheimnisses; die Geheimnisse

ge|heim|nis|voll; ein geheimnisvoller Raum

die **Ge|heim|rats|ecken** (*umgangssprachlich scherzhaft für:* durch Haarausfall oberhalb der Schläfen entstandene Einbuchtungen im Haaransatz bei Männern) *Plural*

der **Ge|heim|tipp**

das **Ge|heiß** (mündliche Anordnung); des Ge|hei|ßes; auf Geheiß des Lehrers; auf sein Geheiß etwas tun

ge|hemmt (unsicher; schüchtern)

ge|hen; du gehst; sie geht; sie ging; sie ist nach Hause gegangen; geh *oder* gehe jetzt!; etwas ist vor sich gegangen; baden gehen; schlafen gehen; jemanden [nach Hause] gehen lassen; gehen lassen *oder* gehenlassen (in Ruhe lassen); einen Teig 20 Minuten gehen lassen *oder* gehenlassen; sich gehen lassen *oder* gehenlassen (sich nicht beherrschen); er hat sich auf dem Fest gehen lassen *oder* gehenlassen (*seltener:* gehen gelassen *oder* gehengelassen)

ge|heu|er; die Ruine kommt mir nicht [ganz] geheuer vor; bei dieser Sache ist mir nicht geheuer

der **Ge|hil|fe;** des Gehilfen; die Gehilfen

die **Ge|hil|fin;** die Gehilfinnen

das **Ge|hirn;** des Gehirns *oder* Ge|hir|nes; die Ge|hir|ne

die **Ge|hirn|er|schüt|te|rung**

die **Ge|hirn|wä|sche** (Versuch der gewaltsamen Manipulation eines Menschen)

ge|ho|ben (sich abhebend; nicht alltäglich); gehobene Sprache

das **Ge|höft;** des Gehöfts *oder* Ge|höf|tes; die Ge|höf|te

das **Ge|hölz;** des Ge|höl|zes; die Ge|höl|ze

das **Ge|hör;** des Gehörs *oder* Ge|hö|res; Gehör finden; sie schenkte ihm Gehör

ge|hor|chen; du gehorchst; er gehorchte

gehören – Geläut

ihr; er hat ihr gehorcht; gehorch *oder*
gehorche ihr!; der Not gehorchend

ge|hö|ren; etwas gehörte ihr; etwas hat
ihr gehört; die mir gehörenden Häuser;
du gehörst zu dieser Familie

der **Ge|hör|gang**

ge|hö|rig; er hat gehörigen (angemessenen) Respekt vor mir

ge|hör|los

ge|hor|sam

der **Ge|hor|sam;** des Gehorsams

der **Geh|steig** (Bürgersteig); des Gehsteigs
oder Gehsteiges; die Gehsteige

der **Geh|weg**

der **Gei|er;** des Geiers; die Geier

der **Gei|fer** (ausfließender Speichel); des
Geifers

gei|fern (gehässige Worte ausstoßen);
ich geifere nie; er geiferte; er hat gegeifert; geifere nicht!

die **Gei|ge;** die erste Geige spielen

der **Gei|ger;** des Geigers; die Geiger

die **Gei|ge|rin;** die Geigerinnen

der **Gei|ger|zäh|ler** *oder* **Gei|ger-Zäh|ler**
(Gerät zum Nachweis radioaktiver Strahlen)

geil (sexuell erregt, gierig; *jugendsprachlich für:* großartig, toll); eine geile Idee

die **Gei|sel** (Gefangene[r] als Druckmittel);
die Geiseln; jemanden als Geisel nehmen

die **Gei|sel|nah|me**

der **Gei|sel|neh|mer**

die **Gei|sel|neh|me|rin;** die Geiselnehmerinnen

der **Gei|ser** *vergleiche:* **Gey|sir**

die **Geiß** (Ziege); die Geißen

die **Gei|ßel** (Peitsche); die Geißeln

gei|ßeln; du geißelst ihn; er hat ihn
gegeißelt; geißle *oder* geißele ihn nicht!

der **Geist;** des Geists *oder* Geistes; die Geister

der **Geis|ter|fah|rer** (Person, die auf der falschen Seite der Autobahn fährt)

die **Geis|ter|fah|re|rin**

geis|tern; du geisterst; die Idee geisterte
in ihren Köpfen; er ist durchs Haus
gegeistert

geis|tes|ge|gen|wär|tig

geis|tes|ge|stört

geis|tes|krank

die **Geis|tes|krank|heit** (*veraltet für:* geistige Behinderung)

geis|tig; geistiges Eigentum; geistig
behindert sein; geistige (alkoholische)
Getränke

> ! Nicht verwechseln: Das Adjektiv *geistig*
> bedeutet »den Geist, das Denken
> betreffend« *(geistige Arbeit, geistige
> Fähigkeiten);* dagegen bedeutet *geistlich* »die Kirche, die Religion betreffend« *(geistliche Musik, geistliche
> Schriften).*

geist|lich; geistlicher Beistand

der **Geist|li|che;** ein Geistlicher; die Geistlichen; mehrere Geistliche

die **Geist|li|che;** eine Geistliche

geist|reich

der **Geiz** (übertriebene Sparsamkeit); des
Geizes

gei|zen; du geizt; er geizte; er hat mit
jedem Cent gegeizt; geiz *oder* geize nicht
so!

der **Geiz|hals** (*abwertend für:* geiziger
Mensch); des Geizhalses; die Geizhälse

gei|zig; ein geiziger Mensch

der **Geiz|kra|gen** (*umgangssprachlich abwertend für:* geiziger Mensch)

das **Gel** (eingedickte, halbsteife Substanz);
des Gels; die Gele

das **Ge|läch|ter;** des Gelächters

das **Ge|la|ge** (gemeinsames [über]reichliches Essen und Trinken); des Gelages;
ein wüstes Gelage

das **Ge|län|de;** des Geländes

das **Ge|län|der;** des Geländers; die Geländer

das **Ge|län|de|spiel**

der **Ge|län|de|wa|gen**

ge|lan|gen; er ist ans Ziel gelangt

ge|las|sen (ruhig; beherrscht); sie
steht der Gefahr gelassen gegenüber

die **Ge|las|sen|heit**

die **Ge|la|ti|ne** [ʒelaˈtiːnə] (leimartige
Substanz, die z. B. zum Eindicken
und Binden von Speisen verwendet
wird)

ge|läu|fig (bekannt, vertraut; fließend); geläufige Redensarten

die **Ge|läu|fig|keit**

ge|launt; gut, schlecht gelaunt sein

das **Ge|läut** (die Glocken); des Geläuts *oder*
Geläutes; die Geläute

Geläute – Gemäuer

das **Ge|läu|te** (dauerndes Läuten); des
Geläutes
gelb; das gelbe Fieber; der gelbe Sack;
das gelbe *oder* Gelbe Trikot *(Radsport)*;
die gelbe *oder* Gelbe Karte *(Fußball);* die
Gelben Engel (Pannenhilfefahrzeuge des
ADAC); Gelbe Rüben *(süddeutsch für:*
Möhren); Gelbe Seiten *(Markenbezeich-*
nung: Branchentelefonbuch); ↑ *auch:*
blau
das **Gelb** (die gelbe Farbe); des Gelbs; bei
Gelb ist die Kreuzung zu räumen; die
Ampel zeigt, steht auf Gelb; ↑ *auch:* Blau
gelb|braun ↑ blau
gelb|lich; gelblich grün
die **Gelb|sucht**
das **Geld;** des Gel|des; die Gel|der
der **Geld|au|to|mat**
der **Geld|be|trag**
die **Geld|bör|se**
die **Geld|bu|ße**
der **Geld|ge|ber**
geld|gie|rig *(abwertend)*
der **Geld|man|gel**
der **Geld|markt**
der **Geld|schein**
die **Geld|stra|fe**
das **Geld|stück**
die **Geld|wä|sche**
das, *auch:* der **Ge|lee** [ʒeˈleː]; des Gelees; die
Gelees
ge|le|gen; das kommt mir gelegen
(passt mir gut)
die **Ge|le|gen|heit**
ge|le|gent|lich; wir sehen uns gelegent-
lich
ge|leh|rig; eine gelehrige Schülerin
ge|lehrt; ge|lehr|ter; am ge|lehr|tes-
ten; ein gelehrter Mann; sie ist sehr
gelehrt
der **Ge|lehr|te;** ein Gelehrter; die Gelehr-
ten; viele Gelehrte; in Anwesenheit
bedeutender Gelehrter *(auch noch:*
Gelehrten); mit ihm als bedeutendem
Gelehrten
die **Ge|lehr|te;** eine Gelehrte
das **Ge|lei|se** *vergleiche:* **Gleis**
das **Ge|leit** (Begleitung zum Schutz); des
Geleits *oder* Gelei|tes; die Ge|lei|te
ge|lei|ten; du geleitest; sie geleitete; sie
hat ihn zur Tür geleitet; geleit *oder*
geleite ihn!

ge|len (mit Gel behandeln); ich gele; du
gelst; sie gelte; gel *oder* gele deine Haare
nicht so oft!
das **Ge|lenk;** des Gelenks *oder* Gellen|kes;
die Ge|len|ke
ge|len|kig; er ist sehr gelenkig
die **Ge|len|kig|keit**
ge|lernt; ein gelernter Maurer
der **Ge|lieb|te;** ihr Geliebter; die Geliebten;
zwei Geliebte
die **Ge|lieb|te;** eine Geliebte
ge|lind *oder* **ge|lin|de;** gelinde (vorsich-
tig) gesagt
ge|lin|gen; etwas gelingt; etwas gelang;
das ist ihr sehr gut gelungen
gel|len (hell schallen); etwas gellt; etwas
gellte; der Pfiff hat laut gegellt
ge|lo|ben; du gelobst; sie gelobte; sie hat
mir Treue gelobt; sich geloben; sie hat
sich gelobt (ernsthaft vorgenommen)[,]
etwas zu tun; ABER: das Gelobte Land
(biblisch)
das **Ge|löb|nis;** des Gelöbnisses; die Gelöb-
nisse
ge|löst; ge|lös|ter; am ge|lös|tes|ten;
gelöste (entspannte) Stimmung
gelt? *(süddeutsch für:* nicht wahr?)
gel|ten; du giltst; sie gilt; sie galt; sie hat
als klug gegolten; die Fahrkarte gilt
noch; er hat deine Antwort gelten lassen;
er hat Ansprüche geltend gemacht
die **Gel|tend|ma|chung** *(Amtssprache)*
die **Gel|tung;** sich Geltung verschaffen
das **Gel|tungs|be|dürf|nis**
das **Ge|lüb|de;** des Gelübdes; die Gelübde
ge|lun|gen; eine gelungene Aufführung;
das Fest ist besonders gut gelungen
das **Ge|mach** *(gehoben für:* Wohnraum); des
Gemachs *oder* Ge|ma|ches; die Ge|mä-
cher *oder* Ge|ma|che
ge|mäch|lich (langsam)
die **Ge|mäch|lich|keit**
ge|macht; ein gemachter *(umgangs-*
sprachlich für: erfolgreicher) Mann
der **Ge|mahl** (Ehemann); des Gemahls; die
Ge|mah|le
die **Ge|mah|lin** (Ehefrau); die Gemahlinnen
das **Ge|mäl|de;** des Gemäldes; die Gemälde
ge|mäß; dem Befehl gemäß *(seltener:*
gemäß dem Befehl)
ge|mä|ßigt; die gemäßigte Klimazone
das **Ge|mäu|er;** des Gemäuers; die Gemäuer

gemein – Genfer See

ge|**mein**; ein gemeiner Mensch; du bist gemein!; ABER: die Gemeine Stubenfliege

die Ge|**mein**|de; die Gemeinden

der Ge|**mein**|de|rat

die Ge|**mein**|de|rä|tin

die Ge|**mein**|heit

ge|**mein**|hin (für gewöhnlich)

ge|**mein**|nüt|zig; gemeinnützige Vereine

der Ge|**mein**|platz (abgegriffene, nichtssagende Redensart)

ge|**mein**|sam; gemeinsames Vorgehen

die Ge|**mein**|sam|keit

die Ge|**mein**|schaft

ge|**mein**|schaft|lich

die Ge|**mein**|schafts|kun|de (ein Schulfach)

die Ge|**mein**|schafts|wäh|rung

das Ge|**mein**|we|sen

das Ge|**mein**|wohl

das Ge|**men**|ge (Gemisch); des Gemenges; die Gemenge

das Ge|**met**|zel

das Ge|**misch**; des Gemischs *oder* Ge|mi|sches; die Ge|mi|sche

ge|**mischt**; gemischtes Doppel *(Sport)*

das Ge|**mü**|se; des Gemüses; die Gemüse; Mohrrüben sind ein nahrhaftes Gemüse; Mohrrüben und Bohnen sind nahrhafte Gemüse; junges Gemüse *(umgangssprachlich für:* junge Leute)

das Ge|**mü**|se|beet

das Ge|**müt**; des Gemüts *oder* Ge|mü|tes; die Ge|mü|ter; sich etwas zu Gemüte führen

ge|**müt**|lich

die Ge|**müt**|lich|keit

gen (in Richtung); gen Himmel

das **Gen** (Träger einer Erbanlage); des Gens; die Ge|ne

gen. = genannt

ge|**nau**; ge|nau|er; am ge|naus|ten *oder* ge|nau|es|ten; etwas [ganz] genau nehmen; sie hat[,] genau genommen[,] nicht gelogen; auf das, aufs genau[e]ste *oder* <mark>Genau[e]ste</mark>; genaustens *oder* genauestens; wir wissen noch nichts Genaues; die Karten werden genau so verteilt, dass jeder Spieler ...; ↑ ABER: genauso

die Ge|**nau**|ig|keit

ge|**nau**|so (ebenso); genauso viel Freunde; genauso gut; du kannst genauso gut die Bahn nehmen; genauso

lang[e]; das dauert genauso lang[e]; ↑ ABER: genau

der **Gen**|darm [ʒanˈdarm, *auch:* ʒãˈdarm] (Polizist); des/dem/den Gen|dar|men; die Gen|dar|men

die **Gen**|dar|me|rie (Polizei [auf dem Lande])

ge|**neh**|mi|gen; du genehmigst; sie genehmigte; sie hat es genehmigt; genehmige endlich den Antrag!

die Ge|**neh**|mi|gung

die Ge|**neh**|mi|gungs|pflicht

ge|**neh**|mi|gungs|pflich|tig; eine genehmigungspflichtige Aktion

der Ge|ne|**ral**; die Ge|ne|ra|le *oder* Ge|ne|rä|le

der Ge|ne|**ral**|di|rek|tor

die Ge|ne|**ral**|di|rek|to|rin

die Ge|ne|**ra**|lin

die Ge|ne|**ral**|pro|be (letzte Probe vor der ersten Aufführung)

der Ge|ne|**ral**|se|kre|tär (hoher amtlicher Vertreter einer Partei oder Organisation)

die Ge|ne|**ral**|se|kre|tä|rin

der Ge|ne|**ral**|streik

die Ge|ne|**ral**|ver|samm|lung

die Ge|ne|**ra**|ti|on (ein Glied in der Geschlechterfolge; alle Altersgenossen); die Ge|ne|ra|ti|o|nen

der Ge|ne|**ra**|ti|ons|wech|sel

der Ge|ne|**ra**|tor (Stromerzeuger); des Generators; die Ge|ne|ra|to|ren

ge|ne|**rell** (allgemein [gültig]); eine generelle Lösung

ge|ne|**rie**|ren (hervorbringen); du generierst; sie generierte; er hat generiert; Adressen generieren

die Ge|**ne**|se (Entstehung; Entwicklung)

ge|**ne**|sen (gesund werden); du genest; sie genas; sie genäse; sie ist genesen

die Ge|**ne**|sis (Entstehung; Schöpfungsgeschichte)

die Ge|**ne**|sung (das Gesundwerden)

die Ge|**ne**|tik (Vererbungslehre)

ge|**ne**|tisch (erblich bedingt); genetischer Fingerabdruck (Muster des menschlichen Erbgutes, das zur Aufklärung von Straftaten genutzt werden kann)

Genf (Kanton und Stadt in der Schweiz)

der **Gen**|fer **See**, *schweizerisch meist:* **Gen**|fer|see

191

Genforschung – Gepflogenheit

die **Gen|for|schung**
ge|ni|al (schöpferisch, sehr begabt); eine
geniale Idee
die **Ge|ni|a|li|tät**
das **Ge|nick**; des Genicks *oder* Ge|ni|ckes;
die Ge|ni|cke
der **Ge|nick|schuss**
das **Ge|nie** [ʒeˈniː] (äußerst begabter
Mensch); des Genies; die Genies
sich **ge|nie|ren** [ʒeˈniːrən] (sich schämen); du
genierst dich; er genierte sich; er hat sich
geniert; genier *oder* geniere dich nicht!
ge|nieß|bar; genießbare Zutaten
ge|nie|ßen; du genießt; sie genießt; sie
genoss; sie hat dies genossen; genieß
oder genieße den Tag!
der **Ge|nie|ßer**; des Genießers; die Genießer
die **Ge|nie|ße|rin**; die Genießerinnen
ge|nie|ße|risch; ein genießerischer
Blick
die **Ge|ni|ta|li|en** (Geschlechtsorgane) *Plural*
der **Ge|ni|tiv** (Wesfall; 2. Fall); des Genitivs;
die Ge|ni|ti|ve
das **Ge|ni|tiv|ob|jekt**
der **Gen|mais** (*umgangssprachlich für:* gen-
technisch veränderter Mais)
gen|ma|ni|pu|liert
der **Ge|nos|se**; des/dem/den Genossen; die
Genossen
die **Ge|nos|sen|schaft**
ge|nos|sen|schaft|lich
die **Ge|nos|sin**; die Genossinnen
der, *auch:* das **Ge|no|zid** (Völkermord); des
Genozids *oder* Ge|no|zi|des; die Ge|no-
zi|de *oder* die Ge|no|zi|di|en
das **Gen|re** [ˈʒãːrə] (Art, Gattung); des Gen-
res; die Genres
die **Gen|tech|nik** (Technik der Erforschung
und Beeinflussung der Gene)
gen|tech|nisch; gentechnische Verände-
rungen
die **Gen|tech|no|lo|gie** (Teilgebiet der Biolo-
gie)
der **Gen|t|le|man** [ˈdʒɛntl̩mɛn] (vornehmer,
gebildeter Mann [mit tadellosen
Umgangsformen]); des Gentlemans; die
Gentlemen

> **!** Der Plural von *Gentleman* wird wie im
> Englischen mit *e* gebildet. Es heißt also
> »ein Gentleman«, aber »viele Gentle-
> men«.

ge|nug; genug und übergenug; nicht
genug bekommen; genug Gutes; Gutes
genug; genug des Guten
die **Ge|nü|ge**; Genüge tun, leisten; zur
Genüge
ge|nü|gen; du genügst; sie genügt; sie
genügte; sie hat den Anforderungen
genügt; dies genügt für unsere Zwecke
ge|nü|gend ↑ ausreichend
ge|nüg|sam (anspruchslos); ein genüg-
samer Mensch
die **Ge|nüg|sam|keit**
die **Ge|nug|tu|ung**
das **Ge|nus** (grammatisches Geschlecht); des
Genus; die Ge|ne|ra
der **Ge|nuss**; des Ge|nus|ses; die Ge|nüs|se
ge|nüss|lich
das **Ge|nuss|mit|tel**
die ==**Ge|nuss|sucht**== *oder* **Ge|nuss-Sucht**
ge|nuss|süch|tig
das **Geo|drei|eck** (*Markenbezeichnung:*
transparentes Dreieck zum Ausmessen
und Zeichnen von Winkeln o. Ä.)
die **Geo|gra==fie==** *oder* **Geo|gra|phie** (Erd-
kunde)
==**geo|gra|fisch**== *oder* **geo|gra|phisch**
der **Geo|lo|ge**; des/dem/den Geologen; die
Geologen
die **Geo|lo|gie** (Lehre von der Entstehung
und vom Bau der Erde)
die **Geo|lo|gin**; die Geologinnen
geo|lo|gisch
die **Geo|me|t|rie** (Flächen- und Raumlehre);
die Geo|me|t|ri|en
geo|me|t|risch; geometrische Figuren
ge|ord|net; geordnete Verhältnisse; eine
==**gut geordnete**== *oder* gutgeordnete Bibliothek; die Bibliothek ist gut geordnet
Ge|or|gi|en (Staat in Transkaukasien)
der **Ge|or|gi|er**
die **Ge|or|gi|e|rin**; die Georgierinnen
ge|or|gisch
das **Ge|päck**; des Gepäcks *oder* Ge|pä|ckes
der **Ge|päck|trä|ger**
der **Ge|pard** [*auch:* geˈpart] (ein katzenarti-
ges Raubtier); des Gepards, *auch:* Ge-
par|den; die Ge|par|de, *auch:* Ge|par-
den
ge|pflegt; ge|pfleg|ter; am ge|pfleg|tes-
ten; ein ==**gut gepflegter**== *oder* gutgepfleg-
ter Rasen; der Rasen ist gut gepflegt
die **Ge|pflo|gen|heit** (die Gewohnheit)

Ger – gering

der **Ger** (germanischer Wurfspieß); des Gers
oder Ge|res; die Ge|re

ge|ra|de

– eine gerade Zahl
– fünf gerade sein lassen
– gerade darum

Schreibung in Verbindung mit Verben:

– gerade sitzen; wenn du keine Rücken-
schmerzen bekommen möchtest, solltest du immer gerade sitzen; da wollte
ich doch gerade (eben) sitzen!
– gerade stehen (aufrecht stehen); ABER:
für etwas ↑ geradestehen (die Folgen auf
sich nehmen)

*Wenn »gerade« das Ergebnis der mit
einem folgenden Verb bezeichneten Tätigkeit angibt, kann getrennt oder zusammengeschrieben werden:*

– den Stab gerade biegen *oder* geradebiegen; ↑ ABER: geradebiegen (*umgangssprachlich für:* in Ordnung bringen)

die **Ge|ra|de** (gerade Linie); vier Gerade *oder*
vier Geraden
ge|ra|de|aus; geradeaus gehen; er geht
geradeaus (in gleicher Richtung); ABER:
er geht gerade (soeben) aus (in ein Lokal
o. Ä.)
ge|ra|de|bie|gen (*umgangssprachlich
für:* in Ordnung bringen); wir werden die
Geschichte schon wieder geradebiegen;
↑ auch: gerade
ge|ra|de|he|r|aus (offen, direkt);
etwas geradeheraus sagen; ABER: er
kam gerade (soeben) heraus (aus dem
Haus)
ge|ra|de|so (ebenso, genauso); das kann
ich geradeso gut wie du
ge|ra|de|ste|hen (die Folgen auf sich
nehmen); du musst für deine Vergess-
lichkeit geradestehen; ↑ ABER: gerade
ge|ra|de|wegs
geradezu; geradezu gehen, sein; das ist
geradezu absurd!
ge|rad|li|nig, *umgangssprachlich auch:*
grad|li|nig

die **Ge|rad|li|nig|keit**

das **Ge|ran|gel;** des Gerangels

die **Ge|ra|nie** (eine Zierpflanze); die Ge|ra-
ni|en

das **Ge|rät;** des Geräts *oder* Ge|rä|tes; die
Ge|rä|te
ge|ra|ten; du gerätst; sie gerät; sie
geriet; sie ist in Not geraten; der Kuchen
gerät (gelingt) mir; ich gerate außer
mich (*auch:* mir) vor Freude

das **Ge|rä|te|tur|nen** *oder* **Ge|rät|tur|nen**

das **Ge|ra|te|wohl;** *nur in:* aufs Geratewohl
(auf gut Glück)
ge|raum (*gehoben für:* länger); *nur noch
in:* geraume Zeit; vor, seit raumer Zeit
ge|räu|mig; eine geräumige Küche

die **Ge|räu|mig|keit**

das **Ge|räusch;** des Geräuschs *oder* Ge|räu-
sches; die Ge|räu|sche
ge|räusch|arm

die **Ge|räusch|ku|lis|se**
ge|räusch|los
ge|räusch|voll
ger|ben; du gerbst; sie hat die Haut
gegerbt; gerb *oder* gerbe ihm das Fell!
(verprügle ihn!)

der **Ger|ber;** des Gerbers; die Gerber

die **Ger|be|rei**

die **Ger|be|rin;** die Gerberinnen

der **Gerb|stoff**
ge|recht; ge|rech|ter; am ge|rech|tes-
ten; Erwartungen gerecht werden (erfül-
len)

die **Ge|rech|tig|keit**

der **Ge|rech|tig|keits|sinn**

das **Ge|re|de;** des Geredes
ge|reizt; ge|reiz|ter, am ge|reiz|tes|ten

das **Ge|richt;** des Gerichts *oder* Ge|rich|tes;
die Ge|rich|te
ge|richt|lich

der **Ge|richts|hof**

das **Ge|richts|ver|fah|ren**

der **Ge|richts|voll|zie|her**

die **Ge|richts|voll|zie|he|rin;** die Gerichts-
vollzieherinnen
ge|ring; ein geringer Betrag; das wird
am geringsten (wenigsten) auffallen;
ABER: ein Geringes (wenig) tun; um ein
Geringes (wenig) erhöhen; es ist nichts
Geringeres als …; es geht ihn nicht das
Geringste (gar nichts) an; das Geringste,
was er tun kann, ist …; es stört mich
nicht im Geringsten; auch der Geringste
hat Anspruch darauf; kein Geringerer als

193

geringfügig – Geschäftsführer

...; gering schätzen (niedrig veranschlagen); die Reparatur kostet[,] gering geschätzt[,] dreißig Euro; **gering schätzen** *oder* geringschätzen (verachten); er schätzte sie gering; er hat sie **gering geschätzt** *oder* geringgeschätzt
ge|ring|fü|gig; geringfügige Änderungen

die Ge|ring|fü|gig|keit
ge|ring|schät|zen *vergleiche:* ge|ring
ge|ring|schät|zig (verächtlich); geringschätzig lächeln

die Ge|ring|schät|zung
ge|ring|wer|tig; [noch] geringwertigerer, *auch:* geringerwertiger Schmuck
ge|rin|nen; die Milch gerinnt; sie gerann; sie ist geronnen; geronnenes Blut

das Ge|rinn|sel; des Gerinnsels; die Gerinnsel

die Ge|rin|nung

das Ge|rip|pe; des Gerippes; die Gerippe
ge|ris|sen (durchtrieben, schlau); er ist ein gerissener Bursche

die Ge|ris|sen|heit

der Ger|ma|ne; des/dem/den Germanen; die Germanen

die Ger|ma|nin; die Germaninnen
ger|ma|nisch; germanische Kunst; ABER: das Germanische Nationalmuseum in Nürnberg

die Ger|ma|nis|tik (deutsche Sprach- und Literaturwissenschaft)
gern *oder* ger|ne; lie|ber; am liebs|ten; jemanden gern mögen; etwas gern, allzu gern tun; **gern gesehener** *oder* gerngesehener (stets willkommener) Gast; der Gast ist hier sehr gern gesehen; ABER: jemanden ↑ gernhaben

der Ger|ne|groß; des Gernegroß; die Ger|negroße

gern|ge|se|hen *vergleiche:* gern
gern|ha|ben (mögen); weil sie uns gernhat; ABER: das Buch würde ich auch gern haben

das Ge|röll; des Gerölls *oder* Ge|röll|les; die Ge|röll|le

die Ge|röll|hal|de

die Gers|te

das Gers|ten|korn (*auch für:* Vereiterung einer Drüse am Augenlid)

die Ger|te

ger|ten|schlank

der Ge|ruch; des Geruchs *oder* Ge|ru|ches; die Ge|rü|che
ge|ruch|los; ein geruchloses Gas

der Ge|ruchs|sinn; des Geruchssinns *oder* Ge|ruchs|sin|nes

das Ge|rücht; des Gerüchts *oder* Ge|rüchtes; die Ge|rüch|te
ge|ruh|sam; ein geruhsamer Abend

die Ge|ruh|sam|keit

das Ge|rüm|pel

das Ge|rüst; des Gerüsts *oder* Ge|rüs|tes; die Ge|rüs|te
ge|sam|melt; gesammelte Aufmerksamkeit
ge|samt; sein gesamter Besitz; ABER: im Ge|sam|ten (*veraltend für:* insgesamt)

die Ge|samt|be|völ|ke|rung

das Ge|samt|bild
ge|samt|deutsch; gesamtdeutsche Fragen

die Ge|samt|heit

das Ge|samt|kon|zept

die Ge|samt|kos|ten *Plural*

das Ge|samt|kunst|werk

die Ge|samt|leis|tung

die Ge|samt|schu|le

der Ge|samt|um|satz; der Gesamtumsatz eines Unternehmens

der Ge|sand|te; ein Gesandter; die Gesandten; zwei Gesandte

die Ge|sand|te; eine Gesandte

der Ge|sang; des Gesangs *oder* Ge|san|ges; die Ge|sän|ge

das Ge|sang|buch

der Ge|sang|ver|ein

das Ge|säß; des Ge|sä|ßes; die Ge|sä|ße

das Ge|schäft; geschäftehalber; ABER: dringender Geschäfte halber
ge|schäf|tig (betriebsam, fleißig); geschäftig hin und her laufen

> ! Nicht verwechseln: *geschäftlich* hat eine andere Bedeutung als *geschäftig!*

ge|schäft|lich; sie hat hier geschäftlich (dienstlich) zu tun

der Ge|schäfts|be|reich

der Ge|schäfts|be|richt

die Ge|schäfts|frau; die Geschäftsfrauen

der Ge|schäfts|füh|rer (jemand, der ein Unternehmen leitet); der Kunde

Geschäftsführerin – Geschworene

beschwerte sich direkt beim Geschäfts-
führer
die **Ge|schäfts|füh|re|rin;** die Geschäftsfüh-
rerinnen
die **Ge|schäfts|füh|rung**
die **Ge|schäfts|leu|te** (Geschäftsfrauen und
Geschäftsmänner); der Geschäftsleute
Plural
der **Ge|schäfts|mann;** die Geschäftsleute,
selten: Ge|schäfts|män|ner
der **Ge|schäfts|part|ner**
die **Ge|schäfts|part|ne|rin**
ge|schäfts|tüch|tig; geschäftstüchtige
Frauen
ge|schätzt (angesehen, geachtet); ge-
schätz|ter; am ge|schätz|tes|ten; eine
von allen geschätzte Mitschülerin
ge|sche|hen; etwas geschieht; etwas
geschah; etwas ist geschehen
das **Ge|sche|hen**
das **Ge|scheh|nis;** des Geschehnisses; die
Geschehnisse
ge|scheit; ge|schei|ter; am ge|schei|tes-
ten
das **Ge|schenk;** des Geschenks *oder* Ge-
schen|kes; die Ge|schen|ke
die **Ge|schi** (*Schülersprache:* Geschichtsun-
terricht); *meist ohne Artikel*
die **Ge|schich|te**
das **Ge|schich|ten|buch** (Buch mit Erzäh-
lungen)
ge|schicht|lich
das **Ge|schichts|buch** (Buch für den
Geschichtsunterricht)
der **Ge|schichts|un|ter|richt**
das **Ge|schick;** des Geschicks *oder* Ge|schi-
ckes; die Ge|schi|cke (Schicksale)
die **Ge|schick|lich|keit**
ge|schickt; ge|schick|ter; am ge|schick-
tes|ten
ge|schie|den
das **Ge|schirr**
der **Ge|schirr|rei|ni|ger** *oder* **Ge|schirr-Rei-**
ni|ger
das **Ge|schlecht;** des Geschlechts *oder* Ge-
schlech|tes; die Ge|schlech|ter
ge|schlecht|lich; geschlechtliche Fort-
pflanzung
ge|schlechts|krank
die **Ge|schlechts|krank|heit**
das **Ge|schlechts|or|gan**
ge|schlechts|reif

die **Ge|schlechts|rei|fe**
das, *auch:* der **Ge|schlechts|teil;** die Ge-
schlechts|tei|le *meist Plural*
der **Ge|schlechts|trieb**
der **Ge|schlechts|ver|kehr**
das **Ge|schlechts|wort** (Artikel, z. B. »der,
die, das«); die Ge|schlechts|wör|ter
ge|schlos|sen (ohne Ausnahme,
gemeinsam); die Schüler blieben
geschlossen dem Unterricht fern
die **Ge|schlos|sen|heit**
der **Ge|schmack;** des Geschmacks *oder* Ge-
schma|ckes; die Ge|schmä|cke,
umgangssprachlich scherzhaft auch: die
Ge|schmä|cker
ge|schmack|los; ge|schmack|lo|ser; am
ge|schmack|lo|ses|ten
die **Ge|schmack|lo|sig|keit**
Ge|schmack[s]|sa|che; das ist
Geschmack[s]sache
ge|schmack|voll
das **Ge|schmei|de** (Schmuck)
ge|schmei|dig (biegsam; gelenkig);
geschmeidiges Leder
ge|schnie|gelt; geschniegelt und gebü-
gelt (fein hergerichtet)
das **Ge|schöpf;** des Geschöpfs *oder* Ge-
schöp|fes; die Ge|schöp|fe
das **Ge|schoss;** des Geschos|ses; die Ge-
schos|se
das **Ge|schrei;** des Geschreis
das **Ge|schütz;** des Ge|schüt|zes; die Ge-
schüt|ze
das **Ge|schwa|der** (Verband von Kriegsschif-
fen oder Flugzeugen)
das **Ge|schwätz**
ge|schwät|zig; ein geschwätziger Kerl
die **Ge|schwät|zig|keit**
ge|schwei|ge (noch viel weniger); sie
haben nicht einmal Geld zum Leben,
geschweige denn für einen Schwimm-
badbesuch
ge|schwind (*landschaftlich für:* schnell)
die **Ge|schwin|dig|keit**
die **Ge|schwin|dig|keits|be|schrän|kung**
die **Ge|schwis|ter** *Plural*
ge|schwis|ter|lich; geschwisterliche
Zuneigung
das **Ge|schwis|ter|paar**
der **Ge|schwo|re|ne;** ein Geschworener; die
Geschworenen; zwei Geschworene
die **Ge|schwo|re|ne;** eine Geschworene

195

Geschwulst – gestehen

die, *auch:* das **Ge|schwulst;** die Ge|schwüls-
te

das **Ge|schwür;** des Geschwürs *oder* Ge-
schwü|res; die Ge|schwü|re

der **Ge|sel|le;** des/dem/den Gesellen; die
Gesellen

ge|sel|len (dazukommen); du gesellst
dich zu ihm; zu den schulischen Misser-
folgen gesellten sich noch familiäre
Schwierigkeiten

ge|sel|lig; in geselliger Runde

die **Ge|sel|lig|keit**

die **Ge|sel|lin;** die Gesellinnen

die **Ge|sell|schaft;** Gesellschaft mit
beschränkter Haftung (*Abkürzung:*
GmbH)

ge|sell|schaft|lich; gesellschaftliche
Konflikte

ge|sell|schafts|po|li|tisch

das **Ge|setz;** des Ge|set|zes; die Ge|set|ze

das **Ge|setz|buch**

der **Ge|setz|ent|wurf** *oder* **Ge|set|zes|ent-
wurf**

die **Ge|set|zes|än|de|rung**

ge|setz|ge|bend; die gesetzgebende Ver-
sammlung

der **Ge|setz|ge|ber;** des Gesetzgebers

die **Ge|setz|ge|bung**

das **Ge|setz|ge|bungs|ver|fah|ren**

ge|setz|lich; die gesetzliche Erbfolge

ge|setz|mä|ßig; die gesetzmäßige Ent-
wicklung

ge|setzt; gesetzt (angenommen)[,] dass
...; gesetzt den Fall, [dass] ...

ge|setz|wid|rig; gesetzwidriges Han-
deln

ges. gesch. = gesetzlich geschützt

das **Ge|sicht;** des Gesichts *oder* Ge|sich|tes;
die Ge|sich|ter *und (für Erscheinungen:)*
Ge|sich|te

der **Ge|sichts|aus|druck**

der **Ge|sichts|punkt**

der **Ge|sichts|zug;** die Ge|sichts|zü|ge *meist
Plural*

das **Ge|sims;** des Ge|sim|ses; die Ge|sim|se

das **Ge|sin|de** (*früher für:* Knechte und
Mägde); des Gesindes

das **Ge|sin|del** (*abwertend für:* Menschen,
die man verachtet); des Gesindels

ge|sinnt (mit einer bestimmten Einstel-
lung); ein <mark>gut gesinnter</mark> *oder* gutgesinn-
ter Mensch; ↑ *auch:* gut; zwei <mark>gleich</mark>

<mark>gesinnte</mark> *oder* gleichgesinnte Freunde;
↑ *auch:* gleich

die **Ge|sin|nung**

ge|sin|nungs|los

ge|son|dert; eine gesonderte Berech-
nung

das **Ge|spann** (Zugtiere; Wagen mit Zugtie-
ren); des Gespanns *oder* Ge|span|nes; die
Ge|span|ne

ge|spannt; gespannte Erwartung

die **Ge|spannt|heit**

das **Ge|spenst;** des Gespensts *oder* Ge-
spens|tes; die Ge|spens|ter

ge|spens|tig *oder* **ge|spens|tisch**

das **Ge|spinst** (zartes Gewebe); des
Gespinsts *oder* Ge|spins|tes; die Ge-
spins|te

das **Ge|spött;** zum Gespött (verspottet) wer-
den

das **Ge|spräch;** des Gesprächs *oder* Ge|sprä-
ches; die Ge|sprä|che

ge|sprä|chig; gesprächige Kunden

der **Ge|sprächs|part|ner**

die **Ge|sprächs|part|ne|rin**

der **Ge|sprächs|stoff**

ge|spren|kelt; das Fell des Tieres ist
gesprenkelt; ein gesprenkelter Stoff

das **Ge|spür;** des Gespürs; ein Gespür für
etwas haben

gest. = gestorben

die **Ge|stalt;** die Ge|stal|ten

ge|stal|ten; du gestaltest; sie gestaltete;
sie hat diesen Raum gestaltet; gestalte
die Ausstellung!

ge|stal|te|risch; gestalterische Vorga-
ben

die **Ge|stal|tung**

ge|stän|dig; die Angeklagte war gestän-
dig

das **Ge|ständ|nis;** des Geständnisses; die
Geständnisse

der **Ge|stank;** des Gestanks *oder* Ge|stan-
kes

die **Ge|sta|po** = Geheime Staatspolizei
(*nationalsozialistisch*); der Gestapo

ge|stat|ten; du gestattest; sie gestattete;
sie hat es ihm gestattet; gestatte ihm den
Besuch!; gestatten Sie eine Bemerkung!

die **Ges|te** (die Gebärde); die Gesten; eine
verlegene Geste

ge|ste|hen; du gestehst; er gestand; er
hat es gestanden; gestehe deine Tat!

196

Gestein – gewährleisten

das **Ge|stein;** des Gesteins *oder* Ge|stei|nes; die Ge|stei|ne

die **Ge|steins|schicht**

das **Ge|stell;** des Gestells *oder* Ge|stel|les; die Ge|stel|le

ges|tern; gestern Abend; gestern Morgen; gestern Nachmittag; gestern Nacht; gestern früh, *besonders österreichisch auch:* gestern Früh; die Mode von gestern; zwischen gestern und morgen; ABER: zwischen [dem] Gestern und [dem] Morgen liegt das Heute

die **Ges|tik** (Gesamtheit der Gesten); der Gestik

ges|ti|ku|lie|ren ([beim Sprechen] lebhafte Bewegungen mit den Händen machen); ich gestikuliere, sie hat gestikuliert

das **Ge|stirn;** des Gestirns *oder* Ge|stir|nes; die Ge|stir|ne

ge|streift; ein blau gestreifter *oder* blaugestreifter Pullover; ihr Pullover ist rotweiß gestreift

ge|stresst (überlastet); gestresste Schülerinnen

gest|rig; der gestrige Tag

das **Ge|strüpp;** des Gestrüpps *oder* Gestrüp|pes; die Ge|strüp|pe

der **Ges|tus** (Ausdruck); des Gestus

das **Ge|stüt;** des Gestüts *oder* Ge|stü|tes; die Ge|stü|te

das **Ge|such;** des Gesuchs *oder* Ge|su|ches; die Ge|su|che

ge|sund; gesün|der *oder* ge|sun|der; am gesün|des|ten *oder* ge|sun|des|ten; gesund sein, werden, bleiben; eine Kranke wieder ganz gesund machen; ABER: der Arzt hat sie gesundgeschrieben

die **Ge|sund|heit**

ge|sund|heit|lich; gesundheitliche Probleme haben

das **Ge|sund|heits|amt**

der **Ge|sund|heits|fonds** (Einrichtung zur Finanzierung der gesetzlichen Krankenversicherung)

ge|sund|heits|för|dernd; gesundheitsfördernde Maßnahmen

der **Ge|sund|heits|mi|nis|ter**

die **Ge|sund|heits|mi|nis|te|rin**

die **Ge|sund|heits|re|form** (Reform des Gesundheitswesens)

ge|sund|heits|schä|di|gend

das **Ge|sund|heits|sys|tem**

das **Ge|sund|heits|we|sen** (öffentliche Einrichtungen zur Förderung und Erhaltung der Gesundheit); des Gesundheitswesens

der **Ge|sund|heits|zu|stand**

ge|sund|schrei|ben *vergleiche:* ge|sund

das **Ge|tö|se;** des Getöses

das **Ge|tränk;** des Getränks *oder* Ge|tränkes; die Ge|trän|ke

die **Ge|trän|ke|do|se**

sich **ge|trau|en;** du getraust dich; sie hat sich getraut; getrau *oder* getraue dich doch!; ich getraue mich (*seltener:* mir) nicht[,] das zu tun; ABER NUR: ich getraue mir den Schritt nicht; ich getraue mich hinein

das **Ge|trei|de;** des Getreides

die **Ge|trei|de|flo|cken** *Plural*

ge|trennt; getrennt sein, werden; getrennt leben; ein getrennt lebendes *oder* getrenntlebendes Paar; getrennt schreiben; dieses Wort wird getrennt geschrieben

ge|treu; getreu ihrem Vorsatz; die getreu[e]sten Freunde

das **Ge|trie|be;** des Getriebes; die Getriebe

der **Ge|trie|be|scha|den**

das **Get|to** *oder* **Ghet|to** (abgesondertes [jüdisches] Wohnviertel); des Gettos *oder* Ghettos; die Gettos *oder* Ghettos

das **Ge|tue;** des Ge|tues

das **Ge|tüm|mel;** des Getümmels

das **Ge|viert** (Viereck, Quadrat); des Gevierts *oder* Ge|vier|tes; die Ge|vier|te; im, ins Geviert

das **Ge|wächs;** des Ge|wäch|ses; die Ge|wäch|se

ge|wach|sen; einer Aufgabe gewachsen sein

das **Ge|wächs|haus**

ge|wählt (nicht alltäglich); ge|wähl|ter; am ge|wähl|tes|ten; sich gewählt ausdrücken

die **Ge|währ** (Bürgschaft, Sicherheit)

ge|wäh|ren (bewilligen); du gewährst; sie hat es ihm gewährt; gewähr *oder* gewähre ihm das Bitte!

ge|währ|leis|ten *oder* **Ge|währ leis|ten;** du gewährleistest *oder* du leistest

Gewährleistung – Gewissheit

Gewähr; sie hat gewährleistet *oder* sie hat Gewähr geleistet

! Wenn »gewährleisten« mit einem Akkusativobjekt gebraucht wird, ist nur Zusammenschreibung möglich: *Der Veranstalter gewährleistet die Sicherheit der Gäste.* Beim Anschluss mit »für« wird dagegen ausschließlich getrennt geschrieben: *Der Veranstalter tut alles, um für die Sicherheit der Gäste Gewähr zu leisten.*

die **Ge|währ|leis|tung**

der **Ge|wahr|sam** (Haft, Obhut); etwas in Gewahrsam nehmen

das **Gewahrsam** (Gefängnis); des Gewahrsams; die Gewahrsame

die **Ge|währs|frau**; die Gewährsfrauen

der **Ge|währs|mann**; die Ge|währs|leu|te, *selten:* Ge|währs|män|ner

die **Ge|wäh|rung**

die **Ge|walt**
ge|walt|be|reit; ge|walt|be|rei|ter; am ge|walt|be|rei|tes|ten
ge|walt|frei
ge|wal|tig; gewaltige Massen
ge|walt|los; gewaltloser Widerstand

die **Ge|walt|lo|sig|keit**
ge|walt|sam; gewaltsames Eindringen

die **Ge|walt|tat**; die Ge|walt|ta|ten

der **Ge|walt|tä|ter**

die **Ge|walt|tä|te|rin**
ge|walt|tä|tig; gewalttätige Fans

das **Ge|wand**; des Gewands *oder* Ge|wan|des; die Ge|wän|der
ge|wandt (geschickt); ge|wand|ter; am ge|wand|tes|ten; gewandte Politiker

die **Ge|wandt|heit**

das **Ge|wäs|ser**; des Gewässers; die Gewässer

das **Ge|we|be**; des Gewebes; die Gewebe

das **Ge|wehr**; des Gewehrs *oder* Ge|weh|res; die Ge|weh|re

das **Ge|weih**; des Geweihs *oder* Ge|wei|hes; die Ge|wei|he

das **Ge|wer|be**; des Gewerbes; die Gewerbe

das **Ge|wer|be|ge|biet**

der **Ge|wer|be|leh|rer**

die **Ge|wer|be|leh|re|rin**
ge|werb|lich; gewerbliche Nutzung
ge|werbs|mä|ßig; gewerbsmäßige Nutzung

die **Ge|werk|schaft**; die Ge|werk|schaf|ten

der **Ge|werk|schaf|ter** *oder* **Ge|werk-schaft|ler**

die **Ge|werk|schaf|te|rin** *oder* **Ge|werk-schaft|le|rin**; die Gewerkschafterinnen *oder* Gewerkschaftlerinnen
ge|werk|schaft|lich

der **Ge|werk|schafts|bund**

das **Ge|wicht**; des Gewichts *oder* Ge|wich|tes; die Ge|wich|te

der **Ge|wicht|he|ber**
ge|wich|tig (sehr bedeutend); eine gewichtige Frage

die **Ge|wichts|klas|se**
ge|wieft (*umgangssprachlich für:* schlau, gerissen); ein gewiefter Bursche
ge|willt; gewillt (bereit) sein[,] etwas zu tun

das **Ge|wim|mel** (Gewühl); des Gewimmels

das **Ge|win|de**; des Gewindes; die Gewinde

der **Ge|winn**; des Gewinns *oder* Ge|win|nes; die Ge|win|ne; Gewinn bringen; Gewinn bringend *oder* <mark>gewinnbringend</mark>; eine Gewinn bringende *oder* <mark>gewinnbringende</mark> Geldanlage; ᴀʙᴇʀ ɴᴜʀ: eine gro-ßen Gewinn bringende Geldanlage; eine äußerst gewinnbringende, noch gewinnbringendere Geldanlage
ge|winn|brin|gend *vergleiche:* **Ge|winn**

die **Ge|winn|chan|ce**
ge|win|nen; du gewinnst; sie gewann; sie hat gewonnen; gewinne endlich einmal!
ge|win|nend (liebenswürdig); ein gewinnendes Lächeln

der **Ge|win|ner**; des Gewinners; die Gewinner

die **Ge|win|ne|rin**; die Gewinnerinnen

das **Ge|wirr**; des Gewirrs *oder* Ge|wir|res
ge|wiss; ge|wis|ser; am ge|wis|ses|ten; etwas, nichts Gewisses; ein gewisses Etwas; ein gewisser Jemand; ᴀʙᴇʀ: ein gewisser anderer

das **Ge|wis|sen**; des Gewissens
ge|wis|sen|haft; ge|wis|sen|haf|ter; am ge|wis|sen|haf|tes|ten
ge|wis|sen|los; ge|wis|sen|lo|ser; am ge-wis|sen|lo|ses|ten

der **Ge|wis|sens|biss**; die Ge|wis|sens|bis|se
ge|wis|ser|ma|ßen

die **Ge|wiss|heit**

198

Gewitter – Girlie

das **Ge|wit|ter;** des Gewitters; die Gewitter
ge|wit|tern; es gewitterte; es hat heftig
gewittert
ge|witt|rig, *seltener auch:* **ge|wit|te|rig**
ge|witzt (schlau); eine gewitzte
Geschäftsfrau
ge|wo|gen (freundlich gesinnt); sie ist
mir gewogen
sich **ge|wöh|nen;** du gewöhnst dich daran;
sie hat sich daran gewöhnt; gewöhn *oder*
gewöhne dich erst gar nicht daran!
die **Ge|wohn|heit**
ge|wöhn|lich; das gewöhnliche Vorge-
hen
ge|wohnt; ich bin frühes Aufstehen
gewohnt
die **Ge|wöh|nung**
ge|wöh|nungs|be|dürf|tig
das **Ge|wöl|be;** des Gewölbes; die Gewölbe
das **Ge|wölk;** des Gewölks *oder* Ge|wöl|kes
das **Ge|wühl;** des Gewühls *oder* Ge|wüh|les
das **Ge|würz;** des Ge|wür|zes; die Ge|wür-
ze
die **Ge|würz|gur|ke**
ge|würzt; gewürzte Speisen
der **Gey|sir** *oder* **Gei|ser** (heiße Quelle, die
in bestimmten Zeitabständen Wasser-
fontänen ausstößt); des Geysirs *oder*
Geisers; die Gey|si|re *oder* Geiser
gez. = gezeichnet (unterschrieben)
das **Ge|zänk;** des Gezänks *oder* Ge|zän|kes
die **Ge|zei|ten** (Wechsel von Ebbe und Flut)
Plural
ge|zielt (einen Zweck verfolgen); ge|ziel-
ter; am ge|ziel|tes|ten; Kandidaten
gezielt auswählen; gezielt fragen
sich **ge|zie|men** (sich gehören); es geziemte
sich; das hat sich ihr gegenüber geziemt
das **Ge|zwit|scher;** des Gezwitschers
das **GG** = Grundgesetz
Gha|na (Staat in Afrika)
der **Gha|na|er;** des Ghanaers; die Ghanaer
die **Gha|na|e|rin;** die Ghanaerinnen
gha|na|isch
das **Ghet|to** *vergleiche:* <mark>Get|to</mark>
der **Ghost|wri|ter** [ˈɡoʊstraɪtɐ] (Autor, der
für eine andere [bekannte] Person
schreibt und selbst ungenannt bleibt);
des Ghostwriters; die Ghostwriter
die **Ghost|wri|te|rin;** die Ghostwriterinnen
Gi|b|ral|tar (Halbinsel an der Südspitze
Spaniens)

die **Gicht** (Krankheit, bei der sich die
Gelenke entzünden)
gicht|krank; ein gichtkranker Fuß
der **Gie|bel** (dreieckiger, oberer Teil der
Wand eines Gebäudes); des Giebels; die
Giebel
die **Gie|bel|sei|te**
die **Gier**
gie|rig; mit gierigen Blicken
gie|ßen; du gießt; er gießt; er goss; er
hat die Blumen gegossen; gieß oder
gieße die Blumen!
die **Gie|ße|rei**
die **Gieß|kan|ne**
das **Gift;** des Gifts *oder* Gif|tes; die Gif|te
das **Gift|gas**
gif|tig; giftige Substanzen
der **Gift|müll**
der **Gift|pilz**
die **Gift|schlan|ge**
das **Gi|ga|byte** [ˈɡiːɡabaɪt] (*EDV:* Einheit von
1024 Megabyte; *Zeichen:* GB, GByte); des
Gigabyte *oder* Gigabytes; die Gigabyte
oder Gigabytes
der **Gi|gant** (der Riese); des/dem/den Gi-
gan|ten; die Gi|gan|ten
die **Gi|gan|tin;** die Gigantinnen
gi|gan|tisch; ein gigantischer Bau
die **Gil|de** (Vereinigung von Handwerkern
oder Kaufleuten); die Gilden
der **Gin** [dʒɪn] (englischer Wacholderbrannt-
wein); des Gins; die Gins
der **Gins|ter** (ein Strauch); des Ginsters; die
Ginster
der **Gip|fel;** des Gipfels; die Gipfel
gip|feln; er behauptet, es gipfele *oder*
gipfle im Krieg; es hat darin gegipfelt
das **Gip|fel|tref|fen**
der **Gips;** des Gip|ses
gip|sen; du gipst; sie gipste die Wand;
die Ärztin hat das Bein gegipst
der **Gip|ser;** des Gipsers; die Gipser
die **Gip|se|rin;** die Gipserinnen
der **Gips|ver|band**
die **Gi|raf|fe** (Säugetier mit sehr langem
Hals)
das **Girl** [ɡøːɐl] (*scherzhaft für:* Mädchen;
weibliches Mitglied einer Tanztruppe);
des Girls; die Girls
die **Gir|lan|de** (längere Schnur mit Blumen,
Blättern oder buntem Papier)
das **Gir|lie** [ˈɡøːɐli] (selbstbewusst-freche,

199

Giro – gleichgeschlechtlich

auffällig gekleidete junge Frau); des Girlies; die Girlies

das **Gi|ro** ['ʒiːro] (bargeldlose Überweisung);
des Giros; die Giros

das **Gi|ro|kon|to**

die, *fachsprachlich auch:* der **Gischt**
(Schaum; aufschäumende See); der
Gischt, *fachsprachlich auch:* des
Gischt[e]s; die Gisch|te *oder* Gisch|ten
Plural selten

die **Gi|tar|re**

der **Gi|tar|rist**; des/dem/den Gi|tar|ris|ten;
die Gi|tar|ris|ten

die **Gi|tar|ris|tin**; die Gitarristinnen

das **Git|ter**; des Gitters; die Gitter

der **Gla|di|a|tor** (altrömischer Schaukämp-
fer); des Gladiators; die Gla|di|a|to|ren

die **Gla|di|o|le** (Schwertliliengewächs); die
Gladiolen

der *oder* das **Gla|mour** ['glɛmɐ] (Glanz, betö-
rende Aufmachung); des Glamours
gla|mou|rös [glamuˈrøːs]; gla|mou|rö-
ser; am gla|mou|rö|ses|ten

der **Glanz**; des Glan|zes
glän|zen; etwas glänzt; etwas glänzte;
etwas hat geglänzt
glän|zend; glänzend schwarze Haare;
ihre Haare sind glänzend schwarz

die **Glanz|leis|tung**

das **Glanz|stück**
glanz|voll

das **Glas**; des Gla|ses; die Glä|ser; ABER:
zwei Glas Bier; ein Glas voll; Glas blasen

der **Gla|ser**; des Glasers; die Glaser

die **Gla|se|rin**; die Glaserinnen
glä|sern (aus Glas); ein gläserner Teller

der **Glas|fi|ber|stab** (beim Stabhoch-
sprung)
gla|sie|ren (mit einer Glasur überzie-
hen); du glasierst; sie glasierte; sie hat
den Krug glasiert; glasier *oder* glasiere
den Krug!
gla|sig (starr); ein glasiger Blick
glas|klar

der **Glas|kör|per** (Teil des Auges)

die **Glas|schei|be**

die **Gla|sur** (glasiger Überzug); die Gla|su-
ren
glatt; glat|ter *oder* glät|ter; am glat|tes-
ten *oder* glät|tes|ten; die Bluse glatt
bügeln *oder* glattbügeln

glatt|bü|geln *vergleiche:* glatt

die **Glät|te**

das **Glatt|eis**
glät|ten; du glättest; sie glättete; sie
hat das Papier geglättet; glätte das
Papier!
glatt|ge|hen (gut gehen); alles ist glatt-
gegangen

die **Glat|ze**

der **Glatz|kopf**
glatz|köp|fig

der **Glau|be,** *seltener auch:* **Glau|ben;** des
Glaubens
glau|ben; du glaubst; sie glaubte; sie
hat es geglaubt; glaub *oder* glaube
daran!; sie wollte mich glauben
machen, dass ...

das **Glau|bens|be|kennt|nis**
glaub|haft; glaub|haf|ter; am glaub|haf-
tes|ten
gläu|big; gläubige Christen

der **Gläu|bi|ge**; ein Gläubiger; die Gläubi-
gen; zwei Gläubige

die **Gläu|bi|ge**; eine Gläubige

der **Gläu|bi|ger** (jemand, der das Recht hat,
von einem Schuldner Geld zu fordern)

die **Gläu|bi|ge|rin**; die Gläubigerinnen

die **Gläu|big|keit**
glaub|wür|dig; eine glaubwürdige Erklä-
rung

die **Glaub|wür|dig|keit**
gleich *siehe Kasten Seite 201*
gleich|al|te|rig *oder* **gleich|alt|rig** *(sel-
ten)*
gleich|ar|tig; gleichartige Beschaffen-
heit

die **Gleich|ar|tig|keit**
gleich|auf

die **Gleich|be|hand|lung**
gleich|be|rech|tigt; gleichberechtigte
Ansprüche

die **Gleich|be|rech|ti|gung**
gleich|blei|bend *vergleiche:* gleich
glei|chen (sehr ähnlich, vergleichbar
sein); du gleichst; sie gleicht; sie glich;
sie hat ihr geglichen
glei|cher|ma|ßen (genauso)
gleich|falls
gleich|far|big
gleich|för|mig
gleich|ge|schlecht|lich (homosexuell);
gleichgeschlechtliche Paare

gleichgesinnt – gleichzeitig

gleich

- die gleiche Jacke

Groß schreibt man die Nominalisierung:

- das Gleiche (dasselbe) tun
- das Gleiche gilt
- es kommt aufs Gleiche hinaus
- Gleich und Gleich gesellt sich gern
- Gleiches mit Gleichem vergelten
- ein Gleiches tun

Schreibung in Verbindung mit Verben und Partizipien:

- die Zahl der Unterrichtsstunden wird ungefähr gleich bleiben; sie ist gleich bleibend *oder* gleichbleibend freundlich
- gleich gesinnte *oder* gleichgesinnte Freunde

- die Wörter werden gleich geschrieben
- sie muss gleich (sofort) kommen; ↑ABER: gleichkommen
- ich werde das gleich (sofort) machen; ↑ABER: gleichmachen
- du kannst dich auf diesen Stuhl gleich (sofort) setzen!; ↑ABER: gleichsetzen

Zusammenschreibung bei übertragener Bedeutung:

Vergleiche auch: gleichschalten; gleichsehen; gleichstehen; gleichstellen; gleichtun; gleichziehen

---

gleich|ge|sinnt *vergleiche:* gleich
das Gleich|ge|wicht
der Gleich|ge|wichts|sinn
gleich|gül|tig
die Gleich|gül|tig|keit
die Gleich|heit
gleich|kom|men (entsprechen); das war einer Kampfansage gleichgekommen; ABER: gleich (sofort) kommen
gleich|ma|chen (angleichen); die Stadt wurde dem Erdboden gleichgemacht; ABER: etwas gleich (sofort) machen
gleich|mä|ßig; gleichmäßige Verteilung
der Gleich|mut; des Gleichmuts *oder* Gleich|mu|tes
gleich|mü|tig
gleich|na|mig (mit gleichem Namen; mit gleichem Nenner); der gleichnamige Film; gleichnamige Brüche
das Gleich|nis; des Gleichnisses; die Gleichnisse
gleich|sam (sozusagen); das Referat ist gleichsam die mündliche Leistung
gleich|schal|ten (einheitlich durchführen); alle Maßnahmen wurden gleichgeschaltet; ABER: gleich (sofort) schalten
gleich|schen|ke|lig *oder* gleich|schenk|lig; ein gleichschenkeliges *oder* gleichschenkliges Dreieck
der Gleich|schritt; im Gleichschritt

gleich|se|hen (ähneln); wie sie sich gleichsehen!; ABER: gleich (sofort) sehen
gleich|sei|tig; ein gleichseitiges Dreieck
gleich|set|zen; etwas mit einer Sache gleichsetzen; ABER: sich gleich (sofort) setzen
gleich|ste|hen (gleich sein); ABER: gleich (sofort) stehen
gleich|stel|len (auf die gleiche Rangstufe stellen); man hat Arbeiter und Angestellte gleichgestellt; ABER: ich werde mich gleich (sofort) stellen
die Gleich|stel|lung
der Gleich|strom
gleich|tun (das Gleiche leisten); es jemandem gleichtun; ABER: etwas gleich (sofort) tun
die Glei|chung; quadratische Gleichungen
gleich|viel (einerlei)
gleich|wer|tig
die Gleich|wer|tig|keit
gleich|win|ke|lig *oder* gleich|wink|lig; ein gleichwinkeliges *oder* gleichwinkliges Dreieck
gleich|wohl (trotzdem); die Prüfung war gleichwohl nötig; ABER: wir befinden uns alle gleich (in gleicher Weise) wohl
gleich|zei|tig

Gleichzeitigkeit – Glyzerin

die **Gleich|zei|tig|keit**
gleich|zie|hen (das Gleiche erreichen);
mit jemandem gleichziehen; ABER:
gleich (sofort) ziehen

das **Gleis;** des Gleises *oder* Geleises; die
Gleise *oder* Geleise
glei|ßen (glänzen, glitzern); der Schnee
gleißt; er gleißte; der Schnee hat im Son-
nenlicht gegleißt; gleißendes Licht
glei|ten; er gleitet; er glitt; du glittst; er
ist geglitten

der **Gleit|flug**

der **Glet|scher;** des Gletschers; die Glet-
scher

die **Glet|scher|spal|te**

das **Glied;** des Glieds *oder* Gliedes; die Glieder
glie|dern; du gliederst; sie gliederte; sie
hat das Kapitel gut gegliedert; gliedere
das Kapitel in Abschnitte!

die **Glie|de|rung**

die **Glied|ma|ße** (Arm oder Bein); der Glied-
maße; die Gliedmaßen *meist Plural*

der **Glied|satz** (Nebensatz)

der **Glied|staat**
glim|men; die Asche glimmt; sie glomm
oder glimmte; sie hat geglommen *oder*
geglimmt

der **Glim|mer** (ein Mineral); des Glimmers;
die Glimmer

der **Glimm|stän|gel** (*scherzhaft für:* Ziga-
rette)
glimpf|lich (ohne Schaden); glimpflich
davonkommen
glit|schen (*umgangssprachlich für:* rut-
schen, [aus]gleiten); du glitschst; er
glitschte; er ist geglitscht
glit|schig; glitschiger Rasen
glit|zern; die Perle glitzerte; sie hat
geglitzert

der **Glit|zer|stein**
glo|bal (auf die ganze Erde bezogen;
umfassend; allgemein); globales Denken

die **Glo|ba|li|sie|rung**

der **Glo|ba|li|sie|rungs|geg|ner**

die **Glo|ba|li|sie|rungs|geg|ne|rin**

der **Glo|be|trot|ter** (Weltenbummler); des
Globetrotters; die Globetrotter

die **Glo|be|trot|te|rin;** die Globetrotterinnen

der **Glo|bus** (kugelförmiges Modell der
Erde); des Globus *oder* Globusses; die
Globen *oder* Globusse

die **Glo|cke**

die **Glo|cken|blu|me**

das **Glo|cken|spiel**
glo|ckig (glockenförmig)

der **Glöck|ner;** des Glöckners; die Glöckner

die **Glöck|ne|rin;** die Glöcknerinnen

die **Glo|rie** [ˈgloːriə] (Ruhm, Glanz)
glor|reich (großartig); glorreiche Ideen

das **Glos|sar** (Wörterverzeichnis [mit
Erläuterungen]); des Glossars; die Glos-
sare

die **Glos|se** ([spöttische] Randbemerkung,
knapper Kommentar); die Glossen
glos|sie|ren; du glossierst; sie glossierte;
sie hat das Ereignis glossiert

die **Glot|ze** (*umgangssprachlich für:* Fern-
sehgerät); die Glotzen
glot|zen (anstarren); du glotzt; er
glotzte; er hat geglotzt; glotz *oder* glotze
nicht so!

das **Glück;** jemandem Glück wünschen;
Glück bringen; du hast mir Glück
gebracht; Glück auf! (Bergmannsgruß)

die **Glu|cke** (brütendes Huhn)
glu|cken; das Huhn gluckt; das Huhn
hat gegluckt
glü|cken; der Plan glückte; es ist
geglückt
glück|lich; glückliche Kinder
glück|li|cher|wei|se; glücklicherweise
wurde niemand verletzt
glück|los
glück|se|lig; glückselige Blicke
gluck|sen; das Wasser gluckst; das Was-
ser hat gegluckst

der **Glücks|fall**

der **Glücks|pilz**

die **Glücks|sa|che**

das **Glücks|spiel**

der **Glück|wunsch**

die **Glüh|bir|ne**
glü|hen; die Kohle glühte; sie hat
geglüht; die glühend heiße Lampe; die
Lampe ist glühend heiß
glü|hend; ein glühender Verehrer; ein
glühend heißes Eisen; das Eisen ist glühend heiß

die **Glüh|lam|pe**

der **Glüh|wein**

die **Glut;** des Gluten

das **Gly|ze|rin,** *fachsprachlich auch:* **Gly|ce-
rin** (eine ölige, alkoholische Flüssigkeit)

GmbH – gotisch

die **GmbH** = Gesellschaft mit beschränkter Haftung
die **Gna|de**; von Gottes Gnaden; Euer Gnaden
das **Gna|den|ge|such**
gna|den|los
gnä|dig
der **Gneis** (ein Gestein); des Gnei|ses; die Gnei|se
die **Gnoc|chi** ['njɔki] (kleine italienische Kartoffelklößchen) *Plural*
der **Gnom** (Kobold; Zwerg); des Gno|men, *auch*: Gnoms; die Gno|men, *auch*: Gnome
das **Gnu** (afrikanische Antilopenart); des Gnus; die Gnus
das **Go** (ein japanisches Brettspiel); des Go
der **Goa|lie** ['go:li]; des Goalies; die Goalies
der **Go|ckel** (*besonders süddeutsch für*: Hahn); des Gockels; die Gockel
Goe|the (deutscher Dichter)
der **Goe|the|band** *oder* **Goe|the-Band**; die **Goethebände** *oder* Goethe-Bände
der *oder* das **Go|kart** (kleiner Sportrennwagen); des Gokart *oder* Gokarts; die Gokarts
das **Gold** (chemisches Element; Edelmetall; *Zeichen*: Au); des Golds *oder* Gol|des; ein guter Schulabschluss ist Gold wert (sehr wertvoll, nützlich)
der **Gold|barsch**
gol|den; goldene Worte; die goldene Hochzeit; der goldene Mittelweg; das goldene Tor *(Sport)*; ABER: der goldene *oder* **Goldene** Schnitt *(Mathematik)*; das Goldene Buch (einer Stadt); das Goldene Kalb (biblisch); die Goldene Schallplatte (Auszeichnung); die Goldene Stadt (Prag)
der **Gold|fisch**
der **Gold|grä|ber**
der **Gold|hams|ter**
gol|dig; ein goldiges Kerlchen
die **Gold|me|dail|le**
der **Gold|re|gen** (ein Strauch; ein Feuerwerkskörper)
der **Gold|schmied**
die **Gold|schmie|din**
das **Gold|stück** (Goldmünze)
das **Golf** (ein Spiel); des Golfs; Golf spielen
der **Golf** (größere Meeresbucht); des Golfs *oder* Gol|fes; die Gol|fe; der Golf von Aden
der **Golf|platz**
der **Golf|schlä|ger**
der **Golf|strom** (eine Strömung im Atlantik)
Go|li|ath (Riese im Alten Testament)
der **Go|li|ath** (Mensch von riesenhafter Gestalt); des Goliaths; die Goliaths
die **Gon|del** (langes, schmales Ruderboot; Korb an einem Heißluftballon; Kabine an einer Seilbahn oder einem Luftschiff); die Gondeln
gon|deln (*umgangssprachlich für*: gemächlich fahren); ich gond[e]le; du gondelst; sie gondelt; sie ist durch halb Europa gegondelt
der, *selten:* das **Gong** (eine metallene Schlagscheibe); des Gongs; die Gongs
der **Gong|schlag**
gön|nen; du gönnst; sie gönnte; sie hat es ihm gegönnt; gönn *oder* gönne es ihm doch!
der **Gön|ner**; des Gönners; die Gönner
gön|ner|haft; gön|ner|haf|ter; am gön|ner|haf|tes|ten
die **Gön|ne|rin**; die Gönnerinnen
der **Good|will** ['gʊtvɪl] (Ansehen; Wohlwollen, freundliche Gesinnung; Firmen-, Geschäftswert); des Goodwills
goo|geln ['gu:gḷn] (mit der Suchmaschine Google *[Markenbezeichnung]* im Internet suchen); du googelst; sie googelte; er hat gegoogelt; google *oder* googele das doch einmal!
Goo|gle ['gu:gḷ] (*Markenbezeichnung*: eine Internetsuchmaschine)
das **Gör** *oder* die **Gö|re** (*norddeutsch für*: kleines Kind, ungezogenes Mädchen); des Görs *oder* der Göre; die Gören
der **Go|ril|la** (ein Menschenaffe); des Gorillas; die Gorillas
der *oder* das **Gos|pel** (religiöses Lied der Afroamerikaner); des Gospels; die Gospels
der **Gos|pel|song**
die **Gos|se** (die Abflussrinne)
der **Go|te** (Angehöriger eines germanischen Volkes); des Goten; die Goten
die **Go|tik** (ein Kunststil)
die **Go|tin**; die Gotinnen
go|tisch (im Stil der Gotik); eine gotische Kathedrale

Gott – grammatikalisch

der **Gott;** des Got|tes; die Göt|ter; um Gottes willen; in Gottes Namen; Gott sei Dank!; Gott befohlen!; weiß Gott!; grüß [dich] Gott!

das **Göt|ter|bild**

die **Göt|ter|spei|se** (eine Süßspeise)

die **Got|tes|an|be|te|rin** (eine Heuschreckenart)

der **Got|tes|dienst**

got|tes|fürch|tig

das **Got|tes|haus** (die Kirche)

die **Got|tes|läs|te|rung**

das **Got|tes|ur|teil** (im Mittelalter: beim Fehlen sicherer Beweise angewandtes Verfahren zur Ermittlung des Schuldigen, z. B. Zweikampf, Feuerprobe)

gott|ge|wollt; die gottgewollte Ordnung

die **Gott|heit;** die Gott|hei|ten (Götter)

die **Göt|tin;** die Göttinnen

gött|lich

gott|los; gott|lo|ser; am gott|lo|ses|ten

Gott|va|ter

der **Göt|ze** (Darstellung, Abbild einer heidnischen Gottheit); des Götzen; die Götzen

das **Göt|zen|bild**

der **Göt|zen|dienst**

der **Gou|da** [ˈɡaʊda] (ein Schnittkäse); des Goudas; die Goudas

der **Gour|met** [ɡʊrˈmeː] (Feinschmecker, Feinschmeckerin); des Gourmets; die Gourmets

die **Gou|ver|nan|te** [ɡuvɛrˈnantə] (Erzieherin); die Gouvernanten

der **Gou|ver|neur** [ɡuvɛrˈnøːɐ̯] (Statthalter); des Gouverneurs; die Gou|ver|neu|re

die **Gou|ver|neu|rin;** die Gouverneurinnen

das **Grab;** des Grabs oder Gra|bes; die Gräber

gra|ben; du gräbst; sie gräbt; sie grub; sie hat gegraben; grab oder grabe hier!

der **Gra|ben;** des Grabens; die Gräben

das **Grab|mal;** die Grab|mä|ler, auch: Grabma|le

der **Grab|stein**

die **Gracht** (Graben, Kanal[straße] in den Niederlanden); die Grach|ten

der **Grad** (Temperatureinheit; Einheit für [ebene] Winkel); des Grads oder Grades; die Gra|de; 3 Grad Celsius oder 3 °C, fachsprachlich: 3 °C; der 30. Breitengrad; ein Winkel von 30 Grad; es sind heute 30 Grad im Schatten; es ist

heute um einige Grad wärmer als gestern

! Nicht verwechseln: Obwohl beide Wörter gleich ausgesprochen werden, schreibt man die Maßeinheit Grad mit d, die oberste Kante eines Bergrückens, den Grat, dagegen mit t.

grad|li|nig (umgangssprachlich für: geradlinig)

die **Grad|li|nig|keit** (umgangssprachlich für: Geradlinigkeit)

der **Graf** vergleiche: **Graph**

der **Graf** (ein Adelstitel); des Gra|fen; die Gra|fen

der oder das **Graf|fi|to** (Wandkritzelei; auf Mauern, Fassaden o. Ä. gesprühte oder gemalte Parole); des Graffito oder Graffitos; die Graffiti meist Plural

die **Gra|fik** oder Gra|phik (Schreib- und Zeichenkunst; einzelnes Blatt dieser Kunst); die Gra|fi|ken oder Gra|phi|ken

der **Gra|fi|ker** oder Gra|phi|ker; des Grafikers oder Graphikers; die Grafiker oder Graphiker

die **Gra|fi|ke|rin** oder Gra|phi|ke|rin; die Grafikerinnen oder Graphikerinnen

die **Gra|fik|kar|te** oder Gra|phik|kar|te (EDV: spezielle Steckkarte zur Erstellung von Grafiken auf dem Computerbildschirm)

die **Grä|fin;** die Gräfinnen

gra|fisch oder gra|phisch; eine grafische oder graphische Darstellung

der **Gra|fit** oder Gra|phit (ein Mineral); des Grafits oder Graphits; die Gra|fi|te oder Gra|phi|te

die **Gra|fo|lo|gie** oder Gra|pho|lo|gie (Lehre von der Deutung des Charakters aus der Handschrift)

gram; er ist ihm gram

der **Gram** (gehoben für: Kummer); des Grams oder Gra|mes

sich **grä|men;** du grämst dich; er grämte sich; er hat sich gegrämt; gräm oder gräme dich nicht!

gräm|lich (verdrießlich, missmutig)

das **Gramm** (Abkürzung: g); des Gramms; die Gram|me; ABER: 100 Gramm Mehl

die **Gram|ma|tik** (die Sprachlehre); die Gram|ma|ti|ken

gram|ma|ti|ka|lisch (grammatisch)

grammatisch – Graupel

gram|ma|tisch; grammatische Fehler

das **Gram|mo|fon** oder **Gram|mo|phon** (*Markenbezeichnung für:* ein Gerät zum Abspielen von Schallplatten); des Grammofons *oder* Grammophons; die Grammo|fo|ne *oder* Gram|mo|pho|ne

der **Gra|nat** (ein Halbedelstein; ein kleines Krebstier); des Granats *oder* Gra|na|tes; die Gra|na|te

die **Gra|na|te** (ein Geschoss); die Granaten

der **Grand** [grã:, *auch:* graŋ] (höchstes Spiel im Skat); des Grands; die Grands; einen Grand mit vieren (mit vier Buben) spielen

gran|di|os (großartig, überwältigend)

der **Grand Prix** [ˈgrã: ˈpri:] (französische Bezeichnung für »großer Preis«); des Grand Prix, die Grands Prix *oder* Grand Prix

der **Gra|nit** (ein Gestein); des Granits; die Gra|ni|te

die **Gran|ne** (die Ährenborste); die Grannen

gran|tig (mürrisch); ein grantiger Kerl

das **Gra|nu|lat** (Substanz in Körnchenform); des Granulats *oder* Gra|nu|la|tes; die Gra|nu|la|te

die **Grape|fruit** [ˈgreːpfruːt] (Pampelmuse); die Grapefruits

der **Graph** oder **Graf** (*Mathematik:* grafische Darstellung); des/dem/den Gra|phen *oder* Gra|fen; die Gra|phen *oder* Gra|fen

die **Gra|phik** *vergleiche:* Gra|fik

der **Gra|phi|ker** *vergleiche:* Gra|fi|ker

die **Gra|phi|ke|rin** *vergleiche:* Gra|fi|ke|rin

die **Gra|phik|kar|te** *vergleiche:* Gra|fik|kar|te

gra|phisch *vergleiche:* gra|fisch

der **Gra|phit** *vergleiche:* Gra|fit

die **Gra|pho|lo|gie** *vergleiche:* Gra|fo|lo|gie

das **Gras;** des Gra|ses; die Grä|ser

gra|sen; die Kuh graste; sie hat gegrast

gras|grün

die **Gras|mü|cke** (ein Singvogel)

gras|sie|ren (um sich greifen); die Seuche grassiert; sie hat grassiert

gräss|lich; grässliche Schmerzen

der **Grat** (Kante; Bergkamm); des Grats *oder* Gra|tes; die Gra|te; ↑ ABER: Grad

die **Grä|te** (dünner Knochen des Fisches); die Grä|ten

gra|tis (kostenlos); die Fahrt ist gratis

die **Grät|sche** (eine Turnübung); die Grätschen

grät|schen (die Beine seitwärts abspreizen); du grätschst; sie grätscht; sie hat die Beine gegrätscht; der Verteidiger ist in die Beine des Stürmers gegrätscht; grätsch *oder* grätsche die Beine!

der **Gra|tu|lant;** des/dem/den Gra|tu|lan|ten; die Gra|tu|lan|ten

die **Gra|tu|lan|tin;** die Gratulantinnen

die **Gra|tu|la|ti|on** (Glückwunsch)

gra|tu|lie|ren; du gratulierst; sie gratulierte ihm; sie hat ihm gratuliert; gratulier *oder* gratuliere ihm!

die **Grat|wan|de|rung**

grau; grau|er; am graus|ten *oder* graues|ten; [alt und] grau werden; grau in grau malen; graue Haare; der graue Alltag; die grauen Zellen (Gehirnzellen); in grauer Vorzeit; grauer Star (eine Augenkrankheit); ABER: die Grauen Panther (Seniorenschutzbund); ↑ *auch:* blau

das **Grau** (die graue Farbe); des Graus; sie ist in Grau gekleidet; die Wand ist mit Grau gestrichen

der **Gräu|el** (*gehoben für:* grauenhafte Tat); des Gräuels; die Gräuel *meist Plural*

die **Gräu|el|tat**

grau|en (Furcht haben); es graut mir davor; es hat mir davor gegraut; mir, *auch:* mich graut es vor dir

grau|en (allmählich hell, dunkel werden); es graut; der Morgen, der Abend hat gegraut

das **Grau|en;** des Grauens; die Grauen; die Grauen des Krieges; Grauen erregen; Grauen erregend *oder* grauenerregend; eine Grauen erregende *oder* grauenerregende Tat; ABER NUR: eine großes Grauen erregende Tat; eine äußerst grauenerregende, noch grauenerregendere Tat

grau|en|haft; grau|en|haf|ter; am grauen|haf|tes|ten

grau|en|voll

gräu|lich (Grauen erregend); ein gräuliches Verbrechen

gräu|lich (leicht grau getönt); ein Kleid in gräulichem Blau

die **Grau|pe** ([Getreide]korn); die Graupen

die **Grau|pel** (Hagelkorn); die Graupeln *meist Plural*

graupeln – grinsen

grau|peln; es graupelte; es hat gegraupelt

grau|sam

die **Grau|sam|keit**

grau|sen (sich fürchten); mir, *auch:* mich graust vor diesen Schwierigkeiten; es grauste ihnen, *auch:* sie, als sie davon hörten

das **Grau|sen;** des Grausens

grau|sig (grauenerregend); eine grausige Entdeckung

gra|vie|ren ([ein]schneiden, ritzen); du gravierst; sie gravierte; sie hat den Namen in den Ring graviert; gravier *oder* graviere meinen Namen in diesen Ring!

gra|vie|rend (schwerwiegend); gravierende Mängel

die **Gra|vi|ta|ti|on** (Schwerkraft; Anziehungskraft)

gra|vi|tä|tisch (feierlich, würdevoll)

die **Gra|vur** (eingravierte Verzierung oder Schrift); die Gra|vu|ren

die **Gra|zie** (Anmut); die Gra|zi|en (römische Göttinnen)

gra|zil (schlank, zierlich)

gra|zi|ös (anmutig); gra|zi|ö|ser; am gra|zi|ö|ses|ten

die **Green|card** ['gri:nka:ɐ̯t] *oder* **Green Card** ['gri:n 'ka:ɐ̯t] (Arbeits- oder Aufenthaltserlaubnis); die Greencards *oder* Green Cards

Green|peace ['gri:npi:s] (Umweltschutzorganisation)

der **Greif** (geflügeltes Fabeltier mit Adlerkopf und Löwenkörper); des Greif[e]s *oder* Grei|fen; die Grei|fe *oder* Grei|fen

greif|bar (verfügbar; konkret; offenkundig); die Unterlagen greifbar haben; sie wollte den Lehrer sprechen, aber der war nicht greifbar (*umgangssprachlich:* nicht zu finden); greifbare Ergebnisse; greifbare Vorteile

grei|fen; du greifst; sie greift; sie griff; sie hat danach gegriffen; greif *oder* greife danach!; die Krankheit hat sehr um sich gegriffen; der Sieg war zum Greifen nahe

der **Greif|vo|gel**

greis (*gehoben für:* sehr alt); sein greiser Großvater; sie schüttelte ihr greises Haupt

der **Greis;** des Greises; die Grei|se

grei|sen|haft

die **Grei|sin;** die Greisinnen

grell; die grell beleuchtete *oder* grellbeleuchtete Bühne; ein grellrotes Plakat; ABER: ein Plakat in, von grellem Rot

das **Gre|mi|um** (Ausschuss); des Gremiums; die Gre|mi|en

Gre|na|da (Staat im Bereich der Westindischen Inseln)

der **Gre|na|dier** (ein [Fuß]soldat); des Grenadiers; die Gre|na|die|re

die **Gren|ze**

gren|zen; das grenzt an Erpressung

gren|zen|los; grenzenloses Vertrauen; bis ins Grenzenlose (bis in die Unendlichkeit)

der **Grenz|über|gang**

grenz|über|schrei|tend; grenzüberschreitender Verkehr

der **Grenz|wert**

der **Grie|che** (Einwohner Griechenlands); des/dem/den Griechen; die Griechen

Grie|chen|land

die **Grie|chin;** die Griechinnen

grie|chisch; die griechischen Götter

der **Gries|gram;** des Griesgrams *oder* Griesgra|mes; die Gries|gra|me

gries|grä|mig

der **Grieß;** des Grie|ßes; die Grie|ße

der **Grieß|brei**

der **Griff;** des Griffs *oder* Grif|fes; die Griffe

griff|be|reit; griffbereite Unterlagen

der **Grif|fel;** des Griffels; die Griffel

griff|fest; ein grifffestes Messer

grif|fig; ein griffiges Lenkrad

der **Grill** (Bratrost); des Grills; die Grills

die **Gril|le** (ein Insekt; *auch für:* Laune)

gril|len (auf dem Grill braten); du grillst; er hat das Hähnchen gegrillt; grill *oder* grille die Würstchen!

die **Gri|mas|se** (Fratze); Grimassen schneiden

der **Grimm** (*veraltend für:* Zorn, Wut); des Grimms *oder* Grim|mes

Grimm (deutsche Sprachwissenschaftler und Märchensammler); die Brüder Grimm

grim|mig; ein grimmiger Blick

der **Grind** (Schorf); des Grinds *oder* Grindes; die Grin|de

grin|dig

grin|sen; du grinst; er grinst; er grinste;

Grippe – Grotte

er hat gegrinst; grins *oder* grinse nicht so!

die **Grip|pe** (eine Infektionskrankheit)
grip|pe|krank

das, *auch:* der **Grip|pe|vi|rus**

der **Grips** (*umgangssprachlich für:* Verstand); des Grip|ses; wenig Grips haben

der **Grizz|ly|bär** *oder* **Gris|li|bär** (großer nordamerikanischer Braunbär)
grob; grö|ber; am gröbs|ten; grob sein, werden; **grob gemahlener** *oder* grobgemahlener Pfeffer; ABER: aus dem Gröbsten heraus sein; er hat ihn auf das, aufs **Gröbste** *oder* gröbste beleidigt

die **Grob|heit**

der **Gro|bi|an** (grober Mensch); des Grobians; die Gro|bi|a|ne

der **Grog** (ein heißes Getränk aus Rum, Zucker und Wasser); des Grogs; die Grogs
grö|len (schreien, lärmen); du grölst; er grölte; er hat gegrölt; gröl *oder* gröle nicht!

der **Groll** (unterdrückte Wut); des Grolls *oder* Grol|les
grol|len; du grollst; sie grollte; sie hat gegrollt; groll *oder* grolle nicht!
Grön|land

der **Grön|län|der**; des Grönländers; die Grönländer

die **Grön|län|de|rin**; die Grönländerinnen

das **Gros** [gro:] (der überwiegende Teil); des Gros [gro: *oder* gro:s]; die Gros [gro:s]

das **Gros** (12 Dutzend); des Gro|ses; die Grose; ABER: 2 Gros Nadeln

der **Gro|schen** (*früher umgangssprachlich für:* Zehnpfennigstück); des Groschens
groß siehe Kasten Seite 208
groß|an|ge|legt vergleiche: **groß**
groß|ar|tig; ein großartiger Film
Groß|bri|tan|ni|en (England, Schottland, Wales und Nordirland umfassende staatliche Einheit)

der **Groß|buch|sta|be**

die **Grö|ße**

die **Groß|el|tern** Plural

die **Grö|ßen|ord|nung** (Dimension); eine Schule dieser Größenordnung

der **Grö|ßen|wahn**
grö|ßen|wahn|sin|nig

die **Groß|fa|mi|lie**
groß|flä|chig

groß|ge|wach|sen vergleiche: **groß**

der **Groß|glock|ner** (Berg in Österreich)

der **Groß|han|del**

der **Groß|händ|ler**

die **Groß|händ|le|rin**

der **Gros|sist** (Großhändler); des/dem/den Gros|sis|ten; die Gros|sis|ten
groß|kli|cken vergleiche: **groß**

sich **groß|ma|chen** (*umgangssprachlich für:* sich rühmen, prahlen; du machst dich groß; er hat sich großgemacht; mach *oder* mache dich nicht so groß!

die **Groß|macht**; die Groß|mäch|te

die **Groß|mut|ter**
groß|po|rig; großporige Haut
groß|schrei|ben (mit großem Anfangsbuchstaben schreiben); Nomen werden großgeschrieben; Ehrlichkeit wird bei uns großgeschrieben (*umgangssprachlich für:* wichtig genommen); ↑ ABER: groß

die **Groß|schrei|bung**; Groß- und Kleinschreibung
groß|spu|rig; großspurige Reden

die **Groß|spu|rig|keit**

die **Groß|stadt**
groß|städ|tisch

der **Groß|stadt|ver|kehr**

der **Groß|teil**; der Großteil der Jugendlichen hat ein Smartphone
groß|teils
größ|ten|teils; ABER: der Verlust des größten Teils seines Vermögens
größt|mög|lich
groß|tun (prahlen); du tust groß; er tut groß; er tat groß; er hat großgetan; tu *oder* tue nicht so groß!; sich großtun; er hat sich großgetan

der **Groß|va|ter**

die **Groß|ver|an|stal|tung**
groß|zie|hen (ein Kind oder ein junges Tier so lange ernähren und betreuen, bis es groß ist); du ziehst groß; er zieht groß; er zog groß; er hat drei Töchter großgezogen; zieh *oder* ziehe den Welpen mit der Flasche groß!
groß|zü|gig; eine großzügige Spende

die **Groß|zü|gig|keit**
gro|tesk (wunderlich; überspannt, verzerrt)

die **Gro|tes|ke** (fantastische Erzählung)

die **Grot|te** (Höhle)

grottenschlecht – Grundgesetz

groß

größer; am größ|ten

1. Groß- und Kleinschreibung:

Kleinschreibung:

– die großen Ferien; die große Pause
– das große Einmaleins; das große Latinum
– die große (vornehme) Welt
– das große Los
– auf großem Fuß (*umgangssprachlich für:* verschwenderisch) leben
– etwas an die große Glocke hängen (überall erzählen)

Großschreibung der Nominalisierung und in Namen:

– etwas, nichts, viel, wenig Großes
– Groß und Klein (*auch für:* jedermann); Große und Kleine; die Großen und [die] Kleinen
– im Großen wie im Kleinen; ABER: im großen Ganzen
– er ist der Größte in der Klasse
– Otto der Große (*Genitiv:* Ottos des Großen)
– die Große *oder* große Koalition
– die Große *oder* große Kreisstadt
– der Große Wagen, der Große Bär (Sternbilder)
– der Große Belt (eine Meerenge)
– der Große (Pazifische) Ozean

2. Getrennt- und Zusammenschreibung:

Schreibung in Verbindung mit Verben und Partizipien:

– groß sein; groß werden
– groß klicken *oder* großklicken (*EDV:* durch Anklicken vergrößern)
– ein groß angelegter *oder* großangelegter Plan
– ein groß gewachsener *oder* großgewachsener Junge
– ein Wort groß (in großer Schrift) an die Tafel schreiben; ↑ ABER: großschreiben

Zusammenschreibung bei übertragener Bedeutung:

– Nomen werden im Deutschen großgeschrieben (mit großem Anfangsbuchstaben); Ehrlichkeit wird bei uns großgeschrieben (*umgangssprachlich für:* wichtig genommen)
– er soll nicht so großtun (prahlen)
– die Kinder großziehen

---

grot|ten|schlecht (*umgangssprachlich für:* äußerst schlecht); er hat grottenschlecht gesungen

die Gru|be

die Grü|be|lei

grü|beln; ich grüb[e]le; du grübelst; sie grübelte; sie hat zu viel gegrübelt; grüble *oder* grübele nicht länger!

der Grüb|ler; des Grüblers; die Grübler

die Grüb|le|rin; die Grüblerinnen

die Gruft (Grabstätte); die Grüf|te

grün *siehe Kasten Seite 209*

das Grün (die grüne Farbe); das erste Grün; bei Grün darf man die Straße überqueren; die Ampel zeigt, steht auf Grün; das ist dasselbe in Grün (*umgangssprachlich für:* das ist [fast] dasselbe); ↑ *auch:* Blau

die Grün|an|la|ge *meist Plural*

der Grund; des Grunds *oder* Grun|des; die Grün|de; im Grunde; von Grund auf; von Grund aus; aufgrund *oder* auf Grund [dessen, von]; das Schiff läuft auf Grund; im Grunde genommen; ABER: zugrunde *oder* zu Grunde gehen, legen, liegen, richten; der Grund und Boden

grün|den; du gründest; sie gründete; sie hat einen Verein gegründet; gründe eine Bürgerinitiative!; sich auf eine Ansicht gründen (stützen)

der Grün|der; des Gründers; die Gründer

die Grün|de|rin; die Gründerinnen

die Grund|form (Infinitiv)

das Grund|ge|setz (*Abkürzung:* GG); Grund-

Grundlage – Guatemala

grün

Kleinschreibung:

- er ist mir nicht grün (*umgangssprachlich für:* er kann mich nicht leiden)
- grüner Tee
- am grünen Tisch (ganz theoretisch; bürokratisch)
- der grüne Punkt (Zeichen auf Produkten)
- der grüne Star (eine Augenkrankheit)
- die grüne Welle (durchlaufendes Grün bei Signalanlagen)
- der grüne Pfeil (Verkehrszeichen, das Rechtsabbiegen auch bei rotem Ampelsignal erlaubt)
- ach du grüne Neune (*umgangssprachlich:* Ausruf des Erstaunens)

Groß schreibt man »grün« in Namen und wenn es nominalisiert ist:

- die Grüne Insel (Irland)
- die Grünen (eine Partei)
- die Grüne Woche (Berliner Ausstellung)
- das Grüne *oder* grüne Trikot (*Radsport*)
- im Grünen wohnen; ins Grüne fahren
  Vergleiche auch: blau

---

gesetz für die Bundesrepublik Deutschland vom 23. Mai 1949

die **Grund|la|ge**

grund|le|gend; ein grundlegender Unterschied

gründ|lich; eine gründliche Reinigung

die **Gründ|lich|keit**

grund|los; grundlose Vorwürfe

der **Grün|don|ners|tag**

das **Grund|recht**

die **Grund|re|gel**

der **Grund|riss**

der **Grund|satz**

grund|sätz|lich

die **Grund|schu|le**

der **Grund|schü|ler**

die **Grund|schü|le|rin**

der **Grund|stein** (erster Stein der Grundmauer eines Gebäudes); ihr erstes Konzert war der Grundstein (der entscheidende Anfang) für eine große Karriere

das **Grund|stück**

die **Grund|stu|fe** (Positivform des Adjektivs)

die **Grün|dung**

das **Grund|was|ser;** die Grundwasser *oder* Grundwässer

das **Grund|wort** (durch das Bestimmungswort näher bestimmter zweiter Bestandteil einer Zusammensetzung); die Grundwörter

die **Grund|zahl**

grü|nen (grün werden, sein); der Baum grünt; es hat gegrünt

die **Grün|flä|che**

grün|lich; grünlich gelb; ein grünlich gelber Farbton; ein grünliches Gelb

der **Grün|span** (eine Kupferverbindung)

grun|zen; das Schwein grunzt; es grunzte; es hat gegrunzt

die **Grup|pe**

die **Grup|pen|ar|beit**

grup|pen|wei|se; sie verließen gruppenweise das Gelände

grup|pie|ren (in Gruppen [an]ordnen); du gruppierst; sie gruppierte; sie hat die Schüler in einem Halbkreis gruppiert

die **Grup|pie|rung**

der **Grus** (der Kohlenstaub); des Gru|ses; die Gru|se; ↑ ABER: der Gruß

gru|se|lig *oder* **grus|lig** (schaurig, unheimlich); eine gruselige *oder* gruslige Geschichte

sich **gru|seln;** du gruselst dich; er gruselt sich; er gruselte sich; er hat sich gegruselt; grusle *oder* grusele dich nicht!; mir *oder* mich gruselt es vor der Dunkelheit

der **Gruß;** des Gru|ßes; die Grü|ße

grü|ßen; du grüßt; sie grüßte; sie hat ihn gegrüßt; grüß *oder* grüße ihn!; grüß Gott!

das **Gruß|wort;** die Grußworte

die **Grüt|ze;** die rote Grütze

Gu|a|te|ma|la (Staat und Stadt in Mittelamerika)

Guatemalteke – gutheißen

der **Gu|a|te|mal|te|ke** (Bewohner von Guatemala); des/dem/den Guatemalteken; die Guatemalteken

die **Gu|a|te|mal|te|kin**nen

gu|a|te|mal|te|kisch

gu|cken *oder* **ku|cken;** du guckst *oder* kuckst; sie guckte *oder* kuckte; sie hat geguckt *oder* gekuckt; guck[e] *oder* kuck[e] nicht so dumm!; in die Röhre gucken *oder* kucken (*umgangssprachlich für:* leer ausgehen)

das **Guck|loch**

der **Gue|ril|la** [ge'rɪlja] (*kurz für:* Guerillakämpfer); des Guerilla *oder* Guerillas; die Guerillas

die **Gue|ril|la** [ge'rɪlja] (den Guerillakrieg führende Gruppe; *kurz für:* Guerillakrieg); der Guerilla; die Guerillas

der **Gue|ril|la|kämp|fer** (Mitglied einer bewaffneten Organisation, die [im eigenen Land] einen Krieg gegen die Regierung oder eine Besatzungsmacht führt)

die **Gue|ril|la|kämp|fe|rin**

der **Gue|ril|la|krieg** (von Guerillakämpfern aus dem Hinterhalt geführter Krieg)

die **Guill|lo|ti|ne** [gɪljo'ti:nə] (Fallbeil); die Guillotinen

Gui|nea [gi'ne:a] (Staat in Westafrika)

der **Gui|ne|er** (Einwohner von Guinea); des Guineers; die Guineer

die **Gui|ne|e|rin;** die Guineerinnen

gui|ne|isch (Guinea betreffend)

das **Guin|ness|buch** ['gɪnes...] *oder* **Guinness-Buch** (*Markenbezeichnung:* ein Buch, das Rekorde verzeichnet)

das *oder* der **Gu|lasch;** des Gulaschs *oder* Gu|la|sches; die Gu|la|sche *oder* Gulaschs

die **Gül|le** (Jauche)

das **Gül|len|fass**

der, *auch:* das **Gul|ly** ['gʊli] (Einlaufschacht für Straßenabwässer); des Gullys; die Gullys

gül|tig; gültige Stimmen

die **Gül|tig|keit**

der *oder* das **Gum|mi** (elastisches Kautschukprodukt); des Gummis; die Gummi *oder* Gummis; (für Radiergummi nur:) der Gummi; die Gummis

das **Gum|mi|band;** die Gum|mi|bän|der

die **Gunst;** in [jemandes] Gunst stehen; zu seines Freundes Gunsten aussagen; ↑zugunsten

güns|tig; eine günstige Gelegenheit

der **Günst|ling**

die **Gur|gel;** die Gurgeln

gur|geln; du gurgelst; sie gurgelte; sie hat gegurgelt; gurgle *oder* gurgele damit!

die **Gur|ke**

gur|ren; die Taube gurrte; sie hat gegurrt

der **Gurt;** des Gurts *oder* Gur|tes; die Gur|te

der **Gür|tel;** des Gürtels; die Gürtel

sich **gür|ten;** du gürtest dich; er gürtete sich; er hat sich gegürtet; gürte dich!

der **Gu|ru** (religiöser Lehrer des Hinduismus); des Gurus; die Gurus

die **GUS** = Gemeinschaft Unabhängiger Staaten (der ehemaligen Sowjetunion)

der **Guss;** des Gus|ses; die Güs|se

das **Guss|ei|sen**

der **Guss|stahl** *oder* **Guss-Stahl**

gut *siehe Kasten Seite 211*

das **Gut;** des Guts *oder* Gu|tes; die Gü|ter; all sein Hab und Gut (sein ganzer Besitz); ABER: zugute halten, kommen

das **Gut|ach|ten** (Urteil eines Sachverständigen); des Gutachtens; die Gutachten

der **Gut|ach|ter;** des Gutachters; die Gutachter

die **Gut|ach|te|rin;** die Gutachterinnen

gut|ar|tig; ein gutartiges (ungefährliches) Tier; ein gutartiger (ungefährlicher) Tumor

gut|aus|se|hend, gut|be|zahlt *vergleiche:* **gut**

das **Gut|dün|ken** (persönliche Einschätzung); des Gutdünkens; er entschied nach [seinem] Gutdünken

die **Gü|te;** sich in Güte einigen

die **Gu|te|nacht|ge|schich|te**

der **Gü|ter|ver|kehr**

der **Gü|ter|zug**

das **Gü|te|sie|gel**

gut|ge|launt, gut|ge|meint *vergleiche:* **gut**

gut|ha|ben (eine Geldsumme fordern können); sie hat bei ihm noch 10 Euro gut; sie hat den Betrag noch gutgehabt; ↑ABER: gut

das **Gut|ha|ben**

gut|hei|ßen

g

210

gütig – G-8-Klasse

gut

bes|ser; am bes|ten

Kleinschreibung:

- einen guten Abend, Morgen wünschen;
  ABER: *in Verbindung mit dem Wort*
  »sagen«: guten oder Guten Morgen sagen
- auf gut Glück
- gut und gern
- er soll es gut sein lassen

Großschreibung:

- mein Guter
- er hat es ihr im Guten gesagt
- im Guten wie im Bösen (allezeit)
- Gutes und Böses, Gut und Böse unterscheiden können
- etwas hat sein Gutes
- er tut des Guten zu viel
- etwas zum Guten lenken, wenden
- jenseits von Gut und Böse sein

Schreibung in Verbindung mit Verben,
Adjektiven und Partizipien:

- er wird mit ihm gut auskommen
- mit dem Kleid sieht sie richtig gut aus;
  eine gut aussehende oder gutaussehende
  Frau
- er wurde von seinem Chef gut bezahlt;
  eine gut bezahlte oder gutbezahlte
  Arbeit

- die gut gelaunten oder gutgelaunten
  Gäste
- wir haben es immer gut mit dir gemeint;
  gut gemeinte oder gutgemeinte Ratschläge
- so lässt es sich gut leben
- er will gut sein
- es wird alles [wieder] gut werden

Zusammenschreibung bei übertragener
Bedeutung:

- einen Betrag bei jemandem ↑ guthaben;
  ABER: sie soll es bei uns gut haben
- ich werde den Schaden ↑ gutmachen (in
  Ordnung bringen); ABER: das hast du
  aber gut gemacht!
- dem Verein den Betrag ↑ gutschreiben
  (anrechnen); ABER: sie kann sehr gut
  schreiben
Vergleiche auch: guttun

Wenn nicht zweifelsfrei zu entscheiden ist,
ob eine übertragene Bedeutung vorliegt,
kann getrennt oder zusammengeschrieben
werden:

- es wird schon gut gehen oder gutgehen;
  ich höre, dass es dir gut geht oder gutgeht

---

gü|tig; ein gütiger Mensch
güt|lich; sich gütlich tun
gut|ma|chen (etwas in Ordnung bringen; einen Vorteil erringen); er hat bei ihr einiges gutzumachen; ↑ ABER: gut
gut|mü|tig
der **Gut|schein**
gut|schrei|ben (anrechnen); wir haben ihrem Konto 10 Euro gutgeschrieben; ↑ ABER: gut
der **Guts|hof**
gut|tun; die Ferien tun mir gut; haben mir gutgetan
Gu|ya|na [gu'ja:na] (Staat in Südamerika)
der **Gu|ya|ner;** des Guyaners; die Guyaner
die **Gu|ya|ne|rin;** die Guyanerinnen
gu|ya|nisch

der **Gym|na|si|ast** (Schüler eines Gymnasiums); des/dem/den Gym|na|si|as|ten; die Gym|na|si|as|ten
die **Gym|na|si|as|tin;** die Gymnasiastinnen
das **Gym|na|si|um** (eine Form der höheren Schule in Deutschland, Österreich und der Schweiz); die Gym|na|si|en
die **Gym|nas|tik** (Körperschulung)
gym|nas|tisch; gymnastische Übungen
der **Gy|nä|ko|lo|ge** (Frauenarzt); des/dem/den Gynäkologen; die Gynäkologen
die **Gy|nä|ko|lo|gin;** die Gynäkologinnen
das **Gy|ros** (an einem Drehspieß gebratenes Fleisch); des Gyros
die **G-8-Klas|se,** amtssprachlich: **G8-Klas|se** (Schulklasse, die eine von neun auf acht Jahre verkürzte Gymnasialzeit durchläuft)

H – Haiti

H

das **H** (Buchstabe); des H; die H; ABER: das h in Bahn; das H-Dur; ABER: das h-Moll (Tonarten)
ha = Hektar

das **Haar;** des Haars *oder* Haa|res; die Haa|re; *Verkleinerungsformen:* das Här|chen *oder* Här|lein
haa|ren; du haarst; die Katze haarte; sie hat gehaart

die **Haa|res|brei|te;** *nur in:* um Haaresbreite
haa|rig ([stark, dicht] behaart); haarige Beine
haar|scharf

die **Haar|spal|te|rei** (Spitzfindigkeit)
haar|sträu|bend (unglaublich; grauenhaft); haarsträubende Erlebnisse

der **Haar|wuchs**

die **Ha|be** (Besitz); das Hab und Gut
ha|ben; du hast; sie hat; sie hatte; sie hat gehabt; hab *oder* habe Geduld!; Gott hab ihn selig!; hab dich nicht so! (*umgangssprachlich für:* stell dich nicht so an!)

der **Ha|be|nichts;** des Habenichts *oder* Habe|nicht|ses; die Ha|be|nicht|se

die **Hab|gier**
hab|gie|rig

der **Ha|bicht** (ein Greifvogel); des Habichts; die Ha|bich|te

die **Hab|se|lig|kei|ten** *Plural*

die **Hab|sucht**
hab|süch|tig

die **Hach|se** *oder* **Ha|xe** (unterer Teil des Beines von Kalb oder Schwein); die Hachsen *oder* Haxen

der **Hack|bra|ten**

die **Ha|cke** *oder* der **Ha|cken** (Ferse); der Hacke *oder* des Hackens; die Hacken

die **Ha|cke** (ein Werkzeug); die Hacken
hacken (hauen; mit dem Beil spalten); du hackst; sie hackte; er hat Zwiebeln gehackt; hack *oder* hacke das Holz nicht zu klein!
ha|cken [*auch:* ˈhɛkn̩] (sich als Hacker betätigen)

der **Ha|cken|trick** (*Fußball:* Spielen des Balls mit der Hacke)

der **Ha|cker** [*auch:* ˈhɛkɐ] (jemand, der mit seinem Computer in fremde Computer-

systeme eindringt); des Hackers; die Hacker

die **Ha|cke|rin;** die Hackerinnen

das **Hack|fleisch**

das *oder* der **Häck|sel** (Schnittstroh); des Häcksels

der **Ha|der** (Zank, Streit); des Haders
ha|dern (unzufrieden sein; streiten); du haderst; er hat mit ihm gehadert; hadere nicht mit deinem Schicksal!

der **Ha|fen** (Anker- und Liegeplatz für Schiffe); des Hafens; die Häfen

die **Ha|fen|stadt**

der **Ha|fer;** des Hafers

die **Ha|fer|flo|cken** *Plural*

das **Haff** (durch Landzungen vom Meer abgetrennte Küstenbucht); des Haffs *oder* Haf|fes; die Haffs *oder* Haf|fe; das Frische Haff; das Kurische Haff

die **Haft** (Gefängnis[strafe]); jemanden in Haft nehmen

die **Haft|an|stalt**

der **Haft|be|fehl**
haf|ten; du haftest; er hat für den Schaden gehaftet (Ersatz geleistet); das Etikett haftete (klebte) schlecht; der Dreck soll nicht an den Schuhen haften bleiben (festkleben); ABER: die Erinnerung wird <mark>haften bleiben</mark> *oder* haftenbleiben
haf|ten|blei|ben *vergleiche:* haften

der **Häft|ling;** des Häftlings; die Häft|lin|ge

die **Haft|pflicht**

die **Haft|stra|fe**

die **Haf|tung**

die **Ha|ge|but|te**

der **Ha|ge|but|ten|tee**

der **Ha|gel;** des Hagels

das **Ha|gel|korn**
ha|geln; es hagelte; es hat stark gehagelt
ha|ger (mager); ein hagerer Mann
ha|ha!

der **Hä|her** (ein Rabenvogel); des Hähers; die Häher

der **Hahn;** des Hahns *oder* Hah|nes; die Häh|ne; *Verkleinerungsform:* das Hähnchen

der **Hai** (ein Raubfisch); des Hais *oder* Haies; die Haie

der **Hai|fisch**

der **Hain** (*dichterisch für:* Wäldchen); des Hains *oder* Hai|nes; die Hai|ne
Ha|i|ti (Staat in Mittelamerika)

Haitianer – halbjährig

halb

1. Groß- und Kleinschreibung:

Kleinschreibung:

– der Zeiger steht auf halb
– es ist, es schlägt halb eins
– alle (*besser:* jede) halbe Stunde; eine viertel und eine halbe Stunde; eine halbe und eine Dreiviertelstunde
– ein halb[es] Dutzend
– ein halbes Dutzend Mal; ein halbes Hundert Mal

Großschreibung der Nominalisierung:

– ein Halbes (Glas)
– das ist nichts Halbes und nichts Ganzes

2. Getrennt- und Zusammenschreibung:

Schreibung in Verbindung mit Adjektiven:

– eine halb offene *oder* halboffene Tür
– eine halb volle *oder* halbvolle Tüte
– halb gares *oder* halbgares Fleisch essen

– an der Kreuzung fahren Sie halb rechts *oder* halbrechts
– er spielt halb links *oder* halblinks, in halb linker *oder* halblinker Position *(Fußball)*

Getrenntschreibung gilt, wenn »halb« die Bedeutung »teils« hat:

– die Formen waren halb rund, halb eckig; ↑ halbrund
– sie machte ein halb freundliches, halb ernstes Gesicht

Zusammenschreibung gilt, wenn »halb« als bedeutungsabschwächender Zusatz aufgefasst wird:

– ein halbhoher (nicht sehr hoher) Zaun
– halbbittere (nicht sehr bittere) Schokolade

---

der **Ha|i|ti|a|ner**; des Haitianers; die Haitianer
die **Ha|i|ti|a|ne|rin**; die Haitianerinnen
ha|i|ti|a|nisch
 hä|keln; ich häk[e]le; du häkelst; sie häkelte; sie hat eine Decke gehäkelt; häkle *oder* häkele eine Spitze!
 ha|ken (einhängen; klemmen); du hakst; sie hakte; er hat gehakt; hak *oder* hake das an den Ranzen!; den Schlüssel ans Brett haken; es hakt mit der Rechtschreibung
der **Ha|ken**; des Hakens; die Haken; mit Haken und Ösen (mit allen Mitteln)
 ha|ken|för|mig
das **Ha|ken|kreuz** (Symbol des Nationalsozialismus)
 halb siehe Kasten
 halb|amt|lich (nicht sicher verbürgt); eine halbamtliche Mitteilung; ABER: die Mitteilung war halb (teils) amtlich, halb (teils) persönlich
 halb|dun|kel; der halbdunkle Flur; ABER: der Flur war halb (teils) dunkel, halb (teils) hell
das **Halb|dun|kel**; des Halbdunkels; der Flur lag im Halbdunkel

das **Halb|fi|na|le** *(Sport)*
 halb|gar vergleiche: **halb**
 halb|her|zig; ein halbherziger Versuch
 halb|hoch; ein halbhoher (nicht sehr hoher) Zaun
 hal|bie|ren; du halbierst; sie hat die Torte halbiert; halbier *oder* halbiere den Apfel!
die **Hal|bie|rung**
die **Halb|in|sel**
das **Halb|jahr**
 halb|jäh|rig (ein halbes Jahr alt; ein halbes Jahr dauernd)

> **!** Zusammensetzungen mit *-jährig* geben das Alter oder eine Zeitdauer an: *ein halbjähriges, einjähriges* (ein halbes, ganzes Jahr altes) *Kind; ein halbjähriger, einjähriger* (ein halbes, ganzes Jahr dauernder) *Aufenthalt.* Zusammensetzungen mit *-jährlich* dagegen geben eine Zeitspanne an, nach deren Ablauf sich etwas wiederholt: *eine halbjährliche Bezahlung* (alle halben Jahre), *die alljährliche* (alle Jahre wiederkehrende) *Verleihung des Preises.*

213

halbjährlich – Halunke

halb|jähr|lich (alle halben Jahre); ↑ *auch:*
halbjährig
der **Halb|kreis**
die **Halb|ku|gel**
der **Halb|lei|ter** (*Elektrotechnik:* Stoff, der
bei Zimmertemperatur den Strom lei-
tet); des Halbleiters
halb|links *vergleiche:* **halb**
halb|mast (als Zeichen der Trauer);
halbmast flaggen; die Fahnen auf halbmast setzen
der **Halb|mes|ser** (Radius); des Halbmes-
sers; die Halbmesser
der **Halb|mond**
halb|of|fen *vergleiche:* **halb**
halb|rechts *vergleiche:* **halb**
halb|rund (in der Form eines Halbkrei-
ses); ein halbrunder Tisch; ABER: die
Formen waren halb (teils) rund, halb
(teils) eckig
halb|sei|tig; halbseitige Kopfschmer-
zen
halb|stün|dig (eine halbe Stunde dau-
ernd); ↑ halbjährig
halb|stünd|lich (jede halbe Stunde); der
Zug fährt halbstündlich; ↑ *auch:* halb-
stündig
halb|tags
der **Halb|ton** (kleinstes Intervall)
halb|voll *vergleiche:* **halb**
halb|wegs
die **Halb|zeit** (*Sport*)
die **Hal|de** (Bergabhang; Aufschüttung)
die **Half|pipe** [ˈhaːfpaɪp] (halbkreisförmige
Röhre, in der Kunststücke mit Skateboard oder Snowboard ausgeführt werden können); der Halfpipe; die Halfpipes
die **Hälf|te**; die Hälften; meine bessere
Hälfte (*scherzhaft für:* meine Ehefrau,
mein Ehemann)
das *oder* der **Half|ter** (Zaum ohne Gebiss);
des Halfters; die Halfter
die **Hal|le**
hal|le|lu|ja!
das **Hal|le|lu|ja** (Freudengesang im Gottes-
dienst); das Halleluja singen
hal|len (schallen); seine Stimme hallte;
sie hat gehallt
das **Hal|len|bad**
der **Hal|len|fuß|ball**
die **Hal|lig** (kleine nordfriesische Insel im
Wattenmeer); die Hal|li|gen

hal|li|hal|lo! (*umgangssprachlich*)
hal|lo! [*auch:* haˈloː]
das **Hal|lo**; des Hallos; die Hallos; mit gro-
ßem Hallo; Hallo *oder* hallo rufen
das **Hal|lo|ween** [hæloʊˈiːn] ([besonders in
den USA gefeierter] Tag vor Allerheili-
gen); des Halloween *oder* Halloweens;
die Halloweens
die **Hal|lu|zi|na|ti|on** (Sinnestäuschung)
der **Halm**; des Halms *oder* Hal|mes; die Hal-
me
das **Hal|ma** (ein Brettspiel); des Halmas
das **Ha|lo|gen** (ein chemisches Element); des
Halogens; die Ha|lo|ge|ne
die **Ha|lo|gen|lam|pe**
der **Ha|lo|gen|schein|wer|fer** (sehr heller
Scheinwerfer für Kraftfahrzeuge)
der **Hals**; des Hal|ses; die Häl|se; Hals über
Kopf; Hals- und Beinbruch
der **Hals-Na|sen-Oh|ren-Arzt** (*Abkürzung:*
HNO-Arzt)
die **Hals-Na|sen-Oh|ren-Ärz|tin** (*Abkür-
zung:* HNO-Ärztin)
hals|star|rig (stur, unnachgiebig)
das **Hals|weh** (*umgangssprachlich*)
der **Halt**; des Halts *oder* Hal|tes; die Hal|te
oder die Halts; [laut] Halt *oder* halt
rufen; keinen Halt haben; Halt gebieten;
Halt finden; Halt machen *oder* haltma-
chen; er macht Halt *oder* halt; er hat Halt
gemacht *oder* haltgemacht; er
beschloss[,] bald Halt zu machen *oder*
haltzumachen
halt (*besonders süddeutsch, österreichisch, schweizerisch für:* eben, wohl, ja,
schon); das ist halt so
halt!; Halt! Wer da?
halt|bar; haltbare Milch
die **Halt|bar|keit**
hal|ten; du hältst; er hält; er hielt; er hat
die Tasche gehalten; halt *oder* halte die
Tasche!; sie hat mühsam an sich gehalten (sie hat sich mühsam beherrscht)
der **Hal|ter**; des Halters; die Halter
die **Hal|te|rung** (Haltevorrichtung)
die **Hal|te|stel|le**
das **Hal|te|ver|bot**
halt|los (grundlos); haltlose Vorwürfe
halt|ma|chen *vergleiche:* **Halt**
die **Hal|tung**
die **Ha|lun|ke** (Schuft); des Halunken; die
Halunken

Hamam – Handlung

der **Ha|mam** (türkisches Bad); des Hamam *oder* Hamams; die Hamams

Ha|mas (radikale islamistische Widerstandsbewegung in Palästina); der Hamas

Ham|burg (Hafenstadt und Bundesland in Norddeutschland)

der **Ham|bur|ger**; des Hamburgers; die Hamburger

der **Ham|bur|ger** [*auch:* ˈhɛmbøːɐ̯gɐ] (Brötchen mit gebratenem Rinderhackfleisch); des Hamburgers; die Hamburger, *bei englischer Aussprache auch:* Hamburgers

die **Ham|bur|ge|rin;** die Hamburgerinnen

ham|bur|gisch

die **Hä|me** (Gehässigkeit); der Häme

hä|misch (schadenfroh; boshaft); ein hämisches Grinsen

Ham|let (Dänenprinz der Sage)

der **Ham|mel;** des Hammels; die Hammel

der **Ham|mer;** des Hammers; die Hämmer

häm|mern; du hämmerst; sie hämmerte; sie hat gehämmert; hämmere nicht so laut!

der **Ham|pel|mann;** die Ham|pel|män|ner

ham|peln (*umgangssprachlich für:* zappeln); du hampelst; sie hampelte; er hat gehampelt; hample *oder* hampele nicht so!

der **Hams|ter** (ein Nagetier); des Hamsters; die Hamster

hams|tern (einen übergroßen Vorrat anlegen); ich hamstere; du hamsterst; sie hamsterte; er hat gehamstert

die **Hand;** die Hän|de; Hand anlegen; linker Hand (links) liegt der Fluss, rechter Hand (rechts) das Schloss; freie Hand haben; etwas von langer Hand (lange) vorbereiten; etwas an, bei der Hand haben; in Hand in Hand arbeiten; zur Hand (zur Stelle) sein; zur Hand gehen (helfen); etwas unter der Hand (im Stillen) regeln; anhand des Buches, anhand von Unterlagen; abhandenkommen; allerhand; kurzerhand; vorderhand; sie hatte die eine Hand voll Kirschen; sie aß eine Hand voll *oder* Handvoll Kirschen; das Regal ist eine Hand breit; eine Hand breit *oder* Handbreit Stoff; ↑ A B E R : handbreit

die **Hand|ar|beit**

der **Hand|ball**

die **Hand|be|we|gung**

hand|breit; ein handbreiter Saum; der Saum ist handbreit; A B E R : der Saum ist eine Hand breit

die **Hand|breit** *vergleiche:* **Hand**

die **Hand|brem|se**

das **Hand|buch** (Anleitung, Gebrauchsanweisung)

der **Han|del** (Kauf und Verkauf von Waren); des Handels; Handel treiben; ein Handel treibendes *oder* handeltreibendes Volk

die **Hän|del** (*veraltend für:* Streit) *Plural;* Händel suchen; Händel haben; sich in Händel einlassen

han|deln; du handelst; sie handelte; sie hat gehandelt; handle *oder* handele richtig!

han|deln [ˈhɛndln̩] (*umgangssprachlich für:* handhaben, gebrauchen); ich hand[e]le; du handelst; er handelte; er hat die Sache geschickt gehandelt; handle *oder* handele sofort!

han|del|trei|bend *vergleiche:* **Han|del**

hän|de|rin|gend (verzweifelt); er bat sie händeringend

hand|fest; handfeste (große) Vorteile

die **Hand|flä|che**

hand|ge|schrie|ben; ein handgeschriebener Lebenslauf

hand|greif|lich; ein handgreiflicher Streit

der **Hand|griff**

hand|ha|ben; du handhabst; sie handhabte; er hat den Fall unkompliziert gehandhabt; das ist schwer zu handhaben

die **Hand|ha|bung**

der *oder das* **Hand|held** [ˈhɛnthɛlt] (Taschencomputer); des Handhelds; die Handhelds

das **Han|di|cap** [ˈhɛndikɛp] *oder* **Han|di|kap** (Behinderung; Nachteil); des Handicaps *oder* Handikaps; die Handicaps *oder* Handikaps

han|di|ca|pen [ˈhɛndikɛpn̩], **han|di|ka|pen;** er war durch seine Verletzung gehandicapt *oder* gehandikapt

der **Händ|ler;** des Händlers; die Händler

die **Händ|le|rin;** die Händlerinnen

hand|lich; ein handliches Format

die **Hand|lung**

215

Handlungsbedarf – happig

der **Hand|lungs|be|darf** (Notwendigkeit, zu
handeln); es besteht Handlungsbedarf

hand|lungs|fä|hig; eine handlungsfä-
hige Regierung

die **Hand|lungs|fä|hig|keit**

der **Hand|lungs|spiel|raum**

die **Hand|lungs|wei|se**

das **Hand|out** [ˈhɛntlaʊt] *oder* **Hand-out**
(Informationsunterlage); des **Handouts**
oder Hand-outs; die **Handouts** *oder*
Hand-outs

die **Hand|schel|le**; jemandem Handschellen
anlegen

der **Hand|schlag**; keinen Handschlag tun

die **Hand|schrift**
hand|schrift|lich

der **Hand|schuh**

der **Hand|stand**

die **Hand|ta|sche**

das **Hand|tuch**

das **Hand|um|dre|hen**; *nur in:* im Handum-
drehen (schnell und mühelos); die Arbeit
war im Handumdrehen erledigt

die **Hand|voll** *vergleiche:* **Hand**

das **Hand|werk**

der **Hand|wer|ker**; des Handwerkers; die
Handwerker

die **Hand|wer|ke|rin**; die Handwerkerinnen
hand|werk|lich; handwerkliches
Geschick

die **Hand|werks|kam|mer**

das **Han|dy** [ˈhɛndi] (handliches schnurloses
Funktelefon); des Handys; die Handys

das **Han|dy|dis|play** (Vorrichtung zur
Anzeige von Daten, Signalen usw. auf
Handys)

der **Han|dy|ta|rif**
ha|ne|bü|chen (*veraltend für:* unver-
schämt, unerhört); das ist hanebüchener
Unsinn!

der **Hanf** (eine Faserpflanze); des Hanfs *oder*
Han|fes

der **Hänf|ling** (eine Finkenart; Mensch mit
schwächlichem Körperbau); des Hänf-
lings; die Hänf|lin|ge

der **Hang**; des Hangs *oder* Han|ges; die Hän-
ge

die **Hän|ge|mat|te**
hän|gen; das Bild hängt; das Bild hing
an der Wand; das Bild hat hier gehan-
gen; mit Hängen und Würgen (*umgangs-*
sprachlich für: mit Müh und Not); das

Bild soll da hängen bleiben; an einem
Nagel hängen bleiben *oder* hängenblei-
ben; von dem Vortrag war bei ihm nicht
viel hängen geblieben *oder* hängenge-
blieben (im Gedächtnis geblieben); ich
werde meinen Freund nicht hängen lassen *oder* hängenlassen (*umgangssprach-*
lich für: im Stich lassen); der Kunde hat
seinen Hut hängen lassen

> **!** *hängen* wird regelmäßig gebeugt, wenn
> ein Akkusativobjekt folgt: »Sie hängte
> (was?) das Bild an die Wand / hat das
> Bild an die Wand gehängt.« Fehlt das
> Akkusativobjekt, wird *hängen* unregel-
> mäßig gebeugt: »Das Bild hing an der
> Wand / hat an der Wand gehangen.«

hän|gen; du hängst; sie hängte die
Wäsche an die Leine; er hat das Bild an
die Wand gehängt; häng *oder* hänge es
an die Wand!

Han|no|ver (Hauptstadt von Nieder-
sachsen)

Ha|noi (Hauptstadt Vietnams)

die **Han|se** (mittelalterlicher Städtebund in
Norddeutschland)

der **Han|se|at** (Bewohner einer Hansestadt);
des/dem/den Han|se|a|ten; die Han|se|a-
ten

die **Han|se|a|tin**; die Hanseatinnen
han|se|a|tisch
hän|seln (ärgern); du hänselst ihn; er
hat ihn gehänselt; hänsle *oder* hänsele
ihn nicht!

die **Han|se|stadt**

die **Han|tel** (ein Sportgerät); die Hanteln
han|tie|ren (einen Gegenstand benut-
zen; mit etwas umgehen); du hantierst;
er hat mit der Axt hantiert; hantier *oder*
hantiere nicht damit!

ha|pern (fehlen; um etwas schlecht
bestellt sein); es hapert am Geld; es hat
mit seinem Wissen gehapert

das **Häpp|chen**; des Häppchens; die Häpp-
chen

der **Hap|pen**; des Happens; die Happen

das **Hap|pe|ning** [ˈhɛpənɪŋ] (Veranstaltung,
bei der durch Aktionen ein künstleri-
sches Erlebnis vermittelt werden soll);
des Happenings; die Happenings

hap|pig (*umgangssprachlich für:* zu
stark, übertrieben); happige Preise

happy – Haspel

hap|py ['hɛpi] (*umgangssprachlich für:* glücklich, zufrieden)
das **Hap|py End** ['hɛpi 'ɛnt] *oder* **Hap|py|end** ['hɛpilɛnt] (glücklicher Ausgang); des Happy Ends *oder* Happyends; die Happy Ends *oder* Happyends
das **Här|chen** (kurzes, feines Haar)
das **Hard|co|ver** ['haːɐ̯tkavɐ] (Buch mit festem Einband); des Hardcovers; die Hardcovers
der **Hard|li|ner** ['haːɐ̯tlaɪnɐ] (Vertreter eines harten Kurses); des Hardliners; die Hardliner
die **Hard|li|ne|rin;** die Hardlinerinnen
der **Hard|rock** *oder* **Hard Rock** ['haːɐ̯trɔk] (Stilrichtung der Rockmusik); des Hardrock[s] *oder* Hard Rock[s]
die **Hard|ware** ['haːɐ̯twɛːɐ̯] (*EDV:* fest installierte Technik bei Datenverarbeitungsanlagen); die Hardwares; ↑ Software
der **Ha|rem** (von Frauen bewohnter Teil des islamischen Hauses; die dort wohnenden Frauen); des Harems; die Harems
die **Har|fe**
das **Har|fen|spiel**
die **Har|ke** (*norddeutsch für:* Rechen); die Harken
har|ken (rechen); du harkst; sie harkte; er hat den Rasen geharkt; harke den Kiesweg!
harm|los
die **Harm|lo|sig|keit**
die **Har|mo|nie** (Einklang; Eintracht); die Har|mo|ni|en
har|mo|nie|ren (gut zusammenklingen, zusammenpassen); du harmonierst; es harmonierte; das hat harmoniert
die **Har|mo|ni|ka** (ein Musikinstrument); die Harmonikas *oder* Harmoniken
har|mo|nisch
har|mo|ni|sie|ren (in Einklang bringen)
die **Har|mo|ni|sie|rung**
das **Har|mo|ni|um** (ein Musikinstrument); des Harmoniums; die Har|mo|ni|en
der **Harn;** des Harns *oder* Harnes; die Har|ne
der **Harn|bla|se**
der **Har|nisch** (Brustpanzer); des Harnischs *oder* Har|ni|sches; die Har|ni|sche; er hat ihn in Harnisch (Wut) gebracht
harn|trei|bend; harntreibender Tee
die **Har|pu|ne** (Wurfspeer oder pfeilartiges Geschoss zum [Wal]fischfang)

har|ren (warten); du harrst; er harrte; er hat auf das Ende geharrt; harre der Dinge, die da kommen sollen!
harsch (unfreundlich); har|scher; am har|sches|ten
hart; här|ter; am här|tes|ten; eine harte Währung; es kommt hart auf hart; hart gekochte *oder* hartgekochte Eier; hart gefrorener *oder* hartgefrorener Boden
die **Här|te**
der **Här|te|fall**
här|ten; du härtest; sie härtet; sie härtete; er hat den Stahl gehärtet; härte ihn!
der **Här|te|test** (Test auf Belastbarkeit); Autoreifen im Härtetest
hart|ge|fro|ren, hart|ge|kocht *vergleiche:* hart
das **Hart|geld** (Münzen)
hart|her|zig
die **Hart|her|zig|keit**
das **Hart|holz**
hart|nä|ckig
die **Hart|nä|ckig|keit**
das **Hartz** (Programm zur Reform des Arbeitsmarktes); Hartz IV (dessen vierte Stufe)
der **Hartz-IV-Emp|fän|ger** (jemand, der auf der Grundlage der Hartz-IV-Reform Arbeitslosengeld bekommt)
die **Hartz-IV-Emp|fän|ge|rin**
das **Harz** (klebrige Absonderung aus dem Holz von Nadelbäumen); des Har|zes; die Har|ze
der **Harz** (ein Gebirge); des Har|zes
har|zig; harziges Holz
das **Hasch** (Haschisch); des Haschs
ha|schen (fangen); du haschst; er haschte; sie hat gehascht; hasch *oder* hasche mich!
das, *auch:* der **Ha|schisch** (eine Droge); des Haschisch *oder* Haschischs
der **Ha|se;** des/dem/den Hasen; die Hasen; *Verkleinerungsform:* das Häs|chen; falscher Hase (ein Hackbraten); er ist ein alter Hase (hat sehr viel Erfahrung)
die **Ha|sel** (ein Strauch); die Haseln
die **Ha|sel|maus** (ein Nagetier)
die **Ha|sel|nuss**
der **Ha|sel|nuss|strauch** *oder* **Ha|sel-nuss-Strauch**
die **Hä|sin;** die Häsinnen
die **Has|pel** (Garn-, Seilwinde); die Haspeln

haspeln – haushoch

has|peln; du haspelst; er haspelte; er hat
das Garn gehaspelt

der Hass; des Has|ses
has|sen; du hasst; er hasst; er hasste; sie
hat ihn gehasst; hasse nicht!
hass|er|füllt; ein hasserfüllter Blick
häss|lich

die Hast (Eile)
has|ten; du hastest; sie hastete; er ist
zum Bahnhof gehastet; haste nicht so!
has|tig
hät|scheln (liebevoll pflegen; verzärteln);
ich hätsch[e]le sie; du hätschelst ihn; er
hätschelte ihn; er hat ihn gehätschelt

der Hat|trick [ˈhɛtrɪk] (*Fußball:* dreimaliger
Torerfolg hintereinander in einer Halb-
zeit durch denselben Spieler); des Hattricks, die Hattricks

die Hau|be

der Hauch
hauch|dünn
hau|chen; du hauchst; sie hauchte; sie
hat an die gefrorenen Fensterscheiben
gehaucht; hauch *oder* hauche gegen die
Scheibe!

die Haue (*umgangssprachlich für:* Schläge);
Haue kriegen
hau|en; du haust ihn; er haute ihn; er
hat ihn gehauen; sie hat Holz gehauen;
er hat ihm ins Gesicht gehauen; er hat
sie übers Ohr gehauen (betrogen)

der Hau|er (Bergmann; Eckzahn des Kei-
lers); des Hauers; die Hauer
häu|fen; er hat Kekse auf den Teller
gehäuft; sich häufen; die Beweise haben
sich gehäuft

der Hau|fen; des Haufens; die Haufen
hau|fen|wei|se

die Hau|fen|wol|ke
häu|fig

die Häu|fig|keit

die Häu|fung

das Haupt; des Haupts *oder* Haup|tes; die
Häup|ter
haupt|amt|lich

die Haupt|auf|ga|be

der Haupt|bahn|hof (*Abkürzung:* Hbf)
haupt|be|ruf|lich

der Haupt|dar|stel|ler

die Haupt|dar|stel|le|rin

der Haupt|ein|gang

das Haupt|fach

die Haupt|fi|gur

der Häupt|ling; des Häuptlings; die Häupt-
lin|ge

der Haupt|mann; die Hauptleute

das Haupt|quar|tier

die Haupt|rol|le

die Haupt|sa|che
haupt|säch|lich

der Haupt|schul|ab|schluss

die Haupt|schu|le

der Haupt|schü|ler

die Haupt|schü|le|rin

die Haupt|stadt

der Haupt|teil

das Haupt|wort (Nomen); die Hauptwörter
hau ruck!

das Haus; des Hau|ses; die Häu|ser; *Verklei-
nerungsform:* das Häus|chen; außer Haus
sein; im Haus[e] sein; nach Haus[e] *oder*
nachhaus[e] fahren; sich wie zu Haus[e]
oder zuhaus[e] fühlen; ↑ ABER: Zuhause;
von Haus[e] aus; von Haus zu Haus
gehen; Haus halten *oder* haushalten
(sparsam wirtschaften); er hält Haus
oder er haushaltet; er hielt Haus *oder* er
haushaltete; er hat Haus gehalten *oder*
gehaushaltet; er schafft es nicht, mit den
Vorräten Haus zu halten *oder* zu haushalten

der Haus|ar|rest

der Haus|arzt (Arzt, den man bei Krankheit
als Erstes besucht)

die Haus|ärz|tin

die Haus|auf|ga|be; seine Hausaufgaben
gemacht haben

der Haus|be|set|zer; des Hausbesetzers; die
Hausbesetzer

die Haus|be|set|ze|rin; die Hausbesetzerin-
nen

der Haus|be|sit|zer

die Haus|be|sit|ze|rin
hau|sen; du haust; sie haust; er hat in
einer kleinen Dachwohnung gehaust

die Haus|frau
haus|ge|macht

der Haus|halt; des Haushalts *oder* Haus|hal-
tes; die Haus|hal|te
haus|hal|ten *vergleiche:* Haus

das Haus|halts|loch

die Haus|halt[s]|wa|ren *Plural*
haus|hoch; haushohe Wellen; haushoch
gewinnen, verlieren

218

hausieren – heil

hau|sie|ren (*veraltend für:* Waren von Haus zu Haus anbieten); er hat mit Teppichen hausiert
der **Hau|sie|rer;** des Hausierers; die Hausierer
die **Hau|sie|re|rin;** die Hausiererinnen
häus|lich; häusliche Pflichten
der **Haus|mann**
der **Haus|meis|ter**
die **Haus|meis|te|rin**
die **Haus|ord|nung**
der **Haus|schuh**
das **Haus|tier**
der **Haus|un|ter|richt**
die **Haut;** die Häu|te; aus der Haut fahren (wütend werden); ABER: das ist ja zum Aus-der-Haut-Fahren
häu|ten; du häutest; sie häutete; er hat das Tier gehäutet; häute es!; sich häuten; die Schlange hat sich gehäutet
haut|eng (sehr eng); hautenge Jeans
die **Haut|far|be**
haut|nah; etwas hautnah miterleben
die **Häu|tung**
Ha|van|na (Hauptstadt Kubas)
die **Ha|va|rie** (Seeschaden, den Schiff oder Ladung erleidet; *auch:* Bruch, Unfall); die Ha|va|ri|en
Ha|waii (Hauptinsel der Hawaii-Inseln im Pazifischen Ozean; Staat der USA)
die **Ha|waii|gi|tar|re**
die **Ha|waii-In|seln** *oder* **Ha|waii|in|seln** (Inselgruppe im Pazifischen Ozean, die den Staat Hawaii bildet) *Plural*
die **Ha|xe** *vergleiche:* **Hach|se**
Haydn (österreichischer Komponist)
Hbf. = Hauptbahnhof
he! (Ausruf)
das **Head|set** ['hɛtzɛt] (eine am Kopf getragene Kombination von Mikrofon und Kopfhörer); des Headset *oder* Headsets; die Headsets
das **Hea|ring** ['hi:rɪŋ] ([öffentliche] Anhörung); des Hearing *oder* Hearings; die Hearings
das **Hea|vy Me|tal** ['hɛvi 'mɛtl̩] (Stilrichtung der Rockmusik); des Heavy Metal[s]
die **Heb|am|me**
der **He|bel;** des Hebels; die Hebel
he|ben; du hebst; sie hebt; sie hob; sie hat den Stein gehoben; heb *oder* hebe diesen Stein!

der **He|ber;** des Hebers; die Heber
he|cheln; ich hech[e]le; du hechelst; er hechelte; der Hund hat gehechelt
der **Hecht;** des Hechts *oder* Hech|tes; die Hech|te
die **Hecht|rol|le** (Turnübung)
der **Hecht|sprung**
das **Heck** (hinterer Teil des Schiffes oder des Autos); des Hecks *oder* He|ckes; die He|cke *oder* Hecks
der **Heck|an|trieb**
die **He|cke** (Umzäunung aus Sträuchern)
die **He|cken|ro|se**
der **Hedge|fonds** *oder* **Hedge-Fonds** ['hɛdʒfõː] (*Wirtschaft:* Geldanlage mit hohem Risiko)
das **Heer;** des Heers *oder* Hee|res; die Hee|re
die **Heer|stra|ße**
die **He|fe**
das **Heft;** des Hefts *oder* Hef|tes; die Hef|te
hef|ten; du heftest; sie heftete; sie hat die Akten geheftet; heft *oder* hefte die Seiten!
hef|tig (ungestüm; scharf; stark)
das **Heft|pflas|ter**
die **He|ge** (Pflege, Schutz des Wildes); Hege und Pflege
he|gen; du hegst; er hegte; sie hat lange diesen Wunsch gehegt; heg *oder* hege keine großen Hoffnungen!
das *oder* der **Hehl;** des Hehls *oder* Hehl|les; keinen, *auch:* kein Hehl daraus machen (nicht verheimlichen)
der **Heh|ler** (Verkäufer von Diebesgut); des Hehlers; die Hehler
die **Heh|le|rei**
die **Heh|le|rin;** die Hehlerinnen
hehr (erhaben; heilig)
hei! (Ausruf)
der **Hei|de** (jemand, der nicht an Gott glaubt); des/dem/den Heiden; die Heiden
die **Hei|de**
das **Hei|de|kraut**
die **Hei|del|bee|re**
der **Hei|den|lärm** (*umgangssprachlich für:* sehr großer Lärm)
die **Hei|din;** die Heidinnen
heid|nisch; heidnische Bräuche
die **Heid|schnu|cke** (eine Schafrasse)
hei|kel (bedenklich, schwierig); heik|ler; am heikels|ten; eine heikle Sache
heil; mit heiler Haut davonkommen

Heil – heiß

das **Heil**; des Heils *oder* Hei|les
der **Heil|land**; des Heilands *oder* Hei|lan|des;
die Hei|lan|de
heil|bar; eine heilbare Krankheit
der **Heil|butt** (ein Fisch); des Heilbutts *oder*
Heil|but|tes
hei|len; du heilst ihn; sie hat ihn von sei-
ner Krankheit geheilt; heil *oder* heile ihn!
hei|lig; das heilige Abendmahl, Pfingst-
fest; die heilige Messe, Taufe; die erste
heilige Kommunion; ABER: der Heilige
Abend; die Heilige Familie; der Heilige
Geist; die Heilige Jungfrau; die Heiligen
Drei Könige; der heilige *oder* Heilige
Krieg (des Islam); das Heilige Land; die
Heilige Nacht; das Heilige Römische
Reich Deutscher Nation; die Heilige
Schrift; die Heilige Stadt (Jerusalem); der
Heilige Stuhl (das Papstamt); der Heilige
Vater (der Papst); sie hielt ihn für heilig
der **Hei|lig|abend**
der **Hei|li|ge**; ein Heiliger; die Heiligen; zwei
Heilige
die **Hei|li|ge**; eine Heilige
der **Hei|li|gen|schein**
hei|lig|hal|ten (in Ehren halten); sie hält
dieses Geschenk heilig
hei|lig|spre|chen; der Papst hat sie hei-
liggesprochen
das **Hei|lig|tum**; des Heiligtums; die Hei|lig-
tü|mer
heil|los; ein heilloses Durcheinander
das **Heil|mit|tel**
der **Heil|prak|ti|ker**
die **Heil|prak|ti|ke|rin**
heil|sam; eine heilsame Lehre
die **Heils|ar|mee** (eine christliche Organisa-
tion)
die **Hei|lung**
das **Heim**; des Heims *oder* Hei|mes; die Hei-
me
die **Heim|ar|beit**
die **Hei|mat**
hei|mat|lich
hei|mat|los
der **Hei|mat|ort**; die Heimatorte
sich **heim|be|ge|ben**; sie begibt sich heim; er
hat sich heimbegeben
heim|be|glei|ten; er begleitet sie heim;
sie hat ihn heimbegleitet
der **Heim|be|woh|ner**
die **Heim|be|woh|ne|rin**

heim|brin|gen; er bringt sie heim; sie
hat ihn heimgebracht
heim|fah|ren; sie fährt heim; sie ist
heimgefahren; sie hat mich heimgefahren
heim|füh|ren; er führt das Kind heim;
sie hat es heimgeführt
heim|ge|hen; sie geht heim; er ist heim-
gegangen
heim|ho|len; er holte ihn heim; er hat
ihn heimgeholt
hei|misch; sich heimisch fühlen
die **Heim|kehr**; der Heimkehr
heim|keh|ren; sie kehrte heim; sie ist
heimgekehrt
der **Heim|lei|ter**
die **Heim|lei|te|rin**
heim|leuch|ten (*umgangssprachlich für:*
abfertigen); dem haben sie tüchtig heim-
geleuchtet
heim|lich; er hat es heimlich (im Gehei-
men) getan
die **Heim|lich|kei|ten** *Plural*
heim|lich|tun (geheimnisvoll tun); sie
hat sehr heimlichgetan
der **Heim|platz**
heim|rei|sen; sie reist heim; er ist heim-
gereist
der **Heim|sieg** (*Sport*)
das **Heim|spiel** (*Sport*)
heim|su|chen; Not und Krankheit
haben ihn heimgesucht
die **Heim|tü|cke** (Hinterlist)
heim|tü|ckisch
der **Heim|weg**
das **Heim|weh**
heim|weh|krank
der **Heim|wer|ker** (jemand, der handwerkli-
che Arbeiten zu Hause selbst macht);
des Heimwerkers; die Heimwerker
die **Heim|wer|ke|rin**; die Heimwerkerinnen
heim|zah|len; das zahle ich ihm heim;
das habe ich ihr tüchtig heimgezahlt
das **Hein|zel|männ|chen** (hilfreicher Haus-
geist)
die **Hei|rat**
hei|ra|ten; du heiratest; sie heiratete; sie
hat jung geheiratet; heirate besser nicht!
hei|ser
die **Hei|ser|keit**
heiß; hei|ßer; am hei|ßes|ten; ein heißes
Eisen anfassen; das Essen heiß machen
oder heißmachen; ↑ABER: heißmachen;

220

heißblütig – herauf

die **heiß ersehnte** *oder* heißersehnte
Ankunft; ein **heiß geliebter** *oder* heißge-
liebter Mann; eine **heiß umstrittene** *oder*
heißumstrittene Frage
heiß|blü|tig
hei|ßen; du heißt; sie heißt; du hießest;
sie hieß; sie hat Müller geheißen; heiß
ihn, wie du willst!; er hat es mich geheißen; A B E R : er hat mich kommen heißen
heiß|er|sehnt, heiß|ge|liebt *vergleiche:*
heiß
heiß|ma|chen; jemanden heißmachen
(wild auf etwas machen); sie haben mir
die Hölle heißgemacht (mir sehr zuge-
setzt); ↑ *auch:* heiß
heiß|um|strit|ten *vergleiche:* **heiß**
hei|ter
die **Hei|ter|keit**
hei|zen; du heizt; er heizte; sie hat mit
Gas geheizt; heiz *oder* heize die Küche!
der **Hei|zer;** des Heizers; die Heizer
die **Hei|ze|rin;** die Heizerinnen
das **Heiz|öl**
die **Hei|zung**
das *oder der* **Hek|t|ar** [*auch:* hɛk'taːɐ̯]; des
Hektars; die Hek|t|a|re; A B E R : 3 Hektar
gutes Land *oder* guten Landes
die **Hek|tik** (nervöse Betriebsamkeit)
der **Hek|ti|ker;** des Hektikers; die Hektiker
die **Hek|ti|ke|rin;** die Hektikerinnen
hek|tisch
der *oder das* **Hek|to|li|ter**
der **Held;** des/dem/den Hel|den; die Hel|den
hel|den|haft
die **Hel|den|tat**
die **Hel|din;** die Heldinnen
hel|fen; du hilfst; sie hilft; sie half; er hat
geholfen; hilf mir!; sie hat ihr beim
Nähen geholfen; sie hat ihr nähen helfen
oder geholfen; sie weiß sich zu helfen;
das hilft mir nicht
der **Hel|fer;** des Helfers; die Helfer
die **Hel|fe|rin;** die Helferinnen
Hel|go|land (Insel in der Nordsee)
der **He|li|ko|p|ter** (Hubschrauber); des Heli-
kopters; die Helikopter
das **He|li|um** (ein Edelgas); des Heliums
hell; die Sonne scheint hell; ein **hell
leuchtender** *oder* hellleuchtender Stern;
A B E R N U R : dieser auffallend hell leuch-
tende Stern
hell|auf; hellauf lachen (laut und fröh-

lich lachen); A B E R : hell auflachen
(plötzlich zu lachen anfangen)
hell|blau; hellblau färben
hell|blond
der **Hel|ler** (eine alte deutsche Münze); des
Hellers; die Heller; auf Heller und Pfennig; dafür gebe ich keinen [roten] Heller
hell|hö|rig; eine hellhörige Wohnung;
hellhörig (stutzig) werden
die **Hel|lig|keit**
hell|leuch|tend *vergleiche:* **hell**
hell|licht; es ist helllichter Tag
der **Hell|se|her** (Person, die zukünftige
Ereignisse vorhersehen kann)
die **Hell|se|he|rin**
hell|wach
der **Helm;** des Helms *oder* Hel|mes; die Hel-
me
Hel|sin|ki (Hauptstadt Finnlands)
das **Hemd;** des Hemds *oder* Hem|des; die
Hem|den
der **Hemds|är|mel** *meist Plural*
die **He|mi|sphä|re** (Erdhalbkugel; Himmels-
halbkugel); die Hemisphären
hem|men; du hemmst; er hat den
Ablauf gehemmt; hemm *oder* hemme
nicht den Fortschritt!
das **Hemm|nis;** des Hemmnisses; die
Hemmnisse
der **Hemm|schuh**
die **Hem|mung;** Hemmungen haben
hem|mungs|los
der **Hengst;** des Hengs|tes; die Hengs|te
der **Hen|kel;** des Henkels; die Henkel
hen|ken (durch den Strang hinrichten);
du henkst ihn; er hat ihn gehenkt
der **Hen|ker;** des Henkers; die Henker
die **Hen|ke|rin;** die Henkerinnen
die **Hen|ne**
her; her zu mir!; her damit!; hin und her
he|r|ab
he|r|ab|las|sen; er lässt den Rollladen
herab; sie hat ihn herabgelassen
he|r|ab|las|send (hochmütig)
he|r|an
he|r|an|kom|men; er ist bis auf 5 Meter
an ihn herangekommen
he|r|an|zie|hen (berücksichtigen); du
ziehst heran; sie zog heran; er hat heran-
gezogen; zieh *oder* ziehe verschiedene
Bücher heran!
he|r|auf

221

heraufbeschwören – herum

he|r|auf|be|schwö|ren; er beschwört
das Unglück herauf; sie hat es heraufbe-
schworen

he|r|aus

he|r|aus|fin|den; er findet es heraus; er
hat nichts herausgefunden

he|r|aus|for|dern; du forderst heraus;
sie forderte heraus; er hat herausgefor-
dert

die He|r|aus|for|de|rung (Aufgabe; Kampf-
ansage); die Herausforderung des Klas-
sensprecheramtes annehmen

die He|r|aus|ga|be

he|r|aus|ge|ben; sie gibt den Schlüssel
heraus; sie hat ihn herausgegeben

der He|r|aus|ge|ber (eines Buches); des Her-
ausgebers; die Herausgeber

die He|r|aus|ge|be|rin; die Herausgebe-
rinnen

he|r|aus|ho|len; du holst heraus; sie
holte heraus; er hat herausgeholt; hol
oder hole den Schlüssel heraus!

he|r|aus|kom|men; sie kommt heraus;
sie ist herausgekommen; es wird nichts
dabei herauskommen

he|r|aus|stel|len

herb; herbe Kritik

her|bei

her|bei|füh|ren; du führst herbei; sie
führte herbei; er hat die Entscheidung
herbeigeführt

her|bei|schaf|fen; sie schafft herbei; er
hat alles herbeigeschafft

her|be|mü|hen; er bemüht sich extra
her; sie hat sich herbemüht

die Her|ber|ge

die Her|bergs|mut|ter

der Her|bergs|va|ter

der Herbst; des Herbsts *oder* Herbs|tes; die
Herbs|te

die Herbst|fe|ri|en *Plural*

herbst|lich; herbstliches Wetter

der Herd; des Herds *oder* Her|des; die Her-
de

die Her|de

he|r|ein

he|r|ein|fal|len; er fiel herein; sie ist
tüchtig hereingefallen

he|r|ein|le|gen; er legte ihn herein; sie
hat ihn hereingelegt

der Her|gang (Verlauf); des Hergangs *oder*
Her|gan|ges

der He|ring (ein Fisch; Zeltpflock); des
Herings; die He|rin|ge

her|kömm|lich (bisher üblich); laut her-
kömmlicher Meinung

Her|ku|les (Halbgott und Held der grie-
chischen Sage)

der Her|ku|les (Mensch von großer Körper-
kraft); des Herkules; die Herkulesse

die Her|kunft

das Her|kunfts|land

her|lau|fen; der Hund ist hinter ihm
hergelaufen

her|lei|ten; sich herleiten

das Her|me|lin (großes Wiesel); des Herme-
lins; die Her|me|li|ne

der Her|me|lin (ein Pelz); des Hermelins; die
Her|me|li|ne

Her|mes (griechischer Götterbote)

her|me|tisch (dicht verschlossen)

her|nach (nachher)

das He|ro|in (eine Droge); des Heroins

he|ro|isch (heldenhaft)

der He|rold (Verkündiger, Ausrufer, fürstli-
cher Bote); des Herolds *oder* He|rol|des;
die He|rol|de

der Herr; des Herrn; die Her|ren; mein
Herr!; meine Herren!; seines Ärgers Herr
werden

das Herr|chen; des Herrchens; die Herrchen

herrichten; etwas herrichten lassen

die Her|rin; die Herrinnen

her|risch

herr|lich

die Herr|schaft

herr|schen; du herrschst; er herrschte;
er hat geherrscht; herrsche gerecht!

herr|schend (allgemein verbreitet, gel-
tend); die herrschende Meinung

der Herr|scher; des Herrschers; die Herr-
scher

die Herr|sche|rin; die Herrscherinnen

her|stel|len; das Unternehmen hat Tex-
tilien hergestellt

die Her|stel|lung (Anfertigung)

das Hertz (Maßeinheit der Frequenz:
Anzahl, *zum Beispiel* Schwingungszahl,
pro Sekunde); des Hertz; die Hertz;
440 Hertz

he|r|ü|ber

he|r|ü|ber|kom|men; sie kommt herü-
ber; sie ist herübergekommen

he|r|um

herumlungern – hier

he|r|um|lun|gern; sie lungerte herum; er ist in der Stadt herumgelungert

sich he|r|um|trei|ben; sie trieb sich herum; er hat sich herumgetrieben

he|r|un|ter

he|r|un|ter|ge|kom|men (in schlechtem Zustand)

he|r|un|ter|hän|gen; der Vorhang hängt herunter; er hat heruntergehangen

he|r|un|ter|la|den (*EDV:* Daten von einem Computer, aus dem Internet auf den eigenen Computer übertragen)

he|r|un|ter|rei|ßen; sie riss die Maske herunter; er hat den Vorhang heruntergerissen

he|r|un|ter|spie|len (nicht so wichtig nehmen); sie spielte herunter; sie hat heruntergespielt

her|vor

her|vor|brin|gen; sie brachte schöne Töne hervor; der Baum hat viele Früchte hervorgebracht

her|vor|ge|hen; sie ging aus dem Wettkampf als Siegerin hervor; aus der Antwort ist hervorgegangen, dass …

her|vor|he|ben (betonen); du hebst hervor; sie hob hervor; er hat hervorgehoben; heb *oder* hebe das mehr hervor!

her|vor|ra|gend

her|vor|ru|fen; ihre Worte haben Staunen hervorgerufen

her|vor|tre|ten; sie tritt hervor; sie ist hervorgetreten

sich her|vor|tun; er tut sich hervor; sie hat sich hervorgetan

das Herz; des Her|zens; dem Her|zen; die Her|zen; von Herzen kommen; zu Herzen gehen, nehmen; mit Herz und Hand

das Herz|ass *oder* Herz-Ass

die Her|zens|lust; *nur in:* nach Herzenslust essen

herz|er|grei|fend; eine herzergreifende Geschichte

der Herz|feh|ler

herz|haft; herz|haf|ter; am herz|haf|testen

der Herz|in|farkt

das Herz|klop|fen

herz|lich; aufs, auf das herzlichste *oder* Herzlichste

der Her|zog; des Herzogs *oder* Her|zo|ges; die Her|zö|ge

der Herz|schlag

das Herz|stück

der Hes|se; des/dem/den Hessen; die Hessen

Hes|sen (deutsches Bundesland)

die Hes|sin; die Hessinnen

hes|sisch; das hessische Land; ABER: das Hessische Bergland

he|te|ro|gen (ungleichartig)

he|te|ro|se|xu|ell (zum anderen Geschlecht hinneigend)

die Het|ze

het|zen; du hetzt; sie hetzte; er hat den Fuchs gehetzt; hetz *oder* hetze kein Tier!

der Het|zer; des Hetzers; die Hetzer

die Het|ze|rin; die Hetzerinnen

das Heu; des Heus *oder* Heu|es

die Heu|che|lei

heu|cheln; du heuchelst; er hat geheuchelt; heuchle *oder* heuchele nicht!

der Heuch|ler; des Heuchlers; die Heuchler

die Heuch|le|rin; die Heuchlerinnen

heuch|le|risch

heu|er (*süddeutsch, österreichisch, schweizerisch für:* in diesem Jahr)

die Heu|er (Lohn der Seeleute); die Heuern

heu|len; du heulst; er heulte; er hat geheult; heul *oder* heule nicht!; das heulende Elend bekommen

der Heu|ler (*auch für:* verlassener junger Seehund); des Heulers; die Heuler

der Heu|schnup|fen

die Heu|schre|cke

heu|te; bis heute; für heute; seit heute; die Jugend von heute; ABER: heute Abend; heute Mittag; heute Morgen; heute Nachmittag; heute Nacht; heute früh *oder* Früh

heu|tig; in der heutigen Zeit

heut|zu|ta|ge

die He|xe

he|xen; du hext; sie hexte; er hat gehext

der He|xen|schuss (plötzlich auftretende Kreuzschmerzen)

die He|xe|rei

hey! (*besonders Jugendsprache);* hey, wie gehts?

hi! [hai]

der Hi|bis|kus (eine Heilpflanze); des Hibiskus; die Hibisken

der Hieb; des Hiebs *oder* Hie|bes; die Hie|be

hier; hier und da; von hier aus; hier oben

223

hieran – Hindernis

hie|r|an

die **Hi|e|r|ar|chie** [hirar'çi:, *auch:* hierar'çi:] (Rangfolge, Rangordnung); die Hi|e|r|archi|en

hi|e|r|ar|chisch

hie|r|auf

hie|r|aus

hier|bei

hier|durch

hier|für

hier|her; er hat es hierher zurückgeschickt

hier|her|kom|men; sie kommt hierher; er ist sofort hierhergekommen

hie|r|in

hier|mit

die **Hi|e|ro|gly|phe** [hiro'glyfə, *auch:* hiero'glyfa] (Zeichen der ägyptischen Bilderschrift); die Hieroglyphen *meist Plural*

hier|von

hier|zu

hier|zu|lan|de, hier zu Lan|de

hie|sig; hiesigen Ort[e]s

hie|ven ['hi:fn] (hochwinden); sie haben den Container an Deck gehievt

Hi-Fi ['haifi, *auch:* 'haifai] = High Fidelity

die **Hi-Fi-An|la|ge**

high [hai] (*umgangssprachlich für:* in Hochstimmung [nach der Einnahme von Drogen]); high sein

die **High Fi|de|li|ty** ['hai fi'dɛliti] (hohe Wiedergabequalität bei Tonträgern; *Abkürzung:* Hi-Fi)

das **High|light** ['hailait] (Höhepunkt, Glanzpunkt); des Highlight *oder* Highlights

die **High|school** ['haisku:l] (*amerikanische Bezeichnung für:* höhere Schule); die Highschools

die **High So|ci|e|ty** ['hai sə'saiəti] (die vornehme Gesellschaft); das Leben der High Society

das, *auch:* die **High|tech** ['haitɛk] (Spitzentechnologie); des Hightech[s], *auch:* der Hightech

die **High|tech|in|dus|t|rie**

der **High|way** ['haiweɪ] (*amerikanisch für:* Fernstraße); des Highways; die Highways

die **Hi|l|fe**; die Erste *oder* erste Hilfe (bei Verletzungen); Hilfe anbieten, leisten, suchen; sich Hilfe suchend *oder* hilfesuchend umsehen; einem Verunglückten

zu Hilfe eilen, kommen; der Mechaniker, mit Hilfe *oder* mithilfe dessen (*oder* mit dessen Hilfe) sie ihr Auto reparierte

die **Hi|l|fe|leis|tung**

der **Hi|l|fe|ruf**

die **Hi|l|fe|stel|lung**

hi|l|fe|su|chend

hilf|los; hilflo|ser; am hilflo|ses|ten

die **Hi|l|flo|sig|keit**

hilf|reich

hilfs|be|reit

die **Hi|lfs|be|reit|schaft**

das **Hi|lfs|mit|tel**

die **Hi|lfs|or|ga|ni|sa|ti|on**

das **Hi|lfs|verb** (haben, sein, werden; *z. B. in:* wir haben gewonnen)

der **Hi|ma|la|ja** [*auch:* hima'la:ja] (Gebirge in Asien); des Himalaja *oder* Himalajas

die **Hi|m|bee|re**

der **Hi|m|beer|saft**

der **Hi|m|mel**; des Himmels; die Himmel; um Himmels willen

hi|m|mel|blau

Hi|m|mel|fahrt; Christi Himmelfahrt

hi|m|mel|schrei|end

die **Hi|m|mels|rich|tung**

das **Hi|m|mels|zelt**

hi|m|m|lisch

hin; alles ist hin; hin und her schaukeln; hin und her laufen (ohne bestimmtes Ziel); ABER: hin- und herlaufen (hin- und wieder zurücklaufen); hin und wieder (zuweilen); vor sich hin brummen

hi|n|ab; etwas weiter hinab

hi|n|ab|ge|hen; sie ging hinab; sie ist den Berg hinabgegangen

hi|n|auf

hi|n|auf|ge|hen; sie ging hinauf; sie ist die Treppe hinaufgegangen

hi|n|aus

hi|n|aus|ge|hen; sie ging hinaus; sie ist hinausgegangen

hi|n|aus|zö|gern; es hat sich hinausgezögert

hi|n|be|kom|men (*umgangssprachlich*); sie hat das hinbekommen

Hin|blick; *nur in:* im Hinblick auf

hi|n|der|lich

hi|n|dern; du hinderst; er hat ihn daran gehindert; hindere sie nicht daran!

das **Hi|n|der|nis**; des Hindernisses; die Hindernisse

hindeuten – hinterher

hin|deu|ten; alles scheint darauf hinzu-
deuten

der **Hịn|du** (Anhänger einer indischen Reli-
gion); des Hindu *oder* Hindus; die Hindu
oder Hindus

die **Hịn|du;** die Hindu *oder* Hindus

die **Hịn|du|frau**

der **Hịn|du|ịs|mus** (Religion, die hauptsäch-
lich in Indien weit verbreitet ist)

hin|du|ịs|tisch

hin|dụrch; durch alles hindurch

hin|dụrch|ge|hen; sie geht hindurch; er
ging hindurch; sie ist unter der Brücke
hindurchgegangen

hi|n|ẹin

hi|n|ẹin|ge|hen; er geht hinein; er ist
hineingegangen

hi|n|ẹin|plat|zen; er platzte plötzlich
hinein; sie ist in die Sitzung hineinge-
platzt

hi|n|ẹin|zie|hen; sie zog ihn hinein; er
hat sie mit hineingezogen

hin|fah|ren; er fährt hin; er fuhr hin; er
ist sofort hingefahren

die **Hịn|fahrt**

hịn|fäl|lig

der **Hịn|flug;** Hin- und Rückflug

die **Hịn|ga|be**

hin|ge|ben; sich hingeben; sie gibt hin;
er gab hin; sie hat das Geld hịngegeben;
ABER: sie hat ihm das auf sein Verlangen hịn gegeben

hin|ge|gen (dagegen, im Gegensatz
dazu); ihre Freundin hingegen fand die
Idee gut

hin|ge|hen; sie ging hin; er ist hingegan-
gen

hin|hal|ten; jemanden hinhalten (war-
ten lassen)

der **Hịn|kel|stein** (größerer, unbehauener
[kultischer] Stein)

hịn|ken; ich hinke; du hinkst; sie hat
gehinkt; sie ist zur Tür gehinkt

hịn|le|gen; du legst hin; sie legte hin; er
hat hingelegt; leg *oder* lege das Buch hin!

hịn|nehm|bar

hịn|neh|men; du nimmst hin; sie nahm
hin; er hat hingenommen; nimm das
nicht hin!

hịn|rei|chend

hịn|rei|ßen; sich hinreißen lassen; hin-
und hergerissen (unentschlossen) sein

hịn|rei|ßend

hịn|rich|ten; man richtet ihn hin; man
hat ihn hingerichtet

die **Hịn|rich|tung;** der zum Tode Verurteilte
wartete auf seine Hinrichtung

hịn|set|zen; ich setzte den Koffer hin;
sie hat sich hingesetzt

die **Hịn|sicht;** der Hinsicht; die Hinsichten
Plural selten; in Hinsicht auf …

hịn|sicht|lich (angesichts); hinsichtlich
deiner E-Mail

das **Hịn|spiel** *(Sport)*

hịn|ten

hịn|ten|ạn

hịn|ten|he|r|um

hịn|ten|über

hịn|ter; hinter dem Zaun stehen; sich
hinter den Zaun stellen

der **Hịn|ter|blie|be|ne;** ein Hinterbliebener;
die Hinterbliebenen; zwei Hinterblie-
bene

die **Hịn|ter|blie|be|ne;** eine Hinterbliebene

hin|ter|brịn|gen (heimlich informieren);
er hat mir die Nachricht hinterbracht

hin|ter|drẹin *(veraltend)*

hin|ter|drẹin|lau|fen; sie ist hinterdrein-
gelaufen

hin|ter|ei|n|ạn|der; sich hintereinander
aufstellen; alle sollen hintereinander
hergehen; ↑ aufeinander

hin|ter|ei|n|ạn|der|schal|ten; zwei Bat-
terien hintereinanderschalten

hin|ter|ei|n|ạn|der|schrei|ben; sie hat
die Namen hintereinandergeschrieben

hin|ter|ei|n|ạn|der|stel|len; die Stühle
in einer Reihe hintereinanderstellen

hin|ter|frạ|gen; du hinterfragst; sie hin-
terfragte; er hat hinterfragt; hinterfrag
oder hinterfrage nicht immer alles!;
etwas hinterfragen (nach den Hinter-
gründen von etwas fragen)

die **Hịn|ter|frau**

hin|ter|ge|hen (betrügen); er hat mich
hintergangen; hintergeh *oder* hintergehe
mich nicht!

der **Hịn|ter|grund;** die Hịn|ter|grün|de

die **Hịn|ter|grund|in|for|ma|ti|on**

der **Hịn|ter|halt;** die Hịn|ter|hal|te; aus dem
Hinterhalt schießen

hịn|ter|häl|tig

hin|ter|hẹr; hinterher (danach) liefen
wir nach Hause; ABER: **hin|ter|hẹr|lau-**

225

Hinterhof – Hit

fen (nachlaufen); er ist mir hinterhergelaufen

der **Hin|ter|hof**

der **Hin|ter|kopf**

das **Hin|ter|land**

hin|ter|las|sen (zurücklassen); du hinterlässt Chaos; er hinterließ vier Kinder; sie hat eine Nachricht hinterlassen

die **Hin|ter|las|sen|schaft**

hin|ter|le|gen (als Pfand usw.); sie hinterlegte; er hat hinterlegt

der **Hin|ter|leib** (bei Insekten)

die **Hin|ter|list**

hin|ter|lis|tig

der **Hin|ter|mann**

der **Hin|tern** (*umgangssprachlich für:* Gesäß)

hin|ter|rücks; jemanden hinterrücks angreifen

das **Hin|ter|teil** (Gesäß)

das **Hin|ter|tref|fen;** *nur in:* ins Hintertreffen kommen, geraten

die **Hin|ter|tür**

das **Hin|ter|zim|mer**

hi|n|ü|ber; die Bananen werden wohl hinüber (verdorben) sein

hi|n|ü|ber|ge|hen; sie geht hinüber; sie ist hinübergegangen

das **Hin und Her;** des Hin und Her *oder* Hin und Hers; sie einigten sich nach längerem Hin und Her

das **Hin-und-her-Fah|ren;** A B E R : das Hin- und [das] Herfahren; ↑ hin

die **Hin- und Her|fahrt**

die **Hin- und Her|rei|se**

der **Hin- und Her|weg**

hi|n|un|ter

hi|n|un|ter|ge|hen; er ging schnell hinunter; er ist die Treppe hinuntergegangen

hi|n|un|ter|schlu|cken; sie schluckte die Tablette hinunter; sie hat sie hinuntergeschluckt

hin|weg

der **Hin|weg;** Hin- und Herweg

hin|weg|fe|gen

hin|weg|ge|hen; sie ging über das Thema hinweg; sie ist darüber hinweggegangen

hin|weg|set|zen; sich darüber hinwegsetzen

hin|weg|täu|schen; das hat uns darüber hinweggetäuscht

der **Hin|weis;** des Hin|wei|ses; die Hin|weise

hin|wei|sen; du weist hin; sie wies hin; es hat alles darauf hingewiesen; weis *oder* weise ihn darauf hin!; hinweisendes Fürwort (Demonstrativpronomen)

hin|zie|hen (*auch für:* verzögern)

hin|zu

hin|zu|fü|gen; du fügst hinzu; sie fügte hinzu; er hat hinzugefügt; füg *oder* füge noch die Butter zum Teig hinzu!

hin|zu|kom|men; sie kam hinzu; sie ist hinzugekommen; A B E R : hinzu kommt, dass er gelogen hat

die **Hi|obs|bot|schaft** (Unglücksbotschaft)

hip (modern, zeitgemäß)

der **Hip-Hop** *oder* **Hip|hop** (eine Richtung der modernen Popmusik); des Hip-Hops *oder* Hiphops

der **Hip|pie** (Anhänger[in] einer antibürgerlichen, pazifistischen, naturnahen Lebensform); des Hippies; die Hippies

das **Hirn;** des Hirns *oder* Hir|nes; die Hir|ne

das **Hirn|ge|spinst;** des Hirngespinsts *oder* Hirn|ge|spins|tes; die Hirn|ge|spins|te

hirn|ris|sig (*umgangssprachlich für:* verrückt); eine hirnrissige Idee

hirn|ver|brannt (*umgangssprachlich für:* verrückt)

Hi|ro|shi|ma [hi'rɔʃima, *auch:* hiro-'ʃi:ma] (japanische Stadt, auf die 1945 die erste Atombombe abgeworfen wurde)

der **Hirsch;** des Hirschs *oder* Hir|sches; die Hir|sche

die **Hir|se** (eine Getreideart)

der **Hirt;** des Hir|ten; die Hir|ten

der **Hir|ten|brief** (bischöfliches Rundschreiben)

die **Hir|tin;** die Hirtinnen

die **His|bol|lah** (Gruppe radikaler schiitischer Moslems; Anhänger dieser Gruppe); der Hisbollah

his|sen; du hisst; er hisste; sie hat die Flagge gehisst; hisse *oder* hiss die Flagge!

der **His|to|ri|ker** (Wissenschaftler, Kenner auf dem Gebiet der Geschichte); des Historikers; die Historiker

die **His|to|ri|ke|rin;** die Historikerinnen

his|to|risch (geschichtlich)

der **Hit** (erfolgreicher Schlager; ein Produkt, das sich gut verkauft); des Hits; die Hits

Hitparade – hochrechnen

die **Hit|pa|ra|de**
die **Hit|ze**
  hit|ze|be|stän|dig
  hit|ze|frei

> **!** Das Adjektiv *hitzefrei* wird kleinge-
> schrieben: »Wir hatten gestern hitze-
> frei. Heute bekommen wir aber nicht
> hitzefrei.« Groß schreibt man dagegen
> das Nomen *Hitzefrei*: »Wir erwarten
> ganztägiges Hitzefrei.« »Der Rektor
> gibt aber kein Hitzefrei.« Wenn sich die
> Wortart nicht eindeutig bestimmen
> lässt, ist Klein- oder Großschreibung
> möglich: »Habt ihr [nicht] hitzefrei /
> [kein] Hitzefrei?« »Heute bekommen
> wir bestimmt [nicht] hitzefrei / [kein]
> Hitzefrei!«

das **Hit|ze|frei**
  hit|zig; hitzige Debatten
der **Hitz|kopf**
  hitz|köp|fig; ein hitzköpfiger Jugendli-
  cher
das **HIV** [ha:|i:ˈfau̯] = human immunodefi-
  ciency virus (ein Aidsauslöser); des HIV
  oder HIVs; die HIV *oder* HIVs
die **HIV-In|fek|ti|on**
  HIV-ne|ga|tiv
  HIV-po|si|tiv
  hl = Hektoliter
  hm!
die **H-Milch** (*kurz für:* haltbare Milch)
der **HNO-Arzt** = Hals-Nasen-Ohren-Arzt
die **HNO-Ärztin** = Hals-Nasen-Ohren-Ärz-
  tin
das **Hob|by;** des Hobbys; die Hobbys
der **Ho|bel;** des Hobels; die Hobel; Bretter
  mit dem Hobel glätten
die **Ho|bel|bank**
  ho|beln; du hobelst; er hobelte; sie hat
  das Brett gehobelt; hoble *oder* hobele
  es!
  hoch siehe Kasten Seite 228
das **Hoch** (Hochruf; Gebiet hohen Luft-
  drucks); des Hochs; die Hochs
  hoch|ach|ten vergleiche: **hoch**
die **Hoch|ach|tung**
  hoch|ach|tungs|voll
  hoch|auf|lö|send
  hoch|be|gabt vergleiche: **hoch**
der *und* die **Hoch|be|gab|te** vergleiche: **hoch**
die **Hoch|be|gab|ten|för|de|rung**

die **Hoch|burg** (Zentrum)
  hoch|deutsch; hochdeutsch sprechen;
  ABER: auf Hochdeutsch; ↑ deutsch
das **Hoch|deutsch** *oder* **Hoch|deut|sche**
  (die hochdeutsche Sprache); des Hochdeutsch[s] *oder* Hochdeutschen;
  ↑ Deutsch
der **Hoch|druck;** mit, unter Hochdruck
  arbeiten
  hoch|flie|gend vergleiche: **hoch**
das **Hoch|ge|bir|ge**
das **Hoch|ge|fühl**
  hoch|ge|schlos|sen, hoch|ge|steckt,
  hoch|ge|stellt vergleiche: **hoch**
der **Hoch|ge|schwin|dig|keits|zug**
  hoch|gra|dig
das **Hoch|haus**
  hoch|he|ben; sie hob den Korb hoch; er
  hat ihn hochgehoben; heb *oder* hebe ihn
  hoch!
  hoch|kant; etwas hochkant stellen
  hoch|kan|tig; jemanden hochkantig
  (grob, rücksichtslos) hinauswerfen
  hoch|ka|rä|tig (*umgangssprachlich für:*
  von hoher Qualität); eine hochkarätige
  Politikerin, eine hochkarätige Veranstaltung
die **Hoch|kon|junk|tur**
  hoch|kon|zen|t|riert
  hoch|krem|peln; er krempelte die Ärmel
  hoch; sie hat die Ärmel hochgekrempelt;
  kremple *oder* krempele die Ärmel nicht
  hoch!
die **Hoch|kul|tur**
  hoch|kur|beln; sie kurbelte die Scheibe
  hoch; er hat die Scheibe hochgekurbelt;
  kurble *oder* kurbele die Scheibe hoch!
die **Hoch|leis|tung**
der **Hoch|leis|tungs|sport**
  hoch|mo|dern; ein hochmodernes Ver-
  fahren
der **Hoch|mut;** des Hochmuts *oder* Hoch-
  mu|tes
  hoch|mü|tig; hochmütiges Verhalten
  hoch|nä|sig (*umgangssprachlich für:*
  hochmütig)
  hoch|qua|li|fi|ziert vergleiche: **hoch**
  hoch|ran|gig; ein hochrangiger Politiker
  hoch|rech|nen (aus Teilergebnissen das
  wahrscheinliche Gesamtergebnis
  berechnen); sie rechnete die Zahlen
  hoch; sie hat hochgerechnet

227

Hochrechnung – Hocke

hoch

hö|her; am höchs|ten

– hoch oben
– bei Hoch und Niedrig ↑niedrig
Vergleiche auch: hohe

Schreibung in Verbindung mit Verben:

– hoch sein; es wird [sehr] hoch hergehen
– sie kann hoch springen; sie kann höher springen als ihr Bruder
– hoch (weit oben) fliegen
– hoch (weit hinauf) steigen
– jemanden hoch achten *oder* hochachten

Zusammenschreibung, wenn das Verb in übertragener Bedeutung verwendet wird oder »hoch« Verbzusatz ist (z. B. bei »hoch« in der Bedeutung »nach oben«):

– die Zahlen statistisch hochrechnen
– hochstapeln (etwas vortäuschen)
– den Korb hochheben (nach oben heben)
– die Ärmel hochkrempeln (nach oben krempeln)
– das Fenster hochkurbeln (nach oben kurbeln)
– seine Ziele hochstecken, höherstecken; die Haare hochstecken; hochgesteckte (nach oben gesteckte) Haare

Schreibung in Verbindung mit Partizipien und Adjektiven:

– die hoch begabte *oder* hochbegabte Schülerin
– hoch qualifizierte *oder* hochqualifizierte Mitarbeiter(innen)
– hoch konzentrierte *oder* hochkonzentrierte Zuschauer

Zusammenschreibung, wenn ein zusammengeschriebenes Verb zugrunde liegt oder in übertragener Bedeutung:

– eine hochschwangere Frau; seine Frau ist hochschwanger
– sie hat hochfliegende (unrealistische) Ideen
– ein hochgeschlossenes Kleid
– eine hochstehende (ranghohe) Persönlichkeit; hochstehende Haare
– eine hochgestellte (ranghohe) Persönlichkeit; eine hochgestellte Zahl (Hochzahl)

die **Hoch|rech|nung**
die **Hoch|sai|son;** Urlaub in der Hochsaison
die **Hoch|schu|le**
die **Hoch|schul|rei|fe**
  hoch|schwan|ger *vergleiche:* hoch
  hoch|sprin|gen; sie sprang hoch; er ist hochgesprungen; spring *oder* springe hoch!
der **Hoch|sprung**
  höchst; am höchs|ten; es ist höchste Zeit; das höchste der Gefühle; sie war darüber höchst erfreut; ABER: sie war auf das, aufs höchste *oder* Höchste erfreut; sein Sinn ist auf das, aufs Höchste gerichtet; sie strebt nach dem Höchsten
der **Hoch|stap|ler;** des Hochstaplers; die Hochstapler
die **Hoch|stap|le|rin;** die Hochstaplerinnen
  hoch|ste|cken; die Haare hochstecken; sie hat sich die Haare hochgesteckt;

hochgesteckte Haare; die Ziele hochstecken; die Ziele sind hochgesteckt
  hoch|ste|hend *vergleiche:* hoch
  höchs|tens; es wird höchstens zehn Minuten dauern
die **Höchst|ge|schwin|dig|keit**
die **Höchst|leis|tung**
das **Höchst|maß;** ein Höchstmaß an Sorgfalt
  höchst|per|sön|lich
  höchst|wahr|schein|lich; er hat es höchstwahrscheinlich getan; ABER: es ist höchst (im höchsten Grade) wahrscheinlich, dass er es getan hat
  hoch|ver|ehrt; der hochverehrte Freund; ABER: er wird von uns allen hoch (sehr) verehrt
das **Hoch|was|ser;** die Hochwasser
  hoch|wer|tig; hochwertigere *oder* höherwertige Materialien
die **Hoch|zeit;** silberne, goldene Hochzeit
die **Ho|cke** (eine Turnübung)

228

hocken – Homepage

ho|cken; du hockst; sie hat immer auf dem gleichen Platz gehockt; hock *oder* hocke dich zu mir!

der **Ho|cker;** des Hockers; die Hocker

der **Hö|cker** (der Buckel); des Höckers; die Höcker

das **Ho|ckey** ['hɔke, *auch:* 'hɔki] (eine Sportart); des Hockeys

der **Ho|ckey|schlä|ger**

der **Ho|den** (Samendrüse); des Hodens; die Hoden

der **Hof;** des Hofs *oder* Hofes; die Hö|fe

die **Hof|fart** (*veraltend für:* Hochmut)

hof|fär|tig; hoffärtiges Verhalten

hof|fen; du hoffst; sie hoffte; sie hat darauf gehofft; hoffe weiter!

hof|fent|lich

die **Hoff|nung**

hoff|nungs|los; hoff|nungs|lo|ser; am hoff|nungs|lo|ses|ten

der **Hoff|nungs|trä|ger**

die **Hoff|nungs|trä|ge|rin;** die Hoffnungsträgerinnen

hoff|nungs|voll

der **Hof|knicks**

höf|lich

die **Höf|lich|keit**

ho|he; der hohe Berg; das hohe C; auf hoher See; die hohe *oder* Hohe Schule (beim Reiten); das Hohe Haus (Parlament)

die **Hö|he**

die **Ho|heit**

das **Ho|heits|ge|biet**

ho|heits|voll

der **Hö|hen|flug;** der Höhenflug des Dollars

die **Hö|hen|son|ne** (*Markenbezeichnung:* Ultraviolettlampe)

der **Hö|he|punkt**

hö|her; höhere Gewalt; er besucht die höhere Schule (eine Oberschule, ein Gymnasium); ABER: er ist auf der Höheren Handelsschule in Stuttgart; höher springen, höher singen, höher achten

hohl

die **Höh|le**

das **Hohl|maß**

der **Hohl|weg**

der **Hohn** (Spott; Verachtung); des Hohns *oder* Hoh|nes

höh|nisch; höhnisches Gelächter

der **Ho|kus|po|kus** (Gaukelei; Zauberformel); des Hokuspokus

hold; hol|der; am hol|des|ten

die **Hol|ding** ['hoʊldɪŋ] (Gesellschaft, die Aktien anderer Gesellschaften besitzt und diese dadurch beeinflusst); der Holding; die Holdings

ho|len; du holst; sie hat das Buch geholt; hol *oder* hole das Buch!

hol|la!

Hol|land

der **Hol|län|der;** des Holländers; die Holländer

die **Hol|län|de|rin;** die Holländerinnen

hol|län|disch

die **Höl|le**

der **Höl|len|lärm**

die **Höl|len|qual;** er leidet Höllenqualen (sehr große Qualen)

höl|lisch

Hol|ly|wood ['hɔliwʊd] (US-amerikanische Filmstadt)

der **Holm** (Griffstange des Barrens; Längsstange der Leiter); des Holms *oder* Holmes; die Hol|me

der **Ho|lo|caust** (Massenvernichtung von Menschen, besonders der Juden während des Nationalsozialismus); des Holocaust *oder* Holocausts; die Holocausts

hol|pe|rig *oder* holp|rig

hol|pern; der Wagen holpert; der Wagen hat laut geholpert; ABER: der Wagen ist über das Kopfsteinpflaster geholpert

der **Ho|lun|der;** des Holunders

das **Holz;** des Hol|zes; die Höl|zer

höl|zern

! Nicht verwechseln: Während das Adjektiv *hölzern* die Bedeutungen »aus Holz« (hölzernes Spielzeug) oder »steif und ungeschickt« (ein hölzerner Stil) hat, bedeutet das Adjektiv *holzig* so viel wie »mit festen Fasern durchsetzt« (holziger Spargel).

der **Holz|fäl|ler;** des Holzfällers; die Holzfäller

die **Holz|fäl|le|rin;** die Holzfällerinnen

hol|zig

holz|schnitt|ar|tig (grob, ohne Feinheiten); eine holzschnittartige Kritik

die **Home|page** ['hoʊmpeɪdʒ] (im Internet abrufbare Darstellung von Informatio-

Homeschooling – Hosenbein

nen, Angeboten usw.); der Homepage;
die Homepages

das **Home|schoo|ling** [ˈhoʊmskuːlɪŋ] *oder*
Home-Schoo|ling (*englische Bezeichnung für:* Hausunterricht); des Homeschoolings *oder* Home-Schoolings

die **Hom|mage** [ɔˈmaːʒ] (*bildungssprachlich für:* Veranstaltung, Werk als Huldigung für einen Menschen); der Hommage; die Hom|ma|gen
ho|mo|gen (gleichartig, gleichmäßig)

die **Ho|möo|pa|thie** (ein Heilverfahren)
ho|möo|pa|thisch

die **Ho|mo|se|xu|a|li|tät** (gleichgeschlechtliche Liebe)
ho|mo|se|xu|ell

der **Hon|du|ra|ner** (Bewohner von Honduras); des Honduraners; die Honduraner

die **Hon|du|ra|ne|rin**; die Honduranerinnen
hon|du|ra|nisch
Hon|du|ras (Staat in Mittelamerika)
Hong|kong (chinesische Hafenstadt)

der **Ho|nig**; des Honigs; die Ho|ni|ge
ho|nig|süß

die **Ho|nig|wa|be**

das **Ho|no|rar** (Vergütung); des Honorars; die Ho|no|ra|re
ho|no|rie|ren (belohnen; bezahlen; vergüten); du honorierst; sie honorierte; er hat honoriert; honorier *oder* honoriere bitte meine Bemühungen!; ihre Leistungen in Mathematik wurden mit guten Noten honoriert

der **Hoo|li|gan** [ˈhuːlign] (Randalierer, besonders bei Massenveranstaltungen); des Hooligans; die Hooligans

der **Hop|fen**; des Hopfens; die Hopfen

die **Hop|fen|stan|ge**
hopp!; hopp, hopp!
hopp|la!
hops!
hop|sen; du hopst; sie hopst; sie ist gehopst; hopse!

der **Hop|ser**; des Hopsers; die Hopser
hops|ge|hen (*umgangssprachlich für:* verloren gehen; umkommen); das Geld ging hops; er ist hopsgegangen

das **Hör|buch** (gesprochener Text auf Kassette, CD o. Ä.)
hor|chen; du horchst; sie horchte; sie hat gehorcht; horch *oder* horche

die **Hor|de** (Bande, Schar)
hö|ren; du hörst; sie hörte; sie hat es gehört; hör *oder* höre doch!; er hat von dem Unglück gehört; sie hat die Glocken läuten hören *oder* gehört; sie hat wieder von sich hören lassen

das **Hö|ren|sa|gen**; er weiß es nur vom Hörensagen

der **Hö|rer**; des Hörers; die Hörer

die **Hö|re|rin**; die Hörerinnen

der **Hör|funk**
hö|rig (abhängig); jemandem hörig sein

der **Ho|ri|zont** (scheinbare Begrenzungslinie zwischen Himmel und Erde; Gesichtskreis); des Horizonts *oder* Ho|ri|zon|tes; die Ho|ri|zon|te
ho|ri|zon|tal (waagerecht)

die **Ho|ri|zon|ta|le** (die Waagerechte); der Horizontale; die Horizontalen; zwei Horizontale *oder* Horizontalen

das **Hor|mon** (körpereigener Wirkstoff); des Hormons; die Hor|mo|ne
hor|mo|nal *oder* **hor|mo|nell**; eine hormonale *oder* hormonelle Störung

das **Horn**; des Horns *oder* Hor|nes; die Hörner

die **Horn|haut**

die **Hor|nis|se** [*auch:* ˈhɔrnɪsə] (eine Wespenart)

das **Ho|ro|s|kop** (astrologische Schicksalsdeutung); des Horoskops; die Ho|ro|s|ko|pe
hor|rend; horrende Preise

der **Hor|ror** (Abscheu, Grausen); des Horrors

der **Hor|ror|film**

der **Hör|saal** (Veranstaltungsraum an der Universität)

das **Hör|spiel**

der **Hör|spiel|au|tor**

die **Hör|spiel|au|to|rin**

der **Horst**; des Horsts *oder* Hors|tes; die Hors|te

der **Hort**; des Horts *oder* Hor|tes; die Hor|te
hor|ten; du hortest; er hortete; er hat Geld, Vorräte gehortet; hort *oder* horte nicht zu viele Tabletten!

die **Hor|ten|sie** (ein Zierstrauch); die Horten|si|en

die **Ho|se**; *Verkleinerungsform:* das Höschen; er trägt eine graue Hose; sie hat [ein Paar] lange Hosen an

das **Ho|sen|bein**

Hospital – hunderteins

das **Hos|pi|tal** (Krankenhaus); des Hospitals; die Hos|pi|ta|le *oder* Hos|pi|tä|ler

das **Hos|piz** (Einrichtung zur Pflege und Betreuung Sterbender); des Hos|pi|zes; die Hos|pi|ze

der **Host** [hoʊst] (*EDV:* Zentralrechner mit permanenter Zugriffsmöglichkeit); des Host *oder* Hosts; die Hosts

die **Hos|tess** (Begleiterin, Betreuerin); die Hostessen

die **Hos|tie** (Abendmahlsbrot); die Hos|ti|en

der *oder* das **Hot|dog** *oder* **Hot Dog** (heiße Wurst im Brötchen); des Hotdogs *oder* Hot Dogs; die Hotdogs *oder* Hot Dogs

das **Ho|tel**; des Hotels; die Hotels

die **Hot|line** [ˈhɔtlaɪn] (Telefonnummer für rasche Serviceleistungen); die Hotlines

der **House** [haʊs] (moderne Tanzmusik mit schnellen Rhythmen); des House; sie spielten gestern Abend vorwiegend House

HR = Hessischer Rundfunk; des HR

Hrsg. = Herausgeber, Herausgeberin, Herausgeberinnen

hu!; hu|hu!

der **Hub|raum**

hübsch; hüb|scher; am hüb|sches|ten

der **Hub|schrau|ber**; des Hubschraubers; die Hubschrauber

hu|cke|pack; sie trug ihn huckepack

der **Huf**; des Hufs *oder* Hu|fes; die Hu|fe

das **Huf|ei|sen**

huf|ei|sen|för|mig

der **Huf|lat|tich** (eine Heilpflanze); des Huflattichs; die Huf|lat|ti|che

die **Hüf|te**

das **Hüft|ge|lenk**

der **Hü|gel**; des Hügels; die Hügel

hü|ge|lig *oder* **hüg|lig**

das **Huhn**; des Huhns *oder* Huh|nes; die Hüh|ner

hui! (Ausruf)

hul|di|gen (sich durch einen Treueeid unterwerfen; seine Verehrung zum Ausdruck bringen); sie huldigt; er hat dem Kaiser gehuldigt

die **Hul|di|gung** (Ehrung)

die **Hül|le**

hül|len; sie hüllte; er hat gehüllt; hüll *oder* hülle dich in Stillschweigen!

die **Hül|se**

die **Hül|sen|frucht**

hu|man (menschlich; menschenfreundlich; nachsichtig)

der **Hu|ma|nis|mus** (Bildungsideal der griechisch-römischen Antike; geistige Strömung im 14. bis 16. Jahrhundert; Humanität)

hu|ma|nis|tisch; ein humanistisches Gymnasium (Gymnasium, an dem die klassischen Sprachen Griechisch und Latein unterrichtet werden)

hu|ma|ni|tär (menschenfreundlich; wohltätig); humanitäre Hilfe

die **Hu|ma|ni|tät** (Menschlichkeit; humane Gesinnung)

der **Hum|bug** (*umgangssprachlich für:* Schwindel; Unsinn); des Humbugs

die **Hum|mel**; die Hummeln

der **Hum|mer** (ein Krebs); des Hummers; die Hummer

der **Hu|mor**; des Humors

hu|mo|ris|tisch; humoristische Darbietungen

hu|mor|voll

hum|peln; du humpelst; sie hat *oder* ist gehumpelt; humple *oder* humpele nicht so!

der **Hum|pen** (ein großes Trinkgefäß); des Humpens; die Humpen

der **Hu|mus** (fruchtbarer Bodenbestandteil); des Humus

der **Hu|mus|bo|den**

der **Hund**; des Hunds *oder* Hun|des; die Hun|de; der Große und der Kleine Hund (Sternbilder)

die **Hun|de|hüt|te**

hun|de|mü|de, *auch:* **hunds|mü|de** (*umgangssprachlich für:* sehr müde)

hun|dert; hundert Menschen; an die hundert Menschen; der fünfte Teil von hundert; ABER: ein halbes Hundert; das zweite Hundert; ein paar hundert *oder* Hundert [Leute]; einige, viele hunderte *oder* Hunderte; [viele] hunderte *oder* Hunderte von Menschen; sie strömten zu hunderten *oder* Hunderten herein

> **!** Bei unbestimmten Mengen – also solchen, die nicht in Ziffern angegeben werden können – kann *hundert[e]* klein- oder großgeschrieben werden.

das **Hun|dert**; vier vom Hundert

hun|dert|eins

Hunderter – Hype

der **Hun|der|ter;** des Hunderters; die Hunderter

hun|der|ter|lei

der **Hun|dert|eu|ro|schein** oder **Hundert-Eu|ro-Schein** (*mit Ziffern:* 100-Euro-Schein)

hun|dert|fach (*mit Ziffern:* 100-fach oder 100fach)

das **Hun|dert|fa|che**

hun|dert|jäh|rig (*mit Ziffern:* 100-jährig)

hun|dert|mal; vielhundertmal; viele hundert Mal[e] oder viele **Hundert** Mal[e]; viel hundert Male oder viel **Hundert** Male; ein halbes Hundert Mal

der **Hun|dert|me|ter|lauf** oder **Hundert-Me|ter-Lauf** (*mit Ziffern:* 100-Meter-Lauf oder 100-m-Lauf)

hun|dert|pro|zen|tig (*mit Ziffern:* 100-prozentig oder 100 %ig)

hun|derts|te; der hundertste Anrufer; ABER: vom Hundertsten ins Tausendste kommen (vom Thema abkommen)

das **Hun|derts|tel** ↑ Achtel

hun|dert|tau|send; Hunderttausende oder hunderttausende Besucher oder von Besuchern

hun|dert|und|eins

die **Hün|din;** die Hündinnen

hün|disch; hündischer Gehorsam

der **Hü|ne** (sehr großer, kräftiger Mann); des/dem/den Hünen; die Hünen

das **Hü|nen|grab**

hü|nen|haft

der **Hun|ger;** des Hungers; er starb vor Hunger; hungers sterben

hun|gern; sie hat gehungert; mich hungert

die **Hun|gers|not**

hung|rig

die **Hü|nin;** die Hüninnen

der **Hun|ne** (*im Altertum:* Angehöriger eines mongolischen Nomadenvolks); des/dem/den Hunnen; die Hunnen

die **Hun|nin;** die Hunninnen

die **Hu|pe**

hu|pen; du hupst; sie hupte; er hat gehupt; hup oder hupe nicht!

hüp|fen; du hüpfst; er hüpfte; sie hat den ganzen Morgen gehüpft; ABER: sie ist über den Stein gehüpft

die **Hür|de** (Hindernis)

der **Hür|den|lauf**

der **Hür|den|läu|fer**

die **Hür|den|läu|fe|rin**

die **Hu|re** (Prostituierte)

hur|ra! [*auch:* ˈhʊra] (Ausruf)

das **Hur|ra;** des Hurras; die Hurras; viele Hurras; **Hurra** oder hurra schreien

der **Hur|ri|kan** [*auch:* ˈharikn̩] (Wirbelsturm); des Hurrikans; die Hur|ri|ka|ne, *bei englischer Aussprache:* die Hurrikans

hur|tig (flink)

der **Hu|sar** (*Geschichte für:* Angehöriger einer ungarischen Reitertruppe); des/dem/den Hu|sa|ren; die Hu|sa|ren

husch!; husch, husch!

hu|schen; du huschst; sie ist durchs Zimmer gehuscht

hüs|teln; du hüstelst; er hüstelte; sie hat gehüstelt; hüstle oder hüstele nicht!

hus|ten; du hustest; er hustete; sie hat gehustet; huste nicht!

der **Hus|ten;** des Hustens

das **Hus|ten|bon|bon**

der **Hus|ten|saft**

der **Hut** (die Kopfbedeckung); des Huts oder Hu|tes; die Hü|te

die **Hut** (der Schutz, die Aufsicht); auf der Hut (vorsichtig) sein

hü|ten; du hütest; sie hütet; sie hat gehütet; hüte die Schafe!; sich hüten; er hat sich gehütet[,] mir zu widersprechen

die **Hüt|te**

der **Hüt|ten|schuh**

der **Hüt|ten|wirt**

die **Hüt|ten|wir|tin**

die **Hy|ä|ne** (ein Raubtier); die Hyänen

die **Hy|a|zin|the** (eine Zwiebelpflanze); die Hyazinthen

der **Hy|d|rant** (Zapfstelle zur Wasserentnahme); des/dem/den Hy|d|ran|ten; die Hy|d|ran|ten

die **Hy|d|rau|lik** (Strömungslehre; hydraulisches System)

hy|d|rau|lisch (mit Flüssigkeitsdruck arbeitend); hydraulische Bremse

die **Hy|gi|e|ne** (Gesundheitslehre; Gesundheitspflege)

hy|gi|e|nisch; hygienische Verpackungen

die **Hym|ne** (Festgesang, Lobgesang); die Hymnen

der **Hype** [haip] (Welle oberflächlicher Begeisterung); des Hypes; die Hypes

hyperaktiv – Ignorant

hy|per|ak|tiv (mit einem übersteigerten Bewegungsdrang); hyperaktive Kinder
hy|per|kor|rekt (überkorrekt); ein hyperkorrektes Verhalten

der **Hy|per|link** [ˈhaɪpɐlɪŋk] (Stelle auf dem Bildschirm, die durch Anklicken zu weiteren Informationen führt); des Hyperlink oder Hyperlinks; die Hyperlinks
hy|per|mo|dern (übertrieben modern)

die **Hyp|no|se** (schlafähnlicher Bewusstseinszustand); die Hypnosen
hyp|no|ti|sie|ren (in Hypnose versetzen); du hypnotisierst ihn; sie hat ihn hypnotisiert

die **Hy|po|te|nu|se** (Seite gegenüber dem rechten Winkel im Dreieck); die Hypotenusen

die **Hy|po|thek** (Pfandrecht an einem Grundstück); die Hy|po|the|ken

die **Hy|po|the|se** (unbewiesene Annahme)
hy|po|the|tisch; hypothetische Aussagen

! **Hieroglyphe**
Viele Fremdwörter werden anders geschrieben, als sie gesprochen werden, oder ganz anders als vergleichbare Fremdwörter. Dazu gehört auch das Nomen *Hieroglyphe*, das in der ersten Silbe nicht mit *y*, sondern mit einem langen *ie* geschrieben wird.

---

die **Hys|te|rie** (eine psychisch bedingte körperliche Störung); die Hys|te|ri|en
hys|te|risch; hysterische Anfälle

I

das **I** (Buchstabe); des I; die I; ABER: das i in Bild
i. A. = im Auftrag[e]
i. Allg. = im Allgemeinen

der **IC** = Intercity[zug] (*Markenbezeichnung*)

der **ICE** = Intercityexpress[zug] (*Markenbezeichnung*)
ich

das **Ich**; des Ich oder Ichs; die Ich oder Ichs; das liebe Ich; mein anderes Ich

die **Ich-AG** (arbeitslose Person, die sich selbstständig macht und befristet staatliche Zuschüsse bekommt); die Ich-AGs

der **Ich|er|zäh|ler** oder **Ich-Er|zäh|ler**

der **Ich|ro|man** oder **Ich-Ro|man** (Roman, der in der ersten Person Singular erzählt wird)

das **Icon** [ˈaɪkən] (*EDV*: Sinnbild für z. B. ein Programm oder eine Datei auf dem Bildschirm); des Icons; die Icons
ide|al (nur in der Vorstellung existierend; vollkommen); ideale Partner

das **Ide|al** (höchstes Ziel, Wunschbild); des Ideals; die Ide|a|le

das **Ide|al|bild**

der **Ide|al|fall**; im Idealfall

der **Ide|a|lis|mus** (Streben nach Verwirklichung von Idealen)

der **Ide|a|list**; des/dem/den Ide|a|lis|ten; die Ide|a|lis|ten

die **Ide|a|lis|tin**; die Idealistinnen
ide|a|lis|tisch; idealistische Ziele

die **Idee** (Grundgedanke, Einfall, Plan); die Ide|en; eine Idee (Kleinigkeit) Salz zugeben
ide|ell (nur gedacht; geistig)

die **Iden|ti|fi|ka|ti|on** (Gleichsetzung)
iden|ti|fi|zie|ren (miteinander gleichsetzen, eine Person oder Sache genau wiedererkennen); du identifizierst; man hat die Tote identifiziert

die **Iden|ti|fi|zie|rung**
iden|tisch (übereinstimmend; völlig gleich); identische Schriftstücke

die **Iden|ti|tät** (Echtheit einer Person oder Sache; Gleichheit); die Iden|ti|tä|ten

die **Ideo|lo|gie** (Weltanschauung, die zur Erreichung politischer und wirtschaftlicher Ziele dient); die Ideo|lo|gi|en
ideo|lo|gisch; ideologisches Denken

der **Idi|ot** (Schimpfwort); des/dem/den Idi|o|ten; die Idi|o|ten

die **Idi|o|tin**; die Idiotinnen
idi|o|tisch

das **Idol** (Götterbild; Abgott; Schwarm); des Idols; die Ido|le

das **Idyll** (Zustand friedlichen, einfachen Lebens); des Idylls; die Idyl|le
idyl|lisch; eine idyllische Landschaft

der **Igel**; des Igels; die Igel

der oder das **Ig|lu** (runde Schneehütte der Eskimos); des Iglus; die Iglus

der **Ig|no|rant** (Nichtswisser, Dummkopf);

233

Ignorantin – Immobilie

des/dem/den Ig|no|ran|ten; die Ig|no|ran|ten

die **Ig|no|ran|tin**; die Ignorantinnen

die **Ig|no|ranz** (Unwissenheit, Dummheit); der Ignoranz

ig|no|rie|ren (nicht beachten, nicht wissen wollen); du ignorierst ihn; sie hat ihn ignoriert; ignorier *oder* ignoriere ihn!

ihm

ihn

ih|nen

ihr; ihr Geld; ihre Brille; ihres, ihrem, ihren, ihrer; die Ihren *oder* Ihrigen (ihre Angehörigen); das Ihre *oder* Ihrige (ihre Habe); sie muss das Ihre *oder* Ihrige dazu tun; *im Brief:* bitte teile mir mit, wann ihr *oder* Ihr kommt; ABER: bitte teilen Sie uns Ihre Ankunft mit

! In Briefen muss man unterscheiden: Wenn der Empfänger geduzt wird, dann kann die Anrede klein- oder großgeschrieben werden, z. B.: »Bitte schreib mir, wann ihr *oder* Ihr kommt.« Wird der Empfänger jedoch gesiezt, wird das Possessivpronomen *Ihr* (als Entsprechung zu *Sie*) großgeschrieben, z. B.: »Bitte teilen Sie uns Ihre Ankunft mit.«

ih|rer|seits

ih|res|glei|chen

ih|ret|we|gen

die **Iko|ne** (Kultbild der Ostkirche; *übertragen für:* Idol); der Ikone; die Ikonen; eine Ikone der Popmusik

il|le|gal (ungesetzlich; unrechtmäßig)

die **il|lu|mi|na|ti|on** (festliche Beleuchtung)

il|lu|mi|nie|ren (festlich erleuchten); du illuminierst; sie hat den Garten mit bunten Lampen illuminiert; illuminier *oder* illuminiere den Garten!

die **Il|lu|si|on** (Wunschvorstellung, Sinnestäuschung); die Il|lu|si|o|nen

il|lu|si|ons|los

il|lu|so|risch (nur in der Illusion bestehend); illusorische Pläne

il|lus|ter (glänzend, vornehm); il|lus|t|re Gesellschaft

die **Il|lus|t|ra|ti|on** (Erläuterung; Bebilderung); die Il|lus|t|ra|ti|o|nen

il|lus|t|rie|ren; du illustrierst; sie hat das Buch illustriert; illustrier *oder* illustriere das Buch!

die **Il|lus|t|rier|te**; der Illustrierten; die Illustrierten; ABER: zwei Illustrierte *oder* Illustrierte

der **Il|tis** (ein kleines Raubtier); des Iltisses; die Iltisse

im (in dem); im Auftrag[e]; im Grunde [genommen]; im Haus[e]; im Allgemeinen; im Besonderen; im Übrigen; im Großen und Ganzen; im Voraus; im Einzelnen; [nicht] im Geringsten; im Argen liegen; mit sich im Reinen sein; im Begriff[e] sein (gerade mit etwas anfangen wollen)

das **Image** [ˈɪmɪtʃ] (Vorstellungsbild von einer Person oder Personengruppe in der öffentlichen Meinung); des Images [ˈɪmɪtʃs]; die Images

ima|gi|när (nur vorgestellt; *Mathematik:* nicht reell); imaginäre Zahlen

die **Imagination** (Einbildungskraft); die Imaginationen

der **Imam** (Vorbeter in der Moschee); des Imam *oder* Imams; die Ima|me *oder* Imams

der **Im|biss**; des Im|bis|ses; die Im|bis|se

der **Im|biss|stand** *oder* **Im|biss-Stand**

die **Imi|ta|ti|on** (Nachahmung); die Imi|ta|ti|o|nen

imi|tie|ren; du imitierst; er hat ihn imitiert; imitier *oder* imitiere ihn!

der **Im|ker** (Bienenzüchter); des Imkers; die Imker

die **Im|ke|rin**; die Imkerinnen

im|ma|te|ri|ell (unkörperlich; geistig)

im|mens (unermesslich groß); ein immenser Aufwand

im|mer; für immer; ein immer während der *oder* immerwährender Kalender

im|mer|fort (ständig)

im|mer|grün; immergrüne Blätter; ABER: Pflanzen, die immer grün bleiben

im|mer|hin

im|mer|wäh|rend *vergleiche:* **im|mer**

im|mer|zu (fortwährend)

der **Im|mi|g|rant** (Einwanderer); des Im|mi|gran|ten *oder* Im|mi|gran|ten

die **Im|mi|g|ran|tin**; die Immigrantinnen

die **Im|mis|si|on** (Wirkung von Verunreinigungen, Lärm, Strahlen auf Lebewesen); die Im|mis|si|o|nen

die **Im|mo|bi|lie** (Grundstück; Grundbesitz); die Im|mo|bi|li|en *meist Plural*

234

Immobilienmarkt – Indikation

der **Im|mo|bi̱|li|en|markt**

im|mu̱n (gegen Ansteckung geschützt; unempfindlich; gegen gerichtliche Verfolgung geschützt)

im|mu|ni|sie̱|ren (immun machen); die Impfung hat den Körper immunisiert

die **Im|mu|ni|tät** (Unempfindlichkeit gegenüber Krankheitserregern; Schutz vor Strafverfolgung)

die **Im|mu̱n|schwä|che** (krankhaft verminderte Abwehrkraft des Immunsystems)

das **Im|mu̱n|sys|tem** (körpereigenes Abwehrsystem gegen Krankheitserreger)

der **Im|pe|ra|ti̱v** (Befehlsform); des Imperativs; die Im|pe|ra|ti̱|ve

das **Im|per|fekt** (*Zeitform:* die erste Vergangenheit; Präteritum); des Imperfekts; die Im|per|fek|te

der **Im|pe|ri|a|li̱s|mus** (Streben von Großmächten nach wirtschaftlicher, politischer und militärischer Vorherrschaft)

im|pe|ri|a|li̱s|tisch; imperialistische Politik

das **Im|pe|ri|um** (Weltreich; [römisches] Kaiserreich; riesiger Machtbereich); des Imperiums; die Imperien; das Imperium eines Verlegers

im|per|ti|nent (frech, unverschämt); imper|ti|nen|ter; am im|per|ti|nen|tes|ten

i̱mp|fen; ich impfe; du impfst; sie hat das Kind gegen Tetanus geimpft

der **I̱mpf|pass;** die Impf|päs|se

der **I̱mpf|stoff;** die Impf|stof|fe

die **I̱mp|fung**

das **Im|plan|ta̱t** (*Medizin:* dem Körper eingepflanztes Material); des Implantats *oder* Im|plan|ta|tes; die Im|plan|ta|te

im|pli|zi̱t (mitgemeint)

im|po|nie̱|ren (Achtung einflößen, Eindruck machen); du imponierst ihm; sie hat ihm imponiert

der **Im|po̱rt** (Einfuhr); des Imports *oder* Im|por|tes; die Im|por|te; Im- und Export

der **Im|po̱r|teur** (Händler, der Waren einführt); des Importeurs; die Im|por|teu|re

die **Im|por|teu̱|rin;** die Importeurinnen

im|por|tie̱|ren; du importierst; sie importierte; sie hat ihr Auto importiert

im|po̱|sant (eindrucksvoll; großartig)

im|prä̱g|nie̱|ren ([mit einem Schutzmittel gegen Feuchtigkeit] durchtränken);

du imprägnierst; sie hat den Stoff imprägniert

die **Im|prä̱g|nie̱|rung**

die **Im|pres|si̱o̱n** (Eindruck; Empfindung)

das **Im|pre̱s|sum** (Angabe über Druck, Redaktion usw.); des Impressums; die Impressen

die **Im|pro|vi|sa|ti̱o̱n** (unvorbereitetes Handeln)

im|pro|vi|sie̱|ren (etwas ohne Vorbereitung tun); sie hat improvisiert

der **Im|puls** (Anstoß; Anregung; [innerer] Antrieb); des Im|pul|ses; die Im|pul|se

im|pul|si̱v (inneren Impulsen sogleich folgend); ein impulsiver Mensch

im|sta̱n|de *oder* **im Sta̱n|de;** imstande *oder* im Stande (in der Lage) sein

i̱n; ich gehe in dem (im) Garten auf und ab; ᴀʙᴇʀ: ich gehe in den Garten

i̱n (*umgangssprachlich für:* dazugehörend; zeitgemäß, modern); diese Disco ist [nicht mehr] in

in|ak|zep|ta̱|bel; inakzepta|b|le Bedingungen

die **I̱n|an|spruch|nah|me**

der **I̱n|be|griff** (die Gesamtheit; das Höchste); des Inbegriffs *oder* In|be|griffes; die In|be|grif|fe

i̱n|be|grif|fen; Getränke sind im Preis inbegriffen

die **I̱n|be|trieb|nah|me**

die **I̱n|brunst** (leidenschaftliches Gefühl)

i̱n|brüns|tig; inbrünstige Gebete

in|de̱m; sie diktierte den Brief, indem (während) sie im Zimmer umherging; ᴀʙᴇʀ: sie diktierte einen Brief, in dem (in welchem) sie uns mitteilte, dass ...

der **I̱n|der** (Bewohner Indiens); des Inders; die Inder

die **I̱n|de|rin;** die Inderinnen

in|de̱s, *häufiger:* **in|de̱s|sen** (während; wohingegen; inzwischen; aber)

der **I̱n|dex** (alphabetisches Verzeichnis; statistischer Messwert; Liste verbotener Bücher); des Index *oder* In|de|xes; die In|de|xe *und* In|di|zes ['ɪndɪtseːs] *oder* In|di|ces

der **In|di|a̱|ner** (Ureinwohner Amerikas); des Indianers; die Indianer

die **In|di|a̱|ne|rin;** die Indianerinnen

In|di|en

die **In|di|ka|ti̱o̱n** (Merkmal)

235

Indikativ – informieren

der **In|di|ka|tiv** (Wirklichkeitsform); des Indikativs; die In|di|ka|ti|ve

der **In|di|ka|tor** (Merkmal, das etwas anzeigt); des Indikators; die In|di|ka|toren; die schlechten Noten sind Indikator für den Wissensstand der Klasse

in|di|rekt (mittelbar); indirekte Wahl; indirekte (abhängige) Rede; indirekter (abhängiger) Fragesatz

in|disch; die indische Küche; A B E R: der Indische Ozean

in|dis|kret (nicht verschwiegen; zudringlich); in|dis|kre|ter; am in|diskre|tes|ten

die **In|di|vi|du|a|li|tät** (Eigenart; Persönlichkeit)

in|di|vi|du|ell (vereinzelt; besonders geartet)

das **In|di|vi|du|um** (Einzelwesen, einzelne Person); des Individuums; die In|di|vidu|en

das **In|diz** (Anzeichen; Umstand, der auf etwas schließen lässt); des In|di|zes; die In|di|zi|en

In|do|ne|si|en (Inselstaat in Südostasien)

der **In|do|ne|si|er;** des Indonesiers; die Indonesier

die **In|do|ne|si|e|rin;** die Indonesierinnen

in|do|ne|sisch

in|dus|t|ri|a|li|sie|ren (Industrie ansiedeln, einführen); man hat das Land industrialisiert

die **In|dus|t|ri|a|li|sie|rung**

die **In|dus|t|rie;** die In|dus|t|ri|en

das **In|dus|t|rie|ge|biet**

die **In|dus|t|rie|kauf|frau**

der **In|dus|t|rie|kauf|mann**

in|dus|t|ri|ell (die Industrie betreffend); die industrielle Revolution

die **In|dus|t|rie|na|ti|on**

der **In|dus|t|rie|staat;** die westlichen Industriestaaten

das **In|dus|t|rie|un|ter|neh|men**

in|ef|fi|zi|ent (unwirksam; unwirtschaftlich)

in|ei|n|an|der; die Fäden sind ineinander verschlungen; ↑ aufeinander

in|ei|n|an|der|grei|fen; die Räder greifen ineinander; sie haben ineinandergegriffen

in|ei|n|an|der|ste|cken; die Rohre lassen sich ineinanderstecken; zwei ineinandergesteckte Rohre

in|fam (niederträchtig); eine infame Verleumdung

die **In|fan|te|rie** (*Militär:* Fußtruppe)

der **In|farkt** (*Medizin:* Absterben von Gewebe nach Unterbrechung der Blutzufuhr); des Infarkts *oder* In|fark|tes; die In|fark|te

die **In|fek|ti|on** (Ansteckung); die In|fek|tio|nen

die **In|fek|ti|ons|krank|heit**

das **In|fer|no** (entsetzliches Geschehen); des Infernos; die Infernos

der **In|fi|ni|tiv** (Nennform, Grundform des Verbs); des Infinitivs; die In|fi|ni|ti|ve

der **In|fi|ni|tiv|satz** (satzwertiger Infinitiv)

in|fi|zie|ren (anstecken); du infizierst ihn; er hat ihn infiziert; infizier *oder* infiziere sie nicht!; sich infizieren; er hat sich bei ihm infiziert

die **In|fla|ti|on** (Geldentwertung)

die **In|fla|ti|ons|ra|te;** eine steigende Inflationsrate

die **In|fo** (*umgangssprachlich kurz für:* Information); die Infos

in|fol|ge; infolge des schlechten Wetters; infolge von Sturm und Hagel

in|fol|ge|des|sen

der **In|for|mant;** des Informanten; die Informanten

die **In|for|ma|tik** (Wissenschaft von der Informationsverarbeitung)

der **In|for|ma|ti|ker;** des Informatikers; die Informatiker

die **In|for|ma|ti|ke|rin;** die Informatikerinnen

die **In|for|ma|ti|on** (Auskunft, Nachricht)

der **In|for|ma|ti|ons|aus|tausch**

die **In|for|ma|ti|ons|ge|sell|schaft**

die **In|for|ma|ti|ons|tech|nik**

die **In|for|ma|ti|ons|tech|no|lo|gie** (*Abkürzung:* IT)

die **In|for|ma|ti|ons|ver|an|stal|tung**

in|for|ma|tiv (Auskunft gebend; aufschlussreich)

in|for|mell (*bildungssprachlich für:* nicht förmlich; auf Formen verzichtend); ein informeller Brief der Schule

in|for|mie|ren (Auskunft geben, benachrichtigen); du informierst ihn; sie hat ihn informiert; informier *oder* informiere

infrage – innig

sie!; sich informieren; sie hat sich informiert

in|fra|ge *oder* **in Fra|ge**; infrage *oder* in Frage stehen, stellen; ABER NUR: das Infragestellen; das kommt nicht infrage *oder* in Frage

in|f|ra|rot; infrarote Strahlen (unsichtbare Wärmestrahlen)

die **In|f|ra|struk|tur** (organisierte Gesamtheit von Einrichtungen und Anlagen)

Ing. = Ingenieur, Ingenieurin

der **In|ge|ni|eur** [ɪnʒeˈniøːɐ̯] (Techniker mit Hoch- oder Fachschulausbildung); des Ingenieurs; die In|ge|ni|eu|re

die **In|ge|ni|eu|rin;** die Ingenieurinnen

der **In|ha|ber;** des Inhabers; die Inhaber

die **In|ha|be|rin;** die Inhaberinnen

in|ha|lie|ren (einatmen); du inhalierst; sie hat inhaliert; inhalier *oder* inhaliere den Kamilledampf!

der **In|halt;** des Inhalts *oder* In|hal|tes; die In|hal|te

in|halt|lich (den Inhalt betreffend)

die **In|halts|an|ga|be**

in|halts|reich

der **In|halts|stoff**

in|hu|man (unmenschlich)

in|i|ti|a|tiv (Initiative ergreifend, besitzend); initiativ werden

die **In|i|ti|a|ti|ve** (Entschlusskraft; Anstoß zum Handeln); die Initiativen; die Initiative ergreifen

der **In|i|ti|a|tor** (Urheber; Anstifter); des Initiators; die In|i|ti|a|to|ren

die **In|i|ti|a|to|rin;** die In|i|ti|a|to|rin|nen; Initiatorin des Schulfestes war die SV

in|i|ti|ie|ren (den Anstoß geben; einleiten); sie initiierte den Protest; er hat das initiiert

die **In|jek|ti|on** (Einspritzung); die In|jek|ti|o|nen

in|ji|zie|ren (einspritzen); der Arzt hat ihr das Mittel in den Arm injiziert

die **In|klu|si|on** (gemeinsame Erziehung behinderter und nicht behinderter Kinder in Kindergärten und [Regel]schulen); der Inklusion; die Inklusionen

in|ko|g|ni|to (mit fremdem Namen); inkognito reisen

in|kom|pa|ti|bel (unverträglich; unvereinbar); inkompatible Anschlüsse

in|kon|se|quent (nicht folgerichtig; widersprüchlich)

der **In|kreis** (Kreis, der alle Seiten eines Vielecks von innen berührt)

die **In|ku|ba|ti|ons|zeit** (Zeit von der Infektion bis zum Ausbruch einer Krankheit)

das **In|land**

in|län|disch (das Inland betreffend, einheimisch); inländische Unternehmen

der **In|li|ner** [ˈɪnlaɪnɐ] (*kurz für:* Inlineskate); des Inliners; die Inliner

der **In|line|skate** [ˈɪnlaɪnskeɪt] (Rollschuh mit schmalen, in einer Linie hintereinander angeordneten Rädchen; Inliner); des Inlineskates; die Inlineskates

in|line|ska|ten [ˈɪnlaɪnskeɪtn̩] (Rollschuh laufen mit Inlineskates); du inlineskatest; er inlineskatete; sie sind *oder* haben inlineskatet

der **In|line|ska|ter** [ˈɪnlaɪnskeɪtɐ]; des Inlineskaters; die Inlineskater

die **In|line|ska|te|rin;** die Inlineskaterinnen

das **In|line|ska|ting** [ˈɪnlaɪnskeɪtɪŋ]; des Inlineskatings

in|mit|ten; inmitten des Sees

der **Inn** (rechter Nebenfluss der Donau); des Inn *oder* Inns

in|ne|ha|ben; seit sie das Amt innehat; sie hat dieses Amt innegehabt

in|nen; von innen, nach innen; innen und außen

das **In|nen|le|ben**

der **In|nen|mi|nis|ter**

die **In|nen|mi|nis|te|rin**

die **In|nen|po|li|tik**

die **In|nen|stadt**

in|ner|deutsch; innerdeutsche Probleme

in|ne|re; in|ners|te; zuinnerst; die innere Medizin; die inneren Angelegenheiten des Staates; ABER: die Innere Mission (christliche Sozialarbeit)

das **In|ne|re;** im Innern *oder* Inneren

in|ner|halb; innerhalb eines Jahres, zweier Jahre; innerhalb vier Jahren, vier Tagen

in|ner|lich

in|ner|orts (innerhalb des Ortes)

in|ner|par|tei|lich

in|ner|städ|tisch; der innerstädtische Verkehr

in|nig; innige Umarmungen

237

Innigkeit – Instrumentalmusik

die **In|nig|keit**

die **In|no|va|ti|on** (Erneuerung; Neuerung); der Innovation; die In|no|va|ti|o|nen

in|no|va|tiv; ein innovatives Projekt

die **In|nung** (Verband selbstständiger Handwerker)

in|of|fi|zi|ell (nicht amtlich)

der, *auch:* das **In|put** (*EDV:* Eingabe in eine Datenverarbeitungsanlage; eingegebene Daten); des Inputs; die Inputs

die **In|qui|si|ti|on** (mittelalterliches katholisches Ketzergericht)

I. N. R. I. = Jesus Nazarenus Rex Judaeorum (»Jesus von Nazareth, König der Juden«; Inschrift auf dem Kreuz Jesu)

ins (in das)

der **In|sas|se;** des/dem/den Insassen; die Insassen

die **In|sas|sin;** die Insassinnen

ins|be|son|de|re *oder* **ins|be|sond|re;** insbesondere, wenn …

die **In|schrift**

das **In|sekt** (Kerbtier); des Insekts; die Insek|ten

die **In|sel;** die Inseln

das **In|se|rat** (Zeitungsanzeige); des Inserats *oder* In|se|ra|tes; die In|se|ra|te

in|se|rie|ren (eine Zeitungsanzeige aufgeben); du inserierst; sie inserierte; sie hat inseriert; inserier *oder* inseriere im Tageblatt!

ins|ge|heim

ins|ge|samt

der **In|si|der** [ˈinsaidɐ] (jemand, der interne Kenntnisse von etwas hat; Eingeweihter); des Insiders; die Insider

die **In|si|de|rin;** die Insiderinnen

der **In|si|der|tipp**

in|so|fern

in|sol|vent (zahlungsunfähig)

die **In|sol|venz** (*Wirtschaft:* Zahlungsunfähigkeit); der Insolvenz; die In|sol|ven|zen

das **In|sol|venz|ver|fah|ren**

in|so|weit

die **In|spek|ti|on** [inspɛkˈtsi̯oːn] (Kontrolle, Aufsicht, Besichtigung); die In|s|pek|ti|onen

der **In|s|pek|tor;** des Inspektors; die In|spek|to|ren

die **In|s|pek|to|rin;** die Inspektorinnen

die **In|s|pi|ra|ti|on** (Eingebung)

in|s|pi|rie|ren (anregen); sie inspiriert mich; die Reise hat ihn inspiriert

in|s|pi|zie|ren (kontrollierend besichtigen); ich inspiziere die Truppe; sie hat das Werk inspiziert

die **In|s|pi|zie|rung**

in|sta|bil (unbeständig)

die **In|sta|bi|li|tät**

der **In|s|tal|la|teur** [instalaˈtøːɐ̯]; des Installateurs; die In|s|tal|la|teu|re

die **In|s|tal|la|teu|rin;** die Installateurinnen

die **In|s|tal|la|ti|on** (der Einbau, der Anschluss von technischen Anlagen)

in|s|tal|lie|ren; du installierst; er hat die Heizung installiert; installier *oder* installiere das Programm!

in stand *oder* **in Stand;** **instand** *oder* **in** Stand halten; **instand** *oder* **in** Stand setzen; ABER: das Instandhalten; das Instandsetzen

die **In|stand|hal|tung**

in|stän|dig (eindringlich); jemanden inständig um etwas bitten

die **In|stand|set|zung**

die **In|s|tanz** (zuständige offizielle Stelle); die In|s|tan|zen

der **In|s|tinkt** [inˈstiŋkt] (Naturtrieb); des Instinkts *oder* In|s|tink|tes; die In|s|tinkte

in|s|tink|tiv (trieb-, gefühlsmäßig, unwillkürlich); instinktives Verhalten

in|s|tinkt|los

die **In|s|tinkt|lo|sig|keit**

das **In|s|ti|tut** [instiˈtuːt] (Forschungs-, Lehranstalt); des Instituts *oder* In|s|ti|tu|tes; die In|s|ti|tu|te

die **In|s|ti|tu|ti|on** (öffentliche Einrichtung); die In|s|ti|tu|ti|o|nen

in|s|t|ru|ie|ren [instruˈiːrən] (unterweisen, anleiten); er hat die Truppe instruiert; instruier *oder* instruiere unser Team!

die **In|s|t|ruk|ti|on** (Anleitung); die In|s|truk|ti|o|nen

in|s|t|ruk|tiv (lehrreich); ein instruktiver Vortrag

das **In|s|t|ru|ment;** des Instruments *oder* In|s|t|ru|men|tes; die In|s|t|ru|men|te

in|s|t|ru|men|tal (mit Musikinstrumenten); sie hat den Sänger instrumental begleitet

die **In|s|t|ru|men|tal|mu|sik**

instrumentieren – Internetauftritt

in|s|t|ru|men|tie|ren; sie hat das Klavierstück für Orchester instrumentiert (eingerichtet)

die **In|s|t|ru|men|tie|rung**

in|sze|nie|ren (für die Bühnenaufführung gestalten); die Regisseurin hat das Stück neu inszeniert

die **In|sze|nie|rung**

in|takt (unversehrt, heil); ein intakter Motor

in|te|ger (makellos; unbestechlich); eine integre Politikerin

die **In|te|g|ra|ti|on** (Eingliederung; Vereinigung zu einem Ganzen)

in|te|g|ra|tiv (eingliedernd)

in|te|g|rie|ren (in ein Ganzes einfügen); er lässt sich nicht in die Gruppe integrieren; die integrierte Gesamtschule

die **In|te|g|ri|tät** (Unbestechlichkeit)

der **In|tel|lekt** (Denkvermögen, Verstand); des Intellekts *oder* In|tel|lek|tes

in|tel|lek|tu|ell (betont verstandesmäßig)

in|tel|li|gent (klug, begabt); in|tel|li|gen|ter; am in|tel|li|gen|tes|ten

die **In|tel|li|genz**; die In|tel|li|gen|zen

der **In|ten|dant** (Theaterleiter, Leiter eines Rundfunk- oder Fernsehsenders); des/dem/den In|ten|dan|ten; die In|ten|dan|ten

die **In|ten|dan|tin**; die Intendantinnen

die **In|ten|si|tät** (Stärke)

in|ten|siv (eindringlich; gründlich); intensive (mit großem Aufwand betriebene) Landwirtschaft

die **In|ten|siv|sta|ti|on** (im Krankenhaus)

die **In|ten|ti|on** (Absicht); die In|ten|ti|o|nen

in|ten|ti|o|nal (zielgerichtet); ein intentionales Vorgehen

die **In|ter|ak|ti|on** (*Psychologie, Soziologie:* wechselseitiges Handeln); die In|ter|ak|ti|o|nen

in|ter|ak|tiv (gegenseitig, wechselweise); ein interaktives Medium

die **In|ter|ak|ti|vi|tät** (Dialog zwischen Computer und Benutzer)

der **In|ter|ci|ty** [ɪntɐˈsɪti] (*Markenbezeichnung:* schneller, zwischen Großstädten verkehrender Personenzug; *Abkürzung:* IC); des Intercitys; die Intercitys

der **In|ter|ci|ty|ex|press** (*Markenbezeich-*

nung: moderner Hochgeschwindigkeitszug; *Abkürzung:* ICE)

in|ter|dis|zi|p|li|när (mehrere Disziplinen betreffend)

in|te|r|es|sant; in|te|r|es|san|ter; am in|te|r|es|san|tes|ten

in|te|r|es|san|ter|wei|se

das **In|te|r|es|se** (Teilnahme; Neigung; Vorteil); des Interesses; die Interessen; sie hat Interesse an, für etwas; das liegt [nicht] in meinem Interesse

in|te|r|es|se|hal|ber

das **In|te|r|es|sen|ge|biet**

die **In|te|r|es|sen|ge|mein|schaft**

der **In|te|r|es|sent** (jemand, der Interesse an etwas zeigt); des In|te|r|es|sen|ten; die In|te|r|es|sen|ten

die **In|te|r|es|sen|tin**; die Interessentinnen

in|te|r|es|sie|ren (Interesse wecken); etwas interessiert; etwas hat ihn interessiert; sie hat ihn an, für etwas interessiert; sich interessieren; sie hat sich dafür interessiert

in|te|r|es|siert (Anteil nehmend); interessierter; am interessiertesten; eine sehr interessierte Klasse

das **Interieur** [ɛ̃teˈʁi̯øːɐ̯] (Inneneinrichtung); des Interieurs; die Interieurs *oder* In|te|ri|eu|re

die **In|ter|jek|ti|on** (Empfindungs- oder Ausrufewort); die In|ter|jek|ti|o|nen

in|ter|kul|tu|rell (verschiedene Kulturen verbindend, umfassend); interkulturelle Begegnungen

das **In|ter|mez|zo** (Zwischenspiel; Zwischenfall); des Intermezzos; die Intermezzos *oder* Intermezzi

in|tern (innerlich; vertraulich); eine interne Angelegenheit

das **In|ter|nat** (eine Schule mit Wohnheim); des Internats *oder* In|ter|na|tes; die In|ter|na|te

in|ter|na|ti|o|nal; internationale Vereinbarungen; ABER: das Internationale Rote Kreuz

die **In|ter|na|ti|o|na|li|sie|rung**

die **In|ter|nats|schu|le**

das **In|ter|net** (internationales Computernetzwerk); des Internets

die **In|ter|net|ad|res|se**

der **In|ter|net|auf|tritt**

239

internetfähig – iPad

in|ter|net|fä|hig; ein Standard, der Mobiltelefone internetfähig macht

der In|ter|net|nut|zer

die In|ter|net|nut|ze|rin

das In|ter|net|por|tal

die In|ter|net|sei|te

der In|ter|net|zu|gang

der In|ter|nist (Facharzt für innere Krankheiten); des/dem/den In|ter|nis|ten; die In|ter|nis|ten

die In|ter|nis|tin; die Internistinnen

der In|ter|pret (jemand, der etwas interpretiert; reproduzierender Künstler); des In|ter|pre|ten; die In|ter|pre|ten

die In|ter|pre|ta|ti|on (Auslegung, Deutung)

die In|ter|pre|ta|ti|ons|me|tho|de

in|ter|pre|tie|ren; er hat ihre Äußerung interpretiert; interpretier *oder* interpretiere den Text!

die In|ter|punk|ti|on (Zeichensetzung)

das In|ter|ro|ga|tiv|pro|no|men (Fragefürwort)

der In|ter|ro|ga|tiv|satz (Fragesatz)

das In|ter|vall (Zeitspanne, Abstand); des Intervalls; die In|ter|val|le

in|ter|ve|nie|ren (eingreifen, vermitteln)

die In|ter|ven|ti|on; die In|ter|ven|ti|o|nen

das In|ter|view ['ɪntɐvju: *oder* ɪntɐˈvju:] (Befragung, Unterredung); des Interviews; die Interviews

in|ter|vie|w|en [ɪntɐˈvju:ən]; du interviewst; sie interviewte; sie hat den Politiker interviewt

der In|ter|vie|w|er; des Interviewers; die Interviewer

die In|ter|vie|w|e|rin; die Interviewerinnen

in|tim (vertraut; das Geschlechtsleben betreffend)

die In|ti|mi|tät; die In|ti|mi|tä|ten

die In|tim|sphä|re (vertraut-persönlicher Bereich)

in|to|le|rant (unduldsam)

die In|to|le|ranz

die In|to|na|ti|on (*Musik:* das An-, Abstimmen); die In|to|na|ti|o|nen

in|to|nie|ren (anstimmen); sie haben ein Weihnachtslied intoniert

das In|t|ra|net (unternehmensinternes Computernetz); des Intranets; die Intranets

in|tran|si|tiv (ohne persönliches Passiv, ohne Akkusativobjekt, nicht zielend); ein intransitives Verb

in|t|ri|gant (hinterhältig)

die In|t|ri|ge (hinterhältige Machenschaften); die Intrigen

in|t|ri|gie|ren; du intrigierst; er intrigierte; sie hat gegen ihn intrigiert; intrigier *oder* intrigiere nicht!

die In|tu|i|ti|on (unmittelbares Erfassen; Eingebung); die In|tu|i|ti|o|nen

in|tu|i|tiv; intuitives Handeln

in|tus; etwas intus haben (etwas gegessen oder getrunken haben; etwas begriffen haben)

der Inuk (Selbstbezeichnung der Eskimos); des Inuks; die Inu|it

in|va|lid *oder* in|va|li|de (arbeitsunfähig)

der In|va|li|de; des/dem/den Invaliden; die Invaliden; ein Invalide; zwei Invaliden

die In|va|li|de; eine Invalide

die In|va|li|di|tät (Arbeitsunfähigkeit)

die In|va|si|on (feindlicher Einfall); die In|va|si|o|nen

das In|ven|tar (Einrichtungsgegenstände, Bestand); des Inventars; die In|ven|ta|re

die In|ven|tur (Bestandsaufnahme); die In|ven|tu|ren; das Geschäft bleibt wegen Inventur geschlossen

in|ves|tie|ren (Kapital anlegen); du investierst; sie investierte; sie hat in das Geschäft *oder* in dem Geschäft viel Geld investiert

die In|ves|ti|ti|on (Kapitalanlage); die In|ves|ti|ti|o|nen

die In|vest|ment|bank (Bank, die auf bestimmte Geschäfte spezialisiert ist); der Investmentbank; die In|vest|ment|ban|ken

der In|vest|ment|ban|ker

die In|vest|ment|ban|ke|rin

in|wen|dig (im Innern); der Apfel war inwendig faul; sie kennt die Ballade in- und auswendig (gründlich)

in|wie|fern

in|wie|weit; inwieweit sind die Angaben zuverlässig?

in|zwi|schen

das IOK = Internationales Olympisches Komitee

das Ion (elektrisch geladenes Teilchen); des Ions; die Io|nen

die Io|nen|strah|len *Plural*

iPad *oder* I-Pad ['aɪpɛt] (*Markenbezeichnung:* ein Tablet-PC der Firma Apple);

240

IP-Adresse – irritieren

des iPad, I-Pad *oder* iPads, I-Pads; die
iPads, I-Pads

die **IP-Ad|res|se** (Ziffernfolge, über die ein
Rechner in einem Netzwerk [z. B. im
Internet] identifiziert wird)
iPhone *oder* **I-Phone** [ˈaɪfoːn] (*Markenbezeichnung:* ein mobiles Gerät der
Firma Apple); des iPhone, I-Phone *oder*
iPhones, I-Phones; die iPhones, I-Phones
iPod *oder* **I-Pod** [ˈaɪpɔt] (*Markenbezeichnung:* MP3-Player der Firma Apple); des
iPod, I-Pod *oder* iPods, I-Pods; die iPods,
I-Pods

der **i-Punkt**
i. R. = im Ruhestand

die **IRA** = Irisch-Republikanische Armee
Irak *oder* der **Irak** [*auch:* ˈiːrak] (Staat in
Vorderasien); die Bevölkerung Iraks *oder*
des Irak[s]

der **Ira|ker;** des Irakers; die Iraker

die **Ira|ke|rin;** die Irakerinnen
ira|kisch
Iran *oder* der **Iran** (Staat in Asien); die
Bevölkerung Irans *oder* des Iran[s];
↑ *auch:* Persien

der **Ira|ner;** des Iraners; die Iraner

die **Ira|ne|rin;** die Iranerinnen
ira|nisch
ir|den (aus gebranntem Ton); irdene
Töpfe
ir|disch (auf der Erde); das irdische
Leben

der **Ire** (Bewohner Irlands); des/dem/den
Iren; die Iren
ir|gend; wenn du irgend kannst, solltest
du kommen; irgend so ein Gerät; irgend
so etwas
ir|gend|ein; irgendeine; irgendeiner;
↑ ABER: irgend
ir|gend|et|was; ↑ ABER: irgend
ir|gend|je|mand
ir|gend|wann
ir|gend|was (*umgangssprachlich für:*
irgendetwas); ↑ ABER: irgend
ir|gend|welch; irgendwelche Fragen
ir|gend|wer
ir|gend|wie
ir|gend|wo
ir|gend|wo|hin

die **Irin;** die Irinnen

die **Iris** (Regenbogenhaut im Auge; Schwert-
lilie); *Plural:* die Iris

irisch; das irische Bad; ABER: die Irische See
Ir|land (nordwesteuropäische Insel;
Staat auf einem Teil dieser Insel)

die **Iro|nie** (versteckter Spott); die Iro|ni|en;
tragische Ironie
iro|nisch (spöttisch)
irr *vergleiche:* **ir|re**
ir|ra|ti|o|nal (mit dem Verstand nicht
fassbar; unvernünftig); irrationale Zahlen (*Mathematik:* alle Zahlen, die sich
nicht als Brüche mit ganzen Zahlen darstellen lassen)

die **Ir|ra|ti|o|na|li|tät**
ir|re *oder* **irr;** irr *oder* irre sein; ein irrer
(verstörter) Blick; er war irr *oder* irre
(wie von Sinnen) vor Schmerz

die **Ir|re;** in die Irre gehen
ir|re|al (unwirklich); irreale Vorstellun-
gen

die **Ir|re|a|li|tät**
ir|re|füh|ren; etwas führt irre; seine Dar-
stellungsweise hat mich irregeführt; eine
irreführende Auskunft; sie hat vor[,]
mich irrezuführen; sie hat vor[,] ihn in
die Irre führen
ir|re|ge|hen; er geht irre; sie ist irrege-
gangen
ir|re|lei|ten; er leitet ihn irre; er hat ihn
irregeleitet; sie versucht[,] ihn irrezulei-
ten
ir|re|le|vant (unwichtig); ein irrelevanter
Unterschied

die **Ir|re|le|vanz**

sich **ir|ren;** du irrst dich; er irrt sich; er irrte
sich; sie hat sich geirrt
ir|re|pa|ra|bel (unersetzlich); ein irrepa-
rabler Schaden
ir|re|ver|si|bel (nicht umkehrbar); irre-
versible Vorgänge
ir|re|wer|den *oder* **irr|wer|den;** er wird
irre *oder* irr; er ist irregeworden *oder* irr-
geworden; wenn man irrewird *oder* irr-
wird; sie beginnt[,] irrezuwerden *oder*
irrzuwerden

der **Irr|glau|be** *oder* **Irr|glau|ben**
ir|rig; eine irrige (auf einem Irrtum beru-
hende) Annahme

die **Ir|ri|ta|ti|on** (Reiz; Verwirrung); der Irri-
tation; die Ir|ri|ta|ti|o|nen; es gab Irrita-
tionen wegen seines Verhaltens
ir|ri|tie|ren (verwirren, stören); die

241

Irrlicht – Jahr

Bemerkung hat ihn irritiert; irritier *oder* irritiere ihn nicht!; irritierende Signale

das **Irr|licht;** die Irr|lich|ter

der **Irr|sinn;** des Irrsinns *oder* Irr|sin|nes **irr|sin|nig**

der **Irr|tum;** des Irrtums; die Irr|tü|mer **irr|tüm|lich**

der **Irr|weg;** die Irr|we|ge

die **Isar** (rechter Nebenfluss der Donau)

die **ISBN** = Internationale Standardbuchnummer

das **ISDN** = integrated services digital network (digitales Kommunikationsnetz zur schnellen Datenübermittlung); des ISDN

der **ISDN-An|schluss**

der **Ise|grim** (der Wolf in der Tierfabel); des Isegrims

der **Is|lam** (die im Koran verkündete Religion); des Islam *oder* Islams **is|la|misch**

der **Is|la|mist** (islamischer Fundamentalist; Person, die den Islam wissenschaftlich untersucht); des/dem/den Is|la|mis|ten; die Is|la|mis|ten

die **Is|la|mis|tin;** die Islamistinnen **is|la|mis|tisch** **Is|land**

der **Is|län|der;** des Isländers; die Isländer

die **Is|län|de|rin;** die Isländerinnen **is|län|disch**

die **Iso|la|ti|on** (Absonderung; Abkapselung; Abdichtung); die Iso|la|ti|o|nen

das **Iso|lier|band;** die Iso|lier|bän|der **iso|lie|ren** (absondern, abdichten); du isolierst; sie isolierte; er hat das Kabel isoliert; isolier *oder* isoliere das Kabel! **iso|liert** (keinen Kontakt habend)

die **Iso|lie|rung** ↑ Isolation

Is|ra|el [ˈɪsraeːl *oder* ˈɪsraɛl] (Volk der Juden im Alten Testament; Staat in Vorderasien); die Kinder Israel *oder* Israels

der **Is|ra|e|li** (Angehöriger des Staates Israel); des Israeli *oder* Israelis; die Israelis

die **Is|ra|e|li;** eine Israeli **is|ra|e|lisch** (zum Staat Israel gehörend)

der **Is|ra|e|lit** (Jude im Alten Testament); des/dem/den Is|ra|e|li|ten; die Is|ra|e|li|ten

die **Is|ra|e|li|tin;** die Israelitinnen **is|ra|e|li|tisch**

Is|tan|bul [ˈɪstambuːl] (Stadt in der Türkei)

die **IT** [ai̯ˈtiː] (Informationstechnologie) **Ita|li|en**

der **Ita|li|e|ner;** des Italieners; die Italiener

die **Ita|li|e|ne|rin;** die Italienerinnen **ita|li|e|nisch;** die italienische Schweiz; die italienische Literatur; ein <mark>italienischer</mark> *oder* Italienischer Salat; ᴀʙᴇʀ ɴᴜʀ: die Italienische Republik

das **i-Tüp|fel|chen**

der **IWF** = Internationaler Währungsfonds; des IWF

J

das **J** (Buchstabe); des J; die J; ᴀʙᴇʀ: das j in Boje

ja; jaja!, *auch:* ja̱, ja̱!; jawohl; ja freilich; ja doch; aber ja; na ja; nun ja; ach ja; ja *oder* <mark>Ja</mark> sagen; zu allem ja und amen *oder* <mark>Ja</mark> und <mark>Amen</mark> sagen (mit allem einverstanden sein); das Ja und [das] Nein; mit einem Ja antworten; mit Ja oder [mit] Nein stimmen; die Folgen seines Ja *oder* Jas; bei der Abstimmung gab es viele Ja *oder* Jas (Jastimmen)

die **Jacht** *oder* **Yacht** (ein Schiff, ein Segelboot); die <mark>Jach|ten</mark> *oder* Yach|ten

die **Ja|cke**

das **Ja|ckett** [ʒaˈkɛt] (zum Herrenanzug gehörende Stoffjacke); des Jacketts; die Jacketts *oder* Ja|cket|te

der **Jack|pot** [ˈdʒɛkpɔt] (angesammelter Spielgewinn); des Jackpots; die Jackpots

die **Jagd;** die Jag|den; er geht auf die Jagd

der **Jagd|hund**

ja|gen; ich jage; du jagst; er hat gejagt; jag *oder* jage ihn nicht!

der **Jä|ger;** des Jägers; die Jäger

die **Jä|ge|rei**

die **Jä|ge|rin;** die Jägerinnen

der **Ja|gu|ar** (ein Raubtier); des Jaguars; die Ja|gu|a|re

jäh (plötzlich; steil); ein jähes Ende **jäh|lings** (jäh); jählings hinunterstürzen

das **Jahr;** des Jahrs *oder* Jah|res; die Jah|re; im Jahr *oder* Jahre 2010; laufenden Jahres; künftigen Jahres; nächsten Jahres;

jahraus – je

vorigen Jahres; über Jahr und Tag; Jahr für Jahr; von Jahr zu Jahr; zwei, viele Jahre lang; er ist über (mehr als) 14 Jahre alt; Schüler ab 14 Jahre[n], bis zu 18 Jahren; Eintritt nicht unter 16 Jahren; ein gutes neues Jahr! (Neujahrsglückwunsch)

! Vorsicht in Verbindung mit *dieser, diese, dieses* im Genitiv! Grammatisch richtig ist hier nur *dieses Jahres* (nicht *diesen Jahres*), so zum Beispiel *im Mai dieses Jahres.*

jahr|aus
jahr|ein
jah|re|lang; es hat jahrelang gedauert; ABER: es hat zwei Jahre lang gedauert
der **Jah|res|ring** *meist Plural*
der **Jah|res|tag**
die **Jah|res|zeit**
der **Jahr|gang;** sie ist Jahrgang 2004 (wurde 2004 geboren)
das **Jahr|hun|dert**
jahr|hun|der|te|lang
...jäh|rig (zum Beispiel dreijährig, *mit Ziffer:* 3-jährig; drei Jahre alt, drei Jahre dauernd); eine zweijährige Ausbildung

! Zusammensetzungen mit *-jährig* geben das Alter oder eine Zeitdauer an: ein *halbjähriges, einjähriges* (ein halbes, ganzes Jahr altes) Kind; ein *halbjähriger, einjähriger* (ein halbes, ganzes Jahr dauernder) Aufenthalt. Zusammensetzungen mit *-jährlich* dagegen geben eine Zeitspanne an, nach deren Ablauf sich etwas wiederholt: eine *halbjährliche* Bezahlung (alle halben Jahre); die *alljährliche* (alle Jahre wiederkehrende) Verleihung des Preises.

jähr|lich (jedes Jahr wiederkehrend); die Ausstellung findet jährlich statt; ↑ ABER: ...jährig
der **Jahr|markt**
das **Jahr|tau|send**
das **Jahr|zehnt;** des Jahrzehnts *oder* Jahrzehn|tes; die Jahr|zehn|te
jahr|zehn|te|lang
der **Jäh|zorn**
jäh|zor|nig
Ja|kar|ta [dʒaˈkarta] (Hauptstadt Indonesiens)

die **Ja|lou|sie** [ʒaluˈziː] (Sonnenblende am Fenster, Rollladen); die Ja|lou|si|en
Ja|mai|ka (Insel der Großen Antillen; Staat)
der **Ja|mai|ka|ner;** des Jamaikaners; die Jamaikaner
die **Ja|mai|ka|ne|rin;** die Jamaikanerinnen
ja|mai|ka|nisch
der **Jam|mer;** des Jammers
der **Jam|mer|lap|pen** (*umgangssprachlich für:* ängstlicher Mensch, Schwächling)
jäm|mer|lich
jam|mern; du jammerst; er hat gejammert; jammere nicht!; er jammert mich (*gehoben für:* er tut mir leid)
jam|mer|scha|de
jam|mer|voll; jammervolles Weinen
der **Jang|t|se,** *auch:* **Jang|t|se|ki|ang** (chinesischer Fluss); des Jangtse *oder* Jangtses, *auch* des Jangtsekiang *oder* Jangtsekiangs
der **Ja|nu|ar;** des Januar *oder* Januars; die Ja|nu|a|re
Ja|pan
der **Ja|pa|ner;** des Japaners; die Japaner
die **Ja|pa|ne|rin;** die Japanerinnen
ja|pa|nisch
jap|sen (schwer atmen); du japst; sie japste; er hat nach Luft gejapst
der **Jar|gon** [ʒarˈgõ] (Sondersprache einer Berufsgruppe oder Gesellschaftsschicht); des Jargons; die Jargons
der **Jas|min** (ein Strauch); des Jasmins; die Jas|mi|ne
jä|ten (aus der Erde ziehen); du jätest; er jätete; er hat Unkraut gejätet; jäte das Unkraut!
die **Jau|che**
die **Jau|che[n]|gru|be**
jauch|zen (laut jubeln); du jauchzt; sie jauchzte; sie hat vor Freude gejauchzt
der **Jauch|zer** (Freudenschrei); des Jauchzers; die Jauchzer
jau|len; du jaulst; der Hund jault; der Hund jaulte; der Hund hat gejault
Ja|va (Insel in Südostasien)
ja|wohl
der **Jazz** [dʒɛs, *auch:* jats]; des Jazz
die **Jazz|band** [ˈdʒɛsbɛnt]; die Jazzbands
je; seit je; je Person; je drei; je zwei und zwei; je länger, je lieber; je mehr, desto lieber; je kürzer, umso schneller; je nach-

243

Jeans – Joghurt

dem; je nach Bedarf; je erwachsenen, *auch:* erwachsener Teilnehmer berechnen wir 5 Euro

die **Jeans** [dʒiːns] (Hose im Stil der Bluejeans)

> **!** Das Wort wird meist im Plural verwendet: »ein Paar echte Jeans«. »Wo sind meine alten Jeans?« »Sie fühlt sich in Jeans am wohlsten.« Daneben ist aber auch die Singularverwendung möglich: »Heute ziehe ich meine neue Jeans an.« »In meiner grünen Jeans ist ein Loch.«

je|de
je|den|falls
je|der, je|de, je|des; zu jeder Stunde; auf jeden Fall; er benutzt jede Gelegenheit dazu; zu Anfang jedes *oder* jeden Jahres; das weiß ein jeder; jeder Beliebige kann teilnehmen; jeder Einzelne wurde gefragt; jedes Mal versprach sie es; alles und jedes (alles ohne Ausnahme)
je|der|mann
je|der|zeit; es kann jederzeit passieren; ABER: es kann zu jeder Zeit passieren
je|des
je|doch

der **Jeep** [dʒiːp] (*Markenbezeichnung:* ein Geländewagen); des Jeeps; die Jeeps
jeg|li|cher; ein jeglicher
je|mals
je|mand; jemands *oder* jemandes; jemand *oder* jemandem; jemand *oder* jemanden; sonst jemand; ABER: irgendjemand; jemand anders; jemand Fremdes; ein gewisser Jemand
Je|men *oder* der **Je|men** (Staat auf der Arabischen Halbinsel); die Bevölkerung Jemens *oder* des Jemen[s]

der **Je|me|nit;** des/dem/den Je|me|ni|ten; die Je|me|ni|ten

die **Je|me|ni|tin;** die Jemenitinnen
je|me|ni|tisch
je|ner, je|ne, je|nes; in jener Zeit; da kam jene; ich erinnere mich jenes Tages
jen|seits; jenseits des Flusses; jenseits von Gut und Böse

das **Jen|seits**

der **Jer|sey** [ˈdʒœrzi] (eine Stoffart); des Jerseys *oder* Jerseys; die Jerseys
Je|ru|sa|lem (die heilige Stadt der Juden, Christen und Muslime)

der **Je|su|it** (Angehöriger eines katholischen Ordens); des/dem/den Je|su|i|ten; die Je|su|i|ten
Je|sus; Jesus Christus; *Genitiv:* Jesu Christi

der **Jet** [dʒɛt] (Düsenflugzeug); des Jet *oder* Jets; die Jets

der **Je|ton** [ʒəˈtõ:] (Spielmarke); des Jetons; die Jetons
jet|ten [ˈdʒɛtn̩] (mit dem Jet fliegen); ich jette; du jettest; sie jettete; sie ist über den Atlantik gejettet
jetzt; bis jetzt; von jetzt an
je|wei|lig; die jeweiligen Umstände
je|weils; er kommt jeweils am Montag
Jg. = Jahrgang
Jgg. = Jahrgänge
Jh. = Jahrhundert

das **Jiu-Jit|su** [ˈdʒiuˈdʒɪtsu] (*älter für* Ju-Jutsu); des Jiu-Jitsu *oder* Jiu-Jitsus

der **Job** [dʒɔp] ([Gelegenheits]arbeit, Beschäftigung); des Jobs; die Jobs
job|ben [ˈdʒɔbn̩]; du jobbst; sie jobbte; sie hat in den Ferien gejobbt

das **Job|sha|ring** [ˈdʒɔpʃɛːrɪŋ] (Aufteilung eines Arbeitsplatzes unter mehrere Personen); des Jobsharing[s]

die **Job|su|che;** auf Jobsuche sein

das **Joch** (Teil des Geschirrs bei Zugtieren; ein altes Feldmaß; Gespann); des Jochs *oder* Joches; die Jo|che; ABER: 9 Joch Acker; 3 Joch Ochsen

der **Jo|ckey** [ˈdʒɔke *oder* ˈdʒɔki] *oder* **Jo|ckei** [ˈdʒɔkai̯ *oder* ˈjɔkai̯] (berufsmäßiger Rennreiter); des Jockeys *oder* Jockeis; die Jockeys *oder* Jockeis

das **Jod;** des Jods *oder* Jodes
jo|deln; ich jod[e]le; du jodelst; sie jodelt; sie hat gejodelt
jod|hal|tig; jodhaltiges Salz

der **Jod|ler;** des Jodlers; die Jodler

die **Jod|le|rin;** die Jodlerinnen

das, *auch:* der **Jo|ga** *vergleiche:* **Yo|ga**
jog|gen [ˈdʒɔgn̩] (Jogging betreiben); du joggst; sie joggte; ich bin *oder* habe früher auch gejoggt; jogge regelmäßig!

das **Jog|ging** [ˈdʒɔgɪŋ] (Laufen in mäßigem Tempo als Fitnesstraining); des Joggings

der **Jog|ging|an|zug**

der *oder* das **Jo|ghurt** *oder* **Jo|gurt** (säuerli-

Jogurt – Jumbo

che Dickmilch); des Joghurt[s] *oder* Jogurt[s]; die Joghurt[s] *oder* Jogurt[s]

der *oder* das **Jo|gurt** *vergleiche:* **Jo|ghurt**

Jo|han|nes|burg (Stadt in Südafrika)

die **Jo|han|nis|bee|re**

joh|len (lärmen); du johlst; er johlte; er hat gejohlt; johl *oder* johle nicht so laut!

der **Joint** [dʒɔynt] (Haschisch-, Marihuanazigarette); des Joints; die Joints

das **Joint Ven|ture** [ˈdʒɔynt ˈvɛntʃɐ] (*Wirtschaft:* Gemeinschaftsunternehmen); des Joint Venture[s]; die Joint Ventures

der **Jo|ker** [*auch:* ˈdʒoːkɐ] (eine Spielkarte; zusätzliche Chance in einem Quiz); des Jokers; die Joker

die **Jol|le** (flaches Ruder- oder Segelboot); die Jollen

der **Jon|g|leur** [ʒɔŋˈløːɐ̯] (Geschicklichkeitskünstler); des Jongleurs; die Jon|g|leu|re

die **Jon|g|leu|rin;** die Jongleurinnen

jon|g|lie|ren; ich jongliere; du jonglierst; sie jonglierte; er hat mit den Bällen jongliert

die **Jop|pe** (Jacke)

der **Jor|dan** (größter Fluss Israels und Jordaniens); des Jordan *oder* Jordans

Jor|da|ni|en (Staat in Vorderasien)

der **Jor|da|ni|er;** des Jordaniers; die Jordanier

die **Jor|da|ni|e|rin;** die Jordanierinnen

jor|da|nisch

das **Jot** (der Buchstabe J); des Jot; die Jot

das **Joule** [dʒuːl] (Maßeinheit für die Energie); des Joule *oder* Joules; die Joule

das **Jour|nal** [ʒʊrˈnaːl] (Zeitschrift); des Journals; die Jour|na|le

der **Jour|na|lis|mus** (Berichterstattung in den Massenmedien; Pressewesen); des Journalismus

der **Jour|na|list;** des/dem/den Jour|na|lis|ten; die Jour|na|lis|ten

die **Jour|na|lis|tin;** die Journalistinnen

jour|na|lis|tisch; journalistischer Stil

jo|vi|al (gönnerhaft)

die **Jo|vi|a|li|tät**

der **Joy|stick** [ˈdʒɔystɪk] (Steuerhebel für Computerspiele); des Joysticks; die Joysticks

jr. = junior

der **Ju|bel**

ju|beln; du jubelst; sie jubelte; sie hat gejubelt; juble *oder* jubele nicht zu früh!

der **Ju|bi|lar;** des Jubilars; die Ju|bi|la|re

die **Ju|bi|la|rin;** die Jubilarinnen

das **Ju|bi|lä|um** (Jahrestag, Gedenkfeier); des Jubiläums; die Ju|bi|lä|en

ju|bi|lie|ren (*gehoben für:* sich freuen); ich jubiliere; du jubilierst; sie jubilierte; sie hat jubiliert

ju|cken; es juckt mich am Arm; die Hand juckt mir, *seltener:* mich; mir, *seltener:* mich juckt die Hand; ihm, *seltener:* ihn juckt das Fell (er ist zu übermütig)

der **Juck|reiz**

der **Ju|de;** des/dem/den Juden; die Juden

das **Ju|den|tum**

die **Ju|di|ka|ti|ve** (richterliche Gewalt im Staat)

die **Jü|din;** die Jüdinnen

jü|disch; die jüdische Geschichte

das **Ju|do** (sportliche Form des ↑ Ju-Jutsu); des Judos

der **Ju|do** = Jungdemokrat *(Politik)*

die **Ju|do** = Jungdemokratin *(Politik)*

der **Ju|do|ka** (Judosportler); des Judoka *oder* Judokas; die Judoka *oder* Judokas

die **Ju|do|ka** (Judosportlerin); der Judoka; die Judoka *oder* Judokas

die **Ju|gend**

das **Ju|gend|amt**

die **Ju|gend|grup|pe**

die **Ju|gend|her|ber|ge**

ju|gend|lich

der **Ju|gend|li|che;** ein Jugendlicher; die Jugendlichen; zwei Jugendliche

die **Ju|gend|li|che;** eine Jugendliche

der **Ju|gend|treff**

das **Ju|gend|zen|t|rum**

der **Ju|go|s|la|we;** des/dem/den Jugoslawen; die Jugoslawen

Ju|go|s|la|wi|en (*früher;* Staat in Südosteuropa)

die **Ju|go|s|la|win;** die Jugoslawinnen

ju|go|s|la|wisch

das **Ju-Jut|su** (Technik der Selbstverteidigung ohne Waffen); des Ju-Jutsu *oder* Ju-Jutsus

die **Juke|box** [ˈdʒuːkbɔks] (Musikbox); die Juke|bo|xes

der **Ju|li;** des Juli *oder* Julis; die Julis

der **Ju|li** = Jungliberaler *(Politik)*

die **Ju|li** = Jungliberale *(Politik)*

der **Jum|bo** (*kurz für:* Jumbojet); des Jumbos; die Jumbos

Jumbojet – kacheln

der **Jum|bo|jet** [ˈjʊmbodʒɛt] *oder* **Jum-bo-Jet** (ein Großraumflugzeug)
jun. = junior
jung; jün|ger; am jüngs|ten; von jung auf; er ist der jüngere, der jüngste meiner Söhne; mein Jüngster; sie ist nicht mehr die Jüngste; der Jüngere; Junge und Alte; Jung und Alt (jedermann)
der **Jun|ge;** des Jungen; die Jungen
das **Jun|ge** (Nachwuchs; Kleines); des Jungen; die Jungen; in unserem Vogelnest gibt es Junge
jun|gen|haft; sein jungenhaftes Lachen
die **Jun|gen|schu|le**
der **Jün|ger** (Anhänger einer Person oder Lehre); des Jüngers; die Jünger
die **Jün|ge|rin;** die Jüngerinnen
die **Jung|frau**
der **Jung|ge|sel|le**
die **Jung|ge|sel|lin**
der **Jüng|ling;** des Jünglings; die Jüng|lin|ge
jüngs|te; das jüngste Küken; ABER: das Jüngste Gericht; der Jüngste Tag
der **Ju|ni;** des Juni *oder* Junis; die Junis
ju|ni|or (der Jüngere); Karl Mayer junior
der **Ju|ni|or** (Sohn [im Verhältnis zum Vater]; *Mode:* Jugendlicher; *Sport:* Sportler zwischen 18 und 23 Jahren); des Juniors; die Ju|ni|o|ren
die **Ju|ni|o|rin;** die Juniorinnen
das **Junk|food** [ˈdʒaŋkfuːt] *oder* **Junk-Food** (minderwertige Nahrung); des Junkfood[s] *oder* Junk-Food[s]
der **Jun|kie** [ˈdʒaŋki] (*umgangssprachlich für:* Drogenabhängige[r]); des Junkies; die Junkies
Ju|pi|ter (höchster römischer Gott)
der **Ju|pi|ter** (ein Planet); des Jupiters
Ju|ra (Rechtswissenschaften); Jura studieren
der **Ju|rist** (Rechtskundiger); des/dem/den Ju|ris|ten; die Ju|ris|ten
die **Ju|ris|tin;** die Juristinnen
ju|ris|tisch (die Rechtswissenschaft, die Rechtsprechung betreffend); juristische Tricks
die **Ju|ry** [ʒyˈriː, *auch:* ˈʒyːri] (Preisgericht); die Jurys
der **Ju|so** = Jungsozialist (*Politik*)
die **Ju|so** = Jungsozialistin (*Politik*)
just (eben, gerade); das ist just das Richtige

jus|tie|ren (genau einstellen, einpassen, ausrichten); ich justiere das Gerät; er hat die Waage justiert
die **Jus|tiz** (Rechtspflege)
das **Jus|tiz|mi|nis|te|ri|um**
die **Ju|te** (eine Faserpflanze; deren Faser)
das, *auch* der **Ju|wel** (Edelstein; Schmuckstück); des Juwels; die Ju|we|len *meist Plural*
der **Ju|we|lier** (Schmuckhändler; Goldschmied); des Juweliers; die Ju|we|lie|re
die **Ju|we|lie|rin;** die Juwelierinnen
der **Jux** (Scherz, Spaß); des Ju|xes; die Ju|xe; [sich] einen Jux machen; aus Jux und Tollerei

K

K = Kelvin
das **K** (Buchstabe); des K; die K; ABER: das k in Haken
die **Ka|a|ba** (das islamische Heiligtum in Mekka)
das **Ka|ba|rett** (Kleinkunst[bühne]); des Kabaretts; die Ka|ba|ret|te *oder* Kabaretts
der **Ka|ba|ret|tist** (Künstler an einer Kleinkunstbühne); des/dem/den Ka|ba|ret|tis-ten; die Ka|ba|ret|tis|ten
die **Ka|ba|ret|tis|tin;** die Kabarettistinnen
ka|ba|ret|tis|tisch
die **Kab|be|lei**
sich **kab|beln** (*landschaftlich für:* sich streiten); du kabbelst dich; er kabbelt sich mit ihr; wir haben uns gekabbelt
das **Ka|bel;** des Kabels; die Kabel
der **Ka|bel|an|schluss**
das **Ka|bel|fern|se|hen** (Übertragung von Fernsehprogrammen mithilfe von Kabeln)
der **Ka|bel|jau** (ein Fisch); des Kabeljaus; die Kabeljaue *oder* Kabeljaus
ka|bel|los; eine kabellose Tastatur
die **Ka|bi|ne**
das **Ka|bi|nett** (kleinerer Raum; Gesamtheit der Minister); des Kabinetts; die Ka|bi-net|te
die **Ka|chel;** die Kacheln
ka|cheln; ich kach[e]le; du kachelst; er

Kachelofen – Kalorie

hat die Wand gekachelt; die Wand ist gekachelt; kachle *oder* kachele das Badezimmer!

der **Ka|chel|ofen**

die **Ka|cke** (*derb für:* Kot)

der **Ka|da|ver** (toter Tierkörper); des Kadavers; die Kadaver

die **Ka|denz** (*Musik:* zu einem Abschluss führende Akkordfolge; virtuose solistische Einlage); die Ka|den|zen

der **Ka|der** (*Militär:* Kerntruppe; *Sport:* Kerngruppe von Wettkämpfern; *in der DDR:* Gruppe leitender Personen in Partei, Staat, Wirtschaft; Mitglied dieser Gruppe); des Kaders; die Kader

das **Kad|mi|um,** *fachsprachlich:* **Cad|mi|um** (chemisches Element, Metall; *Zeichen:* Cd); des Kadmiums, *fachsprachlich:* Cadmiums

der **Kä|fer;** des Käfers; die Käfer

das **Kaff** (*umgangssprachlich für:* Dorf, langweilige Ortschaft); des Kaffs; die Kaffs *oder* Käf|fer, *selten:* Kaf|fe

der **Kaf|fee** (Getränk; *auch für:* der Kaffeestrauch, die Kaffeebohnen); des Kaffees; die Kaffees; ABER: 3 [Tassen] Kaffee bestellen; ↑ ABER: Café

die **Kaf|fee-Ern|te** *oder* **Kaf|fee|ern|te**

das **Kaf|fee|ser|vice**

der **Kä|fig;** des Käfigs; die Kä|fi|ge

die **Kä|fig|hal|tung**

Kaf|ka (deutschsprachiger Schriftsteller)

kahl; kahl sein, werden; die Raupen haben den Baum kahl gefressen *oder* kahlgefressen; die Jungen ließen sich ihre Köpfe kahl rasieren *oder* kahlrasieren; die Arbeiter begannen[,] den Wald kahl zu schlagen *oder* kahlzuschlagen

kahl|fres|sen *vergleiche:* kahl

kahl|köp|fig

kahl|ra|sie|ren *vergleiche:* kahl

der **Kahl|schlag**

kahl|schla|gen *vergleiche:* kahl

der **Kahn;** des Kahns *oder* Kah|nes; die Kähne; Kahn fahren; ABER: das Kahnfahren

der **Kai** (das gemauerte Ufer; die Uferstraße); des Kais; die Kais

Kai|ro (Hauptstadt Ägyptens)

der **Kai|ser;** des Kaisers; die Kaiser

die **Kai|se|rin;** die Kaiserinnen

kai|ser|lich; der kaiserliche Hof; ABER: [Eure] Kaiserliche Hoheit (*Anrede*)

das, *auch:* der **Ka|jak** (ein Boot); des Kajaks; die Kajaks

die **Ka|jü|te** (Wohnraum auf Schiffen)

der **Ka|ka|du** (ein Papagei); des Kakadus; die Kakadus

der **Ka|kao** [ka'kau, *auch:* ka'ka:o]; des Kakaos

das **Ka|kao|pul|ver**

der **Ka|ki** *oder* **Kha|ki** (ein gelbbrauner Stoff); des Kaki[s] *oder* Khaki[s]

ka|ki|far|ben *oder* **kha|ki|far|ben**

das **Ka|ki|hemd** *oder* **Kha|ki|hemd**

der **Kak|tus;** des Kaktus; die Kak|te|en

der **Ka|lau|er** (schlechter [Wort]witz); des Kalauers; die Kalauer

das **Kalb;** des Kalbs *oder* Kal|bes; die Kälber; das Goldene Kalb (biblisch)

kal|ben; die Kuh kalbt; die Kuh kalbte; die Kuh hat gekalbt

der **Kalbs|bra|ten**

das **Ka|lei|do|s|kop** (optisches Spielzeug; lebendig-bunte [Bilder]folge); des Kaleidoskops; die Ka|lei|do|s|ko|pe

ka|len|da|risch (nach dem Kalender); kalendarischer Sommeranfang

der **Ka|len|der;** der gregorianische Kalender; der julianische Kalender

das **Ka|li** (ein Ätz- und Düngemittel); des Kalis

das **Ka|li|ber** (Durchmesser von Rohren); des Kalibers; die Kaliber

der **Ka|lif** (morgenländischer Herrscher); des/dem/den Ka|li|fen; die Ka|li|fen

Ka|li|for|ni|en (Staat in den USA)

das **Ka|li|um** (chemisches Element, Metall; *Zeichen:* K); des Kaliums

der **Kalk;** des Kalks *oder* Kal|kes

kalk|hal|tig; kalkhaltiger Boden

der **Kalk|stein**

das, *auch* der **Kal|kül** (Berechnung, Schätzung); des Kalküls; die Kal|kü|le

die **Kal|ku|la|ti|on** (Ermittlung der Kosten, Kostenvoranschlag)

kal|ku|lier|bar (berechenbar)

kal|ku|lie|ren (berechnen); du kalkulierst; sie kalkulierte; hat den Auftrag kalkuliert; kalkulier *oder* kalkuliere genau!

kalk|weiß; ein kalkweißes (sehr bleiches) Gesicht

die **Ka|lo|rie** (frühere Maßeinheit für die Wärmemenge, auch für den Energie-

kalorienbewusst – Kanadier

umsatz im Körper); die Ka|lo|ri|en;
↑ Joule

ka|lo|ri|en|be|wusst; kalorienbewusste
Ernährung

kalt

käl|ter; am käl|tes|ten

– kalte [und warme] Küche
– ein kalter (nicht mit Waffen geführter)
  Krieg; ABER: der Kalte Krieg (als
  geschichtliche Epoche [1947–1990])
– eine **kalte** oder Kalte Ente (ein Getränk)

Getrennt- und Zusammenschreibung:

– du solltest den Pudding über Nacht
  kalt stellen oder kaltstellen; ABER:
  jemanden ↑ kaltstellen
Vergleiche auch: kaltlassen; kaltmachen

kalt|blü|tig
die **Käl|te**
käl|te|emp|find|lich
kalt|her|zig
kalt|las|sen (*umgangssprachlich für:*
nicht interessieren, nicht berühren); die
Nachricht hat mich kaltgelassen
kalt|ma|chen (*umgangssprachlich für:*
ermorden); sie hat ihn kaltgemacht
kalt|schnäu|zig (*umgangssprachlich*
für: gleichgültig)
die **Kalt|schnäu|zig|keit**
kalt|stel|len (*umgangssprachlich für:*
einflusslos machen; entmachten); sie
hat den Konkurrenten kaltgestellt;
↑ *auch* kalt
das **Kal|zi|um,** *fachsprachlich:* **Cal|ci|um**
(chemisches Element, Metall; *Zei-*
chen: Ca); des Kalziums, *fachsprach-*
lich: Calciums
Kam|bo|d|scha (Staat in Hinter-
indien)
der **Kam|bo|d|scha|ner;** des Kambodscha-
ners; die Kambodschaner
die **Kam|bo|d|scha|ne|rin;** die Kambod-
schanerinnen
kam|bo|d|scha|nisch
das **Ka|mel;** des Kamels oder Ka|mel|les; die
Ka|mel|le
das **Ka|mel|haar**
der **Ka|mel|haar|man|tel**
die **Ka|me|ra;** die Kameras

der **Ka|me|rad;** des/dem/den Ka|me|ra|den;
die Ka|me|ra|den
die **Ka|me|ra|din;** die Kameradinnen
die **Ka|me|rad|schaft**
ka|me|rad|schaft|lich
der **Ka|me|ra|mann;** die Ka|me|ra|män|ner
oder Ka|me|ra|leu|te
das **Ka|me|ra|team**
ka|me|ra|über|wacht
Ka|me|run (Staat in Westafrika)
der **Ka|me|ru|ner;** des Kameruners; die
Kameruner
die **Ka|me|ru|ne|rin;** die Kamerunerinnen
ka|me|ru|nisch
die **Ka|mil|le** (eine Heilpflanze)
der **Ka|mil|len|tee**
der **Ka|min** (Schornstein; Felsenspalt); des
Kamins; die Ka|mi|ne
der **Kamm;** des Kamms oder Kam|mes; die
Käm|me
käm|men; du kämmst; er hat sein Haar
gekämmt; sich kämmen; sie hat sich
gekämmt; kämm oder kämme dich endlich!
die **Kam|mer**
die **Kam|mer|mu|sik**
das **Kam|mer|spiel** (in einem kleinen Thea-
ter aufgeführtes Stück mit wenigen Rol-
len)
die **Kam|pa|g|ne** oder Cam|pa|g|ne [kam-
'panjə] (umfangreiche Aktion für/gegen
jemanden oder etwas); die **Kampagnen**
oder Campagnen
der **Kampf;** des Kampfs oder Kamp|fes; die
Kämp|fe
kampf|be|reit; kampfbereite Soldaten
ABER: zum Kampf bereite Soldaten
kämp|fen; du kämpfst; sie kämpfte; sie
hat gekämpft; kämpf oder kämpfe gegen
ihn!
der **Kampf|fer** (ein Heilmittel); des Kampfers
der **Kämp|fer;** des Kämpfers; die Kämpfer
die **Kämp|fe|rin;** die Kämpferinnen
kämp|fe|risch
der **Kampf|hund**
kampf|los; sich kampflos ergeben
kampf|un|fä|hig
kam|pie|ren ([im Freien] lagern; über-
nachten, hausen); du kampierst; er kam-
pierte; er hat auf der Wiese kampiert
Ka|na|da (Staat in Nordamerika)
der **Ka|na|di|er;** des Kanadiers; die Kanadier

248

Kanadierin – Kapitän

die **Ka|na|di|e|rin;** die Kanadierinnen
ka|na|disch
der **Ka|nal;** des Kanals; die Ka|nä|le
die **Ka|na|li|sa|ti|on** (Anlage zur Ableitung
der Abwässer)
ka|na|li|sie|ren; man hat den Fluss
kanalisiert (schiffbar gemacht)
der **Ka|na|ri|en|vo|gel**
die **Kan|da|re** (Gebissstange des Pferdes);
jemanden an die Kandare nehmen
(jemanden streng behandeln)
der **Kan|di|dat** (Prüfling, Bewerber); des/
dem/den Kan|di|da|ten; die Kan|di|da-
ten
die **Kan|di|da|tin;** die Kandidatinnen
die **Kan|di|da|tur** (Bewerbung)
kan|di|die|ren (sich bewerben); du kan-
didierst; sie kandidierte; sie hat für das
Amt kandidiert; kandidier *oder* kandi-
diere wieder!
kan|die|ren (mit Zuckerlösung überzie-
hen); du kandierst; er kandierte; er hat
die Früchte kandiert; kandier *oder* kan-
diere die Früchte!
der **Kan|dis** *oder* **Kan|dis|zu|cker;** des Kan-
dis *oder* Kandiszuckers
das **Kän|gu|ru;** des Kängurus; die Kängurus
das **Ka|nin|chen;** des Kaninchens; die
Kaninchen
der **Ka|nis|ter** (ein Flüssigkeitsbehälter); des
Kanisters; die Kanister
die **Kan|ne**
der **Kan|ni|ba|le** (Menschenfresser); des/
dem/den Kannibalen; die Kannibalen
die **Kan|ni|ba|lin;** die Kannibalinnen
der **Ka|non** (Richtschnur; Regel; mehrstim-
miges Lied); des Kanons; die Kanons
die **Ka|no|ne**
der **Ka|no|nen|schlag** (ein Feuerwerkskör-
per)
der **Ka|nos|sa|gang** *vergleiche:* **Ca|nos|sa-
gang**
die **Kan|ta|te** (instrumental begleitetes
mehrteiliges Gesangsstück für Solostim-
me[n] [und Chor])
die **Kan|te**
kan|ten (auf die Kante stellen); du kan-
test; sie kantete; er hat die Kiste gekan-
tet; kante die Kiste!
kan|tig
die **Kan|ti|ne** (Speisesaal in Betrieben)
das **Kan|ti|nen|es|sen**

der **Kan|ton** (Bezirk; schweizerisches Bun-
desland); des Kantons; die Kan|to|ne
kan|to|nal
der **Kan|tor** (Leiter des Kirchenchores); des
Kantors; die Kan|to|ren
die **Kan|to|rei** (evangelischer Kirchenchor)
das **Ka|nu** [*auch:* kaˈnuː] (ein Paddelboot);
des Kanus; die Kanus
die **Ka|nü|le** (Röhrchen; Hohlnadel)
die **Kan|zel;** die Kanzeln
die **Kanz|lei** (Anwaltsbüro)
der **Kanz|ler;** des Kanzlers; die Kanzler
das **Kanz|ler|amt**
die **Kanz|le|rin;** die Kanzlerinnen
der **Kanz|ler|kan|di|dat**
die **Kanz|ler|kan|di|da|tin**
das **Kap** (Vorgebirge); des Kaps; die Kaps;
Kap der Guten Hoffnung (an der Südspitze Afrikas); Kap Hoorn (Südspitze
Südamerikas)
Kap. = Kapitel
die **Ka|pa|zi|tät** (Leistungsvermögen; Fas-
sungsvermögen; *auch für:* hervorragende
Fachkraft); die Ka|pa|zi|tä|ten; sie ist
eine Kapazität in der Chemie
die **Ka|pel|le**
der **Ka|pell|meis|ter**
die **Ka|pell|meis|te|rin**
die **Ka|per** ([eingelegte] Blütenknospe des
Kapernstrauchs); die Kapern
ka|pern (erbeuten); du kaperst; er hat
ein Schiff gekapert; kapere das Schiff!
ka|pie|ren (*umgangssprachlich für:*
begreifen, verstehen); du kapierst; sie
kapierte; sie hat es kapiert; kapier *oder*
kapiere das endlich!
ka|pil|lar (haarfein)
die **Ka|pil|la|re** (Haargefäß, kleinstes Blut-
gefäß; Haarröhrchen); die Kapillaren
das **Ka|pil|lar|ge|fäß**
ka|pi|tal (sehr groß); ein kapitaler Fehler
das **Ka|pi|tal** (Vermögen; Geldsumme); des
Kapitals; die Ka|pi|ta|le *oder* Ka|pi|ta|li-
en
der **Ka|pi|ta|lis|mus;** des Kapitalismus
der **Ka|pi|ta|list;** des/dem/den Ka|pi|ta|lis-
ten; die Ka|pi|ta|lis|ten
die **Ka|pi|ta|lis|tin;** die Kapitalistinnen
ka|pi|ta|lis|tisch
das **Ka|pi|tal|ver|bre|chen** (schwere Straf-
tat)
der **Ka|pi|tän;** des Kapitäns; die Ka|pi|tä|ne

249

Kapitänin – Karitas

die **Ka|pi|tä|nin;** die Kapitäninnen
das **Ka|pi|tel** (der Abschnitt); des Kapitels; die Kapitel
die **Ka|pi|tel|über|schrift**
die **Ka|pi|tu|la|ti|on** (Übergabe einer Truppe oder Festung)
  ka|pi|tu|lie|ren (sich ergeben); du kapitulierst; sie kapitulierte; er hat kapituliert; kapitulier *oder* kapituliere nicht!
der **Ka|p|lan** (katholischer Hilfsgeistlicher); des Kaplans; die Ka|p|lä|ne
die **Kap|pe**
  kap|pen (abschneiden; abhauen); du kappst; sie kappte; sie hat die Hecke gekappt; kapp *oder* kappe das Tau!
die **Ka|p|ri|o|le** (närrischer Luftsprung; toller Einfall)
die **Kap|sel;** die Kapseln
  ka|putt; ein kaputtes Spielzeug; kaputt sein; die Uhr ist schon wieder kaputt; sie hat die Vase <mark>kaputt gemacht</mark> *oder* kaputtgemacht; die Einbrecher haben alles <mark>kaputt geschlagen</mark> *oder* kaputtgeschlagen
  ka|putt|ge|hen; der Krug ist kaputtgegangen
  ka|putt|ma|chen *vergleiche:* **ka|putt**
  ka|putt|schla|gen
die **Ka|pu|ze**
der **Ka|pu|zi|ner** (Angehöriger eines katholischen Ordens); des Kapuziners; die Kapuziner
die **Ka|pu|zi|ne|rin;** die Kapuzinerinnen
der **Ka|ra|bi|ner** (ein kurzes Gewehr); des Karabiners; die Karabiner
der **Ka|ra|bi|ner|ha|ken** (Haken, der durch einen besonderen Verschluss gesichert ist)
das **Ka|ra|cho** (*umgangssprachlich für:* große Schnelligkeit, Schwung); des Karachos; mit Karacho
die **Ka|raf|fe** (bauchige Glasflasche)
die **Ka|ram|bo|la|ge** [karambo'la:ʒə] (*umgangssprachlich für:* Zusammenstoß); die Karambolagen
der **Ka|ra|mell** (gebrannter Zucker); des Karamells
der *oder* das **Ka|ra|mell|bon|bon**
das **Ka|ra|o|ke** (Veranstaltung, bei der Laien zur Instrumentalmusik eines Schlagers den Text singen); des Karaoke *oder* Karaokes

das **Ka|rat** (das Maß der Feinheit einer Goldlegierung); des Karats *oder* Ka|ra|tes; die Ka|ra|te; ABER: 24 Karat Gold
das **Ka|ra|te** (System waffenloser Selbstverteidigung); des Karate *oder* Karates
der **Ka|ra|te|kämp|fer**
die **Ka|ra|te|kämp|fe|rin**
  ...ka|rä|tig; zehnkarätig (*mit Ziffern:* 10-karätig)
die **Ka|ra|wa|ne** (Reisegesellschaft im Orient)
die **Ka|ra|wa|nen|stra|ße**
die **Ka|ra|wan|se|rei** (Unterkunft für Karawanen)
das **Kar|bid, Car|bid** (eine chemische Verbindung); des Karbids *oder* Kar|bi|des, *fachsprachlich:* Carbids *oder* Car|bi|des; die Kar|bi|de, *fachsprachlich:* Car|bi|de
das **Kar|bo|nat,** *fachsprachlich:* **Car|bo|nat** (Salz der Kohlensäure); des Karbonats *oder* Kar|bo|na|tes, *fachsprachlich:* Carbonats *oder* Car|bo|na|tes; die Kar|bo|na|te, *fachsprachlich:* Car|bo|na|te
die **Kar|dät|sche** (die Pferdebürste)
der **Kar|di|nal** (höchster katholischer Würdenträger nach dem Papst); des Kardinals; die Kar|di|nä|le
die **Kar|di|nal|tu|gend** *meist Plural*
die **Kar|di|nal|zahl** (Grundzahl, z. B. null, eins, zwei)
der **Kar|frei|tag** (Freitag vor Ostern)
  karg (spärlich, ärmlich); kar|ger, *auch:* kär|ger; am kargs|ten, *auch:* kärgs|ten
  kärg|lich
die **Ka|ri|bik** (Karibisches Meer mit den Antillen)
das **Ka|ri|bi|sche Meer**
  ka|riert (mit Karos gemustert); ein kariertes Hemd
die **Ka|ri|es** (Zahnfäule)
die **Ka|ri|ka|tur** (Zerrbild; Spottbild); die Ka|ri|ka|tu|ren
der **Ka|ri|ka|tu|rist** (jemand, der satirische Zeichnungen anfertigt); des/dem/den Ka|ri|ka|tu|ris|ten; die Ka|ri|ka|tu|risten
die **Ka|ri|ka|tu|ris|tin;** die Karikaturistinnen
  ka|ri|kie|ren (als Karikatur darstellen); du karikierst ihn; sie hat ihn karikiert; karikier *oder* karikiere ihn!
die **Ka|ri|tas** (Nächstenliebe, Wohltätigkeit); ↑ABER: Caritas

karitativ – kasteien

ka|ri|ta|tiv (mildtätig); ein karitativer
Zweck

kar|min|rot

der **Kar|ne|val;** des Karnevals; die Kar|ne-
va|le *oder* Karnevals

der **Kar|ne|vals|zug**

das **Kar|ni|ckel** (*landschaftlich für:* Kanin-
chen); des Karnickels; die Karnickel

das **Ka|ro** (auf der Spitze stehendes Viereck);
des Karos; die Karos

die **Ka|ros|se** (der Prunkwagen); die Karos-
sen

die **Ka|ros|se|rie** (der Kraftwagenoberbau);
die Ka|ros|se|ri|en

die **Ka|rot|te** (eine Mohrrübe)

der **Karp|fen** (ein Fisch); des Karpfens; die
Karpfen

der **Karp|fen|teich**

die **Kar|re**

kar|ren; du karrst; sie karrte; sie hat
Sand gekarrt; karre das Unkraut auf den
Misthaufen!

der **Kar|ren;** des Karrens; die Karren

die **Kar|ri|e|re** (Laufbahn); die Karrieren;
Karriere machen

der **Karst** (eine Landschaftsform); des
Karsts *oder* Kars|tes; die Kars|te

kart. = kartoniert (von Büchern)

die **Kar|te;** Karten spielen; die <mark>Gelbe</mark> *oder*
gelbe Karte, die <mark>Rote</mark> *oder* rote Karte
(Sport)

die **Kar|tei** (Zettelkasten)

das **Kar|tell** (wirtschaftlicher Zusammen-
schluss); des Kartells; die Kar|tel|le

das **Kar|tell|amt**

der **Kar|ten|schlüs|sel** (Plastikkarte zum
Öffnen elektronischer Türschlösser, zum
Beispiel von Hotelzimmern)

das **Kar|ten|spiel**

der **Kar|ten|vor|ver|kauf**

die **Kar|tof|fel;** die Kartoffeln

der **Kar|tof|fel|sa|lat**

der **Kar|ton** [...'tõ:, *auch:* kar'tɔŋ]; des Kar-
tons; die Kartons, *seltener:* Kar|to|ne

kar|to|niert; kartonierte (mit einem
Pappeinband versehene) Bücher

das **Ka|rus|sell;** des Karussells; die Karus-
sells *oder* Ka|rus|sel|le; Karussell fah-
ren

die **Kar|wo|che** (Woche vor Ostern)

Ka|sach|s|tan (Staat in Mittelasien)

ka|schie|ren (verdecken, verbergen); ich

kaschiere; du kaschierst; sie kaschierte;
sie hat den Fehler kaschiert

der **Kä|se;** des Käses; die Käse

das **Kä|se|blatt** (*umgangssprachlich abwer-
tend für:* kleine, unbedeutende Zeitung)

die **Ka|ser|ne** (Soldatenunterkunft)

der **Ka|ser|nen|hof**

ka|ser|nie|ren (in Kasernen unterbrin-
gen); er hat seine Truppen kaserniert

kä|sig (*umgangssprachlich für:* auffal-
lend blass); ein käsiges Gesicht

das **Ka|si|no** (*kurz für:* Spielkasino; Speise-
raum [für Offiziere]); des Kasinos, die
Kasinos

kas|ko|ver|si|chert; das Auto ist kasko-
versichert

die **Kas|ko|ver|si|che|rung** (Fahrzeugversi-
cherung)

der **Kas|per;** des Kaspers, die Kasper

das, *auch:* der **Kas|per|le;** des Kasperle; die
Kasperle

das **Kas|per|le|the|a|ter**

das **Kas|pi|sche Meer** (großer See zwischen
Osteuropa und Westasien)

die **Kas|se**

der **Kas|sen|arzt**

die **Kas|sen|ärz|tin**

der **Kas|sen|bon**

der **Kas|sen|sturz;** Kassensturz machen
(sein Geld zählen)

die **Kas|se|rol|le** (Schmortopf)

die **Kas|set|te** (Kästchen, Behälter; Kunst-
stoffgehäuse mit abspulbarem Magnet-
band)

der <mark>**Kas|set|ten|re|kor|der**</mark> *oder* **Kas|set-
ten|re|cor|der**

der **Kas|si|ber** (heimliches Schreiben von
Gefangenen oder an Gefangene); des
Kassibers; die Kassiber

kas|sie|ren (Geld einnehmen); du kas-
sierst; er kassierte; sie hat den Beitrag
kassiert; kassier *oder* kassiere die Miete!

der **Kas|sie|rer;** des Kassierers; die Kassie-
rer

die **Kas|sie|re|rin;** die Kassiererinnen

die **Kas|ta|nie**

kas|ta|ni|en|braun

die **Kas|te** (Gruppe in der hinduistischen
Gesellschaftsordnung); der Kaste; die
Kasten

sich **kas|tei|en** (sich Bußübungen, Entbeh-
rungen auferlegen); du kasteist dich; er

Kastell – Kaufmann

hat sich kasteit; kastei *oder* kasteie dich nicht!

das **Kas|tẹll** (Burg, Festung); des Kastells; die Kas|tel|le

der **Kạs|ten;** des Kastens; die Kästen

kas|t|rie|ren (verschneiden, entmannen); er hat den Hengst kastriert

der **Kạ|sus** (grammatischer Fall); des Kasus; die Kasus; das Deutsche hat vier Kasus

der **Kạt** (*kurz für:* Katalysator); des Kats; die Kats

die **Ka|ta|kọm|be** (frühchristliche unterirdische Begräbnisstätte); die Katakomben

der **Ka|ta|lọg** ([Waren]verzeichnis); des Katalogs *oder* Ka|ta|lo|ges; die Ka|ta|lo|ge

der **Ka|ta|ly|sạ|tor** (Vorrichtung zur Abgasreinigung); des Katalysators; die Ka|ta|ly|sa|to|ren

der **Ka|ta|ma|rạn** (offenes Segelboot mit doppeltem Rumpf); des Katamarans; die Ka|ta|ma|ra|ne

das, *auch:* der **Ka|ta|pụlt** (eine Schleudermaschine); des Katapults *oder* Ka|ta|pul|tes; die Ka|ta|pul|te

der **Ka|ta|rạkt** (große Stromschnelle); des Katarakts *oder* Ka|ta|rak|tes; die Ka|ta-rak|te

der **Ka|tạrrh** (*Medizin:* eine Entzündung der Schleimhaut); des Katarrhs; die Ka|tar-rhe

ka|ta|s|t|ro|phạl (entsetzlich)

die **Ka|ta|s|t|ro|phe** (großes Unglück)

der **Ka|ta|s|t|ro|phen|alarm**

die **Kạ|te** (Kleinbauernhaus)

der **Ka|te|chịs|mus** (Lehrbuch für den Religionsunterricht); des Katechismus; die Katechismen

die **Ka|te|go|rie** (Klasse; Gattung); die Ka-te|go|ri|en

ka|te|go|risch (nachdrücklich; unbedingt gültig); eine kategorische Ablehnung

der **Kạ|ter;** des Katers; die Kater

kath. = katholisch

das *oder* der **Ka|the|der** ([Lehrer]pult, Podium); des Katheders; die Katheder

---

! Nicht verwechseln: Obwohl beide Fremdwörter ähnlich ausgesprochen werden, hat ein *Katheder* eine ganz andere Bedeutung als ein *Katheter*.

---

die **Ka|the|d|ra|le** (bischöfliche Hauptkirche)

die **Ka|the|te** (Seite am rechten Winkel im Dreieck)

der **Ka|the|ter** (*Medizin:* Röhrchen, das in Körperorgane [zum Beispiel in die Harnblase] eingeführt wird, um sie zu entleeren oder zu spülen); ↑ ABER: Katheder

die **Ka|thọ|de,** *fachsprachlich:* **Ka|to|de** (negative Elektrode; Minuspol); die Kathoden, *fachsprachlich:* Katoden

der **Ka|tho|lik;** des/dem/den Ka|tho|li|ken; die Ka|tho|li|ken

die **Ka|tho|li|kin;** die Katholikinnen

ka|tho|lisch (zu der christlichen Kirche gehörend, die vom Papst geleitet wird); die katholische Kirche; ABER: Katholisches Bibelwerk *(Verlagsname)*

der **Ka|tho|li|zịs|mus;** des Katholizismus

der **Kạt|tun** (ein Baumwollgewebe); des Kattuns; die Kat|tu|ne

kạtz|bu|ckeln (*abwertend für:* sich unterwürfig verhalten); du katzbuckelst; sie katzbuckelte; er hat gekatzbuckelt

die **Kạt|ze;** *Verkleinerungsform:* das Kätzchen; alles ist für die Katz (*umgangssprachlich für:* alles ist vergeblich)

das **Kạt|zen|fell**

das **Katz-und-Maus-Spiel**

das **Kau|der|welsch** (nicht zu verstehende [Misch]sprache); des Kauderwelsch *oder* Kauderwelschs; ein Kauderwelsch sprechen

kau|en; du kaust; sie kaute; sie hat gekaut; kau *oder* kaue gut!

kau|ern (hocken); ich kauere; du kauerst; sie kauerte; sie hat am Boden gekauert; sich kauern; er hat sich in die Ecke gekauert

der **Kauf;** des Kaufs *oder* Kau|fes; die Käu|fe; etwas in Kauf nehmen (sich mit Nachteilen abfinden)

kau|fen; du kaufst; sie hat das Auto gekauft; kauf *oder* kaufe doch dieses Auto!

der **Käu|fer;** des Käufers; die Käufer

die **Käu|fe|rin;** die Käuferinnen

die **Kauf|frau;** die Kauffrauen

das **Kauf|haus**

die **Kauf|kraft** *(Wirtschaft)*

käuf|lich

der **Kauf|mann;** die Kauf|leu|te

kaufmännisch – keltisch

kauf|män|nisch; eine kaufmännische Lehre

der **Kauf|preis**

der **Kauf|ver|trag**

der, *auch:* das **Kau|gum|mi;** die Kaugummi *oder* Kaugummis

die **Kaul|quap|pe** (Froschlarve)

kaum; das ist kaum zu glauben

kau|sal (ursächlich zusammenhängend, begründend)

die **Kau|sa|li|tät**

der **Kau|sal|satz** (Begründungssatz)

die **Kau|ti|on** (Bürgschaft, Sicherheit)

der **Kau|t|schuk** (zur Gummiherstellung genutzter Saft des Kautschukbaumes); des Kautschuks; die Kau|t|schu|ke

die **Kau|t|schuk|milch**

der **Kauz** (Eulenvogel); des Kau|zes; die Käu-ze; *Verkleinerungsform:* das Käuz|chen

der **Ka|va|lier** (ein höflicher Mann); des Kavaliers; die Ka|va|lie|re

die **Ka|val|le|rie** (Reiterei); die Ka|val|le|ri|en

der **Ka|vi|ar** (Eier des Störs); des Kaviars; die Ka|vi|a|re

keck (vorwitzig); eine kecke Antwort

die **Keck|heit**

der **Kee|per** ['ki:pɐ] (*Sport:* Torhüter); des Keepers; die Keeper

der **Ke|fir** (säuerliches Milchgetränk); des Kefirs

der **Ke|gel;** des Kegels; die Kegel; mit Kind und Kegel (mit der ganzen Familie); Kegel schieben; wir wollen Kegel schie-ben; du schiebst Kegel; er hat Kegel geschoben; wir treffen uns, um Kegel zu schieben; ABER: das Kegelschieben

ke|geln; du kegelst; sie kegelte; sie hat gekegelt; kegle *oder* kegele mit uns!

die **Keh|le**

der **Kehl|kopf**

der **Kehr|be|sen**

die **Keh|re** (Kurve; turnerische Übung)

keh|ren (wenden); du kehrst; sie hat ihm den Rücken gekehrt; er ist in sich gekehrt (mit sich selbst beschäftigt)

keh|ren (fegen); du kehrst; er kehrte; sie hat die Straße gekehrt; kehr *oder* kehre die Einfahrt!

der, *auch:* das **Keh|richt** (Schmutz, Unrat); des Kehrichts

der **Kehr|reim**

die **Kehr|sei|te**

kehrt|ma|chen (umkehren); sie machte kehrt; er hat kehrtgemacht; er riet ihm[,] schnell kehrtzumachen

die **Kehrt|wen|de**

der **Kehr|wert** (*Mathematik*)

kei|fen (laut schimpfen); du keifst; sie keifte; sie hat gekeift; keif *oder* keife nicht!

der **Keil;** des Keils *oder* Kei|les; die Kei|le

die **Kei|le** (*umgangssprachlich für:* Prügel); Keile kriegen

kei|len (*umgangssprachlich für:* stoßen); sich keilen (*umgangssprachlich für:* sich prügeln); er keilt sich mit ihm; wir haben uns gekeilt

der **Kei|ler** (männliches Wildschwein); des Keilers; die Keiler

die **Kei|le|rei** (*umgangssprachlich für:* Prüge-lei)

der **Keim;** des Keims *oder* Kei|mes; die Kei-me

kei|men; der Samen keimt; der Samen hat gekeimt

keim|frei; ein keimfreier Verband

der **Keim|ling;** des Keimlings; die Keim|lin-ge

die **Keim|zel|le**

kein; kein andrer *oder* anderer Fall; in keinem Falle; auf keinen Fall; keine unreifen Früchte essen; das ist keiner Erörterung wert; keiner von beiden

kei|ner|lei

kei|nes|falls

kei|nes|wegs

kein|mal; ABER: kein einziges Mal

der *oder* das **Keks;** des Keks *oder* Kek|ses; die Keks *oder* Kek|se

der **Kelch;** des Kelchs *oder* Kel|ches; die Kel-che

die **Kel|le**

der **Kel|ler;** des Kellers; die Keller

das **Kel|ler|fens|ter**

der **Kel|ner;** des Kellners; die Kellner

die **Kel|ne|rin;** die Kellnerinnen

der **Kel|te** (Angehöriger eines indogermani-schen Volkes); des/dem/den Kelten; die Kelten

die **Kel|ter** (Weinpresse); die Keltern

kel|tern; du kelterst; er kelterte; er hat Trauben gekeltert; keltere die Beeren!

die **Kel|tin;** die Keltinnen

kel|tisch; keltische Sprachen

Kelvin – Khan

das **Kel|vin** (Gradeinheit auf der absoluten
  Temperaturskala [Kelvinskala]; *Zeichen:*
  K); des Kelvins; 0 K = −273,15 °C
  Ke|nia (Staat in Ostafrika)
der **Ke|ni|a|ner**; des Kenianers; die Kenianer
die **Ke|ni|a|ne|rin**; die Kenianerinnen
  ke|ni|a|nisch
  ken|nen; du kennst ihn; sie kennt ihn;
  sie kannte ihn; er hat sie gekannt;
  jemanden kennen lernen *oder* kennenlernen; er lernte ihn kennen; sie hat ihn
  kennen gelernt *oder* kennengelernt; ich
  freue mich[,] dich kennen zu lernen *oder*
  kennenzulernen; ᴀʙᴇʀ ɴᴜʀ: das Kennenlernen
  ken|nen|ler|nen *vergleiche:* **ken|nen**
der **Ken|ner**; des Kenners; die Kenner
die **Ken|ne|rin**; die Kennerinnen
die **Kenn|num|mer** *oder* **Kenn-Num**|mer
  kennt|lich (erkennbar); kenntlich
  machen
die **Kennt|nis**; die Kenntnisse; jemanden in
  Kenntnis setzen; etwas zur Kenntnis
  nehmen

! Nomen auf *-nis* werden im Nominativ
Singular nur mit einem *s* geschrieben,
obwohl die Pluralformen mit Doppel-s
gebildet werden.

die **Kennt|nis|nah|me**
das **Kenn|wort**; die Kenn|wör|ter
das **Kenn|zei|chen**
  kenn|zeich|nen; du kennzeichnest; sie
  kennzeichnete; sie hat ihr Buch gekennzeichnet
die **Kenn|zeich|nung**
  kenn|zeich|nungs|pflich|tig; kennzeich-
  nungspflichtige Lebensmittel
  ken|tern (umkippen); das Schiff ken-
  terte; es ist gekentert
die **Ke|ra|mik** (Kunsttöpferei); *für die
  Erzeugnisse der Kunsttöpferei auch Plu-
  ral:* die Ke|ra|mi|ken
die **Ker|be**
das **Kerb|holz;** *fast nur in:* etwas auf dem
  Kerbholz haben (etwas angestellt, ver-
  brochen haben)
der **Ker|ker** (Gefängnis); des Kerkers; die
  Kerker
der **Kerl;** des Kerls; die Ker|le, *landschaftlich
  auch:* Kerls
der **Kern;** des Kerns *oder* Ker|nes; die Ker|ne

die **Kern|ener|gie** (Atomenergie)
  kern|ge|sund
  ker|nig (kraftvoll); eine kernige Stimme
die **Kern|kraft**
das **Kern|kraft|werk**
  kern|los; kernlose Trauben
das **Kern|obst**
der **Kern|punkt**
der **Kern|re|ak|tor** (Atomreaktor)
die **Kern|sei|fe**
die **Kern|spal|tung** (Atomspaltung)
das **Ke|ro|sin** (ein Treibstoff); des Kerosins
die **Ker|ze**
  ker|zen|ge|ra|de, *auch:* **ker|zen|gra|de**
  kess (dreist; flott); kes|ser; am kes|ses-
  ten
der **Kes|sel;** des Kessels; die Kessel
der *oder* das **Ket|ch|up** ['kɛtʃap, *auch:*
  'kɛtʃʊp] *oder* **Ket|sch|up** (pikante
  [Tomaten]soße); des Ketchup[s] *oder*
  Ketschup[s]; die Ketchups *oder* Ket-
  schups
die **Ket|te**
die **Ket|ten|re|ak|ti|on**
der **Ket|zer** (jemand, der von der offiziellen
  Kirchenlehre abweicht); des Ketzers; die
  Ketzer
die **Ket|ze|rei**
die **Ket|ze|rin**; die Ketzerinnen
  ket|ze|risch
  keu|chen; du keuchst; sie keuchte; er
  hat gekeucht; keuch *oder* keuche nicht
  so laut!
der **Keuch|hus|ten**
die **Keu|le**
  keusch (sexuell enthaltsam); keu|scher;
  am keu|sches|ten; ein keusches Leben
  führen
die **Keusch|heit**
das **Key|board** ['kiːboːɐ̯t] (Tastatur; elektro-
  nisch verstärktes Tasteninstrument); des
  Keyboards; die Keyboards
das **Kfz**
die **Kfz-Werk|statt**
  kg = Kilogramm
die **KG** = Kommanditgesellschaft
der **Kha|ki** *vergleiche:* **Ka|ki**
  kha|ki|far|ben *oder* **ka|ki|far|ben**
das **Kha|ki|hemd** *oder* **Ka|ki|hemd**
der **Khan** *oder* **Chan** (mongolisch-türkischer
  Herrschertitel); des Khans *oder* Chans;
  die Khane *oder* Chane

Khartoum – Kinderspiel

Khar|toum ['kartʊm, *auch:* kar'tu:m] (Hauptstadt Sudans)

der **Kib|buz** (Gemeinschaftssiedlung in Israel); des Kibbuz; die Kib|bu|zim *oder* Kib|bu|ze

der **Kib|buz|nik** (Angehöriger eines Kibbuz); des Kibbuzniks; die Kibbuzniks

ki|chern; du kicherst; er kicherte; er hat gekichert; kichere nicht!

das **Kick|board** ['kikbo:ɐ̯t] (zusammenklappbarer schmaler Tretroller); des Kickboards; die Kickboards

ki|cken (*umgangssprachlich für:* Fußball spielen); du kickst; er kickte; sie hat gekickt; kick *oder* kicke doch mit uns!

der **Ki|cker;** des Kickers; die Kicker

die **Ki|cke|rin;** die Kickerinnen

kid|nap|pen ['kɪtnɛpn̩] (entführen); du kidnappst; er kidnappt; er hat ihn gekidnappt

der **Kid|nap|per;** des Kidnappers; die Kidnapper

die **Kid|nap|pe|rin;** die Kidnapperinnen

der **Kie|bitz** (ein Vogel); des Kie|bit|zes; die Kie|bit|ze

der **Kie|fer** (ein Schädelknochen); des Kiefers; die Kiefer

die **Kie|fer** (ein Nadelbaum); die Kiefern

die **Kie|fer|höh|le**

das **Kie|fern|holz**

Kiel (Hauptstadt von Schleswig-Holstein)

der **Kiel** (tiefster Teil des Schiffsrumpfes); des Kiels *oder* Kie|les; die Kie|le

kiel|oben; kieloben im Wasser liegen

die **Kie|me** (Atmungsorgan der Wassertiere); die Kiemen

der **Kien|span** (Span aus Kiefernholz); des Kienspans *oder* Kien|spa|nes; die Kienspä|ne

der **Kies;** des Kie|ses

der **Kie|sel;** des Kiesels; die Kiesel

die **Kie|sel|gur** (eine Erdart)

der **Kie|sel|stein**

die **Kies|gru|be**

Ki|ew ['ki:ɛf] (Hauptstadt der Ukraine)

kif|fen (*umgangssprachlich für:* Haschisch oder Marihuana rauchen); sie hat gekifft

der **Kif|fer;** des Kiffers; die Kiffer

die **Kif|fe|rin;** die Kifferinnen

ki|ke|ri|ki!

der **Ki|li|ma|nd|scha|ro** (Bergmassiv in Afrika); des Kilimandscharo *oder* Kilimandscharos

kil|len (*umgangssprachlich für:* töten); du killst; er killte; sie hat ihn gekillt

der **Kil|ler;** des Killers; die Killer

die **Kil|le|rin;** die Killerinnen

das **Ki|lo** (*kurz für:* Kilogramm); des Kilos; die Kilo *oder* Kilos

das **Ki|lo|byte** [kilo'baɪt, *auch:* 'ki:lobaɪt] (*EDV:* Einheit von 1 024 Byte; *Zeichen:* KB, KByte); des Kilobyte *oder* Kilobytes; die Kilobyte *oder* Kilobytes

das **Ki|lo|gramm** (*Abkürzung:* kg); des Kilogramms; 3 Kilogramm

der **Ki|lo|me|ter** (*Abkürzung:* km); des Kilometers; 80 Kilometer je Stunde

ki|lo|me|ter|lang; kilometerlange Staus; ᴀʙᴇʀ: der Stau ist 5 Kilometer lang

ki|lo|me|ter|weit; kilometerweit laufen; ᴀʙᴇʀ: viele Kilometer weit laufen

das **Ki|lo|watt** (*Abkürzung:* kW); des Kilowatts; die Kilowatt; 40 Kilowatt

die **Ki|lo|watt|stun|de** (*Abkürzung:* kWh)

die **Kim|me** (Einschnitt; Kerbe am Visier von Schusswaffen); Kimme und Korn

der **Ki|mo|no** [*auch:* ki'mo:no, 'kɪmono] (weitärmeliges Gewand); des Kimonos; die Kimonos

das **Kind;** des Kinds *oder* Kin|des; die Kinder; von Kind auf; sich bei jemandem lieb Kind machen (einschmeicheln)

die **Kin|der|ar|beit**

der **Kin|der|arzt**

die **Kin|der|ärz|tin**

die **Kin|der|be|treu|ung**

das **Kin|der|buch**

der **Kin|der|gar|ten**

der **Kin|der|gärt|ner**

die **Kin|der|gärt|ne|rin**

der **Kin|der|hort**

die **Kin|der|krip|pe**

die **Kin|der|läh|mung**

kin|der|leicht; die Prüfung war kinderleicht

kin|der|lieb

kin|der|los; ein kinderloses Paar

kin|der|reich; kinderreiche Familien

der **Kin|der|sitz**

das **Kin|der|spiel;** ein Kinderspiel (ganz leicht) sein

Kindertagesstätte – Klamotte

die **Kin|der|ta|ges|stät|te** (*Abkürzung:* Kita)
der **Kin|der|wa|gen**
das **Kin|des|al|ter**
der **Kin|des|miss|brauch**
die **Kind|heit**
  kin|disch
  kind|lich
der **Kinds|kopf** (alberner Mensch)
die **Kind|tau|fe**
die **Ki|ne|tik** (*Physik:* Bewegungslehre)
  ki|ne|tisch (bewegend); kinetische Energie (Bewegungsenergie)
der **King** (*umgangssprachlich für:* Anführer); des King *oder* Kings; die Kings
die **Kin|ker|litz|chen** (*umgangssprachlich für:* Nichtigkeiten) *Plural*
das **Kinn**; des Kinns *oder* Kin|nes; die Kinne
der **Kinn|ha|ken**
die **Kinn|la|de** (Unterkiefer); die Kinnladen
das **Ki|no**; des Kinos; die Kinos
der **Ki|no|film**
der **Ki|osk** [*auch:* kjɔsk] (ein Verkaufshäuschen); des Kiosks *oder* Ki|os|kes; die Ki|os|ke
die **Kip|pe**
  kip|pen; du kippst; er kippte; sie hat die Kiste gekippt; der Stuhl ist gekippt
der **Kip|per** (Lastwagen mit kippbarer Ladefläche); des Kippers; die Kipper
das **Kipp|fens|ter**
die **Kir|che**
der **Kir|chen|chor**
die **Kir|chen|ge|mein|de**
die **Kir|chen|ge|schich|te**
das **Kir|chen|jahr**
die **Kir|chen|steu|er**
der **Kirch|gän|ger**; des Kirchgängers; die Kirchgänger
die **Kirch|gän|ge|rin**; die Kirchgängerinnen
  kirch|lich; kirchliche Hochzeit
der **Kirch|turm**
die **Kirch|weih**; die Kirch|wei|hen
die **Kir|mes** (*landschaftlich für:* Kirchweih); die Kir|mes|sen
der **Kirsch|baum**
die **Kir|sche**
das **Kis|sen**; des Kissens; die Kissen
die **Kis|te**
die **Ki|ta** (*kurz für:* Kindertagesstätte); der Kita; die Kitas
der **Kitsch**; des Kitschs *oder* Kit|sches

  kit|schig (als übertrieben sentimal empfunden und deshalb lächerlich und geschmacklos)
der **Kitt**; des Kitts *oder* Kit|tes; die Kit|te
der **Kit|tel**; des Kittels; die Kittel
  kit|ten; du kittest; sie kittete; sie hat das Fenster gekittet; kitt *oder* kitte die Vase!
das **Kitz** (das Junge von Reh, Ziege, Gämse); des Kit|zes; die Kit|ze; *Verkleinerungsformen:* das Kitz|chen *oder* Kitz|lein
  kit|zeln; du kitzelst ihn; er hat ihn gekitzelt; kitzle *oder* kitzele ihn nicht!
der **Kitz|ler** (Klitoris); des Kitzlers
  kitz|lig *oder* **kit|ze|lig**
der **Ki|wi** (neuseeländischer flugunfähiger Laufvogel); des Kiwis, die Kiwis
die **Ki|wi** (eine exotische Frucht); die Kiwis
das **KKW** = Kernkraftwerk
  Kl. = Klasse
der **Kla|bau|ter|mann** (Schiffskobold)
der **Klacks** (*umgangssprachlich für:* kleine Menge; klatschendes Geräusch); des Klack|ses; die Klack|se; das ist nur ein Klacks (das macht keine Mühe)
die **Klad|de** (*landschaftlich für:* Schmierheft; Geschäftsbuch)
  klaf|fen; die Wunde klafft; sie klaffte; die Wunde hat geklafft; eine klaffende Wunde
  kläf|fen; der Hund kläfft; der Hund hat gekläfft
der **Kläf|fer**; des Kläffers; die Kläffer die **Klaf|ter**; die Klaftern
die **Kla|ge**
die **Kla|ge|mau|er** (in Jerusalem)
  kla|gen; du klagst; sie klagte; er hat geklagt; klag *oder* klage nicht immer!
der **Klä|ger**; des Klägers; die Kläger
die **Klä|ge|rin**; die Klägerinnen
  kläg|lich; er hat kläglich (erbärmlich) versagt
der **Kla|mauk** (*umgangssprachlich für:* Lärm; Ulk); des Klamauks
  klamm (feucht); klamme Finger
die **Klamm** (Felsenschlucht); die Klam|men
die **Klam|mer**; die Klammern
  klam|mern; du klammerst; sie hat die Wunde geklammert; klammere die Wunde!; sich klammern; er hat sich an mich geklammert
die **Kla|mot|te** (*umgangssprachlich für:* min-

Klampfe – Klausel

derwertiges [Theater]stück; *meist Plural:*
[alte] Kleidungsstücke)

die **Klamp|fe** (Gitarre)

der **Klang;** des Klangs *oder* Klan|ges; die
Klän|ge

die **Klang|far|be**

klang|voll

die **Klap|pe**

klap|pen; etwas klappt; etwas klappte;
etwas hat geklappt

die **Klap|per**

klap|pe|rig *oder* **klapp|rig**

klap|pern; du klapperst; sie klapperte;
er hat geklappert; klappere nicht mit den
Tassen!

die **Klap|per|schlan|ge**

das **Klapp|fahr|rad**

das **Klapp|mes|ser**

der **Klaps;** des Klap|ses; die Klap|se

klar; klare Sicht; klares Wasser; klar
sein; das ist ihm jetzt klar; klar werden;
der Himmel ist [ganz] klar geworden;
wann wird ihm die Lösung endlich ==klar
werden== *oder* klarwerden (wann wird er
sie einsehen)?; nun ist es ihm ==klar
geworden== *oder* klargeworden; ich bin
mir darüber im Klaren; ins Klare kommen; ↑ klarkommen, klarlegen, klarma-
chen, klarstellen

die **Klär|an|la|ge**

das **Klär|be|cken**

klä|ren; du klärst; sie klärte; sie hat die
Frage geklärt; klär *oder* kläre die
Frage!; sich klären; die Frage hat sich
geklärt

die **Klar|heit**

die **Kla|ri|net|te** (ein Holzblasinstrument)

klar|kom|men (*umgangssprachlich für:*
zurechtkommen); sie kommt mit dem
Problem klar; er ist mit dem Problem
nicht klargekommen

klar|le|gen (erklären); sie legt ihm den
Vorgang klar; sie hat ihm den Vorgang
klargelegt

klar|ma|chen (deutlich machen); sie
machte ihr die Sache klar; sie hat es ihr
klargemacht

klar|stel|len (Irrtümer beseitigen); sie
stellt die Missverständnisse klar; sie hat
sie klargestellt

die **Klar|stel|lung**

der **Klar|text** (entzifferter Text); Klartext

reden/sprechen (offen seine Meinung
sagen)

die **Klä|rung**

der **Klä|rungs|be|darf;** Klärungsbedarf in
strittigen Fragen

klar|wer|den

klas|se (*umgangssprachlich für:* hervor-
ragend, großartig); eine klasse Idee; sie
ist klasse; das finde ich klasse; der Film
war klasse gemacht; ABER: die **Klas|se;**
das ist ganz große Klasse; sie hat Klasse

die **Klas|sen|ar|beit**

der **Klas|sen|er|halt** (*Sport:* das Verbleiben
in einer bestimmten Spielklasse); des
Klassenerhalts *oder* Klas|sen|er|hal|tes;
um den Klassenerhalt kämpfen

der **Klas|sen|ka|me|rad**

die **Klas|sen|ka|me|ra|din**

der **Klas|sen|leh|rer**

die **Klas|sen|leh|re|rin**

der **Klas|sen|spre|cher**

die **Klas|sen|spre|che|rin**

das **Klas|sen|zim|mer**

die **Klas|si|fi|ka|ti|on** (Einordnung in Klas-
sen)

klas|si|fi|zie|ren; du klassifizierst; sie
klassifizierte; sie hat die Schmetterlinge
klassifiziert

die **Klas|sik** (Epoche kultureller Höchstleis-
tungen)

der **Klas|si|ker;** des Klassikers; die Klassiker

die **Klas|si|ke|rin;** die Klassikerinnen

klas|sisch (vorbildlich; die Klassik
betreffend; typisch; traditionell); klassi-
sches Theater; die klassischen Sprachen
(Griechisch und Latein)

der **Klatsch;** des Klatschs *oder* Klat|sches

die **Klatsch|ba|se**

klat|schen; du klatschst; sie klatschte;
sie hat Beifall geklatscht; klatsch *oder*
klatsche in die Hände!

klatsch|nass

klau|ben ([aus]sortieren; heraussuchen);
du klaubst; sie klaubte; er hat Erbsen
geklaubt

die **Klaue**

klau|en (*umgangssprachlich für:* steh-
len); du klaust; er klaute; er hat seinem
Freund ein Buch geklaut

die **Klau|se** (Klosterzelle)

die **Klau|sel** (Nebenbestimmung; Vorbe-
halt); die Klauseln

Klausur – Klette

die **Klau|sur** (Abgeschlossenheit, Zurückge-
zogenheit; Prüfungsarbeit unter Auf-
sicht); die Klau|su|ren; eine Klausur
schreiben

die **Kla|vi|a|tur** (Gesamtheit der Tasten); die
Kla|vi|a|tu|ren

das **Kla|vier**; des Klaviers; die Kla|vie|re; Kla-
vier spielen

das **Kla|vier|kon|zert**

kle|ben; du klebst; sie klebte; sie hat
den Riss geklebt; kleb *oder* klebe den
Riss!; sie ist an der Farbe kleben
geblieben; kleben bleiben *oder* kleben-
bleiben (*umgangssprachlich für:* nicht
versetzt werden); er ist in der neunten
Klasse kleben geblieben *oder* kleben-
geblieben

kle|ben|blei|ben *vergleiche:* **kle|ben**

der **Kle|ber** (Klebstoff); des Klebers; die Kle-
ber

• **kleb|rig**; eine klebrige Masse

der **Kleb|stoff**

kle|ckern (Flecke machen, sich
beschmutzen); du hast gekleckert; kle-
ckere nicht!

der **Klecks**; des Kleck|ses; die Kleck|se

kleck|sen (Kleckse machen); du kleckst;
er kleckste; sie hat gekleckst; klecks *oder*
kleckse nicht ins Heft!

der **Klee**; des Klees

das **Klee|blatt**

die **Klee-Ern|te** *oder* **Klee|ern|te**

das **Kleid**; des Kleids *oder* Klei|des; die Klei-
der

klei|den; das kleidete ihn; der Pullover
hat ihn gut gekleidet; sich kleiden; sie
hat sich modisch gekleidet

der **Klei|der|schrank**

kleid|sam (jemanden gut kleidend)

die **Klei|dung**

das **Klei|dungs|stück**

die **Kleie** (Abfallprodukt beim Mahlen von
Getreide)

klein *siehe Kasten Seite 259*

klein|ge|druckt *vergleiche:* **klein**

das **Klein|geld**; des Kleingelds *oder* Klein-
gel|des

die **Klei|nig|keit**

klein|ka|riert (engherzig; engstirnig); er
ist der kleinkarierteste Mensch, den ich
kenne; ↑ABER: klein

das **Klein|kind**

der **Klein|kram**; des Kleinkrams *oder* Klein-
kra|mes

klein|krie|gen; ich lasse mich nicht
kleinkriegen (zum Nachgeben zwingen);
dieser Schirm ist nicht kleinzukriegen
(ist unzerstörbar)

klein|laut; kleinlaut um Verzeihung bit-
ten

klein|lich (Kleinigkeiten übertrieben
wichtig nehmend)

klein|ma|chen *vergleiche:* **klein**

klein|mü|tig

das **Klein|od** (Kostbarkeit); des Kleinods
oder Klein|odes; die Klein|ode *oder*
Klein|odi|en

klein|schnei|den *vergleiche:* **klein**

klein|schrei|ben (mit kleinem Anfangs-
buchstaben schreiben; nicht wichtig
nehmen); Adjektive werden kleingeschrieben; Hilfsbereitschaft wird hier
kleingeschrieben; ↑ABER: klein

die **Klein|schrei|bung**

die **Klein|stadt**

klein|städ|tisch

klein|tei|lig; eine kleinteilige Gliede-
rung

der **Klein|wa|gen**

der **Kleis|ter**; des Kleisters; die Kleister

kleis|tern; ich kleistere; du kleisterst;
sie hat den Riss gekleistert

die **Kle|men|ti|ne** *vergleiche:* **Cle|men|ti-
ne**

die **Klem|me** (*umgangssprachlich auch für:*
Notlage); in der Klemme sein

klem|men; die Tür klemmte; die Tür hat
geklemmt; sich klemmen; er hat sich den
Finger geklemmt

der **Klemp|ner** (Blechschmied); des Klemp-
ners; die Klempner

die **Klemp|ne|rin**; die Klempnerinnen

klemp|nern (Klempnerarbeiten ausfüh-
ren); ich klempnere; du klempnerst; er
hat geklempnert

der **Klep|per** (*umgangssprachlich für:* altes,
entkräftetes Pferd); des Kleppers; die
Klepper

kle|ri|kal (den Klerus unterstützend)

der **Kle|ri|ker** (katholischer Geistlicher); des
Klerikers; die Kleriker

der **Kle|rus** (die katholische Geistlichkeit);
des Klerus

die **Klet|te**

klettern – klimatisieren

klein

klei|ner; am kleins|ten

1. Groß- und Kleinschreibung:

Kleinschreibung:

– ein kleines Mädchen
– das Auto für den kleinen Mann
– von klein auf
– ein klein wenig

Großschreibung der Nomen und in Namen:

– Klein und Groß (*auch für:* jedermann);
  Kleine und Große; die Kleinen und [die]
  Großen
– er ist der Kleinste in der Klasse
– die Kleine (das kleine Mädchen)
– der Angelegenheit bis ins Kleinste (sehr
  eingehend) nachgehen
– im Kleinen genau sein
– etwas, nichts, viel, wenig Kleines
– Klein Erna; Klein Udo
– der Kleine Bär (ein Sternbild)
– Pippin der Kleine (ein König)
– der Kleine Belt (eine Meerenge)

2. Getrennt- und Zusammenschreibung:

*Schreibung in Verbindung mit Verben und
Partizipien:*

– klein beigeben (nachgeben); sie hat
  immer klein beigegeben
– Holz klein machen *oder* kleinmachen
– etwas kurz und klein schlagen (*umgangssprachlich für:* zertrümmern)
– das Papier klein schneiden *oder* klein-
  schneiden
– klein sein
– ein klein gedruckter *oder* kleingedruck-
  ter Text
– das klein Gedruckte *oder* Kleingedruckte
  lesen
– sie trägt eine klein karierte *oder* kleinka-
  rierte Hose; ↑ ABER: kleinkariert

*Zusammenschreibung bei übertragener
Bedeutung:*

– Verben werden kleingeschrieben (mit
  kleinem Anfangsbuchstaben geschrieben); A B E R: wenn du so klein schreibst
  (mit so kleiner Schrift schreibst), kann
  ich es kaum lesen
– Rücksichtnahme wird hier kleingeschrieben (*umgangssprachlich für:* nicht wichtig genommen)
Vergleiche auch: kleinkriegen

klet|tern; du kletterst; er kletterte; sie
ist auf den Baum geklettert; klettere
nicht auf diesen Baum!

die Klet|ter|pflan|ze

der Klett|ver|schluss (*Markenbezeichnung:*
Haftverschluss, zum Beispiel an Schuhen)

kli|cken; die Kamera klickte; die Hand-
schellen haben geklickt; sich durch die
Programme auf dem Bildschirm klicken
(*EDV:* mithilfe der Maus anwählen)

der Kli|ent (Auftraggeber eines Rechtsan-
walts); des/dem/den Kli|en|ten; die Kli-
en|ten

die Kli|en|tel (Auftraggeber; Kundenkreis);
die Kli|en|te|len

die Kli|en|tin; die Klientinnen

das Kliff (Steilküste); des Kliffs *oder* Klif|fes;
die Kliffs

das Kli|ma (für ein Gebiet typisches Wetter);
des Klimas; die Klimas *oder* Kli|ma|te

! In einer Reihe von Wörtern wird der
lang gesprochene i-Laut ohne anschließendes -e oder Dehnungs-h geschrieben. Dazu gehört auch das Nomen
Klima.

die Kli|ma|an|la|ge
   kli|ma|neu|t|ral

der Kli|ma|schutz
   kli|ma|tisch
   kli|ma|ti|sie|ren (mit einer Klimaanlage
   belüften und heizen oder kühlen); klima-
   tisierte Räume

259

Klimawandel – knabbern

der **Kli|ma|wan|del**
klim|men (klettern); du klimmst; sie klimmt; sie klomm *oder* klimmte; sie ist auf den Berg geklommen *oder* geklimmt

der **Klimm|zug** (eine Turnübung)
klim|pern; du klimperst; sie hat mit den Münzen geklimpert; klimpere nicht!

die **Klin|ge**

die **Klin|gel**; die Klingeln
klin|geln; ich klingele; du klingelst; er klingelte; sie hat geklingelt; klingle *oder* klingele an der Tür!

der **Klin|gel|ton**
klin|gen; es klingt; es klang; es hat geklungen; kling, klang!

die **Kli|nik** (Krankenhaus); die Kli|ni|ken

das **Kli|ni|kum** (Komplex von Kliniken); des Klinikums; die Klinika *und* Kliniken
kli|nisch (in der Klinik stattfindend); ein klinischer Eingriff

die **Klin|ke**
klin|ken; du klinkst; er klinkte; sie hat die Tür ins Schloss geklinkt; klink *oder* klinke die Tür leise ins Schloss!

der **Klin|ker** (hart gebrannter Ziegel); des Klinkers; die Klinker

der **Klipp** *vergleiche:* **Clip**

die **Klip|pe** (Felsblock im Meer)
klir|ren; es klirrt; die Scheiben haben geklirrt; klirrende (eisige) Kälte

das **Kli|schee** (eingefahrene, überkommene Vorstellung; abgegriffene Redewendung); des Klischees; die Klischees
kli|schee|haft

die **Kli|schee|vor|stel|lung**

das **Klis|tier** (Einlauf); des Klistiers; die Klis|tie|re

die **Kli|to|ris** (Teil der weiblichen Geschlechtsorgane)

der **Klitsch** (breiige Masse); des Klitschs *oder* Klit|sches
klit|schig
klitsch|nass
klit|ze|klein (*umgangssprachlich für:* sehr klein)

das **Klo** (*kurz für* Klosett); des Klos; die Klos

die **Klo|a|ke** (Abwasserkanal)

der **Klo|ben** (Holzstück); des Klobens; die Kloben
klo|big (schwer, massiv)
klo|nen (genetisch identische Kopien von Lebewesen herstellen); sie klonten das Schaf; das Tier ist geklont
klö|nen (*norddeutsch für:* gemütlich plaudern); du klönst; er hat geklönt
klop|fen; du klopfst; er klopfte; sie hat geklopft; klopf *oder* klopfe an die Tür!

der **Klop|fer**; des Klopfers; die Klopfer

der **Klöp|pel** (Stab im Innern der Glocke); des Klöppels; die Klöppel

der **Klops**; des Klop|ses; die Klop|se

das **Klo|sett** (*veraltend für:* Toilettenraum, -becken); des Klosetts; die Klo|set|te *oder* Klosetts

der **Kloß**; des Klo|ßes; die Klö|ße

das **Klos|ter**; des Klos|ters; die Klös|ter

der **Klotz**; des Klot|zes; die Klöt|ze
klot|zen (ordentlich zupacken); du klotzt; sie hat geklotzt
klot|zig (unförmig wie ein Klotz); ein klotziges Gebäude

der **Klub** *oder* **Club**; des Klubs *oder* Clubs; die Klubs *oder* Clubs

das **Klub|haus** *oder* **Club|haus**

die **Kluft** (*umgangssprachlich für:* [alte] Kleidung; Uniform); die Kluf|ten

die **Kluft** (Spalte); die Klüf|te
klug; klü|ger; am klügs|ten; es ist am klügsten[,] zu schweigen; ABER: es ist das Klügste[,] zu schweigen; sie ist die Klügste in der Klasse; der Klügere gibt nach; klug sein; klug werden; klug reden (Kluges sagen); er hat wirklich klug geredet; ↑ ABER: klugreden
klu|ger|wei|se; ABER: in kluger Weise

die **Klug|heit**
klug|re|den (alles besser wissen wollen); weil er dauernd klugredet; ↑ ABER: klug

der **Klug|schwät|zer** (Besserwisser)

die **Klug|schwät|ze|rin**

der **Klum|pen**; des Klumpens; die Klumpen; *Verkleinerungsform:* das Klümp|chen
klum|pig

der **Klün|gel** (*abwertend für:* Clique); des Klüngels; die Klüngel

die *oder* der **Klun|ker** (*umgangssprachlich für:* Schmuckstein, Juwel); der Klunker *oder* des Klunkers; die Klunkern *oder* die Klunker

km = Kilometer
km/h = Kilometer je Stunde
KMK = Kultusministerkonferenz
knab|bern; du knabberst; sie hat am

260

Knabe – knirschen

Brot geknabbert; knabbere nicht am
Brot!

der **Kna|be**; des Knaben; die Knaben

der **Kna|ben|chor**

    kna|ben|haft

das **Knä|cke|brot**

    kna|cken; es knackt; es knackte; er hat
Nüsse geknackt

    kna|ckig; knackige Möhren

der **Knack|punkt** (*umgangssprachlich für:*
entscheidender Punkt)

der **Knacks**; des Knack|ses; die Knack|se

die **Knack|wurst**

der **Knall**; des Knalls *oder* Knal|les; die Knal-
le; Knall auf Fall *oder* Knall und Fall
(unerwartet, sofort)

    knal|len; es knallt; es knallte; es hat
geknallt

    knall|hart

    knall|rot

    knapp; knapp sein; knapp werden;
knapp sitzen; sein Anzug sitzt sehr
knapp; etwas knapp kalkulieren; er hat
die Kosten äußerst knapp kalkuliert

der **Knap|pe** (Bergmann); des Knappen; die
Knappen

    knapp|hal|ten (*umgangssprachlich für:*
wenig [Geld] geben); sie hat mich immer
knappgehalten

die **Knar|re** (Kinderspielzeug; *umgangs-
sprachlich für:* Gewehr); die Knarren

    knar|ren; die Tür knarrt; die Tür
knarrte; die Tür hat geknarrt

der **Knast** (*umgangssprachlich für:* Gefäng-
nis); des Knas|tes; die Knäs|te, *auch:*
Knas|te

    knat|tern; etwas knattert; etwas knat-
terte; etwas hat geknattert

die **Knautsch|zo|ne** (im Auto)

der **Kne|bel**; des Knebels; die Knebel

    kne|beln; du knebelst ihn; er knebelte
ihn; er hat ihn geknebelt; kneble *oder*
knebele ihn nicht!

der **Knecht**; des Knechts *oder* Knech|tes; die
Knech|te

    knech|ten; du knechtest ihn; er hat ihn
geknechtet; knechte ihn nicht!

die **Knecht|schaft**

    knei|fen; du kneifst; sie kneift; sie kniff;
sie hat ihn, *auch:* ihm in den Arm geknif-
fen; kneif *oder* kneife ihn nicht!

die **Kneif|zan|ge**

die **Knei|pe** (einfaches Lokal)

    knei|ppen (eine Wasserkur machen); du
kneippst; er kneippte; sie hat gekneippt

die **Kneipp|kur**

    kne|ten; du knetest; sie knetet; sie hat
geknetet; knet *oder* knete den Lehm!

die **Knet|mas|se**

der **Knick**; des Knicks *oder* Kni|ckes; die
Kni|cke

    kni|cken; du knickst; sie knickte; sie hat
das Blatt geknickt; knick *oder* knicke das
Blatt!

    kni|cke|rig

    knick|rig

der **Knicks**; des Knick|ses; die Knick|se

    knick|sen; du knickst; sie knickst; sie
hat geknickst; knickse vor der Gräfin!

das **Knie**; des Knies; die Knie ['kni:ə, *auch:*
kni:]; auf den Kni|en liegen; auf die Knie!

die **Knie|beu|ge**

    knie|frei; ein kniefreier Rock

die **Knie|keh|le**

    kni|en [kni:n, *auch:* 'kni:ən]; ich knie
[kni:ə, *auch:* kni:]; du kni|est; sie kni|et;
du kni|etest; sie kni|ete; sie hat gekni|et;
knie!; sich knien; sie hat sich auf den
Boden gekni|et; auf dem Boden kniend

der **Kniff**; des Kniffs *oder* Knif|fes; die Knif-
fe

    knif|fe|lig *oder* **kniff|lig**

    kniff|lig

der **Knilch** *oder* **Knülch** (*umgangssprachlich
für:* unangenehmer Mensch); des Knilchs
oder Knülchs; die Knil|che *oder* Knül|che

    knip|sen (*umgangssprachlich für:* foto-
grafieren; Fahrkarten o. Ä. lochen); ich
knipse; du knipst; sie knipste; sie hat
geknipst; knips *oder* knipse nicht zu viel!

der **Knirps**; des Knirp|ses; die Knirp|se

    knir|schen; du knirschst; er knirschte;

knistern – K. o.

sie hat mit den Zähnen geknirscht; knirsch *oder* knirsche nicht so mit den Zähnen!

knis|tern; es knistert; es knisterte; das Feuer im Ofen hat geknistert

der **Knit|ter;** des Knitters; die Knitter

knit|ter|frei; knitterfreier Stoff

knit|tern; es knittert; es knitterte; die Bluse hat geknittert

kno|beln (losen; würfeln); du knobelst; sie knobelte; er hat geknobelt; knoble *oder* knobele mit mir!

der **Knob|lauch;** des Knoblauchs *oder* Knob-lau|ches

der **Knö|chel;** des Knöchels; die Knöchel

knö|chel|tief; knöcheltief im Matsch stecken

der **Kno|chen;** des Knochens; die Knochen

das **Kno|chen|ge|rüst**

knö|chern (aus Knochen)

kno|chig; ein knochiges Gesicht

knock-out [nɔk'|aut, *auch:* 'nɔk|aut] *oder* **knock|out** (kampfunfähig; *Abkürzung:* k. o.)

der **Knock-out** *oder* **Knock|out** (Niederschlag; *Abkürzung:* K. o.); des Knockout[s] *oder* Knockout[s]; die Knock-outs *oder* Knockouts

der **Knö|del** (*süddeutsch für:* Kloß); des Knödels; die Knödel

die **Knol|le**

der **Knol|len|blät|ter|pilz**

knol|lig; eine knollige Nase

der **Knopf;** des Knopfs *oder* Knop|fes; die Knöp|fe; *Verkleinerungsform:* das Knöpfchen

der **Knopf|druck;** auf Knopfdruck

knöp|fen; du knöpfst; sie knöpft; sie hat ihr Kleid vorn geknöpft

das **Knopf|loch**

der **Knor|pel;** des Knorpels; die Knorpel

knor|pe|lig *oder* **knorp|lig**

der **Knor|ren** (*landschaftlich für:* Knoten, harter Auswuchs); des Knorrens; die Knorren

knor|rig; knorrige Bäume

die **Knos|pe**

knos|pen; die Rose knospt; die Rose hat geknospt

kno|ten; du knotest; sie knotete; sie hat ihre Schnürsenkel geknotet; knote sie!

der **Kno|ten;** des Knotens; die Knoten

das **Know-how** [noʊ'haʊ, *auch:* 'noʊhaʊ] *oder* **Know|how** (Wissen, wie man etwas praktisch verwirklicht oder anwendet); des Know-how[s] *oder* Knowhow[s]

der **Knuff** (*umgangssprachlich für:* Stoß); des Knuffs *oder* Knuf|fes; die Knüf|fe

knuf|fen; du knuffst; sie knuffte; er hat mich geknufft; knuff *oder* knuffe mich nicht!

der **Knülch** *vergleiche:* **Knilch**

knül|len (zerknittern); du knüllst; er knüllte; sie hat das Taschentuch geknüllt

der **Knül|ler** (*umgangssprachlich für:* Sensation); des Knüllers; die Knüller

knüp|fen; du knüpfst; sie knüpfte; sie hat viele Verbindungen geknüpft; knüpf *oder* knüpfe keine Bedingungen daran!

der **Knüp|pel;** des Knüppels; die Knüppel

knüp|pel|dick (*umgangssprachlich für:* sehr schlimm); es kam knüppeldick

knur|ren; er knurrt; er knurrte; der Hund hat geknurrt; knurr *oder* knurre nicht!

knur|rig; ein knurriger Mensch

das **Knus|per|häus|chen**

knus|pe|rig *oder* **knusp|rig**

knus|pern; du knusperst; sie knusperte; sie hat geknuspert

der **Knust** (*norddeutsch für:* Endstück des Brotes); des Knusts *oder* Knus|tes; die Knus|te *oder* Knüs|te

die **Knu|te** (Lederpeitsche)

knut|schen (*umgangssprachlich für:* heftig küssen); du knutschst; sie knutschte; sie haben [sich] geknutscht; knutsch *oder* knutsche nicht dauernd mit ihr!

die **Knut|sche|rei**

der **Knutsch|fleck;** sie hat einen Knutschfleck am Hals

Queue

! Viele Fremdwörter werden ganz anders geschrieben, als sie gesprochen werden. Dazu gehört auch das aus dem Französischen übernommene Substantiv »Queue«, das den Billardstock bezeichnet und dessen Aussprache *kö* lautet.

---

k. o. [ka:'|o:] = knock-out; jemanden k. o. schlagen

das **K. o.** = Knock-out

Koala – Kokosnuss

der **Ko|a|la** (kleiner australischer Beutelbär);
des Koalas; die Koalas

ko|a|lie|ren (verbinden; sich verbünden);
du koalierst; er koalierte; die Parteien
haben koaliert

die **Ko|a|li|ti|on** (Bündnis; Zusammen-
schluss); die Große *oder* große Koalition

der **Ko|a|li|ti|ons|part|ner**

die **Ko|a|li|ti|ons|re|gie|rung**

die **Ko|a|li|ti|ons|ver|hand|lung**

das **Ko|balt,** *fachsprachlich:* **Co|balt** (chemi-
sches Element, Metall; *Zeichen:* Co); des
Kobalts, *fachsprachlich:* Cobalts
ko|balt|blau

der **Ko|bold** (zwergenhafter Geist); des
Kobolds *oder* Ko|bol|des; die Ko|bol|de

die **Ko|b|ra** (Brillenschlange); die Kobras

der **Koch;** des Kochs *oder* Ko|ches; die Kö-
che

das **Koch|buch**
ko|chen; du kochst; er kochte; er hat das
Essen gekocht; koch *oder* koche etwas
Gutes!; kochend heißes Wasser; das
Wasser ist kochend heiß

der **Kö|cher** (ein Behälter für Pfeile); des
Köchers; die Köcher

die **Kö|chin;** die Köchinnen

die **Koch|ni|sche**

das **Koch|salz;** des Koch|sal|zes

der **Kode** [koːt] *vergleiche:* **Code**

die **Kode|num|mer** *vergleiche:* **Code|num-
mer**

der **Kö|der** (Lockmittel); des Köders; die
Köder
kö|dern; du köderst; sie köderte; sie hat
den Fisch geködert; ködere den Fisch!

ko|die|ren *vergleiche:* **co|die|ren**

die **Ko|die|rung** *oder* **Co|die|rung**

die **Ko|edu|ka|ti|on** (gemeinsamer Schulun-
terricht von Jungen und Mädchen)

der **Ko|ef|fi|zi|ent** (konstanter Faktor vor
einer veränderlichen Größe); des/dem/
den Ko|ef|fi|zi|en|ten; die Ko|ef|fi|zi|en-
ten

die **Ko|exis|tenz** (friedliches Nebeneinander
von Staaten mit unterschiedlichen
gesellschaftlichen Systemen)

das **Kof|fe|in** *oder* **Cof|fe|in** (Wirkstoff des
Kaffees); des Koffeins *oder* Coffeins
kof|fe|in|frei; koffeinfreier Kaffee

der **Kof|fer;** des Koffers; die Koffer

der **Kof|fer|raum**

der **Kog** *vergleiche:* **Koog**

der **Ko|g|nak** [ˈkɔnjak] (*umgangssprachlich
für:* Weinbrand); des Kognaks; die
Kognaks

der **Kohl;** des Kohls *oder* Koh|les

die **Koh|le**
koh|len (schwelen); es kohlt; es kohlte;
das Holz hat gekohlt
koh|len (*umgangssprachlich für:* auf-
schneiden, schwindeln); du kohlst; sie
kohlte; er hat gekohlt

das **Koh|len|di|oxid** *oder* **Koh|len|di|oxyd**
(ein Gas; des Kohlendioxid[e]s *oder*
Kohlendioxyd[e]s; die Koh|len|di|oxi|de
oder Koh|len|di|oxy|de

das **Koh|le[n]|hy|d|rat** (eine organische Ver-
bindung); des Kohle[n]hydrats *oder* Koh-
le[n]|hy|d|ra|tes; die Koh|le[n]|hy|d|ra|te

die **Koh|len|säu|re**

der **Koh|len|stoff** (ein chemisches Element)

das **Koh|le|pa|pier**

die **Kohl|mei|se** (ein Singvogel)
kohl|ra|ben|schwarz

der **Kohl|ra|bi;** des Kohlrabi *oder* Kohlrabis;
die Kohlrabi *oder* Kohlrabis
kohl|schwarz

der **Kohl|weiß|ling** (ein Schmetterling); des
Kohlweißlings; die Kohl|weiß|lin|ge

ko|i|tie|ren (den Geschlechtsakt vollzie-
hen); du koitierst; er koitiert; sie haben
koitiert

der **Ko|i|tus** *oder* **Co|i|tus** (Geschlechtsakt);
des Koitus *oder* Coitus; die Koitus *oder*
Coitus, *auch:* die Koi|tus|se *oder* Co|i-
tus|se

die **Ko|je** (Schlafstelle auf Schiffen); die
Kojen

das **Ko|ka|in** (ein Betäubungsmittel, eine
Droge); des Kokains
ko|keln (*landschaftlich für:* mit Feuer
spielen); du kokelst; sie kokelte; sie hat
gekokelt; kokle *oder* kokele nicht!

die **Ko|ke|rei** (Koksgewinnung, Kokswerk)
ko|kett (eitel); ko|ket|ter; am ko|ket|tes-
ten

der **Ko|ko|lo|res** (*umgangssprachlich für:*
Unsinn); des Kokolores

der **Ko|kon** [koˈkõː, *auch:* koˈkɔŋ, koˈkoːn]
(Hülle der Insektenpuppen); des Kokons;
die Kokons

die **Ko|kos|flo|cken** *Plural*

die **Ko|kos|nuss**

Kokospalme – komisch

die **Ko|kos|pal|me**

der **Koks** (ein Brennstoff aus Kohle); des Koks|ses; die Kok|se

der **Koks|ofen**

der **Kol|ben;** des Kolbens; die Kolben

die **Kol|cho|se** (landwirtschaftliche Produktionsgenossenschaft in der ehemaligen Sowjetunion); die Kolchosen

die **Ko|lik** [*auch:* koˈliːk] (krampfartiger Leibschmerz); die Ko|li|ken

der **Kol|laps** [*auch:* kɔˈlaps] (Schwächeanfall); des Kol|lap|ses; die Kol|lap|se

der **Kol|le|ge** (Berufsgenosse; Mitarbeiter); des Kollegen; die Kollegen

kol|le|gi|al

die **Kol|le|gi|a|li|tät**

die **Kol|le|gin;** die Kolleginnen

das **Kol|le|gi|um** (Gruppe von Personen mit gleichem Beruf); des Kollegiums; die Kol|le|gi|en

die **Kol|lek|te** (kirchliche Sammlung)

die **Kol|lek|ti|on** (Mustersammlung)

kol|lek|tiv (gemeinschaftlich)

das **Kol|lek|tiv** (Arbeits-, Produktionsgemeinschaft; Team); des Kollektivs; die Kol|lek|ti|ve, *auch:* Kollektivs

der **Kol|ler** (eine Pferdekrankheit; *umgangssprachlich für:* Wutausbruch); des Kollers; die Koller

kol|li|die|ren (zusammenstoßen); das Schiff kollidierte mit einem Eisberg; mehrere Autos sind [miteinander] kollidiert; unsere Interessen haben kollidiert (sich widersprochen)

die **Kol|li|si|on** (Zusammenstoß)

Köln (Stadt am Rhein)

der **Köl|ner;** des Kölners; die Kölner

die **Köl|ne|rin;** die Kölnerinnen

köl|nisch

das **Köl|nisch|was|ser**

ko|lo|ni|al (die Kolonie[n] betreffend); koloniale Ausbeutung

der **Ko|lo|ni|a|lis|mus** (auf Erwerb und Besitz von Kolonien gerichtete Politik)

die **Ko|lo|nie** (Siedlung; überseeische Besitzung eines Staates); die Ko|lo|ni|en

die **Ko|lo|ni|sa|ti|on** (Besiedlung; wirtschaftliche Erschließung und Ausbeutung einer Kolonie)

ko|lo|ni|sie|ren; du kolonisierst; er kolonisierte; er hat das Land kolonisiert; kolonisier *oder* kolonisiere das Land!

der **Ko|lo|nist;** des/dem/den Ko|lo|nis|ten; die Ko|lo|nis|ten

die **Ko|lo|nis|tin;** die Kolonistinnen

die **Ko|lon|na|de** (Säulenhalle); die Kolonnaden

die **Ko|lon|ne** (Gruppe, Reihe)

der **Ko|loss;** des Ko|los|ses; die Ko|los|se

ko|los|sal (riesig, übergroß); kolossale Bauwerke

Ko|los|se|um (Amphitheater in Rom)

die **Kol|por|ta|ge** [kɔlpɔrˈtaːʒə] (Verbreitung von Gerüchten)

kol|por|tie|ren (ungesicherte Informationen verbreiten); du kolportierst; sie kolportierte; sie hat Gerüchte kolportiert

der **Ko|lum|bi|a|ner** (Einwohner Kolumbiens); des Kolumbianers; die Kolumbianer

die **Ko|lum|bi|a|ne|rin;** die Kolumbianerinnen

ko|lum|bi|a|nisch

Ko|lum|bi|en (Staat in Südamerika)

die **Ko|lum|ne** (Druckspalte); die Kolumnen

das **Ko|ma** (tiefe Bewusstlosigkeit); des Komas; die Komas *oder* Komata

das **Ko|ma|trin|ken** (gemeinsames Trinken von Alkohol bis zur Bewusstlosigkeit)

der **Kom|bi** (kombinierter Liefer- und Personenwagen); des Kombi *oder* Kombis; die Kombis

die **Kom|bi|na|ti|on** (Zusammenstellung; Vermutung; gutes Zusammenspiel)

kom|bi|nie|ren (zusammenstellen; vermuten; gut zusammenspielen); du kombinierst; sie kombinierte; sie hat kombiniert; kombinier *oder* kombiniere richtig!

die **Kom|bü|se** (Schiffsküche); die Kombüsen

der **Ko|met** (Schweifstern, Haarstern); des/dem/den Ko|me|ten; die Ko|me|ten

der **Kom|fort** [kɔmˈfoːɐ̯] (Bequemlichkeiten; [luxuriöse] Ausstattung); des Komforts

kom|for|ta|bel; eine komfortable Wohnung

die **Ko|mik** (erheiternde, zum Lachen reizende Wirkung)

der **Ko|mi|ker;** des Komikers; die Komiker

die **Ko|mi|ke|rin;** die Komikerinnen

ko|misch (lustig; seltsam)

264

Komitee – Kompaktheit

das **Ko|mi|tee** ([leitender] Ausschuss); des Komitees; die Komitees

das **Kom|ma**; des Kommas; die Kommas *oder* Kommata

der **Kom|man|dant** (Befehlshaber); des/dem/den Kom|man|dan|ten; die Kom|man|dan|ten

die **Kom|man|dan|tin;** die Kommandantinnen

der **Kom|man|deur** [kɔmanˈdøːɐ̯]; des Kommandeurs; die Kom|man|deu|re

die **Kom|man|deu|rin;** die Kommandeurinnen

kom|man|die|ren (befehlen); du kommandierst; er kommandierte; sie hat die Kompanie kommandiert; kommandier *oder* kommandiere ihn nicht so!; er ist der Kommandierende General dieser Armee

die **Kom|man|dit|ge|sell|schaft** (eine Handelsgesellschaft)

das **Kom|man|do** (Befehl; Befehlsgewalt; Truppenteil); des Kommandos; die Kommandos

die **Kom|man|do|brü|cke**

kom|men; du kommst; sie kommt; er kam; sie ist gekommen; komm *oder* komme jetzt!

der **Kom|men|tar** (Erläuterung; [kritische] Stellungnahme); des Kommentars; die Kom|men|ta|re

kom|men|tar|los (ohne Stellungnahme)

der **Kom|men|ta|tor** (Verfasser eines Kommentars); des Kommentators; dem/den Kommentator; die Kom|men|ta|to|ren

die **Kom|men|ta|to|rin;** die Kommentatorinnen

kom|men|tie|ren (erläutern; [kritisch] Stellung nehmen); du kommentierst; sie kommentierte; sie hat die Entscheidung kommentiert

der **Kom|merz** (Handel und Geschäftsverkehr); des Kom|mer|zes

kom|mer|zi|a|li|sie|ren (wirtschaftlichen Interessen unterordnen); du kommerzialisierst; er kommerzialisierte; sie hat die Kunst kommerzialisiert

kom|mer|zi|ell (geschäftlich; auf Gewinn bedacht); kommerzielle Interessen

der **Kom|miss** (*umgangssprachlich für:* Militär, Militärdienst); des Kom|mis|ses

der **Kom|mis|sar** (ein Beauftragter; Dienstrangbezeichnung); des Kommissars; die Kom|mis|sa|re

die **Kom|mis|sa|rin;** die Kommissarinnen

kom|mis|sa|risch (beauftragt; auftragsweise); die kommissarische Leitung

die **Kom|mis|si|on** (Ausschuss)

die **Kom|mo|de** (ein Möbelstück)

kom|mu|nal (die Gemeinde betreffend); die kommunale Verwaltung

die **Kom|mu|nal|wahl** (Wahl der Gemeinde- oder Stadträte)

die **Kom|mu|ne** (Gemeinde; Wohn- und Wirtschaftsgemeinschaft)

die **Kom|mu|ni|ka|ti|on** (Verständigung, Verbindung [unter Menschen])

kom|mu|ni|ka|tiv (mitteilsam)

das **Kom|mu|ni|kee** *vergleiche:* **Kom|mu|ni|qué**

die **Kom|mu|ni|on** (Empfang des heiligen Abendmahls)

das **Kom|mu|ni|qué** [kɔmyniˈkeː, kɔmuniˈkeː] *oder* **Kom|mu|ni|kee** (Denkschrift; [regierungs]amtliche Mitteilung); des Kommuniqués *oder* Kommunikees; die Kommuniqués *oder* Kommunikees

der **Kom|mu|nis|mus**; des Kommunismus

der **Kom|mu|nist;** des/dem/den Kom|mu|nis|ten; die Kom|mu|nis|ten

die **Kom|mu|nis|tin;** die Kommunistinnen

kom|mu|nis|tisch; die kommunistischen Staaten; ABER: das Kommunistische Manifest (Werk von Marx und Engels)

kom|mu|ni|zie|ren (in Verbindung stehen; sich verständigen; das Abendmahl empfangen); du kommunizierst; sie kommuniziert; er hat kommuniziert

kom|mu|ta|tiv (*Mathematik:* vertauschbar, umstellbar)

der **Ko|mö|di|ant** (Schauspieler); des/dem/den Ko|mö|di|an|ten; die Ko|mö|di|an|ten

die **Ko|mö|di|an|tin;** die Komödiantinnen

die **Ko|mö|die** (das Lustspiel); die Ko|mö|di|en

der **Kom|pa|g|non** [ˈkɔmpanjõ, *auch:* kɔmpanˈjõː] (Teilhaber); des Kompagnons; die Kompagnons

kom|pakt (gedrungen; fest; dicht)

die **Kom|pakt|heit**

Kompanie – Kondensat

die **Kom|pa|nie** (eine Truppenabteilung);
die Kom|pa|ni|en

der **Kom|pa|ra|tiv** (erste Steigerungsstufe,
zum Beispiel »schöner«); des Komparativs; die Kom|pa|ra|ti|ve

der **Kom|par|se** (Statist beim Theater und
Film); des/dem/den Komparsen; die
Komparsen

die **Kom|par|sin;** die Komparsinnen

der **Kom|pass;** des Kom|pas|ses; die Kompas|se

die **Kom|pass|na|del**

kom|pa|ti|bel (vereinbar, zusammenpassend, kombinierbar)

die **Kom|pa|ti|bi|li|tät**

die **Kom|pen|sa|ti|on** (Ausgleich, Entschädigung)

kom|pen|sie|ren (ausgleichen); du kompensierst; er kompensierte; er hat seine
Schwäche durch Mut kompensiert

kom|pe|tent (zuständig; sachkundig)

die **Kom|pe|tenz;** die Kompetenzen

kom|ple|men|tär (ergänzend)

die **Kom|ple|men|tär|far|be** *(Optik)*

kom|plett (vollständig)

kom|plet|tie|ren (vervollständigen); ich
komplettiere; du komplettierst; sie komplettierte; sie hat ihre Sammlung komplettiert

kom|plex (vielfach zusammengesetzt;
vielschichtig); komplexe Probleme

der **Kom|plex** (Gesamtheit, zusammenhängende Gruppe; bedrückende, negative
Vorstellung von sich selbst); des Komple|xes; die Kom|ple|xe; ein Komplex von
Fragen; verdrängte Komplexe

die **Kom|ple|xi|tät** (Vielschichtigkeit)

der **Kom|pli|ce** [kɔmˈpliːtsə] *vergleiche:*
Kom|pli|ze

das **Kom|pli|ment** (lobende, schmeichelhafte Äußerung); des Kompliments oder
Kom|pli|men|tes; die Kom|pli|men|te

der **Kom|pli|ze** oder **Kom|pli|ce** [kɔmˈpliːtsə] (Mittäter); des/dem/den **Komplizen** oder Komplicen; die **Komplizen**
oder Komplicen

kom|pli|zie|ren (verwickeln; erschweren); das kompliziert die ganze Sache;
komplizier oder kompliziere das nicht
zusätzlich!

kom|pli|ziert (schwierig, umständlich);
kom|pli|zier|ter; am kom|pli|zier|tes|ten

die **Kom|pli|zin;** die Komplizinnen

das **Kom|plott** (heimlicher Anschlag, Verschwörung); des Komplotts oder Komplot|tes; die Kom|plot|te

die **Kom|po|nen|te** (Bestandteil; Teilkraft);
die Komponenten

kom|po|nie|ren (ein Musikwerk schaffen; kunstvoll abstimmen, gestalten); du
komponierst; sie komponierte; sie hat
ein Lied komponiert; komponier oder
komponiere doch einen Schlager!

der **Kom|po|nist** (Tondichter); des/dem/
den Kom|po|nis|ten; die Kom|po|nisten

die **Kom|po|nis|tin;** die Komponistinnen

die **Kom|po|si|ti|on** (Aufbau und Gestaltung eines Kunstwerks; Musikwerk);
die Kom|po|si|ti|o|nen

das **Kom|po|si|tum** (zusammengesetztes
Wort, zum Beispiel »Haustür«); des
Kompositums; die Komposita

der **Kom|post** (natürlicher Mischdünger);
des Komposts oder Kom|pos|tes; die
Kom|pos|te

der **Kom|post|hau|fen**

kom|pos|tier|bar; kompostierbarer
Abfall

kom|pos|tie|ren (zu Kompost verarbeiten); du kompostierst; er kompostierte;
sie hat die Eierschalen kompostiert

das **Kom|pott;** des Kompotts oder Kom|pottes; die Kom|pot|te

die **Kom|pres|se** (ein feuchter Umschlag);
die Kompressen

die **Kom|pres|si|on** *(Technik:* Zusammenpressung; Verdichtung)

der **Kom|pres|sor** (Verdichter); des Kompressors; die Kom|pres|so|ren

kom|pri|mie|ren (zusammenpressen;
verdichten); komprimierte Luft

der, *selten:* das **Kom|pro|miss** (Übereinkunft;
Ausgleich); des Kom|pro|mis|ses; die
Kom|pro|mis|se

kom|pro|miss|be|reit

kom|pro|miss|los

der **Kom|pro|miss|vor|schlag**

kom|pro|mit|tie|ren (bloßstellen); du
kompromittierst ihn; er kompromittierte ihn; sie hat ihn kompromittiert;
kompromittier oder kompromittiere sie
nicht!

das **Kon|den|sat** (Niederschlag[swasser]);

kondensieren – königlich

des Kondensats *oder* Kon|den|sa|tes; die Kon|den|sa|te

kon|den|sie|ren (verdichten; verflüssigen); der Wasserdampf kondensierte; er hat kondensiert; kondensierte Milch

die **Kon|dens|milch**

die **Kon|di|ti|on** (Bedingung; Verfassung, körperliche Leistungsfähigkeit); die Kon|di|ti|o|nen

der **Kon|di|ti|o|nal|satz** (Bedingungssatz)

das **Kon|di|ti|ons|trai|ning**

der **Kon|di|tor;** des Konditors; die Kon|di|to|ren

die **Kon|di|to|rei**

die **Kon|di|to|rin;** die Konditorinnen

die **Kon|do|lenz** (Beileid[sbezeigung]); die Kon|do|len|zen

kon|do|lie|ren (Beileid aussprechen); du kondolierst; sie kondolierte; sie hat ihm kondoliert; kondolier *oder* kondoliere ihm!

das *oder* der **Kon|dom** (Gummihülle für den Penis zur Empfängnisverhütung); des Kondoms; die Kon|do|me

der **Kon|dor** (Riesengeier); des Kondors; die Kon|do|re

das **Kon|fekt** (Pralinen); des Konfekts *oder* Kon|fek|tes; die Kon|fek|te

die **Kon|fek|ti|on** (Fertigkleidung)

die **Kon|fe|renz** (Beratung); die Kon|fe|ren|zen

der **Kon|fe|renz|be|schluss**

kon|fe|rie|ren (eine Konferenz abhalten); sie konferierten; sie haben gestern konferiert

die **Kon|fes|si|on** (Glaubensbekenntnis); die Kon|fes|si|o|nen

kon|fes|si|o|nell (zu einer Glaubensgemeinschaft gehörend)

das **Kon|fet|ti** (bunte Papierschnitzel); des Konfetti *oder* Konfettis

die **Kon|fi|gu|ra|ti|on** (bestimmte Gestalt oder Stellung [zum Beispiel der Planeten]); der Konfiguration; die Kon|fi|gu|ra|ti|o|nen

der **Kon|fir|mand;** des/dem/den Kon|fir|man|den; die Kon|fir|man|den

die **Kon|fir|man|din;** die Konfirmandinnen

die **Kon|fir|ma|ti|on** (Aufnahme evangelischer Christen in die Gemeinde)

kon|fir|mie|ren; sie konfirmierte ihn; sie hat ihn konfirmiert

kon|fis|zie|ren (beschlagnahmen); du konfiszierst; er konfiszierte; sie hat die Briefe konfisziert

die **Kon|fi|tü|re** (Marmelade mit noch erkennbaren Obststücken)

der **Kon|flikt** (Streit; Widerstreit); des Konflikts *oder* Kon|flik|tes; die Kon|flik|te

die **Kon|flikt|si|tu|a|ti|on**

die **Kon|fö|de|ra|ti|on** (Staatenbund); die Kon|fö|de|ra|ti|o|nen

kon|form (einig, übereinstimmend); <mark>konform gehen</mark> *oder* konformgehen (übereinstimmen); in diesem Punkt ging sie mit ihm konform; er ist in dieser Angelegenheit mit ihnen <mark>konform gegangen</mark> *oder* konformgegangen

die **Kon|for|mi|tät**

die **Kon|fron|ta|ti|on** (Gegenüberstellung; Auseinandersetzung)

kon|fron|tie|ren; du konfrontierst; sie hat ihn mit der Wahrheit konfrontiert; konfrontier *oder* konfrontiere ihn damit!

kon|fus (verwirrt)

die **Kon|fu|si|on** (Verwirrung, Durcheinander)

das **Kon|glo|me|rat** (Gemisch); des Konglomerats *oder* Kon|glo|me|ra|tes; die Kon|glo|me|ra|te

Kon|go *oder* der **Kon|go** (Staat in Mittelafrika); die Bevölkerung Kongos *oder* des Kongo[s]

der **Kon|go** (Fluss in Mittelafrika)

der **Kon|go|le|se;** des/dem/den Kongolesen; die Kongolesen

die **Kon|go|le|sin;** die Kongolesinnen

kon|go|le|sisch

die **Kon|gre|ga|ti|on** ([katholische] Vereinigung)

der **Kon|gress** ([größere] Versammlung); des Kon|gres|ses; die Kon|gres|se

der <mark>**Kon|gress|saal**</mark> *oder* **Kon|gress-Saal**

das **Kon|gress|zen|t|rum**

kon|gru|ent (deckungsgleich); kongruente Dreiecke

die **Kon|gru|enz** (Übereinstimmung)

die **Ko|ni|fe|re** (zapfentragendes Nadelholzgewächs); die Koniferen

der **Kö|nig;** des Königs; die Kö|ni|ge; die preußischen Könige; ABER: die Heiligen Drei Könige

die **Kö|ni|gin;** die Königinnen

kö|nig|lich; die königliche Familie;

Königreich – Konstanz

ABER: [Eure] Königliche Hoheit *(Anrede)*

das **Kö|nig|reich**

das **Kö|nigs|haus**

ko|nisch (kegelförmig)

die **Kon|ju|ga|ti|on** (Beugung des Verbs); die Kon|ju|ga|ti|o|nen

kon|ju|gie|ren ([Verben] beugen); du konjugierst; sie konjugierte; sie hat konjugiert; konjugier *oder* konjugiere!

die **Kon|junk|ti|on** (Bindewort); die Kon|junk|ti|o|nen

der **Kon|junk|ti|o|nal|satz** (von einer Konjunktion eingeleiteter Nebensatz)

der **Kon|junk|tiv** (Möglichkeitsform); des Konjunktivs; die Kon|junk|ti|ve

die **Kon|junk|tur** (wirtschaftliche Lage); die Kon|junk|tu|ren

kon|junk|tu|rell; die konjunkturelle Lage

kon|kav (nach innen gewölbt); eine konkave Linse

das **Kon|kla|ve** (Versammlung[sort] der Kardinäle zur Papstwahl); des Konklaves; die Konklaven

das **Kon|kor|dat** (Vertrag zwischen Staat und katholischer Kirche); des Konkordats *oder* Kon|kor|da|tes; die Kon|kor|da|te

kon|kret (körperlich, sinnfällig, greifbar); kon|kre|ter; am kon|kre|tes|ten; konkrete Malerei; konkrete Musik

kon|kre|ti|sie|ren (verdeutlichen, veranschaulichen); ich konkretisiere; du konkretisierst; sie konkretisiert; sie hat ihren Vorschlag konkretisiert

der **Kon|kur|rent** (Mitbewerber, Rivale); des/dem/den Kon|kur|ren|ten; die Kon|kur|ren|ten

die **Kon|kur|ren|tin;** die Konkurrentinnen

die **Kon|kur|renz** (Wettbewerb); die Kon|kur|ren|zen

kon|kur|renz|fä|hig

der **Kon|kur|renz|kampf**

kon|kur|rie|ren (wetteifern); du konkurrierst mit ihm; er konkurrierte mit ihm; sie hat mit ihm konkurriert; konkurrier *oder* konkurriere nicht mit ihr!

der **Kon|kurs** (Zahlungsunfähigkeit); des Kon|kur|ses; die Kon|kur|se

das **Kon|kurs|ver|fah|ren**

kön|nen; du kannst; sie kann; sie konnte; sie hat ihre Aufgaben nicht gekonnt; ich habe das nicht glauben können

das **Kön|nen;** des Könnens; handwerkliches Können

der **Kön|ner;** des Könners; die Könner

die **Kön|ne|rin;** die Könnerinnen

der **Kon|rek|tor** (Vertreter des Rektors); des Konrektors; die Kon|rek|to|ren

die **Kon|rek|to|rin;** die Konrektorinnen

kon|se|ku|tiv (die Folge bezeichnend)

der **Kon|se|ku|tiv|satz** (Folgesatz)

der **Kon|sens** (Übereinstimmung der Meinungen); des Kon|sen|ses; die Kon|sen|se

kon|se|quent (folgerichtig; beharrlich); kon|se|quen|ter; am kon|se|quen|tes|ten

die **Kon|se|quenz** (Folgerichtigkeit; Folgerung; Beharrlichkeit); die Konsequenzen tragen, ziehen

kon|ser|va|tiv (am Bestehenden festhaltend); eine konservative Partei; ABER: die Konservative Partei (in England)

der **Kon|ser|va|ti|vis|mus** (am Hergebrachten orientierte Einstellung)

das **Kon|ser|va|to|ri|um** (Musikhochschule); des Konservatoriums; die Kon|ser|va|to|ri|en

die **Kon|ser|ve** (haltbar gemachtes Lebensmittel)

die **Kon|ser|ven|do|se**

kon|ser|vie|ren (einmachen; haltbar machen); du konservierst; er konservierte; sie hat das Obst konserviert; konservier *oder* konserviere die Früchte!

kon|sis|tent (fest; dickflüssig)

die **Kon|sis|tenz**

der **Kon|so|nant** (Mitlaut); des/dem/den Kon|so|nan|ten; die Kon|so|nan|ten

das **Kon|sor|ti|um** (Genossenschaft); des Konsortiums; die Konsortien

kon|stant (unveränderlich, stetig); kon|stan|ter; am kon|s|tan|tes|ten; eine konstante Temperatur

die **Kon|stan|te** (feste mathematische Größe); der Konstante *oder* Konstanten; die Konstanten; mehrere Konstante *oder* Konstanten

Kon|s|tan|ti|no|pel (*früherer Name von* ↑ Istanbul)

die **Kon|s|tanz** (Beharrlichkeit; Stetigkeit)

konstatieren – Kontrast

kon|s|ta|tie|ren (*bildungssprachlich für:* feststellen); du konstatierst; sie konstatierte; er hat konstatiert

die **Kon|s|tel|la|ti|on** (Zusammentreffen von Umständen; Lage); der Konstellation; die Kon|s|tell|la|ti|o|nen; die Planeten erscheinen heute in einer seltenen Konstellation (Stellung zueinander)

kon|s|ti|tu|ie|ren (gründen); er hat eine neue Wissenschaft konstituiert; die Versammlung hat sich konstituiert (ist zusammengetreten)

die **Kon|s|ti|tu|ti|on** ([körperliche] Verfassung; Grundgesetz); die Kon|s|ti|tu|ti|o|nen

kon|s|ti|tu|ti|o|nell (verfassungsmäßig; anlagebedingt); die konstitutionelle (an die Verfassung gebundene) Monarchie

kon|s|t|ru|ie|ren; du konstruierst; sie konstruierte; er hat eine Maschine konstruiert; konstruier *oder* konstruiere (zeichne aus vorgegebenen Größen) ein Dreieck!

die **Kon|s|t|ruk|ti|on** (Bauart; Entwurf); die Kon|s|t|ruk|ti|o|nen

kon|s|t|ruk|tiv; konstruktive (förderliche) Kritik

der **Kon|sul** (Vertreter eines Staates im Ausland); des Konsuls; die Konsuln

das **Kon|su|lat;** des Konsulats *oder* Kon|su|la|tes; die Kon|su|la|te

die **Kon|su|lin;** die Konsulinnen

die **Kon|sul|ta|ti|on** (Befragung; Beratung)

kon|sul|tie|ren (zurate ziehen); ich konsultiere; du konsultierst; sie konsultierte; sie hat einen Arzt konsultiert

der **Kon|sum** (Verbrauch); des Konsums

der **Kon|su|ment** (Verbraucher); des/dem/den Kon|su|men|ten; die Kon|su|men|ten

die **Kon|su|men|tin;** die Konsumentinnen

das **Kon|sum|gut** *meist Plural*

kon|su|mie|ren (verbrauchen; verzehren); du konsumierst; sie konsumierte; sie hat viel Kaffee konsumiert

der **Kon|takt** (eine Verbindung); des Kontakts *oder* Kon|tak|tes; die Kon|tak|te

kon|takt|arm

die **Kon|takt|auf|nah|me**

die **Kon|takt|da|ten** *Plural*

kon|takt|freu|dig

die **Kon|takt|lin|se** (dünne, auf der Hornhaut des Auges getragene Kunststoffschale)

kon|takt|scheu; ein kontaktscheuer Mitschüler

die **Kon|ta|mi|na|ti|on** ([radioaktive] Verunreinigung, Verseuchung)

der **Kon|ter** (*Sport:* schneller Gegenangriff); des Konters; die Konter

kon|tern (abwehren); du konterst; sie konterte; sie hat den Angriff gekontert

der **Kon|text** (Zusammenhang); des Kontex|tes; die Kon|tex|te

der **Kon|ti|nent** [*auch:* 'kɔntinɛnt] (Festland; Erdteil); des Kontinents *oder* Kon|ti|nen|tes; die Kon|ti|nen|te

kon|ti|nen|tal; kontinentales Klima

das **Kon|tin|gent** (geschuldeter Anteil, zugeteilte Menge); des Kontingents *oder* Kon|tin|gen|tes; die Kon|tin|gen|te

kon|tin|gen|tie|ren (einen Anteil festsetzen; zuteilen); du kontingentierst; er kontingentierte; er hat das Benzin kontingentiert

kon|ti|nu|ier|lich (fortlaufend); eine kontinuierliche Steigerung

die **Kon|ti|nu|i|tät** (Stetigkeit, Fortdauer)

das **Kon|to** (Aufstellung über Guthaben und Schulden eines Kunden bei einer Bank); des Kontos; die Konten, *auch:* Kontos *oder* Konti

das **Kon|tor** (Niederlassung eines Handelsunternehmens oder einer Reederei im Ausland); des Kontors; die Kon|to|re

kon|t|ra *oder* **con|t|ra** (gegen, entgegengesetzt)

das **Kon|t|ra;** des Kontras; die Kontras; Kontra geben (heftig widersprechen); das Pro und Kontra (Für und Wider)

der **Kon|t|ra|bass** (Bassgeige); des Kon|t|ra|bas|ses; die Kon|t|ra|bäs|se

der **Kon|tra|hent** (Gegner im Streit; Vertragspartner); des/dem/den Kon|tra|hen|ten; die Kon|tra|hen|ten

die **Kon|tra|hen|tin;** die Kontrahentinnen

der **Kon|trakt** (Vertrag); des Kontrakts *oder* Kon|trak|tes; die Kon|trak|te

kon|t|ra|pro|duk|tiv (negativ, entgegenwirkend; ein gewünschtes Ergebnis verhindernd)

der **Kon|t|rast** (Gegensatz); des Kontrasts *oder* Kon|t|ras|tes; die Kon|t|ras|te

Kontrolle – köpfen

die **Kon|t|rol|le** (Überwachung, Überprü-
fung); die Kontrollen

der **Kon|t|rol|leur** [kɔntrɔˈløːɐ̯]; des Kon-
trolleurs; die Kon|t|rol|leu|re

die **Kon|t|rol|leu|rin;** die Kontrolleurin-
nen

kon|t|rol|lie|ren; du kontrollierst; er
kontrollierte; er hat ihn kontrolliert;
kontrolliere die Rechnung!

kon|t|ro|vers (entgegengesetzt;
umstritten); kon|t|ro|ver|ser; am kon|t-
ro|ver|ses|ten; kontroverse Standpunkte

die **Kon|t|ro|ver|se** (Streitfrage, Streit); die
Kontroversen

die **Kon|tur** (Umrisslinie); die Kon|tu|ren
kon|tu|rie|ren (in Umrissen zeichnen);
sie hat die Figur genau konturiert

der **Ko|nus** (Kegel); des Konus; die Konusse

der **Kon|vent** (Versammlung); des Konvents
oder Kon|ven|tes; die Kon|ven|te

die **Kon|ven|ti|on** (Vereinbarung; *meist Plu-
ral:* Brauch); die Kon|ven|ti|o|nen
kon|ven|ti|o|nell (herkömmlich, üblich);
konventionelle Energie

kon|ver|gent (zusammenlaufend; über-
einstimmend); konvergente Linien

die **Kon|ver|genz** (Annäherung; Überein-
stimmung); die Kon|ver|gen|zen

die **Kon|ver|sa|ti|on** (Unterhaltung)
kon|vex (nach außen gewölbt); eine
konvexe Linse

der **Kon|voi** (Verband von Schiffen, Fahrzeu-
gen [mit schützender Begleitung]); des
Konvois; die Konvois

das **Kon|zen|t|rat** (angereicherter Stoff,
hochprozentige Lösung); des Konzen-
trats *oder* Kon|zen|t|ra|tes; die Kon|zen-
t|ra|te

die **Kon|zen|t|ra|ti|on** (Zusammenziehung;
[geistige] Sammlung)

das **Kon|zen|t|ra|ti|ons|la|ger** (Massenlager
der Nationalsozialisten, in dem sehr
viele Menschen gefangen gehalten und
auch ermordet wurden)

die **Kon|zen|t|ra|ti|ons|schwä|che**
kon|zen|t|rie|ren; du konzentrierst; sie
konzentrierte; sie hat ihre Kräfte auf
diese Aufgabe konzentriert; sich kon-
zentrieren; sie hat sich auf ihre Arbeit
konzentriert

kon|zen|t|riert; kon|zen|t|rier|ter; am
kon|zen|t|rier|tes|ten

kon|zen|t|risch (mit gemeinsamem Mit-
telpunkt); kon|zen|t|ri|sche Kreise

das **Kon|zept** (erster Entwurf); des Konzepts
oder Kon|zep|tes; die Kon|zep|te

die **Kon|zep|ti|on** (Entwurf eines Werkes)

das **Kon|zept|pa|pier**

der **Kon|zern** (Zusammenschluss von Wirt-
schaftsunternehmen); des Konzerns
oder Kon|zer|nes; die Kon|zer|ne

das **Kon|zert;** des Konzerts *oder* Kon|zer|tes;
die Kon|zer|te

der **Kon|zert|abend**

der **Kon|zert|saal**

die **Kon|zes|si|on** (das Zugeständnis; die
Genehmigung); die Kon|zes|si|o|nen
kon|zes|siv (einräumend); konzessive
Konjunktionen

der **Kon|zes|siv|satz** (Einräumungssatz)

das **Kon|zil** (Kirchenversammlung); des Kon-
zils; die Kon|zi|le *oder* Kon|zi|li|en
kon|zi|pie|ren (entwerfen); du konzi-
pierst; er konzipierte; er hat die Rede
konzipiert

der **Koog** *oder* **Kog** (dem Meer abgewonne-
nes eingedeichtes Land; Polder); des
Koog[e]s *oder* Kog[e]s; die Kö|ge

die **Ko|ope|ra|ti|on** (Zusammenarbeit); die
Ko|ope|ra|ti|o|nen
ko|ope|ra|tiv (zur Zusammenarbeit
bereit); kooperatives Verhalten
ko|ope|rie|ren (zusammenarbeiten); du
kooperierst; sie kooperierte; die Firmen
haben kooperiert

die **Ko|or|di|na|te** (x- oder y-Achse); die
Koordinaten

das **Ko|or|di|na|ten|sys|tem**

die **Ko|or|di|na|ti|on** (Abstimmung)
ko|or|di|nie|ren (aufeinander abstim-
men); du koordinierst; er koordinierte;
er hat die Pläne koordiniert; koordinie-
rende (nebenordnende) Konjunktionen

Ko|pen|ha|gen (Hauptstadt Dänemarks)

der **Kopf;** des Kopfs *oder* Kop|fes; die Köp-
fe; *Verkleinerungsform:* das Köpfchen;
Kopf hoch!; von Kopf bis Fuß

das **Kopf-an-Kopf-Ren|nen**

der **Kopf|bahn|hof** (Bahnhof ohne durchge-
hende Gleise)

der **Kopf|ball**
köp|fen; du köpfst; er köpfte; er hat den
Ball geköpft; köpf *oder* köpfe den Ball ins
Tor!

270

Kopfhörer – korrigieren

der **Kopf|hö|rer**

kopf|los; kopf|lo|ser; am kopf|lo|ses|ten

kopf|rech|nen; sie kann gut kopfrechnen; ABER: sie übte das Kopfrechnen; sie kann diese Aufgabe im Kopf rechnen

! Das Verb *kopfrechnen* ist nur im Infinitiv gebräuchlich. Verwendet man eine gebeugte Form, tritt die Präposition *im* dazu: »Er behauptet, dass er das kleine Einmaleins im Kopf rechnet.«

der **Kopf|schmerz**

das **Kopf|schüt|teln;** des Kopfschüttelns

der **Kopf|sprung**

kopf|ste|hen; sie steht kopf; sie hat kopfgestanden

das **Kopf|tuch;** des Kopftuchs *oder* Kopftuches; die Kopftücher; Kopftuch tragen

kopf|über; kopfüber ins Wasser springen

das **Kopf|weh** *(umgangssprachlich)*

die **Ko|pie** (Abschrift; Nachbildung); die Kopien

ko|pie|ren (vervielfältigen); du kopierst; sie hat das Schreiben kopiert; kopier *oder* kopiere das Zeugnis!

der **Ko|pie|rer** *(umgangssprachlich für:* Kopiergerät)

der **Ko|pier|schutz** *(EDV)*

das **Kop|pel** (Gürtel); des Koppels; die Koppel

die **Kop|pel** (eingezäunte Weide); die Koppeln

kop|peln (verbinden); du koppelst; sie koppelte; sie hat die Pferde gekoppelt; kopple *oder* koppele die Geräte!

der **Köp|per** *(landschaftlich umgangssprachlich für:* Kopfsprung); des Köppers; die Köpper

die **Ko|ral|le**

die **Ko|ral|len|in|sel**

das **Ko|ral|len|riff**

der **Ko|ran** [*auch:* ˈkoːraːn] (das heilige Buch des Islams); des Korans

der **Korb;** des Korbs *oder* Kor|bes; die Körbe

der **Korb|blüt|ler**

der **Kord** *vergleiche:* **Cord**

die **Kor|del** (Bindfaden); die Kordeln

die **Kord|ho|se** *oder* **Cord|ho|se**

Ko|rea (eine Halbinsel Ostasiens)

der **Ko|re|a|ner;** des Koreaners; die Koreaner

die **Ko|re|a|ne|rin;** die Koreanerinnen

ko|re|a|nisch

die **Ko|rin|the** (eine kleine Rosinenart)

der **Kork** (Rinde der Korkeiche); des Korks *oder* Kor|kes; die Kor|ke

der **Kor|ken** (Stöpsel aus Kork); des Korkens; die Korken

der **Kor|ken|zie|her**

das **Korn;** des Korns *oder* Kor|nes; die Körner

die **Korn|blu|me**

der **Kör|per;** des Körpers; die Körper

der **Kör|per|bau;** des Körperbaus *oder* Körper|baues

kör|per|be|hin|dert

der **Kör|per|be|hin|der|te;** ein Körperbehinderter; die Körperbehinderten; zwei Körperbehinderte

die **Kör|per|be|hin|der|te;** eine Körperbehinderte

kör|per|lich

der **Kör|per|scan|ner** (Gerät, das den Körper und am Körper getragene Gegenstände auf einem Bildschirm anzeigt)

die **Kör|per|spra|che**

der **Kör|per|teil**

die **Kör|per|ver|let|zung**

kor|pu|lent (wohlgenährt); kor|pu|lenter; am kor|pu|len|tes|ten

die **Kor|pu|lenz**

kor|rekt (einwandfrei; ohne Fehler); kor|rek|ter; am kor|rek|tes|ten

die **Kor|rek|tur** (Verbesserung); die Kor|rek|tu|ren

der **Kor|re|s|pon|dent** (Berichterstatter im Ausland); des/dem/den Kor|re|s|pon|den|ten; die Kor|re|s|pon|den|ten

die **Kor|re|s|pon|den|tin;** die Korrespondentinnen

die **Kor|re|s|pon|denz** (Briefwechsel); die Kor|re|s|pon|den|zen

kor|re|s|pon|die|ren (im Briefverkehr stehen); ich korrespondiere; du korrespondierst; sie hat mit ihm korrespondiert

der **Kor|ri|dor** (Flur, Gang); des Korridors; die Kor|ri|do|re

kor|ri|gie|ren (verbessern, berichtigen); du korrigierst; sie korrigierte; sie hat die Hefte korrigiert; korrigier *oder* korrigiere das!; sich korrigieren; er hat sich korrigiert

Korrosion – kotzen

die **Kor|ro|si|on** (chemische Zerstörung; Rostfraß)

kor|rum|pie|ren (*gehoben für:* bestechen); du korrumpierst ihn; er korrumpierte ihn; er hat ihn korrumpiert

kor|rupt (verdorben, bestechlich); korrup|ter; am kor|rup|tes|ten

die **Kor|rup|ti|on** (Bestechung)

der **Kor|sar** (*früher für:* Seeräuber; Seeräuberschiff); des/dem/den Kor|sa|ren; die Kor|sa|ren

die **Kor|sa|rin;** die Korsarinnen

der **Kor|se** (Bewohner Korsikas); des/dem/den Korsen; die Korsen

das **Kor|sett** (Mieder); die Korsetts, *auch:* Kor|set|te

Kor|si|ka (Insel im Mittelmeer)

die **Kor|sin;** die Korsinnen

kor|sisch

der **Kor|so** (Schaufahrt; Umzug); des Korsos; die Korsos

die **Kor|vet|te** (leichtes Kriegsschiff); die Korvetten

die **Ko|ry|phäe** (bedeutende Persönlichkeit; hervorragende[r] Gelehrte[r]); die Ko|ry|phä|en

der **Ko|sak** (*früher für:* leicht bewaffneter russischer Reiter); des/dem/den Ko|sa|ken; die Ko|sa|ken

die **Ko|sa|kin;** die Kosakinnen

der **K.-o.-Schlag**

ko|sen (zärtlich sein); ich kose; du kost; er koste; er hat mit ihr gekost

der **Ko|se|na|me**

der **Ko|si|nus** (*Mathematik:* eine Winkelfunktion; *Zeichen:* cos); des Kosinus; die Kosinus *oder* Ko|si|nus|se *Plural selten*

die **Kos|me|tik** (Schönheitspflege)

der **Kos|me|ti|ker**

die **Kos|me|ti|ke|rin;** die Kosmetikerinnen

der **Kos|me|tik|sa|lon**

kos|me|tisch; ein kosmetisches Mittel

kos|misch (das Weltall betreffend); kosmische Strahlung

der **Kos|mo|naut** (Weltraumfahrer); des/dem/den Kos|mo|nau|ten; die Kos|mo|nau|ten

die **Kos|mo|nau|tin** (Weltraumfahrerin); die Kosmonautinnen

der **Kos|mo|po|lit** (Weltbürger); des/dem/den Kos|mo|po|li|ten; die Kos|mo|po|li|ten

die **Kos|mo|po|li|tin** (Weltbürgerin); die Kosmopolitinnen

der **Kos|mos** (das Weltall, die Weltordnung); des Kosmos

die **Kost**

kost|bar; kostbarer Schmuck

die **Kost|bar|keit**

kos|ten (auf seinen Geschmack prüfen; probieren); du kostest; sie kostete; sie hat das Essen gekostet; koste die Suppe!

kos|ten (einen bestimmten Preis haben); es kostete; es hat [sie] viel Geld gekostet; das kostet ihn *oder* ihm die Stellung

die **Kos|ten** *Plural;* Kosten sparen; Kosten sparend *oder* kostensparend; eine Kosten sparende *oder* kostensparende Lösung; ABER NUR: eine viele Kosten sparende Lösung; eine besonders kostensparende, noch kostensparendere Lösung; sich auf Kosten anderer amüsieren

kos|ten|de|ckend (*Wirtschaft*)

kos|ten|frei

die **Kos|ten|grün|de** *Plural;* aus Kostengründen

kos|ten|güns|tig

kos|ten|los

kos|ten|pflich|tig

kos|ten|spa|rend *vergleiche:* **Kos|ten**

köst|lich; köstliche Speisen

die **Köst|lich|keit**

die **Kost|pro|be**

kost|spie|lig (teuer); eine kostspielige Angelegenheit

das **Kos|tüm;** des Kostüms; die Kos|tü|me

kos|tü|mie|ren (verkleiden); sie kostümierte ihr Kind; sie hat sich kostümiert; alle Gäste sind kostümiert

der **Kot** (Darmausscheidung); des Kots *oder* Ko|tes; die Ko|te *Plural selten*

das **Ko|te|lett** [kɔt'lɛt, *auch:* 'kɔtlɛt] ([gebratenes] Rippenstück vom Schwein, Kalb oder Lamm); des Koteletts; die Koteletts

der **Kö|ter** (*abwertend für:* Hund); des Köters; die Köter

der **Kot|flü|gel** (am Auto)

die **K.-o.-Trop|fen** (Tropfen, die nach Einnahme zu Bewusstlosigkeit führen) *Plural*

kot|zen (*derb für:* sich übergeben); du kotzt; er kotzte; er hat gekotzt

KPD – kranken

die **KPD** = Kommunistische Partei Deutschlands (*früher*)

die **Krab|be** (ein Krebs); die Krabben
krab|beln; du krabbelst; es krabbelte; das Tier ist durch das Rohr gekrabbelt; es hat mich überall auf der Haut gekrabbelt (gejuckt)
krach!

der **Krach;** des Krachs *oder* Kra|ches; mit Ach und Krach (mit Müh und Not); Krach schlagen
kra|chen; es krachte; es hat laut gekracht
kräch|zen; du krächzt; sie krächzte; der Rabe hat gekrächzt
kraft; kraft seines Amtes

die **Kraft;** die Kräf|te; [viel] Kraft rauben; Kraft raubend *oder* <mark>kraftraubend</mark>; ein Kraft raubender *oder* <mark>kraftraubender</mark> Sport; ABER NUR: ein viel Kraft raubender Sport; ein äußerst kraftraubender, noch kraftraubenderer Sport; in Kraft treten; das in Kraft getretene Gesetz; ABER: das Inkrafttreten; eine Vorschrift außer Kraft setzen

der **Kraft|akt**

der **Kraft|fah|rer**

die **Kraft|fah|re|rin**

das **Kraft|fahr|zeug**

der **Kraft|fahr|zeug|brief**

das **Kraft|fahr|zeug|kenn|zei|chen**

das **Kraft|feld** (*Physik*)
kräf|tig; mit kräftigen Schlägen
kräf|ti|gen; du kräftigst dich; der Urlaub hat ihn gekräftigt
kraft|los
kraft|rau|bend *vergleiche:* Kraft

der **Kraft|sport**

der **Kraft|stoff**
kraft|voll

der **Kraft|wa|gen**

das **Kraft|werk**

der **Kra|gen;** die Kragen, *süddeutsch auch:* Krägen

die **Krä|he;** die Krähen
krä|hen; der Hahn krähte; er hat gekräht

der **Kra|ke** (Riesentintenfisch); des/dem/den Kraken; die Kraken

der **Kra|keel** (*umgangssprachlich für:* Lärm und Streit); des Krakeels; die Kra|kee|le
kra|kee|len (lärmen); du krakeelst; er

krakeelte; er hat krakeelt; krakeel *oder* krakeele nicht!

der **Kra|kel** (*umgangssprachlich für:* schwer leserliches Schriftzeichen); des Krakels; die Krakel
kra|ke|lig; eine krakelige *oder* kraklige Schrift
kra|keln; du krakelst; sie krakelte; sie hat in ihr Heft gekrakelt; krakle *oder* krakele nicht so!

die **Kra|kel|schrift**
krak|lig

der **Kral** (afrikanisches Runddorf); des Krals; die Kra|le

die **Kral|le**
kral|len; du krallst; er krallte; er hat die Nägel in ihren Arm gekrallt; krall *oder* kralle doch nicht so!; sich an etwas krallen

der **Kram;** des Krams *oder* Kra|mes
kra|men; ich krame; du kramst; sie kramte; sie hat in der Schublade gekramt; kram *oder* krame nicht dauernd in der Schublade!

der **Krä|mer** (*veraltet für:* Lebensmittelhändler); des Krämers; die Krämer

die **Kram|pe** (u-förmig gebogener Metallhaken); *auch:* der **Kram|pen;** des Krampens; die Krampen

der **Krampf;** des Krampfs *oder* Krampf|fes; die Krämp|fe

die **Krampf|ader**
krampf|haft; krampfhaftes Lachen

der **Kran;** des Krans *oder* Kra|nes; die Kräne, *fachsprachlich:* Kra|ne

der **Kran|füh|rer**

der **Kra|nich;** des Kranichs; die Kra|ni|che
krank; krän|ker; am kränks|ten; krank sein, werden, liegen; sich [ganz] krank fühlen; sich [sehr] krank stellen; weil der Stress uns <mark>krank macht</mark> *oder* krankmacht; ↑ABER: krankfeiern, kranklachen, krankmachen, krankmelden, krankschreiben

der **Kran|ke;** ein Kranker; die Kranken; zwei Kranke

die **Kran|ke;** eine Kranke
krän|keln; du kränkelst; er kränkelte; er hat lange gekränkelt
kran|ken (krank sein, beeinträchtigt sein); sie krankte an Bronchitis; die Firma hat an schlechter Organisation gekrankt

kränken – kreieren

krän|ken (beleidigen); du kränkst sie; er kränkte sie; er hat ihn sehr gekränkt; kränk *oder* kränke ihn nicht!

das **Kran|ken|haus**

die **Kran|ken|kas|se**

die **Kran|ken|pfle|ge**

der **Kran|ken|pfle|ger**

die **Kran|ken|sal|bung** (katholisches Sakrament)

der **Kran|ken|schein**

die **Kran|ken|schwes|ter**

die **Kran|ken|ver|si|che|rung**

der **Kran|ken|wa|gen**

krank|fei|ern (*umgangssprachlich für:* der Arbeit fernbleiben, ohne ernstlich krank zu sein); er feierte krank; er hat gestern krankgefeiert

krank|haft; krankhafte Veränderungen

die **Krank|heit**

der **Krank|heits|er|re|ger**

sich **krank|la|chen** (*umgangssprachlich*); sie lachte sich krank; sie hat sich krankgelacht

kränk|lich

krank|ma|chen (krankfeiern); er machte krank; er hat gestern krankgemacht; ↑ABER: krank

krank|mel|den; der Arzt meldete ihn krank; er hat sich im Betrieb krankgemeldet

krank|schrei|ben; die Ärztin schrieb sie krank; sie wurde [für] eine Woche krankgeschrieben; schreib *oder* schreibe ihn krank!

die **Krän|kung**

der **Kranz;** des Kran|zes; die Krän|ze

der **Krap|fen** (ein Gebäck); des Krapfens; die Krapfen

krass (extrem; grell); kras|ser; am krasses|ten

der **Kra|ter** (Vulkanöffnung; Abgrund); des Kraters; die Krater

die **Krät|ze** (eine Hautkrankheit)

krat|zen; du kratzt; sie kratzte; die Katze hat mich gekratzt; kratz *oder* kratze nicht!; sich kratzen; er kratzt sich unentwegt

der **Krat|zer;** des Kratzers; die Kratzer

krau|en (sanft mit den Finger kratzen); du kraust; sie kraute; sie hat den Hund hinter den Ohren gekraut

das **Kraul** *oder* **Crawl** [krɔːl] (ein Schwimmstil); des Kraul[s] *oder* Crawl[s]

krau|len *oder* **craw|len** (im Kraulstil schwimmen); du kraulst *oder* crawlst; sie ist ans Ufer gekrault *oder* gecrawlt; sie hat lange gekrault *oder* gecrawlt

krau|len (krauen); du kraulst; er kraulte; er hat die Katze gekrault

kraus; krau|ser; am krau|ses|ten

kräu|seln; der Wind kräuselt; er kräuselte; er hat den Wasserspiegel gekräuselt; sich kräuseln; das Haar hat sich gekräuselt

kraus|haa|rig

das **Kraut;** des Krauts *oder* Krau|tes; die Kräu|ter

der **Kra|wall;** des Krawalls; die Kra|wal|le

die **Kra|wat|te** (Schlips); die Krawatten

kra|xeln (*umgangssprachlich für:* mühsam steigen; klettern); du kraxelst; sie kraxelte; sie ist auf den Berg gekraxelt; kraxle *oder* kraxele weiter!

die **Kre|a|ti|on** (Modeschöpfung; *veraltend für:* Erschaffung); der Kreation; die Kre|a|ti|o|nen

kre|a|tiv (schöpferisch); kreative Energie

die **Kre|a|ti|vi|tät** (schöpferische Kraft)

die **Kre|a|tur** (Geschöpf, Lebewesen); die Kre|a|tu|ren

der **Krebs** (Krebstier; bösartige Geschwulst); des Kreb|ses; die Kreb|se; Krebs erregen; Krebs erregend *oder* <mark>krebserregend</mark>; Krebs erregende *oder* <mark>krebserregende</mark> Chemikalien; ABER NUR: eine äußerst krebserregende Chemikalie

krebs|krank; krebskranke Kinder

krebs|rot; ein krebsrotes Gesicht

der **Kre|dit** (Zahlungsaufschub; geliehenes Geld; *übertragen für:* Glaubwürdigkeit); des Kredits *oder* Kre|di|tes; die Kre|di|te; ein zinsloser Kredit; auf Kredit kaufen

das **Kre|dit|in|s|ti|tut** (Unternehmen, das Kreditgeschäfte betreibt, zum Beispiel eine Bank oder Sparkasse)

die **Kre|dit|kar|te**

kre|dit|wür|dig; kreditwürdige Kunden

das **Kre|do** *vergleiche:* <mark>Cre|do</mark>

die **Krei|de;** die Kreiden

krei|de|bleich

krei|de|weiß

kre|ie|ren ([er]schaffen); du kreierst; sie kreierte; sie hat einen neuen Duft kreiert

Kreis – Kriminalität

der **Kreis;** des Krei|ses; die Krei|se
der **Kreis|aus|schnitt** (Sektor)
krei|schen; du kreischst; er kreischte; er hat gekreischt; kreisch *oder* kreische nicht so!
der **Kreis|durch|mes|ser**
der **Krei|sel;** des Kreisels; die Kreisel
krei|sen; das Flugzeug kreist; das Flugzeug kreiste; das Flugzeug ist *oder* hat über der Stadt gekreist
kreis|för|mig; kreisförmige Strukturen
der **Kreis|lauf;** des Kreislaufs *oder* Kreis|laufes; die Kreis|läu|fe
kreis|rund; kreisrunder Haarausfall
die **Kreis|sä|ge**
der **Kreiß|saal** (Entbindungsraum im Krankenhaus)
der **Kreis|tag** (Parlament eines Landkreises)
das **Kre|ma|to|ri|um** (Einäscherungshalle); des Krematoriums; die Kre|ma|to|ri|en
der **Kreml** [*auch:* ˈkreːml̩] (russischer Regierungssitz); des Kreml *oder* Kremls
die **Krem|pe** (Hutrand); die Krempen
der **Krem|pel** (*umgangssprachlich für:* Trödel, Kram); des Krempels
kre|pie|ren (*derb für:* verenden); das Tier krepierte; es ist qualvoll krepiert
der **Krepp** *oder* **Crêpe** (ein krauses Gewebe); des Krepps *oder* Crêpe; die Krepps *oder* Krep|pe *oder* Crêpes
die **Krepp** *vergleiche:* **Crêpe**
das **Krepp|pa|pier** *oder* **Krepp-Pa|pier**
die **Kres|se** (Name für verschiedene Salat- und Gewürzpflanzen)
Kre|ta (Insel im Mittelmeer)
der **Kre|ter;** des Kreters; die Kreter
die **Kre|te|rin;** die Kreterinnen
kre|tisch
das **Kreuz;** des Kreu|zes; die Kreu|ze; das Rote Kreuz; das Eiserne Kreuz (Kriegsauszeichnung); über Kreuz legen, falten; sie lief in die Kreuz und [in die] Quere; ↑ ABER: kreuz und quer
der **Kreuz|blüt|ler** (eine Pflanzenfamilie); des Kreuzblütlers; die Kreuzblütler
kreu|zen; du kreuzt; sie kreuzte; sie hat die Arme gekreuzt; kreuz *oder* kreuze die Arme!; sich kreuzen; die Züge haben sich gekreuzt
der **Kreu|zer** (ein Kriegsschiff); des Kreuzers; die Kreuzer
der **Kreu|zes|tod** (Christi)

das **Kreu|zes|zei|chen** *oder* **Kreuz|zei|chen**
die **Kreuz|fahrt** (Schiffsreise)
das **Kreuz|fahrt|schiff**
kreu|zi|gen; man kreuzigte ihn; man hat ihn gekreuzigt
die **Kreu|zi|gung**
die **Kreuz|ot|ter**
die **Kreuz|schlitz|schrau|be**
kreuz und quer (planlos); kreuz und quer durch die Stadt laufen
die **Kreu|zung**
das **Kreuz|ver|hör**
kreuz|wei|se
das **Kreuz|wort|rät|sel**
der **Kreuz|zug**
krib|be|lig *oder* **kribb|lig** (*umgangssprachlich für:* ungeduldig, gereizt)
krib|beln; das Selterswasser kribbelte; es hat mir im Hals gekribbelt; es kribbelt mir in den Fingern (ich bin schon ganz ungeduldig)
krie|chen; du kriechst; sie kriecht; sie kroch; sie ist gekrochen; kriech *oder* krieche durch die Zaunlücke!
der **Krie|cher** *(abwertend);* des Kriechers; die Kriecher
die **Krie|che|rei**
die **Krie|che|rin;** die Kriecherinnen
krie|che|risch (unterwürfig); kriecherische Typen
das **Kriech|tier**
der **Krieg;** des Kriegs *oder* Krie|ges; die Krie|ge
krie|gen (*umgangssprachlich für:* erhalten, bekommen); du kriegst; sie kriegte; sie hat ein Fahrrad gekriegt
der **Krie|ger;** des Kriegers; die Krieger
die **Krie|ge|rin;** die Kriegerinnen
krie|ge|risch; kriegerische Auseinandersetzungen
der **Kriegs|dienst|ver|wei|ge|rer**
das **Kriegs|schiff**
das **Kriegs|ver|bre|chen**
der *oder* das **Krill** (tierisches Plankton); des Krills *oder* Kril|les
die **Krim** (Halbinsel in der Ukraine)
der **Kri|mi** [*auch:* ˈkriːmi] (*umgangssprachlich für:* Kriminalroman, -film); des Krimis; die Krimis
der **Kri|mi|nal|be|am|te**
die **Kri|mi|nal|be|am|tin**
die **Kri|mi|na|li|tät** (Gesamtheit der vorkom-

275

Kriminalpolizei – Krug

menden Straftaten); der Kriminalität; eine hohe, wachsende Kriminalität

die **Kri|mi|nal|po|li|zei**

der **Kri|mi|nal|ro|man**

kri|mi|nell (verbrecherisch); kriminelles Handeln

der **Kri|mi|nel|le**; ein Krimineller; die Kriminellen; zwei Kriminelle

die **Kri|mi|nel|le**; eine Kriminelle

der **Krin|gel** (kleiner Kreis; ein Gebäck); des Kringels; die Kringel

krin|ge|lig; sich kringelig lachen *(umgangssprachlich)*

sich **krin|geln** (sich ringeln); das Haar kringelt sich; sie hat sich vor Lachen gekringelt *(umgangssprachlich für:* sie hat sehr gelacht)

die **Kri|po** (kurz für Kriminalpolizei)

die **Krip|pe**

das **Krip|pen|spiel**

die **Kri|se**

! In einer Reihe von Wörtern wird der lang gesprochene i-Laut ohne anschließendes -e oder Dehnungs-h geschrieben. Dazu gehört auch die *Krise.*

kri|seln (bedrohlich sein); es kriselte; in der Partei hat es gekriselt

das **Kri|sen|ge|biet**

kri|sen|ge|schüt|telt; ein krisengeschütteltes Unternehmen

kri|sen|haft; eine krisenhafte Situation

das **Kri|sen|ma|nage|ment**

der **Kri|sen|stab**

das **Kris|tall** (geschliffenes Glas); des Kristalls

der **Kris|tall** (regelmäßiger, von ebenen Flächen begrenzter Körper); des Kristalls

kris|tal|li|sie|ren (Kristalle bilden); etwas kristallisierte; etwas hat kristallisiert

kris|tall|klar; kristallklares Wasser

der **Kris|tall|leuch|ter** *oder* **Kris|tall-Leuchter**

das **Kri|te|ri|um** (Merkmal, nach dem man etwas entscheidet oder beurteilt); des Kriteriums; die Kriterien

die **Kri|tik** (kritische Beurteilung); die Kri|ti|ken

der **Kri|ti|ker;** des Kritikers; die Kritiker

die **Kri|ti|ke|rin;** die Kritikerinnen

kri|tik|fä|hig

die **Kri|tik|fä|hig|keit**

kri|tik|los; kri|tik|lo|ser; am kri|tik|loses|ten

der **Kri|tik|punkt**

kri|tisch; kritisch denken; kritisch urteilen; eine kritische Geschwindigkeit

kri|ti|sie|ren; du kritisierst; er kritisierte; er hat kritisiert; kritisier *oder* kritisiere mich nicht immer!

krit|teln (kleinlich urteilen; tadeln); du krittelst; er krittelte; er hat ständig gekrittelt; krittle *oder* krittele nicht so!

die **Krit|ze|lei** *(umgangssprachlich)*

krit|zeln; du kritzelst; sie kritzelte; sie hat Männchen in ihr Heft gekritzelt; kritzle *oder* kritzele nicht ins Heft!

der **Kro|a|te** (Einwohner von Kroatien); des/dem/den Kroaten; die Kroaten

Kro|a|ti|en (Staat im Südosten Europas)

die **Kro|a|tin;** die Kroatinnen

kro|a|tisch

der **Kro|kant** (Masse aus zerkleinerten Mandeln oder Nüssen); des Krokants

die **Kro|ket|te** (gebackenes längliches Klößchen); die Kroketten *meist Plural*

das **Kro|ko|dil;** des Krokodils; die Kro|ko|di|le

die **Kro|ko|dils|trä|ne** (heuchlerische Träne) *meist Plural;* Krokodilstränen vergießen

der **Kro|kus** (eine Gartenpflanze); des Krokus; die Krokus *oder* Krokusse

die **Kro|ne**

krö|nen; ich kröne ihn; du krönst ihn; sie krönt ihn; sie krönte ihn; sie hat ihn gekrönt

der **Kron|leuch|ter**

der **Kron|prinz** (geplanter Nachfolger)

die **Kron|prin|zes|sin**

die **Krö|nung**

der **Kron|zeu|ge** (wichtigster Zeuge)

die **Kron|zeu|gin**

der **Kropf** (krankhafte Verdickung des Halses); des Kropfs *oder* Krop|fes; die Kröp|fe

kross *(norddeutsch für:* knusprig); krosser; am kros|ses|ten; das Fleisch kross braten *oder* krossbraten

kross|bra|ten *vergleiche:* **kross**

der **Krö|sus** (sehr reicher Mann); des Krösus, *auch:* Krösusses; die Krösusse

die **Krö|te;** die Kröten

die **Krü|cke;** die Krücken

der **Krück|stock**

krud *oder* **kru|de** (grob, roh)

der **Krug;** des Krugs *oder* Kru|ges; die Krü|ge

Krume – kulant

die **Kru|me** (Bröckchen vom Brot oder Kuchen)

der **Krü|mel;** des Krümels; die Krümel
krü|me|lig *oder* **krüm|lig;** krümeliges *oder* krümliges Brot
krü|meln; der Kuchen krümelt; der Kuchen hat gekrümelt
krumm; krumm biegen *oder* krummbiegen; sie hat den Löffel **krumm gebogen** *oder* krummgebogen; ↑ ABER: krummlachen, krummnehmen
krumm|bie|gen *vergleiche:* **krumm**
krüm|men; du krümmst; sie hat ihm kein Haar gekrümmt; sich krümmen; sie hat sich am Boden gekrümmt
krumm|la|chen (*umgangssprachlich für:* sehr heftig lachen); wir haben uns über den Film krummgelacht
krumm|neh|men (*umgangssprachlich für:* übel nehmen); er nahm ihm diese Bemerkung krumm; er hat ihm diese Bemerkung sehr krummgenommen

die **Krüm|mung**

der **Krüp|pel**

> ! Als Bezeichnung für körperbehinderte Menschen gilt *Krüppel* als stark diskriminierend. Einige Behindertengruppen verwenden jedoch dieses Wort als Eigenbezeichnung.

> **Chrysantheme**
> ! Viele Fremdwörter werden ganz anders geschrieben als gesprochen. Dazu gehört auch das aus dem Griechischen stammende Nomen »Chrysantheme«, das eine Zierpflanze bezeichnet und dessen Aussprache *krüsant̮e̮me* lautet.

die **Krus|te**

das **Krus|ten|tier**

das **Kru|zi|fix** [krutsiˈfɪks] (Nachbildung des gekreuzigten Christus); des Kru|zi|fi|xes; die Kru|zi|fi|xe

die **Kryp|ta** (Gruft, unterirdischer Kirchenraum); die Krypten
Kto.-Nr. = Kontonummer
Ku|ba (mittelamerikanischer Inselstaat im Karibischen Meer)

der **Ku|ba|ner;** des Kubaners; die Kubaner

die **Ku|ba|ne|rin;** die Kubanerinnen
ku|ba|nisch; der kubanische Lebensstil

der **Kü|bel;** des Kübels; die Kübel

kü|bel|wei|se (in großen Mengen)

der **Ku|bik|me|ter**

der **Ku|bik|zen|ti|me|ter**
ku|bisch (würfelförmig); kubische Gleichung (Gleichung dritten Grades)

der **Ku|bus** (Würfel); des Kubus; die Kuben

die **Kü|che**

der **Ku|chen**

das **Ku|chen|blech**

der **Kü|chen|dienst**

der **Kü|chen|schrank**

der **Kü|chen|teig**
ku|cken *vergleiche:* **gu|cken**

der **Ku|ckuck;** des Kuckucks; die Ku|cku|cke

die **Ku|ckucks|uhr**

der *oder* das **Kud|del|mud|del** (*umgangssprachlich für:* Durcheinander); des Kuddelmuddels

die **Ku|fe** (Gleitschiene des Schlittens)

der **Kü|fer** (*südwestdeutsch für:* Hersteller von Weinfässern); des Küfers; die Küfer

die **Ku|gel;** die Kugeln
ku|ge|lig *oder* **kug|lig**

das **Ku|gel|la|ger**
ku|geln; ich kug[e]le; er kugelte; der Ball ist in die Ecke gekugelt; sie hat den Ball durch den Flur gekugelt; sich [vor Lachen] kugeln
ku|gel|rund

der **Ku|gel|schrei|ber**

das **Ku|gel|sto|ßen**

die **Kuh;** die Kü|he

der **Kuh|han|del** (*umgangssprachlich für:* fragwürdiges Tauschgeschäft)
kühl; kühle Getränke; ABER: etwas im Kühlen lagern; sich ins Kühle setzen

die **Kuh|le** (Grube, Loch)

die **Küh|le**
küh|len; du kühlst; sie hat ihr Gesicht gekühlt; kühl *oder* kühle deine Hand!

der **Küh|ler;** des Kühlers; die Kühler

der **Kühl|schrank**

die **Küh|lung**
kühn; eine kühne Tat

die **Kühn|heit**

das **Kü|ken** (das Junge des Huhnes); des Kükens; die Küken

der **Ku-Klux-Klan** (terroristischer Geheimbund in den USA); des Ku-Klux-Klan *oder* Ku-Klux-Klans
ku|lant (großzügig); eine kulante Regelung

277

Kulanz – Kunststoff

die **Ku|lanz**
der **Ku|li** (*kurz für:* Kugelschreiber); des Kulis; die Kulis
ku|li|na|risch (auf die Kochkunst bezogen); kulinarische Genüsse
die **Ku|lis|se** (Teil der Dekoration einer Bühne)
kul|lern (rollen); du kullerst; sie hat den Ball über den Tisch gekullert; die Fässer sind auf die Straße gekullert
der **Kult** (Gottesdienst; besondere Verehrung); des Kults *oder* Kul|tes; die Kul|te
kul|tig (*umgangssprachlich für:* hohes Ansehen genießend); ein kultiger Film; diese Band ist kultig
kul|ti|vie|ren (Land bearbeiten, urbar machen; sorgsam pflegen); du kultivierst; sie kultivierte den Boden; sie hat ihren Stil kultiviert
kul|ti|viert (gesittet; gebildet); kul|ti|vier|ter; am kul|ti|vier|tes|ten; ein kultivierter Mensch
die **Kul|tur;** die Kul|tu|ren
kul|tu|rell; kulturelle Werte
die **Kul|tur|ge|schich|te**
das **Kul|tur|gut**
die **Kul|tur|po|li|tik**
das **Kul|tus|mi|nis|te|ri|um**
der **Küm|mel** (Gewürz; ein Branntwein); des Kümmels; die Kümmel
der **Kum|mer;** des Kummers
der **Kum|mer|kas|ten** (Briefkasten für Beschwerden, Anregungen o. Ä.)
küm|mer|lich; ein kümmerlicher Rest
sich **küm|mern;** du kümmerst dich; sie hat sich um ihn gekümmert; kümmere dich um ihn!; das kümmert mich nicht! (das ist mir egal)
der **Kum|pan** (*umgangssprachlich für:* Kamerad; Mittäter); des Kumpans; die Kum|pa|ne
die **Kum|pa|nin;** die Kumpaninnen
der **Kum|pel** (Bergmann; *umgangssprachlich für:* Kamerad; Kameradin); des Kumpels; die Kumpel, *umgangssprachlich auch:* Kumpels; sie ist ein dufter Kumpel
die **Ku|mu|la|ti|on** (*fachsprachlich für:* Anhäufung)
ku|mu|lie|ren; die Ereignisse kumulierten; die Schadstoffe haben sich im Körper kumuliert
der **Ku|mu|lus** (Haufenwolke); die Kumuli

kund; kund und zu wissen tun (bekannt geben); ↑ A B E R : kundgeben, kundtun
der **Kun|de** (Käufer); des/dem/den Kunden; die Kunden
die **Kun|de** (Botschaft)
der **Kun|den|ser|vice**
der **Kun|den|stamm**
kund|ge|ben (bekannt geben); sie gab kund; sie hat kundgegeben; ich gebe etwas kund; A B E R : ich gebe Kunde von etwas
die **Kund|ge|bung**
kun|dig; ein kundiger Bergführer; sich kundig machen (sich informieren)
kün|di|gen; du kündigst; sie kündigte; sie hat gekündigt; kündige!; sie hat ihm gekündigt; sie hat ihm die Wohnung gekündigt; es wurde ihr *oder* ihr wurde gekündigt
die **Kün|di|gung**
die **Kün|di|gungs|frist**
der **Kün|di|gungs|grund**
der **Kün|di|gungs|schutz** (Schutz des Arbeitnehmers vor einer ungerechtfertigten Kündigung)
die **Kun|din;** die Kundinnen
die **Kund|schaft**
der **Kund|schaf|ter** (jemand, der etwas erkundet); des Kundschafters; die Kundschafter
die **Kund|schaf|te|rin;** die Kundschafterinnen
kund|tun (bekannt machen); ich tue kund; du tust kund; sie hat ihre Meinung kundgetan; tu *oder* tue deine Meinung kund!
künf|tig; ihr künftiger Arbeitsplatz; künftigen Jahres
das **Kung-Fu** (Methode der Selbstverteidigung); des Kung-Fu *oder* des Kung-Fus
die **Kunst;** die Küns|te
die **Kunst|aus|stel|lung**
der **Kunst|dün|ger**
die **Kunst|fa|ser**
die **Kunst|ge|schich|te**
der **Kunst|griff**
das **Kunst|hand|werk**
der **Künst|ler;** des Künstlers; die Künstler
die **Künst|le|rin;** die Künstlerinnen
künst|le|risch; ein künstlerischer Anspruch
künst|lich; künstliche Atmung
der **Kunst|stoff**

278

Kunststofffolie – kurz

die **Kunst|stoff|fo|lie** *oder* **Kunst|stoff-Fo|lie**
das **Kunst|stück**
kunst|voll; eine kunstvolle Gestaltung
das **Kunst|werk**
kun|ter|bunt (durcheinander, gemischt)
das **Kup|fer** (chemisches Element, Schwermetall; *Zeichen:* Cu); des Kupfers
kup|fern (aus Kupfer); ein kupferner Kessel
der **Kup|fer|stich**
ku|pie|ren (kürzen, stutzen); er hat den Schwanz des Hundes kupiert
der **Ku|pon** *vergleiche:* **Cou|pon**
die **Kup|pe;** die Kuppe des Berges
die **Kup|pel;** die Kuppeln
kup|peln; ich kupp[e]le; du kuppelst; er kuppelte; er hat unvorsichtig gekuppelt; kupple *oder* kuppele vorsichtiger!
die **Kupp|lung**
das **Kupp|lungs|pe|dal**
die **Kur** (Heilverfahren; Heilbehandlung, Pflege); die Ku|ren
die **Kür** (Wahlübung beim Sport); die Kü|ren
das **Ku|ra|to|ri|um** (Aufsichtsbehörde); die Ku|ra|to|ri|en
die **Kur|bel;** die Kurbeln
kur|beln; ich kurb[e]le; du kurbelst; sie kurbelte; sie hat gekurbelt; kurble *oder* kurbele schneller!
der **Kür|bis;** des Kür|bis|ses; die Kür|bis|se
der **Kur|de** (Angehöriger eines Volkes in Vorderasien); des Kurden; die Kurden
die **Kur|din;** die Kurdinnen
kur|disch
kü|ren (wählen); du kürst; sie kürt; sie kürte, *auch:* kor; sie hat ihn gekürt, *auch:* gekoren; küre sie zur Siegerin!
der **Kur|fürst;** des/dem/den Kur|fürs|ten; die Kur|fürs|ten
der **Kur|gast**
die **Ku|rie** [ˈkuːri̯ə] (die päpstliche Zentralbehörde)
der **Ku|rier** (Eilbote); des Kuriers; die Ku|rie|re
ku|rie|ren (erfolgreich behandeln; heilen); ich kuriere ihn; du kurierst ihn; sie kurierte ihn; die Ärztin hat ihn kuriert
die **Ku|rie|rin;** die Kurierinnen
ku|ri|os (seltsam); ku|ri|o|ser; am ku|ri|o|ses|ten
die **Ku|ri|o|si|tät** (Merkwürdigkeit)
das **Ku|ri|o|sum** (etwas Sonderbares); des Kuriosums; die Kuriosa

der **Kur|ort**
der **Kurs;** des Kur|ses; die Kur|se
das **Kurs|buch** (Fahrplan)
der **Kürsch|ner** (Pelzverarbeiter); des Kürschners; die Kürschner
die **Kürsch|ne|rin** (Pelzverarbeiterin); die Kürschnerinnen
die **Kurs|ent|wick|lung;** die Kursentwicklung einer Aktie
kur|sie|ren (umlaufen, im Umlauf sein); das Gerücht kursierte; es hat (*seltener:* ist) kursiert; kursierende Gerüchte
kur|siv (schräg gedruckt); kursive Schrift
die **Kurs|kor|rek|tur**
der **Kur|sus** (Lehrgang); des Kursus; die Kurse
der **Kurs|wech|sel**
die **Kur|ve**
kur|ven; du kurvst; er kurvte um die Ecke; das Flugzeug ist *oder* hat über der Stadt gekurvt
kur|ven|reich
kur|vig; eine kurvige Strecke

kurz

kür|zer; am kür|zes|ten

Kleinschreibung:

– kurz und gut; kurz und schmerzlos
– kurz gesagt[,] habe ich keine Lust dazu
– binnen, seit, vor kurzem *oder* Kurzem
– über kurz oder lang

Großschreibung der Nominalisierung und in Namen:

– den Kürzeren ziehen; etwas Kurzes spielen, vortragen
– binnen, seit, vor Kurzem *oder* kurzem
– Pippin der Kurze (ein König)

Getrennt- und Zusammenschreibung:

– ein kurz gefasster *oder* kurzgefasster Text; ↑ABER: sich kurzfassen
– wir wollen es kurz machen *oder* kurzmachen
– die Haare kurz schneiden *oder* kurzschneiden; kurz geschnittene *oder* kurzgeschnittene Haare
– kurz arbeiten; er hat nur kurz (kurze Zeit) gearbeitet; ↑ABER: kurzarbeiten
Vergleiche auch: kürzertreten

Kurzarbeit – Label

die **Kurz|ar|beit** (angeordnete verkürzte Arbeitszeit)
kurz|ar|bei|ten (Kurzarbeit leisten [müssen]); sie arbeitet kurz; in dieser Firma wird jetzt kurzgearbeitet; ABER: sie hat hier nur kurz (für kurze Zeit) gearbeitet
kurz|är|me|lig *oder* **kurz|ärm|lig;** ein kurzärmeliges *oder* kurzärmliges Hemd
kurz|at|mig
die **Kür|ze;** in Kürze
das **Kür|zel** (festgelegtes Abkürzungszeichen); des Kürzels; die Kürzel
kür|zen; du kürzt; sie kürzte den Rock; kürz *oder* kürze den Text!; man hat ihr die Rente gekürzt
kur|zer|hand (ohne Umstände)
kür|zer|tre|ten (sich einschränken); in schlechten Zeiten müssen wir alle kürzertreten
sich **kurz|fas|sen;** ich werde mich kurzfassen
der **Kurz|film**
kurz|fris|tig; kurzfristige Änderungen
kurz|ge|fasst *vergleiche:* kurz
die **Kurz|ge|schich|te**
kurz|ge|schnit|ten *vergleiche:* kurz
kurz|haa|rig; ein kurzhaariges Mädchen
kürz|lich
kurz|ma|chen *vergleiche:* kurz
die **Kurz|nach|richt**
der **Kurz|schluss**
kurz|schnei|den *vergleiche:* kurz
die **Kurz|schrift** (Stenografie)
kurz|sich|tig
die **Kurz|sich|tig|keit**
der **Kurz|stre|cken|lauf**
kurz|um (kurz gesagt)
die **Kür|zung**
kurz|wei|lig (unterhaltsam); ein kurzweiliger Abend
das **Kurz|zeit|ge|dächt|nis**
kurz|zei|tig
kusch! (*Befehl an den Hund:* leg dich still nieder!)
die **Ku|schel|ecke** (liebevoll gestalteter Teil eines Raumes, in dem Kinder kuscheln können)
ku|scheln; du kuschelst; sie kuschelte; sie haben in der Sofaecke gekuschelt; sie hat sich in eine Wolldecke gekuschelt; kuschle *oder* kuschele doch mit deinem Bruder!

ku|schen (sich lautlos hinlegen [vom Hund]; *umgangssprachlich auch für:* stillschweigen); du kuschst; der Hund kuschte; er hat gekuscht; kusch *oder* kusche dich!
die **Ku|si|ne** *vergleiche:* **Cou|si|ne**
der **Kuss;** des Kus|ses; die Küs|se; *Verkleinerungsform:* das Küsschen
küs|sen; du küsst; sie küsste; sie hat ihn geküsst; küss *oder* küsse sie!
die **Küs|te**
der **Küs|ter** (Kirchendiener); des Küsters; die Küster
die **Küs|te|rin;** die Küsterinnen
die **Kut|sche**
der **Kut|scher;** des Kutschers; die Kutscher
kut|schie|ren; du kutschierst; sie hat den Wagen kutschiert; wir sind durch die Stadt kutschiert; kutschier *oder* kutschiere nicht den ganzen Tag durch die Stadt!
die **Kut|te** (Mönchsgewand); die Kutten
der **Kut|ter** (kleines Fischereifahrzeug); des Kutters; die Kutter
das **Ku|vert** [ku've:ɐ̯, *auch:* ku'vɛrt] (Briefumschlag); des Kuverts; die Kuverts
Ku|wait [*auch:* 'ku:vait] (Scheichtum am Persischen Golf)
der **Ku|wai|ter;** des Kuwaiters; die Kuwaiter
die **Ku|wai|te|rin;** die Kuwaiterinnen
ku|wai|tisch
kW = Kilowatt
kWh = Kilowattstunde

L

l = Liter
L = large (Kleidergröße: groß)
das **L** (Buchstabe); des L; die L; ABER: das l in Schale
das **Lab** (*Biologie:* ein Enzym); des Labs *oder* La|bes; die La|be
lab|be|rig, labb|rig (*umgangssprachlich für:* schwach; fade; breiig); eine labberige *oder* labbrige Suppe
das **La|bel** ['leɪbl] (Markenname; Etikett; Tonträgerproduzent); des Labels; die Labels; das Label hat sich zur begehrtes-

laben – Laib

ten Modemarke entwickelt; der Musiker
will das Label wechseln

la|ben (*gehoben für:* mit Speisen oder
Getränken erfrischen); ich labe sie; du
labst sie; er labte sie; er hat sie gelabt;
sich laben (sich gütlich tun); er hat sich
am Kuchen gelabt

la|bern (*umgangssprachlich für:* ständig
über Unwichtiges reden); du laberst; er
laberte; er hat gelabert; labere nicht!

la|bil (schwankend; unsicher); labiles
Gleichgewicht

die **La|bi|li|tät**

der **Lab|ma|gen** (bei Wiederkäuern)

das **La|bor** (*kurz für:* Laboratorium); des
Labors; die Labors, *auch:* La|bo|re

der **La|bo|rant;** des/dem/den La|bo|ran|ten;
die La|bo|ran|ten

die **La|bo|ran|tin;** die Laborantinnen

das **La|bo|ra|to|ri|um** (naturwissenschaftli-
che Arbeits- und Forschungsstätte); die
Laboratorien

das **Lab|sal** (Erfrischung); des Labsals *oder*
Lab|sal|les; die Lab|sal|le

das **La|by|rinth** (Irrgang; Durcheinander;
Innenohr); des Labyrinths *oder* La|by-
rin|thes; die La|by|rin|the

die **La|che** (kurzes Auflachen; jemandes Art
zu lachen); er hat eine schrille Lache

die **La|che** (Pfütze); die Lachen

lä|cheln; du lächelst; sie lächelte; sie hat
gelächelt; lächle *oder* lächele doch einmal!

la|chen; du lachst; sie lachte; sie hat
gelacht; lach *oder* lache nicht über ihn!;
Tränen lachen; sie hat gut lachen (sie
kann sich freuen); ABER: das La|chen;
ein herzhaftes Lachen; das ist zum
Lachen; ihm wird das Lachen bald verge-
hen

lä|cher|lich; ein lächerlicher Vorschlag;
ABER: etwas ins Lächerliche ziehen

der **Lachs** (ein Fisch); des Lach|ses; die
Lach|se

lachs|far|ben *oder* **lachs|far|big;** ein
lachsfarbenes *oder* lachsfarbiges Kleid

der **Lack;** des Lacks *oder* La|ckes; die La-
cke

la|ckie|ren; du lackierst; sie lackierte;
sie hat das Auto lackiert; lackier *oder*
lackiere das Auto!

die **La|ckie|rung**

die **La|de** (Schublade); die Laden

la|den; du lädst; sie lädt; sie lud; das
Schiff hat Erz geladen; der Richter hat
sie als Zeugin geladen; lade die Waffe!

der **La|den;** des Ladens; die Läden

der **La|den|hü|ter** (schlecht verkäufliche
Ware)

der **La|den|schluss**

die **La|dung**

die **La|dy** ['leɪdɪ] (Titel der englischen adli-
gen Frau; *selten für:* Dame); die Ladys

la|dy|like ['leɪ:dɪlaɪk] (damenhaft)

die **La|ge;** in der Lage (fähig) sein; sie ist in
einer schwierigen Lage; der Wettkampf
über 400 m Lagen (Lagenschwimmen)

das **La|ger;** die Lager, *in der Kaufmanns-
sprache auch:* Läger; etwas auf Lager
haben

das **La|ger|feu|er**

la|gern; du lagerst; sie lagerte; sie hat
die Vorräte gelagert; lagere die Vorräte
im Keller!; sich lagern (hinlegen); sie
haben sich auf der Wiese gelagert

die **La|ger|stät|te** (Vorkommen von Boden-
schätzen); die Lagerstätten

die **La|ge|rung**

La|gos (frühere Hauptstadt Nigerias)

die **La|gu|ne** (vom offenen Meer getrennter
flacher Meeresteil); die Lagunen

lahm; ein lahmes Bein

lah|men (lahm gehen); das Pferd lahmte;
es hat gelahmt

läh|men (lahm machen); die Angst
lähmte ihn; sie hat ihn gelähmt

lahm|le|gen (zum Stillstand bringen);
ein Streik hat die Stromversorgung
lahmgelegt; die Demonstrierenden ver-
suchten[,] den Verkehr lahmzulegen

die **Läh|mung**

der **Laib;** des Laibs *oder* Lai|bes; die Lai|be;
ein Laib Brot; drei Laib Käse

! Nicht verwechseln: Obwohl beide Wörter gleich ausgesprochen werden,
schreibt man *Laib,* die Bezeichnung für
ein Brot- oder Käsestück, mit *ai,* ein
anderes Wort für Körper, *Leib,* dagegen
mit *ei.* Zu den wenigen Wörtern im
Deutschen, die mit *ai* geschrieben werden, gehört auch *Laich,* die Bezeichnung für die im Wasser abgelegten Eier
von Tieren.

Laich – landläufig

der **Laich** (Eier von Amphibien, Fischen und Weichtieren); des Laichs *oder* Lai|ches; die Lai|che

lai|chen (Laich absetzen); der Fisch laichte; der Fisch hat gelaicht

die **Laich|zeit**

der **Laie** (Nichtfachmann; Nichtpriester); des Lai|en; die Lai|en

lai|en|haft; eine laienhafte Reparatur

das **Lai|en|spiel**

die **Lai|in** (Nichtfachfrau); die Laiinnen

der **La|kai** (Diener; unterwürfiger Mensch); des Lakaien; die Lakaien

die **La|ke** (Salzlösung zum Einlegen von Fisch, Fleisch u. Ä.); die Laken

das **La|ken** (Betttuch); des Lakens; die Laken

la|ko|nisch (kurz und treffend); ein lakonischer Kommentar

der, *auch:* das **La|k|ritz** (*landschaftlich für:* Lakritze); des La|k|rit|zes; die La|k|rit|ze

die **La|k|rit|ze** (eingedickter Süßholzsaft); die Lakritzen

lal|len; du lallst; er lallte; der Betrunkene hat nur gelallt; lall *oder* lalle nicht so!

das **La|ma** (höckerloses südamerikanisches Kamel); des Lamas; die Lamas

der **La|ma** (tibetischer Priester oder Mönch); des Lama *oder* Lamas; die Lamas

die **La|mel|le** (Streifen; dünnes Blättchen)

la|men|tie|ren (*umgangssprachlich für:* laut klagen, jammern); du lamentierst; er lamentierte; er hat den ganzen Tag lamentiert; lamentier *oder* lamentiere nicht!

das **La|men|to** (*umgangssprachlich für:* Gejammer; Musikstück von schmerzlichem Charakter); des Lamentos; die Lamentos

das **La|met|ta** (Metallfäden [als Christbaumschmuck]); des Lamettas

das **La|mi|nat** (ein Bodenbelag); des Laminats *oder* La|mi|na|tes; die La|mi|na|te

das **Lamm;** des Lamms *oder* Lam|mes; die Läm|mer; *Verkleinerungsform:* das Lämmchen

lam|men (ein Lamm werfen); das Schaf lammte; das Schaf hat gelammt

das **Lamm|fleisch**

lamm|fromm (sehr gehorsam, geduldig)

die **Lam|pe**

das **Lam|pen|fie|ber**

der **Lam|pi|on** [lamˈpi̯ŏ:, *auch:* ˈlampi̯ɔŋ] (Laterne); des Lampions; die Lampions

das **LAN** = local area network (Computernetz, das nur auf einigen Rechnern und nur für eine bestimmte Zeit erstellt wird); des LAN *oder* LANs; die LANs

lan|cie|ren [lãˈsi:rən] (gezielt in die Öffentlichkeit dringen lassen); du lancierst; sie lancierte; er hat lanciert; absichtlich Falschmeldungen lancieren

das **Land;** des Lands *oder* Lan|des; die Länder, *dichterisch auch:* Lande; aus aller Herren Länder, *auch:* Ländern; an Land gehen; auf dem Land leben; außer Landes sein; zu Lande und zu Wasser; bei uns zu Lande (daheim); ᴀʙᴇʀ: hier zu Lande *oder* hierzulande; die Halligen melden »Land unter« (Überflutung)

land|auf; *nur in:* landauf, landab (überall)

land|aus; *nur in:* landaus, landein (überall)

die **Lan|de|bahn**

land|ein|wärts

lan|den; ich lande; das Flugzeug landete; das Flugzeug ist gelandet; der Boxer hat bei seinem Gegner einen Kinnhaken gelandet

das **Län|der|spiel** *(Sport)*

die **Lan|des|bank** (öffentlich-rechtliches Bankinstitut für ein Bundesland)

der **Lan|des|bi|schof**

die **Lan|des|bi|schö|fin**

die **Lan|des|gren|ze**

die **Lan|des|haupt|stadt**

die **Lan|des|kun|de**

die **Lan|des|re|gie|rung**

die **Lan|des|spra|che**

der **Lan|des|teil**

lan|des|üb|lich; landesübliche Kleidung

der **Lan|des|ver|band**

lan|des|weit (im ganzen [Bundes]land verbreitet)

das **Land|ge|richt**

die **Land|kar|te**

der **Land|kreis**

land|läu|fig (allgemein verbreitet); nach landläufiger Meinung

Landleben – länglich

lang

län|ger; am längs|ten

Kleinschreibung:

– über kurz oder lang
– seit langem *oder* Langem; seit längerem *oder* Längerem

Großschreibung der Nominalisierung:

– in Lang (*umgangssprachlich für:* im langen Abendkleid) gehen
– sich des Langen und Breiten (ausführlich) über etwas äußern
– seit Langem *oder* langem; seit Längerem *oder* längerem

Getrennt- und Zusammenschreibung:

– einen Wunsch lang[e] hegen; der lang gehegte *oder* langgehegte Wunsch
– ein Gummiband lang ziehen *oder* langziehen; er hat ihm die Ohren lang gezogen *oder* langgezogen (er hat ihn scharf getadelt); eine lang gezogene *oder* langgezogene Kurve
Vergleiche aber: langweilen

Bei »lang« als zweitem Bestandteil:

– meterlang; ABER: zehn Meter lang
– jahrelang; ABER: zwei Jahre lang

---

das **Land|le|ben**
    länd|lich; eine ländliche Gegend
die **Land|luft**
der **Land|rat**
die **Land|rä|tin**
das **Land|rats|amt**
die **Land|schaft**
    land|schaft|lich
das **Land|schafts|schutz|ge|biet**
das **Land|schul|heim**
die **Lands|frau** (Frau, die aus demselben Land stammt wie eine andere Person)
der **Lands|mann** (Mann, der aus demselben Land stammt wie eine andere Person); die Landsleute
die **Lands|män|nin** (Landsfrau); die Landsmänninnen
die **Land|stra|ße**
der **Land|strei|cher**; des Landstreichers; die Landstreicher
die **Land|strei|che|rin**; die Landstreicherinnen
der **Land|strich**
der **Land|tag**
die **Land|tags|wahl**
die **Lan|dung**
der **Land|wirt**
die **Land|wir|tin**
die **Land|wirt|schaft**
    land|wirt|schaft|lich
    lang *siehe Kasten*
    lang|är|me|lig *oder* **lang|ärm|lig**
    lang|at|mig; langatmige Reden
    lang|bei|nig

    lan|ge *oder* **lang**; län|ger; am längs|ten; es ist lange her; aus langer Weile; das Ende der langen Weile; ↑ ABER: Lang[e]weile
die **Län|ge**; der Länge nach hinfallen; ABER: längelang hinfallen
    lan|gen (*umgangssprachlich für:* ausreichen; [nach etwas] greifen); das Geld langt; er langte in den Korb; das Geld hat gelangt; jetzt langt[']s mir aber! (jetzt ist meine Geduld zu Ende!)
der **Län|gen|grad**
der **Län|gen|kreis**
das **Län|gen|maß**
    län|ger|fris|tig (für längere Zeit geltend)
die **Lan|ge|wei|le** *oder* **Lang|wei|le**; das Ende der Langeweile *oder* Langweile; ABER: das Ende der langen Weile; aus Langeweile, *auch:* Langweile; ABER: aus langer Weile
    lang|fris|tig (lange Zeit anhaltend); längerfristig *oder* langfristiger; am langfristigsten
    lang|ge|hegt *vergleiche:* **lang**
    lang|ge|hen (*umgangssprachlich für:* entlanggehen); sie weiß, wo es langgeht
    lang|ge|zo|gen *vergleiche:* **lang**
    lang|haa|rig
    lang|jäh|rig; langjährige Erfahrungen
der **Lang|lauf**
    lang|le|big; langlebige Tiere
die **Lang|le|big|keit**
    läng|lich

283

Langmut – Last

die **Lang|mut** (*gehoben für:* große Geduld)
lang|mü|tig
längs; etwas längs (der Länge nach)
trennen; längs (entlang) des Weges,
auch: längs dem Weg; ein <mark>längs gestreif-</mark>
<mark>ter</mark> *oder* längsgestreifter Pullover
die **Längs|ach|se**
lang|sam; ein langsamer Walzer
die **Lang|sam|keit**
der **Lang|schlä|fer**
die **Lang|schlä|fe|rin**
längs|ge|streift *vergleiche:* **längs**
die **Lang|spiel|plat|te** (Abkürzung LP)
der **Längs|schnitt**
längst (seit Langem); er ist längst
daheim
längs|tens (*umgangssprachlich für:*
höchstens; spätestens); das hält er längs-
tens eine Stunde aus
die **Lan|gus|te** (eine Krebsart)
die **Lang|wei|le** *vergleiche:* **Lan|ge|wei|le**
lang|wei|len; du langweilst sie; er lang-
weilte sie; er hat sie gelangweilt; langweil
oder langweile mich nicht mit deinem
Vortrag!; sich langweilen; sie hat sich
gelangweilt
lang|wei|lig; eine langweilige
Geschichte
lang|wie|rig (lange dauernd und müh-
sam); langwierige Verhandlungen
die **Lang|zeit|wir|kung**
lang|zie|hen *vergleiche:* **lang**
die **LAN-Par|ty** (Party, bei der die Teilneh-
menden innerhalb eines LANs Compu-
terspiele durchführen)
die **Lan|ze**
La|os (Staat in Südostasien)
der **La|o|te;** des/dem/den Laoten; die Lao-
ten
die **La|o|tin;** die Laotinnen
la|o|tisch
la|pi|dar (einfach, kurz und bündig);
eine lapidare Feststellung
die **Lap|pa|lie** (Kleinigkeit, etwas Belanglo-
ses); die Lap|pa|li|en
der **Lap|pen;** des Lappens; die Lappen
läp|pisch (albern, dumm); eine läppi-
sche Bemerkung
der **Lap|sus** ([geringfügiger] Fehler; Ver-
sehen); des Lapsus; die Lapsus
der, *auch:* das **Lap|top** [ˈlɛptɔp] (tragbarer
Computer); des Laptops; die Laptops

die **Lär|che** (ein Nadelbaum)

! Nicht verwechseln: Obwohl beide Wörter gleich ausgesprochen werden,
schreibt man den Baum *(Lärche)*
anders als den Singvogel *(Lerche)*.

---

large [laːʁdʒ] (Kleidergröße = groß;
Abkürzung L)
lar|go (*Musik:* breit, langsam)
das **Lar|go** (*Musik:* langsames Musikstück);
des Largos; die Largos, *auch:* Larghi
[ˈlargi]
la|ri|fa|ri (*umgangssprachlich für:* ober-
flächlich; nachlässig); etwas larifari
machen; ᴀʙᴇʀ: das **La|ri|fa|ri**
(*umgangssprachlich für:* Geschwätz,
Unsinn); des Larifaris; was er sagte, war
Larifari
der **Lärm;** des Lärms, *seltener:* Lär|mes
lär|men; du lärmst; sie lärmte; sie hat
gelärmt; lärm *oder* lärme nicht so!
die **Lärm|schutz|wand**
die **Lar|ve** (Maske; Jugendstadium von
Insekten)
die **La|sa|gne** [laˈzanjə] (ein italienisches
Nudelgericht); die Lasagnen
lasch (*umgangssprachlich für:* schlaff;
träge); ein lascher Händedruck
die **La|sche** (ein Verbindungsstück)
der **La|ser** [ˈleɪzɐ] (Gerät zur Lichtverstär-
kung); des Lasers; die Laser
der **La|ser|dru|cker**
der **La|ser|strahl**
la|sie|ren (mit Lasur versehen); du
lasierst; er lasierte; er hat den Schrank
lasiert
las|sen; du lässt; sie lässt; sie ließ; sie
hat gelassen; lasse *oder* lass das!; ich
habe es gelassen (unterlassen); ich habe
dich rufen lassen; er sollte es <mark>bleiben las-</mark>
<mark>sen</mark> *oder* bleibenlassen (unterlassen); sie
hat ihre Tasche fallen lassen, *seltener:*
fallen gelassen; ᴀʙᴇʀ: sie wird nicht
lockerlassen (*umgangssprachlich für:*
nachgeben)
läs|sig; ein lässiges Kopfnicken
die **Läs|sig|keit**
läss|lich (verzeihlich); lässliche (klei-
nere) Sünden
das, *auch:* der **Las|so** (eine Wurfschlinge); des
Lassos; die Lassos
die **Last;** die Las|ten; <mark>zulasten</mark> *oder* zu Las-

lasten – Laune

ten des Klägers; die Rechnung geht
zulasten *oder* zu Lasten von Herrn ...;
ABER: die Kosten gehen zu ihren Lasten
las|ten; damit lastet eine große Verant-
wortung auf ihm; der schwere Sack las-
tete auf meinem Rücken; das hat auf ihr
gelastet

das **Las|ter** (schlechte Gewohnheit); des
Lasters; die Laster

der **Las|ter** (*umgangssprachlich für:* Last-
kraftwagen); des Lasters; die Laster
las|ter|haft
läs|tern; du lästerst; er lästerte; er hat
gelästert; lästere nicht über sie!

die **Läs|te|rung**
läs|tig; eine lästige Fliege

der **Last|kraft|wa|gen** (*Abkürzung:* Lkw
oder LKW)

die **Last-mi|nute-Reise, Last-Mi|nute-Rei-
se** ['la:st'mɪnɪt...] (verbilligte, kurzfristig
anzutretende Reise)

der **Last|wa|gen**

die **La|sur** (durchsichtige Farbschicht); die
La|su|ren
las|ziv (anstößig); laszive Fotos

das **La|tein;** des Latein *oder* Lateins; er ist
mit seinem Latein am Ende (weiß nicht
mehr weiter)
La|tein|ame|ri|ka (die spanisch- und
portugiesischsprachigen Staaten Mittel-
und Südamerikas)
la|tei|nisch; lateinische Schrift
la|tent (vorhanden, aber nicht in
Erscheinung tretend); eine latente
Gefahr

die **La|ter|ne**

der **La|ter|nen|pfahl**

der **La|tex** (Kautschukmilch); des Latex; die
La|ti|zes

das **La|ti|num** (nachgewiesene Kenntnisse
der lateinischen Sprache); des Latinums;
das kleine, große Latinum

die **La|tri|ne** (behelfsmäßige Toilette; Senk-
grube); die Latrinen

die **Lat|sche** *oder* der **Lat|schen** (*umgangs-
sprachlich für:* Hausschuh; ausgetretener
Schuh); der Latsche *oder* des Latschens;
die Latschen

die **Lat|sche** (ein Nadelbaum); die Latschen
lat|schen (nachlässig gehen); du
latschst; sie latschte; sie ist über den Hof
gelatscht; latsch *oder* latsche nicht so!

die **Lat|te**

der **Lat|ten|rost**

der **Lat|ten|zaun**

der **Lat|tich** (ein Korbblütler); des Lattichs;
die Lat|ti|che

der **Latz;** des Lat|zes; die Lät|ze; *Verkleine-
rungsform:* das Lätzchen
lau; lau|er; am lau|es|ten *oder* laus|ten;
ein lauer Wind

das **Laub;** des Laubs *oder* Lau|bes; Laub tra-
gende *oder* laubtragende Bäume

der **Laub|baum**

die **Lau|be** (Gartenhäuschen)

der **Laub|frosch**

die **Laub|sä|ge**
laub|tra|gend *vergleiche:* **Laub**

der **Laub|wald**

der **Lauch** (eine Zwiebelpflanze); des Lauchs
oder Lau|ches; die Lau|che

die **Lau|er;** auf der Lauer sein, liegen
lau|ern; ich lauere; du lauerst; sie lau-
erte; sie hat lange auf mich gelauert

der **Lauf;** des Laufs *oder* Lau|fes; die Läu|fe;
im Lauf *oder* Laufe der Zeit; der
100-Meter-Lauf *oder* 100-m-Lauf

die **Lauf|bahn**
lau|fen; du läufst; sie läuft; sie lief; sie ist
gelaufen; lauf *oder* laufe schneller!; sie
hat vor[,] den Hund [viel] laufen zu las-
sen; sie hat ihn *oder* laufen|lassen *oder* laufen-
lassen (*umgangssprachlich für:* sich von
ihm getrennt)
lau|fend; laufendes Jahr *oder* laufenden
Jahres; die laufenden Arbeiten; am laufenden Band arbeiten; ABER: auf dem
Laufenden (über das Neueste informiert)
sein, bleiben
lau|fen|las|sen *vergleiche:* **lau|fen**

der **Läu|fer;** des Läufers; die Läufer

die **Läu|fe|rin;** die Läuferinnen

das **Lauf|feu|er;** die Nachricht verbreitete
sich wie ein Lauffeuer
läu|fig (brünstig); eine läufige Hündin

der **Lauf|schritt;** im Laufschritt

das **Lauf|werk** (*Technik, EDV*); des Lauf-
werks *oder* Laufwerkes; die Laufwerke;
der Laptop hat ein DVD-Laufwerk

die **Lauf|zeit;** die Laufzeit des Films betrug
nur acht Wochen; der Vertrag hat eine
Laufzeit von einem Jahr

die **Lau|ge** (alkalische Lösung)

die **Lau|ne**

285

launig – lebensgefährlich

lau|nig (witzig); eine launige Bemerkung

> **!** Die beiden Adjektive *launig* und *launisch* klingen zwar ähnlich, bezeichnen aber unterschiedliche Eigenschaften. Während *launig* so viel wie »humorvoll«, »geistreich« bedeutet, wird *launisch* im Sinn von »launenhaft« oder »oft schlecht gelaunt« verwendet: »Sie hat eine launige Rede gehalten.« »Er gilt als launischer Chef.«

lau|nisch (launenhaft); launisches Wetter

die **Laus;** die Läu|se

der **Laus|bub**

laus|bü|bisch; ein lausbübisches Grinsen

lau|schen; du lauschst; er lauschte; er hat an der Tür gelauscht; lausch *oder* lausche nicht!

der **Lau|scher;** des Lauschers; die Lauscher

die **Lau|sche|rin**

lau|schig (verborgen, gemütlich gelegen); ein lauschiges Plätzchen

lau|sen; der Affe laust sich; die Affenmutter hat ihr Junges gelaust

lau|sig (*umgangssprachlich für:* schlecht; schäbig; sehr [groß]); eine lausige Arbeit; es war lausig kalt

laut; lau|ter; am lau|tes|ten; laut reden; etwas laut (bekannt) werden lassen

laut (gemäß); laut [ärztlicher] Anweisung; laut Berichten; laut unseres Schreibens, *auch:* unserem Schreiben

der **Laut;** des Lauts *oder* Lau|tes; die Lau|te

die **Lau|te** (ein Saiteninstrument)

lau|ten; der Vertrag lautete auf den Namen ...; das Urteil hat auf Freispruch gelautet

läu|ten; du läutest; sie läutete; sie hat geläutet; läut *oder* läute die Glocken!

lau|ter (rein; aufrichtig); eine lautere Gesinnung

lau|ter (*umgangssprachlich für:* nur, nichts als); da sind ja lauter Kinder; den Wald vor lauter Bäumen nicht sehen

die **Lau|ter|keit**

läu|tern (reinigen; von Fehlern befreien); das Leid läuterte ihn; es hat ihn geläutert

laut|los; laut|lo|ser; am laut|lo|ses|ten

die **Laut|lo|sig|keit**

die **Laut|schrift**

der **Laut|spre|cher**

laut|stark; lautstarker Protest

die **Laut|stär|ke**

lau|warm; lauwarmes Wasser

die **La|va** (feurig-flüssiger Schmelzfluss aus Vulkanen); die Laven

der **La|ven|del** (eine Gewürzpflanze); des Lavendels

la|vie|ren (mit Geschick Schwierigkeiten überwinden); du lavierst; sie lavierte; sie hat zwischen den Parteien laviert

die **La|wi|ne**

la|wi|nen|ar|tig

lax (schlaff; locker); la|xer; am la|xes|ten; eine laxe Haltung

das **Lay|out** [leɪˈlaut, *auch:* ˈleɪlaut] *oder* **Lay-out** (Text- und Bildgestaltung); des **Layouts** *oder* Lay-outs; die **Layouts** *oder* Lay-outs

das **La|za|rett** (Militärkrankenhaus); des Lazaretts *oder* La|za|ret|tes; die La|za|ret|te

der **LCD-An|zei|ge** (Flüssigkristallanzeige)

der **Lea|der** [ˈliːdɐ] (*kurz für:* Bandleader [Leiter einer Band]); des Leaders; die Leader

das **Lear|ning by Do|ing** (Lernen durch unmittelbares Anwenden); des Learning by Doing

die **Lear|ning-by-Do|ing-Me|tho|de**

lea|sen [ˈliːzn̩] (mieten); du least; sie leaste; sie hat das Auto geleast; lease es!

das **Lea|sing** (Vermietung); des Leasings; die Leasings

die **Lea|sing|fir|ma**

das **Le|be|hoch;** die Lebehochs; sie rief ein herzliches Lebehoch; ABER: sie rief: »Er lebe hoch!«

le|ben; du lebst; sie lebte; sie hat lange gelebt; lebe wohl!; ↑ABER: Lebewohl

das **Le|ben;** des Lebens; die Leben; mein Leben lang; am Leben bleiben; mit dem Leben davonkommen

le|ben|dig; eine lebendige Schilderung

die **Le|bens|be|din|gung** *meist Plural*

die **Le|bens|be|droh|lich**

die **Le|bens|dau|er**

die **Le|bens|er|war|tung**

die **Le|bens|freu|de**

die **Le|bens|ge|fahr**

le|bens|ge|fähr|lich

Lebensgefährte – Legalität

der **Le|bens|ge|fähr|te**
die **Le|bens|ge|fähr|tin**
die **Le|bens|geis|ter** *Plural*
die **Le|bens|hal|tungs|kos|ten** *Plural*
das **Le|bens|jahr**
  le|bens|lang; lebenslange Haft
  le|bens|läng|lich; er bekam »lebens-
  länglich« (eine lebenslange Freiheitsstrafe)
der **Le|bens|lauf**
das **Le|bens|mit|tel;** die Lebensmittel *meist
  Plural*
  le|bens|not|wen|dig
der **Le|bens|part|ner**
die **Le|bens|part|ne|rin**
die **Le|bens|qua|li|tät**
der **Le|bens|stan|dard**
der **Le|bens|un|ter|halt;** des Lebensunter-
  halts *oder* Lebensunterhaltes; seinen
  Lebensunterhalt verdienen
die **Le|bens|ver|hält|nis|se** *Plural*
die **Le|bens|ver|si|che|rung**
der **Le|bens|weg**
die **Le|bens|wei|se**
das **Le|bens|werk;** sie erhielt den Preis für
  ihr Lebenswerk
  le|bens|wert
  le|bens|wich|tig
das **Le|bens|zei|chen**
die **Le|ber** (ein Organ)
der **Le|ber|tran** (vitaminreiches Öl aus der
  Leber von Fischen)
die **Le|ber|wurst**
das **Le|be|we|sen**
das **Le|be|wohl;** die Le|be|wohl|le *oder*
  Lebewohls; sie rief ein herzliches Lebe-
  wohl; ABER: sie rief: »Lebe wohl!«
  leb|haft; leb|haf|ter; am leb|haf|tes-
  ten
der **Leb|ku|chen**
  leb|los; ein lebloser Körper
die **Leb|zei|ten** *Plural;* bei Lebzeiten seines
  Vaters; zu seinen Lebzeiten
  lech|zen (heftig verlangen); du lechzt;
  sie lechzte; sie hat nach Wasser
  gelechzt
  leck (undicht); ein leckes Boot
das **Leck;** des Lecks *oder* Le|ckes; die Lecks
  le|cken (undicht sein); das Schiff leckte;
  das Schiff hat geleckt
  le|cken (mit der Zunge berühren); du
  leckst; sie leckte; sie hat ein Eis

geleckt; leck *oder* lecke nicht daran!;
sich lecken; der Hund hat sich
geleckt
le|cker; ein leckeres Essen; das
schmeckt lecker
der **Le|cker|bis|sen**
die **Le|cke|rei;** die Leckereien
das **Le|der;** des Leders; die Leder
die **Le|der|ho|se**
  le|dern (aus Leder); lederne Stiefel
  le|dig (nicht verheiratet)
  le|dig|lich (nur)
  led|rig *oder* **le|de|rig** (lederartig)
die **Lee** (die dem Wind abgekehrte Seite;
  Gegensatz: Luv); in, nach Lee
  leer; leer machen *oder* leermachen;
  den Teller leer essen *oder* leeressen;
  das Glas leer trinken *oder* leertrinken;
  leer stehen; eine leer stehende *oder*
  leerstehende Wohnung
die **Lee|re**
  lee|ren; du leerst; sie leerte; sie hat
  den Eimer geleert; leer *oder* leere den
  Eimer!

> **!** Nicht verwechseln: Obwohl die Wörter
> gleich ausgesprochen werden, schreibt
> man *leeren* (= leer machen) mit Dop-
> pel-e, während *lehren* (= unterrichten,
> unterweisen) mit Dehnungs-h geschrie-
> ben wird.

  leer|es|sen *vergleiche:* **leer**
das **Leer|ge|wicht**
das **Leer|gut**
der **Leer|gut|au|to|mat**
der **Leer|lauf** (unproduktives Tätigsein)
  leer|lau|fen (auslaufen); er hat das Fass
  leerlaufen lassen
  leer|ma|chen *vergleiche:* **leer**
  leer|ste|hend *vergleiche:* **leer**
die **Leer|tas|te** (auf der Tastatur)
  leer|trin|ken *vergleiche:* **leer**
die **Lee|rung**
die **Lef|ze** (die Lippe bei Tieren)
  le|gal (gesetzlich, gesetzmäßig); eine
  legale Aktion
  le|ga|li|sie|ren (gesetzlich erlauben); du
  legalisierst; er hat die Zustände legali-
  siert; legalisier *oder* legalisiere das Verhältnis)
die **Le|ga|li|tät** (Übereinstimmung mit den
  Gesetzen)

a
b
c
d
e
f
g
h
i
j
k
l
Leg
m
n
o
p
q
r
s
t
u
v
w
x
y
z

287

Legasthenie – Leichtsinn

die **Le|g|as|the|nie** (Lese- und Rechtschreib-schwäche)

le|g|as|the|nisch

le|gen; du legst; sie legte; sie hat das Buch auf den Tisch gelegt; ABER: das Buch hat auf dem Tisch gelegen; ↑ *auch:* gelegen; leg *oder* lege das Buch auf den Tisch!

le|gen|där (legendenhaft; unwahr-scheinlich); ein legendäres Fabelwesen

die **Le|gen|de** (Heiligenerzählung, Sage; Zeichenerklärung auf Landkarten usw.)

le|ger [le'ʒɛːɐ̯, le'ʒɛːɐ̯] (ungezwungen, locker); legere Kleidung

die **Leg|gings** *oder* **Leg|gins** (Strumpfhose ohne Füßlinge) *Plural*

le|gie|ren (verschmelzen; mit Eigelb anrühren); du legierst; er legierte; er hat die Suppe legiert; legier *oder* legiere die Suppe!

die **Le|gie|rung** (Metallmischung)

die **Le|gi|on** (altrömische Heereseinheit; Freiwilligentruppe); die Le|gi|o|nen

der **Le|gi|o|när;** des Legionärs; die Le|gi|o-nä|re

die **Le|gis|la|ti|ve** (gesetzgebende Gewalt im Staat)

die **Le|gis|la|tur|pe|ri|o|de** (Amtsdauer eines Parlaments)

le|gi|tim (gesetzlich; rechtmäßig); ein legitimes Anliegen

die **Le|gi|ti|ma|ti|on** (Beglaubigung; Berech-tigungsausweis)

le|gi|ti|mie|ren (beglaubigen); sie hat sich legitimiert (sich ausgewiesen)

die **Le|gi|ti|mi|tät** (Rechtmäßigkeit)

der **Le|gu|an** (Baumeidechse); des Leguans; die Le|gu|a|ne

das **Le|hen** (*früher für:* einem Untertan geliehener [Grund]besitz); des Lehens; die Lehen

der **Lehm;** des Lehms *oder* Leh|mes; die Leh|me

leh|mig; lehmiger Boden

die **Leh|ne**

leh|nen; du lehnst; sie lehnte; sie hat die Leiter an die Mauer gelehnt; sich lehnen; sie hat sich an meine Schulter gelehnt

der **Lehn|stuhl**

das **Lehns|we|sen** *oder* **Le|hens|we|sen** (*früher*)

das **Lehn|wort;** die Lehn|wör|ter

das **Lehr|buch**

die **Lehr|re**

leh|ren; du lehrst; sie lehrte; sie hat gelehrt; lehr *oder* lehre ihn schwimmen!; sie lehrt ihn Englisch; er lehrt mich lesen; sie lehrt ihn das Lesen; sie hat ihn reiten gelehrt

der **Leh|rer;** des Lehrers; die Lehrer

die **Leh|re|rin;** die Lehrerinnen

der **Leh|rer|man|gel**

das **Lehr|fach**

der **Lehr|gang**

der **Lehr|ling** (Auszubildende[r])

der **Lehr|meis|ter**

die **Lehr|meis|te|rin**

der **Lehr|plan**

lehr|reich; lehrreiche Erfahrung

die **Lehr|stel|le**

der **Lehr|stoff**

die **Lehr|werk|statt**

der **Leib;** des Leibs *oder* Lei|bes; die Lei|ber; Leib und Seele; am eigenen Leib erfah-ren; gut bei Leibe (wohlgenährt) sein; ↑ ABER: beileibe, Laib

leib|ei|gen (*früher*)

die **Leib|ei|gen|schaft**

das **Leib|ge|richt**

leib|haf|tig

der **Leib|haf|ti|ge** (Teufel); des/dem/den Leibhaftigen

leib|lich; das leibliche Wohl

der **Leib|wäch|ter**

die **Lei|che**

lei|chen|blass

der **Leich|nam;** des Leichnams *oder* Leich-na|mes; die Leich|na|me

leicht *siehe Kasten Seite 289*

der **Leicht|ath|let**

die **Leicht|ath|le|tik**

die **Leicht|ath|le|tin**

leicht|be|waff|net *vergleiche:* **leicht**

leicht|fal|len (keine Mühe machen); die Hausaufgaben waren ihr leichtgefallen; ↑ ABER: leicht

leicht|fer|tig

leicht|gläu|big; leichtgläubige Men-schen

die **Leich|tig|keit**

leicht|ma|chen *vergleiche:* **leicht**

das **Leicht|me|tall**

der **Leicht|sinn**

288

leichtsinnig – Leiharbeit

leicht

leich|ter; am leich|tes|ten

1. Groß- und Kleinschreibung:

Kleinschreibung:

– eine leichte Aufgabe
– leichte Musik

Großschreibung der Nominalisierung:

– es ist mir ein Leichtes (fällt mir sehr leicht), darauf zu verzichten
– etwas, nichts Leichtes

2. Getrennt- und Zusammenschreibung:

Schreibung in Verbindung mit Verben:

– leicht fallen; die Preise sind leicht gefallen; ABER: die Arbeit ist ihr leichtgefallen (hat sie nicht angestrengt)
– sie hat es ihm nicht leicht gemacht *oder* leichtgemacht

Schreibung in Verbindung mit Adjektiven und Partizipien:

– eine leicht verständliche *oder* leichtverständliche Sprache
– ein leicht bewaffneter *oder* leichtbewaffneter Soldat
– eine leicht verdauliche *oder* leichtverdauliche Speise
– eine leicht verletzte *oder* leichtverletzte Sportlerin; die leicht Verletzten *oder* ↑Leichtverletzten

---

leicht|sin|nig; leicht|sin|ni|ges Verhalten
leicht|ver|dau|lich *vergleiche:* **leicht**
leicht|ver|letzt *vergleiche:* **leicht**
der **Leicht|ver|letz|te** *oder* leicht Verletzte; ein Leichtverletzter *oder* leicht Verletzter; die Leichtverletzten *oder* leicht Verletzten; zwei Leichtverletzte *oder* leicht Verletzte
die **Leicht|ver|letz|te;** eine Leichtverletzte *oder* leicht Verletzte
leicht|ver|ständ|lich *vergleiche:* **leicht**
leid; er ist das Genörgel leid; der Ärger wird mir allmählich leid; ↑ABER: Leid
das **Leid;** des Leids *oder* Lei|des; sie klagte ihm ihr Leid; schweres Leid [er]tragen; jemandem, sich ein Leid [an]tun; jemandem etwas zu Leide *oder* zuleide tun
die **Lei|de|form** (Passiv)
lei|den; ich leide; du leidest; sie leidet; sie litt; sie hat darunter gelitten; leide nicht länger!
das **Lei|den;** des Leidens; die Leiden; Freuden und Leiden
die **Lei|den|schaft**
lei|den|schaft|lich; leidenschaftliche Diskussionen
lei|den|schafts|los
lei|der; leider Gottes

lei|dig (unangenehm); ein leidiges Thema

! Das Adjektiv *leidig* ist von *Leid* abgeleitet und bedeutet »lästig«, »unangenehm«: »Das ist eine leidige Angelegenheit.« Dagegen ist *leidlich* eine Bildung zu *leiden* und bedeutet »einigermaßen den Erwartungen entsprechend«: »Sie hat leidliche Kenntnisse in Englisch.«

leid|lich (ausreichend, [noch] annehmbar); sie war eine leidliche Schülerin
leid|tra|gend; die leidtragende Bevölkerung
der **Leid|tra|gen|de;** ein Leidtragender; die Leidtragenden; zwei Leidtragende
die **Leid|tra|gen|de;** eine Leidtragende
leid|tun; das wird dir noch leidtun!; es tat uns leid; der Mann hat uns leidgetan; das braucht dir nicht leidzutun
das **Leid|we|sen;** *nur in:* zu meinem, unserem usw. Leidwesen (Bedauern)
die **Lei|er** (Musikinstrument); die Leiern
lei|ern; du leierst; sie leierte; sie hat das Gedicht geleiert; leiere nicht so!
die **Leih|ar|beit** (Arbeit, bei der jemand

289

Leihbücherei – lernen

vorübergehend für einen anderen Arbeitgeber arbeitet)

die **Leih|bü|che|rei**

lei|hen; du leihst; sie leiht; sie lieh; sie hat das Buch geliehen; leih *oder* leihe mir das Buch!

die **Leih|ga|be**

der **Leih|wa|gen**

leih|wei|se

der **Leim;** des Leims *oder* Lei|mes

lei|men; du leimst; sie leimte; sie hat den Stuhl geleimt; leim *oder* leime den Stuhl!

der **Lein** (Flachs); des Leins *oder* Lei|nes

die **Lei|ne**

lei|nen (aus Leinen); leinene Geschirrtücher

das **Lei|nen** (Flachsfaser); des Leinens; die Leinen

der **Lein|sa|men** (Samen des Flachses)

die **Lein|wand**

Leip|zig (Stadt in Sachsen)

lei|se; nicht die leiseste (überhaupt keine) Ahnung haben; ABER: nicht im Leisesten (durchaus nicht) zweifeln

die **Leis|te**

leis|ten; du leistest; sie leistete; sie hat gute Arbeit geleistet; leiste Erste Hilfe!

der **Leis|ten** (Modell in Fußform; Schuhspanner); des Leistens; die Leisten

der **Leis|ten|bruch**

die **Leis|tung**

leis|tungs|fä|hig; leistungsfähige Turner

die **Leis|tungs|fä|hig|keit**

leis|tungs|ge|recht; leistungsgerechte Bezahlung

der **Leis|tungs|kurs** (in der Schule)

der **Leis|tungs|sport**

leis|tungs|stark; leistungsstarke Motoren

die **Leis|tungs|stei|ge|rung**

der **Leis|tungs|trä|ger**

die **Leis|tungs|trä|ge|rin**

der **Leit|ar|ti|kel** (in der Zeitung)

das **Leit|bild**

lei|ten; du leitest; sie leitete; sie hat die Diskussion geleitet; leit *oder* leite die Diskussion!; eine leitende Angestellte

der **Lei|ter** (führende Person); des Leiters; die Leiter

die **Lei|ter** (Steiggerät); die Leitern

die **Lei|te|rin** (leitende Person); die Leiterinnen

der **Lei|ter|wa|gen**

der **Leit|fa|den;** die Leitfäden

der **Leit|ge|dan|ke**

der **Leit|ham|mel**

das **Leit|mo|tiv**

die **Leit|plan|ke**

der **Leit|ton** *(Musik)*

die **Lei|tung**

der **Lei|tungs|mast**

das **Lei|tungs|netz**

das **Lei|tungs|was|ser**

das **Leit|werk** (Steuerflächen am Flugzeug)

der **Leit|zins** *(Wirtschaft)*

die **Lek|ti|on** (Unterrichtsstunde; Aufgabe; Zurechtweisung); die Lek|ti|o|nen; jemandem eine Lektion erteilen

der **Lek|tor** (ein Hochschullehrer; ein Verlagsmitarbeiter); des Lektors; die Lek|to|ren

die **Lek|to|rin;** die Lektorinnen

die **Lek|tü|re** (Lesestoff)

der **Lem|ming** (eine Wühlmaus); des Lemmings; die Lem|min|ge

die **Len|de**

der **Len|den|schurz**

der **Len|den|wir|bel**

Le|nin|grad (früherer Name der russischen Stadt Sankt Petersburg)

lenk|bar; ein lenkbarer Drachen

der **Lenk|dra|chen** (größerer, mit Leinen lenkbarer Drachen)

len|ken; du lenkst; sie lenkte; sie hat den Bus gelenkt; lenk *oder* lenke den Verdacht nicht auf mich!

der **Len|ker;** des Lenkers; die Lenker

das **Lenk|rad**

das **Lenk|rad|schloss**

die **Lenk|stan|ge**

die **Len|kung**

der **Lenz** *(gehoben für:* Frühling); des Lenzes; die Len|ze

der **Le|o|pard;** des/dem/den Le|o|par|den; die Le|o|par|den

die **Le|p|ra** (Aussatz)

die **Ler|che** (ein Vogel); ↑ ABER: Lärche

lern|be|hin|dert

ler|nen; du lernst; sie lernte; sie hat gelernt; lern *oder* lerne fleißig!; Vokabeln lernen; ABER: lesen, *auch:* [das] Lesen lernen; Auto fahren, *auch:* [das] Autofah-

Lernerfolg – Level

letz|te

Kleinschreibung:

– das letzte Stündlein
– die letzte Ruhestätte
– der letzte *oder* Letzte Wille (Testament)
– letzten Endes
– jemandem die letzte Ehre erweisen
– das letzte Mal; zum letzten Mal ↑ Mal

Großschreibung der Nominalisierung und in namensähnlichen Fügungen:

– der Letzte, der gekommen ist; er ist der Letzte, den ich wählen würde; dies ist das Letzte, was ich tun würde

– den Letzten beißen die Hunde; die Letzten werden die Ersten sein
– das ist das Letzte (das Schlimmste)
– er hatte das bis ins Letzte (genau) ausgearbeitet
– fürs Letzte (zuletzt)
– bis zum Letzten (sehr) angespannt sein; bis zum Letzten (Äußersten) gehen
– sein Letztes hergeben
– der Letzte seines Stammes; der Letzte des Monats
– die Letzte Ölung (Krankensalbung)
– der Letzte *oder* letzte Wille (Testament)

---

ren lernen; ein gelernter Bäcker; kennen lernen *oder* kennenlernen ↑ kennen

! Das Verb *lernen* darf nicht mit *lehren* (= unterrichten, jemandem etwas beibringen) verwechselt werden. Es heißt also: »Sie hat uns tanzen gelehrt«, aber: »Wir haben bei ihr tanzen gelernt«.

der **Lern|er|folg**
lern|fä|hig
der **Lern|pro|zess**
die **Lern|soft|ware** [...zɔftwɛːɐ̯] (Computerprogramm, das bestimmte Lerninhalte vermittelt)
les|bar
die **Les|be** (*umgangssprachlich und Selbstbezeichnung für:* lesbische Frau); die Lesben
die **Les|bi|e|rin** (lesbische Frau); die Lesbierinnen
les|bisch; lesbische Liebe
die **Le|se** (Weinlese); die Lesen
das **Le|se|buch**
le|sen; du liest; sie liest; du lasest, *seltener:* last; sie las; sie hat den Roman gelesen; lies das Buch!
le|sens|wert; ein lesenswertes Buch
der **Le|ser;** des Lesers; die Leser
der **Le|ser|brief**
die **Le|se|rin;** die Leserinnen
le|ser|lich; eine leserliche Schrift
die **Le|sung**
die **Le|thar|gie** (Trägheit)
le|thar|gisch
der **Let|te** (Einwohner von Lettland); des/dem/den Letten; die Letten

die **Let|ter** (Druckbuchstabe); die Lettern
die **Let|tin** (Einwohnerin von Lettland); die Lettinnen
let|tisch
Lett|land (nordosteuropäische Republik)
die **Letzt;** *nur in:* zu guter Letzt
letz|te siehe Kasten
letzt|end|lich (schließlich)
letz|tens (kürzlich)
letzt|lich (schließlich, endlich)
letzt|ma|lig; die letztmalige Bitte
letzt|mals; er gewann letztmals vor drei Jahren
die **Leucht|di|o|de**
die **Leuch|te**
leuch|ten; das Feuer leuchtete; es hat geleuchtet; leuchte mit der Taschenlampe!
leuch|tend; leuchtend blaue Augen; seine Augen waren leuchtend blau
der **Leuch|ter;** des Leuchters; die Leuchter
der **Leucht|turm**
leug|nen; du leugnest; er leugnete; er hat die Tat geleugnet; leugne deine Schuld nicht!
die **Leu|k|ä|mie** (*Medizin:* Blutkrebs)
der **Leu|mund** (Ruf); des Leumunds *oder* Leu|mun|des; einen guten Leumund haben
das **Leu|munds|zeug|nis**
die **Leu|te** Plural
der **Leut|nant** (ein Offiziersrang); des Leutnants; die Leutnants, *auch:* Leut|nan|te
leut|se|lig (gesprächig)
die **Leut|se|lig|keit**
der *oder* das **Le|vel** ['lɛvl̩] (Niveau, Schwie-

291

lexikalisch – lieb

rigkeitsstufe); des Levels; die Levels *oder* Level

le|xi|ka|lisch (das Lexikon betreffend)

das **Le|xi|kon** (alphabetisch geordnetes allgemeines Nachschlagewerk); des Lexikons; die Lexika *oder* Lexiken

lfd. = laufend

die **Li|a|ne** (eine Schlingpflanze); die Lianen

der **Li|ba|ne|se** (Einwohner des Libanons); des/dem/den Libanesen; die Libanesen

die **Li|ba|ne|sin;** die Libanesinnen

li|ba|ne|sisch

Li|ba|non *oder* der **Li|ba|non** (Staat im Vorderen Orient); die Bevölkerung Libanons *oder* des Libanon[s]

der **Li|ba|non** (Gebirge im Vorderen Orient); des Libanon *oder* Libanons

die **Li|bel|le** (ein Insekt; Teil der Wasserwaage); die Libellen

li|be|ral (vorurteilslos; freiheitlich; freisinnig); liberale Ideen

li|be|ra|li|sie|ren (von Einschränkungen und Verboten befreien); du liberalisierst; er liberalisierte; das Parlament hat den Strafvollzug liberalisiert

die **Liberalisierung** (Befreiung von einschränkenden Vorschriften)

der **Li|be|ra|lis|mus** (Weltanschauung, die die freie Entfaltung des Menschen fordert); des Liberalismus

die **Li|be|ra|li|tät** (Freiheitlichkeit)

Li|be|ria (Staat in Westafrika)

der **Li|be|ri|a|ner;** des Liberianers; die Liberianer

die **Li|be|ri|a|ne|rin;** die Liberianerinnen

li|be|ri|a|nisch

der **Li|be|ro** (freier Verteidiger, freie Verteidigerin beim Fußball); des Libero *oder* Liberos; die Liberos; sie spielt [als] Libero

Li|by|en (Staat in Nordafrika)

der **Li|by|er;** des Libyers; die Libyer

die **Li|by|e|rin;** die Libyerinnen

li|bysch

licht; lich|ter; am lich|tes|ten; es wird licht (hell); am lichten Tag (bei Tageslicht); ein lichter (dünn bewachsener) Wald; lichte Weite (der Abstand von Wand zu Wand, z. B. bei einer Röhre)

das **Licht;** des Lichts *oder* Lich|tes; die Lichter; Licht machen; er hat Licht gemacht

das **Licht|bild**

der **Licht|blick**

licht|durch||läs|sig

licht|emp|find|lich; lichtempfindliche Augen

lich|ten (ausdünnen); sie lichtete; sie hat die Hecke gelichtet; sich lichten; seine Haare haben sich gelichtet

der **Lich|ter|glanz**

lich|ter|loh; lichterloh brennen

die **Licht|ge|schwin|dig|keit**

die **Licht|hu|pe**

das **Licht|jahr** (astronomische Längeneinheit)

Licht|mess (ein katholisches Fest); Mariä Lichtmess

die **Licht|quel|le**

die **Licht|schran|ke**

der **Licht|schutz|fak|tor** (beim Sonnenöl)

der **Licht|strahl**

die **Lich|tung**

die **Licht|ver|hält|nis|se**

das **Lid** (Augenlid); des Lids *oder* Li|des; die Li|der

! Nicht verwechseln: Obwohl beide Wörter gleich ausgesprochen werden, schreibt man das *Lid* über dem Auge mit einfachem *i*, das *Lied*, das man singen kann, hingegen mit *ie*.

---

der **Lid|schat|ten**

der **Lid|schlag**

---

lieb

Kleinschreibung:

– lieber Besuch
– der liebe Gott
– es ist mir am liebsten (sehr lieb)

Großschreibung der Nominalisierung und in Namen:

– es ist mir das Liebste (sehr lieb)
– mein Lieber; meine Liebe; mein Liebes
– die Kirche Zu Unserer Lieben Frau[en]

Schreibung in Verbindung mit Verben:

– lieb sein
– sich bei jemandem lieb Kind machen
– lieb haben *oder* liebhaben; ich habe ihn sehr lieb gehabt *oder* liebgehabt
– sie wird ihn immer lieb behalten *oder* liebbehalten

Vergleiche auch: liebäugeln; liebkosen

liebäugeln – Liliputaner

lieb|äu|geln; sie hat mit diesem Plan
geliebäugelt
lieb|be|hal|ten *vergleiche:* **lieb**
die **Lie|be;** Lieb und Lust; mir zuliebe;
jemandem etwas zuliebe tun
lie|ben; du liebst; sie liebte ihn; sie hat
ihn geliebt; liebe deinen Nächsten!
lie|bens|wert
lie|bens|wür|dig; ein liebenswürdiger
Mensch
lie|ber; am liebs|ten
der **Lie|bes|brief**
die **Lie|bes|ge|schich|te**
der **Lie|bes|kum|mer**
die **Lie|bes|per|len** (zur Verzierung von
Gebäck) *Plural*
lie|be|voll
lieb|ha|ben *vergleiche:* **lieb**
der **Lieb|ha|ber;** des Liebhabers; die Liebha-
ber
die **Lieb|ha|be|rei**
die **Lieb|ha|be|rin;** die Liebhaberinnen
lieb|ko|sen; du liebkost; sie liebkoste;
sie hat liebkost *oder* geliebkost
lieb|lich; lieblicher Wein
der **Lieb|ling**
die **Lieb|lings|far|be**
lieb|los; eine lieblose Zusammenstel-
lung
die **Lieb|lo|sig|keit**
das *oder* der **Lieb|stö|ckel** (eine Heil- und
Gewürzpflanze); des Liebstöckels; die
Liebstöckel
Liech|ten|stein [ˈlɪçtn̩ʃtain] (europäi-
sches Fürstentum)
der **Liech|ten|stei|ner;** des Liechtenstei-
ners; die Liechtensteiner
die **Liech|ten|stei|ne|rin;** die Liechtenstei-
nerinnen
liech|ten|stei|nisch
das **Lied** (Gesang; Gedicht); des Lieds *oder*
Lie|des; die Lie|der; ↑ABER: Lid
das **Lie|der|buch**
lie|der|lich (nachlässig; unordentlich)
die **Lie|der|lich|keit**
der **Lie|fe|rant;** des/dem/den Lie|fe|ran|ten;
die Lie|fe|ran|ten
lie|fer|bar; lieferbare Waren
lie|fern; ich liefere; du lieferst; er lie-
ferte; er hat die Ware geliefert; liefere
schnell!
der **Lie|fer|schein**

die **Lie|fe|rung**
die **Lie|ge**
lie|gen; du liegst; sie liegt; sie lag; sie hat
(*süddeutsch und österreichisch:* ist) im
Bett gelegen; lieg *oder* liege nicht immer
auf dem Sofa!; er blieb auf der Straße liegen; sie ist im Bett liegen geblieben;
ABER: die Arbeit ist liegen geblieben
oder liegengeblieben (sie wurde nicht
erledigt); du sollst den Stein liegen lassen; sie ließ den Schlüssel liegen; sie hat
den Schlüssel liegen lassen *oder* liegenlassen (vergessen); sie hat ihn links liegen lassen *oder* liegenlassen, *seltener:*
liegen gelassen *oder* liegengelassen (sie
hat ihn nicht beachtet)
lie|gen|blei|ben *vergleiche:* **lie|gen**
lie|gen|las|sen *vergleiche:* **lie|gen**
der **Lie|ge|stuhl**
der **Lie|ge|stütz** (gymnastische Übung); des
Lie|ge|stüt|zes; die Lie|ge|stüt|ze
der **Life|style** [ˈlaifstail] (Lebensstil); des
Lifestyle *oder* Lifestyles; die Lifestyles
der **Lift** (Fahrstuhl, Aufzug); des Lifts *oder*
Lif|tes; die Lif|te *oder* Lifts
lif|ten (heben, stemmen); du liftest; er
liftete; er hat die Kisten mit dem Gabelstapler geliftet
die **Li|ga** (Bund, Bündnis; eine Wettkampf-
klasse); die Ligen
light [lait] (*Werbesprache:* weniger von
etwas enthaltend); Wurst light; Bier
light; Preise light
die **Light|show** [ˈlaitʃoʊ] (Show mit beson-
deren Lichteffekten)
li|ie|ren (eine Verbindung, ein Liebesver-
hältnis eingehen); die beiden Firmen
haben sich liiert; er ist jetzt mit ihr liiert
der **Li|kör** (süßer Branntwein); des Likörs;
die Li|kö|re
li|la; sie trug ein lila Kleid; ein lila
gefärbter *oder* lilagefärbter Pullover;
↑beige, blau
das **Li|la** (ein fliederblauer Farbton); des
Lilas *oder* des Lila; die Farbe Lila; ein kräftiges Lila; Kleider in Lila
li|la|far|ben *oder* **li|la|far|big;** lilafarbene
oder lilafarbige Blusen
die **Li|lie** (eine Blume)
Li|li|put (Land der Däumlinge in Jona-
than Swifts Roman »Gullivers Reisen«)
der **Li|li|pu|ta|ner** (Bewohner von Liliput;

293

Lima – Linse

auch diskriminierend für: kleinwüchsiger Mensch); des Liliputaners; die Liliputaner

Li|ma (Hauptstadt Perus)

der **Li|mes** (römischer Grenzwall); des Limes

das **Li|mit** (als Grenze festgelegter Wert, Betrag usw.); des Limits; die Limits *oder* Li|mi|te

li|mi|tie|ren (begrenzen); du limitierst; sie hat die Auflage auf 300 Exemplare limitiert

die **Li|mo|na|de**

die **Li|mou|si|ne** [limu'zi:nə] (ein Personenwagen mit festem Verdeck)

lind (mild); lin|der; am lin|des|ten; ein linder Sommerabend

die **Lin|de** (ein Laubbaum)

der **Lin|den|blü|ten|tee**

lin|dern; du linderst; sie linderte; sie hat den Schmerz gelindert; lindere ihre Schmerzen!

der **Lind|wurm** (Drache)

das **Li|ne|al;** des Lineals; die Li|ne|a|le

li|ne|ar (geradlinig); eine lineare Gleichung *(Mathematik)*

die **Lin|gu|is|tik** (Sprachwissenschaft)

lin|gu|is|tisch

die **Li|nie;** Linie halten; die absteigende, aufsteigende Linie

> ! Bei einer Reihe von Wörtern wird der lang gesprochene i-Laut ohne anschließendes -*e* oder Dehnungs-*h* geschrieben. Dazu gehört auch die erste Silbe des Worts *Linie.*

das **Li|ni|en|blatt**

der **Li|ni|en|flug**

li|ni|ie|ren *oder* **li|nie|ren** (mit Linien versehen; Linien ziehen); du liniierst *oder* linierst; sie liniierte *oder* linierte; sie hat liniiert *oder* liniert; liniier[e] *oder* linier[e] die Seiten!

link; die linke Hand; zur linken Hand; linker Hand (links)

link (*umgangssprachlich für:* fragwürdig; hinterhältig); linke Geschäfte machen

der **Link** (*EDV:* feste Kabelverbindung; *auch kurz für* ↑ Hyperlink); des Links; die Links

die **Lin|ke;** zur Linken; in meiner Linken; er

traf ihn beim Boxen mit einer Linken; die Linke (dem Sozialismus nahestehende Parteien) im Parlament

lin|ken (*umgangssprachlich für:* täuschen); linkst du mich etwa?; er linkte; er hat uns gelinkt

lin|kisch (unbeholfen); linkische Bewegungen

links; links von mir; links vom Eingang; links des Rheins; von links kommen; von links nach rechts; es gilt rechts vor links; etwas mit links (*umgangssprachlich für:* mühelos) machen; er weiß nicht, wo rechts und wo links ist; links außen spielen, stürmen; ↑ ABER: Linksaußen; der [politisch] links stehende *oder* linksstehende Abgeordnete; links um! (militärisches Kommando); ↑ ABER: linksum

der **Links|au|ßen** *(Sport);* des Linksaußen; die Linksaußen; [als] Linksaußen spielen; ABER: der Stürmer spielt links außen

links|bün|dig (an eine gedachte senkrechte linke Linie anschließend)

der **Links|hän|der;** des Linkshänders; die Linkshänder

die **Links|hän|de|rin;** die Linkshänderinnen

links|hän|dig; linkshändig schreiben

die **Links|hän|dig|keit**

links|he|r|um; [sich] linksherum drehen; ABER: [sich] nach links herumdrehen

die **Links|kur|ve**

die **Links|par|tei** *(Politik)*

links|ra|di|kal; linksradikale Organisationen

der **Links|ra|di|ka|le;** ein Linksradikaler; die Linksradikalen; zwei Linksradikale

die **Links|ra|di|ka|le;** eine Linksradikale

links|sei|tig

links|ste|hend *vergleiche:* **links**

links|um; linksum machen; linksum kehrt! (militärisches Kommando)

der **Links|ver|kehr**

das **Lin|nen** (*veraltet für:* Leinen); des Linnens; die Linnen

das **Li|n|o|le|um** (ein Fußbodenbelag); des Linoleums

der **Li|n|ol|schnitt** (eine grafische Technik; Abzug in der Technik des Linolschnitts)

die **Lin|se**

294

linsen – Lobbyismus

lin|sen (*umgangssprachlich für:* schauen; scharf blicken); du linst; sie linste; sie hat um die Ecke gelinst

die **Lin|sen|sup|pe**

der *oder* das **Lip|gloss** (Kosmetikmittel, das den Lippen Glanz verleiht); des Lipgloss *oder* Lip|glos|ses; die Lipgloss *oder* Lip|glos|se

der **Li|piz|za|ner** (edles Warmblutpferd); des Lipizzaners; die Lipizzaner

die **Lip|pe**

das **Lip|pen|be|kennt|nis**

der **Lip|pen|blüt|ler**

der **Lip|pen|stift**

li|quid *oder* **li|qui|de** (flüssig; verfügbar); liquide Geldmittel

die **Li|qui|da|ti|on** ([Kosten]abrechnung; Tötung)

li|qui|die|ren (in Rechnung stellen; auflösen; beseitigen); du liquidierst; sie liquidierte; er hat den Betrag liquidiert

die **Li|qui|die|rung** (Beseitigung [einer Person])

lis|peln; du lispelst; sie lispelte; sie hat gelispelt; lisple *oder* lispele nicht!

Lis|sa|bon [*auch:* lɪsaˈbɔn] (Hauptstadt Portugals)

der **Lis|sa|bon|ner;** des Lissabonners; die Lissabonner

die **Lis|sa|bon|ne|rin;** die Lissabonnerinnen

die **List;** die Lis|ten

die **Lis|te;** die schwarze Liste (Zusammenstellung verdächtiger Personen)

lis|ten|reich

lis|tig; ein listiger Fuchs

die **Li|ta|nei** (Wechselgebet; eintöniges Gerede); die Litaneien

Li|tau|en [*auch:* ˈliːtaʊ̯ən] (nordosteuropäische Republik)

der **Li|tau|er;** des Litauers; die Litauer

die **Li|tau|e|rin;** die Litauerinnen

li|tau|isch

der, *auch:* das **Li|ter;** des Liters; die Liter; ein halber, *auch:* halbes Liter; ein viertel Liter *oder* Viertelliter [Wasser]

li|te|ra|risch (schriftstellerisch; das Schrifttum betreffend)

die **Li|te|ra|tur** (Schrifttum); die Li|te|ra|tu|ren

die **Li|te|ra|tur|ge|schich|te**

der **Li|te|ra|tur|no|bel|preis**

die **Li|te|ra|tur|wis|sen|schaft**

li|ter|wei|se

die **Lit|faß|säu|le** (Anschlagsäule)

> **!** Die Regel, dass nach kurzem Vokal *ss* zu schreiben ist, darf man auf *Litfaß-säule* nicht anwenden. *Litfaß* war nämlich der Name ihres Erfinders, des Buchdruckers Ernst Litfaß, und Personenbezeichnungen sind von den allgemeinen Regeln der Rechtschreibung nicht betroffen.

die **Li|tho|gra|fie** *oder* Li|tho|gra|phie (Steindruck); die Li|tho|gra|fi|en *oder* Li|tho|gra|phi|en

die **Li|tur|gie** (Gottesdienstordnung)

li|tur|gisch; liturgische Texte

die **Lit|ze**

live [laɪ̯f] (direkt); etwas live senden, übertragen

die **Live|mu|sik** *oder* **Live-Mu|sik**

Li|ver|pool (englische Stadt)

die **Live|sen|dung** *oder* Live-Sen|dung

der **Live|ti|cker** *oder* **Live-Ti|cker** (Kurznachrichten, die auf einer Internetseite oder auf dem Fernsehbildschirm ständig aktualisiert werden); des Livetickers *oder* Live-Tickers; die Liveticker *oder* Live-Ticker

die **Li|v|ree** (uniformartige Dienerkleidung); die Li|v|re|en

li|v|riert (in Livree gekleidet); livriertes Personal

die **Li|zenz** (rechtswirksame Genehmigung zur Ausübung, Nutzung usw.); die Li|zen|zen

li|zen|zie|ren (Lizenz erteilen); du lizenzierst; er lizenzierte; er hat das Patent lizenziert

der **Li|zenz|spie|ler** (*Fußball*)

der **Lkw** *oder* **LKW** = Lastkraftwagen; des Lkw[s] *oder* LKW[s]; die Lkws, *selten:* Lkw *oder* die LKWs, *selten:* LKW

die **Lkw-Maut** *oder* **LKW-Maut**

das **Lob;** des Lobs *oder* Lo|bes; Lob spenden; ein Lob bekommen

die **Lob|by** (Interessenvertretung; Hotelhalle); die Lobbys

der **Lob|by|is|mus** (Beeinflussung [von Abgeordneten] durch Interessengruppen); des Lobbyismus

loben – lohnen

lo|ben; du lobst; sie lobte; sie hat ihn gelobt; lob *oder* lobe ihn öfter!; jemanden lobend erwähnen

lo|bens|wert

der **Lob|ge|sang**

löb|lich; löbliche Absichten

lob|prei|sen; du lobpreist; sie lobpreiste *oder* lobpries; sie hat Gott gelobpreist *oder* lobgepriesen; lobpreise den Herrn!

die **Lob|prei|sung**

das **Loch;** des Lochs *oder* Lo|ches; die Löcher

lo|chen; du lochst; sie lochte; sie hat die Kopien gelocht; loch *oder* loche die Blätter!

lö|che|rig; ein löcheriger *oder* löchriger Strumpf

lö|chern (hartnäckig fragen); du löcherst mich; er löcherte ihn; er hat ihn gelöchert; löchere ihn nicht länger!

löch|rig *vergleiche:* **lö|che|rig**

die **Lo|cke**

lo|cken (lockig machen); du lockst; er hat sein Haar gelockt; locke dein Haar!

lo|cken (zur Annäherung bewegen); du lockst; sie lockte; sie hat den Hund gelockt; lock *oder* locke den Hund!; diese Aufgabe hat sie gelockt (gereizt)

lo|cker; locker sein, werden; die Zügel locker lassen; ↑ ABER: lockerlassen; das Seil locker machen *oder* lockermachen; ↑ ABER: lockermachen

lo|cker|las|sen (*umgangssprachlich für:* nachgeben); sie hat nicht lockergelassen

lo|cker|ma|chen (*umgangssprachlich für:* hergeben); Geld lockermachen; er hat eine Million dafür lockergemacht; ↑ *auch:* locker

lo|ckern; du lockerst; sie lockerte; sie hat die Schrauben gelockert

die **Lo|cke|rung**

die **Lo|cke|rungs|übung**

lo|ckig; lockiges Haar

das **Lock|mit|tel**

der **Lock|vo|gel**

der **Lo|den** (ein Wollgewebe); des Lodens; die Loden

der **Lo|den|man|tel**

lo|dern (heftig brennen; hochschlagen);

die Flamme lodert; sie loderte; sie hat gelodert

der **Löf|fel;** des Löffels; die Löffel

löf|feln; du löffelst; sie löffelte; sie hat die Suppe gelöffelt; löffle *oder* löffele deine Suppe!

der **Löf|fel|stiel**

löf|fel|wei|se

lo|ga|rith|mie|ren (mit Logarithmen rechnen); du logarithmierst; sie hat logarithmiert

lo|ga|rith|misch

der **Lo|ga|rith|mus** (eine mathematische Größe; *Zeichen:* log); des Logarithmus; die Logarithmen

das **Log|buch** (Schiffstagebuch)

die **Lo|ge** [ˈloːʒə] (kleiner, abgeteilter Raum mit mehreren Sitzplätzen im Theater)

die **Log|gia** [ˈlɔdʒa, *auch:* ˈlɔdʒi̯a] (nach außen offener, überdeckter Raum am Haus); die Log|gi|en [ˈlɔdʒi̯ən], *auch:* Log|gien [ˈlɔdʒn]

lo|gie|ren [loˈʒiːrən] (wohnen); du logierst; sie logierte; sie hat im Bahnhofshotel logiert; logier *oder* logiere bitte bei uns!

die **Lo|gik** (die Denklehre; das folgerichtige Denken)

das, *auch:* der **Log-in** (*EDV:* das Einloggen); des Log-ins; die Log-ins

lo|gisch; logisches Denken

lo|gi|scher|wei|se

die **Lo|gis|tik** (mathematische Logik; militärisches Nachschubwesen)

lo|gis|tisch; ein logistisches Problem

lo|go (*salopp, besonders Jugendsprache für:* logisch); das ist doch logo

der *oder* das **Lo|go** (Firmenzeichen, Signet); des Logos; die Logos

die **Lo|go|pä|die** (Sprachheilkunde)

lo|go|pä|disch; in logopädischer Behandlung

die **Lo|he** (*gehoben für:* Glut, Flamme)

lo|hen; die Flamme loht; die Flamme lohte; die Flamme hat geloht

der **Lohn;** des Lohns *oder* Loh|nes; die Löhne

loh|nen; es lohnt; es lohnte; es hat den Einsatz gelohnt; es lohnt die Mühe nicht *oder* es lohnt der Mühe nicht; sich lohnen; die Fahrt hat sich gelohnt

296

löhnen – Losung

löh|nen (Lohn auszahlen; *umgangssprachlich auch für:* bezahlen); du löhnst; sie löhnte; was hast du dafür gelöhnt?; löhn *oder* löhne ihn!

loh|nend; eine lohnende Aufgabe

loh|nens|wert

die **Lohn|steu|er**

die **Löh|nung**

die **Lohn|un|ter|gren|ze**

die **Loi|pe** (Skilanglaufspur); die Loipen

die **Lok** (*kurz für:* Lokomotive); die Loks

lo|kal (örtlich); eine lokale Betäubung

das **Lo|kal** (Gastwirtschaft); des Lokals *oder* Lo|ka|les; die Lo|ka|le

die **Lo|kal|po|li|tik**

die **Lo|kal|zei|tung**

der **Lok|füh|rer** (*kurz für:* Lokomotivführer)

die **Lok|füh|re|rin** (*kurz für:* Lokomotivführerin)

die **Lo|ko|mo|ti|ve**

der **Lo|ko|mo|tiv|füh|rer**

die **Lo|ko|mo|tiv|füh|re|rin;** die Lokomotivführerinnen

lol = laughing out loud (laut herauslachend)

Lon|don (Hauptstadt Großbritanniens)

der **Lon|do|ner;** des Londoners; die Londoner

die **Lon|do|ne|rin;** die Londonerinnen

die **Lon|ge** ['lõːʒə] (*Reiten:* Laufleine für Pferde; *Akrobatik:* Sicherheitsleine); die Longen

der **Long|sel|ler** (Buch o. Ä., das über einen langen Zeitraum gut verkauft wird); des Longsellers; die Longseller

der **Look** [lʊk] (bestimmtes Aussehen; Moderichtung); des Looks; die Looks

der, *auch:* das **Loo|ping** ['luːpɪŋ] (senkrechte Schleife beim Kunstflug); des Loopings; die Loopings

der **Lor|beer** (ein Baum; ein Gewürz); des Lorbeers; die Lor|bee|ren

der **Lor|beer|baum**

das **Lor|beer|blatt**

der **Lord** (ein hoher englischer Adelstitel); des Lords; die Lords

die **Lo|re** (offener Güterwagen)

die **Lo|re|ley** [*auch:* 'loːrəlai] (Rheinnixe; Felsen am rechten Rheinufer)

los; los sein; die Schraube wird los sein; ↑ lose; er will die Sorgen endlich los sein;

sie möchte ihre Probleme endlich <mark>los haben</mark> *oder* loshaben; ↑ ABER: losbinden, losfahren usw.

das **Los;** des Lo|ses; die Lo|se; das große Los ziehen

lös|bar; lösbare Probleme

die **Lös|bar|keit**

los|bin|den; sie bindet los; sie band los; sie hat den Hund losgebunden

das **Lösch|blatt**

lö|schen; du löschst; sie löschte; sie hat das Feuer gelöscht; lösch *oder* lösche den Brand!

das **Lösch|pa|pier**

lo|se; das lose (einzelne) Blatt; ABER: die Loseblattsammlung; lose (nicht verpackte) Waren; der Knopf ist lose (locker); sein loses (freches) Mundwerk

das **Lö|se|geld**

lo|sen (das Los ziehen); du lost; du lostest; wir haben gelost

lö|sen; du löst; sie löste; sie hat das Rätsel gelöst; lös *oder* löse das Rätsel!

der **Lo|ser** ['luːzɐ] (*umgangssprachlich für:* Versager, Versagerin); des Losers; die Loser

los|fah|ren; sie fuhr los; sie ist losgefahren

los|ge|hen; der Streit ging los; der Streit ist gerade losgegangen

los|ha|ben *vergleiche:* **los**

los|la|chen; wir lachten los; wir haben laut losgelacht

los|las|sen; sie lässt los; sie ließ los; sie hat den Hund von der Kette losgelassen; lass *oder* lasse los!

lös|lich; löslicher Kaffee

los|ma|chen; sie machte das Brett los; sie hat das Brett losgemacht; mach *oder* mache los!

die **Los|num|mer**

los|rei|ßen; du reißt los; sie riss los; der Sturm hat einige Dachziegel losgerissen; sich losreißen; sie hat sich mit Gewalt losgerissen

der **Löss** *oder* **Löß** (*Geologie:* kalkhaltige Ablagerung); des Lös|ses *oder* Löl|ßes; die Lös|se *oder* Löl|ße

die **Löss|schicht** *oder* **Löss-Schicht** *oder* **Löß|schicht**

die **Lo|sung** (Wahlspruch; Erkennungswort)

297

Lösung – Lügendetektor

die **Lö|sung**

der **Lö|sungs|an|satz**

die **Lö|sungs|men|ge** *(Mathematik)*

der **Lö|sungs|weg**

los|wer|den; sie wurde ihn schnell los; sie ist das Gefühl nicht mehr losgeworden

los|zie|hen; er zog los; wir sind noch am Abend losgezogen

das **Lot** (Senkblei; eine alte Gewichtseinheit); des Lots *oder* Lo|tes; die Lo|te; ABER: 3 Lot Kaffee

lo|ten (die senkrechte Lage bestimmen; die Wassertiefe bestimmen); du lotest; sie lotete; sie hat gelotet; lote die Tiefe!

lö|ten; du lötest; sie lötete; sie hat das Rohr gelötet; löte den Kessel!

die **Lo|ti|on** [*auch:* ˈloʊʃn] (milchige Flüssigkeit zur Hautreinigung und -pflege); die Lo|ti|o|nen, *auch (bei englischer Aussprache):* Lotions

der **Löt|kol|ben**

die **Löt|lam|pe**

der **Lo|tos,** *auch:* **Lo|tus** (eine Seerose); des Lotos, *auch:* Lotus; die Lotos, *auch:* Lotus

die **Lo|tos|blu|me**

lot|recht (senkrecht)

der **Lot|se;** des/dem/den Lotsen; die Lotsen

lot|sen; ich lotse; du lotst; sie lotste; sie hat das Schiff durch die Klippen gelotst; lots *oder* lotse ihn aus der Stadt!

die **Lot|sin;** die Lotsinnen

die **Lot|te|rie;** die Lot|te|ri|en

das **Lot|to** (Zahlenlotterie); des Lottos; die Lottos

der **Lo|tus** *vergleiche:* **Lo|tos**

die **Lounge** [laʊndʒ] (Aufenthaltsraum; Hotelhalle; Bar); der Lounge; die Lounges [ˈlaʊndʒɪs]

die **Love-Pa|rade** *oder* **Love|pa|rade** [ˈlavpəreɪd] *(Markenbezeichnung:* Umzug der Raver)

der **Lo|ver** [ˈlavɐ] (Freund; Liebespartner); des Lovers; die Lover

die **Lo|ve|rin;** die Loverinnen

die **Love|sto|ry** [ˈlafstɔːri] (Liebesgeschichte)

der **Lö|we;** des/dem/den Löwen; die Löwen

der **Lö|wen|an|teil** (Hauptanteil)

der **Lö|wen|zahn** (eine Wiesenblume)

die **Lö|win;** die Löwinnen

lo|y|al [lo̯aˈjaːl] (treu, redlich)

die **Lo|ya|li|tät**

die **LP** = Langspielplatte

die **LPG** = landwirtschaftliche Produktionsgenossenschaft *(DDR)*

der **Luchs** (ein Raubtier); des Luch|ses; die Luch|se

die **Lü|cke**

der **Lü|cken|bü|ßer** *(umgangssprachlich für:* Ersatzmann); des Lückenbüßers; die Lückenbüßer

lü|cken|haft; lü|cken|haf|ter; am lü|cken|haf|tes|ten; ein lückenhaftes Gebiss

lü|cken|los; lü|cken|lo|ser; am lü|cken|lo|ses|ten

das **Lu|der** (Schimpfwort); des Luders; die Luder

die **Luft;** die Lüf|te

der **Luft|an|griff** *(Militär)*

der **Luft|bal|lon**

luft|dicht; eine luftdichte Verpackung

der **Luft|druck**

luft|durch|läs|sig; luftdurchlässige Stoffe

lüf|ten; du lüftest; sie lüftete; sie hat das Zimmer gelüftet; lüfte ein wenig!

die **Luft|fahrt**

die **Luft|feuch|tig|keit**

luft|ge|kühlt; luftgekühlte Motoren

die **Luft|hül|le** (der Erde)

luf|tig; in luftiger Höhe

luft|leer; ein luftleerer Raum

die **Luft|li|nie**

die **Luft|post**

die **Luft|pum|pe**

der **Luft|raum**

die **Luft|röh|re**

die **Luft|schiff|fahrt** *oder* **Luft|schiff-Fahrt**

die **Luft|schlan|ge**

die **Luft|streit|kräf|te** *Plural*

die **Luft|ver|schmut|zung**

die **Luft|waf|fe**

der **Lug** (Lüge); des Lugs *oder* Lu|ges; [mit] Lug und Trug

die **Lü|ge;** sie hat ihn Lügen gestraft (der Unwahrheit überführt)

lu|gen (spähen); du lugst; sie lugte; sie hat um die Ecke gelugt

lü|gen; du lügst; sie lügt; sie log; sie hat gelogen; lüge nicht!

der **Lü|gen|de|tek|tor** (Gerät, mit dem Kör-

Lügner – Lyzeum

perreaktionen eines Befragten messbar sind); des Lügendetektors; die Lü|gen|de|tek|to|ren

der **Lüg|ner;** des Lügners; die Lügner

die **Lüg|ne|rin;** die Lügnerinnen

lüg|ne|risch

die **Lu|ke** (kleines Fenster; Öffnung)

lu|k|ra|tiv (gewinnbringend); lukrative Geschäfte

der **Lu|latsch** (*umgangssprachlich für:* langer, schlaksiger Mann); des Lulatschs *oder* Lu|lat|sches; die Lu|lat|sche

der **Lüm|mel;** des Lümmels; die Lümmel

sich **lüm|meln** (*umgangssprachlich*); du lümmelst dich; sie hat sich gelümmelt; lümmle *oder* lümmele dich nicht aufs Sofa!

der **Lump** (*abwertend für:* betrügerische, gewissenlose Person); des/dem/den Lum|pen; die Lum|pen

der **Lum|pen** (Lappen); des Lumpens; die Lumpen

die **Lum|pe|rei**

lum|pig (*abwertend für:* niederträchtig); ein lumpiger Dieb

der **Lunch** [lantʃ] (leichte Mittagsmahlzeit); des Lunch *oder* Lunchs *oder* Lun|ches; die Lun|che *oder* Lunchs *oder* Lun|ches

das **Lunch|pa|ket**

die **Lun|ge;** die grüne *oder* Grüne Lunge (Grünfläche, Park in einer Stadt); die eiserne Lunge (Gerät zur künstlichen Beatmung)

die **Lun|gen|ent|zün|dung**

lun|gen|krank

der **Lun|gen|krebs**

lun|gern ↑ herumlungern

die **Lun|te** (Zündschnur)

die **Lu|pe** (Vergrößerungsglas)

lu|pen|rein; lupenreine Diamanten

lüp|fen, *süddeutsch und österreichisch auch:* **lup|fen** (anheben); du lüpfst, *auch:* lupfst; sie lüpfte, *auch:* lupfte; sie hat den Deckel gelüpft, *auch:* gelupft

die **Lu|pi|ne** (eine Futter- und Zierpflanze)

der **Lurch** (Amphibie); des Lurchs *oder* Lurches; die Lur|che

die **Lust;** die Lüs|te; Lust [auf etwas] haben

der **Lüs|ter** (Kronleuchter); des Lüsters; die Lüster

die **Lüs|ter|klem|me** (Verbindungsstück für elektrische Leitungen)

lüs|tern (*gehoben für:* gierig); er hat lüsterne Augen; er ist lüstern

lus|tig; du sollst dich nicht über mich lustig machen!

lust|los; lust|lo|ser; am lust|lo|ses|ten

die **Lust|lo|sig|keit**

das **Lust|spiel** (Komödie)

Lu|ther (deutscher Reformator)

lu|the|risch; die lutherische Kirche; die lutherische Bibelübersetzung

lu|thersch; die luthersche *oder* Luther'sche Bibelübersetzung

lut|schen; du lutschst; sie lutschte; sie hat gelutscht; lutsch *oder* lutsche nicht am Daumen!

der **Lut|scher;** des Lutschers; die Lutscher

die **Luv** (die dem Wind zugewandte Seite; *Gegensatz:* Lee)

das **Lux** (Einheit der Beleuchtungsstärke); des Lux; die Lux

Lu|xem|burg (europäischer Staat; Hauptstadt dieses Staates)

der **Lu|xem|bur|ger;** des Luxemburgers; die Luxemburger

die **Lu|xem|bur|ge|rin;** die Luxemburgerinnen

lu|xem|bur|gisch

lu|xu|ri|ös (prunkvoll; verschwenderisch); lu|xu|ri|ö|ser; am lu|xu|ri|ö|sesten

der **Lu|xus;** des Luxus

die **Lu|xus|gü|ter** *Plural*

die **Lu|zer|ne** (eine Futterpflanze)

Lu|zi|fer (Name des Satans)

die **Lym|phe** (weißliche Körperflüssigkeit); der Lymphe; die Lymphen

der **Lymph|kno|ten**

lyn|chen (jemanden [für eine als Unrecht empfundene Tat] ohne Gerichtsurteil töten); du lynchst; sie lynchten; die rasende Menge hat ihn gelyncht

die **Lynch|jus|tiz**

die **Ly|rik** (Gefühls- und Gedankendichtung in Versen)

der **Ly|ri|ker** (jemand, der Lyrik schreibt); des Lyrikers; die Lyriker

die **Ly|ri|ke|rin;** die Lyrikerinnen

ly|risch; das lyrische Werk

das **Ly|ze|um** (*veraltet für:* höhere Mädchenschule); des Lyzeums; die Ly|ze|en

299

m – magisch

M

m = Meter; Milli...; männlich
M = medium (Kleidergröße: mittel)
das **M** (Buchstabe); des M; die M; ABER: das m in Wimpel
MA. = Mittelalter
M. A. = Magister Artium; Magistra Artium (akademischer Grad)
der **Mä|an|der** (geschlängelter Flusslauf; bandförmiges Ornament); des Mäanders; die Mäander
das **Maar** (eine kraterförmige Vertiefung); des Maars *oder* Maa|res; die Maa|re
der **Maat** (Schiffsunteroffizier); des Maats *oder* Maa|tes; die Maa|te *oder* Maa|ten
mach|bar; technisch machbar sein
die **Ma|che** (*umgangssprachlich für:* Schein, Vortäuschung); das ist doch nur Mache!
ma|chen; du machst; sie machte; sie hat eine Reise gemacht; mach *oder* mache schnell!
die **Ma|chen|schaft** *meist Plural*
die **Ma|chen|schaf|ten** *Plural*
der **Ma|cher** (Person, die etwas zustande bringt; durchsetzungsfähiger Mensch)
der **Ma|cho** ['matʃo] (sich übertrieben männlich verhaltender Mann); des Machos; die Machos
die **Macht;** alles in unserer Macht Stehende
macht|be|ses|sen; ein machtbesessener Politiker
macht|be|wusst; eine machtbewusste Politikerin
die **Macht|er|grei|fung**
macht|gie|rig
der **Macht|ha|ber;** des Machthabers; die Machthaber
die **Macht|ha|be|rin;** die Machthaberinnen
mäch|tig
der **Macht|kampf** (*besonders Politik*)
macht|los
die **Macht|pro|be**
die **Macht|über|nah|me**
macht|voll
der **Macht|wech|sel**
das **Macht|wort;** ein Machtwort sprechen

das **Mach|werk** (*abwertend für:* schlecht gemachtes Werk)
die **Ma|cke** (*umgangssprachlich für:* Beschädigung; Tick); eine Macke haben
Ma|da|gas|kar (Insel östlich von Afrika)
der **Ma|da|gas|se** (Bewohner von Madagaskar); des/dem/den Madagassen; die Madagassen
die **Ma|da|gas|sin;** die Madagassinnen
ma|da|gas|sisch
die **Ma|dame** [ma'dam] (französische Anrede für eine Frau); der Madame; die Mesdames [me'dam] (*meist ohne Artikel*)
das **Mäd|chen;** des Mädchens; die Mädchen
mäd|chen|haft
die **Mäd|chen|schu|le**
der **Mäd|chen|schwarm** (von [vielen] Mädchen verehrter Junge)
die **Ma|de** (Insektenlarve)
made in Ger|ma|ny ['meɪd ɪn 'dʒəːməni] (= hergestellt in Deutschland; ein Warenstempel)
das **Mä|del;** des Mädels; die Mädel
ma|dig|ma|chen; sie hat ihn madiggemacht (*umgangssprachlich für:* sie hat ihn schlechtgemacht)
die **Ma|don|na;** die Madonnen
Ma|d|rid (Hauptstadt Spaniens)
die **Ma|fia** (erpresserische Geheimorganisation [in Sizilien]); der Mafia; die Ma|fias
die **Ma|fia|me|tho|den** *Plural*
das **Ma|ga|zin;** des Magazins; die Ma|ga|zine
die **Magd;** die Mäg|de
Mag|de|burg (Hauptstadt von Sachsen-Anhalt)
der **Ma|gen;** des Magens; die Mägen *oder* Magen
ma|gen|krank; er ist magenkrank; ABER: er ist am Magen krank
die **Ma|gen|schleim|haut**
ma|ger
die **Ma|ger|keit**
die **Ma|ger|sucht**
die **Ma|gie** (Zauberkunst)
der **Ma|gi|er** (Zauberer)
die **Ma|gi|e|rin**
ma|gisch

300

Magistrat – mal

der **Ma|gis|t|rat** (die Stadtverwaltung); des Magistrats; die Ma|gis|t|ra|te

das **Mag|ma** (flüssiges Gestein aus dem Erdinnern); des Magmas; die Magmen

das **Ma|g|ne|si|um** (chemisches Element, Leichtmetall; *Zeichen:* Mg); des Magnesiums

der **Ma|g|net;** des Magnets *oder* Ma|g|ne|tes *oder* Ma|g|ne|ten; die Ma|g|ne|te *oder* Ma|g|ne|ten

das **Ma|g|net|feld**

ma|g|ne|tisch; magnetischer Pol

die **Ma|g|net|na|del**

die **Ma|g|net|schwe|be|bahn** (ein Schnellzug)

das **Ma|ha|go|ni** (ein Edelholz); des Mahagonis

die **Mahd** (das Mähen; Abgemähtes); die Mah|den

der **Mäh|dre|scher;** des Mähdreschers; die Mähdrescher

das **Mahl;** die Mäh|ler *oder* Mah|le

> **!** Nicht verwechseln: Obwohl die Wörter gleich ausgesprochen werden, schreibt man *Mahl* (den gehobenen Ausdruck für »Essen« oder »Speise«) und *mahlen* (= in einer Mühle fein zerkleinern) mit Dehnungs-h, während *Mal* (mit der Bedeutung »Zeitpunkt« oder »Hautfleck«) und *malen* (= mit Pinsel und Farbe herstellen; zeichnen) ohne *h* geschrieben werden.

mah|len; ich mahle; du mahlst; sie mahlte; sie hat gemahlen; mahl *oder* mahle den Kaffee!

die **Mahl|zeit;** gesegnete Mahlzeit!

die **Mäh|ma|schi|ne**

die **Mäh|ne**

mah|nen; du mahnst; sie mahnte; sie hat ihn gemahnt; mahn *oder* mahne (erinnere) ihn an sein Versprechen!

das **Mahn|mal;** des Mahnmals *oder* Mahnmal|les; die Mahn|ma|le

die **Mah|nung**

die **Mäh|re** ([altes, abgemagertes] Pferd)

der **Mai;** des Mai *oder* Mais *oder* Mai|es; die Maie; der Erste Mai (Feiertag)

die **Maid** (*dichterisch für:* Mädchen); die Mai|den

das **Mai|glöck|chen**

der **Mai|kä|fer**

die, *auch:* das **Mail** [meɪl] (*kurz für:* E-Mail)

Mai|land (Stadt in Italien)

die **Mail|box** [ˈmeɪlbɔks] (*EDV:* elektronischer Briefkasten für den Austausch von Nachrichten in Computersystemen)

mai|len [ˈmeɪlən] (als E-Mail senden); du mailst; sie mailte; sie hat gemailt; maile ihm doch die Liste!

das **Mai|ling** [ˈmeɪlɪŋ] (das Versenden von Werbematerial durch die Post); des Mailings; die Mailings

der **Main** (deutscher Fluss); des Mains

Mainz (Hauptstadt von Rheinland-Pfalz)

der **Mais** (eine Getreidepflanze); des Maises

die **Mai|sche** (Mischung bei der Bierherstellung)

der **Mais|kol|ben**

die **Ma|jes|tät** (Herrlichkeit; Erhabenheit); Seine, Ihre, Euer *oder* Eure Majestät

ma|jes|tä|tisch

die **Ma|jo|nä|se** *vergleiche:* Ma|yon|nai|se

der **Ma|jor** (ein Offiziersrang); des Majors; die Ma|jo|re

der **Ma|jo|ran** [*auch:* majoˈraːn] (eine Gewürzpflanze); des Majorans

die **Ma|jo|rin;** die Majorinnen

die **Ma|jo|ri|tät** (Mehrheit)

ma|ka|ber (grausig und düster; mit dem Schrecklichen spaßend); ma|ka|be|rer *oder* ma|ka|b|rer; am ma|ka|bers|ten; makab[e]re Scherze

der **Ma|kel** (Fehler, Schande); des Makels; die Makel

ma|kel|los

mä|keln (nörgeln); ich mäk[e]le; du mäkelst; er mäkelte; er hat gemäkelt; mäkle *oder* mäkele nicht!

das **Make-up** [meːkˈʌp] (kosmetische Verschönerung; kosmetisches Mittel); des Make-ups; die Make-ups

die **Mak|ka|ro|ni** (eine Nudelsorte) *Plural*

der **Mak|ler** (Vermittler von Geschäften); des Maklers; die Makler

die **Mak|ler|ge|bühr**

die **Mak|le|rin;** die Maklerinnen

die **Ma|k|re|le** (ein Seefisch)

die **Ma|k|ro|ne** (ein Gebäck)

mal; acht mal zwei (*in Ziffern:* 8 mal 2, 8×2, 8 · 2); acht mal zwei ist, macht,

301

Mal – malnehmen

Mal

des Mals *oder* Ma|lles; die Ma|le

Ist »Mal« ein Nomen, schreibt man es groß und vom vorangehenden Wort getrennt:

– das erste, zweite, dritte Mal
– das einzige, letzte, nächste Mal; ein einziges, letztes, nächstes Mal
– dieses, voriges, nächstes, manches Mal, jedes Mal
– beim *oder* zum ersten, zweiten, nächsten, letzten, soundsovielten, x-ten Mal[e]
– mit einem Mal[e]
– die nächsten Male
– alle, einige, etliche, mehrere, unzählige, viele, wie viele Male
– ein Dutzend Mal; Millionen Mal
– diese paar Mal[e]; ein paar Dutzend *oder* dutzend Mal; eine Million Mal[e]
– ein für alle Male; ein Mal über das andere [Mal]; ein ums and[e]re Mal; von Mal zu Mal

Zusammenschreibung als Adverb:

– allemal, diesmal, einmal, hundertmal, keinmal, manchmal
– auf einmal; zweimal (*mit Ziffer:* 2-mal); drei- bis viermal (*mit Ziffern:* 3- bis 4-mal *oder* 3–4-mal)
– ein andermal, ein für allemal
– noch einmal, noch einmal so viel
– x-mal

Getrennt- oder Zusammenschreibung:

– einmal (*aber:* ein Mal; *hier sind beide Wörter betont);* fünfundsiebzigmal (*aber:* fünfundsiebzig Mal; *beide Wörter betont)*
– ein paarmal (*oder bei besonderer Betonung:* ein paar Mal); sovielmal (*oder* so viel Mal); vieltausendmal (*oder* vieltausend Mal); wievielmal (*oder* wie viel Mal)

gibt sechzehn; wenn das mal gut geht!; das ist nun mal so; öfter mal was Neues; sag das noch mal *oder* nochmal!

Mal *siehe Kasten*

das **Mal** (Fleck auf der Haut); des Mals *oder* Ma|les; die Ma|le *oder* Mä|ler; ↑ABER: Mahl

die **Ma|la|ria** (Sumpffieber)
Ma|la|wi (Staat in Afrika)
Ma|lay|sia (Staatenbund in Südostasien)
der **Ma|lay|si|er;** des Malaysiers; die Malaysier
die **Ma|lay|si|e|rin;** die Malaysierinnen
ma|lay|sisch
die **Ma|le|di|ven** (Inselstaat im Indischen Ozean) *Plural*
der **Ma|le|di|ver;** des Maledivers; die Malediver
die **Ma|le|di|ve|rin;** die Malediverinnen
ma|le|di|visch
ma|len; ich male; du malst; sie malte; sie hat gemalt; mal *oder* male ihr doch ein Bild!; ↑ABER: mahlen
der **Ma|ler;** des Malers; die Maler
die **Ma|le|rei**
die **Ma|le|rin;** die Malerinnen

ma|le|risch; malerische (herrliche) Seen
das **Mal|heur** [ma'lø:ɐ̯] (*umgangssprachlich für:* Missgeschick, Pech); des Malheurs; die Mal|heu|re *oder* Malheurs
Ma|li (Staat in Afrika)
der **Ma|li|er;** des Maliers; die Malier
die **Ma|li|e|rin;** die Malierinnen
ma|lisch
Mal|lor|ca [ma'jɔrka] (Insel im Mittelmeer)
der **Mal|lor|qui|ner** [malɔr'ki:nɐ, *auch:* majɔr'ki:nɐ]; des Mallorquiners; die Mallorquiner
die **Mal|lor|qui|ne|rin;** die Mallorquinerinnen
mal|lor|qui|nisch
mal|neh|men; du nimmst mal; sie nahm mal; sie hat 3 mit 6 malgenommen, malzunehmen

---

Malheur

! Viele Fremdwörter werden anders geschrieben, als sie gesprochen werden. Dazu gehört auch die aus dem Französischen übernommene Bezeichnung »Malheur«, deren Aussprache *malör* lautet.

302

Malta – Manipulation

Mal|ta (Insel und Staat im Mittelmeer)

der **Mal|te|ser** (Bewohner von Malta); des Maltesers; die Malteser

die **Mal|te|se|rin;** die Malteserinnen
mal|te|sisch

die **Mal|ve** (eine Zier-, Heilpflanze)

das **Malz;** des Mal|zes

das **Malz|bier**

das **Mal|zei|chen** (Multiplikationszeichen)

der **Malz|kaf|fee**

die **Ma|ma;** die Mamas

die **Mam|ba** (eine Giftschlange); die Mambas

der **Mam|mon** (*abwertend für:* Reichtum; Geld); des Mammons

das **Mam|mut** (ausgestorbene Elefantenart); des Mammuts; die Mam|mu|te *oder* Mammuts

der **Mam|mut|baum**

das **Mam|mut|pro|gramm**
man; man kann nie wissen

das **Ma|nage|ment** ['mɛnɪtʃmənt] (Leitung eines Unternehmens); des Managements; die Managements
ma|na|gen ['mɛnɪdʒn] (*umgangssprachlich für:* leiten, zustande bringen, organisieren); du managst; sie managt; er managte; ihr habt das gut gemanagt; manage das Schulfest!

der **Ma|na|ger** ['mɛnɪdʒɐ] (Leiter eines Unternehmens; Betreuer eines Künstlers oder Berufssportlers); des Managers; die Manager

die **Ma|na|ge|rin;** die Managerinnen
Ma|na|gua (Hauptstadt Nicaraguas)
manch; mancher, manche, manches; manche sagen; so mancher, so manches; manch einer; mancher Tag; mancher Art; manche Stunde; manch guter *oder* mancher gute Vorsatz; mit manch gutem *oder* manchem guten Vorsatz; manch böses *oder* manches böse Wort; manchmal; manches Mal; manch Schönes *oder* manches Schöne; mit manch Schönem *oder* manchem Schönen; manche nützliche[n] Einrichtungen
man|cher; so mancher hat das erlebt
man|cher|lei
Man|ches|ter ['mɛntʃɛstɐ] (englische Stadt)
manch|mal

der **Man|dant** (*Rechtssprache:* Auftraggeber; Klient; Kunde); des Mandanten; die Mandanten; die Verteidiger halten Rücksprache mit ihrem Mandanten

die **Man|da|ri|ne** (kleine apfelsinenähnliche Frucht)

das **Man|dat** (Auftrag; Vollmacht; Sitz im Parlament); des Mandats *oder* Man|dates; die Man|da|te

die **Man|del** (Kern einer Steinfrucht); die Mandeln

die **Man|del** (eine Drüse); die Mandeln

die **Man|del|ent|zün|dung**

die **Man|do|li|ne** (ein Saiteninstrument)

die **Ma|ne|ge** [ma'ne:ʒə] (runde Fläche für Darbietungen im Zirkus)

der **Man|gel;** die Mängel

die **Man|gel** (Wäscherolle); die Mangeln
man|gel|haft
man|geln (fehlen, nicht ausreichen); es mangelte; es hat an allem gemangelt
man|geln (auf der Wäscherolle glätten); du mangelst; er mangelte; er hat gemangelt; mangle *oder* mangele die Wäsche!
man|gels; mangels des nötigen Geldes; mangels guter Gründe; mangels Beweisen; ein Freispruch mangels Beweis[es]; ↑ *auch:* trotz

die **Man|gel|wa|re**

die **Man|go** (eine tropische Frucht); die Mangos

der **Man|gold** (ein Blatt- und Stängelgemüse); des Mangolds *oder* Man|gol|des; die Man|gol|de *Plural selten*

die **Ma|nie** (Besessenheit); die Ma|ni|en

die **Ma|nier** (Art und Weise, Eigenart); was ist denn das für eine Manier?

die **Ma|nie|ren** (Umgangsformen, [gutes] Benehmen) *Plural;* er hat schlechte, keine Manieren
ma|nier|lich (sich gut benehmend)

das **Ma|ni|fest** (öffentliche Erklärung); des Ma|ni|fes|tes; die Ma|ni|fes|te

die **Ma|ni|kü|re** (Handpflege, besonders Nagelpflege; Hand-, Nagelpflegerin)
ma|ni|kü|ren (die Nägel pflegen); du manikürst; sie manikürte; sie hat mir die Fingernägel manikürt
Ma|nil|la (Hauptstadt der Philippinen)

die **Ma|ni|pu|la|ti|on** (gezielter Einfluss;

303

manipulierbar – Marketing

Verfälschung); die Ma|ni|pu|la|ti|o|nen
(Machenschaften)

ma|ni|pu|lier|bar

ma|ni|pu|lie|ren (geschickt handhaben;
beeinflussen; du manipulierst; er mani-
pulierte; er hat die Zahlen manipuliert

das **Man|ko** (Fehlbetrag, Mangel); des Man-
kos; die Mankos

der **Mann;** des Manns *oder* Man|nes; die
Män|ner, *scherzhaft auch:* Man|nen; vier
Mann hoch; alle Mann an Bord!; tausend
Mann; er ist Manns genug; seinen Mann
stehen; Mann, ist das schön! *(umgangssprachlich)*

das **Männ|chen** (männliches Tier)

das **Man|ne|quin** [ˈmanəkɛ̃] (Frau, die Mode
vorführt); des Mannequins; die Mannequins

man|nig|fach (zahlreich und verschie-
denartig)

man|nig|fal|tig (auf vielerlei Art gestal-
tet)

männ|lich; männliches Hauptwort
(Maskulinum)

die **Mann|schaft**

der **Mann|schafts|ka|pi|tän**

das **Mann|schafts|spiel**

das **Ma|no|me|ter** (Druckmesser); des
Manometers; die Manometer

das **Ma|nö|ver** (Truppenübung; Ablenkungs-
versuch); des Manövers; die Manöver

ma|nö|v|rie|ren; du manövrierst; er
manövrierte; er hat das Auto sicher
manövriert (gelenkt); manövrier *oder*
manövriere langsam!

die **Man|sar|de** (Dachgeschoss, Dachzim-
mer)

die **Man|sar|den|woh|nung**

die **Man|schet|te**

der **Man|tel;** des Mantels; die Mäntel

ma|nu|ell (mit der Hand, von Hand)

das **Ma|nu|skript** (schriftliche Ausarbeitung;
handgeschriebenes Buch; Satzvorlage;
des Manuskripts *oder* Ma|nu|skrip|tes;
die Ma|nu|skrip|te

die **Map|pe;** *Verkleinerungsform:* das Mäpp-
chen

die **Mär** (*gehoben für:* Sage); die Mä|ren

die **Ma|ra|cu|ja** (essbare Frucht der Passi-
onsblume); die Maracujas

der **Ma|ra|thon** (*kurz für:* Marathonlauf
[nach der gleichnamigen Stadt nördlich

von Athen]); des Marathons; die Marathons; Marathon laufen *oder* marathon-
laufen; *aber nur:* ich laufe Marathon;
einen Marathon laufen

der **Ma|ra|thon|lauf** [ˈmaːratɔn..., *auch:*
ˈmaratɔn...]

der **Ma|ra|thon|läu|fer**

die **Ma|ra|thon|läu|fe|rin**

die **Ma|ra|thon|ver|an|stal|tung** (übermä-
ßig lange Veranstaltung)

das **Mär|chen;** des Märchens; die Märchen

das **Mär|chen|buch**

mär|chen|haft

der **Mar|der;** des Marders; die Marder

die **Mar|ga|ri|ne**

die **Mar|ge** [ˈmarʒə] (Spielraum, Spanne;
Wirtschaft: Spanne zwischen zwei Prei-
sen); der Marge; die Margen

die **Mar|ge|ri|te** (eine Wiesenblume)

der **Ma|ri|en|kä|fer**

das **Ma|ri|hu|a|na** (ein Rauschgift); des Mari-
huanas

ma|rin (zum Meer gehörend)

die **Ma|ri|ne** ([Kriegs]flotte)

die **Ma|ri|o|net|te** (Puppe zum Theaterspie-
len, die mithilfe vieler Fäden oder Drähte
geführt wird)

das **Ma|ri|o|net|ten|the|a|ter**

ma|ri|tim (das Meer betreffend)

das **Mark** (Rückenmark); des Marks *oder*
Mar|kes

die **Mark** (Grenzland); die Mar|ken; die
Mark Brandenburg

die **Mark** (frühere deutsche Währung);
vier Mark; Deutsche Mark (*Abkürzung:*
DM)

mar|kant (stark ausgeprägt); mar|kan-
ter; am mar|kan|tes|ten; markanter Stil

die **Mar|ke**

der **Mar|ken|ar|ti|kel**

mar|ken|be|wusst

der **Mar|ken|na|me**

das **Mar|ken|zei|chen** (vom Gesetz
geschütztes Zeichen, mit dem alle Artikel einer Marke gekennzeichnet werden); bunte Hemden sind sein Marken-
zeichen (typisch für ihn)

der **Mar|ker** (Stift zum Markieren); des Mar-
kers; die Marker

das **Mar|ke|ting** (Maßnahmen zur Förde-
rung des Warenabsatzes); des Marketing
oder Marketings

Marketingabteilung – Maß

die **Mar|ke|ting|ab|tei|lung**
mar|kie|ren (kennzeichnen); ich markiere; du markierst; sie markierte; sie hat markiert; markier *oder* markiere die Textstelle!
die **Mar|kie|rung**
mar|kig; markige Sprüche
die **Mar|ki|se** (Sonnendach)
das **Mark|stück**
der **Markt;** des Markts *oder* Mark|tes; die Märk|te
der **Markt|an|teil**
markt|be|herr|schend *(Wirtschaft)*
die **Markt|for|schung**
der **Markt|füh|rer**
die **Markt|füh|re|rin**
die **Markt|lü|cke**
der **Markt|platz**
die **Markt|wirt|schaft;** freie Marktwirtschaft; soziale Marktwirtschaft
markt|wirt|schaft|lich
die **Mar|me|la|de**
der **Mar|mor** (ein Kalkgestein); des Marmors
ma|ro|de (heruntergekommen)
der **Ma|rok|ka|ner** (Einwohner Marokkos); des Marokkaners; die Marokkaner
die **Ma|rok|ka|ne|rin;** die Marokkanerinnen
ma|rok|ka|nisch
Ma|rok|ko (Staat in Nordwestafrika)
die **Ma|ro|ne** (Edelkastanie; ein Speisepilz)
die **Ma|rot|te** (Schrulle)
Mars (römischer Kriegsgott); des Mars
der **Mars** (ein Planet); des Mars
marsch!
der **Marsch;** des Marschs *oder* Mar|sches; die Mär|sche
die **Marsch** (vor Küsten angeschwemmter fruchtbarer Boden); die Mar|schen
der **Mar|schall** (*früher für:* ranghoher Hofbeamter, Offizier); des Marschalls; die Mar|schäl|le
mar|schie|ren; du marschierst; sie marschierte; wir sind drei Stunden marschiert; marschiere weiter!
die **Marsch|rich|tung**
das **Marsch|tem|po**
die **Mar|seil|lai|se** [marsε'jε:zə] (französische Nationalhymne)
die **Mar|ter** (*gehoben für:* Qual; Folter)

mar|tern; du marterst; er marterte; er hat ihn gemartert; martere ihn nicht!
der **Mär|ty|rer** (jemand, der wegen seiner Überzeugung verfolgt oder getötet wird); des Märtyrers; die Märtyrer
die **Mär|ty|re|rin;** die Märtyrerinnen
das **Mar|ty|ri|um** (schweres Leiden, das jemand für seinen Glauben auf sich nimmt); die Mar|ty|ri|en
der **Mar|xis|mus** (der von Karl Marx begründete Kommunismus); des Marxismus
der **Mar|xist;** des/dem/den Mar|xis|ten; die Mar|xis|ten
die **Mar|xis|tin;** die Marxistinnen
mar|xis|tisch
der **März;** des März *oder* Mär|zes; die Märze
das **Mar|zi|pan** [*auch:* 'martsipa:n]; des Marzipans; die Mar|zi|pa|ne
die **Ma|sche**
die **Ma|schi|ne;** Maschine schreiben; ich schreibe Maschine; weil er Maschine schreibt; ich habe Maschine geschrieben; um Maschine zu schreiben; ABER: das Maschine[n]schreiben
ma|schi|nell; maschinelle Herstellung
das **Ma|schi|nen|ge|wehr**
der **Ma|schi|nist** (Fachmann, der Maschinen bedient und überwacht); des/dem/den Ma|schi|nis|ten; die Ma|schi|nisten
die **Ma|schi|nis|tin;** die Maschinistinnen
die **Ma|sern** (eine Kinderkrankheit) *Plural*
die **Ma|se|rung** (welliges Muster im Holz)
die **Mas|ke**
der **Mas|ken|ball**
mas|ken|haft
die **Mas|ke|ra|de** (Verkleidung)
mas|kie|ren ([mit einer Maske] verkleiden); du maskierst; sie maskierte; sie hat ihn maskiert; maskier *oder* maskiere ihn!; sich maskieren; sie hat sich maskiert
das **Mas|kott|chen** (Glücksbringer); des Maskottchens; die Maskottchen
mas|ku|lin (männlich)
das **Mas|ku|li|num** (männliches Hauptwort); des Maskulinums; die Maskulina
das **Maß;** des Ma|ßes; die Ma|ße; Maß halten *oder* ==maßhalten==; du hältst Maß *oder*

305

Massage – Matjeshering

maß; er hielt Maß oder maß; er hat Maß
gehalten *oder* maßgehalten; halte Maß
oder maß!; das rechte Maß halten; Maß
und Disziplin halten; Maß nehmen;
ABER: das Maßnehmen

die **Mas|sa|ge** [ma'sa:ʒə] (das Massieren)

das **Mas|sa|ker** (Gemetzel); des Massakers;
die Massaker

mas|sa|k|rie|ren (grausam töten); du
massakrierst; er massakrierte; die Terro-
risten haben ihre Geiseln massakriert

die **Maß|ar|beit**

die **Maß|be|zeich|nung**

die **Mas|se**

die **Maß|ein|heit**

der **Mas|sen|an|drang**

der **Mas|sen|ar|ti|kel**

die **Mas|sen|ge|sell|schaft**
mas|sen|haft

das **Mas|sen|me|di|um;** die Massenmedien
(Presse, Rundfunk, Fernsehen usw.)
meist Plural; † Medium

der **Mas|sen|mord**

der **Mas|sen|mör|der**

die **Mas|sen|mör|de|rin**

der **Mas|sen|tou|ris|mus**
mas|sen|wei|se

der **Mas|seur** [ma'søːɐ̯] (Berufsbezeich-
nung); des Masseurs; die Mas|seu|re

die **Mas|seu|rin;** die Masseurinnen
maß|ge|bend; ein maßgebendes Urteil
maß|geb|lich; maßgeblich beteiligt
sein
maß|ge|schnei|dert; ein maßgeschnei-
dertes Kleid
maß|hal|ten *vergleiche:* **Maß**
mas|sie|ren (mit den Händen Teile des
Körpers streichen, kneten [um die Mus-
keln zu lockern]); ich massiere; du mas-
sierst; er massierte; er hat den Patien-
ten massiert; massier *oder* massiere
ihn!
mä|ßig; mäßige (mittelmäßige) Zeug-
nisse; der Lohn ist mäßig (eher gering)

sich **mä|ßi|gen;** du mäßigst dich; er mäßigte
sich; er hat sich gemäßigt; mäßige dich!

die **Mä|ßig|keit**

die **Mä|ßi|gung**
mas|siv (schwer, nicht hohl, fest; grob)

das **Mas|siv** (Gebirge in seiner Gesamtheit);
des Massivs; die Mas|si|ve
maß|los; maß|lo|ser; am maß|lo|ses|ten

die **Maß|nah|me**
maß|re|geln (rügen, bestrafen); du maß-
regelst; sie maßregelte; sie hat ihn
gemaßregelt; maßregle *oder* maßregele
ihn nicht ständig!

der **Maß|stab**
maß|stab|ge|recht *oder* **maß|stabs|ge-
recht**
maß|stab|ge|treu *oder* **maß|stabs|ge-
treu**
maß|voll (nicht übertrieben)

die **Mast** (die Mästung); die Mas|ten

der **Mast** (Mastbaum); des Masts *oder* Mas-
tes; die Mas|ten, *auch:* Mas|te

der **Mast|darm**
mäs|ten; du mästest; er mästete; er hat
die Gans gemästet; mäste die Gans!

der **Master** (Hochschulabschluss, besonders
in englischsprachigen Ländern)

der **Mas|ter|plan** (übergeordneter Plan)

das **Mas|ter|stu|di|um** (auf dem Bachelor
aufbauendes Studium)

der **Mast|och|se**

die **Mas|tur|ba|ti|on** (Selbstbefriedigung)
mas|tur|bie|ren

das **Match** [mɛtʃ] (Wettkampf); des Matchs
oder Mat|ches; die Matchs, *auch:* Mat-
che *oder* Mat|ches

der **Match|ball** (spielentscheidender Ball
beim Tennis u. a.)

das **Ma|te|ri|al;** des Materials; die Ma|te|ri|a-
li|en

der **Ma|te|ri|al|feh|ler**

der **Ma|te|ri|a|lis|mus** (das Streben nach
Besitz und Gewinn); des Materialis-
mus
ma|te|ri|a|lis|tisch

die **Ma|te|ri|al|kos|ten** *Plural*

die **Ma|te|rie** (Stoff, Inhalt); die Ma|te|ri-
en
ma|te|ri|ell; materielle (finanzielle)
Hilfe
Math. = Mathematik

die **Ma|the** (*Schülersprache:* Mathematik);
meist ohne Artikel

die **Ma|the|ma|tik;** höhere Mathematik

der **Ma|the|ma|ti|ker;** des Mathematikers;
die Mathematiker

die **Ma|the|ma|ti|ke|rin;** die Mathematike-
rinnen
ma|the|ma|tisch

der **Mat|jes|he|ring** (junger Hering)

Matratze – Maximum

die **Ma|t|rat|ze**
das **Ma|t|rat|zen|la|ger**
die **Ma|t|rix** (*Mathematik:* rechteckiges Schema von Zahlen, für das bestimmte Rechenregeln gelten); der Matrix; die Ma|t|ri|zes, Ma|t|ri|ces *und* Ma|t|ri|xen
der **Ma|t|ro|se**; des/dem/den Matrosen; die Matrosen
die **Ma|t|ro|sin**; die Matrosinnen
der **Matsch** (*umgangssprachlich für:* breiiger Schmutz, nasse Erde); des Matschs *oder* Matsches

mat|schig

matt; jemanden (im Schach) matt setzen *oder* mattsetzen; ABER: jemanden ↑ mattsetzen; Schach und matt!; ABER: schachmatt; mattblau usw.

das **Matt**; des Matts; die Matts *Plural selten*
die **Mat|te**
das **Mat|ter|horn** (Berg in den Alpen)
die **Mat|tig|keit**
die **Matt|schei|be**; [eine] Mattscheibe haben (*umgangssprachlich für:* begriffsstutzig, benommen sein)

matt|set|zen (als Gegner ausschalten); sie setzte ihn matt; die Firma wurde von der Konkurrenz mattgesetzt; ↑ *auch:* matt

die **Mätz|chen** (*umgangssprachlich für:* Unsinn; Tricks) *Plural;* lasst die Mätzchen!

mau (*umgangssprachlich für:* schlecht); das ist mau; ein maues Gefühl
die **Mau|er**
der **Mau|er|bau** (der Bau der Berliner Mauer am 13. August 1961)
der **Mau|er|fall** (die Öffnung der Grenzen der DDR zur Bundesrepublik Deutschland am 9. November 1989)

mau|ern; du mauerst; er mauerte; die Mannschaft hat gemauert (*Sport:* zu defensiv gespielt); maure *oder* mauere die Wand!

das **Maul**; des Mauls *oder* Maul|les; die Mäuler
die **Maul|af|fen** *Plural;* Maulaffen feilhalten (*umgangssprachlich für:* gaffend, untätig herumstehen)
der **Maul|beer|baum**
die **Maul|bee|re**

mau|len (*umgangssprachlich für:* murren, widersprechen); du maulst; sie maulte; sie hat gemault; maul *oder* maule nicht!

der **Maul|esel** (Kreuzung aus Pferdehengst und Eselstute)

maul|faul

das **Maul|tier** (Kreuzung aus Eselhengst und Pferdestute)
der **Maul|wurf**; des Maulwurfs *oder* Maul|wurfes; die Maul|wür|fe
der **Maul|wurfs|hü|gel**
der **Mau|rer**; des Maurers; die Maurer
der **Mau|rer|ge|sel|le**
die **Mau|re|rin**; die Maurerinnen
der **Mau|rer|meis|ter**

Mau|re|ta|ni|en (Staat in Afrika)
der **Mau|re|ta|ni|er**; des Mauretaniers; die Mauretanier
die **Mau|re|ta|ni|e|rin**; die Mauretanierinnen

mau|re|ta|nisch

Mau|ri|ti|us (Insel im Indischen Ozean)
die **Maus**; *Verkleinerungsform:* das Mäuschen

mäus|chen|still

der **Mäu|se|bus|sard**
die **Mau|se|fal|le**

mau|sen (*umgangssprachlich für:* stehlen); du maust; sie mauste; sie hat Süßigkeiten gemaust; mause nicht!

die **Mau|ser** (Federwechsel bei Vögeln)

sich **mau|sern** (*umgangssprachlich für:* sich zum Vorteil verändern); du mauserst dich; sie mauserte sich; sie hat sich zu einer guten Schülerin gemausert

mau|se|tot; mausetot schlagen

maus|grau

der **Maus|klick** (*EDV:* Betätigen der Maustaste); des Mausklicks; die Mausklicks
das **Mau|so|le|um** (monumentales Grabmal); des Mausoleums; die Mausoleen
das **Maus|pad** [...pɛt] (Unterlage, auf der die Computermaus bewegt wird)
die **Maus|tas|te** (*EDV:* Taste der Computermaus)
die **Maut** (Straßen- oder Brückengebühr); die Maut|en
die **Maut|stra|ße**

ma|xi|mal (höchst-, größtmöglich; höchstens)

die **Ma|xi|me** (allgemeiner Grundsatz)
das **Ma|xi|mum** (Höchstwert, Höchstmaß); die Maxima

307

Mayonnaise – mega-in

die **Ma|yon|nai|se** *oder* **Ma|jo|nä|se** (kalte, dicke Soße aus Eigelb und Öl)
MdB *oder* **M. d. B.** = Mitglied des Bundestages
MdL *oder* **M. d. L.** = Mitglied des Landtages
m. E. = meines Erachtens

die **Me|cha|nik** (Art, wie eine Maschine konstruiert ist und wie sie funktioniert); die Me|cha|ni|ken

der **Me|cha|ni|ker;** des Mechanikers; die Mechaniker

die **Me|cha|ni|ke|rin;** die Mechanikerinnen

me|cha|nisch (der Mechanik entsprechend; automatisch; unwillkürlich; gewohnheitsmäßig)

der **Me|cha|nis|mus** (Getriebe, Triebwerk, sich bewegende Einrichtung zur Kraftübertragung); des Mechanismus; die Mechanismen

der **Me|cke|rer** *(umgangssprachlich);* des Meckerers; die Meckerer

die **Me|cke|rin;** die Meckerinnen
me|ckern; ich meckere; du meckerst; die Ziege meckerte; er hat wieder gemeckert *(umgangssprachlich für:* genörgelt); meckere doch nicht ständig!

Meck|len|burg ['me:klənbʊrk, *auch:* 'mɛklənbʊrk]

meck|len|burg-vor|pom|me|risch
Meck|len|burg-Vor|pom|mern

die **Me|dail|le** [me'daljə] (Gedenkmünze)

das **Me|dail|lon** [medal'jõ:] (Anhänger, Bildkapsel); des Medaillons; die Medaillons

me|di|al (zu den Medien gehörend); die WM wird ein mediales Großereignis

die **Me|di|a|ti|on** (Vermittlung zwischen Streitenden)

der **Me|di|en|be|richt;** Medienberichten zufolge ...

der **Me|di|en|kon|zern** (Zusammenschluss von mehreren in den Medien tätigen Unternehmen)

der **Me|di|en|rum|mel** *(umgangssprachlich)*

das **Me|di|en|un|ter|neh|men**

das **Me|di|ka|ment** (Arzneimittel); des Medikaments *oder* Me|di|ka|men|tes; die Me|di|ka|men|te
me|di|ka|men|tös (mit Medikamenten); medikamentös behandeln

die **Me|di|ta|ti|on** (Nachdenken; religiöse Versenkung)

me|di|ter|ran (dem Mittelmeerraum angehörend, eigen)

me|di|tie|ren (nachdenken; Meditation üben); ich meditiere; du meditierst; sie meditierte; sie hat lange meditiert

me|di|um [*auch, als Kleidergröße nur,* 'mi:djəm] (halb durchgebraten; Kleidergröße = mittel; *Abkürzung:* M); sie möchte ihr Steak medium; ich brauche das Kleid medium, also Größe M

das **Me|di|um** (vermittelnde Person oder Sache); des Mediums; die Me|di|en *(Massenmedien);* die Neuen *oder* neuen Medien (insbesondere: Computer, Internet, CD, DVD)

die **Me|di|zin;** die Me|di|zi|nen

der **Me|di|zin|ball** (großer, schwerer, nicht elastischer Lederball)

der **Me|di|zi|ner;** des Mediziners; die Mediziner

die **Me|di|zi|ne|rin;** die Medizinerinnen
me|di|zi|nisch

das **Me|di|zin|stu|di|um**

das **Meer;** des Meers *oder* Mee|res; die Meere

die **Mee|ren|ge**

die **Mee|res|früch|te** *Plural*

der **Mee|res|grund**

der **Mee|res|spie|gel**

die **Mee|res|strö|mung**

die **Meer|jung|frau**

die **Meer|kat|ze** (ein Affe)

der **Meer|ret|tich** (eine Gewürzpflanze)

das **Meer|schwein|chen;** des Meerschweinchens; die Meerschweinchen

das **Meer|was|ser**

das **Mee|ting** ['mi:tɪŋ] (Treffen, Veranstaltung); des Meetings; die Meetings

das **Me|ga|byte** ['me:ga|ba|it, *auch:* 'mɛga-ba|it] (*EDV:* Einheit von 1 048 576 Byte; *Zeichen:* MB, MByte); des Megabyte *oder* Megabytes; die Megabyte *oder* Megabytes

me|ga|cool (*besonders Jugendsprache:* sehr cool)

das **Me|ga|fon** *oder* **Me|ga|phon** (Sprachrohr); des Megafons *oder* Megaphons; die Me|ga|fo|ne *oder* Me|ga|pho|ne
me|ga-in; mega-in sein *(umgangssprachlich für:* äußerst gefragt sein)

308

mega-out – melden

me|ga-out; mega-out sein (*umgangssprachlich für:* ganz aus der Mode, vollkommen überholt sein)

der **Me|ga|star** (*umgangssprachlich für:* überaus beliebter Star)

das **Mehl;** des Mehls *oder* Meh|les; die Mehle

meh|lig

der **Mehl|tau** (eine Pflanzenkrankheit)

mehr; mehr oder weniger; umso mehr; mehr denn je

meh|ren (*gehoben für:* zahlreicher werden); die Anzeichen mehren sich, dass ...; die Klagen über den Mathelehrer mehrten sich

meh|re|re; mehrere Bücher; mehrere Euro; mehrere Anwesende; die Einwände mehrerer Abgeordneter; in Begleitung mehrerer bewaffneter Soldaten

meh|rer|lei

mehr|fach; sie ist mehrfache Mutter

das **Mehr|fa|mi|li|en|haus**

die **Mehr|heit**

mehr|heit|lich; eine mehrheitliche Entscheidung; etwas mehrheitlich beschließen

mehr|jäh|rig

die **Mehr|kos|ten** (zusätzliche Kosten); der Mehrkosten *Plural*

mehr|mals; er hat mehrmals angerufen

mehr|stel|lig

mehr|stim|mig

mehr|stün|dig

mehr|tä|gig

die **Mehr|wert|steu|er** (*Abkürzung:* MwSt.)

die **Mehr|zahl**

mehr|zei|lig

das **Mehr|zweck|ge|rät**

mei|den; du meidest ihn; sie mied ihn; sie hat ihn gemieden; meide seine Nähe!

die **Mei|le** (ein Längenmaß)

der **Mei|len|stein**

mei|len|weit; ABER: zwei Meilen weit

der **Mei|ler** (Holzstoß zur Kohlegewinnung; Kernreaktor); des Meilers; die Meiler

mein

der **Mein|eid** (vorsätzlich unwahrer Eid)

mein|ei|dig; eine meineidige Zeugin

mei|nen; ich meine; du meinst; sie meinte; sie hat es gut mit ihm gemeint

mei|ner|seits

mei|net|we|gen

die **Mei|nung**

die **Mei|nungs|äu|ße|rung**

die **Mei|nungs|for|schung**

das **Mei|nungs|for|schungs|in|s|ti|tut**

die **Mei|nungs|frei|heit**

die **Mei|nungs|um|fra|ge**

die **Mei|nungs|ver|schie|den|heit**

die **Mei|se**

der **Mei|ßel;** des Meißels; die Meißel

mei|ßeln; ich meiß[e]le; du meißelst; er meißelte; er hat eine Statue gemeißelt; meißle *oder* meißele ein Loch in die Wand!

meist; am meis|ten; die meisten *oder* Meisten glauben, dass ...; das meiste *oder* Meiste ist bekannt

meist|bie|tend; etwas meistbietend verkaufen, versteigern

meis|tens

meis|ten|teils

der **Meis|ter;** des Meisters; die Meister

der **Meis|ter|brief**

meis|ter|haft

die **Meis|te|rin;** die Meisterinnen

die **Meis|ter|leis|tung**

meis|tern (bewältigen); du meisterst; sie meisterte; sie hat alle Schwierigkeiten gemeistert; meistere dein Schicksal!

die **Meis|ter|prü|fung**

die **Meis|ter|schaft**

das **Meis|ter|stück**

der **Meis|ter|ti|tel**

das **Meis|ter|werk**

meist|ge|kauft (am häufigsten gekauft)

! In Zusammensetzungen aus Adjektiven und Partizipien darf immer nur *ein* Bestandteil gesteigert werden. Und da »meist« schon der Superlativ zu »viel« ist, sind Steigerungen wie »meistgekaufteste« oder »meistgelesenste« nicht korrekt.

---

meist|ge|le|sen; das meistgelesene Buch

Mek|ka (Stadt in Saudi-Arabien)

der **Me|kong** [*auch:* meˈkɔŋ] (Fluss in Südostasien); des Mekong *oder* Mekongs

die **Me|lan|cho|lie** [melaŋkoˈliː] (Schwermut); die Me|lan|cho|li|en

me|lan|cho|lisch

mel|den; du meldest; sie meldete; sie

Meldepflicht – Messing

hat den Unfall gemeldet; melde ihn!; sich
melden; sie hat sich nicht gemeldet

die **Mel|de|pflicht**

die **Mel|dung**

mel|ken; du melkst; er molk; er hat die
Kuh gemolken *oder* gemelkt; melk *oder*
melke die Kuh!; frisch gemolkene Milch

die **Melk|ma|schi|ne**

die **Me|lo|die**; die Me|lo|di|en

me|lo|disch; eine melodische Stimme

die **Me|lo|ne** (ein Kürbisgewächs)

die **Mem|b|ran,** *auch:* **Mem|b|ra|ne**
(schwingendes Metallblättchen oder
Häutchen); die Membranen

die **Mem|me** (*umgangssprachlich abwertend
für:* Feigling)

die **Me|moi|ren** [meˈmo̯aːrən] (Lebenserin-
nerungen) *Plural*

das **Me|mo|ran|dum** (Denkschrift); die
Memoranden *oder* Memoranda

der **Me|mo|ry|stick** [ˈmɛmoristɪk] (*Marken-
bezeichnung:* ein kleinformatiger Datenspeicher); des Memorysticks, die Memorysticks

die **Me|na|ge|rie** [menaʒəˈriː] (Tierschau);
die Me|na|ge|ri|en

die **Men|ge**

men|gen; ich menge; du mengst; sie
mengte; sie hat die Zutaten gemengt

die **Men|gen|leh|re**

der **Me|nis|kus** (Zwischenknorpel im Knie-
gelenk); des Meniskus; die Menisken

der **Me|nis|kus|riss**

men|no! (umgangssprachlicher Ausruf
der Verärgerung)

der **Men|sch;** des/dem/den Men|schen; die
Men|schen; eine <mark>menschenverachtende</mark>
oder Menschen verachtende Diktatur

das **Men|schen|bild**

der **Men|schen|han|del**

das **Men|schen|le|ben**

men|schen|leer

die **Men|schen|men|ge**

men|schen|mög|lich; was menschen-
möglich war, wurde getan; ABER: sie hat
das Menschenmögliche (alles) getan

das **Men|schen|recht** *meist Plural*

der **Men|schen|recht|ler;** des Menschen-
rechtlers; die Menschenrechtler

die **Men|schen|recht|le|rin**

die **Men|schen|rechts|or|ga|ni|sa|ti|on**

die **Men|schen|rechts|ver|let|zung**

men|schen|ver|ach|tend *vergleiche:*
Mensch

die **Men|schen|wür|de**
men|schen|wür|dig

die **Mensch|heit**
mensch|lich; menschliche Schwächen;
ABER: etwas Menschliches

die **Mensch|lich|keit**

die **Mens|t|ru|a|ti|on** (Monatsblutung); die
Mens|t|ru|a|ti|o|nen
men|tal (geistig; gedanklich)

die **Men|ta|li|tät** (Denkweise, Sinnesart)

das **Men|thol** (Bestandteil des Pfefferminz-
öls); des Menthols

der **Men|tor** (Erzieher; Ratgeber); des Men-
tors; die Men|to|ren

die **Men|to|rin**; die Mentorinnen

das **Me|nü** (Speisenfolge; *EDV:* Programm-
auswahl); des Menüs; die Menüs
mer|ci! [mɛrˈsiː] (danke!)

der **Me|ri|di|an** (*Geografie:* Längenkreis); des
Meridians; die Me|ri|di|a|ne
mer|ken; ich merke; du merkst; sie
merkte; sie hat es gemerkt
merk|lich (spürbar); eine merkliche Bes-
serung

das **Merk|mal;** die Merk|ma|le
merk|wür|dig

der **Mes|ner** *oder* **Mess|ner** (*landschaftlich
für:* Kirchendiener); des <mark>Mesners</mark> *oder*
Messners; die <mark>Mesner</mark> *oder* Messner

die **Mes|sage** [ˈmɛsɪt͡ʃ] (Nachricht; Informa-
tion); der Message; die Messages
mess|bar

die **Mess|bar|keit**

der **Mess|die|ner**

die **Mess|die|ne|rin**

die **Mes|se** (der katholische Hauptgottes-
dienst); die, eine Messe lesen

die **Mes|se** (eine Ausstellung)

das **Mes|se|län|de**

die **Mes|se|hal|le**
mes|sen; du misst; sie misst; sie maß;
sie hat die Länge gemessen; miss die
Breite!

das **Mes|ser;** des Messers; die Messer
mes|ser|scharf

der **Mes|ser|stich**

der **Mess|feh|ler**

das **Mess|ge|rät**

der **Mes|si|as** (Erlöser); des Messias

das **Mes|sing;** des Messings

Messlatte – miesmachen

die **Mess|lat|te**
der **Mess|ner** *vergleiche:* **Mes|ner** *(landschaftlich)*
die **Mes|sung**
die **MESZ** = mitteleuropäische Sommerzeit
das **Me|tall;** des Metalls; die Metalle; die Metall verarbeitende *oder* metallverarbeitende Industrie
me|tal|len (aus Metall)
me|tal|lic (metallisch schimmernd lackiert); ein Auto in Blau metallic *oder* Blaumetallic
die **Me|tall|in|dus|t|rie**
me|tal|lisch (wie Metall)
die **Me|tall|le|gie|rung** *oder* **Me|tall-Le|gie|rung**
me|tall|ver|ar|bei|tend *vergleiche:* **Me|tall**
die **Me|ta|mor|pho|se** (Umgestaltung, Verwandlung)
die **Me|ta|pher** (*Sprachwissenschaft:* Wort mit übertragener Bedeutung, bildliche Wendung, z. B. »Haupt der Familie«); der Metapher, die Metaphern
der **Me|te|or** (Sternschnuppe); des Meteors; die Meteo|re
der **Me|te|o|rit** (Meteorstein); des Meteorits *oder* Me|te|o|ri|ten; die Me|te|o|ri|te
die **Me|te|o|ro|lo|gie** (Wetterkunde)
der **Me|ter;** eine Länge von 10 Metern, *auch:* von 10 Meter; von 10 Meter, *auch:* von 10 Metern an; ein[en] Meter lang; laufender Meter
me|ter|hoch; der Schnee ist meterhoch; ABER: der Schnee ist drei Meter hoch
me|ter|lang; eine meterlange Schlange; ABER: eine drei Meter lange Schlange
das **Me|ter|maß**
das **Me|tha|don** (eine Ersatzdroge); des Methadons
die **Me|tho|de** (Verfahren; Vorgehensweise)
me|tho|disch (planmäßig; überlegt)
die **Me|t|rik** (Verslehre; *Musik:* Lehre vom Takt); die Me|t|ri|ken
die **Me|t|ro** (Untergrundbahn, besonders in Paris und Moskau); der Metro; die Metros
das **Me|t|ro|nom** (Taktmesser); die Me|t|ro|no|me
die **Me|t|ro|po|le** (Hauptstadt, Hauptsitz); die Metropolen
die **Mętt|wurst**

der **Metz|ger;** des Metzgers; die Metzger
die **Metz|ge|rei**
die **Metz|ge|rin;** die Metzgerinnen
der **Meu|chel|mord** (heimtückischer Mord)
meuch|lings (aus dem Hinterhalt)
die **Meu|te** (eine Anzahl Hunde; wilde Rotte)
die **Meu|te|rei**
der **Meu|te|rer;** des Meuterers; die Meuterer
die **Meu|te|rin;** die Meuterinnen
meu|tern; du meuterst; er meuterte; er hat gemeutert; meutere nicht!
der **Me|xi|ka|ner** (Einwohner Mexikos); des Mexikaners; die Mexikaner
die **Me|xi|ka|ne|rin;** die Mexikanerinnen
me|xi|ka|nisch
Me|xi|ko (Staat in Mittelamerika; dessen Hauptstadt)
die **MEZ** = mitteleuropäische Zeit
mg = Milligramm
mi|au!
mi|au|en; die Katze miaute; sie hat miaut
mich
mi|cke|rig *oder* **mick|rig** (kümmerlich)
die **Mi|cky|maus** (eine amerikanische Trickfilm- und Comicfigur)
die **Mi|cky Maus®**
das **Mi|cky|maus|heft**
die **Mid|life-Cri|sis** [ˈmɪdlaɪfkraɪsɪs] *oder* **Mid|life|cri|sis** (Krise in der Mitte des Lebens)
das **Mie|der;** des Mieders; die Mieder
der **Mief** (*umgangssprachlich für:* schlechte Luft); des Miefs
mie|fen (*umgangssprachlich für:* stinken); es miefte; das Zimmer hat gemieft
die **Mie|ne** (Gesichtsausdruck)

> **!** Nicht verwechseln: Obwohl beide Wörter gleich ausgesprochen werden, schreibt man die den Gesichtsausdruck bezeichnende Miene mit *ie,* die Mine mit den Bedeutungen »Bergwerk, Sprengkörper, Kugelschreibereinlage« nur mit einfachem *i.*

mies (*umgangssprachlich für:* schlecht; gemein; unwohl); mie|ser; am mie|ses|ten; ein mieser Laden; er hat miese Laune; mir ist ganz mies
mies|ma|chen (*umgangssprachlich für:*

311

Miesmuschel – Million

herabsetzen, schlechtmachen); er machte uns alles mies; sie muss immer alles miesmachen

die **Mies|mu|schel** (Pfahlmuschel)

die **Mie|te** (Geldbetrag für die Nutzung von Wohnraum u. a.)

die **Mie|te** (frostsicher eingegrabene Feldfrüchte)
mie|ten; du mietest; sie mietete; sie hat ein Boot gemietet; miete das Haus!

der **Mie|ter;** des Mieters; die Mieter

die **Mie|te|rin;** die Mieterinnen

der **Miet|ver|trag**

der **Miet|wa|gen**

die **Miet|woh|nung**

die **Mie|ze** (Katze); der Mieze; die Miezen

die **Mi|g|rä|ne** (heftiger Kopfschmerz)

der **Mi|g|rant** (Einwanderer); des/dem/den Mi|g|ran|ten; die Mi|g|ran|ten

die **Mi|g|ran|tin;** die Migrantinnen

die **Mi|g|ra|ti|on** (Aus-, Einwanderung); die Mi|g|ra|ti|o|nen

der **Mi|g|ra|ti|ons|hin|ter|grund**

das **Mi|k|ro** (Kurzwort für Mikrofon)

die **Mi|k|ro** (Kurzwort für Mikrowelle)

die **Mi|k|ro|be** (kleinstes Lebewesen); die Mikroben

die **Mi|k|ro|bio|lo|gie** (Wissenschaft von den Mikroorganismen)

der **Mi|k|ro|chip**

das *oder* der **Mi|k|ro|fiche** ['mi:krofi:ʃ] (Filmkarte mit stark verkleinerten Kopien); des Mikrofiches; die Mikrofiches

der **Mi|k|ro|film** (Film mit stark verkleinerten Kopien)

das **Mi|k|ro|fon** *oder* **Mi|k|ro|phon** (Gerät zur Übertragung von Hörbarem auf Tonträger oder über Lautsprecher); des Mikrofons *oder* Mikrophons; die Mi|k|ro|fo|ne *oder* Mi|k|ro|pho|ne

die **Mi|k|ro|or|ga|nis|men** *Plural*

der **Mi|k|ro|or|ga|nis|mus** (kleinstes Lebewesen)

das **Mi|k|ro|phon** *vergleiche:* **Mi|k|ro|fon**

das **Mi|k|ro|s|kop** (ein optisches Vergrößerungsgerät); des Mikroskops; die Mi|k|ro|s|ko|pe
mi|k|ro|s|ko|pisch

die **Mi|k|ro|wel|le**
mi|k|ro|wel|len|ge|eig|net

der **Mi|k|ro|wel|len|herd**

der **Mi|lan** (ein Greifvogel); des Milans; die Mila|ne

die **Mil|be** (ein Spinnentier)

die **Milch**
mil|chig

das **Milch|pro|dukt**

die **Milch|stra|ße**

der **Milch|zahn**
mild; mil|der; am mil|des|ten

die **Mil|de**
mil|dern; du milderst; er milderte; er hat den Schlag gemildert; mildere den Stoß!; mildernde Umstände
mild|tä|tig; mildtätige Helfer

das **Mi|li|eu** [mi'liø:] (Lebensumstände; Umwelt); des Milieus; die Milieus
mi|li|tant (kämpferisch)

das **Mi|li|tär** (alle Soldaten eines Landes); des Militärs

die **Mi|li|tär|ak|ti|on**

die **Mi|li|tär|dik|ta|tur**

der **Mi|li|tär|ein|satz**
mi|li|tä|risch; eine militärische Ausbildung

der **Mi|li|ta|ris|mus** (Vorherrschen militärischen Denkens); des Militarismus
mi|li|ta|ris|tisch; militaristische Ziele

der **Mi|li|tär|schlag** (Kampfeinsatz)

die **Mi|liz** (Volksheer); die Mi|li|zen

Mill. = Million, Millionen

die **Mil|le** (Tausend; *umgangssprachlich für:* tausend Euro); 5 Mille; ↑ ABER: pro mille

das **Mil|l|en|ni|um** (Jahrtausend); des Millenniums; die Millennien

der **Mil|li|ar|där;** des Milliardärs; die Milliar|dä|re

die **Mil|li|ar|dä|rin;** die Milliardärinnen

die **Mil|li|ar|de** (1 000 Millionen)
mil|li|ar|den|schwer (*umgangssprachlich für:* eine bis mehrere Milliarden betragend; ein Milliardenvermögen besitzend); milliardenschwere Aufträge; ein milliardenschwerer Popstar

das **Mil|li|gramm** ($^1/_{1000}$ g)

der *oder* das **Mil|li|li|ter** ($^1/_{1000}$ l)

der **Mil|li|me|ter** ($^1/_{1000}$ m)
mil|li|me|ter|ge|nau; ABER: auf den Millimeter genau

die **Mil|li|on** (1 000 mal 1 000; *Abkürzungen:* Mill., Mio.); eine Million; ein[und]dreiviertel Millionen; zwei Millionen fünf-

Millionär – mischen

hunderttausend; mit 0,8 Millionen; Millionen Mal; drei Millionen Mal[e]

der **Mil|li|o|när;** des Millionärs; die Mil|li|o|nä|re

die **Mil|li|o|nä|rin;** die Millionärinnen

der **Mil|li|o|nen|be|trag**
mil|li|o|nen|fach

die **Mil|li|o|nen|hö|he** Plural selten; Verluste in Millionenhöhe
mil|li|o|nen|schwer; eine millionenschwere Werbekampagne

die **Mil|li|o|nen|stadt**

die **Milz** (ein Organ im menschlichen Körper)

der **Milz|brand** (eine gefährliche Krankheit)
mi|men (schauspielern; so tun, als ob); du mimst; er mimte; er hat gemimt

die **Mi|mik** (Gebärden- und Mienenspiel)

die **Mi|mi|k|ry** ['mɪmikri] (Anpassung, Schutzfärbung)
min, Min. = Minute

das **Mi|na|rett** (Turm einer Moschee); des Minaretts; die Mi|na|ret|te oder Minaretts
min|der; minder gut; minder wichtig
min|der|be|gabt; die minderbegabten Schüler; ABER: die Minderbegabten
min|der|be|mit|telt; die minderbemittelten Leute; ABER: die Minderbemittelten

die **Min|der|heit**

der **Min|der|hei|ten|schutz**

die **Min|der|heits|re|gie|rung**
min|der|jäh|rig

der **Min|der|jäh|ri|ge;** ein Minderjähriger; die Minderjährigen; zwei Minderjährige

die **Min|der|jäh|ri|ge;** eine Minderjährige
min|dern; ich mindere; du minderst; sie minderte; sie hat die Kosten gemindert

die **Min|de|rung**
min|der|wer|tig; minderwertiges Fleisch

das **Min|der|wer|tig|keits|ge|fühl**

das **Min|dest|al|ter**

die **Min|dest|an|for|de|rung**
min|des|te; ohne die mindeste Angst; nicht das mindeste oder <mark>Mindeste</mark> (gar nichts); zum mindesten oder <mark>Mindesten</mark> (wenigstens); nicht im mindesten oder <mark>Mindesten</mark> (gar nicht)
min|des|tens

die **Min|dest|ge|schwin|dig|keit**

der **Min|dest|lohn**

das **Min|dest|maß**

die **Mi|ne** (Bergwerk; Sprengkörper; Kugelschreibereinlage); ↑ ABER: Miene

das **Mi|ne|ral;** die Mi|ne|ra|le oder Mi|ne|ra|li|en
mi|ne|ra|lisch; mineralische Getränke

das **Mi|ne|ral|öl**

das **Mi|ne|ral|was|ser**

die **Mi|ni|a|tur** (kleines Bild; kleine Illustration)

die **Mi|ni|a|tur|aus|ga|be**

das **Mi|ni|golf**

der **Mi|ni|golf|platz**

der **Mi|ni|job** ([Neben]job, der für den Arbeitenden steuer- und abgabenfrei ist)
mi|ni|mal (sehr gering, niedrigst)

das **Mi|ni|mum** [auch: 'mi:nimʊm] (das Geringste); des Minimums; die Minima

der **Mi|ni|rock**

der **Mi|nis|ter;** des Ministers; die Minister
mi|nis|te|ri|ell

die **Mi|nis|te|rin;** die Ministerinnen

das **Mi|nis|te|ri|um;** des Ministeriums; die Ministerien

der **Mi|nis|ter|prä|si|dent**

die **Mi|nis|ter|prä|si|den|tin**

der **Mi|nis|t|rant** (Messdiener); des/dem/den Mi|nis|t|ran|ten

die **Mi|nis|t|ran|tin;** die Ministrantinnen

die **Mi|no|ri|tät** (Minderheit)

der **Mi|nu|end** (Zahl, von der etwas abgezogen wird); des/dem/den Mi|nu|en|den; die Mi|nu|en|den
mi|nus (weniger); fünf minus drei ist, macht, gibt zwei; minus 15 Grad oder 15 Grad minus

das **Mi|nus** (fehlendes Geld; Verlust); des Minus; die Minus; [ein] Minus machen

der **Mi|nus|pol**

der **Mi|nus|punkt**

das **Mi|nus|zei|chen**

die **Mi|nu|te**
mi|nu|ten|lang; minutenlanger Beifall; ABER: mehrere Minuten langer Beifall

der **Mi|nu|ten|zei|ger**
Mio. = Million, Millionen
mir; mir nichts, dir nichts; wie kann mir jungem (auch: jungen) Menschen so etwas passieren!

die **Mi|ra|bel|le** (eine Pflaumenart)
mi|schen; du mischst; sie mischte; sie

313

Mischform – Mist

hat gemischt; misch *oder* mische die Karten!

die **Misch|form**

das **Misch|ge|tränk**

der **Misch|kon|zern**

der **Misch|ling;** des Mischlings; die Mischlin|ge

das **Misch|pult** *(Film, Rundfunk, Fernsehen)*

die **Mi|schung**

das **Mi|schungs|ver|hält|nis**

der **Misch|wald**

mi|se|ra|bel (erbärmlich; nichtswürdig); ein miserabler Kerl

die **Mi|se|re** (Not, Elend); die Miseren

die **Miss** (unverheiratete Frau; Schönheitskönigin); der Miss; die Mis|ses; Miss Australien

miss|ach|ten; er missachtete; er hat die Vorschrift missachtet

die **Miss|ach|tung**

die **Miss|bil|dung**

! Viele Menschen empfinden diese Bezeichnung inzwischen als diskriminierend. Deshalb ist es besser, für die nicht normale Gestalt eines Körperteils oder Organs das Wort *Fehlbildung* zu verwenden.

---

miss|bil|li|gen (ablehnen); sie missbilligte den Plan; sie hat das missbilligt

die **Miss|bil|li|gung**

der **Miss|brauch;** die Miss|bräu|che

miss|brau|chen; er missbrauchte; er hat seine Macht missbraucht

miss|bräuch|lich; missbräuchlich nutzen

mis|sen *(gehoben für:* entbehren; vermissen); du misst; sie misste; er hat gemisst; misse! *oder* miss!; die Klimaanlage möchte ich nicht mehr missen

der **Miss|er|folg**

die **Miss|ern|te**

die **Mis|se|tat**

der **Mis|se|tä|ter**

die **Mis|se|tä|te|rin**

miss|fal|len (nicht gefallen); es missfiel mir; dein Benehmen hat mir missfallen

das **Miss|fal|len;** des Missfallens; sie hat ihr Missfallen geäußert

das **Miss|ge|schick**

miss|ge|stimmt (schlecht gelaunt)

miss|glü|cken (nicht gelingen); der Plan missglückte; es ist mir missglückt

miss|gön|nen (nicht gönnen); sie missgönnte; er hat mir den Erfolg missgönnt

der **Miss|griff**

die **Miss|gunst** (Neid)

miss|güns|tig

miss|han|deln; er misshandelte sie; er hat sie wieder misshandelt

die **Miss|hand|lung**

die **Mis|si|on** (Sendung; Auftrag, Botschaft)

der **Mis|si|o|nar;** des Missionars; die Mis|si|o|na|re

die **Mis|si|o|na|rin;** die Missionarinnen

die **Mis|si|ons|sta|ti|on**

der **Mis|sis|sip|pi** (Fluss in Nordamerika)

der **Miss|klang**

der **Miss|kre|dit** (schlechter Ruf); warum hast du ihn in Misskredit gebracht?

miss|lich (unangenehm)

miss|lie|big (unbeliebt)

miss|lin|gen; es misslang; der Versuch ist ihr misslungen

der **Miss|mut**

miss|mu|tig

miss|ra|ten (nicht gelingen); es missriet ihr; der Kuchen ist missraten

der **Miss|stand** *oder* **Miss-Stand;** die Missstän|de *oder* Miss-Stän|de

die **Miss|stim|mung** *oder* **Miss-Stim|mung**

miss|trau|en; sie misstraute ihm; sie hat seinen Worten misstraut

das **Miss|trau|en;** des Misstrauens

das **Miss|trau|ens|vo|tum**

miss|trau|isch

das **Miss|ver|hält|nis**

miss|ver|ständ|lich

das **Miss|ver|ständ|nis;** des Missverständnisses; die Missverständnisse

---

! Nomen auf *-nis* werden im Nominativ Singular nur mit einem s geschrieben, obwohl der Genitiv Singular und die Pluralformen mit Doppel-s gebildet werden.

---

miss|ver|ste|hen; er missverstand ihn; er hat den Text missverstanden; das war nicht misszuverstehen

die **Miss|wei|sung** (Abweichung der Magnetnadel, Deklination)

die **Miss|wirt|schaft**

der **Mist;** des Mists *oder* Mis|tes

Mistel – mitlaufen

die **Mis|tel** (eine Pflanze); die Misteln
der **Mist|kä|fer**

mit

Präposition mit Dativ:

- ein Korb mit Eiern
- mit anderen Worten

Als Adverb drückt »mit« eine vorüberge-
hende Beteiligung aus. Es wird von einem
unmittelbar folgenden Verb getrennt
geschrieben, wenn beide Wörter betont
werden:

- mit nach oben gehen
- das kann ich nicht mit ansehen

Mit einem folgenden Verb zusammenge-
schrieben wird »mit«, wenn eine dauernde
Vereinigung oder Teilnahme gemeint ist;
betont wird dann meistens nur der Verb-
zusatz:

- er will nicht mitarbeiten
- sie ist bei ihm mitgefahren

Im Zweifel sind zwei Schreibweisen mög-
lich:

- das musst du mitberücksichtigen *oder*
  mit berücksichtigen

die **Mit|ar|beit**; der Mitarbeit; die Mitarbeit
   im Unterricht könnte besser sein
   mit|ar|bei|ten; sie arbeitet mit; sie hat
   an diesem Werk mitgearbeitet
der **Mit|ar|bei|ter**
die **Mit|ar|bei|te|rin**
der **Mit|be|grün|der**
die **Mit|be|grün|de|rin**
   mit|be|kom|men; du bekommst mit; sie
   bekam mit; er hat mitbekommen; ein
   Frühstücksbrot mitbekommen; im
   Unterricht nichts mitbekommen
   mit|be|rück|sich|ti|gen *vergleiche:* **mit**
   mit|be|stim|men; du bestimmst mit; er
   hat mitbestimmt; bestimmt *oder*
   bestimme mit!
die **Mit|be|stim|mung**
das **Mit|be|stim|mungs|recht**
der **Mit|be|wer|ber**
die **Mit|be|wer|be|rin**
der **Mit|be|woh|ner**
die **Mit|be|woh|ne|rin**

   mit|brin|gen; sie brachte es mit; sie hat
   mir etwas mitgebracht
das **Mit|bring|sel**; des Mitbringsels; die Mit-
   bringsel
der **Mit|bür|ger**
die **Mit|bür|ge|rin**
   mit|ei|n|an|der; miteinander (einer mit
   dem anderen) auskommen, leben, spielen
das **Mit|ei|n|an|der**; des Miteinander *oder*
   Miteinanders; für ein besseres Miteinander
   mit|er|le|ben; du erlebst es mit; sie
   erlebte es mit; er hat es miterlebt
   mit|fah|ren; er fuhr mit; er ist mitgefah-
   ren
die **Mit|fahr|ge|le|gen|heit**
die **Mit|fahr|zen|t|ra|le** (Unternehmen, das
   Mitfahrgelegenheiten vermittelt)
   mit|füh|lend
das **Mit|ge|fühl**
   mit|ge|hen; er ging mit; er ist mitgegan-
   gen
   mit|ge|nom|men (ermattet)
die **Mit|gift** (Aussteuer); die Mit|gif|ten
das **Mit|glied**
die **Mit|glie|der|ver|samm|lung**
die **Mit|glie|der|zahl**
der **Mit|glieds|aus|weis**
der **Mit|glieds|bei|trag**
die **Mit|glied|schaft**
das **Mit|glieds|land**
der **Mit|glieds|staat** *oder* **Mit|glied-**
   staat; das Land wird EU-Mitglieds-
   staat
   mit|hal|ten; du hältst mit; er hielt
   nicht mit; sie hat mitgehalten; mit
   jemandem mithalten
   mit|hel|fen; sie half mit; sie hat mitge-
   holfen
   mit|hil|fe *oder* mit Hil|fe; mithilfe *oder*
   mit Hilfe dieses Verfahrens
die **Mit|hil|fe**; vielen Dank für deine Mit-
   hilfe!
   mit|hin (*gehoben für:* somit); er ist voll-
   jährig, mithin selbst verantwortlich
der **Mit|in|ha|ber**
die **Mit|in|ha|be|rin**
   mit|kom|men; sie kam mit; sie ist mit-
   gekommen
   mit|lau|fen; er lief mit; er ist mitgelau-
   fen

315

Mitläufer – Mittelständlerin

der **Mit|läu|fer**
die **Mit|läu|fe|rin**
der **Mit|laut** (Konsonant)
das **Mit|leid**; Mitleid empfinden; Mitleid
    erregen; Mitleid erregend *oder* mitleider-
    regend; ein Mitleid erregender *oder* mit-
    leiderregender Anblick; ABER NUR: ein
    großes Mitleid erregender Anblick; ein
    äußerst mitleiderregender, noch mitleid-
    erregenderer Fall
die **Mit|lei|den|schaft**; *nur in:* in Mitleiden-
    schaft ziehen
    mit|lei|dig
    mit|leid|los *oder* **mit|leids|los**
    mit|leid|voll *oder* **mit|leids|voll**
    mit|ma|chen; er macht mit; er hat mit-
    gemacht
der **Mit|mensch**
    mit|mensch|lich
    mit|neh|men; sie nahm den Koffer mit;
    sie hat mich mitgenommen
    mit|nich|ten (keineswegs)
die **Mi|t|ra** (Bischofsmütze); die Mitren
    mit|re|den; er redet mit; bei dieser Ent-
    scheidung hat er mitgeredet
    mit|rei|ßen; er riss das Publikum mit;
    sie wurde von der Menge mitgerissen
    mit|rei|ßend (begeisternd)
    mit|samt (gemeinsam mit)
    mit|schnei|den (eine Radio- oder Fern-
    sehsendung aufnehmen); sie schnitt mit;
    sie hat den Film mitgeschnitten
der **Mit|schnitt**
    mit|schrei|ben; er schrieb mit; er hat
    mitgeschrieben; ABER: zum Mitschrei-
    ben
die **Mit|schuld**
    mit|schul|dig
der **Mit|schü|ler**
die **Mit|schü|le|rin**
    mit|spie|len; du spielst mit; sie hat mit-
    gespielt; lass *oder* lasse sie doch mitspie-
    len!
der **Mit|spie|ler**
die **Mit|spie|le|rin**
die **Mit|spra|che**
das **Mit|spra|che|recht**
    mit|spre|chen; sie sprach mit; sie hat
    das Gebet mitgesprochen
der **Mit|strei|ter** (jemand, der mit anderen
    zusammen für oder gegen etwas eintritt,
    sich einsetzt); des Mitstreiters; die Mit-

streiter; sie suchten noch Mitstreiter für
ihre Idee
die **Mit|strei|te|rin**; die Mitstreiterinnen
der **Mit|tag**; über Mittag wegbleiben; [zu]
    Mittag essen; ↑ Abend
das **Mit|tag|es|sen**
    mit|tags; ABER: des Mittags
die **Mit|tags|pau|se**
die **Mit|tags|zeit**
der **Mit|tä|ter**
die **Mit|tä|te|rin**
die **Mit|tä|ter|schaft**
die **Mit|te**; in der Mitte; Mitte Januar; sie ist
    Mitte dreißig; Seite 3 [in der] Mitte
    mit|tei|len (sagen, wissen lassen); er teilt
    mit; er hat ihm die Neuigkeit mitgeteilt;
    teil *oder* teile es ihm mit!
die **Mit|tei|lung**
das **Mit|tei|lungs|be|dürf|nis**
    mit|tel; mitt|le|re; die mittlere Reife
das **Mit|tel**; des Mittels; die Mittel
das **Mit|tel|al|ter**
    mit|tel|al|ter|lich
    mit|tel|bar (indirekt)
    mit|tel|eu|ro|pä|isch
das **Mit|tel|feld** (*besonders Sport*)
der **Mit|tel|feld|spie|ler** (*besonders Fußball*)
die **Mit|tel|feld|spie|le|rin**; die Mittelfeld-
    spielerinnen
der **Mit|tel|fin|ger**
    mit|tel|fris|tig
das **Mit|tel|ge|bir|ge**
    mit|tel|groß
die **Mit|tel|klas|se**
    mit|tel|los
das **Mit|tel|maß**
    mit|tel|mä|ßig
das **Mit|tel|meer**
die **Mit|tel|ohr|ent|zün|dung**
der **Mit|tel|punkt**
die **Mit|tel|schicht**
der **Mit|tel|stand** (*Wirtschaft:* alle kleinen
    und mittleren Unternehmen sowie die
    Selbstständigen); des Mittelstands *oder*
    Mittelstande
    mit|tel|stän|disch (den Mittelstand
    betreffend); die mittelständischen
    Unternehmen
der **Mit|tel|ständ|ler**; des Mittelständlers;
    die Mittelständler
die **Mit|tel|ständ|le|rin**; die Mittelständle-
    rinnen

Mittelstufe – Modell

die **Mit|tel|stu|fe**
die **Mit|tel|wel|le**
der **Mit|tel|wert**
das **Mit|tel|wort** (Partizip); die Mit|tel|wörter
    mit|ten; er befand sich mitten darin, mitten darunter; ABER: er befand sich mittendrin, mittendrunter; er ging mitten durch; ABER: der Stab brach mittendurch; das Glas ging, brach mitten entzwei
    mit|ten|drin (mitten darin); sie befand sich mittendrin
die **Mit|ter|nacht;** um Mitternacht
    mit|ter|nachts; ABER: des Mitternachts
die **Mit|ter|nachts|son|ne**
der **Mit|te|strich** (Bindestrich, Gedankenstrich der Schreibmaschine)
der **Mitt|ler;** des Mittlers; die Mittler
die **Mitt|le|rin;** die Mittlerinnen
    mitt|ler|wei|le
    mit|tra|gen; du trägst das mit; sie trug das mit; er hat das mitgetragen; eine Entscheidung mittragen
der **Mitt|woch** ↑ Dienstag
der **Mitt|woch|abend** ↑ Dienstagabend
der **Mitt|woch|mor|gen**
der **Mitt|woch|nach|mit|tag**
    mitt|wochs ↑ Dienstag
    mit|un|ter (manchmal)
    mit|ver|ant|wort|lich
die **Mit|ver|ant|wor|tung**
    mit|wir|ken (aktiv an etwas teilnehmen); du wirkst mit; sie wirkte mit, er hat mitgewirkt; wirk *oder* wirke bitte daran mit!
die **Mit|wir|kung** *Plural selten*
der **Mit|wis|ser;** des Mitwissers; die Mitwisser
die **Mit|wis|se|rin;** die Mitwisserinnen
der **Mix** (Gemisch, spezielle Mischung); des Mix *oder* Mixes; die Mixe; ein Mix aus Jazz und Pop
    mi|xen (mischen); du mixt; er mixte; er hat gemixt; mix *oder* mixe das Getränk!
der **Mi|xer** (jemand, der Getränke mischt; Gerät zum Mixen; Tonmischer); des Mixers; die Mixer
das **Mix|ge|tränk**
die **Mix|tur** (Mischung); der Mixtur; die Mix|tu|ren
    ml = Milliliter

mm = Millimeter
mmh!; mmh, ist das lecker!
der **MMS** = Multimedia Messaging Service (*Markenbezeichnung:* Mobilfunkdienst, mit dem Texte, Fotos u. a. versendet werden können)
das **MMS-Han|dy**
der **Mob** (Pöbel, randalierender Haufen); des Mobs; die Mobs
    mob|ben (schikanieren); du mobbst; sie haben ihre Kollegin gemobbt; mobb *oder* mobbe den neuen Mitschüler nicht!
das **Mob|bing;** des Mobbings
das **Mö|bel;** des Möbels; die Möbel
der **Mö|bel|pa|cker**
das **Mö|bel|stück**
    mo|bil (beweglich); jemanden wieder mobil machen (*umgangssprachlich für:* gesund, munter machen); ↑ ABER: mobilmachen
der **Mo|bil|funk** (Funk[verkehr] zwischen mobilen oder zwischen mobilen und festen Sendegeräten)
das **Mo|bil|funk|netz**
das **Mo|bi|li|ar** (beweglicher Besitz; Möbel); des Mobiliars; die Mo|bi|li|a|re
    mo|bi|li|sie|ren (einsatzbereit machen; aktivieren); du mobilisierst; er mobilisierte; er hat alle Kräfte mobilisiert
die **Mo|bi|li|tät** ([geistige] Beweglichkeit)
    mo|bil|ma|chen (in den Kriegszustand versetzen); die Regierung machte mobil; das Land hat mobilgemacht
das **Mo|bil|te|le|fon**
    mö|b|lie|ren; du möblierst; er hat das Zimmer möbliert; möblier *oder* möbliere den Raum!
    Mo|çam|bique [mosamˈbiːk] *vergleiche:* **Mo|sam|bik**
der **Mo|dal|satz** (Umstandssatz der Art und Weise)
das **Mo|dal|verb** (wollen, sollen, müssen, können, dürfen, mögen; *zum Beispiel in:* wir wollen spielen)
die **Mo|de**
der **Mo|de|ar|ti|kel**
    mo|de|be|wusst
die **Mo|de|far|be**
das **Mo|del** (Fotomodell); des Models; die Models
das **Mo|dell;** des Modells; die Mo|del|le; Modell stehen

317

Modellflugzeug – Molekül

das **Mo|dell|flug|zeug**
mo|del|lie|ren (formen, gestalten); du modellierst; er modellierte; er hat in Ton modelliert; modellier *oder* modelliere das Wachs!

das **Mo|dell|pro|jekt**

der **Mo|dell|ver|such**

das **Mo|dem** (Gerät zur Datenübertragung über Telefonleitungen); des Modems; die Modems

der **Mo|der** (Faulendes; Fäulnisstoff); des Moders
mo|de|rat (*bildungssprachlich für:* gemäßigt); mo|de|ra|ter; am mo|de|ra|tes|ten; moderate Worte; ein moderater Lehrer

die **Mo|de|ra|ti|on** (*Rundfunk, Fernsehen:* Tätigkeit des Moderators oder der Moderatorin); der Moderation; die Mo|de|ra|ti|o|nen

der **Mo|de|ra|tor** (jemand, der durch eine Fernseh- oder Rundfunksendung führt); des Moderators; die Mo|de|ra|to|ren

die **Mo|de|ra|to|rin;** die Moderatorinnen
mo|de|rie|ren; du moderierst; er moderierte; sie hat die Sendung moderiert
mo|de|rig, mod|rig (nach Moder riechend); ein moderiger *oder* modriger Keller
mo|dern (faulen); das Laub moderte; es hat gemodert
mo|dern (modisch; zeitgemäß); moderne Technik

die **Mo|der|ne** (moderne Richtung [in der Kunst]; moderner Zeitgeist); der Moderne; die Zeichen der Moderne
mo|der|ni|sie|ren; du modernisierst; sie modernisierte; sie hat die Verwaltung modernisiert

die **Mo|der|ni|sie|rung**
mo|disch; modische Kleidung

das **Mo|dul** (selbstständiges [Geräte]teil); des Moduls; die Mo|du|le

die **Mo|du|la|ti|on** (Übergang in eine andere Tonart)

der **Mo|dus** [*auch:* ˈmɔdʊs] (Art und Weise; Aussageweise des Verbs); des Modus; die Modi

das **Mo|fa** (*kurz für:* Motorfahrrad); des Mofas; die Mofas
Mo|ga|di|schu (Hauptstadt Somalias)

die **Mo|ge|lei**

mo|geln; du mogelst; er mogelte; er hat beim Spiel gemogelt; mogle *oder* mogele nicht!

mö|gen; du magst; er mag; du mochtest; er mochte; du möchtest; er möchte; er hat sie gemocht; das hätte ich hören mögen

mög|lich

Kleinschreibung:

– mögliche Entwicklungen
– so viel als *oder* wie möglich

Großschreibung der Nominalisierung:

– das Mögliche (alles) tun; alles Mögliche (viel, allerlei) tun
– sein Möglichstes tun
– im Rahmen des Möglichen
– Mögliches und Unmögliches verlangen
– alles Mögliche (alle Möglichkeiten) bedenken
– etwas, nichts Mögliches

mög|li|chen|falls
mög|li|cher|wei|se

die **Mög|lich|keit;** nach Möglichkeit

die **Mög|lich|keits|form** (Konjunktiv)
mög|lichst; möglichst bald
Mo|ham|med (Stifter des Islams)

der **Mohn;** des Mohns *oder* Moh|nes

das **Mohn|bröt|chen**

der **Mohr** (*veraltet für:* dunkelhäutiger Afrikaner); des/dem/den Moh|ren; die Mohren

die **Möh|re** (eine Gemüsepflanze)

die **Mohr|rü|be** (Möhre)

der **Mo|kas|sin** (ein Lederschuh); des Mokassins; die Mokassins *oder* Mo|kas|si|ne

sich **mo|kie|ren** (sich lustig machen); du mokierst dich; er mokierte sich; er hat sich über ihre Aussprache mokiert

der **Mok|ka** (eine Kaffeesorte); des Mokkas; die Mokkas

der **Molch** (im Wasser lebender Lurch); des Molchs *oder* Mol|ches; die Mol|che
Mol|da|wi|en (Staat in Südosteuropa)

die **Mo|le** (Hafendamm); die Molen

das **Mo|le|kül** (kleinste Einheit einer chemischen Verbindung); des Moleküls; die Mo|le|kü|le

318

molekular – Montagnachmittag

mo|le|ku|lar (die Moleküle betreffend)

die Mo|le|ku|lar|bio|lo|gie

das Mo|le|ku|lar|ge|wicht

die Mol|ke (Käsewasser)

die Mol|ke|rei

das Mol|ke|rei|pro|dukt

das Moll (Tongeschlecht mit kleiner Terz;
↑ Dur); des Moll; a-Moll; die a-Moll-Arie
mol|lig (*umgangssprachlich für:* behag-
lich, warm; rundlich)

das Mo|ment ([ausschlaggebender]
Umstand; Gesichtspunkt); des Moments
oder Mo|men|tes; die Mo|men|te; dies
war das auslösende Moment

der Mo|ment (Augenblick); des Moments
oder Mo|men|tes; die Mo|men|te
mo|men|tan; die momentane Lage

die Mo|ment|auf|nah|me

Mo|na|co [*auch:* ˈmoːnako] (Staat in
Südeuropa; Hauptstadt dieses Staates)

der Mo|n|arch (gekrönter Alleinherrscher);
des/dem/den Mo|n|ar|chen; die Mo|n|ar-
chen

die Mo|n|ar|chie; die Mo|n|ar|chi|en

die Mo|n|ar|chin; die Monarchinnen

der Mo|nat; des Monats *oder* Mo|na|tes; die
Mo|na|te; alle zwei Monate; dieses
Monats; nächsten Monats; vorigen
Monats
mo|na|te|lang; ABER: viele Monate
lang
mo|nat|lich (jeden Monat); eine monat-
liche Rate; ABER: dreimonatig (drei
Monate dauernd)

der Mo|nats|an|fang

das Mo|nats|en|de

der Mo|nats|ers|te

das Mo|nats|ge|halt

die Mo|nats|kar|te

der Mönch (Mitglied eines Ordens); des
Mönchs *oder* Mön|ches; die Mön|che
Mön|chen|glad|bach (Stadt in Nord-
rhein-Westfalen)
mön|chisch

der Mönchs|or|den

der Mond (ein Himmelskörper); des Monds
oder Mon|des; die Mon|de

der Mond|auf|gang

die Mond|fins|ter|nis
mond|hell

die Mond|lan|dung

die Mond|pha|se

der Mond|schein

die Mond|um|lauf|bahn

der Mo|ne|gas|se (Einwohner Monacos);
des/dem/den Monegassen; die Monegassen

die Mo|ne|gas|sin; die Monegassinnen
mo|ne|gas|sisch

der Mon|go|le (Angehöriger einer Völker-
gruppe in Asien; Einwohner der Mongo-
lei); des/dem/den Mongolen; die Mongolen

die Mon|go|lei (Staat, Hochland in Asien)

die Mon|go|lin; die Mongolinnen
mon|go|lisch
mo|nie|ren (bemängeln); du monierst;
sie monierte; sie hat das Essen moniert

der Mo|ni|tor (Bildschirm); des Monitors;
die Mo|ni|to|re, *auch:* Mo|ni|to|ren

das Mo|no|gramm (Namenszug); des Mono-
gramms; die Mo|no|gram|me

die Mo|no|kul|tur (einseitiger Anbau immer
derselben Pflanzenart)

der Mo|no|log (Selbstgespräch); des Mono-
logs; die Mo|no|lo|ge

das Mo|no|pol (Recht zum Alleinverkauf);
des Monopols; die Mo|no|po|le

die Mo|no|pol|stel|lung

das Mo|no|po|ly (*Markenbezeichnung:* ein
Gesellschaftsspiel); des Monopoly
mo|no|ton (eintönig, ermüdend)

die Mo|no|to|nie (Eintönigkeit)

der Mon|si|eur [məˈsjø:] (französische
Bezeichnung für Herr); des Monsieurs;
die Messieurs [meˈsjø:]

das Mons|ter (Ungeheuer); des Monsters;
die Monster

der Mons|ter|film

die Mons|t|ranz (Gefäß für die geweihte
Hostie); die Mons|t|ran|zen
mons|t|rös (von gewaltigem Ausmaß);
ein monströses Bauwerk

das Mons|t|rum (Ungeheuer); des Mons-
trums; die Monstren

der Mon|sun (ein Wind); des Monsuns; die
Mon|su|ne

der Mon|tag ↑ Dienstag

der Mon|tag|abend ↑ Dienstagabend

die Mon|ta|ge [mɔnˈtaːʒə] (Aufbau; Zusam-
menbau einer Maschine)

die Mon|ta|ge|hal|le

der Mon|tag|mor|gen

der Mon|tag|nach|mit|tag

319

montags – Moritat

mon|tags ↑Dienstag

der **Mont|blanc** [mõˈblãː] (Berg in den Alpen)

Mon|te|ne|g|ro (Staat in Südosteuropa)

der **Mon|teur** [mɔnˈtøːɐ̯] (Facharbeiter für Montagen); des Monteurs; die Mon|teu|re

die **Mon|teu|rin**; die Monteurinnen

Mon|te|vi|de̯o (Hauptstadt Uruguays)

mon|tie|ren ([auf]bauen; befestigen); du montierst; er montierte; er hat das Regal montiert; montier *oder* montiere das Gerüst!

die **Mon|tur** (*umgangssprachlich für:* Kleidung, Ausrüstung); der Montur; die Mon|tu|ren

das **Mo|nu|me̯nt** (Denkmal); des Monuments *oder* Mo|nu|men|tes; die Mo|nu|men|te

mo|nu|men|ta̯l (von beeindruckender Größe); monumentale Bauwerke

das **Moor** (Sumpf); des Moors *oder* Moo|res; die Moo|re

das **Moor|bad**

moo|rig; mooriger Boden

das **Moos**; des Moo|ses; die Moo|se

moos|be|deckt; moosbedeckte Dächer; ABER: mit Moos bedeckte Dächer

moos|grün

moo|sig

das **Mo|ped** (leichtes Motorrad); des Mopeds; die Mopeds

der **Mopp** (Stoffbesen mit langen Fransen); des Mopps; die Mopps

mop|pen; ich moppe; du moppst; sie moppte; sie hat den Flur gemoppt

der **Mops** (eine Hunderasse); des Mop|ses; die Möp|se

mop|sen (*umgangssprachlich für:* stehlen); du mopst; sie mopste; sie hat Süßigkeiten gemopst

die **Mo|ra̯l** (Sittlichkeit; Sittenlehre)

mo|ra̯|lisch; moralisches Handeln

die **Mo|ra̯l|pre|digt**

die **Mo|rä̯|ne** (Schutt eines Gletschers); die Moränen

der **Mo|ra̯st** (Sumpf[gelände]); des Morasts *oder* Mo|ras|tes; die Mo|ras|te *oder* Mo|räs|te

mo|ra̯s|tig; morastiges Gelände

das **Mo|ra|to̯|ri|um** (Aufschub); die Moratorien

mor|bi̯d (kränklich; im [sittlichen] Verfall begriffen)

die **Mor|bi̯|di|tä̯t** (Krankheitsstand)

die **Mo̯r|chel** (ein Pilz); die Morcheln

der **Mo̯rd**; des Mords *oder* Mor|des; die Mor|de

der **Mo̯rd|an|schlag**

mo̯r|den; du mordest; er mordete; er hat aus Rache gemordet

der **Mö̯r|der**; des Mörders; die Mörder

die **Mö̯r|de|rin**; die Mörderinnen

mö̯r|de|risch; eine mörderische Hitze

der **Mo̯rd|fall**

das **Mo̯r|gen**; das Heute und das Morgen

der Mo̯rgen, mo̯r|gen

Das Nomen »Morgen« schreibt man groß:

– des Morgens; eines Morgens
– gegen Morgen; am Morgen
– guten Morgen! (Gruß)
– <mark>Guten Morgen</mark> *oder* guten Morgen sagen
– gestern, heute Morgen

Die Adverbien »morgen« und »morgens« schreibt man klein:

– morgens; frühmorgens; ABER: morgens früh
– morgen Abend, morgen Nachmittag; morgen früh, *besonders österreichisch auch:* morgen Früh
– von morgens bis abends
– bis morgen; Hausaufgaben für morgen; die Technik von morgen (der Zukunft)
Vergleiche auch: Abend, Dienstag, morgens

der **Mo̯r|gen** (ursprünglich das Land, das an einem Morgen gepflügt werden kann; ein altes Feldmaß); fünf Morgen Land

mo̯r|gend|lich; der morgendliche Berufsverkehr

das **Mo̯r|gen|grau|en**

der **Mo̯r|gen|muf|fel** (morgens unausgeschlafener, mürrischer Mensch)

mo̯r|gens; ABER: des Morgens, eines Morgens; ↑Abend, Dienstag *und* morgen

mo̯r|gig; am morgigen Tag

die **Mo|ri̯|ta̯t** (von einem Bänkelsänger vorgetragenes Lied); die Mo|ri|ta|ten

320

Morphium – Mozzarella

das **Mor|phi|um** (ein Medikament; eine Droge); des Morphiums

die **Mor|phi|um|sucht**

mor|phi|um|süch|tig

morsch; mor|scher; am mor|sches|ten; morsche Bäume

das **Mor|se|al|pha|bet** (Alphabet für die Telegrafie)

das **Mor|se-Al|pha|bet**

mor|sen (den Morseapparat bedienen); du morst; sie morste; er hat eine Nachricht gemorst

der **Mör|ser** (schweres Geschütz; Gefäß zum Zerkleinern); des Mörsers; die Mörser

das **Mor|se|zei|chen**

die **Mor|ta|del|la** (eine Wurstsorte); die Mortadellas

der **Mör|tel** (ein Bindemittel); des Mörtels; die Mörtel

mör|teln; ich mört[e]le; du mörtelst; er mörtelte; er hat die Wand gemörtelt; mörtle *oder* mörtele die Wand!

das **Mo|sa|ik** (Bild aus bunten Steinchen); des Mosaiks; die Mo|sa|i|ken, *auch:* Mo|sa|i|ke

der **Mo|sa|ik|stein**

Mo|sam|bik *oder* **Mo|çam|bique** [mosam'bi:k] (Staat in Ostafrika)

der **Mo|sam|bi|ka|ner;** des Mosambikaners; die Mosambikaner

die **Mo|sam|bi|ka|ne|rin;** die Mosambikanerinnen

mo|sam|bi|ka|nisch

die **Mo|schee** (islamisches Bethaus); die Moscheen

die **Mo|sel** (linker Nebenfluss des Rheins)

Mo|ses (Stifter der israelitischen Religion); die fünf Bücher Mosis *oder* Mose

Mos|kau (Hauptstadt Russlands)

der **Mos|ki|to** (eine Stechmücke); des Moskitos; die Moskitos

das **Mos|ki|to|netz**

der **Mos|lem** *vergleiche:* **Mus|lim**

die **Mos|le|min** *vergleiche:* **Mus|li|min**

mos|le|misch *vergleiche:* **mus|li|misch**

der **Most** (unvergorener Fruchtsaft); des Mosts *oder* Mos|tes; die Mos|te

der **Most|rich** (*nordostdeutsch für:* Senf); des Mostrichs *oder* Most|riches

das **Mo|tel** (Hotel für Autoreisende); des Motels; die Motels

das **Mo|tiv** ([Beweg]grund; Leitgedanke; kleinstes melodisches Gebilde); des Motivs; die Mo|ti|ve

die **Mo|ti|va|ti|on** (die Beweggründe für das menschliche Handeln)

mo|ti|vie|ren (anspornen); du motivierst; er hat seine Mitarbeiter motiviert; motivier *oder* motiviere deine Mannschaft!

mo|ti|viert (starken Antrieb zu etwas habend); mo|ti|vier|ter; am mo|ti|vier|tes|ten; alle Helfer sind stark motiviert

die **Mo|ti|vie|rung**

das **Mo|to|cross** *oder* **Mo|to-Cross** (Geländerennen für Motorradsportler); des **Motocross** *oder* Moto-Cross; die **Mo|to-cros|se** *oder* Mo|to-Cros|se

der **Mo|tor;** des Motors; die Mo|to|ren; *auch:* der **Mo|tor;** des Motors; die Mo|to|re

das **Mo|tor|boot** [*auch:* mo'to:ɐ̯bo:t]

mo|to|risch; motorisches Gehirnzentrum (Sitz der Bewegungsantriebe)

mo|to|ri|sie|ren (mit Maschinen oder Motorfahrzeugen ausstatten); du motorisierst; er motorisierte; er hat sein Boot motorisiert; der motorisierte Verkehr

das **Mo|tor|rad** [*auch:* mo'to:ɐ̯ra:t]

der **Mo|tor|rad|fah|rer**

die **Mo|tor|rad|fah|re|rin**

der **Mo|tor|sport**

die **Mot|te**

das **Mot|ten|pul|ver**

das **Mot|to** (Leitspruch; Kennwort); des Mottos; die Mottos

mot|zen (*umgangssprachlich für:* nörgeln); du motzt; er motzte; er hat gemotzt; motz *oder* motze nicht dauernd!

die **Mot|ze|rei** (*umgangssprachlich*)

das **Moun|tain|bike** ['maʊntɪnbaɪk] (Fahrrad für Gelände- oder Gebirgsfahrten); des Mountainbikes; die Mountainbikes

der **Mount Eve|rest** ['maʊnt 'ɛvərɪst] (höchster Berg der Erde); des Mount Everest

das *oder* der **Mo|vie** ['mu:vi] ([Kino]film); des Movie *oder* Movies; die Movies

die **Mö|we** (ein Vogel)

Mo|zart (österreichischer Komponist)

der **Moz|za|rel|la** (eine Käsesorte); des Mozzarellas; die Mozzarellas

MP3 – Multiplikand

das **MP3** (Verfahren zur Komprimierung von [Musik]dateien)

das **MP3-For|mat**

der **MP3-Play|er** [ɛmpeːˈdraiplɐ] (Gerät zum Abspielen von CDs im MP3-Format); des MP3-Players; die MP3-Player
MS = multiple Sklerose
m/s *oder* **m/sec** = Meter je Sekunde

die **Mu|cke** (*umgangssprachlich für:* Laune, Grille); der Motor hat seine Mucken

die **Mü|cke**

der **Mü|cken|stich**

der **Mucks**, *auch:* **Muck|ser** (kurze, halb unterdrückte Äußerung); des Muck|ses, *auch:* Mucksers; die Muck|se, *auch:* Muckser; ich will jetzt keinen Mucks, *auch:* Muckser mehr hören!
muck|sen; du muckst; er muckste; er hat gemuckst; mucks *oder* muckse nicht!; sich mucksen; er hat sich nicht gemuckst
mucks|mäus|chen|still (ganz still)
mü|de; sich müde arbeiten; einer Sache müde (überdrüssig) sein; er ist es müde

die **Mü|dig|keit**

das **Mües|li** *vergleiche:* **Müs|li**

der **Muff** (modriger, dumpfer Geruch); des Muffs *oder* Muf|fes

der **Muff** (Handwärmer); des Muffs *oder* Muf|fes; die Muf|fe

die **Muf|fe** (Rohrstück; Ansatzstück); die Muffen

der **Muf|fel** (*umgangssprachlich für:* Mensch, der sich mürrisch, ablehnend verhält); des Muffels; die Muffel
muf|fe|lig *oder* **muff|lig** (mürrisch); ein muffeliger *oder* muffliger Mensch
muf|fig (nach Schimmel riechend)
muff|lig *vergleiche:* **muf|fe|lig**
muh!; die Kühe brüllten muh *oder* Muh

die **Mü|he**; mit Müh und Not; es kostet mich keine Mühe; sie hat sich Mühe gegeben
mü|he|los; mü|he|lo|ser; am mü|he|lo|ses|ten

sich **mü|hen** (anstrengen); du mühst dich; sie mühte sich; sie hat sich vergeblich gemüht; müh *oder* mühe dich doch nicht so!
mü|he|voll

die **Müh|le**

das **Mühl|rad**

der **Mühl|stein**

die **Müh|sal**; die Mühl|sa|le
müh|sam
müh|se|lig

der **Mu|lat|te** (Nachkomme eines schwarzen und eines weißen Elternteils); des/dem/den Mulatten; die Mulatten

> **!** Die Bezeichnungen »Mulatte« und »Mulattin« gehen auf den Vergleich des Mulatten mit einem Maulesel (einem *Muli*) zurück. Sie werden deshalb oft als diskriminierend empfunden.

die **Mu|lat|tin**; die Mulattinnen

die **Mul|de** (Vertiefung im Boden)

der **Mull** (ein Baumwollgewebe); des Mulls *oder* Mul|les; die Mul|le

der **Müll** (Abfall); des Mülls *oder* Mül|les

die **Müll|ab|fuhr**

die **Müll|bin|de**

der **Müll|ei|mer**

der **Mül|ler**; des Müllers; die Müller

die **Mül|le|rin**; die Müllerinnen

die **Müll|kip|pe**

das **Müll|läpp|chen** *oder* **Mull-Läpp|chen**

die **Müll|ton|ne**

die **Müll|tren|nung**

die **Müll|ver|bren|nung**

die **Müll|ver|bren|nungs|an|la|ge**
mul|mig (*umgangssprachlich für:* bedenklich; übel); eine mulmige Situation
mul|ti|kul|tu|rell (viele Kulturen umfassend); ein multikulturelles Angebot

das **Mul|ti|me|dia** (*EDV:* das Zusammenwirken verschiedener Medien [Texte, Bilder u. a.] in einem Informationssystem); des Multimedia *oder* Multimedias
mul|ti|me|di|al (viele Medien betreffend; für viele Medien bestimmt); multimediale Bildungsangebote
mul|ti|na|ti|o|nal (aus vielen Nationen bestehend; in vielen Staaten vertreten); multinationale Unternehmen

der **Mul|ti|ple-Choice-Test** [ˈmaltɪplˈtʃɔys...] (Prüfungsverfahren, bei dem von mehreren vorgegebenen Antworten die richtigen zu kennzeichnen sind)

der **Mul|ti|pli|kand** (*Mathematik:* Zahl, die mit einer anderen multipliziert werden soll); des/dem/den Mul|ti|pli|kan|den; die Mul|ti|pli|kan|den

322

Multiplikation – museumsreif

die **Mul|ti|pli|ka|ti|on** (Vervielfachung)

der **Mul|ti|pli|ka|tor** (*Mathematik:* Zahl, mit der man eine vorgegebene Zahl multipliziert); des Multiplikators; die Mul|ti|pli|ka|to|ren

mul|ti|pli|zie|ren (vervielfachen); du multiplizierst; sie multiplizierte; sie hat multipliziert; multiplizier *oder* multipliziere richtig!

die **Mu|mie** (einbalsamierter Leichnam); die Mu|mi|en

mu|mi|en|haft

mu|mi|fi|zie|ren (einbalsamieren); du mumifizierst; er mumifizierte; er hat den Toten mumifiziert

die **Mu|mi|fi|zie|rung**

der **Mumm** (*umgangssprachlich für:* Mut); des Mumms; keinen Mumm haben

müm|meln (fressen); du mümmelst; er mümmelte; der Hase hat ein Salatblatt gemümmelt

der **Mum|pitz** (*umgangssprachlich für:* Unsinn; Schwindel); des Mum|pit|zes

der, *auch:* die **Mumps** (Ziegenpeter); des, *auch:* der Mumps

Mün|chen (Hauptstadt Bayerns)

der **Mün|che|ner** *oder* **Münch|ner;** des Müncheners *oder* Münchners; die Münchener *oder* Münchner

die **Mün|che|ne|rin** *oder* **Münch|ne|rin;** die Münchenerinnen *oder* Münchnerinnen

der **Mund;** des Mun|des; die Mün|der

die **Mund|art**

das **Mün|del** (Minderjähriger unter Vormundschaft); des Mündels; die Mündel

mun|den (schmecken); es mundet; es mundete; das Essen hat [mir] gemundet

mün|den; der Fluss mündete; er ist in den See gemündet

mund|ge|recht; mundgerechte Stücke

der **Mund|ge|ruch**

die **Mund|har|mo|ni|ka**

mün|dig (volljährig); mündig sein, werden

die **Mün|dig|keit**

münd|lich; die mündliche Prüfung

der **M-und-S-Rei|fen** [ˈɛmʊntˈɛs...] = Matsch-und-Schnee-Reifen

mund|tot; jemanden mundtot machen (rücksichtslos am Reden hindern)

die **Mün|dung**

der **Mund|win|kel**

die **Mund-zu-Mund-Be|at|mung**

die **Mu|ni|ti|on**

mun|keln (*umgangssprachlich für:* im Geheimen reden); du munkelst; er munkelte; man hat so allerlei gemunkelt

das **Müns|ter** (Stiftskirche, Dom); des Münsters; die Münster

mun|ter; mun|te|rer *oder* munt|rer; am mun|ters|ten

die **Mun|ter|keit**

die **Mün|ze**

mün|zen (Metall zu Münzen prägen); du münzt; er münzte; er hat gemünzt; das ist auf mich gemünzt (auf mich bezogen)

der **Münz|fern|spre|cher** (öffentliches Telefon)

die **Mu|rä|ne** (ein Fisch); die Muränen

mür|be, *seltener:* **mürb;** mürbes (leicht zerfallendes) Gebäck; den Teig <mark>mürbe machen</mark> *oder* mürbemachen; ABER: jemanden ↑ mürbemachen

mür|be|ma|chen (*umgangssprachlich für:* jemandes Widerstand brechen); er hat sie mürbegemacht; ↑ *auch:* mürbe

der **Mür|be|teig**

die **Mu|re** (vom Berghang heruntergerutschter Schutt oder Schlamm); die Muren

der **Murks** (*umgangssprachlich für:* schlechte Arbeit); des Murk|ses

murk|sen (schlecht arbeiten); du murkst; er murkste; er hat wieder gemurkst

die **Mur|mel** (*landschaftlich für:* Spielkügelchen); die Murmeln

mur|meln (leise und undeutlich sprechen); ich murm[e]le; du murmelst; sie murmelte; sie hat gemurmelt

das **Mur|mel|tier** (ein Nagetier)

mur|ren; du murrst; er murrte; er hat gemurrt; murre nicht immer!

mür|risch

das **Mus** (Obstbrei; Marmelade); des Mu|ses; die Mu|se

die **Mu|schel;** die Muscheln

die **Mu|se** (eine der neun Göttinnen der Künste); die Musen

das **Mu|se|um;** des Museums; die Museen

mu|se|ums|reif; museumsreife Autos

323

Musical – Myrrhe

das **Mu|si|cal** [ˈmjuːzikl̩] (musikalisches Bühnenwerk in einem modernen, populären Stil); des Musicals; die Musicals

die **Mu|sic|box** [ˈmjuːzikbɔks] *vergleiche:* **Mu|sik|box**

die **Mu|sik**
mu|si|ka|lisch

der **Mu|si|kant;** des/dem/den Mu|si|kan|ten; die Mu|si|kan|ten

die **Mu|si|kan|tin;** die Musikantinnen

die **Mu|sik|box** *oder* **Mu|sic|box** [ˈmjuːzikbɔks] (Musikautomat); die Mu|sik|bo|xen *oder* Mu|sic|bo|xes

der **Mu|si|ker;** des Musikers; die Musiker

die **Mu|si|ke|rin;** die Musikerinnen

die **Mu|sik|hoch|schu|le**

das **Mu|sik|in|s|t|ru|ment**

die **Mu|sik|kas|set|te**

die **Mu|sik|schu|le**

das **Mu|sik|vi|deo** *(umgangssprachlich)*
mu|sisch (künstlerisch); musische Begabung
mu|si|zie|ren; du musizierst; er musizierte; er hat musiziert; musiziere später!

der **Mus|kat** (ein Gewürz); des Muskats *oder* Mus|ka|tes; die Mus|ka|te

die **Mus|kat|nuss**

der **Mus|kel;** die Muskeln

der **Mus|kel|ka|ter** *(umgangssprachlich)*

die **Mus|ku|la|tur** (die Muskeln)
mus|ku|lös; mus|ku|lö|ser; am mus|ku|lö|ses|ten; muskulöse Arme

das **Müs|li,** *schweizerisch:* **Mües|li;** des Müslis, *schweizerisch:* Müeslis; die Müsli, *schweizerisch:* Müesli

der **Mus|lim** *oder* **Mos|lem** (Anhänger des Islams); des Muslim *oder* Muslims *oder* Moslems; die Mus|li|me *oder* Muslims *oder* Moslems

die **Mus|li|min** *oder* **Mos|le|min;** die Musliminnen *oder* Mosleminnen
mus|li|misch *oder* **mos|le|misch**

die **Mu|ße** *(gehoben für:* freie Zeit; Ruhe)
müs|sen; du musst; er musste; er hat nach Hause gemusst; was habe ich über dich hören müssen!
mü|ßig (untätig; überflüssig); müßig sein; ABER: müßiggehen

der **Mü|ßig|gang**

der **Mü|ßig|gän|ger** (Faulenzer); des Müßiggängers; die Müßiggänger

die **Mü|ßig|gän|ge|rin;** die Müßiggängerinnen
mü|ßig|ge|hen (nichts tun, faulenzen); er ist zu lange müßiggegangen

der **Mus|tang** (wild lebendes Präriepferd); des Mustangs; die Mustangs

das **Mus|ter;** des Musters; die Muster; nach [einem] Muster schneidern

das **Mus|ter|bei|spiel**
mus|ter|gül|tig
mus|ter|haft
mus|tern (prüfend ansehen); du musterst; er musterte; er hat ihn gemustert; mustere ihn nicht so!

die **Mus|te|rung** (kritische, prüfende Betrachtung)

der **Mut;** des Muts *oder* Mutes; jemandem Mut machen; er ist guten Mut[e]s; mir ist traurig zu Mute *oder* zumute

die **Mu|ta|ti|on** (erbliche Veränderung)
mu|tie|ren (sich ändern, zu etwas anderem werden); du mutierst; sie mutierte; er hat *oder* ist mutiert; unser Hund mutierte zu einem wilden Tier
mu|tig
mut|los; mut|lo|ser; am mut|lo|ses|ten

die **Mut|lo|sig|keit**
mut|ma|ßen (vermuten); ich mutmaße; du mutmaßt; sie mutmaßte; sie hat gemutmaßt
mut|maß|lich; der mutmaßliche Täter

die **Mut|ma|ßung**

die **Mut|pro|be**

die **Mut|ter** (Schraubenteil); die Muttern

die **Mut|ter;** die Mütter

die **Mut|ter|er|de**

die **Mut|ter|got|tes** *oder* **Mut|ter Got|tes**
müt|ter|lich

das **Mut|ter|mal;** die Mut|ter|ma|le
mut|ter|see|len|al|lein (ganz allein)

die **Mut|ter|spra|che**

die **Mut|ti** *(Koseform für:* Mutter); die Muttis
mut|wil|lig (absichtlich); mutwillige Zerstörung

die **Mut|wil|lig|keit**

die **Müt|ze**
My|an|mar [ˈmjanmaːɐ̯] (Staat in Südostasien)

die **Myr|rhe** (ein wohlriechendes Harz); die Myrrhen

Myrte – nachgehen

die **Myr|te** (ein immergrüner Baum oder Strauch); die Myrten

der **Myr|ten|kranz**

mys|te|ri|ös (geheimnisvoll); mys|te|ri|ö|ser; am mys|te|ri|ö|ses|ten

das **Mys|te|ri|um** (Geheimnis); des Mysteriums; die Mys|te|ri|en

mys|tisch (geheimnisvoll); eine mystische Sekte

die **My|the** *oder* der **My|thos,** *auch:* der **Mythus** (die Götter- und Heldensage); der Mythe *oder* des Mythos, *auch:* des Mythus; die Mythen

my|thisch (sagenhaft; erdichtet); mythische Gestalten

die **My|tho|lo|gie** (überlieferte Götter- und Heldensagen eines Volkes)

N

N = Newton; Nord, Norden

das **N** (Buchstabe); des N; die N; ABER: das n in Wand

na!; na, na!; na ja!

die **Na|be** (Mittelhülse des Rades); die Naben

der **Na|bel;** des Nabels; die Nabel

die **Na|bel|schnur**

nach; nach und nach; nach wie vor; er ging nach ihm hinaus; er will nach Haus[e] *oder* nachhause gehen; er starb nach langem, schwerem Leiden

nach|äf|fen (*umgangssprachlich für:* nachahmen); du äffst ihn nach; sie äffte ihn nach; sie hat ihn nachgeäfft; äffe ihn nicht dauernd nach!

nach|ah|men; ich ahme ihn nach; du ahmst ihn nach; er ahmte ihn nach; er hat ihn nachgeahmt

der **Nach|ah|mer;** des Nachahmers; die Nachahmer

die **Nach|ah|me|rin;** die Nachahmerinnen

die **Nach|ah|mung**

der **Nach|bar;** des Nachbarn *oder* Nachbars; die Nachbarn

die **Nach|ba|rin;** die Nachbarinnen

das **Nach|bar|land**

nach|bar|lich; nachbarliche Hilfe

die **Nach|bar|schaft**

die **Nach|bar|schafts|hil|fe**

der **Nach|bar|staat**

die **Nach|bes|se|rung**

nach|be|stel|len; sie bestellt das Buch nach; sie hat es gestern nachbestellt

die **Nach|be|stel|lung**

nach|bil|den; er bildet das Kunstwerk nach; er hat es nachgebildet

die **Nach|bil|dung**

nach|dem; je nachdem; je nachdem[,] ob/wie ...; nachdem er gegessen hatte, ruhte er sich aus; ABER: nach dem Essen

nach|den|ken; sie denkt nach; sie hat nachgedacht; denk *oder* denke darüber nach!

nach|denk|lich

der **Nach|druck;** *für Druckerzeugnisse auch Plural:* die Nach|dru|cke

nach|drück|lich; eine nachdrückliche Ermahnung

nach|ei|n|an|der; die Wagen werden nacheinander starten

nach|emp|fin|den; sie empfindet seinen Schmerz nach; sie hat seine Trauer nachempfunden

der **Na|chen** (ein Boot); des Nachens; die Nachen

nach|er|zäh|len; er erzählt die Geschichte nach; er hat ihren Inhalt nacherzählt

die **Nach|er|zäh|lung**

die **Nach|fol|ge** (Übernahme eines Amtes von einem Vorgänger)

nach|fol|gen; er folgt ihr nach; er ist ihr nachgefolgt

der **Nach|fol|ger;** des Nachfolgers; die Nachfolger

die **Nach|fol|ge|rin;** die Nachfolgerinnen

nach|for|schen; sie forscht nach; sie hat nachgeforscht

die **Nach|for|schung**

die **Nach|fra|ge**

nach|fra|gen; er fragt nach; er hat nachgefragt

nach|ge|ben; er gibt nach; er hat nachgegeben

die **Nach|ge|bühr**

die **Nach|ge|burt**

nach|ge|hen; die Uhr geht nach; sie ist der Sache nachgegangen

325

Nachgeschmack – Nachsicht

der **Nach|ge|schmack;** ein bitterer Nachge-
schmack
nach|gie|big; nachgiebiges Material
die **Nach|gie|big|keit**
nach|hal|tig (sich lange auswirkend); er
hat einen nachhaltigen Eindruck hinter-
lassen
die **Nach|hal|tig|keit**
nach|hau|se *vergleiche:* **Haus**
der **Nach|hau|se|weg**
nach|hel|fen; er hilft nach; er hat etwas
nachgeholfen
nach|her
die **Nach|hil|fe**
der **Nach|hil|fe|un|ter|richt**
Nach|hi|n|ein; *nur in:* im Nachhinein
(hinterher; nachträglich)
der **Nach|hol|be|darf**
nach|ho|len; sie holt das Versäumte
nach; sie hat es nachgeholt
das **Nach|hol|spiel** *(Sport)*
der **Nach|kom|me;** des/dem/den Nachkom-
men; die Nachkommen
nach|kom|men; du kommst nach; sie
kam nach; er ist nachgekommen; komm
oder komme schnell nach!
die **Nach|kom|men|schaft**
die **Nach|kom|min;** die Nachkomminnen
der **Nach|kömm|ling**
die **Nach|kriegs|zeit**
der **Nach|lass;** des Nach|las|ses; die Nach-
las|se *oder* Nach|läs|se
nach|las|sen; sie lässt in ihren Leis-
tungen nach; der Regen hat nachgelas-
sen
nach|läs|sig; nachlässiges Personal
die **Nach|läs|sig|keit**
nach|lau|fen; der Hund läuft mir nach;
er ist mir nachgelaufen
nach|le|sen (nachschauen); lies das zu
Hause nach!
nach|lie|fern; sie lieferte das Buch nach;
sie hat es nachgeliefert
die **Nach|lie|fe|rung**
nach|lö|sen (eine Fahrkarte nach Antritt
der Fahrt lösen); er löst nach; er hat im
Zug nachgelöst
der **Nach|mit|tag**
nach|mit|tags; ABER: des Nachmittags;
↑Abend *und* Dienstag
die **Nach|nah|me;** ein Paket als, per Nach-
nahme schicken

die **Nach|nah|me|ge|bühr**

> **!** Nicht verwechseln: Obwohl beide Wör-
> ter gleich ausgesprochen werden,
> schreibt man die Warensendung, die
> man bei ihrer Lieferung sofort bezahlt,
> mit Dehnungs-h (denn »Nachnahme«
> geht auf »nehmen« zurück), während
> der Familienname einer Person ohne h
> geschrieben wird.

der **Nach|na|me** (Familienname); des Nach-
namens; die Nachnamen
das **Nach|por|to**
nach|prü|fen; sie prüft die Rechnung
nach; sie hat den Schüler nachgeprüft
die **Nach|prü|fung**
nach|ran|gig; nachrangige Ziele
nach|rech|nen; sie rechnet nach; sie hat
nachgerechnet
die **Nach|richt;** die Nach|rich|ten
die **Nach|rich|ten|agen|tur**
der **Nach|rich|ten|sen|der**
der **Nach|ruf** (Gedenkworte für einen kürz-
lich Verstorbenen); die Nach|ru|fe
nach|rüs|ten; er rüstet sein Auto mit
einem Navigationssystem nach; die
NATO hat nachgerüstet (ihren militärischen Waffenbestand vergrößert)
die **Nach|rüs|tung**
nach|sa|gen (von jemandem in dessen
Abwesenheit sagen); jemandem etwas
nachsagen
die **Nach|sai|son**
nach|schau|en; sie schaute dem Schiff
nach; er hat nachgeschaut, ob die Tür zu
ist
nach|schla|gen; sie schlägt nach; sie hat
im Wörterbuch nachgeschlagen
das **Nach|schla|ge|werk**
der **Nach|schlüs|sel**
der **Nach|schub**
nach|se|hen; sie sieht dem Zug nach;
sie sah den Motor nach; sie hat mir den
Fehler nachgesehen (verziehen); sieh
nach!
das **Nach|se|hen;** das Nachsehen haben
(nichts mehr [ab]bekommen)
nach|sen|den; er sandte, *auch:* sendete
ihr den Brief nach; er hat ihn nachge-
sandt, *auch:* nachgesendet
die **Nach|sen|dung**
die **Nach|sicht** (verzeihendes Verständnis)

326

nachsichtig – Nacken

nach|sich|tig; nachsichtige Eltern
die **Nach|sil|be** (Suffix)
nach|sit|zen; sie sitzt nach; sie hat gestern wieder nachgesessen
der **Nach|spann** (eines Films oder einer Fernsehsendung); des Nachspanns *oder* Nach|span|nes; die Nach|span|ne *oder* Nach|spän|ne
die **Nach|spei|se**
das **Nach|spiel**; die Sache wird ein Nachspiel haben (ist noch nicht erledigt)
die **Nach|spiel|zeit** *(Sport)*
nächst; im nächsten Jahr; nächsten Monats; im Mai [des] nächsten Jahres; sie steht mir am nächsten; nächstes Mal; das nächste Mal; die nächsthöhere Nummer; der, die Nächste, bitte!; das ist das Nächste, was zu tun ist; das wird als Nächstes getan; der nächste Beste; ABER: das Nächstbeste wäre ...; wir fragen den nächstbesten Polizisten
der, die, das **Nächst|bes|te** (die nächstbeste Person oder Sache)
der **Nächs|te** (der Mitmensch); des/dem/den Nächsten; die Nächsten; mein Nächster
nach|stel|len; sie stellt den Wecker [eine Stunde] nach; sie hat ihm nachgestellt (sie hat ihn hartnäckig verfolgt)
die **Nach|stel|lung**
die **Nächs|ten|lie|be**
nächs|tens (bald; demnächst)
nächst|lie|gend; der nächstliegende Ort
das **Nächst|lie|gen|de**
die **Nacht**; die Näch|te; bei Nacht; über Nacht; die Nacht über; Tag und Nacht; des Nachts; eines Nachts; heute Nacht; ABER: Samstagnacht; ↑ Abend, Dienstag *und* nachts
nacht|ak|tiv *(Zoologie)*
der **Nacht|teil**
nach|tei|lig
näch|te|lang; nächtelang feiern; ABER: drei Nächte lang feiern
der **Nacht|frost**
das **Nacht|hemd**
die **Nach|ti|gall**; die Nach|ti|gal|len
der **Nach|tisch** (Nachspeise)
der **Nacht|klub** *oder* **Nacht|club**
das **Nacht|le|ben**

nächt|lich; zu nächtlicher Stunde
der **Nach|trag**; des Nachtrags *oder* Nach|tra|ges; die Nach|trä|ge
nach|tra|gen; sie trägt das Datum nach; sie hat ihm die Beleidigung lange nachgetragen (übel genommen)
nach|tra|gend (unversöhnlich); ein nachtragender Mensch
nach|träg|lich
die **Nacht|ru|he**
nachts; ABER: des Nachts, eines Nachts
der **Nacht|schat|ten** (Pflanzengattung)
das **Nacht|schat|ten|ge|wächs** (eine Pflanzenfamilie) *meist Plural*
die **Nacht|schicht**
nachts|über; ABER: die Nacht über; ↑ Abend
der **Nacht|tisch**
die **Nacht|tisch|lam|pe**
der **Nacht|wäch|ter**
die **Nacht|wäch|te|rin**; die Nachtwächterinnen
nacht|wan|deln; du nachtwandelst; sie ist, *auch:* hat genachtwandelt
nach|voll|zieh|bar
nach|voll|zie|hen; du vollziehst es nach; sie hat es nachvollzogen
der **Nach|weis**; des Nach|wei|ses; die Nach|wei|se
nach|weis|bar
nach|wei|sen; sie weist [ihm] den Diebstahl nach; sie hat es nachgewiesen; weis *oder* weise ihm den Diebstahl erst nach!
nach|weis|lich
die **Nach|welt** (kommende Generationen)
nach|wir|ken; das Mittel wirkt nach; es hat noch lange nachgewirkt
die **Nach|wir|kung**
das **Nach|wort**; die Nach|wor|te
der **Nach|wuchs**; des Nach|wuch|ses
nach|zah|len; sie zahlt die Gebühr nach; sie hat nachgezahlt
nach|zäh|len; sie zählte das Geld nach; sie hat es nachgezählt
die **Nach|zah|lung**
der **Nach|züg|ler**; des Nachzüglers; die Nachzügler
die **Nach|züg|le|rin**; die Nachzüglerinnen
der **Na|cke|dei** *(scherzhaft für:* nacktes Kind; Nackte[r]); des Nackedeis; die Nackedeis
der **Na|cken**; des Nackens; die Nacken

Nackenstütze – Nairobi

die **Na|cken|stüt|ze**
nackt; nackt baden
die **Nackt|heit**
die **Na|del;** die Nadeln
der **Na|del|baum**
    na|deln (Nadeln verlieren); der Christbaum nadelt; er hat stark genadelt
das **Na|del|öhr**
der **Na|del|wald**
der **Na|gel;** des Nagels; die Nägel; ABER: alles, was nicht niet- und nagelfest ist
der **Na|gel|lack**
    na|geln; du nagelst; er nagelte; er hat eine Kiste aus Brettern genagelt; nagle *oder* nagele das Schild an die Wand!
    na|gel|neu
    na|gen; du nagst; der Hund nagte am Knochen; er hat am Hungertuch genagt (Hunger gelitten)
das **Na|ge|tier**
die **Nah|auf|nah|me**
die **Nä|he;** sie ist in der Nähe
    na|he *seltener:* **nah** *siehe Kasten Seite 329*
    na|he|bei; nahebei wohnen; ABER: nahe bei der Schule wohnen
    na|he|ge|hen (seelisch ergreifen); der Tod seines Freundes ist ihm nahegegangen; ein nahegehender Verlust; ↑ABER: nahe
    na|he|kom|men (vertraut werden); sie sind sich im Lauf der Zeit sehr nahegekommen; ↑ABER: nahe
    na|he|le|gen (empfehlen); man hat ihr den Rücktritt nahegelegt; ↑ABER: nahe
    na|he|lie|gen (leicht zu finden sein); die Lösung des Rätsels hat nahegelegen; ein naheliegender Gedanke; ↑ABER: nahe
    na|he|lie|gend *vergleiche:* **na|he**
    na|hen; du nahst; der Abschied nahte; das Gewitter ist schnell genaht
    nä|hen; du nähst; sie nähte, sie hat genäht; nähe das Kleid!
    nä|her; nähere Hinweise; ABER: Näheres folgt; das Nähere findet sich; etwas des Näher[e]n (genauer) auseinandersetzen; alles Nähere sage ich dir später; sie hat den Korb näher gebracht; das Auto ist immer näher gekommen; ==näher liegend== *oder* näherliegend (näher gelegen);

eine ==näher liegende== *oder* näherliegende Tankstelle; ↑ABER: näherliegen
    nä|her|brin|gen (leichter verständlich machen); er hat uns das Gedicht nähergebracht
die **Nä|he|rei**
das **Nah|er|ho|lungs|ge|biet** (Erholungsgebiet in der Nähe einer Großstadt)
die **Nä|he|rin;** die Näherinnen
    nä|her|kom|men (vertrauter werden, verstehen lernen); wir sind uns auf dem Fest nähergekommen; ↑ABER: näher
    nä|her|lie|gen (sich eher anbieten; besonders einleuchten); es hätte nähergelegen, mit dem Zug zu fahren; eine näherliegende Lösung; ↑ABER: näher
sich **nä|hern;** du näherst dich; er näherte sich vorsichtig; er hat sich bis auf wenige Meter genähert; nähere dich dem Hund ganz langsam!
    nä|her|ste|hen (vertrauter sein); sie haben sich damals nähergestanden; ↑näher
der **Nä|he|rungs|wert** *(Mathematik)*
    na|he|ste|hen (vertraut, befreundet sein); eine ihm [besonders] nahestehende Verwandte; sie hat dem Verstorbenen sehr nahegestanden
    na|he|zu (fast)
das **Näh|garn**
die **Näh|ma|schi|ne**
    Nah|ost (der Nahe Osten); in Nahost
der **Nähr|bo|den**
sich **näh|ren;** du nährst dich; sie nährte sich; sie hat sich von Früchten genährt; nähre dich nicht nur von Fleisch!
    nahr|haft; nahr|haf|ter; am nahr|haf|testen; nahrhaftes Essen
das **Nähr|salz**
der **Nähr|stoff**
die **Nah|rung**
die **Nah|rungs|ket|te** *(Biologie)*
das **Nah|rungs|mit|tel;** die Nahrungsmittel
die **Nah|rungs|mit|tel|ver|gif|tung**
der **Nähr|wert**
die **Naht;** die Näh|te
    naht|los
die **Naht|stel|le**
der **Nah|ver|kehr**
    Nai|ro|bi (Hauptstadt Kenias)

328

naiv – Narzisse

na|he, *seltener:* **nah**

nä|her; am nächs|ten

1. Groß- und Kleinschreibung:

Kleinschreibung:

- ich bin nah[e] daran
- von, aus nah und fern
- von nahem *oder* Nahem
- die nahe Stadt; in der näheren Umgebung; das nächste Kino

*Großschreibung der Nominalisierung und in
Namen:*

- von Nahem *oder* nahem
- der Nahe Osten (Israel und die arabischen Staaten Vorderasiens)

2. Getrennt- und Zusammenschreibung:

Zusammenschreibung:

- nahebei parken
- nahezu die Hälfte

*Schreibung in Verbindung mit Verben und
Partizipien:*

- nahe kommen (in die Nähe kommen);
  ABER: wir sind uns in der letzten Zeit
  sehr nahegekommen
- nahe liegen (in der Nähe liegen); die
  Gaststätte hat nahe gelegen; ein nahe liegendes *oder* naheliegendes (in der Nähe
  liegendes) Dorf; ABER: ein naheliegender
  (einleuchtender, leicht verständlicher)
  Gedanke
- jemandem zu nahe treten (jemanden
  verletzen, beleidigen)

*Zusammenschreibung bei übertragener
Bedeutung:*

Vergleiche auch: nahegehen, nahekommen,
nahelegen, naheliegen, nahestehen

---

na|iv (natürlich; unbefangen; einfältig);
er ist naiv; die naive Malerei

die **Na|i|vi|tät**

na ja!

der **Na|me;** des Namens; die Namen; im
Namen; mit Namen

na|men|los

na|mens; ein Mann namens Maier;
namens (im Namen, im Auftrag) des
Vorstands teilen wir mit, dass ...

der **Na|mens|pa|t|ron**

die **Na|mens|pa|t|ro|nin**

der **Na|mens|tag**

na|ment|lich; namentlich[,] wenn

nam|haft; jemanden namhaft machen
(ausfindig machen und [be]nennen);
namhafte (bekannte, berühmte) Künst-
lerinnen

Na|mi|bia (Staat in Südwestafrika)

der **Na|mi|bi|er;** des Namibiers; die Nami-
bier

die **Na|mi|bi|e|rin;** die Namibierinnen

na|mi|bisch

näm|lich; nämlich[,] dass; nämlich[,]
wenn

der **Nan|ga Par|bat** (Berg im Himalaja); des
Nanga Parbat

na|nu!

das **Na|palm** (*Markenbezeichnung:* Füllstoff
für Brandbomben); des Napalms

die **Na|palm|bom|be**

der **Napf;** des Napfs *oder* Nap|fes; die Näp-
fe

der **Napf|ku|chen**

Na|po|le|on (französischer Kaiser)

das **Nap|pa** (*kurz für:* Nappaleder); des
Nappa *oder* Nappas; die Nappas

das **Nap|pa|le|der** (ein weiches, waschbares
Leder)

die **Nar|be**

nar|big; ein narbiges Gesicht

die **Nar|ko|se** (Betäubung)

nar|ko|tisch

nar|ko|ti|sie|ren; die Ärztin narkoti-
sierte ihn; sie hat ihn narkotisiert

der **Narr;** des/dem/den Nar|ren; die Nar|ren

die **Nar|ren|frei|heit**

nar|ren|si|cher

die **När|rin;** die Närrinnen

när|risch

der **Nar|ziss** (jemand, der sich selbst liebt);
des Narziss *oder* Nar|zis|ses; die Nar|zis-
se

die **Nar|zis|se** (eine Frühjahrsblume)

329

Narzissmus – natürlicherweise

der **Nar|ziss|mus** (übermäßige Selbstliebe);
des Narzissmus
nar|ziss|tisch

die **NASA** = National Aeronautics and
Space Administration (Luft- und Raum-
fahrtbehörde der USA)
na|sal (durch die Nase gesprochen)
na|sa|lie|ren (näseln); ein nasaliertes o
na|schen; du naschst; er naschte; er hat
genascht; nasch *oder* nasche nicht so oft!

die **Na|sche|rei**
nasch|haft; nasch|haf|ter; am nasch-
haf|tes|ten

die **Nasch|kat|ze**

die **Na|se;** *Verkleinerungsform:* das Näs-
chen
nä|seln (*gehoben für:* durch die Nase
sprechen); ich näs[e]le; du näselst; sie
näselte; sie hat genäselt; näsle *oder*
näsele nicht so!

das **Na|sen|bein**

das **Na|sen|blu|ten;** des Nasenblutens

der **Na|sen|stü|ber;** des Nasenstübers; die
Nasenstüber
na|se|weis (*umgangssprachlich für:* vor-
laut, vorwitzig); na|se|wei|ser; am na|se-
wei|ses|ten

der **Na|se|weis;** des Na|se|wei|ses; die Na-
se|wei|se
nas|füh|ren; sie nasführte ihn; sie hat
ihn genasführt; nasführ *oder* nasführe
mich nicht!

das **Nas|horn**
nass; näs|ser *oder* nas|ser; am näs|ses-
ten *oder* am nas|ses|ten; sie hat ihn <mark>nass
gespritzt</mark> *oder* nassgespritzt

das **Nass** (Wasser); des Nas|ses

die **Näs|se**
näs|sen (*gehoben für:* nass machen);
etwas nässt; etwas nässte; der Dampf hat
die Scheiben genässt
nass|kalt

die **Nass|ra|sur**

der <mark>**Nass|schnee**</mark> *oder* Nass-Schnee
nass|sprit|zen *vergleiche:* nass

die **Na|ti|on;** die Na|ti|o|nen
na|ti|o|nal; die nationale Unabhängig-
keit; ABER: das Nationale Olympische
Komitee (*Abkürzung:* NOK)
na|ti|o|nal|be|wusst

das **Na|ti|o|nal|be|wusst|sein**

die **Na|ti|o|nal|elf**

der **Na|ti|o|nal|fei|er|tag**

die **Na|ti|o|nal|hym|ne**

der **Na|ti|o|na|lis|mus** (übermäßiges Natio-
nalbewusstsein); des Nationalismus; die
Nationalismen

der **Na|ti|o|na|list;** des Na|ti|o|na|lis|ten; die
Na|ti|o|na|lis|ten

die **Na|ti|o|na|lis|tin;** die Nationalistinnen
na|ti|o|na|lis|tisch; nationalistische Pro-
paganda

die **Na|ti|o|na|li|tät**

die **Na|ti|o|nal|mann|schaft**

der **Na|ti|o|nal|park**

der **Na|ti|o|nal|so|zi|a|lis|mus**

der **Na|ti|o|nal|so|zi|a|list**

die **Na|ti|o|nal|so|zi|a|lis|tin**
na|ti|o|nal|so|zi|a|lis|tisch

der **Na|ti|o|nal|spie|ler**

die **Na|ti|o|nal|spie|le|rin**

der **Na|ti|o|nal|staat**

der **Na|ti|o|nal|trai|ner**

die **NATO** *oder* **Na|to** = North Atlantic
Treaty Organization (Nordatlantikpakt;
ein militärisches und politisches Bünd-
nis westlicher Staaten)

die **NATO-Ein|greif|trup|pe** *oder* **Na|to-Ein-
greif|trup|pe** (Sondereinsatztruppe der
NATO in militärischen Krisengebieten)

das **Na|t|ri|um** (chemisches Element; *Zei-
chen:* Na); des Natriums

das **Na|t|ri|um|chlo|rid** (Kochsalz); des
Natriumchlorids *oder* Na|t|ri|um|chlo|ri-
des; die Na|t|ri|um|chlo|ri|de

das **Na|t|ron** (*umgangssprachlich für:* dop-
peltkohlensaures Natrium); des Natrons

die **Na|t|ron|lau|ge**

die **Nat|ter** (eine Schlangenart); die Nattern

die **Na|tur**

die **Na|tu|ra|li|en** (Bodenerzeugnisse) *Plural*

der **Na|tu|ra|lis|mus** (Wirklichkeitsnähe;
eine Kunstrichtung); des Naturalismus
na|tu|ra|lis|tisch; naturalistische Dar-
stellungen

die **Na|tur|er|schei|nung**

der **Na|tur|freund**

die **Na|tur|freun|din**
na|tur|ge|mäß; eine naturgemäße
Lebensweise

das **Na|tur|ge|setz**

die **Na|tur|ka|ta|s|t|ro|phe**
na|tür|lich; natürliche Zahlen
na|tür|li|cher|wei|se

330

Naturpark – Negativliste

der **Na|tur|park**
na|tur|rein (ohne fremden Zusatz);
naturreiner Bienenhonig
der **Na|tur|schutz**
der **Na|tur|schutz|bund**
das **Na|tur|schutz|ge|biet**
na|tur|trüb; naturtrüber Apfelsaft
die **Na|tur|wis|sen|schaft**
der **Na|tur|wis|sen|schaft|ler**
die **Na|tur|wis|sen|schaft|le|rin**
na|tur|wis|sen|schaft|lich; die natur-
wissenschaftlichen Fächer
die **Nau|tik** (Schifffahrtskunde)
nau|tisch; nautisches Dreieck
die **Na|vi|ga|ti|on** (Orts- und Kursbestim-
mung von Schiffen und Flugzeugen)
das **Na|vi|ga|ti|ons|sys|tem**
na|vi|gie|ren; du navigierst; er navi-
gierte; der Lotse hat das Schiff in den
Hafen navigiert
der **Na|zi** (*abwertende Kurzform für:* Natio-
nalsozialist); des Nazis; die Nazis
n. Chr. = nach Christus
NDR = Norddeutscher Rundfunk; des
NDR
der **Ne|an|der|ta|ler** (ein vorgeschichtlicher
Mensch); des Neandertalers; die Nean-
dertaler
die **Ne|an|der|ta|le|rin;** die Neandertalerin-
nen
der **Ne|bel;** des Nebels; die Nebel; bei Nacht
und Nebel
ne|bel|haft; ne|bel|haf|ter; am ne|bel-
haf|tes|ten
das **Ne|bel|horn**
ne|be|lig *oder* **neb|lig**
ne|beln (neblig sein, werden; Nebel ent-
stehen lassen); ich neb[e]le; die Wiese
nebelte; es hat genebelt
die **Ne|bel|schluss|leuch|te**
die **Nebelschwade** *oder der* **Ne|bel|schwa-
den** *meist Plural*
ne|ben; neben dem Haus stehen Bäume;
ich stelle den Wagen neben das Haus
ne|ben|an
ne|ben|bei
der **Ne|ben|buh|ler** (Rivale um die Gunst
einer Frau); des Nebenbuhlers; die
Nebenbuhler
die **Ne|ben|buh|le|rin;** die Nebenbuhlerin-
nen
der **Ne|ben|ef|fekt**

ne|ben|ei|n|an|der; wir werden nebenei-
nander arbeiten; ↑ aufeinander
das **Ne|ben|ei|n|an|der;** des Nebeneinanders
ne|ben|ei|n|an|der|le|gen; sie legte die
Bilder nebeneinander; wir haben unsere
Sachen nebeneinandergelegt
ne|ben|ei|n|an|der|stel|len; die Stühle
in einer Reihe nebeneinanderstellen;
sich nebeneinanderstellen
das **Ne|ben|fach**
der **Ne|ben|fluss**
die **Ne|ben|frau;** die Nebenfrauen
ne|ben|her
der **Ne|ben|job**
die **Ne|ben|kos|ten** *Plural*
der **Ne|ben|mann;** die Ne|ben|män|ner *oder*
Ne|ben|leu|te
die **Ne|ben|rol|le**
die **Ne|ben|sa|che**
ne|ben|säch|lich
der **Ne|ben|satz;** des Ne|ben|sat|zes; die Ne-
ben|sät|ze
ne|ben|ste|hend; die nebenstehende
Abbildung; ABER: das Nebenstehende;
im Nebenstehenden (hierneben)
die **Ne|ben|stra|ße**
der **Ne|ben|ver|dienst**
die **Ne|ben|wir|kung**
nebst (*veraltend für:* [zusammen] mit);
er saß nebst seinem Hund auf der Bank
ne|bu|los *oder* **ne|bu|lös** (unklar, ver-
schwommen); nebulose *oder* nebulöse
Vorstellungen
das **Ne|ces|saire** [nesɛ'sɛːɐ̯] *oder* **Nes|ses-
sär** (Behälter für Toilettensachen oder
Nähzeug); des Necessaires *oder* Nessessärs; die Necessaires *oder* Nessessärs
ne|cken; du neckst ihn; sie neckte ihn;
sie hat ihn geneckt; neck *oder* necke ihn
doch immer!
die **Ne|cke|rei**
ne|ckisch; neckische Späße
der **Nef|fe;** des/dem/den Neffen; die Neffen
die **Ne|ga|ti|on** (Verneinung)
ne|ga|tiv (verneinend, ergebnislos; klei-
ner als null); ein negatives Ergebnis
das **Ne|ga|tiv** (der Gegensatz zum Positiv
beim fotografischen Bild); des Negativs;
die Ne|ga|ti|ve
die **Ne|ga|tiv|lis|te** (Verzeichnis von Wör-
tern oder Sachen, die nicht verwendet
werden sollen)

Neger – Nervensystem

der **Ne|ger;** des Negers; die Neger

> ! Viele Menschen empfinden diese Bezeichnungen inzwischen als diskriminierend. Deshalb ist es besser, die Wörter *Schwarzer/Schwarze* oder *Schwarzafrikaner/Schwarzafrikanerin* zu verwenden. In Deutschland lebende Schwarze haben als Eigenbezeichnung *Afrodeutscher/Afrodeutsche* vorgeschlagen.

die **Ne|ge|rin;** die Negerinnen

der **Ne|ger|kuss** (*veraltend für:* Schokokuss)

ne|gie|ren (verneinen; bestreiten); ich negiere; er negierte; er hat seine Schuld negiert

die **Ne|gie|rung**

das **Ne|gli|gé** *oder* **Ne|g|li|gee** [negli'ʒeː] (Hauskleid; leichter Morgenmantel); des Negligés *oder* Negligees; die Negligés *oder* Negligees

neh|men; du nimmst; sie nimmt; sie nahm; sie hat das Geld genommen; nimm es!; ↑ geben

die **Neh|rung** (Landzunge)

der **Neid;** des Neids *oder* Nei|des

nei|den (nicht gönnen); ich neide; sie neidete; sie hat ihr das Mofa geneidet; neide mir mein Glück nicht!

der **Neid|ham|mel** (*umgangssprachlich für:* neidischer Mensch); die Neidhammel

nei|disch

neid|los; etwas neidlos anerkennen

die **Nei|ge;** zur Neige gehen

nei|gen; du neigst; sie hat den Kopf geneigt; neig *oder* neige den Kopf!; sich neigen; sie hat sich nach vorn geneigt

die **Nei|gung**

der **Nei|gungs|win|kel**

nein; nein, nein; nein danke; oh nein *oder* o nein; er sagte nein *oder* Nein

das **Nein;** das Ja und das Nein; mit [einem] Nein antworten; das ist die Folge seines Neins

der **Nein|sa|ger;** des Neinsagers; die Neinsager

die **Nein|sa|ge|rin;** die Neinsagerinnen

die **Nein|stim|me**

der **Ne|k|ro|log** (Nachruf); des Nekrologs *oder* Ne|k|ro|lo|ges; die Ne|k|ro|lo|ge

der **Nek|tar** (Blütensaft; Göttertrank; ein Getränk aus Fruchtfleisch); des Nektars; die Nek|ta|re

die **Nek|ta|ri|ne** (glatthäutiger Pfirsich); die Nektarinen

die **Nel|ke** (eine Blume; ein Gewürz)

nen|nen; du nennst; sie nennt; sie nannte; sie hat ihn beim Namen genannt; nenn *oder* nenne deinen Namen!; sie nannte ihn einen Dummkopf; sich nennen; sie hat sich Meyer genannt

nen|nens|wert

der **Nen|ner** (Zahl unter dem Bruchstrich); des Nenners; die Nenner; auf einen Nenner (in Übereinstimmung) bringen

die **Nenn|form** (Infinitiv)

die **Nen|nung**

das **Nenn|wort** (Nomen)

neo|li|be|ral

das **Ne|on** (chemisches Element, Edelgas; *Zeichen:* Ne); des Neons

der **Neo|na|zi;** des Neonazis; die Neonazis

der **Neo|na|zis|mus** (Radikalismus, der an den Nationalsozialismus anknüpft)

das **Ne|on|licht**

Ne|pal [*auch:* ne'paːl] (Staat im Himalaja)

der **Ne|pa|le|se;** des/dem/den Nepalesen; die Nepalesen

die **Ne|pa|le|sin;** die Nepalesinnen

ne|pa|le|sisch

der **Nepp** (das Neppen); des Nepps

nep|pen (von jemandem unangemessen viel Geld für etwas verlangen); du neppst; er neppte; er hat die Gäste geneppt; neppe deine Kundschaft nicht!

Nep|tun (römischer Gott des Meeres)

der **Nep|tun** (ein Planet); des Neptuns

der **Nerv;** des Nervs, *fachsprachlich auch:* Ner|ven; die Ner|ven

ner|ven (*umgangssprachlich für:* nervlich strapazieren; belästigen); du nervst; er nervt; er nervte; er hat [mich] genervt; nerv *oder* nerve mich nicht!

ner|ven|auf|rei|bend

der **Ner|ven|kit|zel;** des Nervenkitzels; die Nervenkitzel

ner|ven|schwach

ner|ven|stark

das **Ner|ven|sys|tem**

332

Nervenzelle – neunzig

die **Ner|ven|zel|le**
ner|vig (*umgangssprachlich für:* störend, lästig); nervige Geräusche
nerv|lich; nervliche Belastungen
ner|vös; ner|vö|ser; am ner|vö|ses|ten
die **Ner|vo|si|tät**
nerv|tö|tend; nervtötender Lärm
der **Nerz** (ein Pelztier); des Ner|zes; die Ner|ze
die **Nes|sel** (Brennnessel); die Nesseln; sich in die Nesseln setzen (*umgangssprachlich für:* sich in eine unangenehme Lage bringen)
das **Nes|sel|fie|ber**
die **Nes|sel|sucht**
das **Nes|ses|sär** *vergleiche:* Ne|ces|saire
das **Nest;** des Nests *oder* Nes|tes; die Nes|ter
das **Nest|häk|chen** (jüngstes Kind in einer Familie); des Nesthäkchens; die Nesthäkchen
der **Nest|ho|cker** (*Zoologie*); des Nesthockers; die Nesthocker
die **Nest|wär|me**
das **Net** (*umgangssprachlich für:* Internet); des Nets
die **Ne|ti|quet|te** [nɛtiˈkɛtə] (Umgangsformen im Internet); der Netiquette
nett; net|ter; am net|tes|ten
net|to (rein; nach Abzug der Verpackung oder aller Kosten); 49 Euro netto
das **Net|to|ge|wicht**
der **Net|to|ge|winn**
der **Net|to|lohn**
der **Net|to|preis**
das **Net|work** [ˈnɛtwəːk] (System miteinander verbundener Rundfunksender *oder* Computer); des Network *oder* Networks; die Networks
das **Net|wor|king** [ˈnɛtwøːkɪŋ] (Bildung von Netzwerken); des Networkings
das **Netz;** des Net|zes; die Net|ze
der **Netz|an|schluss**
netz|ar|tig
das **Netz|au|ge** (bei Insekten) *meist Plural*
der **Netz|be|trei|ber** (Unternehmen, das die technische Infrastruktur für bestimmte Dienste bereitstellt)
net|zen (*gehoben für:* nass machen, befeuchten); ich netze; du netzt; er netzte; sie hat ihre Lippen genetzt
die **Netz|haut** (im Auge)

das **Netz|teil**
das **Netz|werk;** soziale Netzwerke
neu *siehe Kasten Seite 334*
der **Neu|an|fang**
der **Neu|an|kömm|ling**
neu|ar|tig
die **Neu|auf|la|ge**
der **Neu|bau;** des Neubaus *oder* Neu|bau|es; die Neu|bau|ten
das **Neu|bau|ge|biet**
neu|be|ar|bei|tet *vergleiche:* **neu**
der **Neu|be|ginn**
Neu-De̱l|hi (südlicher Stadtteil von Delhi, Regierungssitz der Republik Indien)
neu|deutsch (*meist abwertend*); neudeutsche Ausdrücke; ᴀʙᴇʀ: das Neudeutsch
neu|er|dings
neu|er|lich (von Neuem)
neu|er|öff|net *vergleiche:* **neu**
die **Neu|er|schei|nung**
die **Neu|e|rung**
die **Neu|fas|sung**
neu|ge|bo|ren; die neugeborenen Kinder; sich wie neugeboren (wie ein neuer Mensch) fühlen
das **Neu|ge|bo|re|ne**
neu|ge|schaf|fen *vergleiche:* **neu**
die **Neu|gier** *oder* **Neu|gier|de**
neu|gie|rig
die **Neu|heit**
die **Neu|ig|keit**
das **Neu|jahr**
das **Neu|jahrs|fest**
das **Neu|land**
neu|lich (vor Kurzem)
der **Neu|ling;** des Neulings; die Neu|lin|ge
der **Neu|mond**
neun, *umgangssprachlich auch:* **neu|ne;** alle neun *oder* neune!; wir sind zu neunen *oder* zu neunt; ↑ acht
neun|fach
neun|hun|dert
neun|jäh|rig
neun|mal ↑ achtmal
neun|mal|klug (alles besser wissend)
neun|te ↑ achte
das **Neun|tel;** des Neuntels; die Neuntel
neun|tens
neun|zehn ↑ acht
neun|zig ↑ achtzig

333

neunziger – New Yorkerin

neu

neu|er; am neus|ten *oder* neu|es|ten

1. Groß- und Kleinschreibung:

Kleinschreibung:

– neustens *oder* neuestens
– seit neuestem *oder* Neuestem
– von neuem *oder* Neuem
– das neue Jahr; ein gutes neues Jahr!
– die neuen Bundesländer
– die neuen *oder* Neuen (elektronischen) Medien

Großschreibung der Nominalisierung und in Namen:

– etwas, nichts Neues
– seit Neuestem *oder* neuestem
– von Neuem *oder* neuem
– die Neue Welt (Amerika)
– das Neue Testament

2. Getrennt- und Zusammenschreibung:

Man schreibt »neu« vom folgenden Verb getrennt:

– sie will das Geschäft neu eröffnen
– das Kind wird neu hinzukommen

Wird »neu« mit einem adjektivisch gebrauchten Partizip verbunden, kann getrennt oder zusammengeschrieben werden:

– das neu eröffnete *oder* neueröffnete Geschäft
– das neu bearbeitete *oder* neubearbeitete Buch
– die neu geschaffenen *oder* neugeschaffenen Anlagen

Vergleiche aber: neugeboren

---

neun|zi|ger ↑achtziger
die **Neu|ori|en|tie|rung**
die **Neu|r|al|gie** (*Medizin:* Nervenschmerz)
neu|r|al|gisch (empfindlich, anfällig); neuralgische Punkte
die **Neu|re|ge|lung**
Neu|see|land (Inselgruppe und Staat im Pazifischen Ozean)
der **Neu|see|län|der;** des Neuseeländers; die Neuseeländer
die **Neu|see|län|de|rin;** die Neuseeländerinnen
neu|see|län|disch
der **Neu|start**
neu|t|ral (unparteiisch; keinem von zwei Gegensätzen zuzuordnen); die neutrale Ecke
neu|t|ra|li|sie|ren (neutral machen); man neutralisierte das Land; man hat es neutralisiert
die **Neu|t|ra|li|tät**
das **Neu|t|ron** (ein Elementarteilchen ohne elektrische Ladung); des Neutrons; die Neu|t|ro|nen
die **Neu|t|ro|nen|bom|be** (eine Strahlungswaffe)
das **Neu|t|rum** (sächliches Nomen; *nur Singular:* sächliches Geschlecht); des Neutrums; die Neutra, *auch:* Neutren

die **Neu|ver|schul|dung**
der **Neu|wa|gen**
die **Neu|wahl**
die **Neu|zeit**
der **Neu|zu|gang**
das **New Age** ['nju: 'eɪdʒ] (neues Zeitalter)
der **New|co|mer** ['nju:kamɐ] (Neuling); des Newcomers; die Newcomer
die **New Eco|no|my** ['nju: ɪ'kɔnəmi] (Wirtschaftsbereich mit Unternehmen aus Zukunftsbranchen)
die **News** [nju:s] (Nachrichten) *Plural*
die **News|group** ['nju:sgru:p] (*EDV:* öffentliche Diskussionsrunde im Internet zu einem bestimmten Thema); die Newsgroups
der **News|let|ter** ['nju:slɛtɐ] (regelmäßig erscheinender Internetbeitrag); des Newsletters; die Newsletter *oder* Newsletters
das **New|ton** ['nju:tn̩] (Einheit der Kraft); 5 Newton
New York ['nju:'jɔ:k] (Staat und Stadt in den USA)
der **New Yor|ker** *oder* New-Yor|ker; des New Yorkers *oder* New-Yorkers; die New Yorker *oder* New-Yorker
die **New Yor|ke|rin** *oder* New-Yor|ke|rin;

Niagarafälle – Niedergang

die New Yorkerinnen *oder* New-Yorke-
rinnen
die **Ni|a|ga|ra|fäl|le** *Plural*
die **Ni|be|lun|gen** (germanisches Sagenge-
schlecht; die Burgunden) *Plural*
die **Ni|be|lun|gen|sa|ge**
Ni|ca|ra|gua (Staat in Mittelamerika)
der **Ni|ca|ra|gu|a|ner;** des Nicaraguaners;
die Nicaraguaner
die **Ni|ca|ra|gu|a|ne|rin;** die Nicaraguane-
rinnen
ni|ca|ra|gu|a|nisch

nicht

– nicht wahr; gar nicht; nicht einmal;
[noch] nicht mal
– mitnichten; etwas zunichtemachen
– etwas nicht wissen; ABER: das Nicht-
wissen

*Verbindungen von »nicht« mit einem
Adjektiv oder Partizip können getrennt
oder zusammengeschrieben werden:*

– nicht berufstätige *oder* nichtberufstä-
tige Frauen
– die nicht flektierbaren *oder* nichtflek-
tierbaren Wörter
– die Verhandlung war nicht öffentlich
oder nichtöffentlich
– nicht rostender *oder* nichtrostender
Stahl
– eine nicht zutreffende *oder* nichtzutreffende Behauptung

*Bezieht sich »nicht« auf größere Textein-
heiten, z.B. auf einen ganzen Satz, wird
es vom folgenden Wort getrennt geschrieben:*

– die Verhandlung kann nicht öffentlich
stattfinden

nicht|be|rufs|tä|tig *vergleiche:* **nicht**
die **Nich|te**
nicht|flek|tier|bar *vergleiche:* **nicht**
nich|tig (ungültig); etwas für null und
nichtig erklären
die **Nich|tig|keit**
das **Nicht|me|tall** (in der Chemie); die Nicht-
me|tal|le *meist Plural*
nicht|öf|fent|lich *vergleiche:* **nicht**
der **Nicht|rau|cher**

der **Nicht|rau|cher|be|reich**
die **Nicht|rau|che|rin**
die **Nicht|re|gie|rungs|or|ga|ni|sa|ti|on**
nicht|ros|tend *vergleiche:* **nicht**
nichts; für nichts; zu nichts; gar
nichts; um nichts und wieder nichts;
nichts ahnend *oder* nichtsahnend;
nichts sagend *oder* nichtssagend; sich
in nichts unterscheiden; er will nichts
tun; mir nichts, dir nichts (ohne Weiteres); viel Lärm um nichts; nichts
Genaues; nichts Neues; ABER: nichts
andres *oder* anderes; nichts einfacher
als das
das **Nichts;** des Nichts; die Nicht|se; aus
dem Nichts; vor dem Nichts stehen
nichts|ah|nend *vergleiche:* **nichts**
der **Nicht|schwim|mer**
die **Nicht|schwim|me|rin**
nichts|des|to|trotz
nichts|des|to|we|ni|ger
der **Nichts|nutz;** des Nichts|nut|zes; die
Nichts|nut|ze
nichts|nut|zig; ein nichtsnutziger
Kerl
nichts|sa|gend *vergleiche:* **nichts**
der **Nicht|wäh|ler** (jemand, der nicht zur
Wahl geht)
die **Nicht|wäh|le|rin**
nicht|zu|tref|fend *vergleiche:* **nicht**
das **Ni|ckel** (chemisches Element, Schwer-
metall; *Zeichen:* Ni); des Nickels
ni|cken; ich nicke; du nickst; sie nickte;
sie hat genickt
das **Ni|cker|chen** (*umgangssprachlich für:*
kurzer Schlaf); des Nickerchens; die
Nickerchen
der **Ni|cki** (samtartiger Pullover); des Nickis;
die Nickis
der **Nick|na|me** [*auch:* ˈnɪkneɪm] (*EDV:*
selbst gewählter Benutzername im
Internet)
Ni|co|sia [*auch:* niˈkoːzi̯a] *vergleiche:* **Ni-
ko|sia**
nie; nie wieder; nie und nimmer
nie|der; auf und nieder
nie|der|deutsch
das **Nie|der|deutsch** *oder* **Nie|der|deut-
sche** (die niederdeutsche Sprache);
↑deutsch
der **Nie|der|gang;** des Niedergangs *oder*
Nie|der|gan|ges

335

niedergehen – nigrisch

nie|der|ge|hen; ein Gewitter ging nieder; eine Lawine ist niedergegangen

nie|der|ge|schla|gen (traurig); er ist sehr niedergeschlagen

die Nie|der|ge|schla|gen|heit

nie|der|kni|en; sie kniete nieder; sie ist am Altar niedergekniet; sich niederknien

die Nie|der|la|ge

die Nie|der|lan|de Plural

der Nie|der|län|der; des Niederländers; die Niederländer

die Nie|der|län|de|rin; die Niederländerinnen

nie|der|län|disch

nie|der|las|sen; der Vorhang wurde niedergelassen; sich niederlassen; ich ließ mich auf dem Sofa nieder; er hat sich in Rom als Arzt niedergelassen

die Nie|der|las|sung (selbstständiger Teil eines Betriebes); eine Niederlassung gründen

nie|der|le|gen; sie legte ihr Amt nieder; sie hat es niedergelegt

der Nie|der|sach|se; des/dem/den Niedersachsen; die Niedersachsen

Nie|der|sach|sen

die Nie|der|säch|sin; die Niedersächsinnen

nie|der|säch|sisch

nie|der|schie|ßen; er schoss ihn nieder; sie hat ihn niedergeschossen

der Nie|der|schlag; des Niederschlags oder Nie|der|schla|ges; die Nie|der|schlä|ge

nie|der|schla|gen; er schlug seinen Gegner nieder; man hat den Aufstand niedergeschlagen ([gewaltsam] beendet)

nie|der|schrei|ben; sie schrieb ihre Erinnerungen nieder; er hat seine Eindrücke niedergeschrieben

die Nie|der|schrift

die Nie|der|tracht

nie|der|träch|tig; ein niederträchtiger Lump

die Nie|de|rung (tief liegendes Land [an Flussläufen oder Küsten])

nied|lich; ein niedliches Kätzchen

nied|rig; niedrige Temperaturen; Hoch und Niedrig (jedermann); Hohe und Niedrige

der Nied|rig|lohn

der Nied|rig|preis; Lebensmittel zu Niedrigpreisen

das Nied|rig|was|ser; die Niedrigwasser

nie|mals

nie|mand; niemandes oder niemands Freund sein; niemandem, auch: niemand wehtun; niemanden, auch: niemand grüßen; niemand anders; ABER: der Nie-mand; er, sie ist ein Niemand

das Nie|mands|land (Kampfgebiet zwischen feindlichen Linien; unerforschtes Land)

die Nie|re

nie|ren|krank

der Nie|ren|stein

nie|seln (leicht regnen); es nieselte; es hat genieselt

nie|sen; du niest; sie niest; sie nieste; sie hat geniest; nies oder niese nicht so laut!

das Nies|pul|ver

der Nieß|brauch (Nutzungsrecht für fremdes Eigentum); des Nießbrauchs oder Nieß|brau|ches

der Niet (fachsprachlich für: Niete); des Niets oder Nie|tes; die Nie|te

die Nie|te (Los ohne Gewinn; umgangssprachlich für: Versager[in])

die Nie|te (Metallbolzen); die Nieten

nie|ten; du nietest; sie nietet; sie nietete; sie hat die Platten genietet; niete das Blech!

niet- und na|gel|fest; die Einbrecher haben alles mitgenommen, was nicht niet- und nagelfest war

Nietz|sche (deutscher Philosoph)

Ni|ger oder der Ni|ger (Staat in Westafrika)

der Ni|ger (afrikanischer Fluss); des Niger oder Nigers

Ni|ge|ria (Staat in Westafrika)

der Ni|ge|ri|a|ner; des Nigerianers; die Nigerianer

die Ni|ge|ri|a|ne|rin; die Nigerianerinnen

ni|ge|ri|a|nisch

der Night|club ['naitklap] (Nachtlokal); des Nightclubs; die Nightclubs

der Ni|g|rer (Einwohner von Niger); des Nigrers; die Nigrer

die Ni|g|re|rin; die Nigrerinnen

ni|g|risch

Nihilismus – nominal

der **Ni|hi|lis|mus** (philosophische Lehre, die alles Bestehende für nichtig hält) **ni|hi|lis|tisch**

der **Ni|ko|laus; des Nikolaus** oder Ni|ko|lauses; die Ni|ko|läu|se, *selten auch:* Ni|kolau|se
  Ni|ko|sia, Ni|co|sia [*auch:* ni'ko:zịa] (Hauptstadt von Zypern)

das **Ni|ko|tin,** *fachsprachlich:* **Ni|co|tin** (Giftstoff im Tabak); des Nikotins, *fachsprachlich:* Nicotins
  ni|ko|tin|frei

der **Ni|ko|tin|ge|halt
  ni|ko|tin|hal|tig;** stark nikotinhaltiger Tabak

der **Nil** (Fluss in Afrika); des Nil oder Nils

das **Nil|del|ta** (in Ägypten)

das **Nil|pferd**

der **Nim|bus** (besonderes Ansehen; Ruf); des Nimbus; die Nim|bus|se
  nim|mer; nie und nimmer
  nim|mer|mehr (niemals)
  nim|mer|mü|de; nimmermüde Helfer
  nim|mer|satt; ein nimmersattes Kind

der **Nim|mer|satt;** des Nimmersatt oder Nimmersatt[e]s; die Nim|mer|sat|te

das **Nim|mer|wie|der|se|hen;** auf Nimmerwiedersehen verschwinden

der **Nip|pel** (ein kurzes Rohrstück mit Gewinde); des Nippels; die Nippel
  nip|pen; ich nippe; du nippst; sie nippt; sie nippte; sie hat vom Wein genippt

der **Nip|pes** (kleine Ziergegenstände); des Nippes
  nir|gends; er war nirgends zu finden
  nir|gend|wo

das **Nir|wa|na** (völlige, selige Ruhe als Endzustand des gläubigen Buddhisten); des Nirwana oder Nirwanas

die **Ni|sche**

! In einer Reihe von Wörtern wird der lang gesprochene *i*-Laut ohne anschließendes -e oder Dehnungs-h geschrieben. Dazu gehört auch das Nomen *Nische.*

  nis|ten; der Vogel nistet; der Vogel hat im Baum genistet

der **Nist|kas|ten**

der **Nist|platz**

das **Ni|t|rat** (Salz der Salpetersäure); des Nitrats oder Ni|t|ra|tes; die Ni|t|ra|te

das **Ni|t|rit** (Salz der salpetrigen Säure); des Nitrits; die Ni|t|ri|te

das **Ni|t|ro|gly|ze|rin,** *fachsprachlich:* **Ni|t|rogly|ce|rin** (ein Heilmittel; ein Sprengstoff); des Nitroglyzerins, *fachsprachlich:* Nitroglycerins

das **Ni|veau** [ni'vo:] (waagerechte Fläche; Höhe; Rang); des Niveaus; die Niveaus; auf hohem Niveau
  **ni|veau|los
  ni|veau|voll;** niveauvolle Unterhaltung
  ni|vel|lie|ren (gleichmachen; durch Ausgleichung mildern); ich nivelliere; sie nivellierte; sie hat die Unterschiede nivelliert
  nix (*umgangssprachlich für:* nichts)

der **Nix** (germanischer Wassergeist); des Nixes; die Nixe

die **Ni|xe** (Meerjungfrau)
  No|ah, *ökumenisch auch:* **No|ach** (Gestalt des Alten Testaments); die Arche Noah
  no|bel (edel, vornehm); no|b|ler; am nobels|ten; ein nobler Mensch

der **No|bel|preis**

der **No|bel|preis|trä|ger**

die **No|bel|preis|trä|ge|rin
  noch;** noch nicht; noch immer; noch mehr; noch und noch; noch einmal
  noch mal oder **noch|mal** (*umgangssprachlich für:* noch einmal); ich komme **noch mal** oder nochmal wieder
  noch|mals

der **No|cken** (*Technik:* Vorsprung an einer Welle oder Scheibe); des Nockens; die Nocken

die **No|cken|wel|le**

die **No-Fu|ture-Ge|ne|ra|tion** ['no:'fju:tʂɐ...] (junge Generation ohne Zukunftsaussichten)

das **NOK** = Nationales Olympisches Komitee

der **No|ma|de** (Angehöriger eines Hirten-, Wandervolkes); des/dem/den Nomaden; die Nomaden

das **No|ma|den|volk**

die **No|ma|din;** die Nomadinnen

das **No|men** (Substantiv, Hauptwort); des Nomens; die No|mi|na oder Nomen
  no|mi|nal (zum Namen gehörend)

nominalisieren – norwegisch

no|mi|na|li|sie|ren (als Nomen, Haupt-
wort gebrauchen)
no|mi|na|li|siert (als Nomen, Haupt-
wort gebraucht); nominalisierte Verben

die No|mi|na|li|sie|rung

der No|mi|na|tiv (Werfall; 1. Fall); des Nomi-
nativs; die No|mi|na|ti|ve
no|mi|nell ([nur] dem Namen nach)
no|mi|nie|ren (benennen; ernennen); ich
nominiere die Spielerin; sie nominierte
ihren Nachfolger; man hat ihn [als Kan-
didaten] für die Wahl nominiert; nomi-
nier oder nominiere sie!

die No|mi|nie|rung (das Vorschlagen eines
Kandidaten oder einer Kandidatin;
Ernennung)

das **No-Name-Pro|dukt** [ˈnoʊneɪm...] oder
No|name|pro|dukt (Ware ohne Marken-
oder Firmenzeichen)

die Non|ne

das Non|plus|ul|t|ra (etwas Unübertreffli-
ches); des Nonplusultra

der Non|sens (Unsinn); des Nonsens
non|stop (ohne Halt; ohne Pause); non-
stop fliegen, spielen

der **Non|stop-Flug** oder **Non|stop|flug** (Flug
ohne Zwischenlandung)
Nord (Himmelsrichtung); Menschen aus
Nord und Süd; der Wind weht aus, von
Nord
nord|deutsch; die norddeutsche Bevöl-
kerung; ABER: die Norddeutsche Tief-
ebene; der Norddeutsche Rundfunk
Nord|deutsch|land

der Nor|den; des Nordens; das Gewitter
kommt aus Norden; gen (nach) Norden
ziehen
Nor|der|ney (eine der Ostfriesischen
Inseln)

das Nor|dic Wal|king [- ˈwɔːkɪŋ] (sportliches
Gehen mit Stöcken); des Nordic Walkings
Nord|ir|land (nördlicher, zu Großbritan-
nien gehörender Teil Irlands)
nor|disch; nordische Kälte
Nord|ko|rea ↑ Korea
nörd|lich; nördlich dieser Linie; nördlich
des Mains; nördlich von Berlin, selten:
nördlich Berlins; nördlicher Breite; der
nördliche Sternenhimmel; ABER: das
Nördliche Eismeer

das Nord|licht; die Nord|lich|ter
Nord|ost (Himmelsrichtung); aus Nord-
ost

der Nord|os|ten
nord|öst|lich

der Nord|pol; des Nordpols

das Nord|po|lar|meer
Nord|rhein-West|fa|len
nord|rhein-west|fä|lisch

die Nord|see
nord|wärts
Nord|west (Himmelsrichtung); nach
Nordwest

der Nord|wes|ten
nord|west|lich; nordwestliche Winde

der Nord|wind

die Nör|ge|lei
nör|geln; du nörgelst; sie nörgelte; er
hat genörgelt; nörgle oder nörgele
nicht!

der Nörg|ler; des Nörglers; die Nörgler

die Nörg|le|rin; die Nörglerinnen

die Norm (Richtschnur, Regel); die Nor-
men
nor|mal (vorschriftsmäßig; üblich)
nor|ma|ler|wei|se

der Nor|mal|fall
nor|ma|li|sie|ren; sie haben ihre
Beziehung normalisiert; sich normali-
sieren; die Lage hat sich wieder normalisiert

die Nor|ma|li|sie|rung

die Nor|ma|li|tät (normaler Zustand)

die Nor|mal|ver|tei|lung (Mathematik)

der Nor|man|ne (Angehöriger eines nord-
germanischen Volkes); des/dem/den
Normannen; die Normannen

die Nor|man|nin; die Normanninnen
nor|man|nisch
norm|ge|recht; normgerecht schrei-
ben
nor|mie|ren (einheitlich regeln); er
normierte; sie hat die Größen nor-
miert

die Nor|mie|rung

die Nor|ne (nordische Schicksalsgöttin);
die drei Nornen
Nor|we|gen

der Nor|we|ger; des Norwegers; die Norwe-
ger

die Nor|we|ge|rin; die Norwegerinnen
nor|we|gisch

Nostalgie – Nugat

die **Nos|t|al|gie** (Sehnsucht nach der Vergangenheit)
nos|t|al|gisch
die **Not;** sie ist in Not *oder* in Nöten; ABER: etwas ist not; etwas ist vonnöten; ohne Not; das geht zur Not; wenn Not am Mann ist; er hat seine liebe Not; ↑ABER: nottun; sie musste [große] Not leiden; die Not leidende *oder* notleidende Bevölkerung; ABER NUR: große Not leidend; äußerst notleidend
der **No|tar** (Jurist, der Rechtsgeschäfte beurkundet); des Notars; die No|ta|re
das **No|ta|ri|at;** des Notariats *oder* No|ta|ri|altes; die No|ta|ri|a|te
no|ta|ri|ell; die notarielle Beurkundung
die **No|ta|rin;** die Notarinnen
der **Not|arzt**
die **Not|ärz|tin**
der **Not|arzt|wa|gen**
die **Not|brem|se**
der **Not|dienst;** ärztlicher Notdienst
die **Not|durft** (*veraltend für:* Drang, Darm oder Blase zu entleeren)
not|dürf|tig; eine notdürftige Reparatur
die **No|te;** sie bekam die Note »gut«; ohne Noten (Notentext) spielen
das **Note|book** [ˈnoːtbʊk] (tragbarer, leichter PC); des Notebooks; die Notebooks
der **No|ten|schlüs|sel**
der **No|ten|stän|der**
das **Note|pad** [ˈnoːtpɛt] (PC im Notizblockformat ohne Tastatur); des Notepads; die Notepads
der **Not|fall**
der **Not|fall|dienst** ([ärztlicher] Bereitschaftsdienst)
not|falls
not|ge|drun|gen
no|tie|ren; du notierst; sie notierte; sie hat den Namen notiert; notier *oder* notiere das!
nö|tig; etwas für nötig halten; etwas nötig haben; das ist am nötigsten (am dringendsten erforderlich); ABER: es fehlt ihm am Nötigsten (am Lebensnotwendigen); das, alles Nötige
nö|ti|gen (zwingen); du nötigst ihn; er nötigte ihn; er hat ihn [dazu] genötigt; nötige sie nicht!

nö|ti|gen|falls
die **Nö|ti|gung**
die **No|tiz;** die No|ti|zen; von etwas Notiz nehmen (eine Sache beachten)
der **No|tiz|block**
das **No|tiz|buch**
die **Not|la|ge**
not|lan|den; das Flugzeug notlandet; das Flugzeug ist notgelandet; er versuchte[,] das Flugzeug notzulanden
die **Not|lan|dung**
not|lei|dend *vergleiche:* **Not**
no|to|risch (offenkundig, allbekannt); ein notorischer Lügner
der **Not|ruf**
das **Not|si|g|nal**
der **Not|stand**
not|tun; Hilfe tut not; die Hilfe hat notgetan
die **Not|wehr**
not|wen|dig; sich auf das, aufs Notwendigste beschränken; es fehlt am Notwendigsten
not|wen|di|ger|wei|se
die **Not|wen|dig|keit**
die **No|vel|le** (eine Prosaerzählung; ein Nachtragsgesetz)
der **No|vem|ber;** des November *oder* Novembers; die November
die **No|vi|tät** (Neuheit)
der **No|vi|ze** (Mönch während der Probezeit; Neuling); des/dem/den Novizen; die Novizen
die **No|vi|zin;** die Novizinnen
No|wo|si|birsk (Stadt in Sibirien)
Nr. = Nummer
Nrn. = Nummern
NRW = Nordrhein-Westfalen
das **N. T.** = Neues Testament
der **Nu** (Augenblick); *nur in:* im Nu
die **Nu|an|ce** [ˈnŷaːsə] (feiner Unterschied; Kleinigkeit); die Nuancen
nu|an|cen|reich
nu|an|cie|ren (sehr fein abstufen); sie hat die Farben nuanciert
nüch|tern
die **Nüch|tern|heit**
die **Nu|del;** die Nudeln
das **Nu|del|holz**
die **Nu|del|sup|pe**
der *oder* das **Nu|gat** [ˈnuːgat] *oder* **Nou|gat**

339

nuklear – nutzen

(süße Masse aus Zucker und Nüssen); des Nugats oder Nougats; die Nugats oder Nougats

nu|k|le|ar (den Atomkern, die Kernspaltung, die Kernenergie betreffend); nukleare Versuche

die **Nu|k|le|ar|waf|fe** *meist Plural*

---

null

Kleinschreibung des Zahlworts:

– null Grad
– null Uhr
– gegen null gehen
– gleich null setzen
– sie hat null Fehler
– sie verloren drei zu null (3 : 0)
– Nummer null
– die Stunde null
– der Zeiger steht auf null
– er fängt [wieder] bei null an
– die Temperatur sinkt unter null
– von null auf hundert [beschleunigen]
– in null Komma nichts (*umgangssprachlich für:* sehr schnell)
– null und nichtig (*verstärkend für:* [rechtlich] ungültig)
– null Ahnung (*umgangssprachlich für:* keine Ahnung) haben
– null Bock (*umgangssprachlich für:* keine Lust) [auf etwas] haben

---

die **Null;** die Nul|len; die Zahl Null; eine Zahl mit fünf Nullen; die Ziffern Null bis Neun; er ist eine Null (*umgangssprachlich für:* ein völlig unfähiger Mensch)

die **Null|li|nie** oder **Null-Li|nie**

die **Null|lö|sung** oder **Null-Lö|sung**

die **Null|men|ge** (Mengenlehre)

der **Null|me|ri|di|an** (Meridian von Greenwich)

der **Null|punkt**

der **Null|ta|rif;** zum Nulltarif (umsonst) fahren, telefonieren

das **Nu|me|ra|le** (Zahlwort); des Numerales; die Nu|me|ra|li|en oder Nu|me|ra|lia

nu|me|risch (zahlenmäßig); numerische Überlegungen

der **Nu|me|rus** (*in der Grammatik:* Zahl, insbesondere Singular oder Plural); des Numerus; die Numeri

der **Nu|me|rus clau|sus** (zahlenmäßig beschränkte Zulassung [besonders zum Studium]); des Numerus clausus

die **Num|mer;** Nummer fünf; Nummer null; auf Nummer sicher gehen (*umgangssprachlich für:* sich völlig absichern); laufende Nummer

num|me|rie|ren (beziffern, benummern); du nummerierst; sie nummerierte; sie hat die Plätze nummeriert; nummerier oder nummeriere die Plätze!

die **Num|me|rie|rung**

das **Num|mern|schild;** die Num|mern|schilder

nun; nun [ein]mal; von nun an

nun|mehr (*gehoben für:* jetzt; nun); der Krieg dauert nunmehr drei Jahre

der **Nun|ti|us** (Botschafter des Papstes); des Nuntius; die Nun|ti|en

nur; nur Gutes tun; warum nur?; nur zu!

nu|scheln (undeutlich reden); du nuschelst; sie nuschelte; er hat genuschelt; nuschle oder nuschele nicht so!

die **Nuss;** die Nüs|se

der **Nuss|baum**

der **Nuss|kna|cker;** des Nussknackers; die Nussknacker

die **Nuss|scha|le** oder **Nuss-Scha|le**

die **Nüs|ter** (Nasenloch bei Tieren); die Nüstern *meist Plural*

die **Nut** oder **Nu|te** (Furche, Fuge)

die **Nut|te** (*derb für:* Prostituierte)

nutz; er ist zu nichts nutz (*süddeutsch für:* zu nichts nütze)

nutz|bar (für die Benutzung geeignet); Land nutzbar machen

nüt|ze; er ist zu nichts nütze; ABER: der Nichtsnutz

nut|zen oder **nüt|zen;** du nutzt oder du nützt; es nutzte oder es nützte mir nichts; sie hat die Gelegenheit genutzt oder genützt; nutz[e] oder nütz[e] die Stunde!

! Beim einfachen Verb wird die Form mit Umlaut *(nützen)* häufiger verwendet; bei Zusammensetzungen mit Vorsilben gelten dagegen die Formen ohne Umlaut als hochsprachlich *(abnutzen, ausnutzen, benutzen)* und die umgelauteten als landschaftlich.

340

Nutzen – oberhalb

der **Nut|zen**; des Nutzens; es ist von [großem] Nutzen
der **Nut|zer**; des Nutzers; die Nutzer
die **Nut|ze|rin**; die Nutzerinnen
die **Nutz|flä|che**
nütz|lich
nutz|los
der **Nutz|nie|ßer** (jemand, der den Nutzen von etwas hat); des Nutznießers; die Nutznießer
die **Nutz|nie|ße|rin**; die Nutznießerinnen
das **Nutz|tier**
die **Nut|zung**
das **Ny|lon** ['nailɔn] (*Markenbezeichnung:* synthetische Textilfaser); des Nylon *oder* Nylons
der **Ny|lon|strumpf**
die **Nym|phe** (eine Naturgottheit)

O

O = Ost, Osten
das **O** (Buchstabe); des O; die O; ABER: das o in Tor
o. ä. = oder ähnlich
o. Ä. = oder Ähnliche, oder Ähnliches
die **Oa|se** (Wasserstelle in der Wüste)
ob; das Ob und Wann
der **Ob** (Fluss in Sibirien); des Ob *oder* Obs
der **OB** = Oberbürgermeister
die **OB** = Oberbürgermeisterin
die **Ob|acht** (Vorsicht, Achtung); Obacht geben (aufpassen)
das **Ob|dach** (*veraltend für:* Unterkunft, Wohnung); des Obdachs *oder* Ob|da|ches
ob|dach|los
Ob|dach|lo|se; ein Obdachloser; die Obdachlosen; zwei Obdachlose
die **Ob|dach|lo|se**; eine Obdachlose
das **Ob|dach|lo|sen|asyl**
die **Ob|duk|ti|on** (Leichenöffnung zur Feststellung der Todesursache); die Ob|duk|ti|o|nen
ob|du|zie|ren; ich obduziere; sie obduzierte; sie hat den Toten obduziert
der **Obe|lisk** (vierkantiger, nach oben spitz zulaufender Pfeiler); des/dem/den Obe|lis|ken; die Obe|lis|ken

oben
– nach oben; von oben; bis oben
– nach oben hin; von oben her
– alles Gute kommt von oben
– man wusste kaum noch, was oben und was unten war

Getrenntschreibung in Verbindung mit Verben:
– oben liegen; oben stehen
– oben (weiter vorn im Text) erwähnen; wie bereits oben erwähnt

Wird »oben« mit einem adjektivisch gebrauchten Partizip verbunden, kann getrennt oder zusammengeschrieben werden:
– oben stehende *oder* obenstehende Bemerkungen
– die oben erwähnte *oder* obenerwähnte Tatsache

In der Nominalisierung:
– im oben Stehenden *oder* Obenstehenden
– das oben Erwähnte *oder* Obenerwähnte

oben|an; obenan stehen, sitzen
oben|auf; obenauf liegen
oben|drauf; obendrauf stellen
oben|drein
oben|drü|ber; obendrüber legen
oben|er|wähnt vergleiche: **oben**
oben|ste|hend vergleiche: **oben**
der **Ober** ([Ober]kellner); des Obers; die Ober
der **Ober|arm**
Ober|bay|ern
der **Ober|be|griff**
der **Ober|bür|ger|meis|ter** (*Abkürzung:* OB)
die **Ober|bür|ger|meis|te|rin**; die Oberbürgermeisterinnen
obe|re; oberes Stockwerk; die oberen Klassen
die **Ober|flä|che**
die **Ober|flä|chen|span|nung**
ober|fläch|lich
die **Ober|fläch|lich|keit**
das **Ober|ge|schoss** (*Abkürzung:* OG)
ober|halb; oberhalb des Dorfes

341

Oberhaupt – Odyssee

das **Ober|haupt**
ober|ir|disch; oberirdische Leitungen

der **Ober|kör|per**

das **Ober|lan|des|ge|richt** (*Abkürzung:* OLG)

die **Ober|lei|tung**

die **Ober|lip|pe**

der **Ober|schen|kel**

die **Ober|schicht**

der **Oberst;** des Obers|ten *oder* Obersts; die Obers|ten, *seltener:* Obers|te

der **Ober|staats|an|walt**

der **Ober|staats|an|wäl|tin**
obers|te; oberstes Stockwerk; das oberste Buch im Stapel; die obersten Gerichtshöfe; ABER: der Oberste Gerichtshof der USA; das Oberste zuunterst kehren (alles durcheinanderbringen)

die **Ober|stu|fe**

das **Ober|teil**

die **Ob|frau** ([Vereins]vorsitzende; Vertrauensfrau); die Ob|frau|en
ob|gleich (obwohl); sie kam sofort, obgleich sie keine Zeit hatte

die **Ob|hut** (*gehoben für:* Schutz, Aufsicht); die Kinder sind in ihrer Obhut
obig; im obigen (oben stehenden) Abschnitt; ABER: im Obigen (weiter oben); das Obige (das Obengenannte); der Obige (der Obengenannte)

das **Ob|jekt** (Ziel, Gegenstand; Fallergänzung); des Objekts *oder* Ob|jek|tes; die Ob|jek|te
ob|jek|tiv (tatsächlich, sachlich, unvoreingenommen)

das **Ob|jek|tiv** (eine optische Linse); des Objektivs; die Ob|jek|ti|ve
ob|jek|ti|vie|ren (versachlichen); er objektivierte; sie hat das Problem objektiviert

die **Ob|jek|ti|vi|tät** (strenge Sachlichkeit; Vorurteilslosigkeit)

die **Ob|la|te** (die Hostie; ein Gebäck); die Oblaten
ob|li|ga|to|risch (verbindlich, verpflichtend); obligatorische Unterrichtsfächer

der **Ob|mann** ([Vereins]vorsitzender; Vertrauensmann); die Ob|män|ner *oder* Ob|leu|te

die **Oboe** (ein Holzblasinstrument); die Obo|en

der **Obo|ist** (der Oboebläser); des/dem/den Obo|is|ten; die Obo|is|ten

die **Obo|is|tin;** die Oboistinnen

der **Obo|lus** (kleine Geldspende); des Obolus; die Obolus *oder* Obolusse

die **Ob|rig|keit** (Träger der Macht, der Regierungsgewalt)
ob|rig|keit|lich; obrigkeitliche Anordnungen

das **Ob|rig|keits|den|ken**
ob|schon (obwohl)

das **Ob|ser|va|to|ri|um** (die Sternwarte); des Observatoriums; die Observatorien
ob|ser|vie|ren (beobachten); ich observiere; sie observierte; die Polizei hat den Verdächtigen observiert

die **Ob|ser|vie|rung** (Überwachung)
ob|ses|siv (*Psychologie:* zwanghaft); sich obsessiv mit etwas beschäftigen
ob|s|kur (verdächtig; fragwürdig)

die **Ob|s|ku|ri|tät**
ob|so|let (nicht mehr üblich)

das **Obst;** des Obsts *oder* Obs|tes; die Obstsorten
ob|s|zön (unanständig, schamlos)

die **Ob|s|zö|ni|tät;** die Ob|s|zö|ni|tä|ten
ob|wohl
ob|zwar (obwohl)

der **Och|se;** des/dem/den Ochsen; die Ochsen
och|sen (*umgangssprachlich für:* angestrengt arbeiten); du ochst; er ochste; sie hat für das Examen geochst; ochs *oder* ochse doch nicht so!

der *oder* das **Ocker** (gelbbraune Malerfarbe); des Ockers; die Ocker; in Ocker streichen
ocker|far|ben *oder* **ocker|far|big**
ocker|gelb
öd *oder* **öde;** öder; am ödes|ten
od. = oder

der **Odem** (*gehoben für:* Atem); des Odems

das **Ödem** (*Medizin:* Gewebewassersucht); des Ödems; die Öde|me
oder; oder Ähnliches (*Abkürzung:* o. Ä.)

die **Oder** (Fluss in Mitteleuropa)

die **Oder-Nei|ße-Gren|ze**

das **Öd|land** (ödes, unfruchtbares, unbebautes Land)

die **Odys|see** (*übertragen für:* Irrfahrt); die Odysseen

o

342

Odysseus – Ohr

Odys|seus (griechischer Sagenheld); des Odysseus

der **Ofen;** des Ofens; die Öfen

die **Ofen|hei|zung**

off (*besonders Film, Fernsehen:* unsichtbar [von einer/einem Sprechenden])

das **Off** (das Unsichtbarbleiben der/des Sprechenden); im *oder* aus dem Off sprechen

of|fen; eine offene Hand haben (freigebig sein); mit offenen Karten spielen (ohne Hintergedanken sein); auf offener Straße; der Tag der offenen Tür; offen gestanden; offen gesagt; das Fenster muss offen bleiben; A B E R: diese Frage wird wohl ↑ offenbleiben; das Tor wird offen gehalten; A B E R: sich eine Möglichkeit ↑ offenhalten; die Tür offen lassen; A B E R: eine Frage ↑ offenlassen; das Zimmer, dessen Tür offen stand; A B E R: ihm würden viele Chancen ↑ offenstehen

of|fen|bar

sich **of|fen|ba|ren;** Gott hat sich uns offenbart

die **Of|fen|ba|rung**

of|fen|blei|ben; es ist keine Frage offengeblieben; ↑ A B E R: offen

of|fen|hal|ten; wir werden uns mehrere Möglichkeiten offenhalten; ↑ A B E R: offen

die **Of|fen|heit**

of|fen|her|zig

of|fen|kun|dig

of|fen|las|sen; er hat die Frage offengelassen; ↑ A B E R: offen

of|fen|sicht|lich

of|fen|siv (angriffslustig; angreifend)

die **Of|fen|si|ve** (Angriff); die Offensiven

das **Of|fen|siv|spiel** (*Sport*)

of|fen|ste|hen; alle Möglichkeiten haben ihm offengestanden; ↑ A B E R: offen

öf|fent|lich; die öffentliche Meinung; A B E R: im <mark>öffentlichen</mark> *oder* Öffentlichen Dienst arbeiten

die **Öf|fent|lich|keit**

die **Öf|fent|lich|keits|ar|beit;** der Öffentlichkeitsarbeit *Plural selten*

öf|fent|lich-recht|lich; die öffentlich-rechtlichen Rundfunkanstalten

of|fe|rie|ren (anbieten, darbieten); ich offeriere eine Stelle [in der Zeitung]; er offerierte ihr einen Kaffee; offerier *oder* offeriere den Posten!

die **Of|fer|te** (das Angebot); die Offerten

das **Of|fice** (Büro); des Office; die Of|fi|ces

of|fi|zi|ell (amtlich; verbürgt; förmlich)

der **Of|fi|zier;** des Offiziers; die Of|fi|zie|re

die **Of|fi|zie|rin;** die Offizierinnen

der **Of|fi|ziers|rang**

off|line ['ɔflaɪn] (*EDV:* getrennt von der Datenverarbeitungsanlage arbeitend)

der **Off|line|be|trieb**

öff|nen; du öffnest; öffne bitte!; sich öffnen; die Tür hat sich geöffnet

die **Öff|nung**

die **Öff|nungs|zeit** *meist Plural*

der <mark>**Off|spre|cher**</mark> *oder* **Off-Spre|cher** (Sprecher im Off)

die <mark>**Off|spre|che|rin**</mark> *oder* **Off-Spre|che|rin**

die <mark>**Off|stim|me**</mark> *oder* **Off-Stim|me** (Stimme im, aus dem Off)

<mark>**o-för|mig**</mark> *oder* **O-för|mig**

oft; so oft; wie oft

öf|ter; er war öfter im Theater als ich; er beschimpft mich öfter; A B E R: ich sah sie des Öfteren

oft|mals

oh!

der **Oheim** (*veraltet für:* Onkel); des Oheims; die Ohei|me

das **Ohm** (Maßeinheit für den elektrischen Widerstand); des Ohm *oder* Ohms; die Ohm; 4 Ohm

ohmsch; der <mark>ohmsche</mark> *oder* Ohm'sche Widerstand; das <mark>ohmsche</mark> *oder* Ohm'sche Gesetz

oh|ne; ohne dass; ohne <mark>Weiteres</mark> *oder* weiteres

oh|ne|dies

oh|ne|ei|n|an|der; ohneeinander auskommen

oh|ne|glei|chen

oh|ne|hin

die **Ohn|macht**

ohn|mäch|tig

der **Ohn|machts|an|fall**

oho!

das **Ohr;** des Ohrs *oder* Oh|res; die Oh|ren; zu Ohren kommen (bekannt werden)

343

Öhr – Ombudsmann

das **Öhr** (Nadelloch); des Öhrs *oder* Öh|res; die Öh|re

der **Ohr|clip** *oder* **Ohr|klipp** (Ohrschmuck); des Ohrclips *oder* Ohrklipps; die Ohrclips *oder* Ohrklipps

der **Oh|ren|arzt**

die **Oh|ren|ärz|tin**

oh|ren|be|täu|bend; ohrenbetäubender Lärm

die **Oh|ren|ent|zün|dung**

die **Ohr|fei|ge**

ohr|fei|gen; du ohrfeigst ihn; er hat ihn geohrfeigt; ohrfeig *oder* ohrfeige ihn!

der **Ohr|klipp** *vergleiche:* **Ohr|clip**

das **Ohr|läpp|chen**

die **Ohr|mu|schel**

der **Ohr|ring**

der **Ohr|wurm** (*auch für:* bekanntes Lied)

o ja!

o. k., O. K. = okay

das **Oka|pi** (eine Giraffenart mit kurzem Hals); des Okapis; die Okapis

okay [oˈkeː] (*umgangssprachlich für:* in Ordnung)

das **Okay;** des Okay *oder* Okays; sie hat ihr Okay gegeben

die **Ok|ku|pa|ti|on** (Besetzung fremden Gebietes); die Ok|ku|pa|ti|o|nen

ok|ku|pie|ren; sie haben das Land okkupiert

der **Öko|la|den** (Laden, in dem nur umweltfreundliche Waren verkauft werden)

die **Öko|lo|gie** (Lehre von den Beziehungen zwischen den Lebewesen und ihrer Umwelt)

öko|lo|gisch; ökologisches Bauen

der **Öko|nom** (Wirtschaftswissenschaftler); des/dem/den Öko|no|men; die Öko|no|men

die **Öko|no|mie** (die Wirtschaftlichkeit)

die **Öko|no|min;** die Ökonominnen

öko|no|misch; ökonomisches Arbeiten

die **Öko|steu|er** (auf den Verbrauch und die Herstellung umweltschädlicher Güter erhobene Steuer)

der **Öko|strom** (Strom, der nur aus umweltfreundlichen Energiequellen stammt)

das **Öko|sys|tem** (zwischen Lebewesen und ihrem Lebensraum bestehende Wechselbeziehung)

die **Ok|ta|ve** (der achte Ton vom Grundton aus)

der **Ok|to|ber;** des Oktober *oder* Oktobers; die Oktober

das **Ok|to|ber|fest** (in München)

die **Ok|to|ber|re|vo|lu|ti|on** (1917 in Russland)

die **Öku|me|ne** (Gesamtheit der Christen)

öku|me|nisch; die ökumenische Bewegung; ein ökumenischer (gemeinsam von Katholiken und Protestanten veranstalteter) Gottesdienst

der **Ok|zi|dent** (das Abendland; der Westen); des Okzidents

das **Öl;** des Öls *oder* Öles; die Öle

der **Öl|baum**

der **Old|ti|mer** [ˈoʊldtaɪmɐ] (altes Modell eines Autos, Fahrzeugs); des Oldtimers; die Oldtimer

ölen; du ölst; er ölt; er ölte; er hat das Rad geölt; öl *oder* öle das Rad!

der **Öl|film** (dünne Ölschicht)

der **Öl|fleck**

OLG = Oberlandesgericht; des OLG

ölig; ein öliger Lappen

oliv (olivenfarben); ein oliv Kleid; ↑beige; blau

das **Oliv;** des Oliv *oder* Olivs; die Oliv *oder* Olivs; eine Hose in Oliv

die **Oli|ve** (Frucht des Ölbaums)

oli|ven|far|ben *oder* **oli|ven|far|big**

das **Oli|ven|öl**

die **Öl|pest** (Verschmutzung durch Rohöl)

die **Öl|quel|le**

der **Olymp** (der Wohnsitz der Götter); des Olymps

die **Olym|pi|a|de** (die Olympischen Spiele)

der **Olym|pia|sie|ger**

die **Olym|pia|sie|ge|rin**

das **Olym|pia|sta|di|on**

olym|pisch; die olympischen Ringe (die 5 Ringe der olympischen Flagge); ᴀʙᴇʀ: die Olympischen Spiele

die **Oma** (Großmutter); die Omas

Oman (arabischer Staat)

der **Oma|ner;** des Omaners; die Omaner

die **Oma|ne|rin;** die Omanerinnen

oma|nisch

die **Om|buds|frau** (Frau, die die Bürger[innen] gegenüber den Behörden vertritt)

der **Om|buds|mann;** die Om|buds|männer

Omelett – Orange

das **Ome|lett** [ɔmˈlɛt] (Eierkuchen); des Omeletts *oder* Ome|let|tes; die Ome|let|te *oder* Omeletts

das **Omen** (Vorzeichen; Vorbedeutung); des Omens; die Omen
omi|nös (zweifelhaft)

der **Om|ni|bus;** des Om|ni|bus|ses; die Om|ni|bus|se; ↑ *auch:* Bus

die **Ona|nie** (geschlechtliche Selbstbefriedigung)
ona|nie|ren; er hat onaniert

der **On|kel;** des Onkels; die Onkel
on|line [ˈɔnlaɪn] (*EDV:* ans Datennetz, Internet angeschlossen; im Datennetz, Internet zur Verfügung stehend)

der **On|line|be|trieb**

die **On|line|re|cher|che**

der **On|line|shop**

die **On|line|zei|tung**

der **OP** = Operationssaal

die **OP** = Operation

der **Opa** (Großvater); des Opas; die Opas

das **Open-Air-Fes|ti|val** [ˈoːpn̩ˈɛːpfɛstivl̩] (Musikveranstaltung im Freien)

das **Open-Air-Kon|zert**

die **Oper;** die Opern

die **Ope|ra|ti|on;** die Ope|ra|ti|o|nen

der **Ope|ra|ti|ons|saal**

die **Ope|ra|ti|ons|schwes|ter**
ope|ra|tiv (*Medizin:* durch Operation); ein operativer Eingriff

die **Ope|ret|te**
ope|rie|ren; du operierst; er hat ihn am Bein operiert; operier *oder* operiere ihn!

der **Opern|sän|ger**

die **Opern|sän|ge|rin**

das **Op|fer;** des Opfers; die Opfer
op|fer|be|reit

die **Op|fer|be|reit|schaft**

die **Op|fer|ga|be**

das **Op|fer|lamm**
op|fern; du opferst; er hat sein Vermögen geopfert; opfere es!

das **Opi|um** (eine Droge); des Opiums

der **Opi|um|han|del**
op|po|nie|ren (widersprechen; sich widersetzen); sie hat opponiert; opponier *oder* opponiere nicht!
op|por|tun (passend, nützlich, angebracht; zweckmäßig)

der **Op|por|tu|nis|mus** (prinzipienloses

Anpassen an die jeweilige Lage; Handeln nach Zweckmäßigkeit)

der **Op|por|tu|nist;** des/dem/den Op|por|tu|nis|ten; die Op|por|tu|nis|ten

die **Op|por|tu|nis|tin;** die Opportunistinnen
op|por|tu|nis|tisch

die **Op|po|si|ti|on**
op|po|si|ti|o|nell (gegensätzlich; gegnerisch; zum Widerspruch neigend)

der **Op|po|si|ti|ons|füh|rer**

die **Op|po|si|ti|ons|füh|re|rin**

die **Op|po|si|ti|ons|par|tei**

die **Op|tik** (die Lehre vom Licht)

der **Op|ti|ker** (Hersteller oder Verkäufer von Brillen und optischen Geräten); des Optikers; die Optiker

die **Op|ti|ke|rin;** die Optikerinnen
op|ti|mal (bestmöglich); der optimale Zeitpunkt
op|ti|mie|ren (optimal gestalten); du optimierst; sie optimierte; er hat optimiert; optimier *oder* optimiere dein Referat

die **Op|ti|mie|rung**

der **Op|ti|mis|mus** (Lebensauffassung, die alles von der besten Seite sieht); des Optimismus

der **Op|ti|mist;** des/dem/den Op|ti|mis|ten; die Op|ti|mis|ten

die **Op|ti|mis|tin;** die Optimistinnen
op|ti|mis|tisch

die **Op|ti|on** (Wahlmöglichkeit); der Option; die Op|ti|o|nen
op|ti|o|nal (nicht zwingend; nach eigener Wahl)
op|tisch; eine optische Täuschung
opu|lent (reichlich, üppig)

die **Opu|lenz**

das **Opus** (Werk, besonders musikalisches Werk); des Opus; die Ope|ra

das **Ora|kel** (Weissagung); des Orakels; die Orakel
ora|keln (weissagen); du orakelst; er orakelt; sie hat orakelt

der **Ora|kel|spruch**
oral (den Mund betreffend, durch den Mund)
oran|ge [oˈrãːʒə, *auch:* oˈraŋʒə] (goldgelb); ein orange Band; ↑ beige, blau

das **Oran|ge** (die orange Farbe); des Orange; die Orange *oder* Oranges

345

Orange – Originaltext

die **Oran|ge** (Apfelsine); die Orangen

die **Oran|gea|de** [orãˈʒaːdə, *auch:* oraŋˈʒaːdə] (unter Verwendung von Orangensaft bereitetes Getränk); die Orangeaden

das **Oran|geat** [orãˈʒaːt, *auch:* oraŋˈʒaːt] (eingezuckerte Apfelsinenschalen); des Orangeats

der **Oran|gen|baum**

oran|ge[n]|far|ben *oder* **oran|ge[n]|far-big**

der **Oran|gen|saft**

der **Orang-Utan** (ein Menschenaffe); des Orang-Utans; die Orang-Utans

das **Or|ches|ter** [orˈkɛstɐ, *auch:* orˈçɛstɐ] (Musikkapelle); des Orchesters; die Orchester

die **Or|chi|dee** [ɔrçiˈdeːə] (eine exotische Zierpflanze); die Or|chi|de|en

der **Or|den;** des Ordens; die Orden

or|dent|lich; ein ordentliches (zuständiges) Gericht; ein ordentlicher (planmäßiger) Professor

die **Or|der** (Befehl; Bestellung); der Order; die Ordern *oder* Orders

or|dern (bestellen); du orderst; sie orderte; er hat geordert; order *oder* ordere schon mal das Essen!

die **Or|di|nal|zahl** (Ordnungszahl, zum Beispiel: erste, zweite, dritte)

or|di|när (gewöhnlich, gemein)

das **Or|di|na|ri|at** (zentrale Verwaltungsbehörde eines Bistums); des Ordinariats *oder* Or|di|na|ri|a|tes; die Or|di|na|ri|a-te

die **Or|di|na|te** (y-Achse); die Ordinaten

ord|nen; du ordnest; er hat seine Papiere geordnet; ordne sie!

der **Ord|ner;** des Ordners; die Ordner

die **Ord|nung;** Ordnung halten, machen

ord|nungs|ge|mäß

ord|nungs|hal|ber; ABER: der [guten] Ordnung halber

der **Ord|nungs|hü|ter** (Polizist)

ord|nungs|wid|rig

die **Ord|nungs|wid|rig|keit**

die **Ord|nungs|zahl**

das **Or|gan;** des Organs; die Or|ga|ne

die **Or|gan|bank;** die Or|gan|ban|ken

der **Or|gan|emp|fän|ger**

die **Or|gan|emp|fän|ge|rin**

die **Or|ga|ni|sa|ti|on** (Aufbau, planmäßige Gestaltung; Gruppe mit bestimmten Zielen)

das **Or|ga|ni|sa|ti|ons|ko|mi|tee**

das **Or|ga|ni|sa|ti|ons|ta|lent**

der **Or|ga|ni|sa|tor;** des Organisators; die Or|ga|ni|sa|to|ren

die **Or|ga|ni|sa|to|rin;** die Organisatorinnen

or|ga|ni|sa|to|risch

or|ga|nisch (belebt, lebendig; ein Organ betreffend); die organische Chemie

or|ga|ni|sie|ren; du organisierst; sie hat organisiert; organisiere *oder* organisiere ein Treffen!; sich organisieren; die Arbeiter haben sich organisiert

or|ga|ni|siert; die Klasse ist gut organisiert

der **Or|ga|nis|mus** (gegliedertes [lebendiges] Ganzes); des Organismus; die Organismen

der **Or|ga|nist;** des/dem/den Or|ga|nis|ten; die Or|ga|nis|ten

die **Or|ga|nis|tin;** die Organistinnen

der **Or|gan|spen|der**

die **Or|gan|spen|de|rin**

der **Or|gas|mus** (Höhepunkt der geschlechtlichen Erregung); des Orgasmus; die Orgasmen

die **Or|gel;** die Orgeln

die **Or|gel|mu|sik**

die **Or|gie** (ausschweifendes Fest); die Or|gi-en

der **Ori|ent** (die vorder- und mittelasiatischen Länder); des Orients; der Vordere Orient

ori|en|ta|lisch; orientalische Sprachen

sich **ori|en|tie|ren;** er hat sich orientiert; orientier *oder* orientiere dich!

die **Ori|en|tie|rung**

die **Ori|en|tie|rungs|hil|fe**

ori|en|tie|rungs|los

ori|gi|nal (ursprünglich, echt); der originale Text; original Lübecker Marzipan

das **Ori|gi|nal** (Urschrift, Urtext; Sonderling); des Originals; die Ori|gi|na|le

die **Ori|gi|nal|auf|nah|me**

die **Ori|gi|nal|fas|sung**

der **Ori|gi|nal|text**

originell – outsourcen

ori|gi|nell (einzigartig; sonderbar; komisch); eine originelle Idee

der **Or|kan** (Sturm); des Orkans *oder* Or|ka|nes; die Or|ka|ne

das **Or|na|ment** (Verzierung); des Ornaments *oder* Or|na|men|tes; die Or|na|men|te

or|na|men|tal

der, *auch:* das **Or|nat** (feierliche Amtstracht); des Ornats *oder* Or|na|tes; die Or|na|te

der **Ort;** des Orts *oder* Or|tes; die Or|te; an Ort und Stelle; allerorts

or|ten (die Position ermitteln); ich orte; er ortete; das U-Boot wurde in 83 m Tiefe geortet

or|tho|dox (recht-, strenggläubig)

die **Or|tho|gra|fie, Or|tho|gra|phie** (Rechtschreibung); die Or|tho|gra|fi|en *oder* Or|tho|gra|phi|en

or|tho|gra|fisch *oder* or|tho|gra|phisch; ein orthografischer *oder* orthographischer Fehler

der **Or|tho|pä|de** (Facharzt für Orthopädie); des/dem/den Orthopäden; die Orthopäden

die **Or|tho|pä|die** (Wissenschaft von den Haltungs- und Bewegungskrankheiten und ihrer Behandlung)

die **Or|tho|pä|din;** die Orthopädinnen

or|tho|pä|disch

ört|lich; die örtliche Betäubung

die **Orts|an|ga|be**

orts|an|säs|sig

die **Ort|schaft**

die **Orts|durch|fahrt**

orts|kun|dig

der **Orts|teil**

orts|üb|lich; ortsübliche Mieten

die **Orts|zeit**

der **Os|car** (volkstümlicher Name des wichtigsten amerikanischen Filmpreises, des Academy Award)

os|car|no|mi|niert; oscarnominierte Filme

die **Öse;** die Ösen

Os|lo (Hauptstadt Norwegens)

der **Os|si** (*umgangssprachlich für:* Einwohner der neuen Bundesländer; Ostdeutscher); des Ossis; die Ossis

die **Os|si** (*umgangssprachlich für:* Einwohnerin der neuen Bundesländer; Ostdeutsche); der Ossi; die Ossis

Ost (Himmelsrichtung); aus Ost und West

ost|deutsch

Ost|deutsch|land

der **Os|ten;** des Ostens; nach Osten; der Ferne, Nahe, Mittlere Osten

das **Os|ter|ei**

die **Os|ter|fe|ri|en** *Plural*

das **Os|ter|fest**

die **Os|ter|glo|cke**

der **Os|ter|ha|se**

ös|ter|lich

der **Os|ter|mon|tag**

das **Os|tern;** Ostern fällt früh; *landschaftlich auch Plural:* die *oder* diese Ostern fallen früh; fröhliche Ostern!

Ös|ter|reich

der **Ös|ter|rei|cher;** des Österreichers; die Österreicher

die **Ös|ter|rei|che|rin;** die Österreicherinnen

ös|ter|rei|chisch

die **Os|ter|wei|te|rung;** die Osterweiterung der NATO

Ost|eu|ro|pa

ost|eu|ro|pä|isch; osteuropäische Zeit (*Abkürzung:* OEZ)

öst|lich; östlich des Waldes

die **Ost|see**

die **Ost|see|in|sel**

ost|wärts; ostwärts ziehen, blicken

Ot|ta|wa (Hauptstadt Kanadas)

der **Ot|ter** (eine Marderart); des Otters; die Otter

die **Ot|ter** (eine Schlange); die Ottern

out [aut] (*umgangssprachlich für:* unzeitgemäß, unmodern)

ou|ten [ˈautn̩]; jemanden outen (jemandes Homosexualität o. Ä. ohne dessen Zustimmung öffentlich bekannt machen); sich outen; er hat sich geoutet; sie outete sich als Raucherin

das **Out|fit** [ˈautfɪt] (Kleidung; Ausrüstung); des Outfits; die Outfits

der, *auch:* das **Out|put** [ˈautpʊt] (*EDV:* Arbeitsergebnisse einer Datenverarbeitungsanlage, Ausgabe); des Outputs; die Outputs

der **Out|si|der** [ˈautsaidɐ] (Außenseiter); des Outsiders; die Outsider

die **Out|si|de|rin;** die Outsiderinnen

out|sour|cen [ˈautsɔːsn̩] (*Wirtschaft:*

347

Outsourcing – Pack

bestimmte, bisher in einem Unternehmen selbst erbrachte Arbeiten an eine externe Firma vergeben); die Firma sourct out; dieser Bereich wurde outgesourct

! Die gebeugten Formen von *outsourcen* klingen für viele Menschen merkwürdig oder unschön, weil hier ein englisches Wort nach deutschem Muster gebeugt wird. Es ist deshalb oft besser, eine Umschreibung mit deutschen Wörtern zu verwenden: »Immer mehr Arbeiten wurden nach außen/außerhalb vergeben.«

das **Out|sour|cing** [ˈaʊtsɔːsɪŋ, *auch:* ˈaʊtsoˑɐsɪŋ]; des Outsourcings

die **Ou|ver|tü|re** [uvɛrˈtyːrə] (Eröffnung; Vorspiel); die Ouvertüren

oval (eirund)

das **Oval;** des Ovals; die Ovale

die **Ova|ti|on** (begeisterter Beifall); der Ovation; die Ova|ti|o|nen

der **Ove|r|all** [ˈoʊvərɔːl] (Schutzanzug); des Overalls; die Overalls

der **Over|head|pro|jek|tor** [ˈoːvɐhɛtprojɛktoˑɐ] (Gerät, das [auf durchsichtigen Vorlagen befindliche] Bilder vergrößert auf eine Wand oder Leinwand wirft)

der **Oxer** (Hindernis beim Springreiten); des Oxers; die Oxer

das **Oxid** *oder* **Oxyd** (eine Sauerstoffverbindung); des Oxid[e]s *oder* Oxyd[e]s; die Oxi|de *oder* Oxy|de

die **Oxi|da|ti|on** *oder* **Oxy|da|ti|on;** die Oxi|da|ti|o|nen *oder* Oxy|da|ti|o|nen

oxi|die|ren *oder* **oxy|die|ren;** das Eisen oxidierte *oder* oxydierte; das Eisen ist *oder* hat oxidiert *oder* oxydiert

der **Oze|an;** des Ozeans; die Oze|a|ne; der große (endlose) Ozean; ABER: der Große (Pazifische) Ozean

der **Oze|an|damp|fer**

das **Ozon** (besondere Form des Sauerstoffs); des Ozons

der **Ozon|ge|halt**

das **Ozon|loch** (Loch in der Ozonschicht über der Antarktis)

die **Ozon|schicht** (Schicht der Atmosphäre, die gefährliche Strahlung filtert)

P

das **P** (Buchstabe); des P; die P; ABER: das p in hupen

paar, Paar

Das kleingeschriebene »paar« ist ein nicht deklinierbares Pronomen und hat die Bedeutung »einige wenige«:

– ein paar Leute
– mit ein paar Worten
– ein paar Euro
– ein paar Dutzend *oder* dutzend Mal; ↑Mal

Das großgeschriebene »Paar« ist dagegen ein deklinierbares Nomen und bezeichnet eine Zweiheit, also zwei zusammengehörige Wesen oder Dinge:

– ein glückliches Paar; ABER: das Pärchen *(Verkleinerungsform)*
– ein Paar Schuhe
– ein Paar neue Schuhe, *selten:* neuer Schuhe
– mit einem Paar wollenen Strümpfen *oder* wollener Strümpfe

paa|ren; sich paaren; die meisten Tiere paaren sich im Frühjahr; sie haben sich gepaart

der **Paar|hu|fer** (Huftier); des Paarhufers; die Paarhufer

paa|rig (paarweise vorhanden); paarig angeordnete Blätter

der **Paar|lauf** (beim Eissport)

die **Paa|rung**

paar|wei|se; paarweise antreten

die **Pacht**

pach|ten; du pachtest; er pachtete; er hat Land gepachtet; pacht *oder* pachte es!

der **Päch|ter;** des Pächters; die Pächter

die **Päch|te|rin;** die Pächterinnen

das **Pacht|land**

das **Pack** (*abwertend für:* Gesindel); des Packs *oder* Pa|ckes

der **Pack** (das Gepackte, das Bündel); des Packs *oder* Pa|ckes; die Pa|cke *oder* Packs; ein Pack alter Briefe

348

Päckchen – panieren

das **Päck|chen;** des Päckchens; die Päck-
chen; ↑ ABER: Paket

das **Pack|eis** (übereinandergeschobene Eis-
schollen)
pa|cken; du packst; er packte; sie hat
den Koffer gepackt; pack *oder* packe den
Koffer!; ↑ ABER: Paket

der **Pa|cken** (Bündel); des Packens; die
Packen; ein Packen Wäsche oder Bücher
pa|ckend (fesselnd, spannend); ein
packender Film

der **Pa|cker;** des Packers; die Packer

die **Pa|cke|rin;** die Packerinnen

das **Pack|pa|pier**

die **Pa|ckung**

das **Pad** [pεd] (kleines Läppchen); des Pads;
die Pads

der **Pä|d|a|go|ge** (Erzieher); des/dem/den
Pädagogen; die Pädagogen

die **Pä|d|a|go|gik** (Erziehungswissenschaft)

die **Pä|d|a|go|gin;** die Pädagoginnen
pä|d|a|go|gisch

das **Pad|del;** des Paddels; die Paddel

das **Pad|del|boot**
pad|deln; du paddelst; sie paddelte; sie
hat zwei Stunden lang gepaddelt; sie ist
ans Ufer gepaddelt; paddle *oder* paddele
langsamer!
paf|fen (*umgangssprachlich für:* rau-
chen); du paffst; er paffte; er hat gepafft;
paff *oder* paffe nicht!

der **Pa|ge** ['pa:ʒə] (livrierter [Hotel]diener);
des/dem/den Pagen; die Pagen

die **Pa|go|de** (buddhistischer Tempel)

das **Pa|ket;** des Pakets *oder* Pa|ke|tes; die
Pa|ke|te

> ! Achtung: Im Gegensatz zum Nomen
> *Päckchen* und dem dazugehörigen Verb
> *packen* wird das verwandte Nomen
> *Paket* nicht mit *ck,* sondern nur mit *k*
> geschrieben.

die **Pa|ket|kar|te**
Pa|ki|s|tan (Staat in Vorderasien)

der **Pa|ki|s|ta|ner;** des Pakistaners; die
Pakistaner

die **Pa|ki|s|ta|ne|rin;** die Pakistanerinnen

der **Pa|ki|s|ta|ni** (Pakistaner); des Pakistani
oder Pakistanis; die Pakistani *oder*
Pakistanis

die **Pa|ki|s|ta|ni** (Pakistanerin); die Pakis-
tani *oder* Pakistanis

pa|ki|s|ta|nisch

der **Pakt** (Vertrag); des Pakts *oder* Pak|tes;
die Pak|te
pak|tie|ren (eine Vereinbarung treffen
und einhalten); du paktierst; sie pak-
tierte; er hat mit der Gegenpartei pak-
tiert; paktier *oder* paktiere nicht mit
dem Gegner!

das **Pa|lais** [pa'lε:] (Palast, Schloss); des
Palais; die Palais [pa'lε:s]

der **Pa|last;** des Palasts *oder* Pa|las|tes; die
Pa|läs|te
Pa|läs|ti|na (Gebiet zwischen Mittel-
meer und Jordan)

der **Pa|läs|ti|nen|ser;** des Palästinensers; die
Palästinenser

die **Pa|läs|ti|nen|se|rin;** die Palästinenserin-
nen
pa|läs|ti|nen|sisch

das **Pa|la|ver** (*umgangssprachlich für:* endlo-
ses Reden und Verhandeln); des Pala-
vers; die Palaver
pa|la|vern; sie haben lange palavert

die **Pa|let|te** (Mischform für Farben; Viel-
falt; flacher Untersatz für das Transpor-
tieren und Stapeln von Gütern mit dem
Gabelstapler)

die **Pa|li|sa|de** (aus Pfählen bestehendes
Hindernis); die Palisaden

der **Pa|li|san|der** (ein Edelholz); des Palisan-
ders; die Palisander

die **Pal|me**

das **Palm|öl**

der **Palm|sonn|tag**

die **Pam|pa** (baumlose Grassteppe in Süd-
amerika); die Pampas *meist Plural*

die **Pam|pel|mu|se** (eine Zitrusfrucht)
pam|pig (*umgangssprachlich für:* frech,
patzig); werd bloß nicht pampig!
Pan (griechischer Hirten-, Waldgott)
Pa|na|ma (Staat in Mittelamerika; des-
sen Hauptstadt)

der **Pa|na|ma|er;** des Panamaers; die Pana-
maer

die **Pa|na|ma|e|rin;** die Panamaerinnen
pa|na|ma|isch

der **Pa|na|ma|ka|nal** *oder* **Pa|na|ma-Ka|nal**

der **Pan|da** (Bambusbär); des Pandas; die
Pandas

die **Pan|flö|te, Pans|flö|te** (Hirtenflöte)
pa|nie|ren (in Ei und Semmelbröseln
wenden); du panierst; er panierte; sie hat

349

Paniermehl – Paraffin

das Schnitzel paniert; panier *oder* paniere es!

das **Pa|nier|mehl**

die **Pa|nik** (plötzlich entstehende unkontrollierbare Angst); die Pa|ni|ken

die **Pa|nik|ma|che** *(abwertend)*

die **Pa|nik|stim|mung**
pa|nisch (lähmend); panischer Schrecken

die **Pan|ne** (Unfall, Missgeschick)

der **Pan|nen|dienst**

das **Pa|n|o|ra|ma** (Rundblick); des Panoramas; die Panoramen

das **Pa|n|o|ra|ma|fens|ter**
pan|schen *oder* **pant|schen** (mischen; verfälschen; planschen); du panschst *oder* pantschst; sie panschte *oder* pantschte; er hat den Wein gepanscht *oder* gepantscht; pansche *oder* pantsche nicht!

der **Pan|sen** (erster Magen der Wiederkäuer); des Pansens; die Pansen

der **Pan|ther** *oder* **Pan|ter**; des Panthers *oder* Panters; die Panther *oder* Panter

die **Pan|ti|ne** *(norddeutsch für:* Holzschuh); die Pantinen

der **Pan|tof|fel**; des Pantoffels; die Pantoffeln

das **Pan|tof|fel|tier|chen** *(Biologie)*

der **Pan|to|mi|me** (Darsteller einer Pantomime); des/dem/den Pantomimen; die Pantomimen

die **Pan|to|mi|me** (stummes Gebärdenspiel)

die **Pan|to|mi|min**; die Pantomiminnen
pan|to|mi|misch
pant|schen *vergleiche:* **pan|schen**

der **Pan|zer**; des Panzers; die Panzer
pan|zern; er panzerte; er hat das Boot gepanzert

der **Pan|zer|schrank**

der **Pa|pa**; des Papas; die Papas

der **Pa|pa|gei**; des Papageis *oder* Papageien; die Papageien

die **Pa|pa|gei|en|krank|heit** (eine Infektionskrankheit)

das **Pa|pier** [ˈpeɪpɐ] (Schriftstück; schriftliche Unterlage); des Papers; die Papers

das **Pa|per|back** [ˈpeːpɐbɛk] (kartoniertes Buch); des Paperbacks; die Paperbacks

das **Pa|pier**; des Papiers; die Pa|pie|re; die Papier verarbeitende *oder* papierverarbeitende Industrie

die **Pa|pier|fa|b|rik**

das **Pa|pier|geld**

der **Pa|pier|korb**
pa|pier|ver|ar|bei|tend *vergleiche:* **Papier**

der **Papp|be|cher**

der **Papp|de|ckel** *oder* **Pap|pen|de|ckel**; die Pappdeckel *oder* Pappendeckel

die **Pap|pe**

die **Pap|pel** (ein Laubbaum); die Pappeln

die **Pap|pel|al|lee**
pap|pen *(umgangssprachlich für:* kleben); der Schnee pappte; sie hat den Aufkleber an die Scheibe gepappt

der **Papp|kar|ton**

das **Papp|ma|schee** *oder* **Papp|ma|ché** (Masse aus eingeweichtem Altpapier)

das **Papp|pla|kat** *oder* **Papp-Pla|kat**
papp|satt *(umgangssprachlich für:* sehr satt)

der **Pa|p|ri|ka** (ein Gewürz; ein Gemüse); des Paprikas; die Paprika *oder* Paprikas

der **Papst**; des Papsts *oder* Paps|tes; die Päps|te
päpst|lich

der **Papst|na|me**

das **Papst|tum**

die **Papst|wahl**
Pa|pua-Neu|gui|nea [...giˈneːa] (Staat auf Neuguinea)

der **Pa|py|rus** (Papierstaude; im Altertum verwendetes Schreibmaterial); des Papyrus; die Papyri

die **Pa|ra|bel** (Gleichnis; Kegelschnittkurve)

die **Pa|ra|bol|an|ten|ne** (kreisförmige, nach innen gewölbte Antenne)

die **Pa|ra|de** (Truppenschau; Abwehr)

das **Pa|ra|de|bei|spiel**

das **Pa|ra|dies;** des Pa|ra|die|ses; die Pa|ra|die|se

der **Pa|ra|dies|ap|fel** *(landschaftlich für:* Tomate)
pa|ra|die|sisch

der **Pa|ra|dies|vo|gel** (Singvogel mit prächtigem, buntem Gefieder)
pa|ra|dox (widersinnig; sonderbar); pa|ra|do|xer; am pa|ra|do|xes|ten

das **Pa|ra|dox;** des Pa|ra|do|xes; die Pa|ra|do|xe
pa|ra|do|xer|wei|se

das **Pa|r|af|fin** (wachsähnlicher Stoff); des Paraffins; die Pa|r|af|fi|ne

Paragleiter – Parteiführung

der **Pa|ra|glei|ter** *oder* **Pa|ra|gli|der**
[...glaidɐ] (Gleitschirm[flieger]); des
Paragleiters *oder* Paragliders; die Para-
gleiter *oder* Paraglider

der **Pa|ra|graf** *oder* **Pa|ra|graph** (Absatz,
Abschnitt; *Zeichen:* §); des/dem/den Pa-
ra|gra|fen *oder* Pa|ra|gra|phen; die Pa|ra-
gra|fen *oder* Pa|ra|gra|phen

Pa|ra|gu|ay (Staat in Südamerika)

der **Pa|ra|gu|a|yer;** des Paraguayers; die
Paraguayer

die **Pa|ra|gu|a|ye|rin;** die Paraguayerinnen

pa|ra|gu|a|yisch

pa|r|al|lel (gleichlaufend); mit etwas par-
allel laufen; parallel laufende *oder* paral-
lellaufende Geraden; zwei Systeme parallel schalten

die **Pa|r|al|le|le;** der Parallele; die Parallelen;
mehrere, vier Parallele *oder* Parallelen

pa|r|al|lel|lau|fend *vergleiche:* pa|r|al|lel

die **Pa|r|al|lel|li|nie**

das **Pa|r|al|le|lo|gramm** (*Mathematik:* Vier-
eck mit paarweise parallelen Seiten)

die **Pa|r|al|lel|schal|tung**

der **Pa|ra|me|ter** (*Mathematik, Wirtschaft:*
kennzeichnende Größe); des Parameters;
die Parameter

pa|ra|mi|li|tä|risch (militärähnlich)

die **Pa|ra|nuss**

der **Pa|ra|nuss|baum**

der **Pa|ra|sit** (Schmarotzer); des/dem/den
Pa|ra|si|ten; die Pa|ra|si|ten

pa|ra|si|tär

pa|rat (bereit); der Stift liegt parat

das **Pär|chen;** des Pärchens; die Pärchen

der **Par|cours** [par'kuːɐ̯] (Hindernisbahn;
Rennstrecke); des Parcours; die Parcours

das **Par|fum** [par'fœː] *oder* **Par|füm;** des
Parfums *oder* Parfüms; die Parfums *oder*
Par|fü|me *oder* Parfüms

die **Par|fü|me|rie** (Geschäft; Betrieb zur
Herstellung von Parfüm); die Par|fü|me-
ri|en

die **Par|fum|fla|sche** *oder* **Par|füm|fla|sche**

sich **par|fü|mie|ren;** sie parfümierte sich; sie
hat sich parfümiert; parfümier *oder* par-
fümie dich nicht so stark!

pa|rie|ren (abwehren; gehorchen); du
parierst; er parierte; er hat pariert; parier
oder pariere endlich!

Pa|ris (Hauptstadt Frankreichs)

der **Pa|ri|ser** (*umgangssprachlich für:* Kon-
dom; ein Verhütungsmittel); des Pari-
sers; die Pariser

die **Pa|ri|tät** (Gleichstellung; Gleichberechti-
gung); die Pa|ri|tä|ten

pa|ri|tä|tisch; paritätische Finanzierung

der **Park;** des Parks; die Parks, *seltener:* die
Par|ke

der *oder* die **Par|ka** (knielanger Anorak); des
Parkas *oder* Parka; die Parkas

par|ken; du parkst; er parkte; sie hat
den Wagen geparkt; park *oder* parke den
Wagen dort!

das **Par|kett** (getäfelter Fußboden; vorderer
Teil des Zuschauerraumes); des Parketts
oder Par|ket|tes; die Par|ket|te *oder* Par-
ketts

der **Par|kett|bo|den**

das **Park|haus**

die **Park|lü|cke**

der **Park|platz**

die **Park|uhr**

das **Park|ver|bot**

das **Par|la|ment** (Volksvertretung); des Par-
laments *oder* Par|la|men|tes; die Par|la-
men|te

der **Par|la|men|ta|ri|er** (Abgeordneter, Mit-
glied eines Parlamentes); des Parlamen-
tariers; die Parlamentarier

die **Par|la|men|ta|ri|e|rin;** die Parlamenta-
rierinnen

par|la|men|ta|risch; die parlamentari-
sche Anfrage; der parlamentarische
Staatssekretär; ABER: der Parlamentarische Rat (Versammlung, die 1948/49 das
Grundgesetz ausarbeitete)

der **Par|la|ments|be|schluss**

das **Par|la|ments|mit|glied**

die **Par|la|ments|wahl** *meist Plural*

die **Pa|r|o|die** (komische Umbildung ernster
Dichtung; scherzhafte Nachahmung);
die Pa|r|o|di|en

pa|r|o|dis|tisch

die **Pa|ro|le** (Losung; Kennwort)

das **Pa|ro|li;** *nur in:* jemandem Paroli bieten
(jemandem Widerstand bieten)

der **Part** (Anteil; Stimme eines Instrumen-
tal- oder Gesangstücks); des Parts; die
Parts; das ist mein Part

die **Par|tei**

der **Par|tei|chef**

die **Par|tei|che|fin;** die Parteichefinnen

die **Par|tei|füh|rung**

351

parteiisch – Passkontrolle

par|tei|isch (parteiische Entscheidungen)

der **Par|tei|kon|gress**

par|tei|los (parteilose Abgeordnete)

das **Par|tei|mit|glied**

par|tei|po|li|tisch

die **Par|tei|spit|ze**

der **Par|tei|tag**

par|tei|über|grei|fend

der **Par|tei|vor|stand**

par|terre [par'tɛr] (zu ebener Erde); parterre wohnen; ABER: das **Par|ter|re** (Erdgeschoss); des Parterres; die Parterres; die Wohnung liegt im Parterre

die **Par|ter|re|woh|nung**

die **Par|tie** (Abschnitt, Teil; Spiel, Runde; Gesangsrolle); die Par|ti|en; eine gute Partie machen (reich heiraten)

par|ti|ell (teilweise); eine partielle Sonnenfinsternis

die **Par|ti|kel** (nicht flektierbares Wort, zum Beispiel »dort, in, und«); die Partikeln

der, *fachsprachlich auch:* das **Par|ti|kel|fil|ter** (*Kfz-Technik*)

der **Par|ti|san** (bewaffneter Widerstandskämpfer); des Partisans *oder* Par|ti|sa|nen; die Par|ti|sa|nen

die **Par|ti|sa|nin;** die Partisaninnen

die **Par|ti|tur** (Zusammenstellung aller zu einem Musikstück gehörenden Stimmen); die Par|ti|tu|ren

das **Par|ti|zip** (Mittelwort); des Partizips; die Par|ti|zi|pi|en

der **Par|ti|zi|pi|al|satz** (satzwertiges Partizip)

der **Part|ner;** des Partners; die Partner

die **Part|ne|rin;** die Partnerinnen

die **Part|ner|schaft**

part|ner|schaft|lich

die **Part|ner|stadt**

par|tout [par'tu:] (*umgangssprachlich für:* durchaus; um jeden Preis); sie wollte partout in Berlin studieren

die **Par|ty** ['pa:ɐ̯ti] (zwangloses Fest); die Partys

der **Par|ty|ser|vice**

die **Par|zel|le** (vermessenes Grundstück); die Parzellen

das **Pas|cal** (Einheit des Drucks; *Zeichen:* Pa); des Pascals; die Pascal; 90 Pascal

der **Pasch** (Wurf mit gleicher Augenzahl auf mehreren Würfeln); des Paschs; die Pasche *oder* Pä|sche

der **Pa|scha** (*umgangssprachlich für:* Mann, der sich [von Frauen] bedienen lässt); des Paschas; die Paschas

der **Pass;** des Pas|ses; die Päs|se

pas|sa|bel (annehmbar); eine passa|b|le Note

die **Pas|sa|ge** [pa'sa:ʒə] (Durchfahrt, Durchgang; Überfahrt; Textstück; schnelle Tonfolge in einem Musikstück); die Passagen

der **Pas|sa|gier** [pasa'ʒi:ɐ̯] (Fahrgast); des Passagiers; die Pas|sa|gie|re; der blinde Passagier (jemand, der heimlich und ohne Fahrkarte an Bord eines Flugzeugs oder Schiffes mitreist)

das **Pas|sa|gier|flug|zeug**

die **Pas|sa|gie|rin;** die Passagierinnen

der **Pas|sant** (Fußgänger); des/dem/den Pas|san|ten; die Pas|san|ten

die **Pas|san|tin;** die Passantinnen

der **Pas|sat** (Tropenwind); des Passats *oder* Pas|sa|tes; die Pas|sa|te

das **Pass|bild**

pas|sé *oder* **pas|see** (vorbei); das ist passé *oder* passee

pas|sen; du passt zu ihm; das Kleid passte; das Kleid hat gepasst

pas|send; ein passender Anzug; ABER: etwas Passendes

das **Passe|par|tout** [paspar'tu:] (Umrahmung für Bilder); des Passepartouts; die Passepartouts

das **Pass|fo|to**

pas|sier|bar (überschreitbar); die Brücke ist nicht passierbar

pas|sie|ren (vorübergehen, -fahren); das Schiff passierte den Leuchtturm; sie hat die Grenze passiert

der **Pas|sier|schein**

die **Pas|si|on** (Leiden; Leidenschaft)

pas|si|o|niert (leidenschaftlich)

pas|siv (leidend; untätig); er verhält sich passiv; das passive Wahlrecht (das Recht, gewählt zu werden)

das **Pas|siv** (*Sprachwissenschaft:* die Leideform); des Passivs; die Pas|si|ve *Plural selten*

die **Pas|si|vi|tät** (passives Verhalten)

die **Pass|kon|t|rol|le**

Passwort – pausieren

das **Pass|wort** (*EDV:* Kennwort); die Pass-
wör|ter

die **Pas|te**

die **Pas|tell|far|be**

die **Pas|te|te**

pas|teu|ri|sie|ren [pastøri'zi:rən] (durch
Erhitzen keimfrei und haltbar machen);
pasteurisierte Milch

die **Pas|til|le** (Kügelchen, Pille); die Pastillen

der **Pas|tor** [*auch:* pas'to:ɐ̯] (Geistlicher);
des Pastors; die Pas|to|ren

die **Pas|to|rin;** die Pastorinnen

der **Pa|te** (Taufzeuge); des/dem/den Paten;
die Paten

das **Pa|ten|kind**

die **Pa|ten|schaft**

pa|tent (geschickt, praktisch); pa|ten-
ter; am pa|ten|tes|ten

das **Pa|tent** (rechtlicher Schutz für eine
Erfindung; rechtlich geschützte Erfin-
dung); des Patents *oder* Pa|ten|tes; die
Pa|ten|te

das **Pa|tent|amt**

pa|tent|ge|schützt; patentgeschützte
Arzneien

pa|ten|tie|ren; er hat sich die Erfindung
patentieren lassen; ein patentiertes Verfahren

der **Pa|ter** (katholischer Ordensgeistlicher);
des Paters; die Pa|t|res

pa|the|tisch (voller Pathos; übertrieben
feierlich); ein pathetischer Auftritt

pa|tho|lo|gisch (krankhaft)

das **Pa|thos** ([übertriebener] Ausdruck feier-
licher Ergriffenheit); des Pathos

der **Pa|ti|ent** (Kranker in ärztlicher Behand-
lung); des/dem/den Pa|ti|en|ten; die Pa-
ti|en|ten

die **Pa|ti|en|tin;** die Patientinnen

die **Pa|tin;** die Patinnen

der **Pa|t|ri|arch** (Erzvater; Bischofstitel);
des/dem/den Pa|t|ri|ar|chen; die Pa|t|ri-
ar|chen

der **Pa|t|ri|ot** (jemand, der vaterländisch
gesinnt ist); des/dem/den Pa|t|ri|o|ten;
die Pa|t|ri|o|ten

die **Pa|t|ri|o|tin;** die Patriotinnen

pa|t|ri|o|tisch

der **Pa|t|ri|o|tis|mus;** des Patriotismus

der **Pa|t|ri|zi|er** (vornehmer Bürger [beson-
ders im Mittelalter]); des Patriziers; die
Patrizier

die **Pa|t|ri|zi|e|rin;** die Patrizierinnen

der **Pa|t|ron** (Schutzherr); des Patrons; die
Pa|t|ro|ne

die **Pa|t|ro|ne** (die Geschosshülse); die
Patronen

die **Pa|t|ro|nen|hül|se**

die **Pa|t|ro|nin;** die Patroninnen

die **Pa|t|rouil|le** [pa'trʊljə] (Spähtrupp,
Streife); die Patrouillen

pa|t|rouil|lie|ren (als Wache auf und ab
gehen; auf Patrouille gehen oder fahren);
sie patrouillierten; Soldaten sind durch
die Straßen patrouilliert

pat|schen; du patschst; sie patschte; er
ist durch die Pfütze gepatscht; patsch
oder patsche nicht durch die Pfütze!

patsch|nass (sehr nass)

patt (*Schach:* unfähig, noch einen Zug
zu machen; unentschieden); patt sein

das **Patt;** des Patts; die Patts; ein militärisches Patt

pat|zen (*umgangssprachlich für:* einen
Fehler machen); du patzt; sie patzte; er
hat bei der Prüfung gepatzt

der **Pat|zer;** des Patzers; die Patzer

pat|zig (*umgangssprachlich für:* frech);
patzige Antworten

die **Pau|ke;** er haute auf die Pauke (er war
ausgelassen)

pau|ken (*umgangssprachlich für:* ange-
strengt lernen); sie paukte; er hat Vokabeln gepaukt

der **Pau|ker** (*Schülersprache:* Lehrer); des
Paukers; die Pauker

die **Pau|ke|rin;** die Paukerinnen

die **Paus|ba|cken** (dicke Wangen)

paus|ba|ckig *oder* **paus|bä|ckig**

pau|schal (alles zusammen, rund); die
Kosten wurden pauschal abgerechnet

die **Pau|scha|le** (Gesamtbetrag; geschätzte
Summe); die Pauschalen

der **Pau|schal|preis**

das **Pau|schal|ur|teil**

die **Pau|se** (Ruhezeit); die große Pause (in
der Schule, im Theater)

die **Pau|se** (mit Pauspapier hergestellte
Kopie)

pau|sen; ich pause; du paust; er pauste;
er hat den Plan gepaust

das **Pau|sen|brot**

pau|sen|los

pau|sie|ren (eine Pause einlegen); du

353

Pauspapier – Penner

pausierst; sie pausierte; er hat zwei Jahre
pausiert

das **Paus|pa|pier**

der **Pa|vi|an** (ein Affe); des Pavians; die Pa-
vi|a|ne

der **Pa|vil|lon** [ˈpaviljõ] (kleiner, frei stehen-
der, meist runder Bau; Ausstellungsge-
bäude); des Pavillons; die Pavillons

das **Pay-TV** [ˈpeɪtiːviː] (nur gegen Gebühr zu
empfangendes Privatfernsehen); des
Pay-TV *oder* Pay-TVs

der **Pa|zi|fik** (der Große, Stille Ozean); des
Pazifiks
pa|zi|fisch; pazifische Inseln; ABER: der
Pazifische (Große, Stille) Ozean

der **Pa|zi|fis|mus** (Ablehnung des Krieges
aus religiösen oder ethischen Gründen);
des Pazifismus

der **Pa|zi|fist** (jemand, der für absoluten
Verzicht auf Krieg, Rüstung und Militär
eintritt); des/dem/den Pa|zi|fis|ten; die
Pa|zi|fis|ten

die **Pa|zi|fis|tin**; die Pazifistinnen
pa|zi|fis|tisch

der **PC**; des PC *oder* PCs; die PC *oder* PCs

die **PC** [peːˈtseː, *auch:* piːˈsiː] (Political Cor-
rectness); der PC

die **PDS** = Partei des Demokratischen
Sozialismus

das **Pech**; des Pechs, *seltener:* Pe|ches
pech|schwarz

die **Pech|sträh|ne**

der **Pech|vo|gel**

das **Pe|dal**; des Pedals; die Pe|da|le

der **Pe|dant** (übertrieben genauer, kleinli-
cher Mensch); des/dem/den Pe|dan|ten;
die Pe|dan|ten

die **Pe|dan|te|rie**; die Pe|dan|te|ri|en

die **Pe|dan|tin**; die Pedantinnen
pe|dan|tisch

die **Pe|di|kü|re** (Fußpflege; Fußpflegerin)

der **Pe|gel** (Wasserstandsmesser); des
Pegels; die Pegel

der **Pe|gel|stand**
pei|len (die Richtung feststellen); du
peilst; sie peilte; er hat gepeilt; peile die
Lage!

die **Pei|lung**

die **Pein** (Schmerz, Qual)
pei|ni|gen; sie peinigte; sie hat ihn
gepeinigt; peinige sie nicht!

der **Pei|ni|ger**; des Peinigers; die Peiniger

die **Pei|ni|ge|rin**; die Peinigerinnen

die **Pei|ni|gung**
pein|lich

die **Pein|lich|keit**

die **Peit|sche**
peit|schen; der Regen peitschte; der
Regen hat die Bäume gepeitscht

der **Peit|schen|hieb**
Pe|king (Hauptstadt Chinas)

der **Pe|li|kan** (ein Vogel mit sehr langem
Schnabel); des Pelikans; die Pe|li|ka|ne

die **Pel|le**; jemandem auf die Pelle rücken
(*umgangssprachlich für:* jemandem energisch zusetzen); jemandem auf der Pelle
sitzen (*umgangssprachlich für:* jemandem lästig sein)
pel|len (schälen); du pellst; er pellte; sie
hat die Kartoffeln gepellt; pelle sie!

die **Pell|kar|tof|fel**

der **Pelz**; des Pel|zes; die Pel|ze; jemandem
auf den Pelz rücken (*umgangssprachlich
für:* jemanden drängen)
pel|zig; pelzige Blätter

das **Pendant** [pãˈdã] (Gegenstück); des Pen-
dants; die Pendants; das Pendant zum
Roten Kreuz in der Türkei ist der Rote
Halbmond

das **Pen|del**; des Pendels; die Pendel
pen|deln; du pendelst; sie pendelte; sie
hat an einem Seil gependelt; sie ist zwischen Mannheim und Worms gependelt
(hin- und hergefahren)

der **Pen|del|ver|kehr**

der **Pend|ler**; des Pendlers; die Pendler

die **Pend|le|rin**; die Pendlerinnen

der **Pend|ler|zug**
pe|ne|t|rant (durchdringend; aufdring-
lich)

die **Pe|ne|t|ranz**
pe|ni|bel (sehr genau); pe|ni|b|ler; am
pe|ni|bels|ten

das **Pe|ni|cil|lin** *vergleiche:* **Pe|ni|zil|lin**

der **Pe|nis** (männliches Glied); des Penis; die
Penisse *oder* Penes

das **Pe|ni|zil|lin**, *fachsprachlich:* **Pe|ni|cil|lin**
(ein Antibiotikum); des Penizillins, *fach-
sprachlich:* Penicillins; die Pe|ni|zil|li|ne,
fachsprachlich: Pe|ni|cil|li|ne

die **Pen|ne** (*umgangssprachlich für:* Schule)
pen|nen (*umgangssprachlich für:* schla-
fen); er pennte; er hat gepennt

der **Pen|ner** (*umgangssprachlich für:* Stadt-,

Pennerin – personell

Landstreicher; *auch:* Schimpfwort); des Penners; die Penner

die **Pen|ne|rin;** die Pennerinnen

der **Pen|ny** (englische Münze; Untereinheit des britischen Pfunds); des Pennys; die Pennys

die **Pen|si|on** [pã'zi̯oːn, *auch:* pɛnˈzi̯oːn] (Ruhestand; Ruhegehalt; kleineres Hotel; Fremdenheim)

der **Pen|si|o|när;** des Pensionärs; die Pen|si|o|nä|re

die **Pen|si|o|nä|rin;** die Pensionärinnen

pen|si|o|nie|ren; sie pensionierte ihn; er hat sie pensioniert; er ist schon lange pensioniert

pen|si|o|niert (im Ruhestand); ein pensionierter Beamter

die **Pen|si|o|nie|rung**

das **Pen|sum** (zugeteilte Arbeit; Lehrstoff); des Pensums; die Pensen *oder* Pensa

das **Pen|ta|gon** (Fünfeck); des Pentagons; die Pen|ta|go|ne

das **Pen|ta|gon** (das auf einem fünfeckigen Grundriss errichtete amerikanische Verteidigungsministerium); des Pentagons

die **Pe|pe|ro|ni** (scharfe, kleine Paprikaschote); die Peperoni *meist Plural*

per (durch, mit, gegen; für); per Gesetz; per Bahn reisen; etwas per Post schicken; mit jemandem per Du *oder* du sein (jemanden duzen)

per|fekt (vollkommen; abgemacht); eine perfekte Planung; der Vertrag ist perfekt

das **Per|fekt** (*Sprachwissenschaft:* vollendete Gegenwart, Vorgegenwart); des Perfekts; die Per|fek|te *Plural selten*

die **Per|fek|ti|on** (Vollendung, Vollkommenheit)

der **Per|fek|ti|o|nis|mus** ([übertriebenes] Streben nach Vollkommenheit); des Perfektionismus

per|fek|ti|o|nis|tisch

per|fid *oder* **per|fi|de** (hinterhältig, gemein); ein perfider Plan

die **Per|fo|ra|ti|on** (Durchbohrung; Loch; Reißlinie); die Per|fo|ra|ti|o|nen

per|fo|rie|ren (durchbohren, durchlöchern); ich perforiere; er perforierte; perforierte Blätter

die **Per|for|mance** [pɛrˈfɔːməns] (Veranstaltung, bei der durch Aktionen, ähnlich wie beim Happening, ein künstlerisches

Erlebnis vermittelt werden soll); der Performance; die Per|for|man|ces

per|for|men [pɛrˈfɔːmən] (*umgangssprachlich für:* darbieten, präsentieren; etwas vorführen); ich performe; du performst; sie performte; die Musikgruppe hat live performt

das **Per|ga|ment** (bearbeitete Tierhaut; alte Handschrift); des Pergaments *oder* Perga|men|tes; die Per|ga|men|te

die **Pe|ri|o|de** (Zeitraum; sich fortlaufend wiederholende Ziffer oder Zifferngruppe einer Dezimalzahl)

das **Pe|ri|o|den|sys|tem** (*Chemie*)

pe|ri|o|disch; in periodischen Abständen

pe|ri|pher (am Rande)

die **Pe|ri|phe|rie** (Begrenzungslinie; Randgebiet); die Pe|ri|phe|ri|en

die **Per|le**

die **Per|len|ket|te**

die *oder* das **Perl|mut|ter,** *auch:* das **Perlmutt;** der Perlmutter *oder* des Perlmutters, *auch:* des Perlmutts

das **Per|lon** (*Markenbezeichnung:* eine synthetische Textilfaser); des Perlons

per|ma|nent (dauernd, ständig); permanentes Schnarchen

die **Per|ma|nenz;** in Permanenz

per|plex (*umgangssprachlich für:* verwirrt, verblüfft; bestürzt)

der **Per|ser;** des Persers; die Perser

die **Per|se|rin;** die Perserinnen

der **Per|ser|tep|pich**

Per|si|en (ältere Bezeichnung für Iran)

per|sisch

die **Per|son;** die Per|so|nen

das **Per|so|nal;** des Personals

der **Per|so|nal|ab|bau;** des Personalabbaus *oder* Personalabbaues

der **Per|so|nal|aus|weis**

der **Per|so|nal Com|pu|ter** [ˈpøːɐ̯sənəl kɔmˈpjuːtɐ] (*Abkürzung:* PC)

die **Per|so|na|lie** (Information oder Einzelheit zu einer Person); der Personalie; die Per|so|na|li|en

die **Per|so|na|li|en** *Plural*

die **Per|so|nal|kos|ten** (*Wirtschaft*) *Plural*

das **Per|so|nal|pro|no|men** (persönliches Fürwort)

per|so|nell (das Personal betreffend); personelle Veränderungen

355

Personenkraftwagen – Pferdeschwanz

der **Per|so|nen|kraft|wa|gen** (*Abkürzung:* Pkw *oder* PKW)

der **Per|so|nen|kreis**

der **Per|so|nen|ver|kehr**

der **Per|so|nen|wa|gen**

der **Per|so|nen|zug**

per|sön|lich; persönliches Fürwort

die **Per|sön|lich|keit**

die **Per|s|pek|ti|ve** (Form der ebenen Darstellung, die den Eindruck des Räumlichen hervorruft; Sicht, Blickwinkel; Aussicht für die Zukunft); die Perspektiven

Pe|ru (Staat in Südamerika)

der **Pe|ru|a|ner;** des Peruaners; die Peruaner

die **Pe|ru|a|ne|rin;** die Peruanerinnen

pe|ru|a|nisch

die **Pe|rü|cke** (Haarersatz)

per|vers (abartig, krankhaft; absurd)

die **Per|ver|si|tät**

pe|sen (*umgangssprachlich für:* eilen, rennen); du pest; sie peste; sie ist um die Ecke gepest; pese nicht!

der **Pes|si|mis|mus** (Schwarzseherei); des Pessimismus

der **Pes|si|mist** (jemand, der alles von der schlechten Seite betrachtet); des/dem/ den Pes|si|mis|ten; die Pes|si|mis|ten

die **Pes|si|mis|tin;** die Pessimistinnen

pes|si|mis|tisch

die **Pest**

die **Pest|beu|le**

das **Pes|ti|zid** (Schädlingsbekämpfungsmittel); des Pestizids; die Pes|ti|zi|de

die **Pe|ter|si|lie**

die **Pe|ti|ti|on** (Gesuch); die Pe|ti|ti|o|nen

das **Pe|t|ro|le|um;** des Petroleums

das **Pet|ting** (Liebesspiel ohne Geschlechtsverkehr); des Petting *oder* des Pettings; die Pettings

pet|zen (*umgangssprachlich für:* verraten; zwicken); du petzt; er petzte; sie hat gepetzt; petz *oder* petze nicht!

Pf. = Pfennig

der **Pfad;** des Pfads *oder* Pfa|des; die Pfa|de; *Verkleinerungsform:* das Pfädchen

der **Pfad|fin|der;** des Pfadfinders; die Pfadfinder

die **Pfad|fin|de|rin;** die Pfadfinderinnen

der **Pfahl;** des Pfahls *oder* Pfah|les; die Pfäh|le

der **Pfahl|bau;** die Pfahlbauten

die **Pfalz**

der **Pfäl|zer;** des Pfälzers; die Pfälzer

die **Pfäl|ze|rin;** die Pfälzerinnen

pfäl|zisch

das **Pfand;** des Pfands *oder* Pfan|des; die Pfän|der

pfän|den; du pfändest; er pfändete; er hat den Schrank gepfändet

das **Pfän|der|spiel**

die **Pfand|fla|sche**

das **Pfand|geld**

die **Pfand|pflicht**

die **Pfan|ne**

der **Pfann|ku|chen**

die **Pfar|rei**

der **Pfar|rer;** des Pfarrers; die Pfarrer

die **Pfar|re|rin;** die Pfarrerinnen

das **Pfarr|haus**

der **Pfau;** des Pfaus *oder* Pfaues; die Pfauen

die **Pfau|en|fe|der**

Pfd. = Pfund

der **Pfef|fer;** des Pfeffers; die Pfeffer; Pfeffer und Salz; schwarzer, *fachsprachlich:* Schwarzer Pfeffer

der **Pfef|fer|ku|chen**

das **Pfef|fer|minz** (ein Plätzchen); des Pfef|fer|min|zes; die Pfef|fer|min|ze

die **Pfef|fer|min|ze** (eine Heil- und Gewürzpflanze)

der **Pfef|fer|minz|tee**

die **Pfef|fer|müh|le**

pfef|fern; du pfefferst; er pfefferte; sie hat das Fleisch gepfeffert; pfeffere das Essen nicht so stark!

die **Pfei|fe**

pfei|fen; du pfeifst; sie pfeift; er pfiff; sie hat gepfiffen; pfeif *oder* pfeife nicht!

der **Pfeil;** des Pfeils *oder* Pfei|les; die Pfei|le

der **Pfei|ler;** des Pfeilers; die Pfeiler

pfeil|ge|ra|de

pfeil|schnell (ein pfeilschnelles Auto)

der **Pfen|nig** (frühere deutsche Währung); des Pfennigs; die Pfen|ni|ge; ABER: das kostete damals 20 Pfennig

das **Pfen|nig|stück**

der **Pferch** (eingezäuntes Feldstück für Tiere); des Pferchs *oder* Pfer|ches; die Pfer|che

das **Pferd;** des Pferds *oder* Pfer|des; die Pferde; zu Pferde

das **Pfer|de|ge|biss**

der **Pfer|de|schwanz**

356

Pferdestärke – phantastisch

die **Pfer|de|stär|ke** (veraltete Maßeinheit; *Abkürzung:* PS)

der **Pferd|sprung** (beim Turnen)

der **Pfiff;** des Pfiffs *oder* Pfif|fes; die Pfif|fe

der **Pfif|fer|ling** (ein Pilz); des Pfifferlings; die Pfif|fer|lin|ge; das ist keinen Pfifferling (*umgangssprachlich für:* nichts) wert

pfif|fig (gewitzt; schlau)

der **Pfif|fi|kus** (*umgangssprachlich für:* schlauer Mensch); des Pfiffikus *oder* Pfiffikusses; die Pfiffikusse

das **Pfings|ten** (christliches Fest); des Pfingsten; zu, an Pfingsten; Pfingsten fällt früh; *landschaftlich auch Plural:* die *oder* diese Pfingsten fallen früh; fröhliche Pfingsten!

die **Pfingst|fe|ri|en** *Plural*

das **Pfingst|fest**

die **Pfingst|ro|se**

der **Pfir|sich;** des Pfirsichs; die Pfir|si|che

die **Pflan|ze**

pflan|zen; du pflanzt; er pflanzte; sie hat einen Baum gepflanzt; pflanz *oder* pflanze ihn!

der **Pflan|zen|fres|ser**

der **Pflan|zer;** des Pflanzers; die Pflanzer

die **Pflan|ze|rin;** die Pflanzerinnen

pflanz|lich; pflanzliche Kost

die **Pflan|zung**

das **Pflas|ter;** des Pflasters; die Pflaster

pflas|tern; du pflasterst; er pflasterte; er hat die Straße gepflastert; pflastere sie!

der **Pflas|ter|stein**

die **Pflau|me**

das **Pflau|men|mus**

die **Pfle|ge**

pfle|ge|be|dürf|tig; eine pflegebedürftige Seniorin

die **Pfle|ge|el|tern** *Plural*

die **Pfle|ge|fa|mi|lie**

das **Pfle|ge|heim**

pfle|ge|leicht; pflegeleichte Kleidung

pfle|gen; du pflegst; er pflegte; sie hat den Kranken gepflegt; pflege deine kranke Mutter!

der **Pfle|ger;** des Pflegers; die Pfleger

die **Pfle|ge|rin;** die Pflegerinnen

pfleg|lich; sie geht mit ihren Büchern pfleglich um

die **Pflicht**

pflicht|be|wusst

das **Pflicht|fach;** des Pflichtfachs *oder* Pflicht|fa|ches; die Pflicht|fä|cher

pflicht|ge|mäß

die **Pflicht|lek|tü|re**

der **Pflock;** des Pflocks *oder* Pflo|ckes; die Pflö|cke

pflü|cken; du pflückst; sie pflückte; er hat Blumen gepflückt; pflück *oder* pflücke die Äpfel!

der **Pflü|cker;** des Pflückers; die Pflücker

die **Pflü|cke|rin;** die Pflückerinnen

der **Pflug;** des Pflugs *oder* Pflu|ges; die Pflü|ge

pflü|gen; du pflügst; er pflügte; er hat den Acker gepflügt; pflüge den Acker!

die **Pflug|schar**

die **Pfor|te**

der **Pfört|ner;** des Pförtners; die Pförtner

die **Pfört|ne|rin;** die Pförtnerinnen

der **Pfos|ten;** des Pfostens; die Pfosten

der **Pfos|ten|schuss**

die **Pfo|te**

der **Pfrop|fen;** des Pfropfens; die Pfropfen

der **Pfuhl** (große Pfütze; Sumpf); des Pfuhls *oder* Pfuh|les; die Pfuh|le

pfui!

das **Pfund;** des Pfunds *oder* Pfun|des; die Pfun|de; ABER: vier Pfund Kartoffeln

pfun|dig (*umgangssprachlich für:* großartig, toll)

der **Pfunds|spaß** (*umgangssprachlich für:* Riesenspaß)

pfund|wei|se

der **Pfusch;** des Pfu|sches

die **Pfusch|ar|beit**

pfu|schen; du pfuschst; er pfuschte; er hat gepfuscht; pfusche nicht!

der **Pfu|scher;** des Pfuschers; die Pfuscher

die **Pfu|sche|rei**

die **Pfu|sche|rin;** die Pfuscherinnen

die **Pfüt|ze**

die **PH** = pädagogische Hochschule

das **Phä|no|men** (Erscheinung; seltenes Ereignis); des Phänomens; die Phä|no|me|ne

phä|no|me|nal (außergewöhnlich, erstaunlich); ein phänomenales Gedächtnis

die **Phan|ta|sie** *vergleiche:* **Fan|ta|sie**

die **Phan|ta|sie** *vergleiche:* **Fan|ta|sie**

phan|ta|sie|voll *oder* **fan|ta|sie|voll**

phan|tas|tisch *oder* **fan|tas|tisch**

Phantom – Photographin

das **Phan|tom** (Trugbild); des Phantoms; die Phan|to|me

das **Phan|tom|bild** (nach Zeugenaussagen gezeichnetes Porträt)

der **Pha|rao** (ägyptischer König im Altertum); des Pha|ra|os; die Pha|ra|o|nen

das **Pha|ra|o|nen|grab**

der **Pha|ri|sä|er** (Angehöriger einer streng gesetzesfrommen altjüdischen Partei; selbstgerechter Heuchler); des Pharisäers; die Pharisäer

pha|ri|sä|er|haft (hochmütig, heuchlerisch)

das **Pha|ri|sä|er|tum;** des Pharisäertums

die **Phar|ma|in|dus|t|rie** (Arzneimittelindustrie)

die **Phar|ma|ko|lo|gie** (Arzneimittelkunde)

der **Phar|ma|kon|zern** (Zusammenschluss von mehreren Unternehmen der Pharmaindustrie)

phar|ma|zeu|tisch; pharmazeutisch-technische Assistentin (*Abkürzung:* PTA)

die **Phar|ma|zie** (Lehre von der Arzneimittelzubereitung)

die **Pha|se** (Abschnitt einer Entwicklung); die Phasen

pha|sen|wei|se (zeitweise, manchmal); ein phasenweise gutes Spiel

phatt [fɛt] (*Jugendsprache:* hervorragend); phatte Beats

die **Phil|har|mo|nie** (Name von Orchestern und ihren Konzertsälen); der Philharmonie; die Phil|har|mo|ni|en

der **Phil|har|mo|ni|ker** (Künstler, der in einem philharmonischen Orchester spielt); des Philharmonikers; die Philharmoniker

die **Phil|har|mo|ni|ke|rin;** die Philharmonikerinnen

die **Phi|l|ip|pi|nen** (Inselgruppe und Staat in Südostasien) *Plural*

der **Phi|l|ip|pi|ner;** des Philippiners; die Philippiner

die **Phi|l|ip|pi|ne|rin;** die Philippinerinnen

phi|l|ip|pi|nisch

der **Phi|lo|soph;** des Phi|lo|so|phen; die Phi|lo|so|phen

die **Phi|lo|so|phie**

phi|lo|so|phie|ren; du philosophierst; sie philosophierte; sie hat philosophiert;

philosophier *oder* philosophiere nicht so viel!

die **Phi|lo|so|phin;** die Philosophinnen

phi|lo|so|phisch

das **Phleg|ma** (Ruhe, Geisteslträgheit, Schwerfälligkeit); des Phlegmas

der **Phleg|ma|ti|ker;** des Phlegmatikers; die Phlegmatiker

die **Phleg|ma|ti|ke|rin;** die Phlegmatikerinnen

phleg|ma|tisch; ein phlegmatischer Mensch

Phnom Penh [pnɔm ˈpɛn] (Hauptstadt Kambodschas)

die **Pho|bie** (krankhafte Angst); die Pho|bi|en

das **Phon** *oder* **Fon** (Maßeinheit für die Lautstärke); des Phons *oder* Fons; die Phons *oder* Fons; ABER: 50 Phon *oder* Fon

---

> **!** In den aus dem Griechischen stammenden Wörtern mit *phon* kann nach neuer Rechtschreibung das *ph* grundsätzlich durch *f* ersetzt werden. Neben *Phonotechnik* ist jetzt also auch *Fonotechnik*, neben *Phonzahl* auch *Fonzahl* usw. möglich.

---

die **Pho|ne|tik** *oder* **Fo|ne|tik** (Lehre von der Lautbildung)

pho|ne|tisch *oder* **fo|ne|tisch**

der **Phö|nix** (*griechisch-römische Mythologie:* Vogel, der sich im Feuer verjüngt); des Phönix oder Phö|ni|xes; die Phö|ni|xe; wie Phönix aus der Asche steigen (nach scheinbarem Niedergang etwas unerwartet mit ganz neuer Kraft beginnen)

die **Pho|no|thek** *oder* **Fo|no|thek** (Archiv mit Beständen an Tonbändern, Schallplatten und CDs)

das **Phos|phat** (Salz der Phosphorsäure); des Phosphats *oder* Phos|pha|tes; die Phos|pha|te

phos|phat|hal|tig

der **Phos|phor** (ein chemisches Element; *Zeichen:* P); des Phosphors

phos|pho|res|zie|rend (nach Bestrahlung im Dunkeln von selbst leuchtend); phosphoreszierende Ziffern

der **Pho|to|graph** *vergleiche:* **Fo|to|graf**

die **Pho|to|gra|phie** *vergleiche:* **Fo|to|gra|fie**

die **Pho|to|gra|phin** *vergleiche:* **Fo|to|gra|fin**

Photovoltaik – PIN

die **Pho|to|vol|ta|ik** *vergleiche:* **Fo|to|vol|ta|ik**

die **Phra|se** (Redewendung; nichtssagende Redensart); Phrasen dreschen
phra|sen|haft

der **pH-Wert** (*Chemie:* Zahl, die angibt, wie stark eine Lösung basisch oder sauer ist)

die **Phy|sik** (eine Naturwissenschaft)
phy|si|ka|lisch; physikalische Gesetze

der **Phy|si|ker;** des Physikers; die Physiker

die **Phy|si|ke|rin;** die Physikerinnen

der **Phy|sio|the|ra|peut**

die **Phy|sio|the|ra|peu|tin**

die **Phy|sio|the|ra|pie** (Heilbehandlung mit Licht, Luft, Wasser, Bestrahlungen, Massage)
phy|sisch (körperlich); physische Belastung

das **Pi** (mathematische Zahl); des Pi *oder* Pis

der **Pi|a|nist** (ausgebildeter Klavierspieler); des/dem/den Pi|a|nis|ten; die Pi|a|nis|ten

die **Pi|a|nis|tin;** die Pianistinnen
pi|a|no (*Musik:* leise)

das **Pi|a|no** (Klavier); des Pianos; die Pianos
Pi|cas|so (spanischer Maler und Grafiker)

der **Pi|ckel;** des Pickels; die Pickel
pi|cke|lig; ein pickeliges *oder* pickliges Gesicht
pi|cken; das Huhn pickte; es hat die Körner gepickt

das **Pick|nick** (Essen im Freien); des Picknicks; die Pick|ni|cke *oder* Picknicks
pick|ni|cken; du picknickst; sie picknickte; sie hat gepicknickt; picknicke!

der **Pick|nick|korb**
pi|co|bel|lo (*umgangssprachlich für:* tadellos); der Boden ist picobello sauber
piek|fein (*umgangssprachlich für:* besonders fein)
piek|sau|ber (*umgangssprachlich für:* besonders sauber)
pien|sen *oder* **pien|zen** (*landschaftlich und jugendsprachlich für:* klagen, jammern); ich piense *oder* pienze; du pienst *oder* pienzt; er pienste *oder* pienzte; piens[e] *oder* pienz[e] nicht immer!
pie|pe *oder* **piep|egal** (*umgangssprachlich für:* gleichgültig); das ist mir piepe *oder* piepegal
pie|pen; du piepst; es piepte; es hat

gepiept; bei dir piepts wohl? (*umgangssprachlich für:* du bist wohl nicht recht bei Verstand?); ᴀʙᴇʀ: das ist zum Piepen (*umgangssprachlich für:* es ist zum Lachen)
piep|sen; du piepst; er piepste; er hat gepiepst; pieps *oder* piepse nicht so!

der *oder* die **Pier** (Hafendamm); des Piers; die Piers
pier|cen (die Haut durchstechen, um Schmuck, zum Beispiel Ringe, anzubringen); du piercst; sie piercte; sie hat gepierct; sie will sich piercen lassen

das **Pier|cing;** des Piercings; die Piercings
pie|sa|cken (*umgangssprachlich für:* quälen); du piesackst ihn; er piesackte ihn; er hat ihn gepiesackt; piesack *oder* piesacke ihn nicht!

die **Pi|e|tät** (ehrfürchtiger Respekt)

das **Pig|ment** (Farbstoff); des Pigments *oder* Pig|men|tes; die Pig|men|te

das **Pik** (Spielkartenfarbe); des Pik *oder* Piks

der **Pik** (*umgangssprachlich für:* heimlicher Groll); des Piks; die Pi|ke; sie hat einen Pik auf mich
pi|kant (scharf gewürzt; reizvoll); pi|kan|ter; am pi|kan|tes|ten
pi|ken *oder* **pik|sen;** du pikst; er pikt *oder* pikst; er pikte *oder* pikste mich; es hat gepikt *oder* gepikst

der **Pil|ger;** des Pilgers; die Pilger

die **Pil|ger|fahrt**

die **Pil|ge|rin;** die Pilgerinnen
pil|gern; du pilgerst; er pilgerte; er ist gepilgert; pilgere nach Rom!

die **Pil|le**

der **Pil|ler** *oder* **Pil|ler|mann** (*umgangssprachlich für:* Penis); des Pillers *oder* Pillermanns; die Piller *oder* Pil|ler|män|ner

der **Pi|lot;** des/dem/den Pi|lo|ten; die Pi|lo|ten

der **Pi|lot|film** (Testfilm für eine geplante Fernsehserie)

die **Pi|lo|tin;** die Pilotinnen

das **Pi|lot|pro|jekt** (Projekt, in dem versuchsweise neuartige Verfahren oder Arbeitsweisen angewendet werden)

der **Pilz;** des Pil|zes; die Pil|ze

die **Pilz|ver|gif|tung**

der **Pin** (Stecknadel; Plakette); des Pins; die Pins

die **PIN** = personal identification number

359

pingelig – planen

(persönliche Geheimzahl, zum Beispiel beim Handy); die PINs

pin|ge|lig (*umgangssprachlich für:* kleinlich; empfindlich)

die **Pin|ge|lig|keit**

der **Pin|gu|in** (ein Vogel der Antarktis); des Pinguins; die Pin|gu|i|ne

pink (rosa); ein pink Kleid; ↑ beige

das **Pink** (kräftiges Rosa); des Pinks; die Pinks; ein Kleid in Pink

die **Pin|ke** *oder* **Pin|ke|pin|ke** (*umgangssprachlich für:* Geld)

pin|keln (*umgangssprachlich für:* urinieren); ich pink[e]le; er pinkelte; er hat gepinkelt; pinkle *oder* pinkele nicht im Stehen!

die **Pin|kel|pau|se**

die **Pin|ke|pin|ke** *vergleiche:* **Pin|ke**

pink|far|ben; eine pinkfarbene Hose

pin|nen (*besonders norddeutsch für:* befestigen); du pinnst; sie pinnte; sie hat das Poster an die Wand gepinnt; pinn *oder* pinne das Bild an den Schrank!

die **PIN-Num|mer** (*verdeutlichend für:* PIN)

die **Pinn|wand** (Tafel zum Anheften von Merkzetteln)

der **Pin|scher** (eine Hunderasse); des Pinschers; die Pinscher

der **Pin|sel;** des Pinsels; die Pinsel

pin|seln; du pinselst; er pinselte; er hat den Spruch an die Wand gepinselt; pinsele nichts an die Wand!

die **Pin|zet|te;** die Pinzetten

der **Pi|o|nier** (Vorkämpfer); des Pioniers; die Pi|o|nie|re

der **Pi|o|nier|geist**

die **Pi|o|nie|rin** (Vorkämpferin); die Pionierinnen

die **Pipe|line** ['paiplain] (Rohrleitung für Gas, Erdöl); die Pipelines

der **Pi|rat** (Seeräuber); des/dem/den Pi|ra|ten; die Pi|ra|ten

die **Pi|ra|tin;** die Piratinnen

die **Pirsch** (Schleichjagd)

PISA *oder* **Pi|sa** = Programme for International Student Assessment

die **PISA-Stu|die** *oder* **Pi|sa-Stu|die** (internationale Studie, in der Schülerleistungen verglichen werden)

die **Pis|se** (*derb für:* Urin)

pis|sen (*derb für:* urinieren); du pisst; er pisste; er hat an den Baum gepisst

die **Pis|ta|zie;** die Pis|ta|zi|en

die **Pis|te** (Rennstrecke; Rollbahn)

der **Pis|ten|row|dy** (*abwertend für:* rücksichtsloser Skifahrer)

die **Pis|to|le;** der Pistole; die Pistolen; jemandem die Pistole auf die Brust setzen (*umgangssprachlich für:* jemanden zu einer Entscheidung zwingen)

die **Pi|ta** *oder* **Pit|ta** ([gefülltes] Fladenbrot)

das **Pi|ta|brot** *oder* **Pit|ta|brot**

die **Pit|ta** *vergleiche:* **Pi|ta**

das **Pit|ta|brot** *oder* **Pi|ta|brot**

das **Pi|xel** (*EDV:* kleinstes Element bei der digitalisierten Darstellung eines Bildes); des Pixels; die Pixel; mit 20 000 Pixeln

die **Piz|za** (ein Hefebackwerk mit pikantem Belag); die Pizzas *oder* Pizzen

die **Piz|ze|ria;** die Piz|ze|ri|as *oder* Piz|ze|ri|en

der **Pkw** *oder* **PKW** = Personenkraftwagen; des Pkw[s] *oder* PKW[s]; die Pkw, *auch:* Pkws *oder* die PKWs, *selten:* PKW

sich **pla|cken** (*umgangssprachlich für:* sich abmühen); du plackst dich; sie plackte sich; sie hat sich geplackt

die **Pla|cke|rei**

plä|die|ren (*bildungssprachlich für:* sich für etwas aussprechen); du plädierst; sie plädierte; er hat plädiert; plädier *oder* plädiere bitte für mich!; auf schuldig plädieren

das **Plä|do|yer** [pledɔa'je:] (zusammenfassende Rede des Strafverteidigers oder Staatsanwaltes vor Gericht); des Plädoyers; die Plädoyers

die **Pla|ge;** die Plagen

pla|gen; du plagst; er plagte; er hat mich mit seiner Fragerei sehr geplagt; plag *oder* plage sie nicht!; sich plagen (sich mühen); sie hat sich bei dieser Arbeit sehr geplagt

das **Pla|kat;** des Plakats *oder* Pla|ka|tes; die Pla|ka|te

die **Pla|kat|säu|le**

die **Pla|kat|wer|bung**

die **Pla|ket|te;** die Plaketten

plan (flach; eben); eine plane Fläche

der **Plan;** des Plans *oder* Pla|nes; die Plä|ne

die **Pla|ne** ([Wagen]decke); die Planen

pla|nen; du planst; er plante; er hat die Reise geplant; plane nicht zu früh!

Planet – Play-back

der **Pla|net** (Wandelstern); des/dem/den
Pla|ne|ten; die Pla|ne|ten
pla|ne|ta|risch; planetarischer Nebel
das **Pla|ne|ta|ri|um;** die Planetarien
die **Pla|ne|ten|bahn**
die **Plan|ke** (Bohle); die Planken
das **Plank|ton** (Gesamtheit der im Wasser
schwebenden niederen Lebewesen); des
Planktons
plan|los
plan|mä|ßig; die planmäßige Abfahrt
das **Plansch|be|cken** oder **Plantsch|be|cken**
plan|schen oder **plant|schen;** du
planschst oder plantschst; er **planschte**
oder plantschte; er hat in der Badewanne
geplanscht oder geplantscht; **plansch[e]**
oder plantsch[e] nicht so!
die **Plan|ta|ge** [planˈtaːʒə] (Pflanzung; land-
wirtschaftlicher Großbetrieb in den Tro-
pen)
das **Plantsch|be|cken** oder **Plansch|be|cken**
plant|schen vergleiche: **plan|schen**
die **Pla|nung**
das **Pla|nungs|bü|ro**
plap|pern; du plapperst; er plapperte; er
hat geplappert; plappere nicht!
plär|ren (umgangssprachlich für: in
unangenehmer Weise laut reden, wei-
nen); du plärrst; das Kind plärrte; es hat
geplärrt; plärr oder plärre nicht so!
das **Plas|ma** (flüssiger Bestandteil des Blu-
tes); des Plasmas; die Plasmen
der **Plas|ma|bild|schirm**
die **Plas|tik** (Bildhauerwerk); die Plas|ti|ken
das **Plas|tik** (ein Kunststoff); des Plastiks
der **Plas|tik|beu|tel**
die **Plas|tik|tü|te**
plas|tisch (knetbar; körperlich; einpräg-
sam); plastischer Sprengstoff
die **Pla|ta|ne** (ein Laubbaum); die Platanen
das **Pla|teau** [plaˈtoː] (Hochebene, Hochflä-
che); des Plateaus; die Plateaus
das **Pla|tin** (ein chemisches Element, Edel-
metall; Zeichen: Pt); des Platins
pla|tin|blond (weißblond)
die **Pla|ti|ne** (Montageplatte für elektrische
Bauteile); die Platinen
die **Pla|ti|tude** [platiˈtyːt] vergleiche: **Plat|ti-
tü|de**
plät|schern; ich plätschere gern im
Wasser; der Bach plätschert; der Bach
plätscherte; er hat geplätschert

platt; plat|ter; am plat|tes|ten; die
Nase **platt drücken** oder plattdrücken;
da bist du platt! (umgangssprachlich
für: da bist du sprachlos); ↑ ABER:
plattmachen
das **Platt** (das Niederdeutsche; Dialekt); des
Platt oder Platts
platt|deutsch ↑ deutsch
das **Platt|deut|sche** ↑ Deutsche
platt|drü|cken vergleiche: **platt**
die **Plat|te**
plät|ten (landschaftlich für: bügeln); du
plättest; sie plättete; sie hat geplättet;
plätte die Hemden!
der **Plat|ten|spie|ler**
die **Platt|form**
die **Plat|ti|tü|de** oder **Pla|ti|tude** [platiˈtyːt]
(gehoben für: Plattheit, Seichtheit); die
Plattitüden oder Platituden
platt|ma|chen (umgangssprachlich für:
zerstören); ich mache es platt; er hat es
plattgemacht
der **Platz;** des Plat|zes; die Plät|ze; Platz
machen, nehmen; etwas findet Platz;
etwas ist am Platze
das **Plätz|chen** (ein Gebäck); des Plätzchens;
die Plätzchen
plat|zen; du platzt; er platzte; er ist
geplatzt
plat|zie|ren (aufstellen, an einen
bestimmten Platz stellen, bringen); ich
platziere; du platzierst; er platzierte; er
hat seine Gäste im Salon platziert
plat|ziert (Sport); ein platzierter (genau
gezielter) Schuss
die **Plat|zie|rung**
die **Platz|kar|te**
das **Platz|kon|zert**
der **Platz|re|gen**
der **Platz|ver|weis** (Sport)
die **Plau|de|rei**
plau|dern; du plauderst; sie plauderte;
sie hat geplaudert; plaudere etwas!
der **Plausch** (gemütliche Plauderei); des
Plauschs oder Plau|sches; die Plau|sche
Plural selten
plau|si|bel (einleuchtend); plausible
Argumente
das **Play-back** [ˈpleɪbɛk] oder **Play|back**
(Bandaufzeichnung); des **Play-back[s]**
oder Playback[s]; die **Play-backs** oder
Playbacks

361

Play-back-Verfahren – Podcast

das **Play-back-Ver|fah|ren** *oder* **Play|back-ver|fah|ren**

der **Play|boy** [ˈpleːbɔy] (Mann, der vor allem für sein Vergnügen lebt); des Playboys; die Playboys

das **Play|girl;** des Playgirls; die Playgirls

das **Play-off** *oder* **Play|off** (*Sport:* System von Ausscheidungsspielen); des **Play-offs** *oder* Playoffs; die **Play-offs** *oder* Playoffs

die **Play-off-Run|de** *oder* **Play|off|run|de**

die **Play|sta|tion** [ˈpleɪsteɪʃn] (*Markenbezeichnung:* ein elektronisches Spielgerät); die Playstations

plei|te (*umgangssprachlich für:* zahlungsunfähig); pleite sein, werden; er ist pleite; ABER: pleitegehen

die **Plei|te;** Pleite machen; er macht Pleite; die Firma steht vor der Pleite; das ist, wird ja eine Pleite! (ein Reinfall)

plei|te|ge|hen (*umgangssprachlich für:* Bankrott machen); du gehst pleite; sie ist pleitegegangen

die **Ple|nar|ver|samm|lung** (Vollversammlung)

das **Ple|num** (Vollversammlung); des Plenums; die Plenen

das **Ple|xi|glas** (*Markenbezeichnung:* ein glasartiger Kunststoff)

die **PLO** = Palestine Liberation Organization (palästinensische Befreiungsbewegung)

die **Plom|be** (Bleisiegel; [Zahn]füllung); die Plomben

plom|bie|ren; du plombierst; sie plombierte; der Arzt hat den Zahn plombiert

der *oder* das **Plot** (*Literaturwissenschaft:* Handlungsablauf eines Romans, Films o. Ä.; *EDV:* grafische Darstellung); des Plots; die Plots

der **Plot|ter** (*EDV:* Zeichengerät, das Ergebnisse aus der Datenverarbeitung grafisch darstellt); des Plotters; die Plotter

plötz|lich; ein plötzliches Gewitter

plump; eine plumpe Bewegung

plumps!

der **Plumps;** des Plump|ses; die Plump|se

plump|sen (*umgangssprachlich für:* dumpf fallen); du plumpst; es plumpste; es hat geplumpst; er ist auf den Boden geplumpst

der **Plun|der** (*umgangssprachlich für:* altes Zeug); des Plunders

der **Plün|de|rer** *oder* **Plünd|rer;** des Plünderers *oder* Plündrers; die Plünderer *oder* Plündrer

die **Plün|de|rin** *oder* **Plünd|re|rin;** die Plünderinnen *oder* Plündrerinnen

plün|dern; du plünderst; sie plünderte; er hat sein Konto geplündert; plündere nicht!

die **Plün|de|rung**

Plur. = Plural

der **Plu|ral** (Mehrzahl); des Plurals; die Plura|le

die **Plu|ral|en|dung**

der **Plu|ra|lis|mus** (Vielgestaltigkeit gesellschaftlicher, politischer und anderer Phänomene); des Pluralismus

plu|ra|lis|tisch; eine pluralistische Demokratie

plus; drei plus drei ist, macht, gibt sechs; plus 15 Grad *oder* 15 Grad plus; ABER: das **Plus;** des Plus; die Plus; das ist sein großes Plus; er hat [ein] Plus gemacht

der **Plüsch** (Florgewebe); des Plüschs *oder* Plü|sches; die Plü|sche

das **Plüsch|tier**

das **Plus|mi|nus|zei|chen** (*Mathematik*)

der **Plus|punkt**

das **Plus|quam|per|fekt** (*Sprachwissenschaft:* vollendete Vergangenheit)

das **Plus|zei|chen**

das **Plu|to|ni|um** (chemisches Element, Transuran; *Zeichen:* Pu); des Plutoniums

PLZ = Postleitzahl

der **Po** (Fluss in Italien); des Po *oder* Pos

der **Po** (*kurz für:* Popo); des Pos; die Pos

der **Pö|bel** (Gesindel); des Pöbels

die **Pö|be|lei**

pö|bel|haft

pö|beln (*umgangssprachlich für:* durch beleidigende Äußerungen provozieren); du pöbelst; sie pöbelte; er hat gepöbelt; pöble *oder* pöbele nicht!

po|chen; du pochst; sie pochte; er hat gepocht; poch *oder* poche auf dein Recht!

die **Po|cken** *Plural*

die **Po|cken|imp|fung**

po|cken|nar|big

die **Po|cket|ka|me|ra** (Taschenkamera)

der **Pod|cast** [ˈpɔtkaːst] ([Radio]beitrag

Podest – Polohemd

zum Herunterladen im Internet); des Podcasts; die Podcasts

das, *auch:* der **Po|dest** (kleines Podium); des Podests *oder* Po|des|tes; die Po|des|te

das **Po|di|um** (trittartige Erhöhung für Redner[innen]); des Podiums; die Podien

die **Po|di|ums|dis|kus|si|on**

die **Po|e|sie** (Dichtung; Dichtkunst); die Po|e|si|en

das **Po|e|sie|al|bum**; die Poesiealben
po|e|sie|los

der **Po|et** (Dichter); des/dem/den Po|e|ten; die Po|e|ten

die **Po|e|tin**; die Poetinnen
po|e|tisch; poetische Sprache

der *oder* das **Po|g|rom** (Ausschreitungen gegen nationale, religiöse oder ethnische Gruppen); des Pogroms; die Po|g|ro|me

das **Po|g|rom|op|fer**

die **Poin|te** [ˈpoɛ̃:tə] (springender Punkt; überraschender Schlusseffekt, besonders bei einem Witz); die Pointen
poin|tiert (betont; zugespitzt)

der **Po|kal** (Trinkgefäß mit Fuß; Sportpreis); des Pokals; die Po|ka|le

das **Pö|kel|fleisch**
pö|keln; du pökelst; er pökelte; er hat das Fleisch gepökelt; pök[e]le das Fleisch!; gepökelte Rinderzunge

das **Po|ker** (ein Kartenglücksspiel); des Pokers

das **Po|ker|face** [...feɪs] (unbewegter, gleichgültig wirkender Gesichtsausdruck); des Pokerface; die Po|ker|fa|ces

das **Po|ker|ge|sicht** (Pokerface)
po|kern; du pokerst; sie pokerte; sie hat hoch gepokert (viel riskiert); pokere nicht!

der **Pol**; des Pols; die Po|le

der **Po|lar|kreis**

die **Po|la|ro|id|ka|me|ra** [*auch:* polaˈrɔyt...] (*Markenbezeichnung:* Kamera, die in kurzer Zeit das fertige Bild liefert)

der **Po|lar|stern**

der **Pol|der** (eingedeichtes Land); des Polders; die Polder

der **Po|le**; des/dem/den Polen; die Polen

die **Po|le|mik** (unsachlicher Angriff); die Polemiken
po|le|misch; polemische Äußerungen
Po|len (europäischer Staat)

die **Pol|len|ta** (ein Maisgericht); der Polenta; die Polentas *oder* Polenten

die **Pol|len|te** (*umgangssprachlich für:* Polizei)

die **Pole|po|si|tion** [ˈpoːlpəziʃn̩] *oder* **Pole-Po|si|tion** (beste Startposition beim Autorennen)

die **Po|li|ce** [poˈliːsə] (Versicherungsschein); der Police; die Policen

der **Po|lier** (Vorarbeiter; Bauführer); des Poliers; die Po|lie|re
po|lie|ren; du polierst; er polierte; er hat es poliert; poliere die Platte!

der **Po|lie|rer**; des Polierers; die Polierer

die **Po|lie|re|rin**; die Poliererinnen

die **Po|lie|rin**; die Polierinnen

die **Po|lin**; die Polinnen

die **Po|lio** (*Kurzform von:* Poliomyelitis)

die **Po|lio|my|e|li|tis** (Kinderlähmung); die Po|lio|my|e|li|ti|den

das **Po|lit|bü|ro** (Zentralausschuss einer kommunistischen Partei)

die **Po|li|ti|cal Cor|rect|ness** [pəˈlɪtɪkl kəˈrektnɪs] (Einstellung, die das diskriminierenden Ausdrucksweisen und Handlungen ablehnt); der Political Correctness

die **Po|li|tik**

der **Po|li|ti|ker**; des Politikers; die Politiker

die **Po|li|ti|ke|rin**; die Politikerinnen
po|li|tisch (politische Wissenschaften)
po|li|ti|sie|ren (von Politik reden; politisch handeln); du politisierst; er politisierte; er hat politisiert

die **Po|li|tur** (Glätte, Glanz; Poliermittel); die Po|li|tu|ren

die **Po|li|zei**

der **Po|li|zei|chef**

die **Po|li|zei|che|fin**

der **Po|li|zei|ein|satz**
po|li|zei|lich; er wird polizeilich gesucht

das **Po|li|zei|prä|si|di|um**

der **Po|li|zist**; des/dem/den Po|li|zis|ten; die Po|li|zis|ten

die **Po|li|zis|tin**; die Polizistinnen

der **Pol|len** (Blütenstaub); des Pollens; die Pollen

die **Pol|len|al|l|er|gie**
pol|nisch

das **Po|lo** (Ballspiel vom Pferd aus); des Polos

das **Po|lo|hemd** (Trikothemd mit kurzen Ärmeln)

Polonaise – Portion

die **Po|lo|nai|se** [polo'nɛːzə] *oder* **Po|lo|nä|se** (ein Reihentanz); die Polonaisen *oder* Polonäsen

das **Pols|ter;** des Polsters; die Polster **pols|tern;** du polsterst; er polsterte; er hat den Sitz gepolstert; polstere diesen Sitz!

der **Pols|ter|ses|sel**

der **Pol|ter|abend** **pol|tern;** du polterst; er polterte; er hat gepoltert; poltere nicht!

der **Po|ly|es|ter** (ein Kunststoff); des Polyesters; die Polyester **po|ly|fon** *oder* **po|ly|phon** (*Musik:* mehrstimmig, vielstimmig); **po|ly|fone** *oder* po|ly|pho|ne Klingeltöne **po|ly|gam** (mehrehig, vielehig)

die **Po|ly|ga|mie** (Mehrehe, Vielehe) **po|ly|glott** (viele Sprachen sprechend) **Po|ly|ne|si|en** (Inselwelt im mittleren Pazifik)

der **Po|ly|ne|si|er;** des Polynesiers; die Polynesier

die **Po|ly|ne|si|e|rin;** die Polynesierinnen **po|ly|ne|sisch**

der **Po|lyp** (ein Nesseltier mit Fangarmen; Nasenwucherung); des/dem/den Po|lypen; die Po|ly|pen **po|ly|phon** *vergleiche:* **po|ly|fon**

die **Po|ma|de** (Haarfett) **po|ma|dig** (*umgangssprachlich für:* träge)

die **Pom|mes** (*umgangssprachlich für:* Pommes frites) *Plural*

die **Pommes frites** [pɔm'frɪt] (in Fett gebackene Kartoffelstäbchen) *Plural*

der **Pomp** (Prunk); des Pomps *oder* Pom|pes **pom|pös** ([übertrieben] prächtig); pompö|ser; am pom|pö|ses|ten

der **Pon|cho** (capeartiger [Indio]mantel); des Ponchos; die Ponchos

das *oder* der **Pon|ti|fi|kat** (Amtsdauer und Würde des Papstes oder eines Bischofs); des Pontifikats *oder* Pon|ti|fi|ka|tes; die Pon|ti|fi|ka|te

der **Pon|ton** [pɔ̃'tõː] (Brückenschiff); des Pontons; die Pontons

die **Pon|ton|brü|cke**

das **Po|ny;** des Ponys; die Ponys

der **Po|ny** (fransenartig in die Stirn gekämmtes Haar)

die **Po|ny|fri|sur**

der **Pool** [puːl] (Schwimmbecken); des Pools; die Pools

der **Pop** (*Kurzform von:* Pop-Art, Popmusik)

die **Pop-Art** (eine moderne Kunstrichtung)

das **Pop|corn** (Puffmais); des Popcorns

die **Pop|iko|ne** *oder* **Pop-Iko|ne** (Kultfigur des Pop)

die **Pop|kul|tur**

die **Pop|mu|sik**

der **Po|po;** des Popos; die Popos **pop|pig** (in einem modernen, auffallenden Stil); poppige Farben

der **Pop|sän|ger**

die **Pop|sän|ge|rin**

der **Pop|star;** des Popstars; die Popstars

die **Pop|sze|ne** (das Milieu der Popmusik) **po|pu|lär** (beliebt; volkstümlich)

die **Po|pu|la|ri|tät** **po|pu|lis|tisch** (oft eigennützige, volksnahe Art, um die Massen für sich zu gewinnen); eine populistische Politik

das **Pop-up-Fens|ter** [ˈpɔp|ap...] (*EDV:* rechteckiges Feld mit Informationen, das sich durch Mausklick auf eine bestimmte Fläche öffnet)

die **Po|re** **po|rig** (löchrig)

der **Por|no** (*umgangssprachliche Kurzform für:* pornografischer Film o. Ä.)

die **Por|no|gra|fie** *oder* **Por|no|gra|phie** (einseitig das Sexuelle darstellende Bilder oder Schriften) **por|no|gra|fisch** *oder* **por|no|gra|phisch** **po|rös** (durchlässig; löchrig); poröser Gummi

der **Por|ree** (Lauch); des Porrees; die Porrees

das **Por|tal;** des Portals; die Por|tal|le **Port-au-Prince** [pɔrto'prɛ̃ːs] (Hauptstadt von Haiti)

das **Porte|mon|naie** [pɔrtmo'neː, *auch:* 'pɔrtmone] *oder* **Port|mo|nee** (Geldtäschchen, -börse); des Portemonnaies *oder* Portmonees; die Portemonnaies *oder* Portmonees

das **Port|fo|lio** (Mappe oder Sammlung zum Beispiel zu einem Thema); des Port|fo|lios; die Port|fo|li|os

der **Por|ti|er** [pɔr'tje:] (Pförtner; Hauswart); des Portiers; die Portiers

die **Por|ti|e|re** (Türvorhang); die Portieren

die **Por|ti|e|rin;** die Portierinnen

die **Por|ti|on;** die Por|ti|o|nen; er ist nur eine

portionsweise – prachtvoll

halbe Portion (*umgangssprachlich für:* er ist sehr klein, er zählt nicht)
por|ti|ons|wei|se

das **Port|mo|nee** *vergleiche:* **Porte|mon|naie**

das **Por|to** (Beförderungsgebühr für Postsendungen); des Portos; die Portos *oder* Porti
por|to|frei

das **Por|t|rät** [pɔrˈtrɛː] (Bildnis eines Menschen); des Porträts; die Porträts

die **Por|t|rät|auf|nah|me**
por|t|rä|tie|ren; du porträtierst; sie porträtierte; sie hat ihn porträtiert
Por|tu|gal

der **Por|tu|gie|se** (Einwohner Portugals); des/dem/den Portugiesen; die Portugiesen

die **Por|tu|gie|sin;** die Portugiesinnen
por|tu|gie|sisch

das **Por|zel|lan;** des Porzellans; die Por|zel|la|ne

die **Po|sau|ne** (ein Blechblasinstrument); die Posaunen

die **Po|se** (Körperhaltung); die Posen

die **Po|si|ti|on** (Stellung; Lage; Einzelposten); die Po|si|ti|o|nen
po|si|ti|o|nie|ren (in eine bestimmte Position bringen); du positionierst; sie hat positioniert; positionier *oder* positioniere dich gut!; sich gut positionieren
po|si|tiv (bejahend; vorteilhaft; gewiss); ein positives Ergebnis

das **Po|si|tiv** (Gegensatz zum Negativ beim fotografischen Bild); des Positivs; die Po|si|ti|ve

der **Po|si|tiv** (Grundstufe, nicht gesteigerte Form des Adjektivs; zum Beispiel »schön«); des Positivs; die Po|si|ti|ve

die **Pos|se** (derbkomisches Bühnenstück); die Possen

das **Pos|ses|siv|pro|no|men** (besitzanzeigendes Fürwort, zum Beispiel »mein«)
pos|sier|lich (spaßhaft, drollig); ein possierliches Tierchen

die **Post**

das **Post|amt**

der **Post|bo|te**

die **Post|bo|tin**
pos|ten [*auch:* ˈpoʊstn̩] (*EDV:* sich mit Fragen, Antworten, Kommentaren an Newsgroups beteiligen); du postest; sie

postete; er hat gepostet; post *oder* poste endlich mal etwas!

der **Pos|ten;** des Postens; die Posten

das *oder* der **Pos|ter** (plakatartiges, gedrucktes Bild); des Posters; die Poster *oder* Posters

das **Post|fach**

die **Post|fi|li|a|le**

die **Post|kar|te**

die **Post|kut|sche**
post|la|gernd; postlagernde Briefsendungen

die **Post|leit|zahl** (*Abkürzung:* PLZ)
post|mo|dern; postmoderne Architektur

der **Post|stem|pel**

das **Po|ten|ti|al** *vergleiche:* **Po|ten|zi|al**
po|ten|ti|ell *vergleiche:* **po|ten|zi|ell**

die **Po|tenz** (Leistungsvermögen; Produkt aus gleichen Faktoren); die Po|ten|zen

das **Po|ten|zi|al** *oder* **Po|ten|ti|al** (alle vorhandenen Mittel, Möglichkeiten, Fähigkeiten; Leistungsstärke); des **Potenzials** *oder* Potentials; die **Po|ten|zi|al|e** *oder* Po|ten|ti|al|e; sein geistiges Potenzial ist beschränkt
po|ten|zi|ell *oder* **po|ten|ti|ell** (möglich); ein **potenzieller** *oder* potentieller Käufer
po|ten|zie|ren (sehr steigern; zur Potenz erheben)

das **Pot|pour|ri** [ˈpɔtpʊri] (Allerlei; eine Zusammenstellung mehrerer Musikstücke); des Potpourris; die Potpourris
Pots|dam (Hauptstadt von Brandenburg)

der **Pott** (*umgangssprachlich für:* Topf; [altes] Schiff); des Potts *oder* Pot|tes; die Pöt|te; zu Potte kommen (*umgangssprachlich für:* zurechtkommen; fertig werden)
pott|häss|lich (*umgangssprachlich für:* sehr hässlich)

die **Po|w|er** [ˈpaʊɐ] (*umgangssprachlich für:* Kraft, Leistung)
po|w|ern (große Leistung entfalten); du powerst; sie powerte; sie hat ganz schön gepowert

die **PR** [peːˈɛr] = Public Relations (Öffentlichkeitsarbeit) *Plural*

die **Pracht**
präch|tig; ein prächtiges Schloss
pracht|voll

365

Prädikat – präsentieren

das **Prä|di|kat** (Kern der Satzaussage; [gute] Zensur); des Prädikats *oder* Prä|di|ka|tes; die Prä|di|ka|te

die **Prä|fe|renz** (Vorzug); die Prä|fe|ren|zen

das **Prä|fix** (Vorsilbe); des Prä|fi|xes; die Prä|fi|xe

Prag (Hauptstadt der Tschechischen Republik)

prä|gen; du prägst; er prägte eine Münze; er hat diesen Satz geprägt

prag|ma|tisch (handlungs- oder sachbezogen); pragmatisch denken oder handeln; eine pragmatische Politikerin

prä|g|nant (knapp und treffend); präg|nan|ter, am präg|nan|tes|ten

die **Prä|gung**

prah|len; du prahlst; sie prahlte; sie hat damit geprahlt; prahl *oder* prahle nicht so!

die **Prah|le|rei**

prah|le|risch

der **Prahl|hans** *(umgangssprachlich);* des Prahl|han|ses; die Prahl|hän|se

die **Prak|tik** (Ausübung, Verfahrensweise, Methode); die Prak|ti|ken

prak|ti|ka|bel (durchführbar und zweckmäßig); prak|ti|ka|b|ler; am prak|ti|ka-bels|ten

der **Prak|ti|kant;** des/dem/den Prak|ti|kan-ten; die Prak|ti|kan|ten

die **Prak|ti|kan|tin;** die Praktikantinnen

der **Prak|ti|ker;** des Praktikers; die Prakti-ker

die **Prak|ti|ke|rin;** die Praktikerinnen

das **Prak|ti|kum** (praktische Übung; praktische Tätigkeit); des Praktikums; die Praktika

der **Prak|ti|kums|platz**

prak|tisch; praktische Übungen

prak|ti|zie|ren (in der Praxis anwenden; seinen Beruf in einer Praxis ausüben); du praktizierst; er praktizierte; der Arzt hat drei Jahre in Frankfurt praktiziert; prak-tizier *oder* praktiziere diese Methode nicht mehr!

der **Prä|lat** (ein geistlicher Würdenträger); des/dem/den Prä|la|ten; die Prä|la|ten

die **Prä|la|tin;** die Prälatinnen

die **Pra|li|ne;** die Pralinen

prall

prall|len; du prallst; sie prallte; sie ist mit dem Kopf gegen die Tür geprallt

die **Prä|mie** (Belohnung; Versicherungsge-bühr); die Prä|mi|en

prä|mie|ren *oder* **prä|mi|ie|ren** (mit einem Preis auszeichnen); du prämierst *oder* prämiierst; er prämierte *oder* prä-miierte; er hat den Film prämiert *oder* prämiiert; prämier[e] *oder* prämiier[e] die Siegerin!

pran|gen; sein Name prangte; sein Name hat auf einem goldenen Schild geprangt

der **Pran|ger** (mittelalterlicher Schandpfahl); des Prangers; die Pranger; jemanden an den Pranger stellen (öffent-lich bloßstellen)

die **Pran|ke** (Klaue, Tatze); die Pranken

das **Prä|pa|rat** (Arzneimittel, chemisches Mittel); des Präparats *oder* Prä|pa|ra|tes; die Prä|pa|ra|te

prä|pa|rie|ren; du präparierst; er präpa-rierte; er hat das Fell präpariert (haltbar gemacht); sich präparieren (sich vorbe-reiten); er hat sich für diese Stunde gut präpariert

die **Prä|po|si|ti|on** (Verhältniswort); die Prä-po|si|ti|o|nen

das **Prä|po|si|ti|o|nal|ob|jekt** (Objekt, des-sen Fall von einer Präposition bestimmt wird)

die **Prä|rie** (Grassteppe); die Prä|ri|en

der **Prä|rie|wolf**

das **Prä|sens** *(Sprachwissenschaft:* Gegen-wart); die Prä|sen|tia *oder* Prä|sen|zi|en

> **!** Die Bezeichnung für die Zeitform der Gegenwart, das *Präsens* (mit sächli-chem Artikel und Betonung auf dem *ä*), schreibt man am Ende mit einem *s;* das Fremdwort für »Anwesenheit«, die *Prä-senz* (mit weiblichem Artikel und Beto-nung auf dem *e*), endet hingegen mit einem *z.*

prä|sent (anwesend; zur Hand); die Poli-zei war rechtzeitig präsent; ich habe die Mappe im Moment nicht präsent

das **Prä|sent** (Geschenk; kleine Aufmerk-samkeit); des Präsents *oder* Prä|sen|tes; die Prä|sen|te

die **Prä|sen|ta|ti|on** ([öffentliche] Vorstel-lung, Vorführung); die Prä|sen|ta|ti|o-nen

prä|sen|tie|ren (sehen lassen, zeigen;

Präsenz – Premierministerin

überreichen); ich präsentiere; du präsentierst; sie präsentierte; sie hat ihr neues Buch präsentiert; präsentiert das Gewehr! (Militärkommando)

die **Prä|senz** (Anwesenheit); Präsenz der Ordnungskräfte; ↑ ABER: Präsens

die **Prä|senz|bi|b|lio|thek** (Bücherei, deren Bücher nicht nach Hause mitgenommen werden dürfen)

prä|ser|va|tiv (vorbeugend, verhütend)

das **Prä|ser|va|tiv** (Kondom); des Präservativs; die Prä|ser|va|ti|ve

der **Prä|si|dent** (Vorsitzender); des/dem/den Prä|si|den|ten; die Prä|si|den|ten

die **Prä|si|den|tin;** die Präsidentinnen

die **Prä|si|dent|schaft**

die **Prä|si|dent|schafts|wahl**

prä|si|die|ren (den Vorsitz haben); sie präsidierte; sie hat der Sitzung präsidiert

das **Prä|si|di|um;** des Präsidiums; die Prä|si|di|en

pras|seln; es prasselte; das Feuer hat geprasselt; der Regen ist gegen das Fenster geprasselt

pras|sen (schlemmen); du prasst; er prasste; er hat geprasst

der **Pras|ser;** des Prassers; die Prasser

die **Pras|se|rei**

die **Pras|se|rin**

das **Prä|te|r|i|tum** (*Sprachwissenschaft:* Vergangenheit, Imperfekt); des Präteritums; die Präterita

die **Prä|ven|ti|on** (Vorbeugung, Verhütung)

prä|ven|tiv

die **Prä|ven|tiv|maß|nah|me**

die **Pra|xis** (Tätigkeit; Arbeitsräume eines Arztes oder Anwalts); die Praxen

pra|xis|be|zo|gen

der **Pra|xis|be|zug**

pra|xis|fern

die **Pra|xis|ge|bühr** (*früher für:* Geldbetrag, der von Kassenpatient[inn]en pro Vierteljahr bezahlt werden muss, wenn sie eine Arztpraxis aufsuchen)

pra|xis|nah; eine praxisnahe Ausbildung

prä|zis *oder* **prä|zi|se** (gewissenhaft; genau; unzweideutig); prä|zi|ser, am prä|zi|ses|ten

prä|zi|sie|ren (genau[er] angeben); er präzisierte; er hat seine Aussagen präzisiert; präzisier *oder* präzisiere bitte die Aussage!

die **Prä|zi|sie|rung**

die **Prä|zi|si|on** (Genauigkeit)

die **Prä|zi|si|ons|ar|beit**

pre|di|gen; du predigst; sie predigte; sie hat gepredigt; predige nicht so lange!

der **Pre|di|ger;** des Predigers; die Prediger

die **Pre|di|ge|rin;** die Predigerinnen

die **Pre|digt;** die Pre|dig|ten

der **Preis;** des Prei|ses; die Prei|se

das **Preis|aus|schrei|ben**

die **Prei|sel|bee|re**

prei|sen; du preist; er preist; er pries; er hat gepriesen; preis *oder* preise den Herrn!

preis|ge|ben; du gibst preis; er gab preis; er hat das Geheimnis preisgegeben; gib das Kennwort nicht preis!

preis|ge|krönt; der preisgekrönte Film

das **Preis|geld** (*Sport*)

preis|güns|tig; ein preisgünstiges Angebot

das **Preis-Leis|tungs-Ver|hält|nis**

die **Preis|lis|te**

der **Preis|nach|lass**

das **Preis|ni|veau** (*Wirtschaft*)

die **Preis|sen|kung**

die **Preis|stei|ge|rung**

der **Preis|trä|ger**

die **Preis|trä|ge|rin;** die Preisträgerinnen

der **Preis|ver|fall** (*Wirtschaft*)

preis|wert; preiswerte Angebote

pre|kär (schwierig, bedenklich); sich in einer prekären (misslichen) Lage befinden

das **Pre|ka|ri|at** (in Armut lebender Bevölkerungsteil)

der **Prell|ball** (ein Mannschaftsspiel)

der **Prell|bock;** die Prell|bö|cke

prel|len (betrügen); du prellst; er prellte; er hat ihn geprellt; prell *oder* prelle ihn nicht um sein Geld!; sich prellen (sich stoßen); er hat sich [an der Schulter] geprellt

die **Prel|lung**

der **Pre|mier** [prə'mie:] (Premierminister); des Premiers; die Premiers

die **Pre|mi|e|re** (Uraufführung, Erstaufführung); die Premieren

der **Pre|mi|er|mi|nis|ter** [preˈmie:...] (Ministerpräsident)

die **Pre|mi|er|mi|nis|te|rin** (Ministerpräsidentin)

367

Prepaidkarte – Privatfernsehen

die **Pre|paid|kar|te** ['pri:peɪt...] (wieder aufladbare Chipkarte mit gespeichertem Guthaben für die Handybenutzung)

pre|schen (*umgangssprachlich für:* rennen, eilen); du preschst; er preschte; er ist nach Hause geprescht

die **Pres|se**

die **Pres|se|agen|tur**

die **Pres|se|er|klä|rung**

die **Pres|se|frei|heit**

die **Pres|se|kon|fe|renz**

die **Pres|se|mel|dung**

die **Pres|se|mit|tei|lung**

pres|sen; du presst; er presste; er hat die Trauben gepresst; press *oder* presse die Trauben!

der **Pres|se|spre|cher**

die **Pres|se|spre|che|rin;** die Pressesprecherinnen

die **Pres|se|stel|le**

der **Pres|se|text**

pres|sie|ren (drängen, eilig sein); es pressierte; die Angelegenheit hat pressiert

das **Pres|sing** (eine Spieltaktik beim Fußball); des Pressings

der **Press|luft|ham|mer**

der **Press|schlag** *oder* **Press-Schlag** (*Fußball*)

das **Pres|ti|ge** [prɛsˈtiːʒə] (Ansehen, Geltung); des Prestiges

Pre|to|ria (Hauptstadt Südafrikas)

der **Preu|ße;** des/dem/den Preußen; die Preußen

Preu|ßen

preu|ßisch; das preußische Beamtentum; ABER: der Preußische Höhenrücken

der, die *oder* das **Pre|view** (Voraufführung eines Films; *EDV:* Vorschau); des Previews *oder* der Preview; die Previews

pri|ckeln; das Wasser prickelte; es hat [mir] in den Fingern geprickelt

der **Priel** (schmaler Wasserlauf im Wattenmeer); des Priels *oder* Prie|les; die Prie|le

der **Pries|ter;** des Priesters; die Priester

die **Pries|te|rin;** die Priesterinnen

die **Pries|ter|wei|he**

pri|ma (*umgangssprachlich für:* großartig); ein prima Essen

der **Pri|ma|ner** (Schüler der beiden höchsten Gymnasialklassen); des Primaners; die Primaner

die **Pri|ma|ne|rin;** die Primanerinnen

pri|mär (ursprünglich; vorrangig)

der *oder* das **Pri|mat** (Vorrang, Vormacht); des Primats *oder* Pri|ma|tes; die Pri|ma|te; das Primat der Politik vor der Wirtschaft

die **Pri|me** (*Musik:* Intervall aus zwei Tönen der gleichen Stufe); die Primen

die **Pri|mel** (eine Pflanze); die Primeln

pri|mi|tiv (einfach; dürftig); primitive Verhältnisse

der **Pri|mus** (Klassenbester); des Primus; die Primi *oder* Primusse

die **Prim|zahl** (nur durch 1 und sich selbst teilbare Zahl)

die **Prin|te** (ein Gebäck); Aachener Printen

der **Prin|ter** (Drucker); des Printers; die Printer

das **Print|me|di|um** (Druckerzeugnis) *meist Plural*

der **Prinz;** des/dem/den Prin|zen; die Prinzen

die **Prin|zes|sin;** die Prinzessinnen

das **Prin|zip** (der Grundsatz); des Prinzips; die Prin|zi|pi|en

prin|zi|pi|ell (grundsätzlich)

prin|zi|pi|en|treu

der **Pri|or** ([Kloster]vorsteher); des Priors; die Pri|o|ren

die **Pri|o|rin;** die Priorinnen

die **Pri|o|ri|tät** (Vorrecht; vorrangiger Anspruch); die Pri|o|ri|tä|ten; Prioritäten setzen (festlegen, was vorrangig ist)

die **Pri|se** (kleine Menge, die man zwischen zwei oder drei Fingern fasst); die Prisen; eine Prise Salz, Pfeffer, Tabak

> **!** In einer Reihe von Wörtern wird der lang gesprochene i-Laut ohne anschließendes -e oder Dehnungs-h geschrieben. Dazu gehört auch *Prise.*

das **Pris|ma** (ein geometrischer Körper; lichtbrechende Kantensäule); die Prismen

die **Prit|sche** (Holzliege; Ladefläche eines Lkw); die Pritschen

pri|vat (persönlich; außeramtlich, nicht öffentlich; vertraut); private Ausgaben; die private Wirtschaft

die **Pri|vat|ad|res|se**

das **Pri|vat|fern|se|hen**

368

privatisieren – programmatisch

pri|va|ti|sie|ren (in Privateigentum überführen); sie privatisierte; die Regierung hat den Staatsbetrieb privatisiert

das **Pri|vat|le|ben** *Plural selten*

die **Pri|vat|per|son**

der **Pri|vat|sen|der**

die **Pri|vat|sphä|re**

das **Pri|vi|leg** (Vorrecht); des Privilegs; die Pri|vi|le|gi|en, *auch:* Pri|vi|le|ge

pro (je); pro Stück; pro verbrauchten Kubikmeter

das **Pro** (Für); des Pros; das Pro und Kontra (Für und Wider)

pro|bat (erprobt; bewährt); ein probates Mittel

die **Pro|be;** Probe fahren; ich fahre Probe; wenn er Probe fährt; er ist Probe gefahren; er hat den Wagen Probe gefahren; er lehnt es ab, diesen Wagen Probe zu fahren; ABER: er kommt zum Probefahren

pro|ben; du probst; er probte; er hat seinen Auftritt geprobt

pro|be|wei|se

die **Pro|be|zeit**

pro|bie|ren; du probierst; sie probierte; sie hat es probiert; probier *oder* probiere es mal!; probieren *oder* Probieren geht über studieren *oder* Studieren

das **Pro|b|lem** (die zu lösende Aufgabe; die Fragestellung; die Schwierigkeit); des Problems; die Pro|b|le|me

die **Pro|b|le|ma|tik**

pro|b|le|ma|tisch; problematische Fälle

das **Pro|b|lem|be|wusst|sein**

pro|b|lem|los

die **Pro|b|lem|lö|sung**

das **Pro|dukt** (Ertrag; Ergebnis); des Produkts *oder* Pro|duk|tes; die Pro|duk|te

die **Pro|duk|ti|on** (Herstellung, Erzeugung); die Pro|duk|ti|o|nen

die **Pro|duk|ti|ons|kos|ten** *Plural*

pro|duk|tiv (ergiebig; fruchtbar; schöpferisch); produktive Zusammenarbeit

die **Pro|duk|ti|vi|tät** (Leistungsfähigkeit; Schaffenskraft); eine hohe oder niedrige Produktivität

die **Pro|dukt|pi|ra|te|rie** (unerlaubtes Nachahmen und Verkaufen von Markenprodukten)

der **Pro|du|zent;** des/dem/den Pro|du|zen|ten; die Pro|du|zen|ten

die **Pro|du|zen|tin;** die Produzentinnen

pro|du|zie|ren (erzeugen, schaffen); du produzierst; sie produzierte; sie hat Kugelschreiber produziert; produzier *oder* produziere etwas Neues!

Prof. = Professor; Professorin

pro|fan (weltlich; alltäglich); profane Kunst

pro|fes|si|o|nell (berufsmäßig; fachmännisch); professionelle Hilfe

der **Pro|fes|sor;** des Professors; die Pro|fes|so|ren

die **Pro|fes|so|rin;** die Professorinnen

die **Pro|fes|sur** (Lehrstuhl); die Pro|fes|su|ren

der **Pro|fi** (Berufssportler[in]); des Profis; die Profis; sie ist Profi im Boxen

das **Pro|fil** (Seitenansicht; Längs- oder Querschnitt; Riffelung bei Gummireifen); des Profils; die Pro|fi|le

sich **pro|fi|lie|ren** (besondere Fähigkeiten entwickeln); sie profilierte sich; sie hat sich als Politikerin profiliert

der **Pro|fit** (Nutzen; Gewinn); des Profits *oder* Pro|fi|tes; die Pro|fi|te; Profit bringen; ein Profit bringendes *oder* profitbringendes Geschäft; ABER NUR: ein großen Profit bringendes Geschäft; ein äußerst profitbringendes, noch profitbringenderes Geschäft

pro|fi|ta|bel (gewinnbringend); pro|fi|ta|bler; am pro|fi|ta|bels|ten; ein pro|fi|ta|bler Ferienjob

pro|fit|brin|gend *vergleiche:* **Pro|fit**

pro|fi|tie|ren (Nutzen ziehen); er profitierte; er hat von dem Verkauf nicht profitiert

pro for|ma (der Form wegen; zum Schein); sie hat den Antrag nur pro forma gestellt

pro|fund (tief, gründlich); profunde Kenntnisse in Mathematik

die **Pro|g|no|se** (Voraussage); die Prognosen

pro|g|nos|ti|zie|ren; sie prognostizierte; sie hat steigende Umsätze prognostiziert

das **Pro|gramm** (Plan; Darlegung von Grundsätzen; *EDV:* Folge von Anweisungen für einen Computer); des Programms; die Pro|gram|me

pro|gram|ma|tisch (einem Programm

369

programmieren – Prominenz

entsprechend); programmatische Entscheidungen

pro|gram|mie|ren ([im Ablauf] festlegen; *EDV:* ein Computerprogramm aufstellen); du programmierst; sie programmierte den Rechner; sie hat den Raketenstart programmiert

der **Pro|gram|mie|rer;** des Programmierers; die Programmierer

die **Pro|gram|mie|re|rin;** die Programmiererinnen

die **Pro|gram|mier|spra|che**

die **Pro|gres|si|on** (Weiterentwicklung; Steigerung); stromsparenddie Pro|gres|si|onen

pro|gres|siv (fortschrittlich); progressive Musik

! Pogrom

Das Fremdwort *Pogrom* stammt aus dem Russischen und ist deshalb nicht mit der lateinischen Vorsilbe pro- (wie in *Produktion* oder *Pronomen*) gebildet worden.

---

das **Pro|jekt** (der Plan, der Entwurf, das Vorhaben); des Projekts *oder* Pro|jek|tes; die Pro|jek|te

pro|jek|tie|ren (ein Projekt entwerfen); sie projektierte; sie hat den Neubau projektiert

das **Pro|jek|til** (Geschoss); des Projektils; die Pro|jek|ti|le

die **Pro|jek|ti|on** (auf eine ebene Fläche projizierte Abbildung); die Pro|jek|ti|o|nen

der **Pro|jekt|lei|ter**

die **Pro|jekt|lei|te|rin;** die Projektleiterinnen

das **Pro|jekt|ma|nage|ment**

der **Pro|jek|tor** (Lichtbildwerfer); des Projektors; die Pro|jek|to|ren

pro|ji|zie|ren (mit dem Projektor wiedergeben; auf einer ebenen Fläche darstellen); ich projiziere; du projizierst; er projizierte; er hat die Dias an die Wand projiziert

die **Pro|kla|ma|ti|on** (öffentliche Erklärung; Verkündigung); die Pro|kla|ma|ti|o|nen

pro|kla|mie|ren; du proklamierst; sie proklamierte; man hat ihn zum König proklamiert

der **Pro-Kopf-Ver|brauch**

die **Pro|ku|ra** (Handlungsvollmacht); die Pro|ku|ren; Prokura haben; jemandem Prokura erteilen; in Prokura

der **Pro|ku|rist** (Inhaber einer Prokura); des/dem/den Pro|ku|ris|ten; die Pro|ku|risten

die **Pro|ku|ris|tin;** die Prokuristinnen

der **Pro|let** (ungebildeter, unhöflicher Mensch); des/dem/den Pro|le|ten; die Pro|le|ten

das **Pro|le|ta|ri|at** (Gesamtheit der Proletarier); des Proletariats *oder* Pro|le|ta|ri|a|tes; die Pro|le|ta|ri|a|te

der **Pro|le|ta|ri|er** (Angehöriger der wirtschaftlich unselbstständigen, besitzlosen Klasse); des Proletariers; die Proletarier

pro|le|ta|risch

die **Pro|le|tin;** die Proletinnen

der **Pro|lo** (*umgangssprachlich für:* Prolet, Proletin); des Prolos; die Prolos

der **Pro|log** (Einleitung; Vorwort); des Prologs *oder* Pro|lo|ges; die Pro|lo|ge

die **Pro|me|na|de** (Spazierweg; Spaziergang); die Promenaden

die **Pro|me|na|den|mi|schung** (*umgangssprachlich für:* nicht reinrassiger Hund)

pro|me|nie|ren (spazieren gehen); du promenierst; er promenierte; er ist durch die Straßen promeniert

Pro|me|theus (griechische Sagengestalt); des Prometheus

der **Pro|mi** = Prominenter; des Promis; die Promis

die **Pro|mi** = Prominente

das **Pro|mil|le** (Tausendstel); des Promille *oder* Promilles; die Promille; die Gebühr beträgt 7 Promille

pro mil|le (für tausend, für das Tausend; *Zeichen:* ‰); er hat 1,8 pro mille Alkohol im Blut

die **Pro|mil|le|gren|ze** (Grenzwert des erlaubten Alkoholgehalts im Blut bei Kraftfahrer[inne]n)

pro|mi|nent (maßgebend, bedeutend); pro|mi|nen|ter; am pro|mi|nen|tes|ten

der **Pro|mi|nen|te** (bedeutende Persönlichkeit); die Prominenten; ein Prominenter; zwei Prominente

die **Pro|mi|nen|te;** eine Prominente

die **Pro|mi|nenz** (Gesamtheit der Prominenten)

Promoter – protestantisch

der **Pro|mo|ter** (Veranstalter von Profiboxkämpfen); des Promoters; die Promoter

die **Pro|mo|ti|on** (Erreichen der Doktorwürde); die Pro|mo|ti|o|nen

die **Pro|mo|tion** [pro'moːʃn] ([Verkaufs]förderung durch gezielte Werbung)
pro|mo|vie|ren (die Doktorwürde erreichen, verleihen); sie promovierte; sie hat [in Chemie] promoviert; sie ist [von der medizinischen Fakultät] promoviert worden; promovier *oder* promoviere in deinem Fach!

prompt (unverzüglich; pünktlich); prompte Lieferung

das **Pro|no|men** (Fürwort); die Pronomen *oder* Pro|no|mi|na
pro|no|mi|nal

die **Pro|pa|gan|da** (Werbung für politische Grundsätze, kulturelle Belange und wirtschaftliche Zwecke)

das **Pro|pa|gan|da|ma|te|ri|al**
pro|pa|gan|dis|tisch
pro|pa|gie|ren (für etwas werben); du propagierst; er propagierte; er hat seine Idee propagiert

das **Pro|pan** (ein Brenngas); des Propans

das **Pro|pan|gas**

der **Pro|pel|ler** (Antriebsschraube bei Schiffen und Flugzeugen); des Propellers; die Propeller
pro|per (sauber, ordentlich); ein properes Zimmer

der **Pro|phet** (Weissager; Mahner); des/dem/den Pro|phe|ten; die Pro|phe|ten

die **Pro|phe|tin;** die Prophetinnen
pro|phe|tisch; prophetische Fähigkeiten
pro|phe|zei|en; du prophezeist; sie prophezeite; er hat das Unglück prophezeit; prophezei *oder* prophezeie lieber nichts!

die **Pro|phe|zei|ung**
pro|phy|lak|tisch (vorbeugend, verhütend); prophylaktische Maßnahmen

die **Pro|phy|la|xe** (Vorbeugung)

die **Pro|por|ti|on** (Größenverhältnis); die Pro|por|ti|o|nen
pro|por|ti|o|nal (verhältnisgleich)

die **Pro|por|ti|o|na|li|tät**

die **Pro|por|ti|ons|glei|chung** *(Mathematik)*

der **Pro|porz** (Sitz- und Amtsverteilung nach dem Stimmenverhältnis); des Pro|porzes; die Pro|por|ze

der **Propst** (höherer kirchlicher Amtsträger); des Propsts *oder* Props|tes; die Pröps|te

die **Pro|sa** (Rede und Schrift in ungebundener Form)
pro|sa|isch (nüchtern); eine prosaische Sprache
pro|sit! *oder* **prost!** (wohl bekomms!)

das **Pro|sit** *oder* **Prost;** des Prosits *oder* Prost[e]s; die Prosits *oder* Pros|te; ein Prosit der Gemütlichkeit!

der **Pro|s|pekt** (Werbeschrift); des Prospekts *oder* Pro|s|pek|tes; die Pro|s|pek|te

die **Pro|s|ta|ta** (Vorsteherdrüse); die Prostatae
pros|ten (ein Prost ausbringen); er prostet; er hat auf seinen Erfolg geprostet

der **Pro|s|ti|tu|ier|te** (Mann, der gewerbsmäßig sexuelle Handlungen ausübt); ein Prostituierter; die Prostituierten; zwei Prostituierte

die **Pro|s|ti|tu|ier|te** (Frau, die gewerbsmäßig sexuelle Handlungen ausübt); eine Prostituierte

die **Pro|s|ti|tu|ti|on**

der **Pro|t|a|go|nist** (zentrale Gestalt; Vorkämpfer); des/dem/den Pro|t|a|go|nis|ten; die Pro|t|a|go|nis|ten

die **Pro|t|a|go|nis|tin;** die Protagonistinnen

das **Pro|te|in** (Eiweißart); des Proteins; die Pro|te|i|ne

die **Pro|tek|ti|on** (Förderung; Schutz); die Pro|tek|ti|o|nen

der **Pro|tek|tor** (Beschützer; Förderer; Schirmherr); des Protektors; die Pro|tek|to|ren

das **Pro|tek|to|rat** (Schirmherrschaft; Schutzherrschaft); des Protektorats *oder* Pro|tek|to|ra|tes; die Pro|tek|to|ra|te

der **Pro|test;** des Protests *oder* Pro|tes|tes; die Pro|tes|te

die **Pro|test|ak|ti|on**

der **Pro|tes|tant** (Angehöriger des evangelischen Glaubens); des/dem/den Pro|tes|tan|ten; die Pro|tes|tan|ten

die **Pro|tes|tan|tin;** die Protestantinnen
pro|tes|tan|tisch; eine protestantische Pfarrerin

Protestantismus – Prügel

der **Pro|tes|tan|tis|mus** (Gesamtheit der evangelischen Kirchengemeinschaften); des Protestantismus
pro|tes|tie|ren; du protestierst; sie protestierte; sie hat protestiert; protestier *oder* protestiere dagegen!

die **Pro|the|se** (Ersatzglied; Zahnersatz); die Prothesen

das **Pro|to|koll** (förmliche Niederschrift; Sitzungsbericht); des Protokolls; die Pro|to|kol|le; etwas zu Protokoll geben

der **Pro|to|kol|lant** (Schriftführer); des/dem/den Pro|to|kol|lan|ten; die Pro|to|koll|lan|ten

die **Pro|to|kol|lan|tin;** die Protokollantinnen
pro|to|kol|la|risch (im Protokoll); eine protokollarische Aussage; protokollarisch festhalten

der **Pro|to|koll|füh|rer**

die **Pro|to|koll|füh|re|rin**
pro|to|kol|lie|ren; du protokollierst; er protokolliert; er hat heute die Sitzung protokolliert; protokollier *oder* protokolliere die Unterrichtsstunde!

das **Pro|ton** (*Kernphysik:* ein Elementarteilchen); des Protons; die Pro|to|nen

der **Pro|to|nen|be|schleu|ni|ger**

der **Pro|to|typ** (Muster; Urbild)
pro|to|ty|pisch; prototypische Popstars

der **Protz** (*umgangssprachlich für:* Angeber); des Prot|zes; die Prot|ze
prot|zen; du protzt; er protzte; er hat mit seiner Kraft geprotzt; protz *oder* protze nicht!

die **Prot|ze|rei**
prot|zig; ein protziger Neubau

der **Pro|vi|ant** (Wegzehrung; Verpflegung); des Proviants; die Pro|vi|an|te

der **Pro|vi|der** [pro'vaidɐ] (Anbieter eines Zugangs zum Internet); des Providers; die Provider

die **Pro|vinz** (Landesteil; das Land im Gegensatz zur Hauptstadt); die Pro|vinzen
pro|vin|zi|ell; provinzielle Verhältnisse

die **Pro|vi|si|on** (Vergütung); die Pro|vi|si|o|nen
pro|vi|so|risch (vorläufig); eine provisorische Unterkunft

das **Pro|vi|so|ri|um** (Übergangslösung); die Provisorien

pro|vo|kant (provozierend); provokantes Verhalten

der **Pro|vo|ka|teur** [provoka'tø:ɐ̯] (jemand, der andere aufwiegelt); des Provokateurs; die Pro|vo|ka|teu|re

die **Pro|vo|ka|ti|on** (Herausforderung); die Pro|vo|ka|ti|o|nen
pro|vo|zie|ren (herausfordern; bewirken; auslösen); du provozierst; er provozierte [mich]; der Vorfall hat eine Diskussion provoziert; provozier *oder* provoziere sie nicht!

die **Pro|ze|dur** ([schwieriges] Verfahren); die Pro|ze|du|ren

das **Pro|zent** ([Zinsen, Gewinn] vom Hundert; Hundertstel; *Zeichen:* %); des Prozents *oder* Pro|zen|tes; die Pro|zen|te; 5 Prozent *oder* 5 %; die Fünfprozentklausel *oder* 5-Prozent-Klausel (bei Wahlen)

der **Pro|zent|punkt** (Differenz zwischen zwei Prozentzahlen) *meist Plural*

die **Pro|zent|rech|nung**

der **Pro|zent|satz** (bestimmte Anzahl von Prozenten)
pro|zen|tu|al (in Prozenten ausgedrückt); der prozentuale Gewinnanteil

der **Pro|zess;** des Pro|zes|ses; die Pro|zes|se
pro|zes|sie|ren (einen Prozess führen); du prozessierst; er prozessierte; er hat [gegen ihn] prozessiert; prozessier *oder* prozessiere möglichst nicht!

die **Pro|zes|si|on** (kirchlicher Umzug); die Pro|zes|si|o|nen

der **Pro|zes|sor** (*EDV:* zentraler Teil einer Datenverarbeitungsanlage); des Prozessors; die Pro|zes|so|ren
prü|de (übertrieben schamhaft); prüder; am prü|des|ten

die **Prü|de|rie**
prü|fen; du prüfst; sie prüfte; sie hat ihn geprüft; prüf *oder* prüfe ihn später!

der **Prü|fer;** des Prüfers; die Prüfer

die **Prü|fe|rin;** die Prüferinnen

der **Prüf|ling;** des Prüflings; die Prüf|lin|ge

der **Prüf|stand;** auf dem Prüfstand stehen (auf seine Notwendigkeit überprüft werden)

die **Prü|fung**

die **Prü|fungs|auf|ga|be**

der **Prü|gel** (Stock); des Prügels; die Prügel

die **Prü|gel** (*umgangssprachlich für:* Schläge) *Plural;* Prügel bekommen, beziehen

Prügelei – Pudel

die **Prü|ge|lei**
prü|geln; du prügelst; er prügelte; er hat ihn geprügelt; prügle *oder* prügele ihn nicht!; sich prügeln; die beiden haben sich wieder geprügelt

der **Prunk** ([übertriebene] Pracht); des Prunks *oder* Prun|kes
prun|ken; du prunkst; sie prunkte; sie hat mit ihrem Schmuck geprunkt; prunk *oder* prunke nicht mit deinem Reichtum!

die **Prunk|sit|zung** (im Karneval)

die **Prunk|sucht** *(abwertend)*
prunk|voll
prus|ten (stark schnauben); du prustest; das Pferd prustete; es hat geprustet; pruste nicht so!

PS = Postskriptum (Nachschrift, Zusatz in einem Brief)

das **PS** (veraltete Maßeinheit)

der **Psalm** (geistliches Lied); des Psalms; die Psal|men

der **Psal|ter** (das Buch der Psalmen im Alten Testament)
pseu|d|o|nym (unter einem Decknamen [verfasst]); das Buch ist pseudonym erschienen

das **Pseu|d|o|nym** (Deckname, Künstlername); des Pseudonyms; die Pseu|d|o|ny|me; das Buch wurde unter einem Pseudonym geschrieben
pst!

die **Psy|che** (Seele)

der **Psy|ch|i|a|ter** (Facharzt für psychische Krankheiten); des Psychiaters; die Psychiater

die **Psy|ch|i|a|te|rin;** die Psychiaterinnen

die **Psy|ch|i|a|t|rie** (*nur Singular:* Lehre von den seelischen Störungen, von den Geisteskrankheiten; *umgangssprachlich für:* psychiatrische Klinik); der Psychiatrie; die Psy|chi|a|t|ri|en; in die Psychiatrie eingeliefert werden
psy|chisch (seelisch)

die **Psy|cho|ana|ly|se** (Methode zur Untersuchung unbewusster seelischer Vorgänge)

der **Psy|cho|lo|ge** (Wissenschaftler oder Praktiker auf dem Gebiet der Psychologie); des/dem/den Psychologen

die **Psy|cho|lo|gie** (Wissenschaft von den seelischen Vorgängen)

die **Psy|cho|lo|gin;** die Psychologinnen

psy|cho|lo|gisch; eine psychologische Untersuchung

die **Psy|cho|se** (krankhafte seelische Störung); die Psychosen
psy|cho|so|zi|al (durch psychische und soziale Gegebenheiten bestimmt); psychosoziale Entwicklung

der **Psy|cho|the|ra|peut** (Arzt oder Psychologe, der die Psychotherapie anwendet)

die **Psy|cho|the|ra|peu|tin**

die **Psy|cho|the|ra|pie** (Heilbehandlung für psychische Probleme)

der **Psy|cho|thrill|ler** (Kriminalfilm oder -roman, der vor allem durch psychische Effekte spannend wirkt)

das *oder* der **Pub** [pap] (Wirtshaus im englischen Stil, Bar); des Pubs; die Pubs
pu|ber|tär (mit der Geschlechtsreife zusammenhängend); pubertäre Gefühle

die **Pu|ber|tät** (Zeit der beginnenden Geschlechtsreife)
pu|ber|tie|ren (in der Pubertät sein); du pubertierst; sie pubertierte

die **Pu|b|li|ci|ty** [paˈblɪsiti] (Reklame; [Bemühung um] öffentliches Aufsehen)
pu|b|li|ci|ty|scheu

die **Pu|b|lic Re|la|tions** [ˈpablɪk riˈleɪʃn̩s] (Öffentlichkeitsarbeit; Kontaktpflege; *Abkürzung:* PR) *Plural*
pu|b|lik (öffentlich; allgemein bekannt); etwas <mark>publik machen</mark> *oder* publikmachen; publik werden

die **Pu|b|li|ka|ti|on** (Veröffentlichung); die Pu|b|li|ka|ti|o|nen
pu|b|lik|ma|chen *vergleiche:* **pu|b|lik**

das **Pu|b|li|kum;** des Publikums

der **Pu|b|li|kums|er|folg**

der **Pu|b|li|kums|lieb|ling**
pu|b|li|kums|wirk|sam; publikumswirksame Schlagzeilen
pu|b|li|zie|ren (veröffentlichen); du publizierst; sie publizierte; sie hat einen Aufsatz publiziert

der **Pu|b|li|zist** (Journalist; politischer Schriftsteller); des Pu|b|li|zis|ten; die Pu|b|li|zis|ten

die **Pu|b|li|zis|tin;** die Publizistinnen

der **Puck** (Hartgummischeibe beim Eishockey); des Pucks; die Pucks

der **Pud|ding;** die Pud|din|ge *oder* Puddings

das **Pud|ding|pul|ver**

der **Pu|del;** des Pudels; die Pudel

Pudelmütze – Punktzahl

die **Pu|del|müt|ze**
pu|del|nass
pu|del|wohl; sich pudelwohl fühlen

der **Pu|der;** des Puders; die Puder
pu|dern; du puderst; er puderte; er hat
die wunde Stelle gepudert; pudere diese
Stelle!; sich pudern; sie hat sich stark
gepudert

der **Pu|der|zu|cker**

der **Pu|er|to Ri|ca|ner** *oder* **Pu|er|to-Ri|ca|-**
ner (Bewohner von Puerto Rico); des
Puerto Ricaners *oder* Puerto-Ricaners;
die Puerto Ricaner *oder* Puerto-Ricaner

die **Pu|er|to Ri|ca|ne|rin** *oder* **Pu|er|to-Ri|-**
ca|ne|rin; die Puerto Ricanerinnen *oder*
Puerto-Ricanerinnen
pu|er|to-ri|ca|nisch
Pu|er|to Ri|co (Insel der Großen Antil-
len)

der **Puff** (*umgangssprachlich für:* Stoß); des
Puffs *oder* Puf|fes; die Püf|fe, *seltener:*
Puf|fe

der, *auch:* das **Puff** (*umgangssprachlich für:*
Bordell); des Puffs; die Puffs
puf|fen (*umgangssprachlich für:* stoßen);
du puffst; er puffte; er hat ihn in die
Seite gepufft

der **Puf|fer** (Stoßdämpfer an Schienenfahr-
zeugen); des Puffers; die Puffer

die **Puf|fer|zo|ne**

der **Puff|mais**

der **Puff|reis**
puh!
pu|len (*norddeutsch für:* bohren, heraus-
klauben); du pulst; sie pulte das Etikett
von der Flasche; sie hat die Rosinen aus
dem Kuchen gepult; pul *oder* pule nicht
an der Narbe!

der **Pulk** (Verband von [militärischen] Flugzeugen oder Kraftfahrzeugen); des Pulks
oder Pul|kes; die Pulks, *selten:* Pul|ke

die **Pul|le** (*umgangssprachlich*)*;* die Pullen

der **Pul|li;** des Pullis; die Pullis

der **Pul|l|o|ver;** des Pullovers; die Pullover

der **Pul|l|un|der** (kurzer, ärmelloser Pullo-
ver); des Pullunders; die Pullunder

der **Puls;** des Pul|ses; die Pul|se

die **Puls|ader**
pul|sie|ren; das Leben pulsierte in den
Straßen; es hat in den Straßen pulsiert

der **Puls|schlag**

das **Pult;** des Pults *oder* Pul|tes; die Pul|te

das **Pul|ver;** des Pulvers; die Pulver
pul|ve|rig *oder* **pulv|rig** (in Pulverform);
pulveriger *oder* pulvriger Schnee
pul|ve|ri|sie|ren (zu Pulver zerreiben);
die Mühle hat das Getreide pulverisiert;
pulverisierter Kaffee
pulv|rig *vergleiche:* **pul|ve|rig**

der **Pu|ma** (eine Raubkatze); des Pumas; die
Pumas
pum|me|lig *oder* **pumm|lig** (*umgangs-*
sprachlich für: dicklich); pummelige *oder*
pummlige Kinder

die **Pum|pe**
pum|pen; du pumpst; er pumpte; er hat
kräftig gepumpt; pump *oder* pumpe den
Eimer voll Wasser!; sich etwas pumpen
(*umgangssprachlich für:* sich etwas leihen); er hat sich bei mir etwas Geld
gepumpt

der **Pum|per|ni|ckel** (ein Schwarzbrot); des
Pumpernickels; die Pumpernickel

der **Pumps** [pœmps] (ausgeschnittener
Damenschuh mit höherem Absatz); des
Pumps; die Pumps

der **Punk** [paŋk] *oder* **Pun|ker** (Jugendli-
cher, der durch sein auffälliges Äußeres
betont antibürgerlich erscheinen will);
des Punk[s] *oder* Punkers; die Punks
oder Punker

die **Pun|ke|rin;** die Punkerinnen

der **Punkt;** es ist Punkt 8 Uhr; der Punkt auf
dem i

der **Punkt|ab|zug** *oder* **Punk|te|ab|zug**
punk|ten (Punkte sammeln; mit Punk-
ten bewerten); du punktest; sie punktete
mit ihrem Aufschlag; sie hat sehr streng
gepunktet
punkt|gleich; punktgleiche Teams
punk|tie|ren (durch Punkte darstellen,
mit Punkten ausfüllen; *Medizin:* durch
Einstechen mit einer Hohlnadel dem
Körper Flüssigkeit oder Gewebe entneh-
men); du punktierst; er punktierte eine
Linie; er hat die Lunge punktiert
pünkt|lich; pünktliches Erscheinen

die **Pünkt|lich|keit**
punkt|schwei|ßen *(Technik);* er hat die
Karosserie punktgeschweißt; er versucht[,] die Teile punktzuschweißen
punk|tu|ell (einzelne Punkte betref-
fend); punktuelle Überlegungen

die **Punkt|zahl**

Punsch – Python

der **Punsch** (ein alkoholisches Getränk); des Punschs *oder* Pun|sches; die Pun|sche, *auch:* Pün|sche

der **Pup** *oder* **Pups** *oder* **Pup|ser** (*umgangssprachlich für:* abgehende Blähung); des Pup[e]s *oder* Pup|ses *oder* Pupsers; die Pu|pe *oder* Pup|se *oder* Pupser

pu|pen, pup|sen (*umgangssprachlich für:* eine Blähung abgehen lassen); du pupst; er pupte *oder* pupste; er hat gepupt *oder* gepupst

die **Pu|pil|le** (Sehöffnung im Auge); die Pupillen

die **Pup|pe**

das **Pup|pen|the|a|ter**

der **Pup|pen|wa|gen**

der **Pups** *vergleiche:* Pup

pup|sen *vergleiche:* pu|pen

der **Pup|ser** *vergleiche:* Pup

pur (rein, unverfälscht); pures Gold

das **Pü|ree** (breiförmige Speise); des Pürees; die Pürees

der **Pu|ri|ta|ner** (sittenstrenger Mensch); des Puritaners; die Puritaner

pu|ri|ta|nisch; puritanische Strenge

der **Pur|pur** (hochroter Farbstoff; purpurfarbenes Gewand); des Purpurs

pur|pur|far|ben *oder* **pur|pur|far|big;** ein purpurfarbener *oder* purpurfarbiger Mantel

pur|purn (purpurfarben); die purpurne Abendsonne

pur|pur|rot

der **Pur|zel|baum;** die Pur|zel|bäu|me

pur|zeln; ich purz[e]le; du purzelst; er ist in den Graben gepurzelt

pu|shen ['pʊʃn̩] *oder* **pu|schen** (*umgangssprachlich für:* Aufmerksamkeit auf jemanden oder etwas lenken; in Schwung bringen); du pushst *oder* puschst; er pushte *oder* puschte den Kandidaten; die Trainerin hat ihre Mannschaft gepusht *oder* gepuscht

der **Push-up-BH** ['pʊʃlapbeha:] (ein üppiges Dekolleté formender BH)

die **Pus|te** (*umgangssprachlich für:* Atemluft); außer Puste (außer Atem) sein; ihm geht die Puste aus

die **Pus|te|blu|me** (abgeblühter Löwenzahn)

die **Pus|tel** (Eiterbläschen); die Pusteln

pus|ten; du pustest; sie pustete; sie hat gepustet; puste kräftig!

die **Pusz|ta** (Grassteppe in Ungarn); die Puszten

die **Pu|te** (Truthenne); die Puten

der **Pu|ter** (Truthahn); des Puters; die Puter

pu|ter|rot; puterrot werden

der **Putsch** (politischer Umsturz[versuch]); des Putschs *oder* Put|sches; die Put|sche

put|schen; du putschst; er putscht; er putschte; die Armee hat gegen die Regierung geputscht

der **Putz;** des Put|zes

put|zen; du putzt; er putzte; er hat geputzt; putz *oder* putze die Fenster!

die **Putz|frau**

put|zig (*umgangssprachlich für:* drollig); putzige Tiere

der **Putz|lap|pen**

putz|mun|ter (*umgangssprachlich*)

die **Putz|sucht**

putz|süch|tig

das **Putz|tuch**

puz|zeln ['pazln̩, *auch:* 'pʊzln̩] (ein Puzzle zusammensetzen); ich puzzele *oder* puzzle; er puzzelte; er hat gepuzzelt

das **Puz|zle** [pazl̩, *auch:* pʊzl̩] (Geduldsspiel); des Puzzles; die Puzzles

das **Puz|zle|spiel**

das **PVC** = Polyvinylchlorid (ein Kunststoff)

der **Pyg|mäe** (Angehöriger einer kleinwüchsigen Bevölkerungsgruppe in Afrika); des/dem/den Pyg|mä|en; die Pyg|mä|en

pyg|mä|en|haft

die **Pyg|mä|in;** die Pygmäinnen

der **Py|ja|ma** [py'dʒa:ma] (Schlafanzug); des Pyjamas; die Pyjamas

die **Py|ja|ma|ho|se**

der **Py|lon** (Brückenpfeiler; kegelförmige Absperrmarkierung auf Straßen); des/dem/den Py|lo|nen; die Py|lo|nen

die **Py|ra|mi|de** (ägyptischer Grabbau; ein geometrischer Körper)

die **Py|re|nä|en** (Gebirge zwischen Spanien und Frankreich) *Plural*

der **Py|ro|ma|ne** (Mensch mit dem krankhaften Trieb, Brände zu legen); des/dem/den Pyromanen; die Pyromanen

die **Py|ro|ma|nin;** die Pyromaninnen

die **Py|ro|tech|nik** (Herstellung und Gebrauch von Feuerwerkskörpern)

der **Py|thon** (eine Riesenschlange); des Pythons; die Pythons

Q – Quart

Q

das **Q** (Buchstabe); des Q; die Q; ABER: das q in Aquarium

der **QR-Code** (*zu der Abkürzung von:* quick response [schnelle Antwort]; aus Punkten zu einem Quadrat zusammengesetzter, elektronisch lesbarer Code)

der **Quack|sal|ber** (Kurpfuscher); des Quacksalbers; die Quacksalber

die **Quack|sal|be|rin**; die Quacksalberinnen

die **Quad|del** (juckende Anschwellung); die Quaddeln

der *oder* die **Qua|der** (*Mathematik:* ein von sechs Rechtecken begrenzter Körper); des Quaders *oder* der Quader; die Quader *oder* Quadern

das **Qua|d|rat** (Viereck mit vier rechten Winkeln und vier gleichen Seiten; zweite Potenz einer Zahl); des Quadrats *oder* Qua|d|ra|tes; die Qua|d|ra|te
qua|d|ra|tisch; quadratische Flächen

die **Qua|d|rat|lat|schen** (*umgangssprachlich scherzhaft für:* große, unförmige Schuhe) *Plural*

der **Qua|d|rat|me|ter**

die **Qua|d|rat|zahl**
qua|d|rie|ren (in die zweite Potenz erheben); sie quadrierte die Zahl; sie hat die Zahl quadriert; quadrier *oder* quadriere die Zahl!
qua|ken; die Ente quakt; sie quakte; sie hat gequakt; quak *oder* quake nicht so!

der **Quä|ker** (Angehöriger einer christlichen Gemeinschaft); des Quäkers; die Quäker

die **Quä|ke|rin** (Angehörige einer christlichen Gemeinschaft); die Quäkerinnen

die **Qual;** die Quallen
quä|len; du quälst ihn; er quälte ihn; er hat ihn gequält; quäl *oder* quäle ihn nicht!

die **Quä|le|rei**

der **Quäl|geist** *(umgangssprachlich);* die Quäl|geis|ter

der **Qua|li** (*umgangssprachlich kurz für:* qualifizierter [Schul]abschluss); die Qualis

die **Qua|li** (*umgangssprachlich kurz für:* Qualifikation); sie haben die Quali erreicht

die **Qua|li|fi|ka|ti|on** (Befähigung; Befähigungsnachweis; Teilnahmeberechtigung für sportliche Wettbewerbe)

sich **qua|li|fi|zie|ren** (die Voraussetzungen für eine bestimmte [berufliche] Tätigkeit erwerben; *Sport:* die Berechtigung erwerben, an einem bestimmten Wettbewerb teilnehmen); du qualifizierst dich; sie qualifizierte sich; sie hat sich zur Ernährungsberaterin qualifiziert; die Mannschaft hat sich für die Europameisterschaft qualifiziert
qua|li|fi|ziert (besondere Fähigkeiten erfordernd oder aufweisend); qua|li|fi|zier|ter; am qua|li|fi|zier|tes|ten; ein qualifizierter Unterricht; ein qualifizierter Diskussionsbeitrag

die **Qua|li|fi|zie|rung**

die **Qua|li|fi|zie|rungs|maß|nah|me**

die **Qua|li|tät** (Beschaffenheit, Güte, Wert)
qua|li|ta|tiv (dem Wert, der Beschaffenheit nach); das Material ist qualitativ ausreichend
qua|li|täts|be|wusst; qualitätsbewusste Kundschaft

die **Qua|li|täts|kon|t|rol|le**

der **Qua|li|täts|stan|dard**

die **Qual|le**

der **Qualm;** des Qualms *oder* Qual|mes
qual|men; es qualmte; der Kamin hat gequalmt
qual|voll; qualvolles Warten

das **Quänt|chen** (eine kleine Menge); des Quäntchens; die Quäntchen; du brauchst ein Quäntchen Glück

die **Quan|ti|tät** (Menge, Masse, Größe); die Quan|ti|tä|ten
quan|ti|ta|tiv (mengenmäßig); die Verpflegung ist quantitativ gut

das **Quan|tum** (Menge, Anzahl, Maß); des Quantums; die Quanten; das richtige Quantum nehmen

die **Qua|ran|tä|ne** [karanˈtɛːnə] (Absperrung zum Schutz gegen Ansteckung); die Quarantänen

die **Qua|ran|tä|ne|sta|ti|on**

der **Quark** (Nahrungsmittel aus saurer Milch); des Quarks *oder* Quar|kes; red keinen Quark (*umgangssprachlich für:* red keinen Unsinn)

die **Quark|schnit|te**

die **Quart** *oder* **Quar|te** (*Musik:* der vierte Ton vom Grundton an); die Quarten

Quarta – Quetschung

die **Quar|ta** (dritte Klasse eines Gymnasiums); die Quarten

das **Quar|tal** (Vierteljahr); des Quartals; die Quar|ta|le

der **Quar|ta|ner;** des Quartaners; die Quartaner

die **Quar|ta|ne|rin;** die Quartanerinnen

das **Quar|tett** (ein Kartenspiel; Musikstück für vier Stimmen oder für vier Instrumente; *auch:* die ausführenden Musiker selbst); des Quartetts *oder* Quar|tet|tes; die Quar|tet|te

das **Quar|tier** (Unterkunft); des Quartiers; die Quar|tie|re; Quartier beziehen

der **Quarz** (ein Mineral); des Quar|zes; die Quar|ze

quarz|hal|tig; quarzhaltiges Gestein

die **Quarz|uhr**

qua|si (gewissermaßen, sozusagen)

die **Quas|se|lei** (*umgangssprachlich für:* dauerndes schnelles Reden)

quas|seln; ich quassele *oder* quassle; du quasselst; er quasselt; er quasselte; er hat gequasselt; quassele *oder* quassle nicht so lange!

die **Quas|sel|strip|pe**

die **Quas|te** (Troddel); die Quasten

der **Quatsch** (*umgangssprachlich*); des Quatschs *oder* Quat|sches; das ist doch Quatsch!; ach Quatsch!

quat|schen; du quatschst; er quatscht; er quatschte; er hat lange gequatscht; quatsch *oder* quatsche nicht immer!

der **Quatsch|kopf**

die **Que|cke** (eine Graspflanze); die Quecken

das **Queck|sil|ber** (ein chemisches Element, Metall; *Zeichen:* Hg)

queck|sil|be|rig *oder* **queck|silb|rig**

die **Queck|sil|ber|säu|le**

queck|silb|rig ([unruhig] wie Quecksilber)

die **Queen** [kvi:n] (*nur Singular:* die jeweils regierende englische Königin); die Queen kommt zu Besuch

der **Quell** (*gehoben für:* Quelle); des Quells; die Quel|le

der **Quell|code** (*EDV:* Text eines grundlegenden Computerprogramms)

die **Quel|le**

quel|len (mächtig herausdrängen; sprudeln); das Wasser quillt; es quoll; das Wasser ist aus dem Boden gequollen

quel|len (in Wasser weichen lassen); du quellst die Bohnen; er quellte sie; er hat sie gequellt; quell *oder* quelle die Bohnen!

die **Quel|len|an|ga|be**

das **Quell|was|ser**

die **Quen|ge|lei** (*umgangssprachlich*)

quen|ge|lig *oder* **queng|lig;** ein quengeliges *oder* quengliges Kind

quen|geln; du quengelst; er quengelte; er hat den ganzen Tag gequengelt; queng[e]le nicht!

quer; kreuz und quer; quer [über die Straße] gehen; sich quer [ins Bett] legen; ein Ast hatte sich quer gelegt; ABER: sich ↑ querlegen; ein <mark>quer gestreifter</mark> *oder* quergestreifter Rock

quer|durch; sie ist querdurch gelaufen; ABER: sie ist quer durch die Wiesen gelaufen

die **Que|re;** sie kommt mir in die Quere

die **Que|re|le** (Streiterei); die Querelen *meist Plural*

quer|feld|ein; querfeldein gehen, fahren

die **Quer|flö|te**

quer|ge|streift vergleiche: **quer**

der **Quer|kopf** (*umgangssprachlich für:* jemand, der sich immer widersetzt)

quer|köp|fig; ein querköpfiger Kerl

sich **quer|le|gen** (*umgangssprachlich für:* sich widersetzen); du legst dich quer; sie hat sich quergelegt; ↑ *auch:* quer

quer|schie|ßen (*umgangssprachlich für:* die Pläne anderer absichtlich stören); du schießt quer; er hat quergeschossen

das **Quer|schiff** (einer Kirche)

der **Quer|schlä|ger** (abgepralltes Geschoss)

der **Quer|schnitt**

quer|schnitt[s]|ge|lähmt

die **Quer|sum|me**

der **Que|ru|lant** (jemand, der durch kleinliche Beschwerden lästig fällt); des/den Que|ru|lan|ten; die Que|ru|lan|ten

die **Que|ru|lan|tin;** die Querulantinnen

der **Quer|ver|weis**

quet|schen; du quetschst; sie quetschte das Badetuch in den Koffer; sie hat sich den Finger gequetscht; quetsch *oder* quetsche dir nicht den Finger!

die **Quet|schung**

377

Queue – rachitisch

das, *auch* der **Queue** [kø:] (Billardstock); des Queues; die Queues

quick (munter)

quick|le|be|n|dig

quie|ken; das Schwein quiekt; das Schwein hat gequiekt

quiet|schen; die Tür quietscht; die Tür quietschte; die Tür hat gequietscht

quietsch|ver|gnügt *(umgangssprachlich)*

die **Quin|ta** (zweite Klasse eines Gymnasiums); die Quinten

der **Quin|ta|ner;** des Quintaners; die Quintaner

die **Quin|ta|ne|rin;** die Quintanerinnen

die **Quin|te** *oder* **Quint** (der fünfte Ton vom Grundton an); die Quinten

der **Quin|ten|zir|kel** (Kreis der Dur- und Molltonarten mit Grundtönen im Quintabstand und zunehmenden Vorzeichen)

die **Quint|es|senz** ([als Ergebnis] das Wesentliche einer Sache); die Quint|essen|zen

das **Quin|tett** (Musikstück für fünf Stimmen oder für fünf Instrumente; *auch:* die ausführenden Musiker selbst); des Quintetts *oder* Quin|tet|tes; die Quin|tet|te

der **Quirl** (Rührgerät); des Quirls *oder* Quirles; die Quir|le

quir|len; du quirlst; er quirlte; er hat das Ei gequirlt; quirl *oder* quirle diese Getränke!

quir|lig *(umgangssprachlich für:* lebhaft); ein quirliger Junge

quitt (ausgeglichen; fertig); jetzt sind wir quitt

die **Quit|te** (ein Obstbaum; dessen Frucht); die Quitten

quitt|te|gelb *oder* **quitt|ten|gelb**

das, *auch:* der **Quit|ten|ge|lee**

quit|tie|ren (den Empfang bescheinigen); du quittierst; sie quittierte; sie hat den Empfang des Geldes quittiert; quittier *oder* quittiere die Rechnung!

die **Quit|tung**

der **Quit|tungs|block**

das **Quiz** [kvɪs] (Frage-und-Antwort-Spiel); des Quiz; die Quiz, *umgangssprachlich auch:* Quizze

der **Quiz|mas|ter** [ˈkvɪsmaːstɐ] (Fragesteller beim Quiz); des Quizmasters; die Quizmaster

die **Quiz|mas|te|rin;** die Quizmasterinnen

die **Quiz|sen|dung**

die **Quiz|show**

die **Quo|te** (Anteil, Teilbetrag; *kurz für:* Einschaltquote); die Quoten

die **Quo|ten|re|ge|lung** (Festlegung eines angemessenen Frauenanteils in bestimmten Funktionen)

der **Quo|ti|ent** (Ergebnis der Divisionsrechnung, *auch:* der Bruch selbst); des/dem/den Quo|ti|en|ten; die Quo|ti|en|ten

R

das **R** (Buchstabe); des R; die R; ᴀʙᴇʀ: das r in fahren

Ra|bat [*auch:* raˈbat] (Hauptstadt Marokkos)

der **Ra|batt** (Preisnachlass); des Rabatts *oder* Ra|bat|tes; die Ra|bat|te

die **Ra|bat|te** (Randbeet); die Rabatten

der **Ra|batz** *(umgangssprachlich für:* Krach); des Ra|bat|zes; Rabatz machen

der **Ra|bau|ke** *(umgangssprachlich für:* grober Kerl); des/dem/den Rabauken; die Rabauken

der **Rab|bi** (Rabbiner; Titel eines Rabbiners); des Rabbi *oder* Rabbis; die Rabbis *oder* Rab|bi|nen

der **Rab|bi|ner** (jüdischer Geistlicher); des Rabbiners; die Rabbiner

der **Ra|be;** des/dem/den Raben; die Raben

die **Ra|ben|el|tern** (lieblose Eltern)

ra|ben|schwarz; rabenschwarzes Haar

ra|bi|at (grob; wütend); ra|bi|a|ter; am ra|bi|a|tes|ten

die **Ra|che**

die **Ra|che|ge|lüs|te** *Plural*

rä|chen; du rächst; er rächte; er hat die Tat gerächt; sich rächen; ihr Leichtsinn wird sich noch rächen

der **Ra|chen;** des Rachens; die Rachen

der **Rä|cher;** des Rächers; die Rächer

die **Rä|che|rin;** die Rächerinnen

die **Rach|gier**

rach|gie|rig

die **Ra|chi|tis** (Krankheit, die durch Mangel an Vitamin D hervorgerufen wird)

ra|chi|tisch; ein rachitisches Kind

Racker – rahmig

der **Ra|cker** (*familiär für:* Schlingel); des
Rackers; die Racker
ra|ckern (sich abmühen); ich rackere; er
rackerte; er hat unermüdlich gerackert

das **Ra|cket** ['rɛkət] *oder* **Ra|kett** ([Ten-
nis]schläger); des Rackets *oder* Raketts;
die Rackets *oder* Raketts

die, *auch:* das **Ra|c|lette** ['raklɛt, *auch:*
ra'klɛt] (ein schweizerisches Käsegericht); der Raclette, *auch:* des Raclettes;
die Raclettes

das **Rad;** des Rads *oder* Rades; die Rä|der;
Rad fahren; du fährst Rad; sie fährt
Rad; sie fuhr Rad; sie ist Rad gefahren;
fahre öfter Rad!; weil ich gern Rad
fahre; um Rad zu fahren; Rad und Auto
fahren; Auto und Rad fahren; Rad
schlagen; du schlägst Rad; sie schlägt
Rad; sie schlug Rad; sie hat Rad geschlagen; sie kann ein Rad schlagen; um Rad
zu schlagen; ABER: sich beim Radschla-
gen verletzen

das, *auch:* der **Ra|dar** [*auch:* 'ra:da:ɐ̯] (Gerät
und Verfahren zur Ortung von Gegen-
ständen); des Radars

die **Ra|dar|kon|t|rol|le**

der **Ra|dar|schirm** (Leuchtschirm eines
Radargeräts)

der **Ra|dau** (*umgangssprachlich für:* Lärm,
Krach); des Radaus; Radau machen
ra|de|bre|chen (eine Sprache nur man-
gelhaft sprechen); du radebrechst; sie
radebrechte; sie hat Deutsch nur gerade-
brecht
ra|deln; ich rad[e]le; du radelst; sie
radelte; sie ist ins Dorf geradelt; radle
oder radele zum Bäcker!

der **Rä|dels|füh|rer**

die **Rä|dels|füh|re|rin**

das **Rad|fah|ren**

der **Rad|fah|rer**

die **Rad|fah|re|rin**
ra|di|al (im Radius laufend; strahlenför-
mig)
ra|die|ren; du radierst; sie radierte; sie
hat radiert; radier *oder* radiere nicht im
Buch!

der **Ra|dier|gum|mi**

die **Ra|die|rung** (mit einer geätzten Platte
gedruckte Grafik)

das **Ra|dies|chen;** des Radieschens; die
Radieschen

ra|di|kal (extrem; gründlich); radikale
Ansichten vertreten

die **Ra|di|ka|li|sie|rung** (Entwicklung zum
Radikalen)

der **Ra|di|ka|lis|mus** (extreme Einstellung);
des Radikalismus; die Radikalismen

das **Ra|dio;** des Radios; die Radios
ra|dio|ak|tiv; radioaktive Stoffe

die **Ra|dio|ak|ti|vi|tät** (Strahlung durch
Kernzerfall)

der **Ra|dio|ap|pa|rat**

das **Ra|di|um** (ein radioaktives Element,
Metall; *Zeichen:* Ra); des Radiums

der **Ra|di|us** (Halbmesser des Kreises); des
Radius; die Ra|di|en

der **Rad|ler;** des Radlers; die Radler

der **Rad|pro|fi** (Profi im Radsport)

das **Rad|ren|nen**

der **Rad|sport**

die **Rad|tour**

der **Rad|weg**
raf|fen; du raffst; er raffte; er hat das
Geld an sich gerafft

die **Raff|gier**
raff|gie|rig

die **Raf|fi|na|de** (gereinigter Zucker)

die **Raf|fi|ne|rie** (Anlage zum Reinigen von
Zucker oder Rohöl); der Raf|fi|ne|ri|en

die **Raf|fi|nes|se** (Durchtriebenheit,
Schläue); die Raffinessen
raf|fi|niert; raf|fi|nier|ter; am raf|fi|nier-
tes|ten; ein raffinierter Betrüger

das **Raf|ting** (das Wildwasserfahren im
Schlauchboot); des Raftings

die **Ra|ge** ['ra:ʒə] (Wut, Raserei); in Rage
sein, geraten; jemanden in Rage bringen
ra|gen; der Felsen ragte aus dem Was-
ser; er hat aus dem Wasser geragt

das **Ra|gout** [ra'gu:] (ein Mischgericht); des
Ragouts; die Ragouts

die **Rah** *oder* **Ra|he** (Querstange am Mast
für das Rahsegel); die Rahen

der **Rahm** (*landschaftlich für:* Sahne); des
Rahms *oder* Rah|mes
rah|men; du rahmst; sie rahmte; sie hat
das Bild gerahmt; rahm *oder* rahme das
Bild!

der **Rah|men;** des Rahmens; die Rahmen

die **Rah|men|be|din|gung** *meist Plural;* gute
Rahmenbedingungen haben

das **Rah|men|pro|gramm**
rah|mig; eine rahmige Soße

379

Rahmkäse – rapid

der **Rahm|kä|se**

der **Rain** (die Ackergrenze); des Rains *oder* Rai|nes; die Rai|ne

sich **rä|keln** *vergleiche:* **re|keln**

die **Ra|ke|te**

der **Ra|ke|ten|an|trieb**

das **Ra|kett** *vergleiche:* **Ra|cket**

die **Ral|lye** [ˈrali, *auch:* ˈreli] (Autorennen); die Rallyes

das **RAM** = random access memory (*EDV:* Informationsspeicher mit wahlfreiem Zugriff); des RAM *oder* RAMs; die RAM *oder* RAMs

der **Ra|ma|dan** (Fastenmonat der Muslime); des Ramadan *oder* Ramadans; die Ra|ma|da|ne

der *oder* das **Ram|ba|zam|ba** (*umgangssprachlich für:* Aufruhr, Aufregung); des Rambazambas; Rambazamba machen

die **Ram|me**
ram|men; du rammst; er rammte einen Pfahl in den Boden; er hat das parkende Auto gerammt

die **Ram|pe**

das **Ram|pen|licht**
ram|po|nie|ren (stark beschädigen); er hat den Wagen ramponiert

der **Ramsch** (*umgangssprachlich für:* Warenreste, wertloses Zeug)
ram|schen (*umgangssprachlich für:* Ramschware billig aufkaufen); du ramschst; sie ramschte; sie hat auf dem Flohmarkt geramscht

der **Ramsch|la|den**
ran (*umgangssprachlich für:* heran)

die **Ranch** [rentʃ, *auch:* raːntʃ] (nordamerikanische Farm); die Ranchs *oder* Ranches

der **Ran|cher** (Farmer); des Ranchers; die Rancher

die **Ran|che|rin;** die Rancherinnen

der **Rand;** des Rands *oder* Ran|des; die Ränder; sie ist außer Rand und Band; sie wird damit zu Rande *oder* zurande kommen

die **Ran|da|le** (Lärm; lautstarker Protest); Randale machen (*umgangssprachlich für* randalieren)
ran|da|lie|ren; du randalierst; er randalierte; die Fans haben randaliert

der **Ran|da|lie|rer;** des Randalierers; die Randalierer

die **Ran|da|lie|re|rin;** die Randaliererinnen
rand|voll; randvolle Gläser

der **Rang;** des Rangs *oder* Ran|ges; die Ränge; der erste, zweite Rang; ein Autor ersten Ranges (von außerordentlicher Bedeutung); eine Sängerin von Rang

die **Ran|ge|lei**
ran|geln (sich balgen; raufen); ich rang[e]le; du rangelst; sie rangelten; sie haben miteinander gerangelt; rangle *oder* rangele nicht immer mit ihm!

der **Ran|ger** [ˈreɪndʒɐ] (Polizist oder Soldat mit Spezialausbildung; Aufseher in Nationalparks); des Rangers; die Ranger *oder* Rangers

der **Ran|gier|bahn|hof** [rãˈʒiː..., *auch:* raŋˈʒiː...]
ran|gie|ren; du rangierst; er rangierte; der Lokführer hat den Zug rangiert

die **Rang|lis|te** (Liste, in der jemand oder etwas nach Größe, Leistung, Erfolg eingestuft wird); die Rangliste anführen

die **Rang|ord|nung**
Ran|gun (Hauptstadt Myanmars)

sich **ran|hal|ten** (*umgangssprachlich für:* sich beeilen); du hältst dich ran; sie hielt sich ran; sie hat sich rangehalten
rank (*gehoben für:* schlank); rank und schlank

die **Ran|ke** (Pflanzenteil)

die **Rän|ke** (*veraltend für:* Intrigen, Machenschaften) *Plural;* Ränke schmieden

sich **ran|ken;** die Rosen ranken sich; sie haben sich über die Mauer gerankt

das **Ran|king** [ˈreŋkɪŋ] (*besonders Wirtschaft:* Rangliste, Bewertung); des Rankings; die Rankings
ran|las|sen (*umgangssprachlich);* du lässt ihn ran; er ließ ihn ran; er hat ihn nicht rangelassen

sich **ran|ma|chen** (*umgangssprachlich);* du machst dich ran; sie machte sich ran; sie hat sich an ihn rangemacht

der **Ran|zen** (Schultasche); des Ranzens; die Ranzen
ran|zig (verdorben); ranzige Butter

der **Rap** [rɛp] (Musikstil mit rhythmischem Sprechgesang); des Rap *oder* Raps; die Raps
ra|pid *oder* **ra|pi|de** (sehr schnell); ra|pider; am ra|pi|des|ten

Rappe – Ratenzahlung

der **Rap|pe** (schwarzes Pferd); des/dem/den Rappen; die Rappen

der **Rap|pel** (*umgangssprachlich für:* plötzlicher Zorn; Verrücktheit); des Rappels; die Rappel

rap|pe|lig *oder* **rapp|lig;** ein rappeliges *oder* rappliges Fahrrad

rap|peln; du rappelst; sie rappelte; sie hat an der Tür gerappelt; rapple *oder* rappele doch nicht so!

der **Rap|per** [ˈrɛpɐ] (Rapsänger); des Rappers; die Rapper

die **Rap|pe|rin** [ˈrɛpərɪn] (Rapsängerin); die Rapperinnen

das **Rap|ping** (das Singen oder Spielen eines Raps); des Rappings

der **Raps** (eine Ölpflanze); des Rap|ses; die Rap|se

rar; gute Fachkräfte sind rar; ↑ A B E R : sich rarmachen

die **Ra|ri|tät** (Seltenheit); die Ra|ri|tä|ten

sich **rar|ma|chen;** du machst dich rar; sie hat sich rargemacht

ra|sant (sehr schnell); ra|san|ter; am ra|san|tes|ten; eine rasante Fahrerin

die **Ra|sanz**

rasch; ra|scher; am ra|sches|ten

ra|scheln; die Mäuse rascheln; sie raschelten; sie haben im Stroh geraschelt; raschle *oder* raschele nicht mit dem Papier!

ra|sen (sehr schnell fahren; wüten, toben); du rast; sie raste; sie ist mit ihrem Fahrrad um die Ecke gerast; sie hat vor Wut gerast; ras *oder* rase nicht so!

der **Ra|sen;** des Rasens; die Rasen

ra|send; in rasender Fahrt

der **Ra|sen|mä|her**

der **Ra|ser;** des Rasers; die Raser

die **Ra|se|rei**

die **Ra|se|rin;** die Raserinnen

der **Ra|sier|ap|pa|rat**

ra|sie|ren; du rasierst; er rasiert; er hat ihn rasiert; rasier *oder* rasiere ihn vorsichtig!; sich rasieren; er hat sich gut rasiert

die **Ra|sier|klin|ge**

die **Rä|son** [rɛˈzõː] (*veraltend für:* Vernunft, Einsicht); jemanden zur Räson bringen

rä|so|nie|ren (sich mit vielen Worten über etwas auslassen; ständig schimp-

fen); du räsonierst; sie räsonierte; sie hat den ganzen Tag räsoniert

die **Ras|pel** (ein Werkzeug); die Raspeln

ras|peln; du raspelst; sie raspelte; sie hat geraspelt; rasple *oder* raspele die Kanten rund!

die **Ras|se;** ein Pferd von edler Rasse

die **Ras|sel** (Knarre, Klapper); die Rasseln

die **Ras|sel|ban|de** (*umgangssprachlich für:* übermütige Schar Kinder)

ras|seln; du rasselst; sie rasselte; sie hat mit der Kette gerasselt; rassele *oder* rassle nicht mit dem Schlüsselbund!

ras|sig (temperamentvoll, feurig); ein rassiges Pferd

ras|sisch (die Rasse betreffend); rassische Merkmale

der **Ras|sis|mus** (ideologische Voreingenommenheit gegenüber [bestimmten] anderen Menschengruppen oder Völkern); des Rassismus

ras|sis|tisch (vom Rassismus bestimmt); rassistische Vorurteile

die **Rast;** Rast machen; ohne Rast und Ruh

ras|ten; ich raste; du rastest; sie rastete; sie hat 10 Minuten gerastet

das **Ras|ter** (Gesamtheit der Lichtpunkte eines Fernsehbildschirms; [Denk]system); des Rasters; die Raster

der **Ras|ter** (enges Liniennetz zum Zerlegen eines Bildes); des Rasters; die Raster

rast|los; rast|lo|ser; am rast|lo|ses|ten

die **Rast|lo|sig|keit**

die **Rast|stät|te**

die **Ra|sur;** die Ra|su|ren

der **Rat** (Amtsbezeichnung; Titel; beratendes Gremium; *nur Singular:* Ratschlag); des Rats *oder* Ra|tes; der Rat der Stadt; sich [bei jemandem] Rat holen; bei jemandem Rat suchen; der Rat Suchende *oder* ↑ Ratsuchende; sich Rat suchend *oder* ratsuchend an jemanden wenden; jemanden um Rat fragen; jemanden zu Rate *oder* zurate ziehen; mit sich selbst zu Rate *oder* zurate gehen; jemandem mit Rat und Tat zur Seite stehen

die **Ra|te** (Teilzahlungsbetrag); die Raten

ra|ten; du rätst; sie rät; sie riet; sie hat ihm dazu geraten; rate ihm dazu!

ra|ten|wei|se; eine Rechnung ratenweise bezahlen

die **Ra|ten|zah|lung**

Ratgeber – Raufbold

der **Rat|ge|ber;** des Ratgebers; die Ratgeber
die **Rat|ge|be|rin;** die Ratgeberinnen
das **Rat|haus**
die **Ra|ti|fi|ka|ti|on** (Anerkennung eines völkerrechtlichen Vertrags)
ra|ti|fi|zie|ren; du ratifizierst; sie ratifizierte; die Regierung hat das Abkommen ratifiziert
die **Ra|ti|fi|zie|rung**
die **Rä|tin** (Amtsbezeichnung; Titel); die Rätinnen
das **Ra|ting** [ˈreɪtɪŋ] (*Psychologie, Soziologie:* Verfahren zur Einschätzung; *auch Bankwesen:* Einstufung der Zahlungsfähigkeit); des Ratings; die Ratings
die **Ra|ting|agen|tur** [ˈreɪtɪŋ...] (Agentur, die die Bonität von Wertpapieren, Unternehmen u. Ä. einschätzt)
die **Ra|tio** (Vernunft; logischer Verstand); die Ultima Ratio (letztes Mittel)
die **Ra|ti|on** (zugeteilte Menge); die Ra|ti|onen
ra|ti|o|nal (vernünftig, von der Vernunft bestimmt); rationales Handeln; rationale Zahlen (*Mathematik:* ganze Zahlen und Bruchzahlen)
ra|ti|o|na|li|sie|ren (wirtschaftlicher gestalten, besonders durch Automatisierung und Einsparungen); du rationalisierst; der Betrieb rationalisierte; er hat die Arbeitsabläufe rationalisiert
ra|ti|o|nell (zweckmäßig, wirtschaftlich); rationelle Methoden
ra|ti|o|nie|ren ([in relativ kleine Mengen] einteilen); du rationierst; sie rationierte; man hat das Wasser rationiert
die **Ra|ti|o|nie|rung**
rat|los; rat|lo|ser; am rat|lo|ses|ten
rat|sam
die **Rat|sche** (Rassel, Klapper); die Ratschen
der **Rat|schlag;** des Rat|schlä|ge; jemandem einen Ratschlag erteilen
das **Rät|sel;** des Rätsels; die Rätsel; Rätsel raten; ABER: das Rätselraten
rät|sel|haft; rätselhafte Phänomene
rät|seln; ich rätsele; du rätselst; er rätselte; er hat über die Ursache gerätselt
rat|su|chend vergleiche: **Rat**
der **Rat|su|chen|de** oder **Rat Su|chen|de;** ein Ratsuchender oder Rat Suchender; die Ratsuchenden oder Rat Suchenden; zwei Ratsuchende oder Rat Suchende

die **Rat|su|chen|de** oder **Rat Su|chen|de;** eine Ratsuchende oder Rat Suchende
die **Rat|te**
der **Rat|ten|fän|ger** (*auch abwertend für:* Volksverführer)
die **Rat|ten|fän|ge|rin;** die Rattenfängerinnen
rat|tern; der Wagen ratterte; der Wagen hat laut gerattert; der Wagen ist über das holprige Pflaster gerattert
rau; rauer; am rau|es|ten oder raus|ten
der **Raub;** des Raubs oder Rau|bes; die Raube
der **Raub|bau;** mit der Gesundheit Raubbau treiben
rau|bei|nig (grob); ein raubeiniger Kerl
rau|ben; du raubst; sie raubte; sie hat die Handtasche geraubt; raub oder raube mir nicht die letzte Hoffnung!
der **Räu|ber;** des Räubers; die Räuber
die **Räu|be|rin;** die Räuberinnen
räu|be|risch; räuberische Erpressung
räu|bern; du räuberst; sie räuberten; sie haben alles geräubert
raub|gie|rig
die **Raub|ko|pie**
der **Raub|rit|ter**
das **Raub|tier**
der **Raub|über|fall**
der **Raub|vo|gel** (*älter für:* Greifvogel)
der **Rauch;** des Rauchs oder Rau|ches
rau|chen; du rauchst; sie rauchte; sie hat geraucht; rauch oder rauche nicht so viel!
der **Rau|cher;** des Rauchers; die Raucher
die **Rau|cher|ecke**
die **Rau|che|rin;** die Raucherinnen
räu|chern; du räucherst; sie räucherte; sie hat Wurst geräuchert; räuchere den Speck!
rau|chig (voller Rauch); rauchige Kneipen
die **Rauch|säu|le**
das **Rauch|ver|bot**
die **Rauch|wa|ren** (Tabakwaren) *Plural*
die **Rauch|wol|ke**
die **Räu|de** (Krätze, Grind)
räu|dig (an Räude leidend); ein räudiger Hund
rauf (*umgangssprachlich für:* herauf)
der **Rauf|bold;** des Raufbolds oder Rauf|bol|des; die Rauf|bol|de

raufen – Realismus

rau|fen; du raufst; er raufte; er hat mit ihm gerauft; rauf *oder* raufe nicht mit ihm!; sich raufen; sie rauft sich die Haare

die **Rau|fe|rei**

rauf|ge|hen (*umgangssprachlich für:* heraufgehen, hinaufgehen); ich gehe rauf; er ging rauf; um raufzugehen; geh rauf!

rauf|lus|tig

der **Rau|haar|da|ckel** (eine Hunderasse)

die **Rau|heit**

der **Raum;** des Raums *oder* Rau|mes; die Räu|me

der **Raum|an|zug**

räu|men (etwas entfernen, frei machen); du räumst; sie räumte; sie hat die Wohnung geräumt; räum *oder* räume die Wohnung!

die **Raum|fäh|re**

die **Raum|fahrt**

der **Raum|in|halt**

die **Raum|kap|sel**

räum|lich; räumliche Ausdehnung

das **Raum|schiff**

die **Raum|sta|ti|on**

die **Räu|mung**

der **Räu|mungs|ver|kauf**

rau|nen (dumpf, leise sprechen); du raunst; sie raunte; sie hat mir etwas ins Ohr geraunt

das **Rau|nen;** es ging ein Raunen durch die Zuschauer

die **Rau|pe**

der **Rau|pen|schlep|per**

der **Rau|reif;** des Raureifs *oder* Rau|rei|fes

raus (*umgangssprachlich für:* heraus)

der **Rausch;** die Räu|sche

rau|schen; das Wasser rauscht; es rauschte; es hat gerauscht

das **Rausch|gift**

rausch|gift|süch|tig

raus|flie|gen (*umgangssprachlich*); du fliegst raus; er flog raus; er ist rausgeflogen

raus|kom|men (*umgangssprachlich*); sie kommt raus; sie kam raus; sie ist rausgekommen

sich **räus|pern;** du räusperst dich; sie räusperte sich; sie hat sich geräuspert; räuspere dich nicht so laut!

raus|rut|schen (*umgangssprachlich*); die Bemerkung ist mir nur so rausgerutscht

raus|wer|fen (*umgangssprachlich*); sie wirft ihn raus; sie warf den Schlüssel raus; sie hat den Lehrling rausgeworfen (entlassen); rausgeworfenes (unnütz ausgegebenes) Geld

der **Raus|wurf**

die **Rau|te** (Rhombus)

rau|ten|för|mig

der *oder* das **Rave** [reɪv] (größere Tanzveranstaltung zu Technomusik); des Rave *oder* Raves; die Raves

der **Ra|ver** (jemand, der häufig zu Raves geht); des Ravers; die Raver

die **Ra|vi|o|li** (gefüllte kleine Nudelteigtaschen) *Plural*

die **Raz|zia** (überraschende Fahndungsaktion der Polizei); die Raz|zi|en, *seltener:* Raz|zi|as

die **RB** = Regionalbahn

RB = Radio Bremen; des RB

RBB = Rundfunk Berlin-Brandenburg; des RBB

RE = Regionalexpress

das **Re|a|genz|glas** (zylindrisches Röhrchen für Versuche)

re|agie|ren; du reagierst; sie reagierte; sie hat reagiert; reagiere schnell!

die **Re|ak|ti|on** (Rückwirkung, Gegenwirkung; Rückschritt); die Re|ak|ti|o|nen

re|ak|ti|o|när (nicht fortschrittlich); reaktionäre Politik

der **Re|ak|ti|o|när;** des Reaktionärs; die Reak|ti|o|nä|re

die **Re|ak|ti|o|nä|rin;** die Reaktionärinnen

re|ak|ti|ons|schnell

das **Re|ak|ti|ons|ver|mö|gen**

re|ak|ti|vie|ren (wieder in Tätigkeit setzen; wieder anstellen); ich reaktiviere; du reaktivierst; er reaktivierte; er hat den Rentner reaktiviert

der **Re|ak|tor** (Atombrenner); des Reaktors; die Re|ak|to|ren

re|al (wirklich; dinglich; sachlich); reale Ziele

re|a|li|sie|ren (verwirklichen; erkennen, begreifen); du realisierst; sie realisierte das Vorhaben; sie hat das alles noch nicht realisiert

die **Re|a|li|sie|rung** *Plural selten*

der **Re|a|lis|mus** (wirklichkeitsnahe Einstellung oder Darstellung); des Realismus

383

Realist – Rechtfertigung

der **Re|a|list;** des/dem/den Re|a|lis|ten; die
Re|a|lis|ten
die **Re|a|lis|tin;** die Realistinnen
re|a|lis|tisch; realistische Pläne
die **Re|a|li|tät** (Wirklichkeit; Gegebenheit)
das **Re|a|li|ty-TV** [riˈɛlɪtiˈvi:] (Fernsehpro-
gramm, das tatsächlich Geschehendes
[besonders nach Unglücksfällen] zeigt
oder nachstellt); des Reality-TV *oder*
Reality-TVs
der **Re|al|schul|ab|schluss**
die **Re|al|schu|le**
die **Re|be;** die Reben
der **Re|bell** (Aufständischer); des/dem/den
Re|bel|len; die Re|bel|len
re|bel|lie|ren (sich auflehnen, widerset-
zen); du rebellierst; das Volk rebellierte;
die Gefangenen haben gegen ihre
Behandlung rebelliert
die **Re|bel|lin;** die Rebellinnen
die **Re|bel|li|on**
re|bel|lisch; rebellische (meuternde)
Matrosen
das **Reb|huhn**
die **Reb|laus** (ein Insekt)
der **Reb|stock;** die Reb|stö|cke
der **Re|cei|ver** [riˈsiːvɐ] (Hochfrequenzteil
für Satellitenempfang; Empfänger und
Verstärker für Hi-Fi-Wiedergabe); des
Receivers; die Receiver
re|chen (harken); du rechst; sie rechte;
sie hat die Wiese gerecht; rech *oder*
reche das Laub vom Rasen!
der **Re|chen** (Harke); des Rechens; die
Rechen
die **Re|chen|auf|ga|be**
das **Re|chen|buch**
die **Re|chen|leis|tung**
die **Re|chen|schaft;** [jemandem] Rechen-
schaft geben, ablegen
der **Re|chen|schie|ber**
die **Re|cher|che** [reˈʃɛrʃə] (Nachforschung);
die Recherchen
re|cher|chie|ren; du recherchierst; er
recherchierte, sie hat recherchiert;
recherchier *oder* recherchiere doch mal!
rech|nen; du rechnest; sie rechnete; sie
hat gut gerechnet; rechne alles schriftlich!
der **Rech|ner;** des Rechners, die Rechner
rech|ne|risch
die **Rech|nung**

recht, Recht

des Rechts *oder* Rech|tes; die Rech|te

Kleinschreibung:

– ein rechter Winkel
– jetzt erst recht
– das ist mir durchaus recht
– das geschieht ihm recht
– das ist recht und billig
– ich kann ihm nichts recht machen
↑rechtens, zurechtfinden usw.

Klein- oder Großschreibung:

– **recht** *oder* Recht haben; sie hat **recht**
oder Recht
– sie wird **recht** *oder* Recht behalten,
bekommen
– du musst ihr **recht** *oder* Recht geben

Großschreibung:

– das Recht
– nach Recht und Gewissen
– sein Anspruch besteht zu Recht
– sie ist im Recht
– sie hat ein Recht darauf
– von Rechts wegen
– er wird Recht finden, sprechen
– du bist mir der Rechte
– er ist an den Rechten gekommen
– er will nach dem Rechten sehen
– etwas, nichts Rechtes können, wissen

die **Rech|te** (rechte Hand, rechte Seite); er
hält einen Apfel in seiner Rechten; sie
sitzt zu meiner Rechten; er traf ihn mit
einer blitzschnellen Rechten (*Boxen:* mit
der rechten Faust); er gehört der äußersten Rechten (der am weitesten rechts
stehenden Partei) an
das **Recht|eck;** des Rechtecks *oder* Recht-
eckes; die Recht|ecke
recht|eckig; ein rechteckiges Stück
rech|tens (rechtmäßig, zu Recht); er ist
rechtens verurteilt; ihre Kündigung war
rechtens, wurde für rechtens gehalten
recht|fer|ti|gen; er rechtfertigte sein
Verhalten; der Erfolg hat den Aufwand
gerechtfertigt; du brauchst dich nicht zu
rechtfertigen; sich rechtfertigen; sie hat
sich [vor ihm] nicht gerechtfertigt
die **Recht|fer|ti|gung**

384

rechthaberisch – reden

recht|ha|be|risch; rechthaberisches Verhalten

recht|lich; rechtliche Fragen

recht|mä|ßig; der rechtmäßige Erbe

die **Recht|mä|ßig|keit** *Plural selten*

rechts; rechts von mir; von rechts nach links; nach rechts hin; sie weiß nicht, was rechts und was links ist; rechts um! (militärisches Kommando); ABER: rechtsum machen; rechts des Rheins

der **Rechts|an|spruch**

der **Rechts|an|walt**

die **Rechts|an|wäl|tin**

der **Rechts|au|ßen** *(Sport);* des Rechtsaußen; die Rechtsaußen; [als] Rechtsaußen spielen; ABER: der Stürmer spielt rechts außen

rechts|bün|dig (von einer gedachten senkrechten Linie rechts begrenzt)

recht|schaf|fen *(veraltend für:* ehrlich und anständig); ein rechtschaffener Kerl

die **Recht|schaf|fen|heit**

recht|schrei|ben; er kann nicht rechtschreiben (er beherrscht die Rechtschreibung nicht); ABER: er kann nicht recht schreiben (er schreibt unbeholfen)

der **Recht|schreib|feh|ler**

die **Recht|schreib|re|form**

die **Recht|schrei|bung**

rechts|ex|t|rem; rechtsextreme Gedanken

der **Rechts|ex|t|re|mis|mus**

rechts|ex|t|re|mis|tisch

rechts|hän|dig; rechtshändig schreiben

die **Rechts|hän|dig|keit**

rechts|he|rum; du musst die Schraube rechtsherum (in der rechten Richtung) drehen; ABER: du musst dich nach rechts herumdrehen

rechts|kräf|tig *(Rechtssprache:* nach dem Recht gütig); ein rechtskräftiges Urteil

die **Rechts|kur|ve**

die **Rechts|la|ge** (nach den Gesetzen und bisherigen Urteilen)

das **Rechts|mit|tel** *(Rechtssprache:* rechtliches Mittel, das es jemandem ermöglicht, gegen eine gerichtliche Entscheidung vorzugehen, bevor sie rechtskräftig wird); Rechtsmittel einlegen

die **Recht|spre|chung**

rechts|ra|di|kal; eine rechtsradikale Partei

der **Rechts|ra|di|ka|le;** ein Rechtsradikaler; die Rechtsradikalen; zwei Rechtsradikale

die **Rechts|ra|di|ka|le;** eine Rechtsradikale

der **Rechts|ra|di|ka|lis|mus**

der **Rechts|staat**

der **Rechts|streit**

rechts|wid|rig; rechtswidriges Handeln

recht|win|ke|lig *oder* **recht|wink|lig;** ein rechtwinkeliges *oder* rechtwinkliges Dreieck

recht|zei|tig

das **Reck** (ein Turngerät); des Recks *oder* Reckes; die Re|cke

der **Re|cke** (Held, Krieger); des/dem/den Recken; die Recken

sich **re|cken;** ich recke mich; sie reckte sich; sie hat sich gereckt

der **Re|cor|der** *vergleiche:* <mark>**Re|kor|der**</mark>

<mark>**re|cy|cel|bar**</mark> [ri'saik|ba:ɐ̯] *oder* **re|cy|c-le|bar** (sich recyceln lassend); <mark>recycelbares</mark> *oder* recyclebares Material

<mark>**re|cy|celn**</mark> *oder* **re|cy|c|len** (einem Recycling zuführen); du <mark>recycelst</mark> *oder* recyclest; sie <mark>recycelte</mark> *oder* recyclete; das Altglas wird <mark>recycelt</mark> *oder* recyclet

das **Re|cy|c|ling** (Aufbereitung und Wiederverwertung von bereits benutzten Rohstoffen); des Recyclings

re|cy|c|ling|fä|hig; recyclingfähige Verpackungen

das **Re|cy|c|ling|pa|pier**

der **Re|dak|teur** [redak'tø:ɐ̯] (jemand, der im Verlagswesen, Rundfunk oder Fernsehen Texte zusammenstellt, schreibt, bearbeitet); des Redakteurs; die Re|dak-teu|re

die **Re|dak|teu|rin;** die Redakteurinnen

die **Re|dak|ti|on** (Tätigkeit des Redakteurs/der Redakteurin; Gesamtheit der Redakteure und deren Arbeitsraum); die Re-dak|ti|o|nen

re|dak|ti|o|nell; die redaktionelle Bearbeitung

der **Re|dak|ti|ons|schluss**

die **Re|de;** sie steht Rede und Antwort; ich werde ihn zur Rede stellen

re|de|ge|wandt

die **Re|de|kunst** (Rhetorik)

re|den; du redest; sie redete; er hat gere-

385

Redensart – regellos

det; sie hat gut reden; sie machte von sich reden (sie erregte Aufmerksamkeit); ABER: sie brachte ihn zum Reden

die **Re|dens|art**

red|lich (ehrlich, tüchtig)

die **Red|lich|keit**

der **Red|ner**; des Redners; die Redner

die **Red|ne|rin**; die Rednerinnen

red|se|lig

die **Red|se|lig|keit**

die **Re|duk|ti|on** (das Reduzieren)

re|du|zie|ren (herabsetzen, einschränken); ich reduziere; du reduzierst; er reduzierte; er hat den Preis stark reduziert

die **Re|du|zie|rung**

die **Ree|de** (Ankerplatz vor dem Hafen); die Reeden

der **Ree|der** (Eigentümer eines Schiffes); des Reeders; die Reeder

die **Ree|de|rei** (Geschäft eines Reeders)

die **Ree|de|rin**; die Reederinnen

re|ell (anständig, ehrlich; wirklich); eine reelle Chance

das **Re|fe|rat** (Vortrag, Bericht); des Referats *oder* Re|fe|ra|tes; die Re|fe|ra|te

der **Re|fe|ren|dar** (Anwärter auf die höhere Beamtenlaufbahn); des Referendars; die Re|fe|ren|da|re

die **Re|fe|ren|da|rin**; die Referendarinnen

das **Re|fe|ren|dum** (Volksabstimmung); des Referendums; die Referenden *oder* Referenda; ein Referendum durchführen

der **Re|fe|rent** (Berichterstatter; Sachbearbeiter); des/dem/den Re|fe|ren|ten; die Re|fe|ren|ten

die **Re|fe|ren|tin**; die Referentinnen

die **Re|fe|renz** (Beziehung, Empfehlung); er hat gute Referenzen

! Nicht verwechseln: Obwohl beide Fremdwörter ähnlich ausgesprochen werden, hat die *Referenz* eine ganz andere Bedeutung als die *Reverenz*.

re|fe|rie|ren (berichten, vortragen); du referierst; er referierte; sie hat über den Umweltschutz referiert

ref|fen (Segel durch Einrollen verkleinern); du reffst; sie reffte; wir haben die Segel gerefft

re|flek|tie|ren (zurückstrahlen, widerspiegeln; nachdenken, bedenken); der Spiegel reflektierte die Strahlen; sie hat lange über diesen Einwand reflektiert

! Achtung: Zum Verb *reflektieren* gehört das Nomen *Reflexion*. Es wird mit *x* geschrieben, weil es sich vom lateinischen *reflexio* (»das Zurückbeugen«) herleitet.

der **Re|flek|tor** ([Hohl]spiegel; Rückstrahler); des Reflektors; die Re|flek|to|ren

der **Re|flex** (Rückstrahlung; das Ansprechen der Muskeln auf einen Reiz); des Re|fle|xes; die Re|fle|xe

die **Re|flex|be|we|gung**

die **Re|fle|xi|on** (Rückstrahlung; prüfendes Denken); die Re|fle|xi|o|nen

re|fle|xiv (rückbezüglich); reflexive Verben

das **Re|fle|xiv|pro|no|men** (rückbezügliches Fürwort)

die **Re|form** (Umgestaltung; Neuordnung; Verbesserung); die Re|for|men

die **Re|for|ma|ti|on** (Umgestaltung im kirchlichen Bereich)

der **Re|for|ma|ti|ons|tag** (31. Oktober)

der **Re|for|ma|tor**; des Reformators; die Re|for|ma|to|ren

re|form|be|dürf|tig; das reformbedürftige Schulsystem

der **Re|for|mer** (Verbesserer, Erneuerer); des Reformers; die Reformer

die **Re|for|me|rin**; die Reformerinnen

das **Re|form|haus** (*Markenzeichen;* Geschäft für besonders gesunde Kost)

re|for|mie|ren; du reformierst; er reformierte; sie hat das Gesundheitswesen reformiert

die **Re|form|po|li|tik**

der **Re|frain** [re'frɛ̃:] (Kehrreim); des Refrains; die Refrains

das **Re|fu|gi|um** (Zufluchtsort); des Refugiums; die Refugien

das **Re|gal** (ein Gestell); des Regals; die Re|gal|le

die **Re|gat|ta** (ein Bootswettkampf); die Regatten

Reg.-Bez. = Regierungsbezirk

re|ge; re|ger; am regs|ten

die **Re|gel**; die Regeln

der **Re|gel|fall**; im Regelfall

re|gel|ge|mäß (der Regel entsprechend)

re|gel|los

386

regelmäßig – regulieren

re|gel|mä|ßig (in gleichen Zeitabständen wiederkehrend)

die Re|gel|mä|ßig|keit *Plural selten*

re|geln; du regelst; er regelte; sie hat die Angelegenheit geregelt; regle *oder* regele diese Angelegenheit!

re|gel|recht (vorschriftsmäßig)

die Re|ge|lung *oder* Reg|lung

re|gel|wid|rig; regelwidriges Überholen

die Re|gel|wid|rig|keit

sich re|gen; du regst dich; sie regte sich; sie hat sich geregt; reg *oder* rege dich endlich einmal!; sich regen bringt Segen

der Re|gen; des Regens

der Re|gen|bo|gen; die Regenbogen *oder* Regenbögen

die Re|gen|bo|gen|fa|mi|lie (Familie mit gleichgeschlechtlichem Elternpaar)

das Re|gen|cape [...ke:p]

die Re|ge|ne|ra|ti|on (Neubildung; Neubelebung; Wiederherstellung); die Re|ge|ne|ra|ti|o|nen

die Re|ge|ne|ra|ti|ons|zeit

re|ge|ne|rie|ren (erneuern, wiederherstellen); er regeneriert seine Gesundheit; sich regenerieren; die Haut hat sich regeneriert

der Re|gen|schirm

der Re|gent (Herrscher; Staatsoberhaupt); des/dem/den Re|gen|ten; die Re|gen|ten

die Re|gen|tin; die Regentinnen

der Re|gen|trop|fen

der Re|gen|wald; der tropische Regenwald

der Re|gen|wurm

die Re|gen|zeit

der Reg|gae ['rɛge *oder* 'rɛgi] (Stilrichtung der Popmusik); des Reggae *oder* Reggaes

die Re|gie [re'ʒi:] (Spielleitung beim Theater, Film oder Fernsehen)

re|gie|ren; ich regiere; du regierst; sie regierte; er hat gerecht regiert

die Re|gie|rung

der Re|gie|rungs|chef

die Re|gie|rungs|che|fin; die Regierungschefinnen

die Re|gie|rungs|er|klä|rung

die Re|gie|rungs|ko|a|li|ti|on

die Re|gie|rungs|par|tei

der Re|gie|rungs|sitz

der Re|gie|rungs|spre|cher

die Re|gie|rungs|spre|che|rin; Regierungssprecherinnen

das Re|gie|rungs|sys|tem

das Re|gime [re'ʒi:m] (*abwertend für:* [diktatorische] Regierungsform; Herrschaft); des Regimes; die Re|gi|me [re'ʒi:mə]

das Re|gi|ment (Leitung, Herrschaft); des Regiments *oder* Re|gi|men|tes; die Re|gi|men|te; ein strenges Regiment führen (streng sein)

das Re|gi|ment (eine Truppeneinheit); des Regiments *oder* Re|gi|men|tes; die Re|gi|men|ter

die Re|gi|on (Gebiet, Gegend); die Re|gi|o|nen

re|gi|o|nal; regionale Zeitungen

der Re|gi|o|nal|ex|press (*Markenbezeichnung:* schneller Nahverkehrszug; *Abkürzung:* RE)

die Re|gi|o|nal|li|ga (*Sport*)

der Re|gis|seur [reʒɪ'søːɐ̯] (Spielleiter beim Theater, Film oder Fernsehen); des Regisseurs; die Re|gis|seu|re

die Re|gis|seu|rin; die Regisseurinnen

das Re|gis|ter (ein Verzeichnis; Gruppe von Orgelpfeifen, die Töne einer bestimmten Klangfarbe erzeugen); des Registers; die Register

re|gis|t|rie|ren; du registrierst; sie registrierte; er hat die Namen registriert; registrier *oder* registriere alle Namen!

die Re|gis|t|rie|rung

das Re|g|le|ment [reglə'mãː] (Vorschrift; Satzung); des Reglements; die Reglements

re|g|le|men|tie|ren (durch Vorschriften regeln); du reglementierst; sie reglementierte; sie hat die Pausen reglementiert

die Re|g|le|men|tie|rung

der Reg|ler; des Reglers; die Regler

reg|los (regungslos)

die Reg|lung *oder* Re|ge|lung

reg|nen; es regnete; es hat geregnet

reg|ne|risch; regnerisches Wetter

der Re|gress (Ersatzanspruch); des Re|gres|ses; die Re|gres|se

die Re|gres|si|on (Rückbildung, -bewegung)

re|gres|siv (zurückgehend; rückschrittlich)

die Re|gress|pflicht

re|gu|lär (vorschriftsmäßig, üblich)

re|gu|lie|ren (regeln, einstellen); du regulierst; er regulierte; sie hat die Lautstärke reguliert

Regulierung – rein

die **Re|gu|lie|rung**
die **Re|gung** (leichte Bewegung)
re|gungs|los; ein regungsloser Körper
das **Reh;** des Rehs *oder* Reihes; die Reihe
die **Re|ha** (*kurz für:* Rehabilitation[sklinik]);
die Rehas
die **Re|ha|bi|li|ta|ti|on** (Wiedereingliede-
rung einer behinderten Person in das
berufliche und gesellschaftliche Leben)
das **Re|ha|bi|li|ta|ti|ons|zen|t|rum**
re|ha|bi|li|tie|ren (das soziale Ansehen
wiederherstellen); ich rehabilitiere ihn;
du rehabilitierst ihn; sie rehabilitierte
ihn; er hat ihn durch ein Geständnis
rehabilitiert; sich rehabilitieren; das
Team hat sich durch den Sieg rehabilitiert
die **Re|ha|bi|li|tie|rung**
der **Reh|bock**
das **Reh|kitz**
die **Rei|be**
das **Reib|ei|sen**
rei|ben; du reibst; er reibt; er rieb; er hat
die Möhren gerieben; reib *oder* reibe die
Möhren!
die **Rei|be|rei** (kleine Streitigkeit) *meist Plu-
ral;* es kam wieder zu Reibereien
die **Rei|bung**
rei|bungs|los; rei|bungs|lo|ser; am rei-
bungs|lo|ses|ten
reich; eine reiche Frau; ABER: Arm und
Reich (*veraltet für:* jedermann); Arme
und Reiche; der Arme und der Reiche;
der reich geschmückte *oder* reichge-
schmückte, reich verzierte *oder* reichver-
zierte Altar
das **Reich;** des Reichs *oder* Reiches; die Reiche; das Römische Reich; das Reich Gottes
rei|chen; du reichst; sie reichte; sie hat
mir die Schüssel gereicht; reich *oder* reiche mir den Salat!
reich|ge|schmückt *vergleiche:* **reich**
reich|hal|tig; reichhaltige Auswahl
reich|lich; reichliche Verpflegung; wir
haben noch reichlich Zeit
der **Reichs|tag**
das **Reichs|tags|ge|bäu|de**
der **Reich|tum;** des Reichtums; die Reich|tü-
mer
reich|ver|ziert *vergleiche:* **reich**
die **Reich|wei|te;** in Reichweite sein

reif; reife Früchte
der **Reif** (gefrorener Tau); des Reifs *oder* Reifes
der **Reif** (*gehoben für:* Ring; Spielzeug); des
Reifs *oder* Reifes; die Reife
rei|fen; das Obst reift; das Obst reifte;
das Obst ist gereift
rei|fen (Reif ansetzen); es reifte; es hat
heute Nacht gereift
der **Rei|fen;** des Reifens; die Reifen
die **Rei|fen|pan|ne**
die **Rei|fe|prü|fung** (Abitur)
das **Rei|fe|zeug|nis** (Abiturzeugnis)
reif|lich; nach reiflicher Überlegung
die **Rei|fung**
der **Rei|fungs|pro|zess**
der **Rei|gen** (Tanz); des Reigens; die Reigen
die **Rei|he;** etwas ist in der Reihe, außer der
Reihe; an der Reihe sein; an die Reihe
kommen; in Reih und Glied stehen
rei|hen (in einer Reihe ordnen); du
reihst; sie reihte; er hat die Perlen auf
eine Schnur gereiht
rei|hen (mit großen Stichen provisorisch
heften); sie reihte *oder (landschaftlich
und fachsprachlich)* sie rieh; sie hat den
Saum gereiht *oder* geriehen
die **Rei|hen|fol|ge**
das **Rei|hen|haus**
rei|hen|wei|se
der **Rei|her** (dem Storch ähnlicher Vogel);
des Reihers; die Reiher
reih|um; die Büchse geht reihum
die **Rei|hung**
der **Reim;** des Reims *oder* Reimes; die Reime
rei|men; du reimst; sie reimte; er hat
gereimt; reim *oder* reime etwas!; sich rei-
men; die Wörter reimten sich
der **Re|im|port** (Wiedereinfuhr)
re|im|por|tie|ren; die Firma reimpor-
tierte Medikamente; sie hat Autos reimportiert; das Auto wurde reimportiert
rein (*umgangssprachlich für:* herein,
hinein)
rein; reine Luft; die reine Wahrheit;
ABER: etwas Reines anziehen; ins Reine
bringen, kommen, schreiben; mit jemandem, mit etwas im Reinen sein; die
Wäsche rein (sauber) waschen *oder* reinwaschen; ABER: jemanden ↑reinwa-
schen; das Zimmer rein halten, rein

388

Reineke Fuchs – Rekonstruktion

machen *oder* reinmachen; ABER NUR:
das große Reinmachen *oder* Reinema-
chen

Rei|ne|ke Fuchs (Name des Fuchses in
der Tierfabel)

der **Rein|fall;** die Rein|fäl|le

rein|fal|len (*umgangssprachlich für:*
hereinfallen); du fällst rein; er fiel [in
das Loch] rein; sie ist [auf ihn] reinge-
fallen

die **Rein|heit**

rei|ni|gen; du reinigst; er reinigte; sie
hat das Kleid gereinigt; reinige es!

die **Rei|ni|gung**

das **Rei|ni|gungs|mit|tel**

rein|lich (sehr auf Sauberkeit bedacht)

rein|ma|chen *vergleiche:* **rein**

rein|ras|sig; reinrassige Hunde

die **Rein|schrift**

rein|sei|den; ein reinseidener Schal

rein|wa|schen (von einer Schuld, einem
Verdacht befreien); sich reinwaschen;
ihre Aussage hat ihn reingewaschen;
↑ *auch:* rein

das **Reis** (ein Zweiglein); des Rei|ses; die Rei-
ser

der **Reis** (ein Getreide); des Rei|ses

der **Reis|brei**

die **Rei|se**

das **Rei|se|an|den|ken**

das **Rei|se|bü|ro**

der **Rei|se|bus**

rei|se|fer|tig; reisefertige Urlauber

rei|se|lus|tig

rei|sen; du reist; sie reiste; er ist nach
Italien gereist; reise doch mit der Bahn!

der **Rei|sen|de;** ein Reisender; die Reisen-
den; zwei Reisende

die **Rei|sen|de;** eine Reisende

der **Rei|se|pass;** die Rei|se|päs|se

der **Rei|se|ver|an|stal|ter** (Unternehmen,
das eine Reise plant und durchführt);
des Reiseveranstalters; die Reiseveran-
stalter

das **Rei|se|ziel**

das **Rei|sig;** des Reisigs

der **Rei|sig|be|sen**

das **Rei|sig|bün|del**

Reiß|aus; *nur in:* Reißaus nehmen
(*umgangssprachlich für:* davonlaufen)

das **Reiß|brett** (Zeichenbrett)

rei|ßen; du reißt; sie reißt; sie riss; er hat

es in Stücke gerissen; reiß *oder* reiße
nicht daran!

rei|ßend; der reißende Strom

der **Rei|ßer** (*umgangssprachlich für:* span-
nender Kriminalfilm oder -roman); des
Reißers; die Reißer

der **Reiß|na|gel**

der **Reiß|ver|schluss**

das **Reiß|ver|schluss|sys|tem** *oder* **Reiß-
ver|schluss-Sys|tem** (Einordnungsver-
fahren im Straßenverkehr)

die **Reiß|zwe|cke**

rei|ten; du reitest; sie reitet; er ritt; sie
ist über die Wiesen geritten; sie hat dieses Pferd gerne geritten; reit *oder* reite
vorsichtig!

der **Rei|ter;** des Reiters; die Reiter

die **Rei|te|rin;** die Reiterinnen

das **Reit|pferd**

der **Reiz;** des Rei|zes; die Rei|ze

reiz|bar

die **Reiz|bar|keit**

rei|zen; du reizt sie; er reizt sie; er hat
sie gereizt; reiz *oder* reize sie nicht!

rei|zend; ein reizendes Mädchen

reiz|los

reiz|voll; reizvolle Landschaften

die **Re|ka|pi|tu|la|ti|on** (Wiederholung,
Zusammenfassung)

re|ka|pi|tu|lie|ren; du rekapitulierst; sie
rekapitulierte; er hat den Prüfungsstoff
rekapituliert; rekapitulier *oder* rekapitu-
liere bitte!

sich **re|keln** *oder* **rä|keln** (sich mit Behagen
dehnen und strecken); ich **rek[e]le** *oder*
räk[e]le mich; du **rekelst** *oder* räkelst
dich; sie **rekelte** *oder* räkelte sich; sie hat
sich **gerekelt** *oder* geräkelt

die **Re|kla|ma|ti|on** (Beanstandung); die Re-
kla|ma|ti|o|nen

die **Re|kla|me** (Werbung)

re|kla|mie|ren (beanstanden); du rekla-
mierst; sie reklamierte; er hat den Schaden reklamiert; reklamier *oder* rekla-
miere die Rechnung!

re|kon|s|t|ru|ie|ren (in seiner ursprüng-
lichen Form erschließen und darstellen
oder wiederherstellen); du rekonstru-
ierst; er rekonstruierte den Unfall; sie
hat den antiken Tempel rekonstruiert

die **Re|kon|s|t|ruk|ti|on** (Wiederherstellung,
Nachbildung); die Re|kon|s|t|ruk|ti|o|nen

389

Rekord – rennen

der **Re|kord** (Bestleistung); des Rekords *oder* Re|kor|des; die Re|kor|de

der **Re|kor|der** *oder* **Re|cor|der** (Gerät zur Aufzeichnung und Wiedergabe von Bild- und Tonaufnahmen); des Rekorders *oder* Recorders; die Rekorder *oder* Recorder

das **Re|kord|er|geb|nis**
re|kord|ver|däch|tig; eine rekordverdächtige Summe

der **Re|k|rut** (Soldat in der Grundausbildung); des/dem/den Re|k|ru|ten; die Re|k|ru|ten
re|k|ru|tie|ren (zusammensetzen, zusammenstellen, beschaffen); du rekrutierst; er rekrutierte; sie hat ihr Team aus jungen Fachleuten rekrutiert; sich rekrutieren

die **Re|k|ru|tin;** die Rekrutinnen

der **Rek|tor** (Leiter einer [Hoch]schule); des Rektors; die Rek|to|ren

das **Rek|to|rat** (Amt[szeit], Amtszimmer eines Rektors); des Rektorats *oder* Rek|to|ra|tes; die Rek|to|ra|te

die **Rek|to|rin;** die Rektorinnen

das **Re|lais** [rə'lɛ:] (elektrische Schalteinrichtung); des Relais [rə'lɛ: *oder* rə'lɛ:s]; die Relais [rə'lɛ:s]

die **Re|la|ti|on** (Beziehung, Verhältnis); die Re|la|ti|o|nen
re|la|tiv (bezüglich; verhältnismäßig; vergleichsweise); sie ist relativ reich
re|la|ti|vie|ren (*bildungssprachlich für:* zu etwas anderem in Beziehung setzen; einschränken); du relativierst; sie relativierte; er hat relativiert; relativier *oder* relativiere deine Aussage!; ich muss meine Vorurteile relativieren

die **Re|la|ti|vi|tät**

das **Re|la|tiv|pro|no|men** (bezügliches Fürwort)

der **Re|la|tiv|satz** (Gliedsatz mit Relativpronomen)
re|la|xen [ri'lɛksn̩] (*umgangssprachlich für:* sich entspannen); du relaxt; er relaxte; sie hat den ganzen Tag relaxt; eine relaxte Atmosphäre

das **Re|la|xing** (das Relaxen); des Relaxings

das *oder* der **Re|lease** [ri'li:s] ([Neu]veröffentlichung); des Release; die Re|lea|ses
re|le|vant (bedeutsam, wichtig)

die **Re|le|vanz;** dieses Thema ist von [großer] Relevanz

die **Re|li** (*Schülersprache:* Religionsunterricht); *meist ohne Artikel*

das **Re|li|ef** (über eine Fläche hervortretendes Bildwerk); des Reliefs; die Reliefs *oder* Re|li|e|fe

die **Re|li|gi|on;** die Re|li|gi|o|nen

die **Re|li|gi|ons|frei|heit** *Plural selten*

die **Re|li|gi|ons|ge|mein|schaft**

der **Re|li|gi|ons|un|ter|richt**
re|li|gi|ös; re|li|gi|ö|ser; am re|li|gi|ö|sesten

> **!** Beachte: Während das häufig gebrauchte Adjektiv *religiös* mit *ö* geschrieben wird, schreibt man das dazugehörige Nomen ohne Umlaut: *Religiosität.*

die **Re|li|gi|o|si|tät**

das **Re|likt** (Rest; Überbleibsel); des Relikts *oder* Re|lik|tes; die Re|lik|te

die **Re|ling** (Schiffsgeländer); die Relings

die **Re|li|quie** (Überrest, Gegenstand von Heiligen; kostbares Andenken); die Re|li|quien

der **Re|li|qui|en|schrein**
re|mis [rə'mi:] (unentschieden); das Spiel endete remis; ABER: das **Re|mis** (unentschiedenes Spiel); des Remis [rə'mi: *oder* rə'mi:s]; die Remis [rə'mi:s] *oder* Re|mi|sen

die **Re|mou|la|de** [remu'la:də] (Kräutermayonnaise); die Remouladen

die **Re|mou|la|den|so|ße** *oder* **Re|mou|la|den|sau|ce**

die **Rem|pe|lei**
rem|peln; du rempelst; sie rempelte; er hat gerempelt

das **Ren** [re:n *oder* rɛn] (eine Hirschart); des Rens; die Re|ne *oder* Rens [rɛns]

die **Re|nais|sance** [rənɛ'sã:s] (Wiedergeburt; Erneuerung)

der **Re|nais|sance|stil**

das **Ren|dez|vous** [rãde'vu:] (Verabredung, Begegnung); des Rendezvous [rãde'vu: *oder* rãde'vu:s]; die Rendezvous [rãde'vu:s]

die **Ren|di|te** (Ertrag, Gewinn); der Rendite; die Renditen

die **Renn|bahn**
ren|nen; du rennst; sie rannte; er ist gerannt; renn *oder* renne nach Hause!

Rennen – republikweit

das **Ren|nen;** des Rennens; die Rennen
der **Ren|ner** (*umgangssprachlich für:* etwas, was erfolgreich und beliebt ist); des Renners; die Renner; das neue Computerspiel ist der Renner
der **Renn|fah|rer**
die **Renn|fah|re|rin**
das **Renn|rad**
die **Renn|stre|cke**
der **Renn|wa|gen**
das **Re|nom|mee** ([guter] Ruf); des Renommees; die Renommees
re|nom|mie|ren (prahlen, angeben); du renommierst; er hat mit seinem Zeugnis renommiert; renommier *oder* renommiere nicht so!
re|nom|miert (berühmt, angesehen); renom|mier|ter; am re|nom|mier|tes|ten; ein renommierter Autor
re|no|vie|ren (erneuern, instand setzen); du renovierst; er renovierte; sie hat ihr Haus renoviert; renovier *oder* renoviere das Zimmer!
die **Re|no|vie|rung**
ren|ta|bel (lohnend, einträglich); ein ren|ta|b|les Geschäft
die **Ren|ta|bi|li|tät**
die **Ren|te**
das **Ren|ten|al|ter**
die **Ren|ten|re|form**
die **Ren|ten|ver|si|che|rung**
das **Ren|tier** [*auch:* ˈren...] (Ren)
sich **ren|tie|ren** (sich lohnen); es rentierte sich [nicht]; das Geschäft hat sich rentiert
der **Rent|ner;** des Rentners; die Rentner
die **Rent|ne|rin;** die Rentnerinnen
re|pa|ra|bel (sich reparieren lassend); reparable Schäden
die **Re|pa|ra|tur;** die Re|pa|ra|tu|ren
re|pa|ra|tur|be|dürf|tig
die **Re|pa|ra|tur|werk|statt**
re|pa|rie|ren; du reparierst; sie reparierte; er hat das Auto repariert; reparier *oder* repariere den Abfluss!
das **Re|per|toire** [reperˈtoaːɐ̯] (Vorrat einstudierter Bühnenrollen, Kompositionen); des Repertoires; die Repertoires
re|pe|tie|ren (wiederholen); du repetierst; sie repetierte; sie hat das Kapitel repetiert
die **Re|pe|ti|ti|on;** die Re|pe|ti|ti|o|nen

die **Re|plik** (Erwiderung; Nachbildung); die Re|pli|ken
der **Re|port** (Bericht); des Reports *oder* Re|por|tes; die Re|por|te
die **Re|por|ta|ge** [reporˈtaːʒə] (Bericht über ein aktuelles Ereignis vom Ort des Geschehens); die Reportagen
der **Re|por|ter** (Berichterstatter); des Reporters; die Reporter
die **Re|por|te|rin;** die Reporterinnen
der **Re|prä|sen|tant** (Vertreter, Abgeordnete); des/dem/den Re|prä|sen|tan|ten; die Re|prä|sen|tan|ten
die **Re|prä|sen|tan|tin;** die Repräsentantinnen
die **Re|prä|sen|ta|ti|on** (standesgemäßes Auftreten; gesellschaftlicher Aufwand); die Re|prä|sen|ta|ti|o|nen
re|prä|sen|ta|tiv (vertretend; typisch; wirkungsvoll); eine repräsentative Demokratie; repräsentative Umfragen
re|prä|sen|tie|ren (vertreten; standesgemäß auftreten); du repräsentierst; sie repräsentierte; sie hat ihre Firma repräsentiert
die **Re|pres|sa|lie** (Druckmittel, Vergeltungsmaßnahme); die Re|pres|sa|li|en *meist Plural*
die **Re|pres|si|on** (Unterdrückung); die Repres|si|o|nen
re|pres|siv; repressive Maßnahmen
die **Re|pro|duk|ti|on** (Wiedergabe, Nachbildung; Vervielfältigung; Fortpflanzung); die Re|pro|duk|ti|o|nen
re|pro|du|zie|ren; du reproduzierst; er reproduzierte; sie hat die Bilder reproduziert
das **Rep|til** (Kriechtier); des Reptils; die Rep|ti|li|en, *selten:* Rep|ti|le
die **Re|pu|b|lik** (eine Staatsform); die Re|pu|b|li|ken; die Berliner Republik
der **Re|pu|b|li|ka|ner;** des Republikaners; die Republikaner
die **Re|pu|b|li|ka|ne|rin;** die Republikanerinnen
re|pu|b|li|ka|nisch; die republikanische Staatsform; republikanische Parteien; ABER: die Republikanische Partei in den USA
re|pu|b|lik|weit; eine republikweite Regelung anstreben

Reputation – Retortenbaby

die **Re|pu|ta|ti|on** ([guter] Ruf, Ansehen); die Re|pu|ta|ti|o|nen

das **Re|qui|em** (Totenmesse); des Requiems; die Requiems

das **Re|qui|sit** (Zubehör, besonders bei Bühne und Film); des Requisits *oder* Requi|si|tes; die Re|qui|si|ten

das **Re|ser|vat** (Ureinwohnern zugewiesenes und vorbehaltenes Gebiet; eingegrenztes Gebiet zum Schutz bestimmter Tierarten); des Reservats *oder* Re|ser|va|tes; die Re|ser|va|te

die **Re|ser|ve** (Vorrat; Ersatz, Ersatzmannschaft; Zurückhaltung); die Reserven; sie hat etwas in Reserve

re|ser|vie|ren (aufbewahren; vormerken); du reservierst; sie reservierte; er hat Plätze reserviert; reservier *oder* reserviere mir einen Platz!

die **Re|ser|vie|rung**

der **Re|ser|vist** (Soldat der Reserve); des/dem/den Re|ser|vis|ten; die Re|ser|visten

die **Re|ser|vis|tin;** die Reservistinnen

das **Re|ser|voir** [rezɛr'voa:ɐ̯] (Sammelbecken; Reservebestand); des Reservoirs; die Re|ser|voi|re *oder* Reservoirs

die **Re|si|denz** (Wohnsitz des Staatsoberhauptes, des Fürsten oder des Bischofs); die Re|si|den|zen

re|si|die|ren (seinen Wohnsitz haben); du residierst; sie residierte; sie hat in Berlin residiert

die **Re|si|g|na|ti|on** (Verzicht; Schicksalsergebenheit)

re|si|g|nie|ren (entmutigt aufgeben); du resignierst; er resignierte; sie hat längst resigniert; resignier *oder* resigniere nicht!

re|si|g|niert (mutlos, niedergeschlagen); mit resignierter Miene

re|sis|tent (widerstandsfähig); resistente Bakterien

die **Re|sis|tenz;** die Re|sis|ten|zen

re|so|lut (entschlossen, tatkräftig); reso|lu|ter; am re|so|lu|tes|ten; eine resolute Schwiegermutter

die **Re|so|lu|ti|on** (von einer Versammlung beschlossene öffentliche Erklärung, die bestimmte Forderungen enthält); die Reso|lu|ti|o|nen

die **Re|so|nanz** (das Mitschwingen, Mittönen; Widerhall, Zustimmung); die Re|sonan|zen

der **Re|s|pekt** (Rücksicht, Achtung); des Respekts *oder* Re|s|pek|tes

re|s|pek|ta|bel (ansehnlich); eine respektable Größe

re|s|pek|tie|ren; du respektierst sie; er respektierte sie; sie hat sie respektiert; respektier *oder* respektiere ihn!

re|s|pek|ti|ve (beziehungsweise)

re|s|pekt|los

re|s|pekt|voll

das **Res|sort** [rɛ'so:ɐ̯] (Aufgabenbereich; Abteilung); des Ressorts; die Ressorts

die **Res|sour|ce** [rɛ'sʊrsə] (Rohstoffquelle; Geldmittel) *meist Plural;* knappe Ressourcen

der **Rest;** des Rests *oder* Res|tes; die Res|te

das **Re|s|tau|rant** [rɛsto'rã:] (Gaststätte); des Restaurants; die Restaurants

der **Re|s|tau|rant|be|such**

die **Re|s|tau|ra|ti|on** (Wiederherstellung); die Re|s|tau|ra|ti|o|nen

der **Re|s|tau|ra|tor** (Wiederhersteller [von Kunstwerken]); des Restaurators; die Res|tau|ra|to|ren

die **Re|s|tau|ra|to|rin;** die Restauratorinnen

re|s|tau|rie|ren (wiederherstellen); du restaurierst; er restaurierte; sie hat das Bild restauriert; restaurier *oder* restauriere es!

die **Rest|lauf|zeit**

rest|lich; das restliche Geld; ABER: alles Restliche erledigen wir später

rest|los; sie war restlos begeistert

die **Re|s|t|rik|ti|on** (Einschränkung); die Res|t|rik|ti|o|nen

re|s|t|rik|tiv; restriktive Maßnahmen

der **Rest|wert**

das **Re|sul|tat** (Ergebnis); des Resultats *oder* Re|sul|ta|tes; die Re|sul|ta|te

re|sul|tie|ren (sich [als Schlussfolgerung] ergeben; folgen); es resultierte; daraus hat ein Verlust resultiert

das **Re|sü|mee** (Zusammenfassung); des Resümees; die Resümees

re|sü|mie|ren (zusammenfassen; feststellen); du resümierst; sie resümierte; er hat resümiert; resümier *oder* resümiere das bitte noch einmal!

die **Re|tor|te** (ein Laborgefäß); die Retorten

das **Re|tor|ten|ba|by** (durch künstliche

retour – reziprok

Befruchtung außerhalb des Mutterleibes entstandenes Kind)

re|tour [reˈtuːɐ̯] (*landschaftlich für:* zurück); etwas retour schicken

re|t|ro|s|pek|tiv (rückschauend)

die **Re|t|ro|s|pek|ti|ve** (Rückschau)

ret|ten; du rettest; sie rettete; sie hat ihn gerettet; rette ihn!; sich retten; rette sich, wer kann!

der **Ret|ter;** des Retters; die Retter

die **Ret|te|rin;** die Retterinnen

der **Ret|tich** (rübenförmige Pflanze und deren essbare Wurzel); des Rettichs; die Ret|ti|che

die **Ret|tung**

die **Ret|tungs|ar|bei|ten** *Plural*

das **Ret|tungs|boot**

der **Ret|tungs|dienst**

das **Ret|tungs|flug|zeug**

ret|tungs|los; rettungslos verloren sein

das **Ret|tungs|schwim|men**

der **Re|turn** [riˈtøːɐ̯n] (nach dem Aufschlag des Gegners zurückgeschlagener Ball beim [Tisch]tennis); des Returns; die Returns

die **Re|tu|sche** (Nachbesserung [von Fotografien]); die Retuschen

re|tu|schie|ren; ich retuschiere; du retuschierst; er retuschierte; sie hat das Foto retuschiert

die **Reue**

reu|en; es reut ihn; es reute sie; seine Tat hat ihn gereut

reue|voll

reu|ig; reuige Sünder

reu|mü|tig

die **Reu|se** (ein Korb zum Fischfang); die Reusen

die **Re|van|che** [reˈvãːʃ *oder* reˈvãːʃə] (Vergeltung, Rache); die Revanchen

das **Re|van|che|foul** *(Sport)*

sich **re|van|chie|ren** [revãˈʃiːrən] (sich rächen; sich erkenntlich zeigen); du revanchierst dich; sie hat sich revanchiert; revanchier *oder* revanchiere dich dafür!

die **Re|ve|renz** (Hochachtung; Verbeugung); die Re|ve|ren|zen; jemandem [die, seine] Reverenz erweisen; ↑ABER: Referenz

das *oder* der **Re|vers** [reˈveːɐ̯] (Aufschlag an Mantel oder Jacke); des Revers [reˈveːɐ̯ *oder* reˈveːɐ̯s]; die Revers [reˈveːɐ̯s]

re|ver|si|bel (umkehrbar); re|ver|si|b|le Prozesse

die **Re|ver|si|bi|li|tät**

re|vi|die|ren (durchsehen, überprüfen; korrigieren); du revidierst; er revidierte; sie hat das Gepäck revidiert; revidier *oder* revidiere dein Urteil!

das **Re|vier** (Bezirk, Gebiet); des Reviers; die Re|vie|re

der **Re|vier|förs|ter**

die **Re|vier|förs|te|rin**

die **Re|vi|si|on** (Nachprüfung; Änderung); die Re|vi|si|o|nen

das **Re|vi|val** [riˈvaivl̩] (Erneuerung, Wiederbelebung); des Revivals; die Revivals

die **Re|vol|te** (Empörung, Aufruhr)

re|vol|tie|ren; du revoltierst; die Gefangenen revoltierten; sie haben revoltiert

die **Re|vo|lu|ti|on** (Umsturz); die Re|vo|lu|ti|o|nen

re|vo|lu|ti|o|när; revolutionäre Ideen

der **Re|vo|lu|ti|o|när;** des Revolutionärs; die Re|vo|lu|ti|o|nä|re

die **Re|vo|lu|ti|o|nä|rin;** die Revolutionärinnen

der **Re|vol|ver;** des Revolvers; die Revolver

die **Re|vue** [reˈvyː] (Zeitschrift; musikalisches Bühnenstück); die Re|vu|en; etwas, jemanden Revue passieren (vor seinem inneren Auge vorbeiziehen) lassen

Reyk|ja|vík [ˈraikjaviːk, *auch:* ˈrɛɪkjaviːk] (Hauptstadt Islands)

der **Re|zen|sent** (Verfasser einer Rezension); des/dem/den Re|zen|sen|ten; die Re|zen|sen|ten

die **Re|zen|sen|tin;** die Rezensentinnen

re|zen|sie|ren; ich rezensiere; du rezensierst; er rezensierte; sie hat die Aufführung rezensiert

die **Re|zen|si|on** (kritische Besprechung von Büchern, Theateraufführungen u. a.)

das **Re|zept** (ärztliche Verordnung; Kochvorschrift); des Rezepts *oder* Re|zep|tes; die Re|zep|te

die **Re|zep|ti|on** (das Erfassen, Aufnehmen und Übernehmen; Empfangsbüro in einem Hotel); die Re|zep|ti|o|nen

die **Re|zes|si|on** (Rückgang des wirtschaftlichen Wachstums); die Re|zes|si|o|nen

re|zi|p|rok (wechselseitig; gegenseitig; aufeinander bezüglich); reziproker Wert (*Mathematik:* Kehrwert)

Reziprozität – richtigstellen

die **Re|zi|p|ro|zi|tät**

die **Re|zi|ta|ti|on** (künstlerischer Vortrag einer Dichtung); die Re|zi|ta|ti|o|nen

der **Re|zi|ta|tor** (jemand, der rezitiert); des Rezitators; die Re|zi|ta|to|ren

die **Re|zi|ta|to|rin**; die Rezitatorinnen

re|zi|tie|ren; ich rezitiere; du rezitierst; er rezitiert; sie hat Balladen rezitiert

der **Rha|bar|ber**; des Rhabarbers

die **Rhap|so|die** (erzählendes Gedicht; ein Musikstück); die Rhap|so|di|en; die Ungarische Rhapsodie (Musikstück von Franz Liszt)

der **Rhein** (ein Strom); des Rheins *oder* Rheines

der **Rhein|fall** (bei Schaffhausen, Schweiz)

rhei|nisch; rheinischer Frohsinn; die rheinische Tiefebene; A B E R: Rheinischer Merkur (eine Wochenzeitung); das Rheinische Schiefergebirge

das **Rhein|land**

der **Rhein|län|der**; des Rheinländers; die Rheinländer

die **Rhein|län|de|rin**; die Rheinländerinnen

Rhein|land-Pfalz

rhein|land-pfäl|zisch

der **Rhe|sus|fak|tor** (*Medizin:* erbliches Merkmal der roten Blutkörperchen; *kurz:* Rh-Faktor; *Zeichen:* Rh = Rhesusfaktor positiv, rh = Rhesusfaktor negativ)

die **Rhe|to|rik** (Redekunst)

rhe|to|risch; eine rhetorische Frage (Frage, auf die keine Antwort erwartet wird)

das **Rheu|ma** (*kurz für:* Rheumatismus); des Rheumas

rheu|ma|tisch; rheumatische Schmerzen

der **Rheu|ma|tis|mus** (eine schmerzhafte Erkrankung der Gelenke, Muskeln, Nerven und Sehnen); des Rheumatismus; die Rheumatismen

das **Rhi|no|ze|ros** (Nashorn); des Rhinozeros *oder* Rhi|no|ze|ros|ses; die Rhi|no|ze|ros|se

der, *auch:* das **Rho|do|den|d|ron** (eine Zierpflanze); des Rhododendrons; die Rhododendren

Rho|dos (Insel im Mittelmeer)

das **Rhom|bo|id** (*Mathematik:* Parallelogramm mit paarweise ungleichen Seiten); des Rhomboids *oder* Rhom|bo|i|des; die Rhom|bo|i|de

der **Rhom|bus** (gleichseitiges Parallelogramm, Raute); des Rhombus; die Rhomben

die **Rho|ne** (französischer Fluss)

die **Rhyth|mik** (Art des Rhythmus; Lehre vom Rhythmus)

rhyth|misch; rhythmische Sportgymnastik

der **Rhyth|mus** (geregelter Wechsel; Zeit-, Ebenmaß; taktmäßige Gliederung); des Rhythmus; die Rhythmen

Ri|ad (Hauptstadt Saudi-Arabiens)

rich|ten; du richtest; er richtete; sie hat die Antenne gerichtet; richt *oder* richte die Antenne!; sich nach etwas richten; er hat sich nach euch zu richten!

der **Rich|ter**; des Richters; die Richter

die **Rich|te|rin**; die Richterinnen

das **Richt|fest**

---

rich|tig

Groß schreibt man die Nominalisierung:

– das Richtige (richtig) wäre[,] zu gehen
– das ist genau das Richtige für mich
– wir halten es für das Richtige, dass du gehst
– er hat das Richtige getan
– du bist mir der Richtige

Getrennt- und Zusammenschreibung:

– richtig gehen; eine Uhr, die richtig geht; eine richtig gehende *oder* richtiggehende Uhr; A B E R: ↑ richtiggehend
– er hat die Uhr wieder richtig gestellt *oder* richtiggestellt; A B E R: eine Behauptung ↑ richtigstellen (berichtigen)
– richtig machen; wenn er doch einmal etwas richtig machen würde

rich|ti|ger|wei|se; A B E R: in richtiger Weise

rich|tig|ge|hend; das war eine richtiggehende (durchaus so zu nennende) Blamage; ↑ *auch:* richtig

die **Rich|tig|keit**; damit hat es seine Richtigkeit (das ist richtig, das soll so sein)

rich|tig|stel|len (berichtigen); er will die

394

Richtlinie – Rist

Behauptung richtigstellen; ↑ *auch:* richtig

die **Richt|li|nie**

die **Rich|tung**

rich|tung[s]|wei|send; eine richtung[s]weisende Entscheidung

die **Ri|cke** (weibliches Reh); die Ricken

der **Ri|cot|ta** (ein Frischkäse); die Ricottas

rie|chen; du riechst; er riecht; er roch; sie hat das Gas gerochen; riech *oder* rieche mal!

das **Ried** (Schilf, Röhricht); des Rieds *oder* Riedes; die Rie|de

die **Rie|ge** (Turnerabteilung)

der **Rie|gel;** des Riegels; die Riegel

der **Rie|men;** des Riemens; die Riemen

der **Rie|se;** des/dem/den Riesen; die Riesen

rie|seln; der Kalk rieselte; der Kalk ist von den Wänden gerieselt

der **Rie|sen|er|folg** *(umgangssprachlich)*

rie|sen|groß

rie|sig (gewaltig groß; hervorragend); ein riesiges Gebäude; riesig große Wellen

die **Rie|sin;** die Riesinnen

der **Ries|ling** (eine Reb- und Weinsorte); des Rieslings; die Ries|lin|ge

das **Riff** (Felsenklippe; Sandbank); des Riffs *oder* Riffes; die Riffe

rif|feln ([Flachs] kämmen; aufrauen); ich riff[e]le; du riffelst; sie riffelte; er hat die Flachsstängel geriffelt

ri|gid *oder* **ri|gi|de** (streng; unnachgiebig); rigide Verbote

die **Ri|gi|di|tät**

ri|go|ros (streng, rücksichtslos); ri|go|ro|ser; am ri|go|ro|ses|ten

die **Ri|go|ro|si|tät**

die **Rik|scha** (zweirädriger Wagen in Ostasien, der von einem Menschen gezogen wird und zur Beförderung von Personen dient); die Rikschas

die **Ril|le**

das **Rind;** des Rinds *oder* Rin|des; die Rin|der

die **Rin|de**

das **Rind|fleisch**

das **Rind|vieh**

der **Ring;** des Rings *oder* Rin|ges; die Rin|ge

das **Ring|buch**

rin|geln; die Katze ringelte den Schwanz; die Katze hat den Schwanz geringelt; sich ringeln; die Schlange ringelte sich am Boden

die **Rin|gel|nat|ter**

rin|gen; du ringst; sie ringt; er rang; sie hat nach Luft gerungen; ring *oder* ringe mit ihm!

das **Rin|gen**

der **Rin|ger;** des Ringers; die Ringer

die **Rin|ge|rin;** die Ringerinnen

der **Ring|fin|ger**

ring|för|mig; ringförmige Mauern

der **Ring|kampf**

der **Ring|rich|ter** (beim Boxen)

die **Ring|rich|te|rin**

rings (im Kreis); rings an den Wänden standen Regale

rings|he|r|um

rings|um; ringsum (ringsherum) läuft ein Geländer; ringsum (überall) stehen Sträucher; ᴀʙᴇʀ: rings (in einem Kreis, Bogen) um den See standen Bäume

die **Rin|ne**

rin|nen; das Blut rinnt; das Blut rann; das Blut ist aus der Wunde geronnen

das **Rinn|sal** (kleiner Bach); des Rinnsals *oder* Rinn|sal|les; die Rinn|sal|le

der **Rinn|stein** (Gosse)

Rio de Ja|nei|ro [ˈriːo de ʒaˈneːro] (Stadt in Brasilien)

der **Rio de la Pla|ta** (Fluss in Südamerika)

die **Rip|pe**

rip|pen (*EDV:* Einlesen der Daten einer CD oder DVD in ein Anwendungsprogramm); er hat die Audio-CD gerippt

der **Rip|pen|bruch**

das **Ri|si|ko** (Wagnis); des Risikos; die Risiken *oder* Risikos

der **Ri|si|ko|fak|tor**

ri|si|ko|freu|dig

ri|si|ko|los; risikolose Sportarten

ri|si|ko|reich

ris|kant (gefährlich, gewagt); ris|kan|ter; am ris|kan|tes|ten

ris|kie|ren; du riskierst es; er riskierte es; sie hat es riskiert; riskier *oder* riskiere es!

der *oder* das **Ri|sot|to** (ein Reisgericht); des Risotto[s]; die Risotto[s]

die **Ris|pe** (ein Blütenstand)

der **Riss;** des Ris|ses; die Ris|se

riss|fest

ris|sig; rissiges Mauerwerk

der **Rist** (Fußrücken, Spann; *Turnen:* Handrücken); des Ris|tes; die Ris|te

Ritt – Rohrzucker

der **Ritt;** des Ritts *oder* Rit|tes; die Rit|te

der **Rit|ter;** des Ritters; die Ritter

die **Rit|ter|burg**

rit|ter|lich

der **Rit|ter|or|den**

ritt|lings (im Reitersitz); rittlings auf dem Stuhl sitzen

das **Ri|tu|al** ([religiöser] Brauch; Zeremoniell); des Rituals; die Ri|tu|a|le

ri|tu|ell (zum Ritus gehörend); rituelle Gebete

der **Ri|tus** (gottesdienstlicher [Fest]brauch; Zeremoniell); des Ritus; die Riten

der **Ritz** (Kerbe, Schramme); des Rit|zes; die Rit|ze

die **Rit|ze** (sehr schmale Spalte oder Vertiefung); die Ritzen

rit|zen; du ritzt; sie ritzt; er ritzte; er hat seinen Namen in das Holz geritzt; ritz *oder* ritze deinen Namen in das Holz!; sich ritzen; ich habe mich an dem Nagel geritzt

der **Ri|va|le** (Nebenbuhler, Mitbewerber); des/dem/den Rivalen; die Rivalen

die **Ri|va|lin;** die Rivalinnen

ri|va|li|sie|ren (um den Vorrang kämpfen); ich rivalisiere; du rivalisierst; er rivalisierte mit seinem Bruder; sie haben ständig rivalisiert

die **Ri|va|li|tät;** die Ri|va|li|tä|ten

die **Ri|vi|e|ra** (Küstengebiet am Mittelmeer)

das **Ri|zi|nus|öl**

das **Roa|ming** ['roʊmɪŋ] (vom Aufenthaltsort unabhängiges Telefonieren im Mobilfunknetz); des Roamings

die **Roa|ming|ge|bühr**

das **Roast|beef** ['roːstbiːf] (Rostbraten); des Roastbeefs; die Roastbeefs

die **Rob|be** (ein Meeressäugetier)

rob|ben (wie eine Robbe kriechen); du robbst; sie robbte; er ist durch das Gras gerobbt; robb *oder* robbe in Deckung!

das **Rob|ben|ster|ben**

die **Ro|be** (Amtstracht für Richter, Anwälte, Professoren und Geistliche); die Roben

der **Ro|bo|ter** (elektronisch gesteuerter Automat); des Roboters; die Roboter

ro|bust (stämmig; unempfindlich); robus|ter; am ro|bus|tes|ten; eine robuste Gesundheit

die **Ro|bust|heit**

die **Ro|cha|de** [rɔˈxaːdə, *auch:* rɔˈʃaːdə]

(Doppelzug von König und Turm beim Schach); die Rochaden

rö|cheln; ich röch[e]le; du röchelst; er röchelte; sie hat geröchelt

der **Ro|chen** (ein Seefisch); des Rochens; die Rochen

der **Rock;** des Rocks *oder* Ro|ckes; die Rö|cke

der **Rock** (*kurz für:* Rockmusik); des Rock *oder* Rocks

die **Rock|band** (Rockgruppe)

der **Ro|cker** (Angehöriger einer [jugendlichen] Motorradbande); des Rockers; die Rocker

die **Ro|cker|ban|de**

die **Ro|cke|rin;** die Rockerinnen

die **Rock|mu|sik** (laute, stark rhythmische Unterhaltungsmusik)

die **Ro|del|bahn**

ro|deln; du rodelst; sie rodelte; er hat den ganzen Nachmittag gerodelt; sie ist über den Abhang gerodelt; rod[e]le mit uns!

der **Ro|del|schlit|ten**

ro|den; du rodest; sie rodete; er hat das Waldstück gerodet; rode das Waldstück!

der *oder* das **Ro|deo** (Wettkämpfe der Cowboys [in den USA]); des Rodeos; die Rodeos

die **Ro|dung**

der **Ro|gen** (die Fischeier); des Rogens; die Rogen

der **Rog|gen** (ein Getreide); des Roggens

das **Rog|gen|brot**

roh; ein roh bearbeiteter Stein; ABER: die Arbeit ist im Rohen (in großen Zügen) fertig

der **Roh|bau;** die Rohbauten

die **Roh|heit**

die **Roh|kost**

der **Roh|ling** (*abwertend für:* roher Mensch; *EDV:* unbeschriebene CD oder DVD); des Rohlings; die Roh|lin|ge

das **Roh|öl**

das **Rohr;** des Rohrs *oder* Roh|res; die Rohre; *Verkleinerungsform:* das Röhrchen

die **Röh|re**

röh|ren (*vom Hirsch:* brüllen); der Hirsch röhrte; er hat geröhrt

das **Röh|richt** (Schilfdickicht); des Röhrichts; die Röh|rich|te

der **Rohr|zu|cker**

Rohstoff – Rost

der **Roh|stoff**

das **Ro|ko|ko** (ein Kunststil); des Rokoko *oder* Rokokos

die **Roll|bahn** (Start-und-Lande-Bahn)

die **Rol|le**
rol|len; du rollst; sie rollte; er hat das Fass in den Keller gerollt; roll *oder* rolle das Fass in den Keller!

das **Rol|len|spiel**

der **Rol|ler;** des Rollers; die Roller

der **Rol|ler|blade** ['roʊlɐbleɪd] (*Markenbezeichnung:* ein Inlineskate); des Rollerblades; die Rollerblades *meist Plural*

der **Rol|ler|skate** ['roʊlɐskeɪt] (Rollschuh mit höhenverstellbarem Stopper und besonders breiten Rollen); des Rollerskates; die Rollerskates

rol|lig (*fachsprachlich für:* paarungsbereit, brünstig [besonders von Katzen])

der **Roll|kra|gen|pul|l|o|ver**

der **Roll|la|den** *oder* Roll-La|den; die **Rolllä-den** *oder* Roll-Läden *oder* die **Rolllader** *oder* Roll-Laden

der **Roll|mops** (gerollter eingelegter Hering); des Roll|mop|ses; die Rollmöp|se

das **Rol|lo** [*auch:* rɔ'lo:] (aufrollbarer Vorhang); des Rollos; die Rollos

der **Roll|schuh;** Rollschuh laufen; ABER: das Rollschuhlaufen

der **Roll|stuhl**

die **Roll|trep|pe**

das **ROM** = read only memory (*EDV:* Informationsspeicher, dessen Inhalt nur gelesen, aber nicht verändert werden kann); des ROM *oder* ROMs; die ROM *oder* ROMs

Rom (Hauptstadt Italiens)

der **Rom** (Angehöriger einer aus Südosteuropa stammenden Volksgruppe); des Rom; die Roma

die **Ro|ma** (Plural von Rom) *Plural*

der **Ro|man** (eine längere Prosaerzählung); des Romans; die Ro|ma|ne

der **Ro|ma|ne** (Angehöriger eines Volkes mit romanischer Sprache); des/dem/den Romanen; die Romanen

die **Ro|man|fi|gur**
ro|man|haft; eine romanhafte Darstellung

die **Ro|ma|nik** (ein Kunststil vom 11. bis 13. Jahrhundert)

die **Ro|ma|nin;** die Romaninnen
ro|ma|nisch; der romanische Stil; romanische Sprachen

die **Ro|man|tik** (Kunst- und Literaturrichtung von etwa 1800 bis 1830)
ro|man|tisch (die Romantik betreffend; abenteuerlich; träumerisch); romantische Musik

die **Ro|man|ze** (romantisches Liebeserlebnis); die Romanzen

der **Rö|mer;** des Römers; die Römer

die **Rö|me|rin;** die Römerinnen
rö|misch; römische Zahlen; die römischen Kaiser; ABER: das Römische Reich
röm.-kath. = römisch-katholisch

das **Rom|mé** *oder* Rom|mee ['rɔme, *auch:* rɔ'me:] (ein Kartenspiel); des Rommés *oder* Rommees; die Rommés *oder* Rommees

das **Ron|dell** (Rundteil; Rundbeet); des Rondells; die Ron|del|le
rönt|gen (mit Röntgenstrahlen durchleuchten); du röntgst; sie röntgte; die Ärztin hat ihn geröntgt; röntge ihn!

die **Rönt|gen|auf|nah|me**

die **Rönt|gen|strah|len** *Plural*

die **Rönt|gen|un|ter|su|chung**
ro|sa; die rosa Kleider; ABER: ein Kleid in Rosa; ↑ beige, blau
ro|sa|far|ben *oder* **ro|sa|far|big**
ro|sa|rot
ro|sé (zartrosa); ein rosé Spitzenkleid; ABER: ein Kleid in Rosé

die **Ro|se;** *Verkleinerungsformen:* das Rös|chen *oder* Rös|lein

der **Ro|sen|kranz**

die **Ro|set|te** (Verzierung in Rosenform)
ro|sig; rosige Haut; rosige (höchst erfreuliche) Aussichten; rosig weiße Blüten

die **Ro|si|ne** (getrocknete Weinbeere)

der **Ros|ma|rin** (eine Gewürzpflanze); des Rosmarins

das **Ross** (Pferd); des Ros|ses; die Ros|se, *landschaftlich:* die Rös|ser

die **Ross|brei|ten** (subtropische Zone mit schwachen Winden) *Plural*

die **Ross|kas|ta|nie**

der **Rost** (ein Gitter); des Rosts *oder* Ros|tes; die Ros|te

der **Rost** (Zersetzungsschicht auf Eisen); des Rosts *oder* Ros|tes

rosten – rüberbringen

ros|ten; das Blech rostete; es hat gerostet

rös|ten; du röstest; sie röstete; er hat das Brot geröstet; röste das Brot!

die Rös|te|rei

rost|far|ben *oder* rost|far|big

rost|frei; rostfreier Stahl

ros|tig; rostige Nägel

rot; rö|ter, *seltener:* ro|ter; am rö|testen, *seltener:* am ro|tes|ten; rote Grütze; der rote Faden; er wirkt auf sie wie ein rotes Tuch; er hat keinen roten Heller (Pfennig, Cent) mehr; ABER: die rote *oder* Rote Karte *(Fußball);* die Rote Bete; das Rote Meer; das Rote Kreuz; die Rote Armee (der früheren Sowjetunion); die rot glühende *oder* rotglühende Sonne; rot gestreifter *oder* rotgestreifter Stoff

das Rot (die rote Farbe); des Rots; die Rot *oder* Rots; bei Rot bitte anhalten; die Ampel steht auf Rot; ↑ Blau

die Ro|ta|ti|on (Drehung um eine Achse); die Ro|ta|ti|o|nen

das Ro|ta|ti|ons|prin|zip *(Politik)*

rot|ba|ckig *oder* rot|bä|ckig

die Rö|te; die Röte stieg ihm ins Gesicht

die Rö|teln (eine Infektionskrankheit) *Plural*

rö|ten; die Haut rötete sich; sie hat sich gerötet

rot|ge|streift *vergleiche:* rot

rot|glü|hend *vergleiche:* rot

rot-grün *oder* rot|grün; die rot-grüne *oder* rotgrüne Regierung (zwischen sozialdemokratischer und grüner Partei); ABER: wird Rot-Grün *oder* Rotgrün gewählt?

die Rot|grün|blind|heit (Farbenfehlsichtigkeit, bei der Rot und Grün verwechselt werden)

rot|haa|rig

ro|tie|ren (sich drehen); die Scheibe rotierte; ihr Freund hat im Geschäft rotiert *(umgangssprachlich für:* hat sich aufgeregt und ist hektisch geworden)

das Rot|käpp|chen (eine Märchengestalt); des Rotkäppchens

das Rot|kehl|chen (ein Singvogel); des Rotkehlchens; die Rotkehlchen

die Rot|kreuz|schwes|ter *oder* Ro-te-Kreuz-Schwes|ter

röt|lich; ein rötlich brauner Pullover

die Rot|te (ungeordnete Schar, Menschengruppe); die Rotten

der Rot|wein

das Rot|wild

der Rotz (*derb für:* Nasenschleim); des Rotzes

die Rotz|na|se (triefende Nase; freches, naseweises Kind)

das Rouge [ru:ʃ] (rote Schminke); des Rouges; die Rouges; Rouge auftragen

die Rou|la|de [ru'la:də] (gerollte und gebratene Fleischscheibe); die Rouladen

das Rou|lette *oder* Rou|lett [ru'lɛt] (ein Glücksspiel); des Roulettes *oder* Rouletts; die Roulettes *oder* Rou|let|te *oder* Rouletts

die Rou|te ['ru:tə] (Wegstrecke, Reiseweg); die Routen

der Rou|ten|pla|ner (Software zur Bestimmung einer optimalen Wegstrecke)

die Rou|ti|ne [ru'ti:nə] (Übung; Erfahrung)

rou|ti|ne|mä|ßig

rou|ti|niert (erfahren, gewandt); ein routinierter Geschäftsmann

der Row|dy ['raʊdi] (Raufbold); des Rowdys; die Rowdys

der Ro|y|al ['rɔɪəl] (Mitglied der [englischen] Königsfamilie); des Royals; die Royals *meist Plural*

RSS [ɛrˈɛsˈɛs] = Really Simple Syndication (*EDV:* Datenformat, mit dem Inhalte von Webseiten besonders übersichtlich bereitgestellt werden können)

der *oder* das RSS-Feed (*EDV:* Bereitstellung von Inhalten im Datenformat RSS); des RSS-Feeds; die RSS-Feeds

Ru|an|da (Staat in Zentralafrika)

der Ru|an|der; des Ruanders; die Ruander

die Ru|an|de|rin; die Ruanderinnen

ru|an|disch

rub|beln (kräftig reiben); ich rubb[e]le; du rubbelst; er rubbelte; sie hat gerubbelt

die Rü|be

der Ru|bel (Währungseinheit in Russland und Weißrussland); des Rubels; die Rubel

rü|ber (*umgangssprachlich für:* herüber, hinüber)

rü|ber|brin|gen; du bringst den Schlüssel rüber; sie brachte ihn rüber; sie hat ihn rübergebracht

Rübezahl – Rückweg

Rü|be|zahl (Berggeist des Riesengebirges)

der **Ru|bin** (ein Edelstein); des Rubins; die Ru|bi|ne

ru|bin|rot

die **Ru|b|rik** (Spalte für sachlich Zusammengehörendes); die Ru|b|ri|ken

ru|b|ri|zie|ren (einordnen, einstufen); du rubrizierst; er rubrizierte; sie hat das Auto als schadstoffarm rubriziert

ruch|bar; das Verbrechen wurde ruchbar (durch ein Gerücht bekannt)

ruch|los (niedrig, gemein); ruch|loser; am ruch|lo|ses|ten; eine ruchlose Tat

ruck!; hau ruck!

der **Ruck;** des Rucks *oder* Ru|ckes; die Rucke; mit einem Ruck

ruck|ar|tig; ruckartige Bewegungen

rück|be|züg|lich; rückbezügliches Fürwort (Reflexivpronomen)

der **Rück|blick**

rück|bli|ckend

rü|cken; du rückst; sie rückte; sie ist gerückt; er hat den Schrank gerückt; rück *oder* rücke noch ein wenig!

der **Rü|cken;** des Rückens; die Rücken

die **Rü|cken|de|ckung**

das **Rü|cken|mark** (Nervenstrang in der Wirbelsäule)

das **Rü|cken|schwim|men**

der **Rü|cken|wind**

die **Rück|fahr|kar|te**

der **Rück|fahr|schein|wer|fer**

die **Rück|fahrt**

der **Rück|fall**

rück|fäl|lig (erneut auftretend; erneut straffällig); rückfällig werden

die **Rück|fäl|lig|keit**

der **Rück|flug**

die **Rück|fra|ge;** die Klassenkameraden hatten eine Rückfrage

die **Rück|ga|be**

das **Rück|ga|be|recht**

der **Rück|gang**

rück|gän|gig; wir haben den Kauf rückgängig gemacht

das **Rück|grat** (Wirbelsäule); des Rückgrats *oder* Rück|gra|tes; die Rück|gra|te

der **Rück|griff**

der **Rück|halt**

rück|halt|los (ganz offen, ohne jeden

Vorbehalt); rückhaltlose Kritik; jemandem rückhaltlos vertrauen

die **Rück|hand** (zum Beispiel beim Tennis)

die **Rück|kehr**

der **Rück|lauf**

rück|läu|fig (im Rückgang begriffen); eine rückläufige Entwicklung

das **Rück|licht**

rück|lings; er lehnte rücklings (mit dem Rücken) am Schrank

die **Rück|mel|dung**

die **Rück|nah|me**

der **Rück|pass** *(Sport)*

das **Rück|por|to**

der **Ruck|sack**

der **Rück|schlag**

der **Rück|schluss;** Rückschlüsse ziehen

der **Rück|schritt**

die **Rück|sei|te**

die **Rück|sicht;** Rücksicht nehmen; mit Rücksicht auf seinen Vater

die **Rück|sicht|nah|me**

rück|sichts|los; rück|sichts|lo|ser; am rück|sichts|lo|ses|ten

die **Rück|sichts|lo|sig|keit**

rück|sichts|voll; er ist ihr gegenüber rücksichtsvoll *oder* er ist gegen sie rücksichtsvoll

der **Rück|sitz**

der **Rück|spie|gel**

das **Rück|spiel** *(Sport)*

die **Rück|spra|che**

der **Rück|stand;** in Rückstand geraten, sein

rück|stän|dig

die **Rück|stän|dig|keit**

der **Rück|stoß**

der **Rück|strah|ler**

der **Rück|tritt**

die **Rück|tritt|brem|se**

die **Rück|tritts|for|de|rung** (die Forderung nach jemandes Rücktritt)

rück|wärts; rückwärts einparken

der **Rück|wärts|gang** (beim Auto)

rück|wärts|ge|hen; sie ist rückwärtsgegangen; mit dem Umsatz ist es immer mehr rückwärtsgegangen (er hat sich immer mehr verschlechtert)

rück|wärts|ge|rich|tet (an der Vergangenheit orientiert); eine rückwärtsgerichtete Politik

der **Rück|weg**

rückwirkend – Rumänien

rück|wir|kend; eine rückwirkend gel-
tende Lohnerhöhung
die **Rück|zah|lung**
der **Rück|zie|her**
ruck, zuck!
der **Rück|zug**
rü|de (roh, grob); rüdes Benehmen
der **Rü|de** (männlicher Hund, Hetzhund);
des/dem/den Rüden; die Rüden
das **Ru|del;** des Rudels; die Rudel
ru|del|wei|se
das **Ru|der;** des Ruders; die Ruder; aus dem
Ruder laufen (außer Kontrolle geraten)
das **Ru|der|boot**
der **Ru|de|rer** oder **Rud|rer;** des Ruderers
oder Rudrers; die Ruderer oder Rudrer
die **Ru|de|rin** oder **Rud|re|rin;** die Ruderin-
nen oder Rudrerinnen
ru|dern; du ruderst; sie ruderte; sie hat
drei Stunden gerudert; er ist über den
See gerudert; rudere an das andere Ufer!
das **Ru|di|ment** (Überbleibsel); des Rudi-
ments oder Ru|di|men|tes; die Ru|di-
men|te
ru|di|men|tär (unvollständig; nur
ansatzweise vorhanden); rudimentäre
Kenntnisse haben
der **Ruf;** des Rufs oder Ru|fes; die Ru|fe
ru|fen; du rufst; sie ruft; sie rief ihn; er
hat den Arzt gerufen; ruf oder rufe ihn!
der **Rüf|fel** (umgangssprachlich für: Verweis,
Tadel); des Rüffels; die Rüffel
der **Ruf|na|me**
die **Ruf|num|mer**
das **Rug|by** [ˈragbi] (ein Ballspiel); des Rugby
oder Rugbys
die **Rü|ge** (strenge Zurechtweisung)
rü|gen; du rügst ihn; sie rügte ihn; er hat
ihn gerügt; rüg oder rüge ihn dafür!
Rü|gen (Insel in der Ostsee)
die **Ru|he;** sich zur Ruhe setzen
ru|he|los
ru|hen; du ruhst; sie ruhte; sie hat zwei
Stunden geruht; ruhe ein wenig!; sie
wird uns etwas ruhen (ausruhen) lassen;
er hat diesen Fall zunächst ==ruhen lassen==
oder ruhenlassen (nicht bearbeitet)
ru|hen|las|sen vergleiche: **ru|hen**
die **Ru|he|pau|se**
der **Ru|he|puls**
der **Ru|he|stand**
die **Ru|he|stö|rung**

ru|hig; ein ruhiges Zimmer; ruhig Blut
bewahren; es wird ruhig sein, bleiben,
werden; den Arm ==ruhig stellen== oder
ruhigstellen; ABER: jemanden ↑ ruhigstellen
ru|hig|stel|len (durch Medikamente
beruhigen); der Patient wurde ruhigge-
stellt; ↑ auch ruhig
der **Ruhm;** des Ruhms oder Ruh|mes
rüh|men; du rühmst ihn; sie rühmte
ihn; er hat sie wegen ihres Fleißes
gerühmt; rühm oder rühme dich nicht
selbst!
rühm|lich; eine rühmliche Tat
ruhm|los; ruhm|lo|ser; am ruhm|lo|ses-
ten
ruhm|reich; ruhmreiche Siege
die **Ruhr** (eine Infektionskrankheit)
die **Ruhr** (deutscher Fluss)
das **Rühr|ei**
rüh|ren; du rührst; sie rührte; er hat
den Teig gerührt; rühr oder rühre den
Teig!; ihr Brief hat mich gerührt (innerlich bewegt); sich rühren; das Opfer
hat sich nicht mehr gerührt (lag leblos
da); rührt euch! (militärisches Kommando)
rüh|rend; ein rührender Anblick
das **rüh|ge|biet**
das **rüh|rig** (besonders aktiv); rührige Ver-
eine
rühr|se|lig; ein rührseliges (übertrieben
gefühlvolles) Theaterstück
die **Rüh|rung**
der **Ru|in** (Zusammenbruch, Untergang;
Verlust); des Ruins
die **Ru|i|ne** (zerfallenes Bauwerk); die Rui-
nen
ru|i|nie|ren (zerstören, zugrunde rich-
ten); du ruinierst ihn; er ruinierte ihn;
er hat sie ruiniert; ruinier oder ruiniere
ihn nicht!; sich ruinieren; er hat sich
ruiniert
rülp|sen (umgangssprachlich); du rülpst;
sie rülpste; sie hat laut gerülpst
der **Rülp|ser;** des Rülpsers; die Rülpser
rum (umgangssprachlich für: herum)
der **Rum** (Branntwein aus Zuckerrohr); des
Rums; die Rums
der **Ru|mä|ne;** des/dem/den Rumänen; die
Rumänen
Ru|mä|ni|en

Rumänin – Rüstungsgegner

die **Ru|mä|nin;** die Rumäninnen
ru|mä|nisch

die **Rum|ba** (ein Tanz); die Rumbas
rum|krie|gen (*umgangssprachlich für:* zu
etwas bewegen; hinter sich bringen); du
kriegst ihn rum; er kriegte ihn rum; er
hat sie rumgekriegt

der **Rum|mel;** des Rummels

der **Rum|mel|platz**
ru|mo|ren; es rumorte; es hat in der
Kammer rumort

die **Rum|pel|kam|mer**
rum|peln; es rumpelte; es hat gerumpelt

das **Rum|pel|stilz|chen** (eine Märchenge-
stalt); des Rumpelstilzchens

der **Rumpf;** des Rumpfs *oder* Rump|fes; die
Rümp|fe
rümp|fen; du rümpfst die Nase; sie
rümpfte die Nase; er hat die Nase
gerümpft; rümpf *oder* rümpfe nicht
gleich die Nase!

das **Rump|steak** [ˈrʊmpsteːk] (gebratene
Scheibe Rindfleisch); des Rumpsteaks;
die Rumpsteaks

der **Run** [ran] (Ansturm [auf die Kasse]); des
Runs; die Runs
rund; run|der; am run|des|ten; rund um
die Welt; ein Gespräch am runden Tisch

der **Rund|bo|gen**

die **Rund|bürs|te**

die **Run|de;** die Runde machen
run|den; du rundest; sie rundete; er hat
die Zahl gerundet

die **Rund|fahrt**

der **Rund|funk**

das **Rund|funk|ge|rät**

der **Rund|funk|sen|der**

der **Rund|gang**
rund|ge|hen (herumgehen); es geht rund
(*umgangssprachlich für:* es ist so viel zu
tun, dass man nicht zur Ruhe kommt);
es ist gestern rundgegangen
rund|he|r|aus (direkt, offen); etwas
rundheraus sagen, ablehnen
rund|he|r|um
rund|lich; rundliche Formen
rund|um (ringsum; rundherum);
rundum standen Neugierige; ABER: die
Reporter standen rund (im Kreise) um
die Politikerin
rund|weg (entschieden und vollständig);
etwas rundweg leugnen

die **Ru|ne** (germanisches Schriftzeichen);
die Runen

das **Ru|nen|al|pha|bet**

die **Run|kel|rü|be**
run|ter (*umgangssprachlich für:* herun-
ter, hinunter)
run|ter|fal|len; du fällst runter; er fiel
runter; sie ist runtergefallen

die **Run|zel** (Hautfalte); die Runzeln
run|ze|lig *oder* **runz|lig;** runzelige *oder*
runzlige Hände
run|zeln; du runzelst die Stirn; sie run-
zelte die Stirn; er hat die Stirn gerunzelt;
runzle *oder* runzele nicht immer die
Stirn!
runz|lig *vergleiche:* **run|ze|lig**

der **Rü|pel;** des Rüpels; die Rüpel
rü|pel|haft; rüpelhaftes Benehmen
rup|fen; du rupfst; er rupfte; sie hat das
Huhn gerupft; rupf *oder* rupfe das
Huhn!
rup|pig (grob, unhöflich); ein ruppiger
Mensch

die **Rü|sche** (ein gefalteter Besatz); die
Rüschen

die **Rush|hour** [ˈraʃlaʊɐ] (Hauptverkehrs-
zeit); die Rushhours

der **Ruß;** des Ru|ßes

der **Rus|se;** des/dem/den Russen; die Rus-
sen

der **Rüs|sel;** des Rüssels; die Rüssel
rüs|sel|för|mig
ru|ßen; der Ofen rußt; er rußte; er hat
gerußt
ru|ßig; rußige Finger

die **Rus|sin;** die Russinnen
rus|sisch; russisches Roulette (eine
lebensgefährliche Mutprobe); russische
oder Russische Eier; ABER NUR: die
Russische Föderation (amtlicher deutscher Name von Russland)
Russ|land
rüs|ten; die Staaten rüsten; sie rüsteten;
sie haben um die Wette gerüstet; sich
rüsten; wir sind für diesen Streit gerüstet (vorbereitet)
rüs|tig (frisch und leistungsfähig); eine
rüstige alte Dame
rus|ti|kal (ländlich, bäuerlich); rustikale
Möbel

die **Rüs|tung**

der **Rüs|tungs|geg|ner**

Rüstungsgegnerin – Sachverständige

die **Rüs|tungs|geg|ne|rin**
die **Ru|te** (Gerte)

> **Routine**
> ! Viele Fremdwörter werden anders geschrieben, als sie gesprochen werden, oder ganz anders als vergleichbare Fremdwörter. Dazu gehört auch das Nomen *Routine,* das mit *ou* geschrieben wird.

der **Rutsch;** guten Rutsch!
die **Rutsch|bahn**
die **Rut|sche**
    rut|schen; du rutschst; sie rutscht; sie rutschte; er ist von der Bank gerutscht; rutsch *oder* rutsche nicht durchs Zimmer!
    rutsch|fest; rutschfeste Schuhsohlen
    rut|schig (glatt); rutschige Stufen
    rüt|teln; du rüttelst; er rüttelt; sie rüttelte; er hat am Tor gerüttelt; rüttle *oder* rüttele nicht daran!

S

    s = Sekunde
    S = Süd, Süden; small (Kleidergröße: klein)
das **S** (Buchstabe); des S; die S; ABER: das s in Hase
der **Saal;** des Saals *oder* Saalles; die Sä|le; *Verkleinerungsform:* das Sälchen
die **Saa|le** (linker Nebenfluss der Elbe)
die **Saar** (rechter Nebenfluss der Mosel)
    Saar|brü|cken (Hauptstadt des Saarlandes)
    Saar|brü|cker; des Saarbrückers; die Saarbrücker
die **Saar|brü|cke|rin;** die Saarbrückerinnen
das **Saar|ge|biet**
das **Saar|land**
der **Saar|län|der;** des Saarländers; die Saarländer
die **Saar|län|de|rin;** die Saarländerinnen
    saar|län|disch; der saarländische Bergbau; ABER: der Saarländische Rundfunk
die **Saat;** die Saa|ten
das **Saat|gut;** *kein Plural*

das **Saat|korn**
der **Sab|bat** (der jüdische Ruhetag); des Sabbats; die Sab|ba|te
    sab|bern *(umgangssprachlich);* du sabberst; das Baby sabberte; es hat gesabbert; sabbere nicht so!
der **Sä|bel;** des Säbels; die Säbel
die **Sa|bo|ta|ge** [zabo'ta:ʒə] (planmäßige Zerstörung von Einrichtungen); die Sabotagen
der **Sa|bo|teur** [...'tø:ʁ]; des Saboteurs; die Sa|bo|teu|re
die **Sa|bo|teu|rin;** die Saboteurinnen
    sa|bo|tie|ren (etwas planmäßig behindern); du sabotierst; er sabotierte; sie hat die Arbeit sabotiert; sabotier *oder* sabotiere bitte unsere Arbeit nicht!
das **Sa|cha|rin,** *fachsprachlich:* **Sac|cha|rin** (ein Süßstoff); des Sacharins, *fachsprachlich:* Saccharins
der **Sach|be|ar|bei|ter;** des Sachbearbeiters; die Sachbearbeiter
die **Sach|be|ar|bei|te|rin;** die Sachbearbeiterinnen
die **Sach|be|schä|di|gung**
das **Sach|buch**
    sach|dien|lich; sachdienliche Hinweise
die **Sa|che**
    sach|ge|mäß; sachgemäße Behandlung
    sach|ge|recht
die **Sach|kennt|nis**
    sach|kun|dig
die **Sach|la|ge**
    sach|lich; sachliche Argumente
    säch|lich; sächliches Geschlecht
die **Sach|lich|keit**
der **Sach|scha|den**
der **Sach|se;** des/dem/den Sachsen; die Sachsen
    Sach|sen
    Sach|sen-An|halt
    sach|sen-an|hal|tisch
die **Säch|sin;** die Sächsinnen
    säch|sisch; die sächsische Mundart; ABER: die Sächsische Schweiz
    sacht *oder* **sach|te** (leise, unmerklich)
der **Sach|ver|halt;** des Sachverhalts *oder* Sach|ver|hal|tes; die Sach|ver|hal|te
der **Sach|ver|stand**
    sach|ver|stän|dig; ein sachverständiges Urteil
der **Sach|ver|stän|di|ge;** ein Sachverständi-

Sachverständige – Salami

ger; die Sachverständigen; zwei Sachverständige

die **Sach|ver|stän|di|ge;** eine Sachverständige

der **Sach|ver|stän|di|gen|rat**

der **Sack;** des Sacks *oder* Sackes; die Säcke; ABER: 5 Sack Mehl; mit Sack und Pack

der **Sack|bahn|hof** (Bahnhof ohne durchgehende Gleise)

der **Sä|ckel** (der Geldbeutel); des Säckels; die Säckel

sa|cken (sich senken; sinken); du sackst; das Flugzeug sackte nach unten; er ist gesackt; sack *oder* sacke nicht weiter runter!; nach hinten sacken; auf einen Stuhl sacken

die **Sack|gas|se**

das **Sack|hüp|fen;** des Sackhüpfens
sack|wei|se; Zement wird sackweise verkauft

der **Sa|dis|mus** (Lust am Quälen, an Grausamkeit)

der **Sa|dist;** des/dem/den Sadisten; die Sadisten

die **Sa|dis|tin;** die Sadistinnen
sa|dis|tisch

sä|en; du säst; er sät; er säte; sie hat den Weizen gesät; säe den Weizen!

die **Sa|fa|ri** (Reise zum Jagen und Fotografieren [in Afrika]); die Safaris

der, *auch:* das **Safe** [ze:f] (Geldschrank); die Safes

der **Sa|fer Sex** [ˈseɪfɐ ˈsɛks] (Sexualverhalten, das die Gefahr einer Aidsinfektion mindert); des Safer Sexes

der **Saf|ran** (ein Gewürz); des Safrans
saf|ran|gelb

der **Saft;** des Safts *oder* Saftes; die Säfte
saf|tig; saftige Früchte

die **Sa|ge;** griechische Sagen

die **Sä|ge**

sa|gen; du sagst; er sagte; sie hat etwas gesagt; sag *oder* sage doch etwas!; er hat mir dafür sage und schreibe (tatsächlich) zwanzig Euro abgenommen

sä|gen; du sägst; sie sägte; er hat Holz gesägt; säg *oder* säge dieses Holz!

sa|gen|haft (*umgangssprachlich auch für:* unvorstellbar, überaus); ein sagenhaftes Gedächtnis; die Band war sagenhaft gut

die **Sä|ge|spä|ne** *Plural*

das **Sä|ge|werk**

der **Sa|go** (gekörntes Stärkemehl aus dem Mark der Palmen); des Sagos

die **Sa|ha|ra** (Wüste in Nordafrika)

die **Sah|ne**

das **Sah|ne|eis**

das **Sah|ne|häub|chen;** eine heiße Schokolade mit einem Sahnehäubchen; die Goldmedaille war das Sahnehäubchen (die Krönung) ihrer Karriere
sah|nig; sahniges Eis

die **Sai|son** [zɛˈzõː, *auch:* zɛˈzɔŋ] (die Hauptbetriebszeit, die Hauptreisezeit); die Saisons

sai|so|nal; saisonale Schwankungen

die **Sai|son|ar|beit**
sai|son|be|dingt; saisonbedingte Arbeitslosigkeit

der **Sai|son|be|ginn**
sai|son|be|rei|nigt

das **Sai|son|en|de** *Plural selten*

der **Sai|son|start**

die **Sai|te** (z. B. einer Geige, Gitarre usw.)

> **!** Nicht verwechseln: Obwohl beide Wörter gleich ausgesprochen werden, schreibt man die auf einem Musikinstrument gespannte Saite mit *ai*, die Buch-, Heft- oder Zeitungsseite hingegen mit *ei*.

das **Sai|ten|in|s|t|ru|ment**

das, *auch:* der **Sak|ko** (Herrenjackett); des Sakkos; die Sakkos
sa|k|ral (heilig; den Gottesdienst betreffend); sakrale Bauwerke

das **Sa|k|ra|ment** (eine gottesdienstliche Handlung); des Sakraments *oder* Sakramentes; die Sakramente

das **Sa|k|ri|leg** (Vergehen gegen Heiliges); des Sakrilegs; die Sakrilege

die **Sa|k|ris|tei** (Raum für den Priester und die Gottesdienstgeräte); die Sakristeien
sa|k|ro|sankt (unverletzlich)

sä|ku|lar (alle hundert Jahre wiederkehrend; weltlich); säkulare Ereignisse

die **Sä|ku|la|ri|sa|ti|on** *oder* **Sä|ku|la|ri|sie|rung** (Verweltlichung)

der **Sa|la|man|der** (ein Schwanzlurch); des Salamanders; die Salamander

die **Sa|la|mi** (eine Dauerwurst); die Salami *oder* Salamis

403

Salat – Samstagmorgen

der **Sa|lat;** des Salats *oder* Sa|la|tes; die Sa-
la|te

das **Sa|lat|öl**

die **Sa|lat|so|ße** *oder* **Sa|lat|sau|ce**

die **Sal|be**

der, *auch:* die **Sal|bei** [*auch:* zalˈbai̯] (eine
Heil- und Gewürzpflanze); des Salbeis,
auch: der Salbei

der **Sal|bei|tee**

sal|ben; du salbst; der Papst salbte ihn;
der Papst hat ihn zum Kaiser gesalbt

die **Sal|bung**

sal|bungs|voll (übertrieben würdevoll)

das **Säl|chen** (kleiner Saal); des Sälchens; die
Sälchen

der **Sal|do** (der Unterschiedsbetrag zwi-
schen Soll- und Habenseite eines Kon-
tos); des Saldos; die Saldos *oder* Salden
oder Saldi

die **Sa|li|ne** (ein Salzwerk); die Salinen

der **Salm** (ein Fisch); des Salms *oder* Sal-
mes; die Sal|me

der, *auch:* das **Sal|mi|ak** [*auch:* ˈzalmi̯ak]
(eine Ammoniakverbindung); des Salmi-
aks

der **Sal|mi|ak|geist** (eine Ammoniaklösung)

die **Sal|mo|nel|len** (Bakterien, die Darm-
krankheiten hervorrufen) *Plural*

Sa|lo|mon, *auch:* **Sa|lo|mo** (biblischer
König, Sohn Davids); das Urteil Salo-
mons *oder* Salomonis, *auch:* Salomos

sa|lo|mo|nisch; ein salomonisches (wei-
ses) Urteil

der **Sa|lon** [zaˈlõː, *auch:* zaˈlɔŋ]; des Salons;
die Salons

sa|lopp (ungezwungen; nachlässig);
saloppe Kleidung

der **Sal|pe|ter** (einige Salze der Salpeter-
säure); des Salpeters

die **Sal|pe|ter|säu|re**

der **Sal|to** (freier Überschlag); des Saltos; die
Saltos *oder* Salti

der **Sal|to mor|ta|le** ([dreifacher] Salto in
großer Höhe); des Salto mortale; die
Salto mortale *oder* Salti mortali

der **Sa|lut** (Ehrengruß); des Saluts *oder* Sa-
lu|tes; die Sa|lu|te

sa|lu|tie|ren (militärisch grüßen); ich
salutiere; du salutierst; er salutierte; die
Wachen haben salutiert

die **Sal|ve** (gleichzeitiges Schießen aus meh-
reren Waffen); die Salven

das **Salz;** des Sal|zes; die Sal|ze

salz|arm; salzarme Ernährung

sal|zen; du salzt; sie salzte; er hat die
Suppe gesalzen *oder* gesalzt; die Preise
sind gesalzen (sehr hoch)

salz|hal|tig; salzhaltiger Boden

sal|zig; salziges Wasser

die **Salz|säu|re**

das **Salz|was|ser**

der **Sä|mann** (*dichterisch für:* jemand, der
etwas sät); des Sämanns *oder* Sä|man-
nes; die Sä|män|ner

der **Sa|ma|ri|ter** ([freiwilliger] Krankenpfle-
ger); des Samariters; die Samariter

der **Sa|ma|ri|ter|dienst**

die **Sa|ma|ri|te|rin;** die Samariterinnen

die, *auch:* der **Sam|ba** (ein Tanz); der Samba,
auch: des Sambas; die Sambas

der **Sam|be|si** (Fluss in Afrika); des Sambesi
oder Sambesis

Sam|bia (Staat in Afrika)

der **Sam|bi|er;** des Sambiers; die Sambier

die **Sam|bie|rin;** die Sambierinnen

sam|bisch

der **Sa|men;** des Samens; die Samen

das **Sa|men|korn**

die **Sä|me|rei|en** *Plural*

sä|mig (dickflüssig); eine sämige Suppe

der **Sam|mel|band**

die **Sam|mel|kla|ge** (*Rechtssprache*)

sam|meln; du sammelst; er sammelte;
sie hat für das Rote Kreuz gesammelt;
sammle *oder* sammele für einen guten
Zweck!

das **Sam|mel|su|ri|um** (*umgangssprachlich
für:* angesammelte Menge verschieden-
artigster Dinge); des Sammelsuriums;
die Sam|mel|su|ri|en

der **Samm|ler;** des Sammlers; die Sammler

die **Samm|le|rin;** die Sammlerinnen

das **Samm|ler|stück**

die **Samm|lung**

das **Sam|ple** (Stichprobe; repräsentative
Gruppe; Muster); des Sample *oder* Samples; die Samples

der **Sam|p|ler** (CD o. Ä. mit einer Auswahl
von [bereits früher veröffentlichten]
Titeln); des Samplers; die Sampler

der **Sams|tag** (Sonnabend); am langen
Samstag; ↑ Dienstag

der **Sams|tag|abend** ↑ Dienstagabend

der **Sams|tag|mor|gen**

404

s

Samstagnachmittag – San-Marinese

der **Sams|tag|nach|mit|tag**
sams|tags ↑ dienstags
samt ([zusammen] mit); samt dem
Geld; eine Blume samt Wurzeln; samt
und sonders (alle[s] ohne Ausnahme)

der **Samt** (ein Gewebe); des Samts *oder*
Sam|tes; die Sam|te
sam|tar|tig (wie Samt)
sam|ten (aus Samt); samtene Jacken
sam|tig; ein samtiges Fell
sämt|lich; sie waren sämtlich (allesamt,
vollzählig) gekommen; der Verlust sämtlicher vorhandenen Energie; mit sämtli-
chem gesammelten Material; sämtliche
vortrefflichen, *seltener:* vortreffliche Einrichtungen; sämtlicher vortrefflicher,
seltener: vortrefflichen Einrichtungen;
sämtliche Stimmberechtigten, *auch:*
Stimmberechtigte

der **Sa|mu|rai** (Angehöriger der Adels-
schicht in der japanischen Feudalzeit);
des Samurai *oder* Samurais; die Samurai
oder Samurais
Sa|naa (Hauptstadt Jemens)

das **Sa|na|to|ri|um** (Erholungsheim); des
Sanatoriums; die Sa|na|to|ri|en

der **Sand;** des Sands *oder* San|des; die San-
de

die **San|da|le**

die **San|da|let|te**

die **Sand|bank;** die Sand|bän|ke

der **Sand|dorn** (eine Pflanzenart); des Sand-
dorns *oder* Sand|dor|nes; die Sand|dor-
ne
sand|far|ben *oder* **sand|far|big** (beige)
san|dig; sandiger Boden

der **Sand|kas|ten**

der **Sand|mann** *oder* das **Sand|männ|chen**
(eine Märchenfigur)

das **Sand|pa|pier**

der **Sand|stein**

der **Sand|strand**

der **Sand|sturm**

das *oder* der **Sand|wich** [ˈzɛntvɪtʃ] (belegte
Weißbrotschnitte); des Sandwich *oder*
Sandwichs; die Sandwichs *oder* Sand|wi-
ches, *auch:* Sand|wi|che
sanft; sanf|ter; am sanf|tes|ten; sanfter
Tourismus

die **Sänf|te** (ein Tragstuhl)

die **Sanft|mut**
sanft|mü|tig

der **Sang** *(veraltet);* des Sangs *oder* San|ges;
die Sän|ge; mit Sang und Klang (mit
Gesang und Musik)

der **Sän|ger;** des Sängers; die Sänger

die **Sän|ge|rin;** die Sängerinnen
sang|los; *nur in:* sang- und klanglos
(unbemerkt; ruhmlos); sang- und klang-
los verschwinden
sa|nie|ren (wieder in einen intakten
Zustand versetzen); ich saniere; du
sanierst; er sanierte; sie hat die Firma
saniert

die **Sa|nie|rung**

das **Sa|nie|rungs|kon|zept**
sa|ni|tär (gesundheitlich); sanitäre Anla-
gen

der **Sa|ni|tä|ter** (Krankenpfleger); des Sani-
täters; die Sanitäter

die **Sa|ni|tä|te|rin;** die Sanitäterinnen

der **Sa|ni|täts|dienst**

Sankt

Abkürzung: St.

*In Heiligennamen und Ortsnamen, die auf
Heiligennamen zurückgehen, steht kein
Bindestrich:*

– Sankt Peter; Sankt Gallen
– St. Paulus; St. Pölten

*In Ableitungen wird ein Bindestrich
gesetzt, der bei Formen auf -er auch weggelassen werden kann:*

– die sankt-gallischen Klosterschätze
– die <mark>Sankt Galler</mark> *oder* Sankt-Galler Einwohner
– die <mark>St. Gallener</mark> *oder* St.-Gallener Hand-
schrift

*Wenn »Sankt« Teil einer Aneinanderrei-
hung ist, müssen Bindestriche stehen:*

– die Sankt-Gotthard-Gruppe
– die St.-Marien-Kirche

---

die **Sank|ti|on** (Bestätigung; Erteilung der
Gesetzeskraft); die Sank|ti|o|nen; Sank-
tionen (Zwangsmaßnahmen) verhängen
sank|ti|o|nie|ren; du sanktionierst; sie
sanktionierte; das Parlament hat den
Gesetzentwurf sanktioniert

der **San-Ma|ri|ne|se** (Einwohner von San

405

San-Marinesin – säubern

Marino); des/dem/den San-Marinesen; die San-Marinesen

die **San-Ma|ri|ne|sin;** die San-Marinesinnen

san-ma|ri|ne|sisch

San Ma|ri|no (europäischer Staat; dessen Hauptstadt)

San Sal|va|dor (Hauptstadt El Salvadors)

das **Sans|k|rit** [*auch:* zansˈkrɪt] (altindische Literatur- und Gelehrtensprache); des Sanskrit *oder* Sanskrits

San|t|i|a|go, *auch:* **San|t|i|a|go de Chi|le** [- - ˈtʃiːle] (Hauptstadt Chiles)

San|to Do|min|go (Hauptstadt der Dominikanischen Republik)

São Pau|lo [sao ˈpaulo] (Stadt in Brasilien)

der **Sa|phir** [*auch:* zaˈfiːɐ̯] (ein Edelstein); des Saphirs; die Sa|phi|re

Sa|ra|je|vo (Hauptstadt von Bosnien-Herzegowina)

die **Sar|del|le** (ein Fisch)

die **Sar|di|ne** (ein Fisch)

Sar|di|ni|en (Insel im Mittelmeer)

der **Sarg;** des Sargs *oder* Sar|ges; die Sär|ge

der **Sar|kas|mus** (sarkastische Äußerung; *nur Singular:* beißender Spott); des Sarkasmus; die Sarkasmen

sar|kas|tisch (spöttisch, höhnisch)

der **Sar|ko|phag** (Steinsarg); des Sarkophags; die Sar|ko|pha|ge

der **Sa|tan** (der Teufel); des Satans; die Sa|ta|ne

sa|ta|nisch (teuflisch; boshaft)

der **Sa|tans|bra|ten** (*umgangssprachlich scherzhaft für:* pfiffiger, durchtriebener Kerl; Schlingel)

der **Sa|tel|lit** (ein Mond; künstlicher Mond, Raumsonde); des/dem/den Sa|tel|li|ten; die Sa|tel|li|ten

die **Sa|tel|li|ten|schüs|sel**

die **Sa|tel|li|ten|stadt** (Siedlung in unmittelbarer Nähe einer Großstadt)

der **Sa|tin** [zaˈtɛ̃ː] (ein Gewebe mit glänzender Oberfläche); des Satins; die Satins

die **Sa|tin|blu|se**

die **Sa|ti|re** (witzig-spöttische Darstellung menschlicher Schwächen); die Satiren

der **Sa|ti|ri|ker;** des Satirikers; die Satiriker

die **Sa|ti|ri|ke|rin;** die Satirikerinnen

sa|ti|risch (spöttisch, beißend)

die **Sa|tis|fak|ti|on** (Genugtuung); Satisfaktion fordern, erhalten

satt; sat|ter; am sat|tes|ten; ein sattes Blau; sie wird sich satt essen

der **Sat|tel;** des Sattels; die Sättel

sat|tel|fest (sicher); [nicht] sattelfest sein

sat|teln; du sattelst; sie sattelte; sie hat das Pferd gesattelt; sattle *oder* sattele dein Pferd!

der **Sat|tel|schlep|per** (Zugfahrzeug)

satt|ha|ben; sie hat es sattgehabt (keine Lust mehr gehabt)

sät|ti|gen (satt machen); du sättigst; er sättigte; die Suppe hat kaum gesättigt; sich sättigen; sie hat sich gesättigt

die **Sät|ti|gung**

der **Satt|ler;** des Sattlers; die Sattler

die **Satt|le|rin;** die Sattlerinnen

satt|sam (hinlänglich, genug)

der **Sa|turn** (ein Planet); des Saturn *oder* Saturns

der **Sa|tyr** (Waldgeist in der griechischen Sage); des Satyrs *oder* Satyrn; die Satyrn

das **Sa|tyr|spiel**

der **Satz;** des Sat|zes; die Sät|ze

die **Satz|aus|sa|ge** (Prädikat)

die **Satz|er|gän|zung** (Objekt)

der **Satz|ge|gen|stand** (Subjekt)

das **Satz|glied**

der **Satz|teil**

die **Sat|zung** (schriftlich niedergelegte rechtliche Ordnung für einen Zusammenschluss von Personen); die Satzung des Vereins

sat|zungs|ge|mäß; eine satzungsgemäße Abstimmung

das **Satz|zei|chen**

die **Sau;** die Säue *oder (besonders bei Wildschweinen:)* die Sau|en

sau|ber; saub|rer *oder* sau|be|rer; am sau|bers|ten; sie wird das Zimmer sauber halten; sie hat es sauber gehalten; sauber machen *oder* saubermachen; er ist dabei[,] sauber zu machen *oder* sauberzumachen; ABER NUR: er ist beim Saubermachen

die **Sau|ber|keit**

säu|ber|lich

sau|ber|ma|chen *vergleiche:* **sau|ber**

säu|bern; du säuberst; sie säuberte; sie hat das Bad gesäubert; säubere es!

Säuberung – Schabernack

die **Säu|be|rung**

die **Sau|ce** ['zo:sə] *vergleiche:* **So|ße**

der **Sau|cen|löf|fel** *oder* **So|ßen|löf|fel**

der **Sau|di**; des Saudis; die Saudis

der **Sau|di-A̱ra|ber**; des Saudi-Arabers; die Saudi-Araber

die **Sau|di-A̱ra|be|rin**; die Saudi-Araberinnen

Sau|di-Ara̱|bi|en (arabischer Staat)
sau|di-ara̱|bisch

sau|er; sau|rer; am sau|ers|ten; saure Gurken; ein saurer Hering; der saure Regen (schweflige Säure enthaltendes Regenwasser); ABER: gib ihm Saures! (*umgangssprachlich für:* prüg[e]le ihn!)

der **Sau|er|amp|fer**

die **Sau|e|rei** (*umgangssprachlich*)

das **Sau|er|kraut**
säu|er|lich
säu|ern; du säuerst; er säuerte; sie hat das Brot gesäuert; säure *oder* säuere das Brot!

der **Sau|er|stoff**

die **Sau|er|stoff|fla|sche** *oder* **Sau|er-stoff-Fla|sche**

der **Sau|er|teig**
sau|fen (*umgangssprachlich*); du säufst; er säuft; er soff; er hat den ganzen Tag gesoffen; sauf *oder* saufe nicht so viel!

der **Säu|fer**; des Säufers; die Säufer

die **Sau|fe|rei**

die **Säu|fe|rin**; die Säuferinnen
sau|gen; du saugst; sie saugt; sie sog *oder* saugte; sie hat das Blut aus der Wunde gesogen *oder* gesaugt; ABER NUR: er saugte den Staub im Zimmer; er hat Staub gesaugt *oder* gestaubsaugt
säu|gen; die Hündin säugt; sie säugte; sie hat ihre Jungen gesäugt

das **Säu|ge|tier**

der **Säug|ling**

die **Säug|lings|schwes|ter**

die **Säu|le**
säu|len|för|mig

die **Säu|len|hal|le**

der **Sau̱m**; des Saums *oder* Sau|mes; die Säu|me
sau|mä|ßig (*umgangssprachlich*); er hatte saumäßiges (unheimliches) Glück
säu|men; du säumst; sie säumte; sie hat den Rock gesäumt; säum *oder* säume den Rock!

säu|men (zögern); säum *oder* säume nicht lange!
säu|mig (sich mit etwas [viel] Zeit lassend); säumige Schuldner

die **Säu|mig|keit**
saum|se|lig (langsam, nachlässig); er arbeitet sehr saumselig

die **Saum|se|lig|keit**

die **Sau̱|na** (Heißluftbad); die Saunas *oder* Saunen

der **Sau̱|na|gang**

die **Säu̱|re**
säu|re|be|stän|dig; säurebeständiges Material

der **Sau̱|ri|er** (urweltliche [Riesen]echse); des Sauriers; die Saurier
Sau̱s; *nur in der Redewendung:* in Saus und Braus (verschwenderisch) leben
säu|seln; es säuselt; es säuselte; der Wind hat gesäuselt
sau|sen; du saust; er saust; sie saus|te; der Aufzug ist in die Tiefe gesaust

die **Sa|va̱n|ne** (Steppe mit Bäumen); die Savannen

das **Sa|xo|fo̱n** *oder* **Sa|xo|pho̱n** (ein Blasinstrument); des Saxofons *oder* Saxophons; die **Sa|xo|fo̱|ne** *oder* Sa|xo|pho|ne

der **Sa|xo|fo̱|nist** *oder* **Sa|xo|pho|ni̱st**; des/dem/den **Sa|xo|fo̱|nis|ten** *oder* Sa|xo|pho|nis|ten; die **Sa|xo|fo̱|nis|ten** *oder* Sa|xo|pho|nis|ten

die **Sa|xo|fo̱|nis|tin** *oder* **Sa|xo|pho|ni̱s|tin**; die **Saxofonistinnen** *oder* Saxophonistinnen
SB = Selbstbedienung (zum Beispiel in: SB-Markt)

die **S-Bahn®** (Schnellbahn); die S-Bah|nen

der **S-Bahn|hof**

der **S-Bahn-Wa|gen**
scan|nen ['skɛnən] (mit einem Scanner abtasten); ich scan|ne; du scannst; sie scannte; die Kassiererin hat den Artikel gescannt

der **Scan|ner** ['skɛnɐ] (ein elektronisches Erfassungsgerät); des Scanners; die Scanner

die **Scan|ner|kas|se**

die **Scha̱|be** (ein Insekt)
scha̱|ben; du schabst; er schabte; er hat geschabt; schab *oder* schabe die Möhren!

der **Scha̱|ber|nack** (Streich, Posse); des

407

schäbig – schälen

Schabernacks *oder* Scha|ber|na|ckes; die Scha|ber|na|cke

schä|big; ein schäbiger Koffer

die **Schä|big|keit**

die **Scha|b|lo|ne** (ausgeschnittene Vorlage; Muster); die Schablonen

scha|b|lo|nen|haft

das **Schach;** des Schachs; die Schachs; Schach spielen; Schach bieten; jemanden in Schach halten

das **Schach|brett;** des Schachbretts *oder* Schach|bret|tes; die Schach|bret|ter

scha|chern (*abwertend für:* feilschen, handeln); ich schachere; du schacherst; er schacherte; sie hat um den Preis geschachert

schach|matt; der Gegner war schachmatt (besiegt)

das **Schach|spiel**

der **Schacht;** des Schachts *oder* Schach|tes; die Schäch|te

die **Schach|tel;** die Schachteln

der **Schach|zug;** ein geschickter Schachzug

scha|de; es ist schade um dieses Bild; schade, dass ich gehen muss; dafür bin ich mir zu schade; das ist aber schade; um den ist es nicht schade; o wie schade!

der **Schä|del;** des Schädels; die Schädel

der **Schä|del|bruch**

scha|den; du schadest; er schadete; sie hat ihm geschadet; schad *oder* schade ihm nicht!

der **Scha|den;** des Schadens; die Schäden

der **Scha|den|er|satz,** *fachsprachlich:* **Scha|dens|er|satz**

die **Scha|den|freu|de**

scha|den|froh

der **Scha|dens|er|satz** *vergleiche:* **Scha|den|er|satz**

schad|haft; eine schadhafte Dichtung

schä|di|gen; du schädigst; er schädigte; sie hat ihn geschädigt; schädige sie nicht!

die **Schä|di|gung**

schäd|lich

der **Schäd|ling;** des Schädlings; die Schäd|lin|ge

die **Schäd|lings|be|kämp|fung**

der **Schad|stoff**

schad|stoff|arm; schadstoffarme Autos

die **Schad|stoff|pla|ket|te**

das **Schaf;** des Schafs *oder* Scha|fes; die

Scha|fe; *Verkleinerungsform:* das Schäfchen; sein Schäfchen ins Trockene bringen (seinen Gewinn in Sicherheit bringen)

die **Schäf|chen|wol|ke**

der **Schä|fer;** des Schäfers; die Schäfer

der **Schä|fer|hund**

die **Schä|fe|rin;** die Schäferinnen

schaf|fen (arbeiten); ich schaffe; du schaffst; sie schaffte; er hat den ganzen Tag geschafft; sie haben es geschafft (vollbracht); sie hat die Kiste nach oben geschafft (gebracht); ich möchte damit nichts mehr zu schaffen (zu tun) haben; ich habe mir daran zu schaffen gemacht

schaf|fen (schöpferisch gestalten, hervorbringen); du schaffst; sie schafft; sie schuf; sie hat ein Werk geschaffen; Schiller hat »Wilhelm Tell« geschaffen; sie ist für diesen Beruf wie geschaffen (geeignet); er steht da, wie ihn Gott geschaffen hat (er steht nackt da); sie schuf Ordnung; schaffe (sorge für) Abhilfe!

der **Schaff|ner** (Verkäufer oder Kontrolleur von Fahrscheinen in öffentlichen Verkehrsmitteln); des Schaffners; die Schaffner

die **Schaff|ne|rin;** die Schaffnerinnen

die **Schaf|gar|be** (eine Heilpflanze)

die **Schaf|her|de**

der **Schaf|kopf** *oder* **Schafs|kopf** (ein Kartenspiel; Dummkopf)

das **Scha|fott** (ein Gerüst zur Hinrichtung); des Schafotts *oder* Scha|fot|tes; die Schafot|te

der **Schaft;** des Schafts *oder* Schaf|tes; die Schäf|te

der **Schah** (persischer Herrschertitel); des Schahs; die Schahs

der **Scha|kal** (ein hundeartiges Raubtier); des Schakals; die Scha|ka|le

schä|kern (scherzen; flirten); du schäkerst; sie hat mit ihm geschäkert; schäkere nicht mit ihm!

schal; ein schales (abgestandenes) Bier; ein schaler (fader) Witz

der **Schal;** des Schals; die Schals, *auch:* Scha|le

die **Scha|le**

schä|len; du schälst; sie schälte; er hat Kartoffeln geschält; schäl *oder* schäle den Apfel!

408

Schalk – Scharte

der **Schalk** (Schelm); des Schalks *oder* Schalkes; die Schal|ke *oder* Schäl|ke
schalk|haft; ein schalkhafter Mensch

der **Schall;** des Schalls *oder* Schall|es; die Schall|e *oder* Schäl|le

der **Schall|dämp|fer**
schall|dicht; schalldichte Türen
schal|len; es schallt; es schallte; es hat mir in den Ohren geschallt; ein schallendes Gelächter

die **Schall|ge|schwin|dig|keit**

die **Schall|mau|er** (extremer Luftwiderstand beim Erreichen der Schallgeschwindigkeit)

die **Schall|plat|te**

der **Schall|schutz**

die **Schal|mei** (ein Holzblasinstrument); die Schalmeien
schal|ten; du schaltest; er schaltete; sie hat schnell geschaltet (beim Autofahren den Gang gewechselt; *umgangssprachlich für:* begriffen); schalt *oder* schalte endlich!

der **Schal|ter;** des Schalters; die Schalter

das **Schalt|jahr**

der **Schalt|tag**

die **Schal|tung**

die **Scha|lup|pe** (Küstenfahrzeug; Boot)

die **Scham**

sich **schä|men;** du schämst dich; er schämte sich; sie hat sich geschämt; schäm *oder* schäme dich!

das **Scham|ge|fühl**
scham|haft; scham|haf|ter, am schamhaf|tes|ten
scham|los; scham|lo|ser; am scham|lo|ses|ten
scham|rot

die **Scham|rö|te**

die **Schan|de;** zu Schanden *oder* <mark>zuschanden</mark> gehen, machen, werden
schän|den; du schändest; er schändete; sie hat den Friedhof geschändet

der **Schand|fleck;** die Schand|fle|cke
schänd|lich; schändliche Taten

die **Schand|tat**

die **Schän|dung**

die **Schän|ke** *vergleiche:* <mark>Schen|ke</mark>

die **Schan|ze** (zur Verteidigung aufgeworfener Erdwall; *kurz für:* Sprungschanze)
schan|zen; du schanzt; er schanzt; sie schanzte; er hat eine Stellung geschanzt

die **Schar** (Menge); die Scharen

die **Schar** (Pflugschar); die Scha|ren *oder fachsprachlich:* das **Schar;** des Schars *oder* Scha|res; die Scha|re

die **Scha|ra|de** (Rätsel, bei dem die Teile des Lösungswortes pantomimisch dargestellt werden); die Scharaden

die **Schä|re** (kleine Felsinsel, Küstenklippe an der skandinavischen Küste); die Schären
scha|ren|wei|se
scharf; schär|fer; am schärfs|ten; ein Messer <mark>scharf machen</mark> *oder* scharfmachen; ABER: den Hund ↑ scharfmachen

der **Scharf|blick**

die **Schär|fe**
schär|fen; du schärfst; sie schärfte; er hat Messer geschärft; schärf *oder* schärfe das Messer!
scharf|kan|tig; scharfkantige Möbel
scharf|ma|chen (*umgangssprachlich für:* aufhetzen, sexuell erregen); er hat den Hund scharfgemacht; sie hat ihren Freund scharfgemacht; ↑ *auch:* scharf

der **Scharf|rich|ter** (Henker)

die **Scharf|rich|te|rin**

der **Scharf|schüt|ze**

die **Scharf|schüt|zin**

der **Scharf|sinn**
scharf|sin|nig

der, *auch:* das **Schar|lach** (lebhaftes Rot); des Scharlachs; die Schar|la|che

der **Schar|lach** (eine Infektionskrankheit); des Scharlachs
schar|lach|rot

der **Schar|la|tan** (Schwätzer, Marktschreier; Kurpfuscher); des Scharlatans; die Schar|la|ta|ne

die **Schar|la|ta|nin;** die Scharlataninnen

das **Schar|müt|zel** (kurzes, kleines Gefecht; Geplänkel); des Scharmützels; die Scharmützel

das **Schar|nier** (Drehgelenk [für Türen]); des Scharniers; die Schar|nie|re

die **Schär|pe** (breites Band, das um die Schulter oder Hüfte getragen wird); die Schärpen
schar|ren; du scharrst; das Pferd scharrte; es hat gescharrt; scharr *oder* scharre nicht mit den Füßen!

die **Schar|te** (Einschnitt); eine Scharte aus-

409

schartig – scheckig

wetzen (einen Fehler wiedergutmachen);
die Scharten

schar|tig; eine schartige Klinge

schar|wen|zeln (sich dienernd hin und
her bewegen); ich scharwenz[e]le; du
scharwenzelst; er scharwenzelte; er hat
vor ihm scharwenzelt; scharwenzle *oder*
scharwenzele nicht so!

der *oder* das **Schasch|lik** (am Spieß gebra-
tene Fleischstückchen); des Schaschliks;
die Schaschliks

schas|sen (*umgangssprachlich für:* ent-
lassen; wegjagen); du schasst; er
schasste; sie hat ihn geschasst

der **Schat|ten;** des Schattens; die Schatten

die **Schat|ten|sei|te;** auf der Schattenseite
leben (es nicht gut haben)

das **Schat|ten|spiel** (Schattentheater)

schat|tie|ren; du schattierst; sie schat-
tierte; er hat das Bild schattiert; schat-
tier *oder* schattiere das Bild noch ein
wenig!

die **Schat|tie|rung**

schat|tig; ein schattiges Plätzchen

die **Scha|tul|le** (Geldkästchen, Schmuck-
kästchen); die Schatullen

der **Schatz;** des Schat|zes; die Schät|ze

schät|zen; du schätzt; er schätzte; sie
hat die Entfernung geschätzt; schätz
oder schätze den Wert dieses Ringes!

der **Schatz|meis|ter**

die **Schatz|meis|te|rin**

die **Schät|zung**

schät|zungs|wei|se

die **Schau;** die Schaulen; etwas zur Schau
stellen, tragen; jemandem die Schau
stehlen (ihn um die Anerkennung anderer bringen)

das **Schau|bild**

die **Schau|büh|ne**

der **Schau|der;** des Schauders; die Schauder;
Schauder erregen; ein Schauder erregender *oder* schaudererregender Unfall;
ABER NUR: ein heftiger Schauder erregender Unfall; ein äußerst schaudererregender, noch schaudererregenderer
Unfall

schau|der|haft

schau|dern; du schauderst; er schau-
derte; er hat vor Kälte geschaudert; mir
oder mich schaudert bei dem Gedanken

schau|en; du schaust; er schaute; sie hat
in die Ferne geschaut; schau hierhin!

der **Schau|er;** des Schauers; die Schauer; ein
Schauer lief mir über den Rücken

die **Schau|er|ge|schich|te**

schau|er|lich; schauerliches (*umgangs-
sprachlich für:* sehr schlechtes) Wetter

die **Schau|fel;** die Schaufeln

schau|feln; du schaufelst; er hat das
Grab geschaufelt; schaufle *oder* schau-
fele den Sand auf den Wagen!

das **Schau|fens|ter**

die **Schau|fens|ter|de|ko|ra|ti|on**

die **Schau|kel;** die Schaukeln

schau|keln; du schaukelst; sie schau-
kelte; er hat geschaukelt; schaukle *oder*
schaukele nicht so wild!

das **Schau|kel|pferd**

der **Schau|kel|stuhl**

schau|lus|tig

der **Schau|lus|ti|ge;** ein Schaulustiger; die
Schaulustigen; zwei Schaulustige

die **Schau|lus|ti|ge;** eine Schaulustige

der **Schaum;** des Schaums *oder* Schau|mes;
die Schäu|me

schäu|men; das Meer schäumte; das
Meer hat geschäumt

der *oder* das **Schaum|gum|mi**

schau|mig; eine schaumige Masse

der **Schaum|schlä|ger** (ein Küchengerät;
umgangssprachlich auch für: Angeber)

der **Schaum|stoff**

der **Schau|platz**

schau|rig; schaurig-schön

das **Schau|spiel**

der **Schau|spie|ler;** des Schauspielers; die
Schauspieler

die **Schau|spie|le|rin;** die Schauspielerinnen

schau|spie|le|risch; schauspielerische
Begabung

das **Schau|spiel|haus**

der **Schau|stel|ler;** des Schaustellers; die
Schausteller

die **Schau|stel|le|rin;** die Schaustellerinnen

der **Scheck** *oder* **Check** [ʃɛk] (Zahlungsan-
weisung); des Schecks *oder* Checks; die
Schecks *oder* Checks

der **Scheck** *oder* die **Sche|cke** (scheckiges
Pferd); des Schecken; die Schecken

die **Sche|cke** (scheckige Stute oder sche-
ckige Kuh); die Schecken

sche|ckig; das Pferd ist scheckig braun

Scheckkarte – schenken

die **Scheck|kar|te**

scheel (*umgangssprachlich für:* neidisch; geringschätzig); jemanden scheel anblicken; ein <mark>scheel blickender</mark> *oder* scheelblickender Mensch

der **Schef|fel** (ein altes Hohlmaß); des Scheffels; die Scheffel

schef|feln (geizig zusammenraffen); du scheffelst; er scheffelte; sie hat viel Geld gescheffelt

die **Schei|be;** *Verkleinerungsform:* das Scheib|chen

schei|ben|för|mig

der **Schei|ben|wi|scher**

der **Scheich** ([Stammes]oberhaupt in arabischen Ländern); des Scheichs; die Scheiche *oder* Scheichs

das **Scheich|tum;** des Scheichtums; die Scheich|tü|mer

die **Schei|de**

schei|den; du scheidest; er scheidet; sie schied; sie hat die Streitenden geschieden; er ist von seiner Frau geschieden

der **Schei|de|weg;** am Scheideweg (vor einer schwierigen Entscheidung) stehen

die **Schei|dung**

der **Schei|dungs|pro|zess**

der **Schein;** des Scheins *oder* Schei|nes; die Schei|ne

schein|bar (nur dem Scheine nach); er hört scheinbar aufmerksam zu

---

! Nicht verwechseln: Das Adjektiv *scheinbar* sagt, dass etwas in Wirklichkeit nicht so ist, wie es sich darstellt. Mit *anscheinend* wird dagegen die Vermutung ausgedrückt, dass etwas auch so ist, wie es erscheint.

---

schei|nen; die Sonne scheint; die Sonne schien; die Sonne hat geschienen

schein|hei|lig

der **Schein|tod**

schein|tot

der **Schein|wer|fer**

der **Scheiß** *(derb)*

der **Scheiß|dreck** *(derb)*

schei|ße *(derb);* das sieht scheiße aus

die **Schei|ße** *(derb)*

scheiß|egal *(derb)*

schei|ßen *(derb);* du scheißt; du schisst; er schiss; er hat geschissen; scheiß *oder* scheiße nicht so lange!

scheiß|freund|lich *(derb für:* übertrieben freundlich)

das **Scheit** (Holzstück); des Scheits *oder* Scheites; die Schei|te

der **Schei|tel;** des Scheitels; die Scheitel

schei|teln; du scheitelst das Haar; er scheitelte das Haar; sie hat das Haar gescheitelt; scheitle *oder* scheitele das Haar!

der **Schei|ter|hau|fen** (Holzstoß für die öffentliche Verbrennung von Menschen)

schei|tern; ich scheitere; du scheiterst; sie scheiterte; er ist daran gescheitert

das **Schei|tern;** dieser Plan ist von vornherein zum Scheitern verurteilt

der *oder* das **Schelf** (*Geografie:* Festlandsockel; Flachmeer entlang der Küste); des Schelfs; die Schel|fe

die **Schel|le** (Glöckchen)

schel|len; du schellst; er schellte; sie hat geschellt; schell *oder* schelle nicht so lange!

der **Schell|fisch**

der **Schelm** (Spaßvogel); des Schelms *oder* Schel|mes; die Schel|me

der **Schel|men|streich**

die **Schel|min;** die Schelminnen

schel|misch; ein schelmisches Lachen

die **Schel|te** (scharfer Tadel, Vorwurf)

schel|ten; du schiltst; er schilt; sie hat mich gescholten; schilt nicht mit ihr!

das **Sche|ma;** des Schemas; die Schemas *oder* Sche|ma|ta *oder* Schemen; etwas nach Schema F (ohne zu überlegen) machen

sche|ma|tisch; schematische Zeichnungen

sche|ma|ti|sie|ren (nach einem Schema behandeln; vereinfachen); ich schematisiere; du schematisierst; sie schematisierte; er hat den Plan schematisiert

der **Sche|mel;** des Schemels; die Schemel

sche|men|haft (nur undeutlich erkennbar; schattenhaft); schemenhafte Gestalten

die <mark>**Schen|ke**</mark> *oder* **Schän|ke** (Gastwirtschaft)

der **Schen|kel;** des Schenkels; die Schenkel

schen|ken; du schenkst; sie schenkte; er hat mir ein Buch geschenkt; schenk *oder* schenke ihr etwas!

411

Schenkung – schiefgewickelt

die **Schen|kung**
schep|pern (klappern, klirren); es
scheppert; es schepperte; es hat
gescheppert
die **Scher|be** *oder* der **Scher|ben**; der
Scherbe *oder* des Scherbens; die Scher-
ben
die **Sche|re**
sche|ren; du scherst; er schert; er schor
das Schaf; scher *oder* schere das Schaf!
sich **sche|ren** (*umgangssprachlich für:* sich
fortmachen; sich um etwas kümmern);
du scherst dich jetzt weg; sie scherte sich
nicht darum; er hat sich nicht darum
geschert; scher *oder* schere dich zum
Teufel!
der **Sche|ren|schnitt** (aus Papier geschnitte-
nes Umrissbild)
die **Sche|re|rei** (*umgangssprachlich für:*
Ärger) *meist Plural;* Scherereien haben,
bekommen
das **Scherf|lein** (*veraltet für:* kleiner Geldbe-
trag, Spende); des Scherfleins; die
Scherflein; sein Scherflein beitragen
der **Scher|ge** (Handlanger, Vollstrecker);
des/dem/den Schergen; die Schergen
die **Scher|gin**; die Scherginnen
der **Scherz**; des Scher|zes; die Scher|ze
scher|zen; du scherzt; er scherzte; sie
hat gescherzt; scherz *oder* scherze nicht
darüber!
scherz|haft
scheu; scheu|er; am scheus|ten *oder*
scheu|es|ten; der Vogel ist sehr scheu; du
sollst das Pferd nicht scheu machen *oder*
scheumachen
die **Scheu** (Angst, banges Gefühl); ohne
Scheu; keine Scheu haben
scheu|chen; du scheuchst; er scheuchte;
sie hat die Tauben gescheucht; scheuch
oder scheuche sie nicht so!
scheu|en; das Pferd scheut; es scheute;
es hat gescheut; sich scheuen; er hat sich
vor dieser Arbeit gescheut; scheu *oder*
scheue dich nicht davor!
scheu|ern; du scheuerst; sie scheuert; er
hat die Pfanne gescheuert; scheure *oder*
scheuere den Fußboden!
das **Scheu|er|tuch**
die **Scheu|klap|pe;** das Pferd trägt Scheu-
klappen
scheu|ma|chen *vergleiche:* **scheu**

die **Scheu|ne**
das **Scheu|nen|tor**
das **Scheu|sal;** des Scheusals; die Scheu|sa-
le
scheuß|lich
die **Scheuß|lich|keit**
der **Schi** *vergleiche:* **Ski**
die **Schicht**
schich|ten; du schichtest; er schichtete;
sie hat die Bretter geschichtet; schichte
sie!
schicht|wei|se *oder* **schich|ten|wei|se**
(in einzelnen Schichten, Gruppen);
schicht[en]weise arbeiten, essen
schick *vergleiche:* **chic**
der **Schick** *vergleiche:* **Chic**
schi|cken; du schickst; er schickte; sie
hat ihr Bücher geschickt; schick *oder*
schicke ihr die Bücher!; sich schicken;
das schickt (gehört) sich nicht; er hat
sich ins Unvermeidliche geschickt
(gefügt)
schick|lich (angemessen); in schickli-
chem Abstand
das **Schick|sal;** des Schicksals; die Schick-
sa|le
schick|sal|haft
der **Schick|sals|schlag**
schie|ben; du schiebst; er schiebt; er
schob; sie hat den Wagen geschoben;
schieb *oder* schiebe den Wagen!
der **Schie|ber** (Riegel, Maschinenteil;
umgangssprachlich auch für: Betrüger);
des Schiebers; die Schieber
die **Schie|be|tür**
die **Schieb|leh|re** (*Technik:* ein Messwerk-
zeug)
die **Schie|bung** (*umgangssprachlich für:*
Betrug)
das **Schieds|ge|richt**
der **Schieds|rich|ter**
die **Schieds|rich|te|rin**
der **Schieds|spruch**
schief *siehe Kasten Seite 413*
der **Schie|fer** (ein Gestein); des Schiefers;
die Schiefer
die **Schie|fer|ta|fel**
schief|ge|hen (*umgangssprachlich für:*
misslingen); die Sache ist leider schiefge-
gangen; ↑ ABER: schief
schief|ge|wi|ckelt (*umgangssprachlich*
für: sehr im Irrtum); wenn du das

S

412

schieflachen – Schilaufen

schief

- die schiefe Ebene
- ein schiefer Winkel
- ABER: der Schiefe Turm von Pisa
- ein schiefes (missvergnügtes) Gesicht machen
- in ein schiefes Licht geraten (falsch beurteilt werden)

Getrennt- und Zusammenschreibung:

- schief halten; schief sein; schief stehen; schief werden
- jemanden schief ansehen
- schief denken

- er ist schon immer schief (mit schlechter Haltung) gegangen; ABER: ↑ schiefgehen
- sie wird sich die Absätze schief laufen *oder* schieflaufen; ABER: ↑ schieflaufen
- die Bettdecke hat schief gelegen; ABER: ↑ schiefliegen
- das passiert, wenn man den Draht schief wickelt *oder* schiefwickelt; ABER: ↑ schiefgewickelt

Vergleiche auch: schieflachen

glaubst, bist du aber schiefgewickelt; ↑ ABER: schief

sich **schief|la|chen** *(umgangssprachlich für: heftig lachen);* sie hat sich schiefgelacht

die **Schief|la|ge**

schief|lau|fen *(umgangssprachlich für: misslingen);* gestern ist bei mir alles schiefgelaufen; ↑ ABER: schief

schief|lie|gen *(umgangssprachlich für: einen falschen Standpunkt vertreten; sich irren);* in diesem Fall hat er schiefgelegen; ↑ ABER: schief

schie|len; du schielst; sie schielte; er hat geschielt; schiel *oder* schiele nicht!

das **Schien|bein**

der **Schien|bein|scho|ner** *(besonders Fußball, Eishockey)*

der **Schien|bein|schüt|zer** *(besonders Fußball, Eishockey)*

die **Schie|ne**

schie|nen; du schienst; er schiente; sie hat den Arm geschient

das **Schie|nen|netz**

schier (beinahe, fast); das ist schier unmöglich

schier (rein); schieres Gold

der **Schier|ling** (eine Giftpflanze); des Schierlings; die Schier|lin|ge

die **Schieß|bu|de**

schie|ßen; du schießt; sie schießt; sie schoss; er hat geschossen; schieß *oder* schieße nicht auf ihn!

das **Schie|ßen;** das ist zum Schießen *(umgangssprachlich für:* das ist zum Lachen)

die **Schie|ße|rei**

die **Schieß|schar|te**

die **Schieß|schei|be**

der **Schieß|stand**

das **Schiff;** des Schiffs *oder* Schif|fes; die Schif|fe

schiff|bar (für Schiffe befahrbar); ein schiffbarer Fluss

der **Schiff|bruch**

schiff|brü|chig

der **Schiff|brü|chi|ge;** ein Schiffbrüchiger; die Schiffbrüchigen; zwei Schiffbrüchige

die **Schiff|brü|chi|ge;** eine Schiffbrüchige

der **Schif|fer;** des Schiffers; die Schiffer

die **Schif|fe|rin;** die Schifferinnen

die **Schiff|fahrt** *oder* **Schiff-Fahrt**

die **Schiff|fahrts|li|nie**

die **Schiff|schau|kel** *oder* **Schiffs|schau|kel** (große Jahrmarktsschaukel)

die **Schiffs|rei|se**

der **Schi|it** (Angehöriger einer der beiden Hauptrichtungen des Islams); des Schiiten; die Schiiten

schi|i|tisch (zu einer der beiden Hauptrichtungen des Islams gehörig)

die **Schi|ka|ne** (böswillig bereitete Schwierigkeit); die Schikanen

schi|ka|nie|ren; du schikanierst ihn; er schikanierte sie; sie hat ihn ständig schikaniert; schikanier *oder* schikaniere ihn nicht andauernd!

schi|ka|nös; schikanöse Maßnahmen

der **Schi|lauf** *oder* **Ski|lauf**

das **Schi|lau|fen** *oder* **Ski|lau|fen**

das **Schi|lau|fen** *oder* **Ski|lau|fen**

413

Schiläufer – schlabbern

der **Schi|läu|fer** oder **Ski|läu|fer**
die **Schi|läu|fe|rin** oder **Ski|läu|fe|rin**
das **Schild** (Erkennungszeichen); des Schilds oder Schil|des; die Schil|der
der **Schild** (Schutzwaffe); des Schilds oder Schil|des; die Schil|de
der **Schild|bür|ger** (engstirniger Mensch)
die **Schild|bür|ge|rin**
der **Schild|bür|ger|streich**
die **Schild|drü|se**
  schil|dern; du schilderst; er hat den Vorgang geschildert; schildere genauer!
die **Schil|de|rung**
die **Schild|krö|te**
die **Schild|laus**
die **Schild|wa|che** (Wachposten)
das **Schilf;** des Schilfs oder Schil|fes; die Schil|fe
das **Schilf|gras**
der **Schi|lift** oder **Ski|lift**
  schil|lern (in wechselnden Farben glänzen); das Kleid schillert; es schillerte; es hat geschillert; schillernde Seifenblasen
  schil|lernd; ein schillernder (verschwommener) Begriff
die **Schi|mä|re** oder **Chi|mä|re** (Trugbild, Hirngespinst); die **Schimären** oder Chimären
der **Schim|mel** (weißlicher Pilzüberzug auf organischen Stoffen); des Schimmels
der **Schim|mel** (weißes Pferd); des Schimmels; die Schimmel
  schim|me|lig oder **schimm|lig;** schimmeliger oder schimmliger Käse
  schim|meln; das Brot schimmelt; das Brot hat geschimmelt
der **Schim|mel|pilz**
der **Schim|mer;** des Schimmers; die Schimmer; keinen [blassen] Schimmer haben (umgangssprachlich für: von etwas überhaupt nichts verstehen)
  schim|mern; das Licht schimmert; es schimmerte; es hat geschimmert
der **Schim|pan|se** (ein Affe); des/dem/den Schimpansen; die Schimpansen
der **Schimpf;** des Schimpfs oder Schimp|fes; meist in der Wendung: mit Schimpf und Schande
  schimp|fen; du schimpfst; er schimpfte; sie hat geschimpft; schimpf oder schimpfe nicht!

  schimpf|lich (schändlich, entwürdigend); ein schimpfliches Ende
der **Schimpf|na|me**
das **Schimpf|wort;** die Schimpf|wor|te oder Schimpf|wör|ter
die **Schin|del;** die Schindeln
das **Schin|del|dach**
  schin|den (quälen, grausam behandeln); du schindest ihn; du schindetest, seltener: schundest ihn; er schindete, seltener: schund ihn; sie hat ihn geschunden; schind oder schinde ihn nicht!; sich schinden (sich mit etwas abmühen); du brauchst dich nicht so zu schinden
der **Schin|der;** des Schinders; die Schinder
die **Schin|de|rei**
die **Schin|de|rin;** die Schinderinnen
das **Schind|lu|der;** Schindluder mit jemandem treiben (umgangssprachlich für: jemanden schmählich behandeln)
der **Schin|ken;** des Schinkens; die Schinken
der **Schin|ken|speck**
der **Schi|pass** oder **Ski|pass**
die **Schip|pe** (Schaufel; unmutig aufgeworfene Unterlippe); jemanden auf die Schippe nehmen (umgangssprachlich für: jemanden verulken)
  schip|pen; du schippst; sie schippt; er schippte; sie hat auf der Baustelle Sand geschippt; schipp oder schippe den Sand auf den Wagen!
der **Schirm;** des Schirms oder Schir|mes; die Schir|me
der **Schirm|herr**
die **Schirm|her|rin**
die **Schirm|herr|schaft**
der **Schi|rok|ko** (ein warmer Mittelmeerwind); des Schirokkos; die Schirokkos
das **Schi|sprin|gen** oder **Ski|sprin|gen**
der **Schiss** (derb für: Kot; Angst); des Schisses; Schiss haben
  schi|zo|phren (an Schizophrenie leidend)
die **Schi|zo|phre|nie** (Bewusstseinsspaltung)
  schlab|be|rig oder **schlabb|rig;** eine schlabberige oder schlabbrige Suppe
  schlab|bern (umgangssprachlich); du schlabberst; sie schlabbert; er hat schon wieder geschlabbert; schlabbere nicht beim Essen!

414

Schlacht – Schlampermäppchen

die **Schlacht; die Schlach|ten**
schlach|ten; du schlachtest; er schlach-
tet; sie schlachtete; er hat das Schwein
geschlachtet; schlachte das Schwein!
der **Schlach|ter** (*norddeutsch für:* Fleischer);
des Schlachters; die Schlachter
die **Schlach|te|rei**
die **Schlach|te|rin;** die Schlachterinnen
das **Schlacht|feld**
der **Schlacht|hof**
schlacht|reif; schlachtreifes Vieh
das **Schlacht|schiff**
die **Schla|cke** (Rückstand beim Verbrennen)
schla|ckern; seine Knie schlackerten;
sie haben geschlackert; da schlackerst
du mit den Ohren (*umgangssprachlich
für:* da bist du überrascht, erstaunt)
der **Schlaf;** des Schlafs *oder* Schla|fes
der **Schlaf|an|zug**
die **Schlä|fe**
schla|fen; du schläfst; sie schlief; er hat
geschlafen; schlaf *oder* schlafe jetzt!
schlaff; ein schlaffes Seil
das **Schla|fitt|chen;** *in Wendungen wie:*
jemanden am/beim Schlafittchen fassen,
nehmen, packen (*umgangssprachlich*)
schlaf|los; schlaflose Nächte
die **Schlaf|lo|sig|keit**
das **Schlaf|mit|tel**
die **Schlaf|müt|ze** (*auch scherzhaft für:* Viel-,
Langschläfer; schwerfälliger Mensch)
schläf|rig
der **Schlaf|sack**
schlaf|trun|ken (noch nicht richtig
wach)
der **Schlaf|wa|gen**
schlaf|wan|deln; du schlafwandelst; er
schlafwandelte; sie hat, *auch:* ist heute
Nacht geschlafwandelt; zu schlafwan-
deln
der **Schlaf|wand|ler;** des Schlafwandlers;
die Schlafwandler
die **Schlaf|wand|le|rin;** die Schlafwandlerin-
nen
schlaf|wand|le|risch; mit schlafwandle-
rischer Sicherheit
das **Schlaf|zim|mer**
der **Schlag;** des Schlags *oder* Schla|ges; die
Schlä|ge; Schlag 8 Uhr; Schlag auf Schlag
der **Schlag|ab|tausch** (*Sport, auch übertra-
gen für:* Auseinandersetzung)
die **Schlag|ader**

der **Schlag|an|fall**
schlag|ar|tig (plötzlich)
der **Schlag|ball**
der **Schlag|ball|weit|wurf**
der **Schlag|baum**
schla|gen; du schlägst; er schlägt; er
schlug; sie hat ihn geschlagen; schlag
oder schlage sie nicht!
der **Schla|ger;** des Schlagers; die Schlager
der **Schlä|ger;** des Schlägers; die Schläger
die **Schlä|ge|rei**
die **Schlä|ge|rin;** die Schlägerinnen
schlag|fer|tig; schlagfertige Antworten
die **Schlag|fer|tig|keit**
die **Schlag|ho|se** (Hose mit nach unten sich
vergrößernder Weite des Hosenbeins)
schlag|kräf|tig; schlagkräftige (über-
zeugende) Argumente
das **Schlag|loch**
die **Schlag|sah|ne**
die **Schlag|sei|te;** das Schiff hat Schlagseite
das **Schlag|wort;** die Schlag|wor|te *oder*
Schlag|wör|ter
die **Schlag|zei|le**
das **Schlag|zeug**
schlak|sig (*umgangssprachlich für:* hoch
aufgeschossen und etwas ungeschickt)
der, *auch:* das **Schla|mas|sel** (*umgangs-
sprachlich für:* Unglück); des Schlamas-
sels
der **Schlamm;** des Schlamms *oder* Schlam-
mes; die Schlam|me *oder* Schläm|me
schläm|men (entschlammen); du
schlämmst; er schlämmte; er hat den
Teich geschlämmt

> **!** Nicht verwechseln: Obwohl beide Wör-
> ter gleich ausgesprochen werden,
> schreibt man das Verb in der Bedeu-
> tung »von Schlamm befreien und reini-
> gen« mit *ä*, in der Bedeutung von »gut
> und reichlich essen« dagegen mit *e*.

schlam|mig; schlammige Pfützen
die **Schlam|pe** (*umgangssprachlich abwer-
tend für:* unordentliche Frau); der
Schlampe; die Schlampen
schlam|pen (*umgangssprachlich für:*
sehr nachlässig sein); du schlampst; sie
schlampte; er hat bei den Hausaufgaben
geschlampt
die **Schlam|pe|rei**
das **Schlam|per|mäpp|chen** (*umgangs-*

415

schlampig – schleifen

sprachlich für: Etui zum Aufbewahren
von Schreibutensilien)

schlam|pig

die **Schlam|pig|keit**

die **Schlan|ge**

sich **schlän|geln;** du schlängelst dich; er
schlängelte sich; sie hat sich durch die
Menge geschlängelt

der **Schlan|gen|biss**

die **Schlan|gen|li|nie;** in Schlangenlinien
fahren

schlank

die **Schlank|heit**

die **Schlank|heits|kur**

schlapp (kraftlos, erschöpft); schlapp
sein; sich schlapp fühlen; die Hitze hat
uns ==schlapp gemacht== *oder* schlappge-
macht; ↑ ABER: schlappmachen

die **Schlap|pe** (Niederlage); die Schlappen

der **Schlapp|hut**

schlapp|ma|chen (*umgangssprachlich*
für: am Ende seiner Kräfte sein und
nicht durchhalten); er hat schlappge-
macht; schlappzumachen; ↑ ABER:
schlapp

das **Schla|raf|fen|land**

schlau; schlauer; am schlausten *oder*
schlauesten

der **Schlau|ber|ger** (*umgangssprachlich für:*
schlauer, pfiffiger Mensch); des Schlau-
bergers; die Schlauberger

die **Schlau|ber|ge|rin;** die Schlaubergerin-
nen

der **Schlauch;** des Schlauchs *oder* Schlau-
ches; die Schläu|che

das **Schlauch|boot**

schlau|chen (*umgangssprachlich für:*
anstrengen, ermüden); die harte Arbeit
schlaucht; die Hitze hat uns ziemlich
geschlaucht

schlauch|los; schlauchlose Reifen

die **Schläue**

die **Schlau|fe**

die **Schlau|heit**

der **Schlau|kopf**

der **Schlau|mei|er** (*umgangssprachlich für:*
schlauer, pfiffiger Mensch); des Schlau-
meiers; die Schlaumeier

die **Schlau|mei|e|rin;** die Schlaumeierinnen

der **Schla|wi|ner** (*umgangssprachlich für:*
durchtriebener Mensch); des Schlawi-
ners; die Schlawiner

die **Schla|wi|ne|rin;** die Schlawinerinnen

schlecht *siehe Kasten Seite 417*

schlecht|be|zahlt *vergleiche:* **schlecht**

schlecht|ter|dings (*veraltend für:* gera-
dezu); das ist schlechterdings unmöglich

schlecht|ge|hen *vergleiche:* **schlecht**

schlecht|ge|launt *vergleiche:* **schlecht**

die **Schlecht|heit**

schlecht|hin; sie sagte schlechthin
(ganz einfach) die Wahrheit

die **Schlech|tig|keit**

schlecht|ma|chen (Schlechtes über
jemanden erzählen); sie hat ihn bei allen
Leuten schlechtgemacht; ↑ ABER:
schlecht

schlecht|re|den (durch übertriebene
Kritik abwerten); sie hat den Film
schlechtgeredet; ↑ ABER: schlecht

schlecht|weg (ohne Umstände, einfach);
sie hat das schlechtweg behauptet;
ABER: sie kam dabei schlecht weg (hat
weniger bekommen als erwartet)

schle|cken; du schleckst; er schleckte;
sie hat an dem Eis geschleckt; schleck
oder schlecke das nicht ab!

die **Schle|cke|rei**

das **Schle|cker|maul** (*umgangssprachlich*)

der **Schle|gel** (*landschaftlich für:* [Hin-
ter]keule von Schlachttieren, Geflügel,
Wild); des Schlegels; die Schlegel

der **Schleh|dorn** (ein Strauch); die Schleh-
dor|ne

die **Schle|he** (Schlehdorn; dessen Frucht)

schlei|chen; du schleichst; er schlich;
sie ist geschlichen; schleich *oder* schlei-
che dich (verschwinde)!

schlei|chend (fast unbemerkt fort-
schreitend)

der **Schlei|cher;** des Schleichers; die Schlei-
cher

die **Schlei|che|rin;** die Schleicherinnen

der **Schleich|weg;** auf Schleichwegen

die **Schleich|wer|bung**

die **Schleie** (ein Karpfenfisch); die Schlei|en

der **Schlei|er;** des Schleiers; die Schleier

die **Schlei|er|eu|le**

schlei|er|haft; das ist mir schleierhaft
(*umgangssprachlich für:* das ist mir uner-
klärlich)

die **Schlei|fe** (Schlinge)

die **Schlei|fe** (*landschaftlich für:* Gleitbahn)

schlei|fen (schärfen); du schleifst; er

schleifen – schleppend

schlęcht

schlech|ter; am schlech|tes|ten

- der schlechte Ruf
- ein schlechtes Zeichen
- schlechtes Wetter
- mehr schlecht als recht

Groß schreibt man die Nominalisierung:

- im Schlechten und im Guten
- etwas, nichts, viel, wenig Schlechtes

Getrennt- und Zusammenschreibung:

- für seine Arbeit wird er schlecht bezahlt; eine schlecht bezahlte *oder* schlechtbezahlte Arbeit
- in diesen Schuhen ist er schon immer schlecht gegangen; das wird schlecht (kaum) gehen; ABER: nach dem Unfall ist es ihm schlecht gegangen *oder* schlechtgegangen (befand er sich [gesundheitlich] in einer schlechten Lage)
- sie hat ihre Aufgaben schlecht gemacht; das kannst du aber schlecht (kaum) machen; ABER: sie hat ihn überall schlechtgemacht (hat überall Negatives über ihn erzählt)
- die Vorsitzende hat diesmal [sehr] schlecht geredet; ABER: sie hat das Projekt schlechtgeredet (hat es durch übertriebene Kritik abgewertet)
- ein schlecht gelaunter *oder* schlechtgelaunter Verkäufer

---

schleift; er schliff; sie hat das Messer geschliffen; schleif *oder* schleife das Messer!

! Beachte: Mit der Bedeutung »schärfen« wird das Verb *schleifen* in seinen Vergangenheitsformen anders gebeugt als mit der Bedeutung »über den Boden oder eine Fläche ziehen«. Es heißt also »er schliff sein Taschenmesser«; aber: »die Fahrradkette hat am Schutzblech geschleift«.

schlei|fen (über den Boden ziehen); du schleifst; er schleifte; sie hat ihn durchs Zimmer geschleift; schleif *oder* schleife ihn doch nicht durchs Zimmer!

der **Schlei̱f|stein**

der **Schlei̱m;** des Schleims *oder* Schlei|mes; die Schlei|me

die **Schlei̱m|haut** (Schleim absondernde innere Haut)

schlei̱|mig

schlei̱m|lö|send; schleimlösende Mittel

schlęm|men (gut und reichlich essen); du schlemmst; er schlemmte; sie hat geschlemmt; schlemme mal tüchtig!; ↑ ABER: schlämmen

der **Schlęm|mer;** des Schlemmers; die Schlemmer

die **Schlęm|me|rei̱**

die **Schlęm|me|rin;** die Schlemmerinnen

das **Schlęm|mer|lo|kal**

schlen|dern; du schlenderst; er schlenderte; sie ist durch den Park geschlendert; schlendere nicht so!

der **Schlen|d|ri|an** (*umgangssprachlich für:* Schlamperei); des Schlendrians

der **Schlęn|ker** (schlenkernde Bewegung); des Schlenkers; die Schlenker

schlęn|kern; du schlenkerst; sie schlenkerte; er hat mit den Beinen geschlenkert; schlenkere nicht mit der Tasche!

schlen|zen; du schlenzt; er schlenzte; sie hat den Ball ins Tor geschlenzt

die **Schlęp|pe**

schlęp|pen; du schleppst; er schleppt; er schleppte; sie hat den Sack in den Keller geschleppt; schlepp *oder* schleppe nicht so viel!

schlęp|pend (schwerfällig, langsam); die Unterhaltung war etwas schleppend; die Arbeit am Referat geht nur schleppend voran

417

Schlepper – Schlossgarten

der **Schlep|per;** des Schleppers; die Schlep-
per

das **Schlepp|netz**

das **Schlepp|tau;** er hatte seine Mutter im
Schlepptau (er wurde von ihr begleitet)
Schle|si|en

der **Schle|si|er;** des Schlesiers; die Schlesier

die **Schle|si|e|rin;** die Schlesierinnen
schle|sisch; der schlesische Dialekt;
ᴀʙᴇʀ: der Erste Schlesische Krieg
Schles|wig-Hol|stein

der **Schles|wig-Hol|stei|ner;** des Schleswig-
Holsteiners; die Schleswig-Holsteiner

die **Schles|wig-Hol|stei|ne|rin;** die Schles-
wig-Holsteinerinnen
schles|wig-hol|stei|nisch

die **Schleu|der;** die Schleudern

der **Schleu|der|ball** (Lederball mit einer
Schlaufe; ein Mannschaftsspiel)
schleu|dern; du schleuderst; er schleu-
derte; sie hat den Ball geschleudert;
schleudere ihn!

der **Schleu|der|sitz**
schleu|nig (*gehoben für:* schnell)
schleu|nigst (auf dem schnellsten Weg);
komme schleunigst!

die **Schleu|se**
schleu|sen; du schleust; er schleust; er
schleuste; sie hat ihn über die Grenze
geschleust; schleus *oder* schleuse ihn
über die Grenze!

das **Schleu|sen|tor**

der **Schlich** (Kniff, Trick); des Schlichs *oder*
Schli|ches; die Schli|che; sie ist dem
Betrüger auf die Schliche gekommen
(hat ihn ertappt, überführt)
schlicht; schlich|ter; am schlich|tes|ten;
ein schlichtes Kleid
schlich|ten; du schlichtest; er schlich-
tet; er schlichtete; sie hat den Streit
geschlichtet; schlichte den Streit!

der **Schlich|ter;** des Schlichters; die Schlich-
ter

die **Schlich|te|rin;** die Schlichterinnen

der **Schlich|ter|spruch;** ein einstimmiger
Schlichterspruch

die **Schlich|tung**
schlicht|weg

der **Schlick** (Schlamm; Schwemmland); des
Schlicks *oder* Schli|ckes; die Schli|cke

die **Schlie|re** (streifige Stelle in Glas, Luft
usw.); die Schlieren

schlie|ßen; du schließt; er schließt; er
schloss; sie hat die Tür geschlossen;
schließ *oder* schließe die Tür!

das **Schließ|fach**
schließ|lich; sie willigte schließlich ein

die **Schlie|ßung**

der **Schliff;** des Schliffs *oder* Schlif|fes; die
Schlif|fe
schlimm; es ist schlimm; es steht
schlimm um ihn; schlimme Zeiten; im
schlimmsten Fall[e]; er ist am schlimmsten dran; ᴀʙᴇʀ: sie wurde auf das, aufs
schlimmste *oder* <mark>Schlimmste</mark> (in sehr
schlimmer Weise) getäuscht; etwas,
nichts Schlimmes; es ist das Schlimmste,
dass sie nicht kommen kann; das ist
noch lange nicht das Schlimmste; man
muss das Schlimmste fürchten; er lässt
es zum Schlimmsten kommen; ich bin
auf das, aufs Schlimmste gefasst
schlimms|ten|falls

die **Schlin|ge**

der **Schlin|gel;** des Schlingels; die Schlingel
schlin|gen; du schlingst; er schlingt; er
schlang; sie hat die Arme um sie
geschlungen; schling *oder* schlinge dir
ein Band ins Haar!
schlin|gern; das Schiff schlingerte; das
Schiff hat geschlingert

die **Schling|pflan|ze**

der **Schlips** (Krawatte); des Schlip|ses; die
Schlip|se

der **Schlit|ten;** des Schlittens; die Schlitten;
Schlitten fahren; ich bin Schlitten gefah-
ren; ᴀʙᴇʀ: das **Schlit|ten|fah|ren**
schlit|tern (auf dem Eis gleiten); du
schlitterst; er schlittert; er schlitterte; sie
ist über das Eis geschlittert

der **Schlitt|schuh;** Schlittschuh laufen; ich
bin Schlittschuh gelaufen; ᴀʙᴇʀ: das
Schlitt|schuh|lau|fen

der **Schlitz;** des Schlit|zes; die Schlit|ze

das **Schlitz|ohr** (gerissener Bursche)
schlitz|oh|rig; ein schlitzohriger
Geschäftsmann
schloh|weiß; schlohweißes Haar

das **Schloss;** des Schlos|ses; die Schlös|ser

die **Schlo|ße** (Hagelkorn); die Schloßen

der **Schlos|ser;** des Schlossers; die Schlosser

die **Schlos|se|rei**

die **Schlos|se|rin;** die Schlosserinnen

der **Schloss|gar|ten**

Schlosspark – schmackhaft

der **Schloss|park**

der **Schlot** (Schornstein); des Schlots *oder* Schlo|tes; die Schlo|te

schlot|te|rig *oder* **schlott|rig** (heftig zitternd); er hatte vor Aufregung schlott[e]rige Knie

schlot|tern; ich schlottere; du schlotterst; sie schlotterte; er hat vor Kälte geschlottert

die **Schlucht;** die Schluch|ten

schluch|zen; du schluchzt; sie schluchzte; er hat jämmerlich geschluchzt

der **Schluch|zer;** des Schluchzers; die Schluchzer

der **Schluck;** des Schlucks *oder* Schlu|ckes; die Schlu|cke, *seltener:* Schlü|cke

der **Schluck|auf**

schlu|cken; du schluckst; sie schluckte; er hat die Tablette geschluckt; schluck *oder* schlucke die Tablette!

der **Schlu|cker** (armer Kerl); des Schluckers; die Schlucker

die **Schluck|imp|fung**

schluck|wei|se

schlu|de|rig *oder* **schlud|rig** (nachlässig); ein schlud[e]riger Kerl

schlu|dern (nachlässig arbeiten); du schluderst; er hat bei dieser Arbeit geschludert; schludere nicht so!

der **Schlum|mer;** des Schlummers

schlum|mern; du schlummerst; er schlummerte; sie hat selig geschlummert; schlummre *oder* schlummere noch ein wenig!

der **Schlumpf** (zwergenhafte Comicfigur); des Schlumpfs *oder* Schlump|fes; die Schlümp|fe

der **Schlund** ([hinterer] Rachen); des Schlunds *oder* Schlun|des; die Schlün|de

schlup|fen (*landschaftlich für:* schlüpfen)

schlüp|fen; du schlüpfst; er schlüpfte; er ist in sein Bett geschlüpft; schlüpf *oder* schlüpfe schnell in deine Jacke!

der **Schlüp|fer;** des Schlüpfers; die Schlüpfer

das **Schlupf|loch** (*auch:* geheimer Zufluchtsort)

schlüpf|rig (feucht und glatt; zweideutig, anstößig); schlüpfrige Straßen; ein schlüpfriger Witz

die **Schlupf|wes|pe**

der **Schlupf|win|kel**

schlur|fen (schleppend gehen); du schlurfst; er schlurfte; er hat geschlurft; sie ist über den Flur geschlurft; schlurf *oder* schlurfe nicht!

schlür|fen (hörbar trinken); du schlürfst; er hat geschlürft; schlürf *oder* schlürfe nicht!

der **Schluss;** des Schlus|ses; die Schlüs|se; seine Schlüsse aus etwas ziehen

der **Schlüs|sel;** des Schlüssels; die Schlüssel

der **Schlüs|sel|be|griff** (Begriff von zentraler Bedeutung in einem bestimmten Bereich oder Zusammenhang)

das **Schlüs|sel|bein**

die **Schlüs|sel|blu|me**

der *oder* das **Schlüs|sel|bund;** die Schlüssel|bun|de

schlüs|sel|fer|tig; ein schlüsselfertiger Neubau

die **Schlüs|sel|fi|gur** (wichtige Figur, deren Handeln und Wirken der Schlüssel zur Erklärung bestimmter Zusammenhänge ist)

das **Schlüs|sel|loch**

die **Schlüs|sel|rol|le** (Rolle von entscheidender Bedeutung)

schluss|fol|gern; ich schlussfolgere; du schlussfolgerst; er schlussfolgerte; er hat geschlussfolgert; um zu schlussfolgern

die **Schluss|fol|ge|rung**

schlüs|sig (folgerichtig; überzeugend); schlüssige Argumente; sich über etwas schlüssig werden (sich fest entscheiden)

das **Schluss|licht;** die Schluss|lich|ter

der **Schluss|pfiff** (*Sport*)

die **Schluss|pha|se**

der **Schluss|punkt**

der **Schluss|satz** *oder* **Schluss-Satz**

der **Schluss|strich**

der **Schluss|ver|kauf**

die **Schmach** (Schande)

schmach|ten (Mangel leiden); ich schmachte; du schmachtest; er schmachtete; sie hat in der Hitze geschmachtet

schmäch|tig (dünn); schmächtige Kinder

schmach|voll; eine schmachvolle Niederlage

schmack|haft; schmack|haf|ter; am

419

schmähen – schmieden

schmack|haf|tes|ten; ein schmackhaftes Essen

schmä|hen (beleidigen; schlechtmachen); du schmähst ihn; er schmähte ihn; sie hat ihn geschmäht; schmäh *oder* schmähe ihn nicht!

schmäh|lich; ein schmählicher Verrat

die **Schmä|hung**

schmal; schma|ler *oder* schmä|ler; am schmals|ten *oder* schmäls|ten

schmä|lern; ich schmälere; du schmälerst; er schmälerte; sie hat den Erfolg geschmälert

schmal|spu|rig; eine schmalspurige Bahn

das **Schmalz;** des Schmal|zes; die Schmal|ze

schmal|zig; ein schmalziger (übertrieben gefühlvoller) Film

schma|rot|zen (auf Kosten anderer leben); du schmarotzt; er schmarotzte; sie hat schmarotzt; schmarotz *oder* schmarotze nicht!

der **Schma|rot|zer;** des Schmarotzers; die Schmarotzer

die **Schma|rot|ze|rin;** die Schmarotzerinnen

der **Schmar|ren** (eine Mehlspeise; *umgangssprachlich für:* etwas Wertloses); des Schmarrens; die Schmarren

der **Schmatz** (*umgangssprachlich für:* [lauter] Kuss); des Schmat|zes; die Schmatze

schmat|zen; du schmatzt; sie schmatzte; er hat geschmatzt; schmatz *oder* schmatze nicht!

der **Schmaus** (reichhaltiges, gutes Mahl); des Schmau|ses; die Schmäu|se

schmau|sen; du schmaust; er schmauste; sie hat ausgiebig geschmaust

schme|cken; das Essen schmeckt; es schmeckte; es hat ihm geschmeckt

die **Schmei|che|lei**

schmei|chel|haft; schmei|chel|haf|ter; am schmei|chel|haf|tes|ten

schmei|cheln; du schmeichelst; sie schmeichelte; er hat ihr geschmeichelt; schmeichle *oder* schmeichele ihm nicht!

der **Schmeich|ler;** des Schmeichlers; die Schmeichler

die **Schmeich|le|rin;** die Schmeichlerinnen

schmeich|le|risch; schmeichlerische Worte

schmei|ßen (*umgangssprachlich*); du

schmeißt; er schmeißt; sie schmiss; er hat einen Stein nach ihm geschmissen; schmeiß *oder* schmeiße nicht mit Steinen!

die **Schmeiß|flie|ge**

der **Schmelz;** des Schmel|zes; die Schmelze

schmel|zen (flüssig werden); der Schnee schmilzt; der Schnee schmolz; der Schnee ist geschmolzen

schmel|zen (flüssig machen); du schmilzt; er schmilzt; sie schmolz; er hat das Eisen geschmolzen; schmilz das Eisen!

der **Schmelz|ofen**

der **Schmelz|punkt**

der **Schmer|bauch** (*umgangssprachlich für:* Fettbauch)

der **Schmerz;** des Schmer|zes; die Schmerzen

schmerz|emp|find|lich; schmerzempfindliches Zahnfleisch

schmer|zen; die Wunde schmerzt; es schmerzte; es hat geschmerzt

das **Schmer|zens|geld**

schmerz|frei

die **Schmerz|gren|ze**

schmerz|haft; eine schmerzhafte Verletzung

schmerz|lich; ein schmerzlicher Verlust

schmerz|lin|dernd; schmerzlindernde Tabletten; ᴀʙᴇʀ: einige den Schmerz lindernde Tabletten

schmerz|los; schmerz|lo|ser; am schmerz|lo|ses|ten

das **Schmerz|mit|tel**

schmerz|stil|lend ↑ schmerzlindernd

der **Schmet|ter|ball** (*Sport*)

der **Schmet|ter|ling;** des Schmetterlings; die Schmet|ter|lin|ge

die **Schmet|ter|lings|blü|te** (*Biologie*)

der **Schmet|ter|lings|blüt|ler** (*Botanik*)

der **Schmet|ter|lings|stil** (*Schwimmen*)

schmet|tern; du schmetterst; er schmetterte; sie hat den Ball über das Netz geschmettert; schmettere den Ball!

der **Schmied;** des Schmieds *oder* Schmiedes; die Schmie|de

die **Schmie|de**

schmie|de|ei|sern; ein schmiedeeisernes Tor

schmie|den; du schmiedest; sie schmie-

420

Schmiedin – schmutzen

dete; er hat das Eisen geschmiedet; schmied *oder* schmiede das Eisen!

die **Schmie|din;** die Schmiedinnen

sich **schmie|gen;** du schmiegst dich; sie schmiegte sich; er hat sich eng an seine Mutter geschmiegt; schmieg *oder* schmiege dich eng an mich!

schmieg|sam; schmiegsames Leder

die **Schmie|re** (Fett; *auch für:* schlechtes Theater); die Schmieren

die **Schmie|re** (*umgangssprachlich für:* Wache); Schmiere stehen; er hat Schmiere gestanden

schmie|ren; du schmierst; er schmierte; sie hat Butter aufs Brot geschmiert; schmier *oder* schmiere die Butter nicht so dick!

die **Schmie|re|rei**

der **Schmier|fink;** des/dem/den Schmierfin|ken; die Schmier|fin|ken

das **Schmier|geld** (*umgangssprachlich für:* Bestechungsgeld)

schmie|rig

das **Schmier|öl**

die **Schmin|ke**

schmin|ken; du schminkst ihn; sie schminkte ihn; er hat sie geschminkt; schmink *oder* schminke ihn!; sich schminken; sie hat sich auffällig geschminkt

der **Schmink|stift**

schmir|geln; du schmirgelst; sie schmirgelte; er hat die Herdplatte geschmirgelt; schmirgle *oder* schmirgele die Herdplatte!

das **Schmir|gel|pa|pier**

der **Schmiss** (Schwung; Hiebnarbe); des Schmis|ses; die Schmis|se

schmis|sig (schwungvoll); schmissige Musik

der **Schmö|ker** (*umgangssprachlich für:* anspruchsloses, aber fesselndes Buch); des Schmökers; die Schmöker

schmö|kern (behaglich und viel lesen); du schmökerst; er schmökerte in einem Krimi; sie hat viel geschmökert; schmöker *oder* schmökere nicht so viel!

schmol|len; du schmollst; sie schmollt; er schmollte; sie hat geschmollt; schmoll *oder* schmolle nicht!

der **Schmoll|win|kel;** sich in den Schmollwinkel zurückziehen (beleidigt sein)

der **Schmor|bra|ten**

schmo|ren; du schmorst; er schmorte das Fleisch; sie hat in der Sonne geschmort (*umgangssprachlich*); schmor *oder* schmore das Fleisch!

der **Schmu** (*umgangssprachlich für:* leichter Betrug); des Schmus; Schmu machen

schmuck (nett aussehend); ein schmucker Junge

der **Schmuck;** des Schmucks *oder* Schmuckes; die Schmu|cke

schmü|cken; du schmückst; er schmückte; sie hat den Saal geschmückt; schmück *oder* schmücke den Saal!

der **Schmuck|kas|ten**

schmuck|los (schlicht)

das **Schmuck|stück**

der **Schmud|del** (*umgangssprachlich für:* Unsauberkeit); des Schmuddels

die **Schmud|de|lei**

schmud|de|lig *oder* **schmudd|lig;** schmuddelige *oder* schmuddlige Kleidung

das **Schmud|del|wet|ter**

schmudd|lig *vergleiche:* **schmud|de|lig**

der **Schmug|gel;** des Schmuggels

die **Schmug|ge|lei**

schmug|geln; du schmuggelst; er schmuggelte; sie hat Kaffee über die Grenze geschmuggelt; schmuggle *oder* schmuggele besser nicht!

der **Schmugg|ler;** des Schmugglers; die Schmuggler

die **Schmugg|le|rin;** die Schmugglerinnen

schmun|zeln; du schmunzelst; sie schmunzelte; er hat geschmunzelt; schmunzle nicht!

der **Schmus** (*umgangssprachlich für:* leeres Gerede, Schmeichelei); des Schmu|ses

schmu|sen; ich schmuse; du schmust; sie schmuste; er hat mit ihr geschmust

die **Schmu|se|rei**

der **Schmutz;** des Schmut|zes; Schmutz abweisen; Schmutz abweisendes *oder* schmutzabweisendes Material; ᴀʙᴇʀ ɴᴜʀ: ein jeden Schmutz abweisendes, ein besonders schmutzabweisendes Material

schmut|zen; der Stoff schmutzte; er hat geschmutzt

Schmutzfink – Schneid

der **Schmutz|fink;** des/dem/den Schmutz-
fin|ken; die Schmutz|fin|ken
schmut|zig; schmutzig grau; ein
schmutzig grauer Mantel
der **Schna|bel;** des Schnabels; die Schnäbel
schnä|beln; die Tauben schnäbeln; sie
schnäbelten; sie haben geschnäbelt
das **Schna|bel|tier** (ein Eier legendes Säuge-
tier)
schna|bu|lie|ren (*umgangssprachlich
für:* mit Genuss essen); du schnabulierst;
er schnabulierte; sie hat die Kirschen
schnabuliert
der **Schnack** (*norddeutsch für:* Plauderei);
des Schnacks *oder* Schna|ckes; die
Schnacks *oder* Schnä|cke
schna|cken; du schnackst; er schnackte;
sie hat lange mit ihr geschnackt; schnack
oder schnacke nicht so lange!
die **Schna|ke** (Stechmücke)
der **Schna|ken|stich**
die **Schnal|le**
schnal|len; du schnallst; er schnallte; sie
hat den Gürtel enger geschnallt; schnall
oder schnalle den Gürtel fest!; etwas
schnallen (*umgangssprachlich für:* verstehen)
schnal|zen (einen kurzen, knallenden
Laut erzeugen); du schnalzt; er
schnalzte; sie hat mit der Zunge
geschnalzt
das **Schnäpp|chen** (*umgangssprachlich für:*
vorteilhafter Kauf); des Schnäppchens;
die Schnäppchen
schnap|pen; du schnappst ihn; sie
schnappte ihn; der Hund hat die Wurst
geschnappt; schnapp *oder* schnappe sie!
das **Schnapp|schloss**
der **Schnapp|schuss** (unvorbereitet
gemachte Fotografie)
der **Schnaps;** des Schnap|ses; die Schnäp|se
die **Schnaps|idee** (verrückter Einfall)
die **Schnaps|zahl** (*scherzhaft für:* Zahl aus
gleichen Ziffern)
schnar|chen; du schnarchst; er hat
geschnarcht; schnarch *oder* schnarche
nicht so laut!
der **Schnar|cher;** des Schnarchers; die
Schnarcher
die **Schnar|che|rin;** die Schnarcherinnen
schnar|ren; seine Stimme schnarrt; sie
schnarrte; sie hat laut geschnarrt

schnat|tern; die Gans schnattert; sie
schnatterte; sie hat geschnattert
schnau|ben; das Pferd schnaubt; das
Pferd schnaubte; es hat geschnaubt
schnau|fen; ich schnaufe; du schnaufst;
er schnaufte; sie hat geschnauft
der **Schnauz|bart**
schnauz|bär|tig
die **Schnau|ze;** halt die Schnauze! (*derb*)
schnau|zen (*umgangssprachlich*); du
schnauzt; er schnauzte; sie hat
geschnauzt; schnauz *oder* schnauze
nicht immer!
schnäu|zen; du schnäuzt; sie schnäuzte;
sie hat die Nase geschnäuzt; sich
schnäuzen; er hat sich kräftig
geschnäuzt; schnäuz *oder* schnäuze dich
nicht so laut!
der **Schnau|zer** (eine Hunderasse; *kurz für:*
Schnauzbart); des Schnauzers; die
Schnauzer
die **Schne|cke**
das **Schne|cken|haus**
das **Schne|cken|tem|po;** im Schnecken-
tempo fahren
der **Schnee;** des Schnees
der **Schnee|ball**
das **Schnee|ball|prin|zip** (bestimmte Art der
Verbreitung einer Nachricht)
die **Schnee|ball|schlacht**
schnee|be|deckt; schneebedeckte
Dächer; ABER: mit Schnee bedeckte
Dächer
der **Schnee|be|sen** (ein Küchengerät)
das **Schnee|brett** (flach überhängende
Schneemassen)
der **Schnee|fall**
die **Schnee|flo|cke**
das **Schnee|ge|stö|ber**
das **Schnee|glöck|chen**
die **Schnee|gren|ze**
schnee|ig; schneeige Berggipfel
die **Schnee|ket|te** *meist Plural*
der **Schnee|mann;** die Schneemänner
der **Schnee|pflug**
schnee|si|cher; ein schneesicheres Ski-
gebiet
das **Schnee|trei|ben**
schnee|weiß; schneeweißes Haar
das **Schnee|witt|chen;** des Schneewittchens
der, *süddeutsch und österreichisch auch:* die
Schneid (Mut); des Schneids *oder*

Schneidbrenner – schnöd

Schnei|des, *süddeutsch und österreichisch auch:* der Schneid

der **Schneid|bren|ner** (Gerät zum Zerschneiden von Metall)

die **Schnei|de**

schnei|den; du schneidest; er schneidet; er schnitt; sie hat das Fleisch geschnitten; schneid *oder* schneide das Fleisch!; sich schneiden; ich habe mich geschnitten; ich habe mir, *auch:* mich in den Finger geschnitten

der **Schnei|der;** des Schneiders; die Schneider

die **Schnei|de|rin;** die Schneiderinnen

schnei|dern; ich schneidere; du schneiderst; sie schneiderte; er hat das Kleid geschneidert

der **Schnei|der|sitz;** im Schneidersitz dasitzen

der **Schnei|de|zahn**

schnei|dig (selbstbewusst; draufgängerisch); ein schneidiger Bursche

schnei|en; es schneite; es hat geschneit

die **Schnei|se** (Weg im Wald)

schnell; schnellstens; ein schnelles Auto; auf die schnelle Tour *(umgangssprachlich);* ABER: auf die Schnelle *(umgangssprachlich für:* in kurzer Zeit)

die **Schnel|le** (Geschwindigkeit)

schnel|len (sich mit Schnellkraft bewegen); der Pfeil schnellte; der Pfeil ist durch die Luft geschnellt

die **Schnel|lig|keit**

der **Schnell|im|biss**

der **Schnell|läu|fer** *oder* Schnell-Läu|fer

die **Schnell|läu|fe|rin** *oder* Schnell-Läu|fe|rin

schnell|le|big (kurzlebig); eine schnelllebige Mode

die **Schnell|le|big|keit**

schnellst|mög|lich (so schnell wie irgend möglich)

! In Zusammensetzungen aus Adjektiven darf immer nur *ein* Bestandteil gesteigert werden. Und da »schnellst« schon der Superlativ zu »schnell« ist, sind Steigerungen wie »schnellstmöglichste« nicht korrekt.

---

die **Schnell|stra|ße**

der **Schnell|zug**

die **Schnep|fe** (ein Vogel)

der **Schnick|schnack** *(umgangssprachlich für:* wertloses Zeug; Geschwätz); des Schnickschnacks *oder* Schnick|schna|ckes

schnie|geln *(umgangssprachlich für:* sich übertrieben sorgfältig zurechtmachen); ich schnieg[e]le; du schniegelst; sie schniegelte; er hat sein Haar geschniegelt; er ist geschniegelt und gebügelt

das **Schnipp|chen;** jemandem ein Schnippchen schlagen *(umgangssprachlich für:* jemandem einen Streich spielen)

schnip|peln *(umgangssprachlich); du* schnippelst; sie schnippelte; er hat die Bohnen geschnippelt; schnipple *oder* schnippele die Bohnen!

schnip|pen; du schnippst mit den Fingern; er schnippte mit den Fingern; sie hat mit den Fingern geschnippt; schnipp *oder* schnippe nicht mit den Fingern!

schnip|pisch (kurz und respektlos); eine schnippische Antwort

der *oder* das **Schnip|sel** *(umgangssprachlich);* des Schnipsels; die Schnipsel

schnip|sen (schnippen); ich schnipse; du schnipst; sie schnipst; sie hat mit den Fingern geschnipst

der **Schnitt;** des Schnitts *oder* Schnit|tes; die Schnit|te

die **Schnitt|blu|me**

die **Schnit|te** ([Brot]scheibe)

schnit|tig *(auch für:* rassig); ein schnittiges Auto

der **Schnitt|lauch**

die **Schnitt|men|ge** *(Mathematik)*

das **Schnitt|mus|ter**

der **Schnitt|punkt**

die **Schnitt|stel|le** *(EDV:* Verbindungsstelle zweier Geräteteile)

das **Schnit|zel;** des Schnitzels; die Schnitzel

die **Schnit|zel|jagd**

schnit|zeln; du schnitzelst; er schnitzelte; sie hat das Papier geschnitzelt

schnit|zen; du schnitzt; er schnitzte; sie hat geschnitzt; schnitz *oder* schnitze ein Pferd!

der **Schnit|zer** *(umgangssprachlich auch für:* Fehler); des Schnitzers; die Schnitzer

das **Schnitz|mes|ser**

schnöd *oder* **schnö|de** (erbärmlich; verachtenswert); schnö|der; am schnö|desten; ein schnöder Gewinn

423

schnodderig – schön

schnod|de|rig *oder* **schnodd|rig** (*umgangssprachlich für:* vorlaut, respektlos); ihre schnodd[e]rige Art

der **Schnor|chel** (Teil eines Sporttauchgerätes); des Schnorchels; die Schnorchel
schnor|cheln; ich schnorch[e]le; du schnorchelst; sie schnorchelte; er hat im Urlaub geschnorchelt

der **Schnör|kel;** des Schnörkels; die Schnörkel
schnör|ke|lig *oder* **schnörk|lig;** sie hat eine schnörk[e]lige Schrift

schnor|ren (*umgangssprachlich für:* betteln); du schnorrst; er schnorrte; sie hat geschnorrt; schnorr *oder* schnorre nicht wieder!

der **Schnor|rer;** des Schnorrers; die Schnorrer

der **Schnö|sel** (*umgangssprachlich für:* dummer und frecher junger Mensch); des Schnösels; die Schnösel
schnu|cke|lig *oder* **schnuck|lig** (*umgangssprachlich für:* nett; lecker); ein schnuck[e]liges Baby

die **Schnüf|fe|lei**
schnüf|feln; du schnüffelst; er schnüffelte; sie hat geschnüffelt; schnüffle *oder* schnüffele nicht in fremden Sachen!

der **Schnüff|ler;** des Schnüfflers; die Schnüffler

die **Schnüff|le|rin;** die Schnüfflerinnen

der **Schnul|ler;** des Schnullers; die Schnuller

die **Schnul|ze** (*umgangssprachlich für:* rührseliges Lied oder Theaterstück, rührseliger Film); die Schnulzen
schnul|zig; schnulzige Musik

der **Schnup|fen;** des Schnupfens; die Schnupfen

das **Schnup|fen|mit|tel**

der **Schnupf|ta|bak**
schnup|pe (*umgangssprachlich für:* gleichgültig); das ist mir schnuppe
schnup|pern; du schnupperst; er schnupperte; sie hat an dem Essen geschnuppert; schnuppere nicht daran!

die **Schnur;** die Schnü|re
schnü|ren; ich schnür[e]; du schnürst; sie schnürte; er hat die Schuhe geschnürt; schnür *oder* schnüre das Paket!

schnur|ge|ra|de *oder* **schnur|gra|de**

der **Schnurr|bart**

schnur|ren; die Katze schnurrt; sie schnurrte; sie hat geschnurrt
schnur|rig; er ist ein schnurriger Kauz

der **Schnür|schuh**

der **Schnür|sen|kel**
schnur|stracks (auf dem kürzesten, schnellsten Weg)
schnurz (*umgangssprachlich für:* gleichgültig); das ist mir schnurz

die **Schnu|te** (*besonders norddeutsch für:* Mund, Schmollmund)

der **Scho|ber** (*süddeutsch für:* geschichteter Getreidehaufen; kleine Scheune); des Schobers; die Schober

der **Schock** (Nervenerschütterung; akutes Kreislaufversagen); des Schocks *oder* Scho|ckes; die Schocks, *selten:* Scho|cke
scho|cken (*umgangssprachlich);* du schockst mich; er schockte mich; sie hat mich geschockt; schock *oder* schocke mich nicht!
scho|ckie|ren; ich schockiere ihn; du schockierst ihn; sie schockierte ihn; er hat sie schockiert
scho|fel (*umgangssprachlich für:* gemein; geizig); eine schofle Einstellung

der **Schöf|fe** (Laienrichter); des/dem/den Schöffen; die Schöffen

das **Schöf|fen|ge|richt**

die **Schöf|fin;** die Schöffinnen

der **Scho|ko|kuss** (mit Schokolade überzogenes Schaumgebäck)

die **Scho|ko|la|de**

die **Scho|ko|la|de[n]|pud|ding**
scho|ko|la|dig (in der Art von Schokolade); ein schokoladiger Geschmack

der **Scho|ko|rie|gel**

die **Schol|le** (ein Seefisch)

die **Schol|le** (Erd-, Eisklumpen; Heimatboden)
schon; ich komm ja schon; schon wieder; schon lange; schon mal (*umgangssprachlich);* A B E R: obschon, wennschon; wennschon – dennschon
schön; das schöne Wetter; die schöne Literatur; der Saal ist auf das, aufs schönste *oder* <mark>Schönste</mark> geschmückt; sie ist die Schönste unter ihnen; das Schöne und [das] Gute; etwas Schönes; schön sein; schön singen; sich schön anziehen; die Eier schön färben; den Brief [besonders] schön schreiben; ↑ A B E R: schönfär-

schonen – schrankenlos

ben; schönreden; schönschreiben; schöntun

scho|nen; du schonst ihn; er hat ihn geschont; schon oder schone ihn!; sich schonen; sie hat sich nach ihrer Krankheit geschont

schö|nen (schöner erscheinen lassen); ich schöne; du schönst; sie schönte; er hat das Ergebnis geschönt

der **Scho|ner** (ein mehrmastiges Segelschiff); des Schoners; die Schoner

der **Scho|ner** (Schutzdecke); des Schoners; die Schoner

schön|fär|ben (günstig darstellen); er hat seinen Fehler schöngefärbt; sie versuchte[,] ihren Fehler schönzufärben; färb oder färbe deine Fehler nicht schön!; ↑ ABER: schön

die **Schön|fär|be|rei**

die **Schon|frist**

die **Schön|heit**

schön|re|den (beschönigen); er hat das schlechte Ergebnis schöngeredet; ABER: die Vortragende hat schön (gut) geredet

schön|schrei|ben (Schönschrift schreiben); sie haben während des Unterrichts schöngeschrieben; ↑ ABER: schön

die **Schön|schrift**

schön|tun (sich zieren; schmeicheln); er hat in ihrer Anwesenheit immer schöngetan

die **Scho|nung**

scho|nungs|los; scho|nungs|lo|ser; am scho|nungs|lo|ses|ten

der **Schon|wasch|gang**

die **Schon|zeit**

der **Schopf;** des Schopfs oder Schop|fes; die Schöp|fe

schöp|fen; du schöpfst; sie schöpfte; er hat Wasser geschöpft; schöpf oder schöpfe etwas Wasser!

der **Schöp|fer** (Erschaffer; Urheber); des Schöpfers; die Schöpfer

die **Schöp|fe|rin;** die Schöpferinnen

schöp|fe|risch; schöpferische Begabung

der **Schöpf|löf|fel**

die **Schöp|fung**

die **Schöp|fungs|ge|schich|te** (im Alten Testament)

der **Schop|pen** (ein Flüssigkeitsmaß); des Schoppens; die Schoppen; 3 Schoppen Wein

schop|pen|wei|se

der **Schorf** (verkrustetes Hautgewebe); des Schorfs oder Schor|fes; die Schor|fe

schor|fig; schorfige Kopfhaut

die **Schor|le** (Getränk aus Wein oder Fruchtsaft und Mineralwasser); die Schorlen

der **Schorn|stein**

der **Schorn|stein|fe|ger;** des Schornsteinfegers; die Schornsteinfeger

die **Schorn|stein|fe|ge|rin;** die Schornsteinfegerinnen

der **Schoß;** des Scho|ßes; die Schö|ße

der **Schoß|hund**

der **Schöss|ling** (Trieb einer Pflanze); des Schösslings; die Schöss|lin|ge

die **Scho|te** (längliche Kapselfrucht); die Schoten

das **Schott** (wasserdichte [Quer]wand im Schiff); des Schotts oder Schot|tes; die Schot|te oder Schot|ten

der **Schot|te** (Einwohner von Schottland); des/dem/den Schotten; die Schotten

der **Schot|ten|rock**

der **Schot|ter** (zerkleinerte Steine); des Schotters; die Schotter

die **Schot|ter|stra|ße**

die **Schot|tin;** die Schottinnen

schot|tisch; schottischer Whisky

Schott|land

schraf|fie|ren (mit feinen parallelen Strichen versehen); du schraffierst; er schraffierte; sie hat die Zeichnung schraffiert; schraffier oder schraffiere die Zeichnung!

die **Schraf|fur;** die Schraf|fu|ren

schräg; schräg halten; schräg stehen; schräg liegen; <mark>schräg laufende</mark> oder schräglaufende Linien; sie wohnt schräg gegenüber

die **Schrä|ge**

schräg|lau|fend vergleiche: **schräg**

der **Schräg|strich**

die **Schram|me**

schram|men; du schrammst; sie schrammte; er hat den Wagen geschrammt; schramm oder schramme ihn nicht!

der **Schrank;** des Schranks oder Schran|kes; die Schrän|ke

die **Schran|ke**

schran|ken|los; schrankenlose Freiheit

425

Schrankwand – Schritttempo

die **Schrank|wand**

der **Schrat** oder **Schratt** (zottiger Wald-
geist); des Schrats oder Schra|tes, auch:
Schratts oder Schrat|tes; die Schra|te,
auch: Schrat|te

die **Schrau|be**
schrau|ben; du schraubst; er schraubte;
sie hat den Rekord nach oben
geschraubt; sich schrauben; der Adler
hat sich in die Höhe geschraubt

der **Schrau|ben|dre|her** (Schraubenzieher)

der **Schrau|ben|schlüs|sel**

der **Schrau|ben|zie|her**

der **Schraub|stock**

der **Schre|ber|gar|ten** (Kleingarten)

der **Schreck;** des Schrecks oder Schre|ckes;
die Schre|cke; einen Schreck bekommen
schre|cken; du schreckst; er schreckte;
sie hat ihn geschreckt; schreck oder
schrecke ihn nicht!

der **Schre|cken;** des Schreckens; die Schre-
cken; Angst und Schrecken verbreiten;
Schrecken erregen; ein Schrecken erregender oder <mark>schreckenerregender</mark>
Anblick; ABER NUR: ein großen Schrecken erregender Anblick; ein besonders
schreckenerregender, noch schreckenerregender Anblick
schre|cken|er|re|gend vergleiche:
Schre|cken
schre|ckens|blass
schreck|haft; schreck|haf|ter; am
schreck|haf|tes|ten
schreck|lich; es war schrecklich; dort
war es am schrecklichsten; ABER: etwas,
nichts Schreckliches; es war das
Schrecklichste, dass niemand half;
↑ auch: schlimm

die **Schreck|schuss|pis|to|le**

der **Schrei;** des Schreis oder Schrei|es; die
Schreie

die **Schrei|be** (umgangssprachlich für:
Schreibstil); der Schreibe; die Schreiben
Plural selten; sie hat eine gute, flotte
Schreibe
schrei|ben; du schreibst; er schreibt; er
schrieb; sie hat einen Brief geschrieben;
schreib oder schreibe ihr einen Brief!

das **Schrei|ben** (Schriftstück); des Schrei-
bens; die Schreiben

der **Schrei|ber;** des Schreibers; die Schreiber

die **Schrei|be|rin;** die Schreiberinnen

schreib|faul

der **Schreib|feh|ler**

die **Schreib|ma|schi|ne**

der **Schreib|tisch**

die **Schrei|bung**

das **Schreib|wa|ren|ge|schäft**

die **Schreib|wei|se**
schrei|en; du schreist; er schreit; er
schrie; sie hat geschrien; schrei oder
schreie nicht!

der **Schrei|er;** des Schreiers; die Schreier

die **Schrei|e|rin;** die Schreierinnen

der **Schrei|hals**

der **Schrein** (Sarg; Reliquienbehälter); des
Schreins oder Schrei|nes; die Schrei|ne

der **Schrei|ner;** des Schreiners; die Schrei-
ner

die **Schrei|ne|rin;** die Schreinerinnen
schrei|nern; du schreinerst; sie hat
einen Schrank geschreinert
schrei|ten; du schreitest; er schreitet; er
schritt; sie ist würdevoll über den Marktplatz geschritten

die **Schrift;** die Schrif|ten

der **Schrift|ge|lehr|te**
schrift|lich; die schriftliche Prüfung

der **Schrift|satz** (Rechtssprache)

der **Schrift|set|zer**

die **Schrift|set|ze|rin**

die **Schrift|spra|che**

der **Schrift|stel|ler;** des Schriftstellers; die
Schriftsteller

die **Schrift|stel|le|rin;** die Schriftstellerin-
nen

das **Schrift|stück**

das **Schrift|zei|chen**

der **Schrift|zug** (charakteristische Schreib-
weise)

die **Schrift|zü|ge** (Handschrift eines Men-
schen) Plural
schrill (hoch und grell klingend); schrille
Töne
schril|len; das Telefon schrillt; das Tele-
fon schrillte; das Telefon hat geschrillt

der **Schritt;** des Schritts oder Schrit|tes; die
Schrit|te; ABER: 5 Schritt weit; er folgte
ihr auf Schritt und Tritt; du sollst Schritt
halten; hier musst du Schritt (im Schritt-
tempo) fahren

der **Schritt|ma|cher** (Medizin); des Schritt-
machers; die Schrittmacher

das <mark>**Schritt|tem|po**</mark> oder Schritt-Tem|po

426

schrittweise – schuldig

schritt|wei|se; schrittweise vorankommen

schroff (steil; abweisend, unhöflich); schroffe Felswände; eine schroffe Antwort

die **Schroff|heit**

schröp|fen; du schröpfst; er schröpfte; sie hat ihn beim Kartenspiel kräftig geschröpft (*umgangssprachlich für:* sie hat ihm mit List viel Geld abgenommen); schröpf *oder* schröpfe ihn nicht!

der *oder* das **Schrot** (grob gemahlene Getreidekörner; Bleikügelchen); des Schrots *oder* Schrotes; die Schrote

das **Schrot|brot**

schro|ten (grob zerkleinern); du schrotest; sie schrotete; er hat den Weizen geschrotet; schrot *oder* schrote das Getreide!

die **Schrot|flin|te**

der **Schrott** (Alteisen); des Schrotts *oder* Schrottes; die Schrotte

der **Schrott|platz**

schrott|reif; schrottreife Autos

schrub|ben; du schrubbst; er schrubbt; sie hat die Treppe geschrubbt; schrubb *oder* schrubbe den Boden!

der **Schrub|ber;** des Schrubbers; die Schrubber

die **Schrul|le** (sonderbare Angewohnheit; sonderbarer Einfall)

schrul|lig

schrum|pe|lig *oder* **schrump|lig** (viele Falten aufweisend); schrump[e]lige Haut

schrump|fen; das Gewebe schrumpft bei der Wäsche; der Vorrat ist geschrumpft

die **Schrump|fung**

der **Schub;** des Schubs *oder* Schubes; die Schübe

das **Schub|fach**

die **Schub|kar|re** *oder* der **Schub|kar|ren**

der **Schub|kar|ren**

die **Schub|kraft**

die **Schub|la|de;** die Schubladen

der **Schubs** (*umgangssprachlich für:* Stoß); des Schubses; die Schubse

schub|sen; du schubst; er schubste; er hat sie geschubst; schubs *oder* schubse mich nicht!

schub|wei|se; die Krankheit verlief schubweise

schüch|tern

die **Schüch|tern|heit**

der **Schuft;** des Schufts *oder* Schuftes; die Schufte

schuf|ten (*umgangssprachlich für:* hart arbeiten); du schuftest; er schuftete; sie hat geschuftet; schufte nicht so viel!

die **Schuf|te|rei**

schuf|tig (niederträchtig, gemein)

der **Schuh;** des Schuhs *oder* Schuhes; die Schuhe

die **Schuh|creme** *oder* **Schuh|crème**

die **Schuh|grö|ße**

der **Schuh|ma|cher**

die **Schuh|ma|che|rin**

der **Schuh|platt|ler** (ein Volkstanz); des Schuhplattlers

die **Schuh|soh|le**

der **Schul|ab|gän|ger**

die **Schul|ab|gän|ge|rin**

der **Schul|ab|schluss;** die Schul|ab|schlüs|se

die **Schul|ar|beit** *meist Plural*

die **Schul|auf|ga|ben** *Plural*

die **Schul|bank;** die Schul|bän|ke

die **Schul|bil|dung**

das **Schul|buch**

der **Schul|bus;** des Schul|bus|ses; die Schulbus|se

! *Schulbus* wird im Nominativ Singular nur mit einem *s* geschrieben, obwohl Genitiv Singular und Pluralformen mit Doppel-*s* gebildet werden.

die **Schuld;** er trägt Schuld daran; es ist meine Schuld; sie ist schuld; sie hat Schuld; man kann ihm nicht [die] Schuld geben; sie ließ sich nichts zu Schulden *oder* zuschulden kommen

schuld|be|la|den; ABER: er ist mit großer Schuld beladen

schuld|be|wusst; ABER: er ist sich seiner Schuld bewusst

schul|den; du schuldest; sie schuldete; sie hat mir noch 5 Euro geschuldet; schulde niemandem etwas!

der **Schul|den|berg**

der **Schul|den|er|lass**

schul|den|frei; das Haus ist schuldenfrei; ABER: er ist von allen Schulden frei

das **Schuld|ge|fühl**

schul|dig; er ist eines Verbrechens schuldig; **schuldig sprechen** *oder* schul-

427

schuldlos – Schüttelfrost

digsprechen (verurteilen); er wurde
schuldig gesprochen *oder* schuldigge-
sprochen
schuld|los
der **Schuld|ner**; des Schuldners; die Schuld-
ner
die **Schuld|ne|rin**; die Schuldnerinnen
der **Schuld|spruch**
die **Schuld|zu|wei|sung**
die **Schu|le**
schu|len; Auswendiglernen schult das
Gedächtnis; es hat immer das Gedächtnis geschult; schul *oder* schule dein
Gedächtnis!
der **Schü|ler**; des Schülers; die Schüler
die **Schü|le|rin**; die Schülerinnen
der **Schü|ler|lot|se**; des/dem/den Schüler-
lotsen; die Schülerlotsen
die **Schü|ler|ver|tre|tung** (*Abkürzung:* SV)
die **Schü|ler|zei|tung**
das **Schul|fach**
die **Schul|fe|ri|en** *Plural*
schul|frei; ein schulfreier Tag
der **Schul|funk**
das **Schul|haus**
das **Schul|heft**
der **Schul|hof**
schu|lisch; schulische Leistung
das **Schul|jahr**
das **Schul|kind**
die **Schul|klas|se**
der **Schul|lei|ter**
die **Schul|lei|te|rin**; die Schulleiterinnen
die **Schul|lei|tung**
die **Schul|pflicht**
schul|pflich|tig; schulpflichtige Kinder
der **Schul|ran|zen**
der **Schul|spre|cher**
die **Schul|spre|che|rin**
die **Schul|stun|de**
das **Schul|sys|tem**
der **Schul|tag**
die **Schul|ta|sche**
die **Schul|ter**
das **Schul|ter|blatt**
schul|ter|lang; schulterlanges Haar
schul|tern; du schulterst; er hat das
Gewehr geschultert; schulter *oder* schul-
tere das Gewehr!
der **Schul|ter|schluss** (das Zusammenhal-
ten [von Interessengruppen u. a.])
die **Schul|tü|te**

die **Schu|lung**; der Schulung; die Schulun-
gen; eine Schulung zum Mediator
machen
der **Schul|un|ter|richt**
der **Schul|weg**
die **Schul|zeit**
das **Schul|zen|t|rum**
das **Schul|zeug|nis**
schum|meln (*umgangssprachlich für:*
[leicht] betrügen); du schummelst; er hat
geschummelt; schummle *oder* schum-
mele mit!
schum|me|rig *oder* **schumm|rig**
(*umgangssprachlich für:* dämmerig, halb-
dunkel); schumm[e]rige Beleuchtung
der **Schund** (Wertloses); des Schunds *oder*
Schun|des
schun|keln; du schunkelst; er schunkelt;
er schunkelte; sie hat geschunkelt;
schunkle *oder* schunkele mit!
die **Schup|pe**
schup|pen; du schuppst; er hat den
Karpfen geschuppt
der **Schup|pen**
schup|pig; schuppige Haut
die **Schur** (das Scheren [der Schafe]); die
Schu|ren
schü|ren; du schürst; er hat das Feuer
geschürt; schür *oder* schüre das Feuer!
schür|fen; du schürfst; er schürft; sie
schürfte; er hat Gold geschürft
der **Schur|ke** (*abwertend*); des/dem/den
Schurken; die Schurken
die **Schur|kin** (*abwertend*); die Schurkinnen
schur|kisch (niederträchtig)
der **Schurz**; des Schur|zes; die Schur|ze
die **Schür|ze**; die Schürzen
schür|zen; du schürzt; er schürzte; sie
hat ihren Rock geschürzt; schürz *oder*
schürze den Rock!
der **Schuss**; des Schus|ses; die Schüs|se;
2 Schuss *oder* 2 Schüsse abgeben; er hält
seine Sachen in Schuss (in Ordnung)
die **Schüs|sel**; die Schüsseln
schus|se|lig *oder* **schuss|lig** (gedanken-
los)
die **Schuss|waf|fe**
der **Schus|ter**; des Schusters; die Schuster
die **Schus|te|rin**; die Schusterinnen
der **Schutt**; des Schutts *oder* Schut|tes
der **Schutt|ab|la|de|platz**
der **Schüt|tel|frost**

428

schütteln – Schwank

schüt|teln; du schüttelst; er hat den Baum geschüttelt; schüttle *oder* schüttele die Pflaumen!; sich schütteln; sie hat sich vor Lachen geschüttelt

schüt|ten; du schüttest; er hat das Getreide auf die Tenne geschüttet; schütt *oder* schütte das Getreide auf die Tenne!

schüt|ter (spärlich; schwach); schütteres Haar

der **Schutt|hau|fen**

der **Schutz;** des Schut|zes; jemandem Schutz gewähren; jemanden in Schutz nehmen

der **Schutz|an|zug**

das **Schutz|blech**

der **Schüt|ze;** des/dem/den Schützen; die Schützen

schüt|zen; du schützt; er schützt; sie hat ihn geschützt; schütz *oder* schütze ihn!

das **Schüt|zen|fest**

der **Schutz|en|gel**

die **Schüt|zen|hil|fe;** jemandem Schützenhilfe geben (jemandem helfen)

der **Schüt|zen|ver|ein**

die **Schutz|ge|bühr**

das **Schutz|git|ter**

der **Schutz|helm**

die **Schutz|imp|fung**

die **Schüt|zin;** die Schützinnen

der **Schütz|ling;** des Schützlings; die Schütz|lin|ge

schutz|los; schutz|lo|ser; am schutz|lo|ses|ten

der **Schutz|mann** (Polizist); die Schutz|män|ner *oder* Schutz|leu|te

die **Schutz|mas|ke**

der **Schutz|pa|t|ron** (Schutzheiliger)

die **Schutz|pa|t|ro|nin**

der **Schutz|zoll;** die Schutz|zöl|le

der **Schwa|be;** des/dem/den Schwaben; die Schwaben

die **Schwä|bin;** die Schwäbinnen

schwä|bisch; der schwäbische Dialekt; ABER: die Schwäbische Alb

schwach; schwä|cher; am schwächs|ten; er hat eine schwache Stunde; das ist eine schwache Hoffnung; die schwache Deklination; ABER: das Recht des Schwachen; durch die lange Krankheit ist sie ganz schwach geworden; ABER: schwach wer-den *oder* schwachwerden (nachgeben); vor Angst bin ich schwach geworden *oder* schwachgeworden; die schwach bevölkerte *oder* schwachbevölkerte Gegend; ein schwach entwickeltes *oder* schwachentwickeltes Land

die **Schwä|che**

schwä|chen; die Grippe schwächt; die Grippe schwächte; das Fieber hat ihn geschwächt

schwach|ent|wi|ckelt *vergleiche:* **schwach**

schwäch|lich

der **Schwäch|ling;** des Schwächlings; die Schwäch|lin|ge

der **Schwach|sinn** *(umgangssprachlich);* so ein Schwachsinn!

schwach|sin|nig *(umgangssprachlich abwertend);* ein schwachsinniges Gerede

die **Schwach|stel|le** (Stelle, an der etwas oder jemand [für Störungen] anfällig ist)

der **Schwach|strom**

schwach|wer|den *vergleiche:* **schwach**

die **Schwa|de** *oder* der **Schwa|den** (Dampf, Dunst) *meist Plural;* der Schwade *oder* des Schwadens; die Schwaden

die **Schwa|fe|lei** *(umgangssprachlich für:* überflüssiges Gerede)

schwa|feln; du schwafelst; er hat geschwafelt; schwafle *oder* schwafele nicht!

der **Schwa|ger;** des Schwagers; die Schwä|ger

die **Schwä|ge|rin;** die Schwägerinnen

die **Schwal|be**

der **Schwall** (die Welle, der Guss); des Schwalls *oder* Schwall|les; die Schwall|le

der **Schwamm;** des Schwamms *oder* Schwam|mes; die Schwämme

schwam|mig (in der Art eines Schwammes; *auch abwertend für:* dicklich aufgeschwemmt; verschwommen); eine schwammige Formulierung

der **Schwan;** des Schwans *oder* Schwa|nes; die Schwä|ne

schwa|nen; es schwant mir (ich ahne)

schwan|ger

die **Schwan|ger|schaft**

der **Schwan|ger|schafts|ab|bruch**

der **Schwan|ger|schafts|test**

der **Schwank;** des Schwanks *oder* Schwankes; die Schwän|ke

schwanken – schwedisch

schwan|ken; du schwankst; sie hat geschwankt; schwank *oder* schwanke nicht!

die **Schwan|kung**

der **Schwanz;** des Schwan|zes; die Schwänze

schwän|zeln; der Hund schwänzelt; der Hund hat geschwänzelt

schwän|zen; du schwänzt; sie schwänzt den Unterricht; er hat die letzte Stunde geschwänzt; schwänz *oder* schwänze nicht!

die **Schwanz|flos|se**

schwap|pen; das Wasser hat geschwappt; das Wasser ist über den Rand geschwappt

der **Schwarm;** des Schwarms *oder* Schwarmes; die Schwär|me

schwär|men; du schwärmst; er hat von ihr geschwärmt; schwärm *oder* schwärme nicht dauernd!

der **Schwär|mer;** des Schwärmers; die Schwärmer

die **Schwär|me|rin;** die Schwärmerinnen

schwär|me|risch

die **Schwarm|in|tel|li|genz** (Fähigkeit eines Kollektivs zu sinnvoll erscheinendem Verhalten)

die **Schwar|te** (dicke Haut; *umgangssprachlich für:* dickes Buch)

der **Schwar|ten|ma|gen** (eine Wurstsorte)

schwarz *siehe Kasten Seite 431*

das **Schwarz** (die schwarze Farbe); er spielt Schwarz aus *(Kartenspiel);* sie geht in Schwarz (in Trauerkleidung); ↑ Blau

der **Schwarz|af|ri|ka|ner**

die **Schwarz|af|ri|ka|ne|rin**

die **Schwarz|ar|beit**

schwarz|ar|bei|ten; du arbeitest schwarz; sie arbeitet schwarz; er hat am Wochenende schwarzgearbeitet

sich **schwarz|är|gern** (*umgangssprachlich für:* sich sehr ärgern); er hat sich schwarzgeärgert

schwarz|braun

das **Schwar|ze;** ins Schwarze treffen

der **Schwar|ze** (dunkelhäutiger Mann); ein Schwarzer; die Schwarzen; zwei Schwarze

die **Schwar|ze** (dunkelhäutige Frau); eine Schwarze

die **Schwär|ze** (Farbe zum Schwarzmachen)

schwär|zen; der Ruß der Lokomotiven schwärzt; er schwärzte; er hat die Mauern geschwärzt

schwarz|fah|ren; er ist im Zug schwarzgefahren (ohne Fahrkarte gefahren); fahr *oder* fahre niemals schwarz!

schwarz|fär|ben *vergleiche:* **schwarz**

schwarz-gelb *oder* **schwarz|gelb;** eine schwarz-gelbe *oder* schwarzgelbe Regierung (aus CDU und FDP); ABER: die Politik von Schwarz-Gelb *oder* Schwarzgelb

schwarz|hö|ren (*Rundfunk:* ohne Genehmigung mithören); er hört schwarz: sie hat schwarzgehört; hör *oder* höre nie schwarz!

schwarz|ma|len (pessimistisch darstellen); sie hat die Zukunft immer schwarzgemalt; ↑ *auch:* schwarz

der **Schwarz|markt** (illegaler Markt)

schwarz-rot-gol|den *oder* **schwarz|rot|gol|den;** eine schwarz-rot-gold[e]ne *oder* schwarzrotgold[e]ne Fahne; ABER: die Fahne Schwarz-Rot-Gold *oder* Schwarzrotgold

schwarz|se|hen (*umgangssprachlich für:* ohne Anmeldung fernsehen; pessimistisch sein); sie hat schwarzgesehen

der **Schwarz|wald**

schwarz-weiß *oder* **schwarz|weiß**

der **Schwarz-Weiß-Film** *oder* **Schwarzweiß|film**

schwarz|wer|den *vergleiche:* **schwarz**

schwat|zen *oder* **schwät|zen;** du schwatzt *oder* schwätzt; er hat geschwatzt *oder* geschwätzt

der **Schwät|zer;** des Schwätzers; die Schwätzer

die **Schwät|ze|rin;** die Schwätzerinnen

schwatz|haft; schwatz|haf|ter; am schwatz|haf|tes|ten

die **Schwe|be;** alles ist in der Schwebe

die **Schwe|be|bahn**

der **Schwe|be|bal|ken** (ein Turngerät)

schwe|ben; du schwebst; er schwebte; sie hat in Lebensgefahr geschwebt

der **Schwe|de;** des/dem/den Schweden; die Schweden

Schwe|den

die **Schwe|din;** die Schwedinnen

schwe|disch; das schwedische Königshaus; hinter schwedischen Gardinen

430

Schwefel – Schweizer

schwạrz

schwär|zer; am schwär|zes|ten

1. Groß- und Kleinschreibung:

Kleinschreibung:

– der schwarze Kater
– ein schwarzer Tag
– etwas schwarz auf weiß besitzen
– das schwarze *oder* Schwarze Brett (Anschlagtafel)
– der schwarze *oder* Schwarze Peter (beim Kartenspiel); jemandem den schwarzen *oder* Schwarzen Peter zuschieben (jemandem die Schuld oder Verantwortung für etwas zuschieben)
– der schwarze *oder* Schwarze Tod (Beulenpest im Mittelalter)

Groß schreibt man das Farbadjektiv »schwarz«, wenn es nominalisiert ist. Die Nominalisierung erkennt man daran, dass dem Adjektiv »schwarz« ein Begleiter vorangeht, ohne dass ein Nomen folgt:

– das Schwarze
– ins Schwarze treffen
– aus Schwarz Weiß machen
– die Farbe Schwarz

Auch in Namen wird »schwarz« großgeschrieben:

– das Schwarze Meer
– der Schwarze Erdteil (Afrika)

2. Getrennt- und Zusammenschreibung:

– etwas schwarz anstreichen
– etwas schwarz färben *oder* schwarzfärben
– das Gesicht schwarz malen *oder* schwarzmalen; ABER: die Situation ↑ schwarzmalen (pessimistisch darstellen)
– da kannst du warten, bis du schwarz wirst *oder* schwarzwirst

Zusammenschreibung bei übertragener Bedeutung:

Vergleiche: schwarzarbeiten; schwarzärgern; schwarzfahren; schwarzhören; schwarzsehen

---

(*umgangssprachlich für:* im Gefängnis) sitzen

der **Schwe|fel;** des Schwefels
schwe|fe|lig *oder* **schwef|lig**

die **Schwe|fel|säu|re**

der **Schweif;** des Schweifs *oder* Schwei|fes; die Schwei|fe
schwei|fen; du schweifst; er schweifte; sie ist durch den Wald geschweift

schwei|gen; du schweigst; sie schweigt; sie schwieg; er hat geschwiegen; schweig *oder* schweige!

das **Schwei|gen;** des Schweigens

die **Schwei|ge|pflicht**
schweig|sam

das **Schwein;** des Schweins *oder* Schwei|nes; die Schwei|ne; Schwein haben (*umgangssprachlich für:* Glück haben)

das **Schwei|ne|fleisch**

die **Schwei|ne|rei**

der **Schwei|ne|stall**

der **Schweiß;** des Schwei|ßes; die Schwei|ße

der **Schweiß|aus|bruch**
schweiß|be|deckt; ein schweißbedecktes Gesicht; ABER: ein von Schweiß bedecktes Gesicht

der **Schweiß|bren|ner** (Gerät zum Schweißen)
schwei|ßen (bei Weißglut verbinden); du schweißt; er schweißte; er hat die Bleche geschweißt; schweiß *oder* schweiße die Bleche!

der **Schwei|ßer;** des Schweißers; die Schweißer

die **Schwei|ße|rin;** die Schweißerinnen
schweiß|ge|ba|det
schweiß|trei|bend; ein schweißtreibendes Arzneimittel
schweiß|trie|fend; ABER: von Schweiß triefend

der **Schweiß|trop|fen**

die **Schweiz**

der **Schwei|zer;** des Schweizers; die Schweizer

schweizerdeutsch – schwerwiegend

schwei|zer|deutsch
das **Schwei|zer|deutsch** (mundartliche Verkehrssprache in der deutschsprachigen Schweiz); des Schweizerdeutsch *oder* Schweizerdeutschs
die **Schwei|ze|rin;** die Schweizerinnen
schwei|ze|risch; die schweizerische Literatur; ABER: die Schweizerischen Bundesbahnen
der **Schwei|zer Kä|se**

! Von geografischen Namen abgeleitete Wörter auf *-er* wie *Schweizer, Berliner, Hamburger* schreibt man groß.

schwe|len (ohne Flamme brennen); das Feuer schwelt; es hat geschwelt; schwelender Hass
schwel|gen; du schwelgst; er schwelgte; sie hat in Erinnerungen geschwelgt
schwel|ge|risch
die **Schwel|le**
schwel|len; der Finger schwillt; der Finger schwoll; der Finger ist geschwollen
das **Schwel|len|land** (Entwicklungsland, das sich durch seinen technischen Fortschritt dem Stand eines Industriestaates nähert)
die **Schwel|lung**
die **Schwem|me;** sie führt die Pferde in die Schwemme
schwem|men; das Meer hat das Wrack an die Küste geschwemmt
das **Schwemm|land**
schwen|ken; du schwenkst; sie schwenkt; er hat die Fahne geschwenkt; schwenk *oder* schwenke sie!
der **Schwenk|grill** (an Ketten aufgehängter Grill)
die **Schwen|kung**
schwer siehe Kasten Seite 433
die **Schwer|ath|le|tik** (Kraftsport)
schwer|be|hin|dert vergleiche: **schwer**
der *und* die **Schwer|be|hin|der|te** vergleiche: **schwer**
schwer|be|la|den vergleiche: **schwer**
schwer|be|waff|net vergleiche: **schwer**
die **Schwe|re;** der Schwere; die Schwere der Schuld
schwe|re|los; schwerelose Körper
der **Schwe|re|nö|ter** (charmanter Draufgänger); des Schwerenöters; die Schwerenöter

schwer|er|zieh|bar vergleiche: **schwer**
schwer|fal|len; die Lösung der Aufgabe ist ihm schwergefallen; ↑ ABER: schwer
schwer|fäl|lig (langsam und unverständlich)
das **Schwer|ge|wicht** (eine Körpergewichtsklasse)
schwer|hö|rig
Schwe|rin (Hauptstadt von Mecklenburg-Vorpommern)
die **Schwer|kraft** (Anziehungskraft der Erde)
schwer|krank vergleiche: **schwer**
der **Schwer|kran|ke** *oder* schwer Kran|ke; ein Schwerkranker *oder* schwer Kranker; die Schwerkranken *oder* schwer Kranken; zwei Schwerkranke *oder* schwer Kranke
die **Schwer|kran|ke** *oder* schwer Kran|ke; eine Schwerkranke *oder* schwer Kranke
schwer|lich (kaum)
schwer|ma|chen vergleiche: **schwer**
das **Schwer|me|tall**
die **Schwer|mut** (Traurigkeit, Mutlosigkeit)
schwer|mü|tig
schwer|neh|men (ernst nehmen); du solltest die Dinge nicht so schwernehmen; ↑ ABER: schwer
der **Schwer|punkt**
schwer|reich (*umgangssprachlich für:* sehr reich); ein schwerreicher Mann; dieser Mann ist schwerreich
das **Schwert;** des Schwerts *oder* Schwer|tes; die Schwer|ter
der **Schwert|fisch**
die **Schwert|li|lie**
sich **schwer|tun;** er hat sich mit dieser Aufgabe schwergetan
der **Schwer|ver|bre|cher**
die **Schwer|ver|bre|che|rin**
schwer|ver|letzt vergleiche: **schwer**
der **Schwer|ver|letz|te** *oder* schwer Ver|letz|te; ein Schwerverletzter *oder* schwer Verletzter; die Schwerverletzten *oder* schwer Verletzten; zwei Schwerverletzte *oder* schwer Verletzte die **Schwer|ver|letz|te;** eine Schwerverletzte *oder* schwer Verletzte
schwer|ver|länd|lich vergleiche: **schwer**
schwer|ver|wun|det vergleiche: **schwer**
schwer|wie|gend vergleiche: **schwer**

Schwester – Schwimmmeisterin

schwer

Kleinschreibung:

– ein schwerer Junge (*umgangssprachlich für:* Gewaltverbrecher)
– er sprach mit schwerer Zunge
– der Tod seines Freundes war ein schwerer Schlag (großer Verlust) für ihn

Getrennt- und Zusammenschreibung in Verbindung mit Verben:

– auf der Treppe schwer fallen; ABER: diese Arbeit wird ihr ↑ schwerfallen (Mühe verursachen)
– das lässt sich schwer machen; die Nässe hat den Sand schwer gemacht; ABER: er will ihr wohl das Leben schwer machen *oder* schwermachen (ihr [unnötig] Schwierigkeiten machen)
– sie wird es im Leben schwer haben *oder* schwerhaben
– der Reiter konnte das Hindernis nur schwer nehmen; ABER: du musst diese Vorwürfe nicht so ↑ schwernehmen (ernst nehmen)

Getrennt- und Zusammenschreibung in Verbindung mit Partizipien und Adjektiven:

– schwer behindert *oder* schwerbehindert (durch eine körperliche Schädigung in der Fähigkeit, sein eigenes Leben zu gestalten, eingeschränkt); ABER: sie ist schwerer behindert als ihre Freundin; sie ist am schwersten behindert; der Verkehr wird durch den Unfall schwer behindert (gestört); der schwer Behinderte *oder* Schwerbehinderte

– ein schwer erziehbares *oder* schwererziehbares Kind; ABER: schwerer erziehbar, am schwersten erziehbar
– ein schwer beladener *oder* schwerbeladener Wagen
– ein schwer bewaffneter *oder* schwerbewaffneter Soldat
– ein schwer verletzter *oder* schwerverletzter Radfahrer; der schwer Verletzte *oder* ↑ Schwerverletzte
– ein schwer verwundeter *oder* schwerverwundeter Soldat
– schwer wiegende *oder* schwerwiegende Argumente; schwerer wiegende *oder* schwerwiegendere Argumente; am schwersten wiegende *oder* schwerwiegendste Argumente
– ein schwer krankes *oder* schwerkrankes Kind; der schwer Kranke *oder* ↑ Schwerkranke
– eine schwer verständliche *oder* schwerverständliche Sprache

Vergleiche auch: schwerreich

---

die **Schwes|ter**
 schwes|ter|lich
die **Schwie|ger|el|tern** *Plural*
die **Schwie|ger|mut|ter**
der **Schwie|ger|sohn**
die **Schwie|ger|toch|ter**
der **Schwie|ger|va|ter**
die **Schwie|le** (verhärtete Stelle in der Haut); die Schwielen
 schwie|lig; schwielige Hände
 schwie|rig
die **Schwie|rig|keit**
das **Schwimm|bad**

das **Schwimm|be|cken**
 schwim|men; du schwimmst; er schwimmt; er schwamm; sie ist über den See geschwommen; er hat zwei Stunden lang geschwommen; schwimm[e]!
der **Schwim|mer;** des Schwimmers; die Schwimmer
die **Schwim|me|rin;** die Schwimmerinnen
die **Schwimm|flos|se**
der **Schwimm|meis|ter** *oder* **Schwimm-Meis|ter**
die **Schwimm|meis|te|rin** *oder* **Schwimm-Meis|te|rin**

433

Schwimmsport – sechzig

der **Schwimm|sport**
der **Schwimm|vo|gel**
die **Schwimm|wes|te**
der **Schwin|del;** des Schwindels; Schwindel erregen; in Schwindel erregender *oder* schwindelerregender Höhe; ABER NUR: in äußerst schwindelerregender, noch schwindelerregenderer Höhe
schwin|del|frei
schwin|de|lig *oder* **schwind|lig**
schwin|deln; du schwindelst; er hat geschwindelt; schwindle *oder* schwindele nicht!
schwin|den; etwas schwindet; etwas schwand; etwas ist geschwunden
der **Schwind|ler;** des Schwindlers; die Schwindler
die **Schwind|le|rin;** die Schwindlerinnen
die **Schwind|sucht**
schwind|süch|tig
die **Schwin|ge** (Flügel); die Schwingen
schwin|gen; du schwingst; er schwingt; sie schwang; er hat die Fahne geschwungen; schwing *oder* schwinge die Fahne!
der **Schwin|ger** (Boxhieb); des Schwingers
die **Schwin|gung**
der **Schwips** (*umgangssprachlich für:* leichter Rausch); des Schwip|ses; die Schwip-se
schwir|ren; der Pfeil schwirrt; der Pfeil ist durch die Luft geschwirrt
schwit|zen; du schwitzt; er schwitzt; sie hat bei der Arbeit geschwitzt
der **Schwof** (Tanzvergnügen); des Schwofs *oder* Schwo|fes; die Schwo|fe
schwo|fen; er hat lange geschwoft
schwö|ren; du schwörst; er schwört; er schwor; sie hat geschworen; schwör *oder* schwöre!
schwul (*umgangssprachlich und Selbstbezeichnung für:* homosexuell)
schwül; schwüles Wetter
der **Schwu|le** (*umgangssprachlich und Selbstbezeichnung für:* Homosexueller); die Schwulen
die **Schwü|le**
der **Schwulst;** des Schwulsts *oder* Schwulstes; die Schwüls|te
schwüls|tig (überladen)
der **Schwund** (Verlust, Verringerung); des Schwunds *oder* Schwun|des

der **Schwung;** des Schwungs *oder* Schwunges; die Schwün|ge
die **Schwung|kraft**
schwung|voll
der **Schwur;** des Schwurs *oder* Schwu|res; die Schwü|re
das **Schwur|ge|richt** (Gericht für besonders schwere Straftaten)
die **Science-Fic|tion** [ˈsaiəns'fikʃn̩] *oder* **Sci|ence|fic|tion** (wissenschaftlich-utopische Literatur)
der **Science-Fic|tion-Film** *oder* **Sci|ence-fic|tion-Film** *oder* **Sci|ence|fic|tion-film**
die **Sci|en|to|lo|gy** [saiən'tɔlədʒi] (*Markenbezeichnung für:* eine Organisation und Lehre mit religiösem Anspruch)
der **Scot|land Yard** [ˈskɔtlənd jaːɐ̯d] (die Londoner Kriminalpolizei)
das **Scrab|b|le** [ˈskrɛbl̩] (*Markenbezeichnung:* ein Gesellschaftsspiel); des Scrabbles; die Scrabbles
das **Scrat|ching** [ˈskrɛtʃɪŋ] (das Hervorbringen bestimmter akustischer Effekte durch Manipulation einer laufenden Schallplatte); des Scratchings
der **Screen|shot** [ˈskriːnʃɔt] (*EDV:* Abbildung einer Bildschirmanzeige); des Screenshots; die Screenshots
scrol|len [ˈscroʊlən] (eine Darstellung auf dem Bildschirm verschieben); du scrollst; sie scrollt; er hat gescrollt; scrolle weiter!
sec = Sekunde
sechs; wir sind zu sechsen *und* zu sechst; wir sind sechs; ↑ acht
die **Sechs** (Zahl); die Sech|sen; er hat in Deutsch eine Sechs geschrieben; sie hat eine Sechs gewürfelt; ↑ Acht
der **Sechs|ach|tel|takt** ($^6/_8$-Takt)
sechs|fach
sechs|jäh|rig
sechs|mal ↑ achtmal
sechs|stel|lig; eine sechsstellige Zahl
sechs|te ↑ achte
das **Sechs|tel;** des Sechstels; die Sechstel ↑ Achtel
sechs|tens
sech|zehn ↑ acht
sech|zig ↑ achtzig

Secondhandshop – Seide

der **Se|cond|hand|shop** [sɛkn̩t'hɛntʃɔp] (Laden, in dem gebrauchte Kleidung und anderes verkauft wird); des Secondhandshops; die Secondhandshops

die **Se|cu|ri|ty** [sɪ'kjʊərəti] (englische Bezeichnung für Sicherheitsdienst); der Security; die Securitys

die **SED** = Sozialistische Einheitspartei Deutschlands (Staatspartei der DDR [1946–1989])

das **Se|di|ment** (Ablagerung, Schicht); des Sediments *oder* Se|di|men|tes; die Se|di|men|te

der **See** (Landsee); des Sees; die Se|en

die **See** (Meer); die Se|en

der **See|ad|ler**

die **See|büh|ne**

der **See-Ele|fant** *oder* **See|ele|fant** (große Robbe)

die **See|fahrt**

der **See|gang;** starker Seegang

der **See|hund**

see|krank

die **See|le**

see|len|ru|hig

see|len|ver|gnügt

die **See|leu|te** (*Plural von:* Seemann)

see|lisch

> **!** Nicht verwechseln: Obwohl beide Wörter in der unflektierten Form ähnlich ausgesprochen werden, schreibt man das Adjektiv *seelisch* in der Bedeutung »die Seele betreffend« mit Doppel-e und *isch* am Ende. Das Adjektiv *selig* mit den Bedeutungen »am ewigen Leben teilhabend« und »zutiefst beglückt« wird dagegen mit einfachem e und *ig* am Ende geschrieben.

die **Seel|sor|ge**

der **Seel|sor|ger;** des Seelsorgers; die Seelsorger

die **Seel|sor|ge|rin;** die Seelsorgerinnen

der **See|mann;** die See|leu|te

der **See|manns|kno|ten**

die **See|not;** in Seenot sein

das **See|pferd|chen**

der **See|räu|ber**

die **See|räu|be|rin**

die **See|rei|se**

die **See|ro|se**

der **See|stern** (ein Meerestier)

see|tüch|tig; seetüchtige Boote

der **See|weg**

die **See|zun|ge** (ein Fisch)

das **Se|gel;** des Segels; die Segel

das **Se|gel|boot**

der **Se|gel|flug**

das **Se|gel|flug|zeug**

die **Se|gel|jacht** *oder* **Se|gel|yacht**

se|geln; er hat drei Stunden gesegelt; sie ist nach Schweden gesegelt; seg[e]le mit mir!

die **Se|gel|oh|ren** (*umgangssprachlich*) Plural

die **Se|gel|re|gat|ta**

das **Se|gel|schiff**

die **Se|gel|yacht** *oder* **Se|gel|jacht**

der **Se|gen;** des Segens; die Segen

se|gens|reich; segensreiche Erfindungen

der **Seg|ler;** des Seglers; die Segler

die **Seg|le|rin;** die Seglerinnen

das **Seg|ment** (Abschnitt); des Segments *oder* Seg|men|tes; die Seg|men|te

seg|nen; du segnest; er segnet; er segnete; sie hat ihn gesegnet; segne ihn!

die **Seg|nung**

der **Seg|way** ['sɛkve:] (*Markenbezeichnung:* elektrisch angetriebener Roller mit zwei parallel angeordneten Rädern, zwischen denen ein Brett zum Stehen und eine Lenkstange angebracht sind); des Segways; die Segways

seh|be|hin|dert

se|hen; du siehst; er sieht; er sah; sie hat den Mann gesehen; sieh *oder* siehe!

se|hens|wert

die **Se|hens|wür|dig|keit**

die **Seh|ne**

sich **seh|nen;** du sehnst dich; sie sehnte sich; er hat sich nach ihr gesehnt

seh|nig; sehniges Fleisch

sehn|lichst

die **Sehn|sucht;** die Sehn|süch|te

sehn|süch|tig

sehr; zu sehr; so sehr; gar sehr; sehr viel; sehr vieles; sie bekam die Note »sehr gut«

das **Seh|ver|mö|gen**

seicht; seich|ter; am seich|tes|ten; seichtes Wasser

die **Sei|de;** die Seiden

435

seiden – Sekretärin

sei|den (aus Seide)
sei|den|weich
sei|dig (wie Seide)
die **Sei|fe**
die **Sei|fen|bla|se**
der **Sei|fen|spen|der**
sei|fig; seifige Hände
sei|hen (durch ein Sieb gießen, filtern);
du seihst; er seiht; er seihte; sie hat die
Milch geseiht; seih *oder* seihe die
Milch!
das **Seil**; des Seils *oder* Sei|les; die Sei|le
die **Seil|bahn**
die **Seil|schaft** (Gruppe von Bergsteigern,
die durch ein Seil verbunden sind; *über-*
tragen für: Gruppe von Personen, die
[politisch] eng zusammenarbeiten)
seil|sprin|gen

> ❗ Das Verb ist nur im Infinitiv und Parti-
> zip gebräuchlich:»Wir wollen heute
> wieder *seilspringen,* obwohl wir erst
> gestern *seilgesprungen* sind.« Wenn
> das Verb wie ein Nomen gebraucht
> wird, schreibt man es groß: »*Das Seil-*
> *springen* ist lustig.«

seil|tan|zen ↑ seilspringen
der **Seil|tän|zer**
die **Seil|tän|ze|rin**
sein; sein Heft; jedem das seine *oder*
Seine; er muss das seine *oder* Seine
und *das* seinige *oder* Seinige dazu tun;
Seine Exzellenz; Seine Majestät; Seine
Hoheit
sein; ich bin; du bist; er ist; wir sind; ihr
seid; sie sind; er war; sie ist dort gewesen; sei nicht dumm!; sein lassen *oder*
seinlassen (nichts tun); sie ließ es sein;
sie hat es sein lassen *oder* seinlassen
die **Sei|ne** [zɛ:n *oder* 'ze:nə] (Fluss in Frank-
reich)
sei|ner|seits
sei|ner|zeit (damals); seinerzeit stand
dort eine alte Eiche; ABER: alles zu seiner Zeit
sei|nes|glei|chen
sei|net|we|gen
sei|net|wil|len; um seinetwillen
die **Sei|ni|gen** *oder* **sei|ni|gen** (seine Ange-
hörigen) *Plural;* er sorgt für die Seinigen
oder seinigen
sein|las|sen *vergleiche:* sein

seit; seit alters; seit damals; seit gestern;
seit heute; seit Kurzem *oder* kurzem

> ❗ Nicht verwechseln: Obwohl beide Wör-
> ter gleich ausgesprochen werden,
> schreibt man die auf das Hilfsverb *sein*
> zurückgehende Form *seid* mit d (»Ihr
> *seid* wohl neu hier?«, »*Seid* pünkt-
> lich!«), die Präposition und Konjunktion
> *seit* hingegen mit *t* (»Ihr geht es gut,
> *seit* sie keinen Kaffee mehr trinkt«).

seit|dem; seitdem sie gesund ist; ABER:
seit dem letzten Treffen
die **Sei|te**; von allen Seiten; von zuständiger
Seite; jemandem zur Seite stehen; auf
Seiten *oder* aufseiten; er stand auf Seiten
oder aufseiten der Gegner; von Seiten
oder vonseiten; sie erhielt Hilfe von Seiten *oder* vonseiten ihrer Verwandten;
↑ ABER: Saite
der **Sei|ten|blick**
der **Sei|ten|ein|gang**
die **Sei|ten|hal|bie|ren|de** *(Geometrie);* eine
Seitenhalbierende
der **Sei|ten|hieb** (bissige Anspielung)
sei|ten|lang; der Aufsatz war seitenlang;
ABER: der Brief war vier Seiten lang
sei|tens (*Amtssprache:* vonseiten); sei-
tens der Schule gibt es keine Einwände
der **Sei|ten|sprung** (vorübergehende sexu-
elle Beziehung außerhalb einer festen
Bindung)
das **Sei|ten|ste|chen**
sei|ten|ver|kehrt; seitenverkehrte Dias
der **Sei|ten|wech|sel**
seit|her (seitdem)
seit|lich
seit|wärts
sek, Sek. = Sekunde
die **Se|kan|te** (Gerade, die eine Kurve
schneidet); die Sekanten
das **Se|kret** (Absonderung, Ausscheidung);
des Sekrets *oder* Se|kre|tes; die Se|kre|te
der **Se|kre|tär** (ein Beamter des mittleren
Dienstes; Funktionär in einer Partei,
Gewerkschaft o. Ä.; kaufmännischer
Angestellter; Schreibschrank); des Sekre-
tärs; die Se|kre|tä|re
das **Se|kre|ta|ri|at** (Geschäftsstelle); des
Sekretariats *oder* Se|kre|ta|ri|a|tes; die
Se|kre|ta|ri|a|te
die **Se|kre|tä|rin**; die Sekretärinnen

436

Sekt – seltsam

der **Sẹkt** (Schaumwein); des Sekts oder Sektes; die Sek|te

die **Sẹk|te** (kleinere Glaubensgemeinschaft); die Sekten

das **Sẹk|ten|we|sen**

die **Sẹkt|fla|sche**

der **Sek|tie|rer** (Anhänger einer Sekte); des Sektierers; die Sektierer

die **Sek|tie|re|rin**; die Sektiererinnen
sek|tie|re|risch (für eine Sekte charakteristisch)

die **Sek|ti|on** (Abteilung, Gruppe); die Sekti|o|nen

der **Sẹk|tor** (Gebiet; Teil; Ausschnitt); des Sektors; die Sek|to|ren
se|kun|där (zweitrangig)

die **Se|kun|dar|stu|fe** (vom 5. Schuljahr an)

die **Se|kun|de**; (Zeichen: sec); die Sekunden
se|kun|den|lang; ABER: vier Sekunden lang

die **Se|kun|den|schnel|le**; es geschah in Sekundenschnelle

der **Se|kun|den|zei|ger**
sẹl|ber (meist umgangssprachlich für: selbst)
sẹlbst; von selbst; selbst wenn; Brot selbst backen; selbst gebackenes oder selbstgebackenes Brot

die **Sẹlbst|ach|tung**
selb|stän|dig vergleiche: **selbst|stän|dig**

die **Sẹlb|stän|dig|keit** oder **Sẹlbst|stän|dig|keit**

der **Sẹlbst|aus|lö|ser**

die **Sẹlbst|be|die|nung**

die **Sẹlbst|be|frie|di|gung**

die **Sẹlbst|be|herr|schung**
sẹlbst|be|stimmt (eigenverantwortlich)

die **Sẹlbst|be|stim|mung**
sẹlbst|be|wusst

das **Sẹlbst|be|wusst|sein**

die **Sẹlbst|dar|stel|lung**

der **Sẹlbst|er|hal|tungs|trieb**
sẹlbst|ge|ba|cken vergleiche: **sẹlbst**

die **Sẹlbst|hil|fe**

die **Sẹlbst|hil|fe|grup|pe** (Gruppe von Personen mit gleichen Problemen, die sich gegenseitig helfen möchten); eine Selbsthilfegruppe für Mobbingopfer

die **Sẹlbst|iro|nie**

die **Sẹlbst|kon|t|rol|le**

die **Sẹlbst|kri|tik** Plural selten
sẹlbst|kri|tisch

der **Sẹlbst|laut** (Vokal)
sẹlbst|los; selbst|lo|ser; am selbst|loses|ten

der **Sẹlbst|mord**

das **Sẹlbst|mord|at|ten|tat**

das **Sẹlbst|por|t|rät**
sẹlbst|re|dend (selbstverständlich)
sẹlbst|si|cher; sie wirkt immer sehr selbstsicher
selbst|stän|dig oder **selb|stän|dig**; sich selbstständig oder selbständig machen

der **Sẹlbst|stän|di|ge** oder **Sẹlb|stän|di|ge**; ein Selbstständiger oder Selbständiger; zwei Selbstständige oder Selbständige

die **Sẹlbst|stän|di|ge** oder **Sẹlb|stän|di|ge**; eine Selbstständige oder Selbständige

die **Sẹlbst|stän|dig|keit** oder **Sẹlb|stän|dig|keit**
sẹlbst|ver|ges|sen (in Gedanken versunken); ABER: ich habe es selbst vergessen, ihn anzurufen
sẹlbst|ver|ständ|lich

die **Sẹlbst|ver|ständ|lich|keit**

das **Sẹlbst|ver|ständ|nis** (Vorstellung von sich selbst, mit der man sich auch öffentlich darstellt); des Selbstverständnisses; dein Selbstverständnis als Klassensprecher

das **Sẹlbst|ver|trau|en**

das **Sẹlbst|wert|ge|fühl**

die **Se|lek|ti|on** (Auswahl); die Se|lek|ti|o|nen
se|lek|tiv (auswählend)
sẹ|lig; selig sein; selig machen oder seligmachen; selig werden; ↑ABER: seelisch

die **Sẹ|lig|keit**
sẹ|lig|ma|chen vergleiche: **sẹ|lig**
sẹ|lig|prei|sen; er pries ihn selig; er hat ihn seliggepriesen

die **Sẹ|lig|prei|sung**
sẹ|lig|spre|chen; man sprach ihn selig; man hat ihn seliggesprochen

die **Sẹ|lig|spre|chung**

der **Sẹl|le|rie**; des Selleries; die Sellerie oder Selleries und die **Sẹl|le|rie**; die Sellerie oder Sel|le|ri|en
sẹl|ten

die **Sẹl|ten|heit**

das **Sẹl|ters|was|ser**; die Selterswässer
sẹlt|sam

Semester – Serum

das **Se|mes|ter** (das Studienhalbjahr); des
Semesters; die Semester

das **Se|mi|ko|lon** (der Strichpunkt); des
Semikolons; die Semikolons *oder* Semi-
kola

das **Se|mi|nar** (katholische Priesterausbil-
dungsanstalt; ein Hochschulinstitut;
Übungskurs an der Hochschule); des
Seminars; die Se|mi|na|re

die **Sem|mel;** die Semmeln

sen. = senior

der **Se|nat** (eine Regierungs-, Verwaltungs-
behörde); des Senats *oder* Se|na|tes; die
Se|na|te

der **Se|na|tor;** des Senators; die Se|na|to-
ren

die **Se|na|to|rin;** die Senatorinnen

sen|den (schicken); du sendest mir
einen Brief; sie sendet mir einen Brief;
sie sandte, *auch:* sendete mir einen Brief;
er hat mir einen Brief gesandt, *auch:*
gesendet

sen|den (übertragen); der Rundfunk
sendet; der Rundfunk sendete; der
Rundfunk hat Musik gesendet

der **Sen|de|platz** *(Fernsehen)*

der **Sen|der;** des Senders; die Sender

die **Sen|de|zeit**

die **Sen|dung**

Se|ne|gal *oder* der **Se|ne|gal** (Staat in
Afrika)

der **Se|ne|ga|le|se;** des/dem/den Senegale-
sen; die Senegalesen

die **Se|ne|ga|le|sin;** die Senegalesinnen

se|ne|ga|le|sisch

der **Senf;** des Senfs *oder* Sen|fes; die Sen|fe

sen|gen (anbrennen); die brennende
Zigarette sengte ein Loch in die Decke;
sie hat ein Loch in die Decke gesengt

se|nil (greisenhaft)

die **Se|ni|li|tät**

se|ni|or *(hinter Namen:* der Ältere); Karl
Meyer senior

der **Se|ni|or** (Ältester); des Seniors; die Se-
ni|o|ren

das **Se|ni|o|ren|heim**

die **Se|ni|o|rin;** die Seniorinnen

das **Senk|blei** *(Bauwesen)*

die **Sen|ke** (Vertiefung im Gelände)

der **Sen|kel** (Schnürband); des Senkels; die
Senkel

sen|ken; du senkst; er senkte; sie hat

den Kopf gesenkt; senk *oder* senke die
Preise!

senk|recht

die **Senk|rech|te;** der Senkrechten; die
Senkrechten; zwei Senkrechte *und* zwei
Senkrechten

der **Senn** (Almhirt); des Senns *oder* Sen|nes;
die Sen|ne *oder* Sen|nen

die **Sen|ne|rin;** die Sennerinnen

die **Sen|sa|ti|on** (aufsehenerregendes Ereig-
nis); die Sen|sa|ti|o|nen

sen|sa|ti|o|nell

die **Sen|se**

der **Sen|sen|mann** *(verhüllend für:* Tod)

sen|si|bel (empfindsam, feinfühlig); ein
sen|si|b|les Kind

die **Sen|si|bi|li|tät**

der **Sen|sor** (Messfühler); des Sensors; die
Sen|so|ren

sen|ti|men|tal (empfindsam; rührse-
lig)

die **Sen|ti|men|ta|li|tät** (Gefühlsseligkeit)

Se|oul [soʊl] (Hauptstadt Südkoreas)

se|pa|rat (abgesondert; einzeln)

der **Sep|tem|ber;** des September *oder* Sep-
tembers; die September

die **Sep|ti|me** (der siebte Ton vom Grundton
an); die Septimen

die **Se|quenz** (Aufeinanderfolge, Reihe); der
Sequenz; die Se|quen|zen

der **Ser|be** (Angehöriger eines südslawi-
schen Volkes); des/dem/den Serben; die
Serben

Ser|bi|en (Staat in Südosteuropa)

die **Ser|bin;** die Serbinnen

ser|bisch

die **Se|re|na|de** (Abendmusik, -ständchen);
die Serenaden

die **Se|rie** (Reihe, Folge); die Se|ri|en

se|ri|en|mä|ßig; eine serienmäßige Kli-
maanlage

die **Se|ri|en|pro|duk|ti|on**

die **Se|ri|en|schal|tung** (Reihenschaltung)

se|ri|en|wei|se

se|ri|ös (ernsthaft, gediegen, anständig);
se|ri|ö|ser; am se|ri|ö|ses|ten

die **Se|ri|o|si|tät**

die **Ser|pen|ti|ne** (Straßenwindung, Kehr-
schleife); die Serpentinen

das **Se|rum** (wässriger Bestandteil des Blu-
tes; Impfstoff); des Serums; die Seren
oder Sera

438

Servelatwurst – Showdown

die **Ser|ve|lat|wurst** *vergleiche:* **Zer|ve|lat-wurst**

der **Ser|ver** ['zø:ɐ̯vɐ] (*EDV:* Rechner mit bestimmten Aufgaben in einem Netzwerk); des Servers; die Server

das **Ser|vice** [zɛr'vi:s] (Tafelgeschirr); des Service [zɛr'vi:s] *oder* des Ser|vi|ces [zɛr'vi:səs]; die Ser|vi|ce [zɛr'vi:sə]

der **Ser|vice** ['zø:ɐ̯vɪs] (Kundendienst); des Service; die Ser|vi|ces ['zø:ɐ̯vɪsɪs]

die **Ser|vice|leis|tung**

ser|vie|ren; sie servierte; er hat serviert; servier *oder* serviere das Essen!

die **Ser|vie|re|rin**; die Serviererinnen

die **Ser|vi|et|te**; die Servietten

die **Ser|vo|len|kung** (vereinfachte Lenkung in Autos und Lkws)

der **Se|sam** (eine Pflanze mit ölhaltigem Samen); des Sesams; die Sesams

der **Ses|sel**; des Sessels; die Sessel

der **Ses|sel|lift**

sess|haft; ein sesshaftes Leben

die **Sess|haf|tig|keit**

das *oder* der **Set** (zusammengehörige Gegenstände, Satz; Platzdeckchen); des Set *oder* Sets; die Sets

set|zen; du setzt; sie setzte; er hat einen Baum gesetzt; setz *oder* setze ihm eine Frist!; sich setzen; er hat sich auf den Stuhl gesetzt

der **Set|zer** (Schriftsetzer); des Setzers; die Setzer

die **Set|ze|rei**

die **Set|ze|rin**; die Setzerinnen

der **Setz|ling** (junge Pflanze; Zuchtfisch); des Setzlings; die Setz|lin|ge

die **Seu|che**

seuf|zen; du seufzt; er seufzt; sie hat geseufzt; seufz *oder* seufze nicht!

der **Seuf|zer**; des Seufzers; die Seufzer

der **Sex** (*Kurzwort für:* Sexualität; Geschlechtsverkehr); des Sex *oder* Sexes; mit jemandem Sex haben

der **Sex|film**

der **Se|xis|mus** ([Diskriminierung aufgrund der] Vorstellung, nach der eines der beiden Geschlechter dem anderen von Natur aus überlegen ist)

se|xis|tisch; sexistische Bemerkungen

das **Sex|tett** (Musikstück für sechs Stimmen oder für sechs Instrumente; *auch:* die ausführenden Musiker selbst); des Sextetts *oder* Sex|tet|tes; die Sex|tet|te

die **Se|xu|al|er|zie|hung**

die **Se|xu|a|li|tät** (Geschlechtlichkeit)

die **Se|xu|al|kun|de**

der **Se|xu|al|trieb**

se|xu|ell; sexuelle Kontakte

se|xy (geschlechtlich attraktiv)

se|zie|ren (eine Leiche öffnen); der Arzt sezierte; sie hat die Leiche seziert

Shake|s|peare ['ʃe:kspi:ɐ̯] (englischer Dichter)

das **Sham|poo** ['ʃampu] (flüssiges Haarwaschmittel); des Shampoos; die Shampoos

der **She|riff** ['ʃɛrɪf] (oberster Vollzugsbeamter einer amerikanischen Stadt); des Sheriffs; die Sheriffs

das **Shirt** [ʃø:ɐ̯t] ([kurzärmliges] Baumwollhemd); des Shirts; die Shirts

der *oder* das **Shit** [ʃit] (*umgangssprachlich für:* Haschisch); des Shits

der **Shit|storm** ['ʃitstɔːm] (*EDV; umgangssprachlich:* Entrüstungssturm [mit Beleidigungen] in einem Internetmedium); des Shitstorms; die Shitstorms

der **Shop** [ʃɔp] (Laden, Geschäft); des Shops; die Shops

shop|pen (einen Einkaufsbummel machen); du shoppst; sie shoppte; ich habe geshoppt

der **Shop|per** (jemand, der einkauft; größere [Hand]tasche); des Shoppers; die Shopper

die **Shop|pe|rin**; die Shopperinnen

das **Shop|ping** ['ʃɔpɪŋ] (Einkaufsbummel); des Shoppings

das **Shop|ping|cen|ter** *oder* **Shop|ping-Center** (Einkaufszentrum)

die **Shorts** [ʃɔrts] (kurze sportliche Hose) *Plural*

die **Short Sto|ry** ['ʃɔ:t 'stɔ:ri] *oder* **Short-sto|ry** ['ʃɔ:tstɔ:ri] (Kurzgeschichte)

die **Show** [ʃoʊ] (Schau; bunte, aufwendige Darbietung); die Shows

das **Show|busi|ness** ['ʃoʊbɪznɪs] (Unterhaltungsbranche; Schaugeschäft)

der **Show|down** *oder* **Show-down** [ʃoʊ'daʊn] (Entscheidungskampf [besonders im Wildwestfilm]); des Showdowns *oder* Show-downs; die Showdowns *oder* Show-downs

439

Showgeschäft – sieden

das **Show|ge|schäft**

der **Show|mas|ter** [ˈʃoʊmaːstɐ] (Unterhaltungskünstler, der eine Show präsentiert); des Showmasters; die Showmaster

die **Show|mas|te|rin**; die Showmasterinnen

der **Shrimp** [ʃrɪmp] *oder* **Schrimp** (kleine Krabbe); des Shrimps *oder* Schrimps; die Shrimps *oder* Schrimps

der *oder* das **Shut|tle** [ˈʃatl] ([Fahrzeug im] Pendelverkehr); des Shuttles; die Shuttles

der **Shut|tle|bus** (Bus im Pendelverkehr)

Si|bi|ri|en

der **Si|bi|ri|er**; des Sibiriers; die Sibirier

die **Si|bi|ri|e|rin**; die Sibirierinnen

si|bi|risch; sibirische Kälte

sich

die **Si|chel**; die Sicheln; Korn mit der Sichel schneiden

si|chel|för|mig

si|cher; er gab mir ein sicheres Geleit; hier wird er sicher sein; im Sichern *oder* Sicheren (geborgen) sein; es ist das Sicherste (am sichersten), wenn du zu Hause bleibst; es ist das Sicherste, was du tun kannst; wir suchen etwas Sicheres; sie geht auf Nummer sicher (sie wagt nichts); sicher sein, werden; ein **sicher wirkendes** *oder* sicherwirkendes Mittel

si|cher|ge|hen (Gewissheit haben); er geht sicher; sie ist sichergegangen; ABER: sicher gehen (ohne Gefahr, ohne Schwanken gehen); über diesen Baumstamm ist er sicher gegangen

die **Si|cher|heit**

der **Si|cher|heits|dienst**

der **Si|cher|heits|gurt**

si|cher|heits|hal|ber

die **Si|cher|heits|lü|cke**

si|cher|lich

si|chern; er hat seine Zukunft gesichert; sichere deine Zukunft!; sich sichern; sie hat sich Eintrittskarten gesichert

si|cher|stel|len (sichern; in behördliche Verwahrung nehmen); er stellt das Fahrrad sicher; sie hat es sichergestellt

die **Si|cher|stel|lung**

die **Si|che|rung**

si|cher|wir|kend *vergleiche:* **si|cher**

die **Sicht**; auf lange Sicht; in Sicht kommen; in Sicht sein

sicht|bar

sich|ten (erblicken; durchsehen); du sichtest; er hat ihn gesichtet

sicht|lich

die **Sicht|ver|hält|nis|se** *Plural*

die **Sicht|wei|se**; eine andere Sichtweise der Dinge

die **Sicht|wei|te**; auf Sichtweite herankommen

die **Si|cker|gru|be**

si|ckern; das Blut ist aus der Wunde gesickert

das **Si|cker|was|ser**

sie; sie kommt; sie kommen

Sie; kommen Sie bitte!; Mode für Sie und Ihn

das **Sieb**; des Siebs *oder* Siebes; die Siebe

sie|ben; du siebst; er siebte; sie hat das Mehl gesiebt; sieb *oder* siebe das Mehl!

sie|ben; wir sind sieben; wir sind zu sieben *oder* zu siebt; die sieben Sakramente; die sieben Todsünden; die sieben Weltwunder; das ist mir ein Buch mit sieben Siegeln (das ist mir völlig unverständlich); die sieben fetten und die sieben mageren Jahre; sieben auf einen Streich; Schneewittchen und die sieben Zwerge; die sieben Raben (im Märchen); ↑ acht

die **Sie|ben**; eine böse Sieben; ↑ acht, die Acht

sie|ben|fach

sie|ben|hun|dert

sie|ben|jäh|rig; ein siebenjähriger Junge; ABER: der Siebenjährige Krieg

sie|ben|mal ↑ achtmal

die **Sie|ben|mei|len|stie|fel** *Plural*

der **Sie|ben|schlä|fer** (ein Nagetier); des Siebenschläfers; die Siebenschläfer

das **Sie|ben|tel** *oder* **Sieb|tel**; die Siebentel *oder* Siebtel

sieb|te ↑ achte

sieb|tens

sieb|zehn ↑ acht

sieb|zig ↑ achtzig

siech (*gehoben für:* krank und schwach)

das **Siech|tum**

sie|deln; du siedelst; er siedelte; er hat am Fluss gesiedelt

sie|den (kochen); du siedest; er sott *oder* siedete; er hat die Eier gesotten *oder* gesiedet; siede die Eier!; verwenden Sie stets siedend heißes Wasser

Siedepunkt – singapurisch

der **Sie|de|punkt**
der **Sied|ler;** des Siedlers; die Siedler
die **Sied|le|rin;** die Siedlerinnen
die **Sied|lung**
der **Sieg;** des Siegs *oder* Sie|ges; die Sie|ge
das **Sie|gel;** des Siegels; die Siegel

> ! *Siegel* mit *ie* hat die Bedeutung »Stempel[abdruck], Briefverschluss«. Davon zu unterscheiden ist das Wort *Sigel* mit einfachem *i*. Es steht für ein Abkürzungszeichen.

der **Sie|gel|lack**
sie|geln; ich sieg[e]le; du siegelst; er siegelte; er hat die Urkunde gesiegelt; siegle *oder* siegele!
sie|gen; du siegst; er siegte; er hat beim Rennen gesiegt; sieg *oder* siege!
der **Sie|ger;** des Siegers; die Sieger
die **Sie|ger|eh|rung**
die **Sie|ge|rin;** die Siegerinnen
sie|ges|ge|wiss
der **Sie|ges|preis**
sie|ges|si|cher
der **Sie|ges|zug**
sieg|reich; die siegreiche Elf
sie|he; siehe oben
der *oder* das **Siel** (Deichschleuse; Abwasserkanal); des Siels *oder* Sie|les; die Sie|le
sie|zen; du siezt ihn; er siezte ihn; er hat ihn gesiezt; siez *oder* sieze ihn lieber!
das **Si|gel** (Abkürzungszeichen, zum Beispiel in der Kurzschrift); des Sigels; die Sigel; ↑ ABER: Siegel
das **Sight|see|ing** ['saitsi:ɪŋ] (Besichtigung von Sehenswürdigkeiten); des Sightseeings
die **Sight|see|ing|tour** ['saitsi:ɪŋtu:ɐ] *oder* **Sight|see|ing-Tour** (Besichtigungsfahrt)
das **Si|g|nal;** des Signals; die Si|g|nal|e
si|g|na|li|sie|ren; ich signalisier[e]; du signalisierst; sie signalisierte; signalisier *oder* signalisiere dein Interesse!; sie hat ihre Ankunft signalisiert (angekündigt)
die **Si|g|na|tur** (Unterschrift); die Si|g|na|tu|ren
si|g|nie|ren (mit einem Namenszeichen versehen); ich signiere; du signierst; er signierte sein Buch; er hat es signiert
si|g|ni|fi|kant (kennzeichnend, wichtig); si|g|ni|fi|kan|ter; am si|g|ni|fi|kan|tes|ten; ein signifikanter Unterschied

die **Sil|be**
das **Sil|ben|rät|sel**
die **Sil|ben|tren|nung**
das **Sil|ber;** des Silbers
die **Sil|ber|hoch|zeit**
die **Sil|ber|me|dail|le**
sil|bern; silbernes Besteck
silb|rig *oder* **sil|be|rig** (silbern glänzend)
die **Sil|hou|et|te** (Schattenriss, Schattenbild); die Silhouetten
der *oder* das **Si|lo** (großer Speicher); des Silos; die Silos
das **Sil|ves|ter** (letzter Tag des Jahres)
Sim|bab|we (Staat in Afrika)
der **Sim|bab|wer;** des Simbabwers; die Simbabwer
die **Sim|bab|we|rin;** die Simbabwerinnen
sim|bab|wisch
die **SIM-Kar|te** (Speicherchip in Handys)
sim|pel (einfach; einfältig); sim|p|ler; am sim|pels|ten
der **Sim|pel** (*landschaftlich für:* Dummkopf); des Simpels; die Simpel
der *oder* das **Sims** (waagerechter Mauervorsprung); des Sim|ses; die Sim|se
sim|sen (*umgangssprachlich für:* eine SMS versenden); du simst; sie simste; sie hat schon wieder gesimst
der **Si|mu|lant** (der Krankheitsheuchler); des/dem/den Si|mu|lan|ten; die Si|mu|lan|ten
die **Si|mu|lan|tin;** die Simulantinnen
si|mu|lie|ren ([eine Krankheit] vortäuschen; zur Übung nachahmen); du simulierst; sie simulierte; sie hat den Start simuliert; simulier *oder* simuliere nicht!
si|mul|tan (gemeinsam, gleichzeitig)
sin = Sinus
die **Sin|fo|nie** *oder* **Sym|pho|nie** (ein Musikwerk für Orchester); die Sin|fo|ni|en *oder* Sym|pho|ni|en
das **Sin|fo|nie|kon|zert** *oder* **Sym|pho|nie-kon|zert**
sin|fo|nisch *oder* **sym|pho|nisch;** eine sinfonische *oder* symphonische Kantate
Sing. = Singular
Sin|ga|pur [*auch:* ...'pu:ɐ] (Staat in Südostasien; dessen Hauptstadt)
der **Sin|ga|pu|rer;** des Singapurers; die Singapurer
die **Sin|ga|pu|re|rin;** die Singapurerinnen
sin|ga|pu|risch

441

singen – Sitzung

sin|gen; du singst; er singt; er sang; er hat ein Lied gesungen; sing *oder* singe!

sin|g|le ['sɪŋl] (alleinstehend); wir sind alle jung und single

die **Sin|gle** ['sɪŋl] (kleine Schallplatte); die Singles

der **Sin|gle** ['sɪŋl] (allein lebender Mensch); des Single *oder* Singles; die Singles

das **Sing|spiel**

die **Sing|stim|me**

sin|gu|lär (vereinzelt vorkommend)

der **Sin|gu|lar** (Einzahl); des Singulars; die Sin|gu|la|re

der **Sing|vo|gel**

sin|ken; ich sinke; du sinkst; das Schiff sank; es ist gesunken

der **Sinn;** des Sinns *oder* Sin|nes; die Sin|ne; die fünf Sinne (Sinnesorgane); von Sinnen sein; [nicht] bei Sinnen sein

sinn|be|to|nend; sinnbetonendes Vorlesen; ABER: das gegen den Sinn betonende Ablesen von Texten

das **Sinn|bild** (Symbol)

sin|nen (nachdenken; planen); du sinnst; er sinnt; er sann lange hin und her; er hat auf Rache gesonnen

das **Sin|nes|or|gan**

die **Sin|nes|täu|schung**

sinn|ge|mäß; ein sinngemäßes Zitat

sin|nig (sinnvoll); sinnige Sprüche

sinn|lich; sinnliche Reize

die **Sinn|lich|keit**

sinn|los; sinn|lo|ser; am sinn|lo|ses|ten

sinn|ver|wandt

sinn|voll

sinn|wid|rig

die **Sint|flut**

sint|flut|ar|tig; sintflutartiger Regen

die **Sin|ti und Ro|ma**

! Die Bezeichnung *Sinti und Roma* sollte anstelle der Benennungen *Zigeuner* und *Zigeunerin* verwendet werden, da diese inzwischen oft als diskriminierend empfunden werden.

der **Si|nus** (eine Winkelfunktion; *Zeichen:* sin); des Sinus; die Si|nus|se

die **Sip|pe**

die **Sipp|schaft**

der **Sir** [søː̯] (englische Anrede für Herren; vor Vornamen englischer Adelstitel); Sir Elton John

die **Si|re|ne;** die Sirenen

das **Si|re|nen|ge|heul**

der **Si|rup;** die Si|ru|pe

das **Si|rup|glas**

der **Si|sal** (eine Blattfaser); des Sisals

der **Si|sal|hanf** (Sisal)

das **Si|sal|tep|pich**

die **Site** [saɪt] (*EDV:* Website); der Site; die Sites

das **Sit-in** [sɪt'ɪn] *oder* **Sit|in** (Sitzstreik); des Sit-in[s] *oder* Sitin[s]; die Sit-ins *oder* Sitins

die **Sit|te**

sit|ten|los

sit|ten|wid|rig; sittenwidrige Verträge

der **Sit|tich** (ein Papagei); des Sittichs; die Sit|ti|che

sitt|lich

sitt|sam (gesittet; wohl erzogen)

die **Si|tu|a|ti|on** (Lage, Zustand); die Si|tu|a|ti|o|nen

der **Sitz;** des Sit|zes; die Sit|ze

sit|zen

Beugung:

– du sitzt; sie sitzt; du saßest; sie saß; sie hat (*süddeutsch und österreichisch:* ist) auf dem Stuhl gesessen

Groß schreibt man die Nominalisierung:

– ich bin bis jetzt noch nicht zum Sitzen gekommen

Schreibung in Verbindung mit »bleiben« und »lassen«:

– du sollst hier sitzen bleiben; ABER: wenn das so weitergeht, wirst du noch sitzen bleiben *oder* sitzenbleiben (*umgangssprachlich für:* in der Schule nicht versetzt werden)

– du solltest kleine Kinder nicht auf dem kalten Boden sitzen lassen; ABER: ich kann ihn doch nicht sitzen lassen *oder* sitzenlassen (*umgangssprachlich für:* im Stich lassen)

– sie hat den Vorwurf nicht auf sich sitzen lassen *oder* sitzenlassen (sie hat dem Vorwurf widersprochen)

der **Sitz|platz**

die **Sit|zung**

Sitzungssaal – Slowakei

der **Sit|zungs|saal**

der **Si|zi|li|a|ner** oder **Si|zi|li|er;** des Sizilia-
ners oder Siziliers; die Sizilianer oder
Sizilier

die **Si|zi|li|a|ne|rin** oder **Si|zi|li|e|rin;** die
Sizilianerinnen oder Sizilierinnen
Si|zi|li|en (Insel im Mittelmeer)

die **Ska|la** (Maßeinteilung; Stufenfolge); die
Skalen

der **Skalp** (abgezogene Kopfhaut des Geg-
ners als früheres Siegeszeichen bei den
Indianern); des Skalps; die Skal|pe

das **Skal|pell** (kleines chirurgisches Messer);
des Skalpells; die Skal|pel|le

der **Skan|dal** (Ärgernis; Aufsehen); des
Skandals; die Skan|da|le
skan|da|lös (unglaublich; unerhört)
Skan|di|na|vi|en

der **Skan|di|na|vi|er;** des Skandinaviers; die
Skandinavier

die **Skan|di|na|vi|e|rin;** die Skandinavierin-
nen
skan|di|na|visch

der **Skat** (ein Kartenspiel); des Skats oder
Skaltes

das **Skate|board** [ˈskeːtboːɐ̯t] (Rollerbrett);
des Skateboards; die Skateboards
ska|ten [ˈskeːtn̩] (Skateboard fahren;
auf Inlineskatern laufen); du skatest; sie
skatete; sie ist geskatet

der **Ska|ter** [ˈskeɪtɐ] (Rollschuhläufer); des
Skaters; die Skater

die **Ska|te|rin;** die Skaterinnen

das **Ske|lett** (Knochengerüst); des Skeletts
oder Ske|let|tes; die Ske|let|te

die **Skep|sis** (Zweifel, Bedenken); voller
Skepsis sein

der **Skep|ti|ker;** des Skeptikers; die Skepti-
ker

die **Skep|ti|ke|rin;** die Skeptikerinnen
skep|tisch; skeptische Blicke

der **Sketch** [skɛtʃ] (kurze, witzige Bühnen-
szene); des Sketch[e]s; die Sket|che

der **Ski** [ʃiː] oder **Schi;** des Skis oder Schis;
die Skiler oder Schiler und die Ski oder
Schi; Ski oder Schi fahren, laufen

das **Ski|ge|biet** oder **Schi|ge|biet**

der **Ski|lauf** oder **Schi|lauf**

das **Ski|lau|fen** oder **Schi|lau|fen**

der **Ski|läu|fer** oder **Schi|läu|fer**

die **Ski|läu|fe|rin** oder **Schi|läu|fe|rin**

der **Ski|lift** oder **Schi|lift**

der **Skin|head** [ˈskɪnhɛt] ([aggressiver]
Jugendlicher mit kahl rasiertem Kopf);
des Skinheads; die Skinheads

der **Ski|pass** oder **Schi|pass**

das **Ski|sprin|gen** oder **Schi|sprin|gen**

der **Ski|sprin|ger** oder **Schi|sprin|ger**

die **Ski|sprin|ge|rin** oder **Schi|sprin|ge|rin**

die **Skiz|ze** (Entwurf; flüchtige Zeichnung);
eine Skizze anfertigen

der **Skiz|zen|block;** die Skizzenblocks
skiz|zie|ren; du skizzierst; er skizzierte;
er hat die Landschaft skizziert; skizzier
oder skizziere deinen Vortrag!

der **Skla|ve** (unfreier, rechtloser Mensch);
des/dem/den Sklaven; die Sklaven

die **Skla|ve|rei**

die **Skla|vin;** die Sklavinnen
skla|visch

der oder das **Skon|to** (Preisnachlass); des
Skontos; die Skonti, seltener: Skontos

der **Skor|pi|on** (ein Spinnentier); des Skorpi-
ons; die Skor|pi|o|ne

der **Skru|pel** (Bedenken; Gewissensbiss);
des Skrupels; die Skrupel meist Plural;
[keine] Skrupel haben
skru|pel|los; skru|pel|lo|ser; am skru-
pel|lo|ses|ten

die **Skulp|tur** (Werk der Bildhauerkunst);
die Skulp|tu|ren
skur|ril (sonderbar); skurrile Ideen
sky|pen (mit der Software Skype® über
das Internet telefonieren); ich skype; du
skypst; er hat geskypt

der **Sla|lom** (Torlauf beim Skisport); des Sla-
loms; die Slaloms

der **Slang** [slɛŋ] (lässige Umgangssprache);
des Slangs; die Slangs

der **s-Laut**

der **Sla|we** (Angehöriger einer Völker-
gruppe); des/dem/den Slawen; die Slawen

die **Sla|win;** die Slawinnen
sla|wisch

der **Slip** (Unterhöschen); des Slips; die Slips

der **Slip|per** (bequemer, nicht zu schnüren-
der Halbschuh mit niedrigem Absatz);
des Slippers; die Slipper

der **Slo|gan** [ˈsloːgn̩] (Werbeschlagwort); des
Slogans; die Slogans

der **Slo|wa|ke** (Einwohner der Slowakei);
des/dem/den Slowaken; die Slowaken

die **Slo|wa|kei** (mitteleuropäischer Staat)

Slowakin – Sog

die **Slo|wa|kin;** die Slowakinnen
slo|wa|kisch

der **Slo|we|ne** (Einwohner von Slowenien);
des/dem/den Slowenen; die Slowenen
Slo|we|ni|en (mitteleuropäischer Staat)

die **Slo|we|nin;** die Sloweninnen
slo|we|nisch

der **Slum** [slam] (Elendsviertel); des Slums;
die Slums *meist Plural*

small [smɔːl] (Kleidergröße = klein;
Abkürzung: S)

der *oder das* <mark>**Small Talk**</mark> *oder* **Small|talk**
[ˈsmɔːltɔːk] (Plauderei); des <mark>Small Talks</mark>
oder Smalltalks; die <mark>Small Talks</mark> *oder*
Smalltalks

der **Sma|ragd** (ein Edelstein); des Smaragds
oder Sma|rag|des; die Sma|rag|de

smart (modisch elegant; clever); smar-
ter; am smar|tes|ten; ein smarter Schau-
spieler

das <mark>**Smart|phone**</mark> *oder* **Smart Phone**
[ˈsmaːɐ̯tfoʊn] (Mobiltelefon mit zahlreichen zusätzlichen Funktionen wie GPS,
Internetzugang, Digitalkamera u. a.); des
<mark>Smartphones</mark> *oder* Smart Phones; die
<mark>Smartphones</mark> *oder* Smart Phones

der **Smog** (mit Abgasen, Rauch u. a.
gemischter Dunst oder Nebel über Städten); des Smog *oder* Smogs; die Smogs

der **Smo|king** (ein Gesellschaftsanzug); des
Smokings; die Smokings

der **SMS®** = Short Message Service (Mobilfunkdienst, mit dem Kurzmitteilungen
versendet werden können)

die **SMS** (Kurzmitteilung, die über einen
Mobilfunkdienst versendet wird); heute
habe ich viele SMS (*umgangssprachlich
auch:* SMSen) bekommen

die **SMS-Nach|richt**

der **Snack** [snɛk] (Imbiss); des Snacks; die
Snacks

der **Snea|ker** [ˈsniːkɐ] (sportlich wirkender
Schuh); des Sneakers; die Sneakers

das **Snow|board** [ˈsnoʊbɔːd] (einem Brett
ähnliches Sportgerät zum Gleiten auf
Schnee); des Snowboards; die Snowboards

der **Snow|boar|der;** des Snowboarders; die
Snowboarder

die **Snow|boar|de|rin;** die Snowboarderin-
nen

so; so sein; so werden; so bleiben; so ein

Mann; so einer; so eine; so ein[e]s; so
etwas; so schnell wie möglich; so wahr
mir Gott helfe; so genannt *oder* <mark>soge-
nannt</mark>; die so genannten *oder* <mark>sogenann-
ten</mark> besseren Leute; A B E R   N U R : der
fälschlich so genannte Mann; ↑ sodass,
so dass; ↑ sowenig, so wenig; ↑ soviel, so
viel

s. o. = siehe oben!

die **Soap** [soʊp] (Seifenoper); der Soap; die
Soaps

so|bald; sobald er kann; A B E R : er
kommt so bald wie möglich

die **So|cial Me|dia** [ˈsoʊʃəl ˈmiːdiɐ]
(Gesamtheit der Weblogs, Wikis, sozia-
len Netzwerke u. Ä., über die im Internet
miteinander kommuniziert wird) *Plural*

die **So|cke,** *landschaftlich auch:* der **So-
cken;** die Socken

der **So|ckel;** des Sockels; die Sockel

die *oder das* **So|da** (ein Reinigungsmittel;
Mineralwasser mit Kohlensäure)

<mark>**so|dass**</mark> *oder* **so dass;** er arbeitet stän-
dig, **sodass** (*oder:* so dass) er krank
wurde; A B E R : er arbeitete so (in einer
Weise), dass er krank wurde

das **Sod|bren|nen** (brennende Magen-
schmerzen); des Sodbrennens

so|eben (vor einem Augenblick); er kam
soeben herein; A B E R : er ist so eben
(gerade noch) dem Unglück entgangen

das **So|fa;** des Sofas; die Sofas

so|fern (falls); sofern sie ihre Pflicht
getan hat; A B E R : die Sache liegt so fern,
dass ich mich nicht mehr erinnere

So|fia (Hauptstadt Bulgariens)

so|fort; er soll sofort kommen!; A B E R :
mach nur so fort (so weiter)!

so|for|tig; sofortige Hilfe

soft (sanft, zärtlich); sof|ter; am sof|tes-
ten; ein softer Typ

der <mark>**Soft|drink**</mark> *oder* **Soft Drink** (alkohol-
freies Getränk); des <mark>Softdrinks</mark> *oder* Soft
Drinks; die <mark>Softdrinks</mark> *oder* Soft Drinks

das **Soft|eis** (sehr weiches Speiseeis)

die **Soft|ware** [ˈsɔftwɛːɐ̯] (*EDV:* Programme,
Anweisungen usw.); die Softwares;
↑ Hardware

der **Soft|ware|her|stel|ler**

die **Soft|ware|her|stel|le|rin**

der **Sog** (saugende Luftströmung); des Sogs
oder Sol|ges; die Sol|ge

444

sog. – Sonderling

sog. = sogenannt

so|gar; er kam sogar zu mir nach Hause; ABER: er hat so gar (überhaupt) kein Verständnis

so|ge|nannt *vergleiche:* so

so|gleich (sofort); er soll sogleich kommen; ABER: sie sind alle so gleich, dass man sie kaum unterscheiden kann

die **Sohle**

> ! Nicht verwechseln: Obwohl beide Wörter gleich ausgesprochen werden, schreibt man die *Sohle* in der Bedeutung »Unterseite des Schuhs« mit Dehnungs-h, das Kochsalz enthaltende Wasser, die *Sole,* dagegen ohne *h.*

soh|len; du sohlst; er hat die Schuhe gesohlt; sohl *oder* sohle die Schuhe!

der **Sohn;** des Sohns *oder* Sohl|nes; die Söh|ne

die **So|ja|boh|ne**

das **So|ja|mehl**

so|lan|ge; solange ich krank war, bist du bei mir geblieben; ABER: du hast so lange gefehlt; er blieb so lange wie möglich

so|lar (die Sonne betreffend)

die **So|lar|an|la|ge**

das **So|lar|au|to**

die **So|lar|ener|gie** (Sonnenenergie)

das **So|la|ri|um;** des Solariums; die So|la|ri|en

das **So|lar|kraft|werk**

die **So|lar|zel|le** (Sonnenzelle)

solch; solcher; solches; solch einer; solch eine; solch ein[e]s; solch feiner Stoff *oder* solcher feine Stoff; solch gute Menschen *oder* solche guten, *auch:* gute Menschen; solche Gefangenen, *auch:* Gefangene; das Leben solch frommer Leute *oder* solcher frommen, *auch:* frommer Leute

sol|cher|art; solcherart Dinge; ABER: Dinge solcher Art

der **Sold** (Bezahlung der Soldaten); des Solds *oder* Sol|des

der **Sol|dat;** des/dem/den Sol|da|ten; die Sol|da|ten

die **Sol|da|tin;** die Soldatinnen

der **Söld|ner;** des Söldners; die Söldner

die **Söld|ne|rin;** die Söldnerinnen

die **So|le** (ein kochsalzhaltiges Wasser); die Solen; ↑ABER: Sohle

so|lid *oder* **so|li|de** (zuverlässig; gediegen; haltbar); so|li|der; am so|li|des|ten

so|li|da|risch (gemeinsam, eng verbunden); sich mit jemandem solidarisch erklären

die **So|li|da|ri|tät** (Zusammengehörigkeitsgefühl, Gemeinsinn)

der **So|list** (Einzelsänger, -spieler); des/dem/den So|lis|ten; die So|lis|ten

die **So|lis|tin;** die Solistinnen

das **Soll;** des Soll *oder* Solls; die Soll *oder* Solls; Soll und Haben

der **Soll|be|stand** *oder* **Soll-Be|stand**

der **Soll|be|trag** *oder* **Soll-Be|trag**

die **Soll|bruch|stel|le** *oder* **Soll-Bruch|stel|le** (*Technik:* bestimmte Stelle eines Bauteils, das so konstruiert ist, dass es nur dort zu einem Bruch kommen kann)

sol|len; du sollst; er sollte; er hat gesollt; ABER: ich hätte das nicht tun sollen

so|lo (allein); solo spielen, singen

das **So|lo** (Einzelvortrag); des Solos; die Solos *oder* Soli

So|ma|lia (Staat in Afrika)

der **So|ma|li|er;** des Somaliers; die Somalier

die **So|ma|li|e|rin;** die Somalierinnen

so|ma|lisch

so|mit (also, folglich)

der **Som|mer;** des Sommers; die Sommer

der **Som|mer|an|fang**

die **Som|mer|fe|ri|en** *Plural*

das **Som|mer|fest**

som|mer|lich; sommerliches Wetter

der **Som|mer|mo|nat**

die **Som|mer|pau|se**

die **Som|mer|spros|se;** die Sommersprossen *meist Plural*

der **Som|mer|tag**

die **Som|mer|zeit**

die **So|na|te** (ein Musikstück für ein oder mehrere Instrumente); die Sonaten

die **Son|de** (Instrument zum Einführen in Körperhöhlen); die Sonden

das **Son|der|an|ge|bot**

son|der|bar (merkwürdig)

der **Son|der|fall**

son|der|glei|chen (beispiellos); eine Frechheit sondergleichen

die **Son|der|kom|mis|si|on**

son|der|lich (besonders); er hatte keine sonderliche Lust dazu

der **Son|der|ling;** des Sonderlings; die Son|der|lin|ge

445

Sondermüll – Soufflé

der **Son|der|müll** (Müll, der gefährliche [Gift]stoffe enthält)

son|dern (*gehoben für:* trennen); ich sondere; du sonderst; er sonderte; er hat die Spreu vom Weizen gesondert

son|dern; nicht nur der Bruder, sondern auch die Schwester ist krank

der **Son|der|preis**

die **Son|der|re|ge|lung**

son|ders; samt und sonders

die **Son|der|schu|le**

son|die|ren (vorsichtig erkunden); du sondierst; er sondierte; er hat sondiert; sondier *oder* sondiere die Lage!

das **So|nett** (eine Gedichtform); des Sonetts *oder* So|net|tes; die So|net|te

der **Song** (Lied); des Songs; die Songs

der **Sonn|abend** ↑ Dienstag

sonn|abends ↑ dienstags

die **Son|ne**

sich **son|nen**; du sonnst dich; sie sonnte sich; sie hat sich auf dem Balkon gesonnt; sonn *oder* sonne dich nicht zu lange!

der **Son|nen|auf|gang**

das **Son|nen|bad**

die **Son|nen|blu|me**

der **Son|nen|brand**

die **Son|nen|bril|le**

die **Son|nen|ener|gie**

die **Son|nen|fins|ter|nis**

der **Son|nen|fleck**

son|nen|klar (*umgangssprachlich für:* eindeutig, offensichtlich)

das **Son|nen|licht**

der **Son|nen|schein**

der **Son|nen|schirm**

das **Son|nen|schutz|mit|tel**

der **Son|nen|stich** (eine Erkrankung)

der **Son|nen|strahl**

das **Son|nen|sys|tem** (*Astronomie*)

die **Son|nen|uhr**

der **Son|nen|un|ter|gang**

die **Son|nen|wen|de** (höchster oder niedrigster Stand der Sonne während ihres jährlichen Laufs)

die **Son|nen|zel|le** (zur Erzeugung von elektrischer Energie aus Sonnenenergie)

son|nig; sonniges Wetter

der **Sonn|tag**; des Sonntags; ABER: sonntags; sonntags sind die Läden geschlossen; ↑ Dienstag

der **Sonn|tag|abend** ↑ Dienstagabend

sonn|täg|lich (jeden Sonntag)

der **Sonn|tag|mor|gen**

der **Sonn|tag|nach|mit|tag**

sonn|tags; sonn- und feiertags; sonn- und werktags

die **Sonn|tags|zei|tung**

sonst; sonst jemand; sonst etwas; sonst wie; sonst wo

sons|tig; die sonstigen Möglichkeiten; alles Sonstige (andere) folgt morgen

so|oft; sooft du kommst; ABER: ich habe es dir schon so oft gesagt

der **So|p|ran** (höchste Frauenstimme; Sopransängerin); des Soprans; die So|p|ra|ne

die **So|p|ra|nis|tin**; die Sopranistinnen

die **Sor|ge**

sor|gen; du sorgst; sie sorgte; sie hat für Nahrung gesorgt; sorg *oder* sorge dafür!; sich sorgen; sie hat sich deswegen gesorgt

sor|gen|frei

das **Sor|gen|kind** (Kind, das den Eltern viel Sorge bereitet)

sor|gen|voll

das **Sor|ge|recht**

die **Sorg|falt**

sorg|fäl|tig

sorg|los; sorg|lo|ser; am sorg|lo|ses|ten

sorg|sam (*gehoben für:* sorgfältig)

sor|ry! (*umgangssprachlich für:* Entschuldigung!)

die **Sor|te**

sor|tie|ren; du sortierst; er sortierte; er hat die Äpfel sortiert; sortier *oder* sortiere sie!

die **Sor|tier|ma|schi|ne**

das **Sor|ti|ment**; des Sortiments *oder* Sor|ti|men|tes; die Sor|ti|men|te

SOS (internationales Seenotzeichen)

so|sehr; sosehr ich das auch verstehe; ABER: ich hoffe so sehr, dass sie kommt

das **SOS-Kin|der|dorf** (Einrichtung zur Betreuung und Erziehung elternloser oder verlassener Kinder in familienähnlichen Gruppen)

der **SOS-Ruf**

die **So|ße** *oder* **Sau|ce** ['zo:sə]; die Soßen *oder* Saucen

der **So|ßen|löf|fel** *oder* **Sau|cen|löf|fel**

das **Souf|f|lé** [zu'fle:, *auch:* su'fle:] *oder* **Souf|f|lee** (Eierauflauf); des Soufflés *oder* Soufflees; die Soufflés *oder* Soufflees

Souffleur – Sozialist

der **Souf|f|leur** [zuˈfløːɐ̯] (Vorsager beim Theater); des Souffleurs; die Souf|f|leu|re

die **Souf|f|leu|se** [zuˈfløːzə]; die Souffleusen

souf|f|lie|ren; du soufflierst; sie soufflierte; sie hat dem Darsteller souffliert

der **Soul** [soʊl] (stark ausdrucksbetonter Jazz oder Beat); des Souls

der **Sound** [saʊnt] (Klangwirkung in der Musik); des Sounds; die Sounds

die **Sound|kar|te** (*EDV*: Steckkarte zur Wiedergabe von Tönen bei Computern)

so|und|so (*umgangssprachlich für:* unbestimmt wie ...); soundso breit; der Paragraf soundso; A B E R : man kann etwas so und so erzählen

der **Sound|track** [ˈsaʊnttrɛk] (Filmmusik); des Soundtracks; die Soundtracks

die **Sou|ta|ne** [zuˈtaːnə] (Gewand der katholischen Geistlichen); die Soutanen

das **Sou|ter|rain** [zutɛˈrɛ̃: *oder* ˈzuːtɛrɛ̃] (Kellergeschoss); des Souterrains; die Souterrains

das **Sou|ve|nir** [zuvəˈniːɐ̯] (Andenken); des Souvenirs; die Souvenirs

der **Sou|ve|nir|la|den**

sou|ve|rän [zuvəˈrɛːn] (überlegen; uneingeschränkt); souveränes Auftreten

der **Sou|ve|rän** (Herrscher); des Souveräns; die Sou|ve|rä|ne

die **Sou|ve|rä|ni|tät** (Unabhängigkeit; Landeshoheit)

---

so|viel, so viel

Wenn »soviel« als Konjunktion einen Nebensatz einleitet, wird zusammengeschrieben:

– soviel ich weiß, ist es umgekehrt
– sie ist gekommen, soviel ich weiß

In allen anderen Verbindungen schreibt man »so viel« getrennt:

– du weißt so viel, dass ich staunen muss
– er hat so viel Zeit wie ich
– er muss so viel leiden
– sein Wort bedeutet so viel (dasselbe) wie ein Eid
– so viel (dieses) für heute
– so viel wie, *älter:* als möglich
– er hat doppelt so viel wie, *seltener:* als ich

---

so|weit; soweit ich es beurteilen kann; ↑ soviel, so viel; *aber in allen anderen Verbindungen:* so weit, so gut; er wirft den Ball so weit wie kein anderer; ich bin noch nicht so weit; so weit wie *oder* als möglich

so|we|nig; sowenig ich einsehen kann, dass ...; ↑ soviel, so viel; *aber in allen anderen Verbindungen:* so wenig wie *oder* als möglich; ich kann es so wenig wie du; ich habe so wenig Geld, dass ich mir dies nicht leisten kann; du hast so wenig gelernt, dass du die Prüfung nicht bestehen wirst

so|wie; sowie (sobald) er kommt, soll er anrufen; meine Hobbys sind Reiten und Lesen sowie (und) Tennisspielen; A B E R : so, wie ich ihn kenne

so|wie|so

der **So|w|jet** (Form der Volksvertretung in der ehemaligen Sowjetunion); des Sowjets; die Sowjets

so|w|je|tisch

die **So|w|jet|uni|on**

so|wohl; sowohl die Eltern als auch die Kinder machten mit; A B E R : ich fühle mich heute so wohl wie gestern

so|zi|al (die Gesellschaft, Gemeinschaft betreffend; gemeinnützig; wohltätig)

das **So|zi|al|amt**

der **So|zi|al|ar|bei|ter**

die **So|zi|al|ar|bei|te|rin**

der **So|zi|al|de|mo|krat** (Anhänger oder Mitglied einer sozialdemokratischen Partei)

die **So|zi|al|de|mo|kra|tie**

die **So|zi|al|de|mo|kra|tin**; die Sozialdemokratinnen

so|zi|al|de|mo|kra|tisch; sozialdemokratische Politik; A B E R : die Sozialdemokratische Partei Deutschlands

die **So|zi|al|for|schung**

die **So|zi|al|hil|fe** (Geld vom Staat für arme Menschen); sie haben Sozialhilfe beantragt

der **So|zi|al|hil|fe|emp|fän|ger**

die **So|zi|al|hil|fe|emp|fän|ge|rin**; die Sozialhilfeempfängerinnen

die **So|zi|a|li|sa|ti|on** (das Hineinwachsen des Menschen in die Gesellschaft)

der **So|zi|a|lis|mus**; des Sozialismus

der **So|zi|a|list**; des/dem/den So|zi|a|lis|ten; die So|zi|a|lis|ten

447

Sozialistin – Sparringspartner

die **So|zi|a|lis|tin;** die Sozialistinnen
so|zi|a|lis|tisch

die **So|zi|ai|kun|de**

die **So|zi|al|leis|tung** *meist Plural*

der **So|zi|al|päd|a|go|ge**

die **So|zi|al|päd|a|go|gin**

die **So|zi|al|po|li|tik**
so|zi|al|po|li|tisch

das **So|zi|al|sys|tem**

das **So|zi|al|ver|hal|ten**

die **So|zi|al|ver|si|che|rung**

die **So|zi|al|woh|nung**

der **So|zio|lo|ge** (Wissenschaftler auf dem
Gebiet der Soziologie); des Soziologen;
die Soziologen

die **So|zio|lo|gie** (Gesellschaftswissenschaft)

die **So|zio|lo|gin;** die Soziologinnen
so|zio|lo|gisch

der **So|zi|us** (Genosse; Teilhaber; Beifahrer-
sitz); des Sozius; die Soziusse
so|zu|sa|gen (gewissermaßen); es
geschah sozusagen über Nacht; ABER:
sie versucht, es so zu sagen, dass es verständlich ist

das **Space|lab** ['spe:slɛp] (Weltraumlabor);
des Spacelabs; die Spacelabs

der *oder* das **Space|shut|tle** ['spe:sʃatl]
(Raumfähre)

der **Spach|tel;** des Spachtels; die Spachtel
oder die **Spach|tel;** die Spachteln

die **Spach|tel|mas|se**
spach|teln; du spachtelst; er spachtelte;
er hat die Fugen gespachtelt; spachtle
oder spachtele die Fugen!

der *oder* das **Spa|gat** (eine gymnastische
Übung); des Spagats *oder* Spalga|tes; die
Spa|ga|te

die **Spa|ghet|ti** [ʃpa'ɡeti], **Spa|get|ti** (lange,
dünne, schnurähnliche Nudeln) *Plural;*
Spaghetti *oder* Spagetti bolognese
spä|hen; du spähst; sie spähte; sie hat
über den Zaun gespäht; späh *oder* spähe
nach ihm!

der **Spä|her;** des Spähers; die Späher

die **Spä|he|rin;** die Späherinnen

der **Späh|trupp**

das **Spa|lier** (gitterartiges Gestell; Doppel-
reihe von Personen); des Spaliers; die
Spa|lie|re; Spalier stehen

das **Spa|lier|obst**

der **Spalt;** des Spalts *oder* Spal|tes; die Spal-
te

spalt|breit; eine spaltbreite Öffnung;
ABER: der **Spalt|breit** *oder* **Spalt breit;**
die Tür einen **Spaltbreit** *oder* Spalt breit
öffnen

die **Spal|te;** die Spalten
spal|ten; du spaltest; er spaltete; sie hat
Holz gespalten *oder* gespaltet; ABER
NUR: eine gespaltene Zunge

die **Spal|tung**

der, die *oder* das **Spam** [spɛm] (uner-
wünschte E-Mail mit Werbung); des
Spams *oder* der Spam; die Spams

der **Span;** des Spans *oder* Spal|nes; die Spä-
ne

das **Span|fer|kel** (Ferkel, das noch gesäugt
wird)

die **Span|ge**
Spa|ni|en

der **Spa|ni|er;** des Spaniers; die Spanier

die **Spa|ni|e|rin;** die Spanierinnen
spa|nisch; das kommt mir spanisch
(*umgangssprachlich für:* seltsam) vor;
ABER: der Spanische Erbfolgekrieg

der **Spann** (Fußrücken, Rist); des Spanns
oder Span|nes; die Span|ne

die **Span|ne** (Zeitraum; Preisunterschied)
span|nen; du spannst; er spannte; er hat
den Bogen gespannt; spann *oder* spanne
die Leine!
span|nend; spannende Unterhaltung

die **Span|nung**

das **Span|nungs|feld**

die **Span|plat|te** (aus zusammengepressten
und verleimten Holzspänen)

das **Spar|buch**

die **Spar|büch|se**
spa|ren; du sparst; er sparte; er hat viel
gespart; spar *oder* spare endlich!

der **Spa|rer;** des Sparers; die Sparer

die **Spa|re|rin;** die Sparerinnen

der **Spar|gel;** des Spargels; die Spargel

die **Spar|kas|se**

der **Spar|kurs**
spär|lich (sehr gering [bemessen]); ein
spärliches Einkommen

die **Spar|maß|nah|me** *meist Plural*

das **Spar|pa|ket**

der **Spar|ren** (schräger Balken des Daches);
des Sparrens; die Sparren

das **Spar|ring** (Boxtraining); des Sparrings

der **Spar|rings|part|ner**

Sparringspartnerin – Spektrum

die **Spar|rings|part|ne|rin**
spar|sam; sparsame Menschen
die **Spar|sam|keit**
das **Spar|schwein**
spar|ta|nisch (einfach, sparsam)
die **Spar|te** (Fachgebiet, Abteilung); die
Sparten
der **Spar|ver|trag**
der **Spaß;** des Spa|ßes; die Spä|ße; Spaß
machen
spa|ßen; du spaßt; sie spaßte; sie hat
nur gespaßt; spaß *oder* spaße nicht mit
mir!
spa|ßes|hal|ber
spa|ßig; eine spaßige Geschichte
der **Spaß|ver|der|ber;** des Spaßverderbers;
die Spaßverderber
der **Spaß|vo|gel**
der **Spas|ti|ker** (an einer spastischen Krank-
heit Leidender); des Spastikers; die Spas-
tiker
die **Spas|ti|ke|rin;** die Spastikerinnen
spas|tisch (krampfartig; mit erhöhter
Muskelspannung verbunden)
spät; spä|ter; am spä|tes|ten; von [mor-
gens] früh bis [abends] spät; spät sein,
werden; zu spät kommen
spät|abends
der **Spa|tel** (Spachtel); des Spatels; die Spa-
tel *oder* die **Spa|tel;** die Spateln
der **Spa|ten;** des Spatens; die Spaten
der **Spa|ten|stich**
spä|ter|hin *(gehoben)*
spä|tes|tens
der **Spät|herbst**
der **Spät|nach|mit|tag**
spät|nach|mit|tags
die **Spät|nach|rich|ten** *Plural*
der **Spät|som|mer**
der **Spatz;** des Spat|zen, *auch:* Spat|zes; die
Spat|zen
das **Spat|zen|nest**
spa|zie|ren; du spazierst; sie spazierte;
sie ist durch die Straßen spaziert; spazieren fahren, gehen; sie fuhr, ging spazieren; sie ist spazieren gefahren; sie hat
vor[,] spazieren zu gehen
der **Spa|zier|gang;** die Spa|zier|gän|ge
der **Spa|zier|gän|ger;** des Spaziergängers;
die Spaziergänger
die **Spa|zier|gän|ge|rin;** die Spaziergänge-
rinnen

die **SPD** = Sozialdemokratische Partei
Deutschlands
der **Specht;** des Spechts *oder* Spech|tes; die
Spech|te
das **Spe|cial** ['spɛʃ]] (Sondersendung, Son-
derbericht zu einem Thema); des Specials; die Specials
der **Speck;** des Specks *oder* Spe|ckes
spe|ckig (abgewetzt und fettglänzend)
die **Speck|sei|te**
der **Spe|di|teur** [ʃpedi'tø:ɐ̯] (Inhaber einer
Spedition); des Spediteurs; die Spe|di-
teu|re
die **Spe|di|teu|rin;** die Spediteurinnen
die **Spe|di|ti|on** (Transportunternehmen)
die **Spe|di|ti|ons|fir|ma**
der **Speer;** des Speers *oder* Spee|res; die
Spee|re
das **Speer|wer|fen**
die **Spei|che;** die Speichen
der **Spei|chel;** des Speichels
die **Spei|chel|drü|se**
der **Spei|chel|le|cker** (*abwertend für:*
Schmeichler); des Speichelleckers; die
Speichellecker
spei|chel|le|cke|risch
die **Spei|chel|pro|be**
der **Spei|cher;** des Speichers; die Speicher
spei|chern; du speicherst; er speicherte;
er hat gespeichert; speichere die Daten!
der **Spei|cher|platz** (*besonders EDV:* Spei-
cherkapazität)
spei|en (*gehoben für:* spucken); du
speist; sie speit; sie spie; sie hat Blut
gespien
die **Spei|se;** ABER: Speis und Trank
das **Spei|se|eis**
das **Spei|se|fett**
die **Spei|se|kam|mer**
die **Spei|se|kar|te** *oder* **Spei|sen|kar|te**
spei|sen; du speist; sie speiste; sie hat
gespeist; speis *oder* speise mit mir!
die **Spei|se|röh|re**
der **Spei|se|wa|gen**
spei|übel; mir ist speiübel
das **Spek|ta|kel** (aufsehenerregendes Ereig-
nis); des Spektakels, die Spektakel
spek|ta|ku|lär (aufsehenerregend)
die **Spek|t|ral|far|be**
das **Spek|t|rum** (durch Lichtzerlegung ent-
stehendes Farbband; Vielfalt); des Spek-
trums; die Spektren *oder* Spektra

449

Spekulant – spielen

der **Spe|ku|lạnt** (jemand, der gewagte Geschäfte macht); des/dem/den Spe|ku|lan|ten; die Spe|ku|lan|ten

die **Spe|ku|lạn|tin**; die Spekulantinnen

die **Spe|ku|la|ti|on**

der **Spe|ku|la|ti|us** (ein Gebäck); des Spekulatius; die Spekulatius

spe|ku|la|tiv (auf Mutmaßungen beruhend); deine Schlussfolgerung ist rein spekulativ

spe|ku|lie|ren; du spekulierst; er spekulierte; er hat an der Börse spekuliert; spekulier *oder* spekuliere nicht!

die **Spe|lụn|ke** (*abwertend für:* verrufenes Lokal); die Spelunken

die **Spel|ze** (Hülse des Getreidekorns); die Spelzen

spen|da|bel (*umgangssprachlich für:* freigebig); spen|da|b|ler, am spen|da|bels|ten

die **Spẹn|de**

spen|den; du spendest; sie spendete; sie hat gespendet; spende großzügig!

die **Spẹn|den|ak|ti|on**

das **Spẹn|den|kon|to**

der **Spẹn|der**; des Spenders; die Spender

die **Spẹn|de|rin**; die Spenderinnen

spen|die|ren; du spendierst; sie spendierte; sie hat eine Runde Popcorn spendiert; spendier *oder* spendiere uns doch ein Eis!

der **Spẹng|ler** (Klempner); des Spenglers; die Spengler

die **Spẹng|le|rin**; die Spenglerinnen

der **Spẹr|ber** (ein Greifvogel); des Sperbers; die Sperber

die **Spe|rẹnz|chen** *oder* **Spe|rẹn|zi|en** (*umgangssprachlich für:* hindernde Umstände, Schwierigkeiten) *Plural;* Sperenzchen *oder* Sperenzien machen

der **Spẹr|ling**; des Sperlings; die Sper|lin|ge

das **Spẹr|ma** (Flüssigkeit mit männlichen Keimzellen); des Spermas; die Spermen *oder* Spermata

sperr|an|gel|weit (*umgangssprachlich für:* weit offen); das Fenster stand sperrangelweit offen

die **Spẹr|re**

sperr|ren; du sperrst; die Polizei sperrte die Straße; die Bank hat das Konto gesperrt; sperr *oder* sperre ihn in die Zelle!

das **Spẹrr|gut**

das **Spẹrr|holz**

spẹr|rig; sperriges Gepäck

der **Spẹrr|müll**

die **Spẹrr|stun|de** (Polizeistunde)

die **Spẹr|rung**

die **Spẹ|sen** (Auslagen) *Plural*

sich **spe|zi|a|li|sie|ren** (sich auf ein Teilgebiet beschränken); du spezialisierst dich; sie hat sich auf Flugzeugbau spezialisiert; spezialisier *oder* spezialisiere dich!

die **Spe|zi|a|li|sie|rung**

der **Spe|zi|a|list** (Fachmann); des/dem/den Spe|zi|a|lis|ten; die Spe|zi|a|lis|ten

die **Spe|zi|a|lis|tin**; die Spezialistinnen

die **Spe|zi|a|li|tät** (Besonderheit); die Spe|zi|a|li|tä|ten

spe|zi|ẹll (besonders; eigens); im Spe|ziellen (im Einzelnen)

die **Spe|zi|es** (besondere Art einer Gattung); der Spezies; die Spezies

die **Spe|zi|fi|ka|ti|on**

spe|zi|fisch (kennzeichnend, eigentümlich); spezifisches Gewicht

die **Sphä|re** (Himmelsgewölbe; Gesichtskreis, Wirkungskreis); die Sphären

die **Sphịnx** (ein Fabelwesen mit Löwenleib und Menschenkopf); die Sphin|xe

spị|cken (Fleisch zum Braten mit Speckstreifen durchziehen); du spickst; er spickte; er hat den Rehrücken gespickt; spick[e] den Braten!

spị|cken (abschreiben); du spickst; sie spickte; sie hat gespickt; spick *oder* spicke nicht!

der **Spịck|zet|tel** (*Schülersprache*)

der **Spie|gel**; des Spiegels; die Spiegel

das **Spie|gel|bild**

das **Spie|gel|ei**

spie|gel|glạtt; spiegelglatte Straßen

spie|geln; der See hat gespiegelt; sich spiegeln; die Bäume spiegelten sich im Wasser

die **Spie|gel|schrift**

die **Spie|ge|lung**

spie|gel|ver|kehrt

das **Spiel**; des Spiels *oder* Spie|les; die Spiele

die **Spiel|art** (Variante)

der **Spiel|be|ginn**

das **Spiel|bein** (*Sport*)

der **Spiel|be|trieb**

spie|len; du spielst; sie spielte; sie hat

450

spielend – Spiritus

Karten gespielt; spiel *oder* spiele nicht um Geld!

spie|lend (mühelos); etwas spielend lernen

der **Spie|ler;** des Spielers; die Spieler

die **Spie|le|rei;** der Spielerei; die Spielereien

die **Spie|le|rin;** die Spielerinnen

spie|le|risch; mit spielerischer Leichtigkeit

das **Spiel|feld**

der **Spiel|film**

spiel|frei

die **Spiel|klas|se** *(Sport)*

die **Spiel|kon|so|le** (Gerät für elektronische Spiele)

der **Spiel|ort** *(Sport, Theater)*

der **Spiel|plan**

der **Spiel|platz**

der **Spiel|raum;** keinen, genügend Spielraum haben

die **Spiel|re|gel**

die **Spiel|sa|chen** *Plural*

die **Spiel|stät|te** (Spielort)

die **Spiel|stra|ße**

der **Spiel|ver|der|ber;** des Spielverderbers; die Spielverderber

die **Spiel|ver|der|be|rin;** die Spielverderberinnen

das **Spiel|wa|ren|ge|schäft**

die **Spiel|wei|se**

die **Spiel|zeit** (Zeitabschnitt innerhalb eines Jahres, während dessen in einem Theater Aufführungen stattfinden; *Sport:* Zeit, die zum Austragen eines Spieles vorgeschrieben ist); im nächsten Monat beginnt die neue Spielzeit; der Ausgleich ist in der restlichen Spielzeit kaum mehr zu schaffen

das **Spiel|zeug**

die **Spiel|zeug|ei|sen|bahn**

der **Spieß;** des Spie|ßes; die Spie|ße

der **Spieß|bra|ten**

der **Spieß|bür|ger** *(abwertend für:* sehr einseitig denkender Mensch)

spieß|bür|ger|lich; spießbürgerliche Vorurteile

spie|ßen; du spießt; er spießte; er hat die Wurst auf die Gabel gespießt

der **Spie|ßer** (Spießbürger); des Spießers; die Spießer

das **Spie|ßer|tum**

spie|ßig (spießbürgerlich)

die **Spie|ßig|keit**

der **Spike** [ʃpaik, spaik] (Dorn für Laufschuhe oder Autoreifen); des Spikes; die Spikes

der **Spike|rei|fen** *oder* **Spikes|rei|fen**

die **Spikes** (rutschfeste Laufschuhe oder Autoreifen) *Plural*

der **Spi|nat;** des Spinats *oder* Spi|na|tes

der *oder* das **Spind** (einfacher, schmaler Schrank); des Spinds *oder* Spin|des; die Spin|de

die **Spin|del** (drehbarer länglicher Körper [an einem Spinnrad]); die Spindeln

spin|del|dürr; spindeldürre Beine

die **Spin|ne**

spin|ne|feind; *nur in:* jemandem spinnefeind sein

spin|nen; du spinnst; sie spinnt; sie spann; sie hat gesponnen; spinn *oder* spinne die Wolle!

das **Spin|nen|netz**

der **Spin|ner;** des Spinners; die Spinner

die **Spin|ne|rei**

die **Spin|ne|rin;** die Spinnerinnen

das **Spinn|ge|we|be** *oder* **Spin|nen|ge|we|be**

das **Spinn|rad**

die **Spinn|we|be;** die Spinnweben

der **Spi|on;** des Spions; die Spi|o|ne

die **Spi|o|na|ge** [ʃpio'na:ʒə]

der **Spi|o|na|ge|dienst**

der **Spi|o|na|ge|film**

spi|o|nie|ren; du spionierst; er spionierte; er hat spioniert; spionier *oder* spioniere nicht!

die **Spi|o|nin;** die Spioninnen

die **Spi|ra|le;** die Spiralen

die **Spi|ral|fe|der**

spi|ral|för|mig; spiralförmige Nudeln

spi|ra|lig (spiralförmig)

spi|ri|tis|tisch (die Geisterlehre betreffend; übersinnliche Erscheinungen betreffend); eine spiritistische Sitzung

das, *auch:* der **Spi|ri|tu|al** ['spɪrɪtjʊəl] (geistliches Lied der Schwarzen im Süden der USA); des Spirituals; die Spirituals

spi|ri|tu|ell (geistig; geistlich); seine spirituelle Entwicklung fördern; eine spirituelle Gemeinschaft

die **Spi|ri|tu|o|sen** (alkoholische Getränke) *Plural*

der **Spi|ri|tus** (Weingeist; Alkohol); des Spiritus; die Spiritusse

Spirituskocher – Sprachlabor

der **Spi|ri|tus|ko|cher;** des Spirituskochers; die Spirituskocher

das, *auch:* der **Spi|tal** (*landschaftlich für:* Krankenhaus); des Spitals; die Spi|täler

spitz; spit|zer; am spit|zes|ten; eine spitze Zunge haben; ein spitzer Winkel

der **Spitz** (ein Hund); des Spit|zes; die Spit|ze

spitz|be|kom|men (*umgangssprachlich für:* erfahren, ausfindig machen); du bekommst spitz; sie bekam spitz; sie hat unsere Verabredung spitzbekommen

der **Spitz|bo|gen**

der **Spitz|bu|be** (Gauner; Schelm)

spit|ze (*umgangssprachlich für:* hervorragend); ein spitze Fahrrad; die Mannschaft hat spitze gespielt; jemand oder etwas ist spitze; das finde ich spitze; ABER: die **Spit|ze;** an der Spitze stehen

der **Spit|zel;** des Spitzels; die Spitzel

spit|zen; du spitzt; er spitzte; der Hund hat die Ohren gespitzt; spitz *oder* spitze den Stift!

die **Spit|zen|grup|pe**

der **Spit|zen|kan|di|dat** (Kandidat, der an der Spitze einer Wahlliste steht)

die **Spit|zen|kan|di|da|tin;** die Spitzenkandidatinnen

die **Spit|zen|klas|se**

die **Spit|zen|leis|tung**

der **Spit|zen|rei|ter** (jemand oder etwas in einer Spitzenposition); die Bundesliga hat einen neuen Spitzenreiter

das **Spit|zen|spiel** *(Sport)*

der **Spit|zen|sport**

der **Spit|zen|wert**

der **Spit|zer** (Bleistiftspitzer); des Spitzers; die Spitzer

spitz|fin|dig (kleinlich; allzu genau)

die **Spitz|fin|dig|keit**

der **Spitz|na|me**

spitz|win|ke|lig *oder* **spitz|wink|lig;** ein spitzwink[e]liges Dreieck

spitz|wink|lig

der **Splitt** (zerkleinertes Gestein); des Splitts *oder* Split|tes; die Split|te

der **Split|ter;** des Splitters; die Splitter

split|tern; das Holz splitterte; die Scheibe ist gesplittert

split|ter|nackt

der **Spoi|ler** (Luftleitblech [an Kraftfahrzeugen]); des Spoilers; die Spoiler

spon|sern (als Sponsor unterstützen); du sponserst; sie sponserte ihn; die Firma X hat den Rennfahrer Y gesponsert

der **Spon|sor** ['ʃpɔnzoːɐ̯ *oder* 'spɔnzɐ] (Förderer, Geldgeber); des Sponsors; die Spon|so|ren

die **Spon|so|rin;** die Sponsorinnen

das **Spon|so|ring;** des Sponsorings

spon|tan (von selbst; aus innerem Antrieb); eine spontane Äußerung

die **Spon|ta|ne|i|tät**

spo|ra|disch ([nur] gelegentlich)

die **Spo|re** (Fortpflanzungszelle der Pflanze); die Sporen *meist Plural*

der **Sporn;** des Sporns *oder* Spor|nes; die Spo|ren *oder* Spor|ne *meist Plural*

sporn|streichs (sofort; geradewegs)

der **Sport;** des Sports *oder* Spor|tes

das **Sport|an|geln**

die **Sport|art**

sport|be|geis|tert; ein sportbegeistertes Publikum

der **Sport|freund**

die **Sport|freun|din**

die **Sport|hal|le**

der **Sport|leh|rer**

die **Sport|leh|re|rin**

der **Sport|ler**

die **Sport|le|rin**

sport|lich; sportliche Betätigung

die **Sport|nach|rich|ten** *Plural*

der **Sport|platz**

der **Sport|un|fall**

der **Sport|ver|ein**

der **Sport|wa|gen**

der **Spot** [spɔt] (Werbekurzfilm); des Spots; die Spots

der **Spott;** des Spotts *oder* Spot|tes

spott|bil|lig

spot|ten; du spottest; sie spottete; sie hat darüber gespottet; spotte nicht!

der **Spöt|ter;** des Spötters; die Spötter

die **Spöt|te|rin;** die Spötterinnen

spöt|tisch; spöttische Bemerkungen

der **Spott|na|me**

die **Spra|che**

der **Sprach|feh|ler**

der **Sprach|ge|brauch**

der **Sprach|kurs**

das **Sprach|la|bor** (mit spezieller techni-

452

sprachlich – sprudeln

scher Ausstattung für das Sprachenler-
nen)
sprach|lich; die sprachliche Entwick-
lung
sprach|los; [völlig] sprachlos sein
das **Sprach|rohr;** sie ist nur das Sprachrohr
ihres Chefs (*abwertend:* gibt kritiklos
seine Meinung weiter)
der **Sprach|schatz**
der **Sprach|un|ter|richt**
der *oder* das **Spray** [ʃpreː] (Flüssigkeit zum
Zerstäuben); des Sprays; die Sprays
die **Spray|do|se**
spray|en; du sprayst; sie sprayte; sie hat
Farbe an die Wand gesprayt
der **Spray|er;** des Sprayers; die Sprayer
die **Spray|e|rin;** die Sprayerinnen
die **Sprech|bla|se** (in Comics)
spre|chen; du sprichst; er spricht; er
sprach; er hat gesprochen; sprich lauter!
der **Spre|cher;** des Sprechers; die Sprecher
die **Spre|che|rin;** die Sprecherinnen
der **Sprech|funk**
das **Sprech|funk|ge|rät**
die **Sprech|stun|de**
das **Sprech|zim|mer**
die **Spree** (ein Fluss)
spreiz|bei|nig (mit gespreizten Beinen)
sprei|zen; du spreizt; sie spreizte; der
Vogel hat seine Flügel gespreizt; spreiz
oder spreize die Finger!
der **Spreiz|fuß**
spren|gen; du sprengst; er sprengte; er
hat gesprengt; spreng *oder* sprenge die
Brücke!
der **Spreng|kör|per**
die **Spreng|la|dung**
der **Spreng|satz**
der **Spreng|stoff**
der **Spreng|stoff|an|schlag**
die **Spren|gung**
die **Spreu** (Abfall des Getreides); die Spreu
vom Weizen trennen
das **Sprich|wort;** die Sprich|wör|ter
sprich|wört|lich
sprie|ßen; das Korn sprießt; das Korn
spross; das Korn ist gesprossen
der **Spring|brun|nen**
sprin|gen; du springst; er springt; er
sprang; er ist gesprungen; spring *oder*
springe ins Wasser!
der **Sprin|ger;** des Springers; die Springer

die **Sprin|ge|rin;** die Springerinnen
die **Spring|flut**
spring|le|ben|dig
das **Spring|rei|ten**
der **Sprink|ler** (Berieselungsgerät); des
Sprinklers; die Sprinkler
die **Sprink|ler|an|la|ge**
der **Sprint** (Kurzstreckenlauf; Spurt); des
Sprints; die Sprints
sprin|ten; du sprintest; er sprintete; er
ist über den Hof gesprintet
der **Sprin|ter** (Kurzstreckenläufer); des
Sprinters; die Sprinter
die **Sprin|te|rin;** die Sprinterinnen
der **Sprit** (*umgangssprachlich für:* Treib-
stoff); des Sprits; die Spri|te; Sprit spa-
ren; Sprit sparend *oder* <mark>spritsparend</mark>; ein
Sprit sparendes *oder* <mark>spritsparendes</mark>
Auto; ABER NUR: ein viel Sprit sparendes Auto; ein besonders spritsparendes,
noch spritsparenderes Auto
sprit|spa|rend ↑ Sprit
der **Sprit|ver|brauch**
die **Sprit|ze**
sprit|zen; du spritzt; er spritzte; das
Fett hat gespritzt; spritz *oder* spritze
nicht mit Wasser!
der **Sprit|zer;** des Spritzers; die Spritzer
sprit|zig; eine spritzige (schwungvolle)
Komödie
die **Spritz|tour** (*umgangssprachlich für:* kur-
zer Ausflug)
spröd, sprö|de; sprö|der; am sprö|des-
ten; sprödes Haare
der **Spross** (Nachkomme; Pflanzentrieb);
des Spros|ses; die Spros|se
die **Spros|se** (Querholz der Leiter); die
Sprossen
spros|sen (austreiben, sprießen); die
Blumen sprossten; es hat überall
gesprosst
die **Spros|sen|wand** (ein Turngerät)
der **Spröss|ling;** des Sprösslings; die Spröss-
lin|ge
die **Sprot|te** (ein Fisch); Kieler Sprotten
der **Spruch;** des Spruchs *oder* Spru|ches; die
Sprü|che
spruch|reif; die Sache ist bald spruch-
reif
der **Spru|del;** des Sprudels; die Sprudel
spru|deln; das Wasser sprudelte; es hat
gesprudelt

Sprühdose – Staatsmann

die **Sprüh|do|se**
sprü|hen; du sprühst; sie sprühte; sie hat vor Lebenslust gesprüht; die Funken sind nach allen Seiten gesprüht

der **Sprüh|re|gen**

der **Sprung;** des Sprungs oder Sprun|ges; die Sprün|ge; auf dem Sprung sein

das **Sprung|bein** (Sport: Bein, mit dem der Springer abspringt)
sprung|be|reit

das **Sprung|brett**

die **Sprung|gru|be**
sprung|haft; sprunghaft steigende Preise

die **Sprung|schan|ze**

das **Sprung|tuch** (ein Rettungsgerät); die Sprung|tülcher

der **Sprung|turm**

die **Spu|cke**
spu|cken; du spuckst; sie spuckte; sie hat auf den Boden gespuckt; spuck oder spucke nicht!

der **Spuck|napf**

der **Spuk** (Gespenst; geisterhaftes Treiben); des Spuks oder Spu|kes; die Spu|ke
spu|ken; nachts spukte es; in der Burg hat es gespukt

die **Spuk|ge|schich|te**

das **Spül|be|cken**

die **Spu|le**

die **Spü|le**
spu|len; du spulst; er spulte; er hat das Garn gespult; spul oder spule das Garn!
spü|len; du spülst; er spülte; er hat das Geschirr gespült; spül oder spüle die Gläser!

die **Spül|ma|schi|ne**

das **Spül|mit|tel**

die **Spü|lung**

das **Spül|was|ser**

der **Spund** (Fassverschluss); des Spunds oder Spun|des; die Spün|de oder Spun|de

der **Spund** (umgangssprachlich für: junger Mann); des Spunds oder Spun|des; die Spun|de

das **Spund|loch**

die **Spur;** die Spu|ren
spür|bar
spu|ren (umgangssprachlich für: sich

fügen); du spurst; er spurte; er hat nicht gespurt; spur oder spure endlich!
spü|ren; ich spüre; du spürst; sie spürte; sie hat den Schlag gespürt

die **Spu|ren|si|che|rung**

die **Spu|ren|su|che**

der **Spür|hund**
spur|los; spurlos verschwinden

der **Spür|sinn**

der **Spurt** (schneller Lauf); des Spurts oder Spur|tes; die Spurts, seltener: Spur|te
spur|ten; du spurtest; sie spurtete; sie ist ins Ziel gespurtet; spurte!

sich **spu|ten** (sich beeilen); du sputest dich; er sputete sich; er hat sich gesputet; spute dich!

der **Sput|nik** (erster sowjetischer Erdsatellit); des Sputniks; die Sputniks

das **Squash** [skvɔʃ] (ein Ballspiel); des Squash
SR = Saarländischer Rundfunk; des SR
Sri Lan|ka (Inselstaat im Indischen Ozean)

der **Sri Lan|ker** oder Sri-Lan|ker; des Sri Lankers oder Sri-Lankers; die Sri Lanker oder Sri-Lanker

die **Sri Lan|ke|rin** oder Sri-Lan|ke|rin; die Sri Lankerinnen oder Sri-Lankerinnen
sri-lan|kisch
St. = Sankt; Stück; Stunde

der **Staat;** des Staats oder Staa|tes; die Staaten; von Staats wegen; Staat machen (prunken); Staaten bildende oder staatenbildende Insekten
staa|ten|los (ohne Staatsangehörigkeit)
staat|lich; das staatliche Schulsystem

die **Staats|an|ge|hö|rig|keit**

der **Staats|an|walt**

die **Staats|an|wäl|tin**

die **Staats|an|walt|schaft;** die Staatsanwaltschaft hat Anklage erhoben

der **Staats|be|trieb**

der **Staats|bür|ger**

die **Staats|bür|ge|rin**

die **Staats|bür|ger|schaft**

der **Staats|dienst**
staats|feind|lich; staatsfeindliche Parteien

die **Staats|kanz|lei** (vom Ministerpräsidenten oder der Ministerpräsidentin geleitete Behörde)

der **Staats|mann;** die Staats|män|ner

das **Staats|ober|haupt** (oberster Repräsentant eines Staates)
der **Staats|prä|si|dent**
die **Staats|prä|si|den|tin**
der **Staats|se|kre|tär** (hoher Staatsbeamter, der einem Minister oder einer Ministerin unmittelbar unterstellt ist)
die **Staats|se|kre|tä|rin;** die Staatssekretärinnen
die **Staats|ver|schul|dung**
der **Stab;** des Stabs *oder* Sta|bes; die Stä|be; *Verkleinerungsform:* das Stäbchen
der **Stab|hoch|sprung**
sta|bil (haltbar; fest); stabile Regale
sta|bi|li|sie|ren (stabil, standfest machen); du stabilisierst; er stabilisierte; er hat das Regal stabilisiert
die **Sta|bi|li|sie|rung;** der Stabilisierung; die Sta|bi|li|sie|run|gen
die **Sta|bi|li|tät** (das Stabilsein, Beständigsein)
der **Sta|chel;** des Stachels; die Stacheln
die **Sta|chel|bee|re**
der **Sta|chel|draht**
der **Sta|chel|draht|zaun**
sta|che|lig *oder* **stach|lig;** stach[e]lige Sträucher
das **Sta|chel|schwein**
das **Sta|di|on** (Anlage für Sportwettkämpfe und -übungen); des Stadions; die Sta|dien
die **Sta|di|on|an|sa|ge**
der **Sta|di|on|spre|cher**
die **Sta|di|on|spre|che|rin**
das **Sta|di|um** (Abschnitt, Entwicklungsstufe); des Stadiums; die Sta|di|en
die **Stadt;** die Städ|te
stadt|be|kannt; stadtbekannte Gebäude; ABER: in der [ganzen] Stadt bekannte Gebäude
die **Stadt|bi|b|lio|thek**
die **Stadt|bü|che|rei**
das **Städt|chen;** des Städtchens; die Städtchen
städ|te|bau|lich
der **Städ|ter;** des Städters; die Städter
die **Städ|te|rin;** die Städterinnen
die **Stadt|füh|rung**
städ|tisch; städtische Kindergärten
der **Stadt|plan**
der **Stadt|rand**
die **Stadt|rand|sied|lung**

der **Stadt|rat**
die **Stadt|rä|tin**
der **Stadt|staat**
der **Stadt|teil**
das **Stadt|tor**
der **Stadt|ver|ord|ne|te;** ein Stadtverordneter; die Stadtverordneten; zwei Stadtverordnete
die **Stadt|ver|ord|ne|te;** eine Stadtverordnete
die **Stadt|ver|wal|tung**
das **Stadt|vier|tel**
die **Stadt|wer|ke** *Plural*
das **Stadt|zen|t|rum**
die **Sta|fet|te** (Staffellauf, auch die Läufer selbst); die Stafetten
der **Staf|fel;** die Staffeln
die **Staf|fe|lei** (beim Malen verwendetes Gestell)
der **Staf|fel|lauf**
staf|feln; du staffelst; er staffelte; er hat die Preise gestaffelt; staffle *oder* staffele die Preise!
die **Sta|g|na|ti|on** (Stockung, Stillstand); die Sta|g|na|ti|o|nen
sta|g|nie|ren; der Export stagnierte; die Wirtschaft hat lange Zeit stagniert
der **Stahl;** des Stahls *oder* Stahl|les; die Stähle, *seltener:* die Stah|le
der **Stahl|be|ton**
stäh|len (stark, widerstandsfähig machen); du stählst; er stählte; er hat seinen Körper gestählt; stähl *oder* stähle deine Muskeln!
stäh|lern (aus Stahl); stählerne Brücken
stahl|hart
die **Stahl|plat|te**
stak|sen (mit steifen Schritten gehen); du stakst; sie stakste; sie ist durch das Laub gestakst; staks *oder* stakse nicht so!
der **Sta|lag|mit** (nach oben wachsender Tropfstein); des/dem/den Sta|lag|mi|ten; die Sta|lag|mi|ten
der **Sta|lak|tit** (nach unten wachsender Tropfstein); des/dem/den Sta|lak|ti|ten; die Sta|lak|ti|ten
der **Stall;** des Stalls *oder* Stall|les; die Ställ|le
die **Stall|la|ter|ne** *oder* **Stall-La|ter|ne**
die **Stal|lung**
der **Stamm;** des Stamms *oder* Stam|mes; die Stäm|me

Stammbaum – Star

der **Stamm|baum**

das **Stamm|buch**

stam|meln; du stammelst; sie stammelte; sie hat eine Entschuldigung gestammelt; stammle *oder* stammele nicht so!

stam|men; du stammst; sie stammte aus Heidelberg; die Idee hat von ihm gestammt

die **Stamm|form**

der **Stamm|gast**

stäm|mig (kräftig); stämmige Beine

die **Stamm|kund|schaft**

die **Stamm|sil|be**

der **Stamm|tisch**

der **Stamm|va|ter**

die **Stamm|zel|le** *(Medizin)*

stamp|fen; du stampfst; sie stampfte; sie hat zornig mit den Füßen gestampft; stampfe nicht mit den Füßen!

der **Stamp|fer;** des Stampfers; die Stampfer

der **Stand;** des Stands *oder* Stan|des; die Stän|de; einen schweren Stand haben; jemanden in den Stand setzen[,] etwas zu tun; ABER: außer Stande *oder* außerstande (nicht in der Lage; unfähig) sein; im Stande *oder* imstande sein; etwas in Stand *oder* instand halten; etwas in Stand *oder* instand setzen; etwas zu Stande *oder* zustande bringen; zu Stande *oder* zustande kommen

der **Stan|dard** (Maßstab, Richtschnur, Norm; Qualitäts- oder Leistungsniveau); des Standards; die Standards

die **Stan|dard|aus|rüs|tung**

das **Stan|dard|deutsch** *oder* **Stan|dard-deut|sche**

stan|dar|di|sie|ren (vereinheitlichen; normen); du standardisierst; sie hat die Tests standardisiert; standardisier *oder* standardisiere die Formate!

stan|dard|mä|ßig

die **Stan|dar|te** (Fahne); die Standarten

das **Stand|bein** *(Sport)*

das **Stand|bild**

das **Stand-by** ['stɛntbai] *oder* **Stand|by** (verbilligte [Flug]reise mit Platzvergabe nach einer Warteliste; *EDV:* Bereitschaftsschaltung); des Standby[s] *oder* Standby[s]; die Stand-bys *oder* Standbys

das **Ständ|chen**

der **Stän|der;** des Ständers; die Ständer

das **Stan|des|amt**

stan|des|amt|lich; die standesamtliche Trauung

der **Stan|des|be|am|te**

die **Stan|des|be|am|tin**

stan|des|ge|mäß

stand|fest

stand|haft; stand|haf|ter; am stand|haftes|ten

stand|hal|ten; du hältst stand; sie hielt der Kritik stand; der Deich hat der Sturmflut standgehalten; halte stand!

stän|dig (dauernd)

der **Stand|ort**

der **Stand|punkt**

die **Stand|spur** (auf der Autobahn)

die **Stan|ge**

der **Stän|gel** (Teil der Pflanze); des Stängels; die Stängel

stän|kern (*umgangssprachlich für:* dauernd nörgeln und so für Unfrieden sorgen); du stänkerst; er stänkerte; er hat gegen ihn gestänkert; stänkere nicht!

das **Stan|ni|ol** (Zinn- oder Aluminiumfolie); des Stanniols; die Stan|ni|o|le

das **Stan|ni|ol|pa|pier**

stan|zen (mit einem Stempel ausschneiden); du stanzt; sie stanzte; sie hat das Blech gestanzt

die **Stanz|ma|schi|ne**

der **Sta|pel;** des Stapels; die Stapel

der **Sta|pel|lauf** (eines Schiffs)

sta|peln; du stapelst; sie stapelte; sie hat das Holz gestapelt; staple *oder* stapele die Bretter!

sta|pel|wei|se

die **Stap|fe** *oder* der **Stap|fen** (Fußspur); des Stapfen *oder* Stapfens; die Stapfen

stap|fen; ich stapfe; du stapfst; sie stapfte; sie ist durch den Schnee gestapft

der **Stap|fen** (Fußspur); des Stapfen *oder* Stapfens; die Stapfen

der **Star** (Augenkrankheit); des Stars *oder* Sta|res; die Sta|re; der graue, grüne, schwarze Star

der **Star** (berühmter Künstler, berühmte Künstlerin, berühmte Persönlichkeit); des Stars; die Stars

der **Star** (Vogel); des Stars *oder* Sta|res; die Sta|re

Starallüren – Statur

die **Star|al|lü|ren** (launenhafte Eigenheiten)
Plural
der **Star|gast**
stark; stär|ker; am stärks|ten; starke
Nerven; stark erhitztes Öl; er ist stark
erkältet; das Auto wurde stark beschä-
digt
die **Stär|ke**
stär|ken; du stärkst; er stärkte; er hat
seinen Glauben gestärkt; sich stärken;
ich muss mich erst stärken
der **Stark|strom**
die **Stär|kung**
starr; ein starrer Blick
die **Star|re**
star|ren; du starrst; sie starrte; sie hat
aus dem Fenster gestarrt; starre nicht!
der **Starr|kopf** (eigensinniger Mensch)
der **Starr|sinn**
starr|sin|nig
der **Start;** des Starts *oder* Star|tes; die
Starts, *selten:* Star|te
die **Start|bahn**
der **Start|block** *(Sport);* die Start|blö|cke
star|ten; du startest; sie startete; sie ist
zu früh gestartet; starte sofort!
das **Start|gut|ha|ben**
das **Start|hil|fe|ka|bel**
start|klar
das **Start|loch**
der **Start|platz**
der **Start|schuss**
das **Start-up** ['sta:ɐ̯tʌp] (neu gegründetes
Wirtschaftsunternehmen); des Start-
ups; die Start-ups
die, *selten:* der **Sta|si** (*umgangssprachlich
kurz für:* Staatssicherheitsdienst in der
DDR)
die **Sta|si|ak|te**
das **State|ment** ['steɪtmənt] (öffentliche
Erklärung); des Statements; die Statements
die **Sta|tik** ([Lehre vom] Gleichgewicht der
Kräfte bei ruhenden Körpern)
der **Sta|ti|ker** (Fachmann für Statik); des
Statikers; die Statiker
die **Sta|ti|ke|rin;** die Statikerinnen
die **Sta|ti|on;** die Sta|ti|o|nen
sta|ti|o|när (an einen festen Ort gebun-
den); stationäre Behandlung (im Krankenhaus); er wurde stationär behandelt
sta|ti|o|nie|ren (an einen bestimmten

Ort bringen, stellen); du stationierst;
er stationierte; man hat dort Truppen
stationiert; da sind Raketen stationiert
der **Sta|ti|ons|arzt**
die **Sta|ti|ons|ärz|tin**
die **Sta|ti|ons|schwes|ter**
sta|tisch (ruhend, stillstehend)
der **Sta|tist** (Randfigur [in einem Theater-
stück oder Film]); des/dem/den Sta|tis-
ten; der Sta|tis|ten
die **Sta|tis|tik** (zahlenmäßige Erfassung);
die Sta|tis|ti|ken
der **Sta|tis|ti|ker;** des Statistikers; die Statis-
tiker
die **Sta|tis|ti|ke|rin;** die Statistikerinnen
die **Sta|tis|tin;** die Statistinnen
sta|tis|tisch; statistische Erhebungen;
ABER: das Statistische Bundesamt (in
Wiesbaden)
das **Sta|tiv** (ein Ständer); des Stativs; die Sta-
ti|ve

---

statt

Präposition mit Genitiv:

– statt meiner
– statt einer Erklärung
– sie konnte nicht kommen, stattdessen
  (dafür) schickte sie ihre Schwester

Konjunktion:

– statt mit Drohungen versucht er es mit
  Ermahnungen
– sie gab das Geld ihm statt mir

---

statt|des|sen *vergleiche:* **statt**
die **Stät|te** (*gehoben für:* [Schau]platz,
Stelle); die Stätten
statt|fin|den; es findet statt; das Fest
fand statt; es hat stattgefunden
statt|haft (erlaubt, zulässig)
der **Statt|hal|ter** (Stellvertreter); des Statt-
halters; die Statthalter
die **Statt|hal|te|rin;** die Statthalterinnen
statt|lich (groß, kräftig)
die **Sta|tue** (das Standbild); die Sta|tu|en
sta|tu|ie|ren (aufstellen; festsetzen;
bestimmen); du statuierst; sie statuierte;
die Regierung hat ein Exempel statuiert
(hat ein warnendes Beispiel gegeben)
die **Sta|tur** (Gestalt, Wuchs); die Sta|tu|ren

Status – Stehlampe

der **Sta|tus** (Zustand; Lage); des Status; die Status ['ʃta:tu:s]

> **!** Der Plural von *Status* wird genauso geschrieben wie der Singular. Einen Unterschied gibt es lediglich in der Aussprache: Im Plural spricht man das *u* lang.

der **Sta|tus quo** (der gegenwärtige Zustand); des Status quo

das **Sta|tut** ([Grund]gesetz; Satzung); des Statuts oder Sta|tu|tes; die Sta|tu|ten

der **Stau;** des Staus *oder* Stau|es; die Staus *oder* Staue

der **Staub;** des Staubs *oder* Stau|bes;
↑ staubsaugen
staub|be|deckt; staubbedeckte Regale; ABER NUR: mit Staub bedeckte Regale

der **Staub|beu|tel**
stau|ben; es staubte; es hat gestaubt

der **Staub|fa|den**
staub|frei

das **Staub|ge|fäß**
stau|big; staubige Regale
staub|sau|gen *oder* **Staub sau|gen;** er staubsaugte *oder* er saugte Staub; er hat gestaubsaugt *oder* er hat Staub gesaugt

der **Staub|sau|ger;** des Staubsaugers; die Staubsauger

das **Staub|tuch**

die **Stau|chung**

der **Stau|damm**

die **Stau|de** ([große] Pflanze mit mehreren Stängeln); die Stauden
stau|en; du staust; er staute; er hat den Bach gestaut; sich stauen; der Verkehr hat sich gestaut
stau|nen; du staunst; sie staunte; sie hat darüber gestaut; staune nur!

das **Stau|nen;** des Staunens; aus dem Staunen nicht mehr herauskommen; Staunen erregen; Staunen erregend *oder* staunenerregend; ein Staunen erregender *oder* staunenerregender Vorfall; ABER NUR: ein großes Staunen erregender Vorfall; ein besonders staunenerregender Vorfall
stau|nens|wert; staunenswerter Fleiß

der **Stau|see**

die **Stau|ung**

Std. = Stunde

das **Steak** [ste:k] (gebratene Fleischschnitte); des Steaks; die Steaks

das **Ste|a|rin** (Rohstoff für Kerzen); des Stearins; die Ste|a|ri|ne
ste|chen; du stichst; die Biene stach; sie hat ihn, *auch:* ihm ins Bein gestochen; stich ihn nicht!
ste|chend; ein stechender Geruch

die **Stech|mü|cke**

der **Steck|brief** (Fahndungsplakat)
steck|brief|lich; steckbrieflich gesucht

die **Steck|do|se**

---

ste|cken

(sich irgendwo, in etwas befinden; dort festsitzen, befestigt sein)
↑ *auch:* stecken (etwas in etwas einfügen)
– die Uhr steckte, *älter auch:* stak in der Tasche; sie hat in der Tasche gesteckt

Schreibung in Verbindung mit »bleiben« und »lassen«:

– der Nagel kann in der Wand stecken bleiben; ABER: sie ist während des Vortrags mehrmals stecken geblieben *oder* steckengeblieben (ins Stocken geraten)
– er hat den Schlüssel stecken lassen, *seltener:* stecken gelassen; ABER: du kannst dein Geld stecken lassen *oder* steckenlassen, ich bezahle

---

ste|cken (etwas in etwas einfügen; etwas festheften); du steckst; sie steckte; sie hat den Brief in den Kasten gesteckt; steck *oder* stecke das Geld in die Tasche!

der **Ste|cken** (Stock); des Steckens; die Stecken
ste|cken|blei|ben *vergleiche:* **ste|cken**
ste|cken|las|sen *vergleiche:* **ste|cken**

das **Ste|cken|pferd** (Hobby, Liebhaberei)

der **Ste|cker;** des Steckers; die Stecker

der **Steck|ling** (abgeschnittener Pflanzenteil, der neue Wurzeln bildet)

die **Steck|na|del**

der **Steg;** des Stegs *oder* Ste|ges; die Stege

der **Steg|reif;** *nur in:* etwas aus dem Stegreif (unvorbereitet) vortragen

das **Steh|auf|männ|chen**

das **Steh|ca|fé**
ste|hen *siehe Kasten Seite 459*
ste|hen|blei|ben *vergleiche:* **ste|hen**
ste|hen|las|sen *vergleiche:* **ste|hen**

die **Steh|lam|pe**

458

Stehleiter – Stellvertreter

ste|hen

Beugung:

- du stehst; sie steht; du stand[e]st; sie stand; sie hat (*süddeutsch und österreichisch:* ist) an der Tür gestanden
- auf jemanden oder etwas stehen (*umgangssprachlich für:* eine besondere Vorliebe für jemanden oder etwas haben)

Groß schreibt man die Nominalisierung:

- das [lange] Stehen fällt ihr schwer
- sie brachte das Auto zum Stehen

Schreibung in Verbindung mit »bleiben« und »lassen«:

- du kannst doch nicht mitten auf der Straße stehen bleiben!; ABER: die Uhr ist stehen geblieben *oder* stehengeblieben; sie blieb stehen; bleibe bei der Begrüßung stehen!
- ihr solltet die alte Frau im Bus nicht stehen lassen (ihr solltet ihr ermöglichen, sich hinzusetzen); ABER: sie hat ihn auf der Party einfach stehen lassen *oder* stehenlassen; er hat die Suppe stehen lassen *oder* stehenlassen

---

die **Steh|lei|ter**

steh|len; du stiehlst; sie stiehlt; sie stahl; sie hat Geld gestohlen; stiehl nie wieder!

der **Steh|platz**

steif; ein steifer Hals; der Arm kann steif werden; die Sahne steif schlagen *oder* steifschlagen; sie muss das Bein steif halten; ABER: die Ohren steifhalten (*umgangssprachlich für:* sich nicht entmutigen lassen)

die **Steif|heit**

steif|schla|gen *vergleiche:* **steif**

der **Steig** (steiler, schmaler Weg); des Steigs *oder* Stei|ges; die Steige

der **Steig|bü|gel**

das **Steig|ei|sen**

stei|gen; du steigst; sie steigt; sie stieg; sie ist auf die Leiter gestiegen; steig *oder* steige nach oben!

stei|gern; du steigerst; sie steigerte; sie hat das Tempo gesteigert; steigere das Adjektiv; sich steigern; ihre Leistung hat sich gesteigert (verbessert)

die **Stei|ge|rung**

die **Stei|ge|rungs|stu|fe;** erste Steigerungsstufe (Komparativ); zweite Steigerungsstufe (Superlativ)

die **Stei|gung**

steil; ein steiles Dach

der **Steil|hang**

die **Steil|küs|te**

der **Stein**

stein|alt (sehr alt)

der **Stein|bock**

der **Stein|bruch;** die Stein|brü|che

stei|nern (aus Stein)

das **Stein|gut**

stein|hart

stei|nig; steiniges Gelände

die **Stein|koh|le**

der **Stein|metz;** des/dem/den Stein|metzen; die Stein|met|zen

die **Stein|met|zin;** die Steinmetzinnen

das **Stein|obst**

der **Stein|pilz**

stein|reich (sehr reich)

der **Stein|schlag**

die **Stein|zeit**

der **Stein|zeit|mensch**

der **Steiß** (Steißbein; Gesäß); des Stei|ßes; die Stei|ße

das **Steiß|bein**

die **Stel|le;** zur Stelle sein; an erster, zweiter Stelle; er kam an Stelle *oder* anstelle seines Bruders

stel|len; du stellst; sie stellte; sie hat den Schrank in die Ecke gestellt; stell *oder* stelle die Milch in den Kühlschrank!

der **Stel|len|ab|bau;** des Stellenabbaus *oder* Stel|len|ab|bau|es

das **Stel|len|an|ge|bot**

das **Stel|len|ge|such**

stel|len|wei|se; stellenweise Glatteis

der **Stel|len|wert** (Bedeutung)

der **Stell|platz**

die **Stel|lung;** zu etwas Stellung nehmen

die **Stel|lung|nah|me**

stell|ver|tre|tend; der stellvertretende Direktor

der **Stell|ver|tre|ter**

Stellvertreterin – sticheln

die **Stẹll|ver|tre|te|rin**

das **Stẹll|werk**

die **Stẹl|ze;** die Stelzen
stẹl|zen; du stelzt; sie stelzte; sie ist
durch den Garten gestelzt

das **Stẹmm|ei|sen** (ein Werkzeug)
stẹm|men; du stemmst; er stemmte; er
hat gestemmt; stemme die Hanteln!;
sich gegen etwas stemmen

der **Stẹm|pel;** des Stempels; die Stempel
stẹm|peln; du stempelst; sie stempelte;
sie hat gestempelt; stemple *oder* stemple den Brief!; stempeln gehen
(*umgangssprachlich für:* Arbeitslosen-
geld bekommen)

die **Ste|no|gra|fie** *oder* Ste|no|gra|phie
(Kurzschrift)
ste|no|gra|fie|ren *oder* ste|no|gra|phie-
ren; du stenografierst *oder* stenogra-
phierst; sie stenografierte *oder* stenogra-
phierte; sie hat die Rede stenografiert
oder stenographiert

der **Ste|no|ty|pist** (jemand, der Stenografie
und Maschinenschreiben beherrscht);
des/dem/den Ste|no|ty|pis|ten; die Ste-
no|ty|pis|ten

die **Ste|no|ty|pis|tin;** die Stenotypistinnen

die **Stepp|de|cke**

die **Stẹp|pe** (baumlose, wasserarme Ebene)
stẹp|pen; du steppst; sie steppte; sie hat
den Rand gesteppt; stepp *oder* steppe
den Saum!

der **Stẹpp|tanz**

die **Stẹr|be|hil|fe;** wegen unerlaubter Ster-
behilfe ermitteln
stẹr|ben; du stirbst; sie stirbt; sie starb;
sie ist gestern gestorben
stẹr|bens|krank
stẹrb|lich (vergänglich)

die **Ste|reo|an|la|ge**
ste|reo|fon *oder* ste|reo|phon (räum-
lich klingend); stereofone *oder* stereo-
phone Tonwiedergabe
ste|reo|typ (unveränderlich)
ste|ril (keimfrei; unfruchtbar)
ste|ri|li|sie|ren (keimfrei, unfruchtbar
machen); du sterilisierst; sie sterilisierte
die Milch; sie hat die Katze sterilisiert

der **Stẹrn;** des Sterns *oder* Ster|nes; die Ster-
ne

das **Stẹrn|bild**
stẹr|nen|klar; sternenklare Nächte

die **Stẹrn|frucht** (Karambole)
stẹrn|klar

die **Stẹrn|kun|de** (Astronomie)

die **Stẹrn|schnup|pe**

die **Stẹrn|stun|de** (glückliche Stunde)

die **Stẹrn|war|te**

das **Stẹrn|zei|chen** (Tierkreiszeichen)

das **Ste|tho|s|kop** (Hörrohr des Arztes); des
Stethoskops; die Ste|tho|s|ko|pe
ste|tig ([be]ständig)

die **Ste|tig|keit**
stẹts (immer, jederzeit)

das **Steu|er** (Lenkvorrichtung in einem
Fahrzeug); des Steuers; die Steuer

die **Steu|er** (Abgabe); die Steuern

der **Steu|er|be|ra|ter**

die **Steu|er|be|ra|te|rin**

der **Steu|er|be|scheid**

das **Steu|er|bord** (die rechte Schiffsseite
[von hinten gesehen]); die Steu|er|bor|de

die **Steu|er|er|hö|hung**

die **Steu|er|er|klä|rung**

die **Steu|er|hin|ter|zie|hung**

der **Steu|er|knüp|pel** (im Flugzeug)

der **Steu|er|mann;** die Steu|er|män|ner *oder*
Steu|er|leu|te
steu|ern; du steuerst; sie steuerte; sie
hat das Auto gesteuert; steure *oder*
steuere das Boot!
steu|er|pflich|tig; steuerpflichtiger Lohn

das **Steu|er|rad**

die **Steu|er|re|form**

das **Steu|er|ru|der**

die **Steu|e|rung**

der **Steu|er|zah|ler;** des Steuerzahlers; die
Steuerzahler

die **Steu|er|zah|le|rin;** die Steuerzahlerinnen

der **Ste|ward** [ˈstjuːɐt] (Betreuer der Passa-
giere auf Schiffen und in Flugzeugen);
des Stewards; die Stewards

die **Ste|war|dess** [ˈstjuːɐdɛs]; die Ste|war-
des|sen
sti|bit|zen (*umgangssprachlich für:* auf
listige Art entwenden); du stibitzt; sie
stibitzte; sie hat drei Kekse stibitzt

der **Stịch;** des Stichs *oder* Stị|ches; die Stị-
che; er hat ihn im Stich gelassen

der **Stị|chel** (ein Werkzeug); des Stichels; die
Stichel

die **Stị|che|lei** (*auch für:* Anspielung)
stị|cheln (*auch für:* boshafte Bemerkun-
gen machen); du stichelst; sie stichelte;

Stichflamme – stillhalten

sie hat gestichelt; stichle *oder* stichele nicht!

die **Stich|flam|me**

stich|hal|tig; stichhaltige Beweise

der **Stich|ling** (ein Fisch); des Stichlings; die Stich|lin|ge

die **Stich|pro|be**

stich|pro|ben|ar|tig; stichprobenartig kontrollieren

der **Stich|tag**

die **Stich|wahl**

das **Stich|wort;** *Plural (für Wörter, die ein Nachschlagewerk verzeichnet:)* die Stichwör|ter, *(für kurze Notizen, Einsatzworte für den Auftritt:)* die Stich|wor|te; ↑ Wort

stich|wort|ar|tig; stichwortartige Notizen

sti|cken; du stickst; sie stickte; sie hat eine Decke gestickt

der **Sti|cker** ['ʃtɪkɐ *oder* 'stɪkɐ] (Aufkleber); des Stickers; die Sticker

das **Sti|cker|al|bum**

die **Sti|cke|rei**

sti|ckig; stickige Luft

der **Stick|stoff**

stick|stoff|frei

stick|stoff|hal|tig

der **Stie|bru|der**

der **Stie|fel;** des Stiefels; die Stiefel

stie|feln; du stiefelst; sie stiefelte; sie ist nach Hause gestiefelt

die **Stief|el|tern** *Plural*

die **Stief|ge|schwis|ter** *Plural*

das **Stief|kind**

die **Stief|mut|ter**

das **Stief|müt|ter|chen** (eine Blume)

stief|müt|ter|lich; jemanden oder etwas stiefmütterlich (schlecht) behandeln

die **Stief|schwes|ter**

der **Stief|va|ter**

die **Stie|ge** (steile, enge Holztreppe)

der **Stieg|litz** (ein Vogel)

der **Stiel;** des Stiels *oder* Stie|les; die Stie|le; mit Stumpf und Stiel

---

! Nicht verwechseln: Obwohl beide Wörter gleich ausgesprochen werden, schreibt man den Stiel zum Anfassen mit *ie* (»Besen*stiel*«, »Rosen*stiel*«), die charakteristische Ausdrucks- oder Gestaltungsweise hingegen nur mit *i* (»flüssiger Stil«, »gotischer Stil«).

---

der **Stier;** des Stiers *oder* Stie|res; die Stie-re

stie|ren (starr blicken); sie stierte ihn an; er hat an die Decke gestiert

der **Stier|kampf**

das **Stift** (fromme Stiftung); des Stifts *oder* Stif|tes; die Stif|te

der **Stift** (Nagel; Schreibgerät; *umgangssprachlich für:* kleiner Junge; Lehrling); des Stifts *oder* Stif|tes; die Stif|te

stif|ten; du stiftest; sie stiftete; sie hat viel Geld gestiftet; stifte keine Unruhe!

stif|ten; *nur in:* stiften gehen (*umgangssprachlich für:* ausreißen, fliehen)

die **Stif|tung**

der **Stil** (Ausdrucksform; Bauart; Schreibart); des Stils *oder* Sti|les; die Sti|le; ↑ ABER: Stiel

die **Stil|blü|te** (ungeschickte Formulierung, die ungewollt komisch wirkt)

sti|li|siert (stark vereinfachend dargestellt); eine stilisierte Rose

sti|lis|tisch; stilistische Feinheiten

---

still

Kleinschreibung:

– das stille Örtchen (*umgangssprachlich für:* Toilette)
– eine stille Stunde

Großschreibung:

– im Stillen (unbemerkt)
– der Stille Ozean

Getrenntschreibung:

– still sein, still werden, still sitzen
– du sollst die Lampe [ganz] still halten
– nun bleib doch endlich still stehen!
– das Kind hat still gelegen

Zusammenschreibung bei übertragener Bedeutung:

Vergleiche: stilllegen, stillliegen, stillhalten, stillschweigen, stillstehen

---

die **Stil|le;** in aller Stille; in der Stille

stil|len; du stillst; sie stillte; sie hat ihr Kind gestillt; still *oder* stille das Kind!

still|hal|ten (erdulden, ertragen); du hältst still; er hält still; er hielt still; er hat stillgehalten; halt *oder* halte still!

461

Stillleben – Stollen

das **Still|le|ben** *oder* Still-Le|ben (*Malerei:* die Darstellung lebloser Gegenstände)

still|le|gen (außer Betrieb setzen); du legst still; er legte die Fabrik still; er hat sie stillgelegt; leg *oder* lege die Fabrik still!

die **Still|le|gung**

still|lie|gen (außer Betrieb sein); die Bahnlinie liegt still; sie hat stillgelegen

still|los (ohne Stil[gefühl])

still|schwei|gen; du schweigst still; sie schweigt still; sie schwieg still; sie hat stillgeschwiegen; schweig *oder* schweige jetzt still!

das **Still|schwei|gen;** sich in Stillschweigen hüllen; jemandem Stillschweigen auferlegen

still|schwei|gend

der **Still|stand**

still|ste|hen (nicht [mehr] in Bewegung, Betrieb sein); der Verkehr steht still; die Maschine stand still; sein Herz hat kurze Zeit stillgestanden; stillgestanden! (militärisches Kommando)

still|ver|gnügt; stillvergnügt lächeln

still|voll; stilvolle Möbel

die **Stimm|ab|ga|be**

das **Stimm|band** (im Kehlkopf); die Stimmbän|der *meist Plural*

stimm|be|rech|tigt (mit Stimmrecht)

der **Stimm|bruch**

die **Stim|me**

stim|men; diese Rechnung stimmt; er stimmte die Geige; das hat ihn froh gestimmt; stimme für den Kandidaten!

die **Stimm|ga|bel**

stimm|haft (weich auszusprechen); stimmhafte Laute

stim|mig ([überein]stimmend)

die **Stimm|la|ge** (zum Beispiel Tenor)

stimm|lich (die Stimme betreffend)

stimm|los

das **Stimm|recht**

die **Stim|mung**

stim|mungs|voll

der **Stimm|zet|tel**

sti|mu|lie|ren (anregen); der Beifall stimulierte ihn; das hat ihn stimuliert

der **Stin|ke|fin|ger** (*umgangssprachlich für:* eine obszöne Geste)

stin|ken; du stinkst; der Käse stank; er hat gestunken

stink|faul (*umgangssprachlich für:* sehr faul)

stin|kig; stinkige Abgase; warum bist du denn so stinkig (verärgert)?

stink|lang|wei|lig (*umgangssprachlich für:* sehr langweilig)

das **Stink|tier**

der **Sti|pen|di|at** (jemand, der ein Stipendium erhält); des/dem/den Sti|pen|di|aten; die Sti|pen|di|a|ten

die **Sti|pen|di|a|tin;** die Stipendiatinnen

das **Sti|pen|di|um** (finanzielle Unterstützung für Schüler[innen], Studierende, Gelehrte); des Stipendiums; die Sti|pen|di|en

stip|pen (*umgangssprachlich für:* tupfen, tunken); du stippst; er stippte; er hat den Zwieback in die Milch gestippt

die **Stirn;** die Stir|nen, *gehoben auch:* Stir|ne

stö|bern (*umgangssprachlich für:* [wühlend herum]suchen); du stöberst; er stöberte; er hat auf dem Dachboden gestöbert; stöber *oder* stöbere nicht in meinen Sachen!

sto|chern; du stocherst; er stocherte; er hat im Ofen gestochert

der **Stock;** des Stocks *oder* Sto|ckes; die Stöcke; über Stock und Stein

der **Stock** (das Stockwerk); des Stocks *oder* Sto|ckes; die Stock; das Haus hat zwei Stock; es ist drei Stock hoch

stock|dun|kel; der stockdunkle Keller

sto|cken; du stockst beim Lesen; das Gespräch stockte; der Verkehr hat gestockt

stock|fins|ter; eine stockfinst[e]re Nacht

Stock|holm (Hauptstadt Schwedens)

die **Sto|ckung**

das **Stock|werk;** die Stock|wer|ke

der **Stoff;** des Stoffs *oder* Stof|fes; die Stof|fe

die **Stoff|far|be** *oder* Stoff-Far|be

der **Stoff|fet|zen** *oder* Stoff-Fet|zen

stoff|lich; stoffliche Überreste

der **Stoff|wech|sel**

die **Stoff|wech|sel|krank|heit**

stöh|nen; du stöhnst; er stöhnte; er hat vor Schmerz gestöhnt; stöhn *oder* stöhne nicht!; ABER: sie hört ein leises Stöhnen

die **Sto|la** (ein Umhang); die Stolen

der **Stol|len** (ein Weihnachtsgebäck; Zapfen

stolpern – Strafrecht

an Hufeisen und Schuhen; waagerechter Grubenbau); des Stollens; die Stollen
stol|pern; ich stolpere; du stolperst; sie stolperte; sie ist über die Wurzel gestolpert

der **Stol|per|stein** (Schwierigkeit, an der etwas, jemand scheitern kann)
stolz; stol|zer; am stol|zes|ten

der **Stolz;** des Stol|zes
stol|zie|ren (stolz einherschreiten); du stolzierst; sie stolzierte; sie ist durch den Park stolziert
stop! (*auf Verkehrsschildern:* halt!)

! Die aus dem Englischen kommende Schreibung mit einem *p* ist auf dem internationalen Verkehrsschild (STOP) üblich. Sonst ist die Schreibweise mit *pp* richtig: »*Stopp* doch mal!«; »ein *Stopp* an der Tankstelle«.

stop|fen; du stopfst; er stopfte; er hat die Strümpfe gestopft; stopf *oder* stopfe das Loch!

der **Stop|fen** (Stöpsel); des Stopfens; die Stopfen

das **Stopf|garn**
stopp! (halt!); stopp mal!; ↑ ABER: stop!

der **Stopp** (der Halt, die Unterbrechung); des Stopps; die Stopps

die **Stop|pel;** die Stoppeln

das **Stop|pel|feld**
stop|pe|lig *oder* **stopp|lig**
stop|pen; du stoppst; sie stoppte; sie hat plötzlich gestoppt; stopp *oder* stoppe das Auto!

das **Stopp|licht**

das **Stopp|schild**

die **Stopp|stra|ße**

die **Stopp|uhr**

der **Stöp|sel;** des Stöpsels; die Stöpsel

der **Storch;** des Storchs *oder* Stor|ches; die Stör|che

das **Stor|chen|nest** *oder* **Storch|nest**

der **Storch|schna|bel** (eine Pflanze)

der **Store** [ʃtoːɐ̯ *oder* stoːɐ̯] (Vorhang); des Stores; die Stores
stö|ren; du störst; er störte; er hat den Unterricht gestört; stör *oder* störe nicht!
stö|rend; störende Zwischenrufe

der **Stö|ren|fried** *(abwertend);* des Störenfrieds *oder* Stö|ren|frie|des; die Stö|ren|frie|de

der **Stör|fall** (in einem Kernkraftwerk)
stör|risch, *seltener auch:* **stör|rig**

die **Stö|rung**
stö|rungs|frei

die **Sto|ry** [ˈstɔri] (Geschichte); die Storys

der **Stoß;** des Sto|ßes; die Stö|ße
sto|ßen; du stößt; sie stößt; sie stieß; sie hat ihn gestoßen; stoß *oder* stoße ihn nicht!
stoß|fest; eine stoßfeste Uhr

der **Stoß|seuf|zer**
stoß|si|cher (stoßfest)

die **Stoß|stan|ge**

der **Stoß|ver|kehr** (sehr starker Verkehr zu bestimmten Tageszeiten)
stoß|wei|se

der **Stoß|zahn**

die **Stoß|zeit** (Hauptverkehrszeit)

der **Stot|te|rer;** des Stotterers; die Stotterer

die **Stot|te|rin;** die Stotterinnen
stot|tern; ich stottere; du stotterst; er stottert; er hat als Kind gestottert; ABER: etwas auf Stottern (auf Raten) kaufen; der Motor kam ins Stottern
Str. = Straße

das **Strac|cia|tel|la** [stratʃaˈtɛla] (eine Eissorte); des Stracciatella *oder* Stracciatellas
stracks (geradeaus; sofort)

die **Straf|an|stalt**

die **Straf|an|zei|ge**

die **Straf|ar|beit**
straf|bar; strafbare Handlungen

der **Straf|be|fehl** *(Rechtssprache)*

die **Stra|fe**
stra|fen; du strafst; sie strafte; sie hat hart gestraft; straf *oder* strafe ihn dafür!
straff (glatt; fest gespannt); straffe Haut
straf|fäl|lig; straffällig werden
straf|fen; du straffst; er straffte; er hat die Leine gestrafft; straff *oder* straffe den Bericht!
straf|frei; straffrei davonkommen

der **Straf|ge|fan|ge|ne** ↑ Gefangene

die **Straf|ge|fan|ge|ne**
sträf|lich; sträflicher Leichtsinn

der **Sträf|ling;** des Sträflings; die Sträf|lin|ge

das **Straf|maß**

die **Straf|mi|nu|te** (Sport)

der **Straf|pro|zess**

der **Straf|raum** *(besonders Fußball)*

das **Straf|recht** *Plural selten*

Strafstoß – streichen

der **Straf|stoß** (*Ballspiele, Eishockey*)

die **Straf|tat**

der **Straf|tä|ter**

die **Straf|tä|te|rin**

das **Straf|ver|fah|ren**

der **Straf|voll|zug**

der **Strahl;** des Strahls *oder* Strah|les; die Strah|len

strah|len; du strahlst; er strahlte; seine Augen haben vor Begeisterung gestrahlt

strah|lend; ihr strah|lends|tes Lächeln

die **Strah|lung**

die **Strähn|chen** (gefärbte Haarsträhnen) *Plural*

die **Sträh|ne**

sträh|nig; strähniges Haar

stramm; ein Seil <mark>stramm ziehen</mark> *oder* strammziehen; jemandem die Hosen, den Hosenboden <mark>stramm ziehen</mark> *oder* strammziehen (aufs Gesäß schlagen)

stramm|ste|hen; du stehst stramm; er stand stramm; er hat strammgestanden

stramm|zie|hen *vergleiche:* **stramm**

stram|peln; du strampelst; das Baby strampelte; es hat gestrampelt; strample *oder* strampele nicht!

der **Strand;** des Strands *oder* Stran|des; die Strän|de

stran|den; das Schiff strandet; es strandete; es ist beim Sturm gestrandet

die **Strand|pro|me|na|de**

der **Strang;** des Strangs *oder* Stran|ges; die Strän|ge; über die Stränge schlagen

die **Stra|pa|ze** (Anstrengung); die Strapazen

stra|pa|zie|ren; du strapazierst; sie strapazierte; sie hat meine Geduld strapaziert; strapazier *oder* strapaziere meine Nerven nicht!; sich strapazieren (sich abmühen); sie hat sich beim Training arg strapaziert

stra|pa|zier|fä|hig; ein strapazierfähiger Stoff

die **Stra|ße**

die **Stra|ßen|bahn**

die **Stra|ßen|bahn|hal|te|stel|le**

das **Stra|ßen|fest**

das **Stra|ßen|kind** (auf den Straßen einer Großstadt lebendes Kind, das kein Zuhause hat)

der **Stra|ßen|lärm**

die **Stra|ßen|sei|te**

die **Stra|ßen|sper|re**

der **Stra|ßen|ver|kehr**

der **Stra|te|ge** (jemand, der strategisch vorgeht); des Strategen; die Strategen

die **Stra|te|gie** (Art des Vorgehens, geplante Verfahrensweise); die Stra|te|gi|en

die **Strategin;** die Strateginnen

stra|te|gisch; strategische Fragen

sich **sträu|ben;** du sträubst dich; das Fell der Katze sträubte sich; er hat sich dagegen gesträubt; sträub *oder* sträube dich nicht länger!; ABER: da hilft kein Sträuben

der **Strauch;** des Strauchs *oder* Strau|ches; die Sträu|cher

strau|cheln; du strauchelst; er strauchelte; er ist über einen Stein gestrauchelt

der **Strauß** (ein Vogel); des Strau|ßes; die Strau|ße; der Vogel Strauß; ABER: die Vogel-Strauß-Politik

der **Strauß** (Blumenstrauß); des Strau|ßes; die Sträu|ße

die **Strau|ßen|fe|der**

die **Stre|be** (schräge Stütze); die Streben

stre|ben; du strebst; sie strebte; sie hat nach Erfolg gestrebt; strebe nach Höherem!

der **Stre|ber;** des Strebers; die Streber

stre|ber|haft

die **Stre|be|rin;** die Streberinnen

streb|sam; strebsame Schüler

die **Stre|cke;** Wild zur Strecke bringen

stre|cken; du streckst; er streckte; er hat die Beine gestreckt; streck *oder* strecke die Soße mit Wasser!; sich strecken; er hat sich gestreckt

stre|cken|wei|se

der **Streck|mus|kel**

die **Street|work** ['striːtvœːɐ̯k] (Hilfe für Drogenabhängige oder Straffällige innerhalb ihres Wohngebietes)

der **Street|wor|ker** (jemand, der Streetwork durchführt); des Streetworkers; die Streetworker

die **Street|wor|ke|rin;** die Streetworkerinnen

der **Streich;** des Streichs *oder* Strei|ches; die Strei|che

strei|cheln; du streichelst; er streichelte den Hund; er hat ihn gerne gestreichelt; streichle *oder* streichele ihn ruhig!

strei|chen; du streichst; sie strich; sie

Streichholz – Striptease

hat gestrichen; streich *oder* streiche die
Wand!

das **Streich|holz**

die **Streich|holz|schach|tel**

das **Streich|in|s|t|ru|ment**

das **Streich|quar|tett**

die **Strei|fe** (zur Kontrolle eingesetzte
kleine Polizei- oder Militäreinheit; Kon-
trollgang, -fahrt); auf Streife gehen

strei|fen; du streifst; er streifte; er ist
durch Feld und Wald gestreift; die Kugel
hat nur seinen Arm gestreift

der **Strei|fen;** des Streifens; die Streifen

der **Strei|fen|wa|gen** (für eine Polizeistreife)

das **Streif|licht** (kurze, erhellende Darle-
gung); ein paar Streiflichter auf etwas
werfen

der **Streif|schuss**

der **Streif|zug** (Erkundungszug); einen
Streifzug, Streifzüge durch die Gegend
machen

der **Streik** (Arbeitsniederlegung); des
Streiks; die Streiks

strei|ken; du streikst; sie streikte; sie
haben für höhere Löhne gestreikt;
streike nicht!

das **Streik|recht**

der **Streit;** des Streits *oder* Strei|tes; die
Strei|te

streit|bar (kämpferisch, bereit zu
streien)

strei|ten; du streitest; er streitet; er
stritt; er hat [sich] mit ihr gestritten;
streite nicht!

die **Strei|te|rei**

der **Streit|fall**

die **Streit|fra|ge**

strei|tig (strittig)

die **Streit|kräf|te** *Plural*

der **Streit|punkt**

die **Streit|sa|che**

der **Streit|schlich|ter**

die **Streit|schlich|te|rin**

streit|süch|tig

streng; sie ist sehr streng; jemanden
streng beurteilen; auf das, aufs strengste
oder Strengste bestraft werden; streng
nehmen (genau nehmen); du nimmst es
ganz streng; streng genommen[,] ist er
ein Betrüger

die **Stren|ge**

strengs|tens; strengstens verboten sein

der **Stress** (starke körperliche und seelische
Belastung); des Stres|ses; die Stres|se

der **Stress|ab|bau**

stres|sen *(umgangssprachlich);* die
Arbeit stresst; der Lärm hat ihn gestresst

stres|sig *(umgangssprachlich für:* aufrei-
bend, [sehr] anstrengend); ein stressiger
Job

das **Stret|ching** [ˈstretʃɪŋ] (aus Dehnungs-
übungen bestehende Form der Gymnas-
tik); des Stretchings

die **Streu** (Stroh); der Streu; die Streuen *Plural selten*

streu|en; du streust; sie streute; sie hat
gestreut; streu *oder* streue Salz, wenn es
friert!

streu|nen; der Hund streunte; er ist
über die Felder gestreunt

das **Streu|obst**

der **Streu|sel|ku|chen**

der **Strich;** des Strichs *oder* Stri|ches; die
Stri|che

stri|cheln; ich strich[e]le; du strichelst;
er strichelte; er hat ein Dreieck gestri-
chelt; strichle *oder* strichele eine Linie!;
eine gestrichelte Linie

der **Strich|punkt**

strich|wei|se; strichweise Regen

der **Strick;** des Stricks *oder* Stri|ckes; die
Stri|cke

stri|cken; du strickst; sie strickte; sie
hat gestrickt; strick *oder* stricke einen
Pullovert!

die **Strick|ja|cke**

die **Strick|lei|ter**

das **Strick|mus|ter**

die **Strick|na|del**

der **Strie|gel** (harte Bürste); des Striegels;
die Striegel

strie|geln; ich strieg[e]le; du striegelst;
er striegelte; er hat das Pferd gestriegelt;
striegle *oder* striegele dein Pony!

der **Strie|men;** des Striemens; die Striemen

strikt; ein striktes (strenges) Verbot

der **String|tan|ga** (Tanga[slip], dessen rück-
wärtiger Teil aus einem schmalen,
schnurförmigen Stück Stoff besteht)

die **Strip|pe** *(landschaftlich für:* Schnur)

der *oder* das **Strip|tease** [ˈʃtrɪptiːs, *auch:*
ˈst...] (erotischer Tanz, bei dem nach und
nach die Kleider ausgezogen werden);
des Striptease; die Strip|tea|ses

465

strittig – Stufe

strit|tig (umstritten); strittige Fragen
das **Stroh;** des Strohs *oder* Stro|hes
das **Stroh|dach**
stroh|dumm (sehr dumm)
der **Stroh|halm**
der **Stroh|hut**
stroh|hig; strohiges Haar
der **Strolch;** des Strolchs *oder* Strol|ches; die Strol|che
strol|chen; du strolchst; er strolchte; er ist durch die Straßen gestrolcht
der **Strom;** des Stroms *oder* Stro|mes; die Strö|me; es regnet in Strömen; ein <mark>Strom führendes</mark> *oder* stromführendes Kabel; eine <mark>stromsparende</mark> *oder* Strom sparende Glühbirne
strom|ab|wärts; das Schiff fährt stromabwärts
strom|auf|wärts
der **Strom|aus|fall**
strö|men; die Menge strömte; die Leute sind aus dem Kino geströmt
der **Stro|mer** (*umgangssprachlich für:* Landstreicher); des Stromers; die Stromer
stro|mern; du stromerst; er stromerte; er ist durch den Wald gestromert
die **Strom|er|zeu|gung**
strom|füh|rend *vergleiche:* **Strom**
strom|li|ni|en|för|mig; ein stromlinienförmiges Fahrzeug
der **Strom|preis**
die **Strom|schnel|le**
strom|spa|rend *vergleiche:* **Strom**
die **Strö|mung**
der **Strom|ver|brauch**
die **Strom|ver|sor|gung**
die **Stro|phe;** die Strophen
strot|zen; du strotzt; sie strotzte; sie hat vor Gesundheit gestrotzt
strub|be|lig *oder* **strubb|lig;** strubb[e]lige Haare
der **Stru|del;** des Strudels; die Strudel
stru|deln; das Wasser strudelte; es hat stark gestrudelt
die **Struk|tur** ([Auf]bau; innere Gliederung); die Struk|tu|ren
struk|tu|rell (die Struktur betreffend); strukturelle Unterschiede
struk|tu|rie|ren (gliedern); ich strukturiere; du strukturierst; er strukturierte; er hat den Betrieb neu strukturiert; strukturier *oder* strukturiere deine Rede!

struk|tur|schwach (industriell nicht entwickelt)
der **Struk|tur|wan|del**
der **Strumpf;** des Strumpfs *oder* Strump|fes; die Strümp|fe
die **Strumpf|ho|se**
der **Strunk** (als Rest übrig gebliebener Pflanzenstiel oder Baumstumpf); des Strunks *oder* Strun|kes; die Strün|ke
strup|pig; ein struppiger Bart
der **Struw|wel|pe|ter** (Gestalt aus einem Kinderbuch); des Struwwelpeters
die **Stu|be**
der **Stu|ben|ar|rest**
die **Stu|ben|flie|ge**
der **Stu|ben|ho|cker**
der **Stu|ben|ho|cke|rin**
stu|ben|rein; ein stubenreiner Hund
der **Stuck** (Wand-, Deckenornamente aus Gips); des Stucks *oder* Stu|ckes
das **Stück;** des Stücks *oder* Stü|ckes; die Stücke; ABER: 5 Stück Zucker
der **Stu|cka|teur** ([ʃtʊkaˈtøːɐ̯]) (Stuckarbeiter; Stuckkünstler); des Stuckateurs; die Stu|cka|teu|re
das **Stück|chen;** des Stückchens; die Stückchen
die **Stuck|de|cke**
stü|ckeln (aus kleinen Stücken zusammensetzen); ich stück[e]le; du stückelst; sie stückelte; sie hat den Rock gestückelt; stückle *oder* stückele den Bezug!
stück|wei|se
die **Stück|zahl**
der **Stu|dent;** des/dem/den Stu|den|ten; die Stu|den|ten
die **Stu|den|tin;** die Studentinnen
die **Stu|die** (Entwurf, Vorarbeit; wissenschaftliche Untersuchung); die Stu|di|en
der **Stu|di|en|an|fän|ger**
die **Stu|di|en|an|fän|ge|rin**
die **Stu|di|en|ge|bühr**
der **Stu|di|en|platz**
stu|die|ren; du studierst; er studierte; er hat Physik studiert; studier *oder* studiere doch in Bonn!; er hat drei studierte Kinder; ↑ probieren
das **Stu|dio** (Atelier; Aufnahmeraum beim Film und Rundfunk); des Stu|di|os; die Stu|di|os
das **Stu|di|um;** des Studiums; die Stu|di|en
die **Stu|fe**

Stufenbarren – Stutzen

der **Stu|fen|bar|ren** *(Turnen)*

das **Stu|fen|heck** (beim Auto)

stu|fen|wei|se

der **Stuhl**; des Stuhls *oder* Stuh|les; die Stüh-le; der elektrische Stuhl; ABER: der Heilige (Päpstliche) Stuhl

das **Stuhl|bein**

der **Stuhl|gang**

die **Stul|le** (*norddeutsch für:* belegte Scheibe Brot)

die **Stul|pe** (Arm- oder Beinwärmer); der Stulpe; die Stulpen

stül|pen; ich stülpe; du stülpst; sie stülpte; sie hat die Glasglocke über den Käse gestülpt

der **Stul|pen|stie|fel**

stumm; stumm sein; stumm werden

der **Stum|me**; des/dem/den Stummen; die Stummen

die **Stum|me**; eine Stumme

der **Stum|mel**; des Stummels; die Stummel

der **Stüm|per** (*abwertend für:* Nichtskönner); des Stümpers; die Stümper

die **Stüm|pe|rei**

stüm|per|haft; stümperhafte Fehler

die **Stüm|pe|rin**; die Stümperinnen

stumpf; ein stumpfes Messer

der **Stumpf**; des Stumpfes *oder* Stump|fes; die Stümp|fe; etwas mit Stumpf und Stiel (restlos) ausrotten

der **Stumpf|sinn**

stumpf|sin|nig

stumpf|win|ke|lig *oder* **stumpf|wink-lig**; ein stumpfwink[e]liges Dreieck

die **Stun|de**; eine halbe Stunde; eine viertel Stunde *oder* eine Viertelstunde; in drei viertel Stunden *oder* in drei Viertelstunden; ABER NUR: in einer Dreiviertelstunde; in anderthalb Stunden; ich habe zwei Stunden lang telefoniert; ABER: ich habe stundenlang telefoniert; die Stunde null

der **Stun|den|ki|lo|me|ter** (Kilometer je Stunde; *Abkürzung:* km/h)

stun|den|lang; stundenlang lesen; ABER: zwei Stunden lang lesen

der **Stun|den|lohn**

der **Stun|den|plan**

stünd|lich (jede Stunde); der Zug fährt stündlich

der **Stunk** (*umgangssprachlich für:* Streit, Ärger); des Stunks; Stunk machen

der **Stunt** [stant] (mit einem Stuntman gedrehte [Film]szene); des Stunts; die Stunts

die **Stunt|frau**

der **Stunt|man** ['stantmɛn] (Double für gefährliche, akrobatische [Film]szenen); des Stuntmans; die Stuntmen

stu|pid *oder* **stu|pi|de** (dumm, stumpfsinnig); stu|pi|der; am stu|pi|des|ten

stup|sen; du stupst; er stupste; er hat ihn gestupst; stups *oder* stupse ihn nicht!

die **Stups|na|se**

stur (*umgangssprachlich für:* unbeweglich, hartnäckig); ein sturer Kerl; auf stur schalten

die **Stur|heit**

der **Sturm**; des Sturms *oder* Stur|mes; die Stür|me

stür|men; es stürmt; es stürmte; es hat kräftig gestürmt; die Zuschauer haben die Bühne gestürmt; die Kinder sind aus dem Haus gestürmt

der **Stür|mer** *(Sport);* des Stürmers; die Stürmer

die **Stür|me|rin**; die Stürmerinnen

die **Sturm|flut**

stür|misch; stürmisches Wetter

der **Sturz**; des Stur|zes; die Stür|ze

stür|zen; du stürzt; er stürzte; er ist auf der Treppe gestürzt; er hat den Präsidenten gestürzt ([gewaltsam] aus seinem Amt entfernt)

der **Sturz|flug**

der **Sturz|helm**

der **Stuss** (*umgangssprachlich für:* Unsinn, Dummheit); des Stus|ses; Stuss reden

die **Stu|te**

der **Stu|ten** (*landschaftlich für:* [längliches] Weißbrot); des Stutens; die Stuten

Stutt|gart (Hauptstadt von Baden-Württemberg)

der **Stütz** *(Turnen);* des Stüt|zes; die Stüt-ze

die **Stüt|ze**

stut|zen (plötzlich erstaunt innehalten); ich stutze; du stutzt; er stutzte; er hat einen Augenblick lang gestutzt

stüt|zen; du stützt; sie stützte; sie hat ihn gestützt; stütz *oder* stütze ihn!; sich stützen; sie hat sich auf ihn gestützt

der **Stut|zen** (Jagdgewehr; Rohrstück;

467

stutzig – Sudanesin

Wadenstrumpf); des Stutzens; die Stutzen

stut|zig; stutzig (misstrauisch) werden; das hat mich stutzig gemacht (Verdacht schöpfen lassen)

der **Stütz|pfei|ler**

der **Stütz|punkt;** militärische Stützpunkte

der **Style** [staɪl] (*englische Bezeichnung für:* Stil); des Styles; die Styles

sty|len [ˈstaɪlən] (formen, gestalten; zurechtmachen; du stylst; sie stylte; sie hat die neue Mode gestylt

das **Sty|ling;** des Stylings; die Stylings

das **Sty|ro|por** (*Markenbezeichnung:* ein Kunststoff); des Styropors

s. u. = siehe unten!

das **Sub|jekt** (Satzgegenstand; *Philosophie:* ein denkendes Wesen); des Subjekts *oder* Sub|jek|tes; die Sub|jek|te

sub|jek|tiv (persönlich; einseitig); subjektive Ansichten

die **Sub|jek|ti|vi|tät**

der **Sub|kon|ti|nent** (geografisch geschlossener, relativ eigenständiger Teil eines Kontinents); der indische Subkontinent

die **Sub|kul|tur** (Kulturgruppe innerhalb eines übergeordneten Kulturbereichs)

die **Sub|skrip|ti|on** (Vorausbestellung von später erscheinenden Büchern); die Subskrip|ti|o|nen

sub|s|tan|ti|ell *vergleiche:* **sub|s|tan|zi|ell**

das **Sub|s|tan|tiv** (Hauptwort, Nomen); des Substantivs; die Sub|s|tan|ti|ve

sub|s|tan|ti|viert (als Hauptwort, Nomen gebraucht); substantivierte Verben

die **Sub|s|tan|ti|vie|rung**

die **Sub|s|tanz** (Stoff; Wesen); die Sub|s|tanzen

sub|s|tan|zi|ell *oder* **sub|s|tan|ti|ell** (wesentlich); **substanzielle** *oder* substantielle Verbesserungen

die **Sub|s|ti|tu|ti|on** (Stellvertretung, Ersetzung); die Sub|s|ti|tu|ti|o|nen

das **Sub|s|t|rat** ([materielle] Grundlage; Substanz); des Substrats *oder* Sub|s|t|rates; die Sub|s|t|ra|te

sub|su|mie|ren (ein-, unterordnen); ich subsumiere; du subsumierst; sie subsumierte; sie hat diesen Begriff einem anderen subsumiert

sub|til (fein; spitzfindig); eine subtile Unterscheidung

der **Sub|tra|hend** (abzuziehende Zahl); des/dem/den Sub|tra|hen|den; die Sub|tra|hen|den

sub|tra|hie|ren (abziehen); du subtrahierst; er subtrahierte; er hat die Zahlen subtrahiert; subtrahier *oder* subtrahiere drei von fünf!

die **Sub|trak|ti|on;** die Sub|trak|ti|o|nen

die **Sub|tro|pen** (Übergangsgebiet zwischen Tropen und gemäßigter Klimazone) *Plural*

die **Sub|ven|ti|on** (Unterstützung aus öffentlichen Mitteln); die Sub|ven|ti|o|nen

sub|ven|ti|o|nie|ren; ich subventioniere; du subventionierst; er subventionierte; die Regierung hat die Landwirtschaft subventioniert

sub|ver|siv (zerstörend, umstürzlerisch)

die **Su|che;** auf der Suche sein; auf die Suche gehen

su|chen; du suchst; er suchte; er hat danach gesucht; such *oder* suche ihn!

die **Su|che|rei**

die **Such|ma|schi|ne** (*EDV:* Programm, mit dem im Internet gezielt Informationen gesucht werden können)

die **Sucht;** die Süch|te

die **Sucht|ge|fahr**

süch|tig|ge|fähr|det

süch|tig

der **Sud** (Flüssigkeit, in der etwas gekocht wurde); des Suds *oder* Su|des; die Su|de

Süd (Himmelsrichtung); in Nord und Süd; der Wind weht aus, von Süd

Süd|af|ri|ka (Staat in Afrika)

der **Süd|af|ri|ka|ner**

die **Süd|af|ri|ka|ne|rin**

süd|af|ri|ka|nisch; die südafrikanische Bevölkerung; ABER: die Südafrikanische Union (*frühere Bezeichnung für:* die Republik Südafrika)

Su|dan *oder* der **Su|dan** (Staat in Afrika); die Bevölkerung Sudans *oder* des Sudan[s]

der **Su|da|ne|se** *oder* **Su|da|ner;** des Sudanesen *oder* Sudaners; die Sudanesen *oder* Sudaner

die **Su|da|ne|sin** *oder* **Su|da|ne|rin;** die Sudanesinnen *oder* Sudanerinnen

sudanesisch – Sündenbock

su|da|ne|sisch *oder* su|da|nisch

süd|deutsch; die süddeutsche Bevölke-
rung; ABER: die Süddeutsche Zeitung

Süd|deutsch|land

die **Su|de|lei** (*umgangssprachlich für:*
Schmiererei; Schlamperei)

su|deln; du sudelst; das sudelte; das
Kind hat beim Essen gesudelt; sudle *oder*
sudele nicht beim Essen!

der **Sü|den;** des Südens; der Sturm kommt
aus Süden; gen (nach) Süden ziehen

Süd|ko|rea ↑ Korea

süd|län|disch; südländisches Klima

süd|lich; in südlicher Richtung; südlich
des Meeres; südlich von Köln, *selten:*
südlich Kölns; der südliche Sternenhimmel; ABER: das Südliche Kreuz (ein
Sternbild)

das **Su|do|ku** (ein Zahlenrätsel); des
Sudoku *oder* Sudokus; die Sudoku
oder Sudokus

Süd|ost (Himmelsrichtung)

der **Süd|os|ten**

der **Süd|pol**

die **Süd|see**

süd|wärts; südwärts fahren

Süd|west (Himmelsrichtung)

der **Süd|wes|ten**

süf|fig (*umgangssprachlich für:* gut
trinkbar); süffiger Wein

süf|fi|sant (selbstgefällig; spöttisch);
eine süffisante Bemerkung

das **Suf|fix** (Nachsilbe); des Suf|fi|xes; die
Suf|fi|xe

sug|ge|rie|ren (seelisch beeinflussen;
einreden); ich suggeriere; du suggerierst;
er suggerierte; er hat ihr Vorurteile sug-
geriert

die **Sug|ges|ti|on;** die Sug|ges|ti|o|nen

sug|ges|tiv; eine suggestive Frage (eine
Frage, die eine bestimmte Antwort nahe-
legt)

die **Suh|le** (Lache; feuchte Bodenstelle)

sich **suh|len** (*besonders Jägersprache:* sich in
einer Suhle wälzen); das Schwein hat
sich im Dreck gesuhlt

die **Süh|ne** (Buße)

süh|nen; du sühnst; er sühnte; er hat
sein Verbrechen mit dem Leben gesühnt;
sühn *oder* sühne deine Tat!

die **Sui|te** ['svi:tə] (*Musik:* eine Folge von
Tanzsätzen); die Suiten

der, *auch:* das **Su|i|zid** (Selbstmord); des Sui-
zids; die Su|i|zi|de

das **Su|jet** (Gegenstand, Motiv, Thema); des
Sujets; die Sujets; Sujet des Treffens war
die Schulordnung

suk|zes|siv (allmählich); ein sukzessiver
Aufschwung

das **Sul|fat** (Salz der Schwefelsäure); des Sul-
fats oder Sul|fa|tes; die Sul|fa|te

das **Sul|fid** (Salz der Schwefelwasserstoff-
säure); des Sulfids *oder* Sul|fi|des; die
Sul|fi|de

das **Sul|fit** (Salz der schwefligen Säure); des
Sulfits; die Sul|fi|te

der *oder* das **Sul|ky** ['zʊlki, *auch:* 'zalki]
(zweirädriger Wagen für Trabrennen);
des Sulkys; die Sulkys

der **Sul|tan** (Titel islamischer Herrscher);
des Sultans; die Sul|ta|ne

die **Sul|ta|ni|ne** (große, kernlose Rosine); die
Sultaninen

die **Sül|ze**

sül|zen (*umgangssprachlich für:*
[herum]reden); du sülzt; er sülzte; er hat
die ganze Zeit nur gesülzt

Su|ma|t|ra [*auch:* 'zu:matra] (indonesi-
sche Insel)

der **Sum|mand** (hinzuzuzählende Zahl);
des/dem/den Sum|man|den; die Sum-
man|den

sum|ma|risch (kurz zusammengefasst);
ein summarischer Bericht

die **Sum|me** (Ergebnis einer Addition); die
Summen

sum|men; du summst; sie summte; sie
hat gesummt; summ *oder* summe nicht!

der **Sum|mer;** des Summers; die Summer

sich **sum|mie|ren** (anwachsen); die Fehler
summierten sich; sie haben sich sum-
miert

die **Sum|mie|rung**

der **Sumpf;** des Sumpfs *oder* Sump|fes; die
Sümp|fe

das **Sumpf|fie|ber** (Malaria)

sump|fig; sumpfige Wiesen

der **Sun|blo|cker** ['san...] (Sonnenschutz-
mittel mit hohem Lichtschutzfaktor);
des Sunblockers; die Sunblocker

der **Sund** (Meerenge); des Sunds *oder* Sun-
des; die Sun|de

die **Sün|de**

der **Sün|den|bock**

469

Sündenfall – symbolhaft

der **Sün|den|fall**
der **Sün|der;** des Sünders; die Sünder
die **Sün|de|rin;** die Sünderinnen
sünd|haft; das ist sündhaft teuer (*umgangssprachlich*)
sün|di|gen; du sündigst; er sündigte; er hat gesündigt; sündige nicht mehr!
der **Sun|nit** (Angehöriger einer der beiden Hauptrichtungen des Islams); des Sunniten; die Sunniten
sun|ni|tisch (zu einer der beiden Hauptrichtungen des Islams gehörig)
su|per (*umgangssprachlich für:* hervorragend, großartig); das war super, eine super Sache; er hat super gespielt
das **Su|per** (Superbenzin); des Supers *meist ohne Artikel;* wir tanken immer Super
su|per|fein; ein superfeines Kleid
der **Su|per-G** [...dʒiː] (ein Skiwettbewerb); des Super-G *oder* Super-Gs; die Super-G *oder* Super-Gs
der **Su|per|la|tiv** (zweite Steigerungsstufe, Höchststufe, zum Beispiel »am tiefsten«); des Superlativs; die Su|per|la|ti|ve
der **Su|per|markt**
der **Su|per|rie|sen|sla|lom**
der **Su|per|star** (*umgangssprachlich für:* besonders großer, berühmter Star)
die **Sup|pe**
das **Sup|pen|fleisch**
der **Sup|pen|löf|fel**
der **Sup|port** [*auch:* səˈpɔːt] (*EDV:* Unterstützung, Hilfe); des Supports; die Sup|por|te
das **Surf|brett** [ˈzøːɐ̯fbrɛt]
sur|fen (auf dem Surfbrett fahren; im Internet nach Informationen suchen); du surfst; er surfte; er ist bei starkem Wind gesurft; er hat an ihrem Rechner gesurft
der **Sur|fer;** des Surfers; die Surfer
die **Sur|fe|rin;** die Surferinnen
das **Sur|fing;** des Surfings
der **Su|ri|nam** (Fluss in Südamerika); des Surinam *oder* Surinams
Su|ri|na|me [syriˈnaːmə] (Staat in Südamerika)
der **Su|ri|na|mer;** des Surinamers; die Surinamer
die **Su|ri|na|me|rin;** die Surinamerinnen
su|ri|na|misch
sur|re|al [*auch:* ˈzʏ...] (unwirklich); ein surrealer Anblick

der **Sur|re|a|lis|mus** (eine Kunst- und Literaturrichtung); des Surrealismus
sur|re|a|lis|tisch; surrealistische Werke
sur|ren; das Rad surrt; das Rad surrte; das Rad hat gesurrt
das **Sur|ro|gat** (Ersatz, Behelf); des Surrogats *oder* Sur|ro|ga|tes; die Sur|ro|ga|te
sus|pekt (verdächtig); das ist zu suspekt
sus|pen|die|ren (zeitweilig entlassen, aufheben); ich suspendiere; du suspendierst; sie suspendierte ihn; sie hat ihn vom Dienst suspendiert
die **Sus|pen|die|rung**
süß; sü|ßer; am sü|ßes|ten
die **Sü|ße**
sü|ßen; du süßt; sie süßte; sie hat den Kaffee gesüßt; süß *oder* süße besser mit Honig!
die **Sü|ßig|keit**
süß|lich; ein süßlicher Geschmack
süß|sau|er; süßsaure Bonbons
die **Süß|spei|se**
der **Süß|stoff**
das **Süß|was|ser**
SV = Schülervertretung
das **Sweat|shirt** [ˈsvɛtʃøːɐ̯t] (weit geschnittener Pullover); des Sweatshirts; die Sweatshirts
der **Swim|ming|pool** [ˈsvɪmɪŋpuːl] (Schwimmbecken); des Swimmingpools; die Swimmingpools
der **Swing** (ein Jazzstil); des Swing *oder* Swings
swin|gen (Swingmusik machen; zum Swing tanzen); ich swinge; du swingst; sie swingte; sie hat geswingt
SWR = Südwestrundfunk; des SWR
Syd|ney [ˈsɪdnɪ] (Stadt in Australien)
Sylt (Insel in der Nordsee)

> **Silvester**
>
> **!** Der Name des letzten Tages im Kalenderjahr wird nicht mit *y*, sondern mit *i* geschrieben: »Silvester«.

die **Sym|bi|o|se** (Zusammenleben ungleicher Lebewesen zu gegenseitigem Nutzen); die Symbiosen
sym|bi|o|tisch; symbiotische Beziehung
das **Sym|bol** (Wahrzeichen, Sinnbild); des Symbols; die Sym|bo|le
sym|bol|haft

470

Symbolik – Szenarium

die **Sym|bo|lik**
sym|bo|lisch; eine symbolische Geste
sym|bo|li|sie|ren (als Symbol darstellen); sie symbolisierte; die Taube hat den Frieden symbolisiert

die **Sym|me|t|rie** (spiegelbildliche Gleichheit); die Sym|me|t|ri|en

die **Sym|me|t|rie|ach|se** *(Mathematik)*
sym|me|t|risch; eine symmetrische Funktion *(Mathematik)*

die **Sym|pa|thie** ([Zu]neigung); die Sym|pa|thi|en

der **Sym|pa|thi|sant** (jemand, der einer Gruppe oder einer Anschauung wohlwollend gegenübersteht); des Sym|pa|thi|san|ten; die Sym|pa|thi|san|ten

die **Sym|pa|thi|san|tin;** die Sympathisantinnen
sym|pa|thisch (Sympathie erweckend); ein sympathischer Junge
sym|pa|thi|sie|ren; du sympathisierst; er sympathisierte; er hat mit diesem Plan sympathisiert

die **Sym|pho|nie** *vergleiche:* **Sin|fo|nie**
sym|pho|nisch *vergleiche:* **sin|fo|nisch**

das **Sym|po|si|on** *oder* **Sym|po|si|um** (wissenschaftliche Tagung); des Symposions *oder* Symposiums; die Sym|po|si|en

das **Sym|p|tom** (Anzeichen; Krankheitszeichen); des Symptoms; die Sym|p|to|me
sym|p|to|ma|tisch (bezeichnend)

die **Sy|n|a|go|ge** (jüdisches Gotteshaus); die Synagogen
syn|chron [zyn'kro:n] (gleichzeitig; gleichlaufend); synchrone Bewegungen
syn|chro|ni|sie|ren (zeitlich aufeinander abstimmen; mit einer unterlegten synchronen Sprachwiedergabe versehen); ich synchronisiere; du synchronisierst; sie synchronisierte; sie hat die amerikanische Schauspielerin synchronisiert

das **Syn|di|kat** (getarnte Verbrecherorganisation; *Wirtschaft:* Verkaufsgemeinschaft); des Syndikats *oder* Syn|di|ka|tes; die Syn|di|ka|te

das **Syn|drom** *(Medizin:* Krankheitsbild); des Syndroms; die Syn|dro|me; depressives Syndrom

die **Sy|n|er|gie** (Energie für den Zusammenhalt und die gemeinsame Erfüllung von Aufgaben); der Synergie; die Sy|n|er|gieen

der **Sy|n|er|gie|ef|fekt** (positive Wirkung, die sich aus einer Zusammenarbeit ergibt)

die **Syn|ko|pe** *(Musik:* Verschiebung der Betonung); die Synkopen

die **Sy|n|o|de** (Kirchenversammlung); die Synoden
sy|n|o|nym (sinnverwandt; bedeutungsgleich); synonyme Wörter

das **Sy|n|o|nym** (sinnverwandtes Wort); des Synonyms; die Sy|n|o|ny|me, *auch:* Sy|no|ny|ma

die **Sy|n|op|se** *oder* **Sy|n|op|sis** (knappe Zusammenfassung; vergleichende Übersicht); die Sy|n|op|sen
sy|n|op|tisch; synoptische Darstellung
syn|tak|tisch (die Syntax betreffend); syntaktische Fehler

die **Syn|tax** ([Lehre vom] Satzbau)

die **Syn|the|se** (Zusammenfügung [einzelner Teile zu einem Ganzen]); die Synthesen

der **Syn|the|si|zer** ['zyntəsaizɐ, *auch:* 'sɪnθɪsaizə] (Gerät, mit dem Klänge und Geräusche elektronisch erzeugt werden); des Synthesizers; die Synthesizer

die **Syn|the|tics** [zyn'te:tiks] *(Sammelbezeichnung für:* Kunstfasern und -textilien) *Plural*
syn|the|tisch (zusammenfügend; künstlich hergestellt); synthetische Fasern

die **Sy|phi|lis** (eine Geschlechtskrankheit)

der **Sy|rer;** des Syrers; die Syrer

die **Sy|re|rin;** die Syrerinnen
Sy|ri|en (Staat im Vorderen Orient)
sy|risch

das **Sys|tem** (Schema; Ordnungsprinzip); des Systems; die Sys|te|me

die **Sys|te|ma|tik** (planmäßige Darstellung)
sys|te|ma|tisch; systematisches Vorgehen
sys|te|ma|ti|sie|ren (in ein System bringen); ich systematisiere; du systematisierst; sie systematisierte; sie hat die Wortarten systematisiert

der **Sys|tem|feh|ler** *(EDV)*
sys|tem|los

das **Sze|na|rio** (Modell möglicher Ereignisse); des Sze|na|ri|os; die Sze|na|ri|os *und* Sze|na|ri|en

das **Sze|na|ri|um** (Übersicht über eine

471

Szene – Tageszeit

Szenenfolge vor allem im Theater oder Film); des Szenariums; die Szenarien

die **Sze|ne** (Schauplatz; Abschnitt eines Dramas; Vorgang; charakteristischer gesellschaftlicher Bereich); die Szenen

der **Sze|nen|wech|sel**

die **Sze|ne|rie** (Bühnen-, Landschaftsbild); die Sze|ne|ri|en; eine bunte Szenerie

der **Sze|ne|treff** *(umgangssprachlich)*

sze|nisch (bühnenmäßig); szenische Darstellung

T

t = Tonne

das **T** (Buchstabe); des T; die T; ABER: das t in Rate

der **Ta|bak** [*auch:* ˈtaːbak *oder* taˈbak]; des Tabaks; die Ta|ba|ke

die **Ta|baks|pfei|fe**

ta|bel|la|risch (in der Anordnung einer Tabelle); eine tabellarische Übersicht

die **Ta|bel|le** (Aufstellung, Verzeichnis); die Tabellen

der **Ta|bel|len|füh|rer** *(Sport)*

der **Ta|bel|len|platz** *(Sport);* auf dem ersten, letzten Tabellenplatz sein

das, *auch:* der **Ta|ber|na|kel** (Schrein zur Aufbewahrung des Abendmahls in katholischen Kirchen); des Tabernakels; die Tabernakel

das **Ta|b|let** [ˈtɛblət] (durch Berühren des Bildschirms mit dem Finger bedienbarer, kleiner und sehr flacher Computer); des Tablets; die Tablets

das **Ta|b|lett** (Servierbrett); des Tabletts *oder* Ta|b|let|tes; die Tabletts, *auch:* Ta|b|lette

die **Ta|b|let|te** (Arzneimittel); die Tabletten

ta|bu (verboten, unantastbar); das ist tabu

das **Ta|bu** (gesellschaftliches Verbot; etwas, wovon man nicht sprechen darf); des Tabus; die Tabus; sein Alter ist ein Tabu

der **Ta|cho** *(kurz für:* Tachometer); des Tachos; die Tachos

der, *auch:* das **Ta|cho|me|ter** (Drehzahl-, Geschwindigkeitsmesser); die Tachometer

das **Tack|ling** [ˈtɛklɪŋ] (Verteidigungstechnik im Fußball); des Tacklings; die Tacklings

der **Ta|del**; des Tadels; die Tadel

ta|del|los; tadellose Manieren

ta|deln; du tadelst; sie tadelte; die Lehrerin hat ihn getadelt; tadle *oder* tadele ihn nicht immer!

das **Tae|k|won|do** [tɛˈkvɔndo] (aus Korea stammendes System der Selbstverteidigung); des Taekwondo

die **Ta|fel;** die Tafeln

ta|feln (*gehoben für:* speisen); ich taf[e]le; du tafelst; er tafelt; sie haben bei Kerzenlicht getafelt

tä|feln (mit Holz verkleiden); du täfelst; sie täfelte; er hat das Zimmer getäfelt

das **Ta|fel|was|ser;** die Tafelwässer

taff *vergleiche:* <mark>tough</mark>

der **Tag;** des Tags *oder* Ta|ges; die Ta|ge; am, bei Tage; heute in acht Tagen; vor vierzehn Tagen; Tag für Tag; Tag und Nacht; von Tag zu Tag; eines [schönen] Tags *oder* Tages; im Laufe des heutigen Tags *oder* Tages; den ganzen Tag; unter Tags (den Tag über); über Tag, unter Tage *(Bergmannssprache);* wir wollen nur <mark>Guten</mark> *oder* guten Tag sagen; zu Tage *oder* <mark>zutage</mark> bringen, kommen; ABER NUR: tags; tags darauf; tags zuvor; tagsüber; tagtäglich; tagelang; heutzutage

tag|aus, tag|ein (immer)

der **Ta|ge|bau** (Bergbau über Tage); die Tagebaue

das **Ta|ge|buch**

ta|ge|lang; er hat tagelang gefastet; ABER: er hat mehrere Tage lang gefastet

ta|gen (eine Tagung, Sitzung abhalten); das Parlament tagte; das Gericht hat getagt

das **Ta|ges|licht;** bei Tageslicht

der **Ta|ges|licht|pro|jek|tor**

die **Ta|ges|ord|nung;** zur Tagesordnung (dem eigentlichen Programm) übergehen; Raubüberfälle waren an der Tagesordnung (kamen häufig vor)

die **Ta|ges|zeit**

Tageszeitung – tändeln

die **Ta|ges|zei|tung**
täg|lich; unser tägliches Brot
tags ↑ Tag
tags|über
tag|täg|lich
die **Tag|und|nacht|glei|che** *oder*
Tag-und-Nacht-Glei|che
die **Ta|gung**
der **Tai|fun** (Wirbelsturm); des Taifuns; die
Tai|fu|ne
die **Tai|ga** (sibirischer Waldgürtel)
die **Tail|le** ['taljə] (schmalste Stelle des
Rumpfes; Gürtelweite); die Taillen
Tai|peh (Hauptstadt Taiwans)
Tai|wan [*auch:* tai̯'va:n] (Inselstaat in
Ostasien)
der **Tai|wa|ner;** des Taiwaners; die Taiwa-
ner
die **Tai|wa|ne|rin;** die Taiwanerinnen
tai|wa|nisch
der *oder* das **Take** [teɪk] (*Film, Fernsehen:*
ohne Unterbrechung gefilmter Teil einer
Szene; Kameraeinstellung); des Takes;
die Takes
das *oder* der **Take-away** ['teɪkəweɪ],
Take|away (Imbisslokal); des Take-
aways; die Take-aways
die **Ta|ke|la|ge** [takə'la:ʒə] (Segelausrüstung
eines Schiffes); die Takelagen
das *oder* der **Take-off** ['teɪkɔf] *oder* **Take|off**
(Start eines Flugzeugs; Beginn); des
Take-offs *oder* Takeoffs; die Take-offs
oder Takeoffs
der **Takt** (Zeit-, Tonmaß; *nur im Singular
auch für:* Feingefühl); des Takts *oder*
Tak|tes; die Tak|te; Takt halten; ein paar
Takte eines Liedes singen
das **Takt|ge|fühl**
tak|tie|ren (taktisch vorgehen); du tak-
tierst; sie taktierte; der General hat
geschickt taktiert; taktier *oder* taktiere
nicht länger!
die **Tak|tik** (kluges, berechnendes Vorge-
hen; planmäßiges Ausnutzen einer
Lage; *Militär:* Truppenführung); die
Tak|ti|ken
der **Tak|ti|ker;** des Taktikers; die Taktiker
die **Tak|ti|ke|rin;** die Taktikerinnen
tak|tisch; taktische Überlegungen
takt|los; takt|lo|ser; am takt|lo|ses|ten
die **Takt|lo|sig|keit**
der **Takt|stock;** die Takt|stö|cke

der **Takt|strich**
takt|voll; taktvolles Benehmen
das **Tal;** des Tals *oder* Talles; die Täller
der **Ta|lar** (Amtsgewand von Geistlichen
und Richtern); des Talars; die Ta|la|re
das **Ta|lent** (Begabung, Fähigkeit); des
Talents *oder* Tal|en|tes; die Tal|en|te
ta|len|tiert; eine talentierte Musikerin
der **Ta|ler** (ehemalige Münze); des Talers;
die Taler
die **Tal|fahrt;** die Talfahrt (der Kursverfall)
des Dollars
der **Talg** ([Rinder-, Hammel]fett); des Talgs
oder Tal|ges; die Tal|ge
die **Talg|drü|se**
der **Ta|li|ban** (Angehöriger einer radikalen
islamischen Miliz in Afghanistan); des
Taliban *oder* Talibans; die Taliban *meist
Plural*
der **Ta|lis|man** (glücksbringender Gegen-
stand); des Talismans; die Ta|lis|ma|ne
der **Talk** [tɔːk] (*umgangssprachlich für:*
Unterhaltung, Plauderei, [öffentliches]
Gespräch); des Talks, die Talks
tal|ken ['tɔːkn̩] (*umgangssprachlich für:*
sich [vor allem in einer Talkshow] unterhalten); du talkst; sie talkte; er hat
getalkt; talk *oder* talke nicht den ganzen
Abend!
der **Talk|mas|ter** (Moderator einer Talk-
show); des Talkmasters; die Talkmas-
ter
die **Talk|mas|te|rin;** die Talkmasterinnen
die **Talk|show** (Unterhaltungssendung, in
der bekannte Persönlichkeiten inter-
viewt werden); die Talkshows
die **Tal|soh|le**
die **Tal|sper|re**
tal|wärts; talwärts fahren
das **Tam|bu|rin** [*auch:* ...'riːn] (kleine Hand-,
Schellentrommel); des Tamburins; die
Tam|bu|ri|ne
der **Tam|pon** (Watte-, Mullbausch); des
Tampons; die Tampons
das **Tam|tam** (*umgangssprachlich für:* Lärm,
aufdringliches Getue); des Tamtams
der **Tand** (wertloses Zeug); des Tands *oder*
Tan|des
die **Tän|de|lei** (das Tändeln)
tän|deln (etwas nachlässig tun; trö-
deln); du tändelst; sie tändelte; der
Stürmer hat mit dem Ball getändelt;

473

Tandem – Tarzan

tändle *oder* tändele nicht den ganzen Tag!

das **Tan|dem** (Fahrrad mit zwei Sitzen hintereinander); des Tandems; die Tandems

der **Tang** (Meeresalgen); des Tangs *oder* Tanges; die Tan|ge

der **Tan|ga** (sehr knapper Bikini oder Slip); des Tangas; die Tangas

der **Tan|gens** (eine Winkelfunktion im Dreieck; *Zeichen:* tan); des Tangens; die Tangens

die **Tan|gen|te** (Gerade, die eine gekrümmte Linie in einem Punkt berührt); die Tangenten

tan|gie|ren ([innerlich] berühren; beeinflussen); das Problem tangierte mich nicht; die Gerade hat den Kreis tangiert

der **Tan|go** (ein Tanz); des Tangos; die Tangos

der **Tank;** des Tanks; die Tanks

tan|ken; du tankst; er tankte; sie hat 10 Liter Benzin getankt; tanke für 20 Euro!

der **Tan|ker;** des Tankers; die Tanker

der **Tan|ki|ni** (Bikini mit einem ärmellosen T-Shirt als Oberteil); des Tankinis; die Tankinis

das **Tank|schloss**

die **Tank|stel|le**

das **Tank|top** ['tɛŋktɔp] (ärmelloses T-Shirt)

der **Tank|wa|gen**

der **Tank|wart;** des Tankwarts *oder* Tankwar|tes; die Tank|war|te

die **Tank|war|tin;** die Tankwartinnen

die **Tan|ne**

der **Tan|nen|baum**

der **Tan|nen|zap|fen**

Tan|sa|nia [*auch:* ...'za:nia] (Staat in Afrika)

der **Tan|sa|ni|er;** des Tansaniers; die Tansanier

die **Tan|sa|ni|e|rin;** die Tansanierinnen

tan|sa|nisch

die **Tan|te**

der **Tanz;** des Tan|zes; die Tän|ze

tän|zeln; ich tänz[e]le; du tänzelst; das Pferd tänzelte; das Pferd hat getänzelt; tänzle *oder* tänzele nicht immer um mich herum!

tan|zen; du tanzt; er tanzte; sie hat einen Walzer getanzt; tanze auch einmal mit deiner Schwester!

der **Tän|zer;** des Tänzers; die Tänzer

die **Tän|ze|rin;** die Tänzerinnen

die **Tanz|flä|che;** die Tanzfläche war viel zu klein für die vielen Leute

die *oder* der **Ta|pa** (pikanter Happen); der Tapa *oder* des Tapas; die Tapas

das, *auch:* der **Tape** [teɪp] (Magnet-, Tonband); des Tape[s]; die Tapes

das **Tape|deck** (Tonbandgerät ohne Verstärker und Lautsprecher); die Tapedecks

Ta|pet; *nur noch in:* etwas aufs Tapet (*umgangssprachlich für:* zur Sprache) bringen

die **Ta|pe|te**

ta|pe|zie|ren; du tapezierst; sie tapezierte; er hat das Zimmer tapeziert; tapezier *oder* tapeziere auch den Flur!

der **Ta|pe|zie|rer;** des Tapezierers; die Tapezierer

die **Ta|pe|zie|re|rin;** die Tapeziererinnen

tap|fer; das tapfere Schneiderlein (eine Märchenfigur)

die **Tap|fer|keit**

der **Ta|pir** (Tier mit dichtem Fell und kurzem Rüssel); des Tapirs; die Ta|pi|re

tap|pen; du tappst; er tappte; er ist im Dunkeln durch das Zimmer getappt; sie hat lange im Dunkeln getappt (sie wusste lange nicht Bescheid)

täp|pisch (ungeschickt, unbeholfen); ein täppischer Bursche

die **Ta|ran|tel** (eine Spinne); die Taranteln

der **Ta|rif** (Lohn-, Preisstaffel; Gebührenordnung); des Tarifs; die Ta|ri|fe

ta|rif|lich; tarifliche Bestimmungen

der **Ta|rif|ver|trag**

tar|nen; du tarnst; er tarnte; sie hat ihr Versteck getarnt; tarn *oder* tarne dich gut!

die **Tarn|kap|pe**

die **Tar|nung**

das *oder* der **Ta|rock** (ein Kartenspiel); des Tarocks; die Tarocks

das **Tar|tu|fo** (mit Schokolade überzogene Halbkugel aus Speiseeis); des Tartufos; die Tartufos

Tar|zan *oder* der **Tar|zan** (Dschungelheld in Büchern, Filmen und Comics);

Tasche – Tauglichkeit

Tarzans Abenteuer *oder* die Abenteuer
des Tarzans
die **Ta|sche**
das **Ta|schen|buch**
der **Ta|schen|dieb**
die **Ta|schen|die|bin**
das **Ta|schen|geld**
die **Ta|schen|lam|pe**
der **Ta|schen|rech|ner**
das **Ta|schen|tuch**
die **Tas|se**
die **Tas|ta|tur;** die Tas|ta|tu|ren
die **Tas|te**
   tas|ten; du tastest; sie tastete; er hat
   vorsichtig nach ihrer Hand getastet; sich
   tasten; sie hat sich durch den dunklen
   Gang getastet
der **Tast|sinn**
die **Tat;** die Ta|ten; eine gute Tat; in der Tat;
   er wurde auf frischer Tat ertappt
der **Tat|be|stand**
der **Ta|ten|drang**
   ta|ten|los; sie hat tatenlos zugese-
   hen
der **Tä|ter;** des Täters; die Täter
die **Tä|te|rin;** die Täterinnen
   tä|tig (beschäftigt; aktiv); [als Lehrer]
   tätig sein; die Polizei ist in dieser Sache
   tätig geworden
   tä|ti|gen; einen Kauf tätigen (*dafür*
   besser: abschließen)
die **Tä|tig|keit**
   tat|kräf|tig; tatkräftige Mithilfe
   tät|lich (handgreiflich; körperliche
   Gewalt anwendend); tätlich werden; ein
   tätlicher Angriff
die **Tät|lich|keit** *meist Plural*
der **Tat|ort;** die Tat|or|te
   tä|to|wie|ren (eine Zeichnung mit Farbe
   in die Haut einritzen); du tätowierst; er
   tätowierte; sie hat ihm ein Schiff auf den
   Unterarm tätowiert; tätowier *oder* täto-
   wiere ihn!
die **Tä|to|wie|rung**
die **Tat|sa|che**
   tat|säch|lich
   tät|scheln; ich tätsch[e]le; du tätschelst;
   er tätschelte; sie hat ihn getätschelt;
   tätschle oder tätschele mir nicht immer
   den Arm!
der **Tat|ter|greis** (*umgangssprachlich abwer-*
   tend)

die **Tat|ter|grei|sin**
   tat|te|rig *oder* **tatt|rig** (zitt[e]rig); mit
   tatt[e]rigen Händen
der *oder* das **Tat|too** [tɛˈtuː] (Tätowierung);
   des Tattoos; die Tattoos
   tatt|rig *vergleiche:* **tat|te|rig**
   tat|ver|däch|tig; viele waren tatverdäch-
   tig
die **Tat|ze**
das **Tau** (Schiffsseil); des Taus *oder* Tau|es;
   die Taue
der **Tau** (Niederschlag); des Taus *oder* Tau-
   es
   taub; taub sein; sich taub stellen
die **Tau|be**
der **Tau|ben|schlag**
der **Täu|be|rich** (männliche Taube); des Täu-
   berichs; die Täu|be|ri|che
die **Taub|heit**
die **Taub|nes|sel;** die Taubnesseln
   taub|stumm (*veraltend; besonders von*
   Gehörlosen oft als diskriminierend emp-
   funden)
   tau|chen; du tauchst; sie tauchte; er hat
   oder ist getaucht; ᴀʙᴇʀ ɴᴜʀ: er ist bis
   auf den Boden des Schwimmbeckens
   getaucht; sie hat den Pinsel in die Farbe
   getaucht
der **Tau|cher;** des Tauchers; die Taucher
der **Tau|cher|an|zug**
die **Tau|che|rin;** die Taucherinnen
der **Tauch|sie|der;** des Tauchsieders; die
   Tauchsieder
   tau|en; es taut; es taute; es hat [gestern]
   getaut; ᴀʙᴇʀ: das Eis ist [von den Schei-
   ben] getaut
die **Tau|fe**
   tau|fen; du taufst; er taufte; er hat mich
   getauft; taufe das Kind auf den Namen
   Maria!
der **Täu|fer;** des Täufers; die Täufer
der **Täuf|ling;** des Täuflings; die Täuf|lin|ge
der **Tauf|pa|te**
die **Tauf|pa|tin**
   tau|frisch; taufrische Wiesen
   tau|gen (sich [für etwas] eignen;
   brauchbar sein); du taugst; sie taugte; er
   hat nichts getaugt
der **Tau|ge|nichts;** des Taugenichts *oder*
   Tau|ge|nicht|ses; die Tau|ge|nicht|se
   taug|lich
die **Taug|lich|keit**

Taumel – Technologie

der **Tau|mel** (Schwindel; Rausch); des Taumels; im Taumel der Begeisterung

tau|meln (schwanken); ich taum[e]le; du taumelst; er taumelte; sie ist durch die Straßen getaumelt; taumle *oder* taumele nicht!

der **Tau|nus** (Gebirge in Hessen); des Taunus

der **Tausch**; des Tauschs *oder* Tau|sches; die Tau|sche

tau|schen; du tauschst; er tauschte; sie hat getauscht; tausch *oder* tausche mit mir!

täu|schen; du täuschst; sie täuschte; er hat ihn getäuscht; täusch *oder* täusche sie nicht!; sich täuschen (irren); ich habe mich getäuscht

das **Tausch|ge|schäft**

die **Täu|schung**

tau|send; [acht] von tausend; bis tausend zählen; tausend Dank; Land der tausend Seen (Finnland); ein paar tausend *oder* Tausend [Menschen, Bäume]; einige, mehrere, viele tausend *oder* Tausend [Büroklammern]; einige, mehrere, viele tausende *oder* Tausende [von Reisenden]; die Rechnung geht in die tausende *oder* Tausende; die Besucher kamen zu tausenden *oder* Tausenden; tausend und abertausend *oder* Tausend und Abertausend Sterne; tausende und abertausende *oder* Tausende und Abertausende bunter Laternen

die **Tau|send** (die Zahl); die Tau|sen|den

tau|send|ein *vergleiche:* **tau|send|undein**

tau|send|eins *oder* **tau|send|und|eins**

der **Tau|sen|der;** des Tausenders; die Tausender

tau|sen|der|lei

tau|send|fach

der **Tau|send|fü|ßer, Tau|send|füß|ler;** des Tausendfüßers *oder* Tausendfüßlers; die Tausendfüßer *oder* Tausendfüßler

tau|send|jäh|rig; eine tausendjährige Tradition; ABER: das Tausendjährige Reich *(biblisch)*

tau|send|mal ↑ hundertmal

tau|sends|te; der tausendste Besucher; ABER: vom Hundertsten ins Tausendste kommen; ↑ hundertste

das **Tau|sends|tel** ↑ Achtel

tau|send|und|ein *oder* **tau|send|ein;** tausend[und]ein Weizenkorn; mit tausend[und]ein Weizenkörnern; ABER NUR: eine Geschichte aus Tausendundeiner Nacht (eine arabische Märchensammlung)

tau|send|und|eins *oder* **tau|send|eins**

der **Tau|trop|fen**

das **Tau|wet|ter**

das **Tau|zie|hen** (*übertragen auch für:* Hin und Her); des Tauziehens

die **Ta|ver|ne** (italienisches Wirtshaus); die Tavernen

die **Ta|xe** (Schätzpreis; Gebühr); die Taxen

die **Ta|xe** (Mietauto); die Taxen *oder* das **Taxi;** des Taxis; die Taxis

ta|xie|ren ([ab]schätzen); du taxierst; sie taxierte; sie hat die Entfernung [auf 200 Meter] taxiert; taxier *oder* taxiere den Wert!

der **Ta|xi|fah|rer**

die **Ta|xi|fah|re|rin**

die **Tb** *oder* die **Tbc** *oder* **Tbk** = Tuberkulose

das **Teak** [tiːk] (*kurz für:* Teakholz); des Teaks

das **Teak|holz** (Holz des in den Tropen wachsenden Teakbaums)

das **Team** [tiːm] (Arbeitsgruppe; Mannschaft); des Teams; die Teams

der **Team|chef** *(Sport)*

team|fä|hig (in der Lage, in einem Team zu arbeiten); [nicht] teamfähig sein

der **Team|geist**

das **Team|work** [ˈtiːmvøːɐ̯k] (Gemeinschaftsarbeit); des Teamworks; die Teamworks

die **Tech|nik;** die Tech|ni|ken

der **Tech|ni|ker;** des Technikers; die Techniker

die **Tech|ni|ke|rin;** die Technikerinnen

tech|nisch; technische Atmosphäre *(Physik);* technischer Zeichner; [eine] technische Hochschule; ABER: die Technische Hochschule (*Abkürzung:* TH) Darmstadt; Technisches Hilfswerk (Name einer Hilfsorganisation); Technischer Überwachungs-Verein (*Abkürzung:* TÜV)

das *oder* der **Tech|no** [ˈtɛkno] (elektronische Tanzmusik mit besonders schnellem Rhythmus); des Techno *oder* Technos

die **Tech|no|lo|gie** (Fertigungstechnik;

technologisch – telefonieren

Gesamtheit technischer Verfahren); die
Tech|no|lo|gi|en
tech|no|lo|gisch

das **Tech|tel|mech|tel** (*umgangssprachlich
für:* Liebelei, Flirt); des Techtelmechtels;
die Techtelmechtel

der **Te|ckel** (Dackel); des Teckels; die Teckel

der **TED** [tɛt] (Computer, der telefonische
Stimmabgaben annimmt und hochrech-
net); des TEDs

der **Ted|dy|bär;** des/dem/den Ted|dy|bä|ren;
die Ted|dy|bä|ren

der **Tee;** des Tees; die Tees; schwarzer, grüner Tee; chinesischer Tee; Tee trinken

das **Tee-Ei** *oder* **Tee|ei**

die **Tee-Ern|te** *oder* **Tee|ern|te**

die **Tee|kan|ne**

der **Tee|löf|fel**

der **Teen** [tiːn] (*kurz für:* Teenager); des
Teens; die Teens *meist Plural*

der **Teen|ager** [ˈtiːnˌeɪdʒɐ] (Junge oder
Mädchen im Alter von 13 bis 19 Jahren);
des Teenagers; die Teenager

der **Tee|nie** *oder* **Tee|ny** [ˈtiːni] (jüngerer
[weiblicher] Teen); des Teenies *oder*
Teenys; die Teenies *oder* Teenys

der **Teer;** des Teers *oder* Tee|res; die Tee|re
tee|ren; du teerst; er teerte; er hat die
Straße geteert; teere die Einfahrt!

tee|rig (teerhaltig); teeriges Isolierband

der **Te|gern|see** (See in Bayern)
Te|he|ran (Hauptstadt Irans)

der **Teich;** des Teichs *oder* Tei|ches; die Tei-
che

der **Teig;** des Teigs *oder* Tei|ges; die Tei|ge;
Teig rühren, kneten

tei|gig; eine teigige Masse

die **Teig|wa|ren** *Plural*

der *oder* das **Teil;** des Teils *oder* Tei|les; die
Tei|le; zum Teil; ein großer Teil des
Gebietes; sie prüfte jedes Teil (Stück);
ein gut Teil; sein[en] Teil dazu beitragen;
ich für mein[en] Teil; ↑ ABER: teils;
einesteils; größtenteils; teilhaben; teilnehmen; zuteilwerden

teil|bar; eine durch drei teilbare Zahl

der **Teil|be|reich**

das **Teil|chen**
tei|len; du teilst; er teilte; sie hat mit
ihrem Bruder geteilt; teil *oder* teile mit
ihm!; zehn geteilt durch fünf ist, macht,
gibt zwei

der **Tei|ler** (Divisor); des Teilers; die Teiler

die **Teil|ha|be;** der Teilhabe
teil|ha|ben (beteiligt sein); ich habe teil;
du hast teil; sie hatte teil; er hat an meiner Freude teilgehabt; versuche doch[,]
an meiner Freude teilzuhaben; ABER: er
hat (besitzt) kein[en] Teil

der **Teil|ha|ber;** des Teilhabers; die Teilha-
ber

die **Teil|ha|be|rin;** die Teilhaberinnen
teil|haf|tig (*gehoben*)*;* einer Sache teil-
haftig sein, werden

die **Teil|men|ge** (*Mathematik:* Menge, die in
einer Menge als Teil enthalten ist)

die **Teil|nah|me**
teil|nahms|los (innerlich abwesend); ein
teilnahmsloser Gesichtsausdruck
teil|neh|men; sie nimmt teil; sie nahm
teil; er hat an dieser Veranstaltung teil-
genommen; nimm daran teil!; versuche[,] an der Besprechung teilzunehmen

der **Teil|neh|mer;** des Teilnehmers; die Teil-
nehmer

die **Teil|neh|me|rin;** die Teilnehmerinnen

die **Teil|neh|mer|zahl**
teils; es lief teils gut, teils schlecht

das **Teil|stück**

die **Tei|lung**
teil|wei|se

die **Teil|zah|lung**

die **Teil|zeit;** [in] Teilzeit arbeiten; du arbei-
test Teilzeit; er arbeitete Teilzeit; sie hat
Teilzeit gearbeitet; er hat vor[,] Teilzeit
zu arbeiten; Teilzeit arbeitende Frauen

die **Teil|zeit|stel|le**

der **Teint** [tɛ̃ː] ([Farbe der] Gesichtshaut);
des Teints; die Teints
Tel. = Telefon

die **Te|le|ar|beit** (Form der Heimarbeit, bei
der der Arbeitnehmer über Datenleitun-
gen mit dem Arbeitgeber verbunden ist)

das **Te|le|fax** (Fernkopie; Fernkopierer;
Fernkopiersystem für Text- und Bildvor-
lagen); des Telefax; die Te|le|fa|xe
te|le|fa|xen; ich telefaxe; du telefaxt; sie
telefaxte; er hat getelefaxt

das **Te|le|fon;** des Telefons; die Te|le|fo|ne

das **Te|le|fo|nat** (Telefongespräch); des Tele-
fonats *oder* Te|le|fo|na|tes; die Te|le|fo-
na|te

das **Te|le|fon|buch**
te|le|fo|nie|ren; du telefonierst; er tele-

477

telefonisch – Tennisschläger

fonierte; sie hat telefoniert; telefonier *oder* telefoniere nicht so lange!

te|le|fo|nisch; telefonisch erreichbar sein

der **Te|le|fo|nist;** des/dem/den Te|le|fo|nis|ten; die Te|le|fo|nis|ten

die **Te|le|fo|nis|tin;** die Telefonistinnen

die **Te|le|fon|num|mer**

die **Te|le|fon|seel|sor|ge** (Einrichtung, die Menschen, die Hilfe, Rat oder Zuspruch suchen, die Möglichkeit gibt, telefonisch und auch anonym ein seelsorgerliches Gespräch zu führen)

te|le|gen (für Fernsehaufnahmen geeignet); eine telegene Sportlerin

der **Te|le|graf** *oder* **Te|le|graph** (Apparat, mit dem Nachrichten durch vereinbarte Zeichen übermittelt werden können); des/dem/den Te|le|gra|fen *oder* Te|le|gra|phen; die Te|le|gra|fen *oder* Te|le|gra|phen

die **Te|le|gra|fie** *oder* **Te|le|gra|phie**

te|le|gra|fie|ren *oder* **te|le|gra|phie-ren;** du telegrafierst *oder* telegraphierst; er telegrafierte *oder* telegraphierte; sie hat telegrafiert *oder* telegraphiert; telegrafier[e] mir! *oder* telegraphier[e] mir!

te|le|gra|fisch *oder* **te|le|gra|phisch**

das **Te|le|gramm;** des Telegramms; die Te|le|gram|me

das **Te|le|kol|leg** (unterrichtende Sendereihe im Fernsehen); des Telekollegs; die Telekollegs *oder* Te|le|kol|le|gi|en

die **Te|le|kom** (*kurz für:* Deutsche Telekom AG)

die **Te|le|kom|mu|ni|ka|ti|on**

das **Te|le|lear|ning** ['teːlələ:nɪŋ] (das Lernen mithilfe elektronischer Kommunikationssysteme); des Telelearnings

die **Te|le|no|vel|la** (Fortsetzungsgeschichte im Fernsehen); die Telenovelas

das **Te|le|ob|jek|tiv** (Objektiv, mit dem weit entfernte Objekte fotografiert werden können)

die **Te|le|pa|thie** (Gedankenübertragung)

te|le|pa|thisch; telepathische Fähigkeiten

das **Te|le|shop|ping** ['teːləʃɔpɪŋ] (Bestellung von Waren, die in elektronischen Medien angeboten werden); des Teleshoppings

das **Te|le|s|kop** (Fernrohr); des Teleskops; die Te|le|s|ko|pe

die **Te|le|vi|si|on** (Fernsehen; *Abkürzung:* TV)

das **Te|lex** (Fernschreiben, Fernschreiber); des Telex; die Te|le|xe

der **Tel|ler;** des Tellers; die Teller

der **Tem|pel;** des Tempels; die Tempel

das **Tem|pe|ra|ment** (Gemütsart; Lebhaftigkeit); des Temperaments *oder* Tem|pe|ra|men|tes; die Tem|pe|ra|men|te

tem|pe|ra|ment|voll; ein temperamentvoller Mensch

die **Tem|pe|ra|tur** (Wärme[grad, -zustand]); die Tem|pe|ra|tu|ren

tem|pe|rie|ren (auf eine mäßig warme Temperatur bringen); ich temperiere; du temperiertest; sie temperierte; er hat das Zimmer temperiert

das **Tem|po** (Geschwindigkeit; Zeitmaß); des Tempos; die Tempos *oder (Musik:)* die Tempi

das **Tem|po|li|mit** (Geschwindigkeitsbegrenzung)

der **Tem|po|ral|satz** (Umstandssatz der Zeit)

tem|po|rär (zeitweilig, vorübergehend); temporäre Verkehrsstaus

die **Tem|po-30-Zo|ne** (bestimmter Verkehrsbereich, in dem eine Höchstgeschwindigkeit von 30 km/h gilt)

das **Tem|pus** (Zeitform des Verbs); des Tempus; die Tem|po|ra

die **Ten|denz** (Hang, Neigung; Entwicklungsrichtung); die Ten|den|zen

ten|den|zi|ell (der Tendenz nach; entwicklungsmäßig); der Energieverbrauch nimmt tendenziell ab

ten|den|zi|ös (etwas bezweckend, beabsichtigend; parteilich zurechtgemacht); ten|den|zi|öl|ser; am ten|den|zi|öl|ses|ten; tendenziöse Presseberichte

ten|die|ren ([zu etwas] hinneigen, gerichtet sein); ich tendiere; du tendierst; die Partei tendierte nach rechts; sie hat zu einer anderen Auffassung tendiert

die **Ten|ne** (Dreschplatz [in der Scheune])

das **Ten|nis;** des Tennis; Tennis spielen; ABER: beim Tennisspielen

der **Ten|nis|ball**

der **Ten|nis|schlä|ger**

Tenor – Thailand

der **Te|nor** (Sinn, Inhalt); des Tenors; der Tenor seiner Rede

der **Te|nor** (hohe Männerstimme; Tenorsänger); des Tenors; die Te|nö|re

der **Tep|pich**; des Teppichs; die Tep|pi|che

das **Te|ra|byte** (*EDV:* Einheit für sehr große Speicherkapazitäten)

der **Term** (*Mathematik:* Glied einer Formel); des Terms; die Ter|me

der **Ter|min** (festgesetzter Zeitpunkt); des Termins *oder* Ter|mi|nes; die Ter|mi|ne

der *oder* das **Ter|mi|nal** [ˈtøːɐ̯mɪnl] (Abfertigungshalle für Fluggäste; *EDV* Abfragestation); des Terminals; die Terminals

ter|mi|nie|ren (zeitlich festlegen); du terminierst; sie terminierte; er hat die Veranstaltung [auf den 10. August] terminiert

der **Ter|min|ka|len|der**

der **Ter|mi|nus** (Fachausdruck); des Terminus; die Termini; ein physikalischer Terminus

die **Ter|mi|te** (ein Insekt); die Termiten

das **Ter|pen|tin** (ein Harz); des Terpentins; die Ter|pen|ti|ne

das **Ter|rain** [teˈrɛ̃ː] (Gebiet); des Terrains; die Terrains; auf fremdem Terrain

das **Ter|ra|ri|um** (Behälter für die Haltung kleiner Lurche u. Ä.); des Terrariums; die Ter|ra|ri|en

die **Ter|ras|se**; die Terrassen

die **Ter|ras|sen|tür**

der **Ter|ri|er** (ein Hund); des Terriers; die Terrier

die **Ter|ri|ne** (Suppenschüssel); die Terrinen

ter|ri|to|ri|al (zu einem Gebiet gehörend, ein Gebiet betreffend); territoriale Auseinandersetzungen

das **Ter|ri|to|ri|um** (Bezirk; Hoheitsgebiet); des Territoriums; die Ter|ri|to|ri|en

der **Ter|ror** (Verbreitung von Angst und Schrecken); des Terrors

der **Ter|ror|akt**

der **Ter|ror|an|schlag**

ter|ro|ri|sie|ren; du terrorisierst; sie terrorisierte; er hat seine Mitschüler terrorisiert; terrorisier *oder* terrorisiere deine Kollegen nicht!

der **Ter|ro|ris|mus**; des Terrorismus

der **Ter|ro|rist**; des/dem/den Ter|ro|ris|ten; die Ter|ro|ris|ten

die **Ter|ro|ris|tin**; die Terroristinnen

ter|ro|ris|tisch; terroristische Gruppen

die **Ter|ror|or|ga|ni|sa|ti|on**

die **Terz** (*Musik:* der dritte Ton vom Grundton aus); die Ter|zen

das **Ter|zett** (dreistimmiges Gesangsstück; dreizeilige Strophe des Sonetts); des Terzetts *oder* Ter|zet|tes; die Ter|zet|te

der **Te|sa|film** (*Markenbezeichnung:* ein Klebeband); des Tesafilms

der **Test** (Probe, Prüfung); des Tests *oder* Tes|tes; die Tests

das **Tes|ta|ment** (letzter Wille; Bund Gottes mit den Menschen); des Testaments *oder* Tes|ta|men|tes; die Tes|ta|men|te; sein Testament machen; ein handgeschriebenes Testament; ABER: das Alte Testament *(Abkürzung: A.T.)*; das Neue Testament *(Abkürzung: N.T.)*

tes|ta|men|ta|risch

tes|ten; du testest; sie testete; er hat das Material getestet; teste das Material!

das **Test|er|geb|nis**

das **Test|spiel** *(Sport)*

der **Te|ta|nus** (Wundstarrkrampf); des Tetanus

die **Te|ta|nus|imp|fung**

teu|er; teu|rer; am teu|ers|ten; eine teure Hose; das kommt mir *oder* mich teuer zu stehen

die **Teu|e|rung**

der **Teu|fel**; des Teufels; die Teufel

die **Teu|fe|lin**; die Teufelinnen

der **Teu|fels|kreis**

teuf|lisch

Te|xas (Staat in den USA)

Tex|mex *oder* das **Tex|mex** (Popmusik mit texanischen und mexikanischen Elementen; für das texanisch-mexikanische Grenzgebiet typisches Essen); des Tex-mex

der **Text**; des Texts *oder* Tex|tes; die Tex|te

tex|ten (einen [Werbe- oder Schlager]text verfassen); ich texte; du textest; sie hat die Anzeige getextet

die **Tex|ti|li|en** *Plural*

die **Tex|til|in|dus|t|rie**

die **Text|ver|ar|bei|tung**

die **TH** = technische Hochschule

Thai|land (Staat in Hinterindien)

479

Thailänder – Tick

der **Thai|län|der;** des Thailänders; die Thai-
länder

die **Thai|län|de|rin;** die Thailänderinnen
thai|län|disch

das **The|a|ter;** des Theaters; die Theater;
Theater spielen; ich spiele Theater; ich
habe früher gerne Theater gespielt;
ABER: das Theaterspielen

die **The|a|ter|auf|füh|rung**

das **The|a|ter|stück**
the|a|t|ra|lisch (bühnenmäßig; feier-
lich)

die **The|ke** (Schanktisch, Ladentisch); die
Theken

das **The|ma** (Gegenstand; Gesprächsstoff;
Leitgedanke); des Themas; die Themen
oder The|ma|ta

die **The|ma|tik** (Themenstellung); die The-
ma|ti|ken
the|ma|tisch (dem Thema entspre-
chend)
the|ma|ti|sie|ren (zum Thema
machen); du thematisierst; er themati-
sierte; sie hat das Problem thematisiert;
thematisier *oder* thematisiere dieses
Problem!

die **Them|se** (Fluss in England)

der **Theo|lo|ge;** des/dem/den Theologen; die
Theologen

die **Theo|lo|gie** (Wissenschaft von Gott und
seiner Offenbarung; Religions-, Glau-
benslehre); die Theo|lo|gi|en

die **Theo|lo|gin;** die Theologinnen
theo|lo|gisch

der **The|o|re|ti|ker** (jemand, der sich [nur]
theoretisch mit etwas beschäftigt); des
Theoretikers; die Theoretiker

die **The|o|re|ti|ke|rin;** die Theoretikerin-
nen
the|o|re|tisch (die Theorie von etwas
betreffend; [nur] gedanklich); theoretische Kenntnisse; theoretische Chemie

die **The|o|rie** (Lehre; Erklärungsversuch);
die The|o|ri|en

der **The|ra|peut** (jemand, der eine Krankheit
behandelt); des/dem/den The|ra|peu-
ten; die The|ra|peu|ten

die **The|ra|peu|tin;** die Therapeutinnen
the|ra|peu|tisch; therapeutische Mittel

die **The|ra|pie** (Heilbehandlung); die The|ra-
pi|en

das **Ther|mal|bad** (Warmquellbad)

die **Ther|me** (heiße Quelle); die Thermen

die **Ther|mik** (*Meteorologie:* aufwärtsgerich-
tete Warmluftbewegung)
ther|misch (die Wärme betreffend);
thermische Energie

das **Ther|mo|me|ter** (Temperaturmessge-
rät); des Thermometers; die Thermome-
ter

die **Ther|mos|fla|sche** (*Markenbezeichnung
für:* ein Warmhaltegefäß)

der **Ther|mo|s|tat** (Wärmeregler); des Ther-
mostats *oder* Ther|mo|s|ta|tes *oder*
Ther|mo|s|ta|ten; die Ther|mo|s|ta|te
oder Ther|mo|s|ta|ten

die **The|se** (Lehrsatz; Behauptung); die The-
sen

der **Thread** [θrɛt] (Folge von Beiträgen in
einem Internetforum); des Threads; die
Threads

der **Thril|ler** ['θrɪlɐ] (reißerischer Film oder
Roman); des Thrillers; die Thriller

die **Throm|bo|se** (*Medizin:* Verstopfung von
Blutgefäßen durch Blutgerinnsel); die
Thrombosen

der **Thron;** des Throns *oder* Thro|nes; die
Thro|ne
thro|nen; du thronst; sie thronte; er hat
gethront; er thronte am oberen Ende der
Tafel

der **Thron|fol|ger;** des Thronfolgers; die
Thronfolger

die **Thron|fol|ge|rin;** die Thronfolgerinnen

der **Thun|fisch** *oder* **Tun|fisch** (ein Speise-
fisch)
Thü|rin|gen

der **Thü|rin|ger;** des Thüringers; die Thürin-
ger

die **Thü|rin|ge|rin;** die Thüringerinnen
thü|rin|gisch

der **Thy|mi|an** (eine Gewürz- und Heil-
pflanze); des Thymians; die Thy|mi|a-
ne
Ti|bet (Hochland in Zentralasien)

der **Ti|be|ter,** *auch:* **Ti|be|ta|ner;** des Tibe-
ters, *auch:* Tibetaners; die Tibeter, *auch:*
Tibetaner

die **Ti|be|te|rin,** *auch:* **Ti|be|ta|ne|rin;** die
Tibeterinnen, *auch:* Tibetanerinnen
ti|be|tisch, *auch:* **ti|be|ta|nisch**

der **Tick** (wunderliche Eigenart); des Ticks;
die Ticks

ticken – Timing

ti|cken; die Uhr tickte; sie hat getickt

das **Ti|cket** (Fahrkarte, Flugkarte, Eintrittskarte); des Tickets; die Tickets

die **Ti|de** ([Ebbe und] Flut); die Tiden

der oder das **Tie|break** ['taɪbreːk] oder **Tie-Break** (Tennis: satzentscheidendes Spiel [beim Stand von 6 : 6]); des Tiebreaks oder Tie-Breaks; die Tiebreaks oder Tie-Breaks

---

tief

Klein- und Großschreibung:

– etwas auf das, aufs Tiefste oder tiefste beklagen
– etwas Tiefes; alles Hohe und Tiefe

Getrennt- und Zusammenschreibung in Verbindung mit Verben und adjektivisch gebrauchten Partizipien:

– tief graben, tief pflügen
– die Nachricht hat sie tief erschüttert; die tief erschütterte oder tieferschütterte Frau
– der tief bewegte oder tiefbewegte Mann
– ein tief empfundener oder tiefempfundener Dank
– tief greifende oder tiefgreifende Veränderungen

Vergleiche aber: tiefblau; tiefgekühlt; tiefgründig; tiefschwarz; tiefsinnig

---

das **Tief** (Tiefdruckgebiet); des Tiefs; die Tiefs

tief|be|wegt vergleiche: **tief**

tief|blau; tiefblaue Augen

die **Tie|fe**

die **Tief|ebe|ne**

tief|emp|fun|den vergleiche: **tief**

die **Tie|fen|mes|sung**

tief|er|schüt|tert vergleiche: **tief**

das **Tief|flug|ver|bot**

der **Tief|gang**; das Schiff hat nur geringen Tiefgang

die **Tief|ga|ra|ge**

tief|ge|kühlt; tiefgekühltes Gemüse

tief|grei|fend vergleiche: **tief**

tief|grün|dig (von gedanklicher Tiefe); tiefgründiger Humor

der **Tief|punkt**

tief|schwarz; tiefschwarze Haare

die **Tief|see**

tief|sin|nig (mit hintergründiger Bedeutung); tiefsinnige Überlegungen

der **Tie|gel** (flacher Topf); des Tiegels; die Tiegel

das **Tier**; des Tiers oder Tie|res; die Tie|re

die **Tier|art**

der **Tier|arzt**

die **Tier|ärz|tin**

das **Tier|heim**

tie|risch (umgangssprachlich auch für: sehr groß, stark); tierischen Hunger haben

die **Tier|kli|nik**

der **Tier|park**

die **Tier|quä|le|rei**

der **Tier|schutz**

der **Tier|ver|such** (wissenschaftliches Experiment an oder mit lebenden Tieren)

die **Tier|welt**

der **Ti|ger**; des Tigers; die Tiger

! In einer Reihe von Wörtern wird der lang gesprochene i-Laut ohne anschließendes -e oder Dehnungs-h geschrieben. Dazu gehört auch das Nomen Tiger.

---

ti|gern (streifig machen; umgangssprachlich für: irgendwohin gehen); ich tigere; du tigerst; sie tigerte; er ist zu der Party getigert

der **Ti|g|ris** (Fluss in Vorderasien); des Tigris

til|gen (zurückzahlen; gehoben für: beseitigen); du tilgst; sie tilgte; er hat seine Schulden getilgt; tilg oder tilge den Fehler!

die **Til|gung**

ti|men ['taɪmən] (zeitlich abstimmen); sie timte; sie hat das gut getimt

das **Time-out** ['taɪm'laʊt] (Basketball, Volleyball: Auszeit); des Time-out oder Time-outs; die Time-outs

der **Ti|mer** ['taɪmɐ] (Zeitschaltuhr; Terminkalender); des Timers; die Timer

das **Time|sha|ring** ['taɪmʃɛːˌɡrɪŋ] (EDV: für einen bestimmten Zeitraum gekauftes Wohnrecht an einer Ferienwohnung); des Timesharings; die Timesharings

das **Ti|ming** ['taɪmɪŋ] (zeitliche Abstimmung); des Timings; die Timings

Timor – todkrank

Ti|mor (indonesische Insel)

tin|geln (an verschiedensten Orten bei Veranstaltungen auftreten; umherreisen); ich ting[e]le; du tingelst; er tingelte; sie hat in Diskotheken getingelt; er ist durch Festzelte getingelt; tingle *oder* tingele nicht durch alle Bars!

die **Tink|tur** ([Arznei]auszug); die Tink|turen

der **Tin|nef** (*umgangssprachlich für:* Schund; dummes Zeug); des Tinnefs

die **Tin|te**

das **Tin|ten|fass**

der **Tin|ten|fisch**

der **Tin|ten|klecks**

der **Tin|ten|ku|li**

der **Tipp;** des Tipps; die Tipps

der **Tip|pel|bru|der** (*umgangssprachlich für:* Landstreicher)

tip|peln (*umgangssprachlich für:* zu Fuß gehen, wandern); ich tipp[e]le; du tippelst; er tippelte; sie ist getippelt; tipple *oder* tippele nicht!

tip|pen (leicht stoßen; *umgangssprachlich für:* auf einer Tastatur schreiben); du tippst; er tippte; sie hat ihm, *auch:* ihn auf die Schulter getippt; tipp *oder* tippe den Brief!

tip|pen (wetten); ich tippe; du tippst; er tippte; sie hat richtig getippt

der **Tipp|feh|ler**

der **Tipp|schein**

tipp|topp (*umgangssprachlich für:* makellos, sehr gut); tipptopp aussehen

die **Ti|ra|de** (Wortschwall); die Tiraden

das **Ti|ra|mi|su** (italienische Süßspeise); des Tiramisus; die Tiramisus

Ti|ra|na (Hauptstadt Albaniens)

der **Tisch;** des Tischs *oder* Ti|sches; die Tische

die **Tisch|de|cke**

das **Tisch|fuß|ball|spiel**

der **Tisch|ler;** des Tischlers; die Tischler

die **Tisch|le|rei**

die **Tisch|le|rin;** die Tischlerinnen

tisch|lern; ich tischlere; du tischlerst; sie tischlerte; er hat in seiner Freizeit gerne getischlert

das **Tisch|ten|nis;** Tischtennis spielen

das **Ti|tan** (chemisches Element, Metall; *Zeichen:* Ti); des Titans

der **Ti|tan** (einer der Götter der griechischen Sage); des/dem/den Ti|ta|nen; die Ti|ta|nen

die **Ti|ta|nic** [tiˈtaːnɪk, *auch:* taɪˈtænɪk] (englisches Passagierschiff, das 1912 nach dem Zusammenstoß mit einem Eisberg unterging)

der **Ti|tel;** des Titels; die Titel

der **Ti|tel|ge|winn** (*besonders Sport*)

der **Ti|tel|kampf** (*Sport*)

ti|teln (mit Titel versehen); du titelst; sie titelte; er hat getitelt; titele *oder* title!

die **Ti|tel|sei|te** (erste, äußere Seite einer Zeitung, Zeitschrift); die Zeitungen brachten die Meldung auf der Titelseite

der **Ti|tel|ver|tei|di|ger** (*Sport*)

die **Ti|tel|ver|tei|di|ge|rin** (*Sport*)

tja!

der **Toast** [toːst] (Trinkspruch; geröstete Weißbrotschnitte); des Toasts *oder* Toas|tes; die Toas|te *oder* Toasts

der **Toas|ter;** des Toasters; die Toaster

to|ben; du tobst; er tobte; sie hat vor Wut getobt; tobe nicht!

die **Tob|sucht**

tob|süch|tig

die **Toc|ca|ta** *oder* Tok|ka|ta (ein Musikstück); die Toccaten *oder* Tokkaten

die **Toch|ter;** die Töchter

die **Toch|ter|ge|sell|schaft**

das **Toch|ter|un|ter|neh|men**

der **Tod;** des Tods *oder* To|des; die To|de; jemanden zu Tode erschrecken

tod|brin|gend; eine todbringende Seuche; ABER: eine den Tod bringende Seuche

tod|elend

tod|ernst

die **To|des|angst**

der **To|des|fall**

to|des|mu|tig; ein todesmutiger Sprung

das **To|des|op|fer**

die **To|des|stra|fe**

der **To|des|tag**

die **To|des|ur|sa|che**

das **To|des|ur|teil**

der **Tod|feind**

die **Tod|fein|din**

tod|krank

todlangweilig – Topas

tod|lang|wei|lig
töd|lich; tödliche Verletzungen
tod|mü|de
tod|si|cher
tod|still *vergleiche:* to|ten|still
die Tod|sün|de
tod|trau|rig
tod|un|glück|lich

! Mit *d* schreibt man zusammengesetzte
Wörter, in denen das Nomen *Tod* der
erste Bestandteil ist oder in denen *tod*
die Bedeutung »sehr« oder »äußerst«
hat: *todbringend, Todsünde, todernst,
todsicher.* Mit *t* schreibt man dagegen
Zusammensetzungen, die das Adjektiv
tot als Bestimmungswort haben: *sich
totlachen, totfahren, totschlagen, Tot-
schlag.*

---

das **Tof|fee** [ˈtɔfi *oder* ˈtɔfe] (eine Weichkara-
melle); des Toffees; die Toffees
To|go (Staat in Westafrika)
der **To|go|er;** des Togoers; die Togoer
die **To|go|e|rin;** die Togoerinnen
to|go|isch
das **To|hu|wa|bo|hu** (Durcheinander); des
Tohuwabohu *oder* Tohuwabohus; die
Tohuwabohus
die **To|i|let|te** [tɔaˈlɛtə]; die Toiletten
To|kio (Hauptstadt Japans)
die **Tok|ka|ta** *vergleiche:* **Toc|ca|ta**
to|le|rant (duldsam; nachsichtig); to|le-
ran|ter; am to|le|ran|tes|ten; eine tole-
rante Einstellung
die **To|le|ranz** (Duldung)
to|le|rie|ren (dulden); du tolerierst; sie
tolerierte; er hat ihr Verhalten nicht tole-
riert
toll; eine tolle Leistung
tol|len; ich tolle; du tollst; sie tollte; er
hat im Garten getollt
die **Toll|heit**
die **Toll|kir|sche** (eine Pflanze mit sehr gifti-
gen Beeren)
toll|kühn; tollkühne Helden
die **Toll|kühn|heit**
der **Toll|patsch** (ungeschickter Mensch); des
Tollpatschs *oder* Toll|pat|sches; die Toll-
pat|sche
toll|pat|schig; ein tollpatschiger Kerl
die **Toll|wut**
toll|wü|tig; ein tollwütiger Hund

---

der **Töl|pel;** des Tölpels; die Tölpel
töl|pel|haft; tölpelhaftes Verhalten
die **To|ma|te**
die **Tom|bo|la** (Verlosung); die Tombolas,
selten: Tombolen
der **Ton** (Laut; Farbton); des Tons *oder* To-
nes; die Töne
der **Ton** (Bodenart); des Tons *oder* To|nes;
die To|ne
die **Ton|art**
das **Ton|band;** die Ton|bän|der
das **Ton|band|ge|rät**
tö|nen (färben); du tönst; sie tönte; sie
hat ihr Haar rötlich getönt
tö|nen (klingen; *umgangssprachlich für:*
angeberisch reden); es tönt; es tönte gut;
er hat mal wieder getönt; tön *oder* töne
nicht so!
tö|nern (aus Ton); tönernes Geschirr
der **Ton|fall** *Plural selten;* sie hat einen
schwäbischen Tonfall; ich mag diesen
gönnerhaften Tonfall nicht
der **Ton|film**
das **Ton|ge|schlecht** (Dur oder Moll)
die **Ton|hö|he**
die **To|ni|ka** (Grundton einer Tonart); die
Toniken
das **To|ni|kum** (stärkendes Mittel); des Toni-
kums; die Tonika
die **Ton|lei|ter**
die **Ton|na|ge** [tɔˈnaːʒə] (Rauminhalt
eines Schiffes; Frachtraum); die Ton-
nagen
die **Ton|ne**
ton|nen|wei|se
die **Ton|sur** (kahl geschorene Stelle auf
dem Kopf von Mönchen); die Ton|su-
ren
der **Ton|trä|ger** (Vorrichtung zur Auf-
nahme und Speicherung akustischer
Vorgänge [wie CD, Memorystick, Blu-
Ray])
die **Tö|nung**
das **Tool** [tuːl] (*EDV:* Programm, das zusätzliche Aufgaben innerhalb eines anderen
Programms übernimmt); des Tools; die
Tools
top (sehr gut; hochmodern)
das **Top** ([ärmelloses] Oberteil); des Tops;
die Tops
der **To|pas** (ein Schmuckstein); des To|pa-
ses; die To|pa|se

483

Topf – Totengräber

der **Topf;** des Topfs *oder* Top|fes; die Töp|fe; *Verkleinerungsform:* das Töpfchen

die **Topf|blu|me**

der **Töp|fer;** des Töpfers; die Töpfer

die **Töp|fe|rei**

die **Töp|fe|rin;** die Töpferinnen

töp|fern (aus Ton herstellen); du töpferst; sie töpferte; er hat getöpfert

top|fit (in bester körperlicher Verfassung); topfit sein; sich topfit fühlen

der **Topf|lap|pen**

der **Top|ma|na|ger**

die **Top|ma|na|ge|rin**

die **To|po|gra|fie** *oder* To|po|gra|phie (Orts-, Lagebeschreibung); die To|po|gra|fi|en *oder* To|po|gra|phi|en

to|po|gra|fisch *oder* to|po|gra|phisch; topografische *oder* topographische Karten

der **To|pos** (oft gebrauchte Formulierung); des Topos; die Topoi

das **Top|spiel** *(Sport)*

der **Top|star** (Spitzenstar)

die **Top Ten** (Hitparade [aus zehn Musiktiteln, Büchern u. a.]); die Top Tens

das **Tor** (große Tür; *Sport:* Angriffsziel); des Tors *oder* To|res; die To|re

der **Tor** (törichter Mensch); des/dem/den To|ren; die To|ren

die **Tor|chan|ce** *(Sport)*

der **To|re|ro** (Stierkämpfer); des Torero *oder* Toreros; die Toreros

der **Torf;** des Torfs *oder* Tor|fes; die Tor|fe; Torf stechen

das **Torf|moor**

die **Torf|frau** (Torhüterin); die Torfrauen

die **Tor|heit**

der **Tor|hü|ter;** des Torhüters; die Torhüter

die **Tor|hü|te|rin;** die Torhüterinnen

tö|richt (unklug, dümmlich); ein törichter Vorschlag

der **Tor|jä|ger** *(Sport:* Spieler, der viele Tore erzielt)

die **Tor|jä|ge|rin**

tor|keln *(umgangssprachlich für:* schwankend [an einen bestimmten Ort] gehen); ich tork[e]le; du torkelst; er ist *oder* hat getorkelt; ABER NUR: sie ist über die Straße getorkelt; torkle *oder* torkele nicht!

der **Tor|mann** (Torwart); die Tor|män|ner

der **Tor|na|do** (ein Wirbelsturm); des Tornados; die Tornados

der **Tor|nis|ter** (Ranzen); des Tornisters; die Tornister

tor|pe|die|ren (mit Torpedos beschießen; *auch für:* stören, verhindern); ich torpediere; du torpedierst; das U-Boot torpedierte ein Kriegsschiff; er hat meine Pläne torpediert

der **Tor|pe|do** (Unterwassergeschoss); des Torpedos; die Torpedos

der **Tor|so** (Rumpf einer Statue; Bruchstück, unvollendetes Werk); des Torsos; die Torsos *oder* Torsi

die **.Tor|te**

der **Tor|ten|bo|den**

der **Tor|ten|he|ber**

die **Tor|tur** (Folter; Qual); die Tor|tu|ren

der **Tor|wart** *(Sport);* des Torwarts *oder* Tor|war|tes; die Tor|war|te

die **Tor|war|tin** *(Sport);* die Torwartinnen

to|sen; der Sturm toste; der Sturm hat getost; tosender (heftiger) Beifall

tot; der tote Punkt; totes Kapital; etwas auf ein totes Gleis schieben; ABER: das Tote Meer (zu Jordanien und Israel gehörend); tot sein; tot scheinen; sich tot stellen; das Opfer hat sich tot gestellt; ein tot geborenes *oder* totgeborenes Kind

to|tal (gänzlich, völlig); eine totale Sonnenfinsternis

to|ta|li|tär (alles erfassend und kontrollierend); totalitäre Staaten

die **To|ta|li|tät** (Gesamtheit, Ganzheit)

sich **tot|ar|bei|ten** *(umgangssprachlich für:* sich verausgaben); er arbeitet sich tot; er hat sich totgearbeitet; sie ist dabei[,] sich totzuarbeiten

der **To|te;** ein Toter; die Toten; zwei Tote

die **To|te;** eine Tote

das **To|tem** (Stammeszeichen bei den Indianern); des Totems; die Totems

der **To|tem|pfahl**

tö|ten; du tötest; er tötete; sie hat ihn getötet; töte ihn nicht!

die **To|ten|bah|re**

to|ten|blass *oder* **tod|blass;** ein totenblasser *oder* todblasser Mann

der **To|ten|grä|ber;** des Totengräbers; die Totengräber

Totengräberin – Tragweite

die **To|ten|grä|be|rin;** die Totengräberin-
nen

der **To|ten|kopf**

die **To|ten|mes|se**

to|ten|still *oder* **tod|still;** es war plötz-
lich totenstill *oder* todstill

die **To|ten|stil|le**

tot|fah|ren; er fuhr ihn tot; sie hat ihn
totgefahren

tot|ge|bo|ren *vergleiche:* **tot**

sich **tot|la|chen** *(umgangssprachlich);* sie
lachte sich tot; er hat sich totgelacht

das, *auch:* der **To|to** (ein Glücksspiel); des
Totos; die Totos

der **To|to|schein**

der **Tot|schlag**

tot|schla|gen; er schlug ihn tot; er hat
ihn totgeschlagen

die **Tö|tung**

tough [taf] *oder* **taff** (robust, durchset-
zungsfähig); eine **toughe** *oder* taffe Klas-
sensprecherin

das **Tou|pet** [tu'pe:] (Perücke); des Toupets;
die Toupets

die **Tour** (Ausflug, Fahrt; Umlauf, Umdre-
hung); die Tou|ren

tou|ren ['tu:rən]; du tourst; sie tourte;
tour *oder* toure nicht durch dieses Land!;
wir sind durch Asien getourt

der **Tou|ren|zäh|ler** (Drehzahlmesser)

der **Tou|ris|mus** (Fremdenverkehr); des Tou-
rismus

der **Tou|rist** (Reisende); des/dem/den Tou-
ris|ten; die Tou|ris|ten

die **Tou|ris|tik** (Gesamtheit der touristi-
schen Einrichtungen und Veranstaltun-
gen)

die **Tou|ris|tin;** die Touristinnen

tou|ris|tisch; touristische Attraktio-
nen

die **Tour|nee** [tur'ne:] (Gastspielreise von
Künstlern); die Tournees *oder* Tour|ne-
en

der **To|w|er** ['tauɐ] (Kontrollturm an Flughä-
fen); des Towers; die Tower

to|xisch (giftig); toxische Stoffe

der **Trab** (mittelschnelle Gangart von Pfer-
den); des Trabs *oder* Tra|bes; Trab reiten,
laufen; in Trab setzen; jemanden auf
Trab bringen, in Trab halten *(umgangssprachlich)*

der **Tra|bant** (ein [künstlicher] Mond);

des/dem/den Tra|ban|ten; die Tra|ban-
ten

tra|ben; das Pferd trabt; es trabte; das
Pferd ist über den Acker getrabt; ABER:
das Pferd hat zwei Stunden [lang]
getrabt

das **Trab|ren|nen**

die **Tracht** (Kleidung, die für eine
bestimmte Volks- oder Berufsgruppe
typisch ist); sie legte ihre Tracht an; eine
Tracht Prügel bekommen *(umgangssprachlich)*

trach|ten (*gehoben für:* etwas Bestimm-
tes erreichen wollen); du trachtest; sie
trachtete; er hat nach Ruhm getrachtet;
tracht *oder* trachte ihr nicht nach dem
Leben!

träch|tig (ein Junges, Junge tragend);
eine trächtige Kuh

der **Track** [trɛk] (Musikstück, Nummer
[besonders auf einer CD]; *EDV:* Spur);
des Tracks; die Tracks

die **Track|list** ['trɛklɪst] *oder* **Track|lis|te**
(Titelliste [einer CD])

die **Tra|di|ti|on** (Überlieferung; Brauch); die
Tra|di|ti|o|nen

tra|di|ti|o|nell (überliefert, herkömm-
lich); traditionelle Berufe

tra|di|ti|ons|reich

der **Tra|fo** (*kurz für:* Transformator); des
Trafo *oder* Tra|fos; die Trafos

träg *oder* **trä|ge;** ein träger Mensch

die **Trag|bah|re**

trag|bar

die **Tra|ge**

tra|gen; du trägst; er trägt; sie trug; sie
hat den Koffer getragen; trag *oder* trage
ihr den Korb!

tra|gend; eine tragende (grundlegende)
Rolle

der **Trä|ger;** des Trägers; die Träger

die **Tra|ge|ta|sche**

trag|fä|hig; tragfähige Lösungen

die **Trag|flä|che**

das **Trag|flä|chen|boot**

das **Trag|flü|gel|boot**

die **Trag|heit**

die **Tra|gik** (erschütterndes Leid)

tra|gisch; ein tragisches Schicksal

die **Tra|gö|die** (Trauerspiel; Unglück); die
Tra|gö|di|en

die **Trag|wei|te**

485

Trainee – Transport

der **Trai|nee** [trɛiˈniː] (jemand, der innerhalb eines Unternehmens auf eine bestimmte Aufgabe vorbereitet wird); des Trainees; die Trainees

der **Trai|ner** [ˈtrɛːnɐ] (jemand, der andere auf Wettkämpfe vorbereitet); des Trainers; die Trainer

die **Trai|ne|rin;** die Trainerinnen

trai|nie|ren [trɛˈniːrən]; du trainierst; sie trainierte; er hat hart trainiert; trainier *oder* trainiere öfter!

das **Trai|ning** [ˈtrɛːnɪŋ]; des Trainings; die Trainings

der **Trai|nings|an|zug**

die **Trai|nings|ein|heit**

das **Trai|nings|la|ger**

der **Trakt** (Gebäudeteil); des Trakts *oder* Trak|tes; die Trak|te

trak|tie|ren (schlecht behandeln; quälen); du traktierst; sie traktierte; er hat sie mit Vorwürfen traktiert; traktier *oder* traktiere sie nicht dauernd damit!

der **Trak|tor** (Zugmaschine); des Traktors; die Trak|to|ren

träl|lern; ich trällere; du trällerst; er trällerte; sie hat ein Lied geträllert

die **Tram** (*kurz für:* Trambahn); die Trams

die **Tram|bahn** (Straßenbahn)

tram|peln; du trampelst; er trampelte; sie hat getrampelt; trample *oder* trampele nicht auf das frische Beet!

das **Tram|pel|tier** (zweihöckeriges Kamel; *umgangssprachlich für:* plumper Mensch)

tram|pen [ˈtrɛmpn̩] (per Anhalter fahren); ich trampe; du trampst; sie trampte; er ist nach Italien getrampt

der **Tram|per;** des Trampers; die Tramper

die **Tram|pe|rin;** die Tramperinnen

das **Tram|po|lin** (ein Sprunggerät); des Trampolins; die Tram|po|li|ne

der **Tran** (flüssiges Fett von Seetieren); des Trans *oder* Tra|nes; die Tra|ne

die **Tran|ce** [ˈtrãːs(ə)] (schlafähnlicher Zustand); in Trance fallen; jemanden in Trance versetzen

die **Trä|ne**

trä|nen; das Auge tränt; das Auge tränte; das Auge hat getränt

das **Trä|nen|gas**

tra|nig; traniges Öl; ein traniger (langweiliger, langsamer) Mensch

der **Trank** (*gehoben für:* Getränk); des Tranks *oder* Tran|kes; die Trän|ke

die **Trän|ke** (Tränkplatz für Tiere); die Tränken

trän|ken; du tränkst; er tränkte; sie hat die Pferde getränkt; tränk *oder* tränke die Pferde!

die **Trans|ak|ti|on** (größere [finanzielle] Unternehmung); die Trans|ak|ti|o|nen

trans|at|lan|tisch (jenseits des Atlantiks [gelegen])

der **Trans|fer** (*Wirtschaft:* Zahlung ins Ausland in fremder Währung; *Sport:* Vereinswechsel eines Berufsspielers; Weitertransport von Reisenden); des Transfers; die Transfers

trans|fe|rie|ren; ich transferiere; du transferierst; er transferierte; sie hat ihr Vermögen ins Ausland transferiert

der **Trans|for|ma|tor** (Umspanner elektrischer Ströme); des Transformators; die Trans|for|ma|to|ren

die **Trans|fu|si|on** ([Blut]übertragung); die Trans|fu|si|o|nen

der **Tran|sis|tor** (Teil eines elektrischen Verstärkers); des Transistors; die Tran|sis|to|ren

der **Tran|sit** [*auch:* tranˈzit] (Durchfuhr von Waren; Durchreise); des Transits; die Tran|si|te

tran|si|tiv (ein Akkusativobjekt fordernd; zielend); ein transitives Verb

der **Tran|sit|ver|kehr**

trans|pa|rent (durchscheinend; durchsichtig; durchschaubar); transparente Vorhänge

das **Trans|pa|rent** (durchscheinendes Bild; Spruchband); des Transparents *oder* Trans|pa|ren|tes; die Trans|pa|ren|te

das **Trans|pa|rent|pa|pier**

die **Trans|pa|renz** (Durchsichtigkeit; Durchschaubarkeit); der Transparenz

die **Trans|plan|ta|ti|on** (Organ-, Gewebeverpflanzung); die Trans|plan|ta|ti|o|nen

trans|plan|tie|ren; ich transplantiere; du transplantierst; er transplantierte; die Ärztin hat dem Patienten eine fremde Niere transplantiert

der **Trans|port;** des Transports *oder* Trans|por|tes; die Trans|por|te

486

transportabel – treiben

trans|por|ta|bel; ein transportables
Fernsehgerät

der **Trans|por|ter;** des Transporters; die
Transporter

trans|port|fä|hig; der Verletzte war
nicht transportfähig

trans|por|tie|ren; du transportierst; sie
transportierte; er hat die Säcke nach
Hause transportiert; transportier *oder*
transportiere sie nach Hause!

die **Trans|port|kos|ten** *Plural*

der **Trans|ra|pid** (*Markenbezeichnung:* eine
Magnetschwebebahn); des Transrapid
oder Transrapids

die **Tran|tü|te** (*umgangssprachlich für:*
langsamer, [geistig] schwerfälliger
Mensch)

das **Tra|pez** (geometrische Figur; Stange für
akrobatische Übungen); des Tra|pe|zes;
die Tra|pe|ze

tra|pez|för|mig

der **Trap|per** (nordamerikanischer Pelztier-
jäger); des Trappers; die Trapper

die **Trap|pe|rin;** die Trapperinnen

der **Trash** [trɛʃ] (Schund, Ramsch); des
Trashs

die **Tras|se** (Verlauf eines Verkehrsweges;
Bahnkörper; Straßendamm); die Tras-
sen

der **Tratsch** (*umgangssprachlich für:*
Geschwätz, Klatsch); des Tratschs *oder*
Trat|sches

trat|schen; du tratschst; er tratschte; sie
hat getratscht; tratsch *oder* tratsche
nicht so viel!

die **Trau|be**

der **Trau|ben|zu|cker**

trau|en; du traust; er traute; sie hat ihm
getraut; trau *oder* traue ihm nicht; ich
traue mich, *seltener:* mir nicht, das zu
tun; der Pfarrer hat das Paar getraut
(ehelich verbunden)

die **Trau|er**

die **Trau|er|fei|er**

der **Trau|er|marsch**

trau|ern; du trauerst; er trauerte; sie hat
um ihn getrauert; traure *oder* trauere
nicht mehr!

die **Trau|er|wei|de**

träu|feln; ich träuf[e]le; du träufelst;
er träufelte; sie hat ihm Tropfen in
die Augen geträufelt; träufle *oder*

träufele ihm die Tropfen in die
Augen!

der **Traum;** des Traums *oder* Trau|mes;
die Träu|me

das **Trau|ma** (starke Verletzung, seelische
Erschütterung); des Traumas; die Trau-
men *oder* Traumata

trau|ma|tisch; traumatische Erleb-
nisse

die **Trau|ma|ti|sie|rung** ([seelische] Verlet-
zung)

träu|men; du träumst; sie träumte;
er hat geträumt; träum *oder* träume
nicht!

der **Träu|mer;** des Träumers; die Träumer

die **Träu|me|rei**

die **Träu|me|rin;** die Träumerinnen

träu|me|risch

traum|haft; traum|haf|ter; am traum-
haf|tes|ten

trau|rig

die **Trau|rig|keit**

der **Trau|ring**

der **Trau|schein**

traut (behaglich; vertraut); trautes
Heim; ein trauter Freund

die **Trau|ung**

der **Tra|vel|ler|scheck** ['trɛvələ...] (Reise-
scheck)

die **Tra|ves|tie** ([scherzhafte] Umgestal-
tung [eines Gedichtes]); die Tra|ves|ti-
en

der **Treck** (Zug von Flüchtlingen, Auswan-
derern); des Trecks; die Trecks

der **Tre|cker** (Zugmaschine); des Treckers;
die Trecker

das **Tre|cking** *vergleiche:* **Trek|king**

der **Treff** (Treffen, Zusammenkunft); des
Treffs; die Treffs

tref|fen; du triffst; er traf; sie hat ihn
getroffen; triff genauer!

das **Tref|fen;** des Treffens; die Treffen

tref|fend (vollkommen passend)

der **Tref|fer;** des Treffers; die Treffer

treff|lich (sehr gut; ausgezeichnet); ein
trefflicher Wein

der **Treff|punkt**

treff|si|cher

das **Treib|eis**

trei|ben; du treibst; er trieb; sie hat das
Vieh auf die Weide getrieben; treib *oder*
treibe das Vieh auf die Weide!

487

Treiben – triefen

das **Trei|ben**; des Treibens; ein munteres Treiben

der **Trei|ber**; des Treibers; die Treiber

die **Trei|be|rin**; die Treiberinnen

das **Treib|haus**

der **Treib|haus|ef|fekt** (Einfluss der Erdatmosphäre auf die von der Erde abgestrahlte Wärme)

das **Treib|haus|gas** (Gas, das zum Treibhauseffekt beiträgt, z. B. Kohlendioxid)

der **Treib|stoff**

das **Trek|king** oder **Tre|cking** (mehrtägige Wanderung oder Fahrt [durch unwegsames Gelände]); des Trekkings oder Treckings; die Trekkings oder Treckings

der **Trench|coat** ['trɛntʃkoːt] (ein Mantel); des Trenchcoats; die Trenchcoats

der **Trend** (Richtung einer Entwicklung); des Trends; die Trends

tren|dig (dem vorherrschenden Trend entsprechend, modern)

der **Trend|scout** [...skaut] (jemand, der Trends nachspürt); des Trendscouts; die Trendscouts

der **Trend|set|ter** (jemand, der den Trend bestimmt); des Trendsetters; die Trendsetter

die **Trend|set|te|rin**; die Trendsetterinnen

die **Trend|wen|de**

tren|dy (umgangssprachlich für: modisch; dem Trend entsprechend); das ist [nicht] trendy

trenn|bar; trennbare Verben

tren|nen; du trennst; er trennte; sie hat die Streithähne getrennt; trenn oder trenne dich!

die **Trenn|kost** (Trenndiät)

die **Tren|nung**

der **Tren|nungs|strich**

die **Tren|se** (leichter Pferdezaum); die Trensen

trepp|ab

trepp|auf

die **Trep|pe**

das **Trep|pen|haus**

der **Tre|sen** (Laden-, Schanktisch); des Tresens; die Tresen

der **Tre|sor** (Panzerschrank); des Tresors; die Tre|so|re

die **Tres|se** (Borte); die Tressen

tre|ten; du trittst; er tritt; er trat; sie ist in die Pfütze getreten; er hat ihn getreten; tritt mich nicht!

der **Tret|rol|ler**

treu; treu|er; am treus|ten oder treu|es|ten; ein [mir] treu ergebener oder treuergebener Freund; er ist ein treu sorgender oder treusorgender Vater

die **Treue**; auf Treu und Glauben

treu|er|ge|ben vergleiche: **treu**

der **Treu|hän|der** (jemand, der Rechte für einen anderen ausübt); des Treuhänders; die Treuhänder

die **Treu|hän|de|rin**; die Treuhänderinnen

treu|her|zig (gutgläubig)

treu|los; treu|lo|ser; am treu|lo|ses|ten

treu|sor|gend vergleiche: **treu**

der, auch: das **Tri|an|gel** (Musik: ein Schlaggerät); des Triangels; die Triangel

der oder das **Tri|ath|lon** (sportlicher Dreikampf); des Triathlons; die Triathlons

der **Tri|bun** (Volksführer [im alten Rom]); des Tribuns oder Tri|bu|nen; die Tri|bu|ne oder Tri|bu|nen

das **Tri|bu|nal** ([hoher] Gerichtshof); des Tribunals; die Tri|bu|na|le

die **Tri|bü|ne** (Redner-, Zuschauerbühne); die Tribünen

der **Tri|but** (Opfer, Zwangsabgabe); des Tributs oder Tri|bu|tes; die Tri|bu|te; einen Tribut fordern, leisten

die **Tri|chi|ne** (ein schmarotzender Fadenwurm); die Trichinen

tri|chi|nös; trichinöses Fleisch

der **Trich|ter**; des Trichters; die Trichter

der **Trick**; des Tricks; die Tricks

der **Trick|film**

trick|reich; ein trickreicher Politiker

trick|sen (umgangssprachlich); ich trickse; du trickst; sie trickste; er hat unauffällig getrickst

die **Trick|se|rei**

der **Trieb**; des Triebs oder Trie|bes; die Triebe

trieb|haft; trieb|haf|ter; am trieb|haf|tes|ten

der **Trieb|tä|ter**

die **Trieb|tä|te|rin**

der **Trieb|wa|gen**

das **Trieb|werk**

trie|fen (tropfend nass sein; in vielen Tropfen irgendwohin fließen); ich triefe; du triefst; seine Haare trieften, selten:

488

triezen – trocken

troffen; seine Haare haben von/vor Nässe getrieft, *selten:* getroffen, A B E R: aus ihrer Wunde ist Blut getrieft, *selten:* getroffen

trie|zen (*umgangssprachlich für:* quälen, plagen); du triezt; er triezte; sie hat ihn getriezt; triez *oder* trieze mich nicht!

die **Trift** (Weideland; *auch für:* Meeresströmung, Drift); die Trif|ten

trif|tig (sehr überzeugend); ein triftiger Grund

die **Tri|go|no|me|t|rie** (Dreiecksmessung, -berechnung)

tri|go|no|me|t|risch; trigonometrische Funktionen; der trigonometrische Punkt (*Zeichen:* TP)

die **Tri|ko|lo|re** (dreifarbige Fahne [Frankreichs]); die Trikoloren

das **Tri|kot** [tri'ko:, *auch:* 'trɪko] (eng anliegendes Kleidungsstück aus dehnbarem Gewebe); des Trikots; die Trikots

der, *selten:* das **Tri|kot** (eine Gewebeart); des Trikots; die Trikots

der **Tril|ler;** des Trillers; die Triller

tril|lern; du trillerst; sie trillerte; er hat auf seiner Pfeife getrillert; trillere noch einmal!

die **Tril|ler|pfei|fe**

die **Tril|li|ar|de** (tausend Trillionen); die Trilliarden

die **Tril|li|on** (eine Million Billionen); die Tril|li|o|nen

die **Tril|lo|gie** (Folge von drei [zusammengehörenden] Dichtwerken oder Kompositionen); die Tril|lo|gi|en

der **Trimm-dich-Pfad**

trim|men (in einen gewünschten Zustand bringen); du trimmst; sie trimmte; er hat den Pudel getrimmt (geschoren); er hat sich getrimmt (körperlich fit gemacht)

Tri|ni|dad und To|ba|go (Staat im Karibischen Meer)

die **Tri|ni|tät** (*christliche Religion:* Dreieinigkeit, Dreifaltigkeit)

trink|bar; trinkbares Wasser

trin|ken; du trinkst; er trinkt; er trank; sie hat Saft getrunken; trink *oder* trinke viel Tee!

der **Trin|ker;** des Trinkers; die Trinker

die **Trin|ke|rin;** die Trinkerinnen

das **Trink|geld**

das **Trink|was|ser**

das **Trio** (Musikstück für drei Instrumente; *auch für:* die drei ausführenden Personen); des Trios; die Trios

die **Tri|o|le** (*Musik:* 3 Noten statt 2); die Triolen

der **Trip** (Ausflug, Reise; Rauschzustand durch Drogeneinwirkung, *auch für:* die dafür benötigte Dosis); des Trips; die Trips

Tri|po|lis (Hauptstadt Libyens)

trip|peln; ich tripp[e]le; du trippelst; er trippelte; sie ist nach Hause getrippelt; tripple *oder* trippele nicht so!

der **Trip|pel|schritt**

der **Trip|per** (eine Geschlechtskrankheit); des Trippers; die Tripper

trist (traurig, öde); tris|ter; am tris|testen; ein trister Morgen

die **Tris|tesse** [trɪs'tɛs] (Traurigkeit); die Tristessen

der **Tritt;** des Tritts *oder* Trit|tes; die Trit|te

das **Tritt|brett**

tritt|fest; trittfeste Leitern

der **Tri|umph** (großer Sieg, Erfolg); des Triumphs *oder* Tri|um|phes; die Tri|um|phe

tri|um|phal; ein triumphaler Empfang

tri|um|phie|ren (siegen; jubeln); du triumphierst; er triumphierte; sie hat bei den Wettkämpfen triumphiert; triumphier *oder* triumphiere nicht zu früh!

das **Tri|um|vi|rat** (Dreimännerherrschaft [im alten Rom]); des Triumvirats *oder* Tri|um|vi|ra|tes; die Tri|um|vi|ra|te

tri|vi|al (platt, abgedroschen)

die **Tri|vi|a|li|tät**

die **Tri|vi|al|li|te|ra|tur**

tro|cken; trockenes Brot; ein trockener Wein; auf dem Trockenen sitzen (in Verlegenheit sein); sein Schäfchen im Trockenen haben (sich seinen Vorteil gesichert haben); wieder im Trocknen *oder* Trockenen (auf trockenem Boden) sein; die Wäsche wird bald trocken sein, werden; wir wollen trocken (im Trockenen) sitzen; A B E R: man ließ uns auf der Party trockensitzen (ohne Getränke sitzen); die Kartoffeln sollen [besonders] trocken (an einem trockenen Ort) liegen; das Kind muss trocken gerieben *oder* trockengerieben (durch Reiben getrocknet) werden; die Wäsche soll trocken

489

Trockenheit – Trottoir

geschleudert *oder* trockengeschleudert (durch Schleudern getrocknet) werden; das Hemd wird trocken (in trockenem Zustand) gebügelt; ↑ ABER: trockenlegen

die **Tro|cken|heit**

tro|cken|le|gen (mit frischen Windeln versehen; entwässern); die Mutter legte das Kind trocken; man hat das Moor trockengelegt

tro|cken|rei|ben *vergleiche:* tro|cken

tro|cken|schleu|dern *vergleiche:* tro|cken

tro|cken|sit|zen *vergleiche:* tro|cken

die **Tro|cken|zeit**

trock|nen; du trocknest; sie trocknete; er hat die Kleider getrocknet; trockne deine nassen Sachen!

die **Trod|del** (Quaste); die Troddeln

der **Trö|del** (*umgangssprachlich für:* alte, wertlose Gegenstände; Kram); des Trödels

trö|deln (*umgangssprachlich für:* beim Arbeiten u. Ä. langsam sein; schlendern); du trödelst; er trödelte; er hat bei der Arbeit getrödelt; sie ist durch die Straßen getrödelt; trödle *oder* trödele nicht!

der **Tröd|ler;** des Trödlers; die Trödler

die **Tröd|le|rin;** die Trödlerinnen

der **Trog;** des Trogs *oder* Trol|ges; die Trö|ge

Tro|ja (antike Stadt in Kleinasien)

tro|ja|nisch; die trojanischen Helden; ABER: der Trojanische Krieg; das Trojanische Pferd

sich **trol|len** (*umgangssprachlich für:* sich langsam [und beschämt] entfernen); du trollst dich jetzt besser; sie trollte sich; er hat sich in sein Zimmer getrollt; troll dich!

die **Trom|mel;** die Trommeln

das **Trom|mel|fell** (auf der Trommel; im Ohr)

trom|meln; ich tromm[e]le; du trommelst; er trommelte; sie hat getrommelt; trommle *oder* trommele nicht so laut!

der **Trom|mel|re|vol|ver**

der **Tromm|ler;** des Trommlers; die Trommler

die **Tromm|le|rin;** die Trommlerinnen

die **Trom|pe|te**

trom|pe|ten; ich trompete; du trompe-

test; er trompetete; sie hat laut trompetet

der **Trom|pe|ter;** des Trompeters; die Trompeter

die **Trom|pe|te|rin;** die Trompeterinnen

die **Tro|pen** (heiße Zone zwischen den Wendekreisen) *Plural*

das **Tro|pen|fie|ber**

der **Tropf** (bedauernswerter Mensch); des Tropfs *oder* Trop|fes; die Tröp|fe; er ist ein armer Tropf

der **Tropf** (*Medizin:* Vorrichtung für die Tropfinfusion); des Tropfs *oder* Trop|fes; die Trop|fe

tröp|feln; es tröpfelte; es hat getröpfelt

trop|fen; es tropfte; es hat getropft

der **Trop|fen;** des Tropfens; die Tropfen

trop|fen|wei|se

tropf|nass; tropfnasse Wäsche

der **Tropf|stein**

die **Tropf|stein|höh|le**

die **Tro|phäe** (Siegeszeichen; Jagdbeute); die Trophä|en

tro|pisch (zu den Tropen gehörend; südlich; heiß); tropisches Klima

die **Tro|po|sphä|re** (*Meteorologie:* unterste Schicht der Erdatmosphäre)

der **Tross** (Wagenpark mit Nachschub für die Truppe; Gefolge); des Tros|ses; die Tros|se

die **Tros|se** (starkes Tau; Drahtseil); die Trossen

der **Trost;** des Tros|tes; Trost suchen, spenden; Trost bringende *oder* trostbringende Worte

trös|ten; du tröstest; sie tröstete; er hat seinen Freund getröstet; tröste ihn!

der **Trös|ter;** des Trösters; die Tröster

die **Trös|te|rin;** die Trösterinnen

tröst|lich; tröstliches Verständnis

trost|los; trost|lo|ser; am trost|lo|sesten; eine trostlose Gegend

der **Trost|preis**

der **Trott;** des Trotts *oder* Trot|tes; die Trotte

der **Trot|tel;** des Trottels; die Trottel

trot|te|lig; trotteliges Verhalten

trot|ten (*umgangssprachlich für:* schwerfällig, langsam gehen); der Hund trottete; er ist zu seiner Hütte getrottet

das **Trot|toir** [trɔˈtoaːɐ̯] (*landschaftlich für:*

Bürgersteig); des Trottoirs; die Trottoire *oder* Trottoirs

trotz

! Nach *trotz* steht in der Schriftsprache der Genitiv: »Sie gingen trotz des Regens spazieren.« Die Verbindung von *trotz* mit dem Dativ (»trotz dem Regen«) ist umgangssprachlich. Wenn sich jedoch der Genitiv eines Nomens im Plural nicht vom Nominativ unterscheidet, ist der Dativ auch im geschriebenen Deutsch korrekt: »trotz Beweisen« (statt »trotz Beweise«), »trotz Büchern« (statt »trotz Bücher«). Unverändert kann nur ein allein stehendes, stark gebeugtes Nomen im Singular bleiben: »trotz Umbau[s] geöffnet«.

der **Trotz**; des Trot|zes; aus Trotz; dir zum Trotz; jemandem Trotz bieten
trotz|dem
trot|zen; du trotzt; er hat getrotzt
trot|zig; ein trotziges Kind
der **Trotz|kopf**
trüb *oder* **trü|be**; trübes Wetter; im Trüben fischen (aus einer unklaren Lage Vorteile ziehen)
der **Tru|bel**; des Trubels
trü|ben; der chemische Zusatz trübte das Wasser; diese Nachricht hat unsere Freude getrübt; sich trüben; der Himmel hat sich getrübt
die **Trüb|sal**; die Trüb|sa|le
trüb|se|lig
der **Trüb|sinn**
trüb|sin|nig
tru|deln (drehend niedergehen); das Flugzeug trudelte; es ist getrudelt
die, *auch:* der **Trüf|fel** (ein Pilz; eine kugelförmige Praline); der Trüffel, *auch:* des Trüffels; die Trüffel *oder* Trüffeln
der **Trug**; Lug und Trug
das **Trug|bild**
trü|gen; meine Erinnerung trügt mich; sie trog mich; sie hat mich getrogen; der Schein trügt
trü|ge|risch; trügerische Ruhe
der **Trug|schluss**; des Trug|schlus|ses; die Trug|schlüs|se
die **Tru|he**
die **Trüm|mer** *Plural*

der **Trüm|mer|hau|fen**
der **Trumpf**; des Trumpfs *oder* Trump|fes; die Trümp|fe
der **Trunk**; des Trunks *oder* Trun|kes; die Trün|ke
trun|ken; trunken (berauscht) vor Freude sein
die **Trun|ken|heit**
der **Trupp**; des Trupps; die Trupps
die **Trup|pe**
die **Trup|pen|ver|pfle|gung**
der **Trust** [trast] (Konzern); des Trusts *oder* Trus|tes; die Trus|te *oder* Trusts
der **Trut|hahn**
die **Trut|hen|ne**
der *oder* das **Tsa|t|si|ki** *vergleiche:* <mark>**Za|zi|ki**</mark>
der **Tschad** (Staat in Afrika)
Tschad *oder* der **Tschad** (Staat in Afrika)
der **Tscha|der**; des Tschaders; die Tschader
die **Tscha|de|rin**; die Tschaderinnen
tscha|disch
<mark>**tschau**</mark>! *oder* **ciao!** [tʃau] (*umgangssprachlich für:* guten Tag! *oder* auf Wiedersehen!)
der **Tsche|che**; des/dem/den Tschechen; die Tschechen
Tsche|chi|en (*kurz für:* Tschechische Republik)
die **Tsche|chin**; die Tschechinnen
tsche|chisch; die tschechische Sprache; ABER: die Tschechische Republik (Staat in Mitteleuropa)
Tscher|no|byl (ukrainische Stadt); in Tschernobyl gab es einen Reaktorunfall
das **Tsche|t|sche|ni|en** (Republik in der Russischen Föderation)
tschüs! *oder* **tschüss!** (*umgangssprachlich für:* auf Wiedersehen!)
Tsd. = Tausend
die **Tse|t|se|flie|ge** (Stechfliege im tropischen Afrika)
das **T-Shirt** [ˈtiːʃøːɐ̯t] (Trikothemd mit kurzen Ärmeln)
der *oder* das **Tsu|na|mi** ([durch Seebeben ausgelöste] Flutwelle); des Tsunami *oder* der Tsunami; die Tsunamis
die **Tu|ba** (tiefes Blechblasinstrument); die Tuben
die **Tu|be**; die Tuben
die **Tu|ber|ku|lo|se** (eine Infektionskrankheit; *Abkürzungen:* Tb, Tbc, Tbk)

tuberkulosekrank – türkis

tu|ber|ku|lo|se|krank

das **Tuch** (z. B. das Handtuch); des Tuchs *oder* Tu|ches; die Tü|cher

das **Tuch** (Stoff); des Tuchs *oder* Tu|ches; die Tu|che

die **Tuch|fa|b|rik**

tüch|tig; tüchtige Mitarbeiter

die **Tüch|tig|keit**

die **Tü|cke**

tu|ckern; das Boot tuckerte; es hat getu-ckert; das Boot ist über den See getu-ckert

tü|ckisch; eine tückische Krankheit

der **Tuff** (ein poröses Gestein); des Tuffs; die Tuf|fe

der **Tuff|stein**

tüf|teln (eine knifflige Aufgabe mit Aus-dauer zu lösen suchen); ich tüft[e]le; du tüftelst; er tüftelte; sie hat gern getüftelt; tüftle *oder* tüftele weiter!

der **Tüft|ler;** des Tüftlers; die Tüftler

die **Tüft|le|rin;** die Tüftlerinnen

die **Tu|gend;** die Tu|gen|den

tu|gend|haft

der **Tüll** (ein netzartiges Gewebe); des Tülls; die Tül|le

die **Tul|pe**

sich **tum|meln** (sich beeilen); du tummelst dich; er tummelte sich; er hat sich getummelt; tummle *oder* tummele dich!

der **Tum|mel|platz**

der **Tümm|ler** (ein Delfin); des Tümmlers; die Tümmler

der **Tu|mor** (Geschwulst); des Tumors; die Tu|mo|ren *oder* Tu|mo|re

der **Tüm|pel;** des Tümpels; die Tümpel

der **Tu|mult** (Lärm; Unruhe; Auflauf); des Tumults *oder* Tu|mul|tes; die Tu|mul|te

tun; du tust es; sie tut es; er tat es; sie hat es getan; tu *oder* tue es!; sie tut viel Gutes; er hat ihm nichts getan

das **Tun;** des Tuns; das Tun und Lassen; das Tun und Treiben

die **Tün|che**

tün|chen; du tünchst; er tünchte; sie hat die Wand getüncht; tünch *oder* tünche das Kinderzimmer!

die **Tun|d|ra** (arktische Kältesteppe); die Tundren

Tu|ne|si|en (Staat in Nordafrika)

der **Tu|ne|si|er;** des Tunesiers; die Tunesier

die **Tu|ne|si|e|rin;** die Tunesierinnen

tu|ne|sisch

der **Tun|fisch** *vergleiche:* <mark>**Thun|fisch**</mark>

der **Tu|nicht|gut;** des Tunichtgut[s] *oder* Tu-nicht|gu|tes; die Tu|nicht|gu|te

Tu|nis (Hauptstadt Tunesiens)

die **Tun|ke**

tun|ken; ich tunke; du tunkst; sie tunkte; er hat das Brot in den Kaffee getunkt

tun|lichst (möglichst); tunlichst bald

der **Tun|nel;** des Tunnels; die Tunnel *oder* Tunnels

der **Tun|nel|bau**

das **Tüp|fel|chen;** des Tüpfelchens; die Tüp-felchen; das Tüpfelchen auf dem i; das i-Tüpfelchen

tup|fen; du tupfst; sie tupfte; er hat getupft; tupf *oder* tupfe die Salbe auf die Wunde!

der **Tup|fen** (runder Fleck); des Tupfens; die Tupfen

die **Tür;** von Tür zu Tür

> ! *Tür* ohne -*e* ist heute die in der Stan-dardsprache übliche Form. Nur in weni-gen Sprachgebieten und in dichteri-schen Werken kommt noch die Form *Türe* vor.

der **Tur|ban** (Kopfbedeckung besonders der Moslems und Hindus); des Turbans; die Tur|ba|ne

die **Tur|bi|ne** (eine Kraftmaschine); die Tur-binen

> ! In einer Reihe von Wörtern wird der lang gesprochene *i*-Laut ohne anschlie-ßendes -*e* geschrieben. Dazu gehört auch das Nomen *Turbine*, nicht aber die *Biene*.

der **Tur|bi|nen|an|trieb**

das **Tur|bo|ab|i|tur**

tur|bu|lent (stürmisch bewegt); tur|bu-len|ter; am tur|bu|len|tes|ten

die **Tur|bu|lenz** (turbulentes Geschehen; all-gemeine Erregung; Wirbel in einer Strö-mung); die Tur|bu|len|zen

der **Tür|ke;** des Türken; die Türken

die **Tür|kei**

die **Tür|kin;** die Türkinnen

tür|kis (türkisfarben); ein türkis Kleid; das Kleid ist türkis; ABER: ein Kleid in Türkis; ↑ beige; blau

t

492

Türkis – Tyrannosaurus

der **Tür|kis** (blauer, auch grüner Edelstein); des Tür|ki|ses; die Tür|ki|se
tür|kisch
tür|kis|far|ben oder **tür|kis|far|big**
die **Tür|klin|ke**
der **Turm;** des Turms oder Tur|mes; die Türme
tür|men (aufschichten); ich türme; er türmte; sie hat die Äpfel zu einer Pyramide getürmt; sich türmen; auf dem Schreibtisch haben sich die Akten getürmt (gestapelt)
tür|men (ausreißen); du türmst; sie türmte; er ist [aus dem Gefängnis] getürmt; türm oder türme schnell!
das **Turm|sprin|gen** (Sport)
der **Turn|an|zug**
tur|nen; du turnst; sie turnte; er hat geturnt; turn oder turne öfter!
der **Tur|ner;** des Turners; die Turner
die **Tur|ne|rin;** die Turnerinnen
die **Turn|hal|le**
die **Turn|ho|se**
das **Tur|nier** (ein Wettkampf); des Turniers; die Tur|nie|re
der **Turn|schuh**
die **Turn|übung**
der **Turn|un|ter|richt**
der **Tur|nus** (Wechsel, festgelegte regelmäßige Wiederkehr); des Turnus oder Turnusses; die Turnusse
tur|nus|mä|ßig
der **Turn|ver|ein**
der **Tür|öff|ner** (elektrische Anlage)
das **Tür|schloss**
der **Tür|ste|her** (jemand, der vor einer Tür steht und darüber wacht, dass kein Unerwünschter oder Unbefugter eintritt); des Türstehers; die Türsteher
die **Tür|ste|he|rin;** die Türsteherinnen
die **Tür|tel|tau|be**
der **Tusch** (musikalisches Signal, das eine Ehrung ausdrückt); des Tuschs oder Tusches; die Tu|sche; einen Tusch blasen
die **Tu|sche**
die **Tu|sche|lei**
tu|scheln; du tuschelst; sie tuschelte; sie haben getuschelt; tuschle oder tuschele nicht mit ihr!
die **Tusch|zeich|nung**
die **Tü|te**
tu|ten; die Lokomotive tutete; sie hat

getutet; ABER: er hat von Tuten und Blasen keine Ahnung (umgangssprachlich für: er versteht nichts von der Sache)
die **Tü|ten|sup|pe** (umgangssprachlich für: in einer Tüte abgepackte pulverige Substanz, die durch Hinzufügen einer [heißen] Flüssigkeit schnell zubereitet werden kann)
der **TÜV** = Technischer Überwachungs-Verein
TÜV-ge|prüft
die **TÜV-Pla|ket|te** (Markenbezeichnung)
das **TV** = Television
der oder das **Tweet** [tvi:t] (beim Twittern gesendete Nachricht); des Tweets, die Tweets
der **Twen** (Mann oder Frau in den Zwanzigern); des Twens; die Twens
der **Twist** (ein Stopfgarn); des Twis|tes oder Twists; die Twis|te
der **Twist** (ein Tanz); des Twists; die Twists
twit|tern (über den Internetdienst Twitter [Markenbezeichnung] Kurznachrichten senden und empfangen); ich twittere; du twitterst; sie twitterte; er hat das Ergebnis gleich getwittert
der **Typ** (Urbild; Modell, Bauart; umgangssprachlich auch für: Mensch, Person); des Typs; die Ty|pen
die **Ty|pe** (gegossener Druckbuchstabe; komische Figur); die Typen
der **Ty|phus** (eine Infektionskrankheit); des Typhus
ty|pisch (bezeichnend); ein typischer Fall
ty|pi|scher|wei|se
die **Ty|po|gra|fie** oder **Ty|po|gra|phie** (Buchdruckkunst; typografische Gestaltung)
ty|po|gra|fisch oder **ty|po|gra|phisch**
der **Ty|pus;** des Typus; die Typen
der **Ty|rann** (Gewaltherrscher; herrschsüchtiger Mensch); des/dem/den Ty|ran|nen; die Ty|ran|nen
die **Ty|ran|nei**
die **Ty|ran|nin;** die Tyranninnen
ty|ran|nisch (gewaltsam, willkürlich)
ty|ran|ni|sie|ren; du tyrannisierst ihn; er tyrannisierte ihn; sie hat ihn tyrannisiert; tyrannisier oder tyrannisiere ihn nicht!
der **Ty|ran|no|sau|rus** (ein Dinosaurier); des Tyrannosaurus; die Ty|ran|no|sau|ri|er

Tyrannosaurus Rex – übereilen

der **Ty|ran|no|sau|rus Rex;** des Tyrannosaurus Rex

U

das **U** (Buchstabe); des U; die U; ABER: das u in Mut
u. = und
u. a. = und andere, und anderes; unter anderem, unter anderen
u. ä. = und ähnlich; Hüte, Mützen u. ä. Kopfbedeckungen
u. Ä. = und Ähnliche, und Ähnliches; Hüte, Mützen u. Ä.
u. a. m. = und andere mehr, und anderes mehr
die **U-Bahn** (*kurz für:* Untergrundbahn)
der **U-Bahn|hof**
das **U-Bahn-Netz**
die **U-Bahn-Sta|ti|on**
der **U-Bahn-Tun|nel**
der **U-Bahn-Wa|gen**

übel

üb|ler; am übels|ten

– ein übler Geruch
– üble Nachrede, üble Laune
– ein übler Ruf
– ich habe nicht übel Lust, das zu tun (ich möchte es tun)

Groß schreibt man »übel«, wenn es nominalisiert ist:

– sie hat mir etwas, nichts Übles getan
– es wäre das Übelste, wenn …

Getrennt- und Zusammenschreibung:

– übel sein; mir ist übel
– sie wäre übel beraten, wenn sie sich darauf einließe
– ein übel gelaunter *oder* übelgelaunter Chef
– übel gesinnte *oder* übelgesinnte Nachbarn
– jemandem etwas [sehr] übel nehmen *oder* übelnehmen; sie nimmt immer alles übel

---

das **Übel;** des Übels; die Übel
übel|ge|launt, übel|ge|sinnt *vergleiche:* übel
die **Übel|keit**
übel|neh|men *vergleiche:* übel
der **Übel|tä|ter**
die **Übel|tä|te|rin**
üben; du übst; sie übte; er hat den Handstand geübt; üb *oder* übe Vokabeln!
über; das Bild hängt über dem Sofa; ABER: er hängt das Bild über das Sofa; Kinder über 8 Jahre; Gemeinden über 10 000 Einwohner; über Nacht; über kurz oder lang; über und über (sehr, völlig); wir mussten über zwei Stunden warten; er ist mir über (überlegen)
über|all
das **Über|an|ge|bot**
über|ar|bei|ten; sie hat sich überarbeitet; er hat den Aufsatz überarbeitet
die **Über|ar|bei|tung**
über|aus; sie ist überaus geschickt
über|be|legt; der Raum war überbelegt
über|bie|ten; er überbot den Rekord; bis jetzt hat keiner diese Summe überboten
das **Über|bleib|sel;** des Überbleibsels; die Überbleibsel
der **Über|blick**
über|bli|cken; sie überblickte die Lage; sie hat sie überblickt
über|bor|dend (übersteigert); eine überbordende Fantasie
über|brü|cken; sie überbrückte die Gegensätze; sie hat sie überbrückt
über|den|ken; sie hat es lange überdacht
über|dies (außerdem)
über|di|men|si|o|nal (übergroß)
die **Über|do|sis**
der **Über|druss;** des Über|drus|ses
über|drüs|sig (Ablehnung empfindend); einer Sache überdrüssig sein; ich bin seiner überdrüssig
über|durch|schnitt|lich; überdurchschnittliche Leistungen
über|ei|len; sie übereilte; er hat nichts übereilt

494

übereinander – überlaufen

über|ei|n|an|der; sie haben übereinander geredet, gesprochen, gelacht; ↑ aufeinander

über|ei|n|an|der|le|gen; er legte die Decken übereinander; er hat sie übereinandergelegt; übereinandergelegte Decken; ↑ übereinander

über|ei|n|an|der|schla|gen; sie schlug die Beine übereinander; sie hat die Beine übereinandergeschlagen; übereinandergeschlagene Beine; ↑ übereinander

über|ei|n|an|der|stel|len; sie stellte die Kartons übereinander; sie begann, die Kartons übereinanderzustellen; übereinandergestellte Kartons; ↑ übereinander

das **Über|ein|kom|men** oder die **Über|ein|kunft** (Abmachung); des Übereinkommens oder der Übereinkunft; die Übereinkommen oder die Übereinkünfte

über|ein|stim|men; wir stimmen überein; wir haben übereingestimmt

die **Über|ein|stim|mung**

über|fah|ren (über einen Fluss, See fahren); sie fährt über; er ist übergefahren; ABER: **über|fah|ren** (überrollen); er überfuhr den Hund; sie hat ihn überfahren

der **Über|fall;** des Überfalls oder Überfalles; die Überfälle

über|fal|len; sie überfiel ihn; sie hat ihn überfallen

über|fäl|lig (zur erwarteten Zeit noch nicht eingetroffen); die Handwerker sind überfällig

über|flie|ßen; das Wasser fließt über; es floss über; es ist übergeflossen

der **Über|fluss;** des Überflusses

die **Über|fluss|ge|sell|schaft**

über|flüs|sig; überflüssige Ausgaben

über|for|dern; sie überforderte ihn; er hat ihn überfordert; überfordere sie nicht!

die **Über|for|de|rung**

über|fra|gen; er hat mich überfragt (seine Frage kann ich nicht beantworten); da bin ich überfragt (darüber weiß ich nicht genug)

über|füh|ren oder **über|füh|ren** (an einen anderen Ort bringen); sie überführte die Leiche; sie hat die Leiche übergeführt oder überführt

über|füh|ren (eine Schuld nachweisen); die Polizistin überführte ihn; er hat ihn mit einem Trick überführt

über|füllt; der Zug war überfüllt

die **Über|ga|be**

der **Über|gang;** des Übergangs oder Überganges; die Übergänge

die **Über|gangs|frist**

über|gangs|los

die **Über|gangs|re|gie|rung**

die **Über|gangs|zeit**

über|ge|ben; sie übergab ihr die Leitung; sie hat die Wohnung übergeben; sich übergeben (erbrechen); er hat sich übergeben

über|ge|hen; das Haus ging auf den Käufer über; sie ist zum Feind übergegangen; ABER: **über|ge|hen;** sie übergeht ihn (beachtet ihn nicht); sie hat ihn übergangen

über|ge|ord|net

das **Über|ge|wicht;** die Übergewichte

über|ge|wich|tig

der **Über|griff;** des Übergriffs oder Übergriffes; die Übergriffe

über|groß

über|hand|neh|men; etwas nimmt überhand; das Unkraut hat überhandgenommen

über|haupt

über|heb|lich

die **Über|heb|lich|keit**

über|hitzt; ein überhitzter Raum

über|höht (zu hoch); überhöhte Preise

über|ho|len; sie überholt den Wagen; er hat ihn überholt; überhol oder überhole hier nicht!

die **Über|hol|spur** (Fahrspur zum Überholen)

das **Über|hol|ver|bot**

über|las|sen; sie überließ mir das Buch; er hat die Entscheidung mir überlassen

über|las|tet

über|lau|fen; die Milch läuft über; der Topf ist übergelaufen; er ist zum Feind übergelaufen; ABER: **über|lau|fen;** es überlief sie kalt; es hat sie kalt überlaufen; der Ort ist von Touristen überlaufen

495

überleben – überschütten

über|le|ben; er überlebte den Krieg; er hat seine Frau überlebt; diese Vorstellungen sind überlebt

die **Über|le|bens|chan|ce;** sie hatte kaum eine Überlebenschance

über|le|gen (nachdenken); sie überlegte; er hat lange überlegt; überleg *oder* überlege mal!

über|le|gen (andere übertreffend); sie ist mir überlegen; ein überlegener (klarer) Sieg

die **Über|le|gen|heit**

über|legt (*auch für:* sorgsam); überlegtes Handeln

die **Über|le|gung**

die **Über|lie|fe|rung**

über|lis|ten; sie überlistete mich; er hat mich überlistet

die **Über|macht**

über|mäch|tig; übermächtige Gegner

über|mä|ßig

über|mit|teln; ich übermitt[e]le dir ihre Grüße; übermittle *oder* übermittele die Nachricht!; sie hat mir eine Nachricht übermittelt

die **Über|mitt|lung** *Plural selten*

über|mor|gen; übermorgen Abend; ↑ *auch:* morgen

der **Über|mut;** des Übermuts *oder* Über|mu|tes

über|mü|tig

über|nächs|te; am übernächsten Freitag; ABER: du bist der/die Übernächste

über|nach|ten; du übernachtest; er übernachtete; sie hat bei uns übernachtet

über|näch|tigt (unausgeschlafen)

die **Über|nach|tung**

die **Über|nah|me**

das **Über|nah|me|an|ge|bot** *(Wirtschaft)*

über|neh|men; sie übernimmt die Aufgabe; sie hat sie übernommen; sich übernehmen (sich zu viel zumuten); er hat sich übernommen; übernimm dich nicht!

über|par|tei|lich

über|pro|por|ti|o|nal (unverhältnismäßig hoch)

über|prü|fen; sie überprüfte das Ergebnis

die **Über|prü|fung**

über|que|ren; du überquerst; er hat den Platz überquert; überquer *oder* überquere den Bach!

über|ra|gend (anderes übertreffend)

über|ra|schen; du überraschst ihn; sie hat ihn überrascht; überrasch *oder* überrasche ihn!

über|ra|schend

die **Über|ra|schung**

über|re|den; sie überredete ihn; er hat ihn überredet; überrede sie nicht!

die **Über|re|dung**

die **Über|re|dungs|kunst**

über|re|gi|o|nal (nicht regional begrenzt)

über|rei|chen; sie überreichte; er hat überreicht

über|reif; überreife Tomaten

der **Über|rest** *meist Plural*

über|rum|peln; er überrumpelte uns; er hat den Feind überrumpelt

über|run|den; sie überrundet die letzten Läuferinnen; er hat sie überrundet

übers (über das); übers Jahr

das **Über|schall|flug|zeug**

die **Über|schall|ge|schwin|dig|keit**

über|schät|zen; du überschätzt dich; sie hat ihn überschätzt; überschätze deine Kraft nicht!

über|schau|bar; überschaubare Kosten

über|schau|en; er überschaut das Land; sie hat die Auswirkungen überschaut

der **Über|schlag;** des Überschlags *oder* Überschlalges; die Über|schlä|ge

über|schla|gen; sie überschlägt die Kosten (rechnet sie kurz durch); er hat drei Seiten überschlagen; sich überschlagen; das Auto hat sich überschlagen

sich **über|schnei|den;** ihre Arbeitsgebiete haben sich überschnitten

über|schrei|ten; sie hat die zulässige Geschwindigkeit überschritten

die **Über|schrift**

der **Über|schuss;** des Über|schus|ses; die Über|schüs|se

über|schüs|sig; überschüssiges Fett

über|schüt|ten; er schüttete die Milch über; sie hat die Milch übergeschüttet; ABER: **über|schüt|ten;** sie überschüttet ihn; sie hat ihn mit Komplimenten überschüttet

u

496

Überschwang – Überzug

der **Über|schwang;** des Überschwangs *oder* Über|schwan|ges; im Überschwang der Gefühle

über|schwäng|lich; sie begrüßte ihn überschwänglich; überschwängliche Freude

die **Über|schwäng|lich|keit**

über|schwem|men; der Fluss überschwemmte die Wiesen; der Fluss hat die Wiesen überschwemmt

die **Über|schwem|mung**

Über|see *(ohne Artikel);* Waren von *oder* aus Übersee

über|see|isch; überseeische Gebiete

über|se|hen; er übersah den Fehler; sie hat ihn übersehen; übersieh nichts!

über|set|zen (ans andere Ufer befördern); die Fähre setzte die Autos über; sie hat die Autos übergesetzt; wir haben *oder* wir sind [aufs Festland] übergesetzt; ABER: **über|set|zen** (in eine andere Sprache übertragen); er übersetzt den Satz; wir haben ins Lateinische übersetzt

der **Über|set|zer**

die **Über|set|ze|rin**

die **Über|set|zung**

die **Über|sicht**

über|sicht|lich; übersichtliche Tabellen

die **Über|sicht|lich|keit**

über|spitzt (übertrieben); überspitzt formuliert

über|sprin|gen; sie übersprang die Klasse; er hat übersprungen; überspring *oder* überspringe nicht!; ABER: **über|sprin|gen;** der Funke sprang über; der Funke ist übergesprungen

über|ste|hen (über etwas hinausragen); das Brett steht über; es hat übergestanden; ABER: **über|ste|hen** (etwas Mühseliges, Gefahrvolles hinter sich bringen); sie überstand ihre Krankheit; er hat die Gefahr überstanden

über|stim|men; sie überstimmten ihre Kollegen; sie haben sie überstimmt; die Gegner des Antrags wurden überstimmt

die **Über|stun|de;** Überstunden machen

über|stür|zen; er überstürzte die Entscheidung; die Ereignisse haben sich überstürzt; nur nichts überstürzen!

der **Über|trag;** des Übertrags *oder* Über|tra|ges; die Über|trä|ge

über|trag|bar; das Ticket ist nicht übertragbar; eine übertragbare Krankheit

über|tra|gen; sie überträgt ihm ein Amt; er hat die Zwischensumme übertragen

über|tra|gen; eine übertragene Bedeutung

die **Über|tra|gung**

über|tref|fen; sie übertrifft sich selbst; er hat alle übertroffen

über|trei|ben; er übertrieb gern; sie hat das Training übertrieben

die **Über|trei|bung**

über|tre|ten; sie hat *oder* ist beim Weitsprung übergetreten; ABER: **über|tre|ten;** er übertritt das Gesetz; er hat es übertreten

über|voll; ein übervoller Bus

über|wa|chen (beaufsichtigen)

die **Über|wa|chung**

über|wäl|ti|gen; du überwältigst ihn; sie überwältigte ihn; er hat ihn überwältigt

über|wäl|ti|gend; ein überwältigender Ausblick

über|wei|sen; sie überweist das Geld; sie hat es überwiesen

die **Über|wei|sung**

der **Über|wei|sungs|auf|trag**

über|wie|gen (stärker sein)

über|wie|gend [*auch:* ˈyːbɐviːɡn̩t]

über|win|den; du überwindest; sie überwindet; er überwand; sie hat ihre Angst überwunden; überwinde dich!

die **Über|win|dung**

die **Über|zahl;** in [der] Überzahl sein

über|zäh|lig (zu viel vorhanden)

über|zeu|gen; du überzeugst; er überzeugte; sie hat alle überzeugt

über|zeu|gend; überzeugende Gründe

über|zeugt; eine überzeugte Demokratin

die **Über|zeu|gung**

die **Über|zeu|gungs|ar|beit** *Plural selten*

die **Über|zeu|gungs|kraft**

über|zie|hen; er zieht den Pullover über; er hat ihn übergezogen; ABER: **über|zie|hen;** sie überzieht das Kästchen mit Samt; er hat sein Konto überzogen (zu viel abgehoben)

über|zo|gen (übertrieben)

der **Über|zug;** des Überzugs *oder* Über|zu|ges; die Über|zü|ge

497

üblich – Umgangsform

üb|lich; die üblichen Ausreden
üb|li|cher|wei|se
das **U-Boot** (*kurz für:* Unterseeboot)
der **U-Boot-Krieg**
üb|rig *siehe Kasten Seite 499*
üb|rig|blei|ben *vergleiche:* **üb|rig**
üb|ri|gens
üb|rig|ha|ben; für jemanden oder
etwas nichts/etwas übrighaben
(jemanden oder etwas nicht mögen/
mögen); sie hat für Fußball nichts
übriggehabt
üb|rig|las|sen *vergleiche:* **üb|rig**
die **Übung**
der **Übungs|lei|ter**
die **Übungs|lei|te|rin**
u. dgl. [m.] = und dergleichen [mehr]
ü. d. M. = über dem Meeresspiegel
die **UEFA** = Union of European Football
Associations (Europäischer Fußballver-
band)
das **Ufer;** des Ufers; die Ufer; das andere,
rettende Ufer
ufer|los; uferlose Ausgaben; ᴀʙᴇʀ: das
Uferlose (Endlose); ihre Pläne gingen ins
Uferlose (allzu weit)
das **Ufo,** **UFO** = unidentified flying object
(unbekanntes Flugobjekt); des Ufo[s]
oder UFO[s]; die Ufos *oder* UFOs
Ugan|da (Staat in Afrika)
der **Ugan|der;** des Uganders; die Ugander
die **Ugan|de|rin;** die Uganderinnen
ugan|disch
die **U-Haft** = Untersuchungshaft
die **Uhr;** die Uh|ren
das **Uhr|werk**
der **Uhr|zei|ger|sinn;** im Uhrzeigersinn; ent-
gegen dem Uhrzeigersinn
die **Uhr|zeit**
der **Uhu;** des Uhus; die Uhus
die **Uk|ra|i|ne** [*auch:* uˈkrainə] (Staat in Ost-
europa)
der **Uk|ra|i|ner;** des Ukrainers; die Ukrainer
die **Uk|ra|i|ne|rin;** die Ukrainerinnen
uk|ra|i|nisch
UKW = Ultrakurzwelle
der **UKW-Sen|der**
der **Ulk** (Spaß; Unfug); des Ulks *oder* Ul|kes;
die Ul|ke
ul|ken; du ulkst; sie ulkte; er hat geulkt;
ulke nicht!
ul|kig; eine ulkige Verkleidung

die **Ul|me** (ein Baum)
ul|ti|ma|tiv (in Form eines Ultimatums;
nicht mehr zu verbessern)
das **Ul|ti|ma|tum** (letzte befristete Aufforde-
rung); des Ultimatums; die Ultimaten
ul|t|ra|kon|ser|va|tiv (extrem konserva-
tiv)
die **Ul|t|ra|kurz|wel|le** (*Physik:* eine elektro-
magnetische Welle; *Abkürzung:* UKW)
der **Ul|t|ra|kurz|wel|len|sen|der** (*Abkür-
zung:* UKW-Sender)
der **Ul|t|ra|schall** (mit dem menschlichen
Gehör nicht mehr wahrnehmbarer
Schall)
die **Ul|t|ra|schall|be|hand|lung**
ul|t|ra|vi|o|lett; ultraviolette Strahlen
um; um vieles größer; um alles in der
Welt; um Rat fragen; ich komme um
20 Uhr; um zu; um sein; die Zeit ist um,
um gewesen; umso
um|än|dern; sie ändert um; er hat den
Anzug umgeändert
um|ar|men; du umarmst ihn; sie
umarmte ihn; er hat sie umarmt
die **Um|ar|mung;** der Umarmung; die
Umarmungen
der **Um|bau;** die Umbaue *oder* Um|bau|ten
um|brin|gen (töten); er brachte ihn um;
er hat ihn umgebracht
der **Um|bruch**
um|dre|hen; er dreht um; er hat jeden
Cent umgedreht; sich umdrehen; sie hat
sich umgedreht
die **Um|dre|hung**
um|ei|n|an|der; sich umeinander küm-
mern; ↑ aufeinander
um|fal|len; der Stuhl fällt um; der Stuhl
ist umgefallen
der **Um|fang;** des Umfangs *oder* Um|fan|ges;
die Um|fän|ge
um|fang|reich
um|fas|send; umfassende Auskunft
das **Um|feld**
um|for|men; er formte den Satz um; er
hat die Gleichung umgeformt
die **Um|fra|ge**
das **Um|fra|ge|er|geb|nis**
der **Um|gang;** des Umgangs *oder* Um|gan-
ges; das Um|gän|ge
um|gäng|lich (freundlich); ein um|gäng-
li|cher Mensch
die **Um|gangs|form** (das Benehmen) *meist*

Umgangssprache – Umsatz

üb|rig

– übriges Verlorenes
– übrige kostbare Gegenstände

Groß schreibt man »übrig«, wenn es nominalisiert ist:

– ein Übriges tun (mehr tun, als nötig ist)
– im Übrigen (sonst)
– das, alles Übrige; die, alle Übrigen

Getrennt- und Zusammenschreibung:

– übrig haben; ich habe noch Stoff übrig; ABER: etwas für jemanden oder etwas ↑übrighaben
– übrig sein; es ist noch Kuchen, Suppe übrig

– übrig bleiben; das bleibt übrig; der Kuchen ist übrig geblieben
– übrig lassen; sie lässt übrig; sie hat nichts übrig gelassen

In Verbindung mit »bleiben« und »lassen« ist bei übertragener Bedeutung auch die Zusammenschreibung möglich:

– mir ist gar nichts anderes übrig geblieben *oder* übriggeblieben, als nachzugeben
– ihre Arbeit hat nie etwas zu wünschen übrig gelassen *oder* übriggelassen

---

Plural; gute, schlechte Umgangsformen besitzen

die **Ụm|gangs|spra|che**
um|gangs|sprach|lich; umgangssprachliche Ausdrücke
um|ge|ben; sie ist von Kindern umgeben

die **Um|ge|bung**
ụm|ge|hen; die Angst geht um (breitet sich aus); sie ist immer gut mit ihm umgegangen (hat ihn gut behandelt); ABER: **um|ge|hen;** er umging das Hindernis; sie hat das Thema geschickt umgangen (vermieden)
ụm|ge|hend (sofort); umgehend antworten
ụm|ge|kehrt; in umgekehrter Reihenfolge

die **Ụm|ge|stal|tung**
ụm|gra|ben; sie gräbt um; sie hat den Garten umgegraben

der **Ụm|hang;** des Umhangs *oder* Um|hanges; die Um|hän|ge
ụm|her
ụm|her|ge|hen; er geht umher; er ist umhergegangen
ụm|hin|kön|nen; sie kann nicht umhin; sie hat nicht umhingekonnt[,] dies zu tun

die **Ụm|kehr**
ụm|keh|ren; er kehrt um; er ist umgekehrt; das Verhältnis hat sich umgekehrt

die **Ụm|keh|rung**
ụm|kip|pen; er kippte den Eimer um; er

hat die Kiste umgekippt; die Stimmung ist umgekippt (umgeschlagen)
sich **ụm|klei|den;** sie kleidet sich um; sie hat sich umgekleidet
ụm|kom|men; er ist bei einem Schiffbruch umgekommen
der **Ụm|kreis** (Umgebung; Kreis durch alle Ecken eines Vielecks); im Umkreis von 50 Kilometer[n]
um|krei|sen; die Möwen umkreisten das Boot; die Hyänen haben den Kadaver umkreist
das **Ụm|land**
der **Ụm|lauf;** in Umlauf sein
der **Ụm|laut** (ä, ö, ü)
ụm|le|gen; er legte ihr eine Decke um; man hat ihn umgelegt (*umgangssprachlich für:* erschossen)
ụm|lei|ten; die Polizei leitete den Verkehr um; sie hat den Verkehr umgeleitet; der Verkehr wird umgeleitet
die **Ụm|lei|tung**
ụm|lie|gend; umliegende Häuser
um|rech|nen; Euro in Dollar umrechnen
um|rin|gen; die Kinder umringten den Besucher; sie haben ihn umringt
der **Ụm|riss;** des Um|ris|ses; die Um|ris|se
ụms (um das); sie geht ums Haus
ụm|sat|teln; er sattelte das Pferd um; der Student hat umgesattelt (ein anderes Fach gewählt)
der **Ụm|satz;** des Um|sat|zes; die Um|sät|ze

499

Umsatzeinbuße – umzingeln

die **Ụm|satz|ein|bu|ße** *meist Plural*
das **Ụm|satz|plus**
die **Ụm|schau;** Umschau halten
sich **ụm|schau|en;** sie schaute sich um; sie
   hat sich umgeschaut
der **Ụm|schlag;** des Umschlags *oder* Um-
   schla|ges; die Um|schlä|ge
   ụm|schrei|ben (neu, anders schreiben);
   er schrieb den Text um; er hat den Auf-
   satz ụmgeschrieben; A B E R : **um|schrei-**
   ben (mit anderen Worten ausdrücken);
   sie umschri̱eb den Begriff; sie hat den
   Begriff umschri̱eben
die **Ụm|schrei|bung**
   ụm|schu|len; der Schüler wurde umge-
   schult (kam auf eine andere Schule); der
   Maurer schulte auf Kaufmann um
   (machte eine Ausbildung zum Kaufmann); er hat umgeschult
der **Ụm|schü|ler**
die **Ụm|schü|le|rin**
die **Ụm|schu|lung**
die **Ụm|schwei|fe** *Plural;* ohne Umschweife
   (geradeheraus)
der **Ụm|schwung;** des Umschwungs *oder*
   Um|schwun|ges; die Um|schwün|ge
sich **ụm|se|hen;** sie sieht sich um; sie hat
   sich umgesehen
die **Ụm|sicht** (Klugheit; Besonnenheit)
   ụm|sich|tig; umsichtiges Handeln
   ụm|sie|deln; er siedelte um; er ist umge-
   siedelt
   ụm|so; umso besser; umso eher; umso
   mehr[,] als; umso weniger[,] als
   ụm|sọnst; das Buch gibt es umsonst
   (kostenlos); deine Mühe war umsonst
   (vergeblich)
der **Ụm|stand;** des Umstands *oder* Um|stan-
   des; die Um|stän|de; in anderen Umstän-
   den (schwanger) sein; unter Umständen
   (*Abkürzung:* u. U.); keine Umstände
   machen
   ụm|stän|de|hal|ber
   ụm|ständ|lich; eine umständliche Erklä-
   rung liefern
das **Ụm|stands|wort** (Adverb); die Um-
   stands|wör|ter
   ụm|stei|gen; sie steigt um; sie ist am
   Paradeplatz umgestiegen
   ụm|stel|len; sie stellt den Schrank um;
   sich ụmstellen; sie hat sich ụmgestellt
   (sich der neuen Lage angepasst)

   um|stel|len; die Polizei umstellte das
   Haus; sie hat das Haus umstellt
die **Umstellung** (Anpassung)
die **Um|stel|lung** (Umzingelung)
   um|strịt|ten; ein umstrittenes Gesetz;
   das Verbot ist umstritten
die **Ụm|struk|tu|rie|rung**
der **Ụm|sturz;** die Um|stür|ze
der **Ụm|tausch;** des Umtauschs *oder* Um-
   tau|sches; die Um|tau|sche *oder* Um|täu-
   sche
   ụm|tau|schen; er tauscht um; er hat den
   Hut umgetauscht
   UMTS [uː|ɛmteːˈ|ɛs] = universal mobile
   telecommunication system (ein Mobil-
   funkstandard mit direktem Zugang zum
   Internet)
das **UMTS-Han|dy**
die **Ụ-Mu|sik** (*kurz für:* Unterhaltungsmu-
   sik)
die **Ụm|ver|pa|ckung** (für den Verkauf oder
   Transport einer Ware entbehrliche Ver-
   packung)
   ụm|wäl|zend; umwälzende Erfindun-
   gen
die **Ụm|wäl|zung**
   ụm|wan|deln (ändern)
die **Ụm|wand|lung**
der **Ụm|weg**
die **Ụm|welt**
die **Ụm|welt|be|las|tung**
   ụm|welt|freund|lich
die **Ụm|welt|or|ga|ni|sa|ti|on**
die **Ụm|welt|pla|ket|te** (Aufkleber, der den
   [geringen] Ausstoß von Feinstaub eines
   Autos kennzeichnet)
   ụm|welt|scho|nend; umweltschonende
   Produkte
der **Ụm|welt|schutz**
der **Ụm|welt|schüt|zer;** des Umweltschüt-
   zers; die Umweltschützer
die **Ụm|welt|schüt|ze|rin;** die Umwelt-
   schützerinnen
die **Ụm|welt|schutz|or|ga|ni|sa|ti|on**
die **Ụm|welt|ver|schmut|zung**
   ụm|welt|ver|träg|lich
die **Ụm|welt|zer|stö|rung**
   ụm|zie|hen; sie zieht um; sie ist umge-
   zogen; sich umziehen; er hat sich umge-
   zogen
   ụm|zịn|geln; sie umzingelten ihn; sie
   haben den Feind umzingelt

Umzug – undenkbar

der **Um|zug;** des Umzugs *oder* Um|zu|ges;
die Um|zü|ge
die **UN** = United Nations (Vereinte Nationen) *Plural;* ↑ *auch:* UNO
un|ab|än|der|lich ['ʊn...]
un|ab|hän|gig
die **Un|ab|hän|gig|keit**
un|ab|läs|sig [*auch:* 'ʊn...] (ohne Unter-
brechung)
un|acht|sam; unachtsame Autofahrer
die **Un|acht|sam|keit**
un|an|ge|bracht
un|an|ge|foch|ten
un|an|ge|mes|sen
die **Un|an|ge|mes|sen|heit**
un|an|ge|nehm
un|an|ge|passt
die **Un|an|nehm|lich|keit** *meist Plural*
un|an|sehn|lich; unansehnliche Möbel
un|an|stän|dig
die **Un|an|stän|dig|keit**
un|an|tast|bar
un|ap|pe|tit|lich
un|ar|tig; unartige Kinder
die **Un|ar|tig|keit**
un|äs|the|tisch (unschön)
un|auf|fäl|lig
die **Un|auf|fäl|lig|keit**
un|auf|find|bar [*auch:* 'ʊn...]
un|auf|ge|regt
un|auf|halt|sam; das Wasser stieg
unaufhaltsam
un|auf|hör|lich [*auch:* 'ʊn...]
un|auf|merk|sam
die **Un|auf|merk|sam|keit**
un|aus|ge|schla|fen
un|aus|ge|spro|chen
un|aus|steh|lich
un|aus|weich|lich [*auch:* 'ʊn...]
un|bän|dig (wild, heftig)
un|barm|her|zig
die **Un|barm|her|zig|keit**
un|be|darft (unerfahren; naiv)
un|be|denk|lich
un|be|deu|tend
un|be|dingt [*auch:* ...'dɪŋt]
un|be|ein|druckt
un|be|fan|gen
un|be|frie|di|gend
un|be|fris|tet
un|be|fugt (zu etwas nicht berechtigt)
die **Un|be|fug|te;** eine Unbefugte

der **Un|be|fug|te;** ein Unbefugter; die Unbe-
fugten; zwei Unbefugte; Unbefugten ist
der Zutritt verboten!
un|be|greif|lich [*auch:* 'ʊn...]
un|be|grenzt; unbegrenztes Vertrauen
un|be|grün|det; unbegründete Vor-
würfe
das **Un|be|ha|gen;** des Unbehagens
un|be|hag|lich
un|be|hel|ligt
un|be|hol|fen
un|be|irrt [*auch:* 'ʊn...]
un|be|kannt; Anzeige gegen unbekannt
die **Un|be|kann|te** (Variable in Gleichun-
gen); die Unbekannten; zwei Unbekannte; Gleichungen mit einer Unbekannten
un|be|küm|mert [*auch:* ...'kʏmɐt]
un|be|lehr|bar [*auch:* ...'leːɐ̯baːɐ̯]
un|be|liebt
un|be|merkt
un|be|quem
un|be|re|chen|bar
un|be|rech|tigt
un|be|rührt
un|be|schol|ten (untadelig, integer)
un|be|schränkt [*auch:* ...'ʃrɛŋkt]; unbe-
schränkte Vollmachten
un|be|schreib|lich [*auch:* 'ʊn...]
un|be|sorgt
un|be|stimmt; der unbestimmte Artikel
un|be|streit|bar
un|be|strit|ten [*auch:* ...'ʃtrɪt...]
un|be|teil|ligt
un|be|weg|lich
un|be|wusst
das **Un|be|wuss|te;** des Unbewussten
un|be|zahl|bar; diese Mieten sind unbe-
zahlbar; seine Hilfe ist unbezahlbar
die **Un|bill** (*gehoben für:* Unrecht)
un|brauch|bar
un|cool ['ʊnkuːl] (*Jugendsprache:* nicht
gelassen, nicht gut)
und; und Ähnliche[s] (*Abkürzung:* u. Ä.);
und so weiter (*Abkürzung:* usw.); und
viele[s] andere [mehr]
der **Un|dank**
un|dank|bar; eine undankbare Aufgabe
die **Un|dank|bar|keit**
un|de|mo|kra|tisch
un|denk|bar; man hielt es für undenk-
bar

undercover – ungeduldig

un|der|co|ver [ˈandɐkavɐ]; undercover (verdeckt) ermitteln

der **Un|der|dog** [ˈandɐdɔk] ([sozial] Benachteiligter, Schwächerer); des Underdogs; die Underdogs

der **Un|der|ground** [ˈandɐgraunt] (Gruppe außerhalb der etablierten Gesellschaft); des Underground *oder* Undergrounds

das **Un|der|state|ment** [andɐˈsteɪtmɛnt] (Untertreibung); des Understatements; die Understatements

un|deut|lich

un|dicht; eine undichte Stelle

das **Un|ding** (Unmögliches; Unsinniges); das ist ein Unding

un|echt

un|ei|gen|nüt|zig

un|ein|ge|schränkt

un|ei|nig

die **Un|ei|nig|keit**

un|eins; die Experten sind uneins

un|end|lich; von eins bis unendlich; ABER: er setzte die Diskussion bis ins Unendliche (unaufhörlich) fort; der Weg scheint bis ins Unendliche zu führen

die **Un|end|lich|keit**

un|ent|gelt|lich [*auch:* ...ˈgɛlt...] (kostenlos)

un|ent|schie|den; unentschieden spielen *(Sport);* die Mannschaften spielten, trennten sich unentschieden; ABER: das **Un|ent|schie|den** *(Sport);* des Unentschiedens; die Unentschieden; die Elf schaffte nur ein Unentschieden

un|ent|schlos|sen

un|ent|wegt [*auch:* ˈʊn...]

un|er|bitt|lich [*auch:* ˈʊn...]

un|er|find|lich [*auch:* ˈʊn...]; aus unerfindlichen Gründen

un|er|freu|lich

un|er|heb|lich (bedeutungslos)

un|er|hört; das ist ja unerhört!

un|er|hört; ihre Bitte blieb unerhört

un|er|klär|lich [*auch:* ˈʊn...]

un|er|läss|lich [*auch:* ˈʊn...] (unbedingt nötig)

un|er|laubt; unerlaubtes Spicken

un|er|mess|lich [*auch:* ˈʊn...]; unermesslicher Reichtum; ins Unermessliche steigen

un|er|müd|lich [*auch:* ˈʊn...]

un|er|sätt|lich [*auch:* ˈʊn...]

un|er|schöpf|lich [*auch:* ˈʊn...]

un|er|schro|cken

un|er|schüt|ter|lich [*auch:* ˈʊn...]

un|er|schwing|lich [*auch:* ˈʊn...] (nicht bezahlbar); ein unerschwingliches Auto

un|er|träg|lich [*auch:* ˈʊn...]

un|er|war|tet [*auch:* ...ˈvar...]

un|er|wünscht; un|er|wünsch|ter; am un|er|wünsch|tes|ten

un|fä|hig

die **Un|fä|hig|keit**

un|fair [ˈʊnfɛːɐ̯] (regelwidrig, unerlaubt; unfein); unfair spielen

der **Un|fall**; des Unfalls *oder* Un|fal|les; die Un|fäl|le

der **Un|fall|arzt**

die **Un|fall|ärz|tin**

die **Un|fall|flucht**

die **Un|fall|stel|le**

die **Un|fall|ver|si|che|rung**

der **Un|fall|wa|gen**

un|fass|bar; unfassbares Glück

un|fehl|bar [*auch:* ˈʊn...]

die **Un|fehl|bar|keit**

un|flä|tig (unanständig, unverschämt); unflätige Beschimpfungen

un|fle|xi|bel (nicht anpassungsfähig); ein unflexibler Mensch

un|för|mig (ohne schöne Form; sehr groß); ein unförmiger Klumpen

un|frei|wil|lig; unfreiwillige Komik

un|freund|lich

die **Un|freund|lich|keit**

der **Un|frie|de** *oder* **Un|frie|den**; Unfrieden stiften

der **Un|fug**; des Unfugs; Unfug treiben

der **Un|gar** (Einwohner Ungarns); des/dem/den Ungarn; die Ungarn

die **Un|ga|rin**; die Ungarinnen

un|ga|risch; die ungarische Küche; ABER: die Ungarische Rhapsodie (von Franz Liszt)

Un|garn

un|ge|ach|tet; ungeachtet [dessen], dass

un|ge|ahnt; ungeahnte Möglichkeiten eröffnen sich

un|ge|bär|dig (widersetzlich)

un|ge|bro|chen; ungebrochener Mut

un|ge|bühr|lich; ungebührliches Benehmen

die **Un|ge|duld**

un|ge|dul|dig

ungeeignet – uni

un|ge|eig|net
un|ge|fähr [auch: ...'fɛ:ɐ̯]
un|ge|fähr|lich
un|ge|hal|ten (ärgerlich)
un|ge|heu|er [auch: ...'hɔy...]; eine unge-
heure Verschwendung; die Kosten steigen ins Ungeheure
das Un|ge|heu|er; des Ungeheuers; die
Ungeheuer
un|ge|heu|er|lich; ungeheuerliche Vor-
würfe
un|ge|ho|belt (auch für ungebildet;
grob)
un|ge|hö|rig; ungehöriges Verhalten
un|ge|hor|sam
der Un|ge|hor|sam
un|ge|klärt; un|ge|klär|ter; am un|ge-
klär|tes|ten; ungeklärte Fragen
un|ge|lernt; ein ungelernter Arbeiter
un|ge|liebt; ein ungeliebtes Schulfach
das Un|ge|mach (Unannehmlichkeit); des
Ungemachs oder Ungemaches; das bereitet mir Ungemach
un|ge|mein; sie ist ungemein (sehr) klug
un|ge|nau
un|ge|niert ['ʊnʒeni:ɐ̯t] (ohne Hem-
mungen)
un|ge|nieß|bar [auch: ...'ni:s...]; unge-
nießbare Äpfel
un|ge|nü|gend; er hat die Note »unge-
nügend« erhalten
un|ge|ra|de; eine ungerade Zahl
un|ge|recht; eine ungerechte Beurtei-
lung
un|ge|recht|fer|tigt
die Un|ge|rech|tig|keit
die Un|ge|reimt|heit; es blieben einige
Ungereimtheiten
un|gern; ich komme nur ungern
das Un|ge|schick
un|ge|schickt
un|ge|schlecht|lich; ungeschlechtliche
Vermehrung von Pflanzen
un|ge|schminkt
un|ge|scho|ren; ungeschoren (ohne
Schaden) davonkommen
un|ge|stört
un|ge|stüm (gehoben für: stürmisch,
wild); eine ungestüme Umarmung;
ABER: das Un|ge|stüm; des Ungestüms
oder Un|ge|stü|mes; jugendliches Unge-
stüm

un|ge|sund; un|ge|sün|der, auch: un|ge-
sun|der; am un|ge|sün|des|ten, auch: un-
ge|sun|des|ten
das Un|ge|tüm; des Ungetüms oder Un|ge-
tü|mes; die Un|ge|tü|me
un|ge|wiss; es ist ungewiss; ABER: im
Ungewissen bleiben; eine Fahrt ins
Ungewisse
die Un|ge|wiss|heit
un|ge|wöhn|lich (selten vorkommend);
ein ungewöhnlicher Vorfall
un|ge|wohnt (nicht gewohnt); zu unge-
wohnter Stunde
un|ge|wollt
das Un|ge|zie|fer; des Ungeziefers
un|ge|zo|gen; ein ungezogenes Kind
die Un|ge|zo|gen|heit
un|gläu|big (zweifelnd); ein ungläubiges
Gesicht machen
un|glaub|lich; eine unglaubliche
(unwahrscheinliche) Geschichte;
ein unglaubliches (enorm großes)
Tempo
un|glaub|wür|dig
un|gleich; ungleiche Verteilung
die Un|gleich|be|hand|lung
die Un|glei|chung (in der Mathematik)
das Un|glück
un|glück|lich
un|glück|li|cher|wei|se
der Un|glücks|fall
un|gül|tig
un|güns|tig
un|gut; nichts für ungut (es war nicht
böse gemeint)
un|halt|bar (nicht gerechtfertigt; uner-
träglich); unhaltbare Zustände
das Un|heil; Unheil bringende oder unheil-
bringende Veränderungen; ein Unheil
verkündendes oder unheilverkündendes
Zeichen
un|heil|bar; sie ist unheilbar krank
un|heil|brin|gend, un|heil|ver|kün|dend
vergleiche: Un|heil
un|heil|voll
un|heim|lich
der Un|hold (Wüstling); des Unholds oder
Un|hol|des; die Un|hol|de
die Un|hol|din; die Unholdinnen
un|hy|gi|e|nisch
uni ['ʏni, auch: y'ni:] (einfarbig, nicht
gemustert); ein uni Kleid; uni gefärbte

503

Uni – unrein

oder unigefärbte Stoffe; ᴀʙᴇʀ: ein Kleid in Uni; ↑ beige

die **Uni** (*kurz für:* Universität)

die **UNICEF** = United Nations International Children's Emergency Fund (Kinderhilfswerk der UNO)

uni|form (gleich-, einförmig)

die **Uni|form** [*auch:* 'ʊnifɔrm]

uni|for|miert

uni|ge|färbt *vergleiche:* uni

das **Uni|kum** (etwas in seiner Art Einziges; origineller Mensch); des Unikums; die Unika, *auch:* Unikums

die **Uni|on** (der Bund, die Vereinigung); die Uni|o|nen

uni|so|no (*Musik:* auf demselben Ton oder in der Oktave [zu spielen]); unisono (ausnahmslos) klagen die Schüler über diese Lehrein

uni|ver|sal, uni|ver|sell (allgemein, umfassend); ein universales Wissen

uni|ver|sell *vergleiche:* uni|ver|sal

die **Uni|ver|si|tät;** die Uni|ver|si|tä|ten

das **Uni|ver|sum** (Weltall); des Universums

die **Un|ke** (Feuerkröte)

un|ken (*umgangssprachlich für:* Unheil voraussagen); du unkst; er unkte; er hat geunkt; unk *oder* unke nicht dauernd!

un|kennt|lich (nicht erkennbar)

un|klar; unklare Umrisse; ᴀʙᴇʀ: sie hat ihn im Unklaren gelassen

die **Un|klar|heit**

un|kom|p|li|ziert; un|kom|p|li|zier|ter; am un|kom|p|li|zier|tes|ten

un|kon|ven|ti|o|nell (nicht angepasst)

die **Un|kos|ten** *Plural*

das **Un|kraut**

un|kri|tisch; unkritisches Verhalten

un|längst (vor Kurzem)

un|lau|ter (nicht ehrlich); unlauterer Wettbewerb

un|lieb|sam; unliebsame Folgen

die **Un|mas|se**

die **Un|men|ge**

der **Un|mensch**

un|mensch|lich [*auch:* ...'mɛnʃ...]

die **Un|mensch|lich|keit**

un|miss|ver|ständ|lich

un|mit|tel|bar (direkt); unmittelbare Folgen

un|mög|lich; ein unmöglicher Plan; ᴀʙᴇʀ: nichts Unmögliches verlangen

die **Un|mög|lich|keit**

un|mün|dig (noch nicht mündig)

der **Un|mut**

un|nah|bar [*auch:* 'ʊn...] (sehr auf Abstand bedacht; abweisend); ein unnahbarer Chef

die **Un|nah|bar|keit**

un|nö|tig; unnötiger Aufwand

un|nütz

die **UNO** *oder* **Uno** = United Nations Organization (Organisation der Vereinten Nationen); ↑ *auch:* UN

un|or|dent|lich

die **Un|ord|nung**

un|par|tei|isch

un|pas|send; un|pas|sen|der, am unpas|sends|ten

un|päss|lich (leicht krank; unwohl)

die **Un|päss|lich|keit**

un|per|sön|lich

un|po|pu|lär

un|prak|tisch

un|pünkt|lich

die **Un|pünkt|lich|keit**

der **Un|rat** (*gehoben*); des Unrats *oder* Un|ra|tes

un|re|a|lis|tisch; unrealistische Vorstellungen

un|recht|mä|ßig

un|recht / Un|recht

Groß- und Kleinschreibung:

– in unrechte Hände fallen
– am unrechten Platz sein
– unrecht *oder* Unrecht bekommen, geben, haben
– ihr habt unrecht *oder* Unrecht getan
– du sollst ihm kein Unrecht tun
– etwas, nichts Unrechtes tun
– zu Unrecht
– es geschieht ihm Unrecht
– ein Unrecht begehen
– im Unrecht sein

un|re|gel|mä|ßig

die **Un|re|gel|mä|ßig|keit**

un|reif; unreifes Obst

die **Un|rei|fe**

un|rein; ein unreiner Klang; ᴀʙᴇʀ: ich habe den Aufsatz ins Unreine (in vorläufiger Form) geschrieben

504

unreinlich – Unterführung

un|rein|lich
un|rich|tig; eine unrichtige Behauptung
die Un|ru|he
un|ru|hig; unruhig sein, werden
uns
un|sag|bar [*auch:* 'ʊn...] (außerordent-
lich); unsagbare Schmerzen
un|säg|lich [*auch:* 'ʊn...] (unsagbar)
un|scharf
un|schein|bar (unauffällig); unschein-
bare Häuser
un|schlag|bar
un|schlüs|sig (so, dass man sich nicht
zu etwas entschließen kann); ich bin mir
darüber noch unschlüssig
die Un|schuld
un|schul|dig
der Un|schul|di|ge; ein Unschuldiger; die
Unschuldigen; zwei Unschuldige
die Un|schul|di|ge; eine Unschuldige
un|selbst|stän|dig *oder* un|selb|stän-
dig
die Un|selbst|stän|dig|keit *oder* Un|selb-
stän|dig|keit
un|ser; unser Freund; unser von allen
unterschriebener Brief; unser sind drei;
erbarme dich unser; unseres Wissens;
ABER: Unsere Liebe Frau (Maria, die
Mutter Jesu); Unserer Lieben Frau[en]
Kirche
un|se|re, uns|re, uns|ri|ge; die unseren,
unsern, unsren, unsrigen *oder* Unseren,
Unsern, Unsren, Unsrigen (die zu uns
Gehörigen)
un|ser|ei|ner, un|ser|eins
un|se|rer|seits, un|ser|seits
un|sert|we|gen
un|si|cher
die Un|si|cher|heit
un|sicht|bar
der Un|sinn
un|sin|nig
un|so|zi|al; unsoziales Verhalten
un|spek|ta|ku|lär
uns|rer|seits
uns|ret|we|gen
un|sterb|lich [*auch:* 'ʊn...]
die Un|sterb|lich|keit
un|stet (ruhelos); unstetes Umherzie-
hen
die Un|stim|mig|keit
die Un|sum|me

un|sym|pa|thisch; unsympathische
Typen
un|ta|de|lig, un|tad|lig; untadeliges
oder untadliges Verhalten
un|tä|tig (nichts tuend)
un|teil|bar; unteilbare Zahlen
un|ten; sie ist, blieb unten; man wusste
kaum noch, was unten und was oben
war; es steht weiter unten; etwas nach
unten bringen; von unten her; von unten
hinauf
un|ter; unter der Bedingung, dass er
kommt; Kinder unter zwölf Jahren haben
keinen Zutritt; unter anderem (*Abkürzung:* u. a.); unter Tage arbeiten; unter
Umständen (*Abkürzung:* u. U.)
der Un|ter|arm
un|ter|be|wusst
das Un|ter|be|wusst|sein; im Unterbe-
wusstsein
un|ter|blei|ben (nicht geschehen); der
Versuch ist unterblieben
un|ter|bre|chen; du unterbrichst die
Reise; sie hat mich mitten im Satz unter-
brochen; die Verbindung ist unterbro-
chen
die Un|ter|bre|chung
un|ter|brei|ten (darlegen; vorschlagen);
er hat ihm einen Plan unterbreitet
un|ter|brin|gen; sie brachte die alten
Möbel im Keller unter; sie hat den Koffer
im Wagen untergebracht
die Un|ter|brin|gung
un|ter|des|sen
un|ter|drü|cken; er unterdrückte die
Schwachen; er hat sie unterdrückt
die Un|ter|drü|ckung
un|ter|durch|schnitt|lich
un|ter|ei|n|an|der; etwas untereinander
ausmachen; untereinander tauschen;
↑ aufeinander
un|ter|ei|n|an|der|schrei|ben; die Zah-
len untereinanderschreiben
un|ter|ei|n|an|der|ste|hen; die Zahlen
sollen untereinanderstehen
un|ter|ent|wi|ckelt; die sogenannten
unterentwickelten Länder
un|ter|er|nährt
die Un|ter|er|näh|rung
das Un|ter|fan|gen (Vorhaben; Wagnis); des
Unterfangens; die Unterfangen
die Un|ter|füh|rung

505

Untergang – unterschreiben

der **Un|ter|gang**
un|ter|ge|hen; die Sonne geht unter; sie ist untergegangen
un|ter|ge|ord|net; untergeordnete (abhängige) Sätze

das **Un|ter|ge|schoss**

der **Un|ter|grund;** in den Untergrund gehen

die **Un|ter|grund|be|we|gung** (verbotene politische Gruppe)
un|ter|halb; unterhalb des Dorfes

der **Un|ter|halt;** des Unterhalts *oder* Un|ter-hal|tes; Unterhalt zahlen; seinen Unterhalt verdienen
un|ter|hal|ten; sie unterhält (unterstützt) ihre Mutter; sie haben gute Verbindungen unterhalten (gepflegt)

sich **un|ter|hal|ten;** sie unterhält sich mit ihm; sie hat sich gut unterhalten
un|ter|halt|sam (fesselnd)

die **Un|ter|hal|tung**

die **Un|ter|hal|tungs|elek|t|ro|nik**

das **Un|ter|hemd**

das **Un|ter|holz** (Gebüsch im Wald)

die **Un|ter|ho|se**
un|ter|ir|disch; unterirdische Gänge
un|ter|kom|men; sie kam in einer Jugendherberge unter; sie ist bei einer Freundin untergekommen

die **Un|ter|küh|lung**

die **Un|ter|kunft;** die Un|ter|künf|te

die **Un|ter|la|ge**
un|ter|las|sen; sie unterlässt es; sie hat ihre Bemerkungen unterlassen

die **Un|ter|las|sung**
un|ter|le|gen; die unterlegene Mannschaft; er war ihm [körperlich] unterlegen

die **Un|ter|le|gen|heit**

der **Un|ter|leib**

die **Un|ter|lip|pe**
un|term (*umgangssprachlich für:* unter dem); unterm Baum sitzen

die **Un|ter|mie|te;** in, zur Untermiete wohnen

der **Un|ter|mie|ter**

die **Un|ter|mie|te|rin**
un|ter|neh|men; sie unternimmt etwas; sie hat noch nichts unternommen

das **Un|ter|neh|men** (Betrieb mit mehreren Werken, Filialen o. Ä.); des Unternehmens; die Unternehmen

die **Un|ter|neh|mens|be|ra|tung**

der **Un|ter|neh|mer;** des Unternehmers; die Unternehmer

die **Un|ter|neh|me|rin;** die Unternehmerinnen
un|ter|neh|me|risch; unternehmerisches Denken

die **Un|ter|neh|mung**

der **Un|ter|neh|mungs|geist**
un|ter|neh|mungs|lus|tig
un|ter|ord|nen; er ist ihr untergeordnet; sich unterordnen; er hat sich ihr untergeordnet

die **Un|ter|ord|nung**
un|ter|pri|vi|le|giert (sozial benachteiligt); unterprivilegierte Schichten

die **Un|ter|re|dung** (wichtiges [offizielles] Gespräch)

der **Un|ter|richt;** des Unterrichts *oder* Un|ter|rich|tes; die Un|ter|rich|te *Plural selten*
un|ter|rich|ten; du unterrichtest; sie unterrichtete; sie hat ihn von diesem Ereignis unterrichtet (informiert)

der **Un|ter|richts|aus|fall**

der **Un|ter|richts|be|ginn**
un|ter|richts|frei

die **Un|ter|richts|stun|de**

der **Un|ter|rock**
un|ters (*umgangssprachlich für:* unter das); unters Auto kriechen
un|ter|sa|gen (verbieten); er untersagte ihr das Rauchen; er hat es untersagt

der **Un|ter|satz;** des Un|ter|sat|zes; die Un|ter|sät|ze
un|ter|schät|zen; du unterschätzt; sie unterschätzte; er hat unterschätzt
un|ter|schei|den; er unterscheidet; er hat Mein und Dein nicht unterschieden

die **Un|ter|schei|dung**

der **Un|ter|schen|kel**

die **Un|ter|schicht**

der **Un|ter|schied**
un|ter|schied|lich
un|ter|schla|gen; er unterschlug Geld; er hat Geld unterschlagen

die **Un|ter|schla|gung**

der **Un|ter|schlupf;** des Unterschlupfs *oder* Un|ter|schlup|fes; die Un|ter|schlüp|fe *oder* Un|ter|schlup|fe *Plural selten;* einen Unterschlupf finden
un|ter|schrei|ben; sie unterschrieb; sie hat den Vertrag unterschrieben

Unterschrift – unversehens

die **Un|ter|schrift**
die **Un|ter|schrif|ten|ak|ti|on**
un|ter|set|zen; ich habe den Eimer untergesetzt
der **Un|ter|set|zer;** des Untersetzers; die Untersetzer
un|ter|setzt (klein und kräftig gewachsen); ein untersetzter Mann
un|ter|stel|len; ich stelle mein Fahrrad hier unter; sie hat es im Schuppen untergestellt; ABER: **un|ter|stel|len;** ich unterstelle ihn deiner Aufsicht; er hat ihr eine Lüge unterstellt (fälschlich behauptet, sie lüge)
die **Un|ter|stel|lung**
un|ter|strei|chen; sie unterstreicht den Satz; sie hat das Wort unterstrichen
die **Un|ter|stu|fe**
un|ter|stüt|zen; sie unterstützte mich; sie hat mich unterstützt
die **Un|ter|stüt|zung**
un|ter|su|chen; die Ärztin untersuchte den Patienten; die Polizei hat den Fall genau untersucht
die **Un|ter|su|chung**
der **Un|ter|su|chungs|aus|schuss**
die **Un|ter|su|chungs|haft**
die **Un|ter|su|chungs|kom|mis|si|on**
der **Un|ter|ta|ge|bau** (Bergbau unter Tage)
un|ter|tan (*veraltend für:* untergeben); er ist ihm untertan
der **Un|ter|tan;** des Untertans; dem/den Un|ter|tan; die Un|ter|ta|nen
un|ter|tä|nig (ergeben)
die **Un|ter|ta|nin;** die Untertaninnen
die **Un|ter|tas|se**
der **Un|ter|ti|tel**
der **Un|ter|ton** (versteckter Beiklang)
die **Un|ter|wä|sche**
un|ter|wegs; unterwegs sein
die **Un|ter|welt** (Totenreich; Verbrechermilieu)
un|ter|wer|fen (mit [militärischer] Gewalt besiegen); er unterwarf seine Gegner; er hat das Land unterworfen; die Gallier wurden von den Römern unterworfen; unterwirf dich dem Richterspruch!; sich unterwerfen (sich unter jemandes Herrschaft stellen); sie haben sich den Angreifern unterworfen
die **Un|ter|wer|fung**
un|ter|wür|fig [*auch:* ˈʊn...]

die **Un|ter|zahl;** in [der] Unterzahl sein
un|ter|zeich|nen; die Regierung unterzeichnete das Abkommen; sie hat den Vertrag unterzeichnet
die **Un|ter|zeich|nung**
un|ter|zie|hen; sie hat ein T-Shirt untergezogen; zieh *oder* ziehe ein T-Shirt unter
un|ter|zie|hen; sie unterzog sich der Befragung; er hat sich der Befragung unterzogen; unterzieh *oder* unterziehe dein Fahrrad einer Reinigung
die **Un|tie|fe** (seichte Stelle; *auch für:* abgrundartige Tiefe)
das **Un|tier** (Ungeheuer)
un|treu
die **Un|treue**
un|tröst|lich; sie war über den Verlust untröstlich
un|trüg|lich; ein untrügliches Zeichen
un|über|seh|bar
un|über|sicht|lich
die **Un|über|sicht|lich|keit**
un|um|gäng|lich
un|un|ter|bro|chen [*auch:* ...ˈbrɔ...]
un|ver|än|dert
un|ver|ant|wort|lich; unverantwortliches Handeln
un|ver|bind|lich [*auch:* ...ˈbɪnt...]; eine unverbindliche Erklärung
un|ver|blümt (ganz offen)
un|ver|dros|sen
un|ver|ein|bar [*auch:* ˈʊn...]; unvereinbare Standpunkte
un|ver|fälscht
un|ver|fro|ren (respektlos)
die **Un|ver|fro|ren|heit**
un|ver|gess|lich [*auch:* ˈʊn...]; unvergessliche Erinnerungen
un|ver|hofft [*auch:* ...ˈhɔft]
un|ver|hoh|len [*auch:* ...ˈhoː...] (nicht verborgen)
un|ver|letzt
un|ver|meid|bar
un|ver|meid|lich [*auch:* ˈʊn...]
un|ver|mit|telt (plötzlich)
un|ver|nünf|tig; unvernünftiges Verhalten
un|ver|schämt
die **Un|ver|schämt|heit**
un|ver|se|hens [*auch:* ...ˈzeː...] (plötzlich)

unversehrt – Ureinwohnerin

un|ver|sehrt (nicht verletzt, verwundet)
un|ver|söhn|lich [*auch: ...'zø:n...*]
un|ver|stän|dig (unklug)
un|ver|ständ|lich (undeutlich; unbegreiflich)
un|ver|wüst|lich [*auch: 'ʊn...*]
un|ver|zagt (zuversichtlich)
un|ver|zeih|lich [*auch: 'ʊn...*]
un|ver|zicht|bar
un|ver|züg|lich [*auch: 'ʊn...*] (ohne Verzögerung)
un|voll|stän|dig [*auch: ...'ʃtɛn...*]; unvollständige Angaben
un|vor|sich|tig
un|vor|stell|bar
un|wahr; unwahre Behauptungen
die Un|wahr|heit
un|wahr|schein|lich
un|weg|sam (kaum zu begehen oder zu befahren); unwegsames Gelände
un|wei|ger|lich [*auch: 'ʊn...*]
un|weit; unweit des Flusses *oder* unweit vom Fluss
das Un|we|sen; er trieb sein Unwesen
un|we|sent|lich; unwesentliche Punkte
das Un|wet|ter
un|wi|der|ruf|lich [*auch: 'ʊn...*]
un|wi|der|steh|lich [*auch: 'ʊn...*]
un|wie|der|bring|lich [*auch: 'ʊn...*]
un|wil|lig
un|will|kür|lich [*auch: ...'ky:ɐ̯...*]
un|wirk|sam; ein unwirksames Mittel
un|wirsch (unfreundlich)
un|wis|send
die Un|wis|sen|heit
un|wis|sent|lich
un|wohl; mir ist unwohl; unwohl sein; ABER: das Un|wohl|sein; des Unwohlseins; wegen Unwohlseins
un|wür|dig
die Un|zahl (sehr große Zahl)
un|zäh|lig; unzählige Kranke; unzählige Male hatte sie ihm geholfen; ich habe es unzählige Mal versucht; ABER: es haben sich Unzählige an der Aktion beteiligt
die Un|ze (Gewichtseinheit); die Unzen
un|zeit|ge|mäß
un|zer|trenn|lich [*auch: 'ʊn...*]
die Un|zucht (*veraltet für:* unsittliche sexuelle Handlung)
un|züch|tig
un|zu|frie|den

die Un|zu|frie|den|heit
un|zu|läng|lich (nicht ausreichend, um den Anforderungen, Aufgaben gerecht zu werden)
un|zu|läs|sig
un|zu|rei|chend
un|zu|ver|läs|sig
die Un|zu|ver|läs|sig|keit
das Up|date ['apdeɪt] (*EDV:* Aktualisierung; aktualisierte [und verbesserte] Version eines Programms o. Ä.); des Updates; die Updates
up|da|ten ['apdeɪtn̩] (*EDV:* eine Datei, ein Programm o. Ä. aktualisieren); er updatet; ich habe die Software upgedatet

> **!** Die gebeugten Formen von *updaten* klingen für viele Menschen merkwürdig oder unschön, weil hier ein englisches Wort nach deutschem Muster gebeugt wird. Es ist deshalb oft besser, das bereits eingedeutschte Verb *aktualisieren* zu verwenden.

das Up|grade ['apgreɪt] (*besonders EDV:* Aktualisierung; Verbesserung in der Leistung); des Upgrades; die Upgrades
up|gra|den ['apgreɪdn̩] (aktualisieren; in der Leistung verbessern); er upgradet; ich habe upgegradet
üp|pig; eine üppige Mahlzeit
die Üp|pig|keit
up to date ['ap tu 'deɪt] (zeitgemäß, auf dem neuesten Stand); up to date sein
die Ur|ab|stim|mung (Abstimmung aller Mitglieder einer Gewerkschaft)
der Ur|ahn (Urgroßvater); des Urahns *oder* Ur|ah|nes *oder* des Ur|ah|nen; dem/den Urahn *oder* Ur|ah|nen; die Ur|ah|nen
die Ur|ah|ne (Urgroßmutter); eine Urahne
der Ural (Gebirge zwischen Asien und Europa; Fluss); des Urals
ur|alt; ein uralter Brauch
das Uran (ein radioaktives chemisches Element, Metall; *Zeichen:* U); des Urans
die Ur|auf|füh|rung
ur|ban (städtisch; weltmännisch)
ur|bar (fruchtbar; nutzbar); urbares Land; urbar machen
die Ur|be|völ|ke|rung
der Ur|ein|woh|ner
die Ur|ein|woh|ne|rin; die Ureinwohnerinnen

Urenkel – V

der **Ur|en|kel**
die **Ur|en|ke|lin**
die **Ur|ge|mein|de** (urchristliche Gemeinde)
ur|ge|müt|lich; ein urgemütliches Plätzchen
die **Ur|groß|el|tern** Plural
die **Ur|groß|mut|ter**
der **Ur|groß|va|ter**
der **Ur|he|ber;** des Urhebers; die Urheber
die **Ur|he|be|rin;** die Urheberinnen
das **Ur|he|ber|recht**
der **Urin** (Harn)
uri|nie|ren; du urinierst; er urinierte; er hat uriniert
die **Ur|kun|de**
ur|kund|lich; ein urkundlicher Nachweis
der **Ur|laub;** des Urlaubs oder Ur|lau|bes; die Ur|lau|be
der **Ur|lau|ber;** des Urlaubers; die Urlauber
die **Ur|lau|be|rin;** die Urlauberinnen
das oder die **Ur|laubs|fo|to**
die **Ur|laubs|rei|se**
die **Ur|ne** (ein Gefäß, Behälter); die Urnen
der **Ur|nen|gang** (Wahl)
der **Uro|lo|ge** (Arzt für Erkrankungen der Harnorgane); des/dem/den Urologen; die Urologen
die **Uro|lo|gie**
die **Uro|lo|gin;** die Urologinnen
die **Ur|sa|che**
ur|säch|lich
die **Ur|schrift**
ur|schrift|lich (in, als Urschrift)
der **Ur|sprung**
ur|sprüng|lich; die ursprüngliche Form
das **Ur|strom|tal**
das **Ur|teil;** des Urteils; die Ur|tei|le
ur|tei|len; sie urteilt; sie hat richtig geurteilt; urteil oder urteile gerecht!
das **Ur|tier|chen** (mikroskopisch kleines, einzelliges Tierchen)
Uru|gu|ay [auch: uruˈgu̯ai] (Staat in Südamerika)
der **Uru|gu|a|yer;** des Uruguayers; die Uruguayer
die **Uru|gu|a|ye|rin;** die Uruguayerinnen
uru|gu|a|yisch
das **Ur|ver|trau|en**
der **Ur|wald**
ur|wüch|sig; eine urwüchsige Landschaft

die **Ur|zeit**
die **US[A]** = United States [of America] (die Vereinigten Staaten [von Amerika]) Plural
der **USB** [uːˈɛsˈbeː] (universeller Anschluss beim PC); des USB oder USBs; die USBs
der **USB-Stick** (als Datenspeicher dienendes kleines stäbchenförmiges Gerät); des USB-Sticks; die USB-Sticks
der **US-Dol|lar** ↑ Dollar
der **User** [ˈjuːzɐ] (EDV: Anwender eines Systems, Programms; umgangssprachlich für: jemand, der Drogen nimmt); des Users; die User
die **Use|rin;** die Userinnen
der **Usus** (Brauch, Gewohnheit, Sitte); das ist hier so Usus
usw. = und so weiter
das **Uten|sil** (notwendiges Gerät, Gebrauchsgegenstand); des Utensils; die Uten|si|li|en
der **Ute|rus** (Gebärmutter); des Uterus; die Uteri
die **Uto|pie** (Idee, die nicht zu verwirklichen ist; Wunschbild); die Uto|pi|en
uto|pisch; utopische Literatur
UV = ultraviolett
die **UV-Strah|len** Plural
uzen (umgangssprachlich für: necken); du uzt; sie hat ihn geuzt

V = Volt

das **V**

[fau̯] (Buchstabe); des V; die V; ABER: das v in brav

Die Aussprache von »v«:

In deutschen Wörtern und einigen häufig gebrauchten Fremdwörtern wird der Buchstabe »v« als [f] gesprochen:

Vater, Vers, Vogel, viel; hieven, Nerven

In den meisten Fremdwörtern wird jedoch der w-Laut [v] gesprochen:

nervös, Vase, Vokal, Malve

509

Vaduz – Ventilator

Va|duz [faˈduts, *auch:* vaˈduːts] (Hauptstadt Liechtensteins)

der **Va|ga|bund** (Landstreicher); des/dem/den Va|ga|bun|den; die Va|ga|bun|den

die **Va|ga|bun|din;** die Vagabundinnen

va|ge, vag (unbestimmt, ungewiss); vage Andeutungen

die **Va|gi|na** [*auch:* ˈvaːgina] (weibliche Scheide); der Vagina; die Vaginen ·

va|kant (leer, unbesetzt); eine vakante Stelle

das **Va|ku|um** (nahezu luftleerer Raum); die Va|kua *oder* Va|ku|en

Val|let|ta (Hauptstadt von Malta)

die **Va|lu|ta** (Wert; Geld in ausländischer Währung); die Va|lu|ten

der **Vamp** [vɛmp] (verführerische, kalt berechnende Frau); des Vamps; die Vamps

der **Vam|pir** [*auch:* ˈvampiːɐ̯] (blutsaugendes Gespenst; Fledermausgattung); die Vampi|re

der **Van** [væn] (Pkw mit besonders großem Innenraum und mehr als 5 Sitzplätzen); des Vans; die Vans

der **Van|da|lis|mus** *oder* **Wan|da|lis|mus** (Zerstörungswut); des Vandalismus *oder* Wandalismus

die **Va|nil|le** [*auch:* vaˈnɪljə] (ein Gewürz)

das **Va|nil|le|eis**

va|ri|a|bel (veränderlich); variable Größen

die **Va|ri|a|b|le** (unbestimmte, veränderliche Größe); der Variablen; die Variablen; mehrere Variable *oder* Variablen

die **Va|ri|an|te** (Abwandlung, Abweichung; Abart, Spielart); der Variante; die Varianten

die **Va|ri|a|ti|on** (Veränderung, [musikalische] Abwandlung); die Va|ri|a|ti|onen

das **Va|ri|e|té** *oder* **Va|ri|e|tee** (Theater mit wechselndem, unterhaltsamem Programm); die Varietés *oder* Varietees

va|ri|ie|ren (unterschiedlich sein; abwandeln); die Preise variierten; er hat das Lied variiert

der **Va|sall** (Lehnsmann); des/dem/den Vasall|en; die Va|sall|en

die **Va|se**

die **Va|se|li|ne** (mineralisches Fett; eine Salbe)

die **Va|sen|ma|le|rei**

der **Va|ter;** der Heilige Vater (der Papst)

das **Va|ter|haus**

das **Va|ter|land;** die Va|ter||län|der

vä|ter|lich; väterliche Ermahnungen

der **Vä|ter|mo|nat** (Monat, in dem ein Vater Elternzeit in Anspruch nimmt)

das **Va|ter|un|ser** (ein Gebet)

der **Va|ti** *(umgangssprachlich);* des Vatis; die Vatis

der **Va|ti|kan** (Residenz des Papstes in Rom; oberste Behörde der katholischen Kirche)

va|ti|ka|nisch

die **Va|ti|kan|stadt**

v.Chr. = vor Christus

VEB = volkseigener Betrieb (in der DDR)

der **Ve|ge|ta|ri|er** (jemand, der sich fleischlos ernährt); des Vegetariers; die Vegetarier

die **Ve|ge|ta|ri|e|rin;** die Vegetarierinnen

ve|ge|ta|risch; vegetarische Gerichte

die **Ve|ge|ta|ti|on** (Pflanzenwuchs; Pflanzendecke); die Ve|ge|ta|ti|o|nen

die **Ve|ge|ta|ti|ons|zo|ne**

ve|ge|ta|tiv; vegetatives (vom Bewusstsein unabhängiges) Nervensystem

ve|ge|tie|ren (kümmerlich leben); er hat in diesem Keller vegetiert

ve|he|ment (heftig)

die **Ve|he|menz**

das **Ve|hi|kel** (altes, schlechtes Fahrzeug); des Vehikels; die Vehikel

das **Veil|chen;** des Veilchens; die Veilchen

der **Vek|tor** (gerichtete Größe); des Vektors; die Vek|to|ren

die **Ve|ne** (Blutader)

die **Ve|nen|ent|zün|dung**

der **Ve|ne|zo|la|ner** (Einwohner von Venezuela); des Venezolaners; die Venezolaner

die **Ve|ne|zo|la|ne|rin;** die Venezolanerinnen

ve|ne|zo|la|nisch

Ve|ne|zu|e|la (Staat in Südamerika)

das **Ven|til** (Absperrvorrichtung; Luft-, Dampfklappe); des Ventils; die Ven|ti|le

die **Ven|ti|la|ti|on** (Lüftung; Luftwechsel); die Ven|ti|la|ti|o|nen

der **Ven|ti|la|tor** (Lüfter); des Ventilators; die Ven|ti|la|to|ren

V

Venus – verbieten

Ve|nus (römische Liebesgöttin)

die **Ve|nus** (ein Planet)

ver|ab|re|den; du verabredest; sie verabredete; sie hat einen Treffpunkt verabredet; sich verabreden; wir haben uns für heute Abend verabredet

die **Ver|ab|re|dung**

ver|ab|rei|chen (einflößen); du hast ihm das Medikament verabreicht

ver|ab|scheu|en; du verabscheust; er verabscheute; er hat [jede] Gewalt verabscheut

ver|ab|schie|den; du verabschiedest ihn; sie verabschiedete ihn; sie hat ihn verabschiedet; sich verabschieden; ich muss mich noch verabschieden

die **Ver|ab|schie|dung**

ver|ach|ten; du verachtest; sie verachtete; sie hat ihn verachtet

ver|ächt|lich; eine verächtliche Bemerkung

die **Ver|ach|tung**

ver|all|ge|mei|nern; ich verallgemeinere; ich habe verallgemeinert

ver|al|ten; das Buch veraltete schnell; es ist schnell veraltet

die **Ve|ran|da;** die Veranden

ver|än|der|lich

ver|än|dern; du veränderst; er verändert; er hat alles verändert; verändre *oder* verändere nichts!; sich verändern; du hast dich sehr verändert

die **Ver|än|de|rung**

ver|an|kern; sie verankerte; er hat verankert; verankere das Floß!; ein verfassungsmäßig verankertes Recht

die **Ver|an|ke|rung**

die **Ver|an|la|gung** (angeborene Eigenschaft)

ver|an|las|sen; was hat dich dazu veranlasst?

die **Ver|an|las|sung;** es gab keine Veranlassung zu schimpfen

ver|an|schau|li|chen (anschaulich, deutlich machen); sie hat uns das an einem Beispiel veranschaulicht

ver|an|schla|gen; du veranschlagtest; er hat die Kosten zu niedrig veranschlagt

ver|an|stal|ten; du veranstaltest; sie veranstaltete; sie hat ein Fest veranstaltet

der **Ver|an|stal|ter;** des Veranstalters; die Veranstalter

die **Ver|an|stal|te|rin;** die Veranstalterinnen

die **Ver|an|stal|tung**

ver|ant|wor|ten; er muss sein Tun selbst verantworten (dafür einstehen); er hat sich vor Gericht verantwortet

ver|ant|wort|lich

die **Ver|ant|wor|tung**

ver|ant|wor|tungs|be|wusst

das **Ver|ant|wor|tungs|be|wusst|sein**

ver|ant|wor|tungs|los

ver|ant|wor|tungs|voll

ver|ar|bei|ten; Leder verarbeiten; er hat die Enttäuschung verarbeitet

die **Ver|ar|bei|tung**

ver|är|gern; ich verärgere ihn; die Kritik hat ihn verärgert; verärgere sie nicht!

ver|äu|ßern (*besonders Rechtssprache:* verkaufen)

das **Verb** (Zeitwort, Tätigkeitswort, z. B. »arbeiten«); die Ver|ben

ver|bal (als Verb gebraucht; mündlich)

der **Ver|band**

der **Ver|band|kas|ten** *oder* **Ver|bands|kasten**

ver|ban|nen; du verbannst ihn; sie verbannte ihn; er hat ihn verbannt; verbann *oder* verbanne ihn!

die **Ver|ban|nung**

ver|bar|ri|ka|die|ren; sie verbarrikadiert sich; er hat die Tür mit einem Schrank verbarrikadiert

ver|ber|gen; du verbirgst; sie verbirgt; er verbarg; sie hat etwas verborgen; verbirg es schnell!

ver|bes|sern; du verbesserst; er verbesserte; er hat den Fehler verbessert; verbessere *oder* verbessre ihn!

die **Ver|bes|se|rung**

sich **ver|beu|gen;** du verbeugst dich; sie verbeugte sich vor dem König; er hat sich höflich verbeugt; verbeug *oder* verbeuge dich!

die **Ver|beu|gung**

ver|beu|len; ein verbeulter Kotflügel

ver|bie|gen; du verbiegst; er verbog; sie hat es verbogen; verbieg *oder* verbiege es nicht!

ver|bie|ten; du verbietest; sie verbietet; er verbot; sie hat mir das Rauchen verboten; verbiete es ihm!

511

verbinden – verdecken

ver|bin|den; du verbindest; er verbindet; sie verband; er hat die Wunde verbunden; verbinde sie!

ver|bind|lich (höflich; verpflichtend); eine verbindliche Zusage

die **Ver|bind|lich|keit**

die **Ver|bin|dung**

ver|bis|sen (hartnäckig, verkrampft)

sich **ver|bit|ten;** du verbittest dir; sie verbittet sich; sie verbat sich; sie hat sich diese Frechheit verbeten

ver|bit|tert (zutiefst enttäuscht)

ver|blas|sen; die Erinnerung verblasst; sie ist verblasst

ver|bläu|en (prügeln); er verbläute ihn; er hat ihn verbläut

der **Ver|bleib**

ver|blei|ben; es verblieben 200 Euro; es sind 200 Euro verblieben; wie seid ihr denn nun verblieben?

ver|blüf|fen; du verblüffst; er verblüfft; er hat ihn mit dieser Antwort verblüfft

ver|blüf|fend; eine verblüffende Ähnlichkeit

die **Ver|blüf|fung**

ver|blü|hen; die Blume verblüht; sie ist verblüht

ver|blu|ten; er verblutete; der Verletzte ist verblutet

ver|bor|gen; im Verborgenen arbeiten

das **Ver|bot;** des Verbots oder Ver|bo|tes; die Ver|bo|te

ver|bo|ten

das **Ver|bots|schild;** die Ver|bots|schil|der

der **Ver|brauch;** des Verbrauchs oder Ver|brau|ches; die Ver|bräu|che

ver|brau|chen; du verbrauchst; er verbrauchte; er hat das Geld verbraucht; verbrauch oder verbrauche nicht so viel!

der **Ver|brau|cher;** des Verbrauchers; die Verbraucher

die **Ver|brau|che|rin;** die Verbraucherinnen

der **Ver|brau|cher|schutz**

der **Ver|brau|cher|schüt|zer;** des Verbraucherschützers; die Verbraucherschützer

die **Ver|brau|cher|schüt|ze|rin;** die Verbraucherschützerinnen

die **Ver|brau|cher|zen|t|ra|le**

das **Ver|bre|chen;** des Verbrechens; die Verbrechen

der **Ver|bre|cher;** des Verbrechers; die Verbrecher

die **Ver|bre|che|rin;** die Verbrecherinnen

ver|bre|che|risch

ver|brei|ten; du verbreitest; er verbreitete; er hat ein Gerücht verbreitet; verbreite keine Gerüchte!

die **Ver|brei|tung**

ver|bren|nen; du verbrennst; sie verbrennt; sie verbrannte; sie hat den Brief verbrannt; verbrenn oder verbrenne ihn!

die **Ver|bren|nung**

ver|brin|gen; er verbrachte seinen Urlaub an der See; der Kranke hat eine ruhige Nacht verbracht

ver|brü|hen; du hast ihn verbrüht; ich habe mir den Arm mit kochendem Wasser verbrüht

die **Ver|brü|hung**

ver|bu|chen; sie verbuchte das als Erfolg

der **Ver|bund;** die Ver|bün|de; im Verbund arbeiten

der **Ver|bün|de|te;** ein Verbündeter; die Verbündeten; zwei Verbündete

die **Ver|bün|de|te;** eine Verbündete

der **Ver|dacht;** des Verdachts oder Ver|dach|tes; die Ver|dach|te oder Ver|däch|te

ver|däch|tig; verdächtige Personen

ver|däch|ti|gen; du verdächtigst ihn; er verdächtigte ihn; er hat ihn zu Unrecht verdächtigt; verdächtige ihn nicht!

die **Ver|däch|ti|gung**

ver|dam|men; du verdammst ihn; sie verdammte ihn; er hat sie dazu verdammt; verdamm oder verdamme ihn nicht dazu!

die **Ver|damm|nis;** die Verdammnise Plural selten

ver|dammt (umgangssprachlich auch für: sehr); verdammt viel

ver|damp|fen; das Wasser ist verdampft

ver|dan|ken; wir haben dir viel zu verdanken

ver|dat|tert (umgangssprachlich für: verwirrt)

ver|dau|en; du verdaust; er verdaute; er hat das Essen verdaut

die **Ver|dau|ung**

das **Ver|dau|ungs|or|gan**

das **Ver|deck;** des Verdecks oder Ver|de|ckes; die Ver|de|cke

ver|de|cken; du verdeckst; er verdeckt; er hat das Bild verdeckt; verdeck oder verdecke es!

Verderb – verfahren

der **Ver|derb;** des Verderbs *oder* Ver|der|bes;
auf Gedeih und Verderb
ver|der|ben (zugrunde richten; verlei-
den); du verdirbst mir das Kleid; er verdarb mir den Tag; er hat mir den Tag verdorben; verdirb nicht das gute Kleid!
ver|der|ben (schlecht werden); das Obst
verdirbt; es verdarb; es ist verdorben
das **Ver|der|ben;** jemanden ins Verderben
stürzen
ver|derb|lich; leicht verderbliche
Lebensmittel
ver|deut|li|chen; du verdeutlichtest; sie
hat verdeutlicht
verdichten; das Gerücht hat sich ver-
dichtet (verstärkt)
ver|die|nen; du verdienst; sie verdiente;
sie hat viel verdient; verdien *oder* ver-
diene dir etwas!
der **Ver|dienst** (Lohn, Gewinn); des Ver-
diensts *oder* Ver|diens|tes; die Ver|diens-
te
das **Ver|dienst** (Anspruch auf Dank und
Anerkennung); des Verdiensts *oder* Ver-
diens|tes; die Ver|diens|te
ver|dienst|voll
ver|dient; verdiente Bürger
ver|dop|peln; du verdoppelst; er verdop-
pelte; er hat sein Vermögen verdoppelt;
verdopple *oder* verdopele den Betrag!
die **Ver|dop|pe|lung** *oder* **Ver|dopp|lung**
ver|dor|ben; verdorbene Lebensmittel
ver|dor|ren; das Gras verdorrt; das Gras
verdorrte; das Gras ist verdorrt
ver|drän|gen; du verdrängst; er ver-
drängte ihn von seinem Platz; er hat dieses Erlebnis verdrängt (die Erinnerung
daran unterdrückt)
ver|drei|fa|chen; es hat sich verdreifacht
ver|drie|ßen (*gehoben für:* missmutig
machen; ärgern); etwas verdrießt ihn; es
verdross sie; es hat ihn arg verdrossen;
ich lasse es mich nicht verdrießen
ver|drieß|lich; mit verdrießlicher Miene
der **Ver|druss;** des Ver|drus|ses; die Ver-
drus|se
ver|dün|nen; verdünnte Schwefelsäure
die **Ver|dün|nung**
ver|duns|ten; das Wasser verdunstete;
es ist verdunstet
das **Ver|duns|ten**
die **Ver|duns|tung**

die **Ver|duns|tungs|käl|te**
ver|durs|ten; er ist verdurstet
ver|dutzt; er war verdutzt (verblüfft)
ver|eh|ren; du verehrst sie; er verehrt
sie; er ver|ehr|te sie; er hat sie verehrt;
verehr *oder* verehre sie!
die **Ver|eh|rung**
der **Ver|ein;** des Vereins *oder* Ver|ei|nes; die
Ver|ei|ne
ver|ein|bar
ver|ein|ba|ren; du vereinbarst ein Tref-
fen mit ihm; ihr habt das vereinbart; ver-
einbare einen Termin!
die **Ver|ein|ba|rung**
ver|ein|fa|chen; du vereinfachst; er ver-
einfachte; er hat das Modell vereinfacht;
das vereinfacht (erleichtert) die Arbeit
sehr
ver|ei|ni|gen; er vereinigte alle Macht in
seiner Hand; er hat vereinigt
ver|ei|ni|gen; du vereinigst; sie verei-
nigte; sie hat alles in einer Hand vereinigt
das **Ver|ei|nig|te Kö|nig|reich Groß|bri|tan-
ni|en und Nord|ir|land**
die **Ver|ei|nig|ten Ara|bi|schen Emi|ra|te**
die **Ver|ei|nig|ten Staa|ten [von Ame|ri|ka]**
die **Ver|ei|ni|gung**
die **Ver|ei|ni|gungs|men|ge** (Menge, in der
die Elemente mehrerer Mengen zusam-
mengefasst sind)
das **Ver|eins|heim**
ver|eint; mit vereinten Kräften; die Ver-
einten Nationen (*Abkürzung:* VN, UN)
ver|ein|zelt; vereinzeltes Vorkommen
ver|ei|sen; eine vereiste Fahrbahn
ver|ei|teln (zunichtemachen, verhin-
dern); du vereitelst; er vereitelte; er hat
unseren Plan vereitelt
die **Ver|ei|te|lung** *oder* **Ver|eit|lung**
ver|ei|tern; die Wunde ist vereitert
ver|en|den; das Wild verendete; es ist
verendet
ver|er|ben; er vererbte mir sein Vermö-
gen; diese Krankheit hat sich vererbt
die **Ver|er|bung**
Verf. = Verfasser, Verfasserin
ver|fah|ren; du verfährst zu rücksichts-
los mit ihm
sich **ver|fah|ren;** er verfuhr sich; er hat sich
unterwegs verfahren
verfahren; verfahrene Situation

513

Verfahren – Vergleich

das **Ver|fah|ren**

die **Ver|fah|rens|wei|se**

der **Ver|fall;** des Verfalls *oder* Ver|fal|les
ver|fal|len; das Haus verfällt (wird baufällig); die Eintrittskarten sind verfallen; sie verfiel in Nachdenken
ver|fäng|lich; eine verfängliche Frage
ver|fas|sen; du verfasst; sie verfasste ein Gedicht; sie hat es verfasst

der **Ver|fas|ser** (*Abkürzung:* Verf.); des Verfassers; die Verfasser

die **Ver|fas|se|rin;** die Verfasserinnen

die **Ver|fas|sung**

die **Ver|fas|sungs|be|schwer|de**

das **Ver|fas|sungs|ge|richt**
ver|fas|sungs|recht|lich

der **Ver|fas|sungs|schutz**
ver|fas|sungs|wid|rig

der **Ver|fech|ter;** Befürworter

die **Ver|fech|te|rin**
ver|feh|len; du verfehlst; er hat das Thema verfehlt
ver|fehlt (ungeeignet; falsch); sie hält diese Idee für verfehlt

die **Ver|fil|mung**
ver|fins|tern; er verfinstert; der Himmel hat sich verfinstert
ver|flixt (verflucht; *auch* für unangenehm, ärgerlich)
ver|flüs|si|gen; verflüssigte Luft
ver|fol|gen; du verfolgst ihn; er verfolgt ihn; er verfolgte ihn; er hat ihn verfolgt; verfolg *oder* verfolge ihn!

der **Ver|fol|ger;** des Verfolgers; die Verfolger

die **Ver|fol|ge|rin;** die Verfolgerinnen

der **Ver|folg|te;** ein Verfolgter; die Verfolgten; zwei Verfolgte

die **Ver|folg|te;** eine Verfolgte

die **Ver|fol|gung**

die **Ver|fol|gungs|jagd**
ver|füg|bar; alle verfügbaren Kräfte

die **Ver|füg|bar|keit**
ver|fü|gen; du verfügst; sie verfügt; sie hat darüber verfügt; verfüg *oder* verfüge darüber!

die **Ver|fü|gung**
ver|füh|ren; er hat ihn verführt; verführ *oder* verführe uns nicht zum Naschen!

der **Ver|füh|rer**

die **Ver|füh|re|rin**
ver|füh|re|risch; verführerische Blicke

die **Ver|füh|rung**

die **Ver|ga|be**
ver|gäl|len (verbittern; ungenießbar machen); du vergällst; er vergällte; er hat ihm die Freude vergällt; vergällter Alkohol
ver|gam|meln; die Vorräte vergammeln; vergammeltes Fleisch

die **Ver|gan|gen|heit**

die **Ver|gan|gen|heits|form**
ver|gäng|lich; vergängliche Dinge

der **Ver|ga|ser;** des Vergasers; die Vergaser
ver|ge|ben; du vergibst; er vergab; sie hat dir vergeben; vergib ihm!
ver|ge|bens (umsonst, vergeblich)
ver|geb|lich; vergebliche Mühen

die **Ver|ge|bung**
ver|ge|hen; das Jahr vergeht; das Jahr verging; es ist vergangen

sich **ver|ge|hen** (gegen etwas verstoßen); du vergehst dich; sie verging sich; sie hat sich gegen das Gesetz vergangen

das **Ver|ge|hen;** des Vergehens; die Vergehen
ver|gel|ten (zurück-, heimzahlen); du vergiltst; sie vergilt; sie vergalt; sie hat Böses mit Gutem vergolten; vergilt das!

die **Ver|gel|tung**
ver|ges|sen; du vergisst; er vergisst; er vergaß; er hat alles vergessen; vergiss es!
ver|gess|lich

die **Ver|gess|lich|keit**
ver|geu|den; du vergeudest; er vergeudete; er hat sein Geld vergeudet; vergeude nichts!

die **Ver|geu|dung**
ver|ge|wal|ti|gen; er hat sie vergewaltigt

die **Ver|ge|wal|ti|gung**

sich **ver|ge|wis|sern;** ich habe mich vergewissert; vergewissre *oder* vergewissere dich!

die **Ver|ge|wis|se|rung;** zur Vergewisserung habe ich nachgeschaut
ver|gif|ten; sie hat ihn vergiftet; vergiftete Speisen

die **Ver|gif|tung**

das **Ver|giss|mein|nicht;** des Vergissmeinnichts *oder* Ver|giss|mein|nich|tes; die Vergissmeinnicht *oder* Ver|giss|mein|nich|te

der **Ver|gleich;** des Vergleichs *oder* Ver|glei|ches; die Ver|glei|che; einen Vergleich anstellen

V

514

vergleichbar – verhütten

ver|gleich|bar; ein vergleichbarer Fall

ver|glei|chen; du vergleichst; er vergleicht; sie verglich; er hat die beiden verglichen; vergleich *oder* vergleiche die Preise! (*Abkürzung:* vgl.)

die **Ver|gleichs|form** (Komparativ oder Superlativ)

ver|gleichs|wei|se

sich **ver|gnü|gen;** du vergnügst dich; er hat sich vergnügt; vergnüg *oder* vergnüge dich!

das **Ver|gnü|gen;** des Vergnügens; die Vergnügen; zum Vergnügen; viel Vergnügen!

ver|gnüg|lich

ver|gnügt; vergnügte Kinder

sich **ver|grei|fen;** er hat sich an ihm vergriffen

ver|grif|fen; das Buch ist vergriffen (nicht mehr lieferbar)

ver|grö|ßern; du vergrößerst das Foto; er hat seinen Betrieb vergrößert; vergröß[e]re das Foto!

die **Ver|grö|ße|rung**

die **Ver|güns|ti|gung**

ver|gü|ten (bezahlen, entschädigen); er vergütet; sie hat ihm den Schaden vergütet

die **Ver|gü|tung;** eine Vergütung zahlen

verh. = verheiratet

ver|haf|ten; du verhaftest; er verhaftete ihn; er hat ihn verhaftet; verhafte ihn!

die **Ver|haf|tung**

sich **ver|hal|ten;** er hat sich ablehnend verhalten

ver|hal|ten (zurückhaltend); verhalten sprechen, fahren

das **Ver|hal|ten;** des Verhaltens

ver|hal|tens|auf|fäl|lig

die **Ver|hal|tens|for|schung**

die **Ver|hal|tens|the|ra|pie** (eine Form der Psychotherapie, die auf eine Veränderung des Verhaltens abzielt)

die **Ver|hal|tens|wei|se**

das **Ver|hält|nis;** des Verhältnisses; die Verhältnisse

ver|hält|nis|mä|ßig

das **Ver|hält|nis|wort** (Präposition)

ver|han|deln; du verhandelst mit ihm; wir verhandelten; wir haben darüber verhandelt; verhandle *oder* verhandele klug!

die **Ver|hand|lung**

das **Ver|hand|lungs|er|geb|nis**

ver|hän|gen; wir verhängten die Fenster; der Schiedsrichter hat einen Elfmeter verhängt

das **Ver|häng|nis;** des Verhängnisses; die Verhängnisse

ver|häng|nis|voll; ein verhängnisvoller Fehler

ver|harm|lo|sen; du verharmlost; er verharmloste; sie hat verharmlost; verharmlos *oder* verharmlose das nicht!

ver|härmt (vom Kummer gezeichnet); ein verhärmtes Gesicht

ver|harren; verharre einen Augenblick!

ver|hasst; eine verhasste Pflicht

ver|hät|scheln (verzärteln); sie verhätschelte ihr Baby; er hat das Kind verhätschelt

ver|hee|rend; ver|hee|ren|der; am verhee|rends|ten; ein verheerender (entsetzlicher) Sturm

ver|heim|li|chen; er hat mir seine Entdeckung verheimlicht

sich **ver|hei|ra|ten;** er hat sich verheiratet

ver|hei|ra|tet (*Abkürzung:* verh.)

ver|hei|ßen; du verheißt; er verheißt; er verhieß; er hat mir das verheißen

die **Ver|hei|ßung**

ver|hel|fen; sie hat mir dazu verholfen

ver|hin|dern; du verhinderst; er verhinderte; er hat den Plan verhindert; verhindre *oder* verhindere ihn!

ver|höh|nen; du verhöhnst ihn; sie verhöhnte ihn; sie hat ihn verhöhnt; verhöhn *oder* verhöhne sie nicht!

die **Ver|höh|nung**

ver|hol|zen; der Stängel verholzt; er ist verholzt

das **Ver|hör;** des Verhörs *oder* Ver|hö|res; die Ver|hö|re

ver|hö|ren; man hat ihn eingehend verhört; er hat sich verhört (etwas falsch verstanden)

ver|hül|len; sie hat ihr Gesicht verhüllt

ver|hun|gern; du verhungerst; sie verhungerte; sie ist verhungert

das **Ver|hun|gern**

ver|hü|ten; du verhütest; er verhütet; er hat den Unfall verhütet; verhüte Unheil!

ver|hüt|ten (zu Metall verarbeiten); hier werden Eisenerze verhüttet

515

Verhütungsmittel – verlaufen

das **Ver|hü|tungs|mit|tel** (Mittel, das eine Schwangerschaft verhütet)

sich **ver|ir|ren;** du verirrst dich; er verirrte sich; sie hat sich im Wald verirrt; verirr *oder* verirre dich nicht!

die **Ver|ir|rung**

ve|ri|ta|bel (wahrhaft; echt); eine veritable Leistung

ver|jäh|ren; das Vergehen ist verjährt (kann nicht mehr bestraft werden)

die **Ver|jäh|rung**

ver|ka|beln; die Haushalte wurden verkabelt (an das Netz des Kabelfernsehens angeschlossen)

die **Ver|ka|be|lung**

ver|kal|ken; das Rohr ist verkalkt

die **Ver|kal|kung**

der **Ver|kauf;** des Verkaufs; die Ver|käu|fe

ver|kau|fen; du verkaufst; sie verkaufte; er hat das Auto verkauft; verkauf *oder* verkaufe es!

der **Ver|käu|fer**

die **Ver|käu|fe|rin**

ver|käuf|lich; verkäufliche Waren

der **Ver|kehr**

ver|keh|ren; du verkehrst; er verkehrt; er verkehrte; er hat bei uns verkehrt; er hat diese Absicht ins Gegenteil verkehrt

die **Ver|kehrs|am|pel**

das **Ver|kehrs|cha|os**

das **Ver|kehrs|mit|tel;** mit öffentlichen Verkehrsmitteln fahren

der **Ver|kehrs|po|li|zist**

die **Ver|kehrs|po|li|zis|tin**

die **Ver|kehrs|re|gel**

der **Ver|kehrs|teil|neh|mer**

die **Ver|kehrs|teil|neh|me|rin**

der **Ver|kehrs|un|fall**

das **Ver|kehrs|zei|chen**

ver|kehrt; seine Antwort ist verkehrt

ver|kla|gen; sie hat ihn verklagt

ver|klei|den; ich habe mich als trauriger Clown verkleidet

die **Ver|klei|dung**

ver|klei|nern; ich verkleinere

die **Ver|klei|ne|rungs|form**

ver|kne|ten (durch Kneten vermischen); alle Zutaten zu einem festen Teig verkneten; sie verknetete Butter und Zucker; verknete die Zutaten!

ver|knüp|fen; zwei durch »und« verknüpfte Sätze

die **Ver|knüp|fung**

ver|knu|sen; ich kann ihn nicht verknusen (*umgangssprachlich für:* nicht ausstehen)

ver|kom|men; sie verkommt hier; der Hof ist ganz verkommen (verfallen)

ver|kör|pern; du verkörperst; sie verkörperte; er hat verkörpert

ver|kraf|ten (ertragen [können]); du verkraftetest es; sie hat es verkraftet

ver|krampft; verkrampfte Muskulatur

sich **ver|krie|chen;** sie hat sich verkrochen

ver|küm|mern; der Baum ist verkümmert

ver|kün|den; der Richter hat das Urteil verkündet

ver|kün|di|gen; das Evangelium verkündigen

die **Ver|kün|di|gung**

die **Ver|kün|dung**

ver|kür|zen; verkürzte Arbeitszeit

ver|la|den; sie verlädt; er hat die Waren verladen

der **Ver|lag;** des Verlags *oder* Ver|la|ges; die Ver|la|ge

ver|la|gern; er verlagerte das Gewicht auf das andere Bein; die Firma hat ihre Produktion ins Ausland verlagert; verlagere das Gewicht!

die **Ver|la|ge|rung**

ver|lan|gen; du verlangst; sie verlangte; sie hat ein Bier verlangt

das **Ver|lan|gen**

ver|län|gern; du verlängerst das Kleid; sie hat es verlängert; der Vertrag wurde verlängert

die **Ver|län|ge|rung**

ver|lang|sa|men; du verlangsamst; sie verlangsamte; er hat verlangsamt

der **Ver|lass;** des Ver|las|ses; es ist kein Verlass auf ihn

ver|las|sen; du verlässt uns; sie verlässt uns; er verließ uns; sie hat uns verlassen; verlasse *oder* verlass uns nicht!; sich verlassen; er verlässt sich auf ihn

ver|las|sen (vereinsamt)

ver|läss|lich; verlässliche Daten

der **Ver|lauf** (Ablauf); des Verlaufs *oder* Verlau|fes; die Ver|läu|fe; im Verlauf

ver|lau|fen; die Untersuchung verlief ergebnislos; er hat sich verlaufen (verirrt)

516

verlauten – Vermieter

ver|lau|ten (bekannt geben, werden)

ver|le|gen (ein Buch herausbringen); du verlegst; sie verlegte; er hat die Brille verlegt; verleg *oder* verlege sie nicht!; er verlegt eine Leitung (er legt sie)

ver|le|gen (unsicher); verlegene Blicke; verlegen sein

die **Ver|le|gen|heit**

der **Ver|le|ger** (Inhaber eines Buch- oder Zeitungsverlags); des Verlegers; die Verleger

die **Ver|le|ge|rin;** die Verlegerinnen

die **Ver|le|gung**

ver|lei|den; er hat mir die Arbeit verleidet

der **Ver|leih;** des Verleihs *oder* Ver|lei|hes; die Ver|lei|he

ver|lei|hen; du verleihst; sie verleiht; er verlieh; sie hat ihr Fahrrad verliehen; verleih *oder* verleihe nichts!

die **Ver|lei|hung**

ver|let|zen; du verletzt; sie verletzte; er hat ihn verletzt; verletz *oder* verletze ihn nicht!; sich verletzen; ich habe mich dabei verletzt

ver|letzt

der **Ver|letz|te;** ein Verletzter; die Verletzten; zwei Verletzte

die **Ver|letz|te;** eine Verletzte

die **Ver|let|zung**

die **Ver|let|zungs|ge|fahr**

ver|leug|nen; du verleugnest ihn; er verleugnete ihn; er hat ihn verleugnet; verleugne nicht dein Alter!; sie ließ sich verleugnen

die **Ver|leug|nung;** die Verleugnung der Tatsachen

ver|leum|den; du verleumdest ihn; er hat ihn verleumdet; verleumde ihn nicht!

der **Ver|leum|der;** des Verleumders; die Verleumder

die **Ver|leum|de|rin;** die Verleumderinnen

die **Ver|leum|dung**

sich **ver|lie|ben;** er hat sich in sie verliebt

ver|liebt

die **Ver|liebt|heit**

ver|lie|ren; du verlierst; sie verlor; sie hat Geld verloren; verlier *oder* verliere nichts!

der **Ver|lie|rer;** des Verlierers; die Verlierer

die **Ver|lie|re|rin;** die Verliererinnen

das **Ver|lies** (Kerker); des Ver|lie|ses; die Ver|lie|se

sich **ver|lo|ben;** sie haben sich verlobt

der **Ver|lob|te;** ein Verlobter; die Verlobten; zwei Verlobte

die **Ver|lob|te;** eine Verlobte

die **Ver|lo|bung**

ver|lo|gen

ver|lo|ren; der verlorene Sohn; verloren gehen *oder* verlorengehen; der Ring ist verloren gegangen *oder* verlorengegangen

ver|lo|sen; sie verloste; wertvolle Preise werden verlost

der **Ver|lust;** des Verlusts *oder* Ver|lus|tes; die Ver|lus|te; schwere Verluste

ver|ma|chen (vererben); er hat ihr sein Haus vermacht

das **Ver|mächt|nis;** des Vermächtnisses; die Vermächtnisse

sich **ver|mäh|len;** du vermählst dich; er vermählte sich; er hat sich mit seiner Jugendfreundin vermählt

die **Ver|mäh|lung**

ver|mark|ten ([bedarfsgerecht zubereitet] auf den Markt bringen); du vermarktetest; sie hat vermarktet

die **Ver|mark|tung**

ver|meh|ren; er vermehrte seinen Besitz; sich vermehren; die Mäuse haben sich stark vermehrt

die **Ver|meh|rung**

ver|meid|bar; vermeidbare Fehler

ver|mei|den; er vermied jede Begegnung; er hat sie vermieden; vermeide Fehler!

die **Ver|mei|dung**

ver|meint|lich (scheinbar)

der **Ver|merk;** des Vermerks; die Ver|mer|ke

ver|mes|sen; du vermisst; sie vermisst; sie vermaß; sie hat das Haus vermessen

ver|mes|sen (auf anmaßender Selbstüberschätzung beruhend); ein vermessenes Unternehmen

die **Ver|mes|sung**

ver|mie|sen *(umgangssprachlich);* du vermiest; du hast mir den Urlaub vermiest

ver|mie|ten; du vermietetest; er vermietete; er hat das Zimmer vermietet

der **Ver|mie|ter;** des Vermieters; die Vermieter

517

Vermieterin – verrechnen

die **Ver|mie|te|rin**; die Vermieterinnen
die **Ver|mie|tung**
ver|min|dern; er hat das Tempo vermindert; eine verminderte (um einen Halbton verkleinerte) Terz
ver|mis|sen; du vermisst; er vermisst; er vermisste; er hat Geld vermisst
der **Ver|miss|te**; ein Vermisster; die Vermissten; zwei Vermisste
die **Ver|miss|te**; eine Vermisste
ver|mit|teln; er hat mir Arbeit vermittelt
der **Ver|mitt|ler**; des Vermittlers; die Vermittler
die **Ver|mitt|le|rin**; die Vermittlerinnen
die **Ver|mitt|lung**
ver|mö|gen; ich vermag; er vermag; sie vermochte; er hat nicht zu sprechen vermocht
das **Ver|mö|gen**; das kostet ihn ein Vermögen (*umgangssprachlich für:* sehr viel)
ver|mö|gend; eine vermögende Frau
der **Ver|mö|gens|wert**
ver|mum|men; ich habe mich vermummt
das **Ver|mum|mungs|ver|bot**
ver|mu|ten; du vermutest; er vermutet; er vermutete; er hat es vermutet
ver|mut|lich
die **Ver|mu|tung**; sie hatte die Vermutung, dass ...
ver|nach|läs|si|gen; du vernachlässigst; er vernachlässigte; sie hat ihre Arbeit vernachlässigt
die **Ver|nach|läs|si|gung**
ver|neh|men; du vernimmst; er vernahm; er hat das Geräusch vernommen (gehört); er hat den Angeklagten vernommen (verhört)
das **Ver|neh|men**; dem Vernehmen nach (nach dem, was zu erfahren ist)
die **Ver|neh|mung**
ver|nei|nen; sie hat die Frage verneint; ein verneinter Satz
die **Ver|nei|nung**
ver|net|zen; sie haben sich vernetzt
die **Ver|net|zung**
ver|nich|ten; du vernichtest; sie vernichtet; es vernichtete; er hat die Akten vernichtet; vernichte sie!
die **Ver|nich|tung**

die **Ver|nunft**
ver|nünf|tig; vernünftiges Handeln
ver|öf|fent|li|chen; du veröffentlichst; er veröffentlicht; sie veröffentlichte; er hat seine Gedichte veröffentlicht; veröffentliche sie!
die **Ver|öf|fent|li|chung**
ver|ord|nen; die Ärztin hat mir eine Medizin verordnet
die **Ver|ord|nung**
ver|pach|ten; er verpachtete mir das Land; er hat es an mich verpachtet
die **Ver|pach|tung**
ver|pa|cken; sie verpackte; sie hat das Geschenk verpackt
die **Ver|pa|ckung**
ver|pas|sen; du verpasst; er verpasste den Zug; er hat den Zug verpasst
ver|pet|zen (*umgangssprachlich für:* [beim Lehrer] anzeigen); du verpetzt ihn; er hat uns verpetzt; verpetz *oder* verpetze ihn nicht!
ver|pfle|gen; du verpflegst; sie verpflegte; sie hat die Schülerinnen verpflegt
die **Ver|pfle|gung**
ver|pflich|ten; sie hat ihn verpflichtet[,] zu kommen; verpflichtet *oder* verpflichte sie!; verpflichte dich dazu!
die **Ver|pflich|tung**
ver|pönt (unerwünscht)
sich **ver|pup|pen**; die Raupe hat sich verpuppt
ver|put|zen; du verputzt die Wände; er hat die Fassade verputzt; verputz *oder* verputze das Haus!
das **Ver|put|zen**; das Verputzen der Wände
ver|qui|cken (vermischen); du verquickst; er verquickte; er hat die Dinge miteinander verquickt
ver|ram|meln; sie verrammelt, er hat die Tür verrammelt
der **Ver|rat**; des Verrats *oder* Ver|ra|tes
ver|ra|ten; du verrätst; er verrät; er verriet; er hat den Plan verraten; verrat *oder* verrate ihn nicht!
der **Ver|rä|ter**; des Verräters; die Verräter
die **Ver|rä|te|rin**; die Verräterinnen
ver|rech|nen; du verrechnest; sie verrechnete; sie hat den Betrag verrechnet; verrechne ihn!; sich verrechnen; er hat sich verrechnet

verrecken – verschleißen

ver|re|cken (*derb für:* verenden; elend umkommen); die Kuh ist verreckt

ver|rei|sen; du verreist; sie reiste; sie ist verreist; verreis *oder* verreise mal wieder!

ver|ren|ken; du verrenkst; er verrenkte; er hat mir den Arm verrenkt; ich habe mir die Schulter verrenkt

ver|rich|ten; er hat seine Arbeit verrichtet

ver|rin|gern; er verringerte den Abstand; die Aussichten auf Besserung haben sich verringert

die **Ver|rin|ge|rung**

ver|rin|nen; es verrinnt; das ganze Wasser verrann; ein Jahr ist verronnen

der **Ver|riss** (vernichtende Kritik)

ver|ros|ten; das Messer verrostet; es ist verrostet

das **Ver|ros|ten;** zum Schutz vor Verrosten

ver|rot|ten (verfaulen); das Laub verrottet; es ist verrottet

ver|rü|cken; du verrücktest; sie verrückte; er hat verrückt; verrück *oder* verrücke den Tisch!

ver|rückt; ver|rück|ter; am ver|rück|tes|ten; sie trägt ein total verrücktes Kleid

der **Ver|rück|te;** ein Verrückter; die Verrückten; zwei Verrückte

die **Ver|rück|te;** eine Verrückte

die **Ver|rückt|heit**

das **Ver|rückt|wer|den;** es ist zum Verrücktwerden

der **Ver|ruf;** jemanden in Verruf bringen; in Verruf kommen

ver|ru|fen (einen schlechten Ruf habend); ein verrufenes Lokal

der **Vers** (Zeile eines Gedichtes); des Verses; die Verse

ver|sa|gen; du versagst; er hat versagt; versag *oder* versage nicht!

das **Ver|sa|gen**

der **Ver|sa|ger;** des Versagers; die Versager

die **Ver|sa|ge|rin;** die Versagerinnen

ver|sal|zen; du versalzt die Suppe; er hat ihr die Freude versalzen

ver|sam|meln; du versammelst; er versammelte; sie hat die Schülerinnen und Schüler alle um sich versammelt

die **Ver|samm|lung**

das **Ver|samm|lungs|recht**

der **Ver|sand;** des Versands *oder* Ver|san|des

ver|sau|en (*umgangssprachlich für:* verschmutzen; verderben); du versaust dein Kleid; du hast mir den Abend versaut

ver|sau|ern (*umgangssprachlich für:* die geistige Frische verlieren); du versauerst hier; er ist versauert

ver|säu|men; du versäumst; sie versäumte; sie hat den Termin versäumt; versäum *oder* versäume ihn nicht!

das **Ver|säum|nis;** des Versäumnisses; die Versäumnisse

ver|schaf|fen; ich habe mir Gewissheit verschafft

ver|schär|fen; die Kontrolle verschärfen

die **Ver|schär|fung**

ver|schen|ken; den Sieg verschenken

ver|scheu|chen; du verscheuchst; sie verscheuchte; er hat die Vögel verscheucht; verscheuch *oder* verscheuche sie nicht!

ver|schie|ben; ich verschiebe das Dreieck um 2 cm nach rechts; er verschob seinen Besuch; der Termin hat sich verschoben

die **Ver|schie|bung**

ver|schie|den; verschieden lang; Verschiedene sagen, es sei anders gewesen; Verschiedenes war mir unklar; Ähnliches und Verschiedenes; etwas Verschiedenes

ver|schie|den|ar|tig; die verschiedenartigsten Lebewesen

ver|schie|dent|lich (mehrfach)

ver|schla|fen; ich verschlief den Tag; ich habe verschlafen; verschlaf *oder* verschlafe nicht!

ver|schla|fen; er sieht verschlafen aus

der **Ver|schlag** (abgeteilter Raum mit Bretterwänden); des Verschlags *oder* Verschlag|es; die Ver|schlä|ge

ver|schla|gen (hinterlistig)

die **Ver|schla|gen|heit**

ver|schlech|tern; du verschlechterst deine Lage; sich verschlechtern; das Wetter hat sich verschlechtert

die **Ver|schlech|te|rung**

der **Ver|schleiß** (Abnutzung); des Verschlei|ßes; die Ver|schlei|ße

ver|schlei|ßen; du verschleißt; er verschleißt; er verschliss; sie hat viele Kleider verschlissen; verschleiß *oder* ver-

519

verschleppen – Versetzung

schleiße deine Kräfte nicht!; er hat sich in diesem Streit verschlissen

ver|schlep|pen; man hat ihn in ein Lager verschleppt

ver|schlie|ßen; du verschließt; er verschließt; er verschloss; er hat den Keller verschlossen; verschließ *oder* verschließe ihn!; sich verschließen; sie hat sich meinen Wünschen verschlossen

ver|schlimm|bes|sern (etwas in der Absicht, es zu verbessern, nur schlechter machen); sie verschlimmbessert; er hat verschlimmbessert

ver|schlim|mern; eine Erkältung verschlimmerte seine Krankheit; ihr Zustand hat sich verschlimmert

die **Ver|schlim|me|rung**

ver|schlin|gen; der Hund verschlang das Fleisch; der Bau hat Unsummen verschlungen

ver|schlos|sen

ver|schlu|cken; du verschluckst; sie hat den Bissen verschluckt; sich verschlucken; sie hat sich verschluckt; ABER: das Verschlucken von Kleinteilen kann für Kinder gefährlich werden

der **Ver|schluss;** des Ver|schlus|ses; die Verschlüs|se

ver|schmitzt (schlau); ein verschmitztes Lächeln

ver|schmut|zen; du verschmutzt; sie verschmutzte; er hat den Boden verschmutzt; verschmutz *oder* verschmutze den Wald nicht!

die **Ver|schmut|zung**

ver|schol|len (für verloren, tot gehalten)

ver|scho|nen; sie blieb verschont; verschon *oder* verschone mich mit deinem Geschwätz!

ver|schrei|ben; der Arzt verschrieb (verordnete) ihr ein Medikament; ich habe mich verschrieben (ich habe beim Schreiben einen Fehler gemacht)

ver|schro|ben (seltsam, wunderlich); ein verschrobener Mensch

ver|schul|den; er hat den Unfall selbst verschuldet

das **Ver|schul|den;** ohne sein Verschulden

die **Ver|schul|dung**

ver|schwei|gen; er verschwieg sein Alter; sie hat ihre Vorstrafen verschwiegen

ver|schwen|den; du verschwendest; er verschwendet; er hat sein Geld verschwendet; verschwende dein Geld nicht!

der **Ver|schwen|der;** des Verschwenders; die Verschwender

die **Ver|schwen|de|rin;** die Verschwenderinnen

ver|schwen|de|risch; eine verschwenderische Pracht

ver|schwie|gen (nicht geschwätzig; einsam); verschwiegene Mitarbeiter; eine verschwiegene Bucht

die **Ver|schwie|gen|heit**

ver|schwin|den; du verschwindest; er verschwindet; sie verschwand; er ist verschwunden; verschwinde!

das **Ver|schwin|den;** des Verschwindens; niemand bemerkte sein Verschwinden

ver|schwit|zen (*umgangssprachlich für:* vergessen); er hat die Probe verschwitzt

ver|schwitzt (schweißnass); verschwitzte Kleider

ver|schwom|men (undeutlich, unklar)

die **Ver|schwö|rung**

die **Ver|schwö|rungs|the|o|rie**

ver|se|hen; du versiehst; sie versieht; er versah; sie hat ihren Dienst treu versehen; sich versehen; ich habe mich bei der Abrechnung versehen (geirrt)

das **Ver|se|hen;** des Versehens; die Versehen

ver|se|hent|lich

der **Ver|sehr|te;** ein Versehrter; die Versehrten; zwei Versehrte

die **Ver|sehr|te;** eine Versehrte

ver|sen|den; du versendest; sie versendet; sie versendete *oder* versandte; sie hat die Post versendet *oder* versandt

die **Ver|sen|dung**

ver|sen|gen; du versengst; er versengte; er hat sich das Haar versengt

ver|sen|ken; du versenkst; sie versenkte; er hat das Boot im Teich versenkt

die **Ver|sen|kung**

ver|ses|sen (begierig); auf Eis ist sie ganz versessen

die **Ver|ses|sen|heit**

ver|set|zen; du versetzt; er versetzte den Grenzstein; die Schülerin ist versetzt worden; versetz *oder* versetze ihn!

die **Ver|set|zung**

V

520

verseucht – verstohlen

ver|seucht; verseuchtes Wasser

der Ver|si|che|rer; des Versicherers; die Versicherer

die Ver|si|che|rin; die Versicherinnen

ver|si|chern; du versicherst; er versicherte; sie hat ihr Auto gegen Diebstahl versichert; sich versichern; er hat sich hoch versichert

der Ver|si|cher|te; ein Versicherter; die Versicherten; zwei Versicherte

die Ver|si|cher|te; eine Versicherte

die Ver|si|cher|ten|kar|te (für Mitglieder der gesetzlichen Krankenkassen)

die Ver|si|che|rung

das Ver|si|che|rungs|un|ter|neh|men

ver|sie|gen (aufhören zu fließen); die Quelle versiegte; sie ist versiegt

ver|siert (erfahren, geschickt); in etwas versiert sein; eine versierte Fachfrau

ver|sifft (umgangssprachlich für: verschmutzt)

ver|sin|ken; du versankst; er ist versunken; versink oder versinke nicht in Trauer!

die Ver|si|on (Fassung, Formulierung; Ausführung); die Ver|si|o|nen

ver|söh|nen; du versöhnst; er versöhnte; er hat die Streitenden versöhnt; sich versöhnen; versöhn oder versöhne dich mit ihr!

ver|söhn|lich

die Ver|söh|nung

ver|sor|gen; sie hat uns mit Proviant versorgt

die Ver|sor|gung

ver|spach|teln; er hat die Ritzen verspachtelt; sie verspachtelte (umgangssprachlich für: verzehrte mit großem Appetit) zwei Portionen Pommes frites

sich ver|spä|ten; du verspätest dich; er verspätet sich; er verspätete sich; er hat sich verspätet; verspäte dich nicht!

die Ver|spä|tung

ver|spot|ten; sie haben ihn verspottet

die Ver|spot|tung

ver|spre|chen; du versprichst; er verspricht; sie versprach; er hat ihr die Heirat versprochen; versprich nicht zu viel!; sich versprechen; sie hat sich versprochen

das Ver|spre|chen; des Versprechens; die Versprechen

ver|staat|li|chen (in Staatseigentum übernehmen); die Bahn ist verstaatlicht

die Ver|staat|li|chung

der Ver|stand; des Verstands oder Ver|standes; [nicht] bei Verstand sein

ver|stän|dig (klug, einsichtig); eine verstän|di|ge Frau

sich ver|stän|di|gen; du verständigst dich mit ihm; er verständigte sich mit ihm; er hat sich mit ihm verständigt

die Ver|stän|di|gung

ver|ständ|lich; verständliche Sorge

das Ver|ständ|nis; des Verständnisses

ver|stär|ken; er hat die Mauer verstärkt; verstärk oder verstärke den Ton!

der Ver|stär|ker; des Verstärkers; die Verstärker

die Ver|stär|kung

ver|stau|chen; du verstauchst; sie verstauchte sich den Fuß; sie hat sich den Fuß verstaucht

die Ver|stau|chung

ver|stau|en; die Koffer im Kofferraum verstauen

das Ver|steck; des Verstecks oder Ver|steckes; die Ver|ste|cke; Versteck spielen

ver|ste|cken; du versteckst; er versteckte; er hat das Spielzeug versteckt; versteck oder verstecke es!; sich verstecken; die Kinder haben sich versteckt

das Ver|ste|cken; des Versteckens; Verstecken spielen

ver|ste|hen; du verstehst; sie versteht; sie verstand; sie hat verstanden; versteh oder verstehe doch!; jemandem etwas zu verstehen geben

das Ver|ste|hen; des Verstehens

ver|stei|gern; das Bild wurde versteigert

die Ver|stei|ge|rung

ver|stei|nern; die Pflanzen versteinern; sie stand wie versteinert (starr, unbeweglich) da

die Ver|stei|ne|rung

sich ver|stel|len; du verstellst dich; sie stellte sich; sie hat sich verstellt; verstell oder verstelle dich nicht!

ver|steu|ern (für etwas Steuern zahlen)

ver|stimmt; ein verstimmtes Klavier

ver|stockt (uneinsichtig, störrisch)

ver|stoh|len (heimlich); ein verstohlener Blick

521

verstopfen – vertuschen

ver|stop|fen; er hat die Öffnung verstopft; der Abfluss ist verstopft

die **Ver|stop|fung;** unter Verstopfung leiden

ver|stor|ben

der **Ver|stor|be|ne;** ein Verstorbener; die Verstorbenen; zwei Verstorbene

die **Ver|stor|be|ne;** eine Verstorbene

der **Ver|stoß;** des Ver|sto|ßes; die Ver|stö|ße

ver|sto|ßen; der König verstieß seine Gemahlin; er hat gegen die Regel verstoßen

ver|strah|len (radioaktiv verseuchen); verstrahltes Gebiet

die **Ver|strah|lung**

ver|strei|chen; er verstrich die Farbe mit einem Pinsel; er hat die Farbe verstrichen; ABER: der Termin ist verstrichen (vorübergegangen)

ver|stüm|meln; ein verstümmelter Text

ver|stum|men; du verstummtest; sie ist verstummt; verstumm oder verstumme sofort!

der **Ver|such**

ver|su|chen; du versuchst; sie versuchte; sie hat alles versucht; versuch oder versuche es!

ver|suchs|wei|se

die **Ver|su|chung**

ver|ta|gen; die Sitzung wurde vertagt

ver|tau|schen; mit vertauschten Rollen

ver|tei|di|gen; du verteidigst; er verteidigte die Festung; er hat den Angeklagten verteidigt; verteidige ihn!; sich verteidigen; er hat sich tapfer verteidigt

der **Ver|tei|di|ger;** des Verteidigers; die Verteidiger

die **Ver|tei|di|ge|rin;** die Verteidigerinnen

die **Ver|tei|di|gung**

ver|tei|len; du verteilst; sie verteilte; sie hat die Geschenke verteilt; verteil oder verteile sie!

ver|ti|cken (umgangssprachlich für: verkaufen); ich verticke; du vertickst; sie vertickte den Schmuck ihrer Großmutter; sie hat ihn vertickt

ver|tie|fen; du vertiefst dein Wissen; sie hat ihr Wissen vertieft

die **Ver|tie|fung**

ver|ti|kal (senkrecht)

die **Ver|ti|ka|le** (Senkrechte); der Vertikale; die Vertikalen; zwei Vertikale oder Vertikalen

der **Ver|trag;** des Vertrags oder Ver|tra|ges; die Ver|trä|ge

ver|tra|gen; du verträgst; sie verträgt; sie vertrug; sie hat das Essen vertragen; sich vertragen; die Kinder haben sich vertragen

ver|trag|lich

ver|träg|lich; gut verträgliche Medikamente

ver|trau|en; du vertraust; er vertraute; er hat ihm vertraut; vertrau oder vertraue ihm nicht!

das **Ver|trau|en;** des Vertrauens; im Vertrauen

der **Ver|trau|ens|be|weis**

der **Ver|trau|ens|leh|rer**

die **Ver|trau|ens|leh|re|rin**

der **Ver|trau|ens|schü|ler**

die **Ver|trau|ens|schü|le|rin**

ver|trau|ens|voll; vertrauensvolle Zusammenarbeit

ver|trau|lich; vertrauliche Mitteilungen

ver|traut; ver|trau|ter; am ver|trau|testen; er hat sich damit vertraut gemacht

ver|trei|ben; du vertreibst; sie vertreibt; sie vertrieb; sie hat mehrere Zeitschriften vertrieben; vertreib oder vertreibe die Kinder nicht vom Spielplatz!

die **Ver|trei|bung**

ver|tret|bar

ver|tre|ten; er hat seinen Bruder vertreten; sich die Füße vertreten

der **Ver|tre|ter;** des Vertreters; die Vertreter

die **Ver|tre|te|rin;** die Vertreterinnen

die **Ver|tre|tung**

der **Ver|trieb** (Verkauf); des Vertriebs oder Ver|trie|bes; die Ver|trie|be

der **Ver|trie|be|ne;** ein Vertriebener; die Vertriebenen; zwei Vertriebene

die **Ver|trie|be|ne;** eine Vertriebene

ver|trock|nen; das Gras vertrocknet; es vertrocknete; das Gras ist vertrocknet

ver|trö|deln; du vertrödelst; sie vertrödelte; sie hat viel Zeit vertrödelt; vertrödle oder vertrödele nicht kostbare Zeit!

ver|tun; ich habe mich vertan; vertane Zeit

ver|tu|schen; du vertuschst; sie vertuschte; er vertuschte; er hat den Vorfall vertuscht; vertusch oder vertusche nichts!

V

522

Vertuschung – verwirren

die **Ver|tu|schung**
ver|üben; sie hat ein Verbrechen verübt
ver|un|glimp|fen (schmähen, beleidigen); er hat seinen Konkurrenten verunglimpft
ver|un|glü|cken; du verunglückst; er verunglückte; er ist verunglückt
ver|un|rei|ni|gen; er hat den Brunnen verunreinigt
die **Ver|un|rei|ni|gung**
ver|un|si|chern; du verunsichertest mich; sie hat ihn verunsichert; verunsichere mich nicht!
ver|un|stal|ten (entstellen); er hat das Bild verunstaltet
die **Ver|un|stal|tung**
ver|ur|sa|chen; du verursachst; sie verursachte; er hat den Unfall verursacht
der **Ver|ur|sa|cher;** des Verursachers; die Verursacher
die **Ver|ur|sa|che|rin;** die Verursacherinnen
ver|ur|tei|len; du verurteilst; sie verurteilte; er hat sie verurteilt; verurteil *oder* verurteile sie nicht!
der **Ver|ur|teil|te;** ein Verurteilter; die Verurteilten; zwei Verurteilte
die **Ver|ur|teil|te;** eine Verurteilte
die **Ver|ur|tei|lung**
ver|viel|fa|chen; du vervielfachst; sie vervielfachte; sie hat sein Vermögen vervielfacht; vervielfache es!
ver|viel|fäl|ti|gen; du vervielfältigst; er vervielfältigte; er hat den Text vervielfältigt
die **Ver|viel|fäl|ti|gung**
ver|wah|ren; du verwahrst; sie verwahrt; sie hat das Bild verwahrt; verwahr *oder* verwahre es!
ver|wahr|lo|sen; du verwahrlost; er verwahrloste; die Wohnung ist völlig verwahrlost
ver|waist
ver|wal|ten; du verwaltest; er verwaltete; sie hat das Haus verwaltet; verwalte es!
der **Ver|wal|ter;** des Verwalters; die Verwalter
die **Ver|wal|te|rin;** die Verwalterinnen
die **Ver|wal|tung**
ver|wan|deln; du verwandelst; sie verwandelte; sie hat den Prinzen in ein Tier verwandelt

die **Ver|wand|lung**
ver|wandt; verwandte Seelen
der **Ver|wand|te;** ein Verwandter; die Verwandten; zwei Verwandte
die **Ver|wand|te;** eine Verwandte
die **Ver|wandt|schaft**
ver|wandt|schaft|lich
ver|war|nen; der Schiedsrichter hat den Spieler verwarnt
die **Ver|war|nung**
ver|wech|seln; du verwechselst; er verwechselte; sie hat die Namen verwechselt; verwechsle *oder* verwechsele sie nicht!
die **Ver|wech|se|lung** *oder* **Ver|wechs|lung**
ver|we|gen (draufgängerisch)
ver|weh|ren; er hat mir den Zutritt verwehrt
ver|wei|gern; er hat die Annahme verweigert (abgelehnt)
der **Ver|weis;** des Ver|wei|ses; die Ver|wei|se
ver|wei|sen; du verweist; sie verweist; er verwies; sie hat auf die frühere Stelle verwiesen; verweis *oder* verweise ihn an die höhere Dienststelle!; der Verbrecher wurde des Landes verwiesen
ver|wel|ken; die Blume verwelkte; sie ist verwelkt
ver|wen|den; du verwendest; sie verwendet; sie verwandte *oder* verwendete; sie hat neues Material verwandt *oder* verwendet; verwende neues Material!
ver|wer|fen; ihr Plan wurde verworfen (abgelehnt)
ver|werf|lich (moralisch abzulehnen)
ver|wer|ten; er hat alle Reste verwertet
die **Ver|wer|tung**
ver|we|sen; die Leiche war bereits verwest
die **Ver|we|sung**
ver|wi|ckeln; er hat sich in Widersprüche verwickelt; verwick[e]le ihn in ein Gespräch!
ver|wi|ckelt
die **Ver|wi|cke|lung** *oder* **Ver|wick|lung**
ver|wirk|li|chen; du verwirklichst; er verwirklichte; sie hat ihren Plan verwirklicht; verwirkliche ihn!
die **Ver|wirk|li|chung**
ver|wir|ren; meine Frage verwirrte ihn; sie hat ihn verwirrt

523

Verwirrung – Videorekorder

die **Ver|wir|rung**
ver|wit|tern; das Holz ist verwittert
die **Ver|wit|te|rung**
ver|wöh|nen; du verwöhnst; er verwöhnte; sie hat ihn verwöhnt
ver|wor|ren; verworrenes Zeug reden
ver|wun|den; du verwundest; er verwundet; sie verwundete; er hat ihn verwundet; verwunde ihn nicht!
ver|wun|der|lich
ver|wun|dern; es verwunderte mich; es hat mich verwundert
die **Ver|wun|de|rung**
der **Ver|wun|de|te;** ein Verwundeter; die Verwundeten; zwei Verwundete
die **Ver|wun|de|te;** eine Verwundete
die **Ver|wun|dung**
ver|wüs|ten; ein Sturm verwüstete das Land; er hat das Land verwüstet
ver|za|gen; sie ist *oder* hat nicht verzagt
ver|zeh|ren; du verzehrst; sie verzehrte; sie hat ihr Brot verzehrt; verzehr *oder* verzehre es!
ver|zeich|nen; in der Liste sind alle Namen verzeichnet
das **Ver|zeich|nis;** des Verzeichnisses; die Verzeichnisse
ver|zei|hen; du verzeihst; sie verzeiht; er verzieh; sie hat ihm alles verziehen; verzeih *oder* verzeihe mir!
ver|zeih|lich; verzeihliche Fehler
die **Ver|zei|hung;** Verzeihung!
ver|zer|ren; Schmerz verzerrte sein Gesicht; eine verzerrte Darstellung
die **Ver|zer|rung**
der **Ver|zicht;** des Verzichts *oder* Ver|zich|tes; Verzicht leisten
ver|zich|ten; du verzichtest; er verzichtet; sie verzichtete; er hat auf das Erbe verzichtet; verzichte darauf!
ver|zie|hen; du verziehst; sie verzieht; sie verzog; er ist nach Frankfurt verzogen; sich verziehen; die Regenwolken haben sich verzogen
ver|zie|ren; sie hat die Torte verziert
die **Ver|zie|rung**
ver|zo|cken (*umgangssprachlich für:* verspielen); sie hat das Geld verzockt
ver|zö|gern; der Bau hat sich verzögert
die **Ver|zö|ge|rung**
ver|zol|len; er hat den Wein verzollt

ver|zwei|feln; du verzweifelst; er verzweifelte; er ist verzweifelt; verzweifle *oder* verzweifele nicht!
ver|zwei|felt
die **Ver|zweif|lung**
die **Ver|zweif|lungs|tat**
ver|zwickt; ver|zwick|ter; am ver|zwick|tes|ten; eine verzwickte Geschichte
die **Ves|per** (Abendandacht; Zwischenmahlzeit); die Vespern
ves|pern; du vesperst; er vesperte; sie hat gevespert
der **Ve|suv** (Vulkan in Italien); des Vesuvs
der **Ve|te|ran** (altgedienter Soldat; Oldtimer); des/dem/den Ve|te|ra|nen; die Ve|te|ra|nen
die **Ve|te|ra|nin** (altgediente Soldatin; Oldtimer, z. B. altes Schiff); die Veteraninnen
der **Ve|te|ri|när** (Tierarzt); des Veterinärs; die Ve|te|ri|nä|re
die **Ve|te|ri|nä|rin;** die Veterinärinnen
das **Ve|to** (Einspruch); des Vetos; die Vetos
das **Ve|to|recht**
der **Vet|ter;** des Vetters; die Vettern
die **Vet|tern|wirt|schaft** (Bevorzugung von Verwandten bei der Vergabe von Stellen, Aufgaben oder Ähnlichem)
vgl. = vergleiche!
v. H. = vom Hundert
die **VHS** = Volkshochschule
via ([auf dem Wege] über); via Köln
der, *auch:* das **Via|dukt** (Talbrücke, Straßen- oder Bahnüberführung); des Viadukts *oder* Via|duk|tes; die Via|duk|te
die **Vi|b|ra|ti|on** (Schwingung, Beben)
vi|b|rie|ren (beben, zittern); die Fensterscheiben haben vibriert
der **Vic|to|ria|see** (See in Afrika)
das **Vi|deo** (Videofilm, Videoband); des Vi|de|os; die Vi|de|os
das **Vi|deo|band** (zur Aufzeichnung und Wiedergabe von Fernsehsendungen, Filmen usw.); die Vi|deo|bän|der
der **Vi|deo|clip** (kurzes Video zu einem Musiktitel); des Videoclips; die Videoclips
der **Vi|deo|film** (Film zur Wiedergabe auf dem Bildschirm)
die **Vi|deo|ka|me|ra**
die **Vi|deo|kas|set|te** (mit Videoband)
der **Vi|deo|re|kor|der** *oder* **Vi|deo|re|cor|der** (Aufzeichnungsgerät)

V

524

Videospiel – vierköpfig

viel

1. Kleinschreibung:

Als unbestimmtes Zahlwort wird »viel« kleingeschrieben:

– in vielem; mit vielem
– um vieles
– ich habe viel[es] erlebt
– zu viel des Guten; er weiß zu viel; besser zu viel als zu wenig; im Saal waren zu viele Menschen

Wenn »viel« der Form nach nominalisiert ist, kann es auch großgeschrieben werden:

– das Lob der vielen *oder* Vielen (der breiten Masse)

2. Beugung:

– viel Gutes *oder* vieles Gute
– mit viel Gutem *oder* mit vielem Guten
– vieler schöner Schnee
– mit vielem kalten Wasser
– viel *oder* viele gute Nachbildungen
– viele Begabte

3. Getrennt- und Zusammenschreibung:

Schreibung in Verbindung mit Partizipien:

– ein viel diskutiertes *oder* vieldiskutiertes Buch
– viel sagende *oder* vielsagende Blicke; ᴀʙᴇʀ: [noch] vielsagendere Blicke
– ein viel versprechendes *oder* vielversprechendes Angebot; ᴀʙᴇʀ: ein [noch] vielversprechenderes Angebot

Vergleiche auch: soviel, so viel

---

das **Vi|deo|spiel** (elektronisches Spiel, das auf einem Fernsehbildschirm oder Monitor abläuft)

die **Vi|deo|thek** (Sammlung von Videofilmen oder Fernsehaufnahmen)

vi|deo|über|wacht

das **Vieh**; des Viehs *oder* Vie|hes

vie|hisch (wie Vieh)

die **Vieh|zucht**

viel *siehe Kasten*

viel|dis|ku|tiert *vergleiche:* viel

vie|ler|lei; vielerlei Sorten Brot

vie|ler|orts; der starke Regen führte vielerorts zu Überschwemmungen

viel|fach; die vielfache Menge

das **Viel|fa|che**; um ein Vielfaches; um das Vielfache; das kleinste gemeinsame Vielfache *(Mathematik)*

die **Viel|falt**; der Vielfalt

viel|fäl|tig (häufig, oft)

viel|leicht

viel|mals; danke vielmals!

viel|mehr; er ist nicht dumm, er weiß vielmehr alles; ᴀʙᴇʀ: er weiß viel mehr als du

viel|sa|gend *vergleiche:* viel

viel|sei|tig

viel|ver|spre|chend *vergleiche:* viel

die **Viel|zahl**; der Vielzahl

Vi|en|ti|ane [vjɛnˈtjan] (Hauptstadt von Laos)

vier; die vier Jahreszeiten; die vier Evangelisten; in seinen vier Wänden *(umgangssprachlich für:* zu Hause) bleiben; sich auf seine vier Buchstaben setzen *(umgangssprachlich für:* sich hinsetzen); etwas unter vier Augen besprechen; alle viere von sich strecken *(umgangssprachlich für:* sich ausstrecken und entspannen); auf allen vieren gehen; wir sind zu vieren *oder* zu viert; ↑ *auch:* acht, die Acht

die **Vier** (Zahl); die Vieren; eine Vier würfeln; er hat in Deutsch eine Vier geschrieben; ↑ acht, die Acht

das **Vier|eck**; des Vierecks; die Vier|ecke

vier|eckig

vier|fach ↑ achtfach

vier|jäh|rig

vier|köp|fig ↑ dreiköpfig

525

viermal – Vogelscheuche

vier|mal ↑ achtmal

vier|stel|lig; eine vierstellige Zahl

vier|te ↑ achte

vier|tel ↑ achtel

das **Vier|tel;** es ist [ein] Viertel vor, nach eins; es hat ein Viertel eins geschlagen; es ist fünf Minuten vor drei Viertel; wir treffen uns um viertel acht, drei viertel acht; ↑ Achtel

das **Vier|tel|fi|na|le** *(Sport)*

das **Vier|tel|jahr**

vier|tel|jäh|rig (ein Vierteljahr alt, dauernd)

vier|tel|jähr|lich (alle Vierteljahre wiederkehrend)

der, *auch:* das **Vier|tel|li|ter;** ↑ achtel

die **Vier|tel|no|te** *(Musik)*

die **Vier|tel|stun|de;** eine Viertelstunde, *auch:* eine viertel Stunde

vier|tens

vier|zehn ↑ acht

vier|zig ↑ achtzig

die **Vier|zig|stun|den|wo|che** *(mit Ziffern:* 40-Stunden-Woche)

Vi|et|nam [*oder* vi̯et'na:m] (Staat in Südostasien)

der **Vi|et|na|me|se;** des/dem/den Vietnamesen; die Vietnamesen

die **Vi|et|na|me|sin;** die Vietnamesinnen

vi|et|na|me|sisch

die **Vi|gnet|te** [vɪn'jɛtə] (Gebührenmarke für die Autobahnbenutzung); die Vignetten

der **Vi|kar;** des Vikars; die Vi|ka|re

die **Vi|ka|rin;** die Vikarinnen

die **Vil|la;** die Villen

vi|o|lett ↑ blau

das **Vi|o|lett** (die violette Farbe); des Violetts

die **Vi|o|li|ne** (Geige); die Violinen

der **Vi|o|lin|schlüs|sel** (G-Schlüssel auf der zweiten Notenlinie)

der *und* die **VIP** [vɪp] *oder* **V. I. P.** [vi:|ai̯'pi:] = very important person (sehr wichtige Person, Persönlichkeit); des VIP/V. I. P. *oder* VIPs/V. I. P.s *und* der VIP/V. I. P.; die VIPs *oder* V. I. P.s

die **Vi|per** (Giftschlange); die Vipern

die **Vi|ren** ↑ Virus

vir|tu|ell; virtuelle Realität (vom Computer simulierte Wirklichkeit)

vir|tu|os (meisterhaft)

der **Vir|tu|o|se** (Meister einer [künstlerischen] Technik); des Virtuosen; die Virtuosen

die **Vir|tu|o|sin;** die Virtuosinnen

das, *auch:* der **Vi|rus** (kleinster Krankheitserreger; *kurz für:* Computervirus); des Virus, die Viren

die **Vi|rus|in|fek|ti|on**

die **Vi|sa|ge** [vi'za:ʒə] (*umgangssprachlich abwertend für:* Gesicht); die Visagen

das **Vi|sier** (Zielvorrichtung; Teil des Helms); des Visiers; die Vi|sie|re

die **Vi|si|on** (Traumbild; Zukunftserwartung); die Vi|si|o|nen

vi|si|o|när (traumhaft; seherisch)

der **Vi|si|o|när** (visionär begabter Mensch); des Visionärs; die Visionäre

die **Vi|si|te** (Krankenbesuch des Arztes); die Visiten

die **Vi|si|ten|kar|te**

die **Vis|ko|se** (glänzende Chemiefaser aus Zellulose)

vi|su|ell (das Sehen betreffend); visuelle Reize

das **Vi|sum** (amtlich beurkundete Genehmigung für den Grenzübertritt; Sichtvermerk im Pass); die Visa *oder* Visen

vi|tal (voller Lebenskraft; lebenswichtig); vitale Rentnerinnen; vitale Interessen

das **Vi|t|a|min** (ein lebenswichtiger Wirkstoff); des Vitamins; die Vi|t|a|mi|ne; Vitamin C; Vitamin B₁₂

Vi|t|a|min-B-hal|tig

der **Vi|t|a|min-B-Man|gel**

vi|t|a|min|reich; vitaminreiche Kost

die **Vi|t|ri|ne** (Schaukasten; Glasschrank); die Vitrinen

der **Vi|ze|kanz|ler** ['fi:tsə...] (Stellvertreter des Kanzlers oder der Kanzlerin)

die **Vi|ze|kanz|le|rin**

die **Vi|ze|meis|ter|schaft** (zweiter Platz in einer Meisterschaft)

VN = Vereinte Nationen *Plural;* ↑ *auch:* UNO

der **Vo|gel;** des Vogels; die Vögel

vo|gel|frei (*früher für:* geächtet und daher rechtlos und schutzlos)

die **Vo|gel|grip|pe** (eine Infektionskrankheit)

das **Vo|gel|häus|chen**

das **Vo|gel|nest**

die **Vo|gel|scheu|che**

526

Vogelschutzgebiet – Vollgas

voll

1. Beugung:

- voll *oder* voller Angst
- ein Eimer voll *oder* voller Wasser
- der Saal war voll *oder* voller Menschen
- voll heiligem Ernst

2. Klein- und Großschreibung:

Kleinschreibung:

- ein Fass voll Salz
- zehn Minuten nach voll (*umgangssprachlich für:* nach der vollen Stunde)

Großschreibung:

- aus dem Vollen schöpfen
- in die Vollen gehen

3. Getrennt- und Zusammenschreibung:

In Verbindung mit »Arm« und »Hand« kann getrennt oder zusammengeschrieben werden:

- ein Arm voll *oder* Armvoll; eine Hand voll *oder* Handvoll

Getrenntschreibung:

- den Mund recht voll nehmen (*umgangssprachlich für:* prahlen); er hat den Mund [zu] voll genommen
- jemanden nicht für voll (*umgangssprachlich für:* nicht ernst) nehmen; sie hat ihren Kollegen noch nie für voll genommen
- etwas voll (ganz) begreifen

Zusammenschreibung, wenn »voll« Verbzusatz ist:

- ein Werk ↑ vollenden
- jemandem die Hucke ↑ vollhauen (*umgangssprachlich für:* jemanden verprügeln)
- die Badewanne ↑ volllaufen lassen
- das Glas ↑ vollmachen
- das Urteil ↑ vollstrecken
- eine Trennung ↑ vollziehen

Schreibung in Verbindung mit Partizipien:

- ein voll besetzter *oder* vollbesetzter Bus
- ein voll automatisiertes *oder* vollautomatisiertes Verfahren

---

das **Vo|gel|schutz|ge|biet**

die **Vo|ge|sen** (Gebirge in Ostfrankreich) *Plural*

der **Vogt** (*früher für:* Verwaltungsbeamter eines Landesherrn); des Vogts *oder* Vogtes; die Vögte

die **Vo|ka|bel** (einzelnes Wort eines Wortschatzes); die Vokabeln

das **Vo|ka|bu|lar** (Wortschatz); des Vokabulars; die Vokabulare

der **Vo|kal** (Selbstlaut); des Vokals; die Vokale

das **Volk**; des Volks *oder* Vol|kes; die Völ|ker

der **Völ|ker|ball** (ein Ballspiel)

der **Völ|ker|mord**

das **Völ|ker|recht**

die **Völ|ker|wan|de|rung**

die **Volks|ab|stim|mung**

das **Volks|be|geh|ren**

die **Volks|hoch|schu|le** (*Abkürzung:* VHS)

das **Volks|lied**

die **Volks|mu|sik**

die **Volks|par|tei**

der **Volks|stamm**

der **Volks|tanz**

volks|tüm|lich

der **Volks|wirt**

die **Volks|wir|tin**

die **Volks|wirt|schaft**

voll *siehe Kasten*

voll|auf; vollauf zufrieden sein

voll|au|to|ma|tisch

voll|au|to|ma|ti|siert *vergleiche:* voll

das **Voll|bad**

voll|be|setzt *vergleiche:* voll

voll|en|den; du vollendest; sie vollendet; sie vollendete; sie hat sein Werk vollendet; vollende es!

voll|ends

die **Voll|en|dung**

vol|ley [ˈvɔli] (aus der Luft, im Flug); den Ball volley nehmen

der **Vol|ley** (volley geschlagener Ball); des Volleys; die Volleys

der *oder* das **Vol|ley|ball** (ein Ballspiel)

das **Voll|gas**; Vollgas geben

527

vollhauen – Vordenker

voll|hau|en; jemandem die Hucke vollhauen (*umgangssprachlich für:* jemanden verprügeln); er haute ihm die Hucke voll

völ|lig; völlige Übereinstimmung

voll|jäh|rig (mündig)

die **Voll|jäh|rig|keit**

voll|kom|men

das **Voll|korn|brot**

der **Voll|korn|keks**

voll|lau|fen; der Eimer läuft voll; der Eimer ist vollgelaufen

voll|ma|chen; das Glas vollmachen; er machte es voll

die **Voll|macht**

die **Voll|milch**

der **Voll|mond**

der **Voll|pfos|ten** (*umgangssprachlich für:* sehr dummer Mensch)

voll|stän|dig

voll|stre|cken; er vollstreckte den Beschluss; er hat das Urteil vollstreckt; vollstreck *oder* vollstrecke das Urteil!

der **Voll|tref|fer**

voll|um|fäng|lich (in vollem Umfang); sie wurden vollumfänglich entschädigt

das **Voll|verb** (*Sprachwissenschaft:* Verb, das allein das Prädikat bilden kann)

die **Voll|ver|samm|lung**

voll|wer|tig; vollwertige Ernährung

die **Voll|wert|kost**

voll|zäh|lig; vollzähliges Erscheinen

die **Voll|zeit;** [in] Vollzeit arbeiten; ↑ *auch:* Teilzeit

die **Voll|zeit|stel|le**

voll|zie|hen; er vollzog die Trennung; er hat sie vollzogen; die vollziehende Gewalt (Exekutive)

der **Voll|zug;** des Vollzugs *oder* Voll|zu|ges

das **Volt** (Einheit der elektrischen Spannung); des Volt *oder* Volts *oder* Vol|tes; die Volt; 220 Volt

das **Vo|lu|men** (Ausdehnung, Rauminhalt); die Volumen *oder* Vo|lu|mi|na

vom (von dem)

von; von vorn; von mir aus; von weit her; von jeher; von wegen! (*umgangssprachlich für:* auf keinen Fall!)

von|ei|n|an|der; etwas voneinander haben; etwas voneinander wissen; ↑ aufeinander

von|nö|ten (nötig); vonnöten sein

von|stat|ten|ge|hen (stattfinden; sich entwickeln); ihre Genesung ging langsam vonstatten; sie ist langsam vonstattengegangen

vor; vor allem; vor Zeiten

vor|ab (zunächst, zuerst)

der **Vor|abend**

vo|r|an

vo|r|an|ge|hen; die Dinge gehen gut voran; sie sind gut vorangegangen

vo|r|an|ge|hend; die vorangehenden Ausführungen; ABER: Vorangehendes

der **Vor|ar|bei|ter**

die **Vor|ar|bei|te|rin**

vo|r|aus; er war allen voraus; ABER: im, zum Voraus

vo|r|aus|ge|hen; sie geht voraus; sie ist vorausgegangen

vo|r|aus|ge|hend; im vorausgehenden Kapitel; ABER: im Vorausgehenden (weiter oben)

die **Vo|r|aus|sa|ge;** präzise Voraussagen

vo|r|aus|sa|gen; sie hat ihm die Zukunft vorausgesagt

vo|r|aus|set|zen; sie setzt voraus; sie hat viel vorausgesetzt; vorausgesetzt[,] dass

die **Vo|r|aus|set|zung**

vo|r|aus|sicht|lich

der **Vor|be|halt;** des Vorbehalts *oder* Vor|be|hal|tes; die Vorbehalte; mit, unter, ohne Vorbehalt

sich **vor|be|hal|ten** (sich etwas offenlassen)

vor|bei; die Pause ist vorbei

vor|bei|fah|ren

vor|bei|ge|hen; er geht vorbei; als er vorbeiging; sie ist vorbeigegangen

vor|bei|kom|men

vor|bei|re|den; sie haben aneinander vorbeigeredet

vor|be|rei|ten; sie hat den Ausflug gut vorbereitet

die **Vor|be|rei|tung**

vor|be|straft; ein vorbestrafter Angeklagter

vor|beu|gen; du beugst vor; sie beugte vor; sie hat vorgebeugt; beug *oder* beuge vor!

das **Vor|bild;** die Vor|bil|der

vor|bild|lich; vorbildliches Verhalten

der **Vor|den|ker**

Vordenkerin – vorletzt

die **Vor|den|ke|rin**
vor|de|re; der vordere Teil; an der vordersten Front
der **Vor|der|grund;** im Vordergrund stehen
vor|der|grün|dig (oberflächlich)
der **Vor|der|mann;** auf Vordermann bringen
das **Vor|der|rad**
das *oder* der **Vor|der|teil**
vor|drän|gen; die Menge drängte vor; du hast dich vorgedrängt
vor|drin|gen; die Feuerwehr drang vor; sie ist bis zum Brandherd vorgedrungen
vor|dring|lich (sehr wichtig)
vor|ei|lig; voreiliges Handeln
vor|ei|n|an|der; sich voreinander fürchten; sich voreinander hinstellen; ↑ aufeinander
vor|ent|hal|ten; sie enthält vor; er hat uns einiges vorenthalten; enthalt *oder* enthalte uns nichts vor!
die **Vor|ent|schei|dung**
vor|erst
der **Vor|fahr** *oder* **Vor|fah|re;** des/dem/den Vorfahren; die Vorfahren
die **Vor|fah|rin;** die Vorfahrinnen
die **Vor|fahrt;** [die] Vorfahrt haben; er hat die Vorfahrt nicht beachtet
der **Vor|fall**
das **Vor|feld;** im Vorfeld der Wahlen
vor|fin|den; etwas Neues vorfinden
die **Vor|freu|de**
vor|füh|ren; er hat seine Dias vorgeführt
die **Vor|füh|rung**
die **Vor|ga|be** (Richtlinie)
der **Vor|gang;** die Vor|gän|ge
der **Vor|gän|ger;** des Vorgängers; die Vorgänger
die **Vor|gän|ge|rin;** die Vorgängerinnen
der **Vor|gar|ten** (kleinerer, vor einem Haus gelegener Garten)
vor|ge|hen; sie ging schon vor (voraus); was ist hier vorgegangen (geschehen)?
das **Vor|ge|hen;** des Vorgehens
die **Vor|ge|hens|wei|se**
die **Vor|ge|schich|te**
der **Vor|ge|schmack**
der **Vor|ge|setz|te;** ein Vorgesetzter; die Vorgesetzten; zwei Vorgesetzte
die **Vor|ge|setz|te;** eine Vorgesetzte
vor|ges|tern; vorgestern Abend; ↑ *auch:* gestern

vor|ha|ben; was hast du vor?; ich weiß nicht, was er vorgehabt hat
das **Vor|ha|ben;** des Vorhabens; die Vorhaben
vor|hal|ten; hinter vorgehaltener Hand
die **Vor|hand** *(beim Tennis usw.)*
vor|han|den; vorhanden sein
der **Vor|hang;** des Vorhangs *oder* Vor|hanges; die Vor|hän|ge
vor|her; vorher gehen; vorher baden
vor|her|ge|hen; was ging vorher?; einiges ist vorhergegangen; im Vorhergehenden (weiter oben)
vor|he|rig
die **Vor|herr|schaft**
die **Vor|her|sa|ge**
vor|her|sa|gen; er sagt vorher; sie hat den Misserfolg vorhergesagt
vor|her|se|hen; er sah es vorher; sie hat alles vorhergesehen
vor|hin; er ist vorhin gekommen
vo|ri|ge; vorige Woche; im vorigen Jahrhundert; am letzten Tag [des] vorigen Jahres; ᴀʙᴇʀ: der, die, das Vorige; im Vorigen (weiter oben); die Vorigen (Personen des Theaterstücks)
das **Vor|jahr**
der **Vor|jah|res|zeit|raum**
vor|jäh|rig; die vorjährige Ernte
die **Vor|keh|rung** (sichernde Maßnahme); Vorkehrungen treffen
vor|kom|men; der Plan kam ihm seltsam vor; das ist alles schon vorgekommen
das **Vor|kom|men;** des Vorkommens; die Vorkommen; ergiebige Vorkommen von Erdöl
das **Vor|komm|nis** (Vorfall); die Vorkommnisse
die **Vor|la|ge**
der **Vor|lauf** *(Sport)*
der **Vor|läu|fer** (Vorgänger)
die **Vor|läu|fe|rin** (Vorgängerin)
vor|läu|fig; vorläufige Regelungen
vor|laut; vor|lau|ter; am vor|lau|testen
vor|le|sen; er liest vor; sie hat den Text vorgelesen
die **Vor|le|sung**
vor|letzt; der vorletzte Schüler; ᴀʙᴇʀ: er ist der Vorletzte

vorletzte – Vorteil

vor|letz|te ↑letzte

die **Vor|lie|be;** mit Vorliebe

vor|lieb|neh|men; sie nimmt vorlieb; er nahm vorlieb; wir haben damit vorliebgenommen

vor|lie|gen; mir lag ein Gutachten vor; ein Verschulden hat nicht vorgelegen

vor|ma|chen; mir kannst du nichts vormachen; sie hat es mir vorgemacht

der **Vor|mit|tag;** heute Vormittag

vor|mit|tags; ABER: des, eines Vormittags; ↑Abend, abends

der **Vor|mo|nat**

der **Vor|mund;** des Vormunds *oder* Vormun|des; die Vor|mun|de *oder* Vor|münder

die **Vor|mun|din;** die Vormundinnen

die **Vor|mund|schaft**

vorn, *umgangssprachlich:* **vor|ne;** von vorn beginnen

der **Vor|na|me;** des Vornamens; die Vornamen

vor|nehm; vornehm tun

vor|neh|men; du nimmst dir viel vor; du hast dir viel vorgenommen

vor|nehm|lich (besonders)

vorn|he|r|ein; von vornherein

der **Vor|ort;** des Vororts *oder* Vor|or|tes; die Vor|or|te; ABER: vor Ort sein

der **Vor|rang;** des Vorrangs *oder* Vor|ran|ges

vor|ran|gig; ein vorrangiges Ziel

der **Vor|rat;** des Vorrats *oder* Vor|ra|tes; die Vor|rä|te

vor|rä|tig; etwas vorrätig haben

der **Vor|rei|ter** (jemand, der etwas zuerst tut)

die **Vor|rei|te|rin**

die **Vor|rei|ter|rol|le**

die **Vor|rich|tung**

die **Vor|run|de** *(Sport)*

der **Vor|satz;** des Vor|sat|zes; die Vor|sät|ze

vor|sätz|lich; vorsätzlicher Betrug

die **Vor|schau**

das **Vor|schein;** *nur in:* zum Vorschein kommen, bringen

der **Vor|schlag;** des Vorschlags *oder* Vorschla|ges; die Vor|schlä|ge

vor|schla|gen; ich schlage vor; er schlägt vor; sie hat diesen Plan vorgeschlagen

vor|schnell; vorschnell urteilen

vor|schrei|ben; die Satzung schreibt

geheime Wahl vor; das ist vorgeschrieben

die **Vor|schrift**

vor|schrifts|mä|ßig

der **Vor|schub;** Vorschub leisten (begünstigen)

das **Vor|schul|al|ter**

die **Vor|schu|le**

der **Vor|schuss;** des Vor|schus|ses; die Vorschüs|se

sich **vor|se|hen;** du siehst dich vor; sie hat sich vorgesehen

die **Vor|sicht**

vor|sich|tig

vor|sichts|hal|ber

die **Vor|sichts|maß|nah|me**

die **Vor|sil|be** (Präfix)

der **Vor|sitz;** des Vor|sit|zes; die Vor|sit|ze

der **Vor|sit|zen|de;** ein Vorsitzender; die Vorsitzenden; zwei Vorsitzende

die **Vor|sit|zen|de;** eine Vorsitzende

die **Vor|sor|ge;** Vorsorge treffen

die **Vor|sor|ge|un|ter|su|chung**

vor|sorg|lich; vorsorgliche Maßnahmen

der **Vor|spann** (eines Films *oder* einer Fernsehsendung); des Vorspanns *oder* Vorspan|nes; die Vor|span|ne *oder* Vor|spänne

das **Vor|spiel**

der **Vor|sprung;** des Vorsprungs *oder* Vorsprun|ges; die Vor|sprün|ge

die **Vor|stadt**

der **Vor|stand;** des Vorstands *oder* Vor|standes; die Vor|stän|de

das **Vor|stands|mit|glied**

der **Vor|ste|her;** des Vorstehers; die Vorsteher

die **Vor|ste|he|rin;** die Vorsteherinnen

vor|stell|bar

vor|stel|len; du stellst dir etwas vor; ich habe mich vorgestellt (meinen Namen genannt)

die **Vor|stel|lung**

das **Vor|stel|lungs|ge|spräch**

die **Vor|stel|lungs|kraft**

der **Vor|stoß;** des Vor|sto|ßes; die Vor|stö|ße

die **Vor|stra|fe**

der **Vor|tag**

vor|täu|schen; er hat eine Krankheit vorgetäuscht

der **Vor|teil;** des Vorteils; die Vor|tei|le; im Vorteil sein

530

vorteilhaft – wachhalten

vor|teil|haft; vor|teil|haf|ter; am vor-
teil|haf|tes|ten
der **Vor|trag**; des Vortrags *oder* Vor|tra|ges;
die Vor|trä|ge
vor|tra|gen; du trägst vor; er trägt vor;
sie trug vor; sie hat das Gedicht vorge-
tragen; trag *oder* trage es vor!
die **Vor|trags|be|zeich|nung** *(Musik)*
vor|treff|lich; ein vortrefflicher Einfall
die **Vor|treff|lich|keit**
der **Vor|tritt**; er lässt ihr den Vortritt
vo|r|ü|ber; es ist alles vorüber
vo|r|ü|ber|ge|hen; er geht vorüber; sie
ist vorübergegangen
vo|r|ü|ber|ge|hend (für kurze Zeit)
das **Vor|ur|teil**
vor|ur|teils|los
die **Vor|ur|teils|lo|sig|keit**
die **Vor|ver|gan|gen|heit** (Plusquamper-
fekt)
der **Vor|wand**; des Vorwands *oder* Vor|wan-
des; die Vor|wän|de
vor|wärts; vor- und rückwärts; er ist
immer vorwärts hineingegangen
vor|wärts|ge|hen; mit dem Projekt ist
es vorwärtsgegangen (besser geworden)
vor|weg; etwas vorweg (zuvor) klären
vor|weg|neh|men; sie nimmt vorweg; er
nahm vorweg; sie hat das Ergebnis vor-
weggenommen
vor|wei|sen; du weist vor; sie wies vor;
er hat vorgewiesen; weis *oder* weise das
erst vor!
vor|wer|fen; er wirft ihm vor; sie hat
ihm Feigheit vorgeworfen
vor|wie|gend (vor allem, meist)
vor|wit|zig (neugierig; vorlaut)
die **Vor|wo|che**
das **Vor|wort**; die Vor|wor|te
der **Vor|wurf**
vor|wurfs|voll; vorwurfsvolle Blicke
das **Vor|zei|chen**
vor|zei|gen; er hat seinen Ausweis vor-
gezeigt
die **Vor|zeit**
vor|zei|tig (verfrüht)
vor|zeit|lich (der Vorzeit angehörend)
vor|zie|hen; er zieht ihn vor; sie hat sie
vorgezogen
der **Vor|zug**
vor|züg|lich (ausgezeichnet)

vor|zugs|wei|se (hauptsächlich); er
sammelt vorzugsweise alte Münzen
vo|ten (abstimmen); du votest; er votete;
sie hat gevotet; vote!
das **Vo|ting** (Abstimmung); des Votings; die
Votings
das **Vo|tum** (Urteil; Stimme; Ent-
scheid[ung]); des Votums; die Voten
oder Vota; das Votum fiel positiv aus
v. T. = vom Tausend
vul|gär (gewöhnlich; gemein; niedrig)
der **Vul|kan** (Feuer speiender Berg); des Vul-
kans; die Vul|ka|ne
vul|ka|nisch; vulkanisches Gestein
vul|ka|ni|sie|ren (Kautschuk zu Gummi
verarbeiten); du vulkanisierst; er hat den
Reifen vulkanisiert

W = Watt; West[en]
das **W** (Buchstabe); des W; die W; ABER: das
w in Löwe
die **Waa|ge**
waa|ge|recht *oder* **waag|recht**; eine
waag[e]rechte Linie
die **Waa|ge|rech|te** *oder* **Waag|rech|te**; der
Waag[e]rechten; die Waag[e]rechten;
zwei Waag[e]rechte *oder* Waag[e]rech-
ten
die **Waag|scha|le**
wab|be|lig *oder* **wabb|lig** (unangenehm
weich); ein wabb[e]liger Pudding
die **Wa|be**
wach; er will wach sein, bleiben, werden; ABER: wach werden *oder* wachwer-
den (sich wieder zeigen); sein Ehrgeiz ist
wach geworden *oder* wachgeworden;
sich wach halten; ABER: Erinnerungen
↑wachhalten; sie schlief so fest, er
musste sie wach rütteln *oder* wachrüt-
teln; ABER: etwas ↑wachrütteln; ↑*auch:*
wachrufen
die **Wa|che**
wa|chen; du wachst; sie wachte; er hat
bei der Kranken gewacht
die **Wach|frau**
wach|hal|ten; die Erinnerungen an
etwas wachhalten; ↑ABER: wach

531

Wachhund – wahr

der **Wạch|hund**

der **Wạch|mann;** die Wach|män|ner *oder*
Wach|leu|te

der **Wa|chọl|der** (eine Pflanze; ein Brannt-
wein); des Wacholders; die Wacholder

der **Wạch|pos|ten**

wạch|ru|fen (hervorrufen, wecken); das
Bild rief Erinnerungen wach

wạch|rüt|teln (aufrütteln); sie hat
unser Gewissen wachgerüttelt; ↑ *auch:*
wach

das **Wạchs;** des Wach|ses; die Wach|se

wạch|sam (wachsam sein, bleiben)

wạch|sen (größer werden); ich wachse;
sie wächst; sie wuchs; er ist schnell
gewachsen

wạch|sen (mit Wachs glätten); du
wachst; er wachste; sie hat die Skier
gewachst; wachse die Skier!

das **Wạchs|tum;** des Wachstums

wạchs|tums|för|dernd

die **Wạchs|tums|ra|te** *(Wirtschaft)*

die **Wạch|tel** (ein Vogel); die Wachteln

der **Wạch|ter;** des Wächters; die Wächter

die **Wạch|te|rin;** die Wächterinnen

der **Wạcht|meis|ter**

die **Wạcht|meis|te|rin**

der **Wạch|turm** *oder* **Wạcht|turm**

wạch|wer|den *vergleiche:* **wạch**

wa|cke|lig *oder* **wạck|lig;** ein wack[e]li-
ger Stuhl

der **Wạ|ckel|kon|takt**

wạ|ckeln; du wackelst; er wackelte; sie
hat gewackelt; wackle *oder* wackele
nicht!

wạcker (anständig; tüchtig; tapfer)

wạck|lig *vergleiche:* **wạ|cke|lig**

die **Wạ|de**

das **Wạ|den|bein**

die **Wạf|fe**

die **Wạf|fel;** die Waffeln

das **Wạf|fel|ei|sen**

der **Wạf|fen|still|stand**

wạ|ge|mu|tig

wạ|gen; du wagst; sie wagte; er hat den
Sprung gewagt; wag *oder* wage nicht zu
viel!

der **Wạ|gen;** des Wagens; die Wagen

der **Wạ|gen|he|ber**

der **Wạg|gon** [vaˈgõ:] *oder* **Wa|gon** [vaˈgõ:]
(Eisenbahnwagen); des Waggons *oder*
Wagons; die Waggons *oder* Wagons

wạg|hal|sig

das **Wạg|nis;** des Wag|nis|ses; die Wag|nis-
se

die **Wạhl**

> ! Nicht verwechseln: Obwohl beide Wör-
> ter gleich ausgesprochen werden,
> schreibt man das Nomen in der Bedeu-
> tung »das Auswählen; die Entschei-
> dungsmöglichkeit« mit Dehnungs-h
> *(Wahl)*, das Meeressäugetier dagegen
> ohne Dehnungs-h *(Wal)*.

das **Wạhl|al|ter**

wạhl|be|rech|tigt

die **Wạhl|be|tei|li|gung**

wäh|len; du wählst; er wählte; sie hat
gewählt; wähl *oder* wähle richtig!

wạhl|ent|schei|dend

der **Wäh|ler;** des Wählers; die Wähler

das **Wạhl|er|geb|nis**

die **Wäh|le|rin;** die Wählerinnen

wäh|le|risch; wählerische Kunden

das **Wạhl|fach** (in der Schule)

das **Wạhl|ge|heim|nis**

der **Wạhl|kampf**

der **Wạhl|kreis**

wạhl|los

das **Wạhl|recht**

der **Wạhl|sieg**

wạhl|wei|se

der **Wạhn;** des Wahns *oder* Wah|nes

wäh|nen (fälschlich glauben); du
wähnst; er wähnte, sie sei verreist

der **Wạhn|sinn;** des Wahnsinns *oder* Wahn-
sin|nes

wạhn|sin|nig; wahnsinnig werden; sich
wahnsinnig (sehr) freuen

die **Wạhn|sinns|ar|beit** *(umgangssprachlich
für:* schwierige Arbeit; sehr viel Arbeit)

wạhr; nicht wahr?; sein wahres Gesicht
zeigen; der wahre Jakob *(umgangssprachlich für:* das Richtige); wahr sein,
werden; seine Drohungen <mark>wahr machen</mark>
oder wahrmachen; ᴀʙᴇʀ ɴᴜʀ: wahrha-
ben, wahrmachen, wahrnehmen, wahrsagen

> ! Nicht verwechseln: Obwohl beide Wör-
> ter gleich ausgesprochen werden,
> schreibt man das Adjektiv *wahr* mit
> Dehnungs-h, die Vergangenheitsform
> des Verbs *sein* dagegen ohne h: »Sie
> war schon da.«

wahren – Wams

wah|ren; er wahrte das Geheimnis; sie
hat ihre Rechte gewahrt; wahre dein
Geheimnis!

wäh|ren (dauern); was lange währt, wird
endlich gut; die Feier hat nur kurz
gewährt

wäh|rend; während des Unterrichts

wäh|rend|des|sen

wahr|ha|ben; sie will es nicht wahrha-
ben

wahr|haft (echt); ein wahrhafter
Freund

wahr|haf|tig

die **Wahr|heit**

wahr|lich; die Aufgabe ist wahrlich
(wirklich) schwierig

wahr|ma|chen vergleiche: **wahr**

wahr|nehm|bar; kaum wahrnehmbare
Laute

wahr|neh|men; sie nimmt das Geräusch
wahr; er hat die Gelegenheit wahrgenommen (genutzt)

die **Wahr|neh|mung**

wahr|sa|gen; du sagst wahr oder du
wahrsagst; er sagte wahr oder er wahr-
sagte; sie hat wahrgesagt oder gewahr-
sagt

der **Wahr|sa|ger;** des Wahrsagers; die Wahr-
sager

die **Wahr|sa|ge|rin;** die Wahrsagerinnen

wahr|schein|lich [auch: ˈvaːɐ̯...]

die **Wahr|schein|lich|keit**

die **Wahr|schein|lich|keits|rech|nung**

die **Wäh|rung**

die **Wäh|rungs|ein|heit**

die **Wäh|rungs|uni|on**

das **Wahr|zei|chen**

der **Waid|mann** vergleiche: **Weid|mann**

die **Wai|se;** die Waisen

das **Wai|sen|haus** (früher)

das **Wai|sen|kind**

der **Wal** (ein Meeressäugetier); des Wals
oder Walles; die Walle; ↑ ABER: Wahl

der **Wald;** des Walds oder Wal|des; die Wäl-
der

das **Wald|horn** (ein Instrument)

der **Wald|lauf**

der **Wald|meis|ter** (eine Pflanze)

die **Wal|dorf|schu|le** (Privatschule, in der
nach den Grundsätzen der anthroposo-
phischen Pädagogik gelehrt und gelernt
wird)

der **Wald|rand** oder **Wal|des|rand**

das **Wald|ster|ben**

Wales [weɪlz] (Teil von Großbritannien)

der **Wal|fang**

der **Wa|li|ser** (Bewohner von Wales); des
Walisers; die Waliser

die **Wa|li|se|rin;** die Waliserinnen

wa|li|sisch; die walisische Küste

wal|ken [ˈwɔːkn̩] ([Nordic] Walking
betreiben); du walkst; er walkte; sie ist
gewalkt; walk oder walke nicht so
lange!

das **Wal|kie-Tal|kie** [ˈwɔːkiˈtɔːki] (tragba-
res Funksprechgerät); des Walkie-Talkie oder Walkie-Talkies; die Walkie-Talkies

das **Wal|king** [ˈwɔːkɪŋ] (sportliches Gehen);
des Walking oder Walkings

der **Walk|man** [ˈvɔːkmɛn] (Markenbezeich-
nung: kleiner Kassettenrekorder mit
Kopfhörern); des Walkmans; die Walkmans oder Walkmen [...mən]

der **Wall** (Erdaufschüttung); des Walls oder
Wal|les; die Wäl|le

der **Wal|lach** (kastrierter Hengst); des Wal-
lachs; die Wal|la|che

wal|len (sprudeln); das Wasser wallt; es
wallte; es hat gewallt

wall|fah|ren; ich wallfahre; ich wall-
fahrte; ich bin nach Rom gewallfahrt

der **Wall|fah|rer**

die **Wall|fah|re|rin**

die **Wall|fahrt**

der **Wall|fahrts|ort**

die **Wall|nuss**

das **Wal|ross** (eine Robbe); des Wal|ros|ses;
die Wal|ros|se

wal|ten; Gnade walten lassen; hier
haben rohe Kräfte gewaltet (sind rohe
Kräfte am Werk gewesen)

die **Wal|ze**

wal|zen; du walzt; sie walzte; er hat die
Straße gewalzt; walz oder walze den
Schotter!

wäl|zen; du wälzt; sie wälzte; sie hat den
Stein zur Seite gewälzt; wälz oder wälze
ihn zur Seite!

der **Wal|zer;** des Walzers; die Walzer; Wal-
zer tanzen; ein langsamer Walzer; ABER:
ein Wiener Walzer

das **Wams** (Untergewand der Ritter); des
Wam|ses; die Wäm|ser

533

Wand – Waschbecken

die **Wand**; die Wän|de
der **Wan|da|lis|mus** *vergleiche:* **Van|da|lis|mus**
der **Wan|del**; des Wandels
  wan|deln; du wandelst; sie wandelte; er ist auf und ab gewandelt; sich wandeln; die Mode hat sich schnell gewandelt
die **Wan|der|dü|ne**
der **Wan|de|rer** *oder* **Wand|rer**; des Wanderers *oder* Wandrers; die Wanderer *oder* Wandrer
die **Wan|de|rin** *oder* **Wand|re|rin**; die Wanderinnen *oder* Wandrerinnen
  wan|dern; du wanderst; er wanderte; sie ist drei Stunden [in den Bergen] gewandert; wandere öfter!
die **Wan|der|schaft**
der **Wan|der|tag**
die **Wan|de|rung**
der **Wan|der|weg**
die **Wand|lung**
die **Wand|ta|fel**
der **Wand|tep|pich**
die **Wand|zei|tung**
die **Wan|ge**
  wan|kel|mü|tig (unbeständig); ein wankelmütiger Charakter
  wan|ken; du wankst; sie wankte; er ist nach Hause gewankt
  wann; wann kommst du?
die **Wan|ne**
das **Wan|nen|bad**
der **Wanst** (*umgangssprachlich für:* [dicker] Bauch); des Wans|tes; die Wäns|te; sich den Wanst vollschlagen
die **Wan|ze**
das **WAP** [*auch:* wɔp] (Verfahren, mit dem über das Handy Informationen aus dem Internet abgerufen werden können)
das **WAP-Han|dy**
das **Wap|pen**; des Wappens; die Wappen
der *oder* das **Wap|pen|schild**
sich **wapp|nen** (sich auf etwas Unangenehmes einstellen); du wappnest dich; er wappnete sich; sie hat sich gegen die Kälte gewappnet; wappne dich dagegen!
  war ↑ sein
die **Wa|re**
das **Wa|ren|zei|chen**
  warm; wär|mer; am wärms|ten; warme Würstchen; das Essen warm stellen *oder*

warmstellen; den Tee warm halten; ABER: ↑ warmhalten; sich warm laufen *(beim Sport);* den Motor warm laufen lassen; mit jemandem warm werden *oder* warmwerden (vertraut werden); sie sind schnell miteinander warm geworden *oder* warmgeworden
die **Wär|me**
die **Wär|me|ener|gie**
die **Wär|me|leh|re**
  wär|men; du wärmst; sie wärmte; sie hat das Essen gewärmt; wärm *oder* wärme es!; sich wärmen; er hat sich am Ofen gewärmt
die **Wärm|fla|sche**
  warm|hal|ten (*umgangssprachlich für:* sich jemandes Gunst erhalten); ihn solltest du dir warmhalten; ↑ ABER: warm
  warm|stel|len *vergleiche:* **warm**
das **Warm-up** [ˈwɔːmlap] (das Aufwärmen); des Warm-ups; die Warm-ups
  warm|wer|den *vergleiche:* **warm**
das **Warn|drei|eck** (ein Warnzeichen bei Autounfällen und Pannen)
  war|nen; du warnst; er warnte; sie hat ihn gewarnt; warn *oder* warne ihn davor!
das **Warn|schild**; die Warn|schil|der
der **Warn|streik**
die **War|nung**
  War|schau (Hauptstadt Polens)
die **War|te** (Beobachtungsturm)
  war|ten; du wartest; er wartete; sie hat auf ihn gewartet; sie hat die Maschine gewartet (gepflegt); warte auf ihn!
der **Wär|ter**; des Wärters; die Wärter
der **War|te|raum**
die **Wär|te|rin**; die Wärterinnen
der **War|te|saal**
die **War|te|schlan|ge**
die **War|te|zeit**
das **War|te|zim|mer**
die **War|tung**; die Wartung des Autos
  wa|r|um; warum nicht?
die **War|ze**
  was; was ist los?; was für ein Mittel; was für einer; das ist das Schönste, was ich erlebt habe; ABER: das Werkzeug, das ich in der Hand habe
der **Wasch|bär**
das **Wasch|be|cken**

534

Wäsche – Wechselstrom

die **Wä|sche**
die **Wä|sche|klam|mer**
  wa|schen; du wäschst; sie wäscht; er
  wusch; sie hat das Auto gewaschen;
  wasch *oder* wasche das Auto!; sich
  waschen; du hast dich noch nicht gewaschen
die **Wä|sche|rei**
der **Wasch|lap|pen**
die **Wasch|ma|schi|ne**
das **Wasch|mit|tel**
das **Wasch|pul|ver**
  Wa|shing|ton [ˈwɔʃɪŋtən] (Hauptstadt
  der USA)
das **Was|ser;** des Wassers; die Wasser *und*
  (für Mineralwasser u. a.:) die Wässer
der **Was|ser|ball**
der **Was|ser|dampf**
  was|ser|dicht (eine wasserdichte Uhr)
der **Was|ser|fall**
die **Was|ser|far|be**
der **Was|ser|hahn**
das **Was|ser|klo|sett** (*Abkürzung:* WC)
die **Was|ser|kraft**
das **Was|ser|kraft|werk**
die **Was|ser|lei|tung**
  was|ser|lös|lich (wasserlösliche Farbe)
  wäs|sern (mit Wasser versorgen); du
  wässerst; er wässerte; sie hat die Heringe
  gewässert
die **Was|ser|schei|de** (zwischen den Ein-
  zugsgebieten von zwei Wasserläufen)
  was|ser|scheu
der **Was|ser|schi** *vergleiche:* **Was|ser|ski**
das **Was|ser|schutz|ge|biet**
der **Was|ser|ski** *oder* Was|ser|schi; Wasser-
  ski *oder* Wasserschi laufen; A B E R: das
  Wasserskilaufen oder Wasserschilaufen;
  ↑ Ski
der **Was|ser|spie|gel**
der **Was|ser|stand**
der **Was|ser|stoff**
die **Was|ser|stoff|bom|be**
die **Was|ser|stra|ße** (für den Schiffsver-
  kehr)
die **Was|ser|ver|schmut|zung**
die **Was|ser|waa|ge** (zum Prüfen waage-
  rechter, senkrechter oder geneigter
  Lage)
das **Was|ser|werk**
  wäss|rig *oder* **wäs|se|rig;** eine wässrige
  oder wässerige Suppe

  wa|ten; du watest; sie watete; er ist
  durch den Fluss gewatet
die **Wat|sche** (*landschaftlich für:* Ohrfeige);
  die Watschen
  wat|scheln; die Ente watschelt; sie
  watschelte; sie ist über den Hof gewat-
  schelt
das **Watt** (Einheit der [elektrischen] Leistung); des Watts; die Watt; 40 Watt; die
  40-Watt-Lampe
das **Watt** (seichter Streifen an der Nordsee-
  küste); des Watts *oder* Wat|tes; die Wat-
  ten
die **Wat|te**
das **Wat|ten|meer**
  wat|tie|ren; du wattierst; er wattierte;
  sie hat die Schultern der Jacke wattiert;
  wattierte Schultern
der **Watz|mann** (Berg in den Alpen)
das **WC** (Wasserklosett, Toilette); des WC
  oder WCs; die WC *oder* WCs
  WDR = Westdeutscher Rundfunk; des
  WDR
das **Web** [wɛb] (*kurz für* World Wide Web);
  des Web *oder* Webs; ↑ *auch:* Web 2.0
die **Web|cam** [ˈwɛbkɛm] (*EDV:* Kamera,
  deren Aufnahmen ins Internet einge-
  speist werden); die Webcams
  we|ben; du webst; sie webte *oder* wob;
  er hat das Tuch gewebt *oder* gewoben
der **We|ber;** des Webers; die Weber
die **We|be|rei**
die **We|be|rin;** die Weberinnen
der **Web|mas|ter** [ˈwɛbmaːstɐ] (Betreuer
  von Websites); des Webmasters; die
  Webmaster
die **Web|mas|te|rin;** die Webmasterinnen
die **Web|site** [ˈwɛpsait] (sämtliche zu einer
  Internetadresse gehörenden Seiten); die
  Website; die Websites
der **Web|stuhl**
das **Web 2.0** [ˈwɛb tsvaiˈnʊl] (*EDV:* Internet-
  angebote, bei denen man selbst mitwir-
  ken kann); des Web 2.0 *oder* Webs 2.0
der **Wech|sel;** des Wechsels; die Wechsel
der **Wech|sel|kurs**
  wech|seln; du wechselst; sie wechselte;
  er hat das Geld gewechselt; wechsle *oder*
  wechsle mir bitte 20 Euro!
  wech|sel|sei|tig (eine wechselseitige
  Abhängigkeit)
der **Wech|sel|strom**

535

Wechselwirkung – wehren

die **Wech|sel|wir|kung**

der **Weck** *oder* **We|cken** (*landschaftlich für:* Weizenbrötchen; längliches Brot); des Wecks *oder* Weckes *oder* Weckens; die Wecke *oder* Wecken

we|cken; du weckst; sie weckte; er hat sie geweckt; weck *oder* wecke ihn!

der **We|cker;** des Weckers; die Wecker

der **We|del;** des Wedels; die Wedel

we|deln; der Hund wedelte; er hat mit dem Schwanz gewedelt; wedle *oder* wedele nicht damit!

we|der; weder er noch sie

weg; weg da!; sie ist ganz weg (*umgangssprachlich für:* begeistert); frisch von der Leber weg; sie ist längst darüber weg; er war schon weg, als ich kam

der **Weg;** des Wegs *oder* Welges; die Welge; jemandem im Weg *oder* Wege stehen; wohin des Wegs *oder* Weges?; ABER: gerade[n]wegs; halbwegs; keineswegs; allerwegen; unterwegs; etwas zu Wege *oder* zuwege (zustande) bringen

we|gen; von wegen!; wegen Diebstahl[s]; wegen des Vaters *oder* des Vaters wegen; wegen der hohen Preise; wegen etwas anderem; von Amts wegen; von Rechts wegen; von Staats wegen; ABER: meinet-, deinet-, unsertwegen *oder* unsretwegen, euertwegen *oder* euretwegen

---

! Nach *wegen* steht in der Schriftsprache der Genitiv: »Sie blieb wegen des schlechten Wetters zu Hause.« Die Verbindung von *wegen* mit dem Dativ (»wegen dem schlechten Wetter«) ist umgangssprachlich. Wenn sich jedoch der Genitiv eines Nomens im Plural nicht vom Nominativ unterscheidet, ist der Dativ auch im geschriebenen Deutsch korrekt: »wegen Mängeln« (statt »wegen Mängel«), »wegen Geschäften« (statt »wegen Geschäfte«). Unverändert kann nur ein allein stehendes, stark gebeugtes Nomen im Singular bleiben: »wegen Umbau[s] geschlossen«.

---

weg|fah|ren; er fuhr weg; sie ist weggefahren

weg|fal|len; das Kapitel fiel weg; einige Abschnitte sind weggefallen

die **Weg|ga|be|lung, Weg|gab|lung**

der **Weg|ge|fähr|te**

die **Weg|ge|fähr|tin**

weg|ge|hen; du gehst weg; sie ging weg; er ist weggegangen

weg|las|sen; er ließ mich nicht weg; du hast ein Wort weggelassen

weg|lau|fen; du läufst weg; sie lief weg; er ist weggelaufen

weg|neh|men; du nimmst ihm den Schlüssel weg; sie nahm es ihm weg; er hat das Buch weggenommen

weg|räu|men; du räumst weg; sie räumte die Bücher weg; er hat sie weggeräumt

der **Weg|wei|ser;** des Wegweisers; die Wegweiser

weg|wer|fen; wirf hier kein Papier weg!; er hat den Stock weggeworfen

die **Weg|werf|ge|sell|schaft;** wir leben in einer Wegwerfgesellschaft

weh, we|he; sie hat einen wehen Finger; ihr war weh ums Herz; weh[e] dir!; o weh!; weh tun *oder* wehtun; du tust dir weh; er tut ihr weh; sie hat sich weh getan *oder* wehgetan; tu[e] dir nicht weh!; das braucht nicht weh zu tun *oder* wehzutun

das **Weh;** des Wehs *oder* Welhes; die Welhe; mit Ach und Weh; Ach und Weh schreien

die **We|he** (schmerzhafte Zusammenziehung der Gebärmutter beim Geburtsvorgang); die Wehen *meist Plural*

we|hen; die Fahne weht; die Fahne wehte; die Fahne hat geweht

weh|lei|dig; ein wehleidiger Patient

die **Weh|mut** (verhaltene Trauer, stiller Schmerz); Zeichen der Wehmut

weh|mü|tig; wehmütige Gedanken

das **Wehr** (Stauwerk); des Wehrs *oder* Wehres; die Welhre

die **Wehr** (Befestigung; Abwehr); die Wehren; sich zur Wehr setzen

der **Wehr|dienst**

der **Wehr|dienst|ver|wei|ge|rer;** des Wehrdienstverweigerers; die Wehrdienstverweigerer

weh|ren; wehret den Anfängen!; sich wehren; ich habe mich gewehrt; wehr *oder* wehre dich!

wehrlos – weise

wehr|los; wehr|lo|ser; am wehr|lo|sesten

die **Wehr|macht** (Militär; die deutschen Streitkräfte 1921–1945)

die **Wehr|pflicht;** die allgemeine Wehrpflicht

der **Wehr|pflich|ti|ge;** ein Wehrpflichtiger; die Wehrpflichtigen; zwei Wehrpflichtige

weh|tun *vergleiche:* **weh**

das **Weib;** des Weibs *oder* Wei|bes; die Weiber

weib|lich

weich; wei|cher; am weichs|ten; weich sein, werden; etwas weich machen *oder* weichmachen; etwas weich klopfen *oder* weichklopfen; ein weich gekochtes *oder* weichgekochtes Ei; er ist weich geworden *oder* weichgeworden (hat nachgegeben)

die **Wei|che** (Umstellvorrichtung bei Gleisen)

wei|chen (weich machen); ich weiche; du weichst; sie weichte; er hat die Erbsen geweicht

wei|chen (zurückgehen); du weichst; sie weicht; sie wich; er ist der Übermacht gewichen; weiche!

weich|ge|kocht *vergleiche:* **weich**

weich|her|zig (mitfühlend)

der **Weich|kä|se**

weich|klop|fen *vergleiche:* **weich**

weich|lich; ein weichlicher (nachgiebiger) Mensch

weich|ma|chen *vergleiche:* **weich**

die **Weich|sel** (Fluss in Polen)

die **Weich|tei|le** *Plural*

das **Weich|tier** *meist Plural*

die **Wei|de** (ein Baum)

die **Wei|de** (Grasland)

wei|den; das Vieh weidete; es hat geweidet

weid|lich (gehörig, tüchtig)

der **Weid|mann,** *fachsprachlich:* **Waid|mann** (Jäger); die Weid|män|ner, *fachsprachlich:* Waid|män|ner

weid|män|nisch *oder* **waid|män|nisch**

sich **wei|gern;** du weigerst dich; sie weigerte sich; er hat sich geweigert; weigere dich nicht!

die **Wei|ge|rung**

die **Wei|he** (ein Greifvogel); die Weihen

die **Wei|he** (*Religion:* das Weihen, Geweihtwerden, Geweihtsein)

wei|hen; du weihst; er weihte; er hat ihn geweiht

der **Wei|her;** des Weihers; die Weiher

die **Weih|nacht**

weih|nach|ten; es weihnachtet; es hat geweihnachtet

das **Weih|nach|ten** (Weihnachtsfest); des Weihnachtens; die Weihnachten; Weihnachten ist bald; zu, an Weihnachten; frohe *oder* fröhliche Weihnachten!; ↑Ostern

weih|nacht|lich

der **Weih|nachts|abend**

der **Weih|nachts|baum**

der **Weih|nachts|fei|er|tag;** der erste, zweite Weihnachtsfeiertag

die **Weih|nachts|fe|ri|en** *Plural*

das **Weih|nachts|fest**

der **Weih|nachts|mann;** die Weih|nachtsmän|ner

der **Weih|nachts|tag;** am ersten, zweiten Weihnachtstag

die **Weih|nachts|zeit**

der **Weih|rauch;** des Weihrauchs *oder* Weihrau|ches

das **Weih|was|ser**

weil; sie kam nicht, weil es regnete

die **Wei|le** (*Verkleinerungsform:* das Weilchen); eine kurze, kleine, lange Weile; ᴀʙᴇʀ: die Langweile *oder* Langeweile; Kurzweil; alleweil *oder* alleweile, bisweilen, zuweilen; einstweilen; mittlerweile

der **Wei|ler** (kleine ländliche Siedlung); des Weilers; die Weiler

der **Wein;** des Weins *oder* Wei|nes; die Weine

der **Wein|bau**

die **Wein|bee|re**

der **Wein|berg**

die **Wein|berg|schne|cke**

der **Wein|brand** (ein Branntwein); des Weinbrands; die Wein|brän|de

wei|nen; du weinst; sie weinte; er hat geweint; wein *oder* weine nicht!

wei|ner|lich; mit weinerlicher Stimme

die **Wein|le|se**

die **Wein|re|be**

der **Wein|stock;** die Wein|stö|cke

die **Wein|trau|be**

wei|se (klug)

537

Weise – weitschweifig

der **Wei|se** (kluger Mann); des/dem/den Weisen; die Weisen

die **Wei|se** (kluge Frau); der Weisen; die Weisen

die **Wei|se** (Art; einfache Melodie); auf diese Weise

die **Weis|heit**

weis|ma|chen (jemandem etwas Falsches einreden); du machst mir nichts weis; das hat er dir weisgemacht? ↑ ABER: weiß *und* wissen

weiß; wei|ßer; am wei|ßes|ten; die weiße Wand; etwas schwarz auf weiß (schriftlich) haben; der weiße *oder* Weiße Tod (das Erfrieren); ein weißer Rabe (eine Seltenheit); eine weiße Weste haben (*umgangssprachlich für:* unschuldig sein); weiße Mäuse sehen (übertriebene Befürchtungen haben); ABER: die Farbe Weiß; aus Schwarz Weiß, aus Weiß Schwarz machen; das Weiße Haus (Amtssitz des Präsidenten der USA in Washington); der Weiße Sonntag (der Sonntag nach Ostern); die Wände weiß machen *oder* weißmachen; die weiß glühende *oder* weißglühende Sonne; eine weiß gekleidete *oder* weißgekleidete Frau

das **Weiß** (die weiße Farbe); ein Stoff in Weiß; in Weiß gekleidet

weis|sa|gen (vorhersagen); du weissagst; er hat ihr den Erfolg geweissagt

der **Weis|sa|ger** (Wahrsager); des Weissagers, die Weissager

die **Weis|sa|ge|rin;** die Weissagerinnen

die **Weis|sa|gung**

das **Weiß|blech**

das **Weiß|brot**

wei|ßen; du weißt; sie weißte; er hat die Wand geweißt; weiße die Wand!

weiß|ge|klei|det, weiß|glü|hend *vergleiche:* **weiß**

weiß|haa|rig

der **Weiß|kohl**

weiß|ma|chen *vergleiche:* **weiß**

> **!** Nicht verwechseln: Trotz gleicher Aussprache schreibt man *weiß machen* oder *weißmachen* in der wörtlichen Bedeutung anders als *weismachen* im Sinne von »jemandem etwas Falsches einreden«.

der **Weiß|rus|se**

die **Weiß|rus|sin**

Weiß|russ|land (Staat in Osteuropa)

die **Wei|sung**

weit; wei|ter; am wei|tes|ten; ein weiter Weg; bei weitem *oder* Weitem; von weitem *oder* Weitem; ABER: das Weite suchen; weit und breit; so weit, so gut; weit fahren; sie wird es weit bringen; du stellst Forderungen, die [entschieden] zu weit gehen; weit gehende *oder* weitgehende Forderungen; ABER NUR: ein weitgehend geklärter Fall; weiter gehende, am weitesten gehende, weitgehendere, weitestgehende, weitgehendste Forderungen; er stellte viel zu weit gehende Forderungen; eine weit gereiste *oder* weitgereiste Forscherin; weit verbreitete *oder* weitverbreitete Pflanzen

weit|ab (weitab [vom Bahnhof] wohnen)

weit|aus (er ist weitaus älter als du)

die **Wei|te**

wei|ten; du weitest; er weitete; der Schuhmacher hat die Schuhe geweitet

wei|ter; ohne weiteres *oder* Weiteres; bis auf weiteres *oder* Weiteres; ABER: im Weiteren darlegen; des Weiteren berichten; das Weitere folgt später; Weiteres findet sich dort; alles Weitere demnächst

die **Wei|ter|bil|dung**

die **Wei|ter|ent|wick|lung**

wei|ter|ge|ben; er gab die Arbeit an mich weiter; sie hat das Buch weitergegeben

wei|ter|ge|hen (vorangehen); die Arbeiten gehen gut weiter; sie sind gut weitergegangen; nach einer Pause sind wir weitergegangen; ABER: ich kann weiter gehen als du

wei|ter|hin

wei|ter|ma|chen; sie machte nicht weiter; wir haben fleißig weitergemacht

wei|ter|sa|gen; er hat das Geheimnis weitergesagt

weit|ge|hend, weit|ge|reist *vergleiche:* **weit**

weit|hin

weit|läu|fig; weitläufige Grünanlagen

weit|räu|mig

weit|schwei|fig; ein weitschweifiger Vortrag

weitsichtig – Wendepunkt

weit|sich|tig

weit|sprin|gen; sie sprang weit; er ist weitgesprungen; spring *oder* springe weit!

der Weit|sprung

weit|ver|brei|tet *vergleiche:* weit

das Weit|win|kel|ob|jek|tiv

der Wei|zen; des Weizens; die Weizen

das Wei|zen|mehl

welch; welch ein Held; welch Wunder; welch große Frauen; welches nette Kind; welche großen Frauen; welche Stimmberechtigten; welches sind die beliebtesten Ferienziele?

wel|cher|art

wel|cher|ge|stalt

wel|cher|lei

welk; welke Blätter

wel|ken; die Blume welkt; die Blume welkte; die Blume ist gewelkt

das Well|blech

die Wel|le

wel|len; die Tapete wellte sich; der Teppichboden hat sich gewellt

das Wel|len|bad

der Wel|len|gang

die Wel|len|län|ge *(Physik)*

der Wel|len|sit|tich (ein Vogel); des Wellensittichs; die Well|len|sit|ti|che

wel|lig; welliges Haar

die Well|ness (Wohlbefinden)

der Wel|pe (das Junge von Hund, Fuchs, Wolf); des/dem/den Welpen; die Welpen

der Wels (ein Fisch); des Wel|ses; die Wel|se

die Welt; die Alte Welt (Europa); die Neue Welt (Amerika); die Dritte Welt (die Entwicklungsländer)

das Welt|all

die Welt|an|schau|ung

die Welt|bank

welt|be|rühmt; ein weltberühmter Schriftsteller

die Welt|be|völ|ke|rung

das Welt|bild

der Welt|cup

welt|fremd

die Welt|ge|schich|te

der Welt|krieg; der Erste Weltkrieg (1914–1918); der Zweite Weltkrieg (1939–1945)

das Welt|kul|tur|er|be

welt|lich; weltliche (nicht kirchliche) Lieder

die Welt|macht

der Welt|markt *(Wirtschaft)*

das Welt|meer (Ozean)

der Welt|meis|ter

die Welt|meis|te|rin

welt|meis|ter|lich; weltmeisterliche Leistungen

die Welt|meis|ter|schaft

die Welt|rang|lis|te *(Sport)*

der Welt|raum

die Welt|raum|fahrt

die Welt|raum|for|schung

der Welt|re|kord

die Welt|spra|che

die Welt|stadt

der Welt|un|ter|gang

der Welt|ver|band *(besonders Sport)*

welt|weit; weltweite Verbreitung

die Welt|wirt|schaft

wem; wem glaubst du?; sag[e] mir, mit wem sie kommt

wen; wen meint er?

die Wen|de

der Wen|de|kreis (nördlichster bzw. südlichster Breitenkreis, über dem die Sonne zur Zeit der Sonnenwende den Zenit erreicht)

die Wen|del|trep|pe

wen|den; du wendest; er wendet; er wandte *oder* wendete; sie hat gewandt *oder* gewendet

> **!** Beachte: Die richtige Beugung des Verbs *wenden* hängt in einigen Fällen von seiner Bedeutung ab: Wenn »die Richtung ändern« oder »umkehren« gemeint ist, wird die schwache Beugung gebraucht: das Auto hat *gewendet;* sie *wendete* den Mantel (drehte die Innenseite nach außen). Die starke Beugung wird hingegen bevorzugt bei den zusammengesetzten Verben *anwenden, [sich] abwenden, aufwenden, einwenden, [sich] umwenden, [sich] zuwenden:* sie hat die neue Technik erfolgreich *angewandt* (auch: *angewendet*); sie *wandten* (auch: *wendeten*) sich um und gingen.

der Wen|de|punkt

wendig – wes

wen|dig; ein wendiges Auto
die **Wen|dung**

we|nig

*Im Allgemeinen wird »wenig« kleinge-
schrieben – auch nach einem Begleiter:*

– ein [klein] wenig; ein weniges
– die wenigen; einige wenige
– nur wenige, die wenigsten glauben das
– schon weniges genügt
– es ist das wenigste, was du tun kannst
– sich auf das wenigste beschränken
– mit wenig auskommen
– zu wenig; du weißt [viel] zu wenig; es
  gibt hier zu wenige Parkplätze

*Wenn »wenig« nicht Zahladjektiv ist, son-
dern als Nomen verwendet wird, dann
kann auch großgeschrieben werden:*

– sie freut sich über das wenige *oder*
  Wenige (die wenigen Geschenke o. Ä.)
– schon weniges *oder* Weniges genügt
– mit wenigem *oder* Wenigem auskommen

Zur Beugung:

– wenig Neues; wenige Mutige
– wenig Gutes *oder* weniges Gutes

das **We|nig;** des Wenigs; die Wenig; viele
Wenig machen ein Viel
we|nigs|tens (zumindest, mindestens)
wenn; wenn auch; komm doch[,] wenn
möglich[,] etwas früher; ABER: das
Wenn; des Wenns; die Wenn; das Wenn
und das Aber; die Wenn und die Aber;
viele Wenn und Aber
wenn|gleich (obwohl)
wenn|schon; wennschon – dennschon
wer; wer ist da?; ist wer gekommen?;
wer alles; Halt! Wer da?; irgendwer
die **Wer|be|agen|tur**
das **Wer|be|fern|se|hen**
wer|ben; du wirbst; sie wirbt; sie warb;
er hat im Rundfunk geworben; wirb für
unseren Verein!
der **Wer|be|slo|gan**
der **Wer|be|spot**
wer|be|wirk|sam; ein werbewirksamer
Slogan
die **Wer|bung**

wer|den; du wirst; sie wird; sie wurde
(*dichterisch auch:* sie ward); sie ist Ärztin geworden; aus ihm ist etwas geworden; sie ist groß geworden; sie ist gelobt
worden; werde groß und stark!; ich werd
verrückt! *(umgangssprachlich);* ABER:
das ist noch im Werden
wer|fen; du wirfst; sie wirft; sie warf; er
hat den Stein geworfen; wirf!
die **Werft** (Anlage zum Bau und zur Repara-
tur von Schiffen); die Werf|ten
der **Werft|ar|bei|ter**
die **Werft|ar|bei|te|rin**
das **Werk;** des Werks *oder* Wer|kes; die Wer-
ke; ans Werk!; ans Werk, zu Werke
gehen; etwas ins Werk setzen; der Dichter und sein Werk, seine Werke
die **Werk|bank;** die Werk|bän|ke
wer|ken (tätig sein; [be]arbeiten); du
werkst; sie werkt; sie werkte; er hat von
früh bis spät gewerkt
das **Werk|ge|län|de** *oder* **Werks|ge|län|de**
die **Werk|statt** *oder* **Werk|stät|te**
der **Werk|stoff**
der **Werk|tag**
werk|tags; nur werktags geöffnet
werk|tä|tig (arbeitend); die werktätige
Bevölkerung; ABER: die Werktätigen
der **Werk|un|ter|richt**
das **Werk|zeug;** die Werk|zeu|ge
der **Wer|mut** (eine Pflanze; ein Wein; etwas
Bitteres, Bitterkeit); des Wermuts *oder*
Wer|mu|tes; die Wer|mu|te
die **Wer|ra** (Quellfluss der Weser)
wert; wert sein; Berlin ist eine Reise
wert; das ist nicht der Rede wert
der **Wert;** auf etwas Wert legen
wer|ten; du wertest; sie wertete; er hat
dies gering gewertet; werte dies nicht!
der **Wert|ge|gen|stand**
wert|los; wert|lo|ser; am wert|lo|ses|ten
das **Wert|pa|pier** *(Wirtschaft)*
die **Wert|sa|chen** Plural
der **Wert|stoff** (im Abfall enthaltener Roh-
stoff, der erneut verwendet werden
kann, z. B. Holz, Glas, Papier)
die **Wert|stoff|ton|ne** (Tonne, in der Wert-
stoffe gesammelt werden)
die **Wer|tung**
wert|voll; wertvoller Schmuck
wes (*ältere Form von:* wessen); wes Brot
ich ess, des Lied ich sing

Wesen – wickeln

das **We|sen;** des Wesens; die Wesen; viel Wesen *oder* Wesens um etwas machen
we|sent|lich (wichtig); wesentliche Änderungen; ᴀʙᴇʀ: im Wesentlichen; das Wesentliche; etwas, nichts Wesentliches

die **We|ser** (deutscher Fluss)
wes|halb

die **Wes|pe**

das **Wes|pen|nest**
wes|sen

der **Wes|si** (*umgangssprachlich für:* Einwohner der alten Bundesländer; Westdeutscher); des Wessis; die Wessis
West (Himmelsrichtung); Ost und West; der Wind kommt aus West
west|deutsch
West|deutsch|land

die **Wes|te**

der **Wes|ten;** des Westens; gen (nach) Westen ziehen; der Wilde Westen

die **Wes|ten|ta|sche**

der **Wes|tern** (Film, der im Wilden Westen spielt); des Western *oder* Westerns; die Western
west|lich; westlich des Waldes *oder* westlich vom Walde
west|wärts; westwärts fahren, ziehen
wes|we|gen

der **Wett|be|werb;** des Wettbewerbs *oder* Wett|be|wer|bes; die Wett|be|wer|be

der **Wett|be|wer|ber**

die **Wett|be|wer|be|rin**
wett|be|werbs|fä|hig

die **Wett|be|werbs|fä|hig|keit**

die **Wet|te**

der **Wett|ei|fer**
wett|ei|fern; du wetteiferst; sie wetteiferte; er hat mit ihr gewetteifert
wet|ten; du wettest; sie wettete; er hat um 10 Euro gewettet; wette nicht!

das **Wet|ter;** des Wetters; die Wetter

der **Wet|ter|be|richt**
wet|ter|emp|find|lich
wet|ter|fest; wetterfeste Kleidung

die **Wet|ter|kar|te**

das **Wet|ter|leuch|ten**
wet|tern (*umgangssprachlich für:* laut schimpfen); er wetterte; sie hat gewettert; wettere nicht!

die **Wet|ter|vor|her|sa|ge**
wet|ter|wen|disch (zur plötzlichen Verhaltensänderung neigend); ein wetterwendischer Mensch

der **Wett|kampf**

der **Wett|kämp|fer**

die **Wett|kämp|fe|rin**

der **Wett|lauf**
wett|ma|chen; er machte seinen Verlust wett; sie hat den Fehler schnell wieder wettgemacht

das **Wett|ren|nen**

das **Wett|tur|nen** *oder* Wett-Tur|nen
wet|zen; du wetzt; sie wetzte; er hat das Messer gewetzt; sie ist um die Ecke gewetzt (*umgangssprachlich für:* gerannt); wetz *oder* wetze das Messer!

der **Wetz|stein**

der **Whirl|pool** [ˈvøʁlpuːl] (*Markenbezeichnung:* Becken mit sprudelndem Wasser); des Whirlpools; die Whirlpools

der **Whis|key** [ˈvɪski] (amerikanischer oder irischer Whisky); des Whiskeys, die Whiskeys

der **Whis|ky** [ˈvɪski] ([schottischer] Branntwein aus Getreide oder Mais); des Whiskys; die Whiskys; Whisky pur

das **White|board** [ˈwaɪtbɔːd] (elektronische, mit einem Computer verbundene Tafel); des Whiteboards; die Whiteboards
WHO = World Health Organization (Weltgesundheitsorganisation)

die **Wich|se** (Putzmittel für Schuhe)
wich|sen; du wichst; er wichste die Stiefel; sie hat gewichst; wichse die Schuhe!

der **Wicht** ([kleines] Kind; Kobold); des Wichts *oder* Wich|tes; die Wich|te

das **Wich|tel|männ|chen**
wich|tig; eine wichtige Neuigkeit; ᴀʙᴇʀ: alles Wichtige; etwas, nichts Wichtiges; es gibt [nichts] Wichtigeres; ↑wichtigmachen, wichtigtun

die **Wich|tig|keit**

sich **wich|tig|ma|chen;** sie will sich nur wichtigmachen

der **Wich|tig|tu|er;** des Wichtigtuers; die Wichtigtuer

die **Wich|tig|tu|e|rin;** die Wichtigtuerinnen
wich|tig|tun; [sich] wichtigtun

die **Wi|cke** (eine Pflanze)

der **Wi|ckel;** des Wickels; die Wickel
wi|ckeln; du wickelst; die Mutter wickelte; er hat den Säugling gewickelt; wickle *oder* wickele du ihn!

541

Widder – wiederholen

der **Wi̲d|der** (männliches Zuchtschaf); des
Widders; die Widder
wi̲|der (gegen; entgegen); das war wider
seinen ausdrücklichen Wunsch; wider
Erwarten; wider Willen; ABER: das Für
und [das] Wider

> **!** Nicht verwechseln: Obwohl beide Wör-
> ter gleich ausgesprochen werden,
> schreibt man *wider* mit einfachem *i*,
> das Wort *wieder* mit der Bedeutung
> »nochmals, erneut« hingegen mit *ie*.

der **Wi̲|der|ha|ken**
der **Wi̲|der|hall** (Echo); des Widerhalls *oder*
Wi̲|der|hal|les; die Wi̲|der|hal|le
wi̲|der|le̲|gen; sie widerlegte; er hat die
Behauptung widerlegt
wi̲|der|lich; ein widerlicher Anblick
wi̲|der|recht|lich (gegen das Recht ver-
stoßend); sich etwas widerrechtlich
aneignen
die **Wi̲|der|re̲|de**
wi̲|der|ru̲|fen; er widerruft; er widerrief;
sie hat ihr Geständnis widerrufen
der **Wi̲|der|sa|cher** (Gegner); des Widersa-
chers; die Widersacher
die **Wi̲|der|sa|che|rin;** die Widersacherin-
nen
der **Wi̲|der|schein;** im Widerschein der
Laterne
sich **wi̲|der|se̲t|zen;** ich widersetzte mich
dem Beschluss; sie hat sich dieser Maß-
nahme widersetzt
wi̲|der|setz|lich; ein widersetzlicher
Gefangener
wi̲|der|spens|tig; widerspenstige
Pferde
wi̲|der|spie̲|geln; die Sonne spiegelt
sich im Wasser wider; der Brief hat
seine Sorge widergespiegelt (erkennen
lassen)
wi̲|der|spre̲|chen; du widersprichst; er
widerspricht; sie widersprach; sie hat ihr
widersprochen; widersprich nicht!
der **Wi̲|der|spruch**
wi̲|der|sprüch|lich
wi̲|der|spruchs|los
der **Wi̲|der|stand;** des Widerstands *oder* Wi-
der|stan|des; die Wi̲|der|stän|de
wi̲|der|stands|fä̲|hig
der **Wi̲|der|stands|kämp|fer**
die **Wi̲|der|stands|kämp|fe|rin**

die **Wi̲|der|stands|kraft**
wi̲|der|ste̲|hen; sie widersteht; er hat
der Versuchung widerstanden
wi̲|der|stre̲|ben; mir widerstrebt[,] so
etwas zu tun; es hat mir widerstrebt
wi̲|der|stre̲|bend (ungern); sie über-
nimmt die Aufgabe nur widerstrebend
wi̲|der|wär|tig; widerwärtiger Gestank
der **Wi̲|der|wil|le**
wi̲|der|wil|lig
wi̲d|men; du widmest; sie widmete; er
hat ihm das Buch gewidmet; widme es
ihm!
die **Wi̲d|mung**
wi̲d|rig (ungünstig, hinderlich); widrige
Umstände
wie̲; sie ist so beliebt wie ihre Freundin;
ABER: sie ist beliebter als ihre Freundin;
wie sehr; wie lange; wie oft; wie [auch]
immer; ABER: es kommt auf das Wie an;
wie viel; wie viel Leute; wie viele Leute;
ich weiß nicht, wie viel Geld er hat
der **Wie̲|de|hopf** (ein Vogel); des Wiede-
hopfs *oder* Wie̲|de|hop|fes; die Wie̲|de-
hop|fe
wie̲|der *siehe Kasten Seite 543*
der **Wie̲|der|auf|bau**
wie̲|der|auf|bau|en *vergleiche:* **wie̲|der**
die **Wie̲|der|auf|be|rei|tungs|an|la|ge**
die **Wie̲|der|auf|nah|me**
wie̲|der|auf|tau|chen; das Buch ist end-
lich wiederaufgetaucht (wiedergefunden
worden); ↑ABER: wieder
die **Wie̲|der|be|le|bung**
wie̲|der|brin|gen (zurückbringen); sie
hat das Buch wiedergebracht
wie̲|der|er|ken|nen *vergleiche:* **wie̲|der**
die **Wie̲|der|ga|be**
wie̲|der|ge̲|ben (zurückgeben; erzäh-
len); ich habe ihr den Stift wiedergegeben; den Text in eigenen Worten wiedergeben
wie̲|der|her|rich|ten *vergleiche:* **wie̲|der**
wie̲|der|her|stel|len (in den alten
Zustand bringen); die Häuserfassaden
wiederherstellen; seine Gesundheit ist
wiederhergestellt
wie̲|der|ho̲|len (zurückholen); ich hole
die Sachen gleich wieder; ich habe sie
wiedergeholt; **wie̲|der|ho̲|len;** ich
wiederhole den letzten Satz noch einmal; er hat das Experiment wiederholt

wiederholt – Wiedersehen

wie|der

(nochmals, erneut; zurück)
– um, für nichts und wieder nichts
– hin und wieder
Vergleiche aber: wider

1. Zusammenschreibung:

Man schreibt »wieder« mit dem folgenden Verb oder Adjektiv vor allem dann zusammen, wenn »wieder« im Sinne von »zurück« verstanden wird:

– wiedergeben; ich kann dir das Geld erst morgen wiedergeben; sie gab ihm das Geld wieder
– wiederbringen; sie bringt das Buch wieder; sie hat es wiedergebracht

Auch in folgenden Fällen gilt Zusammenschreibung:

– wiedergeben (berichten, darstellen); sie gab den Vorgang richtig wieder; sie hat meine Worte falsch wiedergegeben
– wiederherstellen; sie stellte die Ordnung wieder her; die Ärzte haben ihn wiederhergestellt (geheilt)
– wiederholen; würden Sie den letzten Satz bitte wiederholen; er hat die Lektion wiederholt
– wiederkehren; diese Gelegenheit kehrt nicht wieder; die Gelegenheit ist nicht wiedergekehrt

2. Getrenntschreibung:

Man schreibt »wieder« vom folgenden Verb vor allem dann getrennt, wenn »wieder« im Sinne von »nochmals, erneut« verstanden wird:

– wieder einfallen; eben ist mir alles wieder eingefallen
– wieder tun; ich würde es jederzeit wieder tun

3. Getrennt- oder Zusammenschreibung:

In vielen Fällen ist sowohl die Getrennt- als auch die Zusammenschreibung möglich, besonders wenn die Betonung entweder nur auf »wieder« oder sowohl auf »wieder« als auch auf dem folgenden Verb liegt:

– die Firma wieder aufbauen *oder* wiederaufbauen
– das U-Boot muss bald wieder auftauchen; ABER: das verschwundene Buch ist wiederaufgetaucht
– den Täter wieder erkennen *oder* wiedererkennen
– wie hast du dich denn schon wieder hergerichtet?; ABER: das ausgebrannte Zimmer wurde wiederhergerichtet
– die Eltern wieder (erneut) sehen *oder* wiedersehen; wir haben uns in den Ferien wiedergesehen (haben ein Wiedersehen gefeiert); wir haben uns am Nachmittag wieder gesehen (sind uns erneut begegnet); ABER NUR: nach der Operation konnte der blinde Patient wieder sehen

---

wie|der|holt (mehrmals)
die **Wie|der|ho|lung**
der **Wie|der|käu|er** (Tier, das seine Nahrung wiederkäut); des Wiederkäuers; die Wiederkäuer
die **Wie|der|kehr** (Rückkehr)
wie|der|keh|ren (zurückkehren; sich

wiederholen); ich hoffe, dass er wiederkehrt; die Bauchschmerzen sind nicht wiedergekehrt
wie|der|se|hen *vergleiche:* wie|der
das **Wie|der|se|hen;** auf Wiedersehen!; jemandem Auf *oder* auf Wiedersehen sagen

wiederum – wimmern

wie|de|r|um (erneut; ein weiteres Mal);
er hatte wiederum kein Geld

die **Wie|der|ver|ei|ni|gung**

die **Wie|der|wahl**

die **Wie|ge**

wie|gen (sanft hin und her bewegen); er
wiegte das Kind; sie hat sich im Takt
gewiegt

wie|gen; wie viel wiegst du?; sie wiegt
zu wenig; sie wog 50 Kilo; er hat den
Brief gewogen; wieg *oder* wiege ihn!;
sich wiegen; sie wiegte sich in Sicherheit

das **Wie|gen|lied**

wie|hern; das Pferd wieherte; es hat
gewiehert

Wien (Hauptstadt Österreichs)

der **Wie|ner;** des Wieners; die Wiener

die **Wie|ne|rin;** die Wienerinnen

wie|ne|risch

Wies|ba|den (Hauptstadt Hessens)

die **Wie|se**

das **Wie|sel** (ein Marder); des Wiesels; die
Wiesel

wie|sel|flink

wie|so; wieso gerade ich?

wie|viel|mal; wievielmal warst du schon
in Berlin?; ABER: wie viele Male bist du
schon dort gewesen?

wie|viel|te; das wievielte Mal ist das
jetzt?; ABER: der Wievielte (Tag des
Monats) ist heute?

wie|weit (inwieweit); ich bin im Zwei-
fel, wieweit ich mich darauf verlassen
kann; ABER: wie weit ist es von hier bis
dort?

wie|wohl (obwohl; wenn auch)

das **Wi|ki** (Informationssammlung zu einem
bestimmten Thema im Internet, die von
allen Nutzern bearbeitet werden kann);
des Wikis; die Wikis

der **Wi|kin|ger** (Normanne); des Wikingers;
die Wikinger

die **Wi|kin|ge|rin;** die Wikingerinnen

die **Wi|ki|pe|dia** (Internetportal, dessen
Nutzer Informationen zu allen Wissens-
gebieten zusammentragen)

wild; wil|der; am wil|des|ten; wilder
Wein; ein wildes Tier; er spielt den wil-
den Mann; wild wachsen; ==wild wach-
sende== *oder* wildwachsende Pflanzen;
==wild lebende== *oder* wildlebende Tiere;

ABER: der Wilde Westen; die Wilde Jagd
(ein Geisterheer); der Wilde Jäger (eine
Geistergestalt); sich wie ein Wilder
gebärden

das **Wild;** des Wilds *oder* Wil|des

das **Wild|bret** (*gehoben und fachsprach-
lich für:* Fleisch vom Wild); des Wild-
brets

der **Wild|dieb**

die **Wild|die|bin**

die **Wild|en|te**

der **Wil|de|rer;** des Wilderers; die Wilde-
rer

die **Wil|de|rin;** die Wilderinnen

wil|dern; du wilderst; er wilderte; er
hat gewildert; wildere nie!

wild|fremd; ein wildfremder Mann

die **Wild|gans**

die **Wild|kat|ze**

wild|le|bend *vergleiche:* **wild**

die **Wild|nis;** die Wild|nis|se

das **Wild|schwein**

wild|wach|send *vergleiche:* **wild**

der **Wild|wech|sel**

der **Wild|west|film**

der **Wil|le;** des Willens; der ==Letzte== *oder*
letzte Wille (Testament); wider Willen;
jemandem zu Willen sein; ABER: willens
sein

wil|len; um Gottes willen; um seiner
selbst willen; ABER: um meinet-, dei-
net-, euretwillen

der **Wil|len** *(selten);* des Willens; die Wil-
len

wil|lens; willens sein (bereit sein,
etwas zu tun); sie ist willens, den Vertrag zu unterschreiben

wil|lens|schwach

wil|lens|stark

wil|lig (bereit, folgsam); willige Zuhö-
rer

will|kom|men; willkommen heißen,
sein; ABER: das **Will|kom|men;** des
Willkommens; die Willkommen; ein
fröhliches Willkommen!

die **Will|kür** (selbstherrliches Handeln)

will|kür|lich; willkürliche Befehle

Wim|b|le|don (Vorort von London)

wim|meln; es wimmelt; es wimmelte; es
hat von Ameisen gewimmelt

wim|mern; ich wimmere; du wimm-
erst; sie wimmerte; er hat gewim-

544

Wimpel – Wirkung

mert; ABER: man hört ein leises Wim-
mern

der **Wim|pel;** des Wimpels; die Wimpel

die **Wim|per;** die Wimpern

die **Wim|pern|tu|sche**

der **Wind;** des Winds *oder* Win|des; die
Win|de

die **Win|de** (Hebevorrichtung)

die **Win|del;** die Windeln

win|den; du windest; sie windet; er
wand; sie hat Blumen in einen Kranz
gewunden; winde es!; sich winden (sich
schlängeln); sie hat sich durch die Menge
gewunden

die **Wind|ener|gie** (durch Nutzung des Win-
des gewonnene Energie)

der **Wind|fang;** des Windfangs *oder* Wind-
fan|ges; die Wind|fän|ge

der **Wind|hund**

win|dig; ein windiges Wetter; eine win-
dige (*umgangssprachlich abwertend für:*
zweifelhafte) Angelegenheit

die **Wind|ja|cke**

die **Wind|kraft** (durch Nutzung des Windes
gewonnene Kraft; Windenergie)

die **Wind|müh|le**

das **Win|dows** ['wɪndoʊz] (*Markenbezeich-
nung:* Betriebssystem der Firma Micro-
soft für PCs)

der **Wind|park** (Gelände mit mehreren
Windkraftanlagen)

die **Wind|po|cken** *Plural*

das **Wind|rad**

die **Wind|ro|se** (Darstellung der Himmels-
richtungen, besonders auf einem Kom-
pass)

der **Wind|schat|ten** (windgeschützte
Seite)

wind|schief; windschiefe Rollos

die **Wind|schutz|schei|be**

die **Wind|stär|ke**

die **Wind|stil|le**

der **Wind|sur|fer;** des Windsurfers; die
Windsurfer

die **Wind|sur|fe|rin;** die Windsurferinnen

das **Wind|sur|fing** (Segeln auf einem Surf-
brett); des Windsurfings

die **Win|dung**

der **Wink;** des Winks *oder* Win|kes;
die Win|ke

der **Win|kel;** des Winkels; die Winkel

die **Win|kel|hal|bie|ren|de** (*Mathema-*

tik); der Winkelhalbierenden; die
Winkelhalbierenden; eine Winkelhal-
bierende

win|ke|lig *oder* **wink|lig;** wink[e]lige
Häuser

der **Win|kel|mes|ser**

win|ken; du winkst; er winkte; sie hat
ihm gewinkt; wink *oder* winke den
Eltern!

> **!** Beachte: Das zweite Partizip des Verbs
> *winken* heißt *gewinkt.* Die Form *gewun-
> ken* ist eher umgangssprachlich.

der **Win|ker;** des Winkers; die Winker

win|seln; du winselst; der Hund win-
selte; der Täter hat um Gnade gewin-
selt

der **Win|ter;** des Winters; die Winter

win|ter|hart; winterhartes Getreide

win|ter|lich; winterliche Kälte

der **Win|ter|schlaf**

der **Win|ter|sport**

der **Win|zer** (jemand, der Wein anbaut, her-
stellt und verkauft); des Winzers; die
Winzer

die **Win|zer|ge|nos|sen|schaft**

die **Win|ze|rin;** die Winzerinnen

win|zig; winzig klein

der **Wip|fel;** des Wipfels; die Wipfel

die **Wip|pe** (Schaukel)

wip|pen; du wippst; sie wippt; er
wippte; sie hat auf dem Balken gewippt;
wippe nicht mit den Füßen!

wir; wir alle; wir bei; wir bescheide-
nen Leute; wir Armen; wir Deutschen,
auch: wir Deutsche

der **Wir|bel;** des Wirbels; die Wirbel

wir|beln; du wirbelst; er wirbelte; sie hat
ihn durch die Luft gewirbelt

die **Wir|bel|säu|le**

der **Wir|bel|sturm**

das **Wir|bel|tier** (Tier mit Wirbelsäule)

der **Wir|bel|wind**

wir|ken; du wirkst; er wirkte; sie hat als
Anwältin gewirkt; ABER: ihr segensrei-
ches Wirken

wirk|lich

die **Wirk|lich|keit**

wirk|sam; wirksame Medizin

die **Wirk|sam|keit**

der **Wirk|stoff**

die **Wir|kung**

545

Wirkungsgrad – Wöchnerin

der **Wir|kungs|grad** (einer Maschine)
wir|kungs|voll
die **Wir|kungs|wei|se**
wirr (ungeordnet; verworren); wirre
Gedanken
der **Wirr|kopf**
der *oder* das **Wirr|warr** (Durcheinander); des
Wirrwarrs
der **Wir|sing;** des Wirsings
der **Wir|sing|kohl**
der **Wirt;** des Wirts *oder* Wir|tes; die Wir|te
die **Wir|tin;** die Wirtinnen
die **Wirt|schaft**
wirt|schaf|ten; du wirtschaftest; er
wirtschaftete; sie hat gut gewirtschaf-
tet
wirt|schaft|lich; wirtschaftliche Fragen;
eine wirtschaftliche Notlage
der **Wirt|schafts|auf|schwung**
die **Wirt|schafts|kri|se**
die **Wirt|schafts|po|li|tik**
der **Wirt|schafts|prü|fer**
die **Wirt|schafts|prü|fe|rin**
das **Wirt|schafts|wachs|tum**
das **Wirts|haus**
der **Wisch** (wertloses Schriftstück); des
Wischs *oder* Wi|sches; die Wi|sche
wi|schen; du wischst; er wischte; sie hat
Staub gewischt
der **Wisch|lap|pen**
der **Wi|sent** (ein Wildrind); des Wisents; die
Wi|sen|te
wis|pern; du wisperst; sie wisperte; er
hat mir etwas ins Ohr gewispert
die **Wiss|be|gier** *oder* **Wiss|be|gier|de**
wiss|be|gie|rig
wis|sen; du weißt; sie weiß; er wusste;
sie hat alles gewusst
das **Wis|sen;** des Wissens; meines Wissens;
ohne mein Wissen; er hat das wider besseres Wissen (obwohl er es besser
wusste) getan
die **Wis|sen|schaft**
der **Wis|sen|schaft|ler;** des Wissenschaft-
lers; die Wissenschaftler
die **Wis|sen|schaft|le|rin;** die Wissenschaft-
lerinnen
wis|sen|schaft|lich; wissenschaftliches
Arbeiten
das **Wis|sens|ge|biet**
wis|sens|wert; wissenswerte Neuigkei-
ten; ABER: es gibt viel Wissenswertes

wis|sent|lich (in vollem Bewusstsein); er
hat mich wissentlich beleidigt
wit|tern (ahnen; *Jägersprache:* durch
den Geruchssinn wahrnehmen); ich
wittere; du witterst; der Hund wit-
terte eine Spur; sie hat Gefahr gewittert
die **Wit|te|rung** (das Wittern)
die **Wit|te|rung** (Wetterlage)
die **Wit|we;** die Witwen
der **Wit|wer;** des Witwers; die Witwer
der **Witz;** des Wit|zes; die Wit|ze
der **Witz|bold;** des Witzbolds *oder* Witz|bol-
des; die Witz|bol|de
wit|zeln; du witzelst; sie witzelte; er hat
nur gewitzelt; witzle *oder* witzele nicht
dauernd!
wit|zig
die **Wit|zig|keit;** Witzigkeit kennt keine
Grenzen
witz|los; witz|lo|ser; am witz|lo|ses|ten
das **WLAN** ['ve:la:n] = wireless local area
network (Computernetzwerk mit Funk-
technik)
die **WM** = Weltmeisterschaft
wo; wo ist sie?; ich finde ihn, wo
immer er auch sein mag; sie geht wieder dahin, wo sie hergekommen ist;
ABER: das Wo spielt keine Rolle;
↑ *auch:* woanders; woher; wohin;
womöglich
wo|an|ders; ich werde ihn wo|anders
suchen; ABER: wo anders (wo sonst) als
hier sollte ich ihn suchen?
wo|bei
die **Wo|che**
das **Wo|chen|bett** (Zeitraum von 6 bis 8
Wochen nach der Entbindung)
das **Wo|chen|en|de**
das **Wo|chen|end|haus**
das **Wo|chen|end|ti|cket**
die **Wo|chen|kar|te**
wo|chen|lang; er war wochenlang
krank; ABER: er war drei Wochen lang
krank
der **Wo|chen|tag**
wo|chen|tags
wö|chent|lich (jede Woche); sie hat ihre
Mutter wöchentlich besucht
wo|chen|wei|se
die **Wöch|ne|rin** (Frau während des
Wochenbetts); die Wöchnerinnen

Wodan – Wohnzimmer

Wo|dan *oder* **Wo|tan** (höchster germanischer Gott, Odin)

der **Wod|ka** (ein Branntwein); des Wodkas; die Wodkas

wo|durch

wo|für

die **Wo|ge** (hohe, starke Welle)

wo|ge|gen

wo|her; sie geht dahin zurück, woher sie gekommen ist; ABER: sie geht wieder dahin, wo sie hergekommen ist

wo|hin; beobachte, wohin sie geht!; ABER: beobachte, wo sie hingeht!

wohl; bes|ser; am bes|ten *oder* wohler; am wohls|ten; wohl ihr!; wohl oder übel (ob sie wollte oder nicht) musste sie dableiben; das ist wohl das Beste; leben Sie wohl!; wohl bekomms! *oder* wohl bekomm's!; sich wohl fühlen *oder* wohlfühlen; dort wird es ihm wohl ergehen *oder* wohlergehen; ↑ ABER: das Wohlergehen; sie wird es wohl (wahrscheinlich) tun; ↑ ABER: wohltun; der wohl bekannte *oder* wohlbekannte Schriftsteller; ABER NUR: der besser bekannte, am besten bekannte, bestbekannte Schriftsteller; ein [sehr] wohl behütetes *oder* wohlbehütetes Geheimnis; [besonders] wohl erzogene *oder* wohlerzogene Kinder; ABER NUR: noch wohlerzogenere Kinder; ↑ ABER: wohlbehalten; wohlgemerkt; wohlhabend; wohltätig; wohltuend; wohlwollend

> **!** Beachte: Weil das Adjektiv *wohl* in verschiedenen Bedeutungen gebraucht wird, unterscheiden sich die Vergleichsformen. Wenn man *wohl* im Sinne von »gut« verwendet, lauten sie »besser« und »am besten«: »Dieses Bild hat mir besser/am besten gefallen.« Meint *wohl* dagegen »gesund« oder »behaglich«, wird es mit »wohler« und »am wohlsten« gesteigert: »Nach der Behandlung habe ich mich wohler/am wohlsten gefühlt.«

das **Wohl**; des Wohls; auf dein Wohl!; zum Wohl!

wohl|auf (gesund); sie ist wieder wohlauf

das **Wohl|be|fin|den**

wohl|be|hal|ten (ohne Schaden zu nehmen; unverletzt); wohlbehalten ankommen

wohl|be|hü|tet *vergleiche:* **wohl**

wohl|be|kannt *vergleiche:* **wohl**

wohl|er|ge|hen *vergleiche:* **wohl**

das **Wohl|er|ge|hen**; des Wohlergehens; sie fragte nach seinem Wohlergehen

wohl|er|zo|gen *vergleiche:* **wohl**

die **Wohl|fahrt**

der **Wohl|fahrts|staat**

sich **wohl|füh|len** *vergleiche:* **wohl**

wohl|ge|merkt (damit kein Missverständnis entsteht); er hat das, wohlgemerkt, freiwillig getan

wohl|ha|bend (reich); wohlhabende Kaufleute

wohl|lig (behaglich); ein wohliges Gefühl

der **Wohl|stand**; des Wohlstands *oder* Wohl|stan|des

die **Wohl|stands|ge|sell|schaft**

die **Wohl|tat**

wohl|tä|tig; Geld für wohltätige Zwecke

wohl|tu|end (angenehm); wohltuende Ruhe

wohl|tun; die Wärme wird dir wohltun; das hat ihr wohlgetan

wohl|weis|lich (aus gutem Grund); sie ist wohlweislich nicht auf ihn eingegangen

das **Wohl|wol|len** (freundliche Gesinnung); des Wohlwollens

wohl|wol|lend; eine wohlwollende Beurteilung

der **Wohn|block**; die Wohnblocks *oder* Wohn|blö|cke

woh|nen; ich wohne; du wohnst; sie wohnte; er hat lange Zeit hier gewohnt

das **Wohn|ge|biet**

die **Wohn|ge|mein|schaft**

das **Wohn|haus**

wohn|lich; ein wohnliches Zimmer

das **Wohn|mo|bil** (größeres Automobil, dessen hinterer Teil wie ein Wohnwagen gestaltet ist); des Wohnmobils; die Wohnmobile

der **Wohn|ort**

der **Wohn|raum**

der **Wohn|sitz**

die **Woh|nung**

der **Wohn|wa|gen**

das **Wohn|zim|mer**

wölben – wozu

wöl|ben; eine Decke wölben; sich wölben; die Brücke hat sich über den Fluss gewölbt

die **Wöl|bung**

der **Wolf;** des Wolfs *oder* Wol|fes; die Wöl|fe

die **Wöl|fin;** die Wölfinnen

der **Wolfs|hun|ger**

die **Wolfs|milch** (eine Pflanze)

die **Wol|ga** (Strom in Osteuropa)

die **Wol|ke**

der **Wol|ken|bruch;** die Wol|ken|brü|che

der **Wol|ken|krat|zer** (Hochhaus); des Wolkenkratzers; die Wolkenkratzer

wol|ken|los; ein wolkenloser Himmel

wol|kig

die **Woll|de|cke**

die **Wol|le**

wol|len (aus Wolle); ein wollener Pullover

wol|len; du willst; sie will; sie wollte; sie hat gewollt; ich habe das nicht gewollt; ABER: ich habe [ihm] helfen wollen

wol|lig (aus Wolle); wollige Decken

der **Woll|lap|pen** *oder* **Woll-Lap|pen**

die **Woll|lust** (*gehoben für:* sinnliche Begierde); die Wolllüs|te

wol|lüs|tig

wo|mit

wo|mög|lich (möglicherweise); sie kommt womöglich schon heute

wo|nach

die **Won|ne** (große Freude)

won|nig; ein wonniges Baby

wo|r|an

wo|r|auf

wo|r|auf|hin; er spielte vor, woraufhin man ihn sofort in der Band wollte

wo|r|aus

wo|r|in

der **Wor|k|a|ho|lic** [vøːɐ̯kəˈhɔlɪk] (jemand, der zwanghaft ständig arbeitet); des Workaholics; die Workaholics

das *oder* der **Work-out** [ˈvøːɐ̯klaʊ̯t] *oder* **Work|out** (Fitnesstraining); des Work-outs *oder* Workouts; die Work-outs *oder* Workouts

der **Work|shop** [ˈvøːɐ̯kʃɔp] (Arbeitsgruppe); des Workshops; die Workshops

der **World|cup** [ˈvøːɐ̯ltkap] (Weltmeisterschaft [in verschiedenen Sportarten]; Siegestrophäe bei einer Weltmeisterschaft); des Worldcups; die Worldcups

das **World Wide Web** [ˈwəːld ˈwaɪd ˈwɛb] (*EDV:* weltweites Informationssystem im Internet; *Abkürzung:* WWW); des World Wide Web *oder* World Wide Webs

das **Wort;** die Wör|ter *und* Wor|te; mit anderen Worten; seine letzten Worte; ich will nicht viele Worte machen; aufs Wort; Wort für Wort; Wort halten; jemanden beim Wort nehmen; sie ließ mich nicht zu Wort *oder* Worte kommen

> **!** Beachte: Es hängt von der Bedeutung ab, welche Pluralform des Nomens *Wort* die richtige ist: Wenn einzelne Wörter ohne Rücksicht auf deren Sinnzusammenhang gemeint sind, heißt es *Wörter:* »Das Diktat besteht aus 150 Wörtern; diese Liste enthält zahlreiche (Fremd)wörter.« Im Sinne von »zusammenhängende Äußerung; Erklärung, Begriff« lautet die Mehrzahl dagegen *Worte:* »Er fand in seiner Rede viele feierliche Worte; sie verabschiedete sich mit bewegten Worten.«

die **Wort|art;** die Wort|ar|ten

die **Wort|bil|dung**

wort|brü|chig (sein gegebenes Versprechen brechend); wortbrüchig werden

das **Wör|ter|buch**

die **Wort|fa|mi|lie**

wort|ge|wandt; wort|ge|wand|ter; am wort|ge|wand|tes|ten

wort|karg (wenig redend); ein wortkarger Außenseiter

der **Wort|laut;** des Wortlauts *oder* Wort|lautes; die Rede im Wortlaut

wört|lich; die wörtliche Rede

wort|los (schweigend)

der **Wort|schatz;** die Wort|schät|ze

der **Wort|wech|sel**

wort|wört|lich (Wort für Wort); etwas wortwörtlich wiedergeben

wo|r|ü|ber

wo|r|um

wo|r|un|ter

Wo|tan *vergleiche:* **Wo|dan**

wo|von

wo|vor

wow! [vaʊ̯] (Ausruf der Bewunderung, des Erstaunens)

wo|zu

Wrack – Würger

das **Wrack** (stark beschädigtes Fahrzeug); des Wracks *oder* Wra|ckes; die Wracks, *selten:* Wra|cke

wrin|gen; du wringst; er wringt; er wrang; sie hat die Wäsche gewrungen; wring *oder* wringe die Wäsche!

die **WTO** = World Trade Organization (Welthandelsorganisation)

der **Wu|cher**; des Wuchers

der **Wu|che|rer**; des Wucherers; die Wucherer

die **Wu|che|rin**; die Wucherinnen

wu|chern; du wucherst; er wucherte; sie hat gewuchert (Wucher getrieben); ᴀʙᴇʀ: das Unkraut ist *oder* hat gewuchert (hat sich übermäßig ausgebreitet)

der **Wu|cher|preis**

die **Wu|che|rung**

die **Wu|cher|zin|sen** *Plural;* sie verlangten Wucherzinsen (stark überhöhte Zinsen)

der **Wuchs**; des Wuch|ses; die Wüch|se; die Bäume stehen in vollem Wuchs

die **Wucht**; mit voller Wucht

wuch|tig; wuchtige Schläge

wüh|len; du wühlst; sie wühlte; er hat in der Kiste gewühlt; wühl *oder* wühle nicht!

die **Wühl|maus**

der *oder* die **Wulst** (längliche, gerundete Verdickung); des Wuls|tes *oder* der Wulst; die Wüls|te

wuls|tig; eine wulstige Narbe

wund; wund sein, werden; <mark>wund reiben</mark> *oder* wundreiben; sich den Fuß <mark>wund laufen</mark> *oder* wundlaufen; sich den Mund <mark>wund reden</mark> *oder* wundreden; die Kranke hat sich den Rücken <mark>wund gelegen</mark> *oder* wundgelegen

die **Wun|de**

das **Wun|der**; des Wunders; die Wunder; Wunder tun; das ist doch kein Wunder; du wirst dein blaues Wunder erleben; er glaubt[,] Wunder was getan zu haben *(umgangssprachlich);* er glaubt, Wunder *oder* wunders wie geschickt er sei *(umgangssprachlich)*

wun|der|bar

die **Wun|der|ker|ze**

das **Wun|der|kind**

wun|der|lich (sonderbar); wunderliche Einfälle

sich **wun|dern**; du wunderst dich; sie wunderte sich; er hat sich gewundert; wundere dich nicht!

wun|der|neh|men; es nimmt mich wunder; es nahm sie wunder; es hat uns wundergenommen

wun|der|schön

wun|der|voll

sich **wund|lau|fen** *vergleiche:* **wund**

sich **wund|lie|gen** *vergleiche:* **wund**

sich **wund|re|den** *vergleiche:* **wund**

sich **wund|rei|ben** *vergleiche:* **wund**

die **Wund|sal|be**

der **Wund|starr|krampf** (eine Infektionskrankheit)

der **Wunsch**; des Wunschs *oder* Wun|sches; die Wün|sche

die **Wün|schel|ru|te** (zum Aufspüren von Wasser- oder Erzadern)

wün|schen; du wünschst; sie wünschte; er hat gewünscht; wünsch *oder* wünsche ihm alles Gute!; sich wünschen; ich habe mir ein Fahrrad gewünscht

wün|schens|wert

wunsch|los; wunschlos glücklich sein

der **Wunsch|satz**

der **Wunsch|traum**

die **Wür|de**

wür|de|los

der **Wür|den|trä|ger**

die **Wür|den|trä|ge|rin**

wür|de|voll

wür|dig; ein würdiger Nachfolger

wür|di|gen; du würdigst; er würdigte; sie hat ihre Arbeit gewürdigt; würdige sie!

die **Wür|di|gung**

der **Wurf**; des Wurfs *oder* Wur|fes; die Würfe

der **Wür|fel**; des Würfels; die Würfel

wür|feln; du würfelst; sie würfelte; er hat eine Sechs gewürfelt; würfle *oder* würfele weiter!

der **Wurf|speer**

der **Wurf|spieß**

der **Wür|ge|griff**

wür|gen; du würgst; sie würgte; er hat ihn gewürgt; würg *oder* würge ihn nicht!; ᴀʙᴇʀ: mit Hängen und Würgen *(umgangssprachlich für:* mit knapper Not)

der **Wür|ger** (jemand, der einen anderen würgt); des Würgers; die Würger

549

Wurm – Xylofon

der **Wurm;** des Wurms *oder* Wur|mes; die Wür|mer; *Verkleinerungsform:* das Würmchen
wur|men (*umgangssprachlich für:* ärgern); das wurmt mich; es wurmte ihn; die Niederlage hat ihn gewurmt

der **Wurm|fort|satz** (am Blinddarm)
wur|mig (wurmstichig)
wurm|sti|chig; wurmstichige Äpfel

die **Wurst;** die Würs|te; es geht um die Wurst (*umgangssprachlich für:* um die Entscheidung); ABER: das ist mir wurst, *auch:* wurscht (*umgangssprachlich für:* das ist mir völlig gleichgültig)

das **Würst|chen**
wurs|teln (*umgangssprachlich für:* ohne Ziel arbeiten); ich wurst[e]le; du wurstelst; er wurstelte; sie hat immer nur gewurstelt
wurs|tig (*umgangssprachlich für:* gleichgültig); ein wurstiges Benehmen

die **Wurs|tig|keit** (*umgangssprachlich*)
die **Wür|ze**
die **Wur|zel;** die Wurzeln
wur|zeln; der Baum wurzelt; er wurzelte; er hat tief gewurzelt

das **Wur|zel|werk**
wür|zen; du würzt; er würzte; sie hat die Soße gut gewürzt; würz *oder* würze die Suppe!
wür|zig; würzige Speisen

das **Wu|schel|haar** (lockiges oder unordentliches Haar)
wu|sche|lig; eine wuschelige Mähne
wu|seln (*umgangssprachlich für:* sich schnell und unruhig bewegen; hektisch arbeiten); ich wus[e]le; du wuselst; sie wuselte; er ist um die Ecke gewuselt; ABER: sie hat im Keller gewuselt
wüst; wüs|ter; am wüs|tes|ten

der **Wust** (Durcheinander, ungeordnete Menge); des Wusts *oder* Wus|tes
die **Wüs|te**
der **Wüst|ling** (zügelloser Mensch); des Wüstlings; die Wüst|lin|ge
die **Wut**
der **Wut|an|fall**
der **Wut|bür|ger** (*Zeitungsjargon*)
die **Wut|bür|ge|rin**
wü|ten (toben, rasen); du wütest; sie wütete; er hat gewütet; wüt *oder* wüte nicht mehr!

wü|tend
wut|ent|brannt
der **Wü|te|rich;** des Wüterichs *oder* Wüte|ri|ches; die Wü|te|ri|che
wut|schäu|mend; ABER: vor Wut schäumend
WWF = World Wide Fund for Nature (eine Naturschutzorganisation)
das **WWW** = World Wide Web

X

das **X** [ɪks] (Buchstabe); des X; die X; jemandem ein X für ein U vormachen; ABER: das x in Hexe
die **x-Ach|se** (*Mathematik*)
die **Xan|thip|pe** (*umgangssprachlich für:* zänkische Frau, nach der Ehefrau des Philosophen Sokrates); die Xanthippen
die **X-Bei|ne** *Plural*
x-bei|nig *oder* **X-bei|nig**
x-be|lie|big (*umgangssprachlich*); ein x-beliebiges Buch; ABER: jeder x-Beliebige; etwas x-Beliebiges
das **X-Chro|mo|som** (*Biologie:* eines der beiden Geschlechtschromosomen)
x-fach (*umgangssprachlich*); ein x-fach erprobtes Mittel
das **x-Fa|che;** des x-Fachen
x-för|mig *oder* **X-för|mig**
XL = extra large (Kleidergröße: sehr groß)
x-mal (*umgangssprachlich*); das habe ich dir schon x-mal gesagt
der *oder* die **XML** = Extensible Markup Language (*EDV:* Sprache, mit der die Struktur von Dokumenten beschrieben wird)
XS = extra small (Kleidergröße: sehr klein)
x-te; die x-te Potenz; zum x-ten Mal; zum x-ten Male
XXL = extra extra large (Kleidergröße: extrem groß)
XXS = extra extra small (Kleidergröße: extrem klein)
das **Xy|lo|fon** *oder* **Xy|lo|phon** (ein Musikinstrument); des Xylofons *oder* Xylophons; die Xy|lo|fo|ne *oder* Xy|lo|pho|ne

Y

das **Y** [ˈʏpsilɔn] (Buchstabe); des Y; die Y;
  ABER: das y in Rhythmus
die **y-Ach|se** (Mathematik)
die **Yacht** vergleiche: **Jacht**
der **Yan|kee** [ˈjɛŋki] (Spitzname für den
  US-Amerikaner); des Yankees; die
  Yankees
das **Yard** (englisches und amerikanisches
  Längenmaß); des Yards; die Yards; 5 Yard
  oder Yards
das **Y-Chro|mo|som** (Biologie: eines der bei-
  den Geschlechtschromosomen)
der **Yen** (Währungseinheit in Japan); des
  Yen oder Yens; die Yen oder Yens
der **Ye|ti** (legendärer Schneemensch im
  Himalajagebiet); des Yeti oder Yetis; die
  Yetis
  yip|pie (Ausruf der Freude)
das, auch: der **Yo|ga** oder **Jo|ga** (indisches
  philosophisches System [mit körperlichen und geistigen Übungen]); des
  Yoga[s] oder Joga[s]
der **Youngs|ter** [ˈjaŋstɐ] (junger Nach-
  wuchssportler); des Youngsters; die
  Youngster oder Youngsters
  You|Tube® oder **You|tube** [ˈjuːtjuːp]
  (ein Internetportal für Videos)
das **Yp|si|lon** [ˈʏpsilɔn] (der Buchstabe Y);
  des Ypsilon oder Ypsilons; die Ypsilons
die **Yuc|ca** (Palmlilie); die Yuccas
der **Yup|pie** [ˈjʊpi, auch: ˈjapi] (junger, kar-
  rierebewusster, in einer Großstadt
  lebender Mensch); des Yuppies; die
  Yuppies

Z

das **Z**; des Z; die Z; ABER: das z in Gazelle
die **Za|cke** oder der **Za|cken**; der Zacke oder
  des Zackens; die Zacken
  za|ckig; zackige Felsbrocken; ein zacki-
  ger (umgangssprachlich für: schneidiger)
  Soldat
  zag|haft; zag|haf|ter; am zag|haf|tes|ten
  Za|g|reb (Hauptstadt Kroatiens)
  zäh; zä|her; am zäh|sten oder zä|hes-
  ten
  zäh|flüs|sig; zähflüssiger Verkehr
die **Zäh|flüs|sig|keit**
die **Zäh|heit**
die **Zä|hig|keit**
die **Zahl**
das **Zahl|ad|jek|tiv**
  zahl|bar (zu [be]zahlen); zahlbar in drei
  Monatsraten
  zähl|bar (sich zählen lassend, als Zahl
  angebbar); zählbare Gewinne
  zah|len; du zahlst; sie zahlte; er hat den
  Beitrag gezahlt; zahl oder zahle bitte
  pünktlich!
  zäh|len; du zählst; er zählte; sie hat
  das Geld gezählt; zähl oder zähle es!
der **Zah|len|raum**; der Zahlenraum bis
  zehn
der **Zäh|ler**; des Zählers; die Zähler
die **Zahl|kar|te**
  zahl|los; zahllose Anrufer
  zahl|reich
der **Zahl|tag**
die **Zah|lung**
die **Zäh|lung**
das **Zah|lungs|mit|tel**
der **Zah|lungs|ver|kehr**; bargeldloser Zah-
  lungsverkehr
das **Zahl|wort**; die Zahl|wör|ter
  zahm; ein zahmes Tier
  zäh|men; du zähmst; er zähmte; sie hat
  den Löwen gezähmt; zähm oder zähme
  ihn!
die **Zäh|mung**
der **Zahn**; des Zahns oder Zah|nes; die
  Zäh|ne; Verkleinerungsform: das Zähn-
  chen
der **Zahn|arzt**
die **Zahn|ärz|tin**
die **Zahn|bürs|te**
die **Zahn|creme** oder **Zahn|crème**
  zäh|ne|knir|schend; ABER: mit den
  Zähnen knirschend
das **Zahn|fleisch**
  zahn|los; ein zahnloser Mund
die **Zahn|lü|cke**
die **Zahn|pas|ta**
das **Zahn|rad**
der **Zahn|schmerz** meist Plural
der **Zahn|sto|cher**; des Zahnstochers; die
  Zahnstocher

Zahnweh – Zeder

das **Zahn|weh**
Za|i|re [*auch:* zaˈiːɐ̯] (früherer Name der Republik Kongo)
der **Za|i|rer**; des Zairers; die Zairer
die **Za|i|re|rin**; die Zairerinnen
za|i|risch
der **Zan|der** (ein Raubfisch); des Zanders; die Zander
die **Zan|ge**
der **Zank**; des Zanks *oder* Zan|kes
zan|ken; du zankst; er zankte; sie hat mit ihm gezankt; sich zanken; sie haben sich gezankt
zän|kisch (streitlustig); zänkische Kinder
das **Zäpf|chen**; des Zäpfchens; die Zäpfchen
zap|fen; du zapfst; er zapfte Bier; sie hat Bier gezapft; zapf *oder* zapfe mir ein Bier!
der **Zap|fen**; des Zapfens; die Zapfen
der **Zap|fen|streich** (*Militär:* Ende der Ausgehzeit); der Große Zapfenstreich
die **Zapf|säu|le** (bei Tankstellen)
zap|pe|lig, zapp|lig; ein zapp[e]liger Junge
zap|peln; du zappelst; sie zappelte; er hat auf dem Stuhl gezappelt; zapple *oder* zappele nicht immer!
zap|pen [*auch:* ˈzɛpn̩] (*umgangssprachlich für:* mit der Fernbedienung in rascher Folge von einem Programm ins andere schalten); ich zappe; du zappst; er zappte; sie hat immer gezappt
der **Zar** (ehemaliger russischer Herrschertitel); des/dem/den Za|ren; die Za|ren
die **Zar|ge** (*fachsprachlich für:* Seitenwand; Tür-, Fenstereinfassung); die Zargen
die **Za|rin**; die Zarinnen
zart; zar|ter; am zar|tes|ten
die **Zart|heit**
zärt|lich
die **Zärt|lich|keit**
der **Zas|ter** (*umgangssprachlich für:* Geld); des Zasters
die **Zä|sur** (Einschnitt innerhalb einer Entwicklung, eines Verses oder eines Musikstücks); die Zä|su|ren
der **Zau|ber**; des Zaubers
der **Zau|be|rer**; des Zauberers; die Zauberer
zau|ber|haft (entzückend)
die **Zau|be|rin**; die Zauberinnen

der **Zau|ber|künst|ler**
die **Zau|ber|künst|le|rin**
zau|bern; ich zaubere; du zauberst; er zauberte; sie hat eine Taube aus dem Hut gezaubert
der **Zau|ber|stab**
der **Zau|ber|wür|fel**
zau|dern (zögern); du zauderst; er zauderte; sie hat lange gezaudert; zaudere nicht länger!
der **Zaum** (über den Kopf und ins Maul von Pferden gelegte Vorrichtung aus Riemen und Metall [zum Lenken und Führen]); des Zaums *oder* Zau|mes; die Zäu|me; ein Pferd im Zaum halten
zäu|men (einem Pferd den Zaum anlegen); du zäumst; sie zäumte; sie hat das Pferd gezäumt; zäume das Pferd!
das **Zaum|zeug**
der **Zaun**; des Zauns *oder* Zau|nes; die Zäune
der **Zaun|gast** (jemand, der aus einiger Entfernung zusieht [ohne eingeladen zu sein oder dafür bezahlt zu haben]); die Zaungäs|te
der **Zaun|kö|nig** (ein Vogel)
der **Zaun|pfahl**
zau|sen; der Wind zauste; der Wind hat die Haare gezaust
der *oder* das **Za|zi|ki** *oder* **Tsa|t|si|ki** (Joghurt mit Knoblauch und Gurkenstückchen); des **Zazikis** *oder* Tsatsikis; die **Zazikis** *oder* Tsatsikis
z. B. = zum Beispiel
das **ZDF** = Zweites Deutsches Fernsehen
das **Ze|b|ra**; des Zebras; die Zebras
der **Ze|b|ra|strei|fen**
die **Ze|che** (Rechnung für Speisen und Getränke); seine Zeche bezahlen
ze|chen (viel Alkohol trinken); ich zeche; du zechst; sie zechte; er hat bis zum frühen Morgen gezecht
der **Ze|cher**; des Zechers; die Zecher
die **Ze|che|rin**; die Zecherinnen
der **Zech|prel|ler** (jemand, der ein Gasthaus verlässt, ohne zu bezahlen); des Zechprellers; die Zechpreller
die **Zech|prel|le|rei**
die **Zech|prel|le|rin**; die Zechprellerinnen
die **Ze|cke** (eine blutsaugende Milbe)
die **Ze|der** (ein immergrüner Nadelbaum); die Zedern

Zedernholz – zeitlebens

das **Ze|dern|holz**
die **Ze|he** *oder* der **Zeh;** der Zehe *oder* des
  Zehs; die Zehen; die kleine, große Zehe
  oder der kleine, große Zeh
die **Ze|hen|spit|ze;** auf Zehenspitzen
  gehen
  zehn; wir sind zu zehnen *oder* zu zehnt;
  alle zehn Finger; ABER: die Zehn
  Gebote; ↑ *auch:* acht
die **Zehn** (Zahl); die Zehnen; ↑ *auch:* acht,
  die Acht
das **Zehn|cent|stück** *oder* **Zehn-Cent-Stück**
  (*mit Ziffern:* 10-Cent-Stück)
der **Zeh|ner;** des Zehners; die Zehner
der **Zehn|eu|ro|schein** *oder* **Zehn-Eu-
  ro-Schein** (*mit Ziffern:* 10-Euro-Schein)
  zehn|fach; die zehnfache Menge
das **Zehn|fa|che**
das **Zehn|fin|ger|sys|tem** (Methode, schnell
  auf einer Schreibmaschine oder Compu-
  tertastatur zu schreiben)
der **Zehn|kampf**
  zehn|mal ↑ achtmal
das **Zehn|me|ter|brett** (*mit Ziffern:*
  10-Meter-Brett *oder* 10-m-Brett)
  zehn|te ↑ achte
das **Zehn|tel** ↑ Achtel
  zehn|tens
  zeh|ren (etwas Vorhandenes aufbrau-
  chen, um davon zu leben); ich zehre; du
  zehrst; er zehrte; sie hat von ihren
  Ersparnissen gezehrt
das **Zei|chen;** des Zeichens; die Zeichen
der **Zei|chen|block;** die Zeichenblocks *oder*
  Zei|chen|blö|cke
die **Zei|chen|set|zung**
der **Zei|chen|trick|film**
  zeich|nen; du zeichnest; er zeichnete;
  sie hat das gezeichnet; zeichne ein
  Bild!
der **Zeich|ner;** des Zeichners; die Zeichner
die **Zeich|ne|rin;** die Zeichnerinnen
  zeich|ne|risch; zeichnerisches Talent
die **Zeich|nung**
der **Zei|ge|fin|ger**
  zei|gen; du zeigst; sie zeigte; er hat
  ihr das Haus gezeigt; zeig *oder* zeige
  es ihr!
der **Zei|ger;** des Zeigers; die Zeiger
der **Zei|ge|stock;** die Zei|ge|stö|cke
die **Zei|le**
  zei|len|wei|se

der **Zei|sig** (ein Vogel); des Zeisigs; die Zei-
  si|ge
  zeit; *nur in:* zeit meines, deines usw.
  Lebens (mein, dein usw. Leben lang);
  diesen Urlaub wirst du zeit deines
  Lebens nicht vergessen

Zeit

– zu meiner Zeit; zu jeder Zeit
– auf Zeit; auf Zeit spielen *(Sport)*
– es ist an der Zeit
– von Zeit zu Zeit
– zu der Zeit, zu Zeiten Karls des Großen
– alles zu seiner Zeit
– zu aller Zeit; ABER: all[e]zeit
– zu jeder Zeit; ABER: jederzeit
– Zeit haben; Zeit rauben; Zeit sparen

Getrennt- und Zusammenschreibung:

– eine Zeit lang *oder* Zeitlang;
– Zeit raubend *oder* zeitraubend; Zeit
  raubende *oder* zeitraubende Arbeiten;
  ABER NUR: viel Zeit raubende Arbeiten; [noch] zeitraubendere, besonders
  zeitraubende Arbeiten
– Zeit sparend *oder* zeitsparend; Zeit
  sparende *oder* zeitsparende Methoden;
  ABER NUR: viel Zeit sparende Methoden; [noch] zeitsparendere, besonders
  zeitsparende Methoden

das **Zeit|al|ter;** des Zeitalters; die Zeitalter
die **Zeit|ar|beit** (befristete Arbeit)
der **Zeit|druck;** des Zeitdrucks *oder* Zeitdru-
  ckes
die **Zeit|form** (Tempus)
der **Zeit|geist;** des Zeitgeists *oder* Zeitgeis-
  tes
  zeit|ge|mäß; zeit|ge|mäßer; am zeit|ge-
  mäßes|ten; zeitgemäße Technik
der **Zeit|ge|nos|se**
die **Zeit|ge|nos|sin**
  zeit|ge|nös|sisch (gegenwärtig); zeitge-
  nössische Malerei
die **Zeit|ge|schich|te**
  zeit|gleich
  zei|tig; zeitiges Aufstehen
die **Zeit|kar|te** (für beliebig viele Fahrten in
  einem Zeitabschnitt)
die **Zeit|lang** *vergleiche:* **Zeit**
  zeit|le|bens; er hat zeitlebens hart gear-

553

zeitlos – Zentrifuge

beitet; ABER: er hat zeit seines Lebens hart gearbeitet

zeit|los (nicht zeitgebunden)

die **Zeit|lu|pe**

zeit|nah *oder* **zeit|na|he**

der **Zeit|plan**

der **Zeit|punkt**

der **Zeit|raf|fer** *(Film);* des Zeitraffers; die Zeitraffer

zeit|rau|bend *vergleiche:* **Zeit**

der **Zeit|raum**

die **Zeit|rech|nung;** vor unserer Zeitrechnung

die **Zeit|rei|se** *(besonders Science-Fiction:* [mithilfe einer Zeitmaschine] erfolgendes Sichversetzen in eine andere Zeit)

die **Zeit|schrift**

die **Zeit|span|ne** (Zeitabschnitt)

zeit|spa|rend *vergleiche:* **Zeit**

die **Zei|tung;** die Zeitung lesenden *oder* zeitunglesenden Hotelgäste

der **Zei|tungs|ar|ti|kel**

der **Zei|tungs|be|richt**

die **Zei|tungs|re|dak|ti|on**

der **Zeit|ver|treib**

zeit|wei|lig; zeitweilige (vorübergehende) Probleme

zeit|wei|se; sie war nur zeitweise (hin und wieder) da

das **Zeit|wort** (Verb); die Zeit|wör|ter

die **Zeit|zo|ne** (Zone, in der überall die gleiche Uhrzeit gilt)

ze|le|b|rie|ren (feierlich ausführen, feiern); du zelebrierst; sie zelebrierte; der Priester hat eine Messe zelebriert (gelesen)

die **Zel|le**

der **Zell|kern**

das **Zel|lo|phan,** *fachsprachlich und als Markenbezeichnung:* **Cel|lo|phan** (glasklare Folie); des Zellophans *oder* Cellophans

der **Zell|stoff**

die **Zell|tei|lung**

das **Zel|lu|lo|id,** *fachsprachlich:* **Cel|lu|lo|id** (ein Kunststoff); des Zelluloids *oder* Zel|lu|loi|des, *fachsprachlich:* Celluloids *oder* Cel|lu|loi|des

die **Zel|lu|lo|se,** *fachsprachlich:* **Cel|lu|lo|se** (ein Zellstoff); die Zellulosen, *fachsprachlich:* Cellulosen

das **Zelt;** des Zelts *oder* Zel|tes; die Zel|te

die **Zelt|bahn**

zel|ten; du zeltest; sie zeltete; er hat am Bodensee gezeltet; zelte hier!

das **Zelt|la|ger**

die **Zelt|pla|ne**

der **Ze|ment** (Baustoff); des Zements *oder* Ze|men|tes; die Ze|men|te

ze|men|tie|ren (mit Zement ausfüllen, verputzen); du zementierst; er zementierte; er hat den Weg zementiert; sie hat ihre Macht zementiert (gefestigt); zementier *oder* zementiere das Loch!

der **Ze|nit** (Scheitelpunkt); des Zenits *oder* Ze|ni|tes; der Zenit (Höhepunkt) ihrer Karriere

zen|sie|ren (benoten; prüfen); ich zensiere; du zensierst; sie zensierte; die Lehrerin hat die Aufsätze zensiert

die **Zen|sur** ([Schul]note); die Zen|su|ren

der **Zen|ti|me|ter** *(Zeichen:* cm)

zen|ti|me|ter|dick; ABER: mehrere Zentimeter dick

das **Zen|ti|me|ter|maß**

der **Zent|ner** (50 kg); des Zentners; die Zentner

zent|ner|wei|se

zen|t|ral (in der Mitte liegend); in zentraler Lage

das **Zen|t|ral|ab|i|tur** (einheitliche Reifeprüfung innerhalb eines [Bundes]landes)

der **Zen|t|ral|af|ri|ka|ner** (Einwohner der Zentralafrikanischen Republik)

die **Zen|t|ral|af|ri|ka|ne|rin**

zen|t|ral|af|ri|ka|nisch; ABER: die Zentralafrikanische Republik

die **Zen|t|ral|bank**

die **Zen|t|ra|le**

die **Zen|t|ral|hei|zung**

der **Zen|t|ra|lis|mus** (Konzentration der Entscheidungsgewalt in einer Stelle); des Zentralismus

das **Zen|t|ral|ner|ven|sys|tem** (im Gehirn und Rückenmark)

zen|t|rie|ren (auf die Mitte einstellen); ich zentriere; du zentrierst; er zentrierte; sie hat das Rad zentriert

die **Zen|t|ri|fu|gal|kraft** (Fliehkraft bei krummliniger Bewegung)

die **Zen|t|ri|fu|ge** (Schleudergerät zur Trennung von Flüssigkeiten); die Zentrifugen

554

Zentripetalkraft – zerstören

die **Zen|t|ri|pe|tal|kraft** (zum Mittelpunkt einer krummlinigen Bewegung hin gerichtete Kraft)

das **Zen|t|rum** (Mittelpunkt; Innenstadt); des Zentrums; die Zentren

der **Zep|pe|lin** (ein Luftschiff); des Zeppelins; die Zep|pe|li|ne

das, *seltener: der* **Zep|ter** (Herrscherstab); des Zepters; die Zepter

zer|bre|chen; du zerbrichst; er zerbricht; er zerbrach; sie hat das Glas zerbrochen; er ist an seinem Leid zerbrochen; zerbrich nichts!; sich den Kopf zerbrechen

zer|brech|lich; zerbrechliche Ware

die **Ze|re|mo|nie** [*auch:* tsere'mo:njə] (feierliche Handlung; Förmlichkeit); die Ze|remo|ni|en *oder* Ze|re|mo|ni|en

ze|re|mo|ni|ell; ein zeremonieller Empfang

das **Ze|re|mo|ni|ell** ([Regeln und Verhaltensweisen für] feierliche Handlungen); des Zeremoniells; die Ze|re|mo|ni|el|le

zer|fah|ren (verwirrt, gedankenlos)

der **Zer|fall** (Zusammenbruch, Zerstörung); des Zerfalls *oder* Zer|fal|les; die Zer|fäl|le

zer|fal|len; die Mauer zerfällt; sie zerfiel; sie ist zerfallen

zer|fet|zen; ich zerfetze; du zerfetzt; er zerfetzte den Brief; eine Granate hat sein Bein zerfetzt

zer|fled|dern (*umgangssprachlich für:* durch häufigen Gebrauch abnutzen; zerfetzen); du zerfledderst; sie zerfledderte; er hat sein Heft zerfleddert; zerfleddere dein Heft nicht!; ein zerfleddertes Buch

zer|flei|schen; der Tiger zerfleischte seine Beute; er hat seine Beute zerfleischt

zer|klei|nern; du zerkleinerst; sie zerkleinerte; er hat das Holz zerkleinert; zerkleinere das Holz!

zer|klüf|tet; zerklüftetes Gestein

zer|knirscht (schuldbewusst); ein zerknirschtes Gesicht machen

zer|knit|tern; du zerknitterst; sie zerknitterte; er hat sein Heft zerknittert; zerknittere dein Heft nicht!

zer|knül|len; ich zerknülle; du zerknüllst; sie zerknüllte; er hat den Zettel zerknüllt

zer|krat|zen; ich zerkratze; du zerkratzt; sie zerkratzte den Spiegel; die Dornen haben seine Beine zerkratzt

zer|le|gen; du zerlegst; sie zerlegte; er hat den Motor in seine Bestandteile zerlegt; zerleg *oder* zerlege den Satz in seine Glieder!

zer|lumpt; zerlumpte Kleidung

zer|mal|men (zerquetschen); die Maschine zermalmte den Sperrmüll; eine Gerölllawine hat die Scheune zermalmt

zer|mür|ben (mürbe machen); ich zermürbe; du zermürbst; das Warten zermürbte mich; es hat mich zermürbt

zer|quet|schen; ich zerquetsche; du zerquetschst; er zerquetschte; sie hat die Kartoffeln zerquetscht

das **Zerr|bild**

zer|rei|ßen; du zerreißt; sie zerreißt; sie zerriss; er hat den Stoff zerrissen; zerreiß *oder* zerreiße den Fahrschein nicht!

die **Zer|reiß|pro|be**

zer|ren; ich zerre; du zerrst; er zerrte; der Hund hat an der Leine gezerrt

zer|rin|nen (langsam zerfließen; sich auflösen); der Schnee zerrann; ihre Hoffnung ist zerronnen

die **Zer|rung** (Überdehnung von Muskeln, Sehnen oder Bändern)

zer|rüt|tet (völlig erschöpft; zerstört); zerrüttete Nerven

zer|schel|len; das Flugzeug zerschellte; es ist an der Felswand zerschellt

zer|schla|gen; er zerschlug einen Teller; die Polizei hat einen Verbrecherring zerschlagen

zer|schmet|tern; ein Geschoss zerschmetterte sein Bein; die Bombe hat das Haus zerschmettert

zer|set|zen (auflösen); der elektrische Strom zersetzte die Säure; die Fäulnis hat den Körper zersetzt

zer|split|tern; die Scheibe zersplitterte; sie ist zersplittert; zersplittertes Holz

zer|stäu|ben; ich zerstäube; du zerstäubst; er zerstäubte; sie hat Parfüm zerstäubt

zer|stö|ren; du zerstörst; er zerstörte; sie hat das Bild zerstört; zerstör *oder* zerstöre es nicht!

555

Zerstörung – zieren

die **Zer|stö|rung**
zer|streu|en; du zerstreust; die Polizei zerstreute die Demonstranten; sie hat alle Bedenken zerstreut; zerstreu *oder* zerstreue sie!
zer|streut; ein zerstreuter Professor
die **Zer|streut|heit**
die **Zer|streu|ung**
zer|stü|ckeln; sie zerstückelte; sie hat den Apfel zerstückelt
das **Zer|ti|fi|kat** (Bescheinigung, Zeugnis); des Zertifikats *oder* Zer|ti|fi|ka|tes; die Zer|ti|fi|ka|te
zer|trüm|mern; du zertrümmerst; sie zertrümmerte; er hat die Scheiben zertrümmert; zertrümmer *oder* zertrümmere nichts!
die **Zer|ve|lat|wurst** *oder* **Ser|ve|lat|wurst** (eine Dauerwurst)
das **Zer|würf|nis;** des Zerwürfnisses; die Zerwürfnisse
zer|zau|sen; der Wind zerzauste ihr Haar; er hat ihr Haar zerzaust; zerzauste Haare
ze|tern (wehklagend schreien); du zeterst; sie zeterte; er hat gezetert; zetere nicht so!
der **Zet|tel;** des Zettels; die Zettel
das **Zeug;** des Zeugs *oder* Zeu|ges; die Zeuge; jemandem etwas am Zeug flicken (*umgangssprachlich für:* über jemanden etwas Nachteiliges sagen)
der **Zeu|ge;** des/dem/den Zeugen; die Zeugen
zeu|gen; ich zeuge; du zeugst; sie zeugte vor Gericht (sagte als Zeugin aus); er hat ein Kind gezeugt; die Arbeit zeugt von Fleiß (lässt Fleiß erkennen)
die **Zeu|gen|aus|sa|ge**
die **Zeu|gin;** die Zeuginnen
das **Zeug|nis;** des Zeugnisses; die Zeugnisse

> ❗ Nomen auf *-nis* werden im Nominativ Singular nur mit einem *s* geschrieben, obwohl der Genitiv Singular und die Pluralformen mit Doppel-*s* gebildet werden.

die **Zeu|gung** (Befruchtung beim Geschlechtsakt)
zeu|gungs|fä|hig

Zeus (höchster griechischer Gott)
z. H. = zu Händen
die **Zi|cke** (weibliche Ziege); die Zicken; *Verkleinerungsform:* das Zick|lein
zi|cken (*umgangssprachlich für:* Schwierigkeiten machen); du zickst; er zickte; sie hat gezickt; zick *oder* zicke nicht so!
die **Zi|cken** (*umgangssprachlich für:* Dummheiten) *Plural;* mach keine Zicken!
zi|ckig (überspannt, eigensinnig)
der **Zick|zack;** des Zickzacks *oder* Zick|za|ckes; die Zick|za|cke; im Zickzack laufen; ᴀʙᴇʀ: zickzack laufen
die **Zie|ge**
der **Zie|gel;** des Ziegels; die Ziegel
die **Zie|ge|lei**
zie|gel|rot
der **Zie|gel|stein**
der **Zie|gen|bock**
der **Zie|gen|pe|ter** (eine Infektionskrankheit)
zie|hen; du ziehst; sie zieht; sie zog; er hat den Wagen gezogen; zieh *oder* ziehe ein Los!
die **Zieh|har|mo|ni|ka;** die Ziehharmonikas *oder* Ziehharmoniken
die **Zie|hung**
das **Ziel;** des Ziels *oder* Zie|les; die Zie|le
ziel|be|wusst; zielbewusstes Vorgehen
zie|len; du zielst; er zielte; sie hat schlecht gezielt; ziel *oder* ziele genau!
ziel|füh|rend (erfolgreich); zielführende Maßnahmen; ᴀʙᴇʀ: zum Ziel führende Maßnahmen
die **Ziel|ge|ra|de** (einer Lauf-, Rennbahn)
die **Ziel|grup|pe**
die **Ziel|li|nie**
ziel|los; ziellos umherirren
die **Ziel|schei|be**
die **Ziel|set|zung**
ziel|si|cher; ein zielsicherer Schütze
ziel|stre|big; zielstrebiges Vorgehen
zie|men (angemessen sein; sich gehören); es ziemt mir; dieser Empfang hat mir geziemt; sich ziemen; es hat sich geziemt, ihr zu gratulieren
ziem|lich (fast, annähernd)
die **Zier** (Zierde, Schmuck)
die **Zier|de** (Verzierung)
zie|ren; das Bild zierte; es hat das Zimmer geziert; sich zieren (sich bescheiden

zierlich – Zirkuspferd

stellen); er hat sich geziert; zier *oder* ziere dich nicht so!

zier|lich; zierliche Hände

die **Zier|pflan|ze**

der **Zier|rat;** des Zierrats *oder* Zier|ra|tes; die Zier|ra|te

die **Zif|fer;** die Ziffern; die arabischen, römischen Ziffern

das **Zif|fer|blatt**

zig *(umgangssprachlich);* zig Euro; er fuhr mit zig Sachen in die Kurve; ABER: zigfach; ein Zigfaches; sie hat ihm das zigmal gesagt; Zighundert *oder* zighundert Menschen; Zigtausende *oder* zigtausende Menschen

die **Zi|ga|ret|te**

die **Zi|ga|ret|ten|kip|pe**

der, *auch:* das **Zi|ga|ril|lo** (kleine Zigarre); des Zigarillos; die Zigarillos

die **Zi|gar|re**

der **Zi|geu|ner;** des Zigeuners; die Zigeuner

> **!** Viele Menschen empfinden die Benennungen *Zigeuner* und *Zigeunerin* inzwischen als diskriminierend. Deshalb sollte die Menschengruppe besser als *Sinti und Roma* bezeichnet werden.

die **Zi|geu|ne|rin;** die Zigeunerinnen

zig|fach, zig|hun|dert, zig|mal, zig|tausend *vergleiche:* **zig**

die **Zi|ka|de** (grillenähnliches Insekt); die Zikaden

das **Zim|mer;** des Zimmers; die Zimmer

der **Zim|me|rer** (Handwerker, der bei Bauten die Teile aus Holz herstellt); des Zimmerers; die Zimmerer

die **Zim|me|rin** (Handwerkerin, die bei Bauten die Teile aus Holz herstellt); die Zimmerinnen

der **Zim|mer|mann** (Zimmerer); die Zimmer|leu|te

zim|mern; ich zimmere; du zimmerst; er zimmerte; sie hat den Schrank gezimmert

zim|per|lich ([über]empfindlich)

die **Zim|per|lie|se** *(umgangssprachlich für:* zimperliches Mädchen)

der **Zimt** (ein Gewürz); des Zimts *oder* Zimtes; die Zim|te

das **Zink** (chemisches Element, Metall; *Zeichen:* Zn); des Zinks *oder* Zin|kes

das **Zink|blech**

die **Zin|ke** (Zacke); die Zinken

zin|ken (mit Zinken, Zeichen versehen); du zinkst; er zinkte; er hat die Karten gezinkt; zinke die Karten nicht!

der **Zin|ken** ([Gauner]zeichen; *umgangssprachlich für:* große Nase); des Zinkens; die Zinken

das **Zinn** (chemisches Element, Metall; *Zeichen:* Sn); des Zinns *oder* Zin|nes

der **Zinn|be|cher**

die **Zin|ne** (zahnartiger Mauerabschluss); die Zinnen

der **Zin|no|ber** (eine rote Farbe; *auch umgangssprachlich für:* Blödsinn, wertloses Zeug); des Zinnobers

zin|no|ber|rot (ein Farbton); ABER: das Zin|no|ber|rot

der **Zins** (Ertrag); des Zin|ses; die Zin|sen

die **Zin|ses|hö|hung**

der **Zin|ses|zins**

der **Zins|fuß** (in Prozent ausgedrückte Höhe der Zinsen); die Zins|fü|ße

zins|los; ein zinsloser Kredit

die **Zins|rech|nung**

der **Zins|satz**

die **Zins|sen|kung**

der **Zi|o|nis|mus** (Bewegung zur Gründung und Sicherung eines nationalen jüdischen Staates); des Zionismus

der **Zi|o|nist** (Anhänger des Zionismus); des/dem/den Zi|o|nis|ten; die Zi|o|nisten

die **Zi|o|nis|tin;** die Zionistinnen

der **Zip|fel;** des Zipfels; die Zipfel

die **Zip|fel|müt|ze**

zir|ka *vergleiche:* **cir|ca**

der **Zir|kel;** des Zirkels; die Zirkel

der **Zir|kel|kas|ten**

zir|keln (einen Kreis ziehen; [ab]messen; *umgangssprachlich für:* genau ausprobieren, an eine bestimmte Stelle befördern); ich zirk[e]le; du zirkelst; er zirkelte; der Spieler hat den Ball um die Mauer gezirkelt

die **Zir|ku|la|ti|on** (Umlauf, Kreislauf); die Zir|ku|la|ti|o|nen

zir|ku|lie|ren; das Blut zirkulierte in den Adern; Luft ist, *seltener:* hat im Raum zirkuliert

der **Zir|kus** *oder* Cir|cus; des Zirkus *oder* Circus; die Zirkusse *oder* Circusse

das **Zir|kus|pferd** *oder* Cir|cus|pferd

557

zirpen – zoologisch

zir|pen; die Grille zirpte; sie hat gezirpt

die **Zir|rho|se** (*Medizin:* Wucherung im Bindegewebe eines Organs); die Zirrhosen

die **Zir|rus|wol|ke** (Federwolke)

zi|schen; du zischst; er zischte; er hat gezischt; zisch *oder* zische nicht!

der **Zisch|laut**

die **Zis|ter|ne** (unterirdischer Behälter für Regenwasser); die Zisternen

die **Zi|ta|del|le** (Festung; Kern einer Festung); die Zitadellen

das **Zi|tat** (wörtlich angeführte Belegstelle; bekannter Ausspruch); des Zitats *oder* Zi|ta|tes; die Zi|ta|te

die **Zi|ther** (ein Saiteninstrument); die Zithern

zi|tie|ren (wörtlich anführen); du zitierst; sie zitierte; sie hat ihn zitiert; zitier *oder* zitiere den Text richtig!

das **Zi|t|ro|nat** (kandierte Zitronenschale); des Zitronats *oder* Zi|t|ro|na|tes; die Zi|t|ro|na|te

die **Zi|t|ro|ne**

der **Zi|t|ro|nen|fal|ter**

zi|t|ro|nen|gelb

die **Zi|t|ro|nen|säu|re**

die **Zi|t|rus|frucht** (Zitrone, Apfelsine usw.)

zit|te|rig *oder* **zitt|rig;** zitterige *oder* zittrige Hände

zit|tern; ich zittere; du zitterst; er zitterte; er hat am ganzen Körper gezittert; zitternde Knie

die **Zit|ze** (Säugeorgan); die Zitzen

der **Zi|vi** (*umgangssprachlich kurz für:* jemand, der Zivildienst leistet); des Zivis; die Zivis

zi|vil (bürgerlich; nicht militärisch); die zivile Luftfahrt; zivile (niedrige) Preise

das **Zi|vil** (Zivilkleidung); des Zivils; er kommt in Zivil

die **Zi|vil|be|völ|ke|rung**

die **Zi|vil|cou|ra|ge** (Mut im bürgerlichen Leben)

der **Zi|vil|dienst** (anstelle des Wehrdienstes); Zivildienst leisten; der Zivildienst Leistende *oder* <mark>Zivildienstleistende</mark>; die Zivildienst Leistenden *oder* <mark>Zivildienstleistenden</mark>

die **Zi|vi|li|sa|ti|on** (die durch den Fortschritt verbesserten Lebensbedingungen); die Zi|vi|li|sa|ti|o|nen

zi|vi|li|siert (Zivilisation besitzend); zivilisierte Menschen

der **Zi|vi|list** (Bürger; Nichtsoldat); des/dem/den Zi|vi|lis|ten; die Zi|vi|lis|ten

die **Zi|vi|lis|tin;** die Zivilistinnen

der **Zi|vil|schutz** (Schutz der Zivilbevölkerung im Kriegs- und Katastrophenfall)

der **Zo|bel** (ein Marder; sein Pelz); des Zobels; die Zobel

zo|cken (*umgangssprachlich für:* Glücksspiele machen; *Jugendsprache auch für:* ein [Computer]spiel spielen); ich zocke; du zockst; sie zockte; er hat am Computer gezockt; zock *oder* zocke nicht!

die **Zo|fe;** die Zofen

der **Zoff** (*umgangssprachlich für:* Ärger, Streit, Unfrieden); des Zoffs

sich **zof|fen** (sich streiten); du zoffst dich; die beiden haben sich wieder gezofft; zoff *oder* zoffe dich nicht immer mit ihr!

zö|ger|lich

zö|gern; du zögerst; er zögerte; er hat gezögert; zögere nicht länger!; ohne zu zögern; ABER: ohne Zögern

der **Zög|ling;** des Zöglings; die Zögl|in|ge

das, *fachsprachlich:* der **Zö|li|bat** (Ehelosigkeit aus religiösen Gründen); des Zölibats *oder* Zö|li|ba|tes

der **Zoll** (Abgabe); des Zolls *oder* Zol|les; die Zöl|le; Zoll [be]zahlen

der **Zoll** (ein Längenmaß); des Zolls *oder* Zol|les; die Zoll; 3 Zoll breit

der **Zoll|be|am|te**

die **Zoll|be|am|tin**

zol|len (*gehoben für:* erweisen, entgegenbringen); du zollst; er zoll|te; er hat ihr Dank gezollt; zolle ihr mehr Respekt!

zoll|frei; zollfreie Waren

die **Zoll|kon|t|rol|le**

der **Zöll|ner** (*veraltend für:* Zollbeamter); des Zöllners; die Zöllner

der **Zoll|stock;** die Zoll|stö|cke

der **Zom|bie** (wiedererweckter Toter); des Zombie *oder* Zombies; die Zombies

die **Zo|ne** (Gebietsstreifen)

die **Zo|nen|gren|ze** (Grenze zwischen Besatzungszonen; *Verkehrswesen:* Zahlgrenze)

der **Zoo;** des Zoos; die Zoos

die **Zoo|lo|gie** (Tierkunde)

zoo|lo|gisch

558

Zoom – zuerst

das oder der **Zoom** [zu:m] (Kameraobjektiv mit veränderlicher Brennweite); des Zooms; die Zooms
zoo|men ['zu:mən] (das Objekt, das fotografiert werden soll, im Bild näher heranholen oder weiter wegrücken); ich zoome; du zoomst; er zoomte; er hat den Vogel gezoomt
das <mark>**Zoo-Or|ches|ter**</mark> oder <mark>Zoo|or|ches|ter</mark>
der Zopf; des Zopfs oder Zop|fes; die Zöp|fe
der Zorn; des Zorns oder Zor|nes
zor|nig; zornige Blicke
die Zo|te (unanständiger Witz); die Zoten
zo|tig; zotige Anspielungen
zot|te|lig oder **zott|lig;** zott[e]liges Fell
zot|tig (struppig)
z. T. = zum Teil
Ztr. = Zentner
zu; zu dem Punkt; zu zweien oder zu zwein, zu zweit; vier zu eins (4 : 1)
zu|al|ler|erst
zu|al|ler|letzt
zu|al|ler|meist
das, seltener: der **Zu|be|hör;** des Zubehörs oder Zu|be|hö|res; die Zu|be|hö|re
der Zu|ber ([Holz]bottich); des Zubers; die Zuber
zu|be|rei|ten; er bereitete das Essen zu; er hat die Speisen zubereitet
die Zu|be|rei|tung
zu|be|we|gen; sie bewegte ihre Hand auf den Griff zu; sich zubewegen; er hat sich auf die Straße zubewegt; ABER: sie war nicht dazu zu bewegen (zu überreden)
zu|brin|gen; sie brachte viel Zeit auf Reisen zu; sie hat eine Nacht im Freien zugebracht
der Zu|brin|ger; des Zubringers; die Zubringer
die Zu|brin|ger|stra|ße
die Zuc|chi|ni [tsʊ'ki:ni], besonders fachsprachlich: der **Zuc|chi|no** [tsʊ'ki:no] (ein gurkenähnliches Gemüse); der Zucchini, seltener: des Zucchinos; die Zucchini meist Plural
die Zucht; die Zuch|ten
züch|ten; ich züchte; du züchtest; er züchtete; er hat Rosen gezüchtet
der Züch|ter; des Züchters; die Züchter
die Züch|te|rin; die Züchterinnen
züch|ti|gen (gehoben für: durch Schlagen

bestrafen); du züchtigst; er züchtigte; er hat ihn mit einem Stock gezüchtigt; züchtige ihn nicht!
die Züch|ti|gung
das Zucht|tier
zu|ckeln (umgangssprachlich für: langsam gehen oder fahren); ich zuck[e]le; du zuckelst; er zuckelte; er ist gemütlich nach Hause gezuckelt
zu|cken; du zuckst; sie zuckte; sie hat mit den Schultern gezuckt; zuck oder zucke nicht dauernd!
zü|cken (schnell herausholen); du zückst; er zückte Papier und Bleistift; er hat ein Messer gezückt; zück oder zücke den Geldbeutel!
der Zu|cker; des Zuckers; die Zucker
zu|cker|frei; zuckerfreie Bonbons
die Zu|cker|gla|sur
zu|cker|krank
die Zu|cker|krank|heit (dauerhaft erhöhter Zuckergehalt des Blutes)
zu|ckern; ich zuckere; du zuckerst; er zuckerte den Nachtisch; er hat das Obst gezuckert
die Zu|cker|rü|be
zu|cker|süß
zu|de|cken; sie deckte das Loch zu; sie hat das Kind zugedeckt; sich zudecken; sie hat sich schnell zugedeckt
zu|dem (außerdem); es war kalt und zudem regnete es; ABER: er kam zu dem Haus
zu|dring|lich (aufdringlich, lästig)
die Zu|dring|lich|keit
zu|ei|n|an|der; zueinander sprechen; <mark>zueinanderfinden</mark> oder zueinander finden (zusammenfinden); sie haben endlich <mark>zueinandergefunden</mark> oder <mark>zueinanderhalten</mark> oder zueinander halten (zusammenhalten); sie haben immer <mark>zueinandergehalten</mark> oder zueinander gehalten; <mark>zueinanderpassen</mark> oder zueinander passen; ich finde, dass sie gut <mark>zueinanderpassen</mark> oder <mark>zueinander passen</mark>; ↑ aufeinander
zu|ei|n|an|der|fin|den, zu|ei|n|an|der|hal|ten, zu|ei|n|an|der|pas|sen vergleiche: **zu|ei|n|an|der**
zu|ei|n|an|der hal|ten
zu|erst; zuerst einmal; der zuerst

559

Zufahrt – Zuhause

genannte Name; ABER: der zuerst Genannte

die **Zu|fahrt**

die **Zu|fahrts|stra|ße**

der **Zu|fall;** des Zufalls *oder* Zu|fal|les; die Zu|fäl|le

zu|fal|len; die Tür fiel zu; sie ist [mir] zugefallen

zu|fäl|lig

zu|fas|sen; ich fasse zu; du fasst zu; er fasste zu; die Polizei hat blitzschnell zugefasst

die **Zu|flucht**

der **Zu|fluchts|ort**

der **Zu|fluss;** des Zu|flus|ses; die Zu|flüs|se

zu|fol|ge; dem Befehl zufolge; ABER: zufolge des Befehls

zu|frie|den; zufrieden machen, sein, werden; zufrieden stellen *oder* zufriedenstellen; wir haben alle Kunden zufrieden gestellt *oder* zufriedengestellt; ein zufrieden stellendes *oder* zufriedenstellendes Ende; ABER NUR: ein [noch] zufriedenstellenderes Ende

sich **zu|frie|den|ge|ben** (sich begnügen); er hat sich damit zufriedengegeben

die **Zu|frie|den|heit**

zu|frie|den|las|sen (in Ruhe lassen); ihr sollt ihn zufriedenlassen!

zu|frie|den|stel|len *vergleiche:* **zu|frie|den**

zu|fü|gen; er fügte ihm Schaden zu; er hat mir [ein] Unrecht zugefügt

der **Zug;** des Zugs *oder* Zu|ges; die Zü|ge; im Zuge des Wiederaufbaus; Zug um Zug; der 10-Uhr-Zug

die **Zu|ga|be**

der **Zu|gang;** des Zugangs *oder* Zu|gan|ges; die Zu|gän|ge

zu|gäng|lich; eine schwer zugängliche Stelle

zu|ge|ben (gestehen); sie gab ihren Irrtum zu; sie hat alles zugegeben

zu|ge|ge|be|ner|ma|ßen (wie man zugeben muss)

zu|ge|gen (anwesend, dabei); zugegen bleiben, sein

zu|ge|hen; er geht auf das Haus zu; es ging sehr fröhlich zu

zu|ge|hö|rig; ein Auto mit den zugehörigen Papieren

der **Zü|gel;** des Zügels; die Zügel

zü|gel|los; zü|gel|lo|ser; am zü|gel|lo|ses|ten

zü|geln; du zügelst; er zü|gel|te; er hat sein Temperament gezügelt; zügle *oder* zügele deine Neugier!

das **Zu|ge|ständ|nis;** des Zugeständnisses; die Zugeständnisse

zu|ge|ste|hen; sie gestand es ihm zu; sie hat ihm einen Rabatt zugestanden

zu|gig (windig); ein zugiger Hausflur

zü|gig (rasch, ohne Stockung); ein zügiges Tempo

die **Zug|kraft** (Anziehungskraft)

zug|kräf|tig; ein zugkräftiger (viel Publikum anziehender) Film

zu|gleich

zu|grei|fen; er griff zu; er hat zugegriffen

der **Zu|griff;** des Zugriffs *oder* Zu|grif|fes; die Zu|grif|fe; Zugriff auf *oder* zu Daten

zu|grun|de *oder* **zu Grun|de;** zugrunde *oder* zu Grunde gehen, legen; er ist dabei, sich zugrunde *oder* zu Grunde zu richten; der zugrunde liegende *oder* zu Grunde liegende *oder* zugrundeliegende Vertrag

die **Zug|spit|ze** (höchster Berg Deutschlands)

zu|guns|ten *oder* **zu Guns|ten;** zugunsten *oder* zu Gunsten bedürftiger Kinder; ABER: dem Freund zugunsten *oder* zu Gunsten

zu|gu|te|hal|ten (*gehoben für:* positiv anrechnen); man kann ihm seine Ehrlichkeit zugutehalten

zu|gu|te|kom|men (sich positiv für jemanden auswirken); seine Sprachkenntnisse sind ihm bei der Bewerbung zugutegekommen

der **Zug|vo|gel**

zu|hau|se *vergleiche:* **Haus**

das **Zu|hau|se;** sie freut sich auf ihr [schönes] Zuhause; er hat kein Zuhause mehr; ↑ABER: Haus

---

! Groß und in einem Wort schreibt man *Zuhause* nur, wenn ein Artikel oder ein Pronomen vorangeht: *das Zuhause / mein, euer Zuhause.* In allen anderen Fällen sind die Schreibungen *zu Hause* und *zuhause* richtig.

zuhinterst – zunichtemachen

zu|hin|terst; er stand zuhinterst in der Schlange

zu|hö|ren; du hörst zu; sie hörte zu; sie hat mir kaum zugehört; hör *oder* höre gut zu!

der **Zu|hö|rer**

die **Zu|hö|re|rin**

die **Zu|hö|rer|schaft**

zu|kom|men; er kam auf mich zu; ihm ist eine wichtige Rolle zugekommen; sie hat mir eine Nachricht zukommen lassen

die **Zu|kunft**

zu|künf|tig; die zukünftige Chefin

die **Zu|kunfts|aus|sich|ten** *Plural*

zu|kunfts|ori|en|tiert

zu|kunfts|träch|tig; eine zukunftsträchtige (gute Zukunftsaussichten habende) Entwicklung

die **Zu|la|ge**

zu|lan|gen *(umgangssprachlich);* du langst zu; er langte zu; er hat beim Essen kräftig zugelangt; lang *oder* lange ordentlich zu!

zu|läng|lich *(gehoben für: genügend, ausreichend);* zulängliche Erfahrungen

zu|las|sen; du lässt die Tür zu; der Richter ließ die Frage zu; er hat die Demonstration zugelassen; sein Motorrad ist [noch] nicht zugelassen

zu|läs|sig (erlaubt); eine zulässige Frage

die **Zu|las|sung;** die Zulassung zur Prüfung

zu|las|ten *oder* **zu Las|ten;** zulasten *oder* zu Lasten des Angeklagten; ABER: die Kosten gehen zu ihren Lasten

der **Zu|lauf;** des Zulaufs *oder* Zu|lau|fes; die Zu|läu|fe

zu|lau|fen; die Katze lief ihnen zu; sie ist ihnen zugelaufen

zu|leid *oder* **zu|lei|de** *und* **zu Leid** *oder* **zu Lei|de;** jemandem etwas **zuleid[e]** *oder* zu Leid[e] tun

die **Zu|lei|tung**

zu|letzt; sie kam zuletzt; ABER: sie kam zu guter Letzt

zu|lie|be; er hat es ihr zuliebe getan

zum (zu dem); er ging zum Haus

zu|ma|chen; er machte die Tür zu; er hat sie fest zugemacht; er versuchte[,] die Tür zuzumachen

zu|mal (vor allem; besonders weil); alle, zumal die Fans, waren begeistert

das **Zum|ba** (*Markenbezeichnung:* Fitnesstraining zu lateinamerikanischer Musik); des Zumbas; *meist ohne Artikel*

zu|meist (meistens)

zu|min|dest; ich erwarte zumindest Respekt; ABER: zum Mindesten

zu|mül|len *(umgangssprachlich);* sie müllte mich mit Papieren zu; sie hat mich mit E-Mails zugemüllt

zu|mut|bar; zumutbare Belastungen

zu|mu|te *oder* **zu Mu|te;** mir ist gut, schlecht **zumute** *oder* zu Mute

zu|mu|ten; sie mutete ihm zu viel zu; sich zumuten; sie hat sich zu viel zugemutet

die **Zu|mu|tung**

zu|nächst; zunächst ging er nach Hause, dann trafen wir uns; zunächst dem Hause *oder* dem Hause zunächst (in unmittelbarer Nähe des Hauses)

die **Zu|nah|me** (Vermehrung)

der **Zu|na|me** (Familienname)

das **Zünd|blätt|chen**

zün|deln (*besonders süddeutsch, österreichisch für:* mit Feuer spielen); du zündelst; die Kinder zündelten; sie haben gezündelt; zündle *oder* zündele nicht!

zün|den; du zündest; er zündete; sie hat den Motor gezündet; zünde den Motor!; zündende (begeisternde) Ideen

der **Zün|der;** des Zünders; die Zünder

die **Zünd|flam|me**

das **Zünd|holz;** die Zünd|höl|zer

die **Zünd|ker|ze**

der **Zünd|schlüs|sel**

die **Zün|dung**

zu|neh|men; er nahm kräftig zu; er hat an Gewicht zugenommen

zu|neh|mend (mehr und mehr)

die **Zu|nei|gung**

die **Zunft** (ein Berufsverband); die Zünf|te

zünf|tig; ein zünftiges (ordentliches) Essen

die **Zun|ge**

zün|geln; die Flamme züngelte; die Schlange hat gezüngelt

der **Zun|gen|schlag**

zu|nich|te; zunichte (zerstört) sein

zu|nich|te|ma|chen (zerstören); das

561

zunichtewerden – zurückziehen

Wetter hat all unsere Pläne zunichtegemacht

zu|nich|te|wer|den (zerstört werden); weil seine Hoffnungen mit einem Schlag zunichtewurden

zu|nut|ze *oder* **zu Nut|ze;** sich etwas zunutze *oder* zu Nutze machen

zu|oberst; die Hemden lagen im Koffer zuoberst

zu|ord|nen; du ordnest zu; er hat die Namen den Adressen zugeordnet; jedem X ist genau ein Y zugeordnet; ordne die Einträge zu!

zu|pa|cken; er packte zu; jeder hat zugepackt; pack *oder* packe zu!

zup|fen; ich zupfe; du zupfst; er zupfte; er hat ihn am Haar gezupft; zupf *oder* zupfe nicht immer an deinen Haaren!

das **Zupf|in|s|t|ru|ment**

zur (zu der); zur Schule gehen

zu|ran|de *oder* **zu Ran|de;** er ist mit der Aufgabe nicht zurande *oder* zu Rande gekommen (er hat sie nicht bewältigt)

zu|ra|te *oder* **zu Ra|te;** sie hat ihn zurate *oder* zu Rate gezogen (um Rat gefragt)

zu|rech|nungs|fä|hig (bei [klarem] Verstand); ist er noch zurechnungsfähig?

die **Zu|rech|nungs|fä|hig|keit**

sich **zu|recht|fin|den;** er fand sich zurecht; er hat sich gut zurechtgefunden

zu|recht|kom|men; sie kam zurecht; sie ist mit der Maschine zurechtgekommen

zu|recht|le|gen; er legte sich das Werkzeug zurecht; er hat ihm alles zurechtgelegt; sich zurechtlegen; er hat sich die Sachen zurechtgelegt

zu|recht|ma|chen; er macht das Essen zurecht; sie hat sich zurechtgemacht

zu|recht|wei|sen (streng ermahnen); sie wies ihn zurecht; sie hat ihn deswegen zurechtgewiesen

die **Zu|recht|wei|sung**

zu|re|den; er redete ihm zu; er hat ihm gut zugeredet; red *oder* rede ihm gut zu!

Zü|rich [*schweizerisch* ˈtsʏrɪç] (Stadt in der Schweiz)

zür|nen (*gehoben für:* zornig sein); du zürnst; sie zürnte; sie hat ihm, *auch:* mit ihm tagelang gezürnt; zürne nicht!

zu|rück; wieder zurück sein; ABER: es gibt kein Zurück mehr

zu|rück|be|hal|ten; er behielt etwas

zurück; er hat den Betrag zurückbehalten

zu|rück|füh|ren; es führte kein Weg zurück; sie hat die Gruppe zum Hotel zurückgeführt; das Unglück ist auf menschliches Versagen zurückzuführen

zu|rück|ge|ben; sie gab das Buch zurück; sie hat mir den Schlüssel zurückgegeben; gib mir das sofort zurück!

zu|rück|ge|hen; er ging zurück; die Produktion ist zurückgegangen; geh *oder* gehe nach Hause zurück!; diese Redensart geht auf Luther zurück

zu|rück|hal|ten; sie hielt mich zurück; sie hat die Nachricht zurückgehalten; halt *oder* halte dich gefälligst zurück!

zu|rück|hal|tend (bescheiden); ein zurückhaltender Mensch

die **Zu|rück|hal|tung** *Plural selten*

zu|rück|keh|ren; er kehrte zurück; er ist in seine Heimat zurückgekehrt; kehr *oder* kehre zurück!

zu|rück|kom|men; der Brief kam zurück; er ist endlich zurückgekommen; komm schnell zurück!

zu|rück|le|gen; sie legte den Kopf zurück; sie hat die Strecke zu Fuß zurückgelegt; leg *oder* lege dir etwas Geld zurück!

zu|rück|neh|men; der Verkäufer nahm das Gerät zurück; er hat seine Behauptung zurückgenommen; nimm das sofort zurück!

zu|rück|rei|chen; er reichte mir das Buch zurück; sie hat die Unterlagen wieder zurückgereicht; diese Tradition reicht bis ins letzte Jahrhundert zurück

zu|rück|schre|cken; ich schrecke zurück; er schreckte vor nichts zurück; er ist davor zurückgeschreckt

zu|rück|set|zen; der Fahrer setzte [den Wagen] zurück; setz *oder* setze den Wagen zurück!; man hat ihn immer zurückgesetzt (kränkend benachteiligt)

zu|rück|tre|ten; der Minister trat gestern zurück; er ist einen Schritt zurückgetreten; er hat seinen Gegner zurückgetreten (ihn seinerseits getreten)

zu|rück|zie|hen; er zog ihre Hand zurück; sie hat den Antrag zurückgezogen; sich zurückziehen (entfernen); sie hat sich in ihr Zimmer zurückgezogen

Zuruf – zusammensetzen

der **Zu|ruf;** des Zurufs *oder* Zu|ru|fes; die Zu|ru|fe; der Hund gehorchte auf Zuruf

zu|ru|fen; er rief mir etwas zu; er hat mir etwas zugerufen

zur|zeit (jetzt); sie ist zurzeit krank; ᴀʙᴇʀ: sie lebte zur Zeit Goethes

die **Zu|sa|ge**

zu|sa|gen; das Zimmer sagte mir zu (gefiel mir); sie hat mir Hilfe zugesagt (versprochen)

zu|sam|men; zusammen mit ihren Mitarbeiterinnen; zusammen sein; wir sind lange zusammen gewesen; solange wir zusammen sind, zusammen waren; ᴀʙᴇʀ: das Zusammensein

die **Zu|sam|men|ar|beit**

zu|sam|men|ar|bei|ten (Hand in Hand arbeiten); sie arbeiteten zusammen; sie haben zusammengearbeitet; ᴀʙᴇʀ: sie können nicht mehr zusammen (gemeinsam, in einem Raum) arbeiten

zu|sam|men|be|kom|men; sie bekamen das Geld nicht zusammen; er hat die nötigen Unterschriften zusammenbekommen; ᴀʙᴇʀ: wir haben das Geschenk zusammen (gemeinsam) bekommen

zu|sam|men|bre|chen; die Brücke brach zusammen; die Frau ist plötzlich zusammengebrochen

der **Zu|sam|men|bruch**

zu|sam|men|fah|ren (vor Schreck zusammenzucken); bei dem Knall fuhr er zusammen; die Autos sind zusammengefahren (zusammengestoßen); ᴀʙᴇʀ: nach München sind sie zusammen (gemeinsam) gefahren

zu|sam|men|fas|sen; die Reporterin fasste die Ereignisse zusammen; sie hat den Inhalt zusammengefasst

die **Zu|sam|men|fas|sung**

zu|sam|men|ge|setzt; ein zusammengesetztes Wort

der **Zu|sam|men|halt;** des Zusammenhalts *oder* Zu|sam|men|hal|tes

zu|sam|men|hal|ten; wir hielten zusammen; wir haben immer fest zusammengehalten

der **Zu|sam|men|hang;** des Zusammenhangs *oder* Zu|sam|men|han|ges; die Zu|sam|men|hän|ge; die beiden Punkte stehen im *oder* in Zusammenhang

zu|sam|men|hän|gen; er hängte die beiden Bilder zusammen; er hat die Bilder zusammengehängt; ᴀʙᴇʀ: die beiden Bilder hingen zusammen; die Krankheit hat mit dem Alter zusammengehangen; ↑ *auch:* hängen

zu|sam|men|hang|los; zusammenhanglose Sätze

zu|sam|men|kom|men; sie kamen jeden Monat zusammen; ᴀʙᴇʀ: sie sind zusammen (gemeinsam) zum Treffen gekommen; es ist wieder einiges an Spenden zusammengekommen

die **Zu|sam|men|kunft** (Treffen, Versammlung); die Zu|sam|men|künf|te

zu|sam|men|le|ben; sie lebten viele Jahre zusammen; sie haben lange Zeit zusammengelebt; sich zusammenleben; sie haben sich gut zusammengelebt (aufeinander eingestellt); ᴀʙᴇʀ: das **Zu|sam|men|le|ben;** des Zusammenlebens

die **Zu|sam|men|le|gung**

zu|sam|men|neh|men; er nahm alle seine Kraft zusammen; er hat seinen ganzen Mut zusammengenommen; sich zusammennehmen (beherrschen); nimm dich gefälligst zusammen!; alles zusammengenommen macht es 50 Euro

zu|sam|men|pas|sen; die Farben passten gut zusammen; die beiden haben nicht zusammengepasst

der **Zu|sam|men|prall**

zu|sam|men|pral|len; die Autos prallten zusammen; sie sind mitten auf der Kreuzung zusammengeprallt

zu|sam|men|rü|cken; sie rückten die Tische zusammen; er hat die Stühle zusammengerückt; sie sind auf der Bank näher zusammengerückt

der **Zu|sam|men|schluss**

zu|sam|men|schrau|ben; sie schraubte das Regal zusammen; sie hat das Regal zusammengeschraubt

zu|sam|men|schrei|ben (in einem Wort schreiben); diese beiden Wörter werden zusammengeschrieben; ᴀʙᴇʀ: das nächste Buch werden wir wieder zusammen (gemeinsam) schreiben

das **Zu|sam|men|sein;** des Zusammenseins; ein gemütliches Zusammensein

zu|sam|men|set|zen; er setzte das Puzzle zusammen; er hat die Teile

563

Zusammensetzung – Zustellung

zusammengesetzt; sich zusammensetzen; sie haben sich gestern zusammengesetzt

die **Zu|sam|men|set|zung**

das **Zu|sam|men|spiel**

zu|sam|men|spie|len; die Stürmer spielten gut zusammen; die Mannschaft hat gut zusammengespielt; ABER: die Kinder haben schön zusammen (gemeinsam) gespielt

zu|sam|men|ste|cken; er steckte die Kabel zusammen; die beiden haben den ganzen Tag zusammengesteckt (sie waren immer zusammen)

zu|sam|men|stel|len; die Gruppe stellte sich zusammen; die Köchin hat das Menü zusammengestellt

die **Zu|sam|men|stel|lung**

der **Zu|sam|men|stoß**

zu|sam|men|sto|ßen; sie stießen zusammen; sie sind zusammengestoßen

zu|sam|men|tref|fen (begegnen); sie trafen vor dem Kino zusammen; sie sind gestern mit Freunden zusammengetroffen; ABER: das **Zu|sam|men|tref|fen**

zu|sam|men|zäh|len; sie zählte alles im Kopf zusammen; sie hat die Stimmen zusammengezählt; ABER: sie haben die Stimmen zusammen (gemeinsam) gezählt

zu|sam|men|zie|hen; sie zog die Brauen zusammen; er hat die Zahlen zusammengezogen; sie ist mit ihrem Freund zusammengezogen

zu|sam|men|zu|cken; er zuckte zusammen; er ist vor Schreck zusammengezuckt

der **Zu|satz;** des Zu|sat|zes; die Zu|sät|ze

zu|sätz|lich; zusätzliche Kosten

zu|schan|den *oder* **zu Schan|den;** zuschanden *oder* zu Schanden machen, werden

zu|schau|en; ich schaue zu; sie schaute zu; sie hat mir dabei zugeschaut

der **Zu|schau|er;** des Zuschauers; die Zuschauer

die **Zu|schau|e|rin;** die Zuschauerinnen

die **Zu|schau|er|schaft**

der **Zu|schlag;** die Zu|schlä|ge

zu|schla|gen; er schlug das Buch zu; er hat die Tür zugeschlagen; die Tür ist zugeschlagen; ABER: sie haben unser Kind nicht zu schlagen

zu|schlie|ßen; sie schloss die Tür zu; sie hat zugeschlossen; schließ *oder* schließe endlich zu!; ABER: ich habe vor[,] die Tür zu schließen

zu|schnei|den; sie schnitt den Stoff zu ein Kleid zu; sie hat den Stoff zugeschnitten; ABER: sie hat vergessen[,] das Brot zu schneiden

der **Zu|schnitt;** des Zuschnitts *oder* Zuschnit|tes; die Zu|schnit|te

die **Zu|schrift;** die Zu|schrif|ten

zu|schul|den *oder* **zu Schul|den;** sich etwas zuschulden *oder* zu Schulden kommen lassen

der **Zu|schuss;** des Zu|schus|ses; die Zuschüs|se

zu|se|hen; sie sah zu; sie hat dem Feuerwerk zugesehen

zu|se|hends (so schnell, dass man fast dabei zusehen kann); er hat sich zusehends erholt

zu|sper|ren; er sperr|te das Fenster zu; er hat es zugesperrt; sperr *oder* sperre die Tür zu!

das **Zu|spiel** (*Sport*); des Zuspiels *oder* Zu|spie|les; die Zu|spie|le

zu|spie|len; er spielte ihm den Ball steil zu; er hat ihm den Ball genau zugespielt

der **Zu|spruch** (Trost; Zulauf); des Zuspruchs *oder* Zu|spru|ches; Zuspruch brauchen

der **Zu|stand;** des Zustands *oder* Zu|standes; die Zu|stän|de

zu|stan|de *oder* **zu Stan|de; zustande** *oder* zu Stande bringen, kommen; ABER: das **Zu|stan|de|kom|men**

zu|stän|dig; die zuständige Sachbearbeiterin

die **Zu|stän|dig|keit**

zu|stat|ten|kom|men (hilfreich, nützlich sein)

zu|ste|hen; dieses Recht stand ihm zu; es hat ihm rechtmäßig zugestanden

zu|stei|gen ([als Mitfahrer] einsteigen); sie stieg am Rathaus zu; ist noch jemand zugestiegen?

zu|stel|len; die Post stellte den Brief zu; sie hat ihr das Paket zugestellt

die **Zu|stell|ge|bühr**

die **Zu|stel|lung**

Z

564

zustimmen – zwangsläufig

zu|stim|men; sie stimmte mir zu; sie hat dem Plan zugestimmt; stimm *oder* stimme doch endlich zu!

die **Zu|stim|mung**

zu|sto|ßen; er stieß mit dem Messer zu; er hat die Tür zugestoßen; es ist ihm etwas zugestoßen (passiert)

zu|ta|ge *oder* **zu Ta|ge;** zutage *oder* zu Tage (zum Vorschein) bringen, fördern, treten

die **Zu|tat;** die Zu|ta|ten (beim Kochen) *meist Plural*

zu|tei|len; sie teilte ihm eine neue Aufgabe zu; man hat ihm seine Portion zugeteilt

die **Zu|tei|lung**

zu|teil|wer|den (gewährt werden); ihm ist eine hohe Ehre zuteilgeworden

zu|tiefst; sie war zutiefst beleidigt

zu|tra|gen; er trug ihr die Neuigkeit zu; er hat es ihr zugetragen; sich zutragen (ereignen); das hat sich damals so zugetragen; A B E R: wir haben schwer zu tragen

zu|träg|lich (*gehoben für:* günstig, hilfreich); das Rauchen ist der Gesundheit nicht zuträglich

zu|trau|en; er traute mir das zu; er hat es mir nicht zugetraut

das **Zu|trau|en;** des Zutrauens

zu|trau|lich; eine zutrauliche Katze

zu|tref|fend (richtig); zutreffende Aussagen

das **Zu|tref|fen|de;** des Zutreffenden; Zutreffendes ankreuzen

der **Zu|tritt;** des Zutritts *oder* Zu|trit|tes; Zutritt verboten!

zu|tun (*umgangssprachlich für:* hinzufügen; [ver]schließen); sie tat noch etwas Wasser zu; sie hat die ganze Nacht kein Auge zugetan; tu den Mund zu!; sich zutun; die Tür hat sich hinter ihm zugetan

das **Zu|tun** (Mitwirkung, Hilfe); ohne mein Zutun

zu|un|guns|ten *oder* **zu Un|guns|ten**
↑ zugunsten

zu|un|terst; etwas zuunterst in die Tasche packen

zu|ver|läs|sig; zuverlässige Mitarbeiter

die **Zu|ver|läs|sig|keit**

die **Zu|ver|sicht** (Optimismus)

zu|ver|sicht|lich

das **Zu|viel;** des Zuviel *oder* Zuviels; ein Zuviel ist besser als ein Zuwenig

zu|vor (*gehoben für:* vorher); am Abend zuvor

zu|vor|kom|men (schneller sein); er kam mir zuvor; er ist mir zuvorgekommen

zu|vor|kom|mend (höflich); ein zuvorkommender Verkäufer

der **Zu|wachs** (Vermehrung, Erhöhung); des Zu|wach|ses; die Zu|wäch|se

die **Zu|wachs|ra|te**

der **Zu|wan|de|rer** (jemand, der zuwandert, zugewandert ist)

die **Zu|wan|de|rin**

die **Zu|wan|de|rung**

zu|we|ge *oder* **zu We|ge;** etwas zuwege *oder* zu Wege (zustande) bringen

zu|wei|len (manchmal)

zu|wen|den; er wandte *oder* wendete sich seinem Nachbarn zu; er hat sich einem neuen Thema zugewandt *oder* zugewendet; ↑ *auch:* wenden

die **Zu|wen|dung** (Geldspende; freundliche Aufmerksamkeit)

das **Zu|we|nig;** ein Zuwenig an Liebe

zu|wi|der; das Essen ist mir zuwider

zu|wi|der|han|deln (Verbotenes tun); er handelt dem Befehl zuwider; er hat der Vorschrift zuwidergehandelt

zu|zei|ten (bisweilen); zuzeiten hat sie schlechte Laune; A B E R: sie lebte zu Zeiten Karls des Großen

zu|zie|hen; sie zieht den Vorhang zu; sie hat ihn zugezogen; sich etwas zuziehen; sie hat sich einen Schnupfen zugezogen; sie ist neu zugezogen; A B E R: versuche[,] daran zu ziehen

zu|züg|lich (unter Hinzurechnung); zuzüglich der, aller Kosten; ↑ abzüglich

der **Zwang;** des Zwangs *oder* Zwan|ges; die Zwän|ge

zwän|gen; er zwängte das Buch in den Korb; ich habe mich ins Abteil gezwängt

zwang|los; zwang|lo|ser; am zwang|lo|ses|ten

die **Zwangs|ar|beit**

der **Zwangs|ar|bei|ter**

die **Zwangs|ar|bei|te|rin**

zwangs|läu|fig (nicht anders möglich; automatisch); eine zwangsläufige Entwicklung

zwangsweise – zweite

zwangs|wei|se (durch Zwang)
zwan|zig ↑achtzig
das Zwan|zig|cent|stück *oder* Zwan-zig-Cent-Stück (*mit Ziffern:* 20-Cent-Stück)
der Zwan|zig|eu|ro|schein *oder* Zwan-zig-Eu|ro-Schein (*mit Ziffern:* 20-Euro-Schein)
zwan|zigs|te ↑achte
das Zwan|zigs|tel ↑Achtel
zwar; er ist zwar alt, aber noch sehr rüstig; sie hat viel Obst, und zwar Äpfel, Birnen, Pflaumen
der Zweck (Sinn, Absicht); des Zwecks *oder* Zwe|ckes; die Zwe|cke
zweck|dien|lich (*Amtssprache:* dem Zweck förderlich); eine zweckdienliche Maßnahme
zweck|ent|spre|chend; zweckentsprechende Kleidung; ABER: eine dem Zweck entsprechende Kleidung
zweck|los
zweck|mä|ßig; zweckmäßige Kleidung
die Zweck|mä|ßig|keit
zwecks (*Amtssprache:* zum Zweck von); sie nahmen ihn zwecks einer Überprüfung mit
zwei; wir sind zu zweien *oder* zu zweit; herzliche Grüße von uns zweien; die Meinung zweier Gutachter; ↑acht
das Zwei|cent|stück *oder* Zwei-Cent-Stück (*mit Ziffer:* 2-Cent-Stück)
zwei|deu|tig; eine zweideutige Bemerkung
zwei|di|men|si|o|nal
die Zwei|drit|tel|mehr|heit
zwei|ei|ig; zweieiige Zwillinge
zwei|ein|halb; in zweieinhalb Stunden
der Zwei|er|bob (*Sport*)
zwei|er|lei; zweierlei Sorten
das Zwei|eu|ro|stück *oder* Zwei-Eu-ro-Stück (*mit Ziffer:* 2-Euro-Stück)
zwei|fach ↑achtfach
der Zwei|fel; des Zweifels; die Zweifel
zwei|fel|haft; zweifelhafte Geschäfte
zwei|fel|los
zwei|feln; du zweifelst; er zweifelte; er hat gezweifelt; zweifle *oder* zweifele nicht daran!
der Zwei|fels|fall
zwei|fels|frei

der Zweig; des Zweigs *oder* Zweiges; die Zweige
zwei|glei|sig; zweigleisige Bahnstrecken
zwei|glie|de|rig *oder* zwei|glied|rig; ein zweigliederiges *oder* zweigliedriges Wort
die Zweig|stel|le
zwei|häu|sig (*Botanik:* nur mit männlichen *oder* nur mit weiblichen Blüten); eine zweihäusige Pflanze
zwei|hun|dert
der Zwei|hun|dert|eu|ro|schein *oder* Zwei-hun|dert-Eu|ro-Schein (*mit Ziffern:* 200-Euro-Schein)
zwei|jäh|rig (zwei Jahre dauernd); eine zweijährige (*mit Ziffer:* 2-jährige) Ausbildung; ↑*auch:* achtjährig
zwei|jähr|lich (alle zwei Jahre); die Wettkämpfe finden zweijährlich (*mit Ziffer:* 2-jährlich) statt
der Zwei|kampf
zwei|mal (*mit Ziffer:* 2-mal); ein- bis zweimal (*mit Ziffern:* 1- bis 2-mal); ↑achtmal
zwei|ma|lig
das Zwei|rad
zwei|rä|de|rig *oder* zwei|räd|rig; ein zweiräd[e]riger Wagen
zwei|spra|chig (zwei Sprachen sprechend; in zwei Sprachen); er ist zweisprachig aufgewachsen; ein zweisprachiges Wörterbuch
zwei|spu|rig; zweispurige Autobahnen
zwei|stel|lig; eine zweistellige Zahl
zwei|stim|mig (zweistimmig singen)
zwei|stö|ckig; zweistöckige Häuser
zwei|stün|dig (zwei Stunden dauernd)
zwei|tä|gig ↑zweijährig
zwei|täg|lich ↑zweijährlich
zweit|bes|te; sie ist die zweitbeste Schülerin; ABER: sie ist die Zweitbeste in der Klasse
zwei|te; er ist zweiter Geiger; sie singt die zweite Stimme; in zweiter Reihe stehen; etwas aus zweiter Hand kaufen; im zweiten Stock; der zweite Bildungsweg; ABER: er hat wie kein Zweiter gearbeitet; jeder Zweite ist kurzsichtig; es ist noch ein Zweites zu erwähnen; zum Ersten, zum Zweiten, zum Dritten; die Zweite Bundesliga; das Zweite Programm (Zweites Deutsches Fernsehen); der Zweite Weltkrieg; ↑*auch:* achte

566

zweitens – Zyklon

zwei|tens

zwei|klas|sig; zweitklassige Vereine

der Zweit|li|gist *(Sport)*

zweit|ran|gig

zwei|wö|chent|lich (alle zwei Wochen)

zwei|wö|chig (zwei Wochen dauernd)

die Zwei|zim|mer|woh|nung *(mit Ziffer:* 2-Zimmer-Wohnung)

das Zwerch|fell

der Zwerg; des Zwergs *oder* Zwer|ges; die Zwer|ge

zwer|gen|haft; in dem Märchen treten zwergenhafte Gestalten auf

der Zwerg|pla|net (kleinerer Himmelskörper im Sonnensystem mit eigener Umlaufbahn um die Sonne)

die Zwet|sche, *auch:* Zwetsch|ge *oder* Zwetsch|ke (eine pflaumenähnliche Frucht); die Zwetschen, *auch:* Zwetschgen *oder* Zwetschken

der Zwi|ckel (keilförmiger Einsatz); des Zwickels; die Zwickel

zwi|cken; du zwickst; sie zwickte; sie hat mich gezwickt; zwick *oder* zwicke mich nicht!

die Zwick|müh|le (Stellung im Mühlespiel)

der Zwie|back; die Zwie|bä|cke *oder* Zwie-ba|cke

die Zwie|bel; die Zwiebeln

zwie|beln *(umgangssprachlich für:* schikanieren); ich zwieb[e]le; du zwiebelst; er zwiebelte mich; er hat mich dauernd gezwiebelt; zwiebele ihn doch nicht dauernd!

das Zwie|ge|spräch

das Zwie|licht (Dämmerlicht)

zwie|lich|tig (verdächtig); zwielichtige Gestalten

der Zwie|spalt (innere Zerrissenheit); die Zwie|spal|te *oder* Zwie|späl|te

zwie|späl|tig; zwiespältige Gefühle

die Zwie|tracht (Streit)

der Zwil|ling; des Zwillings; die Zwil|lin|ge; siamesische (miteinander verwachsene) Zwillinge

das Zwil|lings|paar

die Zwin|ge (ein Werkzeug)

zwin|gen; du zwingst; sie zwingt; sie zwang; sie hat uns dazu gezwungen; zwing *oder* zwinge uns nicht!

zwin|gend; zwingende Gründe

der Zwin|ger (fester Turm; Gehege, Käfig); des Zwingers; die Zwinger

zwin|kern (blinzeln); ich zwinkere; du zwinkerst; er zwinkerte; er hat mit den Augen gezwinkert

zwir|beln; du zwirbelst; er zwirbelte; er hat seinen Bart gezwirbelt; zwirb[e]le den Faden!

der Zwirn (ein Garn); des Zwirns *oder* Zwirnes; die Zwir|ne

der Zwirns|fa|den

zwi|schen

zwi|schen|drin *(umgangssprachlich für:* zwischendurch); etwas zwischendrin erledigen

zwi|schen|durch *(umgangssprachlich);* ein kleiner Imbiss für zwischendurch

der Zwi|schen|fall

die Zwi|schen|lan|dung

zwi|schen|mensch|lich; zwischenmenschliche Beziehungen

der Zwi|schen|raum

der Zwi|schen|ruf

die Zwi|schen|zeit (Zeit dazwischen; *Sport:* für eine Teilstrecke gemessene Zeit)

zwi|schen|zeit|lich

der Zwist (Streit); des Zwists *oder* Zwis|tes; die Zwis|te

die Zwis|tig|keit

zwit|schern; der Vogel zwitscherte; die Amsel hat gezwitschert

der Zwit|ter (Wesen mit weiblichen und männlichen Geschlechtsmerkmalen); des Zwitters; die Zwitter

zwölf; wir sind zu zwöl|fen *oder* zu zwölft; es ist fünf [Minuten] vor zwölf; die zwölf Apostel; ↑ acht, die Acht

die Zwölf (Zahl); die Zwöl|fen; ↑ Acht

zwölf|jäh|rig ↑ achtjährig

der Zwölf|kampf *(Turnen)*

zwölf|mal ↑ achtmal

zwölf|te ↑ achte

das Zwölf|tel; des Zwölftels; die Zwölftel; ↑ Achtel

zwölf|tens

das Zy|an|ka|li (ein stark giftiges Salz); des Zyankalis

zy|k|lisch (kreisförmig; regelmäßig wiederkehrend); zyklische Bewegungen

der Zy|k|lon (ein Wirbelsturm); des Zyklons; die Zy|k|lo|ne

Zyklop – zz.

der **Zy|k|lop** (einäugiger Riese der griechischen Sage); des/dem/den Zy|k|lopen; die Zy|k|lo|pen

der **Zy|k|lus** (Kreis[lauf]; Reihe); des Zyklus; die Zyklen

der **Zy|lin|der** (geometrischer Körper; hoher Herrenhut); des Zylinders; die Zylinder

der **Zy|lin|der|hut**

zy|lin|d|risch; ein zylindrisches Glas

der **Zy|ni|ker** (ein zynischer Mensch); des Zynikers; die Zyniker

die **Zy|ni|ke|rin**; die Zynikerinnen

zy|nisch (auf grausame Weise spöttisch); zy|ni|scher Humor

der **Zy|nis|mus** (zynische Einstellung; zynische Äußerung); des Zynismus; die Zynismen

Zy|pern (Insel und Staat im Mittelmeer)

der **Zy|p|rer** *oder* **Zy|p|ri|o|te**; des Zyprers *oder* Zyprioten; die Zyprer *oder* Zyprioten

die **Zy|p|re|rin** *oder* **Zy|p|ri|o|tin**; die Zyprerinnen *oder* Zypriotinnen

die **Zy|p|res|se** (ein Nadelbaum); die Zypressen

zy|p|ri|o|tisch *oder* **zy|p|risch**

die **Zys|te** (krankhafter, mit Flüssigkeit gefüllter Hohlraum im Gewebe); die Zysten

zz., zzt. = zurzeit

Regeln zur deutschen Rechtschreibung

A Buchstabenregeln
B Regeln zur Getrennt- und Zusammenschreibung
C Regeln zur Schreibung mit Bindestrich
D Regeln zur Groß- und Kleinschreibung
E Regeln zur Zeichensetzung
F Regeln zur Silbentrennung (Worttrennung am Zeilenende)

A   Buchstabenregeln

Bei den Buchstabenregeln geht es um die Wortschreibung im engeren Sinn. Die Buchstabenregeln sagen dir beispielsweise, ob du *Beume* oder *Bäume, Wurtzel* oder *Wurzel, du sitzst* oder *du sitzt* schreiben sollst. Nicht zu den Buchstabenregeln gehören die Regeln der Groß- und Kleinschreibung, der Getrennt- und Zusammenschreibung sowie der Schreibung mit Bindestrich. Diese Gebiete der Rechtschreibung behandeln wir in eigenen Abschnitten.

Es gibt viele Buchstabenregeln und viele Ausnahmen dazu. Wir wollen uns im Folgenden auf die **sicheren Regeln** beschränken, also auf die Regeln, zu denen es gar keine oder wenigstens nicht allzu viele Ausnahmen gibt. Bei diesen Regeln lohnt es sich, wenn du sie dir einprägst.

Wenn diese Regeln bei einem Zweifelsfall nicht weiterhelfen, musst du im Wörterbuchteil dieses Schülerdudens nachschlagen.

1   Die Wortstammregeln

1.1   die Fart oder die Fahrt?
du stelst oder du stellst?

Bei Unsicherheiten dieser Art ist es oft hilfreich, nach dem **Wortstamm** zu fragen. Der Wortstamm ist der Kern der Wörter, an den Präfixe (Vorsilben) und Suffixe (Endungen) gefügt werden können.

Regeln zur deutschen Rechtschreibung

Für die Schreibung des Wortstammes gilt die folgende Regel:

A 1 Ein **Wortstamm** wird in allen Wörtern, in denen er vorkommt, **gleich geschrieben:**

fahr...
fahren, ich fahre, du fährst, er/sie fährt, wir sind gefahren
Fahrer, Fahrt, Vorfahrt, Fahrbahn

stell...
stellen, ich stelle, du stellst, er/sie stellt, ich stellte, ich habe gestellt
Stellung, Gestell, Stellwand

1.2 **Rat** oder **Rad?**

Oft ist nicht recht klar, mit welchem Konsonanten (Mitlaut) ein Wortstamm endet: mit *d* oder *t*, mit *b* oder *p*, mit *s* oder *ß?* In solchen und ähnlichen Fällen hilft dir die folgende Probe:

A 2 Vergleiche mit einer verwandten Wortform, die auf eine Endung ausgeht wie: *-e, -en, -er, -es, -in, -ung.* Wenn du dir die Wortform deutlich vorsprichst, hörst du, auf welchen Laut der Wortstamm endet:

der Dieb (wegen: des Diebes, die Diebin)
sei lieb (wegen: lieben, die Liebe)

das Los (wegen: des Loses, die Lose, verlosen, die Verlosung)
bloß (wegen: ein bloßer Zufall, entblößen)

das Rad (wegen: des Rades, die Räder)
der Rat (wegen: des Rates, raten)

billig (wegen: ein billiges Buch)
bläulich (wegen: ein bläuliches Licht)

der Käfig (wegen: die Käfige)
der Rettich (wegen: die Rettiche)

1.3 **Felle** oder **Fälle?**
   Leute oder **Läute?**

Oft ist unklar, ob man ein Wort mit *e* oder *ä,* mit *eu* oder *äu* schreiben soll. Hier merkst du dir am besten, wann *ä* oder *äu* zu verwenden ist.

A 3 Ein Wort wird mit *ä* oder *äu* geschrieben, wenn es ein **verwandtes Wort** mit *a* oder *au* gibt:

Regeln zur deutschen Rechtschreibung

> die Hände (wegen: die Hand)
> die Fälle (wegen: der Fall)
> fällen, das Gefälle (wegen: fallen)
> fälschen, der Geldfälscher (wegen: falsch)
> die Stärke (wegen: stark)

> läuten (wegen: laut)
> die Bäume, das Bäumchen (wegen: der Baum)
> bläulich (wegen: blau)
> wiederkäuen (wegen: kauen)

Wenn es kein verwandtes Wort mit *a* oder *au* gibt, schreibt man *e* oder *eu*:

> die Felle (wie: das Fell)
> die Werke (wie: das Werk, werken)

> die Leute
> neulich (wie: neu)

Einige wenige Wörter haben *ä* oder *äu*, obwohl es im Deutschen keine verwandten Wörter mit *a* oder *au* gibt:

> ätzen, dämmern, Geländer, Lärm, März, Schärpe, -wärts
> (zum Beispiel: abwärts, aufwärts)

> Knäuel, Räude, sich räuspern, Säule, sich sträuben, täuschen

1.4 Schiffahrt oder Schifffahrt oder Schiff-Fahrt? Seelefant oder Seeelefant oder See-Elefant?

A 4 Wenn in einem zusammengesetzten Wort **drei gleiche Buchstaben** zusammentreffen, werden auch alle drei geschrieben:

> Schifffahrt, Schifffracht
> Schritttempo, Schutttrümmer
> Flusssand, Flussstrecke
> Seeelefant, Hawaiiinseln

Wenn schwer lesbare Schriftbilder entstehen, kannst du einen Bindestrich setzen:

> Seeelefant (besser lesbar: See-Elefant)
> Zooorchester (besser lesbar: Zoo-Orchester)

571

| **Regeln zur deutschen Rechtschreibung** |

2 Ergänzende Regeln für die Schreibung der Konsonanten (Mitlaute)

2.1 Geheimnis oder Geheimniss? Freundinen oder Freundinnen?

A 5 Bei den Endungen *-in* und *-nis* wird der letzte Konsonant (Mitlaut) nur dann verdoppelt, wenn eine weitere Endung angefügt wird:

-in: die Ärztin → die Ärztinnen
die Königin → die Königinnen

-nis: das Geheimnis → des Geheimnisses, die Geheimnisse
die Kenntnis → die Kenntnisse

Diese Regel gilt auch für viele Wörter auf *-as, -is, -os* und *-us:*

-as: die Ananas → die Ananasse
der Atlas → des Atlasses, die Atlasse (neben: die Atlanten)

-is: der Iltis → die Iltisse
der Kürbis → des Kürbisses, die Kürbisse

-os: der Albatros → die Albatrosse
das Rhinozeros → die Rhinozerosse

-us: der Diskus → die Diskusse
der Globus → die Globusse (neben: die Globen)

2.2 Haken oder Hacken? Wurzel oder Wurtzel?

Hier merkst du dir am besten, wann du *ck* und *tz* schreiben musst.

A 6 In deutschen Wörtern steht nach einem **kurzen betonten** Vokal (Selbstlaut) *ck* statt *kk* und *tz* statt *zz:*

hacken, ich hacke, er/sie hackt; entdecken, du entdeckst; Fackel; dick; Schnecke
ritzen, er/sie ritzt; Dutzend; Platz, platzieren; Katze

In allen übrigen Fällen schreibst du einfaches *k* oder *z.*
Du schreibst einfaches *k* oder *z,* wenn ein **langer** oder ein **doppelter Vokal** (Selbstlaut) vorangeht:

Haken, Schnake, wir erschraken, Pauke, heikel
(jemanden) duzen, Schnauze, reizen

572

Regeln zur deutschen Rechtschreibung

Du schreibst einfaches *k* oder *z,* wenn ein **Konsonant** (Mitlaut) vorangeht:

merken, winken, Balken
Wurzel, stanzen, Walze

Verdoppelt werden die Konsonanten *k* und *z* nur in einigen Fremdwörtern wie:

Akku, Mokka, Sakko;
Pizza, Razzia, Skizze

2.3 Strasse oder Straße? Gasse oder Gaße?

A 7 Wenn in einem Wortstamm auf einen **langen** oder einen **doppelten Vokal** (Selbstlaut) ein einfacher, scharfer s-Laut folgt, schreibt man **Eszett (ß):**

Straße, Sträßchen; groß, Größe; grüßen, er/sie grüßt
draußen; heiß, heißer, am heißesten; schweißen, er/sie schweißt

Wenn der Vokal (Selbstlaut) **kurz** ist, schreibt man **Doppel-s (ss):**

Gasse, Gässchen; Kuss, küssen, er/sie küsst; vermissen, er/sie vermisst, misslich

Das Eszett (ß) gibt es nur als Kleinbuchstaben. Wenn du ein Wort ganz in Großbuchstaben schreiben willst, musst du das Eszett durch Doppel-s ersetzen:

STRASSE, GROSS, GRÜSSEN

Bei den unregelmäßigen Verben (Tätigkeitswörtern, Zeitwörtern) musst du genau darauf achten, wie du den Vokal (Selbstlaut) vor dem s-Laut aussprichst:

vergessen, er/sie vergisst, ich habe vergessen; *aber:* ich vergaß, wir vergaßen
schließen, er/sie schließt; *aber:* ich schloss, wir schlossen, sie haben geschlossen

2.4 Hexe oder Hechse? Axe oder Achse?

A 8 Für die Lautverbindung [ks] schreibt man im Allgemeinen den Buchstaben *x:*

Axt, boxen, Hexerei, mixen, Taxi, verflixt, Xylofon

573

Regeln zur deutschen Rechtschreibung

! **Beachte:** In den folgenden Wörtern wird entgegen der Grundregel *chs* geschrieben:

Achse (aber: axial), Achsel, Büchse, Dachs, drechseln, Echse, Flachs, Fuchs, Hachse (auch: Haxe), Lachs, Luchs, Ochse, sechs, Wachs, wachsen, Wechsel, Weichsel(kirsche), wichsen

! **Beachte:** Manchmal ist das *s* an einen Wortstamm angefügt, der auf *-g*, *-k* oder *-ck* ausgeht! Beispiele:

flugs (wegen: der Flug)
die Streiks (wegen: der Streik)
der Knicks (wegen: knicken)

2.5 **du sitzt** oder **du sitzst?**
du reißt oder **du reißst?**

A 9 Wenn der Stamm eines Verbs (Tätigkeitsworts, Zeitworts) auf einen s-Laut ausgeht, wird die Endung *-st* zu *-t* verkürzt:

reisen (Stamm: reis…) → du reist
hassen (Stamm: hass…) → du hasst
reißen (Stamm: reiß…) → du reißt
mixen (Stamm: mix…) → du mixt
scherzen (Stamm: scherz…) → du scherzt
sitzen (Stamm: sitz…) → du sitzt

2.6 **das reizenste** oder **das reizendste Kleid?**
die trockenste oder **die trockendste Wüste?**

Manchmal weiß man nicht, ob vor dem **Superlativ,** der höchsten Steigerungs- oder Vergleichsstufe von Adjektiven (Eigenschaftswörtern), ein *d* oder ein *t* steht.

A 10 Die Schreibung des Superlativs leitet sich vom Positiv (von der Grundstufe) ab:

trocken:	die trockene Wüste → die trockenste Wüste
entlegen:	die entlegene Insel → die entlegenste Insel
reizend:	das reizende Kleid → das reizendste Kleid
bedeutend:	das bedeutende Werk → das bedeutendste Werk
erbittert:	die erbitterten Feinde → die erbittertsten Feinde
gemäßigt:	die gemäßigte Ansicht → die gemäßigtste Ansicht

Regeln zur deutschen Rechtschreibung

3 Ergänzende Regeln für die Schreibung der Vokale (Selbstlaute)

3.1 Sib oder Sieb?
Tiger oder Tieger?

Als Faustregel kannst du dir merken:

> **A 11** Für den **lang gesprochenen i-Laut** schreibt man in **deutschen** Wörtern *ie,* in **Fremdwörtern** *i.*

Deutsche Wörter:

Knie, sie, wie, Sieb, Miete, Tier, frieren, Diele, ziemlich, Biest, gießen

Fremdwörter (Wörter aus anderen Sprachen):

Krise, Ventil, stabil, Maschine, Turbine

Wenn du Regel A 11 beherrschst, musst du dir nur noch die folgenden Ausnahmen einprägen.

! Beachte: In einigen deutschen Wörtern schreibt man für den lang gesprochenen i-Laut einfaches *i:*

dir, mir, wir; gib, du gibst, er gibt (aber: ergiebig); Bibel, Biber, Brise, Fibel, Igel, Nische, Primel, Tiger

Unterscheiden musst du zwischen gleichlautenden, aber unterschiedlich geschriebenen Wörtern wie:

Lid (am Auge)	Lied (Gesangsstück)
Stil (Bau-, Schreibart usw.)	Stiel (z. B. am Hammer)
wider (gegen)	wieder (erneut)

! Beachte: Man schreibt *ie,* wenn fremde Wörter auf *-ie, -ier, -ieren* enden:

Industrie, Magie, Batterie
Manier, Scharnier, Offizier
regieren, er/sie regiert, die Regierung

Einzelfälle wie die folgenden musst du auswendig lernen:

Geysir, Saphir, Souvenir, Vampir, Wesir

Zur Buchstabengruppe *ieh* vergleiche die Regel A 12.

Regeln zur deutschen Rechtschreibung

! **Beachte:** Die Buchstabengruppe *ih* steht nur bei den folgenden Pronomen (Fürwörtern):

ihm, ihn, ihnen, ihr (→ *ihre, ihren, ihrem* ...)

Zur Buchstabengruppe *ieh* vergleiche die Regel A 12.

3.2 es gefiel mir oder es gefiehl mir?

A 12 Die Buchstabengruppe ***ieh*** steht nur in Formen von Verben (Tätigkeitswörtern, Zeitwörtern), deren Grundform (Infinitiv) die Buchstabenver-
bindung ***eh*** oder ***eih*** aufweist:

sehen → du siehst, er/sie sieht
befehlen → du befiehlst, er/sie befiehlt
leihen → ich lieh, ich habe geliehen

Aber:

fallen → ich fiel
gefallen → es gefiel mir
schreien → ich schrie, ich habe geschrien

! **Beachte:** Die Buchstabengruppe *ieh* steht außerdem in den folgenden
vier Wörtern:

fliehen, ziehen, Vieh, wiehern

3.3 Kloster oder Klohster?
Wut oder Wuht?

In vielen Wortstämmen schreibt man nach einem lang gesprochenen Vokal
(Selbstlaut) noch ein *h*. Es wird Dehnungs-h genannt. Beispiele:

Stahl, zahm, kühn, sehr

Solche Schreibungen verführen manche dazu, fälschlich nach allen lang
gesprochenen Vokalen ein *h* zu setzen. Wenn du auch dazu neigst, zu viele *h* zu
schreiben, helfen dir die folgenden Regeln. Sie sagen dir, wann im Deutschen
ganz sicher **kein Dehnungs-h** steht.

A 13 Wenn im Wortstamm auf den langen Vokal (Selbstlaut) noch **zwei oder
mehr Konsonanten** (Mitlaute) folgen, steht **kein Dehnungs-h:**

Kloster, Wüste, Trost, Mond

Regeln zur deutschen Rechtschreibung

Beachte die folgenden zwei Ausnahmen:

ahnden, fahnden

A 14 Wenn im Wortstamm auf den langen Vokal (Selbstlaut) noch ein **Verschlusslaut** oder ein **Reibelaut** folgt, steht **kein Dehnungs-h.**

Verschlusslaute sind: *p, b, t, d, k, g.* Man schreibt also ohne *h:*

Stapel, loben, Wut, Not, Planet, laden, fad, Haken, Luke, Regen, Weg

Ausnahmen:

Fehde; Draht (gehörte ursprünglich zu: drehen)

Reibelaute sind: *f, v, w, s, ß, sch, ch.* Man schreibt also ohne *h:*

Ofen, Ufer, Frevel, Möwe, Rose, grüßen, suchen

3.4 Härchen oder Häärchen?

A 15 Die Umlaute *ä* und *ö* werden **nie verdoppelt.**

Diese Regel gilt auch für Wörter, die zu Wörtern mit *aa* und *oo* gehören:

das Härchen (trotz: das Haar); das Pärchen (trotz: das Paar); die Säle (Mehrzahl von: der Saal); das Bötchen (trotz: das Boot)

3.5 Weier oder Weiher?
Keiser oder Kaiser?

A 16 Die Schreibung mit *ei* ist der **Normalfall.** Du musst dir also nur die Wörter mit *eih* und *ai* merken.

Beispiele für den Normalfall:

Blei, drei, schreien, Kleie, schneien, Feier

In den folgenden Wörtern wird *eih* geschrieben:

gedeihen, Geweih, leihen (nicht zu verwechseln mit: Laien), Reihe, Reiher, seihen, verzeihen, weihen, Weiher

In einigen Wörtern wird *ai* geschrieben. Beispiele:

Kaiser, Hai, Mai

Regeln zur deutschen Rechtschreibung

Unterscheiden musst du zwischen gleichlautenden, aber unterschiedlich geschriebenen Wortstämmen wie:

Laib (zum Beispiel Brotlaib)   Leib (Körper)
Laich (zum Beispiel Froschlaich)   Leiche (toter Mensch)
Saite (zum Beispiel bei der Geige)   Seite (im Buch)
Waise (elternloses Kind)   Weise (Art)

B Regeln zur Getrennt- und Zusammenschreibung

Ob ein Wort getrennt oder zusammengeschrieben wird, lässt sich nicht immer in Regeln festlegen. Wir zeigen deshalb nur eine Auswahl derjenigen Fälle, die einigermaßen sicher geregelt sind.

Wenn du beim Schreiben Zweifel hast, ob eine Regel zutrifft oder nicht, schlägst du am besten im Wörterbuchteil dieses Schülerdudens nach.

1 Verbindungen mit Verben (Tätigkeitswörtern, Zeitwörtern)

1.1 spazieren gehen oder spazierengehen?
sitzen bleiben oder sitzenbleiben?

B 1 Die **Grundform** des Verbs (Infinitiv) steht gewöhnlich **getrennt** von einer folgenden Verbform:

schwimmen lernen → Sie hat in den Sommerferien schwimmen gelernt.
spazieren gehen → Er ist in der Mittagspause im Park spazieren gegangen.

Wenn eine Verbindung mit dem Verb *bleiben* oder *lassen* nicht wörtlich gemeint ist, sondern in einer übertragenen Bedeutung gebraucht wird, kannst du sie auch zusammenschreiben:

Sie ist während der Pause im Klassenraum *sitzen geblieben*. Er ist im letzten Schuljahr wegen seiner schlechten Mathekenntnisse *sitzen geblieben / sitzengeblieben* (nicht versetzt worden).
Ich habe den Teller *fallen lassen*. Ich habe meinen Plan *fallen lassen / fallenlassen* (aufgegeben).

578

Regeln zur deutschen Rechtschreibung

1.2 radfahren oder Rad fahren?
anteilnehmen oder Anteil nehmen?

B 2 Man schreibt Verbindungen aus Nomen (Substantiv, Hauptwort) und
Verb (Tätigkeitswort, Zeitwort) meistens getrennt:

Anteil nehmen, Auto fahren, Diät leben, Folge leisten, Fuß fassen, Gefahr
laufen, Hof halten, Kegel schieben, Klavier spielen, Maschine schreiben,
Not leiden, Posten stehen, Rad fahren, Schlange stehen, Schritt halten,
Ski laufen, Tee trinken

Wenn die folgenden (zum Teil kaum noch als solche erkennbaren) Nomen mit einem Verb verbunden sind, wird jedoch zusammengeschrieben:

heim-	heimbringen, heimfahren, heimführen, heimgehen, heimkehren, heimleuchten, heimreisen, heimsuchen, heimzahlen (und weitere)
irre-	irreführen, irreleiten; (außerdem:) irrewerden
preis-	preisgeben
stand-	standhalten
statt-	stattfinden, stattgeben, statthaben
teil-	teilhaben, teilnehmen
wett-	wettmachen
wunder-	wundernehmen

Diese Bestandteile schreibst du übrigens auch dann klein, wenn sie allein am
Satzende stehen (Regel D 8):

teilnehmen → Ich nehme am Rennen teil.
preisgeben → Gib dieses Geheimnis nicht preis!

1.3 aufsein oder auf sein?

B 3 Verbindungen mit dem Verb (Tätigkeitswort, Zeitwort) *sein* schreibt
man immer **getrennt**:

auf sein → Ich melde mich, sobald ich *auf bin*. Gegen neun Uhr wird sie
wohl *auf sein*. Ohne Wecker wäre ich um elf Uhr noch nicht *auf gewesen*.

Ebenso: beisammen sein, vorbei sein, dabei sein, da sein; schade sein,
pleite sein; los sein, fertig sein

Regeln zur deutschen Rechtschreibung

1.4 leer essen oder leeressen?

B 4 Verbindungen aus einfachen **Adjektiven** (Eigenschaftswörtern) und
einem folgenden Verb (Tätigkeitswort, Zeitwort) werden getrennt oder
zusammengeschrieben, wenn durch das Adjektiv das Ergebnis eines
Vorgangs bezeichnet wird, den das Verb ausdrückt:

leer essen / leeressen → Sie wird ihren Teller diesmal *leer essen / leeressen.*
kaputt machen / kaputtmachen → Er hat sein Spielzeug vor Wut *kaputt gemacht / kaputtgemacht.*

Wenn das Adjektiv gesteigert oder erweitert ist, musst du es getrennt vom folgenden Verb schreiben:

Er lässt sich seine Haare beim nächsten Mal *kürzer schneiden / ganz kurz schneiden.*

1.5 wahr sagen oder wahrsagen?

B 5 Verbindungen aus einem **Adjektiv** (Eigenschaftswort) und einem folgenden Verb (Tätigkeitswort, Zeitwort) werden zusammengeschrieben, wenn sich eine neue Gesamtbedeutung ergibt:

fernsehen → Wir haben den ganzen Abend *ferngesehen.*
hochrechnen → Sofort nach dem Ende der Wahl wurde das Ergebnis *hochgerechnet.*
wahrsagen → Er hat sich seine Zukunft *wahrsagen* lassen.

2 Verbindungen mit Adjektiven (Eigenschaftswörtern) und Partizipien (Mittelwörtern)

2.1 jahrelang oder Jahre lang?

B 6 Man schreibt **zusammen,** wenn der **erste Bestandteil** aus einer **Wortgruppe verkürzt** worden ist:

jahrelang (= *mehrere* Jahre lang), fingerbreit (= *einen* Finger breit), herzerquickend (= *das* Herz erquickend), butterweich (= weich *wie* Butter), angsterfüllt (= *von* Angst erfüllt), freudestrahlend (= *vor* Freude strahlend), nikotinabhängig (= *vom* Nikotin abhängig)

Regeln zur deutschen Rechtschreibung

2.2 Aufsicht führend oder aufsichtführend? gut gemeint oder gutgemeint?

B 7 Verbindungen mit einem wie ein Adjektiv gebrauchten **Partizip** (Mittelwort) als zweitem Bestandteil können getrennt oder zusammengeschrieben werden:

der Aufsicht führende *oder* aufsichtführende Lehrer
ein Aufsehen erregender *oder* aufsehenerregender Kinofilm
weit gehende *oder* weitgehende Forderungen
gut gemeinte *oder* gutgemeinte Ratschläge

Wenn aber die Verbindung als Ganze näher bestimmt oder gesteigert ist, musst du sie zusammenschreiben:

ein *besonders aufsehenerregender* Kinofilm
weitgehendere/weitgehendste Forderungen

Dagegen ist nur die Getrenntschreibung richtig, wenn sich eine nähere Bestimmung allein auf den ersten Bestandteil der Verbindung bezieht:

ein *großes Aufsehen erregender* Kinofilm

2.3 schwer verständlich oder schwerverständlich?

B 8 Verbindungen aus einem einfachen **Adjektiv** (Eigenschaftswort) und einem weiteren Adjektiv können getrennt oder zusammengeschrieben werden:

allgemein gültige *oder* allgemeingültige Regeln, schwer verständliche *oder* schwerverständliche Begriffe, leicht verdauliche *oder* leichtverdauliche Speisen

Ist jedoch das erste Adjektiv näher bestimmt, ist nur die Getrenntschreibung richtig:

ein *sehr schwer verständlicher* Begriff
ganz leicht verdauliche Speisen

581

Regeln zur deutschen Rechtschreibung

3 Zusammensetzungen mit Nomen (Substantiven, Hauptwörtern)

3.1 Stein Treppe oder Steintreppe?

B 9 Zusammengesetzte Nomen (Substantive, Hauptwörter) schreibt man **zusammen:**

Steintreppe, Wochenlohn, Altbau, Schwerindustrie, Fünfkampf, Ichsucht, Rastplatz, Rechenmaschine, Außenpolitik, Nebeneingang

3.2 Neunzigerjahre oder neunziger Jahre?

B 10 Ableitungen von **Grundzahlen** (Kardinalzahlen) auf **-er** schreibt man mit einem folgenden Nomen (Substantiv, Hauptwort) **zusammen:**

die Achterbahn, die Zehnergruppe

In Verbindung mit *Jahr* kannst du auch getrennt schreiben (die Ableitung auf *-er* ist dann klein):

in den Neunzigerjahren *oder* in den neunziger Jahren

3.3 ein viertel Kilo oder ein Viertelkilo?

B 11 Wenn **Bruchzahlen auf -tel** oder **-stel** vor einer Maßangabe stehen, schreibt man sie entweder getrennt und klein oder zusammen und groß:

ein viertel Kilogramm *oder* ein Viertelkilogramm
ein zehntel Millimeter *oder* ein Zehntelmillimeter
eine tausendstel Sekunde *oder* eine Tausendstelsekunde

Zur Großschreibung vergleiche auch die Regel D 12.

3.4 die Schweizer Berge oder die Schweizerberge?

B 12 Ableitungen von **geografischen Eigennamen auf -er** schreibt man nur dann mit dem folgenden Nomen (Substantiv, Hauptwort) **zusammen,** wenn sich die Ableitung auf **Personen** bezieht:

Regeln zur deutschen Rechtschreibung

die Schweizergarde (= die Garde des Papstes, die aus Schweizern besteht)
der Römerbrief (= Brief des Apostels Paulus an die Römer)

Als **Normalfall** kannst du dir also die **Getrenntschreibung** merken; die Ableitung bezieht sich dann unmittelbar auf das betreffende Gebiet oder die betreffende Ortschaft. Beispiele:

die Schweizer Berge (= die Berge der Schweiz)
das Ulmer Münster (= das Münster von Ulm)
das Genfer Abkommen (= das Abkommen, das in Genf getroffen wurde)

3.5 beim Feuer anfachen oder beim Feueranfachen?

B 13 Wortgruppen mit einer **Grundform** des Verbs (Infinitiv) kann man in Nomen (Substantive, Hauptwörter) umwandeln. Es entsteht dann jeweils ein einziges Nomen aus mehreren Teilen; man schreibt zusammen:

Feuer anfachen → beim Feueranfachen
Schlange stehen → während des Schlangestehens
sauber machen → beim Saubermachen
sitzen bleiben → das Sitzenbleiben

Wenn du umfangreichere Fügungen mit einer Grundform in ein Nomen umwandelst, musst du den Bindestrich verwenden (vergleiche die Regel C 5):

Kastanien aus dem Feuer holen → das Kastanien-aus-dem-Feuer-Holen

3.6 das klein Gedruckte oder das Kleingedruckte?

B 14 Wenn eine Wortgruppe mit einem **Adjektiv** (Eigenschaftswort) oder einem **Partizip** (Mittelwort) wie ein Nomen (Substantiv, Hauptwort) gebraucht wird, behalten die vorangehenden Wörter ihre Selbstständigkeit:

auf der Wiese liegend → die auf der Wiese Liegenden
vom Blitz überrascht → die vom Blitz Überraschten
vom Nikotin abhängig → ein vom Nikotin Abhängiger

Aber nach Regel B 6:

nikotinabhängig → ein Nikotinabhängiger

Regeln zur deutschen Rechtschreibung

Bei besonders häufig gebrauchten Wortverbindungen ist auch Zusammenschreibung möglich; Getrenntschreibung ist aber nie falsch:

klein gedruckt → im klein Gedruckten *oder* im Kleingedruckten
nicht zutreffend → das nicht Zutreffende *oder* das Nichtzutreffende

C   Regeln zur Schreibung mit Bindestrich

Bei den Regeln für den Bindestrich kannst du dir drei Anwendungsbereiche merken:

1. Man setzt einen Bindestrich bei Zusammensetzungen und Ableitungen mit **Ziffern, Einzelbuchstaben** und **Abkürzungen.**

2. Mit dem Bindestrich kannst du **unübersichtliche Zusammensetzungen** so gliedern, dass sie leichter zu verstehen sind.

3. Mit dem Bindestrich kannst du **Eigennamen** von den übrigen Teilen einer Zusammensetzung abtrennen.

1   Der Bindestrich bei Ziffern, Einzelbuchstaben und Abkürzungen

1.1   17jährig oder 17-jährig?
Fußball WM oder Fußball-WM?

C 1   Der Bindestrich steht bei Zusammensetzungen und Ableitungen mit Ziffern, Einzelbuchstaben und Abkürzungen:

3-Tonner, 8-Zylinder; 5-mal, 100-prozentig, 1-zeilig, 17-jährig, der 17-Jährige

A-Dur, b-Moll, i-Punkt, S-Kurve, s-Laut, T-Shirt, x-beliebig, etwas x-Beliebiges, x-mal, y-Achse; Dativ-e; (außerdem:) der x-te Versuch, zum x-ten Mal, die n-te Potenz

km-Bereich, S-Bahn, Fußball-WM; H_2O-gesättigt, DB-eigen, Na-haltig, UV-bestrahlt

Abt.-Leiter, Abt.-Ltr. (= Abteilungsleiter), Tgb.-Nr. (= Tagebuchnummer)

! **Beachte:** Bei Abkürzungen und Ziffern, auf die nur eine **Endung** folgt, darfst du keinen Bindestrich setzen:

SPDler, der 15er, ein 32stel, 100%ig

Regeln zur deutschen Rechtschreibung

Nach Einzelbuchstaben dagegen steht ein Bindestrich:

der x-te Versuch, zum x-ten Mal

Bildet eine Verbindung aus Ziffern und Endung den vorderen Teil einer Zusammensetzung, so setzt du nur nach der Endung einen Bindestrich:

ein 100stel-Millimeter, die 61er-Bildröhre, eine 5er-Gruppe

1.2 800-Jahrfeier oder 800-Jahr-Feier? S-Bahn Wagen oder S-Bahn-Wagen?

C2 Bei mehrgliedrigen Zusammensetzungen mit Ziffern, Abkürzungen und Einzelbuchstaben musst du zwischen allen Bestandteilen einen Bindestrich setzen:

800-Jahr-Feier, 2-Euro-Stück, 35-Stunden-Woche, 58-Cent-Briefmarke, 8-Zylinder-Motor, 400-m-Lauf, 2-kg-Büchse, 3-Zimmer-Wohnung, $^1/_2$-kg-Packung

S-Bahn-Wagen, A-Dur-Tonleiter, S-Kurven-reich (*aber:* kurvenreich), Vitamin-B-haltig (*aber:* vitaminhaltig), UV-Strahlen-gefährdet (*aber:* strahlengefährdet), Dipl.-Ing.-Ök.

Vergleiche auch die Regel C 3.

2 Der Bindestrich bei unübersichtlichen Zusammensetzungen

2.1 das Kopf an Kopf-Rennen oder das Kopf-an-Kopf-Rennen?

C3 Zusammensetzungen können Bestandteile enthalten, die auf eine Wortgruppe oder auf eine Zusammensetzung mit Bindestrich zurückzuführen sind. Solche Zusammensetzungen musst du als Ganzes „durchkoppeln":

sie rannten *Kopf an Kopf* → das *Kopf-an-Kopf*-Rennen
die Gespräche zwischen *Nord* und *Süd* → die *Nord-Süd*-Gespräche
etwas *ad hoc* bilden → die *Ad-hoc*-Bildung
ein Laden für diejenigen, die nach dem Motto *„Do it yourself"* werken →
der *Do-it-yourself*-Laden
das *Make-up* für den Abend → das Abend-*Make-up*

585

Regeln zur deutschen Rechtschreibung

Die folgenden Beispiele enthalten Ziffern, Abkürzungen und Einzelbuchstaben:

> der Lauf über eine Strecke von *400 Metern* → der *400-Meter*-Lauf
> der Lauf über eine Strecke von *400 m* → der *400-m*-Lauf
> eine Wohnung mit *3 Zimmern* → die *3-Zimmer*-Wohnung
> ein Wagen der *S-Bahn* → der *S-Bahn*-Wagen
> reich an *S-Kurven* → *S-Kurven*-reich
> die Anreicherung mit *Vitamin B* → die *Vitamin-B*-Anreicherung
> *Vitamin B* enthaltend → *Vitamin-B*-haltig

Vergleiche hierzu auch die Regel C 2.

Die folgenden Beispiele enthalten Eigennamen:

> das Denkmal für *Karl May* → das *Karl-May*-Denkmal
> der Kanal zwischen *Elbe* und *Havel* → der *Elbe-Havel*-Kanal

Vergleiche hierzu auch die Regel C 7.

2.2 Haushaltmehrzweckküchenmaschine oder Haushalt-Mehrzweckküchenmaschine?

C 4 Zur **Gliederung** unübersichtlicher Zusammensetzungen oder zur **Hervorhebung** einzelner Bestandteile einer Zusammensetzung kannst du einen Bindestrich setzen.

Beispiele für die Gliederung mit Bindestrich:

> Arbeiter-Unfallversicherungsgesetz, Lotto-Annahmestelle,
> Haushalt-Mehrzweckküchenmaschine

Beispiele für die Hervorhebung durch einen Bindestrich:

> der dass-Satz, die Ich-Erzählung, die Kann-Bestimmung;
> die Hoch-Zeit, das Nach-Denken, etwas be-greifen

Vergleiche hierzu auch die Regel A 4.

2.3 das Löcher in den Himmel starren oder das Löcher-in-den-Himmel-Starren?

C 5 Verbindungen mit einem Verb (Tätigkeitswort, Zeitwort) können als Ganzes zu einem Nomen (Substantiv, Hauptwort) gemacht werden. Wenn eine solche Verbindung unübersichtlich wird, musst du sie mit Bindestrichen gliedern:

586

Regeln zur deutschen Rechtschreibung

Löcher in den Himmel starren → Dein ständiges Löcher-in-den-Himmel-Starren macht mich nervös.

auf die lange Bank schieben → Mit diesem ewigen Auf-die-lange-Bank-Schieben kommen wir nicht weiter.

Vergleiche hierzu auch die Regeln B 16 und D 14.

3 Der Bindestrich bei Zusammensetzungen mit Eigennamen

3.1 die Goetheausgabe oder die Goethe-Ausgabe?

C 6 Wenn in einer Zusammensetzung ein einfacher Eigenname an erster Stelle steht, kannst du einen Bindestrich setzen, um den Namen hervorzuheben:

die Goethe-Ausgabe *oder* die Goetheausgabe
die Beethoven-Halle *oder* die Beethovenhalle

die Ganges-Ebene *oder* die Gangesebene
das Mekong-Delta *oder* das Mekongdelta
Moskau-freundlich *oder* moskaufreundlich

! **Beachte:** Bei Zusammensetzungen mit einem Eigennamen als zweitem Bestandteil und bei Zusammensetzungen aus zwei Namen *musst* du einen Bindestrich setzen:

Frau Müller-Weber; die Bäcker-Anna, der Schneider-Karl;
Blumen-Richter, Foto-Müller; Annaberg-Buchholz, Baden-Württemberg

3.2 die Albrecht Dürerallee oder die Albrecht-Dürer-Allee?

C 7 Zusammensetzungen mit mehrteiligen Eigennamen oder mit mehreren Eigennamen werden „durchgekoppelt". Du musst also zwischen allen Bestandteilen der Zusammensetzung einen Bindestrich setzen:

die Albrecht-Dürer-Allee, der Kaiser-Karl-Ring,
die Ernst-Ludwig-Kirchner-Straße, das Goethe-Schiller-Archiv

der Elbe-Havel-Kanal, die Oder-Neiße-Grenze

Vergleiche hierzu auch die Regel C 3.

Regeln zur deutschen Rechtschreibung

D Regeln zur Groß- und Kleinschreibung

Großschreibung triffst du im Deutschen in vier Bereichen an:

1. am **Satzanfang** sowie bei Überschriften (Titeln)
2. bei **Nomen** (Substantiven, Hauptwörtern) sowie bei Wörtern, die wie Nomen gebraucht werden
3. bei **Eigennamen**
4. bei der höflichen **Anrede** *(Sie, Ihnen, Ihr…)*

Wir gehen auf diese Bereiche der Reihe nach ein.

1 Satzanfänge und Überschriften

1.1 Grundregel

D 1 **Satzanfänge** schreibt man **groß:**

> *Gestern* hat es geregnet.
> *Vor* dem Öffnen bitte Stecker ziehen.
> *Hat* sie das wirklich gesagt?
> *Komm* doch auch mit!
> *Guten* Morgen!

1.2 Die Großschreibung nach Doppelpunkt

D 2 Nach einem **Doppelpunkt** schreibst du **groß,**

1. wenn eine direkte Rede folgt;
2. wenn ein selbstständiger Satz folgt.

Beispiele:

> Sie fragte: „*Kommt* er heute?"
> Er sagte: „*Wir* wissen es nicht."
> Alle baten: „*Bleibt* doch noch bis zum Abendessen!"

Beachten Sie bitte folgenden Hinweis: *Alle* Bänke sind frisch gestrichen.
Es ist nicht zu bestreiten: *Die* Arbeitslosigkeit nimmt weiter zu.

Aufgabe: Setze die richtigen Buchstaben ein!

588

Regeln zur deutschen Rechtschreibung

Die Regel gilt auch für Ausdrücke, die einem Satz nahekommen, aber nicht die Form eines ausgebildeten Satzes haben:

Sie rief: *„Ja!"*
In der Anleitung steht: *Vor* dem Öffnen des Deckels bitte Stecker ziehen.

! **Beachte:** Wo die in Regel D 2 genannten Bedingungen nicht zutreffen, schreibst du klein.
So musst du kleinschreiben, wenn auf den Doppelpunkt eine Aufzählung folgt:

Die Packung enthält: *eine* Aufbauanleitung, zwanzig Schrauben sowie einen Schraubenzieher.

1.3 Überschriften (Titel)

D 3 Das erste Wort einer **Überschrift** (eines Titels) schreibt man **groß**:

Mein Lieblingstier (Überschrift eines Aufsatzes)
Schweres Erdbeben in Marokko (Titel einer Zeitungsnachricht)

Die Regel gilt auch, wenn Überschriften und Titel im laufenden Text genannt werden. Meist setzt man sie dann in Anführungszeichen (Regel E 15):

Mir hat *„Das* kleine Gespenst" gut gefallen.

Im Artikel *„Schweres* Erdbeben in Marokko" ist von vielen Toten und Verletzten die Rede.

1.4 Sehr geehrte Frau Beer, ...
Liebe Anna!

D 4 Die **Anrede in Briefen** wird meist als frei stehende Zeile angeordnet. Das erste Wort musst du daher wie in Überschriften **großschreiben**.

589

Regeln zur deutschen Rechtschreibung

Am Schluss der Anrede kannst du ein Komma oder ein Ausrufezeichen setzen.
Für den Absatz nach der Anrede gilt dann:

D 5 Wenn du nach der Anrede ein **Komma** setzt, beginnt der folgende Absatz **klein.**
Wenn du nach der Anrede ein **Ausrufezeichen** setzt, beginnt der folgende Absatz mit einem **großen** Buchstaben.

Sehr geehrte Frau Beer,	*Liebe* Anna!
entsprechend unserer telefonischen Vereinbarung schicken wir Ihnen hiermit …	*Wie* am Telefon versprochen, schicke ich dir zusammen mit diesem Brief …
Mit freundlichen Grüßen	Mit herzlichen Grüßen
Oskar Schneider	Oskar

2 Die Großschreibung der Nomen (Substantive, Hauptwörter)

Großschreibung gilt im Deutschen nicht nur für eigentliche **Nomen** (Substantive, Hauptwörter), sondern auch für **Nominalisierungen** (Substantivierungen). Nominalisierungen sind Wörter, die von ihrer Wortart her keine Nomen darstellen, aber wie Nomen gebraucht sind. Sie werden beim nominalisierten Gebrauch wie Nomen großgeschrieben.

2.1 Eigentliche Nomen

D 6 **Nomen** (Substantive, Hauptwörter) schreibt man **groß:**

Die *Katze* sprang auf den *Baum.*
In der *Küche* roch es nach *Zimt.*
Im *Sommer* genießen wir die *Wärme* und die frische *Luft.*
Sie zeigte *Verständnis* für meine *Lage.*
Ich komme heute *Abend* bei dir vorbei.

Achte auf Nomen (Substantive, Hauptwörter), die Teil fester Wortverbindungen sind. Sie werden ebenfalls großgeschrieben:

in Bälde; in Bezug (auf eine Sache); (auf etwas) Bezug nehmen; Auto fahren; Rad fahren; Schlange stehen; etwas außer Acht lassen; jemandem zu

Regeln zur deutschen Rechtschreibung

Hilfe kommen; etwas in Kauf nehmen; Diät leben; Angst haben; (auf etwas) Wert legen

2.2 Aus Nomen (Substantiven, Hauptwörtern) entstandene andere Wörter

In einigen Verwendungsweisen werden ursprüngliche Nomen (Substantive, Hauptwörter) wie Wörter anderer Wortarten gebraucht. Du musst sie dann kleinschreiben.

Die Regeln D 7 bis D 12 zeigen dir die wichtigsten Fälle.

2.2.1 an etwas Schuld sein oder an etwas schuld sein?

D 7 In Verbindung mit den Verben (Tätigkeitswörtern, Zeitwörtern) *sein, bleiben* und *werden* schreibst du folgende Wörter **klein:** *angst (und bange), gram, leid, pleite, schuld.*

Beispiele:

Ihr wird angst [und bange]. Sie bleibt ihm gram. Sie ist diese Geschichte leid. Er ist pleite. Er ist schuld daran. (*Aber:* Es ist seine Schuld.)

In Verbindung mit anderen Verben schreibst du nach der Grundregel für Substantive (Regel D 6) groß:

Die Firma machte Pleite. Ich habe Angst. Du hast mir Angst gemacht. Sie hat keine Schuld. Sie trägt daran keine Schuld.

2.2.2 ich nehme Teil oder ich nehme teil?

D 8 Aus Nomen (Substantiven, Hauptwörtern) entstandene **Verbzusätze** schreibt man **klein:**

teilnehmen → Ich nehme daran teil.
preisgeben → Wir geben unser Ziel nicht preis.
wundernehmen → Es nimmt mich wunder.

591

Regeln zur deutschen Rechtschreibung

2.2.3 abends oder Abends?

D 9 Aus Nomen (Substantiven, Hauptwörtern) entstandene **Wörter** auf *-s* und *-ens* schreibt man **klein:**

> abends, morgens, nachts, dienstags, sonntags, anfangs, hungers (hungers sterben), willens (willens sein), rechtens (rechtens sein, etwas rechtens machen); abseits, angesichts, mangels, mittels, namens, seitens; falls, teils ... teils

Wenn einem Wort der bestimmte/unbestimmte Artikel vorangeht, handelt es sich um ein Nomen (Substantiv, Hauptwort), das man großschreibt:

> eines Abends, des Nachts

2.2.4 kraft ihres Amtes oder Kraft ihres Amtes?

D 10 Die folgenden aus Nomen (Substantiven, Hauptwörtern) entstandenen **Präpositionen** (Verhältniswörter) schreibt man **klein:**
dank, kraft, laut, statt, an ... statt, trotz, wegen, von ... wegen, um ... willen, zeit.

Beispiele:

> kraft ihres Amtes, laut seiner Behauptung, an Kindes statt, an seiner statt, von Amts wegen, zeit seines Lebens

2.2.5 ein bisschen oder ein Bisschen?

D 11 Die folgenden Wörter sind **Indefinitpronomen** (unbestimmte Fürwörter, unbestimmte Zahlwörter). Du musst sie daher **kleinschreiben:**
(ein) bisschen, (ein) paar

Beispiele:

> Er hat ein *bisschen* übertrieben. Mit ein *bisschen* Geduld wird es dir gelingen!
> Mit diesem *bisschen* Sand kannst du keine Burg bauen. Es kamen nur *ein paar* (= einige wenige) Leute. Mit diesen *paar* Leuten wird der Saal nicht voll.
>
> Aber: Zum Glück hatte ich *ein Paar* (= zwei) Handschuhe bei mir.

Regeln zur deutschen Rechtschreibung

2.2.6 ein viertel Liter oder ein Viertelliter?

D 12 Wenn **Bruchzahlen** auf **-tel** und **-stel** vor einer Maßangabe stehen, schreibt man sie entweder getrennt und klein oder zusammen und groß:

> ein viertel Liter *oder* ein Viertelliter
> ein zehntel Millimeter *oder* ein Zehntelmillimeter
> eine tausendstel Sekunde *oder* eine Tausendstelsekunde

Sonst schreibst du Bruchzahlen auf *-tel* und *-stel* nach der Grundregel für Nomen (Substantive, Hauptwörter) groß (Regel D 6):

> ein Drittel, das erste Fünftel, neun Zehntel des Umsatzes, um drei Viertel größer

Vergleiche hierzu auch die Regel B 14.

2.3 Wie Nomen (Substantive, Hauptwörter) gebrauchte Verben (Tätigkeitswörter, Zeitwörter)

2.3.1 das warten oder das Warten?

D 13 Verben (Tätigkeitswörter, Zeitwörter), die wie Nomen (Substantive, Hauptwörter) gebraucht sind, werden großgeschrieben.

Dass ein Verb (Tätigkeitswort, Zeitwort) wie ein Nomen (Substantiv, Hauptwort) gebraucht ist, kannst du meist an einem der folgenden Merkmale erkennen:

a) Es geht ihm ein Wort wie *das, dem, dieses, ein, etwas* voran (= Begleiter).

b) Es geht ihm ein Wort wie *mit, für, am, im, ins, beim, zum* voran (= Präpositionen/Verhältniswörter).

c) Man kann im fraglichen Satz ohne Weiteres ein Wort wie *das, dem, dieses, ein, etwas* (= Begleiter) vor das Wort setzen.

Beispiele:

> *Das Warten* fällt mir schwer.
> Susanne ist *beim Spielen* ein Missgeschick passiert.
> Ich schenkte *dem* lauten *Knistern* keine Beachtung.
> Die Sache kam *ins Stocken*.
> Ich verbrachte viel Zeit *mit Nachdenken*.
> Sie verabscheut *Rennen* und *Rasen* (= *das Rennen* und *das Rasen*).

Regeln zur deutschen Rechtschreibung

2.3.2 **beim Feuer anfachen** oder **beim Feueranfachen?**

D 14 Verbindungen mit einem Verb (Tätigkeitswort, Zeitwort) können als Ganzes zu einem Nomen (Substantiv, Hauptwort) gemacht werden. Wenn eine solche Verbindung unübersichtlich wird, musst du sie mit dem Bindestrich gliedern:

> Feuer anfachen → beim Feueranfachen
> sauber machen → das Saubermachen
> Fenster putzen → das Fensterputzen

Gliederung mit Bindestrich und Großschreibung der substantivischen Bestandteile:

> Kastanien aus dem Feuer holen → das Kastanien-aus-dem-Feuer-Holen

Vergleiche hierzu auch die Regeln B 13 und C 5.

2.4 **Wie Nomen (Substantive, Hauptwörter) gebrauchte Adjektive (Eigenschaftswörter)**

2.4.1 **ein unbekannter** oder **ein Unbekannter?** **etwas neues** oder **etwas Neues?**

D 15 Adjektive (Eigenschaftswörter), die wie Nomen (Substantive, Hauptwörter) gebraucht sind, werden großgeschrieben:

> Vor der Tür stand ein *Unbekannter*.
> Die *Großen* fressen die *Kleinen*.
> Das nie *Erwartete* trat ein.
> Sie ist die *Beste*.
> Die Arbeiten sind im *Allgemeinen* nicht schlecht geraten.
> Die Kommissarin war auf dem *Laufenden*.
> Sie hat dies des *Langen* und *Breiten* erklärt.
> Er hat den *Kürzeren* gezogen.

Häufig gehen solchen Adjektiven Wörter wie *etwas, nichts, viel, wenig, alles* voraus:

> Ich kann dir *etwas (nichts, viel, wenig, allerlei …) Neues* erzählen.
> In der Zeitung stand *viel (nichts, allerlei …) Interessantes.*
> Es gab für mich *nichts Aufregenderes.*
> Zum Knabbern gab es *Süßes* und *Salziges* (= … *etwas Süßes* und *etwas Salziges*).

Regeln zur deutschen Rechtschreibung

Beachte aber auch die Regel D 18:

Sie suchte etwas *anderes* oder *Anderes.*

Zu den Adjektiven (Eigenschaftswörtern) gehören auch die **Ordnungszahlen** (Ordinalzahlen) sowie die verwandten Wörter *nächste* und *letzte;* diese Wörter können daher ebenfalls wie Nomen (Substantive, Hauptwörter) gebraucht werden:

Er kam als *Dritter* an die Reihe.
Trotz ihrer Verletzung wurde sie noch *Viertletzte.*
Jeder *Fünfte* lehnte das Projekt ab.
Der *Nächste,* bitte!
Liebe deinen *Nächsten* wie dich selbst!
Als *Letztes* muss der Deckel angeschraubt werden.

Die Grundregel D 15 kennt fünf Ausnahmen. Wir behandeln sie in den Regeln D 16 bis D 20.

2.4.2 Die großen Fische fressen die Kleinen oder Die großen Fische fressen die kleinen?

D 16 Manchmal wird nach einem Adjektiv (Eigenschaftswort) ein Nomen (Substantiv, Hauptwort) **eingespart,** das im selben Satz (oder in einem vorangehenden Satz) schon an anderer Stelle auftritt. Du kannst dir das betreffende Nomen aber immer noch zu dem Adjektiv hinzudenken. Das Adjektiv wird deshalb kleingeschrieben:

Die großen Fische fressen die *kleinen* (= die *kleinen* Fische).
Alte Schuhe sind meist bequemer als *neue* (= als *neue* Schuhe).
Der Verkäufer zeigte mir seine Auswahl an Socken. Die *gestreiften* und *gepunkteten* (= die *gestreiften* und die *gepunkteten* Socken) gefielen mir am besten.

2.4.3 am Schnellsten oder am schnellsten? aufs Herzlichste oder aufs herzlichste?

D 17 **Superlative** (Steigerungsformen auf **-ste**) mit **am** schreibt man **klein,** wenn man mit **Wie?** danach fragen kann:

Dieser Weg ist *am steilsten.* (Frage: *Wie* ist der Weg?)
Dieser Stift schreibt *am feinsten.* (Frage: *Wie* schreibt dieser Stift?)

595

Regeln zur deutschen Rechtschreibung

Superlative mit *aufs* (= *auf das*) kannst du groß- oder kleinschreiben, wenn sie sich mit *Wie?* erfragen lassen:

> Sie hat uns *aufs Herzlichste* (oder: *aufs herzlichste*) gedankt. (Frage: *Wie* hat sie uns gedankt?)

! **Beachte:** Superlative mit *am* und *aufs,* die sich **nicht** mit *Wie?* erfragen lassen, schreibt man nach der Grundregel D 15 groß:

> Es fehlt ihnen *am / an dem Nötigsten.* (Frage: *Woran* fehlt es ihnen?) Wir sind *aufs / auf das Beste* angewiesen. (Frage: *Worauf* sind wir angewiesen?)

2.4.4 die vielen oder die Vielen? etwas anderes oder etwas Anderes?

D 18 Die vier Wörter *viel, wenig, ein, andere* werden im Allgemeinen **kleingeschrieben:**

> Das haben schon *viele (die meisten; wenige, die wenigsten)* erlebt.
> Sie hat das *wenige,* was noch da war, in einer Kiste verstaut.
> Die *einen* kommen, die *anderen* gehen.
> Sie hatte etwas *anderes* erwartet.

Man kann diese Wörter auch als Nomen (Substantive, Hauptwörter) auffassen und großschreiben:

> Er hat sich über das *wenige* oder *Wenige* gefreut.
> Sie suchte nach etwas ganz *anderem* oder *Anderem.*

2.4.5 von klein auf oder von Klein auf? seit langem oder seit Langem?

D 19 Es gibt feste **Wendungen,** die aus einer **bloßen Präposition** (einem Verhältniswort, Vorwort) und einem undeklinierten (ungebeugten) **Adjektiv** (Eigenschaftswort) bestehen. Solche Wortgruppen schreibt man **klein.**

> in bar, gegen bar (bezahlen); auf ewig; von fern; von früh auf, von früher her; von klein auf; von nah; (eine Anzeige) gegen unbekannt, nach unbekannt (verreisen)

Regeln zur deutschen Rechtschreibung

Paarformeln:

> durch dick und dünn; von nah und fern; von früh bis spät; jenseits von gut und böse; über kurz oder lang

Paarformeln mit Farbbezeichnungen:

> schwarz auf weiß (etwas schwarz auf weiß beweisen); blau in blau, grau in grau

! **Beachte:** Feste Wendungen mit Adjektiven (Eigenschaftswörtern), die auf *-em, -es* enden, kann man auch als Nomen (Substantive, Hauptwörter) auffassen und großschreiben:

> binnen kurzem *oder* Kurzem, vor kurzem *oder* Kurzem, seit kurzem *oder* Kurzem; seit langem *oder* Langem, vor langem *oder* Langem, seit längerem *oder* Längerem, vor längerem *oder* Längerem; von nahem *oder* Nahem; von neuem *oder* Neuem, seit neuestem *oder* Neuestem; von weitem *oder* Weitem, bei weitem *oder* Weitem, bis auf weiteres *oder* Weiteres, ohne weiteres *oder* Weiteres

2.4.6 die ersten zehn oder die ersten Zehn?
die böse dreizehn oder die böse Dreizehn?

D 20 Die **Grundzahlen** (Kardinalzahlen) von 0 bis 999 999 schreibt man **klein:**

> Sie kam schließlich doch noch unter die ersten *zehn*. Was *drei* wissen, wissen bald *dreißig*. Diese *drei* kommen mir bekannt vor. Sie rief um *fünf* an. Wir waren an die *zwanzig*. Er sollte die Summe durch *acht* teilen.

! **Beachte:** Man schreibt Grundzahlen (Kardinalzahlen) von 0 bis 999 999 nur dann groß, wenn sie die Ziffer oder den Zahlwert als solchen bezeichnen:

> Sie fürchtete sich vor der bösen *Dreizehn*. Der Zeiger nähert sich der *Elf*. Sie hat lauter *Einsen* im Zeugnis. Er würfelt eine *Sechs*.

Zahlen wie *Million, Milliarde* usw. sind Nomen (Substantive, Hauptwörter); du musst sie daher immer großschreiben:

> Diese Maschine kostet mehr als eine *Million* Euro.
> Auf der Erde leben über sieben *Milliarden* Menschen.

Regeln zur deutschen Rechtschreibung

2.5 Wie Nomen (Substantive, Hauptwörter) gebrauchte andere Wörter

2.5.1 das gewisse etwas oder das gewisse Etwas?

D 21 Pronomen (Fürwörter), die wie Nomen (Substantive, Hauptwörter) gebraucht sind, werden großgeschrieben:

Sie hatte das gewisse *Etwas*.
Er bot ihr das *Du* an.
Dieser Hund ist eine *Sie* und kein *Er*.
Jetzt stehen wir vor dem *Nichts*.

! **Beachte aber:** Pronomen (Fürwörter), die als **Stellvertreter** gebraucht werden, schreibt man klein:

Kann mir *jemand* helfen?
In diesem Wald hat sich schon *mancher* verirrt.
So *etwas* kann *jedem* passieren.
Sie hat *alles* aufgeschrieben.
Ich hatte noch *einiges* vor.

2.5.2 ein durcheinander oder ein Durcheinander? im nachhinein oder im Nachhinein?

D 22 Unveränderliche (unflektierbare) Wörter, die wie Nomen (Substantive, Hauptwörter) gebraucht sind, werden großgeschrieben:

Es herrschte ein großes *Durcheinander*.
Sie bekam im *Nachhinein* doch noch Recht.
Uns stört dieses ewige *Hin* und *Her*.
Der Ball flog ins *Aus*.
Er bestand die Prüfung mit *Ach* und *Krach*.

Regeln zur deutschen Rechtschreibung

3 Die Großschreibung der Eigennamen

3.1 Grundregel

D 23 **Eigennamen** schreibt man **groß.**

Einfache Eigennamen sind immer Nomen (Substantive, Hauptwörter). Deshalb schreibt man sie auch nach Regel D 6 groß:

> Da kommt *Anna.*
> Sie reist nach *Genf.*

Beachte, dass es daneben auch mehrteilige Eigennamen gibt (vergleiche die Regel D 24).

3.2 das rote Kreuz oder das Rote Kreuz? die höhere Schule oder die Höhere Schule?

D 24 In mehrteiligen Eigennamen kommen außer Nomen (Substantiven, Hauptwörtern) oft auch **Adjektive** (Eigenschaftswörter) vor. Man schreibt sie ebenfalls groß, damit man die ganze Fügung als Eigennamen erkennt:

> der *Alte* Fritz, Holbein der *Jüngere*
> die *Vereinigten* Staaten [von Amerika], die *Schwäbische* Alb, der *Indische* Ozean
> das *Rote* Kreuz, die *Deutsche* Bahn, die *Schweizerischen* Bundesbahnen

Von den mehrteiligen Eigennamen musst du die sogenannten festen Begriffe unterscheiden, die keine einzigartigen Gegebenheiten bezeichnen, sondern Gattungen von Personen, Dingen oder Handlungen. Für feste Begriffe gilt die folgende Grundregel:

D 25 In **festen Begriffen** schreibt man die **Adjektive** (Eigenschaftswörter) gewöhnlich **klein:**

> die innere Medizin, der erste Spatenstich, der schwarze Tee,
> die schwarze Magie, das schwarze Schaf, die goldene Hochzeit, die schwedischen Gardinen, die höhere Mathematik, die höhere Schule, der italienische Salat

Regeln zur deutschen Rechtschreibung

Wenn du hervorheben willst, dass der mehrteilige Begriff eine andere Gesamtbedeutung hat, kannst du das Adjektiv auch großschreiben:

> das schwarze Brett *oder* das Schwarze Brett (eine Anschlagtafel)
> der blaue Brief *oder* der Blaue Brief (eine unangenehme Mitteilung)

Zur Grundregel D 25 gibt es weitere Ausnahmen:

! Beachte: Drei Fallgruppen von festen Begriffen werden großgeschrieben, obwohl es sich dabei nicht um mehrteilige Eigennamen handelt:

1. **Titel und Ehrenbezeichnungen:**
   der Heilige Vater, der Regierende Bürgermeister, der Technische Direktor
2. **besondere Kalendertage:**
   der Heilige Abend, der Erste Mai, der Internationale Frauentag
3. **Bezeichnungen der Tier- und Pflanzenarten in der Biologie:**
   der Rote Milan (ein Greifvogel), das Fleißige Lieschen (eine Zimmerpflanze)

3.3 die schweizerischen Berge oder die Schweizerischen Berge? die schweizer Berge oder die Schweizer Berge?

D 26 Von Eigennamen abgeleitete Adjektive (Eigenschaftswörter) schreibt man klein:

> die darwinsche Evolutionstheorie, eine kafkaeske Situation, eulenspiegelhafte Possen; die schweizerischen Berge, die österreichischen Alpen

Beachte, dass das Adjektiv (Eigenschaftswort) nach Regel D 24 großgeschrieben wird, wenn die ganze Fügung aus Adjektiv und Nomen einen mehrteiligen Eigennamen bildet:

> die Schweizerischen Bundesbahnen, die Deutsche Bahn

Außerdem gibt es zu Regel D 26 eine Ausnahme:

! Beachte: Ableitungen von geografischen Eigennamen auf **-er** werden großgeschrieben:

> die Salzburger Festspiele, die Schweizer Berge, die Berliner Kunstszene

Beachte auch die Getrennt- und Zusammenschreibung, Regel B 15.

600

Regeln zur deutschen Rechtschreibung

4   **Die höfliche Anrede** *Sie*

D 27   Die Pronomen (Fürwörter) für die höfliche Anrede schreibt man groß:
Sie, Ihnen, Ihr (→ Ihre, Ihren, Ihrem ...):

> Bitte rufen *Sie* mich bald an.
> Ich danke *Ihnen* für *Ihren* Brief.
> Die Nachbarin fragte: „Haben Sie *Ihre* Schlüssel wiedergefunden?"

Alle übrigen Anredepronomen (Anredefürwörter) schreibt man gewöhnlich
klein. In Briefen darfst du sie allerdings auch großschreiben:

> Ich danke *dir/Dir* für *deinen/Deinen* Brief.
> Ich danke *euch/Euch* für *euren/Euren* Brief.
> Die Nachbarin fragte mich: „Hast *du/Du deine/Deine* Schlüssel wiederge-
> funden?"

! **Beachte:** Das Reflexivpronomen (rückbezügliche Fürwort) **sich** wird
immer kleingeschrieben:

> Bitte melden Sie *sich* im Sekretariat.

E   Regeln zur Zeichensetzung

In diesem Abschnitt gehen wir auf die folgenden Satzzeichen ein:
1. Satzschlusszeichen: Punkt, Fragezeichen, Ausrufezeichen
2. Doppelpunkt
3. Strichpunkt (Semikolon)
4. Komma (Beistrich)
5. Gedankenstrich
6. Klammern
7. Anführungszeichen
8. Auslassungspunkte

Im Anschluss an diese Zeichen behandeln wir noch weitere Zeichen, die nicht zu
den Satzzeichen im engeren Sinn gehören. Es sind dies:
9. Apostroph (Auslassungszeichen)
10. Ergänzungsstrich
11. Abkürzungspunkt
12. Punkt bei Ordnungszahlen

Regeln zur deutschen Rechtschreibung

1   Die Satzschlusszeichen

E 1   Den **Schluss eines Satzes** kannst du mit einem Punkt, einem Fragezeichen oder einem Ausrufezeichen kennzeichnen.
Normalerweise setzt du einen **Punkt.**
Nach Fragen setzt du ein **Fragezeichen.**
Nach Ausrufen und Aufforderungen setzt du ein **Ausrufezeichen.**

Beispiele:

> Sie singt.
> Sie ist fröhlich.
>
> Wann kommst du zurück?
> Habt ihr Durst?
> Ihr habt wirklich keinen Durst?
> Fertig?
>
> Komm mit!
> Du kommst jetzt mit!
> Hurra!

! **Beachte:** Indirekte Fragesätze (Fragenebensätze) stehen ohne Fragezeichen:

> Er erkundigte sich, wann sie kommen könne.
> Sie fragte uns, ob wir wirklich keinen Durst hätten.

Zur **Anrede im Brief** vergleiche die Regel D 4.
Zum **Abkürzungspunkt** vergleiche die Regel E 21.
Zum **Punkt bei Ordnungszahlen** vergleiche die Regel E 22.

E 2   Der Punkt wird in bestimmten Fällen weggelassen.

Am Ende von Überschriften:

> Allmähliche Normalisierung im Erdbebengebiet
> Schneeverwehungen behindern Autoverkehr

Bei Sätzen, die in einen anderen Satz eingebettet sind:

> Eines Tages – es war mitten im Sommer – hagelte es.
> „Dieses Gerät kann man sicher reparieren", meinte sie.
> „Aller Anfang ist schwer" ist ein banaler Spruch.

Zur Kombination von Anführungszeichen und anderen Satzzeichen bei der direkten Rede vergleiche die Regel E 14.

Regeln zur deutschen Rechtschreibung

2   Der Doppelpunkt

E 3 Der Doppelpunkt zeigt an, dass etwas Weiterführendes folgt. Er steht darum unter anderem vor Aufzählungen und vor der direkten Rede:

> Sie hat viele Hobbys: Briefeschreiben, Fußballspielen, Wandern, Musikhören.
> Er sagte: „Bring mir das Buch bitte bis morgen zurück!"

Bei der Groß- und Kleinschreibung nach einem Doppelpunkt hilft dir die Regel D 2 weiter.

3   Der Strichpunkt (das Semikolon)

E 4 Zwischen Teilsätzen steht manchmal ein **Strichpunkt** (Semikolon). Er trennt stärker als das Komma, aber schwächer als der Punkt:

> Im Hausflur war es still; ich drückte erwartungsvoll auf die Klingel. Sie wohnt in einem Haus mit einem großen Garten; daher gehen wir sie gerne besuchen. Wir müssen uns überlegen, mit welchem Zug wir fahren wollen; wenn wir den früheren Zug nehmen wollen, müssen wir uns beeilen.

Du kannst den Strichpunkt außerdem zur Gliederung zusammengehörender Wortgruppen innerhalb längerer Aufzählungen verwenden:

> In dieser fruchtbaren Gegend wachsen Roggen, Gerste, Weizen; Kirschen, Pflaumen, Äpfel; ferner Tabak und Hopfen.

4   Das Komma

Kommas stehen in drei Fällen:
1. bei **Reihungen** (Aufzählungen)
2. zwischen **Teilsätzen**
3. bei **Zusätzen**

4.1   Das Komma in Reihungen (Aufzählungen)

4.1.1 Grundregel

E 5 Die einzelnen Glieder einer **Reihung** (Aufzählung) werden mit **Komma** voneinander abgetrennt:

> Die Packung enthält eine Montageanleitung, eine Garantiekarte, zwanzig Schrauben, einen Schraubenzieher.

603

Regeln zur deutschen Rechtschreibung

Zu Reihungen mit Teilsätzen vergleiche die Regel E 7.

! **Beachte:** Zwischen *Adjektiven* (Eigenschaftswörtern), die einem *Nomen* (Substantiv, Hauptwort) *vorangehen,* darfst du nur dann ein Komma setzen, wenn sie *gleichrangig* sind, das heißt mit dem gleichen Gewicht vor dem Nomen stehen. Du kannst dir dann oft ein „und" zwischen den Adjektiven denken oder die Adjektive umstellen:

ein süßes, klebriges Getränk (= ein süßes *und* klebriges Getränk); ein großer, verdienter Erfolg; ein älterer, freundlicher Herr (= ein freundlicher, älterer Herr)

Du darfst aber **kein Komma** setzen, wenn das dem Nomen (Substantiv, Hauptwort) näher stehende Adjektiv (Eigenschaftswort) mit diesem schon eine engere Verbindung eingegangen ist, die als Ganzes durch das erste Adjektiv näher bestimmt wird:

ein gut gehendes *italienisches Geschäft;* eine lange *hölzerne Tafel;* aus einer sicheren *inneren Haltung* heraus; alte *gotische Bauwerke*

Beachte, dass du mit der Kommasetzung den Sinn eines Satzteils verändern kannst. Lies die folgenden Fügungen zur Probe laut vor! Ein Komma ist zu setzen, wenn du stattdessen auch „und zwar" oder „diesmal" einsetzen könntest:

die *früheren erfolgreichen* Versuche (der neue Versuch ist ebenfalls gelungen)
die *früheren, erfolgreichen* Versuche (der neue Versuch ist gescheitert)

am *nächsten für ihn günstigen Tag* (am nächsten von mehreren günstigen Tagen)
am *nächsten, für ihn günstigen Tag* (der vorangehende Tag war nicht günstig)

4.1.2 Reihungen (Aufzählungen) mit „und", „oder"

E 6 Es steht **kein Komma,** wenn die Teile der Reihung (Aufzählung) mit einem der folgenden Wörter (Konjunktionen, Bindewörter) verbunden sind:
und, sowie, wie, sowohl... als auch, weder... noch
oder, entweder... oder, beziehungsweise (abgekürzt: *bzw.*)

Beispiele:

Sie kaufte *rote, grüne* und *gelbe* Paprika.
Sie kaufte *rote* **sowie** *grüne* und *gelbe* Paprika.
Er kaufte **weder** *rote Äpfel* **noch** *grüne Birnen* **oder** *Orangen.*

Regeln zur deutschen Rechtschreibung

Zu Reihungen von Teilsätzen vergleiche die Regel E 8.

> **Beachte:** Nicht zu den oben stehenden Wörtern (Konjunktionen, Bindewörtern) gehören Wörter mit entgegensetzender Bedeutung wie: *aber, sondern, doch, jedoch*. Wenn diese Wörter in Reihungen (Aufzählungen) auftreten, darfst du das Komma nicht weglassen:
>
> Sie las ein *dickes*, **aber** *spannendes* Buch.
> Er hat mir ein *süßes*, **jedoch** *wohlschmeckendes* Getränk eingeschenkt.
> Sie reist *nicht nach Bonn*, **sondern** *nach Köln*.

4.2 Das Komma bei Teilsätzen

4.2.1 Grundregel

E 7 **Teilsätze** trennt man mit **Komma** voneinander ab. Wenn die Teilsätze **eingeschoben** sind, musst du am **Anfang** und am **Schluss** ein Komma setzen!

Beispiele:

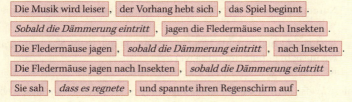

Anreden und Ausrufewörter zählen für die Zeichensetzung wie Teilsätze:

Anna, kauf bitte gelbe Birnen! – *Ja,* ich werde gelbe Birnen mitbringen.

> **Beachte:** Teilsätze enthalten immer mindestens ein Verb (Tätigkeitswort, Zeitwort). Fügungen mit **als** oder **wie** darfst du daher nur dann mit **Komma** abtrennen, wenn sie ein **Verb** (Tätigkeitswort, Zeitwort) enthalten, also als Teilsätze anzusehen sind:
>
> Gisela rannte noch schneller, *als Sarah letzte Woche gerannt war.*
> Sarah rannte fast so schnell, *wie Gisela eine Woche vorher gerannt war.*
> Er kam früher, *als er dies sonst zu tun pflegte,* von der Arbeit nach Hause.
> Er gab das Geld aus, *als wäre er ein Millionär.*

605

Regeln zur deutschen Rechtschreibung

Aber ohne Komma:

> Gisela rannte noch schneller *als Sarah*.
> Sarah rannte fast so schnell *wie Gisela*.
> Er kam früher *als gewöhnlich* von der Arbeit nach Hause.
> Er gab das Geld aus *wie ein Millionär*.

4.2.2 Teilsätze mit „und", „oder"

> **E 8**   Es steht kein Komma, wenn die Teilsätze mit einem der folgenden Wörter (Konjunktionen, Bindewörter) verbunden sind:
> **und,** *sowie, wie, sowohl... als auch, weder... noch*
> **oder,** *entweder... oder, beziehungsweise* (abgekürzt: *bzw.*)

Beispiele:

> | *Anna liest ein Buch* | **und** | *Felix löst ein Kreuzworträtsel* | .
>
> Er erkundigte sich, | *was es Neues gebe* | **und** | *ob die Post gekommen sei* | .

! **Beachte:** Zwischen selbstständigen Teilsätzen kannst du aber ein Komma setzen, wenn du die Gliederung des Satzes deutlich machen willst:

> Ich habe sie oft besucht[,] und wir saßen bis spät in die Nacht zusammen, wenn sie in guter Stimmung war.
> Kommst du mit, oder hast du etwas anderes vor?

Auf diese Weise können auch Fehllesungen vermieden werden in Sätzen wie:

> Ich fotografierte die Berge, und meine Frau lag in der Sonne.
> Wir warten auf euch, oder die Kinder gehen schon voraus.

4.2.3 Fügungen mit Infinitiven (Grundformen) und Partizipien (Mittelwörtern)

> **E 9**   Fügungen mit einem **Infinitiv** (einer Grundform) oder einem **Partizip** (Mittelwort) können Teilsätzen nahekommen. Du kannst sie dann mit Komma vom Rest des Satzes abgrenzen.
> Wenn die Fügungen **eingeschoben** sind, setzt du entweder am **Anfang** und am **Schluss** ein Komma oder überhaupt keins.

Regeln zur deutschen Rechtschreibung

Beispiele für Fügungen mit einem Infinitiv (einer Grundform):

> Er *zögerte[,]* den Schalter *zu drehen.*
> Sie *versuchte[,]* das Gerät *zu flicken.*
> *Solche Flächen zu berechnen[,]* ist nicht einfach.

Je nachdem mit zwei Kommas oder gar keinem Komma:

> Nicht bereit *seinen Plan zu ändern* verließ er die Sitzung.
> Nicht bereit, *seinen Plan zu ändern,* verließ er die Sitzung.

Beispiele für Fügungen mit einem Partizip (Mittelwort):

> *Durch eine Tasse Kaffee gestärkt[,]* werden wir die Arbeit fortsetzen.
> Er sah sich[,] *ihn laut und wütend beschimpfend[,]* nach einem Fluchtweg um.

Vergleiche hierzu auch die Regel E 10.

!
Beachte: Die Kommas müssen gesetzt werden,

1. wenn die Fügung mit *um, ohne, als, statt, anstatt* oder *außer* eingeleitet wird:

> Du brauchst viel Fantasie, *um* auf diesem Bild etwas zu erkennen.
> *Anstatt* für die Prüfung zu lernen, verbrachte sie den Abend im Kino.

2. wenn die Fügung von einem Nomen (Substantiv, Hauptwort) oder einem hinweisenden Wort abhängig ist:

> Er hatte nicht die *Absicht,* sich dafür zu entschuldigen.
> Erinnere mich *daran,* dir das Buch zurückzugeben.
> Mit Reisetaschen bepackt, *so* warteten wir auf den Bus.

Manchmal kannst du mit dem Setzen des Kommas die Satzgliederung deutlich machen oder Fehllesungen und Missverständnisse vermeiden.

Je nachdem, wie du das Komma im folgenden Beispiel setzt, drückst du einen anderen Sinn aus:

> Ich hoffe, jeden Tag in die Stadt gehen zu können.
> Ich hoffe jeden Tag, in die Stadt gehen zu können.

Das folgende Beispiel ist ohne Komma schwer lesbar:

> Darauf aufmerksam gemacht haben wir den Fehler beseitigt.
> Darauf aufmerksam gemacht, haben wir den Fehler beseitigt.

Regeln zur deutschen Rechtschreibung

4.3   Das Komma bei Zusätzen

E 10   **Zusätze** trennt man mit **Komma** ab.
Wenn der Zusatz **eingeschoben** ist, musst du am **Anfang** und am
Schluss des Zusatzes ein Komma setzen:

Sie isst gern Obst, *besonders Bananen.*
Obst, *besonders Bananen,* isst sie gern.

Durch den Sumpf watete ein Saurier, *ein Triceratops.*
Durch den Sumpf watete ein Saurier, *ein Triceratops,* und fraß Schachtel-
halme.

Der Patient rief nach einem Arzt, *ganz bleich im Gesicht.*
Der Patient, *ganz bleich im Gesicht,* rief nach einem Arzt.

Das Reh blieb stehen, *vom Scheinwerferlicht geblendet.*
Das Reh, *vom Scheinwerferlicht geblendet,* blieb stehen.

Das erste Training findet nächste Woche statt, *und zwar am Dienstag.*
Nächste Woche, *und zwar am Dienstag,* findet das erste Training statt.

Zusätze kann man oft statt mit Kommas auch mit Gedankenstrichen oder Klammern abgrenzen (vergleiche auch die Regeln E 12 und E 13):

Seine Kopfbedeckung, *ein breitkrempiger Hut,* lag auf dem Tisch.
Seine Kopfbedeckung – *ein breitkrempiger Hut* – lag auf dem Tisch.
Seine Kopfbedeckung *(ein breitkrempiger Hut)* lag auf dem Tisch.

5   Der Gedankenstrich

E 11   Mit dem Gedankenstrich kündigst du an, dass etwas Weiterführendes
folgt oder dass du das Folgende als etwas Unerwartetes ansiehst:

Sie trat in das Zimmer und sah – ihren Mann. Im Hausflur war es still – ich
drückte erwartungsvoll auf die Klingel. Plötzlich – ein lauter Freudenruf!

E 12   Mit dem Gedankenstrich grenzt man **Zusätze** ab.
Wenn der Zusatz **eingeschoben** ist, musst du am **Anfang** und am
Schluss des Zusatzes einen Gedankenstrich setzen:

Eines Tages – es war mitten im Sommer – hagelte es. Eines Tages – erin-
nerst du dich? – hagelte es. Wir gingen in die Hütte – einen kalten Raum
mit kleinen Fenstern – und zündeten ein Feuer an. Sie isst gern Obst – besonders Apfelsinen und Bananen.

Regeln zur deutschen Rechtschreibung

Oft kannst du statt Gedankenstrichen auch Kommas oder Klammern wählen (vergleiche die Regel E 10).

! **Beachte:** Kommas, die zum Satz gehören, der den Zusatz einschließt, dürfen nicht fehlen. Du findest solche Kommas am einfachsten heraus, indem du den Zusatz probehalber streichst:

Sie betonte – *ich weiß es noch ganz genau* –, dass sie für einen Erfolg nicht garantieren könne.
→ Sie betonte, dass sie für einen Erfolg nicht garantieren könne.

6 Die Klammern

E 13 Mit Klammern schließt man Zusätze ein:

Dieses Bild (es ist das letzte und bekannteste des Künstlers) wurde nach Amerika verkauft. Mein Onkel (ein großer Tierfreund) und seine Katzen leben in einer alten Mühle. Sie isst gern Obst (besonders Apfelsinen und Bananen).

Oft kannst du statt Klammern auch Kommas oder Gedankenstriche wählen (vergleiche die Regel E 10).

! **Beachte:** Kommas, die zum Text außerhalb des Eingeklammerten gehören, dürfen nicht fehlen. Du findest solche Kommas am einfachsten heraus, indem du den Zusatz probehalber streichst:

Sie betonte (ich weiß es noch ganz genau), dass sie für einen Erfolg nicht garantieren könne.
→ Sie betonte, dass sie für einen Erfolg nicht garantieren könne.

7 Die Anführungszeichen

7.1 Direkte Rede

E 14 Mit Anführungszeichen schließt man etwas **wörtlich Wiedergegebenes** ein. Dies gilt insbesondere für die **direkte Rede:**

Sie sagte: „Geht nach Hause!"
„Geh nach Hause!", rief seine Mutter.
„Kommst du auch?", fragte Anna ihren Freund.
„Wenn ich nach Hause gehen muss", antwortete er, „dann komme ich morgen nicht."

609

Regeln zur deutschen Rechtschreibung

Für die Kombination von Anführungszeichen und anderen Satzzeichen kannst du dich an die folgenden Muster halten:

1. Der Begleitsatz geht voran:

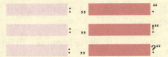

2. Der Begleitsatz ist eingeschoben:

3. Der Begleitsatz steht am Ende:

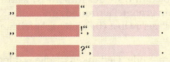

4. Mischung aus 1 und 3: Ein Teil des Begleitsatzes geht voran, der Rest steht am Ende:

7.2 Anführungszeichen zur Hervorhebung

E 15 Mit Anführungszeichen kannst du Wörter oder Teile innerhalb eines Textes hervorheben und in bestimmten Fällen deutlich machen, dass du zu ihrer Verwendung Stellung nimmst, dich auf sie beziehst. Das betrifft zum Beispiel:

Überschriften, Werktitel, Namen von Zeitungen und dergleichen:

Sie las den Artikel „Chance für eine diplomatische Lösung" in der „Wochenpost".
Sie liest Karl Mays Roman „Durch die Wüste".

Regeln zur deutschen Rechtschreibung

Äußerungen, Wortgruppen oder Wörter, über die du eine Aussage machen willst:

> Das Sprichwort „Eile mit Weile" hört man oft.
> Sein kritisches „Der Wein schmeckt nach Essig" ärgerte den Kellner.
> Die Präposition „ohne" verlangt den Akkusativ.
> Alle seine Freunde nannten ihn „Dickerchen".

Wörter oder Wortgruppen, die du anders als sonst – zum Beispiel ironisch oder übertragen – verstanden haben willst:

> Und du willst ein „treuer Freund" sein? Er bekam wieder einmal seine „Grippe". Sie sprang diesmal „nur" 6,60 Meter.

8   Die Auslassungspunkte

E 16   Mit drei Punkten (Auslassungspunkten) zeigst du an, dass du in einem Wort, einem Satz oder einem Text Teile ausgelassen hast:

> Du bist ein E…!
> Scher dich zum …!
> „… ihm nicht weitersagen", hörte er ihn gerade noch sagen.
> Der Horcher an der Wand …

9   Der Apostroph (das Auslassungszeichen)

9.1   Iris Vorschlag oder Iris' Vorschlag?
Annas neue Pläne oder Anna's neue Pläne?

E 17   Der **Apostroph** (das Auslassungszeichen) steht im Genitiv (Wesfall) von Eigennamen, an die man die Endung **-s** aus lautlichen Gründen nicht anfügen kann:

> Iris → *Iris'* Vorschlag
> Felix → *Felix'* Mappe

!   **Beachte:** Bei Eigennamen, an die du die Endung -*s* anfügen kannst, setzt du besser keinen Apostroph:

> Anna → *Annas* neue Pläne
> Michael → *Michaels* Mappe

611

Regeln zur deutschen Rechtschreibung

9.2 **Mir gehts gut** oder **Mir geht's gut?**

E 18 Wenn sich die Kurzform des Pronomens (Fürwortes) **es** an ein vorangehendes Wort anlehnt, muss **kein Apostroph** (Auslassungszeichen) gesetzt werden:

> Mir gehts gut. Sie hat Angst, wenns donnert. Nimms mit! Brings mir zurück!

Du kannst aber mit dem Apostroph deutlich machen, dass eine umgangssprachliche oder sonst schwer verständliche Verbindung vorliegt:

> Mir geht's gut.
> Nimm's mit!
> Wann hast du's verraten?
> Auf vereisten Straßen fährt sich's schlecht.

9.3 **aufs Dach** oder **auf's Dach?**

E 19 Wenn **das** mit einem vorangehenden Wort verschmolzen ist, steht in allgemein gebräuchlichen Verbindungen **kein Apostroph** (Auslassungszeichen):

> auf das Dach → *aufs* Dach
> in das Zimmer → *ins* Zimmer
>
> um das Haus herum → *ums* Haus herum
> hinter das Licht führen → *hinters* Licht führen

Ein Apostroph ist aber empfehlenswert, wenn du Wörter, die in der gesprochenen (Umgangs)sprache Auslassungen enthalten, schriftlich wiedergibst:

> So 'n Quatsch!
> Er saß auf'm Tisch.

10 **Der Ergänzungsstrich**

E 20 Mit dem Ergänzungsstrich zeigst du an, dass du in einer Zusammensetzung oder einer Ableitung einen Bestandteil ausgelassen hast, der vom Leser sinngemäß zu ergänzen ist.

Der letzte Bestandteil ist zu ergänzen:

> Haupt- und Nebeneingang (= Haupt*eingang* und Nebeneingang);
> Eisenbahn-, Straßen-, Luft- und Schiffsverkehr; saft- und kraftlos;
> ein- und ausladen; Natur- und synthetische Gewebe

Regeln zur deutschen Rechtschreibung

Der erste Bestandteil ist zu ergänzen:

Verkehrslenkung und -überwachung (= Verkehrslenkung und *Verkehrs*-überwachung); Schulbücher, -hefte, -mappen und andere -utensilien; herbeitragen oder -schleppen; bergauf und -ab

Der erste und der letzte Bestandteil sind zu ergänzen:

Textilgroß- und -einzelhandel (= Textilgroß*handel* und *Textil*einzelhandel); Werkzeugmaschinen-Import- und -Exportgeschäfte

11 Der Abkürzungspunkt

E 21 Abkürzungen werden meist mit einem Punkt gekennzeichnet:

Bd. (= Band), Bde. (= Bände), Bsp. (= Beispiel), d. h. (= das heißt), Jh. (= Jahrhundert), des Jh.s (= des Jahrhunderts), Tel. (= Telefon), usw. (= und so weiter), v. (= von), v. a. (= vor allem), z. B. (= zum Beispiel)

Für bestimmte Abkürzungen bestehen zum Teil auch andere Regelungen. Schlage im Zweifelsfall im Wörterbuchteil oder im Abkürzungsverzeichnis dieses Schülerdudens nach!

Am Ende eines Satzes ist der Abkürzungspunkt zugleich Satzschlusspunkt. Du darfst also nur *einen* Punkt setzen. Beispiel:

Sie brachte Obst: Äpfel, Birnen, Kiwis usw.

! **Beachte:** Ohne Punkt stehen Abkürzungen von international festgelegten Maßen und von Himmelsrichtungen:

m (= Meter)
g (= Gramm)
km/h (= Kilometer je Stunde)
A (= Ampere)
Hz (= Hertz)
NO (= Nordost)
SSW (= Südsüdwest)

! **Beachte:** Ohne Punkt stehen außerdem die sogenannten Initial- oder Buchstabenwörter. Das sind Abkürzungen, die man beim Lesen buchstabiert:

das Kfz (gesprochen: ka-ef-zet)
der IQ (gesprochen: i-ku = Intelligenzquotient)
die GmbH (gesprochen: ge-em-be-ha = Gesellschaft mit beschränkter Haftung)

Regeln zur deutschen Rechtschreibung

12 Der Punkt bei Ordnungszahlen

E 22 Nach Ordnungszahlen, die in Ziffern geschrieben sind, steht ein Punkt:

die 20. Auflage, der 65. Geburtstag, zum 5. Mal, Heinrich VIII.
(= Heinrich der Achte)

Am Ende eines Satzes ist der Punkt bei der Ordnungszahl zugleich Satzschlusspunkt. Du darfst also nur *einen* Punkt setzen. Beispiel:

An der Wand hing ein Bild von Papst Benedikt XVI.

F Regeln zur Silbentrennung (Worttrennung am Zeilenende)

1 Einfache und abgeleitete Wörter

1.1 dro-hen oder droh-en?
Schü-le-rin oder Schül-er-in?

F 1 Einfache Wörter trennt man am Zeilenende so, wie sie sich bei langsamem Sprechen in **Silben** zerlegen lassen:

Mau-er, Stu-be, frie-ren, Krä-he, Pa-ra-dies, Fre-quenz

! **Beachte:** Diese Regel gilt auch für Wörter, die Suffixe (Endungen) aufweisen. Endungen, die mit einem Vokal (Selbstlaut) anfangen, nehmen daher den vorangehenden Konsonanten (Mitlaut) auf die neue Zeile mit:

Schü-ler, Schü-le-rin, Schü-le-rin-nen
dro-hen, Dro-hung, Dro-hun-gen
Än-de-rung, Än-de-run-gen
nach-tei-lig

! **Beachte:** Ein einzelner Vokal (Selbstlaut) am Wortanfang darf nicht abgetrennt werden. Manche Wörter lassen sich deshalb gar nicht trennen:

Abend, ewig, üben

614

Regeln zur deutschen Rechtschreibung

1.2 **stam-pfen** oder stamp-**fen**?
Schwe-ster oder **Schwes-ter**?

F 2 | Von zwei oder mehr **Konsonanten** (Mitlauten) kommt nur der **letzte** auf die neue Zeile:

Was-ser, stamp-fen, schlüpf-rig, nied-rig, wack-lig, ei-gent-lich, Geg-ner, Schwes-ter, Kas-ten, fins-ter, Wes-pe, sit-zen, Sit-zung, Ach-sel, Quad-rat, möb-liert, Mag-net

Manche Fremdwörter können auch anders getrennt werden. Die Trennung nach Regel F 2 ist aber immer korrekt.

1.3 **Zuc-ker** oder **Zu-cker**?
kat-ho-lisch oder **ka-tho-lisch**?

F 3 | Die **Buchstabengruppen** *ck, ch, sch* bleiben immer zusammen, in Fremdwörtern auch *ph, rh, sh, th,* sofern sie für einen einzelnen Laut stehen:

Zu-cker, ste-cken, dre-ckig
ste-chen, Kno-chen, Kö-chin
Fla-schen, zwi-schen, klat-schen, Fäl-schung
Stro-phe, Pyr-rhus, Ca-shew-nuss, ka-tho-lisch

2 **Zusammensetzungen und Wörter mit Präfixen (Vorsilben)**

2.1 **Arm-ban-duhr** oder **Arm-band-uhr**?
Besch-luss oder **Be-schluss**?

F 4 | **Zusammengesetzte Wörter** und Wörter mit **Präfixen (Vorsilben)** werden bei der Silbentrennung in ihre Bestandteile aufgelöst.

Zusammengesetzte Wörter:

Arm-band-uhr, Zimmer-pflanzen, Fenster-scheibe, Week-end, Sweat-shirt

Wörter mit Präfixen (Vorsilben):

Be-schluss, ver-stehen, miss-achten, Pro-gramm, at-traktiv, Kon-struk-tion

Regeln zur deutschen Rechtschreibung

Die einzelnen Bestandteile können weiter nach den Regeln F 1 bis F 3 getrennt werden:

> Zimmer-pflanzen → Zim-mer-pflan-zen
> ver-stehen → ver-ste-hen
> Kon-struktion → Kon-struk-ti-on

2.2 wor-auf oder wo-rauf?
in-ter-es-sant oder in-te-res-sant?

F 5 Es gibt sowohl deutsche als auch fremde Wörter, die von der Sprachgeschichte oder von der Herkunftssprache her gesehen Zusammensetzungen sind, aber oft nicht (mehr) als solche empfunden oder erkannt werden. Solche Wörter kannst du auch nach den Regeln F 1 bis F 3 trennen:

> da-rum *oder* dar-um, wa-rum *oder* war-um, wo-rauf *oder* wor-auf,
> he-rüber *oder* her-über, ei-nan-der *oder* ein-an-der

> in-te-res-sant *oder* in-ter-es-sant, Chry-san-the-me *oder* Chrys-an-the-me, Hek-tar *oder* Hekt-ar, He-li-kop-ter *oder* He-li-ko-pter, Pä-da-go-gik *oder* Päd-ago-gik

Grammatische Fachbegriffe

Ableitung: Wort, das mit einem nicht selbstständig vorkommendem Wortteil (↑ Präfix; Suffix) zu einem neuen Wort geworden ist, z. B. *verändern*; Dumm*heit*.

Adjektiv: Wort, das eine Eigenschaft oder ein Merkmal bezeichnet, das ausdrückt, wie jemand oder etwas ist, wie etwas vor sich geht oder geschieht; Eigenschaftswort, z. B. ein *großes* Haus; das Haus ist *groß;* er läuft *schnell.* Die meisten Adjektive können ↑ Vergleichsformen bilden.

Adverb: Wort, das den Umstand des Ortes, der Zeit, der Art und Weise oder des Grundes näher bezeichnet, die räumlichen, zeitlichen usw. Beziehungen kennzeichnet; Umstandswort, z. B. ich komme *bald;* er läuft *sehr* schnell; das Buch *dort; hoffentlich* geht alles gut.

Akkusativ: der vierte Fall; Wenfall, z. B. ich suche *den Marktplatz;* ich lese *ein Buch.*

Apostroph: Auslassungszeichen, mit dem angezeigt wird, dass man in einem Wort einen oder mehrere Buchstaben weggelassen hat, z. B. *bist du's?* (für: bist du es?); *D'dorf* (für: Düsseldorf).

Artikel: Wort, das Geschlecht, Fall und Zahl eines Nomens angibt; **bestimmter Artikel** (der, die, das), **unbestimmter Artikel** (ein, eine).

Begleiter: Wort, das vor dem Nomen steht und sich auf das Nomen bezieht, z. B. ein Artikel, ein Adjektiv, ein Pronomen oder ein Zahlwort (*das* Hemd; *warmes* Essen; *ihre* Schuhe; *erster* Klasse fahren).

Dativ: der dritte Fall; Wemfall, z. B. das Buch gehört *mir.*

Demonstrativpronomen: Pronomen, das auf etwas Bekanntes [nachdrücklich] hinweist; hinweisendes Fürwort, z. B. *dieses* Buch gefällt mir besser.

Eigenname: Ein- oder mehrteiliges Wort, das ein ganz bestimmtes, einmalig vorkommendes Lebewesen oder Ding bezeichnet, z. B. eine Person *(Alexander Schmidt),* ein Land *(Italien),* ein Gebäude *(der Schiefe Turm von Pisa),* eine Organisation *(das Rote Kreuz).*

Genitiv: der zweite Fall; Wesfall, z. B. das Haus *des Vaters.*

Indefinitpronomen: Pronomen, das eine Person, Sache oder Zahl in ganz allgemeiner und unbestimmter Weise bezeichnet; unbestimmtes Fürwort, z. B. *alle* waren gekommen; er hat *etwas* mitgebracht.

Indirekter Fragesatz: Nebensatz, der mit einem Fragewort eingeleitet wird; Fragenebensatz, z. B.: Weißt du, *wann* er kommt? Erkläre mir bitte, *wie* das geht.

Infinitiv: Form des Verbs, die ein Sein oder Geschehen ohne Verbindung mit Person, Zahl usw. angibt; Nennform, z. B. *kommen, laufen.*

Grammatische Fachbegriffe

Initialwort: Abkürzungswort, das sich aus den Anfangsbuchstaben der vollen Wortformen zusammensetzt und beim Sprechen oder Lesen buchstabiert wird; Buchstabenwort, z. B. *ICE* = *Intercityexpress*, *PLZ* = *Postleitzahl*.

Interrogativpronomen: Pronomen, das eine Frage kennzeichnet; Fragefürwort, z. B. *was* hast du gesagt?

Kardinalzahl: Zahlwort, das eine bestimmte Anzahl oder Menge bezeichnet; Grundzahl, z. B. die Hand hat *fünf* Finger.

Komparativ: Vergleichsform des Adjektivs, die die Ungleichheit zweier (oder mehrerer) Wesen oder Dinge feststellt; 1. Steigerungsstufe, z. B. Tim ist *größer* als Karin.

Konjunktion: Wort, das zwischen Wörtern, Wortgruppen oder Sätzen eine (räumliche, zeitliche, ursächliche o. ä.) Beziehung kennzeichnet; Bindewort, z. B. er *und* sie; ich hoffe, *dass* es gelingt.

Konsonant: Mitlaut; Konsonantbuchstaben: b, c, d, f, g, h, j, k, l, m, n, p, q, r, s, t, v, w, x, z.

Nomen: Wort, das ein Lebewesen, Ding oder einen Begriff u. Ä. benennt; Substantiv, Hauptwort, Dingwort, Namenwort, Nennwort, z. B. *Vater, Stuhl, Schönheit, Freude, Drehung*.

Nominalisierung: zu einem Nomen gewordenes Wort einer anderen Wortart, z. B. nominalisierter Infinitiv (das *Spielen*, zum *Spielen*), nominalisiertes Adjektiv (das *Schöne*).

Nominativ: der erste Fall; Werfall, z. B. *der Vater* kommt nach Hause.

Ordinalzahl: Zahlwort, das angibt, an welchem Punkt einer Reihenfolge oder Rangordnung eine Person oder Sache steht; Ordnungszahl, z. B. er wohnt im *zweiten* Stock.

Partikel: Wortart, die in ihrer Form nicht veränderbar ist, z. B. Adverb, Konjunktion, Präposition.

Partizip: Form des Verbs, die eine Mittelstellung zwischen Verb und Adjektiv einnimmt; Mittelwort; **Partizip I** (Partizip Präsens, Mittelwort der Gegenwart, z. B. der *lobende* Lehrer), **Partizip II** (Partizip Perfekt, Mittelwort der Vergangenheit, z. B. der *gelobte* Schüler).

Personalpronomen: Pronomen, das angibt, von welcher Person oder Sache die Rede ist: von der Person, die spricht (ich, wir), von der Person, die angesprochen wird (du, ihr) oder von der Person oder Sache, über die gesprochen wird (er, sie, es; sie [Plural]); persönliches Fürwort, z. B. *ich* lese *es* (das Buch) *dir* vor.

Positiv: Grundstufe der Vergleichsformen (↑ Komparativ, ↑ Superlativ), z. B. Tim ist *groß;* Tim ist genauso *groß* wie Karin.

Possessivpronomen: Pronomen, das ein Besitz- oder Zugehörigkeitsverhältnis ausdrückt; besitzanzeigendes Fürwort, z. B. *mein* Buch; *unser* Vater.

Präfix: nicht trennbarer Wortteil, der vor ein Wort gesetzt wird, wodurch ein

Grammatische Fachbegriffe

neues Wort entsteht, z. B. be- (*be*werten), er- (*er*freuen), ver- (*ver*stehen), un-
(*un*nötig).

Präposition: Wort, das in Verbindung mit einem anderen Wort, meist einem
Nomen, ein (räumliches, zeitliches, ursächliches o. ä.) Verhältnis kennzeichnet;
Verhältniswort, z. B. sie geht *in* das Zimmer; er tut es *aus* Liebe; das Kind spielte
mit dem Hammer.

Pronomen: Wort, das statt eines Nomens stehen oder dieses begleiten kann; Fürwort, Stellvertreter, Begleiter, z. B. *sie* brachte das neue Auto mit, das *mein* Vater
bestellt hatte.

Reibelaut: Laut, der entsteht, wenn die Luft beim Ausströmen aus dem Mund so
eingeengt wird, dass ein Reibegeräusch entsteht, z. B. *f, s.*

Stellvertreter: ↑ Pronomen.

Substantiv: ↑ Nomen.

Substantivierung: ↑ Nominalisierung.

Suffix: Wortteil, der an ein Wort (Besitz-*tum*) oder einen ↑ Wortstamm (vernach-
lässig-*bar*) angehängt werden kann, wodurch ein neues Wort gebildet wird, z. B.
-chen (Tür*chen*), -in (Verkäufe*rin*), -lich (pflanz*lich*).

Superlativ: Vergleichsform des Adjektivs, die den höchsten Grad feststellt, der
überhaupt oder innerhalb einer getroffenen Auswahl von zwei (oder mehreren)
Wesen oder Dingen zu erreichen ist, z. B. Tim ist der *größte* unter den Schülern;
der Betrieb arbeitet mit *modernsten* Maschinen.

Verb: Wort, das ein Geschehen, einen Vorgang, einen Zustand oder eine Tätigkeit
bezeichnet; Zeitwort, Tätigkeitswort, z. B. *gehen, liegen, sich verändern.*
Bei den **regelmäßigen („schwachen") Verben** bleibt der Stammvokal in allen
gebeugten Formen gleich: *sche̲nken – sche̲nkte – gesche̲nkt.* Die **unregelmäßigen
(„starken") Verben** ändern dagegen in den Vergangenheitsformen ihren Stammvokal: *spre̲chen – spra̲ch – gespro̲chen.*

Verbzusatz: Bestandteil eines Verbs, der sich in bestimmten Formen vom Verb
abtrennen lässt, z. B. anführen, um anzuführen, anführend, er hat angeführt,
wenn ich anführe/anführte, aber: er führt an/führte an.

Vergleichsform: Form (↑ Positiv, ↑ Komparativ oder ↑ Superlativ) des Adjektivs –
manchmal auch des Adverbs –, durch die Beziehungen und Verhältnisse
bestimmter Art zwischen mindestens zwei Wesen oder Dingen gekennzeichnet
werden.

Verschlusslaut: Laut, der entsteht, wenn die Lippen zunächst geschlossen sind
(sodass die Luft für kurze Zeit nicht aus dem Mund austreten kann) und sich
dann schnell öffnen, z. B. *b, p.*

Vokal: Selbstlaut; Vokalbuchstaben: a, e, i, o, u, ä, ö, ü; für Diphthonge (doppelte
Vokale): au, ei (ai), eu (äu, oi, oy).

Wortstamm: Kernbestandteil eines Wortes, der die Bedeutung trägt und mit dem
↑ Präfixe und ↑ Suffixe verbunden werden, z. B. Ver*kauf, schenk*te.

Zahlwort: Wort, das eine Zahl bezeichnet, etwas zahlenmäßig näher bestimmt;

Grammatische Fachbegriffe

Numerale; **bestimmte Zahlwörter** (z. B. *eins, hundertste;* ↑ Kardinalzahl; ↑ Ordinalzahl), **unbestimmte Zahlwörter** (z. B. *manche, mehrere, viele*).

Zusammensetzung: Wort, das aus zwei oder mehreren Wörtern zusammengesetzt ist, z. B. *Glückwunsch, Kaufhaus, jähzornig, kleinstädtisch, umbiegen, untergehen.*

Wortkunde

A Wortbildung

Mit Wörtern kann man nicht nur Sätze bilden, sondern man kann sie auch zu neuen Wörtern zusammensetzen:

Satz: Ich wünsche mir ein Haus auf unserem Baum

Wort: Baum + Haus → Baumhaus

Wenn man Wörter, zum Beispiel das Adjektiv „lustig", genauer betrachtet, sieht man, dass Wörter nicht nur aus Wörtern zusammengesetzt sein können, sondern dass man mithilfe von Endungen wie *-ig, -isch, -ung, -keit* und anderen ebenfalls neue Wörter ableiten kann:

Lust + ig → lustig

Mensch + lich → menschlich

menschlich + keit → Menschlichkeit

Und schließlich kann man Wörter konjugieren oder deklinieren, also ihre grammatischen Formen so verändern, dass sie in einen bestimmten Satzzusammenhang passen:

ich lache, du lachst, ich lachte ...; ich gehe, du gehst, ich ging ...

der alte Baum, den alten Baum, dem alten Baum, des alten Baumes,
die alten Bäume ...

Schon kleine Kinder bilden neue Wörter, darunter auch solche, die man in keinem Wörterbuch findet. Die Eltern von Mario haben, als er vier bis sechs Jahre alt war, seine selbst erfundenen Wörter gesammelt:

1. Du bist so *babyrich*.
2. Du musst immer der *Bestimmer* sein!
3. Sophie macht immer so eine *Pfuierei* beim Essen.
4. Wir sind mit einem *Safariauto* Elefant gucken gegangen.
5. Mama hat eben die Einfahrt vor unserem Haus *gebest*.

| **Wortkunde** |

Wie man im Deutschen Wörter bildet und wie im Deutschen neue Wörter entstehen können, stellen wir in den folgenden Abschnitten dar. Die Aufgaben bieten die Gelegenheit, sich eigene Gedanken zur Wortbildung zu machen. Nicht zu allen Aufgaben gibt es eindeutige Lösungen – sie sollen vor allem zum Nachdenken, Erforschen und Diskutieren anregen.

Aufgabe

1. Besprecht in der Klasse, was die kursiv gedruckten Wörter bedeuten könnten.

2. Besprecht danach, wie Mario die neuen Wörter gebildet hat.

3. Erzähle anderen, wie du selbst als kleines Kind neue Wörter erfunden hast. Du kannst auch von eigenen Wörtern deiner jüngeren Geschwister oder Freunde erzählen.

4. Erfindet eigene neue Wörter. Bildet damit Sätze und lasst die anderen herausfinden, was die Wörter bedeuten und wie sie gebaut sind.

Bausteine von Wörtern – Silben und Morpheme

Wörter sind aus zwei unterschiedlichen „Wortbausteinen" aufgebaut. Zum einen kann man Wörter in lautliche Einheiten, in **Silben** zerlegen:

> lustig → lus-tig

Im Stichwörterverzeichnis dieses Nachschlagewerkes sind die Grenzen dieser **Silben** bei allen Wörtern mit einem senkrechten Strich (|) angegeben: lus|tig, Lust|lo|sig|keit.

Das Wort *lustig* ist jedoch nicht nur aus Lauten aufgebaut, sondern es hat zwei Bedeutungsteile: *Lust* und *-ig*, wobei die Bedeutung und Funktion von *-ig* darin besteht, aus einem Nomen ein Adjektiv zu machen: **lust-ig, nerv-ig, spaß-ig.**

Solche Wortbausteine nennt man **Morpheme. Morpheme** sind die kleinsten sprachlichen Einheiten, die eine Bedeutung tragen. Es kann sich dabei um eine „richtige" oder auch nur um eine grammatische Bedeutung wie „Plural" handeln. So besteht das Wort *(die) Autos* aus *Auto + s*, wobei *Auto* die Bedeutung „Fahrzeug" und das *-s* Bedeutung „Plural" hat.

Morpheme schreibt man möglichst immer gleich: *Wälder* wie *Wald, Felder* wie *Feld, Wahrheit* wie *wahr*, *ver-* vor Verben immer mit *v*: *ver-kaufen, ver-lieben, ver-missen*...

Morpheme wie *ver-, vor-* etc. werden häufig als Vorsilben bezeichnet. Das ist eigentlich nicht ganz korrekt, da es sich dabei nicht primär um Silben, sondern um Ablei-

Wortkunde

tungsmorpheme handelt. Deshalb bezeichnet man sie am besten als *Präfixe* (oder Vormorpheme). Dasselbe gilt für Morpheme, die **nach** dem Wortstamm stehen, etwa *-ig* oder *-ung*. Diese nennt man besser *Suffixe* (oder Nachmorpheme) statt Nachsilben.

Wir unterscheiden drei Typen von Morphemen:

1. Stammmorpheme

Stammmorpheme tragen eine richtige, eine eigene Bedeutung. Häufig kommen sie auch als selbstständige Wörter vor: *Lust, Spaß, schön, dort* usw.

Bei Verben ist nicht der Infinitiv der Stamm, sondern der Teil vom Verb, an den die Endungen angefügt werden — also das, was in allen Konjugationsformen gleich bleibt:

arbeit-en
(ich) **arbeit**-e
(du) **arbeit**-est
(sie) **arbeit**-et
arbeit-e! **arbeit**-et!
(die) **Arbeit**
(der) **Arbeit**-er

Einige Verben haben mehr als ein Stammmorphem. Das Verb *trinken* hat beispielsweise verschiedene Stämme: *trink, trank, trunk*. Wenn Verben nicht *regelmäßig* das gleiche Stammmorphem haben, bezeichnen wir sie als *unregelmäßige Verben*:

Infinitiv	*Präteritum*
trink-en	(ich) trank
	(du) trank-st
Präsens	(er) trank
(ich) **trink**-e	
(du) **trink**-st	*Perfekt*
(er) **trink**-t	(ich habe) ge- **trunk**-en
Imperativ	
trink! **trink**-t!	

Wortkunde

Zu all diesen Formen des Stammmorphems können dann auch andere Wörter gebildet werden:

(der) **Trink**er, Zauber**trank**, **Trunk**enheit, be**trunk**en

Aufgabe

1. Suche unregelmäßige Verben und schreib nach dem folgenden Muster ihre Stammmorpheme auf. Notiere auch die verschiedenen Konjugationsformen dazu:

   nehm-en: **nehm, nimm, nomm, nahm, nähm**

   (ich) **nehm**-e, (du) **nimm**-st, **nimm**!, (ich habe) ge-**nomm**-en, (sie) **nahm**-en, (wir) **nähm**-en

2. Suche zu mindestens fünf deiner unregelmäßigen Verben möglichst viele verwandte Wörter mit den verschiedenen Stammmorphemen, zum Beispiel:

   sing-en: **Sing**-vogel, **Säng**-er, **Sing**-erei, Ge-**sang**

2. Ableitungsmorpheme (Präfixe und Suffixe)

Es gibt im Deutschen zwei Gruppen von Ableitungsmorphemen. Ableitungsmorpheme können entweder vor einem Stammmorphem stehen (wie in *Vor-freude*) oder danach (wie in *freund-lich*). Häufig werden sie auch als Vorsilben und Nachsilben bezeichnet. Da es bei der Bildung von Wörtern aber nicht um Sprechsilben, sondern um Morpheme und ihre Bedeutung geht, verwenden wir dafür die aus dem Lateinischen stammenden Fachausdrücke *Präfix* (vor dem Stamm, Vormorphem) und *Suffix* (Nachmorphem).

Präfix	*Suffix*
ver-laufen	gelb-**lich**
Vor-sicht	Arbeit-**er**
Ab-sicht	Dumm-**heit**
Un-sinn	trink-**bar**

Stammmorpheme können sich auch mehrfach mit Präfixen und Suffixen verbinden:

un-glaub-**lich**

Un-vor-sicht-**ig-keit**

Wortkunde

Die verschiedenen Ableitungsmorpheme werden wir im Abschnitt „Ableitungen" noch genauer untersuchen.

3. Flexionsmorpheme (Konjugations- und Deklinationsendungen)

Mit dem Begriff „Flexion" bezeichnet man in der Sprachwissenschaft die grammatischen Merkmale von Wörtern. Bei den Verben sind dies: Person, Numerus (Singular/Plural), Tempus (Zeit), Modus (Indikativ/Imperativ/Konjunktiv) und Genus Verbi (Aktiv/Passiv):

> *ich lache – du lachst (Person); ich lache – wir lachen (Numerus); ich lache – ich lachte (Tempus); ich lache – ich lachte (Modus)*

> *ich fahre – du fährst (Person); ich fahre – wir fahren (Numerus); ich fahre – ich fuhr (Tempus); ich fahre – ich führe (Modus); ich fahre – ich werde gefahren (Genus Verbi)*

Bei Nomen, Adjektiven und Pronomen sind dies die vier Kasus (Fälle) und der Numerus (Singular/Plural):

> *der Mann – des Mannes (Kasus), der Mann – die Männer (Numerus)*

Manchmal, aber nicht immer wird die Flexion mit einem Flexionsmorphem angezeigt

> *(du) geh-st, (des) Mann-es, (ein) schön-es (Buch)*
> *Aber: (der) Adler – (die) Adler; (der) Mann, (den) Mann*

Bei den unregelmäßigen Verben wird die Flexion auch durch eine Veränderung des Stammmorphems angezeigt:

> *(ich) komme – (ich) kam*

Im Gegensatz zu den Ableitungsmorphemen bilden Flexionsmorpheme keine neuen Wörter, sondern verändern nur die grammatischen Eigenschaften der Wörter. Deshalb gehen wir im Folgenden nicht mehr näher auf sie ein.

4. Fugenmorpheme – Scharniere zwischen zusammengesetzten Wörtern

Wer Wörter in Stamm- und Ableitungsmorpheme zerlegt, wird irgendwann feststellen, dass es Wortteile gibt, die sich weder als Stamm- noch als Ableitungs- oder gar Flexionsmorphem bestimmen lassen:

> *Leben-s-freude*
>
> *arbeit-s-los*
>
> *Sonne-n-schein*
>
> *Storch-en-nest*

Wortkunde

Solche Morpheme bezeichnet man als Fugenmorpheme. Ein Fugenmorphem übernimmt die Aufgabe eines Bindeglieds zwischen zwei Wortstämmen, man könnte es daher mit einem Scharnier vergleichen.

Manchmal ist man unsicher, ob zwischen zwei Stämmen ein Fugenmorphem steht oder nicht. Dann sorgt in aller Regel das Nachschlagen im Stichwortteil für Klarheit:

> *Geschichtsbuch* → In dieser Zusammensetzung ist das Fugen-s unbedingt erforderlich.

> *Verbandkasten oder Verbandskasten* → Hier bleibt es den Sprechenden und Schreibenden überlassen, ob sie das Fugen-s gebrauchen oder nicht.

> *Schadenersatz/Schadensersatz* → Während im allgemeinen Sprachgebrauch die Form ohne Fugen-s überwiegt, wird unter Juristen oder Versicherungsfachleuten häufiger die Form mit dem Fugenmorphem verwendet.

Merkkasten

Morpheme sind grammatische Wortbausteine. **Silben** sind lautliche Wortbausteine.

Stammmorpheme tragen die eigentliche Bedeutung eines Wortes. Sie können auch allein im Satz stehen.

Ableitungsmorpheme verbinden sich mit einem Stamm oder einem ganzen Wort. Sie bilden so ein in seiner Bedeutung verändertes neues Wort. Ableitungsmorpheme können als **Präfixe** (vor dem Stamm) oder als **Suffixe** (nach dem Stamm) auftreten.

Es gibt noch weitere Morpheme, die jeweils besondere grammatische Funktionen übernehmen (Konjugations- und Deklinationsendungen, Flexionsmorpheme, Fugenmorpheme).

Verfahren der Wortbildung

Neue Wörter können auf unterschiedliche Weise gebildet werden. Im Deutschen sind folgende Typen anzutreffen:

Zusammensetzung: Stammmorpheme werden aneinandergefügt: *Zauber-trank, Trink-becher.*

Ableitung: Mithilfe eines Ableitungsmorphems wird ein Stammmorphem zu einem neuen Wort abgeleitet: *trink-bar* (mit Suffix), *ver-lieb-en* (mit Präfix). Mit dem Anhängen eines Suffixes wird häufig auch die Wortart geändert: *trink* = Verb,

Wortkunde

trinkbar = Adjektiv. An gewissen Suffixen kann man daher auch direkt die Wortart ablesen: So sind Wörter auf *-ung* und *-heit* immer Nomen, Wörter auf *-bar* und *-lich* immer Adjektive.

Umwandlung (Konversion): Aus einem Wort wird ein neues Wort gebildet, ohne dass ein Ableitungsmorphem hinzugefügt wird: *trinken → das Trinken, blau → das Blau, (die) Klasse → (das war) klasse.* Diese Form der Wortbildung bereitet vor allem bei der Rechtschreibung Schwierigkeiten: Alle Verben im Infinitiv können auch als Nomen gebraucht, in ein Nomen „umgewandelt" werden. Diese Nominalisierung kann man leider nicht hören, man muss sie jedoch beim Schreiben durch einen großen Anfangsbuchstaben zeigen. Im Deutschen kann man übrigens nahezu jedes Wort einer beliebigen Wortart mithilfe der Konversion in ein Nomen verwandeln:

rot → dieses Rot gefällt mir besonders

etwas → es hat das gewisse Etwas

du → jemandem das Du anbieten

nein → ich akzeptiere kein Nein

Kurzwörter: Manchmal werden von längeren Wörtern oder bei Zusammensetzungen Teile weggekürzt: *Abi* für *Abitur, Info* für *Information, Krimi* für *Kriminalroman, Kripo* für *Kriminalpolizei, Schiri* für *Schiedsrichter.* Zu diesen Kurzwörtern zählen auch Abkürzungen ohne Punkt(e), die nicht buchstabiert, sondern wie „normale" Wörter ausgesprochen werden: *Aids* (für *acquired immune deficiency syndrome*), *BAföG* oder *Bafög* (für *Bundesausbildungsförderungsgesetz*).

Wortkreuzungen/Kofferwörter: Gelegentlich werden auch einzelne Silben oder andere Teile aus zwei Wörtern zusammengezogen: *Bollywood* aus *Bombay & Hollywood, Camcorder* aus *Camera & Recorder, Motel* aus *Motor & Hotel, Smog* aus *smoke & fog, Teuro* aus *teuer & Euro*

Neuerfindungen: Dass Wörter völlig frei erfunden werden, kommt eher selten vor. Als Firmen- oder Produktbezeichnungen sind Kunstnamen wie *Arcandor* (ein ehemaliger Handels- und Touristikkonzern) oder *Pril* (ein Geschirrspülmittel) bekannt geworden. Häufiger werden Morpheme oder Wörter aus anderen Sprachen übernommen und mit einer in der Ursprungssprache nicht gebräuchlichen Bedeutung verknüpft: So heißt etwa das Gerät, das wir im Deutschen als *Handy* bezeichnen, im Englischen *mobile (phone).* Auch einen *Showmaster* kennen Engländer und Amerikaner nicht, da dieses Schein-Fremdwort im deutschen Sprachraum gebildet worden ist — nach dem Vorbild des angloamerikanischen *quizmaster.*

| **Wortkunde**

Zusammensetzungen

Eine Besonderheit des Deutschen liegt darin, dass es in fast beliebiger Menge Stämme zu komplexen Wörtern kombinieren kann:

Donaudampfschifffahrtsgesellschaftsraddampferkapitänskajütentürsicherheitsschlüsse

Mit anderen Worten: Das längste deutsche Wort ist (fast) unendlich lang und lässt sich auch mit einem Bindestrich nicht mehr gut lesen. Meistens werden solche Zusammensetzungen aber mit nur zwei oder drei Gliedern gebildet, wobei am häufigsten Nomen als Bestandteile verwendet werden: *Autoreifen, Haustür, Türschloss, Fußballverein, Handtuchhalter ...*

Als Erstglieder können neben Nomen auch Adjektive, Verbstämme und (seltener) Präpositionen auftreten: *Hausboot, Schnellboot, Tretboot, Beiboot.* Während man Nomen fast frei miteinander verbinden kann, lassen sich Adjektive mit typischen Ableitungsmorphemen wie *-ig* und *-bar* wohl generell nicht mit einem Nomen verbinden (das Sternchen kündigt jeweils eine nicht korrekt gebildete Form an):

salzig + Wasser → *Salzigwasser* (aber: Salzwasser, Süßwasser, Salzigkeit)

trinkbar + Wasser → *Trinkbarwasser* (aber: *Trinkwasser, Trinkbarkeit*)

Aufgabe

Sucht in der Klasse möglichst viele zweiteilige Nomen, das heißt Wörter, die aus einem Nomen und einem Wort der gleichen oder einer anderen Wortart bestehen:

Beispiele: Dampfschiff, Brotkorb, Schnellzug, Hochhaus, Guckloch, Hörgerät.

Nutzt dazu auch den Wörterteil in diesem Buch, indem ihr die Stichwörter einer beliebigen Seite nach der Wortart des ersten Teils ordnet. Tauscht euch anschließend zu folgenden Fragen aus:

Welche Wortart kommt als erster Bestandteil eines zusammengesetzten Nomens am häufigsten vor?

Zu welcher Wortart habt ihr kaum Beispiele gefunden?

Wortkunde

Zusammensetzungen mit Fugenmorphemen

Manchmal tritt zwischen zwei Stammmorphemen noch ein weiteres Element auf:

Verein-s-heim, Geburt-s-tag, Arbeit-s-zeit

Auf den ersten Blick sieht dieses *s* wie ein Genitiv-s aus: *das Heim des Vereins*. Das kann jedoch nicht die richtige Analyse sein, da dieses Morphem auch bei Zusammensetzungen auftritt, deren erster Bestandteil den Genitiv gar nicht mit angehängtem -s bildet: *Arbeit-s-zeit = Zeit der Arbeit, Geburt-s-tag = Tag der Geburt*. Solche Elemente werden daher treffender als Fugenelemente oder Fugenmorpheme bezeichnet.

Kern in einer Zusammensetzung – Grundwort und Bestimmungswort

Zusammensetzungen zeichnet eine weitere grammatische Besonderheit aus: Der Träger der grammatischen und semantischen Merkmale (= Bedeutung) ist immer der ganz rechts stehende Stamm. Das heißt: *Dampfschiff* meint ein Schiff (und nicht *Dampf*) und es ist ein Nomen im Neutrum wie *das Schiff* (und nicht im Maskulinum wie *der Dampf*), *Dampfschifffahrt* bezeichnet eine Fahrt und hat auch das Genus von *Fahrt*.

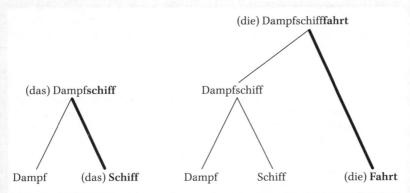

Andere Wörter, die vor einer Zusammensetzung stehen und diese inhaltlich näher bestimmen, können sich daher immer nur auf den ganz rechts stehenden Teil beziehen: *das rote Dampfschiff* ist ein rotes Schiff (und nicht ein Schiff mit rotem Dampf).

Sprachliche Ausdrücke, die gegen dieses grammatische Prinzip verstoßen, lösen immer wieder ungewollt Heiterkeit aus: *der siebenköpfige Familienvater* hätte sechs Köpfe zu viel und *die achtstöckige Hausbesitzerin* wäre eine Frau, die so groß wie acht Stockwerke ist. Richtig und eindeutig wären also nur *der Vater einer siebenköpfigen Familie* und *die Besitzerin eines achtstöckigen Hauses*, auch wenn diese Umschreibungen mehr Platz benötigen.

Wortkunde

Allgemein lässt sich also sagen, dass bei einer Zusammensetzung das **Grundwort** ganz rechts steht und dass links davor ein **Bestimmungswort** stehen kann, wobei das Bestimmungswort wiederum eine Zusammensetzung sein kann:

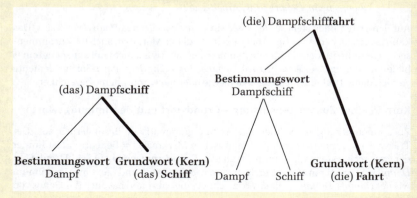

Ob ein Stammmorphem als Bestimmungs- oder Grundwort gilt, hängt also davon ab, an welcher Stelle es in einer Zusammensetzung steht. Beim Worttreppenspiel wechselt jeweils das Grundwort zu einem Bestimmungswort, für das der nächste Spieler einen Stamm finden muss:

Worttreppen-Spiel

Bildet eine 4er-Gruppe. Die erste Spielerin wählt ein zusammengesetztes Wort aus. Der nächste Spieler bildet aus dem letzten Teil der Zusammensetzung ein neues zusammengesetztes Wort und übergibt dieses dem nächsten Spieler. Schreibt die einzelnen Schritte als Worttreppe auf:

Hochhaus
    Haustür
        Türschloss

Gewinnregel 1: Wer kein Wort bilden kann, bekommt einen Punkt. Wer am Schluss am wenigsten Punkte hat, gewinnt.

Gewinnregel 2: Diejenige Gruppe, die die längste Wörtertreppe bilden konnte, hat gewonnen.

Natürlich könnt ihr selbst noch weitere Regeln erfinden.

Da die meisten Zusammensetzungen aus zwei Wörtern bestehen, finden sich in diesem Wörterbuch viele aus zwei Stämmen zusammengesetzte Stichwörter, aber

Wortkunde

kaum solche mit drei oder gar vier. Die Bedeutung dieser Zusammensetzungen scheint sich auf den ersten Blick von selbst zu ergeben:

Wörterbuch = Buch mit Wörtern, Rätselbuch = Buch mit Rätseln

Aber wie ist das Verhältnis von Bestimmungswort und Grundwort bei den folgenden Beispielen:

Lederschuh, Turnschuh, Damenschuh, Frauenschuh

Frustkauf, Hamsterkauf, Hauskauf, Kreditkauf

Aufgabe

Arbeitet zu zweit. Blättert im Wörterbuch und sucht nach zusammengesetzten Nomen. Findet zum jeweiligen Grundwort weitere Beispiele. Schreibt alle Wörter auf ein Blatt und gebt dabei das zwischen Grundwort und Bestimmungswort bestehende Bedeutungsverhältnis an:

Wörter zum Grundwort *Dampf*

Dampfmaschine = Maschine, die mit Dampf betrieben wird
Dampfnudel = Nudel, die im Dampf gegart wird
Dampfschiff = Schiff, das mit Dampf betrieben wird
...

Viele Zusammensetzungen haben mehr als nur eine Bedeutung. So kann zum Beispiel „Fischfrau" bedeuten: *Frau, die Fisch verkauft; Frau eines Fisches; Frau, die im Sternzeichen Fisch geboren wurde* ...

Bei manchen Wörtern hat sich dagegen eine feste Bedeutung etabliert: *Nachtfalter – ein Insekt (Falter), das vor allem in der Nacht aktiv ist.* Es könnte aber auch bedeuten: *ein Wesen, das die Nacht (zusammen)faltet.* Eine solche Bedeutung von Nachtfalter lässt sich in einer Geschichte beschreiben: *Immer wenn die Nacht langsam zu Ende geht, kommt der Nachtfalter, nimmt die Nacht und faltet sie für den nächsten Abend zusammen.*

Aufgabe

Schreibt zu *Nachtfalter,* zu einer der folgenden oder einer selbst gewählten Zusammensetzung eine Geschichte, in der das Wort **nicht** in seiner alltäglichen Bedeutung verwendet wird:

Hosenträger, Zugvogel, Uhrzeiger, Kinderwagen, Löwenzahn, Untertasse

| Wortkunde

Viele Zusammensetzungen haben auch eine übertragene Bedeutung. Ein *Hand-schuh* ist nicht ein Schuh für die Hände, sondern seine Bedeutung ergibt sich daraus, dass der Handschuh die Hände schützt und wärmt wie der Schuh die Füße.

Aufgabe

Gib für die folgenden Wörter an, was ihre Bedeutung ist. Erkläre die Bedeutung mithilfe von Grund- und Bestimmungswort:

Fingerhut, Hühnerauge, Pudelmütze, Pechvogel, Eselsohr, Löwenzahn, Fuchsschwanz, Steckenpferd

Beispiel: Ein *Fingerhut* umgibt, bedeckt, schützt den Finger wie der Hut den Kopf. Oder: Ein *Fingerhut* sieht aus wie … Oder: …

Wir haben oben gesagt, dass die meisten Zusammensetzungen aus zwei Stämmen bestehen. Im Prinzip kann man aber im Deutschen fast beliebig lange Wörter bilden, selbst wenn diese kaum noch zu verstehen sind. So wird ein Gerät, das dazu dient, eine gewollte Bruchstelle in der Eierschale zu erzeugen, als Eierschalensollbruchstellenverursacher verkauft. *Eierköpper* wäre sicher auch eine passende Bezeichnung, nur bringt der *Eierschalensollbruchstellenverursacher* genau auf den Punkt, wie das Gerät funktioniert: Es verursacht in der Eierschale eine Sollbruchstelle, das heißt eine *Bruchstelle*, die genau dort sein *soll*.

Besonders die deutsche Rechts- und Verwaltungssprache ist bekannt (und berüchtigt) für solche „Wortungetüme" — und wie man an den folgenden Beispielen sieht, bringt auch die entsprechende Abkürzung nicht mehr Klarheit:

Grundstücksverkehrsgenehmigungszuständigkeitsübertragungsverordnung (GrundVZÜV)

Rindfleischetikettierungsüberwachungsaufgabenübertragungsgesetz (RflEttÜAÜG)

Aufgabe: Bandwurmberufsbezeichnungserfindungen

Auf (mindestens) einer Seite von Streichholzschachteln gibt es eine Fläche, an der man den Kopf des Zündholzes reiben kann. Personen, die diese Flächen auf die Schachteln kleben, haben also den Beruf *Zündholzschachtelseitenzündblatt-ankleber*. Erfindet selbst solche Berufsbezeichnungen und schreibt dazu eine Beschreibung des Berufs, zum Beispiel für die *Unterhaltungselektronikge-mischtwarenverkäuferin*.

Wer sich solche Bandwurmzusammensetzungen genauer ansieht, stellt fest, dass es sich dabei immer um paarweise Zusammensetzungen handelt: Zwei Morpheme ver-

Wortkunde

binden sich zu einem Wort, an dieses Wort kann dann wieder ein Morphem angeschlossen werden:

Dampf + Schiff → Dampfschiff

Dampfschiff + Fahrt → Dampfschifffahrt

Amateur + Fußball → Amateurfußball

National + Mannschaft → Nationalmannschaft

Amateurfußball + Nationalmannschaft →
Amateurfußballnationalmannschaft

Um den Aufbau solcher komplexen Wörter besser sichtbar zu machen, verwendet man in der Sprachwissenschaft eine sogenannte Baumdarstellung (die entsprechende Grafik zur Zusammensetzung *Dampfschifffahrt* ist bereits auf der Seite 629 abgebildet):

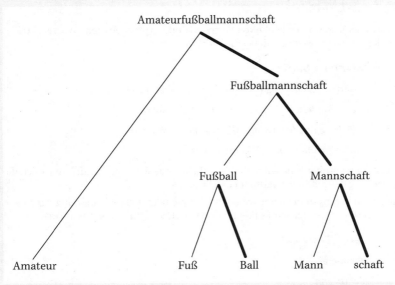

Wer das Wort *Mannschaft* genauer betrachtet hat, dem ist aufgefallen, dass es sich auch bei diesem um eine Zusammensetzung zweier Morpheme handelt. Im Gegensatz zu den bisher vorgestellten Fällen ist das zweite Morphem ein *Ableitungsmorphem*. Wörter, die man aus Stammmorphem + Ableitungsmorphem bildet, nennt man *Ableitungen*. Diese schauen wir uns im nächsten Kapitel etwas genauer an.

| Wortkunde

Ableitungen

Es gibt zwei Hauptformen von Ableitungen: Zum einen lässt sich mithilfe von Präfixen (Vormorphemen) aus einem Stamm ein neues Wort mit veränderter Bedeutung bilden:

Präfix + Stamm

lieben – verlieben

Knall – Urknall

gut – ungut

Insbesondere bei Verben gibt es eine ganze Reihe von Präfixen, die sich mit dem gleichen Verbstamm verbinden können und die Bedeutung des Verbs erweitern:

sprechen → versprechen, besprechen, absprechen, zusprechen, mitsprechen, nachsprechen ...

Zum anderen können mithilfe von Suffixen (Endmorphemen) neue Wörter gebildet werden, meistens wechselt dabei die Wortart:

Stamm + Suffix

liefer(n) – Liefer-ung (Verb → Nomen/Substantiv)

frei – Frei-heit (Adjektiv → Nomen/Substantiv)

Glück – glück-lich (Nomen/Substantiv → Adjektiv)

zart – zärt-lich (ohne Wortartwechsel)

Ableitungsmorpheme haben keine eigentliche Bedeutung, sie verändern jedoch die Bedeutung des mit ihnen verbundenen Stamms.

Es gibt Ableitungsmorpheme wie *-erei*, die eine relativ klare Bedeutung haben wie ‚wiederholtes unerwünschtes Ereignis‘ oder ‚Ort, an dem etwas getan wird‘:

-erei (Ereignis)

Renn-erei

Schrei-erei

-erei (Ort)

Bäck-erei

Schrein-erei

Wortkunde

Die meisten Ableitungsmorpheme haben jedoch nur eine unbestimmte Bedeutung:

mensch-lich (= wie ein Mensch)

leidenschaft-lich (= Leidenschaft haben, zeigen)

Liefer-ung (= Nomen zu *liefern*)

Für manche Bedeutungen gibt es mehrere Ableitungsmorpheme. So finden sich für Verkleinerungen die Morpheme *-chen* oder *-lein*:

Mann → *Männlein, Männchen*

Holz → *Hölzlein, Hölzchen*

Aufgabe

Sammelt zu zweit möglichst viele Nomen. Probiert aus, welche sich mit *-chen* und welche sich mit *-lein* verbinden können. Gebt an, ob bei denjenigen Nomen, bei denen beide Ableitungsmorpheme gesetzt werden können, ein Unterschied in der Bedeutung und im Gebrauch der Wörter festzustellen ist.

Beispiel: *Männlein* und *Männchen:* Beide Bildungen sind möglich, aber *Männlein* wird für „sehr kleiner Mann" oder in der Redewendung „Männlein und Weiblein" gebraucht. *Männchen* wird zwar ebenfalls für „(sehr) kleiner Mann" gebraucht, daneben aber auch für die Bezeichnung des *Männchens* gegenüber dem *Weibchen* bei Tieren.

Frage: Heißt es *Strichmännlein* oder *Strichmännchen?* Macht zuerst eine Umfrage in eurem Freundes- oder Bekanntenkreis und startet danach entsprechende Suchanfragen im Internet.

Präfixe

Sehr viele Verbstämme können sich mit Präfixen verbinden. Manche Präfixe sind fest mit dem Verbstamm verknüpft: *entscheiden* → *bis ich mich entscheide, ich entscheide mich.* Andere trennen sich je nach Satzzusammenhang vom Verb: *einkaufen* → *weil ich einkaufe,* aber: *ich kaufe ein.* Wir unterscheiden daher zwischen untrennbaren und trennbaren Präfixen.

Wichtige untrennbare Präfixe bei Verben

be-	bestehen, beschreiben, bedecken
ent-	entstehen, entwerfen, entdecken
er-	erstehen, ertragen, erleben
miss-	missverstehen, misstrauen, missdeuten
ver-	verstehen, verlieben, verloben
zer-	zerlegen, zerreißen, zerteilen

635

Wortkunde

Wichtige trennbare Präfixe bei Verben

ab-	abstehen, abschreiben, abtragen
an-	anstehen, anlegen, anstellen
auf-	aufstehen, aufschreiben, auflegen
aus-	auslaufen, auslegen, ausstellen
bei-	beistehen, beilegen, beitragen
ein-	einstehen, einlegen, eintragen
los-	loslaufen, losrennen, loslösen
nach-	nachstehen, nachtragen, nachlegen
vor-	vorstehen, vortragen, vorlegen
zu-	zustehen, zutragen, zuschreiben

Wichtige Präfixe, die getrennt oder verbunden mit einem Verb auftreten

durch-	durchstehen *(ich stehe das durch)*, durchleben *(ich durchlebe eine schwierige Zeit)*
über-	überlaufen *(die Suppe läuft über)*; überstehen *(ich überstehe diese schwierige Zeit)*
um-	umkippen *(die Leiter kippt um)*; umkreisen *(Möwen umkreisen das Boot)*
unter-	untertauchen *(ich tauche unter)*; unternehmen *(ich unternehme eine Reise)*

Präfixe, die einmal mit dem Verb verbunden bleiben, einmal vom Verb getrennt stehen können, unterscheiden sich hinsichtlich ihrer Betonung: Beim normalen Sprechen liegt die Betonung bei den trennbaren Präfixen auf dem Präfix, bei den untrennbaren auf dem Verbstamm:

> *weil ich diese Belastung dụrchstehe – weil ich eine schwierige Zeit durchlẹbe*

> *weil ich ụntertauchen muss – weil ich eine große Reise unternẹhme*

Gelegentlich existiert die gleiche Wortverbindung sowohl mit trennbarem als auch mit nicht trennbarem Präfix. Bei diesen Verbindungen unterscheidet sich nicht nur die Betonung, sondern auch die Bedeutung:

durch-brechen:	*er bricht die Tafel Schokolade dụrch* ↔ *ein Demonstrant durchbrịcht die Sperre*
über-setzen:	*wir setzen mit dem Auto aufs Festland über* ↔ *wir übersẹtzen den Text ins Deutsche*

Wortkunde

Einige fremdsprachige Präfixe

dis-	disharmonieren, disqualifizieren
re-	reaktivieren, reflektieren, reimportieren
sub-	subklassifizieren, subkategorisieren

Aufgabe

Sammelt zu zweit zu den oben aufgeführten Präfixen im Stichwörterverzeichnis Verben. Bestimme zu jedem gefundenen Verb den Stamm: *zerreißen → Stamm: reiß*. Sucht zu diesem Stamm weitere Verben, die sich mit einem der oben aufgeführten Präfixe bilden lassen, und notiert sie: *reiß – abreißen, aufreißen, ... zerreißen.* Diskutiert anschließend in der Klasse folgende Fragen:

a) Welches Präfix kann sich mit den meisten Verben verbinden?

b) Welcher Verbstamm kann sich mit den meisten Präfixen verbinden?

c) Welche Bedeutungsunterschiede bestehen zwischen den verschiedenen präfigierten Verben?

Eine je nach Präfix ausgesprochen schwierige Frage wäre zudem:

d) Welche Bedeutungen haben die einzelnen Präfixe? Besonders interessant, aber auch schwer zu fassen, ist das Präfix *ver-*. Es gibt hier auch Wortformen, zu denen es kein freies Stammmorphem gibt: *verlieren, verrecken, verderben*.

Mit Nomen und Adjektiven verbinden sich die Präfixe *erz-* und *ur-*, *miss-* und *un-* sowie *ex-*: *Erzgauner, Urknall, Missgunst, Ungnade, Exprofi*.

Bei der Analyse von komplexen Wortformen wird man immer wieder auf unbekannte Morpheme stoßen, die zwar alle Eigenschaften von Stämmen aufweisen, jedoch gar nicht selbstständig auftreten können: *versöhnen, versöhnlich, aussöhnen (*söhnen)*[1]. Dies gilt auch für komplexe Morphemgruppen, die ohne entsprechendes Präfix nicht vorkommen: *unpässlich (*pässlich)*.

Das Präfix un-

Präfixe können unterschiedlich leicht mit Stämmen verbunden werden. In Wörtern wie *unbedarft, unentwegt, ungestüm, Ungetüm, Unflat* ist das Präfix *un-* zwar gut erkennbar, die Stämme *bedarft, entwegt, gestüm, Getüm* und *Flat* gibt es im heutigen Deutsch jedoch nicht mehr. Das ist auf das hohe Alter des Ableitungsmorphems *un-* zurückzuführen: Im Laufe der Jahrhunderte sind die Ursprungsformen aus dem Deutschen verschwunden, nur die mit *un-* blieben aktiv. Neubildungen wie *Unwort*

---

[1] Mit dem Zeichen * wird hier und auf den folgenden Seiten angezeigt, dass diese Wortbildung nicht möglich ist.

637

Wortkunde

sind selten. Das heißt: Im Gegenwartsdeutschen kann man Nomen nicht mehr oder allenfalls sehr selten produktiv mit *un-* verbinden: **Unidee, *Unpolitiker*. Aber: Es wäre durchaus denkbar, dass eine Vereinigung den *Unpolitiker des Jahres* wählt (und tatsächlich finden sich dafür mit einer Internet-Suchmaschine schon heute knapp 1000 Belege).

Gegen das soeben Gesagte scheinen Nomen wie *Unfruchtbarkeit, Unnahbarkeit* oder *Unwirtlichkeit* zu sprechen. Um zu verstehen, warum diese Beispiele keine Gegenbeispiele darstellen, muss man einen näheren Blick auf die zugrunde liegenden Wortbildungsmechanismen werfen:

Komplexe Wortformen werden nicht auf einmal gebildet, sondern durch paarweises Verbinden von Morphemen. Dieses Verbinden erfolgt bei komplexen Wörtern zyklisch. Das heißt: Für die Wortform *Unfruchtbarkeit* werden nicht die Morpheme *un, frucht, bar* und *keit* in einem Durchgang miteinander verknüpft, sondern zuerst der Stamm *frucht* mit dem Suffix *-bar* zu *fruchtbar* (und nicht etwa *un-* mit *frucht* zur **Unfrucht*), dann das Präfix *un-* mit *fruchtbar* zu *unfruchtbar,* und erst am Schluss wird aus *unfruchtbar* mit dem Ableitungsmorphem *-keit* das komplexe Nomen *Unfruchtbarkeit* gebildet. Grafisch lässt sich das folgendermaßen darstellen:

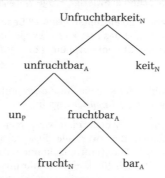

Das Präfix *un-* kann sich jedoch nicht nur mit Nomen verbinden, sondern auch mit Adjektiven oder Partizipien, und hier ist dann die Produktivität fast grenzenlos: *unschön, ungut, ungefragt, ungesagt.* Gegenbeispiele wie *unkurz* lassen sich meist damit erklären, dass nur dann neue Wortformen gebildet werden können, wenn es dafür nicht bereits ein Wort mit genau dieser Bedeutung gibt. So gibt es zu den Adjektiven *nah* und *kurz* bereits die Gegenwörter *weit* und *lang,* weshalb die Bildung von **unkurz* und **unlang* sozusagen blockiert ist.

638

Wortkunde

b) Suffixe

Wie Präfixe so verbinden sich auch Suffixe regelmäßig mit ganz bestimmten Typen von Stämmen. Im Gegensatz zu den Präfixen verändern jedoch die meisten Suffixe die Wortartmerkmale des Stamms:

– Der Verbstamm *entdeck* bildet mit *-ung* ein Nomen.

– Der Verbstamm *trink* bildet mit *-bar* ein Adjektiv.

– Der Adjektivstamm *blöd* bildet mit *-el* das Verb *blödeln* (das *-n* ist die Infinitivendung).

Suffixe lassen sich daher sowohl danach ordnen, mit welchen Stämmen sie sich verbinden können, als auch danach, zu welcher Wortart sie führen. In der folgenden Tabelle sind die häufigsten Suffixe des Deutschen hinsichtlich dieser beiden Eigenschaften geordnet:

Tabelle Suffixe

	Nomen-Stamm	*Adjektiv-Stamm*	*Verb-Stamm*
Nomen-Suffix	-chen, -lein, -in, -ler, -schaft, -tum, -ling, -heit: *Männ-chen, Männlein, Schüler-in, Künst-ler, Mannschaft, Besitz-tum, Ehrgeiz-ling, Kindheit*	-keit, -heit, -ling: *Lustig-keit, Frei-heit, Fremd-ling*	-er, -nis, -ung, -ling, -erei: *Lern-er, Ereig-nis, Entdeck-ung, Prüfling, Trink-erei*
Adjektiv-Suffix	-haft, -ig, -isch, -lich: *spaß-haft, lust-ig, tier-isch*	-lich: *gelblich, fröhlich*	-bar, -lich, -sam, -end: *trink-bar, frag-lich, rat-sam, reiz-end*
Verb-Suffix		-el: *blöd-el-n, fremd-el-n*	-el: *brumm-el-n, hüst-el-n*

Untersuchungen zum deutschen Wortschatz haben gezeigt, dass etwa 60% der Suffixe Nomen bilden, immerhin noch 33% Adjektive und nur 7% Verben. Das heißt: Mit Suffixen werden im Deutschen vor allem Nomen gebildet, mit Präfixen werden vor allem Verben verändert. Adjektive stehen sowohl bei der Suffigierung wie auch bei der Präfigierung zwischen diesen beiden Polen.

| **Wortkunde**

Das Suffix -er

Suffixe kann man daraufhin untersuchen, mit welchen Typen von Verben sie sich verbinden, welche grammatischen Eigenschaften und welche Bedeutungsmerkmale die abgeleiteten Wortformen haben. So erzeugen die meisten er-Ableitungen von Verben ein Nomen, das das Subjekt einer verbalen Handlung bezeichnet:

> *backen – Bäcker*
>
> *trinken – Trinker*
>
> *finden – Finder*

Abgeleitete Nomen auf -er, die Personen bezeichnen, können entweder eine Berufsgruppe benennen oder sie bezeichnen eine Person, die eine Handlung aus Gewohnheit oder auch nur vereinzelt ausübt:

– Ein *Bäcker* ist jemand, der beruflich backt.

– Ein *Trinker* ist jemand, der regelmäßig zu viel Alkohol trinkt.

– Ein *Finder* ist jemand, der etwas gefunden hat.

Für solche Ableitungen können nur Verben als Basis genommen werden, die als Subjekt einen Handelnden haben. So sind Bildungen wie *schmerzen* → **Schmerzer* nicht möglich. Mit anderen Worten: Suffixe verlangen nicht nur Stämme einer bestimmten Wortart, sondern machen auch, was die Bedeutung betrifft, Einschränkungen in Bezug auf den Stamm.

Neben den prototypischen er-Ableitungen für Handelnde finden sich auch solche für Instrumente oder Ergebnisse einer Handlung:

> *öffnen – Öffner, abziehen – Abzieher* (= Instrumente)
>
> *jauchzen – Jauchzer, hopsen – Hopser* (= Ergebnis einer Handlung)

Aber auch solche er-Ableitungen lassen sich als Personenbezeichnungen interpretieren: Ein *Büchsenöffner* wird meist als Instrument verstanden, aber es könnte sich auch um die Bezeichnung für einen Menschen handeln, der berufs- oder gewohnheitsmäßig Büchsen öffnet – ein *Hopser* wäre entsprechend jemand, der gerade oder dauernd beim Hopsen ist (ganz ähnlich wäre es beim *Türöffner* oder *Türsteher*).

Natürlich sind längst nicht alle Nomen, die auf -er enden, Ableitungen von einem Verbstamm:

> *Hammer, Wetter, Leber, Mutter ...*

Wortkunde

Die Wortfamilie

Wörter, die das gleiche Stammmorphem haben, bilden eine Wortfamilie. Derselben Wortfamilie können Wörter verschiedener Wortarten angehören: *fahren, du fährst, die Fahrbahn, befahrbar,...* Die Verwandtschaft dieser Wörter drückt sich in einer der elementarsten Rechtschreibregeln aus, der Wortstammregel: Wörter, die zur gleichen Wortfamilie gehören, schreibt man möglichst gleich:

> *backen, Bäcker, Bäckerei; Wald, Wälder, Wäldchen; Feld, Felder; Tag, Tage.*

Die Ableitungsbeziehung, die zwischen den Wörtern besteht, kann man in einem Wortfamilien-Netz darstellen. Das Wort, das den Ausgangspunkt bildet, nennt man das **Kernwort**. Welches Wort in einer Wortfamilie den Kern bildet, ist nicht immer eindeutig erkennbar und lässt sich zum Teil nur aus der Sprachgeschichte klären. Im folgenden Netz ist nicht das Verb *sichern*, sondern das Adjektiv *sicher* das Kernwort:

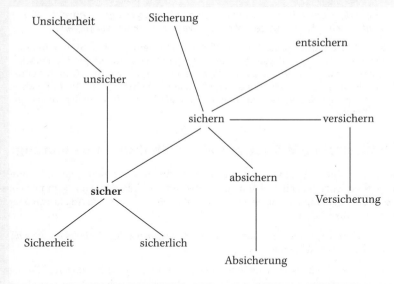

Nicht immer ist klar, ob zwei Wörter der gleichen Wortfamilie zuzuordnen sind. Der Begriff „Wortfamilie" ist also nicht klar und eindeutig definiert, sondern vielmehr spiegelt sich darin auch unser Sprachgefühl, dass Wörter mehr oder weniger stark zusammengehören. So kann man beispielsweise gut argumentieren, dass *fahren* und *erfahren* (im Sinn von *in Erfahrung bringen*) zwei verschiedene Wortfamilien bilden. Aber genauso gut kann man dafür argumentieren, dass alle den gleichen Wortstamm

Wortkunde

fahr haben und dass *erfahren* ja auch etwas mit *fahren* zu tun hat: Im übertragenen Sinn mache ich dann Erfahrungen, wenn ich durch Erlebnisse, durch die Zeit fahre.

Aufgaben

1. Führt zu zweit das Wortfamilien-Netz von *sicher* fort: *verunsichern, versicherbar* ...

2. Bildet zum Kernwort *fahren* oder *fallen* ein möglichst großes Wortfamilien-Netz.

3. Wählt euch zu zweit selbst ein Kernwort (Verben eignen sich besonders dafür) und bildet damit ein möglichst großes Wortfamilien-Netz.

4. Arbeitet zu zweit oder zu dritt und bildet mit den folgenden Wörtern verschiedene Wortfamilien: (Für diese Aufgabe gibt es nicht die eine ‚richtige‘ Lösung, sondern es sind viele unterschiedliche Gruppierungen möglich.)

   Weg, weg, wegen, Wagen, Wiege, wägen, wiegen, gewogen, verwegen, Gewicht, Wucht, Waage, wagen, Woge, bewegen, wackeln, aufwiegeln.

   Diese Wörter sind sprachgeschichtlich alle aus dem gleichen Stamm hervorgegangen. Heute sind aber die Bedeutungsunterschiede so groß, dass wir nicht mehr alle Ausdrücke zu einer Wortfamilie zählen würden. Gebt für eure Zuordnungen zu verschiedenen Wortfamilien Erklärungen an: Warum gehören die ausgewählten Wörter zu einer Familie? Diskutiert eure Ergebnisse in der Klasse.

Das Wortfeld – Wörter mit einer (ähnlichen) Bedeutung

Wörter lassen sich nicht nur aufgrund ihrer Stammverwandtschaft einander zuordnen, sondern auch nach ihrer ähnlichen Bedeutung. Sie bilden dann zusammen ein *Wortfeld*. So kann man die Eigenschaft „schön" auch mit folgenden Adjektiven oder Partizipien ausdrücken:

> *hübsch, ansehnlich, gut aussehend, attraktiv, ansprechend, niedlich, nett, süß, fein, adrett, toll, großartig, atemberaubend*

Diese Wörter bilden also ein gemeinsames Bedeutungsfeld, differenzieren die Bedeutung von „schön" unterschiedlich aus und meinen doch auch jeweils etwas (leicht) Verschiedenes. *Ein schönes Kaninchen* kann man sicher auch *süß* oder *niedlich* nennen, aber wohl kaum als *attraktiv* oder *atemberaubend* bezeichnen.

Welche Wörter zu einem Wortfeld gehören und worin ihr jeweiliger Bedeutungsunterschied besteht, lässt sich nicht immer eindeutig entscheiden. Wir müssen uns hier auf unser zum Teil unterschiedlich ausgeprägtes Sprachgefühl verlassen. Teilweise

Wortkunde

lässt sich eine Bedeutungsdifferenz auf unterschiedliche Handlungssituationen, auf Gruppensprachen oder auf Sprachregionen zurückführen: *Hasenohr* heißt fachsprachlich *Löffel, cool* für *toll* verwendet man umgangssprachlich, *Fleischer* verwendet man im Norden und *Metzger* im Süden des deutschen Sprachraums. Diese Wörter sind also nicht im engeren Sinn *synonym (= Gleiches bedeutend)*, sondern bezeichnen zwar den gleichen „Gegenstand" in der Welt, haben jedoch unterschiedliche Verwendungskontexte. So kennt man im Deutschen für den *Kopf* auch die Bezeichnung *Haupt, Birne, Schädel, Kürbis, Rübe* und andere mehr, aber wie die folgenden Beispiele zeigen, lässt sich nicht jedes Wort in einem konkreten Satz mit der gleichen Bedeutung oder Wirkung gebrauchen:

Anna wäscht ihrem Baby **den Kopf** *mit einem milden Shampoo.*

Anna wäscht ihrem Baby **die Rübe** *mit einem milden Shampoo.*

Anna wäscht ihrem Baby **das Haupt** *mit einem milden Shampoo.*

Anna wäscht ihrem Baby **den Kürbis** *mit einem milden Shampoo.*

Anna wäscht ihrem Baby **den Schädel** *mit einem milden Shampoo.*

Aufgabe

Diskutiert in der Klasse, welche der folgenden Wörter ihr selbst verwendet oder zumindest kennt. Vielleicht könnt ihr so auch herausfinden, in welchem Sprachgebiet diese Wörter gebraucht werden. Möglicherweise gebraucht ihr diese Wörter auch mit einem Bedeutungsunterschied oder in verschiedenen Situationen.

Samstag/Sonnabend, Semmel/Brötchen/Weck, Fleischer/Schlachter/Metzger/Fleischhauer, Junge/Knabe/Bub, Dachboden/Boden/Speicher/Bühne/Estrich, tschüss/tschau/ade/servus/adieu, fegen/kehren/wischen, kneifen/zwicken/klemmen

essen/speisen/tafeln/fressen/sabbern/mampfen/runterschlingen/dinieren/sich ernähren/einnehmen

verrückt/crazy/bescheuert/(geistig) umnachtet/bekloppt/beknackt/geisteskrank/blöd/schwachsinnig

Einen besonderen Fall stellen Fremdwörter dar. Eine große Fülle an sinnverwandten Wörtern ergibt sich dadurch, dass alternativ zum ursprünglich deutschen Wort ein Fremdwort gebraucht werden kann. Zum Teil wirkt das Fremdwort gehobener, akademischer oder einfach internationaler − in vielen Fällen hat sich das Fremdwort auch schon so weit verbreitet, dass es kaum mehr als fremd wahrgenommen wird. Nicht selten hat das neuere Fremdwort das ältere deutsche Wort auch völlig verdrängt:

| **Wortkunde** |

Adresse/Anschrift
Baby/Kleinkind
Bibliothek/Bücherei
Cousin/Vetter
Hobby/Steckenpferd
Idee/Gedanke
Inflation/Geldentwertung
Match/Wettspiel
Orthografie/Rechtschreibung
Reportage/Bericht
Zentrum/Mittelpunkt
exzellent/ausgezeichnet
nonstop/pausenlos
progressiv/fortschrittlich
reduzieren/vermindern
reservieren/freihalten

Aufgaben

1. Diskutiert zu zweit, ob euch das deutsche oder das fremde Wort vertrauter ist. Falls euch beide Ausdrücke bekannt sind: Beschreibt Situationen, in denen ihr eher das fremde oder eher das deutsche Wort verwenden würdet. Bildet dazu auch Beispielsätze.

2. Manche Fremdwörter lassen sich nur schwer durch einen ebenso passenden deutschen Ausdruck ersetzen. Sucht kurze und treffende „Übersetzungen" für die folgenden Fremdwörter: *Alphabet, cool, Fitness, joggen, Konzentration, Niveau, recyceln, reparieren, Taste/Tastatur.* Diskutiert eure Übersetzungen.

3. Sammelt weitere Fremdwörter, für die sich nur schwer eine Entsprechung im Deutschen finden lässt. Verwendet dazu auch den Stichwortteil. Gebt sie anderen zum Übersetzen.

Gleichlautende Wörter mit unterschiedlicher Bedeutung

So wie ganz unterschiedliche Wörter das Gleiche bezeichnen können, bedeuten die gleichen Wörter gelegentlich ganz Unterschiedliches. So bezeichnet *süß* eine Geschmacksrichtung wie *salzig, bitter, scharf,* aber es bedeutet auch „niedlich, schön, attraktiv". *Erde* kann *Boden, Humus* oder *Planet, Welt* bedeuten. *Mutter* kann *Elternteil* oder *Gegenstück zu einer Schraube* bedeuten. Wie diese Beispiele zeigen, kann die Be-

Wortkunde

ziehung zwischen den beiden Bedeutungen eine *direkt* oder *indirekt begründete* sein, sie kann aber auch kaum oder gar *nicht motiviert* sein.

Motivierte gleichlautende Wörter

Zwischen zwei Wörtern mit gleicher Lautung und unterschiedlicher Bedeutung kann eine enge Beziehung zwischen den Dingen bestehen. Man spricht dann auch davon, dass *ein* Wort zwei oder mehrere Bedeutungen hat. So ist die *Post* eine Einrichtung, die in der *Post (= Gebäude)* die *Post (=* Briefe, Pakete etc.) verwaltet und bearbeitet. Im Folgenden geben wir eine kleine Auswahl solcher Wörter an, wobei immer nur zwei mögliche Bedeutungen angegeben sind:

Schule	Unterricht	Gebäude
Tor	Gehäuse bei Ballspielen	Treffer beim Ballspiel
Papier(e)	Schreibmaterial	Ausweise
Glas	durchsichtiges Material	Trinkgefäß
grün	Farbe	unreif, unerfahren
verlieren	einen Verlust erleiden	eine Niederlage hinnehmen
Drachen	Fabelwesen	Fluggerät
Fliege	Insekt	Kleidungsstück
Löffel	Besteckteil	Hasenohr
Pony	kleines Pferd	Frisur
hölzern	aus Holz	steif im Benehmen
mager	fettarm (Fleisch)	gering (Ergebnis)
mild	angenehm (Wetter)	nachsichtig (Strafe)

Nicht motivierte gleichlautende Wörter

Wenn überhaupt kein Zusammenhang zwischen zwei Bedeutungen besteht, handelt es sich nicht mehr um *ein* Wort mit mehreren Bedeutungen, sondern um *zwei* Wörter mit zwei unterschiedlichen Bedeutungen. Die Trennung zwischen einem Wort mit zwei oder mehr Bedeutungen und zwei Wörtern mit gleicher Lautung ist nicht immer leicht zu ziehen. Häufig braucht man dazu Kenntnisse über die Herkunft der Wörter und ihre Entwicklung in der Sprachgeschichte. So wird das *Schloss (=* prachtvolles Gebäude) heute kaum noch mit dem *Schloss (=* Schließvorrichtung einer Tür) in Verbindung gebracht, auch wenn beide Wörter auf einen gemeinsamen Ursprung (einschließen, sichern) zurückgehen. In einigen wenigen Fällen werden solche Wörter unterschiedlich geschrieben: *malen* (Bild) ↔ *mahlen* (Getreide), *Stiel* (zum Anfassen) ↔ *Stil* (Ausdrucksweise).

645

Wortkunde

Wir geben im Folgenden auch dazu eine nicht vollständige Auswahl an Beispielen:

Bremse	Blockiervorrichtung (an Fahrzeugen)	stechendes Insekt
Hahn	Vogel	Sanitärteil, Absperrung (für Flüssigkeit, Gas)
Kapelle	kleine Kirche	Musikgruppe
Mutter	Elternteil	Gegenstück zu Schraube
Nagel	Horn, Teil des Fingers/Fußes	Metallstift
Pflaster	Straßenbelag	Wundabdeckung
Ton	Erde, Werkstoff	Klang, Schallereignis
Bank	Sitzgelegenheit	Geldinstitut

Teekesselspiel

Zwei Spieler suchen ein Wort mit mindestens zwei verschiedenen Bedeutungen, z. B. *Raupe*. Jeder umschreibt eine der Bedeutungen möglichst treffend. Einer sagt beispielsweise: „Mein Teekessel frisst Blätter". Daraufhin stellt der andere fest: „Mein Teekessel schiebt Erde weg." Falls nach einer Weile niemand aus der Klasse auf das richtige Wort gekommen ist, könnt ihr den Ratenden auch mit weiteren Hinweisen auf die Sprünge helfen. In der folgenden Übersicht findet ihr viele Beispiele für solche Teekesselwörter:

Band	– Musikgruppe, Gewebestreifen, Buch
Bauer	– Landwirt, Vogelkäfig
Birne	– Obst, Glühbirne
Blatt	– am Baum, im Buch, Reihe von Spielkarten
Flügel	– Klavier, Körperteil des Vogels, Gebäudeteil
Futter	– Nahrung für Tiere, Mantel- bzw. Handschuhfutter
Gang	– langer Flur, Gang im Menü, Gehweise
Gericht	– Mahlzeit, Rechtswesen
Kiefer	– Baum, Teil des Kopfes
Krebs	– Krankheit, Tier, Sternzeichen
Kunde	– Käufer, Nachricht
Leiter	– Leiter zum Klettern, Führer einer Gruppe
Maus	– Nagetier, Steuerungsgerät für den Computer
Messe	– Gottesdienst, Ausstellung
Pass	– Ausweis, Gebirgspass
Puppe	– zum Spielen, Stadium der Entwicklung eines Schmetterlings
Rock	– Kleidungsstück, Musikrichtung

Schimmel	–	Pilzbelag auf schlecht gewordenen Lebensmitteln, Pferd
Steuer	–	Abgabe, Lenkrad
Strauß	–	Blumengebinde, flugunfähiger Vogel
Tau	–	Seil, feuchter Niederschlag
Taube	–	Vogel, gehörlose Frau
Umzug	–	Parade, Wohnungswechsel
Veilchen	–	blaues Auge, Blume
Weide	–	Baum, Wiese für Kühe/Pferde/Schafe ...
Wirbel	–	Knochen, Trommelspiel, Luft- oder Wasserstrudel
Zug	–	Bahn, Zug beim Spielen, Luftzug

B   Wortgeschichten

Wörter kann man bilden, neu erfinden: Sie waren nicht einfach schon immer da, und wenn sie einmal da sind, bleiben sie nicht immer genau gleich, sie können sich verändern – Wörter haben ihre eigenen Geschichten. Im Folgenden präsentieren wir dazu einige ausgewählte „Wortgeschichten".

Neue Wörter (Neologismen)

Unsere Lebenswelt verändert sich dauernd: Es werden neue Dinge erfunden, es entstehen neue Situationen, es werden neue Ereignisse und Tätigkeiten wichtig – für all das kann man neue Wörter brauchen.

Neue deutsche Wörter

Im Januar 2006 wollte es nicht mehr aufhören zu schneien, sodass die Schneelast auf den Dächern bedenkliche und auch gefährliche Ausmaße annahm: Der Schnee musste von den Dächern entfernt werden, und zwar mit einer Schaufel – die Dächer wurden folglich *abgeschaufelt*. Das Geschehen an und für sich ist zwar nichts Neues, doch seit 2006 wird das Verb *abschaufeln* vor allem in der Wendung *das Dach abschaufeln* gehäuft geschrieben, sodass es als ‚neues' Wort Eingang in ein Wörterbuch fand, das vor allem Neologismen (so bezeichnet man sprachliche Neubildungen) aufführt. Wahrscheinlich hat man in gewissen schneereichen Regionen Deutschlands, Liechtensteins, Österreichs und der Schweiz und in Südtirol das Wort *abschaufeln* bereits vorher verwendet, Verbreitung im ganzen deutschen Sprachraum und in der Presse fand es aber verstärkt nach diesem für den ganzen deutschen Sprachraum außergewöhnlichen Ereignis.

| **Wortkunde** |

Aufgabe

Im Kapitel zur Wortbildung haben wir den *Eierschalensollbruchstellenverursacher* (als einen Apparat, mit dem sich ein gekochtes Ei köpfen lässt) vorgestellt. Auch dies ist ein Gerät, das neu auf den Markt gekommen ist und einen neuen Namen brauchte. Natürlich hätte man es auch simpel *Eierköpper* nennen können, aber das wäre weder originell noch auffällig.

a) Benennt Alltagsgegenstände originell und auffällig um, zum Beispiel *Schmutzentfernungsluftansaugmaschine* (= Staubsauger).

b) Erfindet selbst neue Gegenstände und gebt ihnen passende Bezeichnungen.

Fremde Wörter und fremde Morpheme

Fremdwörter haben wie einheimische Wörter auch ihre eigenen Geschichten. Große Verbreitung erreichte zuerst in der Schweiz das Wort *Grounding*: Die schweizerische Fluggesellschaft „Swissair" musste 2002 ihren Flugbetrieb einstellen, da sie zahlungsunfähig war und die Treibstofflieferanten sich weigerten, die Flugzeuge zu betanken. *Grounding* bezeichnet seither im Deutschen die definitive Einstellung des Flugbetriebs. Ein solches Grounding erlitt im Januar 2010 auch die deutsche „Blue Wings". Im Englischen selbst verfügt *grounding* über mehrere Bedeutungen. Bezogen auf den Flugverkehr meint es eigentlich „Flugverbot". Fremdwörter werden also häufig nicht mit der genau gleichen Bedeutung aus ihrer Herkunftssprache übernommen und ins Deutsche integriert, sondern sie können mit der Eindeutschung (auch) neue Bedeutungen annehmen.

Ganz ähnliche Geschichten lassen sich in Büchern oder im Internet zu *Computer, Handy, Netiquette, Oldtimer, Smoking* und anderen Fremdwörtern recherchieren.

Die Geschichte des Wortes „Handy"

Oft hört man, das Wort „Handy" habe überhaupt nichts mit dem Englischen zu tun: „,Handy' [...] ist gar kein englisches Wort, es klingt nur so. Aber im Englischen heißt es anders: ,mobile' oder ,cellular phone' und ,Handy' ist eine deutsche Kreation", meinte etwa der Sprachkritiker Bastian Sick in der Fernsehsendung „ZDF-Nachtstudio". Doch so einfach ist die Sache nicht. Auch wenn im englischsprachigen Raum das Gerät eine andere Bezeichnung hat, findet sich bereits im Jahr 1940 eine ähnliche Bezeichnung für ein ähnliches Gerät. Damals stellte die Firma „Motorola" in Amerika ein kleines, handliches Funkgerät her. Dieses neue Gerät wurde als „Handie-Talkie" bezeichnet, im Unterschied zum schwereren „Walkie-Talkie". Da inzwischen Motorola selbst Handys produziert, verbreitet die Presseabteilung diese Geschichte natürlich gern. Die Bezeichnung „Handie-Talkie" hat sich jedoch in der Sprachgemeinschaft nie breit durchgesetzt, und es ist davon auszugehen, dass in den 1990er-Jahren, als die Handys massenhaft auf den Markt kamen, kaum jemand davon gewusst

Wortkunde

hat. Aber eine wirklich gesicherte Erklärung können auch die Sprachwissenschaftler nicht anbieten. Einige vermuten, dass das Nomen „Handy" zum englischen Adjektiv „handy" (= handlich, geschickt, praktisch) gebildet wurde. Aber gesichert ist auch diese Erklärung nicht.

Die Risotteria, die Spielothek und Skiathlon

Im Italienischen meint *trattoria* ein einfaches Speiselokal, *pizzeria* eines, das vornehmlich Pizzas anbietet; die *gelateria* ist entsprechend eine Eisdiele und die *caffetteria* ein Café. Das italienische Ableitungsmorphem *-(e)ria* wurde im deutschen Sprachraum in Analogie dazu auf Restaurants übertragen, deren Speisekarte überwiegend aus Reisgerichten besteht. In Italien dagegen sucht man vergebens nach diesem Wort oder entsprechenden Lokalen.

Ähnliches lässt sich beim Wort *Bibliothek* beobachten. Neben der schon länger bekannten *Spielothek* (für eine Spielhalle) oder der *Vinothek* (für einen Weinhandel) findet sich inzwischen auch die *Ludothek* (für einen Spieleverleih). Und wer mit einer Suchmaschine im Internet recherchiert, findet auch *Cinothek, Jeansothek, Nailothek* und andere mehr.

Auch im Sport werden immer wieder neue Disziplinen und damit neue Wörter geschaffen. So wurde im Jahr 2003 im Skilanglauf eine neue Disziplin gegründet, bei der zwei Langlauftechniken in einem Rennen integriert wurden, nämlich die klassische Technik und das *Skating*. Nach dem Muster von *Triathlon* wurde daraus für die neue Disziplin der Ausdruck *Skiathlon* (neben „Doppelverfolgung" oder „Ski-Duathlon") etabliert.

apolitisch oder unpolitisch?

Fremde Präfixe, die sich mit Adjektivstämmen verbinden und relativ häufig vorkommen, sind *a-* und *in-*:

- Das Präfix *a-* findet sich in Wörtern wie *asozial* oder *apolitisch* und verändert die Bedeutung anders als das (deutsche) Präfix *un-*. Deutlich wird dies, wenn man die Paare einander gegenüberstellt. So meint *asozial* ‚gegen die Gesellschaft gerichtet, die Gemeinschaft schädigend', *unsozial* dagegen ‚den Interessen breiter Bevölkerungskreise nicht entsprechend'. Beispielsweise würde man von *unsozialen*, aber kaum von *asozialen* Mietpreisen sprechen.

- Das fremde Präfix *in-* weist dagegen im Vergleich zu *un-* keine andere Bedeutung auf, *in-* und *un-* stehen sozusagen in Konkurrenz zueinander: *indirekt – *undirekt, indiskret – *undiskret*. Manchmal sind beide Formen nebeneinander gebräuchlich: *inkorrekt – unkorrekt, instabil – unstabil*. Nicht möglich sind dagegen *inschön, *infreundlich, *ingut* und andere mehr.

Wortkunde

Zur Flexion fremder Wörter

Wenn fremde Verben wie *joggen, checken* oder *shoppen* ins Deutsche übernommen werden, konjugiert man sie wie deutsche Verben. Ähnliches gilt für Nomen: Während das Englische nur eine Form des bestimmten Artikels kennt („the"), unterscheidet das Deutsche zwischen maskulinem, femininem und neutralem Artikel. Das betrifft natürlich auch die Fremdwörter, die aus dem Englischen übernommen wurden: *der Shop, die Band, das Tackling.* Dabei kann es zu unterschiedlichen Genus-Zuweisungen kommen. Das passiert gelegentlich, wenn es mehrere deutsche Übersetzungswörter gibt. Zum Beispiel kann man *das* oder *der Event* sagen, weil mit dem englischen Nomen sowohl *das* Ereignis als auch *der* Wettkampf gemeint sein kann. Manchmal gibt es auch Unterschiede zwischen den verschiedenen deutschsprachigen Ländern: Während besonders in Norddeutschland nur *die Mail* oder *E-Mail* üblich ist, heißt es in der Schweiz entweder *die* oder *das Mail/E-Mail*.

Aufgabe

1) Fremdwörter werden nicht erst heute kritisch gesehen: Sprachpfleger versuchen seit mehreren Hundert Jahren, die sprachliche Einbürgerung von Fremdwörtern möglichst zu verhindern. So beklagte der Leipziger Stadtbibliothekar Gustav Wustmann schon 1891, dass Wörter wie *individuell, zentral, Moment* oder *normal* gänzlich ohne Not gebraucht würden, weil doch viel aussagekräftigere deutsche Wörter zur Verfügung ständen.

   Finde für die von Wustmann für überflüssig gehaltenen Fremdwörter *retour, engagieren, funktionieren, Resultat, individuell, zentral, Moment, Epoche, Vagabund* und *normal* jeweils mindestens ein deutsches Wort. Diskutiert eure Lösungen in der Klasse.

2) Arbeitet die Liste auf der Seite 644 [Adresse/Anschrift, Baby/Kleinkind ...] durch und nehmt zu folgender Frage Stellung:
   Gibt es darunter Paare, die für dich nicht gleichwertig sind? Worin besteht der Unterschied? Verdeutliche die Unterschiede mit Verwendungsbeispielen, etwa so:

   liiert meint so etwas wie „eine (Liebes-)Beziehung habend", während *verbunden* mehr „vertraut" oder „zugehörig" meint: *mit verbundener Hand* ↔ **mit liierter Hand; sich einander verbunden fühlen* ↔ **sich liiert fühlen; der Popstar ist unglücklich liiert* ↔ **er ist unglücklich verbunden ...*

Aus Alt mach Neu – Wortwandel und Wörterfriedhof

In einer Sprache werden nicht nur laufend neue Wörter gebildet und erfunden, vielmehr verändern sich die Bedeutung und der Gebrauch vieler Wörter im Laufe der

Wortkunde

Zeit allmählich. Und einige Wörter geraten auch in Vergessenheit oder bestehen nur noch als Teil eines komplexen Wortes. So würde heute wohl niemand mehr seinen Onkel als *Oheim* bezeichnen, und vom Bestandteil *Him* in *Himbeere* weiß niemand mehr, woher er eigentlich kommt und was er bedeutet.

Vom Haupt über den Becher zum Kopf

Im Althochdeutschen – das ist die Zeit ab etwa 750 nach Christus – und im Mittelhochdeutschen (ab dem 11. Jahrhundert) war *houbit* bzw. *houbet* der gebräuchlichste Ausdruck für den Kopf als Körperteil. Dieser Ausdruck wurde aber auch verwendet, um den obersten oder wichtigsten Gegenstand einer bestimmten Klasse oder Gattung zu bezeichnen, das heißt, er wurde auch im bildlichen, übertragenen Sinn verwendet. So meinte *Hauptstadt* die vornehmste Stadt eines Landes oder Gebiets und bezeichnet heute das politische Zentrum eines Landes oder Staates. Im Verlauf des Mittelhochdeutschen beginnt sich auch der Ausdruck *Kopf* zu etablieren. Zunächst wird er vor allem im Sinne von „Becher" oder „Trinkgefäß" verwendet. Nun haben aber Becher und Köpfe – so scheint es – nicht viel gemeinsam. Wie kommt es also zu einer solchen Veränderung? Schon früh, so wird berichtet, wurde *Kopf* in Kampfschilderungen verwendet, das heißt für Situationen, in denen einer einem anderen das Schwert auf den Kopf haut: *Er haute ihn auf den Becher.* Dieser Gebrauch des Wortes *Kopf* galt als derb (vergleiche dazu die Beispielsätze zu *Kopf, Haupt, Rübe* und anderen bedeutungsähnlichen Wörtern auf der Seite 643). Zudem handelt es sich, ähnlich wie bei *Haupt* in *Hauptstadt*, um einen übertragenen Gebrauch. Im Lauf der (Sprach)geschichte verlor sich der derbe Charakter des übertragenen Gebrauchs von *Kopf,* während *Haupt* immer mehr nur für positive oder „gehobene" Situationen verwendet wurde.

Der **Bedeutungswandel** von *Kopf* stellt also zuerst eine **Bedeutungserweiterung** dar, indem die neue Verwendungsweisen des Wortes hinzukommen; später erfährt *Kopf* wieder eine **Bedeutungsverengung**, das heißt, dass die Verwendungsweisen eingeschränkt werden. Die Verwendungsweisen von *Haupt* haben sich demgegenüber im Lauf der letzten Jahrhunderte auf den sogenannten gehobenen Gebrauch verengt; als Bestimmungswort mit der Bedeutung von „wichtigste" ist es jedoch nach wie vor sehr produktiv: *Hauptabteilung, Hauptargument, Haupteingang, Hauptfach ...*

geil

Wörter können über längere Zeit hinweg mehrere Bedeutungswandel durchmachen. Ein berühmtes Beispiel ist das Wort *geil:* Dieses Adjektiv bedeutete im Mittelalter *froh, ausgelassen.* Man sprach also von einem *geilen Fest* als einem frohen und ausgelassenen Fest. Wie häufig für den Bereich der Sexualität wählt man statt einer direkten Bezeichnung oder eines Fachbegriffs eine alltagssprachliche Umschreibung: *miteinander schlafen* anstelle von *Geschlechtsverkehr haben.* Für *sexuelle Erregung*

Wortkunde

wurde daher schon früh (im 15. Jahrhundert) das Wort für *fröhlich* und *ausgelassen* – eben: *geil* – verwendet. Nun werden Wörter aus dem Sexualwortschatz oder der Vulgärsprache gerne auch in der Jugend- und Szenensprache verwendet. Die anfangs allen bekannte sexuelle Bedeutung kann sich jedoch mit der Zeit verlieren. Und genau das ist mit dem Wort *geil* passiert: Die meisten jungen Sprecher(innen) des Gegenwartsdeutschen haben die Bedeutung von *geil* zuerst wahrscheinlich als *toll, großartig, super* usw. kennengelernt, lange bevor ihnen die sexuelle Bedeutung des Wortes bewusst geworden ist. So ist also beim Wort *geil* im heutigen Sprachgebrauch die mittelalterliche Bedeutung wieder in den Vordergrund getreten.

Der Tollpatsch in der Hängematte

Eine Hängematte *hängt* zwar in der Luft und hat auch eine große Ähnlichkeit mit einer *Matte*, dennoch ist das Wort nicht als Zusammensetzung aus *hängen* und *Matte* entstanden. Vielmehr geht *Hängematte* auf das haitianische Wort *hamaka* zurück. Europäische Schiffsleute haben die in der Karibik gebräuchliche Schlafstelle *hamaka* übernommen und damit auch die ursprüngliche Bezeichnung. Bereits im Jahr 1529 findet sich in einer deutschen Reisebeschreibung das Wort *Hamaco*. *Hamach* und ähnliche Bezeichnungen zeugen von der sich schnell wandelnden Benennung. Im Niederländischen findet sich schon früh das Wort *hangmak* und später dann auch *hangmat*. Im Deutschen findet sich dann in der Übersetzung eines niederländischen Buches aus dem Jahr 1673 zum ersten Mal die Bezeichnung *Hängematte*.

Wörter legen also mitunter falsche Fährten: Werden Wörter im Verlauf der Zeit von den Sprechern und Sprecherinnen mit einer falschen Herkunft in Verbindung gebracht, bezeichnet man dies als **Volksetymologien**. Solche falschen Fährten können sich auch auf die Rechtschreibung auswirken: So schrieb man *Tollpatsch* vor einiger Zeit noch mit einem *l*, da es auf das ungarische Wort *talpas* bzw. *talp* zurückgeht, das „breitfüßig" bzw. „Sohle" bedeutet. Zuerst wurde damit in Österreich ein ungarischer (Fuß)soldat bezeichnet, weil diese statt Schnürstiefel große, mit Schnüren befestigte Sohlen getragen haben – so nimmt man jedenfalls an. Da *Tollpatsch* jedoch wie eine Zusammensetzung aus *toll* (verrückt) und *patschen* (laut zuschlagen, ohrfeigen, mit der Peitsche knallen) erscheint, wurde das Wort trotz seiner Herkunft häufig mit Doppel-l geschrieben. Seit der Rechtschreibreform von 1996 gilt diese Schreibung als die einzig richtige.

Und schließlich ist das Murmeltier zwar ein Tier, es murmelt aber nicht (es gibt vielmehr schrille Pfeiftöne von sich); *ausgepowert* hat nichts mit dem englischen *power* ‚Kraft' zu tun, sondern vielmehr mit dem französischen ‚pauvre' (= arm), und der *Polier* ist eigentlich keiner, der polieren, sondern parlieren und damit ein Wortführer sein sollte [eine kurze Erläuterung dieser Berufsbezeichnung ist im A–Z-Teil dieses Buches zu finden].

Wortkunde

Aufgabe

Mit Volksetymologien lässt es sich fabulieren und auf falsche Fährten führen:

„Nudel" kommt von „nudus". Das ist ein altes Römerwort und bedeutet „nackt".
Die Endung „-el" in der „Nud-el" sagt, dass es hier um ein Kleines, Niedliches
geht – so wie bei Hänsel für „kleiner Hans" und Gretel für „kleine Grete". Nudeln
sind also „Nackerlinge" oder „kleine Nackedeis". Weich gekochte Nudeln erinnern
ja wirklich an nackte Haut. Deshalb gibt es dazu auch meistens Soße zu essen: als
wärmendes, fließendes Kleid für splitternackte Nudeln.(Brunke 2009: 82)

Führe andere auf falsche Fährten, indem du zu Wörtern wie *Gastronomie, Armbrust, Pleitegeier, Hamsterkauf* oder *Haudegen* eine glaubhafte, aber falsche Herkunftsgeschichte erfindest. Du kannst auch im Wörterverzeichnis schmökern und selbst Wörter heraussuchen, zu denen du falsche Fährten legen möchtest.

Tipp: Zerlege Wörter so, dass ihre Sinneinheiten nicht mehr deutlich werden, also zum Beispiel *aber-kennen, Frust-ration, Abt-eile. Abteile* wäre demnach früher nicht die Bezeichnung für abgegrenzte Räume gewesen, sondern würde von einem *Abt in Eile* (= Abt-Eile) stammen, der mit schnellen Schritten von Raum zu Raum ging und …

Das Fräulein und der Hundsfott

Wörter können „aus der Mode kommen" und veralten; im schlimmsten Fall können sie auch wieder ganz aus dem Wortschatz verschwinden, also aussterben. Viele Wörter bleiben sozusagen sprachliche Eintagsfliegen. Das trifft beispielsweise für einige Wörter aus der Musikkultur oder der Modewelt zu. Ein Ausdruck wie *knarzig,* der eine Zeit lang gerne in der Musik- oder Popkultur für einen bestimmten *Sound* verwendet wurde, scheint wieder nahezu verschwunden zu sein. Aber auch Schimpfwörter unterliegen starken Veränderungen: *Hundsfott* bezeichnete zunächst ab dem 16. Jahrhundert einen Feigling, um 1800 einen „niederträchtigen Kerl", ist aber in der Gegenwart als Schimpfwort ungebräuchlich (dagegen wird *Hundsfott* in der Schifffahrt nach wie vor als Fachwort für eine Öse an einem Gehäuse, das eine Art Flaschenzug ist, verwendet).

Das Alter der Wörter oder Ausdrücke ist also nicht entscheidend dafür, dass ein Wort ausstirbt. Besonders alte Wörter wie *Vater, Mutter, Fuß, Stein, Furz, auf* und viele andere kennen wir noch keine Gebrauchsspuren, die auf ein Veralten hindeuten würden. Das lässt sich damit erklären, dass Wörter so lange verwendet werden, wie es für die Sprecher und Sprecherinnen Gründe oder Situationen gibt, in denen der Gebrauch nach wie vor sinnvoll ist oder nicht andere Wörter attraktiver werden. Ein paar Beispiele: das frühere *Beinkleid* wurde längst von der *Hose* abgelöst, *Fräulein* ist veraltet (und kann von Frauen als unangebracht empfunden werden, weil junge, unverheiratete Männer ja auch nicht als „Herrchen" bezeichnet oder angeredet werden); ausge-

Wortkunde

storben ist schließlich auch der *Hagestolz* (als Bezeichnung für einen älteren Mann, der aus Überzeugung nicht geheiratet hat).

Das gilt nicht nur für Nomen, Adjektive oder Verben: Auch Partikeln können aussterben. Wer kennt schon noch *ahi, fia* oder *juppheidi?* Dagegen gibt es *pfui* bereits seit dem 12. Jahrhundert, *oho* mindestens seit dem 16. Jahrhundert.

Von Fremdlinginnen und Gästinnen

Im Zuge der Emanzipation wollen Frauen und auch Männer bei der Verwendung eines maskulinen Nomens für Personenbezeichnungen Frauen nicht einfach nur mitmeinen, sondern auch sprachlich deutlich erkennbar benennen. So reden wir heute häufig nicht mehr nur von Schülern und Lehrern, sondern von Schülerinnen und Schülern bzw. von Lehrern und Lehrerinnen. Zumal es ja – je nach Perspektive – einen Unterschied macht, ob man seinen Freund oder seine Freundin küsst.

In älteren Ausgaben dieses Wörterbuchs waren bei Personenbezeichnungen wie *Arbeiter, Arzt, Held* oder *Wächter* nur die maskulinen Formen verzeichnet. Die dazu passenden femininen Formen *Arbeiterin, Ärztin, Heldin* und *Wächterin* dagegen fehlten fast gänzlich. Sie scheinen in einem Rechtschreibwörterbuch auf den ersten Blick auch nicht unbedingt nötig zu sein, kann man diese Formen doch ohne Schwierigkeit mit dem Ableitungsmorphem *-in* bilden. Wörterbücher müssen immer eine Auswahl treffen, denn zum einen wollen sie handlich bleiben, zum anderen verfolgen sie immer auch bestimmte Zwecke. Ein kleineres Wörterbuch muss mit dem verfügbaren Platz erst recht möglichst sparsam umgehen. Aus dieser Überlegung heraus macht es beispielsweise wenig Sinn, alle möglichen Zusammensetzungen mit *Arbeit* als Grundwort aufzuführen: *Dreharbeit, Denkarbeit, Feinarbeit, Gelegenheitsarbeit, Gartenarbeit, Halbtagsarbeit, Näharbeit, Knochenarbeit, Prüfungsarbeit* und so weiter. Gerade Wortreihen, die nicht schwierig zu bilden sind oder deren Bedeutung relativ problemlos aus den einzelnen Bestandteilen erschließbar ist, müssen nicht zwingend in ein Wörterbuch aufgenommen werden.

Man könnte also in Bezug auf die femininen Formen von Personenbezeichnungen ganz ähnlich argumentieren. Denn diese lassen sich doch – wie oben gesagt – im Normalfall ganz leicht bilden: *Arbeiter-in, Held-in* ... sind einfache Ableitungen mit dem Suffix *-in.* Ganz so simpel ist es aber nicht, denn bei einer Reihe von Personenbezeichnungen funktioniert dieses Ableitungsschema nicht oder nur mit Einschränkungen (Amtmann → Amtfrau, Bauer → Bäuerin, Kollege → Kollegin). Und während noch vor einigen Jahren Ableitungen wie *Bösewichtin* oder *Schelmin* als seltsam empfunden und abgelehnt wurden, scheinen diese Ableitungen heute gut möglich zu sein. Das heißt, an auf den ersten Blick ungewöhnliche Wortbildungen kann man sich durchaus gewöhnen. Aber es gibt auch das Umgekehrte: Es gab eine Zeit, in der Bildungen wie *Fremdlingin* durchaus möglich waren – in Friedrich Schillers historischem Drama „Maria Stuart" (1800) heißt es zum Beispiel: „Ihr habt mich stets als eine Feindin nur und Fremdlingin betrachtet", und auch der Dichter Friedrich Hölderlin

Wortkunde

spricht in seinem Klagegedicht „Brod und Wein" (1800/1801) von der „Fremdlingin unter den Menschen". In unserer Zeit wirkt diese Bildung jedoch nicht nur fremd, sondern falsch.

Aufgabe

Wählt aus den folgenden drei Problemfällen einen aus: Diskutiert die aufgeworfenen Fragen in einer Arbeitsgruppe oder im Klassenverband und versucht sie möglichst für euch zu klären.

– Bei Nomen auf -el scheint die in-Ableitung generell nicht möglich zu sein: *Kumpelin, *Flegelin, *Schlingelin. Gilt das Gleiche auch für Witzbold, Schmierfink, Störenfried, Unhold, oder haben wir uns in diesen und anderen Fällen einfach noch nicht an die in-Ableitungen gewöhnt: die Witzboldin, die Schmierfinkin, die Störenfriedin, die Unholdin? Wie häufig und in welchen Zusammenhängen und Textsorten findet ihr diese Formen im Internet belegt?

– Einer Legende zufolge soll im 11. Jahrhundert eine Päpstin Johanna amtiert haben. Diese Legende wurde in mehreren Büchern literarisch verarbeitet und auch verfilmt. Anders formuliert: Die Bildung Päpstin ist mehrfach belegt. Wieso führen dann die meisten Wörterbücher diese in-Ableitung nicht auf? Und wie steht es mit der Kaplanin oder der Prälatin? Weshalb sind aber die Priesterin und die Predigerin im Stichwortteil aufgeführt?
Wie kann erklärt werden, dass im Wörterverzeichnis dieses Wörterbuchs Arbeiterin, Heldin, Piratin etc. aufgeführt sind, nicht aber Freibeuterin oder Freierin? Weshalb ist Feldspielerin enthalten, nicht aber Feldjägerin, Feldherrin oder Ritterin?

– Der Blick in die Gegenrichtung lohnt sich ebenfalls: Wie könnte die maskuline Form zu Go-go-Girl, Primaballerina, First Lady, Hebamme oder Krankenschwester lauten? Und weshalb finden sich in vielen Wörterbüchern Kindergärtnerin, Kosmetikerin, nicht aber Kindergärtner und Kosmetiker?

– Bilde zu Cowboy, First Lady, Hebamme, Heulsuse, Krankenschwester, Nörgelpeter, Prahlhans, Primaballerina das jeweilige Pendant. Und was würdest du für Fälle wie Rowdy, Profi, Wessi, Messie oder Zombie vorschlagen?

| Wortkunde

Kurze Wörter: evtl. ein Kriro?

Wer oft die gleichen langen Wörter schreiben muss oder nur wenig Platz zum Schreiben hat, wird Wörter abkürzen. Solche **Kurzformen** lassen sich in Abkürzungen und Kurzwörter aufteilen:

a) **Abkürzungen** sind Kurzformen, die nur in der Schrift verwendet und mit einem Punkt gekennzeichnet werden, etwa *S.* für *Seite, bzw.* für *beziehungsweise, frz.* für *französisch.*

b) Dagegen werden **Kurzwörter** auch in ihrer gekürzten Form gesprochen, sie haben „Wortcharakter" und können deshalb auch einen Artikel bei sich haben und dekliniert werden: *der Lkw/LKW (Lastkraftwagen)* – des Lkws/LKWs, *das Abo (Abonnement)* – die Abos, *der Perso (Personalausweis), die Kripo (Kriminalpolizei).*

Damit Kurzformen verständlich sind, ist es wichtig, dass sie möglichst immer in der gleichen Form gebraucht werden: Wer manchmal von *Kriro, Krifi* oder *Krimro, Krimfi* statt einfach durchgängig von einem *Krimi* spricht (dem gängigen Kurzwort für *Kriminalfilm* oder *-roman*), riskiert, nicht verstanden zu werden.

Am Schluss dieses Wörterbuchs findest du ein Verzeichnis mit häufig gebrauchten Abkürzungen und Kurzwörtern; auch im Stichwortverzeichnis begegnen dir Abkürzungen und Kurzwörter.

Aufgabe

1) Schlag im Stichwortverzeichnis nach, wofür *dpa, etc., evtl., GG, I.N.R.I.* und *UNICEF* stehen.

2) Manchmal entstehen regelrecht ‚Abkürzungsungetüme', deren Vollform man nicht erschließen kann. Erfinde für *BAA-ASpG-DV* und *KuVersAnpG* eigene Vollformen, die Sinn ergeben.

3) Erfinde für *Hinterachsbremsassistent, elektronische Bremskraftverteilung* und *Zentimeter-Gramm-Sekunden-System* eigene Abkürzungen und Kurzwörter.

4) Abkürzungen und Kurzwörter sind in der elektronischen Kommunikation sehr verbreitet: *ot, cu, ka, kiss* oder *X, 2L8* kennst du vielleicht (wenn nicht, findest du die Auflösungen beispielsweise im Duden-Wörterbuch der Abkürzungen). Welche dieser Formen verwendest du, wenn du selbst SMS, Mails schreibst oder dich mit anderen in Netzwerken austauschst? Stellt Listen mit Erklärungen zusammen und tauscht diese Listen untereinander aus.

Wortkunde

C   Wortschatz – Wie viele Wörter gibt es im Deutschen?

Die Frage, wie viele Wörter es im Deutschen gibt und wie viele Wörter eine Sprecherin oder ein Sprecher des Deutschen braucht oder kennt, beschäftigt viele Menschen. Wie kann man nun herausfinden, wie viele Wörter es tatsächlich gibt? Das Einfachste – so scheint es – ist der Griff zum umfangreichsten Wörterbuch einer Sprache: Gezählt wird dann, was in diesem Wörterbuch als Stichwort fett gedruckt ist. Dazu können wir die folgenden Zahlen liefern: Das vielbändige historische Deutsche Wörterbuch der Brüder Jacob und Wilhelm Grimm (sie haben auch die berühmten Hausmärchen zusammengestellt), das zwischen 1854 und 1961 entstand, umfasst rund 450 000 Stichwörter, das einbändige Deutsche Universalwörterbuch von Duden enthält etwa 140 000. Dieser Rechtschreib-Schülerduden führt hingegen „nur" rund 30 000 Stichwörter aus der Allgemeinsprache auf. Was würde passieren, wenn man alle in den verschiedensten Fachsprachen gebräuchlichen Ausdrücke auch in allgemeinen Wörterbüchern aufführen wollte? Allein der „Pschyrembel" als das führende deutsche Medizinwörterbuch verzeichnet zu seinem Fachgebiet mehr als 20 000 Begriffe. Auf diese Weise käme man für das Deutsche auf viele Hunderttausend Wörter – je nachdem, auf welche Quellen man sich stützt.

Kaum zu glauben ist, dass es trotz dieser eindrucksvollen Menge an Wörtern immer noch Lücken im deutschsprachigen Wortschatz gibt. So fehlt beispielsweise ein Gegen(satz)wort zu *durstig* (so wie die Gegenwörter zu *arm, starten* und *Zustimmung* eben *reich, landen* und *Ablehnung* lauten). Zur Jahrtausendwende veranstaltete ein bekannter Hersteller von Erfrischungsgetränken eine öffentlichkeits- und werbewirksame „Suchaktion" nach einem passenden Ausdruck für das Gefühl des Nichtmehr-durstig-Seins, und daraufhin gingen rund 45 000 mehr oder weniger originelle Vorschläge zur Schließung dieser Wortlücke ein. Als Sieger aus dem Wettbewerb ging letztlich „sitt" hervor — was unverkennbar in Bezug zum bekannten Adjektiv „satt" steht. Im Allgemeinwortschatz hat sich diese Wortneuschöpfung allerdings bis heute nicht etablieren können.

Etwas anders liegt der Fall bei dem Gegenstand, dem wohl fast jeder regelmäßig an der Kasse eines beliebigen Supermarktes begegnet, mit dessen Benennung man sich jedoch schwertun würde: Wie heißt eigentlich dieser Stab aus Holz oder Kunststoff, mit dem ein Käufer seine Ware auf dem Transportband von den Produkten abgrenzt, die der nachfolgende Kunde kaufen will? Vielleicht „Warenteiler", „Bezahlstopper" oder gar „Separator"? Hier kann man sich die Namensfindung insofern erleichtern, als im Normalfall alles, was massenhaft produziert wird und gekauft werden kann, bereits von seinem Hersteller mit einer Artikelbezeichnung versehen wurde. Und siehe da: Das vermeintlich namenlose „Ding an der Kasse" entpuppt sich im Bestellkatalog als *Kassentrennstab* oder kurz *Trennstab*.

| **Wortkunde** |

Aufgabe

1) Sammelt in der Klasse weitere Wortschatzlücken und gebt Erklärungen dafür an, warum sie bestehen. Dazu noch zwei Anregungen ganz unterschiedlicher Art: Jeder Finger einer menschlichen Hand trägt einen eigenen Namen – wie aber sieht es mit den einzelnen Zehen eines Fußes aus? Und wie würdet ihr es nennen, wenn ihr ein mit dem Schnurlostelefon oder Handy geführtes Telefongespräch beendet? Beim stationären Telefonapparat hatte man es einfach und sprach ganz treffend vom *Auflegen* oder *Einhängen* des Hörers auf/in die Gabel.

2) Wieso sind in mehrbändigen allgemeinsprachlichen Wörterbüchern Stichwörter wie *aprilfrisch, durchschnupfsicher* oder *preisberühmt* nicht aufgeführt, obwohl sie vielen von uns bekannt sind? Findet ihr auch eine Erklärung dafür, dass Zusammensetzungen wie *Bildungsstreik, Klimaschutzdebatte* oder *Steuersenkungspaket* in Wörterbüchern nicht verzeichnet sind?

Häufig liest man, dass die englische Sprache über viel mehr Wörter verfügt als die deutsche. Das zwanzigbändige Oxford English Dictionary von 1989 enthält tatsächlich über 500 000 Einträge, also einiges mehr als das grimmsche Deutsche Wörterbuch. Stimmt es also, dass der Wortschatz des Englischen größer als der des Deutschen ist? Was ist überhaupt ein Wort bzw. was zählt als Wort? Oder anders gefragt: Zählen die englischen und deutschen Wörterbuchmacher und -macherinnen gleich?

Ein Blick in ein Wörterbuch zeigt, dass dieses nicht nur Stammmorpheme enthält, sondern auch Ableitungen und Zusammensetzungen. Allerdings enthält auch ein sehr umfangreiches Wörterbuch wie das zehnbändige von Duden aus dem Jahr 1999 nicht alle möglichen Ableitungen und Zusammensetzungen: Zu *Dampf* verzeichnet es beispielsweise *Dampfschiff, Dampfschifffahrt* und sogar *Dampfschifffahrtsgesellschaft*, nicht aber *Dampfschifffahrtskapitän* oder *Dampfschifffahrtsgesellschaftsjubiläumsfeier*.

Wörterbuchredaktionen kommen bei der Auswahl der Wörter also nicht umhin, nach bestimmten Kriterien vorzugehen. Dass englische Wörterbücher mehr Wörter als deutsche aufführen, könnte also daran liegen, dass anders ausgewählt wird. Doch nicht nur das: Sprachen können sich ganz wesentlich in ihren Wortbildungsmöglichkeiten unterscheiden: Während im Deutschen *Dampfschiff* als ein Wort aufzufassen ist (dasselbe gilt für das Englische mit *steamship*), müssen im Französischen für denselben Begriff drei Wörter gezählt werden: *bateau à vapeur*.

Und wie viele Wörter kennt ein einzelner Mensch, dessen Muttersprache Deutsch ist? Das ist natürlich individuell sehr verschieden. Aus der Spracherwerbsforschung kann man folgende Zahlen gewinnen: Wenn Kinder in die Schule kommen, können sie ungefähr 5 000 Wörter selbst aktiv verwenden und etwa 15 000 Wörter verstehen, wenn sie diese lesen oder hören. Mit 16 Jahren sind es schon sehr viel mehr: Jugend-

Wortkunde

liche haben dann im Regelfall einen aktiven Wortschatz von bis zu 15 000 Wörter und verfügen passiv über 60 000 Wörter, die sie kennen, aber selten oder gar nie gebrauchen.

Aufgabe

Schätze, wie viele Wörter du selbst verstehen oder verwenden kannst. Gehe dazu wie folgt vor:

1) Bereite ein Blatt Papier vor, das in zwei Spalten aufgeteilt ist.

2) Nimm dieses Wörterbuch und schlage nacheinander zehn Seiten aus dem Stichwörterverzeichnis auf; diese Seiten sollten nicht zusammenhängen, sondern Wörter aus ganz verschiedenen Bereichen des Alphabets enthalten.

3) Gehe alle fett gedruckten Stichwörter einer Seite durch. Mache für die Wörter, die du kennst, selbst aber nicht verwenden würdest, mit einem Bleistift einen Strich am rechten Rand der entsprechenden Spalte; die Wörter, die du kennst und auch selber gebrauchst, hältst du mit einem Strich am linken Spaltenrand fest.

4) Zähle alle links stehenden Striche und schreibe das Ergebnis ganz unten hin.
Genauso verfährst du mit den rechts stehenden Strichen.

5) Multipliziere jede Zahl mit 50: Die Gesamtzahl für die links stehenden Striche gibt dir an, wie viele Wörter du verwendest (= produktiver Wortschatz), an der Gesamtzahl für alle rechts stehenden Striche kannst du die ungefähre Größe deines passiven Wortschatzes ablesen.

Wer es noch genauer wissen will, kann jede Spalte einer Wörterbuchseite in **drei** Unterspalten einteilen: *ich kenne das Wort gut – ein bisschen – gar nicht; ich verwende das Wort häufig – gelegentlich – gar nicht*

Ziemlich sicher kennst du aber mehr Wörter: Die errechneten Zahlen können dir nur ungefähr angeben, wie gut du mit dem Grundwortschatz vertraut bist. Du kennst darüber hinaus zahlreiche Wörter zu deinem Hobby, aus der Musik- oder Popkultur, aus dem Sprachgebrauch deiner Gruppe, in der du dich am häufigsten aufhältst, Wörter, die auf einen Gebrauch in deiner Heimatregion beschränkt sind – Wörter also, von denen die meisten in einem kleineren Wörterbuch nicht zu finden sind. Hinzu kommt, dass Wörterbücher je nach ihrem Gebrauchszweck eine ganz unterschiedliche Auswahl treffen müssen: Würdest du dieselbe Rechnung mit dem Wörterbuch der Abkürzungen durchführen, wäre dein Ergebnis mit Sicherheit deutlich schlechter.

Wortkunde

Aufgabe

Wenn du ganz genau wissen willst, wie viele Wörter du kennst, solltest du die zehn Seiten, die du zuvor schon bearbeitet hast, um die Wörter erweitern, die dir auf diesen zehn Seiten **fehlen**. Danach könntest du die Stichwörter dieser zehn Seiten neu auszählen und auf den Gesamtumfang des Stichwortteils hochrechnen. Und um dich zu überprüfen, könntest du dasselbe nach einem halben oder auch ganzen Jahr wiederholen und so ausrechnen, wie sich dein aktiver und passiver Wortschatz in der Zwischenzeit weiterentwickelt haben. Hier trifft das Schlagwort vom lebenslangen Lernen wirklich zu: Neue Wörter lernen und bilden wir unser ganzes Leben lang.

Zur Wortgeschichte

Am Beispiel einiger Wortfamilien und Wortfelder hast du einen Einblick in den Aufbau des deutschen Wortschatzes unserer Zeit bekommen. Aber dieser Wortschatz hat auch eine Geschichte. Er hat sich mit der deutschen Sprache in über 1200 Jahren zu seinem heutigen Bestand entwickelt.

Viele Wörter im Deutschen, Englischen und in den skandinavischen Sprachen stammen aus der gemeinsamen germanischen Urzeit, wir finden sie auch in der längst ausgestorbenen Sprache der Goten wieder, z. B. deutsch *Winter*, englisch *winter*, schwedisch *vinter*, gotisch *wintrus*; deutsch *Schiff*, englisch *ship*, schwedisch *skepp*, gotisch *skip*; deutsch *Heu*, englisch *hay*, schwedisch *hö*, gotisch *hawi*; deutsch *neu*, englisch *new*, schwedisch *ny*, gotisch *niujis*.

Das Adjektiv *neu* haben auch andere europäische Sprachen: lateinisch *novus*, griechisch *néos*, russisch *novyj*. Sie gehören zusammen mit dem Altindischen zu der großen Familie der indogermanischen Sprachen.

Aus dem Duden, Band 7, „Herkunftswörterbuch" kannst du mehr über solche indogermanischen Erbwörter erfahren, z. B. über *Vater, Mutter, Bruder* und andere Verwandtschaftsnamen.

Es gibt aber in einer Sprache auch Wörter, die aus anderen Sprachen übernommen wurden. Wo Völker aufeinandertreffen, sei es durch Eroberung oder im friedlichen Handelsverkehr, da wandern auch Kulturgüter vom einen zum anderen und zugleich die zugehörigen Ausdrücke.

Sieh dir einmal diese deutschen Wörter an: *Mauer, Ziegel, Kalk, Mörtel, Keller, Pfeiler, Fenster*. Sie gehören ebenso zu unserer Sprache wie etwa *Wand, Balken, Brett, Zimmer, Tür*. Aber sie stammen aus dem Lateinischen. Sie haben alle mit dem Steinbau zu tun, und den haben unsere germanischen Vorfahren von den Römern gelernt. So kamen die lateinischen Wörter *murus, tegula, calx, mortarium, cellarium, pilarium, fenestra* in unsere Sprache. Diese lateinischen Fachwörter sind **Lehnwörter** geworden. Lehnwörter sind aus einer fremden Sprache entlehnte Wörter, die sich in ihren Lauten und Formen wie einheimische Wörter weiterentwickelt haben.

Im altgermanischen Hausbau wurden Holz und Flechtwerk verwendet. Das Wort *Wand* ist mit *winden* verwandt, es bedeutet eigentlich „das Gewundene, Geflochtene". Und *Zimmer* bedeutete ursprünglich „Bauholz, Gebäude aus Holz". (Noch heute errichtet der *Zimmermann* Fachwerk und Dachgerüste aus Holz, er *zimmert* sie!)

Lehnwörter aus dem Lateinischen gibt es auch in anderen Bereichen. Zum Beispiel wurden viele Gemüse- und Obstarten durch die Klostergärten des Mittelalters

Zur Wortgeschichte

bei uns heimisch: der *Kohl* (lateinisch *caulis*), der *Kürbis (cucurbita),* die *Zwiebel (cepula),* die *Kirsche (ceresia),* der *Pfirsich (malum persicum,* d. h. „persischer Apfel").

Gerade am „persischen Apfel" siehst du, dass auch die Römer oft nur Vermittler waren. Sie haben Kirschen, Pfirsiche, Pflaumen und andere Früchte selbst erst im Orient kennengelernt und die Bezeichnungen dafür meist aus dem Griechischen entlehnt. Überlege einmal, welche Obst- und Gemüsearten du kennst, und schlage ihre Bezeichnungen im Herkunftswörterbuch nach!

Sehr groß war der Einfluss des Lateinischen im Bereich von Christentum und Kirche, aber auch hier hat es oft nur griechische Wörter vermittelt: *Kloster* (lateinisch *claustrum* zu *claudere* „verschließen"), *Abt* (lateinisch-griechisch *abbas,* eigentlich „Vater"), *Mönch* (lateinisch *monachus,* griechisch *monachós*). Einige Wörter sind durch gotische Missionare direkt aus dem Griechischen ins Deutsche gelangt, z. B. *Engel* (griechisch *ángelos,* eigentlich „Bote") und *Teufel* (griechisch *diábolos,* eigentlich „Verleumder"), aber auch der Wochentagsname *Samstag* (griechisch *sámbaton, sábbaton* aus hebräisch *schabbāt* „Sabbat").

Neben den Lehnwörtern gibt es seit alter Zeit **Fremdwörter** im Deutschen. Wir erkennen sie meist daran, dass sie sich nicht völlig angepasst haben, sondern in Schreibung, Betonung und Aussprache von deutschen Wörtern abweichen. Manche haben auch fremde Ableitungsmorpheme wie *ex-, kon-, pro-; -ion, -ismus, -ieren.* Solche Wörter können ihren fremden Charakter durch Jahrhunderte bewahren. Die Fremdwörter *Natur, Fundament, Apostel* sind z. B. schon im 9. Jahrhundert entlehnt worden, das Wort *Bibliothek* immerhin um 1500.

Wir haben bisher vor allem auf die ältere Zeit der deutschen Sprachgeschichte geschaut, auf das so genannte Althochdeutsche. In dieser Zeit, die etwa von Kaiser Karl dem Großen bis zum Beginn der Kreuzzüge reicht (8.–11. Jahrhundert), wurde der Grund gelegt zur Entwicklung des Deutschen im Kreise der anderen Sprachen Europas. Ihr folgte die mittelhochdeutsche Periode (12.–15. Jahrhundert), die vor allem vom Rittertum und später von den Kaufleuten und Handwerkern in den aufstrebenden Städten bestimmt war, und schließlich begann um 1500 mit dem Humanismus und der Reformation (Luthers Übersetzung der Bibel) die neuhochdeutsche Zeit, in der wir heute noch leben.

Der deutsche Wortschatz hat sich natürlich nicht nur durch Lehn- und Fremdwörter erweitert, sondern vor allem durch die Bildung von Ableitungen und Zusammensetzungen. Die Regeln, nach denen das geschehen ist und immer noch geschieht, sind im Teil A der Wortkunde, Wortbildung, behandelt worden (S. 621 ff.).

Manche Wörter sind auf diese Weise nach fremdsprachlichen Vorbildern geschaffen worden, so althochdeutsch *wolatāt (Wohltat)* nach lateinisch *beneficium* (zu *bene* „gut" und *facere* „machen, tun") oder althochdeutsch *gifatero (Gevatter,* Taufpate, eigentlich „Mitvater") nach lateinisch *compater* (zu *con-* „zusammen, mit" und *pater* „Vater"). Man nennt solche Wörter **Lehnübersetzungen,** weil sie die Bestandteile der fremden Wörter einzeln auf Deutsch wiedergeben. Jüngere Bildungen dieser Art sind etwa *Großmutter* (um 1400 nach französisch *grandmère*),

Zur Wortgeschichte

Blumenkohl (16. Jahrhundert, nach italienisch *cavolfiore* „Kohlblume") und *Fußball* (18. Jahrhundert, nach englisch *football*).

In großer Zahl sind Ableitungen und Zusammensetzungen in den verschiedenen Fachsprachen entstanden. Manche von ihnen gehen in die älteste Zeit der deutschen Sprache zurück, so die Rechtssprache *(Richter, Gericht, Schöffe, Räuber, Diebstahl, Vormund)* und die Sprache des Schmiedes *(Amboss, Blasebalg, Esse, schweißen)*, andere haben sich erst später entwickelt, so die Bergmannssprache *(Bergwerk, Bergbau, Steiger, Flöz, Fundgrube, Kobalt)* im 14. bis 16. Jahrhundert und die Seemannssprache *(Ballast, Bugspriet, Fallreep)* in der niederdeutschen Sprache des 14. bis 17. Jahrhunderts (älter sind z. B. *Backbord* und *Steuerbord*).

Auch Lehn- und Fremdwörter sind weiterhin fast immer über den Sprachgebrauch bestimmter Berufe oder Gesellschaftsschichten ins Deutsche gelangt. So hat das Rittertum der mittelhochdeutschen Zeit aus dem Französischen Wörter wie *Abenteuer, Turnier, Lanze, Visier* (am Helm) entlehnt, und später sind Wörter des Gesellschaftslebens wie *Dame, Kavalier, Perücke, Mode* oder des Kriegswesens wie *Armee, Artillerie, Offizier, Bataillon* hinzugekommen. Auch die feine Küche benutzt viele französische Fremdwörter: *Ragout, Sauce, Omelett, Biskuit, Fondue, Bouillon.*

Das Italienische hat besonders im 17. und 18. Jahrhundert die Sprache der Musik befruchtet: *Kantate, Sonate, Sopran, Klarinette, Fagott, Violine, Adagio.* Schon im Mittelalter hat aber das italienische Bankwesen großen Einfluss gehabt: *Kasse, Konto, Bilanz, Kredit, Kapital, Firma, brutto* und *netto* gehören hierher. Auch *Bank* selbst, ein ursprünglich germanisches Wort für die Sitzbank, das ins Italienische entlehnt worden war, kam mit der Bedeutung „langer Tisch des Geldwechslers" und danach „Geldinstitut" ins Deutsche zurück.

Das Englische hat erst in neuerer Zeit auf das Deutsche eingewirkt, so im Seewesen *(Flagge, Paddel, Shanty)*, in der Küche *(Beefsteak, Pudding, Punsch, Drink)* und vor allem im Sport *(Tennis, Hockey, Derby, boxen, fair, knock-out)*. In großer Zahl sind englische und amerikanische Wörter nach dem Zweiten Weltkrieg bei uns üblich geworden, wie z. B. *Bluejeans, Doping, Job, Matchball, Party, Recycling, Sponsor, Teenager, T-Shirt* und in jüngerer Zeit aus dem Bereich der EDV: *Browser, Cyberspace, Internet, online, Update.*

In diesem kurzen Überblick konnten nur die wichtigsten Sprachen genannt werden, die auf den deutschen Wortschatz eingewirkt haben. Entlehnungen aus anderen Sprachen kommen nur vereinzelt vor, z. B. stammen *Peitsche, Tornister, Pistole* aus dem Polnischen oder Tschechischen, *Siesta, Silo, Zigarre* aus dem Spanischen, *Ski* aus dem Norwegischen und *Sauna* aus dem Finnischen. Eine große Rolle spielen nach wie vor das Lateinische und das Griechische, und zwar vor allem im Wortschatz der Wissenschaften und der Technik. Mit Wortelementen aus den beiden alten Sprachen können jederzeit Fachwörter neu gebildet werden, die dann oft internationale Geltung haben. Solche internationalen Wörter sind z. B. (aus griechischen Bestandteilen:) *Automat, Telefon, Biologie, Elektron, Thermostat,* (aus lateinischen Bestandteilen:) *Transformator, Kompressor, Aggregat, Koordinaten.* Eine

Zur Wortgeschichte

griechisch-lateinische Mischbildung ist z. B. *Automobil*. Gerade diese Wörter der Gegenwartssprache zeigen uns – neben vielen anderen – die starke Verflechtung der deutschen Sprache mit den anderen Kultursprachen. Obwohl jede Sprache ihre Eigenart bewahrt und sich in der Lautung und Schreibung, in den grammatischen Formen und im Satzbau von den anderen unterscheidet, bestehen viele Übereinstimmungen, die auf der gemeinsamen Kultur und Zivilisation der Völker beruhen.

Verzeichnis gebräuchlicher Abkürzungen und Kurzwörter

Abb.	Abbildung
Abk.	Abkürzung
Abs.	Absatz, Absender[in]
ABS	Antiblockiersystem
Abt.	Abteilung
ADS	Aufmerksamkeitsdefizitsyndrom
AG	Aktiengesellschaft, Arbeits-gemeinschaft
Aids	acquired immune deficiency syndrome (erworbenes Immunschwächesyndrom)
Akk.	Akkusativ
allg.	allgemein
ARD	Arbeitsgemeinschaft der öffentlich-rechtlichen Rundfunkanstalten in Deutschland
A. T.	Altes Testament
Anh.	Anhang
Anm.	Anmerkung
Art.	Artikel
Aufl.	Auflage
Ausg.	Ausgabe
BaföG	Bundesausbildungsförderungsgesetz
Bd., Bde	Band, Bände
Bed.	Bedeutung
bes.	besondere, besonders
Bez.	Bezeichnung
BIP	Bruttoinlandsprodukt
BKA	Bundeskriminalamt
BRD	Bundesrepublik Deutschland
Bsp.	Beispiel
bspw.	beispielsweise
Bw.	Bundeswehr
bzw.	beziehungsweise
ca.	circa, zirka
CD	Compactdisc
CDU	Christlich-Demokratische Union
cm	Zentimeter
CSU	Christlich-Soziale Union
dass.	dasselbe
Dat.	Dativ

DDR	Deutsche Demokratische Republik (1949–1990)
ders.	derselbe
DFB	Deutscher Fußball-Bund
DGB	Deutscher Gewerkschaftsbund
dgl.	dergleichen, desgleichen
d. Gr.	der Große
d. h.	das heißt
d. i.	das ist
dies.	dieselbe
d. J.	dieses Jahres
DJH	Deutsches Jugendherbergswerk
DNA	desoxyribonucleic acid (Desoxyribonukleinsäure)
Dr.	Doktor
DSL	digital subscriber line (digitale Anschlussleitung)
dt.	deutsch
Dtl., Dtschl.	Deutschland
DVD	digital versatile disc
ebd.	ebenda
EDV	elektronische Datenverarbeitung und -übermittlung
ehem.	ehemalig, ehemals
eigtl.	eigentlich
Einf.	Einführung
Einl.	Einleitung
EM	Europameisterschaft
engl.	englisch
Erg.	Ergänzung
ersch.	erschienen
erw.	erweitert
etc.	et cetera (und so weiter)
etw.	etwas
EU	Europäische Union
EUR	Euro
europ.	europäisch
ev.	evangelisch
e. V.	eingetragener Verein
Ew.	Einwohner
f.	feminin
f., ff.	folgend[e]

665

Abkürzungen und Kurzwörter

FAQ	frequently asked questions	jmd.,	jemand, jemandem
FDP	Freie Demokratische Partei	jmdm.	
fem.	feminin	jmdn.,	jemanden, jeman-
FH	Fachhochschule	jmds.	des
FIFA	Fédération Internationale de	Jts.	Jahrtausend
	Football Association (Internatio-	kath.	katholisch
	naler Fußballverband)	Kfz	Kraftfahrzeug
Forts.	Fortsetzung	KG	Kommanditgesellschaft
Fr.	Frau	Kl.	Klasse
franz.,	französisch	km	Kilometer
frz.		Kr.	Kreis
geb.	geborene[r]	l	Liter
gebr.	gebräuchlich, gebraucht	L	large (Kleidergröße)
gegr.	gegründet	LAN	local area network (lokales Netz-
gen.	genannt, genehmigt		werk)
Gen.	Genitiv	Landw.	Landwirtschaft
ges.	gesammelt	lat.	lateinisch
GG	Grundgesetz	Lkw,	Lastkraftwagen
ggf.	gegebenenfalls	LKW	
GmbH	Gesellschaft mit beschränkter	Lit.	Literatur
	Haftung	lol	laughing out loud (laut heraus-
griech.	griechisch		lachend)
Ggs.	Gegensatz	m	Meter
hg., hrsg.	herausgegeben	m.	männlich, maskulin
Hg.,	Herausgeber[in]	M	medium (Kleidergröße)
Hrsg.		MA	Mittelalter
hist.	historisch	mask.	maskulin
Hr.	Herr	max.	maximal
i. A.	im Allgemeinen	MdB	Mitglied des Bundestages
i. B.	im Besonderen,	MdEP	Mitglied des Europäischen Parla-
	in Bezug		ments
i. d. R.	in der Regel	MdL	Mitglied des Landtags
i. e. S.	im engeren Sinn	Med.	Medizin
insb.,	insbesondere	min.	minimal
insbes.		mind.	mindestens
internat.	international	Mio.	Million[en]
IOK	Internationales Olympisches	Mitgl.	Mitglied
	Komitee	Mrd.	Milliarde[n]
IQ	Intelligenzquotient	MwSt.,	Mehrwertsteuer
ISBN	internationale Standardbuch-	Mw.-St.	
	nummer	nat.	national
ISDN	integrated services digital net-	NATO	North Atlantic Treaty Organiza-
	work (Kommunikationsnetz)		tion (Nordatlantikpakt)
ital.	italienisch	n. Chr.	nach Christus
i. w. S.	im weiteren Sinn	NOK	Nationales Olympisches Komitee
Jh.	Jahrhundert	Nom.	Nominativ
		Nr.	Nummer

Abkürzungen und Kurzwörter

NS	Nationalsozialismus	TV	Television
N. T.	Neues Testament	u.	und
o. ä.	oder ähnlich	u. a.	und andere(s), unter anderem
o. Ä.	oder Ähnliche[s]	u. ä.	und ähnlich
od.	oder	u. Ä.	und Ähnliche[s]
österr.	österreichisch	UEFA	Union of European Football Associations (Europäischer Fußballverband)
Päd.	Pädagogik		
PC	Personal Computer; Political Correctness		
		u. M.	unter dem Meeresspiegel
PH	Pädagogische Hochschule	ü. M.	über dem Meeresspiegel
PIN	personal identification number (persönliche Geheimzahl)	Univ.	Universität
		urspr.	ursprünglich
Pkw, PKW	Personenkraftwagen	USA	United States of America (Vereinigte Staaten von Amerika)
Pl.	Plural	usw.	und so weiter
PLZ	Postleitzahl	u. U.	unter Umständen
Prof.	Professor[in]	u. v. a.	und viele[s] andere
Psych.	Psychologie	v.	von
rd.	rund (ungefähr)	v. a.	vor allem
Rel.	Religion	v. Chr.	vor Christus
Rep.	Republik	Verf.	Verfasser[in]
Rundf.	Rundfunk	verh.	verheiratet
russ.	russisch	Verw.	Verwaltung
s.	siehe	Verz.	Verzeichnis
S	small (Kleidergröße)	vgl. [d.]	vergleiche [dort]
S.	Seite	w.	weiblich
schweiz.	schweizerisch	wiss.	wissenschaftlich
Sg.	Singular	Wiss.	Wissenschaft
SMS	Short Message Service	WLAN	wireless local area network (Computernetzwerk mit Funktechnik)
sog.	so genannt, sogenannt		
span.	spanisch	WM	Weltmeisterschaft
SPD	Sozialdemokratische Partei Deutschlands	WWW	World Wide Web
		XL	extra large (Kleidergröße)
Spr.	Sprache	XS	extra small (Kleidergröße)
St.	Sankt	XXL	extra extra large (Kleidergröße)
staatl.	staatlich	XXS	extra extra small (Kleidergröße)
stellv.	stellvertretende[r]	z. B.	zum Beispiel
Stellv.	Stellvertreter[in]	ZDF	Zweites Deutsches Fernsehen
Str.	Straße	z. T.	zum Teil
stud.	studentisch	zus.	zusammen
Stud.	Student[in]	zw.	zwischen
svw.	so viel wie	zz., zzt.	zurzeit
Tel.	Telefon		
TH	technische Hochschule	z. Z., z. Zt.	zur Zeit
Tsd.	Tausend		
TÜV	Technischer Überwachungs-Verein		

111 im Deutschen besondes häufig falsch geschriebene Wörter

Korrekte Schreibung	Falsch- schreibungen	Korrekte Schreibung	Falsch- schreibungen
aggressiv	agressiv	Garderobe	Gaderobe
annullieren	anullieren, annu- lieren, anulieren	gar kein	garkein
		gar nicht	garnicht
Armaturenbrett	Amaturenbrett	Geisel: jemanden als Geisel nehmen	jemanden als Geißel nehmen
Atmosphäre	Athmosphäre, Athmosfäre, Atmosfäre		
		Geißel: jemanden mit einer Geißel schlagen	jemanden mit einer Geisel schlagen
auf Deutsch	auf deutsch		
aufs Geratewohl	aufs Geradewohl, aufs Gratewohl		
		geißeln	geiseln
außerdem	ausserdem	genießen	geniessen, geniesen
auswendig	auswändig	Gratwanderung	Gradwanderung
autorisieren, autorisiert	authorisieren, autho- risiert	Grieß	Gries
		grölen	gröhlen
Ballett	Balett	(du) hältst	(du) hälst
Billard	Billiard	im Voraus	im voraus, im vorraus, im Vorraus
Biskuit	Bisquit		
bisschen	bischen		
bloß	blos		
brillant	brilliant	Interesse	Interresse, Intresse
dass (vgl. S. 108)	das	Karosserie	Karrosserie
delegieren	deligieren	Karussell	Karrusell, Karrussell, Karrussel, Karusell
derselbe, dieselbe, dasselbe	der selbe, die selbe, das selbe		
		Katastrophe	Katastrofe
detailliert	detalliert	kolossal	kollossal
dilettantisch	dilletantisch, dillet- tantisch	Konkurrenz	Konkurenz
		krakeelen	krakelen, krakehlen, krackelen
Eiffelturm	Eifelturm		
Ekstase	Extase	Libyen	Lybien
E-Mail	Email, eMail	lizenzieren	lizensieren
endgültig	entgültig, endgültich	mahlen: wer zuerst kommt, mahlt zuerst	wer zuerst kommt, malt zuerst
exzellent	excellent, exellent		
Fronleichnam	Frohnleichnam		
Galerie	Gallerie	Maschine	Maschiene, Machine
galoppieren	galloppieren, gallo- pieren	miserabel	mieserabel
		morgendlich	morgentlich, morgenlich

111 im Deutschen besondes häufig falsch geschriebene Wörter

Korrekte Schreibung	Falsch- schreibungen	Korrekte Schreibung	Falsch- schreibungen
nämlich	nähmlich	Terrasse	Terasse
original	orginal	todsicher	totsicher
Ouvertüre	Overtüre	todlangweilig	totlangweilig
Papst	Pabst	todtraurig	tottraurig
parallel	paralel	Triumph	Triumpf
piken	pieken	triumphieren	triumpfieren
Poleposition	Poolposition	übersät	übersäht, überseht
rau	rauh	unentgeltlich	unentgeldlich, unendgeltlich, unendgeldlich
Reflexion	Reflektion		
Reling	Reeling	vermeintlich	vermeindlich
Rentier	Renntier	verpönt	verpöhnt
Reparatur	Reperatur	Verlies	Verließ
Rhythmus	Rythmus, Rhytmus	Verwandtschaft	Verwandschaft
Rückgrat	Rückrat	Verzeichnis	Verzeichniss, Verzeichniß
Saite: andere Saiten aufziehen	andere Seiten aufziehen	vorausgehen	vorrausgehen
		Voraussetzung	Vorraussetzung
Satellit	Sattelit, Sattellit	(ihr) wart	(ihr) ward, (ihr) wahrt
seid (doch ruhig!)	seit (doch ruhig!)	(jemandem etwas) weis- machen	(jemandem etwas) weißmachen, weissmachen
seit (gestern)	seid (gestern)		
selig	seelig		
separat	seperat	weiß (angestri- chen)	weis (angestrichen)
Silvester	Sylvester (nur als Vorname so korrekt)	(du) weißt (es genau)	(du) weist, (du) weisst (es genau)
spreizen	spreitzen	widerlegen	wiederlegen
Standard	Standart	widerspiegeln	wiederspiegeln
aus dem Stegreif	aus dem Stehgreif	Widerspuch	Wiederspruch
über die Stränge schlagen	über die Strenge schlagen	Widerstand	Wiederstand
		widerstehen	wiederstehen
Streuselkuchen	Streußelkuchen, Streusselkuchen	zartbesaitet	zartbeseitet
		zu Ende	zuende
Strophe	Strofe	zu viel, zu viele	zuviel, zuviele
symmetrisch	symetrisch	zumindest, zum Mindesten	zumindestens
sympathisch	symphatisch		
Terabyte	Terrabyte		

Notizen

Notizen

Notizen